Le XXe siècle

en littérature

Xavier Darcos Alain Boissinot Bernard Tartayre

COLLECTION
PERSPECTIVES ET CONFRONTATIONS

HACHETTE

Le livre mode d'emploi

Ce livre, destiné avant tout aux grands élèves, ne prétend pas faire une revue exhaustive et systématique de tous les écrivains du siècle. Un tel projet – outre qu'il serait irréalisable – conduirait à une énumération indéfinie et à un collage de petits extraits, en un ouvrage trop long, hétéroclite et confus, sans parler de son coût pour l'utilisateur.

Nous proposons donc, comme le veulent les Instructions Officielles, « un choix d'auteurs qui se recommandent par leur caractère représentatif et par leur originalité ». Qui dit choix dit subjectivité. Nous avons privilégié les auteurs qui ont constitué une **œuvre,** c'est-à-dire ceux qui se sont interrogés sur la littérature, tout en consacrant leur vie à élaborer une nouvelle démarche. Car le XXe siècle se signale surtout par un approfondissement des **problématiques littéraires :** pourquoi, pour qui, comment écrire ? Et à quoi bon ?

Notre but n'est donc pas encyclopédique mais **pédagogique.** Ce livre doit permettre aux lecteurs de **comprendre** comment la littérature de ce siècle a évolué (et pourquoi), et d'**apprendre à maîtriser** les formes et les thèmes.

Voilà pourquoi nous nous sommes résolus à regrouper la production littéraire par **genres** (poésie, théâtre, prose), autant qu'il était possible, tout en conservant chaque fois la chronologie. Ce plan peut paraître paradoxal car ce siècle s'est beaucoup interrogé sur la validité des classements génériques. Mais le débat n'est pas clos et il met justement l'accent sur la force de ces distinctions traditionnelles. L'avantage des trois regroupements – entre autres – est de permettre un rappel des problèmes spécifiques à chaque genre. Cette étude technique, si utile pour la composition française et le commentaire, a été distribuée sous forme de **fiches,** au fur et à mesure du livre. Quelques-unes de ces fiches, par ailleurs, présentent des bilans théoriques sur divers phénomènes propres à ce siècle (par exemple sur la critique ou sur les influences étrangères).

Pour le reste, ce *XXe siècle* reprend les principes qui nous ont guidés dans nos volumes précédents et que nos utilisateurs connaissent bien maintenant. Les **extraits** sont donc accompagnés d'une **approche** et de divers **documents,** pour que l'étude prenne en compte ce qui a fait naître le texte et la façon dont il a été reçu. Les extraits sont tous accompagnés d'une **piste de travail,** invitant à une **lecture méthodique,** autour d'un fil conducteur ou d'un thème principal. Plus que jamais nous avons renoncé au questionnaire à réponse présupposée, sorte de contresens total sur l'idée même que l'auteur moderne a du fonctionnement de l'écriture, surtout en poésie.

Notre objectif étant d'ordre **méthodologique,** nous avons diversifié les formes d'étude, pour aider le lecteur à entrer dans le texte et à construire un ou des sens. Nous avons notamment retenu des directions pour aborder quelques œuvres complètes et des études sur dossier (par exemple sur le Surréalisme, le Nouveau Théâtre ou le Nouveau Roman). Les mots les plus nécessaires au bon usage du travail critique ont été signalés par un • et définis dans un **lexique,** pages 8-9.

Outre l'**index des auteurs** (pages 4-5) et le tableau historique (pages 6-7), un **index thématique** (page 10) permettra des regroupements voulus par la préparation des nouvelles épreuves du baccalauréat.

Pour éviter de renchérir ce livre, nous avons regroupé l'iconographie en couleur dans quelques cahiers cohérents, sortes de dossiers illustrant tel thème ou tel moment significatifs de l'art et de la pensée modernes.

Ce dernier manuel a vu le jour grâce à la confiance que tant de collègues ont accordée à notre collection. Qu'ils en soient remerciés. Nous espérons que ce *XXe siècle,* résolument novateur, que nous avons voulu maniable, pratique, formateur, répondra à leur attente et qu'il permettra surtout aux élèves de s'initier à la littérature de leur siècle, dès la Seconde, comme le demandent les Instructions Officielles et le bon sens.

Les Auteurs

 I.S.B.N. 2.01.014624.7

Couverture (de haut en bas et de gauche à droite) :
G. Apollinaire (ph. Paris Match-Izis). Aragon (ph. Roger-Viollet). S. Beckett (ph. Associated Press). J. Giraudoux (ph. Lipnitzki). M. Proust (ph. Henri Manuel). M. Yourcenar (ph. Éditions Plon).

à M. Jean-Pierre Moueix
« Comme le fruit se fond en jouissance... » (p. 77)
X. D.

SOMMAIRE

INDEX DES PRINCIPAUX AUTEURS

Les chiffres en gras indiquent les pages où apparaissent textes ou documents importants.

QUELQUES GRANDES DATES LITTÉRAIRES

1900	Exposition universelle à Paris	**1900**	Valéry	***Album de vers anciens***	
1901	Articles de Zola sur Dreyfus	**1901**	Claudel	***L'Échange***	
1902-1905	Ministère Combes	**1902**	Gide	***L'Immoraliste***	
1904-1911	Crise marocaine	**1904-1912**	Rolland	***Jean-Christophe***	
1906	Réhabilitation de Dreyfus	**1907**	Segalen	***Les Immémoriaux***	
		1908	Romains	***La Vie unanime***	Rilke ***Poèmes***
1909	Ministère Briand	**1909**	Naissance de la N.R.F.		
		1910-1912	Péguy	***Les Mystères***	
		1911	St-J. Perse	***Éloges***	Mann ***Mort à Venise***
1912-1913	Guerre des Balkans	**1912**	Cendrars	***Pâques à New York***	
	Protectorat marocain (Lyautey)		Claudel	***L'Annonce faite à Marie***	
		1913-1928	Proust	***À la recherche du temps perdu***	
			Apollinaire	***Alcools***	
			Alain-Fournier	***Le Grand Meaulnes***	
1913-1916	Einstein définit la relativité		Larbaud	***Poésies d'A.O. Barnabooth***	
1914	Assassinat de Jaurès	**1914**	Gide	***Les Caves du Vatican***	
1914-1918	1re guerre mondiale	**1915**	Apollinaire	***Poèmes à Lou***	Kafka ***La Métamorphose***
					Freud ***Introduction à la Psychanalyse***
1917	Révolution russe	**1917**	M. Jacob	***Le Cornet à dés***	
	Ministère Clemenceau		Valéry	***La Jeune Parque***	
		1918	Tzara	***Manifeste Dada***	
1919	Traité de Versailles	**1919**	L'explosion surréaliste		
	Chambre « bleu horizon »	**1920**	Breton	***Les Champs magnétiques***	
1921	Création du P.C.F.	**1921**	Morand	***Ouvert la Nuit***	
1922	Ministère Poincaré	**1922**	du Gard	***Les Thibault*** (débuts)	Joyce ***Ulysse***
	Mussolini au pouvoir en Italie		Valéry	***Charmes***	Pirandello ***Six Personnages en quête d'auteur***
			Colette	Série des ***Claudine***	
		1923	Breton	***Clair de terre***	
			Mauriac	***Génitrix***	
			Radiguet	***Le Diable au corps***	
1924	Cartel des gauches	**1924**	Claudel	***Le Soulier de satin***	
	Ministère Herriot		St-J. Perse	***Anabase***	
			Breton	***Manifeste du Surréalisme***	
1925	Ministère Painlevé	**1925**	Aragon	***Le Paysan de Paris***	Kafka ***Le Procès***
			Gide	***Les Faux-Monnayeurs***	
1926	Ministère Poincaré	**1926**	Bernanos	***Sous le soleil de Satan***	
	Fin du cartel des gauches		Éluard	***Capitale de la douleur***	
		1927	Michaux	***Qui je fus***	
			Mauriac	***Thérèse Desqueyroux***	
		1928	Breton	***Nadja***	Brecht ***L'Opéra de quat'sous***
			Malraux	***Les Conquérants***	
1929-1933	Krach boursier de Wall Street	**1929**	Ponge	***Poèmes***	
	Crise économique mondiale	**1930**	Desnos	***Corps et Biens***	Faulkner ***Le Bruit et la Fureur***
		1931	Supervielle	***Le Forçat innocent***	
			St-Exupéry	***Vol de nuit***	
1932	Ministère Herriot	**1932**	Céline	***Voyage au bout de la nuit***	
		1932-1947	Romains	***Les Hommes de bonne volonté***	
1933	Hitler chancelier du Reich	**1933**	Malraux	***La Condition humaine***	Huxley ***Le Meilleur des mondes***
	Ministère Daladier		Jouve	***Sueur de sang***	
1934	Émeutes de février à Paris	**1934**	Giono	***Le Chant du monde***	
	Ministère d'Union Nationale		Char	***Le Marteau sans maître***	
1935	Ministère Laval	**1935**	Artaud	***Le Théâtre de la cruauté***	
			Giraudoux	***La Guerre de Troie...***	
1936-1938	Le Front populaire	**1936**	Bernanos	***Journal d'un curé de campagne***	
1936-1939	Guerre civile en Espagne		Céline	***Mort à crédit***	
1937	Démission de Blum	**1937**	Breton	***L'Amour fou***	Dos Passos ***USA***
			Malraux	***L'Espoir***	
1938	L'Anschluss	**1938**	Michaux	***Plume***	
	Accords de Munich		Sartre	***La Nausée***	
			Sarraute	***Tropismes***	
1939-1945	2e guerre mondiale	**1939**	Giraudoux	***Ondine***	Steinbeck ***Les Raisins de la colère***
			Drieu la Rochelle	***Gilles***	
1940	Appel du 18 Juin - Armistice	**1940**	Bachelard	***L'Eau et les rêves***	
1941	Attaque de Pearl Harbour	**1941**	Paulhan	***Les Fleurs de Tarbes***	Koestler ***Le Zéro et l'Infini***
1942	Les Allemands en « zone libre »	**1942**	Camus	***L'Étranger***	Zweig ***Le Joueur d'échecs***
			Ponge	***Le Parti pris des choses***	
			Anouilh	***Antigone***	
1943	Échec allemand à Léningrad	**1943**	St-Exupéry	***Le Petit Prince***	Borges ***Fictions***
			Sartre	***Les Mouches***	
1944	Débarquement de Normandie	**1944**	Aragon	***Aurélien***	
			Sartre	***Huis clos***	
			Camus	***Caligula***	
1945	De Gaulle président du gouvernement	**1945**	Prévert	***Paroles***	
			Gracq	***Un beau ténébreux***	
1946	Démission de De Gaulle	**1946**	Char	***Feuillets d'Hypnos***	
	Création de la IVe République		Éluard	***Poésie ininterrompue***	
1947	Débuts de la guerre d'Indochine	**1947**	Camus	***La Peste***	Mann ***Dr Faustus***
	Ramadier se sépare des ministres communistes		Queneau	***Exercices de style***	
			Vian	***L'Écume des jours***	
			Follain	***Exister***	

1948	Création de l'État d'Israël	**1948**	Genet	***Le Journal d'un voleur***	
			Leiris	***Biffures***	Brecht ***Antigone***
			Montherlant	***Malatesta***	Malaparte ***La Peau***
			Sartre	***Qu'est-ce que la littérature ?***	
			Cendrars	***Bourlinguer***	
1949	Chine communiste	**1949**	Ionesco	***La Cantatrice chauve***	Orwell ***1984***
			Cioran	***Précis de décomposition***	
			Beauvoir	***Le Deuxième sexe***	
1950	Guerre de Corée	**1950**	Cocteau	***Orphée***	Pavese ***Le Bel Été***
		1951	Yourcenar	***Les Mémoires d'Hadrien***	Bradbury ***Chroniques martiennes***
			Gracq	***Le Rivage des Syrtes***	
1952	Ministère Pinay	**1952**	Beckett	***En attendant Godot***	
1953	Mort de Staline	**1953**	Barthes	***Le Degré zéro de l'écriture***	
			Gracq	***La Littérature à l'estomac***	
1954	Chute de Diên-Biên-Phu	**1954**	Sagan	***Bonjour tristesse***	Brecht ***Mère courage***
	Ministère Mendès France		Ionesco	***La Leçon***	
1955	Ministère Edgar Faure	**1955**	Lévi-Strauss	***Tristes tropiques***	
	Débuts du conflit algérien		Robbe-Grillet	***Le Voyeur***	
1956	Ministère Guy Mollet	**1956**	Butor	***L'Emploi du temps***	
	Soulèvement de Budapest		Camus	***La Chute***	
	Crise de Suez		Sarraute	***L'Ère du soupçon***	
			Césaire	***Cahiers d'un retour...***	
1957	Traité de Rome sur la C.E.E.	**1957**	Beckett	***Fin de partie***	
			Butor	***La Modification***	
			Bataille	***L'Érotisme***	Kerouac ***Sur la route***
			Robbe-Grillet	***La Jalousie***	
1958	Pleins pouvoirs à de Gaulle	**1958**	Duras	***Moderato cantabile***	Nabokov ***Lolita***
	Naissance de la Ve République		Bonnefoy	***Hier régnant désert***	
			Beauvoir	***Mémoires d'une jeune fille rangée***	
		1959	Aragon	***Elsa***	
			Queneau	***Zazie dans le métro***	
1960	Vers l'autodétermination algérienne	**1960**	Simon	***La Route des Flandres***	
			Fondation de ***Tel Quel***		Grass ***Le Tambour***
			Duras	***Hiroshima mon amour***	Moravia ***L'Ennui***
1961	Putsch des généraux à Alger	**1961**	Guillevic	***Carnac***	Pinter ***Le Gardien***
1962	Accords d'Évian	**1962**	Ionesco	***Le Roi se meurt***	
	Indépendance de l'Algérie		Ponge	***Pièces***	
1963	Assassinat de Kennedy	**1963**	Beckett	***Oh ! les beaux jours***	Soljenitsyne ***Une journée d'Ivan Denissovitch***
			Le Clézio	***Le Procès-Verbal***	
			Guillevic	***Sphère***	
			Robbe-Grillet	***Pour un nouveau roman***	
		1964	Sartre	***Les Mots***	
1965	Élection du président de la Rép. au suffrage universel	**1965**	Perec	***Les Choses***	
			Bonnefoy	***Pierre écrite***	
1966	Intensification de la guerre du Vietnam ; campagnes anti-américaines	**1966**	Foucault	***Les Mots et les Choses***	
		1967	Malraux	***Antimémoires***	
			Tournier	***Vendredi...***	
1968	Événements de mai	**1968**	Cohen	***Belle du Seigneur***	Kundera ***La Plaisanterie***
	Invasion soviétique en Tchécoslovaquie		Sollers	***Logiques***	
			Yourcenar	***L'Œuvre au noir***	
1969	Démission de De Gaulle	**1969**	Perec	***La Disparition***	
	Pompidou président		Simon	***La Bataille de Pharsale***	Mishima ***Confession d'un masque***
		1970	Tournier	***Le Roi des Aulnes***	
1971	Création du P.S. (congrès d'Épinay)	**1971**	Malraux	***Les Chênes qu'on abat***	London ***L'Aveu***
			Laurent	***Les Bêtises***	
			Morand	***Venises***	Handke ***Le Malheur indifférent***
		1972	Sartre	***Situations X***	
		1973	Oulipo		
1974	Giscard d'Estaing président	**1974**	Perec	***Espèces d'espaces***	
		1975	Cardinal	***Les Mots pour le dire***	Böll ***L'Honneur perdu de K. Blum***
			Hélias	***Le Cheval d'orgueil***	
1976	Barre succède à Chirac comme Premier ministre	**1976**	Simon	***Leçon de choses***	Marquez ***L'Automne du patriarche***
			Leiris	***Frêle Bruit***	
		1977	Barthes	***Fragment d'un discours amoureux***	
		1978	Perec	***La Vie mode d'emploi***	
			Tardieu	***Œuvres du Professeur Froeppel***	
1979	Révolution islamique en Iran	**1979**	Baudrillard	***De la séduction***	
1980	Reagan président des États-Unis	**1980**	Le Clézio	***Désert***	
			Navarre	***Le Jardin d'acclimatation***	Carpentier ***La Harpe et l'Ombre***
1981	Mitterrand président	**1981**	Gracq	***En lisant en écrivant***	
		1982	Depestre	***Alleluia pour une femme jardin***	Eco ***Le Nom de la rose***
1983	Recul de la gauche aux municipales	**1983**	Sallenave	***Un printemps froid***	
	Walesa prix Nobel de la Paix		Ernaux	***La Place***	
1984	Fabius succède à Mauroy	**1984**	Duras	***L'Amant***	
		1985	Leiris	***Langage Tangage***	
1986	Échec de la gauche aux législatives	**1986**	Cioran	***Exercices d'admiration***	
	Chirac Premier ministre				
1988	Réélection de Mitterrand	**1987**	Ernaux	***Une femme***	
	Majorité relative du P.S. à l'Assemblée	**1988**	Leiris	***À cor et à cri***	
		1989	Navarre	***Hôtel Styx***	

LEXIQUE

Abîme ou **Abyme** : en terme de blason, le centre de l'écu – où sont représentées les armoiries – est « mis en abîme » lorsqu'il simule lui-même un autre écu ; il y a « mise en abîme » du récit quand des éléments représentatifs de l'ensemble sont insérés dans le récit. Cf. p. 303.

Actant : tout ce qui est partie prenante dans le développement d'une action ; il peut s'agir d'êtres animés (les personnages), de collectivités (la nation), d'abstractions (la passion).

Allégorie : personnification d'une abstraction, par exemple : la Mort.

Allitération : répétition à des fins expressives du même phonème consonantique.

Anaphore : répétition d'un mot ou d'une formule au début de plusieurs vers ou phrases qui se suivent.

Anthropomorphisme : représentation de tout être ou objet sous des traits humains.

Antiphrase : figure de rhétorique qui consiste à exprimer le contraire de ce qu'on veut signifier.

Antithèse : figure de rhétorique qui rapproche dans un même énoncé deux termes désignant des réalités éloignées ou contraires (voir aussi **Dialectique**).

Aphorisme : maxime dont la formulation est très concise.

Apollinien : qui se caractérise par l'ordre, la mesure, la clarté raisonnable ; opposé à **dionysiaque,** qui exprime au contraire l'ivresse, l'inspiration débridée, la confusion exubérante. On doit cette distinction à Nietzsche.

Assonance : répétition, à des fins expressives, du même phonème vocalique.

Calligramme : poème où les vers sont disposés de façon à former un dessin.

Champ lexical : ensemble des termes renvoyant à une même réalité ou à un même concept.

Connotation/Dénotation : la connotation désigne ce que suggère un mot ou un propos, au-delà de son sens propre (dénotation), par suggestion ou allusion.

Contingent : qui peut arriver ou ne pas arriver, qui n'est ni nécessaire ni certain.

Dénotation : voir **Connotation.**

Déterminisme : doctrine selon laquelle tous les phénomènes, y compris ceux qui engagent les comportements individuels, dépendent de causes et de lois qui les provoquent nécessairement.

Diachronie/Synchronie : un phénomène est envisagé de façon diachronique quand on étudie son évolution dans le temps, et de façon synchronique quand on l'étudie à un moment précis, défini.

Dialectique : démarche intellectuelle qui affirme (thèse), puis critique (antithèse), le but étant finalement de dépasser les contradictions (synthèse).

Didascalie : indications scéniques accompagnant un texte de théâtre.

Diérèse : prononciation d'une diphtongue en deux syllabes distinctes ; ex. : le mot *passion,* dans ce cas, peut être décompté en trois syllabes. (Cf. **Synérèse.**)

Dionysiaque : voir **Apollinien.**

Ellipse : omission de termes (verbes, noms, conjonctions) faciles à suppléer. Dans un récit : absence, dans le suivi de la narration, d'un élément de la fiction.

Énonciation : production d'un énoncé dans une situation donnée.

Éthique : *adj.* : qui concerne la morale ; *subst.* : science qui détermine les principes moraux ou les fondements de la valeur.

Fantastique : contrairement au merveilleux•, qui s'exprime dans un univers utopique, factice et incroyable, le fantastique cherche à montrer les surprises de notre propre monde. Le lecteur est saisi par un doute, une incertitude créée par l'ambiguïté du récit et hésite entre une solution rationnelle et une solution irrationnelle.

Focalisation : voyez la fiche consacrée à la technique romanesque, p. 351.

Homophonie : similitude ou répétition des mêmes sons représentés par des signes différents ; la rime est une homophonie.

Hypallage : figure qui déplace les épithètes, en attribuant à un mot, dans une même phrase, ce qui convient à un autre : « nos pas argentins sur le sable muet » (Musset).

Idéalisme : en philosophie, système qui sur le plan de l'existence et de la connaissance ramène l'être à la pensée et les choses à l'esprit ; en esthétique, conception qui donne pour fin à l'art non l'imitation du réel, mais la représentation d'une nature idéale plus satisfaisante pour l'esprit et le cœur.

Incantation : récitation de formules dont les effets sont censés être magiques ; d'où, par extension, pouvoir obsédant des répétitions, surtout en poésie.

Itératif : un récit itératif raconte en une seule fois plusieurs événements considérés dans leur seule ressemblance.

Intertextualité : voir **Transtextualité.**

Lipogramme : texte où l'auteur s'est astreint à ne jamais employer telle ou telle lettre.

Lyrisme : forme de poésie destinée à être chantée avec accompagnement musical (souvent la lyre) ; par extension : expression des sentiments, des émotions.

Maïeutique : méthode dialectique• utilisée par Socrate (Ve s. av. J.-C.) pour conduire ses disciples à découvrir (littéralement à « accoucher ») par eux-mêmes la vérité.

Manichéisme : doctrine fondée sur la coexistence du Bien et du Mal. Par extension, attitude qui tranche définitivement et catégoriquement entre bien et mal, bon et mauvais, etc.

Merveilleux : dans le merveilleux, des événements surnaturels interviennent et sont acceptés comme tels, alors que dans le fantastique• le lecteur hésite entre une solution irrationnelle et une solution rationnelle.

Métaphore/Métonymie : la métaphore est une figure de style qui consiste à substituer un signifié à un autre signifié, tous deux étant dans un rapport de similitude. Dans la métonymie, ils sont dans un rapport de contiguïté (contenant/contenu ; partie/tout). Dans la comparaison ils gardent leur autonomie.

Mysticisme : croyances et pratiques se donnant pour objet une union intime de l'homme et de la divinité.

Narratologie : théorie du récit et des structures narratives.

Nihilisme : rejet de toute hiérarchie des valeurs et de toute conviction.

Niveau de langue : tonalité variable de l'expression, dépendant de la situation de communication et des données socioculturelles.

Oxymore : jonction, à des fins expressives, de deux mots ou notions contradictoires : « cette obscure clarté qui tombe des étoiles » *(Le Cid)*.

Pamphlet : court écrit satirique et violent inspiré par l'actualité ; *adj.* : pamphlétaire.

Panthéisme : doctrine surtout vulgarisée par Spinoza, selon laquelle Dieu et la Nature ne font qu'un : « deus sive natura ». En remplaçant ensuite la notion de Dieu par celle d'énergie de la vie matérielle, on débouche sur le matérialisme.

Parataxe : juxtaposition des phrases, sans expliciter les particules de coordination ou de subordination qui les lient.

Parodie : contrefaçon ou travestissement moqueur d'un ouvrage littéraire.

Paronomase : rapprochement de deux mots de son semblable, quoique de sens différents.

Pastiche : œuvre dans laquelle l'auteur a imité le style d'un maître, souvent dans une intention parodique.

Pathétique : *n.* ou *adj.* : qui suscite une forte émotion, la pitié, etc.

Périphrase : figure de style qui consiste à utiliser, au lieu d'un mot, un ensemble de mots qui forme le même sens ; ex. : « L'oiseau de Jupiter » pour « l'aigle ».

Personnification : figure de style qui consiste à faire d'un être inanimé ou d'une abstraction un personnage réel.

Phénoménologie : méthode qui consiste à décrire les choses telles qu'elles apparaissent au regard ou à la conscience, abstraction faite de jugement préalable ou de connaissance acquise.

Polysémie : un terme est polysémique quand, dans un contexte donné, il peut comporter plusieurs significations.

Pragmatisme : doctrine ou attitude qui justifie la pertinence d'une idée par l'utilité de ses applications pratiques.

Réception : accueil d'une œuvre par la critique, le public, la société.

Récurrence : répétition.

Redondance : tout phénomène de répétition superflue ou excessive dans l'élaboration du message.

Référent : l'objet réel ou imaginaire que désignent les mots ou les phrases : « cabot » et « toutou » ont le même référent, mais pas exactement le même sens, car la connotation• des deux mots est différente (péjorative/affectueuse).

Scepticisme : doctrine ou attitude qui pratique le doute systématique et refuse à l'intelligence humaine la possibilité d'atteindre la vérité.

Sémantique : *subst.* : étude du sens des mots ; *adj.* : relatif au sens. On appelle « champ sémantique » ou « réseau sémantique » les significations diverses qu'un terme est susceptible de prendre, grâce à sa polysémie• et à ses connotations•.

Simultanéisme : technique narrative consistant à présenter dans un même récit plusieurs actions parallèles (cf. pp. 278 et 359). Ce terme est emprunté à la peinture (cf. p. 66) et le procédé a pu être aussi imité en poésie : juxtapositions, collages, etc.

Sophisme : raisonnement spécieux, construit dans l'intention de tromper.

Synérèse : prononciation de deux syllabes distinctes en une seule émission de voix ; ex. : le mot *passion,* dans ce cas, peut être décompté en deux syllabes. (Cf. **Diérèse.**)

Synecdoque : figure métonymique• qui permet de désigner le tout par la partie (un « toit » pour une « maison ») ; l'objet par la matière (un « ivoire », une « fourrure ») ; le contenu par le contenant (une « bonne bouteille »).

Synesthésies : relations et concomitances de perceptions relevant de sens différents (son/parfum, par exemple). Voir les **Correspondances** baudelairiennes.

Synchronie : voir **Diachronie.**

Tragique : qui évoque une situation insoluble où l'homme prend douloureusement conscience d'un destin ou d'une fatalité qui pèse sur sa vie.

Transcendance : existence d'une réalité supérieure au visible et à l'expérience (par ex. une divinité, un destin).

Transtextualité : mise en évidence du fait que tout texte se relie à d'autres qui l'ont précédé (par exemple, parce qu'ils appartiennent au même genre, parce qu'ils se citent implicitement, parce qu'ils se parodient•, etc.). La réception• suppose que ces relations soient perçues, manifestes ou cachées. On parle aussi d'**Intertextualité.**

INDEX THÉMATIQUE

Condition de l'écrivain au XXe siècle

Solidaire et solitaire

Tous les grands écrivains de ce siècle ont exprimé, au moins une fois, leur situation par l'image **d'une double impasse** : d'un côté, l'impossibilité de s'abstraire de la vie sociale, des événements historiques et politiques ; de l'autre, les risques de compromission liés à un engagement et la nécessité, pour écrire une œuvre, de la solitude et de la distance. D'où un incessant va-et-vient entre des prises de positions contradictoires : Barrès ou Gide, qui firent d'abord l'apologie du « moi » et même d'une sorte d'égoïsme narquois, évoluent l'un en chantre du nationalisme, l'autre en sympathisant communiste. Camus, tenté par le plaisir de vivre ou par l'indifférence, proclame que l'écrivain est « embarqué » et qu'il doit « parler pour les hommes sans voix ». Les principaux Surréalistes, jouisseurs débridés et iconoclastes, seront bientôt des militants sourcilleux, s'excluant les uns les autres. Céline, dénonciateur de la bêtise universelle, sombre dans un antisémitisme virulent. Bref, Sartre n'a pas tort d'ironiser, dans *Les Mots* (cf. p. 455), sur la difficulté d'échapper à divers conditionnements sociaux et à la « mauvaise foi ».

Dans ce climat de versatilités et d'inconstances, les rares écrivains qui s'en tiennent à un seul choix finissent par souffrir de leur étiquette. C'est notamment le cas des écrivains collaborateurs des années 40 : aujourd'hui encore, ils sont mal lus, tels Drieu La Rochelle ou Brasillach. Ces flottements ne sont pas seulement liés aux idéologies et aux militantismes. L'écrivain, pour atteindre le public le plus large, doit être attentif aux mouvements de l'opinion. Quel que soit son idéal, il veut être lu et reconnu. Il lui faut passer par les canaux de la communication de masse dont les stratégies impliquent souvent quelque compromission. Dans le même temps, dès 1950, les grands maîtres à penser sont morts ou s'effacent : les philosophies à système cèdent la place au « bricolage » des sciences humaines.

Certes, on peut encore ne pas paraître et cultiver le silence. En fuyant l'action et les journalistes, en refusant les prix et tous les rites officiels, certains créateurs élaborent une œuvre secrète et forte, à petit tirage : telle est la condition de la plupart des poètes modernes et de quelques auteurs que personne ne lit, mais dont les spécialistes disent le plus grand bien. Mais ce mutisme lui-même est encore suspect car qui ne dit mot consent. Et ce siècle, plus que tout autre, a été assez fertile en aberrations et en horreurs pour que l'indifférence d'un écrivain puisse paraître non pas un aimable et sceptique dilettantisme, mais un aveuglement indécent.

EXTRAITS

Suffit-il de parler de soi ?

L'œuvre littéraire se détourne-t-elle de l'art pour devenir un véhicule d'idées ? Jean Paulhan y voyait un risque, et nommait « terrorisme » la critique qui juge l'écrivain sur son message ou ses engagements plutôt que sur son style ou son talent. D'autres saluent au contraire cette nouvelle fonction de l'écriture, considérée comme action, Sartre notamment, tandis que Marcel Arland doutait que le seul critère de la sincérité ou de l'aveu puisse être de quelque utilité à une définition de la littérature.

Vers l'absolue sincérité, voilà de quel côté s'orienteront sans doute les quatre ou cinq individus qui suffisent pour représenter, sinon pour exprimer une génération. C'est moins d'ailleurs une génération que des individus, qui nous peuvent maintenant intéresser ; il n'est plus aujourd'hui de véritable travail que solitaire. Le mot travail peut faire sourire ; rarement en effet on eut autant de méfiance envers l'art ; et je ne dis pas seulement envers les procédés artistiques, mais envers leur résultat, qu'on appelait autrefois la beauté ; méfiance envers les mots, les procédés d'investigation et de connaissance, envers l'intelligence comme envers la sensibilité, envers la personnalité.

Avant toute littérature il est un objet qui m'intéresse : moi-même. De cet objet, je cherche à m'approcher par les plus purs moyens qu'il me soit possible de trouver. La littérature, qui est le meilleur d'entre eux, ne nous séduit plus guère qu'en ses rapports avec nous-mêmes, et selon l'influence qu'elle peut avoir sur nous. Par là elle s'élève et s'abaisse à la fois ; car si le but que nous lui proposons est le premier en noblesse, elle n'en devient pas moins elle-même un moyen : moyen de nous connaître, moyen de nous éprouver (certaines expériences littéraires sont plus dangereuses que des expériences réelles).

Marcel Arland, *Sur un nouveau mal du siècle*, article de la N.R.F., 1924.

Tout a été dit[1]. Sans doute. Si les mots n'avaient changé de sens ; et les sens, de mots.

Jean Paulhan, *Clef de la poésie*, Gallimard, 1948.

(1) Cf. *Le XVIIe siècle*, p. 345.

Plaidoyer pour un art engagé

Ainsi le prosateur est un homme qui a choisi un certain mode d'action secondaire qu'on pourrait nommer l'action par dévoilement. Il est donc légitime de lui poser cette question seconde : quel aspect du monde veux-tu dévoiler, quel changement? L'écrivain « engagé » sait que la parole est action : il sait que dévoiler c'est changer et qu'on ne peut dévoiler qu'en projetant de changer. Il a abandonné le rêve impossible de faire une peinture impartiale de la Société et de la condition humaine. L'homme est l'être vis-à-vis de qui aucun être ne peut garder l'impartialité, même Dieu. Car Dieu, s'il existait, serait, comme l'ont bien vu certains mystiques, en *situation* par rapport à l'homme. Et c'est aussi l'être qui ne peut même voir une situation sans la changer, car son regard fige, détruit, ou sculpte ou, comme fait l'éternité, change l'objet en lui-même. C'est à l'amour, à la haine, à la colère, à la crainte, à la joie, à l'indignation, à l'admiration, à l'espoir, au désespoir que l'homme et le monde se révèlent *dans leur vérité.* Sans doute l'écrivain engagé peut être médiocre, il peut même avoir conscience de l'être, mais comme on ne saurait écrire sans le projet de réussir parfaitement, la modestie avec laquelle il envisage son œuvre ne doit pas le détourner de la construire *comme si* elle devait avoir le plus grand retentissement. Il ne doit jamais se dire : « Bah, c'est à peine si j'aurai trois mille lecteurs »; mais « qu'arriverait-il si tout le monde lisait ce que j'écris ? » Il se rappelle la phrase de Mosca devant la berline qui emportait Fabrice et Sanseverina[1] : « Si le mot d'amour vient à surgir entre eux, je suis perdu. » Il sait qu'il est l'homme qui nomme ce qui n'a pas encore été nommé ou ce qui n'ose dire son nom, il sait qu'il fait « surgir » le mot d'amour et le mot de haine et avec eux l'amour et la haine entre des hommes qui n'avaient pas encore décidé de leurs sentiments. Il sait que les mots, comme dit Brice Parain[2], sont des « pistolets chargés ». S'il parle, il tire. Il peut se taire, mais puisqu'il a choisi de tirer, il faut que ce soit comme un homme, en visant des cibles et non comme un enfant, au hasard, en fermant les yeux et pour le seul plaisir d'entendre les détonations. Nous tenterons plus loin de déterminer ce que peut être le but de la littérature. Mais dès à présent nous pouvons conclure que l'écrivain a choisi de dévoiler le monde et singulièrement l'homme aux autres hommes pour que ceux-ci prennent en face de l'objet ainsi mis à nu leur entière responsabilité. Nul n'est censé ignorer la loi parce qu'il y a un code et que la loi est chose écrite : après cela, libre à vous de l'enfreindre, mais vous savez les risques que vous courez. Pareillement, la fonction de l'écrivain est de faire en sorte que nul ne puisse ignorer le monde et que nul ne s'en puisse dire innocent.

Jean-Paul Sartre, *Qu'est-ce que la littérature ?*, Gallimard, 1948.

(1) Cf. *Le* XIXe *siècle*, p. 257.
(2) Linguiste, auteur de recherches sur la nature et la fonction du langage; 1897-1971.

Écrire : un art ou une arme ?

Marcel Arland vise surtout le mouvement Dada et la spontanéité agressive des Surréalistes : aidez-vous des pp. 82 à 102 pour trouver des exemples de ce qu'il dénonce.

Le point de vue de Sartre se développe en une argumentation serrée : la parole-action, l'écriture qui fige et crée une vérité ; d'où la responsabilité universelle de l'écrivain, et la définition même de sa fonction. Malgré la rigueur du raisonnement, notez qu'il s'agit alors de voir dans le texte un contenu et que le travail critique visera l'idéologie des œuvres, explicite ou masquée. À vous de voir si c'est là tout le sens de l'activité littéraire. Et voyez p. 360.

document

Un des sens de l'histoire de demain est la lutte, déjà commencée, entre les conquérants et les artistes. Tous deux se proposent pourtant la même fin. L'action politique et la création sont les deux faces d'une même révolte contre les désordes du monde. Dans les deux cas, on veut donner au monde son unité. [Mais le] conquérant veut que l'autre n'existe pas, son monde est un monde de maîtres et d'esclaves, celui-là même où nous vivons. Le monde de l'artiste est celui de la contestation vivante et de la compréhension.

Albert Camus, *Actuelles*, I, Gallimard, 1950.

Le grand chambardement

Il est évidemment vain de faire aux seuls écrivains le reproche de ces évolutions. **L'art est** toujours **reflet de l'époque.** Ballotté par les turbulences de l'Histoire, pris dans un processus d'accélération difficile à maîtriser, confronté partout à la mondialisation des conflits et des problèmes économiques ou humains, le XXe siècle a apporté, en moins de cent ans, plus de changements que toute la durée des temps depuis la Création. Les deux conflits mondiaux ont laissé des traces profondes dans notre littérature. Et, si le premier fut parfois le prétexte à des propos humanistes édifiants, héroïques, promettant un « plus jamais ça », la guerre de 39-45 a sonné le glas définitif d'une certaine bonne conscience. Les camps d'extermination ou la bombe d'Hiroshima ont traumatisé à jamais les esprits.

À cette pression de l'événement, qui bouscule les narcissismes et les illusions, se joint une nouvelle ouverture sur l'étranger. La facilité des voyages, des communications et de l'accès aux textes favorise la découverte d'auteurs nouveaux, dont l'influence va se faire sentir. Les chiffres sont clairs : le nombre de traductions passe de 600 (1930) à 1 800 (1960) pour atteindre plus de 4 000 au début des années 80. Ces éclairages nouveaux viennent surtout des pays anglo-saxons (Joyce, Eliott), d'Allemagne (Brecht, Mann, Musil, Böll), d'Amérique latine (Borges, Garcia Marquez, Neruda) ou des États-Unis (Hemingway, Dos Passos, Faulkner, Steinbeck, Miller), voire d'Union soviétique (Gorki, Soljenitsyne). Avec une culture moins étroite, nos écrivains sont tentés par le voyage. Le cosmopolitisme semble alors faire partie de la condition même de l'écriture d'une œuvre : on parcourt l'Europe et la Russie (Malraux, Bernanos, Gide, Kessel, Morand, Cendrars...) ; l'Afrique noire (Gide, Céline, ou Conchon) ou l'Afrique du Nord (pensons aux « pieds noirs » Camus, Roy, Roblès) ; les États-Unis (Duhamel, Claudel, Morand...) et l'Orient (Loti, Segalen, Claudel, Malraux...). De même, ce métissage culturel provoque la naissance d'une littérature francophone en Afrique, aux Antilles, au Canada.

EXTRAIT

Une des caractéristiques de la littérature du XXe siècle : la conscience historique ou, plus exactement, le sentiment tragique d'un devenir précipité et absurde. L'écrivain est un « être-dans-l'histoire ».

La création romanesque la plus originale de ce siècle, celle de Proust, n'a-t-elle pas trouvé le principe même de l'angoisse humaine dans une méditation tragique sur le temps, et le secret de la poésie qui l'exorcise dans une exploitation lyrique des trésors de la mémoire ?

Ainsi, par les voies propres de la culture et par les progrès de l'intelligence, l'être-dans-l'histoire tendait à devenir la conscience du XXe siècle. Mais cette conversion de l'esprit au temps n'aurait pas été sans doute aussi rapide et complète, ni surtout aussi pathétique, si les événements n'y avaient prêté leur pente. Durant une période tranquille, où les mœurs changent peu et lentement, où les lois sont stables, où les principes en tout ordre, politique, moral, philosophique, religieux, paraissent assurés, il est normal que les hommes se reposent dans l'illusion d'échapper aux atteintes du temps et se fassent moins de souci pour leur propre histoire : ils croient à la fixité de leur nature, et s'y sentent conformes ; embarqués sur une civilisation qui tient bien la mer, ils voient les choses sous un aspect, sinon d'éternité, au moins de permanence, de solidité. Rien ne les empêche d'être des humanistes et des classiques, c'est-à-dire de se fier à une continuité de l'humain, de scruter le passé pour y trouver des règles et des exemples, et d'attendre dans la sénérité un avenir qui ne dissipera pas leurs biens. L'histoire ne les intéresse que sous la forme d'un discours logique, abstrait et universel. [...]

Il en va tout autrement dans les époques de bouleversements, de chutes des empires, des cataclysmes menaçants, de crises des consciences et des mœurs : alors, sur les vagues où tout peut sombrer, tout est remis en question ; l'esprit engagé dans la matière et dans le temps sent sur lui la pesée de l'univers, l'enveloppement du destin ; l'homme découvre qu'il a une aventure, tragique et non logique : une histoire ; il en est fier et déchiré.

Pierre-Henri Simon, *L'Esprit et l'Histoire*, Payot, 1969.

L'écrivain, « être-dans-l'histoire »

Quelles sont les périodes tranquilles dont parle P.-H. Simon ? Proposez des exemples d'œuvres du passé qui puissent illustrer tout le deuxième paragraphe. Sans doute est-il illusoire de croire que la littérature ait jamais été « hors de l'histoire » : il suffit de lire les œuvres comme le propose Sartre dans le texte précédent. Il faut plutôt insister sur le caractère « tragique et non logique » de l'histoire moderne.

Le poids des sciences et des techniques

Pris dans l'effervescence des événements et des nouveaux modèles, l'écrivain est légitimement pris de doute face à la validité des idéologies - dont il voit les ravages. Il lui semble, dès lors, qu'il est moins urgent d'embrasser une option politique, religieuse ou philosophique. En revanche il se tourne vers des réalités plus mesurables. Le mépris des techniques modernes ou des sciences exactes (si cher à Gautier ou Baudelaire) n'est plus de saison. Bien au contraire, **les écrivains subissent l'attraction des nouveaux savoirs**. Le cinéma exerce une double influence : il imprime ses méthodes à l'écriture, notamment romanesque, et il sert d'expression à des écrivains (Malraux, Duras, Robbe-Grillet). De même l'ère de la relativité se traduit par une nouvelle conception du temps et de l'espace dans le roman (le Nouveau Roman). Ce sont surtout les sciences humaines qui viennent se fondre avec la littérature, soit que des chercheurs écrivent avec talent (Lévi-Strauss), soit que les auteurs – et plus encore les critiques – exploitent de nouveaux moyens d'investigation (psychanalyse, grammatologie). Cette fusion est telle que les grands mouvements littéraires du xxe siècle sont désignés par des étiquettes venues d'autres domaines : existentialisme (philosophie) ou structuralisme (linguistique et ethnologie), par exemple.

C'est surtout l'étude de la langue comme mécanisme objectif qui pèse de manière décisive sur la création littéraire. L'artiste est moins un doux rêveur qu'un analyste patient des structures du langage (Valéry) ou qu'un linguiste virtuose (Leiris, Ionesco, Queneau). L'œuvre littéraire devient alors une partition à déchiffrer (Barthes ; le Nouveau Roman) et la poésie fait rendre gorge à la syntaxe, voire au mot, au risque de la dispersion et de l'impasse. L'idée même de message perd de son intérêt, puisqu'il s'agit d'un travail formaliste, d'un jeu plastique, où le lecteur pourra édifier des sens à son gré. Les excès de ces œuvres de laboratoire expliquent sans doute le retour au réel qui se dessine en fin de siècle, en littérature comme en peinture, les deux phénomènes s'étant développés conjointement (voyez Apollinaire et Picasso, par exemple). En revanche, si l'œuvre n'est plus porteuse d'un sens préalable précis, le lecteur est invité à construire des significations. Une nouvelle conception de la lecture, plus active, créatrice, se dessine.

Sensible aux sciences, l'écrivain sait bien que d'autres ont écrit avant lui et il se tourne peut-être vers la géométrie langagière parce qu'il ressent une forme d'exténuation de l'esprit créatif. Nombreux sont les auteurs qui écrivent pour dire qu'il n'y a rien à dire – sinon ce rien lui-même : Michaux, Blanchot, Beckett. Aussi préfère-t-on « réécrire », au besoin en parodiant (Proust, Queneau, Tardieu). Le « génie » personnel est englouti dans une vaste « intertextualité » : tout texte se relie à quelque autre. Là encore, le structuralisme a exercé son influence. On comprend alors pourquoi le xxe siècle est surtout celui de la critique littéraire, pour qui l'œuvre est un rébus. Jamais on n'a autant parlé et écrit à propos de la littérature, quitte à décourager le lecteur « naïf », au point que la critique est devenue un genre littéraire à part entière (Bachelard, Barthes, Blanchot, Butor, Rousset, Richard, Starobinski, etc.).

EXTRAIT

Face aux excès d'une création et d'une critique littéraires trop influencées par les mécanismes des formes, des fonctions, des structures, des techniques du langage, voici l'exemple d'une protestation, en faveur d'une littérature qui en revienne à la personne et au chant du monde.

Valéry disait que la littérature est un exercice de langage[1]. Il avait raison. Il voulait exclure de la littérature tout ce qui est contingence, évidence, style d'information. C'était son droit. Ce catharisme[2], cette quête d'une pureté essentielle de la littérature aboutit souvent à la création d'un espace verbal raréfié, où la littérature cesse d'être communicable et donc, à la limite, cesse d'être. C'est autre chose que l'on voit s'élaborer à la place de la littérature évanouie : une forme linguistique sans références ni application perceptible, une abstraction qui ne renvoie qu'à elle-même. Or, nous constatons qu'une partie importante des Lettres actuelles tend précisément vers cela : constituer, hors de toute référence existentielle, un objet verbal, ou langagier, hermétiquement clos sur lui-même – un système fermé, autonome, impénétrable. Cette tendance se manifeste d'abord par une répugnance à la fiction, ou plus exactement au romanesque, par une série de proscriptions visant à éliminer en premier lieu la psychologie et l'histoire, l'« intrigue ». Le vocabulaire analogique, « l'adjectif viscéral ou incantatoire » sont frappés de suspicion, puisqu'ils nimbent d'un halo d'anthropomorphisme• l'innocence des choses. L'humanisme est tenu pour mystificateur : en effet, il habille le monde de significations rassurantes, au lieu de le décrire, honnêtement, dans son irréductible opacité. De toutes ces déclarations d'intentions, de ces esthétiques du dépouillement, de l'ascèse, se dégage peu à peu la notion de la littérature comme Forme pure. L'écrivain n'a rien à dire, il n'a qu'une manière de dire, il fait surgir quelque chose du néant, l'essence d'un livre est son écriture même, la façon dont le langage y est manipulé, et rien d'autre.

(1) Cf. p. 71.
(2) Forme excessive de pureté, comme celle des Cathares, secte hérétique du Moyen Âge.

Claude Mauriac nomme « alittérature » cette littérature d'où les significations sont expulsées ; et ce n'est peut-être pas un hasard si, au moment où l'on parle d'« alittérature », on parle aussi de l'éventualité de formes littéraires qui seraient programmées sur ordinateur et qui n'exigeraient plus la participation d'un écrivain, puisque le programme serait mis au point par une équipe de techniciens du langage. C'est là une perspective qui aurait enchanté Valéry : l'expérimentation sans fin sur le langage, par le moyen d'un cerveau géant et infatigable, théoriquement capable d'en épuiser toutes les combinaisons. Et Mallarmé(3) n'aurait-il entrevu dans cette perspective la possibilité d'aboutissement au Livre qui dispenserait de tous les livres ?

En attendant l'entrée en grande pompe des ordinateurs, on voit déjà que nombre d'écrivains, aujourd'hui, pratiquent la littérature comme une réflexion sur la littérature, sur les moyens de la création – par exemple, le roman est quête du roman, tentative de se constituer comme roman ; la poésie est quête de la poésie, rituel langagier ; le théâtre est recherche d'une forme théâtrale. Tout se passe comme si la littérature se détournait soudain du monde pour se replier sur elle-même et se nourrir de sa propre substance ; et cette autodévoration est désignée par la critique la plus avancée, non point comme une phase provisoire, destinée à être surmontée, mais comme l'accession à l'âge adulte, l'épanouissement d'une longue évolution au terme de laquelle, après s'être égarée « naïvement » dans les voies de l'interprétation du monde, la littérature trouverait enfin son autonomie.

(3) Cf. *Le XIXe siècle*, p. 518.

Jean-Louis Curtis, *Questions à la littérature*, Stock, 1973.

Contre le formalisme abstrait

Cette réaction proteste surtout contre les excès d'une certaine poésie et contre le Nouveau Roman, d'où la référence à Valéry, père du formalisme, et à Mauriac apôtre au contraire du roman psychologique – que Sartre mettra violemment en cause : cf. p. 359. La pique finale contre la critique est sans doute tout l'enjeu de cette dénonciation. Au demeurant, il est peut-être caricatural d'opposer systématiquement d'un côté l'humanisme (supposé amateur d'intrigue et de psychologique) et, de l'autre, le travail « ascétique de la forme ». Voyez Char ou Beckett, pour prendre un exemple.

document

La bibliothèque de Babel : J.-L. Borges

Personne n'a mieux incarné, en ce siècle, le cosmopolitisme de la création littéraire (p. 13) et sa géométrie variable (p. 14), que J.-L. Borges (né à Buenos-Aires, 1899-1986). Dans la très riche littérature d'Amérique latine (G. Garcia Marquez, J. Cortazar, C. Fuentes, M. Vargas Llosa), Borges occupe une place à part : comme l'adjectif « kafkaïen », l'adjectif « borgésien » désigne toute une vision du monde. Renonçant à une littérature explicite, froidement et uniment narrative, Borges voit la création comme une réserve de formes, une « fiction » utopique, où le lecteur viendra s'égarer et construire des sens possibles. Pour obtenir cette fonction allégorique•, les nouvelles de Borges, depuis *Fictions* (1944) reprennent les thèmes récurrents qui suggèrent un univers fantastique• Labyrinthes, jeux de miroirs, mises en abyme•, indécision entre le réel et le rêve, tournent sans cesse autour d'un secret obsédant et indicible : l'infini, l'absolu, le sens caché de la totalité du monde, la « clé » conduisant à une révélation... Parmi bien des perspectives possibles, on retiendra seulement ici **la fascination borgésienne du Livre.** « Ecrire un livre, un chapitre, une page, un paragraphe, qui soit tout pour tous les hommes... », telle est l'ambition avouée de Borges : le livre est pour lui un monde et le monde est un livre. Sa nouvelle *La bibliothèque de Babel* (dans *Fictions*) débute ainsi : « L'univers (que d'autres appellent la Bibliothèque)... »

Plutôt que de s'essoufler à tenter, dans d'énormes romans, de rattraper l'infini du monde, Borges préfère le suggérer dans la forme brève du poème ou de la nouvelle, jouant sur les ellipses, les suggestions et les combinatoires. Un de ses procédés favoris consiste à présenter son texte comme le résumé ou le commentaire érudit de livres supposés beaucoup plus complexes : des encyclopédies imaginaires, par exemple. Une autre forme de l'infini est celle que suggère « le livre de sable », dont le nombre de pages est illimité. Dans *L'Aleph*, un objet mystérieux enferme en lui tout l'univers. Dans *UNDR* ou dans *Le Miroir et le masque*, le héros se consacre à la recherche du mot unique et absolu qui résume tout et dont la révélation incommunicable ne peut s'accomplir que dans la mort.

C'est donc dans l'œuvre de Borges que s'exprime le mieux, sans doute, la fascination contemporaine devant les pouvoirs de l'écriture, et l'ambition mallarméenne de voir le monde aboutir à un livre (cf. la note 3, ci-dessus).

Reportez-vous aussi à la fiche « influences/convergences », p. 445.

Les réseaux de la diffusion

Les pressions conjugées de l'histoire et des sciences modifient profondément le statut de l'écrivain. Mais ce sont les conditions mêmes de la diffusion qui créent une réception• radicalement nouvelle.

Avant tout, le public s'élargit, donc les tirages. La démocratisation de l'enseignement provoque un gonflement des lecteurs obligés ou potentiels : entre 1960 et 1989, le nombre des étudiants s'est multiplié par cinq pour avoisiner le million, dont un tiers de « littéraires ». Ce n'est plus une frange cultivée de la société qui est touchée par la diffusion des livres : les bibliothèques, les bibliobus, les Comités d'entreprise atteignent un public nouveau. Dans le même temps, les collections bon marché, tel le Livre de Poche, se multiplient. Relayée par les médias, par des émissions de télévision comme « Apostrophes », la production du livre est entrée dans le circuit commercial à grande échelle qui caractérise les sociétés de consommation, tandis que la censure de l'État disparaît peu à peu totalement.

L'écrivain est donc obligé de collaborer étroitement avec ceux qui l'éditent et qui assurent sa promotion. Il participe bon gré mal gré aux polémiques et aux concurrences, celles de la critique, celles de la course aux prix, ou celles des idées, tout simplement. Car, en se mêlant de plus en plus au monde des médias, l'écrivain doit sans cesse jouter, plaire, s'expliquer. Dans le débat oral et public, il n'est guère question de la forme ou de la qualité de l'écriture : on s'explique surtout sur ses thèses, sur l'histoire racontée. Les poètes sont donc éliminés, comme les chercheurs. La littérature se confond alors avec les idées, le brio, et oscille entre le pamphlet• et la confession.

Ainsi, bien que le nombre des écrivains professionnels reste stable en France (2 500 environ), leur métier n'est plus le même. La plupart ont d'abord une autre profession : professeurs, diplomates (Claudel, Saint-John Perse, Giraudoux, Morand) ou médecins (Céline), par exemple. Plus généralement, ils vivent de ce qui est « autour » de la littérature : traductions, adaptations, émissions de radio ou de télévision, lectures, critiques, journalisme, politique etc. Aussi doivent-ils être parisiens, le plus souvent.

L'élargissement du public et la consommation rapide des informations expliquent aussi la marginalisation des genres difficiles (poésie) ou liés à un mode de diffusion restreint (théâtre). C'est le roman (surtout historique et porteur de témoignages) qui se taille la part du lion. On sait que ce genre peut facilement dégénérer. Mais il résiste mieux à la concurrence du cinéma, d'autant que les romanciers écrivent souvent avec l'espoir d'une adaptation cinématographique. De même, des « sous-genres » ou des nouveaux genres s'imposent, notamment le roman policier, la science-fiction et, plus encore, la bande dessinée. Autrement dit, les gens de lettres ont profondément changé de statut social, et les œuvres évoluent pour satisfaire un lecteur moins exigeant mais plus dévorant.

EXTRAIT

Julien Gracq (cf. p. 388), qui refuse d'être imprimé en livre de poche et qui, en 1951, n'accepta pas le prix Goncourt, s'insurge contre les médias, les critiques et les jurys qui contribuent, à ses yeux, à une confusion entre la littérature et le commerce. C'est au cœur et à l'esprit d'apprécier une œuvre écrite, non « à l'estomac ».

On avait devant soi ce spectacle turlupinesque : des jockeys de Grand Prix en train de chevaucher des limaces.

Nous en sommes à peu près là. La demande harcelante de grands écrivains fait que presque chaque nouveau venu a l'air de sortir d'une forcerie : il se dope, il se travaille, il se fouaille des côtes : il veut être à la hauteur de ce qu'on attend de lui, à la *hauteur de son époque*. Le critique, lui, n'en veut pas démordre : coûte que coûte il *découvrira*, c'est sa mission – *ce n'est pas une époque comme les autres* – chaque semaine il lui faut quelque chose à jeter dans l'arène à son de trompe : un philosophe tahitien, un graffiti de bagnard – Rimbaud *redivivus*[1] ; on dirait parfois, au milieu de la fiesta rituelle et colorée qu'est devenue notre « vie littéraire », un trompette affolé qui sonnerait tout par peur d'en passer : la sortie du taureau de course et celle du cheval de picador. Aussi voit-on trop souvent en effet la « sortie » d'un écrivain nouveau nous donner le spectacle pénible d'une rosse efflanquée essayant de soulever lugubrement sa croupe au milieu d'une pétarade théâtrale de fouets de cirque – rien à faire ; un tour de piste suffit, il *sent l'écurie* comme pas un, il court maintenant à sa mangeoire ; il n'est plus bon qu'à radioter, à fourrer dans un *jury littéraire* où à son tour il couvera l'an prochain quelque nouveau « poulain » aux jambes molles et aux dents longues. (Puisque j'en suis aux prix littéraires, et avec l'extrême méfiance que l'on doit mettre à solliciter son intervention dans les lieux publics, je me permets de signaler à la police, qui réprime en principe les attentats à la pudeur, qu'il est temps de mettre un terme au spectacle glaçant d'« écrivains » dressés de naissance sur leur train de derrière, et que des sadiques appâtent aujourd'hui au coin des rues avec n'importe quoi : une bouteille de vin, un camembert – comme ces bambins piaillants qu'on faisait jadis plonger dans le bassin de Saint-Nazaire en y jetant une pièce de vingt sous enveloppée dans un bout de *papier journal*.)

(1) « ressuscité »

Julien Gracq, *La Littérature à l'estomac*, dans *Préférences*, Corti, 1961.

La poésie

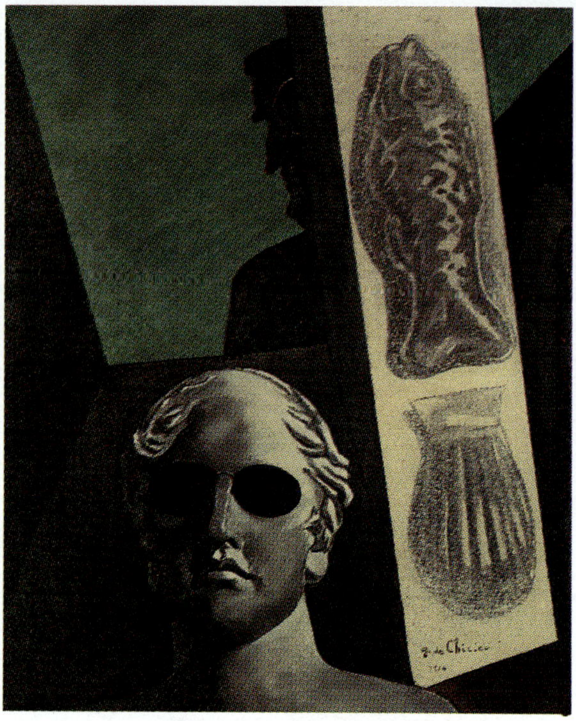

Giorgio De Chirico (1888-1978), *Portrait prémonitoire d'Apollinaire,* ph. M.N.A.M.G.P., S.P.A.D.E.M. ▲

◄ Douanier Rousseau (1844-1910), *La Muse inspirant le poète (Marie Laurencin et Guillaume Apollinaire),* Musée de Bâle, ph. Giraudon.

 Apollinaire, l'ami des peintres – et l'amant de Marie Laurencin

Robert Delaunay (1885-1941), *Tour Eiffel,* 1926, Musée d'Art Moderne de la Ville de Paris, ph. Giraudon, A.D.A.G.P.

Marcel Duchamp (1887-1968), *Nu descendant un escalier,* 1911, ph. M.N.A.M.G.P., A.D.A.G.P.

Le cubisme cherche d'abord à faire saisir la chose et le mouvement sous plusieurs angles simultanés, en jouant avec des formes géométriques ou simplifiées. Ainsi Duchamp restitue-t-il le dynamisme et le rythme. Delaunay y ajoute les contrastes des couleurs. La juxtaposition est, de même, une façon de décomposer pour susciter un regard plus actif, plus étonné. Le collage n'est pas loin...

Georges Braque (1882-1963), *Composition à l'as de trèfle,* 1911, Musée d'Art Moderne de la Ville de Paris, ph. Giraudon, A.D.A.G.P.

Marie Laurencin (1885-1956), *Apollinaire et ses amis,* 1909, ph. M.N.A.M.G.P., A.D.A.G.P.

Max Ernst (1891-1976), *Au rendez-vous des amis*, 1922, Musée de Hambourg, ph. Giraudon, S.P.A.D.E.M. ▲

Giorgio De Chirico (1888-1978), *Mélancolie*, 1912, ph. M.N.A.M.G.P., S.P.A.D.E.M. ▼

Max Ernst (1891-1976), *Le Jardin de la France,* coll. part., ph. Lauros-Giraudon, S.P.A.D.E.M. ▲

◀ Lajos Tihanyi (1885-1938), *Portrait de Tristan Tzara,* ph. J.-L. Charmet, S.P.A.D.E.M.

Francis Picabia (1879-1953) *Udnie, Jeune Fille américaine,* M.N.A.M.G.P., ph. Lauros-Giraudon, S.P.A.D.E.M. ▼

Max Ernst (1891-1976), *Trente-Trois Jeunes Filles à la poursuite d'un papillon blanc,* 1958, Lugano, coll. Thyssen-Bornemisza, ph. Giraudon, S.P.A.D.E.M.

◀ Étienne Hajdu (né en 1907), *Les Grandes Demoiselles*, ph. de l'artiste.

Nicolas de Staël (1914-1955), *Paysage méditerranéen*, 1953, coll. Thyssen-Bornemisza, Lugano, ph. Giraudon, A.D.A.G.P. ▲

Amedeo Modigliani (1884-1920), *Portrait de Dedie*, 1918, ph. M.N.A.M.G.P. ▶

L'abstraction n'est pas le fruit gratuit d'une arbitraire aridité. Elle continue une logique de la stylisation plastique. Tandis que N. de Staël rythme de grands aplats colorés, dans des dominantes nées de l'azur et de la mer, E. Hajdu (cf. p. 67 et p. 269) privilégie le galbe et le mouvement, en des formes féminines simples et superbes. Matisse cherche, de même, l'ondulation d'une ligne qui saisisse d'un trait toute la sensualité de la vie. Modigliani trace le dessin net et doux de visages qui rappellent des anges gothiques. Chacun à sa manière vise, ici, à une pureté, pudique et rayonnante.

Henri Matisse (1869-1954), *Nu bleu II*, 1952, ph. M.N.A.M.G.P., Claude Duthuit. ▲

Piet Mondrian (1872-1944), *Composition II*, 1937, ph. M.N.A.M.G.P., S.P.A.D.E.M. ▼

L'attrait du bizarre et du mystère conduit les surréalistes à s'intéresser à l'univers onirique (cf. pp. 90 et 95). Le rêve est une seconde vie, où l'expérience poétique s'épanche sans entraves. Michaux essaiera même l'hypnose et la drogue (p. 143).

Salvador Dali (1904-1989), *Le Rêve,* 1931, ph. M.N.A.M.G.P., Demart pro Arte BV – A.D.A.G.P.

Henri Michaux (1899-1984), *Sans titre,* 1939, ph. M.N.A.M.G.P., A.D.A.G.P.

Henri Michaux (1899-1984), *Le Prince de la nuit,* 1937, M.N.A.M.G.P., ph. Lauros-Giraudon, A.D.A.G.P.

La poésie

Échos du symbolisme (1895-1914)

Flottements et agonie

Dans les dernières années d'illusion qui précèdent le grand cataclysme de 1914, les jeunes écrivains baignent tous dans l'effervescence raffinée du symbolisme. Chacun à leur tour, ils s'engagent dans la carrière littéraire en publiant un recueil de poèmes : Jules Romains en 1904, Georges Duhamel en 1907, François Mauriac en 1910, etc., imitent André Gide (cf. p. 300) ou Charles Maurras (cf. p. 26) qui s'étaient d'abord fait connaître comme versificateurs dès les années 1890. C'est que la poésie, après Verlaine et Rimbaud, jouit d'un grand prestige. Les Revues spécialisées sont innombrables (cf. document p. 31). Les manifestations, conférences et proclamations se multiplient, à commencer par le Congrès des Poètes de 1901. Et c'est de cette nébuleuse que sortiront bientôt quelques personnalités exceptionnelles, aussi différentes que Valéry (cf. p. 70), Apollinaire (cf. p. 52) ou Claudel (cf. p. 47). De même, une telle vogue, volontiers agitée et fantaisiste, prépare les revendications libertaires de l'Esprit Nouveau (cf. p. 62) et du Surréalisme (cf. p. 84).

Mais le sillage du symbolisme a des contours très flous. La multiplication des préfaces et manifestes n'aide guère à y voir plus clair, d'autant que les poètes eux-mêmes évoluent et ont tôt fait de renoncer à telle doctrine qu'ils adulaient d'abord : d'abord attachés à une versification précieuse et parnassienne (cf. *Le XIXe siècle*, p. 278), la plupart en viendront au vers libre, tandis que leur poésie se met au service de l'humanisme, fuyant peu à peu un idéalisme • trop délicat et snob. Car l'histoire commande. Aux raffinements encore décadents de H. de Régnier ou de Stuart Merrill, la montée des périls guerriers, la conscience sociale, les développements techniques du monde moderne, etc., vont substituer une poésie plus nourrie des réalités humaines ou industrielles. De fait, les symboles seront moins empruntés aux lys ou aux âmes qu'à la ville ou aux choses de la vie.

EXTRAITS

La cohabitation de diverses tendances en 1900 : d'un côté des langueurs « fin de siècle » et un vers souple et précieux ; de l'autre un désir de dire un monde moderne, insolite, sourd, inquiétant.

Ballet

À Gustave Moreau.

En casques de cristal azur, les baladines,
Dont les pas mesurés aux cordes des kinnors
Tintent sous les tissus de tulle roidis d'ors,
Exultent de leurs yeux pâles de paladines.

Toisons fauves sur leurs lèvres incarnadines,
Bras lourds de bracelets barbares, en essors
Tentants vers la lueur lunaire des décors,
Elles murmurent en malveillantes sourdines :

« Nous sommes, ô mortels, danseuses du Désir,
Salomés dont les corps tordus par le plaisir
Leurrent vos heurs d'amour vers nos pervers arcanes,

Prosternez-vous avec des hosannas, ces soirs !
Car, surgissant dans des aurores d'encensoirs,
Sur nos cymbales nous ferons tonner vos crânes. »

Stuart Merrill (1863-1915), *Les Fastes*, Mercure de France, 1900.

Le jardin mouillé

La croisée est ouverte : il pleut
Comme minutieusement,
À petit bruit et peu à peu,
Sur le jardin frais et dormant.

Feuille à feuille, la pluie éveille
L'arbre poudreux qu'elle verdit ;
Au mur, on dirait que la treille
S'étire d'un geste engourdi.

L'herbe frémit, le gravier tiède
Crépite et l'on croirait là-bas
Entendre sur le sable et l'herbe
Comme d'imperceptibles pas.

Le jardin chuchote et tressaille,
Furtif et confidentiel ;
L'averse semble maille à maille
Tisser la terre avec le ciel.

Il pleut, et, les yeux clos, j'écoute,
De toute sa pluie à la fois,
Le jardin mouillé qui s'égoutte
Dans l'ombre que j'ai faite en moi.

Henri de Régnier (1864-1936), *Les Médailles d'argile*, Mercure de France, 1900.

Se regardant avec les yeux cassés de leurs fenêtres
Et se mirant dans l'eau de poix et de salpêtre
D'un canal droit, marquant sa barre à l'infini,
Face à face, le long des quais d'ombre et de nuit,
Par à travers les faubourgs lourds
Et la misère en pleurs de ces faubourgs,
Ronflent terriblement usines et fabriques.

Rectangles de granit et monuments de briques,
Et longs murs noirs durant des lieues,
Immensément par les banlieues ;
Et sur les toits, dans le brouillard, aiguillonnées
De fers et de paratonnerres,
Les cheminées.

Émile Verhaeren (1855-1916), *Visages de la Vie*, 1899.

Comparez

S. Merrill retrouve le thème décadent de Salomé (cf. *Le XIXe siècle*, p. 526) : luxe, préciosité, désir et perversité, recours aux vocables rares et sonnants, cadre du sonnet, cher à Mallarmé. Notez la dédicace à Gustave Moreau : faites le rapprochement.

H. de Régnier joue surtout sur les harmonies imitatives (allitérations • et assonances • ; rythme accentuel suggestif ; diérèse • au v. 2, etc.) pour définir, par un jeu de substitution, un état d'âme (vocabulaire humain appliqué à la nature et inversement) : le jeu symbolique est total et replié sur soi.

E. Verhaeren conserve la méthode symboliste du rapprochement homme/nature, mais le milieu a changé. Notez surtout les traits propres au monde moderne.

Ce mélange des genres va rapidement évoluer vers des scissions assez nettes et vers l'apparition d'un courant néo-réaliste (cf. p. 39). Mais, dans les premières années de ce siècle, le symbolisme se prolonge. Le prestige dont jouissent les poètes qui s'en réclament directement est immense. C'est notamment le cas d'**Anna de Noailles** (1876-1933), célèbre et adulée, entourée d'amies qui, comme elle, assurent, sous forme d'une poésie féminine, la continuité du lyrisme• symboliste, telles que Gérard d'Hourville (fille de J.-M. de Heredia) ou Renée Vivien.

EXTRAIT

Il fera longtemps clair ce soir...

Il fera longtemps clair ce soir, les jours allongent,
La rumeur du jour vif se disperse et s'enfuit,
Et les arbres, surpris de ne pas voir la nuit,
Demeurent éveillés dans le soir blanc, et songent...

Les marronniers, sur l'air plein d'or et de lourdeur,
Répandent leurs parfums et semblent les étendre ;
On n'ose pas marcher ni remuer l'air tendre
De peur de déranger le sommeil des odeurs.

De lointains roulements arrivent de la ville...
La poussière, qu'un peu de brise soulevait,
Quittant l'arbre mouvant et las qu'elle revêt,
Redescend doucement sur les chemins tranquilles.

Nous avons tous les jours l'habitude de voir
Cette route si simple et si souvent suivie,
Et pourtant quelque chose est changé dans la vie,
Nous n'aurons plus jamais notre âme de ce soir...

Anna de Noailles, *Le Cœur innombrable*, Grasset, 1901.

Un poème « passéiste »

Une nature à l'écart du réel ; un état d'âme dolent et indéfinissable ; une langue riche et régulière (seul petit écart : un enjambement au v. 13) ; la nostalgie un peu surannée.

Mais, tandis qu'Anna de Noailles perpétue les vieilles recettes aimables du XIXe siècle, d'autres poètes, tout en continuant à se réclamer du symbolisme, cherchent de nouvelles issues. C'est notamment le cas de Paul-Pierre Roux, dit **Saint-Pol Roux** (1861-1940). Personnage marginal, il cultive l'étrange et joue volontiers les mages, en se retirant dans un manoir de Bretagne, à Camaret. Sa poésie, fantasmagorique, devient une fusion baroque, assez difficile, où se succèdent des images bizarres et brutales. Car Saint-Pol Roux se réclame d'une mission – qu'il nomme **« idéoréalisme »** : le langage débarrasse le monde réel des clichés par lesquels nous l'appréhendons d'habitude, en accumulant des formules métaphoriques les plus inattendues. Cette opération quasi magique annonce directement le **surréalisme** (cf. p. 84) qui reconnaîtra en Saint-Pol Roux un de ses initiateurs. La vie fantasque de ce prophète s'acheva dans une de ces scènes d'horreur et de mystère que les surréalistes croyaient l'apanage des génies : en 1940, des nazis l'agressent, pillant son château breton après avoir assassiné sa servante et violé sa fille. Le poète-martyr mourut peu après : il avait bien raison de préférer son énergique imagination à ce qu'il nommait « la hideuse réalité ».

EXTRAIT

L'œuvre de Saint-Pol Roux dit « le Magnifique » est abondante. Ce court poème donne une idée de sa méthode : un flot d'images qui s'étirent, presque autonomes, et qui obligent à voir les choses comme autant de signes ouvrant sur une autre réalité. Le poète parlait lui-même de « surcréation », prolongeant l'œuvre de Dieu, auquel il croyait avec ferveur.

Alouettes

Les coups de ciseaux gravissent l'air.

Déjà le crêpe de mystère que jetèrent les fantômes du vêpre sur la chair fraîche de la vie, déjà le crêpe de ténèbres est entamé sur la campagne et sur la ville.

Les coups de ciseaux gravissent l'air.

Ouïs-tu pas la cloche tendre du bon Dieu courtiser de son tisonnier de bruit les yeux, ces belles-de-jour, les yeux blottis dessous les cendres de la nuit ?

Les coups de ciseaux gravissent l'air.

Surgis donc du somme où comme morts nous sommes, ô Mienne, et pavoise ta fenêtre avec les lis, la pêche et les framboises de ton être.

Les coups de ciseaux gravissent l'air.

Viens-t'en sur la colline où les moulins nolisent[1] leurs ailes de lin, viens-t'en sur la colline de laquelle on voit jaillir des houilles éternelles le diamant divin de la vaste alliance du ciel.

Les coups de ciseaux gravissent l'air.

Du faîte emparfumé de thym, lavande, romarin, nous assisterons, moi la caresse, toi la fleur, à la claire et sombre fête des heures sur l'horloge où loge le destin, et nous regarderons là-bas passer le sourire du monde avec son ombre longue de douleur.

Les coups de ciseaux gravissent l'air.

Saint-Pol Roux, *La Rose et les Épines du chemin,* Éditions Rougerie, 1901.

(1) affrètent comme un bateau

Signes et images

Malgré le refrain, chaque strophe développe une image distincte, sans vrai lien avec le reste, jusqu'à la dernière « touche » qui semble résumer et éclairer l'ensemble. Les métaphores • semblent hardies : notez qu'elles reposent surtout sur des synesthésies • (les « correspondances » chères à Baudelaire) et qu'elles visent à donner une animation autonome – presque une personnification – aux choses de la Création.

Parlons clair : les Fantaisistes

Dans ce contexte de flottement, avant que de nouvelles directions s'affirment nettement avec des chefs de file comme Valéry (cf. p. 70) ou plus tard Breton (cf. p. 87), les « petits maîtres » se livrent à une inspiration très libre. L'anarchie doctrinale du moment est favorable à ceux qui méprisent l'excès des règles et des manifestes, qui aiment le caprice et l'humour – même s'ils sont souvent le masque de quelque détresse. Ces poètes s'attribuent eux-mêmes le titre de **fantaisistes.** Ils font le lien entre un Laforgue (cf. *Le XIXᵉ siècle,* p. 529) et Cocteau (cf. p. 99) ou Max Jacob (cf. p. 64). Leur plus brillant représentant est **Paul-Jean Toulet** (1867-1920).

Après de longs séjours à l'île Maurice et en Algérie, Paul-Jean Toulet devient journaliste à Paris, de 1898 à 1912. Esprit volontiers caustique, mondain lié au Tout-Paris des arts et des lettres, il écrit des chroniques impertinentes, tout en rédigeant ses poèmes qui paraissent à partir de 1910. Derrière des allures de dandy royaliste, Toulet a beau jouer les désinvoltes et les libertins. À y regarder de plus près, sa poésie n'a rien de « fantaisiste ». Certes, elle vise la concision et l'ellipse, pour moquer l'emphase bavarde des poètes symbolistes, tout comme elle ne s'embarrasse guère de mythologie ou de métaphysique. Mais ces « contrerimes » saisissent, comme au vol, une sensation aiguë ou une nostalgie : point d'effusion ni d'aveu lyriques •, mais la lucidité douce-amère, enserrée, avec humour et minutie, dans une brève jonglerie verbale.

EXTRAITS

Les « contrerimes » sont des petits regroupements de quatrains (de un à neuf) où alternent les vers de huit et de six pieds, selon la rime A B B A. La fin du recueil comporte aussi des chansons et des dizains. L'ensemble se présente comme un exercice de versification contraignant, où se succèdent des motifs virtuoses et pourtant pleins de retenue.

Chansons.

D'une amitié passionnée
Vous me parlez encor,
Azur, aérien décor,
Montagne Pyrénée,

Où me trompa si tendrement
Cette ardente ingénue
Qui mentait, fût-ce toute nue,
Sans rougir seulement.

Au lieu que toi, sublime enceinte,
Tu es couleur du temps :
Neige en Mars ; roses du printemps.
Août, sombre hyacinthe.

*

L'immortelle, et l'œillet de mer
Qui pousse dans le sable,
La pervenche trop périssable,
Ou ce fenouil amer

Qui craquait sous la dent des chèvres,
Ne vous en souvient-il,
Ni de la brise au sel subtil
Qui nous brûlait aux lèvres ?

En Arles.

Dans Arle, où sont les Aliscams[1],
Quand l'ombre est rouge, sous les roses,
Et clair le temps,

Prends garde à la douceur des choses,
Lorsque tu sens battre sans cause
Ton cœur trop lourd ;

Et que se taisent les colombes :
Parle tout bas, si c'est d'amour,
Au bord des tombes.

(1) allées entourées de tombes, près d'Arles

Dizain.

Puisque tes jours ne t'ont laissé
Qu'un peu de cendre dans la bouche
Avant qu'on ne tende la couche
Où ton cœur dorme, enfin glacé,
Retourne, comme au temps passé,
Cueillir, près de la dune instable,
Le lys qu'y courbe un souffle amer,
– Et grave ces mots sur le sable :
Le rêve de l'homme est semblable
Aux illusions de la mer.

Paul-Jean Toulet, *Les Contrerimes,* 1921.

Vaste sujet et forme brève

La maladie du temps qui passe : notez que chaque poème en parle avec discrétion et insistance pourtant (saison, fleur, tombe, sable, etc.). Ce thème traditionnel est valorisé et vivifié par une écriture très serrée : peu de syntaxe, mots et choses simples, espacement et brièveté des vers, « pointe » finale qui ne résout rien.

Les Fantaisistes furent au fond les premiers à réclamer un retour à une langue claire, délivrée des affectations et des obscurités de la métaphysique symboliste. L'un d'eux, Francis Carco (1886-1958) – avant de devenir un romancier montmartrois et populiste –, le dit tout net : « Une réaction profonde de la sensibilité contre de vieux clichés, des procédés usés jusqu'à la corde et un incroyable charabia. »

EXTRAITS

Variations sur la pluie : histoires d'eau.

La fraîcheur vive du boulevard pourri d'automne. Les larges feuilles des platanes dégringolent. C'est un écroulement imprévu et bizarre dans la lumière croisée des lampes à arc. Il tombe une petite pluie menue, serrée que le vent incline parfois sur les visages. La nuit est parfumée de l'odeur des feuillages gâtés : elle sent encore l'ambre, l'œillet, la poudre, le fard et le caoutchouc des imperméables.

Francis Carco, *Instincts*, 1911, Albin Michel.

À Éliane.

Il pleut – c'est merveilleux. Je t'aime.
Nous resterons à la maison :
Rien ne nous plaît plus que nous-mêmes
Par ce temps d'arrière-saison.

Il pleut. Les taxis vont et viennent.
On voit rouler les autobus
Et les remorqueurs sur la Seine
Font un bruit... qu'on ne s'entend plus !

C'est merveilleux : il pleut. J'écoute
La pluie dont le crépitement
Heurte la vitre goutte à goutte...
Et tu me souris tendrement.

Je t'aime. Oh ! ce bruit d'eau qui pleure,
Qui sanglote comme un adieu.
Tu vas me quitter tout à l'heure :
On dirait qu'il pleut dans tes yeux.

Francis Carco, *Poèmes retrouvés*, 1927, Albin Michel.

Un propos familier

Le vocabulaire est sans apprêt, presque familier. Le poème tourne naïvement en rond, comme une chanson enfantine, et refuse toute emphase, malgré le trait final, auquel on ne sait trop s'il faut croire.

documents

Quelques revues littéraires du début du siècle

plutôt nationalistes : *L'Occident*
La Renaissance Latine
Les Marges

plutôt ouvertes aux littératures étrangères : *Vers et Prose*
La Phalange
Le Divan.

La *Nouvelle Revue Française* (premier numéro en février 1909) sera bientôt le plus grand centre de diffusion d'œuvres contemporaines. Sous l'influence de Gide, de Jean Schlumberger, de Jacques Rivière et de Jean Paulhan, la N.R.F. a beaucoup contribué à l'élimination des derniers artifices post-symbolistes. Cette réaction, à la manière du classicisme, tend à promouvoir un texte plus vrai, plus simple, plus parlant. Inutile de dire que les folies dadaïstes (cf. p. 82) ne seront guère à son goût non plus !

Un exemple : *Vers et Prose*

Dirigée par Paul Fort, élu prince des poètes en 1912, cette revue, de 1905 à 1914, accueillait tous les poètes et écrivains qui reconnaissaient leur dette au symbolisme et qui n'étaient pas insensibles aux apports de la modernité et du cosmopolitisme. Autour de **Paul Fort** (1872-1960), la revue fut un incomparable moyen de rencontres et de confrontations entre artistes, grâce notamment aux réunions du mardi à la Closerie des Lilas. *Vers et Prose* reflète parfaitement la période de transition, où rien d'exceptionnel ne surgit malgré des publications incessantes : la poésie hésite encore entre la musique, riche et mystique, d'un symbolisme bientôt suranné, et un pittoresque à la fois plus vrai et plus simple.

Complainte du petit cheval blanc

Le petit cheval dans le mauvais temps, qu'il avait donc du courage ! C'était un petit cheval blanc, tous derrière et lui devant.

Il n'y avait jamais de beau temps dans ce pauvre paysage. Il n'y avait jamais de printemps, ni derrière ni devant.

Mais toujours il était content, menant les gars du village, à travers la pluie noire des champs, tous derrière et lui devant.

Sa voiture allait poursuivant sa belle petite queue sauvage. C'est alors qu'il était content, eux derrière et lui devant.

Mais un jour, dans le mauvais temps, un jour qu'il était si sage, il est mort par un éclair blanc, tous derrière et lui devant.

Il est mort sans voir le beau temps, qu'il avait donc du courage ! Il est mort sans voir le printemps ni derrière ni devant.

Paul Fort, *Ballades françaises,* Flammarion, 1922.

Le bonheur

Le bonheur est dans le pré. Cours-y vite, cours-y vite. Le bonheur est dans le pré. Cours-y vite. Il va filer.

Si tu veux le rattraper, cours-y vite, cours-y vite. Si tu veux le rattraper, cours-y vite. Il va filer.

Dans l'ache et le serpolet, cours-y vite, cours-y vite, dans l'ache et le serpolet, cours-y vite. Il va filer.

Sur les cornes du bélier, cours-y vite, cours-y vite, sur les cornes du bélier, cours-y vite. Il va filer.

Sur le flot du sourcelet, cours-y vite, cours-y vite, sur le flot du sourcelet, cours-y vite. Il va filer.

De pommier en cerisier, cours-y vite, cours-y vite, de pommier en cerisier, cours-y vite. Il va filer.

Saute par-dessus la haie, cours-y vite, cours-y vite. Saute par-dessus la haie, cours-y vite ! Il a filé !

Paul Fort, *Ballades françaises,* Flammarion, 1922.

Autre exemple illustre : *Les Cahiers du Sud,* fondés par Marcel Pagnol, à Marseille, en 1923. Il n'est pas abusif de dire que tous les poètes importants du siècle y ont publié quelques textes. Voyez Valéry, p. 70.

Cette réaction « fantaisiste » peut même tourner à la véritable parodie• du style chargé et décadent des derniers symbolistes. Un « pataphysicien » comme Alfred Jarry (1873-1907), dans ses poèmes loufoques, comme dans son théâtre (cf. p. 190), ne s'en prive pas...

EXTRAIT

Le bain du roi

À Eugène Demolder.

Rampant d'argent sur champ de sinople(1), dragon
Fluide, au soleil la Vistule(2) se boursoufle.
Or le roi de Pologne, ancien roi d'Aragon,
Se hâte vers son bain, très nu, puissant maroufle(3).

Les pairs étaient douzaine : il est sans parangon.
Son lard tremble à sa marche et la terre à son souffle ;
Pour chacun de ses pas son orteil patagon
Lui taille au creux du sable une neuve pantoufle.

Et couvert de son ventre ainsi que d'un écu
Il va. La redondance illustre de son cul
Affirme insuffisant le caleçon vulgaire

Où sont portraicturés en or, au naturel,
Par derrière, un Peau-Rouge au sentier de la guerre
Sur un cheval, et par devant, la tour Eiffel.

Alfred Jarry, *Œuvres poétiques complètes,* 1945.

(1) la couleur verte, dans les armoiries
(2) fleuve de Pologne, qui arrose Varsovie
(3) personnage rustre et grossier

Parodie• et humour « hénaurme »

Relevez tous les termes qui moquent directement les usages décadents et symbolistes, surtout au début. Le mouvement s'enfle rapidement : les mots incongrus, puis grossiers, s'imposent et on se trouve devant une sorte de caricature, de portrait loufoque (les détails visuels se multiplient) qui se focalise sur un endroit bien précis, image du tout (synecdoque• ?), pour s'achever de manière un peu délirante.

Les naïfs et leurs images primitives

Comme Paul Fort (cf. p. 31), **Francis Jammes** (1868-1938) veut imiter, en poésie, les effusions de l'enfant pour la nature et pour toutes les choses simples de la campagne. Tout jeune, il était fasciné par les images d'Épinal, dont il conserva l'album toute sa vie : dessins primitifs, calques ingénus, mais vrais, ces graphismes candides seront bientôt convertis en poème, tandis que Jammes lui-même se tourne vers le christianisme, dont la tendresse généreuse et dépouillée l'enchante. Sa foi, comme sa poésie, rappelle Saint-François d'Assise, quêtant dans les plus humbles formes de la vie la présence d'un créateur qui console et régénère. On a parlé de **« naturisme »** pour désigner cette adhésion poétique et sentimentale à la nature, cette joie d'accepter le monde : « ma vie se simplifie de jour en jour dans le galop d'un petit mulet jaune, dans le rosier qui s'épaissit, dans le pain que je coupe, une carafe d'eau fraîche » ; « il n'y a qu'une école : celle où, comme des enfants qui imitent aussi exactement que possible un beau modèle d'écriture, les poètes copient avec conscience un joli oiseau, une fleur, ou une jeune fille ». Cette poésie de **louange** devint vite un modèle. Le **« jammisme »** retrouve en tout cas l'art strict, dépouillé, essentiel, des primitifs, avec sa pureté et ses frémissements. On y a souvent vu une morale un peu innocente ou des joliesses champêtres. En réalité Jammes entame ce retour à la présence des choses, au désir de dire leur contour obsédant. Il cherche les mots qui saisissent la force touchante des éléments primordiaux : le pain, l'eau, le fruit... Son évangile invente, à la bonne franquette, moins les hymnes de son ami Claudel (cf. p. 47) que les patientes décoctions de Francis Ponge (cf. p. 149).

EXTRAITS

L'art primitif vise à la sentimentalité : il faut toucher la sensibilité en rétrécissant le langage et en jouant d'une esthétique à la fois sincère et rêveuse. Malgré des thèmes différents, le registre fondamental reste assez constant.

L'évier sent fort, la muraille est blanche,
les cruches sont fraîches,
le soleil fend la terre sèche,
Entre...

Ce sont de pauvres pauvres.
Voici leur chienne
gonflée de lait et qui dort.
Entre...

La lessive coule
tristement, tristement.
On l'entend. On l'entend.
Entre...

Si tu ne peux plus
supporter ton cœur
dans la ville qui t'a perdu,
Entre...

Tu prendras ma main
en baissant le front,
et nous pleurerons,
Entre...

Tout sera plus gai,
tout sera plus tendre,
Je te consolerai
Entre...

Les ancolies

Deux ancolies se balançaient sur la colline.
Et l'ancolie disait à sa sœur l'ancolie :
Je tremble devant toi et demeure confuse,
Et l'autre répondait : si dans la roche qu'use
l'eau, goutte à goutte, si je me mire, je vois
que je tremble, et je suis confuse comme toi.

Le vent de plus en plus les berçait toutes deux,
les emplissait d'amour et mêlait leurs cœurs bleus.

Francis Jammes, *Clairière dans le ciel,* Mercure de France, 1906.

document

Mon style balbutie, mais j'ai dit ma vérité, et, du moins, je ne cherche pas à prouver que j'ai du génie, en érigeant en doctrine moderne les défauts grossiers d'une langue.

Je ne veux blâmer ni prôner ma façon de faire, mais, ce que j'affirme, c'est ma haine des écoles, ma tolérance, mon amour de la vérité et ma pitié de ce lieu commun, qui est le cœur de l'homme.

Pour être vrai, mon cœur a parlé comme un enfant.

Francis Jammes, préface à *Clairière dans le ciel.*

Naïveté

Deux principes majeurs : la nature pauvre ou pure ; l'appel au sentiment du lecteur : « Entre... ». La personnification des fleurs confond les deux principes et laisse entendre une visée morale proche de l'amour chrétien.

EXTRAIT

Les images de l'enfance sont aussi, parfois, nourries de rêves de départs impossibles. Bien qu'attaché à son terroir, le poète chrétien cherche dans la nature le reflet d'un paradis perdu. Quand la campagne d'Orthez ne suffit plus, le songe invente des souvenirs vaguement liés à un grand-père qui vécut en Guadeloupe.

Quand verrai-je les îles où furent des parents ?
Le soir, devant la porte et devant l'océan
on fumait des cigares en habit bleu barbeau[1].
Une guitare de nègre ronflait, et l'eau
de pluie dormait dans les cuves de la cour.
L'océan était comme des bouquets en tulle
et le soir triste comme l'Été et une flûte.
On fumait des cigares noirs et leurs points rouges
s'allumaient comme ces oiseaux aux nids de mousse
dont parlent certains poètes de grand talent.
Ô Père de mon Père, tu étais là devant
mon âme qui n'était pas née, et sous le vent
les avisos[2] glissaient dans la nuit coloniale.
Quand tu pensais en fumant ton cigare
et qu'un nègre jouait d'une triste guitare,
mon âme qui n'était pas née existait-elle ?
Était-elle la guitare ou l'aile de l'aviso ?
Était-elle le mouvement d'une tête d'oiseau
caché alors au fond des plantations,
ou le vol d'un insecte lourd dans la maison ?

(1) bleu clair, comme un bleuet
(2) petite embarcation rapide

Francis Jammes, *De l'Angélus de l'aube à l'Angélus du soir,* 1898, Mercure de France.

Paradis perdu

Le tableau exotique est, par touches successives, suggestif et réussi. On s'y croirait, comme l'implique l'emploi de l'imparfait et du « on ». Dès le vers 11, le poème dévie et le vocabulaire change vaguement, pour préparer les questions. L'utopie n'était pas géographique, finalement, mais métaphysique. Le mot « paradis » résume ce double sens.

document

Où l'on retrouve – comme avec Paul Fort, p. 31 – la compassion et la chanson.

Agonie

Par le petit garçon qui meurt près de sa mère
tandis que des enfants s'amusent au parterre ;
et par l'oiseau blessé qui ne sait pas comment
son aile tout à coup s'ensanglante et descend
par la soif et la faim et le délire ardent :
Je vous salue, Marie.

Flagellation

Par les gosses battus par l'ivrogne qui rentre
par l'âne qui reçoit des coups de pied au ventre
par l'humiliation de l'innocent châtié
par la vierge vendue qu'on a déshabillée
par le fils dont la mère a été insultée :
Je vous salue, Marie.

Couronnement d'épines

Par le mendiant qui n'eut jamais d'autre couronne
que le vol des frelons, amis des vergers jaunes,
et d'autre sceptre qu'un bâton contre les chiens ;
par le poète dont saigne le front qui est ceint
des ronces des désirs que jamais il n'atteint :
Je vous salue, Marie.

Portement de croix

Par la vieille qui, trébuchant sous trop de poids,
s'écrie « Mon Dieu ! » Par le malheureux dont les
[bras
ne purent s'appuyer sur une amour humaine
comme la Croix du Fils sur Simon de Cyrène ;
par le cheval tombé sous le chariot qu'il traîne :
Je vous salue, Marie.

Crucifiement

Par les quatre horizons qui crucifient le Monde,
par tous ceux dont la chair se déchire ou succombe.
Par ceux qui sont sans pieds, par ceux qui sont sans
[mains,
par le malade que l'on opère et qui geint
et par le juste mis au rang des assassins :
Je vous salue, Marie.

Francis Jammes, *Prière,* 1906, Mercure de France.

Les aventuriers de l'épopée moderne

Bien loin de se livrer au repliement rustique et crédule des « naturistes » (cf. p. 32), quelques poètes sont surtout attirés vers les mouvements et les rythmes de la modernité, par soif de connaître d'autres cieux, des littératures étrangères ou novatrices, des techniques nouvelles, des aventures. C'est que l'**« l'Esprit nouveau »,** cher à Apollinaire (cf. p. 63), vient arracher la poésie aux brumes et aux vaines fermentations d'un symbolisme finissant. L'appel du large se fait sentir. Segalen parcourt la Chine (cf. p. 36) où il rend visite à Claudel (cf. p. 47). Cendrars chante New York ou le Transsibérien (cf. p. 37). Cette volonté d'arpenter des terres nouvelles ne se traduit pas seulement en voyages. On se passionne aussi pour des écrivains ou des genres venus d'ailleurs. Et, surtout, on revendique le droit d'inventer une langue poétique propre à exprimer le monde moderne : la distinction poésie/prose est obligée à s'estomper, dès lors, et cette confusion ne cessera plus.

Valery Larbaud (1881-1957) est l'un de ces aventuriers. Sa fortune, due aux revenus de l'eau minérale Saint-Yorre, le dispense, malgré les pressions d'une mère possessive, des tracas matériels. En dépit d'une santé fragile, il peut ainsi courir le monde, « citoyen des wagons-lits », à travers l'Europe. Mais ses études l'ont tourné vers les langues étrangères. Il se fait ainsi découvreur, avec un sens aigu des valeurs de demain. Traducteur talentueux, il est surtout le premier à faire connaître Joyce (cf. p. 445) en France et à vulgariser divers auteurs américains, espagnols, brésiliens, etc. Avant de devenir un romancier reconnu (surtout avec *Fermina Marquez,* 1911), Larbaud travaille à produire une prose poétique, animée de versets ondulants, transcrivant la mouvance et les sensations du voyageur, comme un train qui défile dans le kaléidoscope de paysages changeants. Les *Poésies de A.-O. Barnabooth* (1908) sont une sorte de journal poétique en action, où l'environnement se fragmente au gré des impressions et des émotions.

documents

Un Ulysse moderne?

En 1922, l'écrivain irlandais James Joyce (1882-1941) publie son roman Ulysse, *texte difficile, inventant une langue presque incompréhensible, volontiers choquant. Valéry Larbaud, seul, a pressenti l'importance de cette œuvre. Il participe aussitôt à sa traduction. Quelques années plus tard, Valéry Larbaud rappelle que le personnage d'Ulysse peut être saisi comme l'image de l'homme moderne tout entier.*

Pour le lecteur non lettré, l'*Odyssée* est une grande machine solennelle, et Ulysse et Télémaque sont des héros, des hommes de marbre inventés par la froide antiquité pour servir de modèles moraux et de sujets de dissertations scolaires. Ce sont pour lui des personnages solennels et ennuyeux, inhumains, et il ne peut s'intéresser à eux qui si on le fait rire à leurs dépens, – c'est-à-dire, en somme, quand on leur donne un peu de cette humanité dont il croit, de bonne foi, qu'ils manquent.

Or, il y a des chances pour qu'un lecteur lettré n'ait pas une opinion bien différente de celle-là sur l'*Odyssée.* Il est resté sous l'impression qu'il en a reçue au collège : une impression d'ennui. La seule différence qui le sépare du lecteur non lettré, c'est que pour lui l'*Odyssée* est, non pas solennelle et pompeuse, mais simplement sans intérêt, et par conséquent il n'aura pas la naïveté de rire quand il la verra travestie : la parodie l'ennuiera autant que l'œuvre elle-même.

Quelle est donc, dans l'*Odyssée,* la figure morale d'Ulysse? [...] Il est homme, et le plus complètement humain de tous les héros du cycle épique, et c'est ce caractère qui lui a valu d'abord la sympathie du collégien.

Valéry Larbaud, *Ce vice impuni, la lecture,* Gallimard, 1936.

Un autre voyageur des grands trains d'Europe, Paul Morand (cf. p. 306) :

Le train éveilla des gares suisses, de style gothique, dont les vitraux tremblèrent. Le Simplon, durant vingt-neuf minutes, donna l'audition d'une grande symphonie de fer, puis, sur des chaussées, on passa les rizières du Piémont jusqu'à une station qui finissait sur rien, sur une grande citerne d'ombre, de silence, et ce fut Venise. Au réveil, une bise de zinc faucha les maïs de la plaine croate. La Serbie s'annonçait par ses porcs, rayés noir et blanc comme des coureurs et qui dévoraient, renversée dans le fossé, une carcasse de wagon dont ne restaient que les roues et le signal d'alarme. On échangea contre les fleuves d'autres fleuves passés sur des barrages flexibles comme un osier, tandis que, voisines, les piles de l'ancien pont décapité dans les retraites émergeaient. À Vinkopje, les Roumains en velours furent détachés du train, dans la nuit glacée. Après Sofia, les maisons portèrent leurs piments qui séchaient, frères des vignes vierges. Éclairées par le soleil levant, labourées par des bœufs, les plaines bulgares affichaient une prospérité symbolique, comme sur les vignettes des timbres-poste ou au revers des monnaies. Enfin, après la traversée du désert de Thrace, sous un ciel d'étoiles mais où nos yeux, habitués aux constellations d'Occident, cherchaient en vain l'étoile polaire, ne reconnaissaient plus le Chariot qui au ras du sol prenait cette fois une route terrestre, dans une brèche de la muraille byzantine, la mer de Marmara s'élargit.

Paul Morand (1888-1976), *Ouvert la nuit,* Gallimard, 1921.

document

Nous ne regardons pas voyager le poète, nous voyageons avec lui. Et, pour la première fois dans notre littérature (oui, l'événement est là), nous éprouvons le sentiment d'un mécanisme universel : la belle machinerie humaine – train de luxe, paquebot – conjuguée avec la respiration d'un homme qui nous confie, au rythme des trépidations, ses frémissements les plus secrets :
Ô vie réelle sans art et sans métaphores, sois à moi.

Et voici que, grâce à cette préhension directe des choses, nous découvrons, comme portée par la réalité des détails essentiels, l'essence même des grandes vérités de la vie et de la mort :
Borborygmes, borborygmes !...
Grognements sourds de l'estomac et des entrailles.

Robert Mallet, préface aux *Poésies* de V. Larbaud, coll. « Poésie », Gallimard, 1966.

EXTRAIT

Souvenirs d'un voyage en train, vers la Russie.

Prête-moi ton grand bruit, ta grande allure si douce,
Ton glissement nocturne à travers l'Europe illuminée,
Ô train de luxe(1) ! et l'angoissante musique
Qui bruit le long de tes couloirs de cuir doré,

Tandis que derrière les portes laquées, aux loquets de cuivre lourd,
Dorment les millionnaires,
Je parcours en chantonnant tes couloirs
Et je suis ta course vers Vienne et Budapest,
Mêlant ma voix à tes cent mille voix,
Ô Harmonika-Zug(2) !

J'ai senti pour la première fois toute la douceur de vivre,
Dans une cabine du Nord-Express, entre Wirballen et Pskow(3).
On glissait à travers des prairies où des bergers,
Au pied de groupes de grands arbres pareils à des collines,
Étaient vêtus de peaux de moutons crues et sales...
(Huit heures du matin en automne, et la belle cantatrice
Aux yeux violets chantait dans la cabine à côté.)
Et vous, grandes places à travers lesquelles j'ai vu passer la Sibérie et les [monts du Samnium(4),
La Castille âpre et sans fleurs, et la mer de Marmara(5) sous une pluie tiède !

Prêtez-moi, ô Orient-Express, Sud-Brenner-Bahn(6), prêtez-moi
Vos miraculeux bruits sourds et
Vos vibrantes voix de chanterelle ;
Prêtez-moi la respiration légère et facile
Des locomotives hautes et minces, aux mouvements
Si aisés, les locomotives des rapides,
Précédant sans effort quatre wagons jaunes à lettres d'or
Dans les solitudes montagnardes de la Serbie,
Et, plus loin, à travers la Bulgarie pleine de roses...

Ah ! il faut que ces bruits et que ce mouvement
Entrent dans mes poèmes et disent
Pour moi ma vie indicible, ma vie
D'enfant qui ne veut rien savoir, sinon
Espérer éternellement des choses vagues.

Valery Larbaud, « Ode », *Les poésies d'A.-O. Barnabooth*, Gallimard, 1913.

(1) L'Orient-Express.
(2) *Zug* : train, en allemand.
(3) Ville d'U.R.S.S., sur la Velikaï.
(4) Région centrale et montagneuse de l'Italie ancienne.
(5) Petite mer intérieure qui communique avec la mer Égée et la mer Noire.
(6) *Bahn* : ligne de chemin de fer, en allemand.

Un poème-train

Le vers libre permet de simuler l'émotion poétique du voyage (notez les exclamatifs), le mouvement bruyant de la machine (les harmonies imitatives sont constantes, surtout vers la troisième partie), le défilé des lieux magiques (noms propres et croquis qui, à peine esquissés, disparaissent en un vers ou deux). L'ensemble est aussi un récit autobiographique (occurrence des « je », aveu final) et un carnet de bord où s'entassent non des descriptions pittoresques mais des souvenirs rapides, un peu informes.

Comme Larbaud, **Victor Segalen** (1878-1919) a cherché, dans de lointains voyages, des lieux et des paroles qui devaient permettre d'échapper à la sclérose des thèmes et des genres néo-symbolistes. En choisissant la carrière de la médecine navale, il va s'embarquer vers deux civilisations, tour à tour, qui vont profondément l'impressionner. Il s'agit d'abord des Tahitiens et des cultures océaniques : dans les îles Marquises, à Hiva-Oa, il découvre les œuvres de Gauguin, qui vient de mourir. Cette vision d'un art si mystérieux, au sein d'une coutume ancestrale polynésienne qui s'éteint, lui inspire *Les Immémoriaux*. Ensuite, après quatre ans à Brest, il part pour l'Orient. Trois séjours en Chine (1909-1913 ; 1914-1915 ; 1917-1918) l'enthousiasment. Il y découvre la langue, l'art, la calligraphie des Chinois et fait imprimer à Pékin un luxueux recueil inspiré par des textes gravés sur des pierres tombales, chaque poème étant accompagné de caractères chinois. Il avait entamé un texte consacré au Tibet quand il dut rentrer en France pour y mourir d'un cancer, prématurément.

La poésie de Segalen n'a rien de pittoresque ou d'anecdotique. Il s'agit de restituer, pourtant, une esthétique orientale, donc de rompre avec un certain formalisme européen. Mais, au lieu de faire de l'exotisme, chaque poème est une austère structure, où les mots, hors de tout carcan grammatical occidentalisant, sont livrés bruts, pour ressusciter le mystère opaque et inspiré des stèles primitives, qui se dressent, couvertes de signes mystiques, au long des campagnes de la Chine ou des confins du Tibet.

EXTRAIT

Pierre musicale

樂
石

Voici le lieu où ils se reconnurent, les amants amoureux de la flûte inégale ;

Voici la table où ils se réjouirent l'époux habile et la fille enivrée ;

Voici l'estrade où ils s'aimaient par les tons essentiels,

Au travers du métal des cloches, de la peau dure des silex tintants,

À travers les cheveux du luth, dans la rumeur des tambours, sur le dos du tigre de bois creux,

Parmi l'enchantement des paons au cri clair, des grues à l'appel bref, du phénix au parler inouï.

Voici le faîte du palais sonnant que Mou-Koung, le père, dressa pour eux comme un socle,

Et voilà, – d'un envol plus suave que phénix, oiselles et paons –, voilà l'espace où ils ont pris essor.

Qu'on me touche : toutes ces voix vivent dans ma pierre musicale.

Victor Segalen, *Stèles*, 1912.

Un poème-stèle

La page se présente comme une suite d'inscriptions, comme un rituel (anaphore • de « voici » ou de « qu'il est »), jusqu'à la formule lapidaire finale, sorte de clé qui unit et justifie les versets. Dans le détail, chaque strophe ou verset est un mini-poème : notez la structure musicale (rythme parallèle, nombreuses homophonies •, etc.) et l'art de l'instantané, mystérieux, insituable, à la fois touchant et énigmatique comme les idéogrammes du haut.

documents

L'art poétique de Segalen

Lève, voix antique, et profond vent des Royaumes
Relent du passé; odeur des moments défunts.
Long écho sans mur et goût salé des embruns
Des âges; reflux assaillant comme les Huns.

Victor Segalen, *Odes*, Mercure de France, 1926.

Lors, que mon chant ne suive point, en leur trop commune mesure
Ces vains jeux de mots encadastrés.
Le rythme, qu'il se fasse bond et, crevant la vieille masure,
Chemine au plus haut des cieux astrés.

Victor Segalen, *Thibet*, Mercure de France, 1963.

Bien plus que Larbaud et Segalen, **Blaise Cendrars** (Frédéric-Louis Sauser, 1887-1961) a vraiment passé sa vie à **« bourlinguer »**, pour reprendre un de ses propres titres. Né en Suisse, il s'évade dès l'âge de 17 ans de sa pension pour une série de voyages qui le conduisent en Mandchourie, au milieu de la guerre russo-japonaise (1905), en Perse, en Sibérie. On le retrouve ensuite vivant à New York avec une Polonaise, ce qui lui inspire *Pâques à New York* (1912). Il est à Paris en 1914, où il vient de fonder une revue, *Les Hommes nouveaux*, dans laquelle est publiée sa *Prose du Transsibérien*. La guerre venue, il s'engage dans la Légion étrangère, perd un bras au combat. Après l'armistice, il continuera à courir le monde et à se lier avec tous les artistes les plus en vue, tout en s'intéressant au cinéma. Se tournant vers le roman, plus ou moins autobiographique, il publie beaucoup jusqu'à sa mort, en s'attachant à diverses formes méconnues de culture : notamment, outre le cinéma, la littérature nègre et la poésie de la pègre.

Cette vie exubérante et parfois louche trouve son illustration dans le tourbillon énergique et rythmé des poèmes de Cendrars. Avant Apollinaire (cf. p. 62), il veut créer un langage adapté à la nouvelle civilisation qui commence, capable de concurrencer les arts en vogue au même moment, futurisme, simultanéisme et cubisme surtout. C'est aussi le mouvement qui fascine Cendrars : le monde moderne, il le sent, se caractérise déjà par la vitesse (pensons au film de son ami Abel Gance, *La Roue*) et par les inventions mécaniques qui modifient toute notre vision. Le poème va se faire hymne à ces métamorphoses, tout en imitant la trépidation, tantôt frénétique, tantôt comme saisie d'angoisse, de l'aventureuse société moderne, riche en sensations et en surprises.

Sur B. Cendrars, encore, reportez-vous p. 66.

EXTRAITS

« En ce temps-là j'étais dans mon adolescence,
J'avais à peine 16 ans...,
J'étais à seize mille lieues du lieu de ma naissance » :
Ce vrai voyage que nous fait revivre Cendrars est pour ainsi dire transcrit par un impressionnisme musical et rythmique.

Le Kremlin était comme un immense gâteau tartare
Croustillé d'or,
Avec les grandes amandes des cathédrales toutes blanches
Et l'or mielleux des cloches...
Un vieux moine me lisait la légende de Novgorode
J'avais soif
Et je déchiffrais des caractères cunéiformes

Puis, tout à coup, les pigeons du Saint-Esprit s'envolaient sur la place
Et mes mains s'envolaient aussi, avec des bruissements d'albatros
Et ceci, c'était les dernières réminiscences du dernier jour
Du tout dernier voyage
Et de la mer.

Pourtant, j'étais fort mauvais poète.
Je ne savais pas aller jusqu'au bout.
J'avais faim
Et tous les jours et toutes les femmes dans les cafés et tous les verres
J'aurais voulu les boire et les casser
Et toutes les vitrines et toutes les rues
Et toutes les maisons et toutes les vies
Et toutes les roues des fiacres qui tournaient en tourbillon sur les mauvais [pavés
J'aurais voulu les plonger dans une fournaise de glaives
Et j'aurais voulu broyer tous les os
Et arracher toutes les langues
Et liquéfier tous ces grands corps étranges et nus sous les vêtements qui [m'affolent...
Je pressentais la venue du grand Christ rouge de la révolution russe...
Et le soleil était une mauvaise plaie
Qui s'ouvrait comme un brasier.
« Blaise, dis, sommes-nous bien loin de Montmartre ? » [...]

Les inquiétudes
Oublie les inquiétudes
Toutes les gares lézardées obliques sur la route
Les fils télégraphiques auxquels elles pendent
Les poteaux grimaçants qui gesticulent et les étranglent
Le monde s'étire, s'allonge et se retire comme un accordéon qu'une main [sadique tourmente

Dans les déchirures du ciel, les locomotives en furie
S'enfuient
Et dans les trous,
Les roues vertigineuses les bouches les voix
Et les chiens du malheur qui aboient à nos trousses
Les démons sont déchaînés
Ferrailles
Tout est un faux accord
Le broun-roun-roun des roues
Chocs
Rebondissements
Nous sommes un orage sous le crâne d'un sourd...

Blaise Cendrars, *La Prose du Transsibérien et de la petite Jeanne de France,* 1913, in *Du monde entier au cœur du monde,* Denoël.

« Broun-roun-roun »

Cette prose est une transcription sonore de la marche d'une locomotive. Comparez avec V. Larbaud, p. 35. Mais il s'agit aussi d'une vision, d'une optique en « travelling » : le mouvement est juxtaposition et tourbillon, d'où la multiplication (« tous les », « toutes les ») et le vocabulaire de l'animation, partout (notamment les verbes). Le monde est en métamorphose (voyez la dernière partie : « le monde s'étire... »), si bien que le voyage en train symbolise la civilisation moderne elle-même, de manière quasi prophétique.

documents

La frénésie et la fuite en avant d'un poète comme Cendrars est doublement révélatrice du climat du début du siècle. Car on y sent un être partagé entre l'appétit des aventures et l'angoisse d'une vie accélérée ou tragiquement errante. Ainsi, la fin des Pâques à New York *exprime une solitude qui pousse à la quête de Dieu, par désespoir ou nostalgie :*

Seigneur, je rentre fatigué, seul et très morne...
Ma chambre est nue comme un tombeau...
Seigneur, je suis tout seul et j'ai la fièvre...
Mon lit est froid comme un cercueil...
Seigneur, je ferme les yeux et je claque des dents...
Je suis trop seul. J'ai froid. Je vous appelle...
Cent mille toupies tournoient devant mes yeux...
Non, cent mille femmes... Non, cent mille violon-
celles...
Je pense, Seigneur, à mes heures malheureuses...
Je pense, Seigneur, à mes heures en allées...
Je ne pense plus à Vous. Je ne pense plus à Vous.

Blaise Cendrars, *Les Pâques à New York,* Denoël, 1912.

Si bien que cette vie agitée n'est peut-être que le divertissement pascalien (cf. Le XVIIe siècle, *p. 187) d'un homme possédé par l'angoisse de vivre, comme chez Apollinaire.*

Le ventre de la mère

C'est mon premier domicile
Il était tout arrondi
Bien souvent je m'imagine
Ce que je pouvais bien être...

Les pieds sur ton cœur maman
Les genoux tout contre ton foie
Les mains crispées au canal
Qui aboutissait à ton ventre

Le dos tordu en spirale
Les oreilles pleines les yeux vides
Tout recroquevillé tendu
La tête presque hors de ton corps

Mon crâne à ton orifice
Je jouis de ta santé
De la chaleur de ton sang
Des étreintes de papa

Bien souvent un feu hybride
Électrisait mes ténèbres
Un choc au crâne me détendait
Et je ruais sur ton cœur

Le grand muscle de ton vagin
Se resserrait alors durement
Je me laissais douloureusement faire
Et tu m'inondais de ton sang

Mon front est encore bosselé
De ces bourrades de mon père
Pourquoi faut-il se laisser faire
Ainsi à moitié étranglé?

Si j'avais pu ouvrir la bouche
Je t'aurais mordu
Si j'avais pu déjà parler
J'aurais dit :

Merde, je ne veux pas vivre!

Blaise Cendrars, *Du monde entier au cœur du monde,* Denoël, 1919.

Vers un lyrisme• social

Le retour aux choses est donc amorcé, soit par l'art naïf, soit par une adhésion fougueuse aux pulsations d'un monde moderne qui bouge et dont l'horizon s'ouvre à tous les lointains. Mais, en ce début de siècle, le chaos inquiète. L'histoire, malgré les promesses du génie technique, est lourde de menaces. Certains penseurs, hommes généreux et idéalistes, acceptent mal la bousculade de tant de nouveautés, surtout lorsqu'elle s'accompagne d'injustices sociales. L'homme ne doit pas être sacrifié aux victoires de la technologie, de l'urbanisation, de l'accélération. Tel est l'avis d'un auteur comme **Jules Romains** (1885-1972). Avant d'être un romancier abondant (cf. p. 278), il demande à la poésie de recréer un trait d'union entre les hommes. Alors que la modernité entraîne la dispersion, alors que l'art moderne fragmente ou juxtapose, Jules Romains veut dépasser ces discontinuités et ces spasmes. Il rêve de **« vie unanime »**, d'**« unanimisme »**, c'est-à-dire qu'il veut célébrer ce grand organisme uni qu'est l'humanité : vaste rassemblement des consciences, la collectivité est un « tout réel, vivant, doué d'une existence globale et de sentiments unanimes ».

Cette ferveur œcuménique, en soi attachante, vaut surtout par l'esprit qui la commande : s'intéresser à tout être et à toute cellule comme étant une partie irréductible et nécessaire de la cohésion de la société tout entière. Malgré sa philosophie très floue, cet humanisme instaure une nouvelle poésie, qui ne cessera plus guère jusqu'à aujourd'hui : elle glorifie l'homme, tout homme, dans son travail, dans le plus humble des destins. Ce lyrisme• social est une des premières formes de la **poésie engagée.** La rupture avec une tendance issue, par exemple, de Verlaine, est ici consommée. L'unanimisme a réuni un certain nombre de poètes, les **amis de l'Abbaye de Créteil** : autour de Jules Romains, on trouve notamment Charles Vildrac ou Georges Duhamel (cf. p. 276).

EXTRAIT

La poésie (cf. le document p. 40) a pour fonction de mettre en œuvre une transcription rythmique qui symbolise la réalité moderne et qui invite à percevoir ce qui nous lie chacun à autrui et à cette totalité spirituelle qu'est la communauté humaine.

Les forces du dehors s'enroulent à mes mains

Un enfant de dix ans souffre dans la maison.
On ne sait pas s'il va mourir. Le médecin
Et les femmes baissent la voix pour en parler.

Il fait nuit maintenant. Moi, je suis désolé ;
J'ai le corps inquiet et trouble, comme si
La fièvre de l'enfant traversait les murailles
Jusqu'à moi. Pourtant je n'ai pas pitié de lui.
Mais toute la maison frissonne de sentir
Que la mort peu à peu, comme avec une paille,
Lui boit sa force ; et moi je tremble en même temps.

La douleur d'un seul être erre le long des murs.
On dirait qu'au milieu de notre chair commune
Une balle se plante et que la chair suppure.
Voilà que dans mon lit, malgré mes couvertures,
Je grelotte. L'enfant de là-haut souffre en moi ;
Son corps envoie au mien des messagers obscurs,
Et, comme un défilé obsédant de voitures,
Ses cauchemars à lui passent sous mon front moite.

Jules Romains, *La Vie unanime,* 1907, Gallimard.

Le poète unanime

Le poème est volontairement froid et sans fioritures, contraint à une sorte de prosaïsme. Cette contradiction interne oblige le lecteur à se vouer au message lui-même et au référent•, si bien que le « je » qui parle ici de sa compassion va devenir celui de tout lecteur, finalement touché, concerné, impliqué. L'unanimisme est en action. Jules Romains le définit ainsi : « les émotions unanimes n'ont été chantées par personne. Pourtant, elles méritent, au même titre que les autres, les efforts passionnés des écrivains [...]. En résumé, je crois fermement que les rapports de sentiments entre un homme et sa ville, que la pensée totale, les larges mouvements de la conscience, les ardeurs colossales des groupes humains sont capables de créer un lyrisme• très pénétrant ou un superbe cycle épique. » (publié dans le journal *Le Penseur,* avril 1905). À vous de voir si ce poème illustre une telle ambition.

Qu'est-ce qui transfigure ainsi le boulevard ?
L'allure des passants n'est presque pas physique ;
Ce ne sont plus des mouvements, ce sont des rythmes,
Et je n'ai plus besoin de mes yeux pour les voir.
L'air qu'on respire a comme un goût mental.
Les hommes
Ressemblent aux idées qui longent un esprit.
D'eux à moi, rien ne cesse d'être intérieur ;
Rien ne m'est étranger de leur joue à ma joue,
Et l'espace nous lie en pensant avec nous.

Jules Romains, *La Vie unanime,* 1907, Gallimard.

Le groupe de l'abbaye et d'autres poètes, comme Apollinaire et Cendrars, se sont réclamés d'un Américain, ***Walt Whitman*** *qui, à la fin du XIXe siècle, avait commencé à demander à la poésie d'être l'écho d'un monde urbanisé et de l'humanité moderne au travail.*

Garde ton splendide soleil silencieux,
Garde tes bois, ô Nature, et les calmes endroits près de tes bois,
Garde tes champs de trèfle et de fléole, tes champs de blé et tes vergers,
Garde les champs de sarrasin en fleur où bourdonnent les abeilles du Neuvième Mois ;
Donne-moi les visages et les rues – donne-moi ces fantômes incessants et perpétuels le long des trottoirs !
Donne-moi les yeux sans nombre – donne-moi les femmes – donne-moi les camarades et les amants par milliers !
Fais-m'en voir de nouveaux chaque jour – fais-m'en tenir de nouveaux par la main chaque jour !
Donne-moi de tels spectacles – donne-moi les rues de Manhattan !
Ô voilà ce qu'il me faut ! Ô une vie intense, pleine à déborder et variée !
La vie du théâtre, des bars, des hôtels immenses,
La buvette du bateau ! La cohue des excursions ! La retraite aux flambeaux !...

Walt Whitman, *Feuilles d'herbe,* 1861, trad. Roger Asselineau, cité par Henri Lemaître dans *La Poésie depuis Baudelaire,* Armand Colin, 1965.

Le foyer post-symboliste en Belgique

Dès 1886, Albert Mockel avait fondé la revue *La Wallonie.* Tous les poètes francophones de Belgique s'y retrouvèrent, rejoints parfois par des Français comme Gide ou Mallarmé. La revue dura huit ans. Elle permit l'essor d'un foyer poétique, particulièrement rayonnant jusqu'en 1914. Retenons surtout, à côté de Verhaeren :

Maurice Maeterlinck (1862-1949). Outre *Serres chaudes* (1889), il a collaboré avec des musiciens, en leur fournissant livret ou support, notamment avec son *Pelléas et Mélisande,* dont Debussy tira son opéra en 1902 et avec ses *Douze chansons,* que Gabriel Fauré transforma en mélodies.

Charles Van Lerberghe (1861-1907). C'est un poète anxieux et rêveur, dont les œuvres sont riches d'un imaginaire très suggestif. Ses *Entrevisions* (1898) montrent un être instable et vagabond. Lui aussi a inspiré Gabriel Fauré qui mettra en musique sa *Chanson d'Ève* (1904), poème de l'aurore du monde.

Georges Rodenbach (1855-1931). Le plus parisien et le plus « rétro », d'une mélancolie un peu appuyée. Il est surtout l'auteur de *Bruges la Morte,* roman poétique, puis drame scénique, où il se livre à une sorte d'introspection hallucinée, tout en évoquant l'atmosphère dolente de la ville.

Max Elskamp (1862-1931) est à rapprocher de la tendance « naturiste » et naïve du « jammisme » (cf. p. 32), mais avec une teinte plus ascétique et avec un style bizarre, volontiers archaïsant, surtout dans ses *Enluminures* (1898).

Un exemple du « lyrisme social » belge : Un village, *d'Emile Verhaeren*

Des murs crépis, de pauvres toits,
Un pont, un chemin de halage,
Et le moulin qui fait sa croix
De haut en bas, sur le village.

Les appentis et les maisons
S'échouent, ainsi que choses mortes.
Le filet dort : et les poissons
Sèchent, pendus au seuil des portes.

Un chien sursaute en longs abois ;
Des cris passent, lourds et funèbres ;
Le menuisier coupe son bois,
Presque à tâtons, dans les ténèbres.

Tous les métiers à bruit discord
Se sont lassés l'un après l'autre :
Derrière un mur, marmonne encor
Un dernier bruit de patenôtres.

Une pauvresse aux longues mains,
Du bout de son bâton tâtonne
De seuil en seuil, par les chemins ;
Le soir se fait et c'est l'automne.

Et puis viendra l'hiver osseux,
Le maigre hiver expiatoire,
Où les gens sont plus malchanceux
Que les âmes en purgatoire.

Émile Verhaeren (1885-1916), *Toute la Flandre,* 1907.

Faisons le point

Fiche n° 1
suivante : p. 69

Quelle « inspiration » ?

Peut-on déterminer ce qui donne envie d'écrire sous forme de poésie ? Quels sont les thèmes ou les sentiments qui stimulent le poète ?

1. La poésie cherche à atteindre et à rendre sensible un « en deçà » de la raison : les sensations, l'émotion, les influx. Avant d'être capables de formuler et d'analyser par des procédés rationnels, nous avons tous déjà perçu l'univers par nos sens (comme l'enfant qui voit, touche, entend, imagine...). Le poète rêve donc de ressaisir cet état où les valeurs sont d'abord des impressions intuitives, naïves et sensuelles.

pp. 32-33 ; 74 ; 105 ; 118-119 ; 155-156 ; 159 ; 165.

2. L'état d'enfance est donc privilégié et considéré comme source créatrice. L'enfant (littéralement : « celui qui n'a pas le langage ») amplifie ce qu'il perçoit, dans la joie comme dans l'angoisse, et il n'a pas subi l'accoutumance des diverses censures. Non seulement le poète adulte a la nostalgie d'un âge où tout était connaissance sensorielle, principe de plaisir, jeux magiques, etc., mais encore il essaie de répercuter dans la langue les ritournelles et formules de l'enfance. Toute vie émotionnelle, donc toute vie artistique, est liée à un désir de régression.

pp. 60 ; 64 ; 90 ; 136.

3. D'autres moyens, plus ou moins artificiels, permettent de suspendre la dictature du rationnel. Le rêve, l'ivresse, certaines jouissances sensuelles, des sentiments intensifiés, etc., brisent l'habitude et la conscience, permettent d'échapper au temps et d'amplifier les vibrations intérieures. Baudelaire dit qu'« il faut être toujours ivre ». L'absurde, les rapprochements incongrus ou l'humour (entre autres) visent aussi à exciter l'émerveillement et le libre jeu de l'imagination poétique.

pp. 56 ; 84 ; 91 ; 144.

4. Synthèse de tous les moments où vibre notre sensibilité, l'amour est évidemment le sujet le plus constant de toute poésie. Il sert, au-delà du lieu commun, à réaliser des variations sur ces états où *nous sortons de nous-mêmes :* abandon à autrui, désir, tendresse désintéressée (pour la mère, pour le fils), extase de l'érotisme ou des mystiques, passion qui dérègle tout, etc. Les Anciens comparaient strictement l'état amoureux au besoin de dépassement qu'implique « l'inspiration » poétique.

voyez dans l'index thématique à Amour
pp. 52 ; 61 ; 82 ; 88-89 ; 96 ; 104 ; 108 ; 110 ; et 148.

5. Mais les stimulants de la sensibilité peuvent aussi la détruire ou l'égarer. Le rêve créé artificiellement (cf. p. 148) finit par dégénérer. La drogue dérègle sans longtemps inspirer, etc. La frénésie étant donc peu maîtrisable, certains poètes ont tendance à s'en écarter absolument et à se vouloir artisans (cf. p. 70). Mais, plus simplement, le poète a besoin d'objets pour réveiller l'acuité de ses sens : du vaste panorama au simple caillou patiemment observé sur la table, tout lui « fait signe ».

pp. 26 ; 28 ; 47 ; 55 ; 66 ; 149-151 ; 153 ; 162.

6. L'inspiration s'est d'abord formulée sous la forme d'un mythe (les Muses, la voix de Dieu...) dictant son œuvre au poète (prophète, mage, médium, « voyant », maudit, etc.). Ces vues légendaires traduisent une réalité : celle d'un homme que le réel ne satisfait pas totalement, impatient, ou qui ne se résout pas à ne pouvoir formuler ce qui l'obsède ou l'enchante. La poésie est un « vouloir-dire ».

pp. 42-45 ; 50 ; 72-73 ; 121-122 ; 124.

Albert Béguin, *L'Âme romantique et le Rêve*, Corti, 1946.

Georges Poulet, *La Distance intérieure*, Plon, 1952.

Jean-Paul Weber, *Genèse de l'œuvre poétique*, N.R.F.-Gallimard, 1960.

Les chantres de la création

Charles Péguy (1873-1914)

L'ardeur et l'espérance

Charles Péguy, mal aimé de son vivant, est mort dans les premiers jours de la bataille de la Marne, le 5 septembre 1914. Cette fin héroïque, celle du premier poète tué pour la patrie, contribua aussitôt à réconcilier l'opinion. De fait, Péguy est mort comme **un croisé** : on comprit enfin que son œuvre était indissociable de ses engagements. Il n'y avait plus lieu, dès lors, d'ironiser sur les ressassements interminables de ses longs poèmes, ni de moquer son intransigeance sermonneuse, ou de blâmer ses admonestations continuelles. Le destin scellait en un seul bloc les contradictions d'un **être divisé, militant** nerveux et sévère. Déchiré en lui-même et par autrui, Péguy obtenait finalement ce qu'il avait toujours espéré : l'**unanimité** (cf. p. 39).

Car il est d'abord un battant, un de ces êtres que la médiocrité exaspère et qui semblent perpétuellement en quête d'une ardeur nouvelle, d'une lutte où s'engager, d'un scandale à dénoncer, d'une valeur à promouvoir. Ainsi le trouve-t-on tour à tour dreyfusard, nationaliste, militariste, socialiste dissident, anticlérical et militant catholique, chantre de Jeanne d'Arc, narguant tout esprit d'abandon, traquant les injustices, bravant le Vatican ou la Sorbonne, rédigeant inlassablement ses diatribes et ses remontrances dans ses *Cahiers de la Quinzaine*, etc. Ces combats inépuisables et un peu dispersés ont perdu aujourd'hui de leur intérêt pour un lecteur moderne – pas tous, il est vrai – et ils concernent plus l'historien des années 1890-1914 que le critique littéraire. Mais Péguy n'aimait guère le « parti des intellectuels » et il a fait confiance à la poésie, et presque uniquement à elle, pour formuler sa croisade, celle de l'espérance, de l'appel au salut, ici-bas par nos luttes, dans l'au-delà par la pureté de nos cœurs. Que l'on partage ou pas sa foi, Péguy a rendu à la poésie sa première fonction : écrire une **incantation**, accessible à tous les hommes, **qui donne à aimer, à espérer et à croire.** Le poème est célébration, consolation et trait d'union.

EXTRAIT

La foi que j'aime le mieux, dit Dieu, c'est l'espérance.

La foi ça ne m'étonne pas.
Ça n'est pas étonnant.
J'éclate tellement dans ma création.
Dans le soleil et dans la lune et dans les étoiles
Dans toutes mes créatures.
Dans les astres du firmament et dans les poissons de la mer.
Dans l'univers de mes créatures.
Sur la face de la terre et sur la face des eaux
Dans les mouvements des astres qui sont dans le ciel.
Dans le vent qui souffle sur la mer et dans le vent qui souffle dans la vallée.
Dans la calme vallée.
Dans la recoite vallée.
Dans les plantes et dans les bêtes et dans les bêtes des forêts.
Et dans l'homme.
Ma créature.
Dans les peuples et dans les hommes et dans les rois et dans les peuples.
Dans l'homme et dans la femme sa compagne.
Et surtout dans les enfants.
Mes créatures.
Dans le regard et dans la voix des enfants.
Car les enfants sont plus mes créatures.
  Que les hommes.
Ils n'ont pas encore été défaits par la vie.
  De la terre.

Et entre tous ils sont mes serviteurs.
Avant tous.
Et la voix des enfants est plus pure que la voix du vent dans le calme de la
[vallée.
Dans la vallée recoite.
Et le regard des enfants est plus pur que le bleu du ciel, que le laiteux du ciel,
[et qu'un rayon d'étoile dans la calme nuit.
Or, j'éclate tellement dans ma création.
Sur la face des montagnes et sur la face de la plaine.
Dans le pain et dans le vin et dans l'homme qui laboure et dans l'homme qui
[sème et dans la moisson et dans la vendange.
Dans la lumière et dans les ténèbres.
Et dans le cœur de l'homme, qui est ce qu'il y a de plus profond dans le
[monde.

Charles Péguy, *Le Porche du Mystère de la Deuxième Vertu,* 1911, Gallimard.

La litanie d'espérance

La répétition et l'insistance : il s'agit d'emprisonner le lecteur dans un rythme obsédant, de retrouver « la voix des enfants ». Mais l'espérance est un sentiment têtu et toujours recommencé, qui habite toute créature : la forme ici est mimétique de l'objet même du poème, comme le dit le dernier verset.

Le chant de la terre maternelle

Fils de menuisier, orphelin tout jeune, élevé par sa mère rempailleuse de chaises et par sa grand-mère illettrée, Péguy ne doit sa carrière qu'à son travail et à ses dons. À une époque où la grande bourgeoisie domine encore le petit monde des lettres, il apporte une sorte de méfiance paysanne face aux idées modernes : détestant l'argent, contestant le mythe du progrès, agacé par le rationalisme facile et conquérant, Péguy est au fond **un pessimiste :** « il fait nuit par le monde et sur toute souffrance ». Avec beaucoup d'intuition, de manière têtue et bourrue, il combat surtout l'idée d'une histoire qui progresserait de manière cohérente et continue, grâce à la marche du savoir et grâce à une organisation politique de plus en plus rationnelle. Car il voit dans un tel déterminisme • la victoire des savants, des « scientistes », des modernistes athées, qui privent la personne individuelle de sa dignité en la persuadant que l'histoire est un vaste fleuve. Cette **hantise face aux systèmes,** ce refus de croire à la fatalité prévisible du destin, Péguy les convertit en **lyrisme**•.

Face aux idées qu'il voit comme totalitaires et artificielles, Péguy donne à son œuvre une fonction rétrospective. Il veut **entonner le chant,** fondamental et obsédant, **de la terre maternelle.** Mais il ne s'agit pas de pratiquer un aimable et désuet « naturisme » (cf. p. 32), ni de décrire ou symboliser. L'écriture, par sa litanie, ses ritournelles, sa musique entêtante, veut ressusciter les vieilles mélopées d'autrefois, pour réveiller l'âme des peuples, presque musicalement. La poésie n'explique pas et se refuse au discours : elle replonge dans les méandres harmoniques des cantiques ou des chansons populaires. Ce lyrisme • primitif, comme un flux inépuisable, est une **célébration mystique** du temps antérieur aux trafics trompeurs de la politique et de la raison insolente. Le patriotisme chrétien de Péguy est celui d'un terrien qui refuse d'être déraciné et qui compte sur la poésie pour retrouver la mémoire et l'asile qui rassurent et rassemblent.

EXTRAIT

Étoile de la mer[1] voici la lourde nappe
Et la profonde houle et l'océan des blés
Et la mouvante écume et nos greniers comblés
Voici votre regard sur cette immense chape,

Et voici votre voix sur cette lourde plaine
Et nos amis absents et nos cœurs dépeuplés,
Voici le long de nous nos poings désassemblés
Et notre lassitude et notre force pleine.

Étoile du matin[1], inaccessible reine,
Voici que nous marchons vers votre illustre cour,

(1) Il s'agit de la Vierge.

Et voici le plateau de notre pauvre amour,
Et voici l'océan de notre immense peine.

Un sanglot rôde et court par delà l'horizon.
À peine quelques toits font comme un archipel.
Du vieux clocher retombe une sorte d'appel.
L'épaisse église semble une basse maison.

Ainsi nous naviguons vers votre cathédrale.
De loin en loin surnage un chapelet de meules,
Rondes comme des tours, opulentes et seules
Comme un rang de châteaux sur la barque amirale.

Deux mille ans de labeur ont fait de cette terre
Un réservoir sans fin pour les âges nouveaux.
Mille ans de votre grâce ont fait de ces travaux
Un reposoir sans fin pour l'âme solitaire.

Vous nous voyez marcher sur cette route droite,
Tout poudreux, tout crottés, la pluie entre les dents.
Sur ce large éventail ouvert à tous les vents
La route nationale est notre porte étroite.

Nous allons devant nous, les mains le long des poches,
Sans aucun appareil, sans fatras, sans discours,
D'un pas toujours égal, sans hâte ni recours,
Des champs les plus présents vers les champs les plus proches.

Charles Péguy, *La Tapisserie de Notre-Dame,* « Présentation de la Beauce à Notre-Dame de Chartres », 1913, Gallimard.

Le cantique des pèlerins

Rythme lent et ample, marche solennelle et sereine : le poème prend l'allure du pèlerinage à Chartres, de l'avancée collective des croyants. Dans le détail, le vocabulaire religieux s'étend à toute chose et réalise un unisson mystique (voyez strophe 5, notamment) tout en conservant une simplicité, une complicité (fin), presque familière.

document

Du patriotisme charnel à la haine des intellectuels.

Pour Péguy (comme pour Barrès : cf. p. 275), l'intelligence moderne, trop rationaliste, se sent plus spontanément et elle perd toute racine, méprisant les valeurs les plus immédiates : ardeur, volonté, sympathie, piété, patriotisme, expérience, etc. En revanche, la conscience doit prendre sa source dans le témoignage vécu, par une sorte d'imprégnation sentimentale et mentale. C'est ainsi que Péguy explique sa formation à travers le climat de son enfance, dans les années qui suivirent la débâcle de 1870.

Il faut, sur de telles situations de fait, venant de telles situations de fait, avoir une image directe que nous puissions nous rappeler par une opération de souvenir ; ou, à défaut de cette image directe, il faut au moins avoir un témoignage direct, personnel, entier ; les hommes de ma génération, nés immédiatement après la guerre, ont été élevés dans ce témoignage même ; nous n'avons pas même eu à le recevoir ; c'est lui qui nous a élevés, qui nous a bercés, qui nous a nourris, qui nous a fomentés sur ses genoux ; c'est lui qui a fait toute notre vie, sentimentale, mentale, passionnelle ; c'est ici la meilleure manière de recevoir un témoignage et sans doute c'est la seule ; c'est lui qui a fait toute notre culture, toute notre vie profonde, les exemples, les histoires, les enseignements du premier âge, qui seuls demeurent dans nos mémoires troublées, et ces tout premiers linéaments du monde qui restent pour nous tous la vérité première, la vérité divine ; je ne dirai pas qu'il fit notre système du monde et notre connaissance du monde, car il fit beaucoup plus : comme il faisait les livres de nos écoles et les jeux de nos récréations, il faisait les propos des repas, il avait le goût du pain familier, il s'avalait comme la bonne soupe, il faisait les propos de la veillée, que l'enfant écoutait s'endormant à demi ; et comme il avait occupé la veille, il possédait le sommeil, qui est cent fois plus honnête que la veille ; et qui est cent fois plus nous-mêmes ; ce témoignage enfin s'encadrait les soirs d'hiver dans le manteau noir de la cheminée de bois fumée, seul cadre qui ait jamais pu contenir l'histoire de tout le monde.

Charles Péguy, « Par ce demi-matin clair », 2e suite à *Notre Patrie,* 1905, Gallimard, publié en 1935.

La poésie, au croisement de l'esprit et de la chair

Le chant poétique de Péguy vise donc à réunir une forte **exigence spirituelle** et une totale **incarnation.** Sa technique, proche du rite ou de la prière, réconcilie une vocation quasi religieuse et le pétrissage, lourd et dramatique, d'un langage très charnel. Il n'est pas surprenant que les personnages de Péguy soient eux-mêmes mi-dieu, mi-homme, comme son héroïne préférée, Jeanne d'Arc, ou comme ces êtres qui, tout en appartenant à la mythologie biblique, ont une aventure terrestre et très humaine : sainte Geneviève, Ève, ou surtout Jésus lui-même. Engagés dans le monde, mais éclairés par la Grâce, ils sont tous missionnaires et pèlerins. Le vers de Péguy, **procession solennelle,** imite cette fusion du sacré et du profane : par ses répétitions, il rappelle le verset biblique (comme chez Claudel, cf. p. 49) ; par le va-et-vient continuel entre abstrait et concret, il symbolise le mystère de l'Incarnation ; par sa marche têtue, il dit la certitude du croyant et son humilité, sa ferveur modeste, mais obstinée.

La poésie cesse alors d'aspirer à un idéal de pureté géométrique (comme chez Valéry, cf. p. 70) ou de se compromettre avec tous les gadgets de la modernité (comme chez Apollinaire, cf. p. 62). Mystique mais familière, elle veut saisir l'homme tout entier et le faire adhérer à la source originelle de toute poésie : le sacré.

EXTRAIT

Mère voici vos fils qui se sont tant battus.
Qu'ils ne soient pas pesés comme on pèse un esprit.
Qu'ils soient plutôt jugés comme on juge un proscrit
Qui rentre en se cachant par des chemins perdus.

Mère voici vos fils et leur immense armée.
Qu'ils ne soient pas jugés sur leur seule misère.
Que Dieu mette avec eux un peu de cette terre
Qui les a tant perdus et qu'ils ont tant aimée.

Mère voici vos fils qui se sont tant perdus.
Qu'ils ne soient pas jugés sur une basse intrigue.
Qu'ils soient réintégrés comme l'enfant prodigue.
Qu'ils viennent s'écrouler entre deux bras tendus.

Qu'ils ne soient pas jugés comme un pauvre commis
À qui Dieu redemande un compte capital.
Qu'ils ne soient pas taxés comme un peuple soumis
À qui César demande un règlement total.

Qu'ils soient réhonorés comme de nobles fils.
Qu'ils soient réinstallés dans la noble maison,
Et dans les champs de blés et les champs de maïs.
Et qu'ils soient replacés dans la droite raison.

Et qu'ils soient reposés dans leur jeune saison.
Et qu'ils soient rétablis dans leur jeune printemps.
Et que sur leur épaule une blanche toison
Les refasse pasteurs de troupeaux importants.

Et qu'ils soient replacés dans le premier village.
Et qu'ils soient reposés dans l'antique chaumière.
Et qu'ils soient restaurés dans la splendeur première.
Et qu'ils soient remontés dans leur premier jeune âge.

Charles Péguy, *Ève*, 1913, Gallimard.

Procession des formules

C'est Jésus qui parle et intercède auprès de sa mère, la Vierge Marie, pour qu'elle accueille les hommes morts en divers combats. Le poème est une supplique. Pour convaincre et toucher, il procède par une procession de formules qui se recomposent sans cesse et tournent en rond. Procédé fondamental de la poésie, la redite remplit pleinement son rôle d'incantation, là où poème et envoûtement se rejoignent.

Biographie de Charles Péguy

VIE

1873
- 7 janvier : naissance à Orléans ; fils d'un menuisier et d'une rempailleuse de chaises
- Mort de son père en novembre
- Milieu laborieux et croyant

1885
- Boursier, entre en 6e au lycée d'Orléans
- Excellent élève nombreux prix

1891
- Bachelier, commence à préparer l'École Normale Supérieure
- Se détache de la religion et s'intéresse aux questions sociales

1892
- Échec au concours de l'E.N.S
- Devance l'appel et part faire son service militaire

1894
- Reçut à l'E.N.S.
- Licencié de philosophie
- Influence du bibliothécaire de l'École, le socialiste Lucien Herr

1897
- Mariage avec Charlotte Baudoin
- Commence à se consacrer uniquement à l'édition et à la librairie
- Proche de Jaurès et de Zola
- Amitié avec Daniel Halévy

1898
- Échec à l'agrégation de philosophie
- Naissance de son fils Marcel
- Militantisme socialiste mais la rupture ne tardera pas

1900
- Les *Cahiers* s'installent rue de la Sorbonne
- Enfants : 1901 Charlotte 1903 Pierre
- S'insurge contre la confusion du socialisme avec le scientisme et l'athéisme

1907
- Retour à la foi
- Amitié avec J. Maritain
- Travaille et publie beaucoup
- Vie pauvre

1911
- Reçoit un prix de l'Académie Française
- De plus en plus « patriote » et ennemi des pacifistes et internationalistes

1912
- Pélerinages à Chartres
- Grande admiration pour Bergson

1914
- Mobilisé comme lieutenant en août
- Tué à la tête de sa section le 5 sept. à Villeroy

1915
- Naissance de son fils posthume Charles-Pierre

ŒUVRES

Avant 1900
- Articles dans la *Revue socialiste*
- *Jeanne d'Arc* (drame)
- Articles favorables à Dreyfus dans la *Revue Blanche*

1900
- Début des *Cahiers de la quinzaine* : publications périodiques incessantes jusqu'à sa mort (229 cahiers au total)

1910
- *Le Mystère de la charité de Jeanne d'Arc*
- *Victor-Marie, Comte Hugo*

1911
- *Le Porche du mystère de la deuxième vertu*

1912
- *Le Mystère des Sts Innocents*
- *Châteaux de Loire*
- *La Tapisserie de Ste Geneviève et de Jeanne d'Arc*

1913
- *L'Argent*
- *La Tapisserie de N.-Dame*
- *Ève*

1914
- *Note sur M. Bergson* et *Note conjointe sur M. Descartes*

Paul Claudel (1868-1955)

À la recherche du signe

Comme Péguy, Paul Claudel est inséparable de sa foi. Son œuvre est toute liée à sa conversion de Noël 1886, même quand son sujet n'est pas un thème religieux. Car Claudel – condition préalable à toute entreprise poétique – aspire à **tout dépassement.** Une quête de tout **ce qui est ailleurs** anime sa vie, celle du diplomate qui court le monde, celle du chrétien exalté, celle de l'écrivain qui veut « épouser le monde entier » et trouver une langue puissante, rythmée, qui permettra de **traduire** les souffles et les grouillements du monde. Voilà pourquoi on ne saurait réduire la poésie de Claudel à des référents : l'exotisme, le catholicisme, l'honneur et l'espérance... Elle est plutôt une parole spéciale, une manière unique de mimer, tout en la déchiffrant, la vitalité de la réalité, pleine de sève, d'énergie et de heurts.

L'abondance et la surcharge baroque guettent évidemment un tel projet, victime de son brassage titanesque. Aussi Claudel préférera-t-il transformer en drame, joué sur la scène, la dynamique du verbe : reportez-vous aux pp. 184 à 188. Mais dans ses poèmes en prose, rédigés lors de son consulat en Chine, on voit Claudel à l'entraînement.

EXTRAIT

Le riz

C'est la dent que nous mettons à la terre même avec le fer que nous y plantons, et déjà notre pain y mange à la façon dont nous allons le manger. Le soleil chez nous dans le froid Nord, qu'il mette la main à la pâte ; c'est lui qui mûrit notre champ, comme c'est le feu tout à nu qui cuit notre galette et qui rôtit notre viande. Nous ouvrons d'un soc fort dans la terre solide la raie où naît la croûte que nous coupons de notre couteau et que nous broyons entre nos mâchoires.

Mais ici le soleil ne sert pas seulement à chauffer le ciel domestique comme un four plein de sa braise : il faut des précautions avec lui. Dès que l'an commence, voici l'eau, voici les menstrues de la terre vierge. Ces vastes campagnes sans pente, mal séparées de la mer qu'elles continuent et que la pluie imbibe sans s'écouler, se réfugient, dès qu'elles ont conçu, sous la nappe durante qu'elles fixent en mille cadres. Et le travail du village est d'enrichir de maints baquets la sauce : à quatre pattes, dedans, l'agriculteur la brasse et la délaie de ses mains. L'homme jaune ne mord pas dans le pain ; il happe des lèvres, il engloutit sans le façonner dans sa bouche un aliment semi-liquide. Ainsi le riz vient, comme on le cuit, à la vapeur. Et l'attention de son peuple est de lui fournir toute l'eau dont il a besoin, de suffire à l'ardeur soutenue du fourneau céleste. Aussi, quand le flot monte les norias partout chantent comme des cigales. Et l'on n'a point recours au buffle ; eux-mêmes, côte à côte cramponnés à la même barre et foulant comme d'un même genou l'ailette rouge, l'homme et la femme veillent à la cuisine de leur champ, comme la ménagère au repas qui fume. Et l'Annamite puise l'eau avec une espèce de cuiller ; dans sa soutane noire avec sa petite tête de tortue, aussi jaune que la moutarde, il est le triste sacristain de la fange ; que de révérences et de génuflexions tandis que d'un seau attaché à deux cordes, le couple des nhaqués[1] va chercher dans tous les creux le jus de crachin pour en oindre la terre bonne à manger !

(1) paysans chinois

Paul Claudel, *Connaissance de l'Est*, 1900, Mercure de France.

Thème et variations

Le document de G. Gadoffre (p. suivante) indique clairement le mécanisme de ce poème et la marche à suivre pour l'analyser. Reprenez pas à pas le système des comparaisons et analogies. Soyez aussi attentif aux sonorités expressives et aux détails pittoresques qui sont en fait non du reportage, mais des signes.

document

Le tête-à-tête avec la nature chinoise permet de surprendre des affinités essentielles entre l'homme et son milieu, le végétal et l'animal, le minéral et l'humain, les procédés du paysan et ceux de la nature. Regardons de près un texte comme **Le riz.** Il est fait d'un contrepoint d'analogies : le soleil qui fait mûrir les rizières et le four, le repiquage du riz et la fécondation, les eaux d'irrigation et les eaux menstruelles, la marée haute et l'allaitement, la maturation des récoltes et la cuisson chinoise du riz à la vapeur. Deux par deux le comparant et le comparé s'entrelacent et la phrase finale sur « la terre bonne à manger » réalise, comme une coda de fugue, la fusion des deux ordres. Les mécanismes de l'analogie confèrent à tout ce texte son mouvement, sa structure et sa signification.

Gilbert Gadoffre, introduction à l'édition de *Connaissance de l'Est,* Mercure de France, 1972.

EXTRAIT

Le banyan

Le banyan[1] tire.

Ce géant ici, comme son frère de l'Inde, ne va pas ressaisir la terre avec ses mains mais, se dressant d'un tour d'épaule, il emporte au ciel ses racines comme des paquets de chaînes. À peine le tronc s'est-il élevé de quelques pieds au-dessus du sol qu'il écarte laborieusement ses membres, comme un bras qui tire avant le faisceau de cordes qu'il a empoigné. D'un lent allongement le monstre qui hale se tend et travaille dans toutes les attitudes de l'effort, si dur que la rude écorce éclate et que les muscles lui sortent de la peau. Ce sont des poussées droites, des flexions et des arcs-boutements, des torsions de reins et d'épaules, des détentes de jarret, des jeux de cric et de levier, des bras qui, en se dressant et en s'abaissant, semblent enlever le corps de ses jointures élastiques. C'est un nœud de pythons, c'est une hydre qui de la terre tenace s'arrache avec acharnement. On dirait que le banyan lève un poids de la profondeur et le maintient de la machine de ses membres tendus.

Honoré de l'humble tribu, il est, à la porte des villages, le patriarche revêtu d'un feuillage ténébreux. On a, à son pied, installé un fourneau à offrandes et, dans son cœur même et l'écartement de ses branches, un autel, une poupée de pierre. Lui, témoin de tout le lieu, possesseur du sol qu'il enserre du peuple de ses racines, demeure et, où que son ombre se tourne, soit qu'il reste seul avec les enfants, soit qu'à l'heure où tout le village se réunit sous l'avancement tortueux de ses bois, les rayons roses de la lune passant au travers des ouvertures de sa voûte illuminent d'un dos d'or le conciliabule, le colosse, selon la seconde à ses siècles ajoutée, persévère dans l'effort imperceptible.

Quelque part la mythologie honora les héros qui ont distribué l'eau à la région et, arrachant un grand roc, délivré la bouche obstruée de la fontaine. Je vois debout dans le Banyan un Hercule végétal, immobile dans le monument de son labeur avec majesté. Ne serait-ce pas lui, le monstre enchaîné, qui vainc l'avare résistance de la terre, par qui la source sourd et déborde, et l'herbe pousse au loin, et l'eau est maintenue à son niveau dans la rizière ? Il tire.

(1) Arbre immense dont les racines ressortent du sol et, comme d'énormes lianes, vont se confondre avec les branches.

Paul Claudel, *Connaissance de l'Est,* 1900, Mercure de France.

Le poème-banyan

Ce poème est moins une description d'un arbre impressionnant qu'une théorie du poème en prose. Observez comment s'y manifestent à la fois un jaillissement violent, presque anarchique, et une mise en ordre lucide. Comme les racines, la phrase s'étire et se ramifie, lutte pour arriver à la plénitude. Le mimétisme est partout. Le dernier paragraphe étend le rapprochement au poète lui-même, « Hercule végétal ».

« La crainte de l'adjectif est le commencement du style. »

Paul Claudel, *Journal,* Gallimard.

Poétique claudélienne

Comme tout croyant, Claudel est partagé entre deux sentiments : d'un côté, le monde est opaque, tâtonnant dans l'obscurité et les fureurs, aspirant parfois à l'autre vie que promet la foi ; de l'autre, l'univers est tout entier désirable, s'offrant à toutes les aventures, fécond en images et en fruits. Entre l'angoisse et la splendeur, le poète divisé trouve dans la poésie un moyen de dépasser ces contradictions pour les convertir en enthousiasme – et peut-être en salut.

La langue est rythme et pulsation

L'essence de la poésie est dans le rythme oral du langage. La parole et la voix sont les moyens premiers de l'acte poétique. Le verset de Claudel reflète une esthétique de la surabondance rythmique. Ni versification ni simple prose expressive, ce verset est la « figure » même des rythmes du monde : respiration humaine, mouvements de la nature (le vent, la mer...), enthousiasme mystique, jaillissement des images. Contrairement à Valéry, dont le vers maîtrise, discipline et renferme, Claudel laisse la forme métrique épouser le rythme vital ou cosmique, dans un mouvement de dilatation quasi spontané. La rhétorique cède ainsi la place à l'authenticité, au lyrisme• « pneumatique » et « vibratoire ».

EXTRAIT

La pensée bat comme la cervelle et le cœur. Notre appareil à penser en état de chargement ne débite pas une ligne interrompue ; il fournit par éclairs, secousses, une masse disjointe d'idées, images, notions, souvenirs, concepts, puis se détend avant que l'esprit se réalise à l'état de conscience dans un nouvel acte. Sur cette matière première l'écrivain, éclairé par sa raison et son goût et guidé par un but plus ou moins distinctement perçu, travaille, mais il est impossible de donner une image exacte des allures de la pensée si l'on ne tient pas compte du blanc et de l'intermittence.

Tel est le vers essentiel et primordial, l'élément premier du langage, antérieur aux mots eux-mêmes : une idée isolée par un blanc.

L'expression sonore se déploie dans le temps et par conséquent est soumise au contrôle d'un instrument de mesure, d'un compteur. Cet instrument est le métronome intérieur que nous portons dans notre poitrine, le coup de notre pompe à vie, le cœur qui dit indéfiniment :

Un. Un. Un. Un. Un. Un. Un.
Pan (rien). Pan (rien). Pan (rien).

L'iambe fondamental, un temps faible, un temps fort.

Et, d'autre part, la matière sonore nous est fournie par l'air vital qu'absorbent nos poumons et que restitue notre appareil à parler qui le façonne en une émission de mots intelligibles. Ainsi la création poétique dispose d'une espèce d'atelier où il faut distinguer le métal, la forge et le soufflet. [...] On a souvent parlé de la couleur et de la saveur des mots. Mais on n'a jamais rien dit de leur *tension*, de l'état de tension de l'esprit qui les profère, dont ils sont l'indice et l'index, de leur chargement.

Paul Claudel, *Positions et Propositions I*, Gallimard, 1928.

Le conflit et le salut

Le poète est l'incarnation vécue de l'expérience humaine. La poésie dit l'insatisfaction profonde de l'âme humaine : l'Inconnu baudelairien, l'Ailleurs des romantiques (allemands, surtout), l'Autre-Je de Rimbaud, la révolte des surréalistes, l'attente spirituelle des symbolistes (de l'esthétisme de Mallarmé à l'intellectualisme de Valéry), etc. Autrement dit, la vie humaine est expérience du conflit et désir du salut. Aux yeux de Claudel, quel que soit l'intérêt des œuvres qui l'ont précédé, toutes ont abouti à une conscience de l'échec (désir d'autodestruction, de chaos ou de silence, etc.). Pour éviter cette aporie de l'acte poétique, Claudel se veut d'abord « terrien » : l'arbre, le soleil, le vent, les eaux – thèmes essentiels de son œuvre – ne sont pas seulement des symboles, mais le retour au chant de la terre, la communion avec le dynamisme même de la création. L'exigence du salut trouve sa résolution dans un Dire, calque verbal et rythmique des forces vives du monde, car les pulsations et les souffles de ce monde (le vent, la mer, etc.) sont l'inspiration à proprement parler, l'haleine du Créateur que le poète imite et reproduit. Le poète [celui qui *« fait »*] participe ainsi, par analogie, à l'œuvre de Dieu, au *poiein* universel. La poésie proclame et réalise l'Être. La victoire poétique consiste en cette possession de la totalité de l'Être dans le Dire.

Les signes et la révélation

Chacun à leur manière, les poètes du XIXe siècle avaient surtout été frappés par l'opacité et le mystère du monde. Ils cherchent – en vain ? – ce que veut dire chaque chose et s'emploient à décrypter, à traduire, surtout grâce au jeu des correspondances et des symboles. Ou même, à défaut de dire la chose, ils suscitent le regret ou le désir de sa présence, en soi impossible. Claudel renonce à la victoire du « hasard » qu'avouait finalement Mallarmé. Le chaos, l'anarchie, le hasard, le mystère du visible disparaissent car la certitude de Dieu, de l'Invisible, transforme toute forme de réel en signification. La foi est le préalable de l'acte poétique. Ensuite, tout ce qui est à chanter par le poète n'est plus une image mais un signe, un moyen d'épouser la révélation. Le Dire est alors prise de possession, vraie saisie du monde : connaissance et « co-naissance ». La poésie ne s'épuise plus à chercher des symboles, elle achève et prolonge la Création. Elle la fait fructifier. Le monde n'est plus un hasard indéchiffrable si l'homme comprend que Dieu a laissé la nature pour ainsi dire « inachevée », afin que le poète en perpétue la floraison. La victoire de la poésie est de manifester la présence de Dieu, de « recevoir l'être et restituer l'éternel ». Le lyrisme • dépasse l'éparpillement, l'incomplétude, le non-sens et le néant, pour chanter la vie en mouvement et la joie d'être au monde.

EXTRAIT

Du moins laisse-moi faire de ce papier ce que je veux et le remplir avec un art studieux,
Ma tâche, comme ceux-là qui en ont une.
Ainsi le scribe Égyptien recensait de sa pointe minutieuse les tribus, et les parts de butin, et les files de dix captifs attachés,
Et les mesures de blé que l'on porte à la meule banale, et les barques à la douane.
Ainsi l'antique sculpteur avec sa tignasse rougie à la chaux attrapé à sa borne de basalte noire avec la massette et le ciseau,
Et de temps en temps il souffle sur ses caractères pareils à des clous entrecroisés pour ôter la poussière et se recule avec contentement.
Et je voudrais composer un grand poème plus clair que la lune qui brille avec sérénité sur la campagne dans la semaine de la moisson,
Et tracer une grande Voie triomphale au travers de la Terre,
Au lieu de courir comme je peux la main sur l'échine de ce quadrupède ailé qui m'entraîne(1), dans sa course cassée qui est à moitié aile et bond!
Laisse-moi chanter les œuvres des hommes et que chacun retrouve dans mes vers ces choses qui lui sont connues,
Comme de haut on a plaisir à reconnaître sa maison, et la gare, et la mairie, et ce bonhomme avec son chapeau de paille, mais l'espace autour de soi est immense!
Car à quoi sert l'écrivain, si ce n'est à tenir des comptes?
Que ce soit les siens ou d'un magasin de chaussures, ou de l'humanité tout entière.
Ne t'indigne pas! ô sœur de la noire Pythie qui broie la feuille de laurier entre ses mâchoires resserrées par le trisme(2) prophétique et un filet de salive verte coule du coin de sa bouche!
Ne me blesse point avec ce trait de tes yeux!
O géante! ne te lève pas avec cet de liberté sublime!
O vent sur le désert! ô ma bien-aimée pareille aux quadriges de Pharaon!
Comme l'antique poète parlait de la part des dieux privés de présence,
Et moi je dis qu'il n'est rien dans la nature qui soit fait sans dessein et propos à l'homme adressé.

Paul Claudel, *Cinq Grandes Odes,* IV 1910, Gallimard.

(1) Allusion à Pégase, cheval ailé, symbole antique de l'inspiration poétique.
(2) Constriction des maxillaires : la Pythie de Delphes rendait ses oracles au cours d'un délire.

« car à quoi sert l'écrivain... »

Claudel définit la fonction du poète par deux approches : comparaison, plus ou moins explicite, avec le «scribe» et «le sculpteur» (pourquoi ces deux choix?) ; assimilation du poème à l'immense beauté de la Création (lune, moisson, œuvres des hommes, tenir des comptes...). Enfin, apparaît le thème du poète-prophète, voix des mystères et de Dieu. Ces trois étapes correspondent à notre résumé de la poétique claudélienne : reportez-vous-y, page précédente et ci-dessus.

Biographie de Paul Claudel

VIE

Année	Vie
1868	6 août : naissance dans l'Aisne Enfance à Bar-le-Duc, Rambouillet, Compiègne
1882	À Paris élève à Louis-le-Grand Lit Baudelaire
1886	Après son bac, commence droit et sciences-po Passion pour Rimbaud À Noël, crise religieuse et conversion définitive
1890	Reçu 1er au Concours des Affaires étrangères
1893	Vice-consul à New York et à Boston
96	Début de la carrière en extrême Orient Fou-Tchéou et Han-Kéou
99	S'éprend d'une femme mariée : Mme Vetch, et protège son mari, affairiste douteux Essai de vie monastique à Solesmes et à Ligugé
1900	Retour en France par bateau
01	À Fou-Tchéou Liaison de plus en plus forte avec Rose Vetch Le Quai d'Orsay s'inquiète Amitié et protection de Philippe Berthelot, directeur des Consulats
05	Rupture pénible avec Rose Vetch et retour en France
06	Mariage à Tien-Tsin
09	Consul à Pragues
11	Consul à Franc-fort
13	À Hambourg Sa sœur Camille, sculpteur et ancienne maîtresse de Rodin, est internée comme folle Mort de son père
17	À Rio son secrétaire est Darius Milhaud
19	À Copenhague
21	Ambassadeur à Tokyo
26	Séjour en France et fin de ses postes en Orient
27	Ambassadeur à Washington
29	Mort de sa mère
33	Ambassadeur à Bruxelles
35	Échec à l'Académie Française Retraite : se retire dans l'Isère Travaille sur les Saintes Écritures
43	Mort de sa sœur Camille J.-L. Barrault monte le *Soulier de Satin*
46	Élection tardive mais triomphale à l'Académie
1955	Mort (23 février) La Comédie Française monte *l'Annonce*...

ŒUVRES

Année	Œuvres
1893	*La Ville*
1898	*La Jeune Fille Violaine*
1901	*L'Arbre*
04	*Connaissance de l'Est*
05	*Le Partage de Midi*
08	*Les Cinq Grandes Odes*
11	*L'Otage*
12	*L'Annonce faite à Marie*
13	*La Cantate à trois voix*
14	*Le Pain dur*
15	*Corona benignitatis Anni Dei*
16	*Le Père humilié*
25	*Réflexions et Propositions sur le vers français*
29	*Le Soulier de Satin* (commencé en 1919)
38	*Jeanne au bûcher*
1942	*Présence et Prophétie* Nombreuses publications, puis émissions radiophoniques sur la *Bible*

Guillaume Apollinaire

1880
1918

La synthèse des tentatives du début du siècle

Dans les premières années du siècle, diverses attitudes poétiques cohabitent sans vraiment trouver une unité. Entre les symbolistes «rétro» comme Anna de Noailles (cf. p. 27), les primitifs, tendres et nostalgiques, comme Francis Jammes (cf. p. 32), et les chantres du progrès ou de l'aventure (cf. p. 34), la poésie reste hétéroclite. Aucune école n'arrive à faire le lien entre ces tendances disparates.

À défaut d'être lui-même un modèle cohérent, Apollinaire va du moins expérimenter toutes ces formes d'inspiration et d'écriture. Il sollicite aussi bien un lyrisme• naïf fort traditionaliste qu'une langue nouvelle et énigmatique. Il peut, tout à la fois, murmurer une confidence, intime comme une berceuse et, la page suivante, tracer le chaos nerveux d'une modernité presque agressive. Ce curieux mélange des genres, surtout évident dans un recueil comme *Alcools,* fait d'Apollinaire le créateur le plus complet et le plus significatif de cette période, si frémissante et fertile. Son œuvre féconde et inspirée opère la synthèse de toutes les originalités poétiques – un peu comme le fit Baudelaire au milieu du XIXe siècle. Et, après la Grande Guerre, tous les poètes, jusqu'à nous, lui devront un peu de leurs audaces ou de leurs thèmes.

EXTRAITS

Trois exemples de registres et d'écritures : Apollinaire polymorphe.

Dans le style d'une complainte populaire

Le pont Mirabeau

Sous le pont Mirabeau coule la Seine
Et nos amours
Faut-il qu'il m'en souvienne
La joie venait toujours après la peine

Vienne la nuit sonne l'heure
Les jours s'en vont je demeure

Les mains dans les mains restons face à face
Tandis que sous
Le pont de nos bras passe
des éternels regards l'onde si lasse

Vienne la nuit sonne l'heure
Les jours s'en vont je demeure

L'amour s'en va comme cette eau courante
L'amour s'en va
Comme la vie est lente
Et comme l'Espérance est violente

Vienne la nuit sonne l'heure
Les jours s'en vont je demeure

Passent les jours et passent les semaines
Ni temps passé
Ni les amours reviennent
Sous le pont Mirabeau coule la Seine

Vienne la nuit sonne l'heure
Les jours s'en vont je demeure

Guillaume Apollinaire, *Alcools,* 1912, Gallimard.

Sur le mode mineur du symbolisme

Signe

Je suis soumis au Chef du Signe de l'Automne
Partant j'aime les fruits je déteste les fleurs
Je regrette chacun des baisers que je donne
Tel un noyer gaulé dit au vent ses douleurs

Mon Automne éternelle, ô ma saison mentale
Les mains des amantes d'antan jonchent ton sol
Une épouse me suit c'est mon ombre fatale
Les colombes ce soir prennent leur dernier vol.

Guillaume Apollinaire, *Alcools,* 1912, Gallimard.

Modernisme et images fugaces

Liens

Cordes faites de cris

Sons de cloches à travers l'Europe
Siècles pendus

Rails qui ligotez les nations
Nous ne sommes que deux ou trois hommes
Libres de tous liens
Donnons-nous la main

Violente pluie qui peigne les fumées
Cordes
Cordes tissées
Câbles sous-marins
Tours de Babel changées en ponts
Araignées-Pontifes
Tous les amoureux qu'un seul lien a liés

D'autres liens plus ténus
Blancs rayons de lumière
Cordes et Concorde

J'écris seulement pour vous exalter
Ô sens ô sens chéris
Ennemis du souvenir
Ennemis du désir

Ennemis du regret
Ennemis des larmes
Ennemis de tout ce que j'aime encore

Guillaume Apollinaire, *Calligrammes,* 1913, Gallimard.

Comparez

D'un côté une méditation banale qui finit pourtant par paraître poignante à force de simplicité lyrique• et de pathétique•, avec un refrain et une mélancolie appuyée.

À l'autre extrême, *Liens* est, paradoxalement, décousu et énigmatique (v. 13, 17). On passe de « cordes » à divers sens connotés• (rails, câbles, liens, rayons) pour finir sur « sens ». Le propos est à la fois lisible et refusé.

Entre les deux, *Signe* se présente comme un aveu (« je suis ») et exprime nostalgie, inquiétude, prémonition de la mort, avec une grande économie de moyens et en quelques images frappantes (v. 4 et 6, notamment).

citations/controverses

« Des hommes comme Apollinaire ont été, dans leur domaine, comme Gide dans le sien, de subtils pervertisseurs, des agents de la décomposition de la raison et du goût, fêtés comme le sont tous les sophistes par les snobs qu'ils méprisent secrètement. »

Camille Mauclair, *Les Métèques contre l'art français,* Grasset, 1930.

Le symbolisme d'Apollinaire : ferveur et reniement

Comme tous les poètes du début du siècle, Apollinaire a commencé par être un admirateur et un disciple du symbolisme : « les symbolistes furent les premiers objets de mes enthousiasmes », avoue-t-il dans une conférence d'avril 1908. Mais, dans le même temps, il sent la nécessité de continuer la révolte des « fantaisistes » (cf. p. 29), car il sait que la poésie naît du mouvement, de la marche en avant : elle suppose donc de rompre avec des habitudes et d'adhérer à toute recherche moderne. On comprend ainsi pourquoi Apollinaire a été, avec une intuition étonnante, l'ami de tous les créateurs novateurs, des peintres en particulier (cf. p. 66).

Pour se maintenir dans cet état stimulant, Apollinaire a cultivé volontiers la raillerie et la dérision, voire la provocation. Ses textes pornographiques appartiennent d'abord à cette veine-là. Mais, plus simplement, il s'amuse à piéger les clichés symbolistes ou romantiques, à subvertir leur ordre poli ou artificiel en y introduisant des dérèglements inattendus, des dérapages saugrenus. Ainsi, curieusement, il se laisse souvent aller à une poésie lisse et feutrée, quand, brusquement, il va s'en démarquer et en démonter les mécanismes ou en dénoncer les « ficelles ». Comme ses amis cubistes, Apollinaire brise et fragmente le réel et ses images, pour obliger la sensibilité à retrouver fantaisie, humour et imagination.

EXTRAITS

Le symbolisme : attirance et répulsion. Dans le premier poème, la surprise va apparaître comme un choc au cœur du texte. Dans le second la dérision est comme fondue dans l'univers dépeint et dans le style utilisé. Ce sont deux formes de la même équivoque.

Palais

À Max Jacob.

Vers le palais de Rosemonde au fond du Rêve
Mes rêveuses pensées pieds nus vont en soirée
Le palais don du roi comme un roi nu s'élève
Des chairs fouettées des roses de la roseraie

On voit venir au fond du jardin mes pensées
Qui sourient du concert joué par les grenouilles
Elles ont envie des cyprès grandes quenouilles
Et le soleil miroir des roses s'est brisé

Le stigmate sanglant des mains contre les vitres
Quel archer mal blessé du couchant le troua
La résine qui rend amer le vin de Chypre
Ma bouche aux agapes d'agneau blanc l'éprouva

Sur les genoux pointus du monarque adultère
Sur le mai de son âge et sur son trente et un
Madame Rosemonde roule avec mystère
Ses petits yeux tout ronds pareils aux yeux des Huns

Dame de mes pensées au cul de perle fine
Dont ni perle ni cul n'égale l'orient[(1)]
Qui donc attendez-vous
De rêveuses pensées en marche à l'Orient
Mes plus belles voisines

Toc toc Entrez dans l'antichambre le jour baisse
La veilleuse dans l'ombre est un bijou d'or cuit
Pendez vos têtes aux patères par les tresses
Le ciel presque nocturne a des lueurs d'aiguilles

On entra dans la salle à manger les narines
Reniflaient une odeur de graisse et de graillon
On eut vingt potages dont trois couleur d'urine
Et le roi prit deux œufs pochés dans du bouillon

(1) la qualité, la clarté

Puis les marmitons apportèrent les viandes
Des rôtis de pensées mortes dans mon cerveau
Mes beaux rêves mort-nés en tranches bien saignantes
Et mes souvenirs faisandés en godiveaux

Or ces pensées mortes depuis des millénaires
Avaient le fade goût des grands mammouths gelés
Les os ou songe-creux venaient des ossuaires
En danse macabre aux plis de mon cervelet

Et tous ces mets criaient des choses nonpareilles
Mais nom de Dieu!
Ventre affamé n'a pas d'oreilles
Et les convives mastiquaient à qui mieux mieux

Ah! nom de Dieu! qu'ont donc crié ces entrecôtes
Ces grands pâtés ces os à moelle et mirotons
Langues de feu où sont-elles mes pentecôtes
Pour mes pensées de tous pays de tous les temps

Guillaume Apollinaire, *Alcools*, 1905, Gallimard.

Clair de lune

Lune mellifluente aux lèvres des déments
Les vergers et les bourgs cette nuit sont gourmands
Les astres assez bien figurent les abeilles
De ce miel lumineux qui dégoutte des treilles
Car voici que tout doux et leur tombant du ciel
Chaque rayon de lune est un rayon de miel
Or caché je conçois la très douce aventure
J'ai peur du dard de feu de cette abeille Arcture
Qui posa dans mes mains des rayons décevants
Et prit son miel lunaire à la rose des vents

Guillaume Apollinaire, *Alcools*, 1901, Gallimard.

Comparez : le symbolisme raillé

Palais procède à une subversion des images symbolistes. L'atmosphère du début (malgré l'érotisme floral) est verlainienne, avec le monde-miroir (v. 8) cher aux symbolistes. La suite est plus inquiétante (stigmate, blessé) jusqu'à la str. 5 qui hésite entre le saugrenu (« au cul de perle fine ») et la rêverie évanescente. Le « toc toc » marque une brusque cassure et l'on sombre ensuite dans le burlesque, le libidineux, à la manière de Jarry. C'est une sorte de farce, de guignol bouffon, où « pentecôtes » finira par rimer avec « entrecôtes ».

Clair de lune opère plus discrètement. À l'analogie traditionnelle entre univers de l'âme et univers lunaire (banalité du titre!) se substitue imperceptiblement une dérision froide : le poète, le miel douceâtre, écœurant, « décevant » des rayons de lune. La poésie est donc mise en doute : ses sucreries cachent une brûlure possible (v. 8) et un échec (« rose des vents »).

La chenille

Le travail mène à la richesse.
Pauvres poètes, travaillons!
La chenille en peinant sans cesse
Devient le riche papillon.

Guillaume Apollinaire, *Le Bestiaire*, 1909, Gallimard.

Le temps déchiré

À cause de son système poétique lui-même, Apollinaire est difficilement récupérable : on ne saurait le rattacher à une idéologie quelconque. Son seul parti fut celui des artistes, ceux du Bateau-Lavoir, ou d'autres, les futuristes, le « douanier » Rousseau, ou sa compagne Marie Laurencin. Lui-même a défendu, confusément, deux causes : le cosmopolitisme (l'univers uni dans sa marche vers l'avenir) et, au moment de la guerre, le patriotisme. Mais il mourut trop tôt pour vraiment prendre conscience des vraies crises de ce siècle. Témoin, sans doute, plus qu'analyste, Apollinaire a été happé par la vie : enfant bohème, amoureux jamais fixé, écrivant beaucoup sur tout, s'entichant comme par foucade de toute nouveauté, craignant toujours d'être distancé, accumulant un savoir éclectique, jonglant avec les fantasmes et les mots inattendus, il s'enivre du bric-à-brac et de toutes les trouvailles modernes. Le monde l'épate.

Mais cette humeur gloutonne – qui explique aussi ses penchants paillards – est une défense. L'enfant bâtard, apatride, sans fortune, est à la recherche d'un passé et d'une identité. Pour nier cette nostalgie, il se projette dans une sorte d'anticipation continuelle : avide et curieux de tout ce qui peut advenir, Apollinaire réactive en lui le désir et la promesse. Son goût de la modernité est un procédé euphorique pour compenser, dans une fuite en avant, les souvenirs lancinants, les bilans, et l'échec amoureux. Image de ces années 1900-1918, où l'Europe dérape et se disloque, la poésie d'Apollinaire est celle du temps déchiré, entre mélancolie rétrospective et fièvre prophétique. C'est sans doute le sens profond des métaphores• si chères à Apollinaire : celle de l'alcool, qui attriste et enflamme, ou celle du feu, qui détruit et échauffe.

document

Je n'ai jamais désiré de quitter le lieu où je vivais et j'ai toujours désiré que le présent, quel qu'il fût, perdurât. Rien ne détermine plus de mélancolie chez moi que cette fuite du temps. Elle est en désaccord si formel avec le sentiment de mon identité qu'elle est la source même de ma poésie.

Guillaume Apollinaire, *Anecdotiques*, 1911, Gallimard.

EXTRAITS

Toujours le thème de la coulée des choses (cf. p. 52) : le galop, le batelier, la barque, mais aussi la tentation de l'aventure et un imaginaire « flamboyant » (flamme, or, astre, été), sur un fond de hantise indéfinissable, partout, constamment. Pourtant, ces trois exemples appartiennent, a priori, à des registres différents.

Nuit rhénane

Mon verre est plein d'un vin trembleur comme une flamme
Écoutez la chanson lente d'un batelier
Qui raconte avoir vu sous la lune sept femmes
Tordre leurs cheveux verts et longs jusqu'à leurs pieds

Debout chantez plus haut en dansant une ronde
Que je n'entende plus le chant du batelier
Et mettez près de moi toutes les filles blondes
Au regard immobile aux nattes repliées

Le Rhin le Rhin est ivre où les vignes se mirent
Tout l'or des nuits tombe en tremblant s'y refléter
La voix chante toujours à en râle-mourir
Ces fées aux cheveux verts qui incantent l'été

Mon verre s'est brisé comme un éclat de rire

Guillaume Apollinaire, *Alcools*, 1902, Gallimard.

Mai

Le mai le joli mai en barque sur le Rhin
Des dames regardaient du haut de la montagne
Vous êtes si jolies mais la barque s'éloigne
Qui donc a fait pleurer les saules riverains

Or des vergers fleuris se figeaient en arrière
Les pétales tombés des cerisiers de mai
Sont les ongles de celle que j'ai tant aimée
Les pétales flétris sont comme ses paupières

Sur le chemin du bord du fleuve lentement
Un ours un singe un chien menés par des tziganes
Suivaient une roulotte traînée par un âne
Tandis que s'éloignait dans les vignes rhénanes
Sur un fifre lointain un air de régiment

Le mai le joli mai a paré les ruines
De lierre de vigne vierge et de rosiers
Le vent du Rhin secoue sur le bord les osiers
Et les roseaux jaseurs et les fleurs nues des vignes

Guillaume Apollinaire, *Alcools*, 1906, Gallimard.

Jean Arp (1887-1966), *Sans titre*, 1917, ph. Daniel Pype, M.N.A.M.G.P., A.D.A.G.P.

Le brasier

J'ai jeté dans le noble feu
Que je transporte et que j'adore
De vives mains et même feu
Ce Passé ces têtes de morts
Flamme je fais ce que tu veux

Le galop soudain des étoiles
N'étant que ce qui deviendra
Se mêle au hennissement mâle
Des centaures dans leurs haras
Et des grand'plaintes végétales

Où sont ces têtes que j'avais
Où est le Dieu de ma jeunesse
L'amour est devenu mauvais
Qu'au brasier les flammes renaissent
Mon âme au soleil se dévêt

Dans la plaine ont poussé des flammes
Nos cœurs pendent aux citronniers
Les têtes coupées qui m'acclament
Et les astres qui ont saigné
Ne sont que des têtes de femmes

Le fleuve épinglé sur la ville
T'y fixe comme un vêtement
Partant à l'Amphion[1] docile
Tu subis tous les tons charmants
Qui rendent les pierres agiles

Guillaume Apollinaire, *Alcools*, 1908, Gallimard.

(1) Poète enchanteur qui passait pour avoir bâti les remparts de Thèbes par la seule magie de sa musique.

Variations sur le temps

L'ivresse échauffe, mais fait aussi entendre des airs inquiétants, des légendes où se mêlent l'amour fatal et l'agonie. L'univers paraît incertain et brisé.

Sur le fleuve du temps, les visages féminins et la nature fuient et se flétrissent. Le printemps invite plutôt à l'aventure (str. 3) et il « pare les ruines », mais les « saules pleurent » et les bords semblent indifférents (str. 4, fin).

Malgré la difficulté des images et leur fulgurance, tout le poème évoque l'obligation d'une sorte d'autodestruction, d'holocauste du passé personnel. Le champ sémantique du feu est largement déployé et l'ensemble est plutôt effaré et morbide (str. 4, surtout).

EXTRAIT

Image la plus banale de cette déchirure : l'homme migrant.

L'émigrant de Landor Road

Le chapeau à la main il entra du pied droit
Chez un tailleur très chic et fournisseur du roi
Ce commerçant venait de couper quelques têtes
De mannequins vêtus comme il faut qu'on se vête

La foule en tous les sens remuait en mêlant
Des ombres sans amour qui se traînaient par terre
Et des mains vers le ciel plein de lacs de lumière
S'envolaient quelquefois comme des oiseaux blancs

Mon bateau partira demain pour l'Amérique
Et je ne reviendrai jamais
Avec l'argent gagné dans les prairies lyriques[1]
Guider mon ombre aveugle en ces rues que j'aimais

Car revenir c'est bon pour un soldat des Indes[2]
Les boursiers ont vendu tous mes crachats[3] d'or fin
Mais habillé de neuf je veux dormir enfin
Sous des arbres pleins d'oiseaux muets et de singes

Les mannequins pour lui s'étant déshabillés
Battirent leurs habits puis les lui essayèrent
Le vêtement d'un lord mort sans avoir payé
Au rabais l'habilla comme un millionnaire

Au-dehors les années
Regardaient la vitrine
Les mannequins victimes
Et passaient enchaînées

Intercalées dans l'an c'étaient les journées veuves
Les vendredis sanglants et lents d'enterrements
De blancs et de tout noirs vaincus des cieux qui pleuvent
Quand la femme du diable a battu son amant[4]

Puis dans un port d'automne aux feuilles indécises
Quand les mains de la foule y feuillolaient[5] aussi
Sur le pont du vaisseau il posa sa valise
Et s'assit

Les vents de l'Océan en soufflant leurs menaces
Laissaient dans ses cheveux de longs baisers mouillés
Des émigrants tendaient vers le port leurs mains lasses
Et d'autres en pleurant s'étaient agenouillés

Il regarda longtemps les rives qui moururent
Seuls des bateaux d'enfant tremblaient à l'horizon
Un tout petit bouquet flottant à l'aventure
Couvrit l'Océan d'une immense floraison

Il aurait voulu ce bouquet comme la gloire
Jouer dans d'autres mers parmi tous les dauphins
Et l'on tissait dans sa mémoire
Une tapisserie sans fin
Qui figurait son histoire

(1) celles du Far-West, où l'aventure est possible
(2) revenu de la colonie anglaise des Indes
(3) plaques honorifiques signalant une distinction élevée
(4) Allusion au proverbe « le diable bat sa femme » qu'on emploie lorsque le temps mêle le soleil et la pluie.
(5) tombaient comme des feuilles

Mais pour noyer changées en poux
Ces tisseuses têtues[6] qui sans cesse interrogent
Il se maria comme un doge[7]
Aux cris d'une sirène moderne sans époux

Gonfle-toi vers la nuit Ô Mer Les yeux des squales
Jusqu'à l'aube ont guetté de loin avidement
Des cadavres de jours rongés par les étoiles
Parmi le bruit des flots et les derniers serments

Guillaume Apollinaire, *Alcools*, 1906, Gallimard.

(6) sans doute les Parques qui « filent » nos destins
(7) Le doge de Venise, quand il entrait dans sa charge, « épousait » la mer en jetant son anneau dans l'Adriatique au cours d'une cérémonie solennelle.

L'émigrant de Landor Road

C'est Annie Playden qui habitait cette rue de Londres, avant son départ pour les États-Unis. Le poète vient y errer à nouveau et se souvient. Par transmutation poétique, c'est lui qui prétend partir bientôt (v. 9-10). Cette transposition ne nuit pas au sens profond de ce récit-lamento : un foisonnement d'images étonnantes pour dire l'errance et l'abandon, l'union impossible, la mort qui rôde. Ces quatre thèmes fusionnent ici et là.

document

Chiffres de vente

Apollinaire est l'un des poètes les plus lus de ce siècle :
En 1985, le total des ventes du recueil **Alcools** atteint 1.035000 exemplaires, plus 160000 en format de poche.
Il n'est dépassé (mais largement) que par Prévert : le recueil *Paroles,* paru en 1945, atteint 2376000 exemplaires, plus 800000 en format de poche.
Considérables par rapport aux tirages habituels de la poésie (environ 5000 exemplaires, pour les principaux poètes d'après-guerre), ces chiffres restent à relativiser. Pour prendre un exemple familier, chaque bande dessinée d'Astérix dépasse un million et demi d'exemplaires.

Pablo Picasso (1881-1973), *L'Arlequin et portraits d'Apollinaire,* ph. R.M.N., S.P.A.D.E.M.

Les confidences du mal-aimé

La postérité d'Apollinaire auprès du grand public doit beaucoup à son lyrisme• intime, plus sans doute qu'à ses hardiesses modernistes. Triste, tendre, dépouillé, le poème oublie alors toute excentricité pour traduire de la façon la plus émue le mal d'amour. Ce genre poétique renoue avec la tradition populaire et les chanteurs s'en empareront bientôt (cf. p. 65). A la manière de Verlaine, Apollinaire répudie alors tout accent trop pittoresque ou explicite, au profit d'une chanson, écrite dans un éternel présent, plaintif, impressionniste, un peu flou. Ne nous laissons pas trop illusionner sur la véracité de ces élégies dolentes. Apollinaire fut plutôt un solide gaillard, brusque et infidèle. Il se réclamait lui-même volontiers de Rabelais et de Sade. Mais il reste que l'ambiguïté du personnage se confirme dans cette partie de son œuvre et que s'y manifestent, comme de sourds présages obsédants, la fuite des heures et le frôlement de la mort. La maladie du temps (cf. p. 56) trouve ici, à défaut de sa résolution, tous ses élancements. C'est l'autre versant du même désir d'habiter et de sauvegarder chaque moment d'une vie qui se disperse.

EXTRAITS

« Les souvenirs sont cors de chasse / Dont meurt le bruit parmi le vent » (Cors de chasse) : *variations sur l'automne, la « saison mentale » d'Apollinaire.*

Automne

Dans le brouillard s'en vont un paysan cagneux
Et son bœuf lentement dans le brouillard d'automne
Qui cache les hameaux pauvres et vergogneux

Et s'en allant là-bas le paysan chantonne
Une chanson d'amour et d'infidélité
Qui parle d'une bague et d'un cœur que l'on brise

Oh ! l'automne l'automne a fait mourir l'été
Dans le brouillard s'en vont deux silhouettes grises

Guillaume Apollinaire, *Alcools*, 1902, Gallimard.

Les colchiques

Le pré est vénéneux mais joli en automne
Les vaches y paissant
Lentement s'empoisonnent
Le colchique couleur de cerne et de lilas
Y fleurit tes yeux sont comme cette fleur-là
Violâtres comme leur cerne[1] et comme cet automne
Et ma vie pour tes yeux lentement s'empoisonne

Les enfants de l'école viennent avec fracas
Vêtus de hoquetons[2] et jouant de l'harmonica
Ils cueillent les colchiques qui sont comme des mères
Filles de leurs filles[3] et sont couleur de tes paupières
Qui battent comme les fleurs battent au vent dément

Le gardien du troupeau chante tout doucement
Tandis que lentes et meuglant les vaches abandonnent
Pour toujours ce grand pré mal fleuri par l'automne

Guillaume Apollinaire, *Alcools*, 1902, Gallimard.

(1) marque mauve autour des yeux
(2) veste de grosse toile
(3) Sans doute allusion au système particulier de reproduction de ces fleurs.

L'automne, saison mentale

Toujours un air qui se fait entendre vaguement (« chantonne », « chante ») comme une obsession qui tourne dans la tête ; un lien étroit avec l'échec amoureux (notez les variations dans l'analyse et l'expression de ce thème) ; l'association de la femme aimée vainement et des lieux ; le temps qui fuit mélancoliquement sans qu'on ait même pu vraiment jouir de ses fruits.

Cette célèbre « chanson » évoque la déception d'Apollinaire venu rejoindre Annie Playden (avec qui il avait eu une liaison en Rhénanie) à Londres, en novembre 1903 : les retrouvailles sont un échec et la jeune femme partira bientôt à jamais pour les États-Unis. Le poème mêle récit et évocations imaginaires. Il comporte 295 vers. En voici le début :

La chanson du mal aimé

À Paul Léautaud.

Et je chantais cette romance
En 1903 sans savoir
Que mon amour à la semblance
Du beau Phénix s'il meurt un soir
Le matin voit sa renaissance.

Un soir de demi-brume à Londres
Un voyou qui ressemblait à
Mon amour vint à ma rencontre
Et le regard qu'il me jeta
Me fit baisser les yeux de honte

Je suivis ce mauvais garçon
Qui sifflotait mains dans les poches
Nous semblions entre les maisons
Onde ouverte de la mer Rouge
Lui les Hébreux moi Pharaon

Que tombent ces vagues de briques
Si tu ne fus pas bien aimée
Je suis le souverain d'Égypte
Sa sœur-épouse son armée
Si tu n'es pas l'amour unique

Au tournant d'une rue brûlant
De tous les feux de ses façades
Plaies du brouillard sanguinolent
Où se lamentaient les façades
Une femme lui ressemblant

C'était son regard d'inhumaine
La cicatrice à son cou nu
Sortit saoule d'une taverne
Au moment où je reconnus
La fausseté de l'amour même

Lorsqu'il fut de retour enfin
Dans sa patrie le sage Ulysse
Son vieux chien de lui se souvint
Près d'un tapis de haute lisse
Sa femme attendait qu'il revînt

L'époux royal de Sacontale(1)
Las de vaincre se réjouit
Quand il la retrouva plus pâle
D'attente et d'amour yeux pâlis
Caressant sa gazelle mâle

J'ai pensé à ces rois heureux
Lorsque le faux amour et celle
Dont je suis encore amoureux
Heurtant leurs ombres infidèles
Me rendirent si malheureux

Regrets sur quoi l'enfer se fonde
Qu'un ciel d'oubli s'ouvre à mes vœux
Pour son baiser les rois du monde
Seraient morts les pauvres fameux
Pour elle eussent vendu leur ombre

J'ai hiverné dans mon passé
Revienne le soleil de Pâques
Pour chauffer un cœur plus glacé
Que les quarante de Sébaste
Moins que ma vie martyrisés(2)

Mon beau navire ô ma mémoire
Avons-nous assez navigué
Dans une onde mauvaise à boire
Avons-nous assez divagué
De la belle aube au triste soir

Adieu faux amour confondu
Avec la femme qui s'éloigne
Avec celle que j'ai perdue
L'année dernière en Allemagne
Et que je ne reverrai plus

Voie lactée ô sœur lumineuse
Des blancs ruisseaux de Chanaan(3)
Et des corps blancs des amoureuses
Nageurs morts suivrons-nous d'ahan
Ton cours vers d'autres nébuleuses

Guillaume Apollinaire, *Alcools,* 1909, Gallimard.

(1) Çakuntala, héros d'un récit védique (= hindou) du ve s. ap. J.-C., célèbre pour sa fidélité en amour.
(2) Chrétiens martyrisés à Sébaste, en Arménie (en 320) : ils furent abandonnés nus sur les glaces.
(3) Ruisseaux de lait et de miel qui coulent, selon la Bible, dans la Terre Promise.

Chanson du mal aimé

Les indications données dans les deux exemples précédents sont à reprendre ici pour analyser les thèmes du poème, malgré les exemples hétéroclites qui sont sollicités, lesquels peuvent nuire à l'impression de sincérité attendue dans une « chanson » d'amour. Il faut voir ces références compliquées comme un moyen pour Apollinaire de produire des images neuves, souvent éblouissantes. La part de la poésie pure (« mon beau navire... » ; « voie lactée... ») n'est pas négligeable, ici.

L'art nouveau : Apollinaire et les autres

La méthode de détournement d'Apollinaire (cf. p. 54) n'est pas un simple jeu de potache, même si cette facétie frise parfois le burlesque d'Alfred Jarry (cf. p. 31). Plus profondément, elle répond à une théorie esthétique : **la surprise.** « La surprise est le grand ressort du nouveau. C'est par la surprise, par la place importante qu'il fait à la surprise que l'esprit nouveau se distingue de tous les mouvements artistiques et littéraires qui l'ont précédé » (cf. document p. 63). Par sa souplesse d'esprit, sa curiosité inventive, sa sympathie immédiate pour toutes les tentatives audacieuses, Apollinaire s'est souvent fait **le promoteur de l'avant-garde.** Comme journaliste, conférencier ou critique d'art, il privilégie ce qui peut étonner. Sa devise : « je m'émerveille ».

Pour surprendre, le poète fait appel à des ressources multiples. D'abord, il tente de traduire en poésie les expériences de ses amis plasticiens, peintres ou sculpteurs. Il « fait » du cubisme ou du futurisme, en imitant par exemple les collages ou les déformations de Picasso, Braque ou Delaunay. Cette incorporation de figures dans le texte explique le goût d'Apollinaire pour les calligrammes.

Mais il s'agit surtout de réaliser une écriture poétique qui figure **l'étonnement face au miracle de l'univers moderne.** L'électricité, les affiches, la tour Eiffel, l'aviation, la vitesse, le cinéma, etc. : tout ce qui, à des degrés divers, est signe de modernité devient matière à écrire ou, plus exactement, à imiter. Voilà pourquoi Apollinaire varie les registres (cf. p. 52) et arrive cependant à un système poétique qui lui est propre : suppression de la ponctuation, technique vertigineuse de la juxtaposition ou du contraste, jeu des équivoques – qui peut tourner au calembour –, goût du rythme impulsif, réanimation des clichés, saisie simultanée d'images différentes, etc. Cette variété est une protestation, au nom de la vie vraie, contre une trompeuse exigence classique d'unité. L'art nouveau, pour Apollinaire, malgré sa disparité un peu tapageuse, est à la fois la figuration et la revendication d'un « vécu » intense au cœur de la civilisation moderne, versatile, mécanique et fiévreuse. À l'éloquence, Apollinaire substitue une esthétique de l'authenticité, un art-reflet.

EXTRAIT

À la fin tu(1) es las de ce monde ancien

Bergère ô tour Eiffel(2) le troupeau des ponts bêle ce matin

Tu(1) en as assez de vivre dans l'antiquité grecque et romaine

Ici même les automobiles ont l'air d'être anciennes
La religion seule est restée toute neuve la religion
Est restée simple comme les hangars de Port-Aviation(3)

Seul en Europe tu n'es pas antique ô Christianisme
L'Européen le plus moderne c'est vous Pape Pie X(4)
Et toi(1) que les fenêtres observent la honte te retient
D'entrer dans une église et de t'y confesser ce matin
Tu lis les prospectus les catalogues les affiches qui chantent tout haut
Voilà la poésie ce matin et pour la prose il y a les journaux
Il y a les livraisons à 25 centimes pleines d'aventures policières
Portraits des grands hommes et mille titres divers

J'ai vu ce matin une jolie rue(5) dont j'ai oublié le nom
Neuve et propre du soleil elle était le clairon
Les directeurs les ouvriers et les belles sténo-dactylographes
Du lundi matin au samedi soir quatre fois par jour y passent
Le matin par trois fois la sirène y gémit
Une cloche rageuse y aboie vers midi
Les inscriptions des enseignes et des murailles
Les plaques les avis à la façon des perroquets criaillent
J'aime la grâce de cette rue industrielle
Située à Paris entre la rue Aumont-Thiéville et l'avenue des Ternes

Guillaume Apollinaire, *Alcools*, 1913, Gallimard.

(1) Le poète s'adresse à lui-même (il y a alternance, dans *Zone*, entre le Tu et le Je pour désigner le poète).
(2) bâtie en 1889
(3) des aéroports modernes (Il ne semble pas qu'Apollinaire ait songé à un lieu précis.)
(4) pape de 1903 à 1914
(5) Sans doute la rue Guersant (17e).
(6) Depuis 1911, Apollinaire habite rue La Fontaine (16e).

Modernité et cubisme

Notez tout ce qui a trait au monde moderne et qu'on ne trouvait guère dans les poèmes jusqu'alors, au point qu'on frôle une sorte de trivialité. Mais les images sont aussi rapides (voyez la métaphore• des deux premiers vers) et quasi simultanées. Ce « collage » doit être rapproché de l'esthétique cubiste : voyez p. 67.

document

L'Esprit Nouveau

L'exemple : le calligramme, au carrefour de plusieurs arts.

LA MANDOLINE
L'ŒILLET ET LE BAMBOU

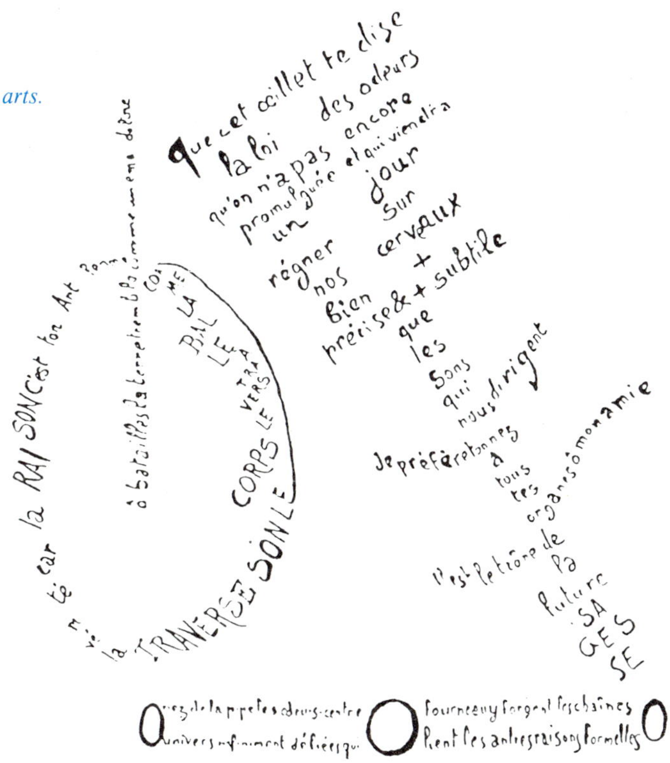

Guillaume Apollinaire, *Calligrammes,* 1918, Gallimard.

La théorie : extraits de la Conférence sur l'Esprit Nouveau, *prononcée par Apollinaire le 26 novembre 1917 (D.R.).*

Il eût été étrange qu'à une époque où l'art populaire par excellence, le cinéma, est un livre d'images, les poètes n'eussent pas essayé de composer des images pour les esprits méditatifs et plus raffinés qui ne se contentent point des imaginations grossières des fabricants de films. Ceux-ci se raffineront, et l'on peut prévoir le jour où, le phonographe et le cinéma étant devenus les seules formes d'impression en usage, les poètes auront une liberté inconnue jusqu'à présent.

Qu'on ne s'étonne point, si, avec les seuls moyens dont ils disposent encore, ils s'efforcent de se préparer à cet art nouveau (plus vaste que l'art simple des paroles) où, chefs d'un orchestre d'une étendue inouïe, ils auront à leur disposition : le monde entier, ses rumeurs et ses apparences, la pensée et le langage humain, le chant, la danse, tous les arts et tous les artifices.

[...] Le poète d'aujourd'hui ne méprise aucun mouvement de la nature, et son esprit poursuit la découverte aussi bien dans les synthèses les plus vastes et les plus insaisissables : foules, nébuleuses, océans, nations, que dans les faits en apparence les plus simples : une main qui fouille une poche, une allumette qui s'allume par le frottement, des cris d'animaux, l'odeur du jardin après la pluie, une flamme qui naît dans un foyer. Les poètes ne sont pas seulement les hommes du beau. Ils sont encore et surtout les hommes du vrai, en tant qu'il permet de pénétrer dans l'inconnu, si bien que la surprise, l'inattendu, est un des principaux ressorts de la poésie d'aujourd'hui. Et qui oserait dire que, pour ceux qui sont dignes de la joie, ce qui est nouveau ne soit pas beau ? Les autres se chargeront vite d'avilir cette nouveauté sublime, après quoi, elle pourra entrer dans le domaine de la raison, mais seulement dans les limites où le poète, seul dispensateur du beau et du vrai, en aura fait la proposition. [...]

Ceux qui ont imaginé la fable d'Icare[1], si merveilleusement réalisée aujourd'hui, en trouveront d'autres. Ils vous entraîneront toujours vivants et éveillés dans le monde nocturne et fermé des songes. Dans les univers qui palpitent ineffablement au-dessus de nos têtes. Dans ces univers plus proches et plus lointains de nous qui gravitent au même point de l'infini que celui que nous portons en nous. Et plus de merveilles que celles qui sont nées depuis la naissance des plus anciens d'entre nous, feront pâlir et paraître puériles les inventions contemporaines dont nous sommes si fiers. [...]

L'esprit nouveau est avant tout ennemi de l'esthétisme des formules et de tout snobisme. Il ne lutte point contre quelque école que ce soit, car il ne veut pas être une école, mais un des grands courants de la littérature englobant toutes les écoles, depuis le symbolisme et le naturisme. Il lutte pour le rétablissement de l'esprit d'initiative, pour la claire compréhension de son temps et pour ouvrir des vues nouvelles sur l'univers extérieur et intérieur qui ne soient point inférieures à celles que les savants de toutes catégories découvrent chaque jour et dont ils tirent des merveilles.

---

(1) Voyez dans *Le Moyen Âge / XVIe siècle*, p. 286.

Si Apollinaire a attaché son nom à l'Esprit Nouveau, notamment à cause de la conférence de 1917, il n'en est qu'un des illustrateurs, et pas forcément le plus caractéristique, vu les accents « classiques » et romantiques de beaucoup de ses poèmes (cf. pp. précédentes). Plus typique encore est **Max Jacob** (1876-1944), futur surréaliste (cf. p. 84), et futur moine, après sa conversion spectaculaire de 1909. Mais ce fils d'immigré juif, élevé au cœur de la Bretagne superstitieuse, personnage bohème, à la fois blagueur et mystique, incarne jusqu'à la caricature le nouveau credo esthétique : facéties, visions imprévisibles, coq-à-l'âne, goût du mystère, calembour, dérision, ivresse loufoque des mots, flirt avec le non-sens, collages en tous genres, besoin continuel de se démarquer, etc. Pour obtenir cette poésie innovatrice, Max Jacob se livre volontiers au sortilège : l'écriture est un « laboratoire central » où il faut laisser « frissonner l'inconscient » et, surtout, un « cornet à dés », c'est-à-dire une loterie. Le poète renonce à une maîtrise consciente de son travail et s'abandonne au hasard des mots qui s'entrechoquent ou qui s'escamotent. Cette crise du sujet et ce principe d'auto-engendrement du texte annoncent très nettement la guerre au langage en tant que vecteur mondain, social et utilitaire.

Après divers va-et-vient entre la vie monastique et le parisianisme d'avant-garde, Max Jacob se fixa au monastère de Saint-Benoît-sur-Loire, d'où la Gestapo vint l'arracher pour l'envoyer mourir au camp de Drancy, le 5 mars 1944.

EXTRAITS

Les beaux jambages que la mer écrit ! et c'est
Et c'est pour toujours, pour toujours effacé,
Rien qu'un message et puis on rentre
On rentre, brouff ! se battre le ventre –
La mer – comme l'eau d'un évier
Sans qu'aucun rocher rose ait pu la dévier.
La corvette a touché le ras des polypiers.
Va ! rivalise à la course, ô lambeau de mer amère !
Des enfers la mer lance l'écume
Rivalise avec le soleil qui becquète le ciel vert
La corvette a touché, ô mer, les mystérieux polypiers
Mer ! ah ! que l'équipage est las de la manœuvre
Mer ! offre ta feuille pure, tel un papier,
Aux galets en fête que tu ne peux charrier
La machine a des cris, les bras vains d'une pieuvre
Et trois vieux marins s'apprêtent à recuire
Le goéland mourant dont la chair est si dure
Ainsi quand mon esprit, etc...

Max Jacob, *Le Laboratoire central,* 1921, Gallimard.

Je me souviens de ma chambre d'enfant. La mousseline des rideaux sur la vitre était griffonnée de passementeries blanches, je m'efforçais d'y retrouver l'alphabet et quand je tenais les lettres, je les transformais en dessins que j'imaginais. H, un homme assis ; B, l'arche d'un pont sur un fleuve. Il y avait dans la chambre plusieurs coffres et des fleurs ouvertes sculptées légèrement sur le bois. Mais ce que je préférais, c'était deux boules de pilastres qu'on apercevait derrière les rideaux et que je considérais comme des têtes de pantins avec lesquels il était défendu de jouer.

Max Jacob, *Le Cornet à Dés,* 1917, Gallimard.

Le propre de l'Esprit Nouveau est un continuel échange entre diverses formes d'expression artistique : le cubisme ou le simultanéisme sont des esthétiques aussi bien littéraires que picturales, par exemple. Max Jacob a vécu en vendant ses gouaches. De même, certains peintres publient. C'est le cas de **Francis Picabia** (1879-1953). Après un début de carrière prometteur dans la peinture convenable (post-impressionniste), il rompt avec toute tradition, se lance dans une œuvre nihiliste, anarchique, en perpétuel mouvement, et, par haine de toute norme ou de toute récupération, Picabia joue du blasphème, du paradoxe, de la provocation. Comme Max Jacob, Picabia sera bientôt un des agités du Surréalisme (cf. p. 84), mais son esprit libre et jouisseur, incapable de se vouer à quelque cause que ce soit, ne peut être enfermé dans aucune école et interdit toute étiquette simpliste. C'est bien ce qu'il voulait.

EXTRAIT

Nous aimer les uns les autres
Est un sentiment lointain
lointain comme la patrie
vaincue ou victorieuse ;
Je me sens le devoir de devenir
un type contraire -
contraire à tout.
Les hommes sont mal renseignés,
Je suis le contraire d'un examen,
le contraire d'une analyse,
le contraire d'une croyance ;
je travaille à fonder celui qui va venir
rythme et rime
comme les libres-anarchistes.
Les hommes ont toujours l'idée
fixée d'avance,
intercalée conformément au but,
but identique
chanson populaire de sons familiers.
L'essor est trop lourd,
Les courbes et les détours
comme la propriété
profitent aux zones tempérées.
La morale est le contraire du bonheur
depuis que j'existe.

Francis Picabia, *Littérature,* n° 11-12, Gallimard, 1923, *Écrits I et II,* Belfond.

Entre Apollinaire et Surréalisme

Max Jacob et Picabia montrent la continuité de l'Esprit Nouveau et du Surréalisme. Reportez-vous à la conférence d'Apollinaire (p. 63) : ces deux poèmes en illustrent les propos. M. Jacob va plutôt vers une langue ludique et vers une saisie de l'inconscient, où la mer et la mère diffusent leurs images fondamentales. Picabia préfère la contestation ou la provocation : il est déjà mûr pour la révolution surréaliste.

document

Apollinaire, enfant chéri des chanteurs

L'Esprit Nouveau implique la promotion d'un « art populaire » (cf. p. 63) et notamment du cinéma. Mais Apollinaire a aussi aimé la chanson et a inspiré très tôt des musiciens – moins que Prévert, tout de même : cf. p. 134. Vous connaissez sans doute la version chantée par Mouloudji du Pont Mirabeau.

Mais le poète a pour fonction aussi de susciter d'autres inspirations. Les souvenirs d'Apollinaire sont assez sensibles parfois :

Nina

Si jamais mes amours reviennent
Mes chétives amours d'autrefois
Qui coulèrent comme l'eau de la Seine
Aux pieds du zouave de l'Alma
Alors j'en goûterai la fleur
Avec plus de cœur qu'autrefois
Pour faire en sorte que joie demeure
Au temps où s'en viendront les froids.

Souvent sur vous je soliloque
Mes amourettes envolées
Ne reste de vous qu'un baiser
Papillon aux ailes en loques
Rue de la Seine et rue de Buci
Rue Mazarine et rue Madame
Errent toujours ombres amies
Celles qui furent de cruelles dames

De la commode du passé
Un baiser vole vers mes lèvres
Vient un instant papillonner
Puis s'enfuit me laissant la fièvre
Une fleur de joie qui poudroie
Qui étais-tu, enfant, dis-moi
Rue de Buci ou rue de Seine
Qui m'offrit ta bouche une fois

Es-tu devenue ma sirène
Brusquement la femme vieillie
Que je revis près de la Seine
Un jour où je traînais ma vie.

Marcel Mouloudji, *Complaintes,* Robert Laffont, 1975.

Un thème : la tour Eiffel

Ce sont Braque et Picasso qui, à partir de 1905, vont provoquer le mouvement décisif d'où naîtront tous les courants abstraits de l'art moderne : le **cubisme.** Cette esthétique récuse la représentation réaliste traditionnelle, en utilisant des fragments isolés du monde visible, en juxtaposant des surfaces et des couleurs brutes, sous des **formes géométriques.** Le cubiste donne une **vue simultanée de toutes les facettes** du sujet, rompant ainsi avec l'espace pictural fondé sur l'angle de vision unique. Parmi les thèmes chers aux cubistes, empruntés le plus souvent à la vie quotidienne, la tour Eiffel tient une place importante, tout comme chez les poètes de la même période.

Édifiée en 1889 pour l'exposition universelle, la tour Eiffel est le symbole du modernisme, des conquêtes techniques et de l'objet insolite : autant de valeurs chères à des hommes comme Apollinaire (cf. *Zone,* p. 62).

Ainsi, Blaise Cendrars, dans le deuxième des *Dix-Neuf Poèmes élastiques* (1913), chante la tour de métal qui devient le catalyseur de tous les émerveillements devant les spectacles du modernisme (v. 10). De même, elle sert de référence à la rénovation des clichés poétiques et des vieux répertoires comparatifs (v. 1-9), avant de se substituer symboliquement à tous les rêves humains et aux grandes aventures réelles ou mythiques (v. 11 et suivants).

Enfin, on comparera avec *La Tour parle* (1922) d'Aragon (cf. p. 97) : ce poème est lui aussi dédié à Robert Delaunay. Il faut le rapprocher du film de Cocteau, paru au même moment, *Les Mariés de la tour Eiffel,* où la tour, omniprésente, est une image obsédante de la cité moderne.

EXTRAIT

Ô Tour Eiffel !
Je ne t'ai pas chaussée d'or
Je ne t'ai pas fait danser sur les dalles de cristal
Je ne t'ai pas vouée au Python comme une vierge de Carthage
Je ne t'ai pas revêtue du péplum de la Grèce
Je ne t'ai jamais fait divaguer dans l'enceinte des menhirs
Je ne t'ai pas nommée Tige de David ni Bois de la Croix
Lignum Crucis
Ô Tour Eiffel
Feu d'artifice géant de l'Exposition Universelle !
Sur le Gange
À Bénarès
Parmi les toupies onanistes des temples hindous
Et les cris colorés des multitudes de l'Orient
Tu te penches, gracieux Palmier !
C'est toi qui à l'époque légendaire du peuple hébreu
Confondis la langue des hommes
Ô Babel !
Et quelque mille ans plus tard, c'est toi qui retombais en langues de feu sur les [Apôtres rassemblés dans ton église
En pleine mer tu es un mât
Et au Pôle Nord
Tu resplendis avec toute la magnificence de l'aurore boréale de ta télégraphie [sans fil
Les lianes s'enchevêtrent aux eucalyptus
Et tu flottes, vieux tronc, sur le Missisipi
Quand
Ta gueule s'ouvre
Et un caïman saisit la cuisse d'un nègre
En Europe tu es comme un gibet
(Je voudrais être la tour, pendre à la Tour Eiffel !)
Et quand le soleil se couche derrière toi
La tête de Bonnot roule sous la guillotine
Au cœur de l'Afrique c'est toi qui cours
Girafe
Autruche
Boa
Équateur
Moussons

En Australie tu as toujours été tabou
Tu es la gaffe que le capitaine Cook employait pour diriger son bateau
[d'aventuriers
Ô sonde céleste !
Pour le Simultané Delaunay, à qui je dédie ce poème,
Tu es le pinceau qu'il trempe dans la lumière
Gong tam-tam zanzibar bête de la jungle rayons X express bistouri sympho-
[nie
Tu es tout
Tour
Dieu antique
Bête moderne
Spectre solaire
Sujet de mon poème
Tour
Tour du monde
Tour en mouvement

Blaise Cendrars, *La Tour*, 1910, *Dix-Neuf Poèmes élastiques*, Denoël.

document

Le témoignage d'un artiste sur la vivacité créatrice des années 20 *(sur E. Hajdu, voyez p. 22 et p. 269) :*

Je n'ai pas de formation scientifique et je n'ai pas de théorie sur l'art. Je ne peux que vous raconter, simplement, comment j'ai vécu les choses qui me sont arrivées, comment j'ai réagi à tout ce concept révolutionnaire qui agitait le début de ce siècle quand, très jeune, j'arrivai à Paris.

J'ai eu la chance d'y rencontrer des artistes connus et inconnus. Avec eux, j'ai passé beaucoup de nuits à marcher boulevard Saint-Michel, en discutant comme si nous allions sauver le monde, car, après la guerre de 14-18, il s'agissait de tout comprendre, de tout repenser, de tout transformer, enfin, d'être au vingtième siècle.

Nous sentions que notre civilisation ne serait plus celle du mot, mais qu'elle serait scientifique, technique et sociale. Nous étions pour le mouvement, pour le rythme des machines qui apporteraient enfin la libération de l'homme. En général, nos discussions tournaient autour des cinq grands courants artistiques : cubisme, futurisme, dadaïsme, surréalisme, abstraction.

Pour moi, le cubisme est la plus importante révolution plastique de notre époque : c'est le monde compris dans sa totalité, inventé et parallèle, c'est l'interaction heureuse de toutes nos facultés. En Italie, le futurisme a introduit le mouvement cinétique dans l'art. Il chantait le rythme de la machine, poésie de l'homme nouveau qui se répercute jusqu'à nos jours. Nous parlions aussi du dadaïsme né à Zürich pendant la grande guerre ; les poètes, les artistes étaient en révolte contre l'absurdité de la guerre, contre une société stupide. Chez eux apparaît la première manifestation de l'anti-art, pour la liberté de langage jusqu'à l'absurdité ; toutes ces idées sont restées vivantes jusqu'à nos jours. Naturellement, on discutait beaucoup du surréalisme, ou comment se comprendre soi-même dans son individualité à travers ses rêves, les mythes et les contes merveilleux.

Étienne Hajdu (né en 1907), dans *La Création vagabonde*, textes réunis par Jacques-Louis Binet, Hermann, 1986.

Robert Delaunay (1885-1941), *La Tour Eiffel*, 1926, ph. Édimédia, A.D.A.G.P.

Biographie de Guillaume Apollinaire

VIE

1880	26 août, Rome : naissance ; fils d'Angelica de Kostrowitzky, d'origine polonaise. Le père, Francesco Flugi d'Aspremont, refuse de le reconnaître
1887	Installation à Monaco où sa mère mène une vie dissolue et vagabonde
1897	Études à Cannes, puis à Nice ; échec au baccalauréat Livré à lui-même et à ses lectures, nombreuses
1899	Sa mère et son amant Jules Weil vont de casino en casino avant d'échouer à Paris avec Guillaume et son frère Alberto
1900	Fait des piges et travaille comme commissionnaire
1901	Part pour l'Allemagne comme précepteur de la fille de la comtesse de Milhau S'éprend de la gouvernante Annie Playden En Rhénanie Annie refuse de l'épouser Voyage à Londres
1903	Retour à Paris
1904	Rédacteur en chef du *Guide du rentier* Amitié avec Picasso, Derain ; Max Jacob
1907	Liaison avec Marie Laurencin Défend le douanier Rousseau Voyages en Europe et abondants travaux d'écriture
1911	Très lié avec tous les novateurs du monde de l'art Commence à être reconnu Incarcéré pour recel d'un tableau volé (il sera bientôt acquitté)
1912	Marie Laurencin le quitte Intenses relations avec les cubistes, futuristes, etc.
1913	Collabore avec Delaunay Grande activité de critique d'art
1914	Cherche à se faire naturaliser et à être engagé Rencontre avec Lou (Louise de Coligny-Châtillon) : brève mais très forte passion physique
1915	Enrôlé à Nîmes, il est envoyé au front comme canonnier Rencontre Madeleine Pagès et lui écrit régulièrement avant de la demander en mariage
1916	Passe le jour de l'an à Oran, près de Madeleine Pagès Blessé en mars à la tête Hospitalisé et trépané à Paris Décoré de la Croix de Guerre
1917	Réformé Se consacre à promouvoir son œuvre et l'art nouveau
1918	Malade Épouse Ruby (Jacqueline Kolb) en mai Témoin de mariage de Picasso Meurt le 9 nov. de la grippe espagnole
1916-1918	Gloire auprès des jeunes artistes (Reverdy, Breton, Tzara, Cocteau etc.)

ŒUVRES

1904	*L'Enchanteur pourrissant*
05	Dans *Vers et Prose* : *L'Émigrant de Landor Road*, *Mai*, etc.
07	*Les Onze mille verges*
09	Dans *Le Mercure de France* : *La Chanson du Mal-Aimé*
10	*L'Hérésiarque et Cie* (contes)
11	*Le Bestiaire*
1912	*Le Pont Mirabeau* *Zone* *Les Peintres cubistes* *Alcools* *L'Antitradition futuriste* (manifeste)
1914	Premiers calligrammes
1916	Le Poète assassiné
1917	Les Mamelles de Tirésias (drame surréaliste) Conférence sur l'*Esprit Nouveau*
1918	*Vitam impendere amori* *Calligrammes*

Faisons le point

Fiche n° 2
précédente : p. 41
suivante : p. 81

Les images du poète

Pourquoi des images ? Peut-on les définir, les classer ?

1. Le langage a constamment recours à l'image pour signifier, grâce notamment à la comparaison et à la métaphore•. Mais la poésie, qui veut déjouer le pur rationalisme du langage (cf. fiche 1), n'hésite pas à laisser dériver l'imagination, en créant des rapprochements inattendus ou stupéfiants, quitte à obliger l'esprit à des sortes de « dérapages ». La surprise ainsi provoquée atteint un double but : elle oblige à saisir un objet sous un jour neuf ; elle invite le lecteur à faire jouer son imaginaire.

pp. 54-55 ; 82 ; 106.

2. L'image est, en soi, un langage, tout comme le rêve – qu'on peut d'ailleurs, au besoin, interpréter. Les images qui nous hantent ou que nous privilégions aident à comprendre nos désirs, nos obsessions, nos fantasmes. Le fantasme est d'ailleurs, lui-même, une sorte de scénario où nous nous projetons, plus ou moins consciemment. Autrement dit, les images sont des signes traduisibles (au moins pour le psychanalyste). Mais le poète doit les insérer dans des structures verbales, par exemple sous forme de récit de rêves ou d'hallucinations, en « fixant des vertiges », comme dit Rimbaud. La poésie est donc au confluent précis du fantasme et de sa transcription avec les moyens du langage. Ainsi la poésie est-elle un langage à part, qui oblige l'indicible, l'inexprimable, le flou onirique, etc., à s'incarner dans les mots. D'où la tension constante entre suggérer et dire.

pp. 28 ; 66 ; 72-73 ; 107 ; 112 ; 136 ; 155.

3. Les images (comparaison ou formes métaphoriques) ne sauraient être nettement classées. Cependant, on distingue quelques critères :

– l'optique du grammairien délimite la nature grammaticale de ce qui fait image (un verbe, un adjectif, un substantif) ou les fonctions syntaxiques des termes rapprochés (juxtaposition, comparaison objective ou allusive, etc.) ;

– l'optique de l'esthéticien détermine des catégories liées aux diverses sensations (auditives, visuelles, olfactives...) avant d'en montrer la fusion constante dans toute image complexe (correspondances, synesthésies•, etc.) ;

– l'optique du psychologue classe les images selon des critères empruntés aux sciences humaines ou à la logique (l'abstrait, le concret, le pathétique, le jovial, le sublime et le grotesque, l'illogique, l'incohérent, etc.) ;

– l'optique du philosophe a deux voies : soit, par le biais de la linguistique et du structuralisme (cf. fiche 3), elle rejoint, scientifiquement, le grammairien ; soit, par la phénoménologie, elle rejoint l'esthétique et la psychologie, en classant les images selon des thèmes ou des catégories « matérielles » (feu, eau, terre...).

voyez des images particulièrement complexes, mais discernables, par exemple pp. 53 ; 56 ; 86 ; 97 ; 137-138 ; 156 ; 159.

4. Pas de poésie sans image, donc. Mais il faut noter que le travail d'imagination opère à deux niveaux : celui du signifié (voir ci-dessus) et celui du signifiant. Les rythmes, les répétitions, la musique (cf. fiche 5), etc., constituent par eux-mêmes une imitation, une suggestion (bercement, houle, colère...). Enfin, certains poèmes, lapidaires et secs, donnent l'impression d'être dépourvus d'images, nus. En réalité, ce vide est encore une figuration (silence, néant, solitude, absurde...).

et pp. 36 ; 75 ; 133 ; 144 ; 152-153 ; 161.

Gaston Bachelard, *La Poétique de l'espace*, P.U.F., 1957.

Pierre Reverdy, *Le Livre de mon bord*, Mercure de France, 1948.

Jean-Pierre Richard, *Poésie et Profondeur*, Le Seuil, 1955.

Le laboratoire poétique : Paul Valéry

1871
1945

Le retour en force de la raison

En ce début du siècle où le symbolisme n'en finit pas d'irradier ses dernières lueurs idéalistes• et où le renouveau passera bientôt par l'irrationnel cubiste ou surréaliste, **Paul Valéry** semble s'insurger, avec une sorte d'ascèse tranquille, contre ces excès de l'affectivité et de l'inconscient. Bien loin de croire, comme Apollinaire, que la poésie soit l'écho d'un imaginaire chaotique et enivré de modernité, Valéry revient à l'évidence : comme le sculpteur ou l'architecte, le poète est d'abord méditatif et calculateur. Ce n'est pas avec des éclats sentimentaux ou de brusques passions que l'artiste produit la beauté, mais par **un travail de technicien patient et éclairé.** Ce culte de l'intellect implique aussi que l'œuvre, fruit du travail précis, ne doive rien à une inspiration de type romantique : ni les anecdotes biographiques, ni les états d'âme, ni les élans religieux, ni l'exaltation des sens ne sauraient produire automatiquement un beau vers. Malgré sa rigidité, la théorie de Valéry est **un retour au classicisme,** à ce laboratoire obligé de toute littérature faite pour durer.

Cette apparente sécheresse a pu paraître, d'un point de vue idéologique, **réactionnaire.** Il est vrai que Valéry fut très vite accaparé par les tâches mondaines de l'intellectuel « bon teint » : couvert d'honneurs par la IIIe République, il incarne la résistance à tout ce qui est anarchique ou illogique. Antimoderniste, il méprise l'art nouveau, qu'il voit comme une dégénérescence, se moque de Freud et ignore Marx. À l'écart des foules et des modes, il joue les sages sceptiques et clairvoyants. Mais qu'importe. Le xxe siècle est celui des **sciences du langage.** En rappelant que c'est par la manipulation du langage, en qui gît toute polysémie •, que la poésie poursuit ses conquêtes, Valéry est bien un homme de ce temps. Il a pressenti, mieux que personne, que jouer avec les mots n'aboutit pas seulement à un plaisir gratuit, mais que c'est « une fête de l'intellect », car, à nouveau langage, nouveaux savoirs.

EXTRAIT

La fileuse

Lilia..., neque nent (1)

Assise, la fileuse au bleu de la croisée
Où le jardin mélodieux se dodeline;
Le rouet ancien qui ronfle l'a grisée.

Lasse, ayant bu l'azur, de filet la câline
Chevelure, à ses doigts si faibles évasive(2),
Elle songe, et sa tête petite s'incline.

Un arbuste et l'air pur font une source vive
Qui, suspendue au jour, délicieuse arrose
De ses pertes de fleurs le jardin de l'oisive.

Une tige, où le vent vagabond se repose,
Courbe le salut vain de sa grâce étoilée,
Dédiant magnifique, au vieux rouet, sa rose.

Mais la dormeuse file une laine isolée;
Mystérieusement l'ombre frêle se tresse
Au fil de ses doigts longs et qui dorment, filée.

Le songe se dévide avec une paresse
Angélique, et sans cesse, au doux fuseau crédule(3)
La chevelure ondule au gré de la caresse...

Derrière tant de fleurs, l'azur se dissimule,
Fileuse de feuillage et de lumière ceinte :
Tout le ciel vert se meurt. Le dernier arbre brûle.

(1) « Les lis ne filent pas » (Évangile de Matthieu, VI, 28).
(2) qui échappe à ses doigts
(3) obéissant

Ta sœur, la grande rose[4] où sourit une sainte,
Parfume ton front vague au vent de son haleine
Innocente, et tu crois languir... Tu es éteinte[5]

Au bleu de la croisée où tu filais la laine.

(4) rosace
(5) endormie

Paul Valéry, *Album de vers anciens*, Gallimard, 1920.

Un petit répertoire technique

Le mouvement de la phrase : inversion ou suspension, pour valoriser l'adjectif et susciter la sensation (str. 1, 2, 8) ; disjonction et étirement mimétique (str. 4, fin 5), frein et apaisement (str. 7, 8).

La rime : riche et serpentine (= elle court à l'intérieur du vers et pas seulement à la fin) ; à la fois croisée (ABAB) et regroupée par tercets (ABA/BCB...).

Le mètre (organisation métrique du vers) : variations continuelles (3/9 ; 1/5/6 ; 10/2 ; 8/4, etc.) et enjambements expressifs (par ex. : v. 4-5 ; 7-8 ; 14-15 ; 16-17...).

Et du charme, tout de même : on est hors du temps, dans un lieu nimbé et rêveur, où prédominent l'ombre et la clarté, l'ondulation, une pureté innocente, le songe. La fin (« tu ») ajoute une pointe de lyrisme• discret, entre rêve et réel.

documents

Le goût de Valéry pour le travail scientifique l'a poussé à s'intéresser à des formes d'art marquées par la mathématique, au sens large. En 1894, à travers Léonard de Vinci, il avait déjà essayé de définir un état d'esprit dont les œuvres soient le fruit de « la pensée la plus étendue » (Introduction à la méthode de Léonard de Vinci). Mais c'est dans ses réflexions sur la danse et l'architecture que sa théorie se manifeste le plus clairement. Valéry conçoit ainsi un personnage-symbole, ***Monsieur Teste,*** *« sorte d'animal intellectuel, monstre d'intelligence et de conscience de soi-même » qui incarne cet idéal de lucidité et de maîtrise.*

Cet homme avait connu de bonne heure l'importance de ce qu'on pourrait nommer la *plasticité* humaine. Il en avait cherché les limites et le mécanisme. Combien il avait dû rêver à sa propre malléabilité !

J'entrevoyais des sentiments qui me faisaient frémir, une terrible obstination dans des expériences enivrantes. Il était l'être absorbé dans sa variation, celui qui devient son système, celui qui se livre tout entier à la discipline effrayante de l'esprit libre, et qui fait tuer ses joies par ses joies, la plus faible par la plus forte, – la plus douce, la temporelle, celle de l'instant et de l'heure commencée, par la fondamentale – par l'espoir de la fondamentale.

Et je sentais qu'il était le maître de sa pensée : j'écris là cette absurdité. L'expression d'un sentiment est toujours absurde.

M. Teste n'avait pas d'opinions. Je crois qu'il se passionnait à son gré, et pour atteindre un but défini. Qu'avait-il fait de sa personnalité ? Comment se voyait-il ?... Jamais il ne riait, jamais un air de malheur sur son visage. Il haïssait la mélancolie.

Il parlait, et on se sentait dans son idée, confondu avec les choses : on se sentait reculé, mêlé aux maisons, aux grandeurs de l'espace, au coloris remué de la rue, aux coins...

Paul Valéry, *La Soirée avec Monsieur Teste*, 1896, Gallimard.

Mais c'est ainsi toute une conception de la ***lecture*** *de la poésie qui est remise en cause, notamment un excessif sentimentalisme et une identification naïve de l'œuvre et de son auteur.*

Quand je regarde ce que l'on fait de la Poésie, ce que l'on demande, ce que l'on répond à son sujet, l'idée que l'on en donne dans les études, (et un peu partout), mon esprit, qui se croit (par conséquence sans doute de la nature intime des esprits) le plus simple des esprits possibles, s'étonne à la limite de l'étonnement. [...] On m'enseigne des dates, de la biographie ; on m'entretient de querelles, de doctrines dont je n'ai cure, quand il s'agit de chants et de l'art subtil de la voix porteuse d'idées... Où donc est l'essentiel dans ces propos et dans ces thèses ? Que fait-on de ce qui s'observe immédiatement dans un texte, des sensations qu'il est composé pour produire ? Il sera bien temps de traiter de la vie, des amours et des opinions du poète, de ses amis et ennemis, de sa naissance et de sa mort, quand nous aurons assez avancé dans la *connaissance* poétique de son poème, c'est-à-dire quand nous nous serons fait l'instrument de la chose écrite, de manière que notre voix, notre intelligence et tous les ressorts de notre sensibilité se soient composés pour donner vie et présence puissante à l'acte de création de l'auteur.

Paul Valéry, *Préface à l'Anthologie des Poètes de la N.R.F.*, Gallimard, 1935.

L'esprit de raison, cher à Valéry, a son revers : une certaine raideur sans tendresse.

« L'amour consiste à être bête ensemble. » (Dans *La Soirée avec Monsieur Teste.*)

« Dieu créa l'homme et, ne le trouvant pas assez seul, lui donna une compagne pour mieux lui faire sentir sa solitude. » (Dans *Tel quel*, Gallimard, 1941.)

De la rhétorique à la poésie pure

Malgré son caractère calculateur, le travail de Valéry n'a rien d'un procédé clos, desséché ou figé. Ce poète a passé sa vie à rédiger des notes ou de courts traités sur l'esthétique, la philosophie, la politique (cf. p. 80) et, au total, sa production de versificateur n'est pas énorme. C'est que Valéry n'est guère à son aise dans de vastes cohérences, dans des pensées totalisantes ou systématiques. Il leur préfère l'écriture par fragments, par approches contrastées. De même qu'**il déteste le roman,** Valéry doute de tout système unique et continu. C'est un sceptique, comme son *Monsieur Teste* (cf. p. 71), cet esprit fort qui n'a pas d'opinion, ce gymnaste de l'intelligence qui ne se résout à rien.

La poésie valéryenne est saisie par ce même narcissisme. Autant l'*Album de vers anciens* (cf. p. précédente) semblait encore influencé par un maniérisme mallarméen et presque précieux, autant *La Jeune Parque* (1917) va dépasser la rhétorique pour présenter un poème qui est, tout à la fois, une allégorie philosophique et une « composition musicale à plusieurs parties », ou « un récitatif d'opéra ». « C'est une rêverie dont le personnage, à même temps que l'objet, est la « conscience consciente ». Figurez-vous que l'on se réveille au milieu de la nuit, et que toute la vie se revive et se reparle à soi-même [...]. Sensualité, souvenirs, paysages, émotions, sentiment de son corps, profondeur de la mémoire et lumière ou cieux antérieurs revus, etc. » Malgré son hermétisme, ce long poème (qui fut aussitôt célébré) est la preuve du bien-fondé de la méthode de Valéry qui, par-delà la technique, s'épanche en une harmonie sensuelle, complexe, illimitée. Chaque lecteur attentif peut y trouver un plaisir différent. La « poésie pure » (cf. p. 73) est produite par cette tension des contraires (rigueur paralysante et abandon délicieux), par cette **crise** – celle, précisément que raconte *La Jeune Parque.*

EXTRAIT

Ce poème a pour sujet « le changement d'une conscience pendant la nuit ». C'est un monologue où se dessine la crise de l'adolescence, divisée entre le besoin de rester maître de sa conscience lucide et l'appel de la sensualité, entre la nostalgie de l'innocence virginale et le tourment des désirs. Ici, la jeune femme blessée par l'amour, après la tentation du suicide, s'abandonnera à l'attrait de la Nature, au « délice de naître ».

Qui pleure là, sinon le vent simple, à cette heure
Seule, avec diamants extrêmes ?... Mais qui pleure,
Si proche de moi-même au moment de pleurer ?

Cette main, sur mes traits qu'elle rêve effleurer,
Distraitement docile à quelque fin profonde[1],
Attend de ma faiblesse une larme qui fonde,
Et que de mes destins lentement divisé,
Le plus pur[2] en silence éclaire un cœur brisé.
La houle me murmure une ombre de reproche,
Ou retire ici-bas, dans ses gorges de roche,
Comme chose déçue et bue amèrement,
Une rumeur de plainte et de resserrement[3]...
Que fais-tu, hérissée, et cette main glacée,
Et quel frémissement d'une feuille effacée
Persiste parmi vous, îles de mon sein nu ?...
Je scintille, liée à ce ciel inconnu...
L'immense grappe[4] brille à ma soif de désastres[5].

Tout-puissants étrangers, inévitables astres
Qui daignez faire luire au lointain temporel
Je ne sais quoi de pur et de surnaturel ;
Vous qui dans les mortels plongez jusques aux larmes
Ces souverains éclats, ces invincibles armes,
Et les élancements de votre éternité,
Je suis seule avec vous, tremblante, ayant quitté
Ma couche ; et sur l'écueil mordu par la merveille[6],
J'interroge mon cœur quelle douleur l'éveille,
Quel crime par moi-même ou sur moi consommé ?...
... Ou si le mal me suit d'un songe refermé[7],
Quand (au velours du souffle envolé l'or des lampes)
J'ai de mes bras épais environné mes tempes,
Et longtemps de mon âme attendu les éclairs ?
Toute ? Mais toute à moi, maîtresse de mes chairs,
Durcissant d'un frisson leur étrange étendue,
Et dans mes doux liens, à mon sang suspendue,

(1) à l'appel d'un instinct profond
(2) les larmes isolent *(divisé)* ce qu'il y a de plus authentique *(pur)* dans nos *destins*
(3) bruit des flots resserrés entre les rochers
(4) des constellations
(5) éclaire mon désir intense, et peut-être désastreux, de me connaître
(6) mer
(7) sans doute un rêve troublé, qu'elle voudrait oublier, mais qui la force à s'interroger

Je me voyais me voir, sinueuse, et dorais
De regards en regards, mes profondes forêts.

J'y suivais un serpent qui venait de me mordre.

Quel repli de désirs, sa traîne!... Quel désordre
De trésors s'arrachant à mon avidité,
Et quelle sombre soif de la limpidité!

Paul Valéry, *La Jeune Parque*, poème de 512 vers, 1913, Gallimard.

Un poème de la crise

La conscience déchirée : suspensions, interrogations, exclamations, interpellations, doutes et hésitations. Jeu des contraires et des va-et-vient.

Le vocabulaire de la crise (pleurs, faiblesse, brisé, etc.) et de l'insatisfaction (effleurer, distraitement, reproche, déçue, amèrement, etc.), entretenu par divers champs lexicaux• (fondre, mer, miroir/miroitement, sommeil, dédoublement, etc.).

Une poésie sensuelle : permanence du désir ; thème du corps avec des échos (par ex. : « gorges »/« sein nu ») ; le vers lui-même ondule et « frissonne ».

Voyez aussi le document d'Octave Nadal.

documents

La Jeune Parque présente un art nouveau d'invention et de composition exercé non plus à partir des idées, des sentiments, des images, etc., mais à partir du langage même. Il s'agissait pour Valéry de promouvoir ce dernier à son acte formel par le développement de toutes ses structures et l'alerte concertée de toutes ses fonctions. À cet effet, le poète s'est donné des palettes de mots. Comme pour le peintre la couleur, le musicien le son, les mots sont pour Valéry la matière première du poème. Toutes les virtualités qu'ils peuvent contenir, intelligibles : image et signe, sensibles : musique, rythme, timbre, etc., sont interrogées, attendues, retenues, provoquées au cours d'opérations à la fois hasardeuses et méthodiques qui les mettent en aventure poétique. Il s'agit d'atteindre par combinaisons, substitutions, réductions, à l'expansion la plus grande des mots dans leur double fonction signifiante et délectable.

Octave Nadal, *À mesure haute*, Mercure de France, 1964.

« Plus on écrit, moins on pense. »

P. Valéry, *Monsieur Teste*, 1896, Gallimard.

Qu'est-ce que la « poésie pure »?

Les termes de « poésie pure » sont en eux-mêmes contradictoires si du moins l'on entend par eux la possibilité d'isoler un élément poétique pur, la tentative d'isoler la poésie des atomes du langage étant aussi vaine que la tentative d'isoler l'électricité des atomes de la matière. Le caractère propre de la poésie est de ne pouvoir être obtenue ni même conçue à l'état de pureté, puisqu'elle n'est point substance, mais acte, puisqu'elle n'est point élément entre les éléments dont se compose le poème, mais résultant de leur combinaison , force, combustion et magique lumière. Descartes dit que la pesanteur est la dimension des corps qui tombent; la poésie est de même la dimension selon laquelle le poète découvre et asservit les choses. Elle ne peut se définir que comme un pouvoir particulier du langage sur les choses qu'il désigne. L'effort de la poésie française vers la poésie pure n'est donc point un effort pour priver le poème de tout contenu autre que la poésie, ce qui n'aurait point de sens, *mais pour donner au poème le pouvoir d'agir poétiquement sur la totalité de son contenu.* Il est l'effort pour mettre en œuvre les moyens poétiques dans leur plus grande vigueur et leur plus grande efficacité. La poésie n'est pas musique, mais langage.

Rendre au langage usé des relations humaines sa fonction originelle et sacrée, refaire le *verbe* inutilitaire et inutilisable, dire le mot soleil, ou le mot fruit, ou le mot mort, non parce qu'il fait chaud, ou que l'on a faim de fruits, ou qu'il faut prendre garde à la mort, mais pour que l'âme ressente ces objets dans leur saisissante réalité.

Thierry Maulnier, *Introduction à la poésie française*, Gallimard, 1939.

Virtuosité et sortilège

Le recueil central de la poésie valéryenne, *Charmes* (1922), rappelle l'équivoque du mot latin *carmina* qui signifie à la fois « poèmes » et « envoûtements ». Il s'agit donc d'**incantation,** c'est-à-dire d'une poétique qui, partant d'une volonté studieuse et perfectionniste, veut enchanter et enivrer. On retrouve ici le lien entre rhétorique et poésie pure, évoqué dans les deux pages précédentes. Mais *Charmes* est aussi un **itinéraire,** celui d'un créateur qui doit surmonter tour à tour des **tentations** contradictoires (de la lucidité desséchante, de la science, de la vie facile, de la mélancolie du temps, etc.) pour atteindre un point de **perfection.** L'obsession de la **pureté,** qui est le leitmotiv du recueil, se traduit par l'abandon à un lyrisme● aride, mais superbe. Le lecteur ne pouvant alors s'incarner directement dans l'auteur, distant et absorbé, est contraint à un vrai face-à-face avec **les sortilèges du langage.** Il découvre là un univers de versification, une « poésie » au sens étymologique – c'est-à-dire une « facture », une « pratique » – capable d'être un inépuisable réservoir de signification, un défi des formes, un projet dont personne n'est le maître omniscient. Pas même l'auteur : « si l'on s'inquiète de ce que j'ai "voulu dire" dans tel poème, je réponds que je n'ai pas *voulu dire,* mais *voulu faire,* et que ce fut l'intention de *faire* qui a *voulu* ce que j'ai *dit* ».

Ainsi la virtuosité apollinienne● et magique de Valéry prépare le doute moderne sur la maîtrise du sujet englué dans le langage. Ses poèmes ont pris cette crise pour sujet et, plus encore, soumettent le lecteur aux pouvoirs des formes signifiantes, au « charme » des mots et des rythmes, susceptibles de recevoir sans cesse des sens nouveaux : « il n'y a pas de vrai sens du texte [...] Une fois publié, un texte est un appareil dont chacun peut se servir à sa guise et selon ses moyens ».

EXTRAITS

Chacun à leur manière, les poèmes de Charmes *parlent de l'aventure du poète, même lorsqu'ils semblent, à première vue, échapper à toute allégorie*● *, pour décrire un instant ou un objet.*

Les Pas

– ou l'attente de l'émotion qui permettra l'éveil de l'inspiration –

Tes pas, enfants de mon silence,
Saintement, lentement placés,
Vers le lit de ma vigilance
Procèdent muets et glacés.

Personne pure, ombre divine,
Qu'ils sont doux, tes pas retenus !
Dieux !... tous les dons que je devine
Viennent à moi sur ces pieds nus !

Si, de tes lèvres avancées,
Tu prépares pour l'apaiser,
À l'habitant de mes pensées
La nourriture d'un baiser,

Ne hâte pas cet acte tendre,
Douceur d'être et de n'être pas,
Car j'ai vécu de vous attendre,
Et mon cœur n'était que vos pas.

Les Grenades

– ou la maturation intérieure qui finit par s'ouvrir e donner son jus –

Dures grenades entr'ouvertes
Cédant à l'excès de vos grains,
Je crois voir des fronts souverains
Éclatés de leurs découvertes !

Si les soleils par vous subis,
Ô grenades entre-bâillées
Vous ont fait d'orgueil travaillées
Craquer les cloisons de rubis,

Et que si l'or sec de l'écorce
À la demande d'une force
Crève en gemmes rouges de jus,

Cette lumineuse rupture
Fait rêver une âme que j'eus
De sa secrète architecture.

Les Colonnes

– ou l'apologie de la perfection, née du travail technique mais aboutissant au mouvement léger et à la lumière –

Douces colonnes, aux
Chapeaux garnis de jour,
Ornés de vrais oiseaux
Qui marchent sur le tour,

Douces colonnes, ô
L'orchestre de fuseaux !
Chacun immole son
Silence à l'unisson.

« Que portez-vous si haut,
Égales radieuses ?
– Au désir sans défaut
Nos grâces studieuses !

Nous chantons à la fois
Que nous portons les cieux !
Ô seule et sage voix
Qui chantes pour les yeux !

Vois quels hymnes candides !
Quelle sonorité
Nos éléments limpides
Tirent de la clarté !

Si froides et dorées
Nous fûmes de nos lits
Par le ciseau tirées,
Pour devenir ces lys !

De nos lits de cristal
Nous fûmes éveillées,
Des griffes de métal
Nous ont appareillées.

Pour affronter la lune,
La lune et le soleil,
On nous polit chacune
Comme ongle de l'orteil !

Servantes sans genoux,
Sourires sans figures,
La belle devant nous
Se sent les jambes pures.

Pieusement pareilles,
Le nez sous le bandeau
Et nos riches oreilles
Sourdes au blanc fardeau,

Un temple sur les yeux
Noirs pour l'éternité,
Nous allons sans les dieux
À la divinité !

Nos antiques jeunesses,
Chair mate et belles ombres,
Sont fières des finesses
Qui naissent par les nombres !

Filles des nombres d'or,
Fortes des lois du ciel,
Sur nous tombe et s'endort
Un dieu couleur de miel.

Il dort content, le Jour,
Que chaque jour offrons
Sur la table d'amour
Étale sur nos fronts.

Incorruptibles sœurs,
Mi-brûlantes, mi-fraîches,
Nous prîmes pour danseurs
Brises et feuilles sèches,

Et les siècles par dix,
Et les peuples passés,
C'est un profond jadis,
Jadis jamais assez !

Sous nos mêmes amours
Plus lourdes que le monde
Nous traversons les jours
Comme une pierre l'onde !

Nous marchons dans le temps
Et nos corps éclatants
Ont des pas ineffables
Qui marquent dans les fables. »

Constantin Brancusi (1876-1957), *La Colonne sans fin*, 1925, ph. Béatrice Hatala, M.N.A.M.G.P., A.D.A.G.P.

L'Abeille

– celle dont la jeune fille souhaite ici être piquée, allégorie de l'aiguillon qui va stimuler le poète –

Quelle, et si fine, et si mortelle,
Que soit ta pointe, blonde abeille,
Je n'ai, sur ma tendre corbeille,
Jeté qu'un songe de dentelle.

Pique du sein la gourde belle,
Sur qui l'Amour meurt ou sommeille,
Qu'un peu de moi-même vermeille
Vienne à la chair ronde et rebelle !

J'ai grand besoin d'un prompt tourment :
Un mal vif et bien terminé
Vaut mieux qu'un supplice dormant !

Soit donc mon sens illuminé
Par cette infime alerte d'or
Sans qui l'Amour meurt ou s'endort !

Paul Valéry, *Charmes*, Gallimard, 1922.

L'aventure du poète

Retrouvez dans chacun de ces poèmes le thème proposé dans la présentation en italiques sous chaque titre. Notez l'accord de la forme à l'objet du texte.

Comparons :
dans *Les Pas*, prédominent lenteur, images sobres et concrètes ; *Les Grenades* ont des sonorités charnues, la couleur éclate, le dessin est vigoureux, les termes sont évocateurs ;

dans *L'Abeille*, le maniérisme est plus poussé ; notez la couleur blonde, les quatrains qui « bourdonnent » (rimes féminines), les tercets qui traduisent le sens secret du texte (rimes masculines), compliqué comme une intelligence encore engourdie et insatisfaite.

Le Cantique des Colonnes définit la poétique de Valéry et reprend notamment les trois aspects ci-dessus. Notez les thèmes de la sculpture, de l'art grec, de la lumière, de la pureté stylisée, avec quelques traces d'humour. Les vers de six pieds allongent le texte en hauteur, où prédominent les allitérations• en s/z et en dentales (d/t/n).

documents

De la sensation à la vision et à l'image

Ailleurs, c'est en parlant de Corot, et dans un des plus beaux morceaux qu'il ait composés, dont la clarté illumine tout un ciel, que Valéry se découvre par sa définition de la « mystique de la sensation ». Préalablement purifié par l'ascèse, l'esprit est à même d'accueillir l'*être* de la sensation comme un absolu, ou d'accéder à l'être dans la sensation : un son jamais ouï en sa justesse divine, une couleur d'une tendresse sans pareille dans le crépuscule, un rayon jamais perçu, émanant du soleil du monde extérieur – de ce soleil qui est la plus belle des *choses réelles*, et que nul mystique de l'intériorité, jamais, ne pourra faire jaillir de ses ténèbres. Valéry ajoute ici deux touches très précieuses : il dit que le paysage prend alors une valeur religieuse et *sacrée*, et que l'âme fait plus que voir et qu'adhérer de toutes ses forces à la sensation : elle *chante*, à l'unisson de ce qui l'émeut. Cela ne se peut que par l'amour.

Il faut aimer pour que l'acte de la vision s'approfondisse à ce point, pour que l'objet acquière une présence assez envahissante, et que l'âme « existe », par un accident merveilleux.

Marcel Raymond, *Paul Valéry et la tentation de l'esprit*, éd. La Découverte, 1964.

Lisez *Le Cantique des Colonnes*, fait avec des quatrains d'hexasyllabes, qui donnent en effet, sur la page, une disposition typographique de colonne. Le poème au premier abord peut paraître un peu obscur. Il devient très clair, non seulement dans son détail, mais dans son dessin d'ensemble, quand on sent les raisons qui ont fait élire ce sujet à Valéry. Les colonnes, dans le temple, ne figurent pas seulement des supports, mais aussi des rapports. Elles ne sont pas par elles-mêmes, mais elles se rapportent les unes aux autres. Et la plupart des stances expriment par des images un rapport des colonnes au temple qu'elles portent, ou à la lumière, ou à l'atmosphère.

Pieusement pareilles,
. . . .
Nous allons sans les dieux
À la divinité !

Dès qu'un rapport insisterait en une image, il deviendrait une chose. La poésie de Valéry, qui se défend de l'oratoire, se défend de toute insistance, et chaque image n'est tangente, comme la droite au cercle, qu'en un point du poème. Dès qu'a lui l'éclair en lequel elle s'acquitte de sa fonction de rapport, son rôle est fini.

Albert Thibaudet, *Paul Valéry*, coll. « cahiers verts », Grasset, 1923.

EXTRAIT

C'est avec le Cimetière marin *que Valéry va synthétiser à la fois les allégories• de l'œuvre poétique et ses sentiments sur la vie humaine. L'ensemble du poème repose sur un principe métrique (4/6) qui oblige à des alternances inégales (jamais 5/5). Ce flottement illustre le sujet apparent (la mer qui miroite, vue des hauteurs de Sète) et, surtout, la méditation du poète sur la tentation de la fixité (silence, ombre ou mort) et l'appel contrariant, mais exaltant, du mouvement (vie, lumière, désirs).*

« Ô mon âme, n'aspire pas à la vie immortelle,
mais épuise le champ du possible, »

Pindare, *Pythiques*, 3.

I-IV : contemplation et fascination

I Ce toit tranquille, où marchent des colombes(1)
Entre les pins palpite, entre les tombes(2) ;
Midi le juste y compose de feux
La mer, la mer, toujours recommencée !
Ô récompense après une pensée
Qu'un long regard sur le calme des dieux !

II Quel pur travail de fins éclairs consume
Maint diamant d'imperceptible écume,
Et quelle paix semble se concevoir !
Quand sur l'abîme un soleil se repose,
Ouvrages purs(3) d'une éternelle cause,
Le Temps scintille et le Songe est savoir.

III Stable trésor, temple simple à Minerve(4),
Masse de calme, et visible réserve,
Eau sourcilleuse, Œil qui gardes en toi
Tant de sommeil sous un voile de flamme,
Ô mon silence !... Édifice dans l'âme,
Mais comble d'or aux mille tuiles, Toit !

IV Temple(5) du Temps, qu'un seul soupir résume,
À ce point pur je monte et m'accoutume,
Tout entouré de mon regard marin ;
Et comme aux dieux mon offrande suprême,
La scintillation sereine sème
Sur l'altitude(6) un dédain souverain.

V-VIII : retour à soi et conscience de la fugacité de la vie

V Comme le fruit se fond en jouissance,
Comme en délice il change son absence
Dans une bouche où sa forme se meurt,
Je hume ici ma future fumée(7),
Et le ciel chante à l'âme consumée
Le changement des rives en rumeur.

VI Beau ciel, vrai ciel, regarde-moi qui change !
Après tant d'orgueil, après tant d'étrange
Oisiveté, mais pleine de pouvoir,
Je m'abandonne à ce brillant espace,
Sur les maisons des morts mon ombre passe
Qui m'apprivoise à son frêle mouvoir.

VII L'âme exposée aux torches du solstice,
Je te soutiens, admirable justice
De la lumière aux armes sans pitié !
Je te rends pure à ta place première :
Regarde-toi !... Mais rendre la lumière
Suppose d'ombre une morne moitié.

(1) les voiles
(2) Cf. le titre.
(3) Apposition à « temps » et « songe ».
(4) déesse de la sagesse
(5) Apposition à « je ».
(6) Latinisme : profondeur.
(7) mes cendres

VIII Ô pour moi seul, à moi seul, en moi-même,
Auprès d'un cœur, aux sources du poème,
Entre le vide et l'événement pur,
J'attends l'écho de ma grandeur interne,
Amère, sombre et sonore citerne,
Sonnant dans l'âme un creux toujours futur !

[...]

Les strophes IX à XVIII passent en revue, pour les repousser, les diverses croyances en l'immortalité, illusion suprême et creuse tentation. S'adressant aux morts, le poète se ressaisit et en appelle au dynamisme vital...

XIX Pères profonds, têtes inhabitées,
Qui sous le poids de tant de pelletées,
Êtes la terre et confondez nos pas,
Le vrai rongeur, le ver irréfutable
N'est point pour vous qui dormez sous la table[8],
Il vit de vie, il ne me quitte pas !

XX Amour, peut-être, ou de moi-même haine ?
Sa dent secrète est de moi si prochaine
Que tous les noms lui peuvent convenir !
Qu'importe ! Il voit, il veut, il songe, il touche !
Ma chair lui plaît, et jusque sur ma couche,
À ce vivant je vis d'appartenir !

XXI Zénon ! Cruel Zénon ! Zénon d'Élée[9] !
M'as-tu percé de cette flèche ailée
Qui vibre, vole, et qui ne vole pas !
Le son m'enfante et la flèche me tue[10] !
Ah ! le soleil... Quelle ombre de tortue
Pour l'âme, Achille immobile à grands pas !

XXII Non, non !... Debout ! Dans l'ère successive[11] !
Brisez, mon corps, cette forme pensive !
Buvez, mon sein, la naissance du vent !
Une fraîcheur, de la mer exhalée,
Me rend mon âme... Ô puissance salée !
Courons à l'onde en rejaillir vivant !

XXIII Oui ! Grande mer de délires douée,
Peau de panthère et chlamyde[12] trouée
De mille et mille idoles du soleil,
Hydre absolue[13], ivre de ta chair bleue,
Qui te remords l'étincelante queue
Dans un tumulte au silence pareil,

XXIV Le vent se lève !... Il faut tenter de vivre !
L'air immense ouvre et referme mon livre,
La vague en poudre ose jaillir des rocs !
Envolez-vous, pages tout éblouies !
Rompez, vagues ! Rompez d'eaux réjouies
Ce toit tranquille où picoraient des focs !

Paul Valéry, *Charmes*, Gallimard, 1922.

(8) sous la dalle du tombeau
(9) Ce penseur grec du Ve siècle avant J.-C. prétendait nier le mouvement en décomposant le temps à l'infini. La flèche est immobile à chaque fraction du temps instantané. De même Achille ne peut dépasser la tortue.
(10) Double réfutation de Zénon.
(11) C'est-à-dire la durée, succession d'instants, dans le mouvement.
(12) manteau grec
(13) L'hydre, c'est l'eau en grec et aussi un monstre aux cent têtes qui repoussent toujours ; « absolue » = libre, déchaînée, délivrée (latinisme).

citations/controverses

« Le cimetière malin ». Paul Claudel, *Journal*, Gallimard, 1968.

L'éphémère et la mer

L'épigraphe (que Camus reprendra en tête de son *Mythe de Sisyphe*) est la clé du poème. Hésitation, tentation, flottement, miroitement expriment partout l'âme partagée. Notez aussi le jeu des contraires (vie/mort ; fixité/mouvement ; ombre/lumière ; renoncement/désir...). Tout ce qui se rapporte à la mer peut être traduit en termes psychologiques.

Le système métrique : 4/6 et 6/4 soutient ces alternances et intervient plus nettement dans les passages les plus dramatisés (str. 3 ou 6, par ex.), où la conscience lucide affronte la hantise des profondeurs et le risque du désespoir (str. 19-20, par ex.).

Le symbole du vent qui se lève, à la fin : retour à l'action et à la création, après un risque de paralysie (str. 21). Observez le mouvement et le souffle qui animent les décasyllabes, avec la prédominance du champ lexical• du brassage.

débats/controverses

La théorie de Valéry, qui s'attache tant au travail de façonnage, a souvent été mise en cause. L'idée même de « poésie pure » (une musique abstraite et raffinée) consécutive au libre jeu de la « puissance des mots » a été très controversée (cf. p. 73).

À titre d'éclairage sur ces querelles un peu techniques, voici deux points de vue plus ou moins « anti-valéryens ».

Contre l'absence de sensibilité :

Avec la proscription des élans du cœur, nous touchons un trait général de l'esthétique contemporaine ; la *proscription de la générosité*, celle-ci, en tant qu'état émotionnel, figurant alors à l'actif de l'antiartistique. Et, de fait, les ouvrages des grands représentants de la littérature ici en cause, des Mallarmé, des Proust, des Gide, des Valéry, sont remarquables par l'absence de tout sentiment largement humain, de toute franche motion de sympathie humaine, donc de tout rayonnement purement affectif, cependant que leurs auteurs ne sont pas sans mépris pour qui accepte ces expansions : Michelet, le poète des *Nuits*, Hugo en tant qu'humanitaire. On dirait volontiers d'eux qu'ils ignorent ce que Taine, parlant de Michelet, appelait « l'imagination du cœur » et leurs poèmes semblent avoir été caractérisés par l'un d'entre eux quand il évoque

Un éblouissement d'étincelles glacées.

On pense aussi, devant la religion de certains pour la seule musicalité de l'écrit, au mot de Pascal : « On ne consulte que l'oreille parce qu'on manque de cœur. »

Julien Benda, *La France Byzantine*, Gallimard, 1945.

Contre l'illusion de la puissance des mots – qui n'est, en réalité, que le droit pour le lecteur à projeter et à fabriquer ses propres interprétations :

Qu'il n'y ait dans la «puissance des mots», loin d'une observation précise, que l'effet d'une illusion, c'est ce que l'on eût pu soupçonner du premier instant. Quel que soit l'appareil scientifique dont s'entoure plus tard une projection grossière, il suffit d'en examiner les formes frustes pour trouver que le *mot* dont elle traite n'est pas celui des linguistes et des grammairiens : ce n'est qu'une absence, un refus, un vide. Quand Hamlet dit : «Des mots...», la jeune fille : «de belles phrases...», ou le polémiste: «Dieu, la liberté, ces grands mots», il ne faut pas entendre : voici des voyelles et des consonnes, dont l'assemblage... Non. Cela veut dire : «Dieu n'existe pas. L'amour, quelle blague.» L'on a remarqué, tout à l'heure, que nous ne parlions guère de «mots» à propos de la mort d'un père ou du lot d'un million. Sans doute : c'est que les adversaires de l'argent ou de la famille sont plus rares que les athées. Mais l'on imagine fort bien qu'un anarchiste vienne dire : «La famille, c'est des phrases. La fortune, un mot.» Le verbalisme, c'est toujours la pensée des autres. L'on appelle *mots* les idées dont on ne veut pas, comme on appelle *vaches* les sergents de ville, et *vautour* son propriétaire. [...]

L'on pourrait appeler *projection* le mécanisme intellectuel qui nous fait à tout instant reporter sur un objet, un animal, une personne, le sentiment qu'ils nous donnent à éprouver. Ainsi le marbre nous paraît-il froid; et la couverture de laine chaude. L'enfant suppose que la porte, qui le pince, avait l'intention de le pincer. L'illusion est plus sensible encore, quand nous avons affaire à un homme : le timide éprouve que chacun le suit des yeux. L'égoïste s'explique l'acte d'autrui le plus gratuit par des raisons intéressées. L'amant voit de sa maîtresse son amour rayonner vers lui. Le partisan invoque, à l'appui de sa thèse, tel ou tel fait dont la vérité lui semble éblouissante.

Il faut ajouter : et le lecteur admet en tout cas que l'on a *voulu* lui dire cela même qu'il entend : quitte à fabriquer – s'il comprend mal, tâtonne entre divers sens et pour finir se raccroche aux mots – l'image d'un auteur embarrassé, lui-même tout contraint et comme en proie au langage. Ainsi la petite fille que l'on a conduite à Londres admire que les enfants y sachent *déjà* parler anglais. «Comme ils s'appliquent», dit-elle.

Jean Paulhan, *Les Fleurs de Tarbes*, Gallimard, 1941.

Les jeux littéraires de Jean Tardieu :

Un homme visite le cimetière de son village, au bord de la Méditerranée.
Il voit des voiles sur la mer et les prend pour des colombes picorant sur un toit.
Développez cette hallucination.
Vs. êtes ce visiteur. Vs. parlez à la 1re personne du sing.

Jean Tardieu, *Cahiers du professeur Froeppel*, Gallimard, 1978.

Biographie de Paul Valéry

VIE

- **1871** — Naissance à Sète
- **1884** — Installation à Montpellier. Lit beaucoup surtout, les symbolistes (Verlaine, Huysmans etc.)
- **1887** — Reçu au Bac. Mort de son père
- **1888** — Début des études de droit
- **1890** — Amitié avec P. Louÿs qui le présentera à bien des écrivains (Gide, Mallarmé, Hérédia etc.). Fréquente Debussy
- **1892** — Décide, à la suite d'une passion inassouvie et d'une détresse sentimentale, de soumettre la sensibilité à sa raison et de se consacrer à l'activité intellectuelle
- **1895** — Rédacteur au Ministère de la Guerre. Relations avec Degas. Amitié avec Mallarmé
- **1898** — Mort de Mallarmé
- **1900** — Épouse Jannie Gobillard, nièce de Berthe Morisot. Devient secrétaire et homme de confiance d'Edouard Lebey, administrateur de l'Agence Havas. Fréquente les milieux financiers et politiques
- **1908** — Commence à classer et à rédiger au propre ses Cahiers. Dit vivre « au cloître de l'intellect ». Travaille beaucoup et se décourage souvent
- **1912** — Gide et Gallimard lui demandent de publier un poème
- **14-18** — Proche de Gide. Travaille à *La Jeune Parque*
- **1919** — Début de sa gloire. Écrit beaucoup, notamment pour des revues (*Vers et Prose*, *N.R.F.* etc.)
- **1921** — Désigné comme le plus grand poète vivant par la revue *Connaissance*. Rencontre avec Rilke
- **1922** — Mort de Lebey. Vivra désormais de sa plume. Début des conférences dans toute l'Europe (jusqu'à sa mort)
- **1927** — Mort de sa mère. Reçu à l'Académie Française. Devient une sorte d'intellectuel officiel : « un poète d'État », dit-il
- Préside le Pen Club. Administrateur du Centre Universitaire Méditerranéen etc.
- **1937** — Nommé à la chaire de poétique du Collège de France, créée pour lui
- **1941** — Fait un éloge de Bergson à l'Académie. Suspect à Vichy. Adhère au Comité National des Écrivains
- **1945** — Mort (20 juillet). Obsèques nationales. Inhumé au « cimetière marin » de Sète

ŒUVRES

- **1895** — *Introduction à la méthode de Léonard de Vinci*
- **1896** — *La Soirée avec M. Teste*
- **1919** — *Fragments du Narcisse*, *La Pythie*, *Le Cantique des colonnes*
- **20** — *Le Cimetière marin*, *Album de vers anciens*
- **21** — *Eupalinos ou l'architecte*
- **22** — *Charmes*
- **24** — *Variété*
- **26** — *Narcisse*, *Rhumbs*
- **27** — *Essai sur Stendhal*
- **29** — *Variété II*
- **31** — *Regards sur le monde actuel*
- **36** — *Variété III*, *Degas, danse, dessin*
- **38** — *Variété IV*, *Existence du symbolisme*
- **41** — *Tel Quel*, *Discours sur Bergson*
- **43** — *Tel Quel II*
- **44** — *Variété V*
- **1945** — *Mon Faust*

« La poésie est l'ambition d'un discours qui soit chargé de plus de sens, et mêlé de plus de musique, que le langage ordinaire n'en porte et n'en peut porter. Rien de plus simple à concevoir que le désir d'accroître indéfiniment cette charge de merveilles, qui se superpose, ou se substitue, à la charge utile du langage. »

(Paul Valéry, *Variété III*, Gallimard, 1936.)

Faisons le point

Fiche n° 3
précédente : p. 69.
suivante : p. 103.

Structure du langage poétique

Quels sont les caractères présents dans toute poésie et absents de la prose ?

1. Puisque l'on peut considérer la prose comme l'usage courant, la poésie est un **écart** par rapport à cette norme. Cependant tout écart n'est pas en soi esthétique, et la norme n'est pas figée, la langue étant en continuelle évolution. Pour maintenir sa différence, on peut dire que la poésie n'a cessé de se démarquer plus nettement au cours de son histoire, qu'elle s'est faite elle-même de plus en plus poétique.

pp. 76 ; 82 ; 84 ; 95-96 ; 98 ; 144.

2. L'écart se manifeste à plusieurs niveaux. Mais c'est surtout la forme qui permet de repérer des distinctions : niveau phonique (cf. fiche 5), sélection lexicale particulière, organisation grammaticale spécifique. Gide ironisait : « la poésie consiste à passer à la ligne avant la fin d'une phrase ». De fait, le **vers** est le reflet le plus visible de l'écart. Il « revient » (c'est le sens du mot latin *« versus »*) sur lui-même, se caractérise par le découpage, par une pause métrique qui l'emporte sur la pause sémantique, etc. On peut alors dire que la poésie est moins « grammaticale » que la prose, car elle veut faire dire au langage ce qu'il ne dit pas naturellement.

pp. 64 ; 70-71 ; 142.

3. En se séparant de la grammaire et du discours, la poésie a aussi tendance à transcender l'univers conceptuel de la prose. Le ressort profond de la poésie est de retrouver une unité au niveau émotionnel (cf. fiche 1). Cette différence se traduit en termes linguistiques, par une forme de « négativité » : tous les opérateurs sémantiques de la poésie (images, figures, redites, etc.) violent le code usuel et son expression trop « intellectuelle ». La poésie préfère un code affectif, dévié : elle a recours à la **connotation**• plus qu'à la dénotation•.

pp. 60 ; 95 ; 97 ; 106 ; 118-119 ; 123 ; 156.

4. Mais la norme, répétons-le, n'est guère stable, voire à peine définissable. Il faut donc observer le texte poétique en soi et non pas seulement le comparer. Car il se caractérise par un fonctionnement « autotélique » : il se prend lui-même pour fin, en attirant notre attention sur les moyens qu'il emploie, sur le signifiant. Ce signifiant se manifeste sur divers plans : lecture orale, disposition visuelle sur la page (l'objet poétique est souvent spatialisé : cf. fiche 2), discontinuité structurelle, redondances• sonores, etc. On saisit ici pourquoi la poésie est si fondamentalement liée au parallélisme, sémantique (comparaison, métaphore•...) ou phonique (rime, assonance•, allitération•...), et à la répétition.

pp. 42-45 ; 98-99 ; 102.

5. Finalement, pour répondre à la question « Qu'est-ce qui fait d'un message verbal une œuvre d'art ? », il faut solliciter diverses théories. Mais toutes ont un rapport, évidemment, avec la linguistique et, surtout, avec l'étude des fonctions du langage. Outre que le message poétique est toujours **ambigu** (la référence au réel est toujours dédoublée : « c'est à la fois vrai et faux » ; il peut être répété sans devenir inutile ; il échappe au temps, etc.), la fonction poétique est l'exagération des fonctions du langage, notamment les fonctions « expressive » ou « émotive », « conative » (faire pression sur le destinataire), et « métalinguistique » (contester, déformer, commenter le langage courant), etc.

pp. 29 ; 48 ; 116-117 ; 126-128 ; 145.

Jean Cohen, *Structure du langage poétique*, Flammarion, 1968.
D. Delas et J. Filliolet, *Linguistique et Poétique*, Larousse, 1973.
Roman Jakobson, *Questions de poétique*, Le Seuil, 1973.

De l'agitation à l'action

L'explosion dadaïste

La Grande Guerre, meurtrière de Péguy et, indirectement, d'Apollinaire, semble avoir été, aux yeux des jeunes artistes et intellectuels modernistes, symptomatique de l'absurdité du « vieux monde ». Méfiants à l'égard de la société bourgeoise, profondément hostiles aux traditions littéraires et artistiques, convaincus que l'Occident dégénère dans une crise paroxystique, les avant-gardistes vont **transformer un rejet instinctif en théorie créatrice.** Leur contestation radicale et brouillonne va s'en prendre à tout ce qui représente la sclérose et les duperies de l'institution : bienséances, langage, stéréotypes du goût, conformisme politique, etc.

Dès 1916, autour de **Tristan Tzara** (Samuel Rosenstock, 1896-1963), révolutionnaire allemand émigré, s'organisent des séances qui tiennent à la fois du « happening » subversif et de l'usine poétique. C'est au cabaret Voltaire, à Zurich, que se croisent ainsi poètes, peintres, sculpteurs et autres novateurs : ce mélange est commandé par la conception même du mouvement Dada qui veut – outre faire scandale – supprimer les cloisonnements entre les formes d'expression et surtout **créer un langage total,** jouant non sur une logique discursive mais sur la fusion de rythmes, de graphismes, de collages, de montages de mots et d'images, de typographies variées, de bruits (« clrg grtl gzdr / à dada ibidilivizi rizididi »), etc.

documents

Le manifeste Dada (1918)

Tout produit du dégoût susceptible de devenir une négation de la famille, est *dada;* protestation aux poings de tout son être en action destructive : **dada;** connaissance de tous les moyens rejetés jusqu'à présent par le sexe pudique du compromis commode et de la politesse : **dada**; abolition de la logique, danse des impuissants de la création : **dada ;** de toute hiérachie et équation sociale installée pour les valeurs par nos valets : DADA ; chaque objet, tous les objets, les sentiments et les obscurités, les apparitions et le choc précis des lignes parallèles, sont des moyens pour le combat : DADA ; abolition de la mémoire : **DADA**; abolition de l'archéologie : *DADA;* abolition des prophètes : **DADA**; abolition du futur : **DADA**; croyance absolue indiscutable dans chaque dieu produit immédiat de la spontanéité : **DADA**; saut élégant et sans préjudice d'une harmonie à l'autre sphère; trajectoire d'une parole jetée comme un disque sonore cri; respecter toutes les individualités dans leur folie du moment : sérieuse, craintive, timide, ardente, vigoureuse, décidée, enthousiaste; peler son église de tout accessoire inutile et lourd; cracher comme une cascade lumineuse la pensée désobligeante ou amoureuse, ou la choyer – avec la vive satisfaction que c'est tout à fait égal – avec la même intensité dans le buisson, pur d'insectes pour le sang bien né, et doré de corps d'archanges, de son âme. Liberté : **DADA DADA DADA**, hurlement des douleurs crispées, entrelacement des contraires et de toutes les contradictions, des grotesques, des inconséquences : **LA VIE.**

crier! *CRIER!*

Le Manifeste Dada, Gallimard, 1918, Société Nouvelle des Éditions Pauvert, 1979.

Pour faire un poème dadaïste

Prenez un journal.
Prenez des ciseaux.
Choisissez dans ce journal un article ayant la longueur que vous comptez donner à votre poème.
Découpez l'article.
Découpez ensuite avec soin chacun des mots qui forment cet article et mettez-les dans un sac.
Agitez doucement.
Sortez ensuite chaque coupure l'une après l'autre dans l'ordre où elles ont quitté le sac.
Copiez consciencieusement.
Le poème vous ressemblera.
Et vous voilà «un écrivain infiniment original et d'une sensibilité charmante encore qu'incomprise du vulgaire.»

Tristan Tzara, *Littérature,* 1re série, n° 15, Gallimard, 1920, Société Nouvelle des Éditions Pauvert, 1979.

Dada

Malgré son apparence loufoque, le manifeste Dada définit un refus total appliqué à des domaines définissables (morale, sexualité, tradition, église, enseignement, etc.) : discernez ce qui concerne la littérature proprement dite.

Les deux extraits, p. 83, coïncident parfaitement avec le manifeste. Relevez notamment les termes qui renvoient à l'agression et à l'affranchissement jouisseur et provocateur.

La grande complainte de mon obscurité trois

chez nous les fleurs des pendules s'allument et les plumes encerclent la clarté
le matin de soufre lointain les vaches lèchent les lys de sel
mon fils
mon fils
traînons toujours par la couleur du monde
qu'on dirait plus bleue que le métro et que l'astronomie
nous sommes trop maigres
nous n'avons pas de bouche
nos jambes sont raides et s'entrechoquent
nos visages n'ont pas de forme comme les étoiles
cristaux points sans force feu brûlée la basilique
folle : les zigzags craquent
téléphone
mordre les cordages se liquéfier
l'arc
grimper
astrale
la mémoire
vers le nord par son fruit double
comme la chair crue
faim feu sang

Tristan Tzara, *Vingt-Cinq Poèmes*, 1918, D. R.

Au public

Avant de descendre parmi vous afin d'arracher vos dents gâtées, vos oreilles gourmeuses, votre langue pleine de chancres.
Avant de briser vos os pourris –
D'ouvrir votre ventre cholérique, et d'en retirer, à l'usage des engrais pour l'agriculture, votre foie trop gras, votre rate ignoble et vos rognons à diabète –
Avant d'arracher votre vilain sexe incontinent et glaireux –
Avant d'éteindre ainsi votre appétit de beauté, d'extases, de sucre, de philosophie, de poivre et de concombres métaphysiques, mathématiques et poétiques –
Avant de vous désinfecter au vitriol et de vous rendre ainsi propres et de vous répoliner avec passion –
Avant tout cela –
Nous allons prendre un grand bain antiseptique –
Et nous vous avertissons –
C'est nous les assassins –
De tous vos petits nouveau-nés –
Et pour finir il y a une chanson
Ki Ki Ki Ki Ki Ki Ki
Voici Dieu à cheval sur un rossignol –
Il est beau, il est laid –
Madame, ta gueule elle sent la laitance de souteneur.
Le matin –
Car le soir on dirait le cul d'un ange amoureux d'un lis –
C'est joli, n'est-ce pas?
Adieu, mon ami.

Georges Ribemont Dessaignes, *Littérature*, 1re série, n° 13, Gallimard, 1920, Éd. Lebovici.

Du dégoût dadaïste à la prolixité surréaliste

Dada a joué un rôle provocateur efficace, mais n'a guère produit d'œuvre essentielle. Il était d'ailleurs dans l'esprit de Tzara d'engendrer non une institution, mais un art de vivre débarrassé de toute norme, voué à la spontanéité, si possible délirante et agressive pour en assurer la réactivation continue. Au fond, les dadaïstes étaient, à leur manière, obsédés d'authenticité. Leurs hardiesses vociférantes et leurs travaux de sape ne visaient pas tant à épater le bourgeois qu'à une conduite de vie qui interdise le retour à toute habitude et à tout abandon. Sous l'insulte et le sarcasme, derrière un bric-à-brac anarchiste, ces artistes font tout pour éviter de sombrer dans ce qu'ils dénoncent : le dogmatisme. Voilà pourquoi ils passaient pour des **nihilistes,** et ne cessaient de vociférer contre tout, pour exalter le «n'importe quoi» ou le «rien».

On voit l'impasse d'une négation aussi perpétuelle et l'enfermement circulaire de telles pratiques. Quand Tzara arrive à Paris, en 1920, ses disciples se sont déjà engagés dans une voie un peu différente. Tout en vouant un amour enthousiaste au «père-fondateur», les **surréalistes,** groupés autour d'**André Breton** (1896-1966), dénoncent déjà «les méfaits d'un certain nihilisme intellectuel, dont la malice était à tout propos de poser la question de confiance la plus générale et la plus vaine. Dans le désarroi qui s'ensuivait, seuls trouvaient grâce quelques modes d'activité superficielle et de pauvres paradoxes», écrit Breton, qui ajoute : «a priori, dans les domaines de la littérature et de la peinture, il serait ridicule d'attendre un chef-d'œuvre Dada». Le penchant naturel de Breton à jouer les maîtres à penser et les excommunicateurs accélérera la rupture qui sera consommée dès 1923. Le journal des surréalistes, *Littérature,* le dit tout net, sous le titre *«Lâchez tout»,* en concluant par «lâchez Dada» (1er avril 1922).

Ainsi, au dégoût dadaïste va succéder une frénésie créatrice, intarissable, où diverses sous-tendances vont se déclarer hérétiques mutuellement. Le surréalisme ne cessera plus de produire à la fois les œuvres les plus intéressantes et les manifestes les plus systématiques. Dans les années 30, il ira se confondre avec la politique et fournira au Parti communiste ses meilleurs intellectuels. La dérive aura été alors totale, de l'indépendance irréductible à la récupération officielle, laquelle entraînera évidemment des exclusions et des éparpillements.

documents

Extraits des Manifestes du Surréalisme.

Le seul mot de liberté est tout ce qui m'exalte encore. Je le crois propre à entretenir, indéfiniment, le vieux fanatisme humain. Il répond sans doute à ma seule aspiration légitime. Parmi tant de disgrâces dont nous héritons, il faut bien reconnaître que la *plus grande liberté* d'esprit nous est laissée. À nous de ne pas en mésuser gravement. Réduire l'imagination à l'esclavage, quand bien même il y irait de ce qu'on appelle grossièrement le bonheur, c'est se dérober à tout ce qu'on trouve, au fond de soi, de justice suprême. La seule imagination me rend compte de ce qui *peut être,* et c'est assez pour lever un peu le terrible interdit; assez aussi pour que je m'abandonne à elle sans crainte de me tromper (comme si l'on pouvait se tromper davantage).

Premier Manifeste du Surréalisme, Gallimard, 1924, Société Nouvelle des Éditions Pauvert, 1979.

Le surréalisme ne tient et il ne tiendra jamais à rien tant qu'à reproduire artificiellement ce moment idéal où l'homme, en proie à une émotion particulière, est soudain empoigné par ce «plus fort que lui» qui le jette, à son corps défendant, dans l'immortel. Lucide, éveillé, c'est avec terreur qu'il sortirait de ce mauvais pas. Le tout est qu'il n'en soit pas libre, qu'il continue à parler tout le temps que dure la mystérieuse sonnerie : c'est, en effet, par où il cesse de s'appartenir qu'il nous appartient. Ces produits de l'activité psychique, aussi distraits que possible de la volonté de signifier, aussi allégés que possible des idées de responsabilité toujours prêtes à agir comme freins, aussi indépendants que possible de tout ce qui n'est pas *la vie passive de l'intelligence,* ces produits que sont l'écriture automatique et les récits de rêves présentent à la fois l'avantage d'être seuls à fournir des éléments d'appréciation de grand style à une critique qui, dans le domaine artistique, se montre étrangement désemparée, de permettre un reclassement général des valeurs lyriques et de proposer une clé qui, capable d'ouvrir indéfiniment cette boîte à multiple fond qui s'appelle l'homme, le dissuade de faire demi-tour, pour des raisons de conservation simple, quand il se heurte dans l'ombre aux portes extérieurement fermées de l'«au-delà», de la réalité, de la raison, du génie et de l'amour.

Second Manifeste du Surréalisme, Gallimard, 1930, Société Nouvelle des Éditions Pauvert, 1979.

Je continue à ne rien apercevoir de commun entre la littérature et la poésie. L'une, qu'elle soit tournée vers le monde externe ou se targue d'introspection, selon moi nous entretient de sornettes; l'autre est toute aventure intérieure et cette aventure est la seule qui m'intéresse.

Entretien de Breton avec Madeleine Chapsal, en 1962, I.N.A.

EXTRAIT

Un exemple de texte surréaliste :

Des canons de neige bombardent les vallées du désastre permanent. Cadavres périmés, les périmètres de l'azur ne sont plus chambres pour l'amour et la peste au sourire d'argent entoure les fenêtres de cerceaux de platine. Les métaux en fusion sont filtrés sur des buvards de pigeons géants; puis, concassés, ils sont expédiés vers les volcans et les mines. Traînées de plomb, traînées de marbre, minéraux et carbones, monde souterrain où personne ne voyagea, n'êtes-vous pas l'esprit chu aux pieds de la mort? Limon rouge des océans, lacs métalliques, poissons aveugles, algues blanchâtres, mystères de la profondeur, insolubles reflets du ciel! Et voilà la périphérie des météores et les orbites des comètes qui s'évanouissent dans la gloire d'un chêne plus vieux que la lune. Les astéroïdes se dispersent sur toutes les nations. Des femmes en recueillent pour orner leur piano, des hommes tendent leur chapeau, les enfants crient et les chiens pissent contre les murs tachés de cervelle.

Les raisins ne mûriront pas cette année; les fleurs mourront sans fruits aux premières clameurs de la subversion des champs. La terre arable, la marne et le calcaire, l'humus et le terreau, des hommes les projettent dans l'atmosphère où l'orgueil du travail humain se disperse joyeusement. Les minerais qui déchirent si agréablement les mains, les fossiles, le granit et le feldspath, les cristaux, le mica, le sable d'or – les hommes les pétrissent de leurs doigts sanglants, ils les piétinent afin que leurs pieds même partagent leur bonheur; ils creusent sans fin, les tunnels deviennent carrières, l'ardeur de ce monde sans vie conquiert l'humanité aux premières lueurs d'un nouvel ascétisme.

Araignée géante qui pétrifie au centre de notre planète les épopées et les fastes des peuples, pourquoi gardes-tu si longtemps ces fossiles dans tes coffres de dentelles? Donne-nous ces pierres comiques, ces rhomboèdres obscènes, ces résidus de vie, ces débris de vengeances et de sang, afin que nous en riions une dernière fois. Et vous, poulpes, donnez-nous ces astres et ces passions que vous conservez dans vos cavernes de l'Océan Pacifique, sinon la terre se dispersera dans le ciel, et sur chaque aérolithe né de sa mort, un homme se desséchera dans la pureté de l'éther.

Raymond Queneau, *La Révolution surréaliste,* Gallimard, 1925, D.R.

N'importe quoi ?

Aidez-vous du document *(Manifestes du surréalisme)* pour saisir comment le texte en est l'application. Essayez de repérer les champs lexicaux• les plus évidents. Une certaine unité est discernable. On pense volontiers à Lautréamont (cf. *Le XIX*e *siècle,* pp. 510-515).

Voyez le point de vue de Sartre, p. 86. Votre avis ?

document

Comment se lit et se déchiffre un texte surréaliste

Accéder au surréalisme, c'est naturellement, comme pour tout mouvement littéraire accéder d'abord aux textes, au point que l'on pourrait s'interroger sur la pertinence des développements théoriques qui précèdent ou accompagnent toute initiation au surréalisme. Mais ne serait-ce pas dénaturer le surréalisme de le réduire à la seule littérature (comme à une simple doctrine philosophique d'ailleurs)? En fait le surréalisme est une pratique du langage liée à une lecture de la vie. Cette pratique et cette lecture se supposent sans cesse, surgissant d'un fond obscur dont les œuvres produites nous prouvent aujourd'hui d'évidence l'existence : la vie inconsciente, dont les textes surréalistes sont les fragments fascinants, les «poissons solubles».

Autrement dit la théorie de l'inconscient et la pratique de l'écriture sont indissociables à qui veut aborder le surréalisme, et il convient par conséquent d'admettre une totale modification des rapports de l'auteur à son texte (déchiffrable ou non?), de l'auteur à l'objet écrit ou peint (œuvre d'art ou non?), du lecteur à l'œuvre (extériorité ou intériorité à l'acte créateur?), etc.

Cet ensemble de questions n'a pas cessé de retenir l'attention des surréalistes et surtout, à partir de leurs propres exigences, leur a permis de *réinventer* une nouvelle échelle des «valeurs» littéraires et artistiques. [...]

[Breton] appelle constamment à l'interprétation psychanalytique des textes surréalistes «dont l'apparente bizarrerie ne saura résister à cette épreuve».

G. Durozoi et B. Lecherbonnier, *Le Surréalisme,* coll. «thèmes et textes», Larousse, 1972.

document

Sources et valeurs des arts surréalistes

Bien qu'il soit fondamentalement un mouvement de rupture, le surréalisme s'est cherché des prédécesseurs ou des sources : les *Manifestes,* rétroactivement, reconnaissent certains surréalistes avant la lettre. Ces antécédents déclarés aident à saisir au moins comment Breton et ses amis se situaient dans l'histoire littéraire.

Ces ancêtres sont, notamment :
– toutes les traditions magiques et occultistes, notamment du Moyen Âge et des primitifs;
– la littérature fantastique •, du roman noir (cf. *Le* XVIII*e siècle,* p. 381) aux contes romantiques (cf. *Le* XIX*e siècle,* pp. 325-378) et à des auteurs comme Edgar Poe;
– Sade et, d'une façon générale, la littérature érotique;
– les poètes mystiques du XIXe siècle, notamment les romantiques allemands comme Novalis ou Hölderlin;
– les «voyants» : Nerval, Hugo, Lautréamont, Rimbaud.

C'est à Apollinaire que Breton a emprunté le nom du mouvement : «quand l'homme a voulu imiter la marche, il a créé la roue, qui ne ressemble pas à une jambe. Il a fait ainsi du surréalisme sans le savoir». Mais il ne s'agit pas seulement d'un groupe littéraire : il regroupe des peintres, des sculpteurs, des photographes, des cinéastes, tous unis à la recherche de la «beauté convulsive» (cf. p. 92).

Pour suivre l'histoire du mouvement, reportez-vous à la biographie de Breton, p. 94.

Quelques-unes des valeurs communes aux arts surréalistes :
– haine de tout confort intellectuel, goût de la turbulence, de l'insolite, ce qui nécessite de favoriser tous les rapports incongrus, voire agressifs;
– le culte du «hasard objectif» : tout signe est susceptible de prendre tôt ou tard une signification (un chiffre, une rencontre, une image, etc.) qui change la vie, en l'éclairant ou en la détournant;
– intérêt pour le libertarisme et les utopies politiques et, même, volonté de créer des mythes nouveaux pour réveiller les croyances et les aspirations des sociétés modernes;
– la transgression des tabous implique une grande permissivité sexuelle, voire un éloge des perversions;
– régression à des arts primitifs, ceux des «sauvages», des civilisations tribales, des enfants ou des fous, en particulier par les automatismes (cf. p. 91);
– dérision : il faut mettre en évidence la sottise et l'absurdité du monde civilisé, en particulier par l'humour noir le plus insolent.

Surréalisme, *n.m. :* Automatisme psychique pur par lequel on se propose d'exprimer, soit verbalement, soit de toute autre manière, le fonctionnement réel de la pensée. Dictée de la pensée, en l'absence de tout contrôle exercé par la raison, en dehors de toute préoccupation esthétique ou morale.

(A. Breton)

débats/controverses

Le côté anarchiste et gratuit du Surréalisme a souvent paru insupportable aux défenseurs de la littérature utile ou engagée. Après la guerre, pendant laquelle bien des anciens surréalistes s'étaient retrouvés dans la mouvance du Parti communiste, Sartre vit dans ces retrouvailles une évolution saine et nécessaire. Inversement, il reprocha alors à la «vieille» idéologie des premiers surréalistes d'être aberrante et vide, propice à attirer les «parasites de la bourgeoisie» :

Le fond de l'affaire c'est qu'il faut, une fois de plus, se trouver un nid d'aigle. Les surréalistes, plus ambitieux que leurs pères, comptent sur la destruction radicale et métaphysique à laquelle ils procèdent pour leur conférer une dignité mille fois supérieure à celle de l'aristocratie parasitaire. Il ne s'agit plus de s'évader hors de la classe bourgeoise : il faut sauter hors de la condition humaine. Ce que veulent dilapider ces fils de famille, ce n'est pas le patrimoine familial : c'est le monde. Ils sont revenus au parasitisme comme à un moindre mal, abandonnant tous, d'un commun accord, études et métiers, mais il ne leur a jamais suffi d'être les parasites de la bourgeoisie : ils ont ambitionné d'être ceux de l'espèce humaine. Pour métaphysique qu'il fût, il est clair que leur déclassement s'est fait par en haut et que leurs préoccupations leur interdisaient rigoureusement de trouver un public dans la classe ouvrière. Breton écrit une fois : «Transformer le monde, a dit Marx. Changer la vie, a dit Rimbaud. Ces deux mots d'ordre pour nous n'en font qu'un.» Cela suffirait à dénoncer l'intellectuel bourgeois. Car il s'agit de savoir quel changement précède l'autre. Pour le militant marxiste il ne fait pas de doute que la transformation sociale peut seule permettre des modifications radicales du sentiment et de la pensée. Si Breton croit pouvoir poursuivre ses expériences intérieures en marge de l'activité révolutionnaire et parallèlement à elle, il est condamné d'avance; car cela reviendrait à dire qu'une libération de l'esprit est concevable dans les chaînes, au moins pour certaines gens, et, par conséquent, à rendre la révolution moins urgente.

Jean-Paul Sartre, *Situations II,* Gallimard, 1947.

L'itinéraire d'un surréaliste : André Breton

André Breton (1896-1966) est indissociable du surréalisme : il en sera, jusqu'à sa mort, le théoricien et le vigilant gardien. Personnalité passionnée et intransigeante, il incarne l'**éthique**• surréaliste – un esprit de révolte et d'autonomie –, tandis que son œuvre en illustre l'**esthétique** dans toutes ses facettes. Son caractère entier l'a souvent placé au cœur de polémiques, mais la force et la continuité de ses recherches font la synthèse idéale du mouvement dont il fut « le pape », selon le mot de ses détracteurs.

Lecteur de Rimbaud, de Lautréamont, ami de Jarry (cf. p. 31) et d'Apollinaire (cf. p. 52), Breton est déjà sensibilisé à la nécessité d'un nouvel art moderne quand il découvre Freud. La **psychanalyse** joue un rôle décisif dans les techniques opératoires qu'il va pratiquer. Par exemple, l'**écriture automatique** commence par l'envie de fixer « les phrases plus ou moins partielles qui, en pleine solitude, à l'approche du sommeil, deviennent perceptibles pour l'esprit sans qu'il soit possible de leur découvrir une détermination préalable » (*Les Pas perdus,* 1919). Il cherche alors à traduire un « automatisme psychique pur » en produisant des textes, délivrés de tout contrôle de la raison ou du goût, écrits précipitamment : ce sont des récits de rêve, par exemple, ou la dictée, sans retouche, de tout ce qui passe dans la tête du sujet. Ce procédé antirationaliste espère libérer, sur le papier, une activité onirique ou subconsciente.

EXTRAIT

Amour parcheminé

Quand les fenêtres comme l'œil du chacal et le désir percent l'aurore, des treuils de soie me hissent sur les passerelles de la banlieue. J'appelle une fille qui rêve dans la maisonnette dorée ; elle me rejoint sur les tas de mousse noire et m'offre ses lèvres qui sont des pierres au fond de la rivière rapide. Des pressentiments voilés descendent les marches des édifices. Le mieux est de fuir les grands cylindres de plume quand les chasseurs boitent dans les terres détrempées. Si l'on prend un bain dans la moire des rues, l'enfance revient au pays, levrette grise. L'homme cherche sa proie dans les airs et les fruits sèchent sur des claies de papier rose, à l'ombre des noms démesurés par l'oubli. Les joies et les peines se répandent dans la ville. L'or et l'eucalyptus, de même odeur, attaquent les rêves. Parmi les freins et les edelweiss sombres se reposent des formes souterraines semblables à des bouchons de parfumeurs.

André Breton, *Clair de terre,* 1923, Gallimard.

Le parchemin par les chemins

Double fonctionnement du texte : d'une part, il développe des images du désir, telles qu'elles apparaissent dans des rêves ou des fantasmes, d'où les séquences brèves, juxtaposées, très sensuelles et flottantes ; c'est le « parchemin » des amours ; d'autre part, il exploite le double sens du titre (cheminer/par chemins) et multiplie les mouvements et les routes (passerelles, banlieue, rivières rapides, marcher, boiter, etc.) ; on fait une exploration.

D'où un double mouvement : descente et extension ; intériorisation vers l'inconscient (mousses noires, fond, détrempées, ombre, oubli, souterraines, etc.) et parcours (fuir...). Le lien entre ces contraires est assuré soit par des termes à double sens (comme dans le titre), soit par des « correspondances » baudelairiennes, des synesthésies•

document

Comment être poète, selon Breton :

L'homme saura se diriger le jour où comme le peintre il acceptera de reproduire sans y rien changer ce qu'un écran approprié peut lui livrer à l'avance de ses actes. Cet écran existe. Toute vie comporte de ces ensembles homogènes de faits d'aspect lézardé, nuageux, que chacun n'a qu'à considérer fixement pour lire dans son propre avenir. Qu'il entre dans le tourbillon, qu'il remonte la trace des événements qui lui ont paru entre tous fuyants et obscurs, de ceux qui l'ont déchiré. Là – si son interrogation en vaut la peine – tous les principes logiques, mis en déroute, se porteront à sa rencontre les puissances du *hasard objectif* qui se jouent de la vraisemblance. Sur cet écran tout ce que l'homme veut savoir est écrit en lettres phosphorescentes, en lettres de désir. [...]

Le désir, seul ressort du monde, le désir, seule rigueur que l'homme ait à connaître, où puis-je être mieux pour l'adorer qu'à l'intérieur du nuage ? Les formes que, de la terre, aux yeux de l'homme prennent les nuages ne sont aucunement fortuites, elles sont augurales.

André Breton, *L'Amour fou,* V, Gallimard, 1937.

L'expérience de l'écriture automatique est un cas limite, évidemment. Mais Breton y voit une analogie avec le fonctionnement de toute poésie. **Irruption brute,** révélation et conquête, est poétique tout ce qui surgit contre le monde réel ou banal. D'où l'intérêt du **merveilleux• ou du fantastique• et, surtout, de tous les accidents** qui viennent briser la continuité ou la platitude de l'existence. Au besoin, on provoquera ces ruptures, en se livrant au hasard, aux aléas, à la gratuité. Par là, Breton rejoint le magique ou l'ésotérisme, puisque tout devient signe doté d'un pouvoir d'étonnement ou d'émerveillement.

EXTRAIT

Sur la route de San Romano

La poésie se fait dans un lit comme l'amour
Ses draps défaits sont l'aurore des choses
La poésie se fait dans les bois

Elle a l'espace qu'il lui faut
Pas celui-ci mais l'autre que conditionnent

L'œil du milan
La rosée sur une prèle
Le souvenir d'une bouteille de Traminer embuée sur un plateau d'argent
Une haute verge de tourmaline sur la mer
Et la route de l'aventure mentale
Qui monte à pic
Une halte elle s'embroussaille aussitôt

Cela ne se crie pas sur les toits
Il est inconvenant de laisser la porte ouverte
Ou d'appeler des témoins

Les bancs de poissons les haies de mésanges
Les rails à l'entrée d'une grande gare

Les reflets des deux rives
Les sillons dans le pain
Les bulles du ruisseau
Les jours du calendrier
Le millepertuis

L'acte d'amour et l'acte de poésie
Sont incompatibles
Avec la lecture du journal à haute voix

Le sens du rayon de soleil
La lueur bleue qui relie les coups de hache du bûcheron
Le fil du cerf-volant en forme de cœur ou de nasse
Le battement en mesure de la queue des castors
La diligence de l'éclair
Le jet de dragées du haut des vieilles marches
L'avalanche

La chambre aux prestiges
Non messieurs ce n'est pas la huitième Chambre
Ni les vapeurs de la chambrée un dimanche soir

Les figures de danse exécutées en transparence au-dessus des mares
La délimitation contre un mur d'un corps de femme au lancer de poignards
Les volutes claires de la fumée
Les boucles de tes cheveux
La courbe de l'éponge des Philippines
Les lacés du serpent corail
L'entrée du lierre dans les ruines
Elle a tout le temps devant elle

L'étreinte poétique comme l'étreinte de chair
Tant qu'elle dure
Défend toute échappée sur la misère du monde

André Breton, *Signe ascendant*, 1948, Gallimard, «Poésie», 1968.

Apologie de la poésie

Ce poème est un défilé de métaphores• ou d'images fortes et fugaces. Toutes renvoient à la même idée : la poésie est un don d'émerveillement, une revanche sur les conformismes et les lenteurs du monde réel.

Un thème cher à Breton : la surprise par la rencontre

EXTRAIT

Tournesol

La voyageuse qui traversa les Halles(1) à la tombée de l'été
Marchait sur la pointe des pieds
Le désespoir roulait au ciel ses grands arums(2) si beaux
Et dans le sac à main il y avait mon rêve ce flacon de sels
Que seule a respirés la marraine de Dieu
Les torpeurs se déployaient comme la buée
Au Chien qui fume(3)
Où venaient d'entrer le pour et le contre
La jeune femme ne pouvait être vue d'eux que mal et de biais
Avais-je affaire à l'ambassadrice du salpêtre
Ou de la courbe blanche sur fond noir que nous appelons pensée
Le bal des innocents(4) battait son plein
Les lampions prenaient feu lentement dans les marronniers
La dame sans ombre s'agenouilla sur le Pont au Change
Rue Gît-le-Cœur(5) les timbres n'étaient plus les mêmes
Les promesses des nuits étaient enfin tenues
Les pigeons voyageurs les baisers de secours
Se joignaient aux seins de la belle inconnue
Dardés sous le crêpe des significations parfaites
Une ferme prospérait en plein Paris
Et ses fenêtres donnaient sur la voie lactée
Mais personne ne l'habitait à cause des survenants
Des survenants qu'on sait plus dévoués que les revenants
Les uns comme cette femme ont l'air de nager
Et dans l'amour il entre un peu de leur substance
Elle les intériorise
Je ne suis le jouet d'aucune puissance sensorielle
Et pourtant le grillon qui chantait dans les cheveux de cendre
Un soir près la statue d'Étienne Marcel(6)
M'a jeté un coup d'œil d'intelligence
André Breton a-t-il dit passe

André Breton, *Clair de terre*, 1923, Gallimard.

(1) Le quartier des Halles, à Paris, très animé la nuit.
(2) L'arum est une grande fleur blanche.
(3) Nom d'un café.
(4) Le bal qui se tenait dans le square des Innocents, sur la rive droite.
(5) Petite rue, tout près de la Seine, sur la rive gauche.
(6) Statue érigée en 1888 sur la terrasse de l'Hôtel de Ville.

Tournesol

Une promenade, une balade dans un Paris au décor mouvant, suivant un itinéraire vaguement réaliste. Essayez de le suivre.

On hésite entre des éléments réels, définissables et localisables, et des échappées dans le rêve ou l'irréalité. Ces passages continuels sont une manière de figurer toute une conception (ou une expérience, plutôt) de l'amour.

Encore un titre ambigu : tournesol ; tourne/sol ; le papier qui fait virer le bleu et le rouge ; le poète est comme le tournesol, etc. On observe bien d'autres jeux sur les mots dans le fil du texte.

En privilégiant cette contestation constante de la réalité objective, Breton se conduit forcément en révolté. La tentation est grande, dès lors, d'assimiler cette **révolte** personnelle – morale et artistique – à une remise en cause globale des rapports de l'homme avec l'histoire. Ainsi Breton se rapproche-t-il des révolutionnaires qui, comme lui, refusent toute liberté bridée. Il adhère au Parti communiste en 1927, s'en sépare en 1935 et se lie avec Trotski qu'il va rencontrer à Mexico. Après la guerre, il milite pour l'indépendance des colonies, notamment de l'Algérie, soutient les insoumis, etc. Ces engagements ne coïncident plus totalement avec le nihilisme dadaïste des grands débuts (cf. p. 82), mais ils continuent l'acte de foi rimbaldien : «changer la vie».

EXTRAIT

Un exemple de la fascination pour la vie «autre» : L'immaculée conception. *«Morceaux de musique», pour Éluard, «simulation de délires systématisés», pour Breton, ce recueil difficile explore l'imaginaire à travers divers états où l'homme pourrait échapper au carcan du vécu banal. Ici, sous l'influence du psychanalyste Otto Rank, la poésie développe des images traduisant la vie antérieure au traumatisme de la naissance. Ainsi prédominent la liquidité, la tiédeur heureuse d'un monde sans jour ni nuit, le visage de la femme rêvé «du dedans». Le titre du recueil, qui ironise sur un des dogmes de l'Église, prend alors tout son sens, car Otto Rank voit le Christianisme comme la sublimation morale, religieuse et poétique du traumatisme primitif, d'où le culte de la Vierge.*

La vie intra-utérine

N'être rien. De toutes les façons qu'a le tournesol d'aimer la lumière, le regret est la plus belle ombre sur le cadran solaire. Os croisés, mots croisés, des volumes et des volumes d'ignorance et de savoir. Par où faut-il commencer? Le poisson naît d'une épine, la guenon d'une noix. L'ombre de Christophe Colomb tourne elle-même sur la Terre de Feu, elle n'est pas plus difficile que l'œuf. [...]

D'une rive à l'autre, les lavandières se jettent le nom d'un personnage fantastique qui parcourt la terre en simulant la haine pour tout ce qu'il embrasse. Leurs chansons sont tout ce qui me transporte et qui est pourtant transporté, comme les pigeons voyageurs photographes prennent sans le vouloir des vues du camp ennemi. Leurs yeux sont moins loin de moi que le vautour de sa proie. J'ai compris que le visage de la femme ne se montre pas que dans le sommeil. Il est dans l'éblouissement, parmi les herbes régulières des cieux. Du dedans comme du dehors, il est la perle qui vaut mille fois la mort du plongeur. Du dehors, il est la fronde admirable, du dedans il est l'oiseau. Les ronces le déchirent et les mûres le tachent de noir, mais il accorde aux buissons la source singulière de son bouillonnement de lumière. On ne peut savoir ce qu'il est devenu depuis que je l'ai découvert.

La biche entre deux bonds aime me regarder. Je lui tiens compagnie dans la clairière. Je tombe lentement des hauteurs, je ne pèse encore que ce que donnent à peser de moins cent mille mètres. Le lustre éteint qui m'éclaire montre les dents quand je caresse des seins que je n'ai pas choisis. De grandes branches mortes les transpercent. Les soupapes, qui s'ouvrent et se ferment dans un cœur qui n'est pas le mien et qui est mon cœur, sont tout ce qui se chantera d'inutile sur une mesure à deux temps : je crie, nul ne m'entend, je rêve.

Ce désert est faux. Les ombres que je creuse laissent apparaître les couleurs comme autant de secrets inutiles.

Je vais, dit-on, voir. Je vais, voit-on, entendre. Le silence à perte de vue est le clavier qui commence par ces vingt doigts qui ne sont pas. Ma mère est une toupie dont mon père est le jouet.

J'ai pour séduire le temps des parures de frissons, le retour de mon corps en soi-même. Ah! prendre un bain, un bain des Romains, un bain de sable, un bain de sable d'ânesse! *Vivre* comme il faut savoir se nouer les veines dans un bain! Voyager à dos de méduse, à fleur d'eau et puis sombrer dans les profondeurs pour avoir l'appétit des poissons aveugles, des poissons aveugles qui ont l'appétit des oiseaux qui hurlent à la vie! A-t-on entendu chanter les oiseaux vers quatre heures de l'après-midi en avril? Ces oiseaux sont fous. C'est moi. A-t-on déjà vu le soleil couvrir la nuit de son poids mort, comme le feu couvre la cendre? J'ai pour soleils le passage de la flamme à la fumée, la plainte affolée d'une bête traquée et la première goutte d'eau d'une averse.

André Breton et Paul Éluard, *L'Immaculée Conception,* 1930, Robert Laffont.

Influence de la psychanalyse

Aidez-vous de la présentation en italiques pour saisir la portée de ce poème et retrouver les domaines de l'imaginaire chers aux analystes. Pour les élèves de Terminale, ce texte peut servir de support aux méthodes freudiennes d'investigation des rêves.

document

Le surréalisme, tel que je l'envisage, déclare assez notre *non-conformisme* absolu pour qu'il ne puisse être question de le traduire, au procès du monde réel, comme témoin à charge. Il ne saurait, au contraire, justifier que de l'état complet de distraction auquel nous espérons bien parvenir ici-bas. [...] Cet été les roses sont bleues; le bois c'est du verre. La terre drapée dans sa verdure me fait aussi peu d'effet qu'un revenant. C'est vivre et cesser de vivre qui sont des solutions imaginaires. L'existence est ailleurs.

André Breton, *Second Manifeste du Surréalisme,* 1929, Gallimard, Société Nouvelle des Éditions Pauvert, 1979.

Pour un poète, la révolte a un nom premier : **imaginaire.** L'humour noir, par exemple, si cher à Breton, est une façon de détraquer les évidences et les principes de causalité, au même titre que l'image poétique. Mais, contrairement à d'autres poètes venus du surréalisme – comme Reverdy : cf. p. 117 –, Breton ne compte pas simplement sur des rapprochements inattendus et rêveurs. Il préfère s'abandonner tout entier aux seules ressources du langage, partir des mots, exploiter leur arbitraire. C'est dire que la distinction des genres (poésie/prose) devient inepte, toute écriture étant par essence la capture non de la beauté – car qui la définira ? – mais de toute émancipation du langage.

EXTRAIT

Rien n'est plus fastidieux que les longs textes où Breton (et Aragon, souvent) expliquent doctement qu'il faut avoir de l'humour. Plutôt que ces exposés rigides, voici un petit échantillon des facéties surréalistes, où se combinent les jongleries du langage et l'affleurement de l'humour. On joue ici à ajuster des phrases écrites isolément et à obliger ainsi deux esquisses poétiques à se combiner, à s'accoupler, pour faire rêver et sourire. La partie est jouée par Breton (A. B.), Aragon (L. A.), mais aussi Suzanne Muzard, Benjamin Péret, Elsie Péret, Jeannette Tanguy, Pierre Unik, Yves Tanguy et Robert Desnos.

A. B. – Si tout s'envolait un jour de grand vent
S. M. – Les somnambules se promèneraient plus que jamais sur le bord des toits.
B. P. – Quand les racines ne sauront plus où donner de la tête
A. B. – Les cloches à melon se mettront à sonner.
E. P. – Quand les couleurs n'auront plus aucun éclat
A. B. – L'œil ira voir l'oreille.
A. B. – Quand les enterrements seront suivis par des plantes grimpantes
E. P. – Les numéros des maisons seront remplacés par des paires de ciseaux.
A. B. – Si Poincaré mourait
J. T. – Je prendrais des bains de mer et serais hirondelle.
S. M. – Si l'obscurité la plus complète régnait sur terre
A. B. – Les paons rouleraient sur leur roue.
A. B. – Si la canaille pouvait dire son mot
P. U. – Les mendiants seraient enterrés dans la basilique de Saint-Denis.
S. M. – Quand l'impossible donnera la main à l'imprévu
A. B. – La peur montera très haut sur son ressort.
Y. T. – Quand les enfants gifleront leurs pères
A. B. – Les jeunes gens auront tous des cheveux blancs.
L. A. – Quand les oiseaux nageront
A. B. – La moule fera preuve d'énergie.
L. A. – Si on pouvait oublier ce que c'est que l'amour
A. B. – La seiche à encre bleu fixe serait reine du pavé.
B. P. – Si les orchidées poussaient dans le creux de ma main
A. B. – Les masseurs auraient de quoi faire.
A. B. – Si Dieu avait oublié de donner des cornes au Diable
S. M. – Les mécaniciens des rapides s'arrêteraient pour ne pas écraser les chenilles.
S. M. – Si l'ombre de ton ombre visitait une galerie de glaces
A. B. – La suite serait indéfiniment remise au prochain numéro.
A. B. – Si les objets pleins étaient remplacés par l'intervalle qu'il y a entre ces objets, cet intervalle seul étant plein, les anciens objets servant d'intervalle
E. P. – Personne n'arriverait à prendre quoi que ce soit.

Revue *Variétés,* juin 1929, D. R.

citations/controverses

« Un jour, il criait contre les prêtres, le lendemain, il se voyait évêque ou pape en Avignon, prenait un billet pour aller voir et revenait quelques jours après, plus révolutionnaire que jamais, et pleurait bientôt de grosses larmes de rage le 1er Mai parce qu'il n'avait pas trouvé de taxi pour traverser la place Blanche. »

Jacques Prévert, *Un cadavre,* Mercure de France.

Étude d'un récit poétique

Nadja d'André Breton (1928)

Cet « anti-roman » a sa place dans notre étude sur la poésie, car Breton ne fait aucune différence entre les genres qu'il pratique et, surtout, *Nadja* est un modèle des motifs et des prédilections du surréalisme.

1. Le plan du texte

Les chiffres entre parenthèses sont ceux des pages correspondantes dans « Le Livre de poche » ou dans « Folio ».

Le narrateur, incapable de se définir lui-même (9-11), pense qu'on ne peut saisir l'essentiel d'un artiste qu'à travers des détails significatifs qui sont l'énigme et la clé de leurs œuvres [Hugo, Courbet, Chirico] (11-15) et s'insurge contre le roman, affabulateur, descriptif, psychologique (17-18). Il préfère, pour sa part, raconter quelques signes (objets, bruits, rencontres, sensations) qui le fascinent ou le dérangent malgré lui (19-22) : par exemple, un manoir en Normandie, un jeune homme qui balbutie, la devanture d'une boutique de « bois-charbons » (25-31), Benjamin Péret ou la ville de Nantes (32-33). Cela lui rappelle les expériences d'hypnose de Robert Desnos (33-36), un film étrange et une pièce de théâtre (37-43). Mais son désir est une rencontre, celle d'une femme nue dans un bois (44-45) comme dans la pièce [de Charles Barbara] *Les Détraqués* (45-54). Cette obsession est trahie aussi par ses rêves (54-58), et correspond à l'admiration qu'il a pour Rimbaud. Or, voici qu'une jeune fille, au marché aux puces, s'offre à lui réciter le *Dormeur du Val* (58-62). De même, lui revient le souvenir d'une dame aux gants bleus et d'une enseigne « maison rouge » qui changeait selon l'angle de vue qu'on prenait en la regardant (63-66). Cette expérience surréaliste est la preuve qu'il faut errer dans la rue (66-68), lieu d'aventure. C'est ainsi qu'il a rencontré Nadja (69-72), dont le nom vient du mot russe « espérance » (73-74), et qui lui parle de son passé (75-76). Cet être mystérieux l'intéresse plus que les « braves gens » qu'il déteste et méprise (77-79). Nadja le quitte en se définissant comme « le cœur d'une fleur sans cœur » (80-81). Autre rencontre avec elle et conversation sur le charme qui attire secrètement (82-92). Ils se retrouvent sur la place Dauphine (92), lieu magique où Nadja annonce à l'avance qu'une fenêtre rouge va s'allumer, où un « vent bleu », signe de mort, traverse les arbres, où Nadja parle d'un passé en prison (avec Marie-Antoinette ?) et semble habitée par des visions morbides, telle cette main qui flambe sur l'eau (92-98). Enfin, un jet d'eau aux Tuileries évoque en lui un texte de Berkeley et son illustration (99-101). Le narrateur, troublé, s'interroge sur ses rapports avec Nadja (102-112) et se rend compte qu'elle a évoqué des signes qu'il retrouve ailleurs, comme cette main de feu sur une affiche ou une carte à jouer (113-115). Nadja l'entraîne dans d'autres expériences de prémonitions ou de révélations, en lui annonçant qu'il écrira un jour un livre sur elle (115-122). Ils font un voyage à Saint-Germain (123-125) et la séduction de Nadja, être divinatoire, est de plus en plus forte sur le narrateur (126), d'autant qu'elle suscite mille analogies et déchiffre la vie « comme un cryptogramme » (126-130), surtout dans des lieux bizarres, comme un château en forêt de Fontainebleau (130-131). Mais qui est-elle donc (131-133) et comment expliquer l'ascendant qu'elle exerce ? Il la rapproche de divers motifs de l'art surréaliste (134-155), sans l'aimer (155-157) ni la croire malade mentale, car il a les psychiatres en horreur (158-164). Elle est simplement un esprit de liberté (165-169). Bilan : que reste-t-il d'un livre (171-173) ? Vague tentation du suicide (176) et désir d'apocalypse où la ville semble sombrer (177-180) avant un hommage à la femme qui a remplacé, dans la vie de Breton, Nadja disparue (181-183) et une proclamation en faveur des chimères et de la « beauté convulsive » (184-187).

2. Quelques approches éclairantes sur le surréalisme

■ La magie des lieux

Malgré quelques références à la province, *Nadja* est un livre de la ville, de la rue. Breton est un piéton parisien (36) et le récit correspond à une déambulation : suivez cet itinéraire (si possible avec un plan) et passant par quelques lieux de prédilection comme la porte Saint-Denis (38), le marché Saint-Ouen (59), la rue La Fayette (69), la gare du Nord (72), la Chaussée d'Antin (86). La cité est une aventure perpétuelle, avec ses lieux sacrés, ses emblèmes, ses rencontres imprévues. Mais observez qu'il y a deux Paris dans *Nadja* : le Paris réel, avec ses lieux vivants (hôtels, monuments) et ses êtres (colporteurs, artisans, métiers insolites : 118...) ; mais aussi le Paris allégorique dont le centre, lieu d'attente, est Saint-Denis (36-38) : la place Dauphine, par exemple (92-98). On va de surprises en sortilèges, dont les affiches ou les statues sont les signes obsédants.

■ Les objets emblématiques

Reprenez les photos qui constituent une des trames du récit. Pourquoi ces objets sont-ils privilégiés par Breton ? Notez qu'ils sont presque toujours détournés de leur fonction utilitaire et pris comme point de départ à l'imaginaire, qu'ils soient rares, mystérieux ou au contraire communs, mais doués subitement d'une sorte d'autonomie, comme dans les textes fantastiques. Les objets sont aussi des tableaux (Braque, Chirico, Ernst) et des affiches (154) ou des statues (25), voire des monuments (36-38). Au fond, ils ont tous un rapport avec l'image (66, 110, 120, 29) et sont des poèmes-objets (59-61, 153). En eux se révèlent nos désirs et, alors qu'ils paraissent nous dérouter, ils annoncent au contraire des réseaux (11-15) significatifs qui s'éclairent peu à peu les uns les autres. Ils sont comme une rencontre avec des êtres véritables (29, 32, 33, 90) et instaurent une communication (cf. *Les Vases communicants*), comme le feraient le rêve, l'hypnose, où tout est à déchiffrer (27, 33, 56). Voyez surtout l'exemple du gant (63-64), assez érotique, sourdement, ou du jet d'eau (99).

La rencontre

Nadja présente quelques personnages réels de l'entourage de Breton (31, 33, 27, 112, 147) et la plupart des peintres qui lui sont chers. Mais apparaissent aussi des figures passagères et pittoresques, ces modèles minables, mais attachants, que les surréalistes, par irrévérence et liberté de goût, portent au pinacle. Vous pouvez en faire une rapide revue : acteurs dérisoires, voyantes, brocanteurs, sans oublier les asiles surréalistes : hôtels ou boutiques. L'essentiel réside en la rencontre elle-même, non en la personne rencontrée, car c'est un moyen de se démultiplier : de même que Desnos se prend pour Duchamp (35), Nadja se confond avec diverses identités qu'elle a croisées (125, 138, 147, 153, 168). On cherche toujours une sorte de complicité (20). Le récit évolue d'ailleurs en fonction de rapprochements ou de rencontres.

L'intercession féminine

Forme supérieure de la rencontre, la femme est aussi ouverture. Elle semble plus profondément liée à la nature que l'homme, dans *Nadja* : eau, vent, feu... Le rappel du mythe de Mélusine (123), comme les allusions aux diseuses de bonne aventure ou aux « détraquées » (90 ; 45-54), le formulent presque directement. La femme est source de correspondances (80, 95, 97) et vit en intimité avec les choses (102). Ainsi c'est à tort qu'on la prend pour une énigme (183) alors qu'elle n'est que la liberté absolue elle-même (71-72, 128) et qu'elle permet de comprendre le mystère du temps (90) ou de métamorphoser les apparences (175-177). D'où son nom d'espoir (74) et sa promesse d'un grand amour (181-183) même si *Nadja* est, en soi, l'histoire d'une passion manquée. Le défi est finalement fécond, par-delà Nadja. C'est le sens de la page finale.

Qui suis-je ?

C'est la question initiale. Les lieux, les objets, la rencontre, la femme sont autant de moyens de résoudre l'énigme qui est un leitmotiv du récit (18-19, 73-74, 78-79, 169, 181, etc.). Il faudra l'amour pour dépasser cette impasse et rendre plénitude et liberté (102, 181-187) au narrateur. Sinon, on cherche à se connaître par des petits faits anecdotiques ou par des tics (14-15, 17, 40, 44, 155), en s'interrogeant sur des images qui nous habitent ou nous troublent (44-45, 46-54, 113-115), sur tels mythes (99, 102, 147) ou sur les livres qui nous marquent (Rimbaud, Huysmans, etc.), sur les tableaux enfin. Il reste au moins « le droit de constater » (88-89), en s'aidant de l'œil d'autrui, qui est un miroir de soi (80, 116, 128) et en déchiffrant d'autres êtres (131-132).

L'esthétique de *Nadja*

Le récit s'ouvre aussitôt sur une attaque en règle contre le roman (17-18) où les personnages sont des mannequins faux et l'histoire de la psychologie artificielle. *Nadja* est un anti-roman, un contre-exemple : la structure reflète une démarche spirituelle où Breton décrit ses propres réactions (« pas de pas perdus », 82), à travers des expériences dramatiques vécues (66-67), des actions. Alternent le thème de la rencontre, la série des enquêtes (du 5 au 12 octobre, 81 et suiv.) et l'analyse finale (126-155). Les photos permettent de « narrer » tout en échappant au romanesque et elles authentifient le récit. De même, les indices de réalité sont nombreux, dépouillés, et ils viennent se confondre avec le journal intime. On cherche, au fond, le sens de sa propre vie (67) à travers des « faits-glissades ». Cette haine du roman correspond à une recherche de la beauté vue comme un hasard surprenant ou un choc (14, 17), une « convulsion » (82-83, 125, 176, 179, 187) et la fermentation de secrets désirs (141) : elle est promesse et attente (58, 186). D'où le privilège du merveilleux •, notamment par le « hasard objectif » (95, 102, 109) car la vie est un « cryptogramme » (131) où tout est indice (19). Plus encore, Breton est sensible aux « états seconds », à la « débâcle de la logique », à la folie, qui est raison supérieure ou lucidité prophétique (40, 169).

document

Pour comprendre la femme dans Nadja.

Le mythe de Mélusine (cf. p. 123), femme serpent née des sources, tantôt protectrice de la fécondité, tantôt maléfique, rejoint celui d'Ondine. Dans Arcane 17, *en 1945, Breton y revient et explique pourquoi il s'en est volontiers emparé.*
Sur Ondine, voyez Giraudoux, p. 200.

Mélusine après le cri, Mélusine au-dessous du buste, je vois miroiter ses écailles dans le ciel d'automne. Sa torsade éblouissante enserre maintenant par trois fois une colline boisée qui ondule par vagues selon une partition dont tous les accords se règlent et se répercutent sur ceux de la capucine en fleurs. [...] Mélusine, c'est bien sa queue merveilleuse, dramatique se perdant entre les sapins dans le petit lac qui par là prend la couleur et l'effilé d'un sabre. Oui, c'est toujours la femme perdue, celle qui chante dans l'imagination de l'homme, mais au bout de quelles épreuves pour elle, pour lui, ce doit être aussi la femme retrouvée. Et tout d'abord il faut que la femme se retrouve elle-même, qu'elle apprenne à se reconnaître à travers ces enfers auxquels la voue sans son secours plus que problématique la vue que l'homme, en général, porte sur elle. Que de fois, au cours de cette guerre et déjà de la précédente, n'ai-je pas attendu que retentît le cri enfoui depuis neuf siècles sous les ruines du château de Lusignan !

Mélusine à l'instant du second cri : elle a jailli de ses hanches sans globe, son ventre est toute la moisson d'août, son torse s'élance en feu d'artifice de sa taille cambrée, moulée sur deux ailes d'hirondelles, ses seins sont des hermines prises dans leur propre cri, aveuglantes à force de s'éclairer du charbon ardent de leur bouche hurlante. Et ses bras sont l'âme des ruisseaux qui chantent et parfument. Et sous l'écroulement de ses cheveux dédorés se composent à jamais tous les traits distinctifs de la femme-enfant, de cette variété si particulière qui a toujours subjugué les poètes *parce que le temps sur elle n'a pas de prise.*

André Breton, *Arcane 17*, 1945, Jean-Jacques Pauvert, 1971.

Biographie d'André Breton

VIE

- **1896** Naissance dans l'Orne. Élevé par son grand-père paternel à Saint-Brieuc. **1906** Entre au collège Chaptal
- **1913** Entame des études de médecine. **1914** Rend visite à Valéry. Mobilisé comme infirmier militaire
- **1916** Rencontre Apollinaire. Travaille en psychiatrie et découvre Freud. **1917** Amitié avec Aragon et Soupault
- **1919** Relations avec Tzara. Expériences d'écriture automatique. Fonde la revue *Littérature*
- **1920** Tzara à Paris. Fusion avec *Dada*. Épouse Simone Kahn. Amitié avec Éluard
- **1921** *Dada* fait le « procès » parodique de Barrès. Dispersion. Devient bibliothécaire et « acheteur » du couturier-mécène Jacques Doucet
- **1922** Rupture avec Tzara. Expériences d'hypnose et jeux de création (cadavres exquis etc.). **1923** Fin de *Dada* en France
- **1924** Le pamphlet contre Anatole France *Un cadavre* lui fait perdre son emploi chez Doucet
- **1927** Adhésion au parti communiste. **1929** Débats au sujet des engagements politiques. Des surréalistes s'insurgent
- **1930** *Un cadavre* (vive attaque contre lui)
- **1932** Rupture avec Aragon
- **1933** Se sépare des communistes. Militantisme antifasciste. Épouse Jacqueline Lamba dont il aura une fille, Aube (1935)
- **1936** Exposition surréaliste de Londres. S'insurge contre les procès de Moscou
- **1938** Exposition internationale surréaliste à Paris. Rompt avec Éluard. Rencontre Trotski à Mexico
- **1941** Quitte la France. En Martinique. Rencontre avec Césaire. Arrive à New York
- **1942** Exposition à New York grâce à Marcel Duchamp
- **1945** Épouse Elisa Blindhoff. Séjour à Haïti
- **1946** Retour en France
- **1949** Militantisme pour les objecteurs de conscience et défense de « l'orthodoxie » surréaliste. **1955** Max Ernst est exclu
- **1959** Exposition internationale sur l'érotisme des surréalistes. **1960** Exposition à New York puis à Milan
- **1966** Mort (28 sept.)

ŒUVRES

- **1920** *Les Champs magnétiques*
- **1923** *Clair de terre*
- **1924** *Manifeste du Surréalisme*
- **1925** Dirige *La Révolution surréaliste*
- **1928** *Le Surréalisme et la peinture*, *Nadja*
- **1929** *Second Manifeste*
- **1930** *Ralentir, travaux*
- **1931** *L'Union libre*
- **1932** *Le Revolver à cheveux blancs*
- **1934** *Le Point du jour*
- **1935** *Position politique du Surréalisme*
- **1937** *L'Amour fou*
- **1940** *Anthologie de l'humour noir*
- **1942** Fonde la revue « triple V » : *VVV*
- **1948** *Poèmes*
- **1949** *Flagrant délit* (sur Rimbaud)
- **1952** Entretiens radiophoniques avec André Parinaud
- **1953** *La Clé des champs*
- **1957** *L'Art magique*
- **1965** Nouvelle édition du *Surréalisme et la peinture*

CONTEXTE

- **1917** Éluard : *Le Devoir et l'inquiétude*. Phil. Soupault : *Aquarium*
- **1919** Premiers collages de Max Ernst
- **1921** Aragon : *Anicet ou le panorama*
- **1922** Hans Arp et Max Ernst se fixent en France
- **1923** Tzara : *Le Cœur à gaz*
- **1924** Ouverture du « Bureau de recherches surréalistes »
- **1926** Éluard : *Capitale de la douleur*
- **1928** Aragon : *Traité du style*
- **1930** Bunuel : *L'Âge d'or*
- **1931** Exposition anticoloniale
- **1933** Débuts de la revue *Minotaure*
- **1934** Aragon : *Hourra l'Oural*. Char : *Le Marteau sans maître*
- **1937** Picasso : *Guernica*
- **1938** Arthaud : *Le Théâtre et son double*
- **1939** Gracq : *Au château d'Argol*
- **1941** Aragon : *Le Crève-cœur*, *Les Yeux d'Elsa*
- **1944-1945** Mort de Max Jacob et R. Desnos en déportation
- **1947** Sartre : *Situation de l'écrivain*
- **1948** Gracq : *A. Breton*
- **1951** Camus : *L'Homme révolté*
- **1952** Mort d'Éluard
- **1956** Aragon : *Le Roman inachevé*
- **1963** Mort de Tzara
- **1966** Mort de V. Brauner, Giacometti, Jean Arp

Un des médiums surréalistes : Robert Desnos

Breton raconte dans *Nadja* (cf. p. 92) son émerveillement devant le don de son ami **Robert Desnos** (1900-1945) pour la pratique des « sommeils hypnotiques ». Dans une sorte d'endormissement, il griffonne des mots et de courts poèmes, dessine, parle d'abondance ou même communique avec des esprits, comme Robespierre. Même en faisant la part du canular dans ces jeux médiumniques, ils font de Desnos une des personnalités les plus caractéristiques du côté **expérimental** du Surréalisme. Cet autodidacte a multiplié les écritures « automatiques » ou les récits spontanés des rêves, car la poésie n'a rien à voir avec un système formel quelconque, elle est détonation, **libération directe** de l'émotion ou **du langage incontrôlé.** Cette apologie de l'individualisme anarchique, source de la création, aura du mal à s'accommoder du glissement du Surréalisme vers les partis politiques constitués. Desnos préfère donner libre cours à ses fantasmes et à ses pulsions graphiques. Exclu en 1930 par un anathème de Breton (dans le *Second Manifeste*), il se débat pour préserver son indépendance et continue ses activités d'inventeur : à la radio, notamment à Radio-Luxembourg, ou en écrivant des chansons et même une cantate mise en musique par Darius Milhaud. Quand vient la guerre, Desnos voit bien qu'on ne peut se couper de la réalité politique. Tout en multipliant les publications, il participe à la Résistance (cf. p. 112). Arrêté et déporté, il meurt au camp de Térézin (Tchécoslovaquie) en 1945.

EXTRAITS

Le génie de Desnos est de produire un poème qui semble une improvisation – délivrance, reflet d'un rêve. Soumise à la dictée du hasard et du songe, la poésie arrive à une sorte de merveilleux• à l'état brut, par des rapprochements insolites qui semblent surgis de l'inconscient, où les logiques – espace, temps, mouvements, raison, etc. – sont abolies et où flottent un humour noir, une dérision un peu sinistre.

Les gorges froides

À Simone.

À la poste d'hier tu télégraphieras
que nous sommes bien morts avec les hirondelles.
Facteur triste facteur un cercueil sous ton bras
va-t'en porter ma lettre aux fleurs à tire d'elle.

La boussole est en os mon cœur tu t'y fieras.
Quelque tibia marque le pôle et les marelles
pour amputés ont un sinistre aspect d'opéras.
Que pour mon épitaphe un dieu taille ses grêles !

C'est ce soir que je meurs, ma chère Tombe-Issoire(1),
ton regard le plus beau ne fut qu'un accessoire
de la machinerie étrange du bonjour.

Adieu ! Je vous aimai sans scrupule et sans ruse,
ma Folie-Méricourt(1), ma silencieuse intruse.
Boussole à flèche torse annonce le retour.

Robert Desnos, *C'est les bottes de sept lieux cette phrase : je me vois,* 126, *Destinée arbitraire* (2), Gallimard, 1975.

(1) Rue de Paris.
(2) Ce recueil réunit des textes soit inédits, soit devenus introuvables et datant de toutes les périodes de l'activité créatrice de Desnos.

L'expérimentation du langage passe par des jeux de dérégulations. Par exemple, Desnos se met à martyriser la grammaire et la syntaxe, ou même il tire de l'homophonie • et de la confusion des signifiants un curieux « Notre Père » (p. 96)...

Au mocassin le verbe

Tu me suicides, si docilement.
Je te mourrai pourtant un jour.
Je connaîtrons cette femme idéale
et lentement je neigerai sur sa bouche.
Et je pleuvrai sans doute..., même si je fais tard, même si
je fais beau temps.
Nous aimez si peu nos yeux
et s'écroulerai cette larme sans
raison bien entendu et sans tristesse.
Sans.

Robert Desnos, *Corps et Biens,* 1930, Gallimard.

Prière

Notre paire quiète, ô yeux !
que votre « non » soit sang (t'y fier ?)
que votre araignée rie,
que votre vol honteux soit fête (au fait)
sur la terre (commotion).

Donnez-nous, aux joues réduites,
notre pain quotidien.
Part, donnez-nous, de nos œufs foncés
comme nous part donnons
à ceux qui nous ont offensés.
Nounou laissez-nous succomber à la tentation
et d'aile ivrez-nous du mal.

Robert Desnos, *Corps et Biens*, 1930, Gallimard.

De l'insolite à la réécriture

Le sonnet exploite diverses incongruités : grammaticales ou graphiques (v. 1 et 4) ou sémantiques (v. 7-8, 14...), mais ce sont surtout les images qui surprennent.

Notez l'humour noir (v. 6-7, par ex.) et l'angoisse vague, la décomposition – à tous les sens du terme.

Les deux petits textes de *Corps et Biens* exagèrent la tendance à l'illogisme. L'un en désarticulant jusqu'à l'absurde, l'autre en recomposant les signifiants. Mais ces jeux ne sont pas vraiment gratuits : l'un exprime le désarroi, l'égarement, les brisures de l'amour ; l'autre frôle le blasphème et s'en explique implicitement.

Il n'y a pas de hiatus entre le flux des mots et l'épanchement de l'émotion, notamment amoureuse. Profondément marqué par la mort de sa première compagne, Yvonne George, Desnos laisse sa poésie errer, comme désemparée, et s'adresse « à la mystérieuse » :

J'ai tant rêvé de toi que tu perds ta réalité.

Est-il encore temps d'atteindre ce corps vivant et de baiser sur cette bouche la naissance de la voix qui m'est chère ?

J'ai tant rêvé de toi que mes bras habitués, en étreignant ton ombre, à se croiser sur ma poitrine ne se plieraient pas au contour de ton corps, peut-être.

Et que, devant l'apparence réelle de ce qui me hante et me gouverne depuis des jours et des années, je deviendrais une ombre sans doute.

Ô balances sentimentales.

J'ai tant rêvé de toi qu'il n'est plus temps sans doute que je m'éveille. Je dors debout, le corps exposé à toutes les apparences de la vie et de l'amour et toi, la seule qui compte aujourd'hui pour moi, je pourrais moins toucher ton front et tes lèvres que les premières lèvres et le premier front venus.

J'ai tant rêvé de toi, tant marché, parlé, couché avec ton fantôme qu'il ne me reste plus peut-être, et pourtant, qu'à être fantôme parmi les fantômes et plus ombre cent fois que l'ombre qui se promène et se promènera allégrement sur le cadran solaire de ta vie.

Robert Desnos, *Corps et Biens*, 1930, Gallimard.

Youki, ph. Harlingue-Viollet.

À la mystérieuse

Une sorte de psaume (anaphore• de « j'ai tant rêvé de toi... ») qui imite l'obsession et le désarroi (phrases errantes, sans lien, qui ressassent) et développe les images de l'abandon (ombre, apparences, fantôme...). Mais aussi l'expérience de l'indicible, certitude de la non-réalité, combinées avec le désir, même physique encore, confronté à l'absence et au manque, malgré la lueur finale. Le ton est tendre, intime, comme pour rendre à la morte une sorte de présence (« toi », « ta vie »).

Une des facettes d'Aragon : sa période surréaliste

Avant de devenir le chantre de la Résistance (cf. p. 111) et le romancier du « mentir-vrai » (cf. p. 337), **Louis Aragon** (1897-1982) a été le plus proche ami de Breton, avec qui il partagea les mêmes idoles (Rimbaud et Apollinaire, d'abord), la même passion cassante pour le défi et la liberté, le même désir créateur. À partir des années 30, les jumeaux du Surréalisme se sépareront : Aragon, qui semble avoir fait le tour des pratiques nées du dadaïsme, se tourne vers le récit et la narration. Mais surtout il entame une carrière d'intellectuel patenté au Parti communiste français, au moment où Breton s'en détache.

Trop doué et trop assuré de son talent éblouissant, Aragon se soumet mal aux « automatismes » et à la gratuité de l'écriture aléatoire. Il reste maître des mots et laisse vagabonder son **imaginaire** au gré du **désir**, son grand sujet. La fantaisie du poète se plie mal aux réunions chères à Breton, où la création est plus ou moins collective. Aragon demande à la poésie d'épouser sa sensibilité ondoyante et de refléter, par des gerbes d'images, une personnalité fondamentalement lyrique •. Cet hugolien, on le voit, ne pouvait être qu'un passant dans l'avant-gardisme poétique. Il lui faudra quelque chose à chanter, ce qu'il fera avec génie, dans son engagement et dans sa passion pour Elsa.

EXTRAITS

Hommage à Apollinaire

Les fruits à la saveur de sable
Les oiseaux qui n'ont pas de nom
Les chevaux peints comme un pennon(1)
Et l'amour nu mais incassable

Soumis à l'unique canon(2)
De cet esprit changeant qui sable
Aux quinquets d'un temps haïssable
Le champagne clair du canon

Chantent deux mots Panégyrique
Du beau ravisseur de secrets(3)
Que répète l'écho lyrique

Sur la tombe Mille regrets
Où dort dans un tuf mercenaire
Mon sade(4) Orphée Apollinaire

(1) un étendard
(2) règle esthétique
(3) louange du poète
(4) Vieil adj. : « piquant », mais on pense aussi à Sade.

La poésie

Semeur
La poudre aux yeux n'est que le sable du sommeil
Le sabre du soleil comme c'est déjà vieux
Tu prends ton cœur pour un instrument de musique
Délicat corps du délit
Poids mort
Qu'ai-je à faire de ce fardeau
Fard des sentiments
Je mens et je mange
La vie courante et le ciel pur
On ne sait pas d'où vient le vent
Quel charme
Je n'ai pas de tête
Le temps me sert de pis aller

Aragon, *Le Mouvement perpétuel*, 1925, Gallimard.

Hommages

Qu'il parle d'Apollinaire ou de la Poésie, Aragon juxtapose des images à prédominance sensuelle, sans abuser du vocable rare ou du désordre chers aux surréalistes. La forme (un sonnet, par exemple) et le ton restent assez simples et lyriques •.

citations/controverses

« Et ceci, tiré des *Yeux d'Elsa* :

Ô revenants bleus de Valmy vingt ans après
Morts à demi. Je suis le chemin d'aube hélice
Qui tourne autour de l'obélisque et je me risque
Où vous errez, Malendormis Malenterrés.

On ne me fera pas croire que ce chemin d'aube hélice n'est pas là pour faire allitération avec obélisque et rime avec risque. Mais où est le sens, où est l'image ? Qu'est-ce que c'est que cette aube hélice ? [...] Pourquoi pas l'Aubisque ? La rime serait plus riche. L'aubisque de homard rivaux cresson, etc. Il n'est pas permis de se moquer du monde à ce point. »

Paul Morelle, *Un nouveau cadavre Aragon*, La Table Ronde, 1984.

À l'école du non-conformisme

La mouvance surréaliste, qui succédait elle-même à l'Esprit Nouveau (cf. p. 63), et au mouvement Dada (cf. p. 84), recouvre à peu près toute la première moitié de ce siècle. C'est dire qu'elle a été traversée par tous les principaux auteurs avides d'invention et par une foule d'esprits non conformistes, souvent fébriles et instables, vite mal à l'aise au sein d'un groupe constitué, quel qu'il soit. Tout le monde a été, peu ou prou, effleuré par le Surréalisme. Certains s'en sont détournés pour retrouver leur indépendance et poursuivre une œuvre moins vouée au hasard et au travail de groupe.

Nous donnons ici quelques exemples de ces itinéraires qui se sont croisés dans les années 20, non pour prétendre à une exhaustivité illusoire, mais pour signaler quelques types d'évolution originaux et variés, fondés sur les mêmes sources.

Priorité à la déraison : Antonin Artaud (1896-1948)

EXTRAITS

Angoisses

Je n'ai visé qu'à l'horlogerie de l'âme, je n'ai transcrit que la douleur d'un ajustement avorté.

Je suis un abîme complet. Ceux qui me croyaient capable d'une douleur entière, d'une belle douleur, d'angoisses remplies et charnues, d'angoisses qui sont un mélange d'objets, une trituration effervescente de forces et non un point suspendu

– avec pourtant des impulsions mouvementées, déracinantes, qui viennent de la confrontation de mes forces avec ces abîmes d'absolu offert,

(de la confrontation de forces au volume puissant)

et il n'y a plus que les abîmes volumineux, l'arrêt, le froid, –

ceux donc qui m'ont attribué plus de vie, qui m'ont pensé à un degré moindre de la chute du soi, qui m'ont cru plongé dans un bruit torturé, dans une noirceur violente avec laquelle je me battais,

– sont perdus dans les ténèbres de l'homme.

Antonin Artaud, *Le Pèse-Nerfs,* 1925, Gallimard.

La nuit opère...

Dans les outres des draps gonflés
où la nuit entière respire,
le poète sent ses cheveux
grandir et se multiplier.

Sur tous les comptoirs de la terre
montent des verres déracinés,
le poète sent sa pensée
et son sexe l'abandonner.

Car ici la vie est en cause
et le ventre de la pensée ;
les bouteilles heurtent les crânes
de l'aérienne assemblée.

Le Verbe pousse du sommeil
comme une fleur ou comme un verre
plein de formes et de fumées.

Le verre et le ventre se heurtent,
La vie est claire
dans les crânes vitrifiés.

L'aréopage ardent des poètes
s'assemble autour du tapis vert
le vide tourne.

La vie traverse la pensée
du poète aux cheveux épais.

Dans la rue rien qu'une fenêtre,
les cartes battent ;
dans la fenêtre la femme au sexe
met son ventre en délibéré.

Antonin Artaud, *Le Pèse-Nerfs,* 1925, Gallimard.

Écriture : symptôme et thérapeutique de la folie

Le récit de la souffrance : le vocabulaire est précis, cruellement imagé, détaillé, presque rigoureux. L'expérience de la maladie est présentée comme un diagnostic ou un compte rendu, avec une progression et une sorte de commentaire. Une violence un peu cruelle et masochiste se fait jour.

La convulsion se retourne contre la société et les hommes : on va de « je » à « l'homme » et de « le poète » à « dans la rue/la femme ». Cet élargissement semble provoquer un apaisement. Les mots ont fait leur office.

Le document définit l'état exprimé par les deux poèmes.

document

Lui-même atteint de maladie mentale, Artaud considère l'écriture non comme un simple divertissement esthétique, mais comme une thérapeutique qui, malgré « l'asphyxie » et « l'effondrement central de l'âme », délivre l'angoisse ou, du moins, la change en parole.

Et je vous l'ai dit : pas d'œuvres, pas de langue, pas de parole, pas d'esprit, rien.

Rien, sinon un beau Pèse-Nerfs.

Une sorte de station incompréhensible et toute droite au milieu de tout dans l'esprit.

Ah ces états qu'on ne nomme jamais, ces situations éminentes d'âme, ah ces intervalles d'esprit, ah ces minuscules ratées qui sont le pain quotidien de mes heures, ah ce peuple fourmillant de données, – ce sont toujours les mêmes mots qui me servent et vraiment je n'ai pas l'air de beaucoup bouger dans ma pensée, mais j'y bouge plus que vous en réalité, barbes d'ânes, cochons pertinents, maîtres du faux verbe, trousseurs de portraits, feuilletonistes, rez-de-chaussée, herbagistes, entomologistes, plaie de ma langue.

Antonin Artaud, *Le Pèse-Nerfs*, 1925, Gallimard.

Priorité au merveilleux : Jean Cocteau (1889-1963)

Par lui-même

Accidents du mystère et fautes de calculs
Célestes, j'ai profité d'eux, je l'avoue.
Toute ma poésie est là : Je décalque
L'invisible (invisible à vous).
J'ai dit : « Inutile de crier, haut les mains ! »
Au crime déguisé en costume inhumain ;
J'ai donné le contour à des charmes informes ;
Des ruses de la mort la trahison m'informe ;
J'ai fait voir, en versant mon encre bleue en eux,
Des fantômes soudain devenus arbres bleus.

Dire que l'entreprise est simple ou sans danger
Serait fou. Déranger les anges !
Découvrir le hasard apprenant à tricher
Et des statues en train d'essayer de marcher.
Sur le belvédère des villes que l'on voit
Vides, et d'où l'on ne distingue plus que les voix
Des coqs, les écoles, les trompes d'automobile,
(Ces bruits étant les seuls qui montent d'une ville)
J'ai entendu descendre des faubourgs du ciel,
Étonnantes rumeurs, cris d'une autre Marseille.

Jean Cocteau, *Opéra*, 1927, Mazenod.

Le modèle des dormeurs

Le sommeil est une fontaine
Pétrifiante. Le dormeur,
Couché sur sa main lointaine,
Est une pierre en couleurs.

Dormeurs sont valets de cartes,
Dormeurs n'ont ni haut ni bas,
De nous un dormeur s'écarte,
Immobile à tour de bras.

Les rêves sont la fiente
Du sommeil. Ceux qui les font
Troublent l'eau pétrifiante
Et les prennent par le fond.

(L'eau pétrifiante explique
Cet air maladroitement
Copié d'après l'antique
D'un modèle nu dormant.)

Jean Cocteau, *Opéra*, 1927, Mazenod.

Dimanche soir

Sur une mer en l'air de maisons et de vide
Rappelez-vous le bal : un bateau fait en fil.
Les marins enroulés que la valse dévide
Offraient aux amateurs un grand choix de profils.

Le piano d'amour, les marins mécaniques,
Les filles méprisant les bras nus des rameurs ;
Quelquefois sur la piste un jeune épileptique
Se battait contre l'ange et poussait des clameurs.

Loin, la lune éclairait une léproserie,
De pâles corridors, des arcades autour,
Où les voleurs d'enfants, chers aux Saintes Marie,
Détellent les chevaux et battent le tambour.

Ce n'étaient que maisons qui naufragent, qui plongent ;
Et les balcons, partout chargés d'ombres d'amants,
Au lieu de s'échapper loin de leurs bâtiments,
Se laissaient avec eux engloutir par le songe.

Jean Cocteau, *Opéra*, 1927, Mazenod.

Théorie et pratique

Le premier poème est une définition de la fonction du poète, facile à résumer. Ne vous laissez pas tromper par le vocabulaire religieux, emprunté à la tradition de Ronsard ou du Romantisme. Notez plutôt les idées du guetteur, de l'enchanteur, du regard qui voit le merveilleux en toute chose, du vol, de la rêverie (l'ange), du dédoublement...

Les deux autres poèmes illustrent cette théorie : privilège de l'insolite, de l'onirique, du songe frère de la mort. Les images excitent la sensation rapide et se dispersent dès qu'elles sont esquissées. Les suggestions sont intenses, mais précaires, comme la vie même, comme dans les instantanés cinématographiques chers à Cocteau.

Priorité au génie des mots : **Michel Leiris** (né en 1901) (Reportez-vous aux pages 458-462, également.)

EXTRAITS

L
E
H I
C R
MI IS
C R
H I
E
L

L
LABOR – l'abhorrer, tel ORARE... Mort aux oraisons taylorisées !
LABOURER – délabrer à rebours.
LAGUNE – une langue...
LANCINANT – comme une lance, s'insinuant...
LANGAGE – bagage lent, langes de l'esprit.
LANGUE – la gangue des aiLes, comme la Lampe en est la hampe.
LÉGENDAIRE – j'entasse les pierres d'antan, dures ou légères.
LÈVRES – on les lit comme des livres.
LITTÉRATURE – art de lutte et de râles ; ou bien raclure de littoral.
LIVRE – une vrille.
LOGIQUE (qu'elle gise en loques !)
LUCARNE – lacune, nacrée par la nuit lunaire.
LUXURE – l'usure du luxe charnu erre...

Michel Leiris, « Glossaire, j'y serre mes gloses », *Mots sans mémoire*, Gallimard, 1939.

◂ *Le Plongeoir de Narcisse*

LITANIE LATINE (CAVATINE VATICANE) :
« La croix m'attire ?
Lacrymatoire !
Horizon des oraisons,
ce que nous haïssons... »
Litière du temps, civière du vent.
L'ode du dos, le chant des hanches.
Luxure, ô Louqsor ! qu'attise une lutteuse au cul sucré d'élixirs...
Mai ami.
Maison : mon aise.
Malice, limace. Saliver, s'y laver.
Ma main, ton teint, ses seins. Nos nids, vos vies, leur lit.
Ma mémoire, ô ma mère même ! ô mon émoi !
Ma soif, ma suave ! Ma faim, ma femme !
Menace de semence.
Mes tiares de matière.
Meules émules, aux échines chinées.
Meurs, et te mesure !
Mine minime. Espace modique.
Mœurs de morues, morses, marsouins et marsupiaux.
Moisson, son mois... Tribut putride, céréales lacérées.
Mon nom. Notre trône.
Mort à re-muer, à re-nommer en « Rome ».
Mut(il)ation mythique. Un mythe intime, humide, timide...
Navire aviné, raviné.
Nid vide de divin, l'oseraie solaire...
Ni singe, ni nymphe, ni lynx, le sphinx c'est la bête de Thèbes.
Nuage jaune, dieu hideux.
Ô détresse, trop terrestre déesse !
Œuf de feu, génie de neige.
Ondine ondée ! dis « non » au monde, d'immondice inondé.
Ortie de Troie, cruel ulcère... Terre terrible d'Iblis.
Ô tohu-bohu, où tout bout !
Paix du silex, apex d'exil.
Palais à piliers opulents, escaliers séculaires et splendides esplanades.
Pantalon pantelant.
Panthère tempérée, mine de verveine, le vert menhir de Minerve...

Michel Leiris, « Bagatelles végétales », *Mots sans mémoire,* Gallimard, 1956.

Le génie des mots

La poésie ne se fait pas avec des idées mais avec des mots. Leiris, au lieu de diffuser les jeux de mots dans un récit ou une forme quelconque, les traite un à un et les fait miroiter par les connotations• et les homophonies• du signifiant. Mais le sens ne se perd pas, il se diffuse en ricochets. La litanie est même une sorte de chaîne où le sens se multiplie et se perpétue. Rien n'est plus sérieux que le jeu.

Voyez ce document où Leiris définit sa méthode :

locument

Que les mots me cherchent au lieu que je cherche nes mots !

Que leur souffle me soulève et non que j'use mon ouffle à les faire se lever !

Qu'ils s'habitent eux-mêmes et ne soient plus oques creuses où loger les idées !

Que je les cueille, fruits, et les accueille, graines !

Qu'ils tombent d'eux-mêmes sur le papier et y pèsent de toute leur substance !

Qu'ils s'évadent et deviennent soleils de nuit, flammes figées, fleurs qui grondent !

Que, ni héros ni ange, j'atteigne grâce à leur sorcellerie ma stature la moins dérisoire !

Michel Leiris, *À cor et à cri,* Gallimard, 1988.

Priorité au sérieux de la dérision : Raymond Queneau (1903-1976) (Reportez-vous aux pages 142-143, également.)

Je crains pas ça tellment la mort de mes entrailles
et la mort de mon nez et celle de mes os
Je crains pas ça tellement moi cette moustiquaille
qu'on baptisa Raymond d'un père dit Queneau

Je crains pas ça tellment où va la bouquinaille
les quais les cabinets la poussière et l'ennui
Je crains pas ça tellement moi qui tant écrivaille
et distille la mort en quelques poésies

Je crains pas ça tellment La nuit se coule douce
entre les bords teigneux des paupières des morts
Elle est douce la nuit caresse d'une rousse
le miel des méridiens des pôles sud et nord

Je crains pas cette nuit Je crains pas le sommeil
absolu Ça doit être aussi lourd que le plomb
aussi sec que la lave aussi noir que le ciel
aussi sourd qu'un mendiant bêlant au coin d'un pont

Je crains bien le malheur le deuil et la souffrance
et l'angoisse et la guigne et l'excès de l'absence
Je crains l'abîme obèse où gît la maladie
et le temps et l'espace et les torts de l'esprit

Mais je crains pas tellement ce lugubre imbécile
qui viendra me cueillir au bout de son curdent
lorsque vaincu j'aurai d'un œil vague et placide
cédé tout mon courage aux rongeurs du présent

Un jour je chanterai Ulysse ou bien Achille
Énée ou bien Didon Quichotte ou bien Pança
Un jour je chanterai le bonheur des tranquilles
les plaisirs de la pêche ou la paix des villas

Aujourd'hui bien lassé par l'heure qui s'enroule
tournant comme un bourrin tout autour du cadran
permettez mille excuz à ce crâne – une boule –
de susurrer plaintif la chanson du néant

Raymond Queneau, *L'Instant fatal*, Gallimard, 1948.

L'art de ne pas se prendre au sérieux

Pour rompre avec la tradition empesée, le poète multiplie les dérisions : mots syncopés, style familier, grammaire élémentaire, termes suffixés de façon vulgaire (« -aille », notamment), argot, parodie• des styles officiels et de leurs thèmes (la mort personnifiée, les héros antiques, par ex.), plaisanteries et traits d'humour, etc.

document

Voici le premier grand principe que Queneau fixe au « petit inventeur littéraire » :

Epui sisaférir, tan mye :
jécripa pour anmiélé lmond

Raymond Queneau, *Bâtons, Chiffres et Lettres*, Gallimard, 1947.

Faisons le point

La poésie, reflet de toute mémoire

Fiche n° 4
précédente : p. 81.
suivante : p. 115.

On confie à la poésie ce qui ne doit pas être oublié. La nature du langage poétique s'explique par ce rôle de « memento ».

1. Avant même que l'écriture existe (dans l'histoire des hommes) et avant qu'elle soit maîtrisée (dans l'apprentissage de l'enfant), la poésie permet de fixer ce qui ne doit pas être oublié. Elle s'associe notamment au conte (avec ses formules répétitives, ses conjurations, sa magie, etc.) pour les petits : elle est ainsi leur première culture, leur première mémoire. On la retrouve dans tout ce qui anime l'enfance : berceuse, jeux, chansons, premiers textes... Le poète adulte s'en souvient souvent.

pp. 31 ; 33 ; 105 ; 159.

2. La poésie avec ses régularités métriques (notamment le vers et les répétitions) favorise l'acquisition et la fixation dans le souvenir. Tous les textes essentiels des civilisations (rites, magie, liturgie, généalogie, histoire, mythes, tables juridiques...) s'apparentent au langage poétique, par leur style formulaire. Cette fonction mnémotechnique, on la retrouve aujourd'hui dans la parole des chefs, des anciens, des sorciers, des chanteurs, dans toutes les sociétés archaïques et tribales. Le poète n'a donc pas totalement tort de revendiquer parfois un rôle de « mage » ou de « prophète ». Il est, au sens propre, un mémorialiste, un perpétueur : « longtemps après que les poètes ont disparu, leur chanson court encore dans les rues ».

pp. 27 ; 52 ; 126-128 ; 135 ; 154 ; 164 ; 167-168.

3. Ce sont surtout des croyances que les hommes se transmettent. Le rôle remémoratif du poème s'applique volontiers à la religion et aux mythes. Mais il ne s'agit pas seulement de graver dans les mémoires. La répétition implique que l'on récite, que l'on déclame. L'effet litanique (l'incantation) aboutit à rendre présent, à *nommer,* l'objet de foi. Par l'envoûtement obsédant, la parole rythmée, avec sa scansion monotone, chante le mythe et y fait physiquement participer.

pp. 42-45 ; 49 ; 66 ; 108 ; 112 ; 123 ; 129.

4. Cette participation au sacré, par le battement enivrant du poème, s'apparente évidemment aux opérations magiques, aux exorcismes. La poésie se fait à son tour action, elle devient un des truchements de l'opération religieuse ou magique. Le langage exerce pleinement son pouvoir. Les poètes « engagés » s'en souviendront eux aussi, à leur manière. D'autres confondront poésie et prière, souffle inspiré et célébration communicative. Enfin, certains poètes se livrent au langage pour qu'il traque et chasse leur angoisse.

pp. 33 ; 39 ; 42 ; 107.

5. Les liens qui unissent ainsi poésie et légende expliquent que se soient développés des genres plus spécifiques, tels que l'épopée (jusqu'au XIXe siècle, surtout) ou les vastes poèmes didactiques (Rilke s'y risque encore avec ses *Élégies à Duino,* en 1922). Mais aujourd'hui, la science, l'histoire, la morale s'expriment, lorsqu'elles coulent à flots, plutôt dans le roman. En revanche, les poètes modernes goûtent volontiers l'aphorisme•, la formule dense et méditative, qui frappe l'esprit et ne le quitte plus, à la manière des penseurs présocratiques (Parménide, Empédocle) qu'admirent Char ou Heidegger.

pp. 77-78 ; 116-117 ; 121-122 ; 139-140 ; 147 ; 157.

Yves Bonnefoy, *L'Improbable,* Mercure de France, 1959.

Philippe Jaccottet, *L'Entretien des Muses,* Gallimard, 1968.

Jean Onimus, *La Connaissance poétique,* Desclée de Brouwer, 1968.

Louis Aragon, *Je n'ai jamais appris à écrire ou les incipit,* Skira, 1969.

Paul Éluard

1895
1952

Un tendre au pays des Dadas

Bien qu'il ait été d'abord un des plus attachants des surréalistes, il convient de faire une place à part à **Paul Éluard** (Eugène Grindel, de son vrai nom, auquel il préféra celui de sa grand-mère maternelle) car ce poète fécond n'a fait qu'un passage dans les officines de Breton avant de poursuivre sa voie, celle d'un lyrisme• généreux et sensuel. L'œuvre d'Éluard dépasse largement la mouvance surréaliste, par sa qualité propre comme par sa longue évolution. Elle est irréductible à une quelconque étiquette, même si, à l'autre bout de sa vie fertile, d'autres ont encore voulu le récupérer et ne retenir que le militant proche du Parti communiste, tout voué à la cause ouvrière. Il est temps de débarrasser Éluard des idéologies en tous genres et de s'en tenir à ce que lui-même définissait comme sa vocation : « fêter l'essentiel ».

Au sein du mouvement dada et surréaliste, Éluard fait écart par son tempérament tendre et teinté de mélancolie. L'expérience de la maladie pulmonaire (1912) et des tranchées (1914-1918) l'a traumatisé : ses premiers poèmes sont proches de l'**unanimisme** (cf. p. 39), fraternels et pathétiques. C'est qu'Éluard est fait pour **aimer**. Dès 1917 il a épousé Gala, qui le quittera en 1929 pour Dali. Ce premier amour fou donne le ton de toute sa vie, où les sentiments et la passion – selon la tradition de la poésie occidentale – occuperont une place centrale. On est loin, d'évidence, des expérimentations agitées de Tzara ou des proclamations résolues de Breton : Éluard reste dilettante. Son vrai guide est alors **Max Ernst** (encore un futur exclu du Surréalisme), cet artiste surdoué, à la culture immense, poète et plasticien, illuminé et ironique.

EXTRAITS

Hors de l'amour et des images qu'il inspire, point de salut...

L'égalité des sexes

Tes yeux sont revenus d'un pays arbitraire
Où nul n'a jamais su ce que c'est qu'un regard
Ni connu la beauté des yeux, beauté des pierres,
Celle des gouttes d'eau, des perles en placards,

Des pierres nues et sans squelette, ô ma statue,
Le soleil aveuglant te tient lieu de miroir
Et s'il semble obéir aux puissances du soir
C'est que ta tête est close, ô statue abattue

Par mon amour et par mes ruses de sauvage.
Mon désir immobile est ton dernier soutien
Et je t'emporte sans bataille, ô mon image,
Rompue à ma faiblesse et prise dans mes liens.

Paul Éluard, *Capitale de la douleur*, 1923, Gallimard.

L'amoureuse

Elle est debout sur mes paupières
Et ses cheveux sont dans les miens,
Elle a la forme de mes mains,
Elle a la couleur de mes yeux,
Elle s'engloutit dans mon ombre
Comme une pierre sur le ciel.

Elle a toujours les yeux ouverts
Et ne me laisse pas dormir.
Ses rêves en pleine lumière
Font s'évaporer les soleils,
Me font rire, pleurer et rire,
Parler sans avoir rien à dire.

Paul Éluard, *Capitale de la douleur*, 1923, Gallimard.

Simple amour

Une poésie régulière (alexandrins ou octosyllabes) au rythme égal; des images simples et nettes, jouant sur des matières pures (pierre, eau...) ou sur des thèmes limpides (soleil, miroir, yeux, ciel, lumière...); la femme occupe et illumine tout l'espace, comme elle habite le cœur et la vie du poète. Un sentiment vrai qui ne triche pas.

Autres liens, autres choix

Parce qu'il est incapable d'écrire par simple jeu ou par procédé technique, Éluard est sensible à l'**inspiration,** c'est-à-dire aux idées et aux élans sentimentaux qui peuvent lui donner le désir de célébrer. Car «le tout est de tout dire», d'être le chant des hommes qui, tous, aiment et espèrent. Après la grave crise née du départ de Gala, Éluard a rencontré Nush, autre grand amour stimulant et euphorisant. Dès 1935, il s'est éloigné, sans éclats, du Surréalisme. Loin des chicanes loufoques, il a le cœur enthousiaste, dénué de provocation agressive. Outre Nush, confidente et aimante, Éluard côtoie Picasso, son ami : cette intimité contribue aussi à l'inviter à une poésie qui s'engage et qui s'ouvre. L'occupation allemande et la Résistance, bientôt, viendront animer encore cette vocation de poète humaniste (cf. p. 111).

EXTRAIT

Un poème en prose quasi autobiographique.

La dame de carreau

Tout jeune, j'ai ouvert mes bras à la pureté. Ce ne fut qu'un battement d'ailes au ciel de mon éternité, qu'un battement de cœur amoureux qui bat dans les poitrines conquises. Je ne pouvais plus tomber.

Aimant l'amour. En vérité, la lumière m'éblouit.

J'en garde assez en moi pour regarder la nuit, toute la nuit, toutes les nuits.

Toutes les vierges sont différentes. Je rêve toujours d'une vierge.

À l'école, elle est au banc devant moi, en tablier noir. Quand elle se retourne pour me demander la solution d'un problème, l'innocence de ses yeux me confond à un tel point que, prenant mon trouble en pitié, elle passe ses bras autour de mon cou.

Ailleurs, elle me quitte. Elle monte sur un bateau. Nous sommes presque étrangers l'un à l'autre, mais sa jeunesse est si grande que son baiser ne me surprend point.

Ou bien, quand elle est malade, c'est sa main que je garde dans les miennes, jusqu'à en mourir, jusqu'à m'éveiller.

Je cours d'autant plus vite à ses rendez-vous que j'ai peur de n'avoir pas le temps d'arriver avant que d'autres pensées me dérobent à moi-même.

Une fois, le monde allait finir et nous ignorions tout de notre amour. Elle a cherché mes lèvres avec des mouvements de tête lents et caressants. J'ai bien cru, cette nuit-là, que je la ramènerais au jour.

Et c'est toujours le même aveu, la même jeunesse, les mêmes yeux purs, le même geste ingénu de ses bras autour de mon cou, la même caresse, la même révélation.

Mais ce n'est jamais la même femme.

Les cartes ont dit que je la rencontrerai dans la vie, *mais sans la reconnaître.*

Aimant l'amour.

Paul Éluard, *Les Dessous d'une vie,* 1926, Gallimard.

L'aveu d'une vocation

Le texte se présente comme un aveu naïf, presque enfantin, où prédomine le rêve commun d'un jeune qui attend l'amour. Notez le vocabulaire qui renvoie à l'enfance, les thèmes de la jeunesse, maladroite et désirante, de la sensualité inexperte, ingénue. Ce récit est à double sens, puisqu'il définit aussi la vocation du poète, qui doit conserver et cultiver cet état où l'on «aime l'amour» : il nous parle d'inspiration et d'expérimentation, de promesses et de rencontres.

La fonction du poète

Malgré son indépendance et son lyrisme• personnel, l'œuvre d'Éluard reste marquée, dans sa forme, par l'empreinte du Surréalisme. Il aime l'ellipse et la juxtaposition imprévisible, un peu comme dans ces automatismes chers à Desnos (cf. p. 95). Mais c'est surtout sa technique de **l'image** qui caractérise la poésie d'Éluard. L'image procède par irradiation ou élargissement : son expansion ne suit nullement la ligne d'un discours logique, mais capte, par association ou contiguïté, un vaste réseau sémantique qui envahit et enivre l'imaginaire du lecteur.

EXTRAIT

La courbe de tes yeux fait le tour de mon cœur,
Un rond de danse et de douceur,
Auréole du temps, berceau nocturne et sûr,
Et si je ne sais plus tout ce que j'ai vécu
C'est que tes yeux ne m'ont pas toujours vu.

Feuilles de jour et mousse de rosée,
Roseaux du vent, sourires parfumés,
Ailes couvrant le monde de lumière,
Bateaux chargés du ciel et de la mer,
Chasseurs des bruits et sources des couleurs,

Parfums éclos d'une couvée d'aurores
Qui gît toujours sur la paille des astres,
Comme le jour dépend de l'innocence
Le monde entier dépend de tes yeux purs
Et tout mon sang coule dans leurs regards.

Paul Éluard, *Capitale de la douleur*, 1923, Gallimard.

L'image par élargissement

Le poème développe le champ sémantique •de la rondeur, relayé ensuite par divers sens connotés : naissance, douceur, innocence, etc. Les images arrivent par plages successives, contiguës, autrement dit par métonymie•. Le cadre métrique est régulier : trois quintils, des sortes de rimes, sauf à la fin où « innocence » fait écart dans un système rimé où prédomine le phonème [r].

Si Éluard amplifie ainsi l'image par une succession ininterrompue de reflets ou de comparaisons implicites, c'est qu'il voit la fonction du poète comme **un acte qui ravive** la réalité et en réanime **les sens ou les saveurs.** Comme **l'amour,** qui provoque une existence réciproque plus intense et qui donne le monde à voir différemment, la poésie institue un nouveau rapport au monde, lucide, confiant, purifié. « Il n'y a qu'un seul mot concret : aime. » L'œuvre poétique se double donc d'une **action** puisqu'elle offre aux hommes un échange où chacun peut se reconnaître et mûrir. La simplicité exigée par Éluard vise à ne pas rompre cet unisson. Le poète est dépositaire des mots qui appartiennent à tous mais il ne les confisque pas ni ne les masque sous l'hermétisme. Bien au contraire, il les restitue et place, dans la bouche des hommes, des chants neufs ou différents, sans lesquels il n'est ni progrès ni liberté.

document

À quoi sert le poète?

Poésie pure? La force absolue de la poésie purifiera les hommes, tous les hommes. Écoutons Lautréamont : *La poésie doit être faite par tous. Non par un.* Toutes les tours d'ivoire seront démolies, toutes les paroles seront sacrées et l'homme, s'étant enfin accordé à la réalité, qui est sienne, n'aura plus qu'à fermer les yeux pour que s'ouvrent les portes du merveilleux. [...]

Le poète est celui qui inspire bien plus que celui qui est inspiré.

Conférence d'Éluard, Londres, 24 juin 1936, coll. « La Pléiade », Gallimard, 1968.

EXTRAIT

À mes amis exigeants.

Si je vous dis que le soleil dans la forêt
Est comme un ventre qui se donne dans un lit
Vous me croyez vous approuvez tous mes désirs

Si je vous dis que le cristal d'un jour de pluie
Sonne toujours dans la paresse de l'amour
Vous me croyez vous allongez le temps d'aimer

Si je vous dis que sur les branches de mon lit
Fait son nid un oiseau qui ne dit jamais oui
Vous me croyez vous partagez mon inquiétude

Si je vous dis que dans le golfe d'une source
Tourne la clé d'un fleuve entr'ouvrant la verdure
Vous me croyez encore plus vous comprenez

Mais si je chante sans détours ma rue entière
Et mon pays entier comme une rue sans fin
Vous ne me croyez plus vous allez au désert

Car vous marchez sans but sans savoir que les hommes
Ont besoin d'être unis d'espérer de lutter
Pour expliquer le monde et pour le transformer

D'un seul pas de mon cœur je vous entraînerai
Je suis sans forces j'ai vécu je vis encore
Mais je m'étonne de parler pour vous ravir
Quand je voudrais vous libérer pour vous confondre
Aussi bien avec l'algue et le jonc de l'aurore
Qu'avec nos frères qui construisent leur lumière.

Paul Éluard, *Deux Poètes d'aujourd'hui,* Gallimard, 1947.

La poésie-action

Il s'agit moins d'un poème, malgré son allure générale très organisée, avec anaphore• («si je vous dis...») et images travaillées, que d'un manifeste. La deuxième partie («mais si...») est dominée par les thèmes de l'engagement (lutter, libérer), mais le début semble exagérer les clichés poétiques, sans pourtant arriver à les affadir : il y a distance mais non renonciation.

Voyez le document (au bas de la page précédente) qui justifie, dès 1936, un tel poème.

EXTRAIT

Un poème et un manifeste : «jamais une erreur, les mots ne mentent pas».

La terre est bleue comme une orange
Jamais une erreur les mots ne mentent pas
Ils ne vous donnent plus à chanter
Au tour des baisers de s'entendre
Les fous et les amours
Elle sa bouche d'alliance
Tous les secrets tous les sourires
Et quels vêtements d'indulgence
À la croire toute nue.

Les guêpes fleurissent vert
L'aube se passe autour du cou
Un collier de fenêtres
Des ailes couvrent les feuilles
Tu as toutes les joies solaires
Tout le soleil sur la terre
Sur les chemins de ta beauté.

Paul Éluard, *L'Amour la poésie,* 1929, Gallimard.

De quoi parler?

Défense d'une méthode, celle de l'usage des connotations• : le poète oblige à percevoir sous d'autres angles la réalité (comme le peintre cubiste, par ex.) et fait confiance au libre jeu des associations de mots. Toutes les images du poème suivent le modèle du premier vers.

Amour libre et amour fou : Éluard et Aragon

Par tempérament, **Éluard** demande à la poésie de manifester sa **jubilation** amoureuse, sans détours : il affiche même parfois une **sensualité** et des éblouissements érotiques où toute son intimité se dévoile sans pudeur. Souvenir d'Apollinaire, sans doute, et des indécences hardies du Surréalisme, ce témoignage brûlant constitue l'un des plus puissants recueils contemporains sur la poésie des amants. L'autre grande flamme de ce siècle est celle d'**Aragon** pour **Elsa**. Le rapprochement de ces deux poètes-soupirants permet une anthologie des variations passionnelles. Mots galants ou éclats, déclarations ou silences transis, douces pudeurs ou désir affranchi, etc. : toute la ritournelle des transports amoureux défile ainsi, où d'autres cœurs viendront chercher leurs mots. Car la poésie (cf. p. 106) a vocation à nous inspirer et à nous arracher au mutisme, surtout quand l'émotion nous tient et nous étouffe.

Mais la comparaison entre Éluard et Aragon permet aussi de discerner, plus fondamentalement, deux conceptions de l'amour. Éluard a partagé la vie de quatre inspiratrices (Gala, Nush, Jacqueline et Dominique : cf. sa biographie, p. 114). Mais il ne s'est jamais senti condamné à une fidélité austère. Pour lui, le couple doit renier toute exclusive, toute jalousie morbide, pour laisser le désir vagabonder et s'exprimer ailleurs. Cet **amour libre,** à la fois innocent et émancipé, rejoint les vues d'Éluard sur la rencontre perpétuelle qu'est la vie. À l'autre extrême de ces mœurs affranchies, Aragon ne chante que l'**amour fou,** unique, possessif, absolu. Pendant cinquante ans, il a réinventé la poésie courtoise des troubadours, les complaintes de la confession lyrique •, traversées d'envols et d'angoisses, pour fonder le plus étonnant mythe moderne de la monogamie. La comète fugace et instable trouvait ainsi son attirance, en se faisant satellite de la Femme.

EXTRAITS

Femmes multiples et amour tendre : du côté d'Éluard

Je t'aime

Je t'aime pour toutes les femmes que je n'ai pas connues
Je t'aime pour tous les temps où je n'ai pas vécu
Pour l'odeur du grand large et l'odeur du pain chaud
Pour la neige qui fond pour les premières fleurs
Pour les animaux purs que l'homme n'effraie pas
Je t'aime pour aimer
Je t'aime pour toutes les femmes que je n'aime pas

Qui me reflète sinon toi moi-même je me vois si peu
Sans toi je ne vois rien qu'une étendue déserte
Entre autrefois et aujourd'hui
Il y a eu toutes ces morts que j'ai franchies sur de la paille
Je n'ai pas pu percer le mur de mon miroir
Il m'a fallu apprendre mot par mot la vie
Comme on oublie

Je t'aime pour ta sagesse qui n'est pas la mienne
Pour la santé
Je t'aime contre tout ce qui n'est qu'illusion
Pour ce cœur immortel que je ne détiens pas
Tu crois être le doute et tu n'es que raison
Tu es le grand soleil qui me monte à la tête
Quand je suis sûr de moi.

Paul Éluard, *Le Phénix,* 1951, Robert Laffont.

Du côté d'Éluard

Une sensualité avouée et parfois indiscrète. Le vocabulaire est emprunté surtout au corps, aux gestes, aux sensations, à l'exaltation du désir, à la sexualité. Les images ruissellent et se fondent sur du concret, associées parfois à la chaleur. L'amour physique paraît sain et sans remords.

Cantiques à la femme unique : du côté d'Aragon

Rien n'est jamais acquis à l'homme Ni sa force
Ni sa faiblesse ni son cœur Et quand il croit
Ouvrir ses bras son ombre est celle d'une croix
Et quand il croit serrer son bonheur il le broie
Sa vie est un étrange et douloureux divorce
Il n'y a pas d'amour heureux

Sa vie Elle ressemble à ces soldats sans armes
Qu'on avait habillés pour un autre destin
À quoi peut leur servir de se lever matin
Eux qu'on retrouve au soir désœuvrés incertains
Dites ces mots Ma vie Et retenez vos larmes
Il n'y a pas d'amour heureux

Mon bel amour mon cher amour ma déchirure
Je te porte dans moi comme un oiseau blessé
Et ceux-là sans savoir nous regardent passer
Répétant après moi les mots que j'ai tressés
Et qui pour tes grands yeux tout aussitôt moururent
Il n'y a pas d'amour heureux

Le temps d'apprendre à vivre il est déjà trop tard
Que pleurent dans la nuit nos cœurs à l'unisson
Ce qu'il faut de malheur pour la moindre chanson
Ce qu'il faut de regrets pour payer un frisson
Ce qu'il faut de sanglots pour un air de guitare
Il n'y a pas d'amour heureux

Il n'y a pas d'amour qui ne soit à douleur
Il n'y a pas d'amour dont on ne soit meurtri
Il n'y a pas d'amour dont on ne soit flétri
Et pas plus que de toi l'amour de la patrie
Il n'y a pas d'amour qui ne vive de pleurs
Il n'y a pas d'amour heureux
Mais c'est notre amour à tous deux

Aragon, *La Diane française,* 1945, Robert Laffont.

document

Malgré leur apparente opposition, l'amour libre d'Éluard et l'amour fou d'Aragon ont une ambition commune : que ce soit dans l'instant ou pour l'éternité, le poète amoureux est aussitôt emporté par un lyrisme• ardent. La célébration de la femme permet une vision élargie, une sorte de miracle : en exaltant l'être unique, c'est le cosmos tout entier que l'on chante. Aragon s'en explique clairement :

Femme, tu prends pourtant la place de toute forme. [...] La grande femme grandit. Maintenant le monde est son portrait, ce qu'elle n'a point encore absolument englobé des parcelles assemblées de son corps, ce qui n'est pas encore incorporé à son délice, à peine est épargné par mon délire. Et ce qui s'estompe, cette fumeuse réalité fuyante, est enfin réduit à l'accessoire du portrait. Montagnes, vous ne serez jamais que le lointain de cette femme, et moi, si je suis là c'est pour qu'elle ait un front où se pose sa main. Elle grandit. Déjà l'apparence du ciel est altérée de cette croissante magicienne. Les comètes tombent dans les verres à cause du désordre de ses cheveux. Ses mains, mais ce que je touche participe toujours de ses mains. Voici que je ne suis plus qu'une goutte de pluie sur sa peau, la rosée. Mer, aimes-tu bien tes noyés pourrissants ? aimes-tu la douceur de leurs membres faciles ? aimes-tu leur amour renonçant de l'abîme ? leur incroyable pureté, et leurs flottantes chevelures ? Alors qu'elle m'aime, mon océan. Passe à travers, passe à travers mes paumes, eau pareille aux larmes, femme sans limite, dont je suis entièrement baigné. Passe à travers mon ciel, mon silence, mes voiles. Que mes oiseaux se perdent dans tes yeux. Tue, tue : voici mes forêts, mon cœur, mes cavalcades. Mes déserts. Mes mythologies. Mes calamités. Le malheur. Et dans ce zodiaque où je me perpétue, saccage enfin, beau monstre, une venaison de clartés.

Aragon, *Le Paysan de Paris,* 1928, Gallimard, 1961.

Qui est Elsa (née Kagan)?

Elsa (1896-1970) est issue d'une famille d'intellectuels juifs de Moscou. Sa sœur Lili fut la compagne de Maïakovski, le poète et dramaturge. Mariée en 1917 à un officier français, André Triolet, elle le quitte pour vivre à Berlin quelque temps, continuant une œuvre littéraire commencée en Russie. En 1928, elle arrive à Paris avec la ferme intention de se lier à Aragon et de s'en faire aimer. Le couple ne se séparera plus, peut-être prisonnier de ce mythe littéraire qu'il forma très vite. L'œuvre d'Elsa Triolet est composée de souvenirs (Maïakovski, poète russe) ou de témoignages inspirés par la violence absurde du monde moderne (notamment de l'époque nazie). Son recueil de nouvelles, Le Premier Accroc coûte deux cents francs, *obtint le Prix Goncourt en 1945.*

Cantique à Elsa

Ouverture

Je te touche et je vois ton corps et tu respires
Ce ne sont plus les jours du vivre séparés
C'est toi tu vas tu viens et je suis ton empire
Pour le meilleur et pour le pire
Et jamais tu ne fus si lointaine à mon gré

Ensemble nous trouvons au pays des merveilles
Le plaisir sérieux couleur de l'absolu
Mais lorsque je reviens à nous que je m'éveille
Si je soupire à ton oreille
Comme des mots d'adieu tu ne les entends plus

Elle dort Longuement je l'écoute se taire
C'est elle dans mes bras présente et cependant
Plus absente d'y être et moi plus solitaire
D'être plus près de son mystère
Comme un joueur qui lit aux dés le point perdant

Le jour qui semblera l'arracher à l'absence
Me la rend plus touchante et plus belle que lui
De l'ombre elle a gardé les parfums et l'essence
Elle est comme un songe des sens
Le jour qui la ramène est encore une nuit

Buissons quotidiens à quoi nous nous griffâmes
La vie aura passé comme un air entêtant
Jamais rassasié de ces yeux qui m'affament
Mon ciel mon désespoir ma femme
Treize ans j'aurai guetté ton silence chantant

Comme le coquillage enregistre la mer
Grisant mon cœur treize ans treize hivers treize étés
J'aurai tremblé treize ans sur le seuil des chimères
Treize ans d'une peur douce-amère
Et treize ans conjuré des périls inventés

Ô mon enfant le temps n'est pas à notre taille
Que mille et une nuits sont peu pour des amants
Treize ans c'est comme un jour et c'est un feu de paille
Qui brûle à nos pieds maille à maille
Le magique tapis de notre isolement.

Aragon, *Les Yeux d'Elsa,* 1942, Robert Laffont.

Du côté d'Aragon

L'amour est l'expérience synthétique de toutes les déchirures : croix, incertitude, blessure, regret, sanglot, flétrissure, désillusion. Mais le poème s'élargit à la condition humaine tout entière et se fait complainte, avec une sorte de ferveur que justifie la correction du dernier vers.

Le *Cantique* ne corrige qu'en apparence cette impression tragique. Notez le thème de l'incommunicabilité, du lien fatal, de la difficulté de posséder qui on aime, de l'écrasement du couple dans la nuit des hommes et des temps. Ce malaise réapparaît en continu dans le poème par un jeu constant des contradictions, parfois simplement juxtaposées (v. 4, 11-13, 20, 24, 29, etc.). L'émotion est forte et l'ensemble paraît atteindre au plus profond du mystère d'aimer.

Éluard et les autres : les « fusils poétiques » de la Résistance

Si l'évolution de leurs idylles les distingue, Éluard et Aragon se sont pleinement retrouvés et confondus, avec bien d'autres poètes, dans la Résistance, de 1940 à 1944. On sait que les opposants résolus aux nazis et à la collaboration vichyste étaient partagés au sein de plusieurs organisations et réseaux (Combat, Libération, Franc-Tireur, etc.). Mais les écrivains furent l'un des traits d'union entre ces combattants : ils leur donnèrent, pour commencer, leur hymne commun, le *Chant des partisans* (de Joseph Kessel et Maurice Druon). Car « fou qui songe à ses querelles au cœur du commun combat ».

EXTRAIT

Celui qui croyait au ciel
Celui qui n'y croyait pas[1]
Tous deux adoraient la belle
Prisonnière[2] des soldats
Lequel montait à l'échelle
Et lequel guettait en bas
Celui qui croyait au ciel
Celui qui n'y croyait pas
Qu'importe comment s'appelle
Cette clarté sur leur pas
Que l'un fût de la chapelle
Et l'autre s'y dérobât
Celui qui croyait au ciel
Celui qui n'y croyait pas
Tous les deux étaient fidèles
Des lèvres du cœur des bras

Et tous les deux disaient qu'elle[2]
Vive et qui vivra verra
Celui qui croyait au ciel
Celui qui n'y croyait pas
Quand les blés sont sous la grêle
Fou qui fait le délicat
Fou qui songe à ses querelles
Au cœur du commun combat
Celui qui croyait au ciel
Celui qui n'y croyait pas
Du haut de la citadelle
La sentinelle tira
Par deux fois et l'un chancelle
L'autre tombe qui mourra
Celui qui croyait au ciel
Celui qui n'y croyait pas
Ils sont en prison Lequel
A le plus triste grabat

Lequel plus que l'autre gèle
Lequel préfère les rats
Celui qui croyait au ciel
Celui qui n'y croyait pas
Un rebelle est un rebelle
Nos sanglots font un seul glas
Et quand vient l'aube cruelle
Passent de vie à trépas
Celui qui croyait au ciel
Celui qui n'y croyait pas
Répétant le nom de celle[2]
Qu'aucun des deux ne trompa
Et leur sang rouge ruisselle
Même couleur même éclat
Celui qui croyait au ciel
Celui qui n'y croyait pas
Il coule il coule et se mêle
À la terre qu'il aima
Pour qu'à la saison nouvelle
Mûrisse un raisin muscat
Celui qui croyait au ciel
Celui qui n'y croyait pas
L'un court et l'autre a des ailes
De Bretagne ou du Jura
Et framboise ou mirabelle
Le grillon rechantera
Dites flûte ou violoncelle
Le double amour qui brûla
L'alouette et l'hirondelle
La rose et le réséda

Aragon, *La Diane française*, 1945, Robert Laffont.

(1) le chrétien et l'athée
(2) la France

Litanie pour l'union

Le poème est entêtant : il doit emporter l'adhésion immédiate, devenir chanson pour la France au combat. Aussi exploite-t-il un système complexe de répétitions, fondé sur deux rimes (reprises parfois dans le vers = rime « serpentine »). La litanie est à la fois un récit, qu'on peut suivre comme une histoire qui a sa logique, et une argumentation qui s'élargit peu à peu. Le tout finit dans une sorte de chanson-ritournelle.

document

Les poèmes de la Résistance

Pierre Emmanuel : *Jour de colère* (1942)
René Char : *Fureur et Mystère* (publié en 1948)
Jean Cassou : *Trente-trois Sonnets composés au secret* (1945)

Il faut penser aussi aux nombreuses publications clandestines, sous forme de plaquettes ou de revues : les *Cahiers du Sud* (Marseille) ; *Pyrénées* (Toulouse) ; *Poésie* 40, 41, etc., de Pierre Seghers ; *Fontaine* (Alger) de Max-Pol Fouchet ; *Confluences* et *Positions* (Lyon), etc.

Et voyez l'humour dévastateur de Robert Desnos, p. suivante.

Pour assurer ces traits d'union, la poésie de la Résistance est conduite à renoncer à des complications. C'est la fin des contorsions. Éluard, qui était depuis longtemps à l'aise dans la simplicité imagée, donne libre cours à son lyrisme● naturel, en privilégiant la forme litanique, la répétition tournoyante : la poésie veut entrer directement dans les mémoires, devenir chanson et ritournelle.

EXTRAIT

Sur mes cahiers d'écolier
Sur mon pupitre et les arbres
Sur le sable sur la neige
J'écris ton nom

Sur toutes les pages lues
Sur toutes les pages blanches
Pierre sang papier ou cendre
J'écris ton nom

Sur les images dorées
Sur les armes des guerriers
Sur la couronne des rois
J'écris ton nom

Sur la jungle et le désert
Sur les nids sur les genêts
Sur l'écho de mon enfance
J'écris ton nom

Sur les merveilles des nuits
Sur le pain blanc des journées
Sur les saisons fiancées
J'écris ton nom

Sur tous mes chiffons d'azur
Sur l'étang soleil moisi
Sur le lac lune vivante
J'écris ton nom

Sur les champs sur l'horizon
Sur les ailes des oiseaux
Et sur le moulin des ombres
J'écris ton nom

Sur chaque bouffée d'aurore
Sur la mer sur les bateaux
Sur la montagne démente
J'écris ton nom

Sur la mousse des nuages
Sur les sueurs de l'orage
Sur la pluie épaisse et fade
J'écris ton nom

Sur les formes scintillantes
Sur les cloches des couleurs
Sur la vérité physique
J'écris ton nom

Sur les sentiers éveillés
Sur les routes déployées
Sur les places qui débordent
J'écris ton nom

Sur la lampe qui s'allume
Sur la lampe qui s'éteint
Sur mes maisons réunies
J'écris ton nom

Sur le fruit coupé en deux
Du miroir et de ma chambre
Sur mon lit coquille vide
J'écris ton nom

Sur mon chien gourmand et
[tendre
Sur ses oreilles dressées
Sur sa patte maladroite
J'écris ton nom

Sur le tremplin de ma porte
Sur les objets familiers
Sur le flot du feu béni
J'écris ton nom

Sur toute chair accordée
Sur le front de mes amis
Sur chaque main qui se tend
J'écris ton nom

Sur la vitre des surprises
Sur les lèvres attentives
Bien au-dessus du silence
J'écris ton nom

Sur mes refuges détruits
Sur mes phares écroulés
Sur les murs de mon ennui
J'écris ton nom

Sur l'absence sans désir
Sur la solitude nue
Sur les marches de la mort
J'écris ton nom

Sur la santé revenue
Sur le risque disparu
Sur l'espoir sans souvenir
J'écris ton nom

Et par le pouvoir d'un mot
Je recommence ma vie
Je suis né pour te connaître
Pour te nommer

Liberté

Paul Éluard, *Poésie et Vérité*, Éditions de Minuit, 1942.

Litanie pour la liberté

Le dernier vers doit bien être lu en dernier. Jusqu'à lui, le poème se développe comme un chant qui peut être celui d'un amoureux ou d'un patriote, exaltant les divers instants et les lieux les plus significatifs d'une existence d'homme. Le mouvement n'est pas aussi discontinu qu'il pourrait paraître. En tout cas, pour Éluard, l'amour est un : la femme, la France, l'humanité entière sont embrassées dans le même idéal. Voyez p. 113, le document de B. Peret.

document

Desnos iconoclaste... face à Pétain.

Maréchal Ducono

Maréchal Ducono se page avec méfiance,
Il rêve à la rebiffe et il crie au charron
Car il se sent déjà loquedu et marron
Pour avoir arnaqué le populo de France.

S'il peut en écraser, s'étant rempli la panse,
En tant que maréchal à maousse ration,
Peut-il être à la bonne, ayant dans le croupion
Le pronostic des fumerons perdant patience ?

À la péter les vieux et les mignards calenchent,
Les durs bossent à cran et se brossent le manche :
Maréchal Ducono continue à pioncer.

C'est tarte, je t'écoute, à quatre-vingt-six berges,
De se savoir vomi comme fiotte et faux derge
Mais tant pis pour son fade, il aurait dû clamser.

Robert Desnos, *Destinée arbitraire*, Gallimard, 1946.

Sous le titre de L'Honneur des poètes (Éditions de Minuit), *un collectif d'auteurs engagés contre l'Occupant rédigea en 1943 un recueil de poèmes. Paul Éluard, dans le texte de présentation, écrit :*

«Whitman[1] animé par son peuple, Hugo appelant aux armes, Rimbaud aspiré par la Commune, Maïakovski exalté, exaltant, c'est vers l'action que les poètes à la vue immense sont, un jour ou l'autre, entraînés. Leur pouvoir sur les mots étant absolu, leur poésie ne saurait jamais être diminuée par le contact plus ou moins rude du monde extérieur. La lutte ne peut que leur rendre des forces. Il est temps de redire, de proclamer que les poètes sont des hommes comme les autres, puisque les meilleurs d'entre eux ne cessent de soutenir que tous les hommes sont ou peuvent être à l'échelle du poète.

Devant le péril aujourd'hui couru par l'homme, des poètes nous sont venus de tous les points de l'horizon français. Une fois de plus, la poésie mise au défi se regroupe, retrouve un sens précis à sa violence latente, crie, accuse, espère.»

(1) Cf. p. 40.

Ce poème de Pierre Emmanuel (né en 1916) donne une idée du ton du recueil :

Les dents serrées

Je hais. Ne me demandez pas ce que je hais
Il y a des mondes de mutisme entre les hommes
et le ciel veule sur l'abîme, et le mépris
des morts. Il y a des mots entrechoqués, des lèvres

sans visage, se parjurant dans les ténèbres
il y a l'air prostitué au mensonge, et la Voix
souillant jusqu'au secret de l'âme
mais il y a
le feu sanglant, la soif rageuse d'être libre
il y a des millions de sourds les dents serrées
il y a le sang qui commence à peine à couler
il y a la haine et c'est assez pour espérer.

Pierre Emmanuel, *L'Honneur des poètes,* Éditions de Minuit, 1943.

Mais Benjamin Peret, un des surréalistes, exilé à Mexico, réagit violemment :

Pas un de ces «poèmes» ne dépasse le niveau lyrique de la publicité pharmaceutique et ce n'est pas un hasard si leurs auteurs ont cru devoir, en leur immense majorité, revenir à la rime et à l'alexandrin classiques. La forme et le contenu gardent nécessairement entre eux un rapport des plus étroits et, dans ces «vers», réagissent l'un sur l'autre dans une course éperdue à la pire réaction. Il est en effet significatif que la plupart de ces textes associent étroitement le christianisme et le nationalisme comme s'ils voulaient démontrer que dogme religieux et dogme nationaliste ont une commune origine et une fonction sociale identique. Le titre même de la brochure, *l'Honneur des poètes,* considéré en regard de son contenu, prend un sens étranger à toute poésie. En définitive, l'honneur de ces «poètes» consiste à cesser d'être des poètes pour devenir des agents de publicité.

Habitué aux amens et à l'encensoir staliniens, Aragon ne réussit cependant pas aussi bien que les précédents à allier Dieu et la patrie. Il ne retrouve le premier, si j'ose dire, que par la tangente et n'obtient qu'un texte à faire pâlir d'envie l'auteur de la rengaine radiophonique française : «Un meuble signé Lévitan est garanti pour longtemps.» [...]

«Mais c'est à Paul Éluard qui, de tous les auteurs de cette brochure, seul fut poète, qu'on doit la litanie civique la plus achevée :

Sur mon chien gourmand et tendre
Sur ses oreilles dressées
Sur sa patte maladroite
J'écris ton nom

Sur le tremplin de ma porte
Sur les objets familiers
Sur le flot du feu béni
J'écris ton nom...

En réalité tous les auteurs de cette brochure partent sans l'avouer ni se l'avouer d'une erreur de Guillaume Apollinaire et l'aggravent encore. Apollinaire avait voulu considérer la guerre comme un sujet poétique. Mais si la guerre, en tant que combat et dégagée de tout esprit nationaliste, peut à la rigueur demeurer un sujet poétique, il n'en est pas de même d'un mot d'ordre nationaliste, la nation en question fût-elle, comme la France, sauvagement opprimée par les nazis. L'expulsion de l'oppresseur et la propagande en ce sens sont du ressort de l'action politique, sociale ou militaire, selon qu'on envisage cette expulsion d'une manière ou d'une autre. En tout cas, la poésie n'a pas à intervenir dans le débat autrement que par son action propre...

Benjamin Peret, *Le Déshonneur des poètes,* Mexico, 1945, J. Corti.

Biographie de Paul Éluard

VIE

- **1895** Naissance d'Émile Paul Grindel à Saint-Denis. Études secondaires à Aulnay et à Paris
- **1912** Atteint de tuberculose : sana en Suisse
- **1913** Rencontre de Gala en Suisse. Passion immédiate
- **1914** Mobilisé comme infirmier
- **1917** Épouse Gala au cours d'une brève permission
- **1918** Naissance d'une fille Cécile
- **1919** Débuts de l'amitié avec Breton et Aragon
- **1920** Participe aux activités dadaïstes à Paris
- **1921** Visite à Freud avec Breton. Grande amitié avec Max Ernst
- Vit dans la mouvance surréaliste. Nombreux voyages avec Gala
- **1924** Crise et fuite subite vers Tahiti seul. Gala et Ernst le rejoignent à Saïgon. Retour en septembre
- Intenses activités artistiques
- **1929** Gala le quitte pour Dali
- **1930** Amour de Nush, comédienne gaie et jolie, fidèle, tendre, complice ; grand bonheur
- **1932** Querelles idéologiques avec Aragon
- **1933** Exclu du P.C. avec Breton
- **1934** Mariage avec Nush. Dissensions et tensions entre surréalistes
- **1936** Début de l'intimité avec Picasso (jusqu'à sa mort)
- **1937** Organise, avec Breton et Duchamp l'exposition internationale du Surréalisme
- **1939** Mobilisé comme lieutenant
- **1940** Armistice. Anti-pétainisme
- **1942** Réadhère au P.C. Résistance. Organise le Comité national des Écrivains (zone Nord)
- **1946** Mort de Nush, désespoir total : tentation du suicide. Rencontre de Jacqueline : sensualité offerte et dévouement
- **1948-1949** Activités pacifistes et pro-communistes, notamment avec Picasso
- **1950** Une nouvelle compagne : Dominique Laure, qui l'équilibre et veille sur lui. Voyage en U.R.S.S.
- **1951** Mariage avec Dominique
- **1952** Autre séjour à Moscou et à Prague. Mort subite le 18 nov.

ŒUVRES

- **1920** *Pour vivre ici* (haïkaï)
- **1925** *152 proverbes mis au goût du jour*
- **1926** *Capitale de la douleur*
- **1929** *L'Amour, la Poésie*
- **1930** *Ralentir Travaux* (avec Breton et Char)
- **1932** *La Vie immédiate*
- **1934** *La Rose publique*
- **1939** *Chanson complète*
- **1942** *Poésie et Vérité*; *Poésie involontaire et poésie intentionnelle*
- **1943** Collabore à *L'Honneur des poètes*
- **1945** *A Pablo Picasso*; *Une longue réflexion amoureuse*
- **46** *Poésie ininterrompue*; *Le Dur Désir de durer*
- **47** *Le Temps déborde*; *Corps mémorable*
- **48** *Voir*; *Poèmes politiques*
- **1950** *Hommages*
- **1951** *Pouvoir tout dire*; *Anthologie vivante de la poésie du passé*
- **1952** *Anthologie des écrits sur l'art*
- **1953** *Poésie ininterrompue, II*

Fiche n° 5
précédente : p. 103
suivante : p. 131

L'ivresse de la parole

La poésie est une manière de jouer avec les musiques des mots.

1. Puisqu'elle est originellement orale, la poésie exploite les ressources de la voix, de la parole, du chant. Il ne s'agit pas simplement d'être utile à une compréhension, mais d'évoquer, par des souffles, des sons, des cris, etc., ce que l'on veut partager. Ce qu'on appelle le lyrisme •est d'abord cette insistance sonore pour suggérer les sentiments et les pensées qui hantent le poète qui nous parle. Il peut donc simplement souligner des timbres (assonance •) ou des consonnes (allitérations •) ou aller beaucoup plus loin, par exemple en inventant des mots ou en provoquant, par la distribution du texte sur la page blanche, des lectures expressives, des silences, des résonances. À tous niveaux, un poème peut être considéré comme une partition.

pp. 33; 49-50; 142; 154; 157.

2. Le poète est parleur, comme l'enfant (cf. fiches n° 1 et 4), et le langage est son premier jeu. C'est en jouant avec les mots, pour le plaisir ou pour exprimer mieux, que la poésie obtient les répétitions, les retours sonores, les rimes, les surprises, etc., qui la distinguent du langage usuel. La versification n'est qu'un des résultats, peu à peu codifié avec rigueur, de cette démarche ludique. Mais le principe de plaisir verbal est apparent partout : dans le rythme (qui imite les battements du cœur, la respiration, l'enfant qui saute, etc.); dans l'énumération (« un, deux, trois, nous irons au bois... ») ; dans les homophonies • ; dans des dégradations humoristiques du langage « sérieux » (comme chez Prévert ou Tardieu), etc.

pp. 35; 37-38; 100-101; 134; 143; 151.

3. Malgré leurs règles, toutes les techniques poétiques ont pour origine les jeux de la parole. Par exemple, c'est à partir de l'accent (durée, hauteur, intensité particulières d'une syllabe) que se font les regroupements syllabiques (par 3, 4, 6, surtout), donc le vers lui-même. À l'intérieur du vers, la régularité métrique est obtenue par des alternances de longues et de brèves (comme dans la poésie antique) ou par un nombre de syllabes fixe (l'alexandrin, par exemple) terminé par une rime. Ensuite ces vers peuvent eux-mêmes se regrouper (strophes) et éventuellement se stabiliser en formes fixes (un sonnet). On pourra, enfin, jouer sur des effets plus subtils (diérèse • / synérèse • ; enjambement ; rejet, etc.). Le risque pour le poète trop technicien est de transformer en virtuosité d'orfèvre le chant originellement spontané. Comme dit Valéry – bien placé pour l'avouer – « tout finit en rhétorique ».

pp. 29; 70-71; 77-78; 112.

4. La poésie et la chanson ont des rapports étroits. Jusqu'au XVIe siècle, tout poème était destiné à être chanté. Aujourd'hui la chanson prend parfois le relais des écrivains soit par des adaptations soit par des chansons poétiques (cf. p. 135), et la rencontre des poètes et des musiciens se poursuit (Verlaine/Fauré et Debussy ; Éluard/Poulenc ; Claudel/Darius Milhaud ; Char/Boulez ; Prévert/Kosma...) Des travaux récents ont cherché à pousser plus loin l'analyse du langage poétique et à en dégager des constantes, comparables au langage musical lui-même.

pp. 31; 61; 65; 109; 135; 164.

Henri Morier, *Dictionnaire de poétique et de rhétorique*, P.U.F., 1961.

Nicolas Ruwet, *Langage, Musique, Poésie*, Le Seuil, 1972.

André Spire, *Plaisir poétique, plaisir musculaire*, Corti, 1949.

Paul Zumthor, *Introduction à la poésie orale*, Le Seuil, 1983.

En marge des turbulences

La tentation de la solitude : Pierre Reverdy

Tous les poètes importants du début du siècle ont participé plus ou moins à la mouvance surréaliste, même si ce fut pour s'y opposer finalement. Mais, malgré sa violence et son ampleur, ce mouvement n'a guère duré plus d'une quinzaine d'années, de 1920 à 1935 en gros. La suite n'est qu'éparpillements, reniements et sclérose. C'est que le Surréalisme est inséparable du moment historique où il a trouvé naissance : la décadence sanguinolente de l'Occident échoué dans les tranchées de la Marne.

Or, la vie d'un poète, par bonheur, excède l'âge d'un printemps, fût-il surréaliste. Les vicissitudes de l'existence personnelle et les évolutions de l'histoire ont permis à bien des artistes de dépasser cette période et de poursuivre leur chemin autonome. Aragon et Éluard eux-mêmes ont changé, nous l'avons vu, pour prendre des directions assez différentes. Mais un autre exemple nous est fourni par **Pierre Reverdy** (1889-1960), solitaire têtu et inclassable.

Précurseur du Surréalisme, il vit chichement, entre 1907 et 1914, dans le milieu des cubistes, avec Apollinaire, Picasso, Braque, Léger, Max Jacob : ses premiers recueils – qu'il imprime lui-même, étant typographe – sont illustrés par Juan Gris. Après la guerre, Breton le revendique comme un de ses prédécesseurs et le proclame « le plus grand poète actuellement vivant » (1928). Mais Reverdy n'a que faire de l'esprit frondeur et pourfendeur du Surréalisme. Il a déjà amorcé un retour aux choses simples, à des émotions toutes intérieures et vécues, à la nature. Ce marginal va trouver dans la réclusion monastique le vrai lieu : il vivra à l'abbaye de Solesmes jusqu'à sa mort.

document

En 1917, Reverdy fonde la revue *Nord-Sud* où il publie ses poèmes, tout en étant accueillant à de nombreux autres artistes. La revue permet aussi de faire paraître des textes théoriques. C'est qu'apparaît, en mars 1918, la célèbre définition de Reverdy, citée plus tard par Breton dans le *Manifeste du Surréalisme,* comme une prophétie de l'art moderne : « L'image est une création pure de l'esprit. Elle ne peut naître d'une comparaison mais du rapprochement de deux réalités plus ou moins éloignées. Plus les rapports des deux réalités rapprochées seront lointains et justes, plus l'image sera forte – plus elle aura de puissance émotive et de réalité poétique. »

EXTRAITS

Dépouillement, silence, secret, rêve intérieur vaguement déçu : le « cœur à la roue ».

Pourquoi s'étendre si longtemps dans les plumes de la lumière
Pourquoi s'éteindre lentement dans l'épaisseur froide de la carrière
Pourquoi courir
Pourquoi pleurer
Pourquoi tendre sa chair sensible et hésitante
À la torture de l'orage avorté

Pas à pas je compterai ma vie rebelle
Mot à mot je lirai cette lettre cruelle
Et sur les épines du soir
Sous les pointes rougies du ciel à pile ou face
Je jetterai mon sort vide dans le fossé
Et les désirs
Et les retours
Et les nœuds trop serrés de la distance
Je laisserai sur le tranchant du vide toutes les croix
Tous les reflets perfides de l'espoir et de la chance

Dans les moindres nuances de la voix qui résonne
Dans les frémissements de ta peau sous le vent
Les plissements de ton visage sous les aiguilles de la lune

Les trous de ton esprit heurté par le danger
Et surtout les émotions cachées qui se dispersent une à une
C'est la mort

Le craquement des fibres dans la nuit
Le bloc taillé dans la chair qui durcit
Cette statue intérieure que moi-même je sculpte
Cette forme abritée qui devient nette et dure
Ce repli dans le cœur qu'on ne verra jamais
Ces lignes dans l'esprit plus clair que tu méprises
Le cristal rigoureux que la passion irise
Le rendez-vous manqué

Rien ne fera d'un pont à l'autre la lumière
Rien ne fera jouer les gonds rouillés de l'épaisse portière

Il suffirait d'un geste à peine dessiné
D'un mouvement de lèvre sans murmure
D'un regard sans intention trop arrêtée
Il suffirait de rien
Mais rien ne suffira
Dans la nuit de velours
Masque du vide

Pierre Reverdy, *Ferraille*, 1937, Mercure de France.

L'errance, à tâtons, et l'environnement fantomatique.

Voyages sans fin

Tous ceux qui vus de dos s'éloignaient en chantant
Qu'on avait vus passer le long de la rivière
Où même les roseaux redisaient leurs prières
Que reprenaient plus fort et plus loin les oiseaux
Ils viennent les premiers et ne s'en iront pas
Le chemin qu'ils ont fait se comptait pas à pas
Et disparaissait à mesure
          Ils marchaient sur la pierre dure
Au bord des champs ils se sont arrêtés
Au bord de l'eau ils se désaltéraient
     Leurs pieds soulevaient la poussière
Et c'était un manteau brodé par la lumière
Tous ceux qui s'en allaient
marchant dans ce désert
Et pour qui maintenant le ciel s'était ouvert
Cherchaient encore le bout où finirait le monde
Le vent qui les poussait continuait sa ronde
          Et la porte se refermait
     Une porte noire
                    La nuit

Pierre Reverdy, *Sources du vent*, 1929, Mercure de France.

Dire l'absence

Le Cœur à la roue suit un schéma circulaire, un tournoiement sans issue, où le monde semble distant, impersonnel, dépouillé, en creux. Surnagent des thèmes inquiétants : la roue du supplice, les désirs inaccomplis, la blessure, l'impossibilité de se connaître, le vide. Les signes que l'on perçoit sont flous et échouent (l.7, 14-21, 25, 30, etc.) comme le montre l'écriture lacunaire, souvent suspendue, éparse, lente.

De belles images, encore, qui renvoient toutes à l'errance et à la froideur du monde, comme dans Chirico. Mélange de rigidité et de sensibilité, un peu énigmatique, mélancolique, sans ligne d'horizon véritable.

Sérénité et transparence : Supervielle le marginal

Comme Reverdy, **Jules Supervielle** (1884-1960) est toujours resté à distance, avec une sérénité fertile, poursuivant une œuvre abondante, à la transparence presque classique. Ennemi des théories, il est, à sa manière, plus proche de Valéry ou de Jammes (cf. pp. 70 et 32) que de Breton. Mais il a retenu du Surréalisme une prédilection pour les images magiques et pour les énigmes de la langue qu'il aime manipuler. De même, il cultive le rêve et les fables : le poème est alors une sorte de récit. Sous la prolifération ou l'émiettement des images, Supervielle raconte, avec simplicité, les couleurs et les saveurs d'une existence bonhomme et familière où, malgré des interrogations, des inquiétudes, il se console des déchirements de sa vie (cf. le tableau biographique) en éveillant, au cœur du quotidien, tout ce qu'il peut receler de merveilleux • ou de fantastique •

EXTRAITS

Saisir

Saisir, saisir le soir, la pomme et la statue,
Saisir l'ombre et le mur et le bout de la rue.

Saisir le pied, le cou de la femme couchée
Et puis ouvrir les mains. Combien d'oiseaux lâchés

Combien d'oiseaux perdus qui deviennent la rue,
L'ombre, le mur, le soir, la pomme et la statue.

Mains, vous vous userez
À ce grave jeu-là
Il faudra vous couper
Un jour, vous couper ras.

*

Ce souvenir que l'on cache dans ses bras, à travers la fumée et les cris,
Comme une jeune femme échappée à l'incendie,
Il faudra bien l'étendre dans le lit blanc de la mémoire, aux rideaux tirés,
Et le regarder avec attention.
Que personne n'entre dans la chambre !
Il y a là maintenant un grand corps absolument nu
Et une bouche qu'on croyait à jamais muette
Et qui soupire : « Amour », avec les lèvres mêmes de la vérité.

Jules Supervielle, *Le Forcat innocent*, Gallimard, 1930.

La nuit

Attendre que la Nuit, toujours reconnaissable
À sa grande altitude où n'atteint pas le vent,
Mais le malheur des hommes,
Vienne allumer ses feux intimes et tremblants
Et dépose sans bruit ses barques de pêcheurs,
Ses lanternes de bord que le ciel a bercées,
Ses filets étoilés dans notre âme élargie,
Attendre qu'elle trouve en nous sa confidente
Grâce à mille reflets et secrets mouvements
Et qu'elle nous attire à ses mains de fourrure,
Nous les enfants perdus maltraités par le jour
Et la grande lumière,
Ramassés par la Nuit poreuse et pénétrante,
Plus sûre qu'un lit sûr sous un toit familier,
C'est l'abri murmurant qui nous tient compagnie,
C'est la couche où poser la tête qui déjà
Commence à graviter,
À s'étoiler en nous, à trouver son chemin.

Jules Supervielle, *Les Amis inconnus*, 1934, Gallimard.

Le sillage

On voyait le sillage et nullement la barque
Parce que le bonheur avait passé par là.

Ils s'étaient regardés dans le fond de leurs yeux
Apercevant enfin la clairière attendue

Où couraient de grands cerfs dans toute leur franchise.
Les chasseurs n'entraient pas dans ce pays sans larmes.

Ce fut le lendemain, après une nuit froide,
Qu'on reconnut en eux des noyés par amour

Mais ce que l'on pouvait prendre pour leur douleur
Nous faisait signe à tous de ne pas croire en elle.

Un peu de leur voilure errait encore en l'air
Toute seule, prenant le vent pour son plaisir,

Loin de la barque et des rames à la dérive.

Jules Supervielle, *Les Amis inconnus*, 1934, Gallimard.

Saisir et savourer

Saisir propose une conception de l'inspiration : du plus simple objet, d'un geste, d'un mot, d'un souvenir qui passe, tirer un instant de rêve et de bonheur. Notez la prédominance du concret, de l'image rétrécie, à peine développée, que le poète relie au thème de l'éphémère (perdus, fumée, échappée, etc.).

Le Sillage, malgré le sujet tragique des amants noyés – d'ailleurs traité en une évocation discrète –, développe le même imaginaire et le poème reste comme suspendu à une chaîne d'images inachevées et fugitives.

L'éloge de *La Nuit* montre justement le poète prêt à capter une de ces fragiles émotions de la vie (« attendre »), dont on sait qu'elles vont venir et disparaître (v. 4, 6, 9, 15). Le poème relie un instant des images empruntées à divers nocturnes, grâce à un jeu subtil de connotations• (par ex. v. 7 ou v. 18) et d'associations. L'ensemble flotte dans un mystère (« gravite ») qui gagne peu à peu, comme la venue d'un sommeil. Une réussite.

documents

Le poème et son mode d'emploi selon cet autre poète solitaire, rural et pacifique, René-Guy Cadou (1920-1951). Son « école de Rochefort » est très proche de la sensibilité de Supervielle, fidèle à une réalité source d'émotion et discrètement lyrique• :

Octobre

Pays lié aux oiseaux
À la chevelure des femmes
À l'épaule de la plus belle
Je suis debout sur tes pianos jonchés de feuilles mortes
Au milieu de ma vie jonchée aussi de feuilles mortes
Je suis entouré de complices
Je ne cherche pas à correspondre, j'appréhende
Je suis parmi les arbres comme un chef de bande
Confiance donc
Quand je prépare un Octobre éternel
Une immense fumée qui monte
Un édifice impérissable
Je vous donnerai bien davantage que le soleil
Je vous compromets à jamais avec tous les chevaux
Je vous grandis d'un coup avec tous les villages
Je vous blanchis de mes mains lavandières
Je vous rends semblable à moi par mon amour
Pour vous encore je dispose
Des solitudes à venir
Je puis vous mettre au sommet de la pluie
Comme aux plus hautes notes d'une lyre
Confiance donc
Ou je m'installe en vous
Comme un oiseau dans la nacelle du pommier
Comme une boule de gui lumineuse
Comme un liseron frémissant
Inséparable de vous
Je serai malgré vous
La solitude.

René-Guy Cadou, *Le Cœur définitif*, Œuvres poétiques complètes, t. 2, 1951, Robert Laffont.

«Offrez-vous donc le luxe d'être simple. C'est un luxe extrêmement coûteux qui vous vaudra bien des larmes, bien des reniements, mais qui vous offrira en échange des satisfactions qui ne sont pas celles du vulgaire.»

René-Guy Cadou, *Usage externe*, Œuvres poétiques complètes, t. 2, 1951, Robert Laffont.

Biographie de Jules Supervielle

Vie

1884	Naissance à Montevideo (Uruguay). Ses parents meurent accidentellement (intoxication) peu après
1887	Élevé par ses oncle et tante
1894	Apprend qu'il n'est pas le fils de ceux qui l'élèvent – Crise d'identité définitive : « je suis un hors-venu » – Études secondaires à Paris (Janson de Sailly)
1901	Retour en Amérique du Sud pour deux ans
06	Licencié d'espagnol. Les revenus de la banque de ses parents lui assurent une rente confortable
07	Mariage
1909	Séjour en Uruguay
1914	Mobilisé, travaille au « 2e Bureau »
1919	S'installe à Paris et va régulièrement en Amérique du Sud. Aisance matérielle
1923	Amitiés et activités littéraires (Gide, Valéry, Paulhan, Michaux, Rivière, Étiemble, N.R.F. etc.)
1939 - 1946	Part en Uruguay pendant toute la guerre. Nommé attaché culturel d'Uruguay à Paris. Troubles cardiaques
1955	Grand Prix de l'Académie Française
1960	Mort (17 mai)

Œuvres

1922	*Débarcadères*
23	*L'Homme de la pampa*
25	*Gravitations*
26	*Le Voleur d'enfants* (roman)
29	*L'Enfant de la haute mer*
30	*Le Forçat innocent*
1934	*Les Amis inconnus*
1938	*L'Arche de Noé*, *La Fable du monde*
1941	*Poèmes de la France malheureuse*
1949	*Oublieuse mémoire*
1951	*Naissances*
1959	*Le Corps tragique*

Le reniement : Pierre-Jean Jouve

L'indépendance de Reverdy ou le recul de Supervielle n'ont pas atteint la rupture abrupte et définitive à laquelle s'est résolu **Pierre-Jean Jouve** (1887-1976). Après avoir été influencé par le néo-symbolisme d'un Viélé-Griffin, par exemple (cf. p. 26) et après un passage dans le groupe unanimiste de l'Abbaye (cf. p. 39), il s'intéresse à quelques aspects du Surréalisme, notamment à son goût de l'exploration de l'inconscient. Mais en 1924, il se convertit doublement : d'une part, il s'abandonne à ses penchants mystiques et se voue à la foi ; d'autre part il renie carrément tout ce qu'il a précédemment écrit. Cet itinéraire sinueux est motivé par une profonde aspiration à la perfection, par un désir dévorant d'idéal. Tout en étant vraiment propre au destin personnel de Jouve, une telle ambition révèle combien, très vite, le Surréalisme ne pouvait plus satisfaire les âmes éprises d'absolu, les croyants en particulier – pensons à Max Jacob (cf. p. 64) ou à Reverdy, justement. Le retournement de Jouve est donc caractéristique.

Une fois répudiée son œuvre de jeunesse, Jouve se voue à une poésie-psychanalyse, à une descente introspective dans les fantasmes nocturnes et sexuels. À la fois mystique et érotique, le poème est déchiré de contradictions : lumière/obscurité ; rédemption et « misère » pascalienne ; pulsions épouvantables et consolation ; spiritualité et fantasmes sordides, etc. Cette dualité baudelairienne est exaspérée d'obsessions et de rituels visionnaires ou magiques. Le lecteur est alors confronté à une dramaturgie des tréfonds, dense et poignante, difficile, mais qui inquiète, enserre et fascine.

EXTRAITS

C'est dans la souffrance, dans le péché initial, que tout art prend sa source. La poésie erre donc dans ces zones de mystère et d'ombre, en quête de quelque assouvissement, celui de la chair ou celui de l'esprit.

Cette épaisse douleur que tu nommes ton art
Cette exquise formation qui ne possède nulle conscience en sortant du sein
[maternel
Mais possède la violence pure ennemie de toute mémoire,
L'autorité des plus grands mots dessous la toison maternelle,
Ces vertus de cœur de passion mais d'éternelle trahison car jamais le terme
[n'a gloire,
Ces vertus ne sont ta vertu, ces sons ne sont ta confession,
Égaré pour un changement d'arbres, tu n'as pas engendré la science,
[n'étant pas maître de conscience
Mais tu reçois ce qui n'est pas et ne porte ni nom ni foi,
Le mystère engendreur baisant conscience noire a fait la fleur absurde où
[le parfum est art.

Sur un mystère plus effrayant que les ombres
Orphée a recherché Eurydice dans l'ombre :
Ainsi avons-nous parlé pour la trop curieuse noirceur
D'une mauvaise oreille d'homme
et perdu dès le premier mot
La phrase énorme du bonheur,
Alors éternel
Battement nous recommencerons le bonheur
Car nous sommes où nous ne sommes
Pas
Et nous disons ce que nous ne connaissons pas.

Pierre-Jean Jouve, *Mélodrame,* Mercure de France, 1956.

Les soleils disparus sont des mots éternels
Dont la phrase arrondie a cette forme : extase
De terre musicienne et de verdure et d'or
De village pendu au balcon le plus rare
De prairie et de roc glaciaire entremêlés ;
Ô beauté de là-bas, songe de l'extrême heure,
Un furieux brasier d'automne se formait
Aux vallées par dessous les herbes potagères,
La descente faisait l'amour à la chaleur
Les masures de bois tourmentaient la lumière
Et la noblesse était défunte aux châtaigniers,
Et partant l'on sentait la perte d'espérance
Par gravitation de désirs insensés.

Pierre-Jean Jouve, *Mélodrame,* Mercure de France, 1956.

Ce climat angoissé, traversé de désirs pulsionnels, peut intéresser le psychanalyste. Jouve admettait en tout cas que sa poésie, en totale dérive par rapport au rationnel, soit vue comme une « condensation de vapeurs inconscientes ». « La poésie est un véhicule intérieur de l'amour. Nous devons donc, poètes, produire cette "sueur de sang" qu'est l'élévation à des substances si profondes ou si élevées, qui dérivent de la pauvre, de la belle puissance érotique humaine » (préface de Sueur de Sang, *Mercure de France, 1933).*

Lamentations au cerf

Sanglant comme la nuit, admirable en effroi, et sensible
Sans bruit, tu meurs à notre approche.
Apparais sur le douloureux et le douteux

Si rapide impuissant de sperme et de sueur
Qu'ait été le chasseur ; si coupable son
Ombre et si faible l'amour
Qu'il avait ! Apparais dans un corps
Pelage vrai et
Chaud, toi qui passes la mort.
Oui toi dont les blessures
Marquent les trous de notre vrai amour
À force de nos coups, apparais et reviens
Malgré l'amour, malgré que
Crache la blessure.

Pierre-Jean Jouve, *Sueur de Sang*, 1933, Mercure de France.

Spéléologie

Tous ces poèmes évoquent l'abîme de l'âme humaine et le difficile chemin de l'introspection. Relevez par exemple les réseaux d'images évoquant la profondeur, la descente, le creux, la noirceur, l'ombre, le livide, la mort, la blessure, etc. Mais, dans ce tournoiement tragique, on perçoit des pulsions sensuelles, presque violentes, des fantasmes obsédants : le sein, la toison, le parfum, les « désirs insensés », la chaleur humide, le caillot de sang, le sang craché, le sperme, le trou, etc. On ne sait trop si ces thèmes sont érotiques ou pas. On hésite entre « la perte d'espérance » et les sombres lueurs d'une passion encore vive.

Voyez les documents.

documents

Aussi l'univers poétique de Jouve se voit-il encombré d'une multitude d'objets qui sont comme chargés de qualités trop sensibles ou trop sensuelles. Marqués ou même *tarés* d'un immense poids *« de matière opaque »*, ils se refusent à toute prise abstraite ou franchement rationaliste. S'érigeant en écueils ou barrières – *« les rocs, les épaisseurs d'eau, les brousses sèches, les déserts d'épreuve, et tout ce qui forme récif dans la suite de notre terre, / tout ce qui fait caillot de sang dans la continuation »* –, ils perpétuent l'expérience où le concret s'impose immédiatement avec l'opacité de la résistance d'un obstacle. Matière froide et inanimée, le monde figé et pétrifié apparaît alors tantôt avec la sèche dureté d'un squelette ou d'un désert de pierres, tantôt comme la désolante nudité d'une ville moderne.

Kurt Schärer, *Thématique et Poétique du mal dans l'œuvre de P.-J. Jouve*, Minard, Lettres Modernes, 1984.

P.-J. Jouve a été très influencé par la psychanalyse. Ses romans, comme Hécate *(1928) ou* Vagadu *(1931), montrent des personnages qui essaient d'analyser les conflits ou les obsessions qui les travaillent, en tâchant de retrouver le traumatisme initial qui les expliquerait. De même, la poésie, pour Jouve, est à la fois la voix et l'élucidation de l'inconscient.*

C'est du moins ce qu'il faut affirmer de la chose plus humble qu'est la Poésie. Les poètes qui ont travaillé depuis Rimbaud à affranchir la poésie du rationnel savent très bien (même s'ils ne croient point le savoir) qu'ils ont retrouvé dans l'inconscient, ou du moins la pensée autant que possible influencée de l'inconscient, l'ancienne et la nouvelle source, et qu'ils se sont approchés par là d'un but nouveau pour le monde.

Car nous sommes, comme le dit Freud, des masses d'inconscient légèrement élucidées à la surface par la lumière du soleil ; et ceci, les poètes l'ont dit avant Freud : Lautréamont, Rimbaud, Mallarmé, enfin Baudelaire. Dans son expérience actuelle, la poésie est en présence de multiples condensations à travers quoi elle arrive à toucher au *symbole* – non plus contrôlé par l'intellect, mais surgi, redoutable et réel. C'est comme une matière qui dégage ses puissances. Et par le mode de sensibilité qui procède de la phrase au vers et du mot utilitaire au mot magique, la recherche de la forme adéquate devient inséparable de la recherche du fond. Que la Poésie s'avance donc « dans l'absurde » comme ils disent !

Pierre-Jean Jouve, Préface de *Sueur de Sang*, Mercure de France, 1933.

rapprochement

La mort, le deuil, l'expérience mystique font bon ménage avec la poésie. Jouve en montre le côté exacerbé. D'autres cherchent à trouver dans l'écriture à la fois une méditation et une consolation à la hantise ou à la douleur de mourir. Vieux refrain : comme son modèle premier, Orphée, le poète conjure par l'incantation de ses litanies le grand passage.

Orphée

Est-ce toi que j'entends, est-ce toi qui me hantes,
mon amour, est-ce toi, est-ce toi mon enfant
qui viens m'exorciser de mon amour en sang,
est-ce toi qui descends dans ma profonde attente?

Est-ce toi maintenant, mon amour, est-ce toi
toute ressuscitée et mêlée à moi-même,
es-tu l'antique étoile, es-tu l'enfant que j'aime,
viens-tu me desceller de mon corps trop étroit?

Ce n'est pas ton corps lent, ton corps enseveli,
ma morte, ma douleur, mon double sous la terre,
mais ta chair musicale, ascendante, solaire
que j'ai vu transmuer les métaux de la nuit.

Mon rêve s'est ouvert comme un miroir étrange
pour me laisser toucher tes pieds et tes cheveux,
te sentir, mon amour, t'enfoncer dans mes yeux,
m'envoûter, m'apaiser, me rapprocher des anges...

Est-ce assez me mourir, est-ce assez de péchés,
aurais-je dit des mots de feuilles et de gemmes
à quelqu'un qui revient me lier à moi-même,
ai-je trouvé la femme en qui je me cherchais?

Brûlent les arbres roux, brûlent les roses noires!
Les dieux et les démons qui emmuraient mes mains
sont morts – sont endormis dans d'humides [mémoires
les goélands amers et les coqs inhumains!

J'ai pressé ton sommeil épais comme des rades,
tes prairies aimantées de lunes et d'odeurs,
j'ai sondé ton silence avec un cœur malade
qu'immergent les courants du monde intérieur.

L'Esprit a traversé la femme sidérale,
m'a métamorphosé, m'a défait de ma chair,
et mon sang délivré d'une nuit infernale
a vu dans ton amour étinceler la mer [...]

Je ne suis plus d'ici, j'ai passé les forêts,
mais mon corps hivernant dans des granges d'orages
est triste et solitaire et n'a pas de voyages,
– mon âme l'a quitté pour des départs secrets...

Nous sommes, mon amour, remontés vers les [pluies,
les raisins de l'air pur, le matin végétal
ameutent des moussons qui consument mon mal.
Suis-je déjà si loin des terres refroidies?

Des Noces, des Rois blancs, des Poissons lumineux
rafraîchissent mon sang comme des eaux nouvelles,
je reconnais le Ciel et l'Esprit m'ensorcelle
et je sais que tu vis dans les pays du feu.

Retiendras-tu mon cœur, viendras-tu me reprendre,
m'emporter vers la mer un soir de pureté,
me rendras-tu l'amour que tu m'as révélé,
seras-tu cet enfant qui naîtra sur ta cendre?

Tu n'as plus d'épaisseur, tu n'es plus l'ange mort
mais l'ange magnétique et la princesse ardente,
la femme des pays où les Pléiades chantent,
l'enfance qui m'attend dans les grands arbres d'or...

Jean-Claude Renard, *Haute-Mer,* 1950, Le Seuil.

Pour conjurer la mort

Le poète a connu le deuil d'une enfant et le poème se ressent d'une certaine émotion qui affleure, proche de la protestation et de l'invocation. Observez tout ce qui accentue la présence ou son désir : reprises du «toi» et du possessif «mon»; interrogations, exclamations, impératifs; appel du futur; jeu des temps (notamment du passé composé et du présent, qui refusent l'irréel et l'absence); tournoiement dolent et lancinant pour revivre ce qui n'est plus, etc.

Dans le même temps, le texte développe les thèmes du mythe d'Orphée : descente, passage, incantation, fusion du couple, cheminement, séparation, dépossession tragique, etc.

Le vers est régulier, presque figé et solennel : un rite s'accomplit.

Pour J.-C. Renard, la poésie est «ce langage vide qui ne sait pas s'il parle mais doit pourtant sans cesse refuser de se taire/Et sans cesse à la fois accepter et nier l'angoisse du néant/Pour tenter jusqu'au bout de traverser l'absence».

Ailleurs et au-dessus : Saint-John Perse

Plus encore que les exemples qui précèdent, Alexis Saint-Léger est une de ces figures un peu distantes et superbes qui ont été à peine effleurées par les fièvres des années 20. Sous le pseudonyme de **Saint-John Perse** (1887-1975), ce diplomate, aristocratique et voyageur, entonne une cérémonie lyrique• et solennelle où le souffle de toute chose terrestre s'épanche avec ampleur. Voici la poésie du vent, des pluies, des vastes pèlerinages à travers le monde, de l'errance et de la conquête. Le verset claudélien (cf. p. 50) prend tout son essor dans ce mouvement de célébration et de proclamation. Car il s'agit bien d'**invoquer,** comme en un rituel d'hommage, la grandiose beauté de la terre en énumérant – au risque du mot rare –, en remémorant tous les fastes de l'histoire humaine – au risque d'un brassage déroutant – : le poète retrouve son rôle antique d'oracle ou de mage.

EXTRAIT

Et le Poète aussi est avec nous, sur la chaussée des hommes de son temps.
Allant le train de notre temps, allant le train de ce grand vent.
Son occupation parmi nous : mise en clair des messages. Et la réponse en lui donnée par illumination du cœur.
Non point l'écrit, mais la chose même. Prise en son vif et dans son tout.
Conservation non des copies, mais des originaux. Et l'écriture du poète suit le procès-verbal.
(Et ne l'ai-je pas dit? les écritures aussi évolueront. – Lieu du propos : toutes grèves de ce monde.)
«Tu te révéleras, chiffre perdu!... Que trop d'attente n'aille énerver
«L'usage de notre ouïe! nulle impureté souiller le seuil de la vision!...»
Et le Poète encore est avec nous, parmi les hommes de son temps, habité de son mal...
Comme celui qui a dormi dans le lit d'une stigmatisée, et il en est tout entaché,
Comme celui qui a marché dans une libation renversée, et il en est comme souillé,
Homme infesté du songe, homme gagné par l'infection divine,
Non point de ceux qui cherchent l'ébriété dans les vapeurs du chanvre, comme un Scythe,
Ni l'intoxication de quelque plante solanée – belladone ou jusquiame[1],
De ceux qui prisent la graine ronde d'Ologhi[2] mangée par l'homme d'Amazonie,
Yaghé, liane du pauvre, qui fait surgir l'envers des choses – ou la plante Pi-lu[2],
Mais attentif à sa lucidité, jaloux de son autorité, et tenant clair au vent le plein midi de sa vision :
– «Le cri! le cri perçant du dieu sur nous!»
. . . .

(1) plante vénéneuse
(2) drogue

Saint-John Perse, *Vents,* III, Gallimard, 1946.

Le poète-oracle

Le verset est assez bref, avec un enchaînement régulier qui fait défiler (après la définition très explicite du début) des comparaisons et des rapprochements universels, venus de diverses cultures. Observez que la fonction du poète est exprimée à travers une combinaison double : l'illuminé (visionnaire, enivré, etc.) ert le décripteur lucide. Mais c'est le vieux mythe du devin inspiré («dieu sur nous») qui l'emporte.

Le document de Cioran, indépendamment du mythe, aide à saisir cette conception orgueilleuse de la fonction du poète.

Au poète indivis d'attester parmi nous la double vocation de l'homme. Et c'est hausser devant l'esprit un miroir plus sensible à ses chances spirituelles. C'est évoquer dans le siècle même une condition humaine plus digne de l'homme originel... Face à l'énergie nucléaire, la lampe d'argile du poète suffira-t-elle à son propos? – Oui, si d'argile se souvient l'homme.

Et c'est assez, pour le poète, d'être la mauvaise conscience de son temps.

Saint-John Perse, derniers mots du *Discours de Stockolm,* 1960, dans *Œuvres complètes,* coll. «Pléiade», Gallimard, 1972.

document

Il est des poètes auxquels nous demandons de nous aider à déchoir, d'encourager nos ricanements et d'aggraver nos vices ou nos stupeurs. Ils sont irrésistibles, ils sont merveilleusement débilitants... Il en est d'autres, d'un abord plus difficile, parce qu'ils ne vont pas dans le sens de nos aigreurs et de nos obsessions. Médiateurs dans le conflit qui nous oppose au monde, ils nous invitent à l'acceptation, à l'effort sur soi. Quand nous sommes excédés de nous-mêmes et, plus encore, de nos cris, quand cette manie, éminemment moderne, de protester et de revendiquer prend à nos yeux la gravité d'un péché, quel réconfort de rencontrer un esprit qui n'y tombe jamais, qui recule devant la vulgarité de la révolte, en homme de l'antiquité, de l'antiquité héroïque et de l'antiquité finissante, apparenté à un Pindare, non moins qu'au Marc Aurèle de l'exclamation : *«Tout ce que m'apportent les heures est pour moi un fruit savoureux, ô Nature.»* – Il y a chez Perse une note de sagesse lyrique, une superbe litanie du consentement, une apothéose de la nécessité et de l'expression, du destin et du verbe, de même que, sans le moindre accent chrétien, un côté visionnaire. *«Et l'étoile apatride chemine dans les hauteurs du siècle vert»,* – ne croirait-on pas lire là quelque verset d'une variante *sereine* de l'Apocalypse? L'univers viendrait-il à disparaître, rien ne serait perdu, puisque aussi bien le langage en tiendrait lieu. Un mot, un simple mot survivrait-il à l'engloutissement général qu'il défierait à lui seul le néant. Telle nous apparaît la conclusion que le Poème implique et exige.

Cioran, *Exercices d'admiration*, Gallimard, 1960.

Si la poésie de Saint-John Perse ne peut se rattacher à aucune autre, c'est qu'elle a su inventer une langue totalement adaptée à son objet, et que cet objet trouve sa vraie source dans une **vie nomade, épique, éprise d'envol.** Dès ses tout premiers poèmes, à peine arrivé dans la métropole, le jeune poète s'identifie à Robinson Crusoé, cet autre insulaire qui n'est nulle part vraiment chez soi. Ce n'est pas seulement la nostalgie des îles ou l'exotisme qui le hante, mais le destin même du poète, qui le place toujours en quelque exil, pour mieux sentir – à distance et par manque – le désir du monde illimité. Ce besoin d'espace, cet appel à l'éblouissement et cette errance exaltée expliquent les images cosmiques (l'océan, le désert, les caravanes d'Orient...) de Saint-John Perse et le dynamisme cadencé, s'amplifiant et retombant comme les vents, de sa langue pleine de luxuriance et d'échos.

EXTRAITS

Des poèmes de jeunesse...

Robinson, revenu enfin de son île, reste habité par les images éblouissantes du Pacifique et finit par rejeter la civilisation retrouvée. Le poète est un Robinson...

Le mur

Le pan de mur est en face, pour conjurer le cercle de ton rêve.
Mais l'image pousse son cri.
La tête contre une oreille du fauteuil gras, tu éprouves tes dents avec ta langue : le goût des graisses et des sauces infecte tes gencives.
Et tu songes aux nuées pures sur ton île, quand l'aube verte s'élucide au sein des eaux mystérieuses.
... C'est la sueur des sèves en exil, le suint amer des plantes à siliques, l'âcre insinuation des mangliers charnus et l'acide bonheur d'une substance noire dans les gousses.
C'est le miel fauve des fourmis dans les galeries de l'arbre mort.
C'est un goût de fruit vert, dont surgit l'aube que tu bois; l'air laiteux enrichi du sel des alizés...
Joie! ô joie déliée dans les hauteurs du ciel! Les toiles pures resplendissent, les parvis invisibles sont semés d'herbages et les vertes délices du sol se peignent au siècle d'un long jour...

Saint-John Perse, *Éloges, Images à Crusoé,* 1911, Gallimard.

L'arc

Devant les sifflements de l'âtre, transi sous ta houppelande à fleurs, tu regardes onduler les nageoires douces de la flamme. – Mais un craquement fissure l'ombre chantante : c'est ton arc, à son clou, qui éclate. Et il s'ouvre tout au long de sa fibre secrète, comme la gousse morte aux mains de l'arbre guerrier.

Saint-John Perse, *Éloges, Images à Crusoé,* 1911, Gallimard.

Le livre

Et quelle plainte alors sur la bouche de l'âtre, un soir de longues pluies en marche vers la ville, remuait dans ton cœur l'obscure naissance du langage :

«... D'un exil lumineux – et plus lointain déjà que l'orage qui roule – comment garder les voies, ô mon Seigneur! que vous m'aviez livrées?

«... Ne me laisserez-vous que cette confusion du soir – après que vous m'avez, un si long jour, nourri du sel de votre solitude,

«témoin de vos silences, de votre ombre et de vos grands éclats de voix?»

– Ainsi tu te plaignais, dans la confusion du soir.

Mais sous l'obscure croisée, devant le pan de mur d'en face, lorsque tu n'avais pu ressusciter l'éblouissement perdu,

alors, ouvrant le Livre,

tu promenais un doigt usé entre les prophéties, puis le regard fixé au large, tu attendais l'instant du départ, le lever du grand vent qui te descellerait d'un coup, comme un typhon, divisant les nuées devant l'attente de tes yeux.

Saint-John Perse, *Éloges, Images à Crusoé,* 1911, Gallimard.

Le poète-Robinson

La civilisation hostile : dégagez les champs lexicaux● qui l'expriment (clôture, graisse, infection) pour les opposer à ceux qui évoquent l'île sauvage (sel, acidité, verdeur, miel, lait, pureté, grand air, fleurs, flamme, ombre chantante, etc.). Notez que le mouvement du verset et le rythme d'ensemble imitent le passage de l'abattement présent à l'exaltation née du souvenir.

Dans *Le Livre,* un autre projet se superpose à la même thématique. Le vocabulaire emprunte au lexique religieux et biblique, partout. Robinson ouvre le Livre (= la bible) pour y trouver un réconfort ou une espérance. Mais ce retour au livre est symboliquement celui du poète : la fin retrouve l'idée du poète-oracle. Le ton est même un peu solennel.

... à ceux de l'âge adulte

Autre errance : celle d'un conquérant imaginaire qui traverse un continent à la fois symbolique et universel, impossible à situer. Le poète arpente, entre nostalgie et marche forcée, les vastes plaines des mythes et des géographies humaines.

Nous n'habiterons pas toujours ces terres jaunes, notre délice...

L'Été plus vaste que l'Empire suspend aux tables de l'espace plusieurs étages de climats. La terre vaste sur son aire roule à pleins bords sa braise pâle sous les cendres. – Couleur de soufre, de miel, couleur de choses immortelles, toute la terre aux herbes s'allumant aux pailles de l'autre hiver – et de l'éponge verte d'un seul arbre le ciel tire son suc violet.

Un lieu de pierres à mica! Pas une graine pure dans les barbes du vent. Et la lumière comme une huile. – De la fissure des paupières au fil des cimes m'unissant, je sais la pierre tachée d'ouïes, les essaims du silence aux ruches de lumière; et mon cœur prend souci d'une famille d'acridiens...

Chamelles douces sous la tonte, cousues de mauves cicatrices, que les collines s'acheminent sous les données du ciel agraire – qu'elles cheminent en silence sur les incandescences pâles de la plaine; et s'agenouillent à la fin, dans la fumée des songes, là où les peuples s'abolissent aux poudres mortes de la terre.

Ce sont de grandes lignes calmes qui s'en vont à des bleuissements de vignes improbables. La terre en plus d'un point mûrit les violettes de l'orage; et ces fumées de sable qui s'élèvent au lieu des fleuves morts, comme des pans de siècles en voyage...

À voix plus basse pour les morts, à voix plus basse dans le jour. Tant de douceur au cœur de l'homme, se peut-il qu'elle faille à trouver sa mesure?... «Je vous parle, mon âme! – mon âme tout enténébrée d'un parfum de cheval!» Et quelques grands oiseaux de terre, naviguant en Ouest, sont de bons mimes de nos oiseaux de mer.

À l'orient du ciel si pâle, comme un lieu saint scellé des linges de l'aveugle, des nuées calmes se disposent, où tournent les cancers du camphre et de la corne... Fumées qu'un souffle nous dispute! la terre tout attente en ses barbes d'insectes, la terre enfante des merveilles!

Et à midi, quand l'arbre jujubier fait éclater l'assise des tombeaux, l'homme clôt ses paupières et rafraîchit sa nuque dans les âges... Cavaleries du songe au lieu des poudres mortes, ô routes vaines qu'échevèle un souffle jusqu'à nous! où trouver, où trouver les guerriers qui garderont les fleuves dans leurs noces?

Au bruit des grandes eaux en marche sur la terre, tout le sel de la terre tressaille dans les songes. Et soudain, ah! soudain que nous veulent ces voix? Levez un peuple de miroirs sur l'ossuaire des fleuves, qu'ils interjettent appel dans la suite des siècles! Levez des pierres à ma gloire, levez des pierres au silence, et à la garde de ces lieux les cavaleries de bronze vert sur de vastes chaussées!...

(L'ombre d'un grand oiseau me passe sur la face.)

Saint-John Perse, *Anabase*, VII, 1924, Gallimard.

Le poète de l'errance

Anabase chante l'errance par plusieurs procédés. L'allure (apparence et mouvement) est celle d'une procession rituelle, d'une litanie où l'on convoque, pour les louer, les beautés de la Création : d'où la multiplication des sensations sollicitées (couleurs, bruits, odeurs...) et des civilisations imaginaires qui se succèdent. Les images sont choisies en fonction de leur suggestion symbolique : l'homme traverse le désert, croise des cultures disparues, sent toujours quelque présence qui plane au-dessus de lui, retrouve partout des traces de religions et de rites funéraires ou guerriers, etc. Cette «anabase» (= chemin qui remonte vers la mer) est aussi la marche de l'humanité, la perpétuelle aventure de l'homme conquérant.

Splendide musique, la poésie de Saint-John Perse peut paraître hautaine ou perdue dans ses transes. Pourtant, elle a connu une immédiate consécration, notamment dans les pays anglo-saxons, et a été couronnée par le prix Nobel. Difficile et proche, l'hymne au monde finit par concerner tout lecteur attentif. Car Saint-John Perse procède par combinaison : le tournoiement du verset, même s'il est déroutant dans son ensemble, repose sur l'énumération de choses familières (vent, pluie, neige...), de moments essentiels (aube, soir, été, couchant...), d'êtres universels (frère, père, prince, roi, magicien, fille...), de terroirs connus ou désirés (île, désert, montagnes, rochers, sables et grèves...), de communions (foi, autels, fêtes, nuptialité, tribu, colonie...), de vieux mythes communs (métamorphose, grands départs, envol, éternité...), de civilisations perdues (Atlantide, île de Pâques et d'autres, insituables), etc. Au fond, il enchevêtre tous nos fantasmes et nos rêves. Son écriture est complexe, au sens propre, c'est-à-dire mêlée, comme le sont tous les textes sacrés ou fabuleux, mystérieux et atemporels. Il ne s'agit d'ailleurs pas de les «comprendre» mais de laisser jouer leur puissance allusive et incantatoire.

EXTRAITS

Le vent et les amants.

Le mouvement incantatoire s'accorde le plus souvent au sujet embrassé. Par exemple : le vent et les amants, tous saisis comme la métaphore de la vaste houle, ardente ou lascive, du monde vivant.*

... C'étaient de très grands vents sur la terre des hommes – de très grands vents à l'œuvre parmi nous,

Qui nous chantaient l'horreur de vivre, et nous chantaient l'honneur de vivre, ah! nous chantaient et nous chantaient au plus haut faîte du péril,

Et sur les flûtes sauvages du malheur nous conduisaient, hommes nouveaux, à nos façons nouvelles.

C'étaient de très grandes forces au travail, sur la chaussée des hommes – de très grandes forces à la peine

Qui nous tenaient hors de coutume et nous tenaient hors de saison, parmi les hommes coutumiers, parmi les hommes saisonniers,

Et sur la pierre sauvage du malheur nous restituait la terre vendangée pour de nouvelles épousailles.

Et de ce même mouvement de grandes houles en croissance, qui nous prenaient un soir à telles houles de haute terre, à telles houles de haute mer,

Et nous haussaient, hommes nouveaux, au plus haut faîte de l'instant, elles nous versaient un soir à telles rives, nous laissant,

Et la terre avec nous, et la feuille, et le glaive – et le monde où frayait une abeille nouvelle...

Saint-John Perse, *Vents*, IV, 6, Gallimard, 1946.

... Étroits sont les vaisseaux, étroite notre couche. Immense l'étendue des eaux, plus vaste notre empire
Aux chambres closes du désir [...]

Aimez, ô couples, les vaisseaux; et la mer haute dans les chambres!
La terre un soir pleure ses dieux, et l'homme chasse aux bêtes rousses; les villes s'usent, les femmes songent... Qu'il y ait toujours à notre porte
Cette aube immense appelée mer – élite d'ailes et levée d'armes, amour et mer de même lit, amour et mer au même lit –

et ce dialogue encore dans les chambres :

«... Amour, amour, qui tiens si haut le cri de ma naissance, qu'il est de mer en marche vers l'Amante! Vigne foulée sur toutes grèves, bienfait d'écume en toute chair, et chant de bulles sur les sables... Hommage, hommage à la Vivacité divine!

«Toi, l'homme avide, me dévêts : maître plus calme qu'à son bord le maître du navire. Et tant de toile se défait, il n'est plus femme qu'agréée. S'ouvre l'Été, qui vit de mer. Et mon cœur t'ouvre femme plus fraîche que l'eau verte : semence et sève de douceur, l'acide avec le lait mêlé, le sel avec le sang très vif, et l'or et l'iode, et la saveur aussi du cuivre et son principe d'amertume – toute la mer en moi portée comme dans l'urne maternelle...

«Et sur la grève de mon corps l'homme né de mer s'est allongé. Qu'il rafraîchisse son visage à même la source sous les sables; et se réjouisse sur mon aire, comme le dieu tatoué de fougère mâle... Mon amour, as-tu soif? Je suis femme à tes lèvres plus neuve que la soif. Et mon visage entre tes mains comme aux mains fraîches du naufrage, ah! qu'il te soit dans la nuit chaude fraîcheur d'amande et saveur d'aube, et connaissance première du fruit sur la rive étrangère.

Saint-John Perse, *Amers*, Gallimard, 1957.

Le vent et les amants

Le vent est à la fois ravage et dynamisme fécond (horreur/honneur). Le verset, avec des corrélations simples et répétitives (et... et...), imite ce mouvement double mais constamment ample et entraînant (reprises de « forces », de « grandes houles » etc.)

Autre houle, celle des amants : observez comment sont développés conjointement, de manière inextricable, les roulements de la vague et de la chambre d'amour, de la mer et du lit. Ensuite, s'imposant sur ces images superbes, le dialogue poursuit cette vaste métaphore•, mais en diversifiant les registres : l'amant devient «maître du navire», la femme se fait toute eau, puis mer, grève, rive, terre promise. L'un des plus riches poèmes de Saint-John Perse : voyez le document de Ph. Jaccottet.

Un poète (cf. p. 160) parle d'un poète :

On sait la passion déclarée de Perse pour le monde visible; son goût des sciences de la nature [...]. Comment ne pas lui reconnaître le don de *révélation?* Mais le poète, ici, est moins occupé à *louer* à tout prix le monde qu'à simplement le *montrer.*

Je pense maintenant à un autre passage parmi mes préférés; il est encore dans *Amers*, au chant IX de la «Strophe», cet hymne à l'amour humain, justement célèbre déjà. Si les pages qui essaient de dire le combat amoureux sont presque constamment métaphoriques et générales, dans celles qui suivent et disent, de quelle admirable façon! le repos des amants comblés, tout redevient particulier, l'heure et le lieu; c'est la fin de la nuit, la pluie imminente sur la «maison de boiserie»; et l'on écoute, saisi :

La lune basse emplit les lampes, les salines. J'ai vu glisser dans nos persiennes sa lame vive d'écaillère...

Philippe Jaccottet, *L'Entretien des Muses*, Gallimard, 1968.

De son propre aveu, la poésie de Saint-John Perse évolue hors de toute référence historique ou géographique. De même, il est difficile d'y trouver trace d'une autobiographie quelconque. C'est que le poète vise un plus vaste dessein que les éternelles confidences d'alcôve ou les dérisoires élans vengeurs contre l'amertume du destin. Nul recueil n'en donne mieux l'exemple que *Chanté par celle qui fut là* : une voix de femme disparue y fait entendre à la fois toutes les images féminines du monde, en une sorte de vaste synthèse de ce que représente, à jamais et depuis toujours, la Femme, « dans les silences du cœur de l'homme ».

EXTRAIT

Amour, ô mon amour, immense fut la nuit, immense notre veille où fut tant d'être consumé.

Femme vous suis-je, et de grand sens, dans les ténèbres du cœur d'homme.

La nuit d'été s'éclaire à nos persiennes closes ; le raisin noir bleuit dans les campagnes ; le câprier des bords de route montre le rose de sa chair ; et la senteur du jour s'éveille dans vos arbres à résine.

Femme vous suis-je, ô mon amour, dans les silences du cœur d'homme.

La terre, à son éveil, n'est que tressaillement d'insectes sous les feuilles : aiguilles et dards sous toutes feuilles...

Femme vous suis-je, et de grand songe, dans tout l'espace du cœur d'homme :

demeure ouverte à l'éternel, tente dressée sur votre seuil, et bon accueil fait à la ronde à toutes promesses de merveilles.

Les attelages du ciel descendent les collines ; les chasseurs de bouquetins ont brisé nos clôtures ; et sur le sable de l'allée j'entends crier les essieux d'or du dieu qui passe notre grille... Ô mon amour de très grand songe, que d'offices célébrés sur le pas de nos portes ! que de pieds nus courant sur nos carrelages et sur nos tuiles !...

Grands Rois couchés dans vos étuis de bois sous les dalles de bronze, voici, voici de notre offrande à vos mânes rebelles :

reflux de vie en toutes fosses, hommes debout sur toutes dalles, et la vie reprenant toutes choses sous son aile !

Vos peuples décimés se tirent du néant ; vos reines poignardées se font tourterelles d'orage ; en Souabe furent les derniers reîtres ; et les hommes de violence chaussent l'éperon pour les conquêtes de la science. Aux pamphlets de l'histoire se joint l'abeille du désert, et les solitudes de l'Est se peuplent de légendes... La Mort au masque de céruse se lave les mains dans nos fontaines.

Femme vous suis-je, ô mon amour, en toutes fêtes de mémoire. Écoute, écoute, ô mon amour,

le bruit que fait un grand amour au reflux de la vie. Toutes choses courent à la vie comme courriers d'empire.

Les filles de veuves à la ville se peignent les paupières ; les bêtes blanches du Caucase se payent en dinars ; les vieux laqueurs de Chine ont les mains rouges sur leurs jonques de bois noir ; et les grandes barques de Hollande embaument le girofle. Portez, portez, ô chameliers, vos laines de grand prix aux quartiers de foulons. Et c'est aussi le temps des grands séismes d'Occident, quand les églises de Lisbonne, tous porches béant sur les places et tous retables s'allumant sur fond de corail rouge, brûlent leurs cires d'Orient à la face du monde... Vers les Grandes Indes de l'Ouest s'en vont les hommes d'aventure.

Saint-John Perse, *Chanté par celle qui fut là*, Gallimard, 1968.

Femme vous suis-je, ô mon amour...

Un complexe tressage d'images très librement associées à la femme : la sensualité et la fécondité de la terre ; les frémissements de la nature ; les lieux hospitaliers et les refuges, etc. En contraste, les évocations des activités « viriles » sont noyées dans des images de mort et de violence conquérantes. Prédomine finalement la victoire de la femme : permanence, vie qui « reprend tout sous son aile », mémoire.

Psaume, cantique, litanie, voix insistante venue d'outre-tombe : soyez attentif aux répétitions et au rythmes obsédants.

Biographie de Saint-John Perse

Vie	
1887	Naissance à la Guadeloupe d'Alexis Saint-Léger. Enfance très libre proche de la nature (équitation, voile). **1895** Mort de sa jeune sœur
1896-1899	Scolarité au lycée de Pointe-à-Pitre. Crise économique de l'île : sa famille est appauvrie et décide le retour en métropole
1900-1905	Installation à Pau. Études brillantes. Rencontre F. Jammes qui est son voisin. Début d'études de droit à Bordeaux
1906	Amitié avec Claudel - Service militaire à Pau - Vie sportive (montagne, natation)
1907	Mort subite de son père
1909	Suite et fin des études de droit - Relations avec la N.R.F. par J. Rivière - Passionné de musique
1911-1914	Nombreux voyages (Espagne, Angleterre) et rencontre de Gide, de Valéry - Reçu au Concours des Affaires étrangères.
1916-1921	Premier poste : en Chine - Voyages à travers toute la Chine - Retour par le Japon et les États-Unis
1925-1932	Directeur de cabinet du ministre des Affaires étrangères, A. Briand - Intenses activités diplomatiques de premier plan
1933-1939	Secrétaire Général du Quai d'Orsay - Anti-munichois, passe en Angleterre dès le 16 juin 1940
1940-1941	Révoqué par Vichy et déchu de tous ses titres et droits - Part s'installer aux États-Unis - Milite du côté gaulliste
1944	Réintégré par de Gaulle
1945	Grands voyages à travers les États-Unis - Se passionne toujours pour la flore et la faune. **1948** Mort de sa mère en France. Statut de résident permanent aux États-Unis
1950	Admis à la retraite d'ambassadeur. Grand prestige littéraire outre-Atlantique
	Voyages et navigations incessantes. Études sur les oiseaux. Militantisme « écologique »
1957	Ses amis et admirateurs lui offrent une maison en Provence (presqu'île de Giens). Premier retour en France
1958	Mariage. Retour chaque été dans sa maison de Giens
1959	Grand Prix National des Lettres. **1960** Prix Nobel de Littérature. Poète célébré et partout publié. Nombreuses traductions
1962-1963	Partage sa vie entre voyages, conférences, études de naturaliste
	Tournées en Europe, surtout en Italie. Puis tendance à l'isolement
1975	Mort en pleine gloire

Œuvres	
1911	*Éloges*
1924	*Anabase*
1944	*Exil*
1946	*Vents*
1957	*Amers*
1960	*Chronique*
1962	*Oiseaux*
1969	*Chanté par celle qui fut là*
1971	*Chant pour un équinoxe*

Faisons le point

Le poème et son lecteur

Fiche n° 6
précédente : p. 115.
suivante : p. 141.

Pourquoi lit-on de la poésie ?

1. La plupart des poètes insistent sur leur désir de communication et, dans le même mouvement, sur l'inaptitude du langage usuel à exprimer l'essentiel. Pour dépasser cet obstacle, le poète demande alors au lecteur un effort de partage, d'assimilation, de communion : « insensé qui crois que je ne suis pas toi » (Hugo) ; « hypocrite lecteur, mon semblable, mon frère » (Baudelaire). Sans sympathie, la réception du poème échoue souvent. Voilà aussi pourquoi les hommes retrouvent naturellement le chemin de la poésie quand ils ont à se retrouver dans une forme d'unanimité.

pp. 30 ; 106-107 ; 160.

2. La poésie nous dégage de la routine. En faisant appel à nos sens (cf. fiche 1), le poète nous conduit à redécouvrir les objets (forme, couleur, bruit, sensation, surface, matière...) et il ranime en nous des impressions oubliées ou insoupçonnées. Quand on parle du « pouvoir » de la poésie (dont se servent les publicistes, à leur manière), on ne fait que constater à quel point elle peut exciter notre attention paresseuse et fixer dans des formules stimulantes les images qui nous touchent.

pp. 35 ; 56 ; 91 ; 138 ; 159.

3. Nous demandons d'ailleurs au poète de nous faire mieux saisir et formuler notre propre intimité. Comme dit Éluard : « parler de soi quand on est amoureux, c'est parler de tous ». Dans les moments où l'émotion nous habite, nous avons tendance à revenir au langage poétique pour exprimer notre amour, notre bonheur ou notre angoisse. Il ne s'agit plus seulement d'une identification (du lecteur avec le poète), mais du retour à la seule langue adaptée à un état non réductible au raisonnable. L'enfant, le fou, l'artiste est implicitement poète. C'est moins un refuge que donner une forme concrète à l'absurde, l'illogique, l'irréel, etc., c'est-à-dire à tout ce qui fait que nous sommes vraiment homme.

pp. 31 ; 82 ; 97 ; 123 ; 145.

4. Autrement dit pour le poète, l'autre choix n'est pas le langage, mais le silence. Nous demandons à la poésie de remplir le vide, la mort, le néant. Quel langage, autre que poétique, peut en parler ? On comprend ici pourquoi les philosophes ou les prophètes frôlent de si près la poésie, jusqu'à la confondre avec une voie de la connaissance suprême. Les pensées profondes (pensons à Nietzsche ou Hölderlin) sont des sortes de fragments poétiques, semences et lumières, questions et promesses.

pp. 72 ; 90 ; 116-117 ; 132 ; 157 ; 164.

5. Que le poète soit un « furieux » improvisateur, un patient artisan, un alchimiste, un musicien – voire un dessinateur –, qu'il soit engagé ou pas, qu'il vive dans les hauteurs ou qu'il ne rêve que de devenir chanson de rue, le lecteur de poésie attend toujours de lui une forme de libération. Naturellement suspects à tous les pouvoirs totalitaires, les poètes, souvent intraduisibles et irrécupérables, détraquent la norme, débloquent l'imagination, invitent non à ce qui est, mais à ce qui peut être. Qu'elle soit née du quotidien et du dictionnaire, l'écriture poétique retrouve toujours un public dès qu'apparaissent les conformismes et les oppressions.

pp. 62-63 ; 83 ; 98-99.

Paul Éluard, *Les Sentiers et les Routes de la poésie*, Gallimard, 1954.

Martin Heidegger, *Chemins qui ne mènent nulle part*, Gallimard, 1962.

Rainer-M. Rilke, *Lettres à un jeune poète*, Le Seuil, 1966.

Jean-Paul Sartre, *Qu'est-ce que la littérature*, coll. « Idées », Gallimard, 1963.

Vers d'autres déchiffrages

La démobilisation et le silence?

Soudée par les grandes causes, la production poétique a puisé dans la guerre une énergie stimulante, tout en retrouvant une audience populaire. À la Libération, les grands poètes jouissent d'un prestige qui rappelle un peu l'aura des «échos sonores» du XIXe siècle, surtout Aragon et Éluard. L'histoire avait ainsi contraint les écrivains à renouer avec la fraternité, la patrie, l'idéal, et à renoncer pour un temps à des chicanes d'écoles ou à des écritures énigmatiques. Mais **la ferveur retombe** en 1945 et l'on constate alors que ces œuvres de circonstances, nécessaires dans l'instant de l'action, n'ont pas en soi un intérêt tel qu'elles puissent être appelées à survivre longtemps. Il y a beaucoup de déchet : les bons sentiments n'ont pas suffi à faire de la bonne poésie. D'autre part, une sorte de vide s'installe : Valéry vient de mourir, Claudel renonce, les surréalistes radotent ou sont étouffés dans la famille communiste. Faute de projets communs ou de grands modèles, les années d'après-guerre sont celles de la **dispersion.** Déjà, de nobles solitudes s'étaient exprimées (cf. pp. 116 à 130). Désormais, chacun à sa manière, **les poètes prennent leur distance.** Char se retire en Provence, Prévert flâne au coin des rues, Bonnefoy arpente «l'arrière-pays», Bousquet est tapi dans son infirmité, Cadou s'enracine dans son dénuement breton... On ne perçoit plus d'unité. Mais ces élaborations éparpillées rendent à la poésie une nouvelle profondeur, une authenticité. Car la poésie est une manière de se connaître et de s'accomplir, pour ensuite proposer aux hommes une intimité patiemment déchiffrée, un monde intérieur qui sera image de la condition tragique de toute vie.

L'exemple de **Joë Bousquet** (1897-1950) illustre, douloureusement, cette condition d'ermite et cette vocation à exprimer l'être. Blessé pendant la première guerre, il a passé sa vie dans la paralysie, enfermé dans sa chambre de Carcassonne, cherchant dans l'opium un improbable oubli de sa souffrance. Mais Bousquet n'a rien d'un geignard. Il défend la cause occitane – autre façon de protéger un indivualisme – et même invite à une forme d'héroïsme intimiste et spirituel.

EXTRAITS

La nuit mûrit

À Jean Paulhan.

En cherchant mon cœur dans le noir
mes yeux cristal de ce que j'aime
s'entourent de moi sans me voir

Mais leur ténèbre est l'amour même
où toute onde épousant sa nuit
dans mes jours se forge un sourire

Afin qu'aux traits où je le suis
Sa transparence ait pour empire
Mon corps en soi-même introduit

L'ombre sœur

Entre à la nuit sans rivages
Si tu n'es toi qu'en passant
L'oubli rendra ton visage
Au cœur d'où rien n'est absent

Ton silence né d'une ombre
Qui l'accroît de tout le ciel
Éclôt l'amour où tu sombres
Aux bras d'un double éternel

Et t'annulant sous ses voiles
Pris à la nuit d'une fleur
Donne des yeux à l'étoile
Dont ton fantôme est le cœur

Joë Bousquet, *Connaissance du soir*, Gallimard, 1947.

Ombre et silence

Deux brefs poèmes où prédominent l'obscurité et le mutisme. Mais, paradoxalement, de cette absence naît une promesse (sourire, visage, amour).

Le document éclaire cette revanche qui fut, bon gré mal gré, celle qui s'offrait seule au poète.

document

À mon goût de la mort, qui était faillite de la volonté, je substituerai une envie de mourir qui soit l'apothéose de la volonté.

*

Je ne suis pas un écrivain mais une espèce de sybarite. J'ai voulu goûter, non le bonheur, mais l'absence de bonheur.

Joë Bousquet, *Les Cahiers du Sud*, anthologie.
Rééditions des *Cahiers du Sud*, Rivages, 1981.

Autre exemple, nettement plus visible dans la forme même de l'écriture : **André du Bouchet** (né en 1924). Autant chez Bousquet subsiste une forme de lisibilité complice, autant du Bouchet veut contraindre le poème à aller jusqu'au bout de l'**aridité** et de l'**effacement,** pour traduire – autant qu'il est possible ! – l'absence, la vacuité. Car c'est dans le manque, dans le vide, dans le retour aux choses échouées, que peut se formuler l'essentiel : la conscience de ce qui est prend naissance dans le regret et l'absence. Ces vues mallarméennes impliquent une poésie difficile, éparse et laconique sur la page blanche, où cohabitent, en un vaste oxymore •, des contraires et des contradictions. Souffle rentré, parole lacunaire et ébréchée : la poésie d'André du Bouchet est sans doute l'image la plus évidente de la tentation du vide des années d'après-guerre.

EXTRAITS

Amarre

La grosse corde des jours de campagne
m'a lié
je m'use
couvert d'une écorce de fer
et comme moi
le jour s'est fermé
ma plaie
enterrée
la bande d'arbres
en diagonale
et l'air
au croc
qui nous faisait trembler
la surface de la terre
je suis sourd
et lisse
je ne comprends pas les mots de l'arbre
qui par moments continue de parler
au-dessus de la baignoire
posée dans le pré
comme une auge froide
d'où le jour sera sorti

entier.

Vocable

Tout devient mots
terre
cailloux

dans ma bouche et sous mes pas

homme repris
rendu
en pierres
en pièces
d'or

monnaie des mots et des pas

ce que je dis te fait rire
or
sans nom qui me monnaie
vivant.

*

Maison battue d'air. Stagnante ou criant. Braise ou flaque. Casque de l'arbre. Les étoiles et le froid se tiennent par des crochets de fer.

L'absence qui me tient lieu de souffle recommence à tomber sur les papiers comme de la neige. La nuit apparaît. J'écris aussi loin que possible de moi.

André du Bouchet, *Airs,* Éditions Fata Morgana, 1950.

Le vide et l'usure

Le texte est épars, sec, aride, comme si les mots s'essoufflaient au moment même où on tente de les proférer. Il n'y a qu'eux pourtant : « tout devient mots » : « l'absence me tient lieu de souffle ». L'essentiel est à percevoir dans le manque lui-même.

Voyez le document de Ph. Jaccottet, ci-dessous.

document

La poésie de du Bouchet répète donc une seule expérience (le fond de toute expérience), la profondeur de la vie, c'est-à-dire le mouvement toujours dans le même sens, le risque perpétuel, la difficulté et la merveille d'avancer (autant dire de respirer, autant dire, pour le poète, d'écrire). Tout ce qu'on voit dans ses récents poèmes, c'est un homme qui sort de sa chambre (quand le dehors ne l'a pas envahie déjà), qui s'aventure, à la fois poussé et attiré, qui va de mur en mur, qui s'acharne, qui rencontre plutôt la cendre que le feu. Quelqu'un qui ne cesse de repartir : « Rien ne désaltère mon pas. »

Philippe Jaccottet, *L'Entretien des Muses,* Gallimard, 1968.

André du Bouchet est un des traducteurs de Joyce : voyez p. 34.

Un anticonformiste gouailleur : Jacques Prévert

Malgré son allure de fantaisiste bohème qui ne se prend pas au sérieux, **Jacques Prévert** (1900-1977) a bien sa place dans la période d'éparpillement qui nous intéresse ici. Il traduit, avec un détachement cocasse mais calculé, la faillite de la poésie engoncée dans l'intellectualisme et la grandiloquence. Ses simples «paroles» démystifient les idées et les emphases, et le poème nous restitue, dans toute sa fraîcheur ou sa verdeur, la bizarrerie des hommes. Émerveillé ou scandalisé, le poète s'amuse à des croquis ou bricole les formules usées de la vie de tous les jours. Inclassable, insolent et critique, Prévert hésite entre satire et compassion. En tout cas, l'émiettement de ses «inventaires», de ses faits divers, de ses coq-à-l'âne ou de ses jeux de mots, en font, bien malgré lui, comme Boris Vian par exemple, l'illustration quasi parodique• d'un désarroi des «belles-lettres». Il était bien normal que ses poèmes finissent en chanson populaire et en jeux pour écoliers.

EXTRAITS

Un vieillard en or avec une montre en deuil
Une reine de peine avec un homme d'Angleterre
Et des travailleurs de la paix avec des gardiens de la mer
Un hussard de la farce avec un dindon de la mort
Un serpent à café avec un moulin à lunettes
Un chasseur de corde avec un danseur de têtes
Un maréchal d'écume avec une pipe en retraite
Un chiard[1] en habit noir avec un gentleman au maillot
Un compositeur de potence avec un gibier de musique
Un ramasseur de conscience avec un directeur de mégots
Un repasseur de Coligny avec un amiral de ciseaux
Une petite sœur du Bengale avec un titre de Saint-Vincent-de-Paul
Un professeur de porcelaine avec un raccommodeur de philosophie
Un contrôleur de la Table Ronde avec des chevaliers de la Compagnie
du Gaz de Paris
Un canard à Sainte-Hélène avec un Napoléon à l'orange
Un conservateur de Samothrace avec une Victoire de cimetière
Un remorqueur de famille nombreuse avec un père de haute mer
Un membre de la prostate avec une hypertrophie de l'Académie
française
Un gros cheval in partibus[2] avec un grand évêque de cirque
Un contrôleur à la croix de bois avec un petit chanteur d'autobus
Un chirurgien terrible avec un enfant dentiste
Et le général des huîtres avec un ouvreur de Jésuites.

Jacques Prévert, *Paroles*, Gallimard, 1948.

(1) un gamin
(2) Le diocèse d'un évêque «in partibus» est fictif, en pays non chrétien.

Les enfants qui s'aiment

Les enfants qui s'aiment s'embrassent debout
Contre les portes de la nuit
Et les passants qui passent les désignent du doigt
Mais les enfants qui s'aiment
Ne sont là pour personne
Et c'est seulement leur ombre
Qui tremble dans la nuit
Excitant la rage des passants
Leur rage leur mépris leurs rires et leur envie
Les enfants qui s'aiment ne sont là pour personne
Ils sont ailleurs bien plus loin que la nuit
Bien plus haut que le jour
Dans l'éblouissante clarté de leur premier amour.

Jacques Prévert, *Spectacle*, Gallimard, 1951.

Enfantillages

L'enfance reste l'âge qu'on ne veut pas quitter, d'où une sympathie et une défense quasi naïve des «enfants qui s'aiment», eux qui échappent au temps.

De même, la poésie retrouve des facéties enfantines. L'inventaire jongle avec les formules toutes faites. L'interversion a des effets burlesques, mais elle permet aussi des perspectives insolites, elle provoque des suggestions. La fonction poétique joue donc pleinement, sous la fantaisie cocasse.

L'ironie constante de Prévert à l'égard des institutions réputées sérieuses, sa sympathie spontanée pour la rue ou pour les êtres simples font qu'il se tourne presque naturellement vers l'enfance ou l'adolescence. Il chante les premières amours contrariées, par exemple : voyez au bas de la page précédente ou pensez aux nombreux poèmes mis en musique par **Joseph Kosma** (*Les Feuilles mortes, Barbara,* etc.). Mais d'une façon générale il est résolument du côté des enfants, qui voient tout sans feinte. Le meilleur de la vie, c'est quand elle n'a «pas d'âge».

document

L'esprit « Prévert »

Enfants terribles

Les parents
Sont étranges
Pour leurs en-
– fants – chers anges.

Quand ils naissent,
Ils les fessent.
Quand ils meurent,
Ils les pleurent.

Maurice Fombeure, *À dos d'oiseau,* Gallimard, 1945.

EXTRAIT

Barbara

Rappelle-toi Barbara
Il pleuvait sans cesse sur Brest ce jour-là
Et tu marchais souriante
Épanouie ravie ruisselante
Sous la pluie
Rappelle-toi Barbara
Il pleuvait sans cesse sur Brest
Et je t'ai croisée rue de Siam
Tu souriais
Et moi je souriais de même
Rappelle-toi Barbara
Toi que je ne connaissais pas
Toi qui ne me connaissais pas
Rappelle-toi
Rappelle-toi quand même ce jour-là
N'oublie pas
Un homme sous un porche s'abritait
Et il a crié ton nom
Barbara
Et tu as couru vers lui sous la pluie
Ruisselante ravie épanouie
Et tu t'es jetée dans ses bras
Rappelle-toi cela Barbara
Et ne m'en veux pas si je te tutoie
Je dis tu à ceux que j'aime
Même si je ne les ai vus qu'une seule fois
Je dis tu à tous ceux qui s'aiment
Même si je ne les connais pas
Rappelle-toi Barbara
N'oublie pas
Cette pluie sage et heureuse
Sur ton visage heureux
Sur cette ville heureuse
Cette pluie sur la mer
Sur l'arsenal
Sur le bateau d'Ouessant
Oh Barbara
Quelle connerie la guerre
Qu'es-tu devenue maintenant
Sous cette pluie de fer
De feu d'acier de sang
Et celui qui te serrait dans ses bras
Amoureusement
Est-il mort disparu ou bien encore vivant
Oh Barbara
Il pleut sans cesse sur Brest
Comme il pleuvait avant
Mais ce n'est plus pareil et tout est abîmé
C'est une pluie de deuil terrible et désolée
Ce n'est même plus l'orage
De fer d'acier de sang
Tout simplement des nuages
Qui crèvent comme des chiens
Des chiens qui disparaissent
Au fil de l'eau sur Brest
Et vont pourrir au loin
Au loin très loin de Brest
Dont il ne reste rien.

Jacques Prévert, *Paroles,* Gallimard, 1948.

Entre simplicité et profondeur

Malgré une apparence de rengaine populaire (répétitions, style familier, raccourcis, versification «parlée», refrain, etc.), le poème crée un climat sombre (le bonheur détruit, l'omniprésence de la guerre, des ruines, de la mort) et même désespéré (v. 17, 28, 48-49). Notez la nostalgie de l'âge heureux (l'adolescence, l'avant-guerre) et d'un temps révolu : celui de la spontanéité (v. 18-28) «abîmée», «pourrie».

Le regard et la mémoire de Jean Follain

De même que Prévert, sous ses facéties, énumère les choses de la vie, surtout celle des humbles, **Jean Follain** (1903-1971) ouvre pour nous les cahiers jaunis ou les vieux albums de photo des maisons d'autrefois. Cet homme sans histoire, avocat puis magistrat et voyageur, illustre une tendance au retour au réel, aux objets familiers à peine oubliés. Ses poèmes sont brefs et saisissent, comme en un instantané, un geste, une attitude, un personnage, une boutique, un meuble, un jardin... Ce regard ne va pas sans une certaine nostalgie tranquille, avec une vague angoisse devant le temps qui efface et menace. Le tableau, dans sa langue sobre et lisse, laisse pressentir quelque drame et une fragilité immobile, comme en une Nature morte.

EXTRAITS

Merceries

Merceries, ô néant des percales à chimères
des bobines de fil
dont dénudées
l'enfant fera pour un chariot des roues
des tresses et des galons
qui sur la robe de la morte
serviront
de chemins tortueux aux fourmis
aveugles à la beauté charnelle
sous le soleil de midi.

Jean Follain, *Exister*, Gallimard, 1947.

Quincaillerie

Dans une quincaillerie de détail en province
des hommes vont choisir
des vis et des écrous
et leurs cheveux sont gris et leurs cheveux sont roux
ou roidis ou rebelles.
La large boutique s'emplit d'un air bleuté,
dans son odeur de fer
de jeunes femmes laissent fuir
leur parfum corporel.
Il suffit de toucher verroux et croix de grilles
qu'on vend là virginales
pour sentir le poids du monde inéluctable.

Ainsi la quincaillerie vogue vers l'éternel
et vend à satiété
les grands clous qui fulgurent.

Jean Follain, *Usage du temps*, Gallimard, 1943.

Follain flamand?

Voyez le document de J. Onimus.

Quincaillerie représente un de ces tableaux innocents et tragiques, mais c'est aussi une définition de la méthode de Follain (l. 10-13). Aidez-vous de ce petit poème qui est un «mode d'emploi» donné par l'auteur :

La vieille dame essuie un œuf
avec son tablier d'usage
œuf couleur ivoire et lourd
que nul ne lui revendique
puis elle regarde l'automne
par la petite lucarne
et c'est comme un tableau fin
aux dimensions d'une image
rien n'y est hors de saison
et l'œuf fragile
que dans sa paume elle tient
reste le seul objet neuf.

Jean Follain, *Territoires*, Gallimard, 1962.

document

Il y a «des jardins où chaque flaque étendue comme une esclave domestique répond au bruit fin du cœur».

Et c'est bien ce que ressentaient les prédécesseurs de Follain, ces réalistes flamands ou hollandais, jamais las de collectionner, d'inventorier et de faire chanter les détails de la vie. N'est-ce pas exactement la poésie de Vermeer qui anime ce tableau d'intérieur : une vieille femme, un œuf qui brille à la lumière du soir, l'instant saisi dans sa nudité, le banal dans sa fragilité [...].

Follain nous tend la loupe avec laquelle on inspecte un tableau de Van Eyck ou des Breughel [...], le monde des petites choses continue ainsi à mener son existence étrangère, impertinente. L'innocence y confine au tragique et c'est l'image même, en raccourci, de la vie des hommes...

Jean Onimus, *Expérience de la poésie*, Desclée de Brouwer, 1973.

«Seul et sans maître» : René Char

Bien qu'il ait évolué, au tout début des années 30, dans le groupe surréaliste, avant de s'en détourner, **René Char** (1907-1987) a suivi un chemin indépendant. Après une participation très active à la Résistance, il s'est retiré dans son Vaucluse natal, à L'Isle-sur-Sorgue. Voilà encore une de ces hautes figures qui ne se reconnaissent nulle filiation et qui, après la guerre, ont voulu se fondre dans la nature, s'abstraire de toute chapelle, de toute école, pour entrer en eux-mêmes et aller jusqu'au bout de leur route poétique et spirituelle.

Un tel voyage intérieur implique que, malgré ses charmes, la poésie de Char soit dense, sans complaisance, parfois presque impénétrable. Cette concentration ne doit rien cependant à un intellectualisme taciturne ou à des finasseries gratuites. Bien au contraire : René Char écrit sa vie, qu'il sent comme livrée à l'énigme et au danger d'exister. La poésie suit donc un chemin de crête, entre **«fureur et mystère»**, c'est-à-dire entre une prodigalité, qui veut épouser tout désir ou chanter tout frémissement de la nature, et une frugalité qui refuse la facilité ou le superficiel. Mission à la fois de célébration et d'intercession, d'espoir et de détestation, la poésie est déchirée dans **un conflit des contraires.** La «difficulté» des textes de Char en signale, au fond, l'authenticité et l'exigence, celles d'un homme aux aguets, saisi jusqu'au vertige par l'absurdité désespérante de ce monde et par l'attente inassouvie de ses lumières et de ses moissons.

EXTRAITS

Congé au vent

À flancs de coteau du village bivouaquent des champs fournis de mimosas. À l'époque de la cueillette, il arrive que, loin de leur endroit, on fasse la rencontre extrêmement odorante d'une fille dont les bras se sont occupés durant la journée aux fragiles branches. Pareille à une lampe dont l'auréole de clarté serait de parfum, elle s'en va, le dos tourné au soleil couchant.

Il serait sacrilège de lui adresser la parole.

L'espadrille foulant l'herbe, cédez-lui le pas du chemin. Peut-être aurez-vous la chance de distinguer sur ses lèvres la chimère de l'humidité de la Nuit?

La compagne du vannier

Je t'aimais. J'aimais ton visage de source raviné par l'orage et le chiffre de ton domaine enserrant mon baiser. Certains se confient à une imagination toute ronde. Aller me suffit. J'ai rapporté du désespoir un panier si petit, mon amour, qu'on a pu le tresser en osier.

Anniversaire

Maintenant que tu as uni un printemps sans verglas aux embruns d'un massacre entré dans l'odyssée de sa cendre, fauche la moisson accumulée à l'horizon peu sûr, restitue-la aux espoirs qui l'entourèrent à sa naissance.

Que le jour te maintienne sur l'enclume de sa fureur blanche!

Ta bouche crie l'extinction des couteaux respirés. Tes filtres chauds-entrouverts s'élancent aux libertés.

Rien que l'âme d'une saison sépare ton approche de l'amande de l'innocence.

René Char, *Fureur et Mystère*, Gallimard, 1948.

Le chant de la terre

Ces trois courts poèmes associent la nature, toujours louée, à la rencontre amoureuse ou, du moins, à la présence féminine. La sensation est éveillée par des détails saisissants, plus que par des images – pourtant présentes car le concret et l'abstrait se mêlent sans cesse.

document

Char, vous avez forcé l'éclair au nid, et sur l'éclair vous bâtissez.

Les dieux coiffent le masque à l'approche du poète, et leurs voies sont obscures. Mais vous, d'avoir un jour, sur votre face, senti passer le souffle de l'Insaisissable, vous n'avez jamais guéri.

Parmi la foule de besaciers, de chiffonniers et d'orpailleurs qui tiennent entre eux la cote des valeurs littéraires comme la cote mobilière, vous marchiez à grands pas vers vos lointains relais, sachant sur quelles pierres nues fut par instants posé le luth de l'Étranger...

Et l'on aimait, entre poètes, vous savoir là, sans autre signe d'élection que cet éclair au front. Et vos aînés vous savaient gré de tenir haut et ferme la torche d'athlète qui chemine, sachant à quelle orée de France vous vous étiez un jour levé : seul et sans maître, au chant très sobre du loriot.

Saint-John Perse, *Cahiers de l'Herne,* 1970.

Évadné

L'été et notre vie étions d'un seul tenant
La campagne mangeait la couleur de ta jupe odorante
Avidité et contrainte s'étaient réconciliées
Le château de Maubec s'enfonçait dans l'argile
Bientôt s'effondrerait le roulis de sa lyre
La violence des plantes nous faisait vaciller
Un corbeau rameur sombre déviant de l'escadre
Sur le muet silex de midi écartelé
Accompagnait notre entente aux mouvements tendres
La faucille partout devait se reposer
Notre rareté commençait un règne
(Le vent insomnieux qui nous ride la paupière
En tournant chaque nuit la page consentie
Veut que chaque part de toi que je retienne
Soit étendue à un pays d'âge affamé et de larmier géant)

C'était au début d'adorables années
La terre nous aimait un peu je me souviens.

René Char, *Fureur et Mystère,* Gallimard, 1948.

Évadné

Ici aussi : fusion de la nature et de l'amour, mais c'est parce que les lieux sont associés à un souvenir, à un geste, à une partie du corps de la femme aimée (v. 14-15). Le vers 3 explique le fonctionnement du poème, son sens et ses images.

Pour Char, la notion n'est pas séparable de l'émotion : utilisez le document de G. Mounin.

documents

Le poète est justement l'homme dont une phrase suffit à susciter ou à ressusciter en nous, non une notion, mais comme dit Claudel, «un tableau à la fois intelligible et délectable», une notion non séparée de son émotion.

Char n'oublie jamais cela : «Bien-être d'avoir entrevu scintiller la matière-émotion instantanément reine», écrit-il dans *Moulin premier.* Et aussi : «Le poète a plus besoin d'être échauffé que d'être instruit.» [...]

Le poème ainsi conçu devient donc un moyen majeur d'immobiliser pour longtemps cette chose essentiellement fugitive, une perception neuve, une émotion; et de l'immobiliser de telle manière qu'elle reste *vivante* et *communicable.*

Georges Mounin, *La Communication poétique; Avez-vous lu Char?,* Gallimard, 1947.

Héraclite met l'accent sur l'exaltante alliance des contraires. Il voit en premier lieu en eux la condition parfaite et le moteur indispensable à produire l'harmonie. En poésie il est advenu qu'au moment de la fusion de ces contraires surgissait un impact sans origine définie dont l'action dissolvante et solitaire provoquait le glissement des abîmes qui portent de façon si anti-physique le poème. Il appartient au poète de couper court à ce danger en faisant intervenir, soit un élément traditionnel à raison éprouvée, soit le feu d'une démiurgie si miraculeuse qu'elle annule le trajet de cause à effet. Le poète peut alors voir les contraires ces mirages ponctuels et tumultueux aboutir, leur lignée immanente *se personnifier,* poésie et vérité, comme nous savons, étant synonymes.

René Char, *Fureur et Mystère : seuls demeurent,* XVII, Gallimard, 1948.

«Le poème est l'amour réalisé du désir demeuré désir.»

René Char, *Partage formel*, in *Fureur et Mystère*, Gallimard, 1962.

Faute de certitudes ou de nonchalance, la poésie de René Char invite le lecteur à **éprouver**, dans l'inconfort même de **la langue**, le **malaise dialectique** de toute vraie conscience. Comme Rimbaud, qu'il admire, Char utilise la retombée, l'échec, la déception que produit la parole poétique inachevée, insatisfaisante, alors que, pourtant, c'est en elle que l'on place quelque espoir de donner un sens aux choses. Comme le monde, la poésie est aussi désirable qu'impossible à atteindre. Cet antagonisme total, insupportable et indispensable, rappelle les conceptions des philosophes présocratiques, notamment d'Héraclite : «les contraires se fondent en unité; harmonie des forces opposées comme de l'arc ou de la lyre». La parole est donc «en archipel». Bien loin de jouer un rôle de consolation sécurisante, elle affronte, dans son tissu épars, les interrogations et les incertitudes. D'où sa continuelle tension, où cohabitent les **images** les plus pures (empruntées à la nature la plus proche : ruisseau, oiseaux, pierre) et les **formules** philosophiques, souvent à la manière des aphorismes présocratiques.

EXTRAITS

Faction du muet

Les pierres se serrèrent dans le rempart et les hommes vécurent de la mousse des pierres. La pleine nuit portait fusil et les femmes n'accouchaient plus. L'ignominie avait l'aspect d'un verre d'eau.

Je me suis uni au courage de quelques êtres, j'ai vécu violemment, sans vieillir, mon mystère au milieu d'eux, j'ai frissonné de l'existence de tous les autres, comme une barque incontinente au-dessus des fonds cloisonnés.

Permanent invisible

Permanent invisible aux chasses convoitées,
Proche, proche invisible et si proche à mes doigts,
Ô mon distant gibier la nuit où je m'abaisse
Pour un novice corps à corps.
Boire frileusement, être brutal répare.
Sur ce double jardin s'arrondit ton couvercle.
Tu as la densité de la rose qui se fera.

Effacement du peuplier

L'ouragan dégarnit les bois.
J'endors, moi, la foudre aux yeux tendres.
Laissez le grand vent où je tremble
S'unir à la terre où je croîs.

Son souffle affile ma vigie.
Qu'il est trouble le creux du leurre
De la source aux couches salies!

Une clé sera ma demeure,
Feinte d'un feu que le cœur certifie;
Et l'air qui la tint dans ses serres.

René Char, *Le Nu perdu*, Gallimard, 1964-1978.

Volets tirés fendus

Lenteur qui butine, éparse lenteur,

Lenteur qui s'obstine, tiède contre moi.

Êtres que nous chérissons, nous vous aimons dans le meilleur comme dans l'injustice de vous-mêmes, hasardeusement, tels de cahotants papillons.

Le rossignol, la nuit, a parfois un chant d'égorgeur. Ma douleur s'y reconnaît.

Le rossignol chante aussi sous une pluie indisciplinable. Il ne calligraphie pas l'arrogante histoire des rossignols.

Plus ce qui nous échappe semble hors de portée, plus nous devons nous persuader de son sens satisfaisant.

Quand nous cessons de nous gravir, notre passé est cette chose immonde ou cristalline qui n'a jamais eu lieu.

Les chiens rongent les angles. Nous aussi.

On ne peut se retirer de la vie des autres et s'y laisser soi.

Les arbres ne se questionnent pas entre eux, mais trop rapprochés, ils font le geste de s'éviter. De la chênaie s'élance trois fois l'appel du coucou, l'oiseau qui ne commerce pas. Pareil au chant votif du météore.

C'est le peu qui est réellement tout. Le peu occupe une place immense. Il nous accepte indisponibles.

Nous contenons de l'insecte dans les parcelles les plus endurantes de nous-mêmes! Suppléant qui réussit où nous échouons.

J'étais une tendre enclume qui ne cherchait pas à s'occuper.

Sur les êtres de l'ailleurs pèsent tous les soupçons. Leurs actions n'apparaissent pas conséquentes aux murs de l'ici-bas journalier.

Qu'est-ce que nous réfractons? Les ailes que nous n'avons pas.

En retenant sa salive, en se taillant un chalumeau dans le tuyau d'un froid roseau, on deviendrait dune à écouter la mer.

René Char, *La Nuit talismanique, Vers aphoristiques*, Gallimard, 1972.

De l'image à la formule

La recherche de l'image impossible prédomine : on frôle l'énigme absolue, le choc des incompatibles et du moins de l'inouï. La lecture devient à la fois inconfortable et stimulante. On va de la surprise à la « convoitise », au désir d'épouser les choses.

Les « volets tirés fendus » isolent, verset après verset, ces moments de heurt et de mystère : ils donnent à songer, brusquent l'imagination. Ni vraiment image poétique (trop confortable et reconnue) ni discours (trop assuré et logique), la sentence énerve la sensibilité et l'intelligence.

document

Poésie et autres démarches

René Char a toujours vu la poésie comme une parole de vérité qui peut éclairer les autres démarches intellectuelles ou artistiques. Ainsi son Marteau sans maître *servira de livret à un oratorio de Pierre Boulez (1955).*

Mais Char a d'autres prédilections, notamment les penseurs présocratiques (cf. ci-dessus), intérêt qu'il partagea avec le philosophe Heidegger, lui-même poète à ses heures, et avec qui il eut une correspondance.

Chemins

Chemins,
chemins de la pensée; ils vont d'eux-mêmes,
ils s'échappent. Quand donc amorcent-ils à nou-
[veau le tournant
dégageant la vue sur quoi?
Chemins allant d'eux-mêmes,
jadis ouverts, soudain refermés,
plus tard. Montrant de l'antérieur,
jamais atteint, voué au non-dit –
relâchant les pas
à partir de l'accord d'un fiable destin.
Et à nouveau presse
une ombre incertaine
dans la lumière qui tarde.

Martin Heidegger, *Pensivement*, poèmes dédiés à René Char, trad. Jean Beaufret et François Fédier, cahiers de l'Herne, 1971.

Faisons le point

Fiche n° 7
précédente : p. 131.

Sociologie de la poésie

Qui lit de la poésie ? Le public, les éditeurs, les critiques, etc.

1. Jusqu'à la fin du XIXe siècle, le grand public (mais cette notion n'avait pas du tout le même sens qu'aujourd'hui) s'intéressait à la poésie. Les grandes dates de l'histoire littéraire et les « best-sellers » étaient des recueils poétiques. Le roman a peu à peu pris le dessus, au point de devenir un genre unique, tandis que la diffusion de la poésie s'est faite plus confidentielle. La plupart des textes sont publiés à compte d'auteurs et seules les anthologies (de G. Pompidou, Ph. Soupault, J.-F. Revel, Max-P. Fouchet, de la N.R.F., de R. Sabatier) ont des tirages comparables aux grands romans. Mais l'étude des ventes fait apparaître que les meilleurs chiffres sont obtenus par des recueils à usage scolaire (Rimbaud, Apollinaire, Baudelaire...). Pour le XXe siècle, Prévert et Éluard viennent en tête, suivis d'Apollinaire.

pp. 59 ; 162.

2. La poésie a trouvé refuge dans les revues : *Mercure de France, Nouvelle Revue Française, Les Temps modernes, Les Cahiers du Sud, Lettres nouvelles, Action poétique, Europe, Esprit, Lettres françaises,* etc. Mais ce phénomène a l'inconvénient de cantonner la poésie dans un domaine réservé, d'autant que ces revues sont souvent, par ailleurs, des recueils de critique universitaire ou de théories. La confusion s'installe alors entre la poésie et le discours qu'on tient sur elle, entre le poème et la glose, souvent déroutante. C'est pourquoi la chanson, qui n'est pas épinglée ni intellectualisée, a pris son envol dans la même période.

pp. 40 ; 119 ; 122 ; 135 ; 140.

3. La distance qui s'établit entre poésie et public n'est pas cependant un fait nouveau. Une tendance profonde se dessine, avec un constant va-et-vient, entre la poésie « première », qui est parole et art populaire, et la poésie élaborée, qui est écriture et art hautain. Si Prévert et Éluard se vendent mieux que Saint-John Perse ou Michaux, c'est qu'ils ont su rester proches d'une certaine tradition du folklore ou de la chanson. Et, surtout, on peut les apprendre par cœur, à l'école généralement. Une fois ancrés dans les mémoires et répétés, ils retrouvent leur fonction de vecteur oral. On constate même que l'importance de la glose consacrée à un « grand » poète est presque inversement proportionnelle à sa diffusion réelle dans le public.

pp. 65 ; 79 ; 86 ; 124 ; 163.

4. La poésie peut cependant redevenir action, dans la guerre, dans divers militantismes, ou quand le besoin se fait sentir d'un « hymne » commun. Ce fut le cas pendant la Résistance et dans divers pays à des moments difficiles (Maiakovski en Russie, Brecht en Allemagne, Neruda au Chili, Mendela en Afrique du Sud, par exemple). Le rôle social du poète apparaît alors, comme chaque fois qu'un peuple a besoin d'un langage pour participer à son histoire, pour créer de nouvelles légendes et des idéaux. C'est un véritable retour aux sources de la vocation poétique, qu'elle se formule en graffiti ou en cantique.

La Société des Poètes Français (fondée en 1903) comportait 765 membres en 1967. On recense 1800 revues en 1973, dont 700 qui atteignent mille abonnés.

pp. 39-40 ; 86 ; 111-113 ; 166.

Paul Bénichou, *Le Sacre de l'écrivain*, Corti, 1973.

Julia Kristeva, *La Révolution du langage poétique*, Le Seuil, 1974.

Georges Mounin, *Poésie et Société*, P.U.F., 1962.

L'expérience et la limite

Le langage en question

L'essoufflement de la littérature engagée et l'éclatement des groupes ou écoles (cf. pp. 116 à 140) ne s'expliquent pas seulement par des raisons exclusivement «littéraires» mais s'inscrivent dans une **«ère de soupçon».** Après les abominations des années 39-45, les idées ou les théories n'ont pas bonne réputation. On vient de voir les effets des idéologies. Il n'est plus question de les embrasser aveuglément, mais plutôt de comprendre comment elles se constituent. Pour le poète, l'occasion est offerte de se détourner de la pensée – voire des images de l'homme ou du monde –, pour scruter le **matériau** lui-même, en qui se forgent tous les «prêts à penser». Reprenant le langage là où les Surréalistes l'avaient laissé, en précurseurs, les écrivains les plus marquants des années 50 à 70, chacun à leur manière, vont mettre en question non la fin de la littérature, mais son moyen. Les uns se lancent dans une dissection ou une spéléologie (Michaux), d'autres cisèlent et fragmentent (Ponge); ici on torture ou l'on crie (Artaud), là on blanchit ou efface (Beckett). Certains y voient une ascèse pathétique (Blanchot), d'autres y déballent les incongruités cocasses de nos clichés (Queneau, Tardieu, Ionesco). Bref, chacun y va de sa trouvaille et de son expérimentation, au risque d'atteindre la limite : le n'importe quoi, le borborygme et, surtout, une incommunicabilité. À force de fuir les absolus destructeurs des raisonneurs, la poésie s'autodétruit peu à peu et dérive au loin. Des réactions ne tarderont pas. D'autres poètes, se fondant sur la même détestation de la raison, choisiront le dépouillement, sans doute, mais aussi une immense tendresse pour les choses de la vie (Bonnefoy, Jaccottet).

Pour prendre un exemple extrême, proche du canular, le **lettrisme** se propose d'aller si loin, dans le concassage du langage comme signifié, que plus rien ne subsiste, sinon la lettre elle-même, prise comme substance poétique primitive. En voici un exemple.

EXTRAIT

La ballade des mordus

frarô zalü kéapri norévé
nayakoler koramin atürsi
karsôpéti dani povra züvé
ti*eu* soraya lilô koramési.
klaroid éponèm lorümési
kotalé*chi*r ora barü jéri
ola daji korü dévôbari
ani, lôsas, blokalami dépudr
danostrimèl parsi nômôsari
blokajoèl klimayalü réudr

sonéklami, fréri, panédové
avor dédi, kokéfamü zaksi
barjistôs, totéfôs vazové
kétozim, nonavôs bonazaksi.
akskizona, poska samé troksi
avirlofas dolavirjü mori
késôgris nazôparni tori
késôgris nôzapèrnü boraudr
nazomarmor, oma nanu lari
blokajoèl klimayalü paudr
lôs! d*an*tsé bu*ch* é*keu*lévé lévé
rokamadur nonavis bozaksi
évor dédlü, koklifoma züvé
ovirlafôs dalôvarji mori
okskizénô, paskô somi graksi
ovirlafôs dolavirjü mori
kôsagris nézôparni
kosagris nôzapèrnü pérôudr
nôzamarmir, amô noni lori
blokajoèl klimalayü saudr.

Envoi

Proséjâzi, kézortizas matri
gardikofèr, nonadi sognari
alonavi kôfari nékijudr
am, ozénapi dom*an*küri
blokajoèl klimayalü naudr.

Maurice Lemaître, dans *Poésie Nouvelle*, n° 9, octobre-novembre, décembre 1959, réédité dans *Œuvres Poétiques et Musicales Lettristes, Hypergraphiques et Infinitésimales,* Lettrisme, Éditions du Centre de Créativité, Paris, 1965.

Plus sérieusement, malgré un humour désopilant, **Raymond Queneau** (1903-1976) veut lui aussi appréhender la langue comme un jeu et la tradition littéraire comme une boîte à outils. Non seulement ses fantaisies désacralisent la littérature, mais elles soumettent les mots à une entreprise de rénovation très féconde. Avec son ami François Le Lionnais, Queneau fonde en 1960 son «ouvroir de littérature potentielle», l'**OULIPO,** «groupe de recherches de littérature expérimentale». Convaincu que la création n'est qu'affaire de recettes, l'OULIPO s'emploie à faire l'inventaire de ces procédés et de ces contraintes où germe toute invention.

Par exemple, l'OULIPO exploite et rajeunit des formes fixes :

EXTRAIT

La méthode S + 7
Ici, chaque mot a été remplacé par le septième de son espèce dans le dictionnaire.

La cimaise et la fraction

La cimaise ayant chaponné tout l'éternueur
se tuba fort dépurative quand la bixacée fut verdie :
pas un sexué pétrographique morio de mouffette ou de verrat.
Elle alla crocher frange
Chez la fraction sa volcanique
La processionnant de lui primer
Quelque gramen pour succomber
Jusqu'à la salanque nucléaire.
«Je vous peinerai, lui discorda-t-elle,
avant l'apanage, folâtrerie d'Annamite!
interlocutoire et priodonte.»
La fraction n'est pas prévisible :
c'est là son moléculaire défi.
«Que ferriez-vous au tendon cher?
discorda-t-elle à cette énarthrose.
– Nuncupation et joyau à tout vendeur,
Je chaponnais, ne vous déploie.
– Vous chaponniez? J'en suis fort alarmante.
Eh bien! débagoulez maintenant.»

Oulipo, *Littérature potentielle*, coll. «Idées», n° 289, Gallimard.

document

L'art poétique, selon Queneau :

Prenez un mot prenez-en deux
faites-les cuire comme des œufs
prenez un petit bout de sens
puis un grand morceau d'innocence
faites chauffer à petit feu
au petit feu de la technique
versez la sauce énigmatique
saupoudrez de quelques étoiles
poivrez et puis mettez les voiles
Où voulez-vous donc en venir?
À écrire
  vraiment? à écrire??

Raymond Queneau, *Le Chien à la Mandoline*, Gallimard, 1965.

Lettrisme et réécriture

Il faut lire à haute voix. On se rend compte alors, surtout dans la *Ballade des mordus*, que le texte nous intéresse parce qu'il évoque encore un autre texte. Ce jeu sur les sonorités est finalement une autre forme de pastiche•. La lettre en soi n'y est pour rien car, seule, elle ne signifie rien. On est proche du canular, en tout cas.

Dans les textes d'Oulipo, le pastiche• est nettement plus avoué, et la transtextualité•, bien reconnue, crée la drôlerie et la réussite de l'opération.

La mathématique, l'algèbre et les lois du hasard viennent aussi – entre autres – à la rescousse pour dénoncer la gratuité et les artifices du discours littéraire. Queneau poussera ces exercices combinatoires jusqu'à publier ses *Cent Mille Milliards de poèmes* (1960) : dix sonnets, aux vers construits sur des rimes identiques, servent de base à des dispositions aux variations infinies – ou presque, puisqu'il existe 10^{14} combinaisons.

document

Le langage comme pâte à modeler, selon Jean Tardieu.

Trouvez un seul verbe pour signifier l'acte qui consiste à boire un verre de vin blanc avec un camarade bourguignon, au café des Deux-Magots, vers six heures, un jour de pluie, en parlant de la non-signification du monde, sachant que vous venez de rencontrer votre ancien professeur de chimie et qu'à côté de vous une jeune femme dit à sa voisine : «Je lui en ai fait voir de toutes les couleurs, tu sais!»

Jean Tardieu, *Cahiers du professeur Frœppel*, Gallimard, 1978.

Henri Michaux, prophète malgré lui

Il n'est guère d'auteur qui illustre mieux la contestation opérée à l'intérieur même de la création littéraire qu'**Henri Michaux** (1899-1984). D'abord il n'est écrivain qu'accessoirement, sa démarche exploratoire se voulant globale : elle peut prendre la forme de dessins, de peintures, de délires hallucinogènes par la drogue, de voyages fictifs ou réels. Tout est « épreuve » ou « exorcisme » et tout texte n'est qu'une manifestation, fragmentaire et toujours bizarre, d'un imaginaire errant et insurgé. D'autre part, Michaux considère que le langage est moins un véhicule qu'une matière à pétrir. Ainsi est-il un inventeur de mots et de formes. « 1911 à 1914 : Bruxelles. Découverte du dictionnaire, des mots qui n'appartiennent pas encore à des phrases, pas encore à des phraseurs, des mots et en quantité et dont on pourra se servir soi-même à sa façon », écrit-il dans son autobiographie. Enfin, Michaux ne croit à rien, il ne se fixe pas (« aucune contrée ne me plaît : voilà le voyageur que je suis ») et son œuvre elle-même se refuse à tout classement et à toute redite. Au fond, il ne cherche même pas à faire de la littérature et va jusqu'à se considérer lui-même comme un étranger. Et c'est bien malgré lui que son œuvre, où prédomine un insolite, névrotique et déconcertant, est devenue le témoignage le plus accompli de l'état des lieux littéraires actuels.

EXTRAIT

Forme évidente de la violence poétique, exercée contre le langage : la désarticulation et l'invention verbales. Cette contestation radicale fait aussi place à l'humour.

Le grand combat

Il l'emparouille et l'endosque contre terre ;
Il le rague et le roupète jusqu'à son drâle ;
Il le pratèle et le libucque et lui barufle les ouillais ;
Il le tocarde et le marmine,
Le manage rape à ri et ripe à ra.
Enfin il l'écorcobalisse.

L'autre hésite, s'espudrine, se défaisse, se torse et se ruine.
C'en sera bientôt fini de lui ;
Il se reprise et s'emmargine... mais en vain
Le cerceau tombe qui a tant roulé.
Abrah ! Abrah ! Abrah !
Le pied a failli !
Le bras a cassé !
Le sang a coulé !
Fouille, fouille, fouille,
Dans la marmite de son ventre est un grand secret
Mégères alentour qui pleurez dans vos mouchoirs ;
On s'étonne, on s'étonne, on s'étonne
Et on vous regarde
On cherche aussi, nous autres, le Grand Secret.

Henri Michaux, *Qui je fus*, in *L'Espace du dedans*, Gallimard, 1927.

Henri Michaux, *Champs de bataille* (détail), 1963, ph. M.N.A.M.G.P., A.D.A.G.P.

Langage imaginaire ?

Curieusement, on a l'impression immédiate de comprendre. C'est que les mots de Michaux ne sont pas totalement arbitraires. Ils rappellent des termes que nous connaissons, en les déformant légèrement ou en les imitant. Ou bien, ils ont des sonorités suggestives. Du moins ils ne paraissent pas forgés gratuitement.

Les ressources de l'humour : termes cocasses, parodies•, mise en cause des lecteurs, impression de folie douce, décalage entre le ton et le sujet, brisure de clichés, etc.

EXTRAITS

Mais l'impulsion ou le déchirement du langage n'est que l'expression d'une violence interne, presque insoutenable, d'une frustration douloureuse et angoissée. De même qu'il divague dans les mots, Michaux se complaît dans des récits d'ethnologie fictive, où il invente non seulement des langues mais des mœurs bizarres, une faune chimérique et, surtout, des maladies répugnantes, images – comme chez Beckett, cf. p. 243 – du malheur d'être né.

Les nans

À cause d'une maladie qui sévit chez eux, leur pays est craint de tous. Sitôt arrivé, je ne songeai plus qu'à repartir.

Il leur vient des boudins durs sous la peau. D'abord aux jambes (peu d'entre eux y font attention; c'est peut-être un muscle dévié...), puis au ventre, où tout de même c'est plus étrange, puis les boudins s'accumulent, distendant la peau qui durcit et ne semble pas vouloir céder. Il faut exciser le boudin quand il est mûr, alors rien à craindre, l'infection est très rare. Nettoyer la plaie avec de l'eau d'Avers, qui passe pour miraculeuse. Quoi qu'il en soit, elle possède cette qualité qu'elle arrête l'hémorragie, tonifie toute la région, allant jusqu'à faire rapetisser les petits boudins. Premier stade.

Au deuxième stade, deux ou trois ans après, viennent les abcès.

Les femmes sont plutôt atteintes à la poitrine. Leurs seins deviennent énormes et violets, ou rouges, mais d'un rouge vineux bien chargé. Si elles ne sont plus toutes jeunes, leur sein malgré l'âge, loin de se flétrir, mûrit et se développe en fruit abject, s'enrichissant de couleurs toujours nouvelles et plus éclatantes de splendeur et de délire, avec de petits filets orange et bleu de cobalt. Et elles vont ainsi sur les routes, désespérées, quoique majestueuses. Mais au moindre mouvement brusque, le sein donne issue à une petite traînée jaune, qui vous soulève le cœur.

Dès que les bandes de ces malheureuses, avec les enfants et les aveugles aux yeux pourris par le pus, se mettent en mouvement, ce sont dans toute la région des transes abjectes.

Henri Michaux, *Ailleurs : voyage en Grande Garabagne,* Gallimard, 1936.

Insoutenable ?

Le récit essaie de créer un dégoût de plus en plus insoutenable. Notez l'évolution du ton : objectif comme un reportage scientifique d'abord, un peu inquiétant quand il se fixe sur les déformations (« boudins ») puis peu à peu écœurant (« qui vous soulève le cœur ») et abject. Malgré la volonté de choquer, le texte est insinuant, méticuleux, tatillon. C'est par là que l'humour noir se trahit. Michaux laisse entendre qu'il sait fort bien qu'il nous « soulève le cœur » à nous aussi.

Si l'œuvre de Michaux flâne et divague, c'est que rien n'apporte, nulle part, la moindre solution pour mieux vivre. Les titres parlent d'eux-mêmes. Ils n'évoquent que le désarroi et le flottement : « passages », « mouvements », « misérable miracle », « turbulences », « gouffres », « vents et poussières », « émergences », « moments », « ravages », « silences », « insubordination », « ensablement », « chemins perdus », « transgressions », etc. En se vouant à la drogue, notamment à la mescaline (cf. p. 148), Michaux ne fait qu'amplifier le mouvement de dérive qui l'habite. Voilà aussi pourquoi son écriture semble tourner autour de trois obsessions qui, toutes, s'apparentent à l'instabilité et l'irréalité : le voyage (sous toutes ses formes), la dilution du moi (dans le sommeil, le fantastique •, le délire, etc.) et l'exorcisme (par le récit cruel, vengeur, par l'humour noir, par l'imaginaire). Il écrit pour « court-circuiter ».

Dans l'impossibilité de répondre à la question « Qui je fus », Michaux se confond avec l'impuissance ironique et tranquillement dévastatrice de son héros Plume. « Il n'est pas un moi. Il n'est pas dix moi. Il n'est pas de moi. Moi n'est qu'une position d'équilibre ». Plume, paisible et distrait, flotte dans une perpétuelle indétermination. Il incarne ainsi non seulement son inventeur, mais la situation même de tout créateur lucide.

document

Michaux = Plume ?

C'est un homme frêle, délicat, très « malade distingué ». Une tête d'oiseau, aux cheveux déjà rares. Des yeux magnifiques, d'un bleu grave, qui fixent comme s'ils étaient noirs – avec intelligence, intensité, malice aussi. Des lèvres minces et fines. Des mains fines aussi, très belles. Une voix lente qui tâtonne un peu avec les mots, comme avec des objets trop grossiers qu'il s'agit de tailler et d'affûter – mais on n'a pas toujours le temps et il faut bien se servir des mots tels qu'ils sont faits. Accent belge un peu chantant. Un charme un peu coupant. D'autant plus précieux, ce charme, qu'on sent à chaque instant qu'il peut être rompu – et que peuvent tout à coup reparaître « les lances, haillons et précipices ».

Portrait de Michaux, par René Bertelé, dans *Henri Michaux,* N.R.F., 1959.

EXTRAITS

Un homme paisible

Étendant les mains hors du lit, Plume fut étonné de ne pas rencontrer le mur. « Tiens, pensa-t-il, les fourmis l'auront mangé... » et il se rendormit.

Peu après, sa femme l'attrapa et le secoua : « Regarde, dit-elle, fainéant ! Pendant que tu étais occupé à dormir, on nous a volé notre maison. » En effet, un ciel intact s'étendait de tous côtés. « Bah, la chose est faite », pensa-t-il.

Peu après, un bruit se fit entendre. C'était un train qui arrivait sur eux à toute allure. « De l'air pressé qu'il a, pensa-t-il, il arrivera sûrement avant nous » et il se rendormit.

Ensuite, le froid le réveilla. Il était tout trempé de sang. Quelques morceaux de sa femme gisaient près de lui. « Avec le sang, pensa-t-il, surgissent toujours quantité de désagréments ; si ce train pouvait n'être pas passé, j'en serais fort heureux. Mais puisqu'il est déjà passé... » et il se rendormit.

– Voyons, disait le juge, comment expliquez-vous que votre femme se soit blessée au point qu'on l'ait trouvée partagée en huit morceaux, sans que vous, qui étiez à côté, ayez pu faire un geste pour l'en empêcher, sans même vous en être aperçu. Voilà le mystère. Toute l'affaire est là-dedans.

– Sur ce chemin, je ne peux pas l'aider, pensa Plume, et il se rendormit.

– L'exécution aura lieu demain. Accusé, avez-vous quelque chose à ajouter ?

– Excusez-moi, dit-il, je n'ai pas suivi l'affaire. Et il se rendormit.

La vision de Plume

Un fromage lent, jaune, à pas de chevaux de catafalque, un fromage lent, jaune, à pas de chevaux de catafalque, circulait en lui-même comme un pied du monde. C'était plutôt une énorme mamelle, une vieille meule de chair et, accroupie, se tenait sur une région immense qui devait être terriblement moite.

Sur la gauche descendait la cavalerie. Il fallait voir les chevaux freiner sur leurs sabots de derrière. Ces cavaliers si fiers ne remonteraient donc jamais ? Non, jamais.

Et le chef faisait force gestes de protestations, mais sa voix était devenue si petite qu'on se demandait qui aurait accepté de tenir compte de ce qu'il disait, comme si un grain de riz s'était mis à parler.

Enfin, ils parurent s'embourber et on ne les revit plus. Puis, tout à coup, comme un déclic, comme un débrayage se fit dans l'énorme chose molle et des débris rejetés de tous côtés se forma après un certain temps un ruban si long, si long et cependant si ferme que toute la cavalerie y aurait pu passer à grande allure. Mais ses éléments avaient disparu. Seule la silhouette du chef se distinguait. On aurait même été tenté de lui voir encore son attitude de protestation, si sa tête orgueilleuse ne s'était affaissée. Alors, comme si elle seule jusqu'à ce moment l'avait tenu debout, il tomba de tout son long. Ce fut un cylindre si léger qui roula sur le ruban, qui descendait avec un bruit clair, et qui semblait parfaitement creux et gai.

Quant à Plume, assis au pied de son lit, il regardait ce spectacle en réfléchissant silencieusement...

Henri Michaux, *Plume*, Gallimard, 1938 et 1963.

Plume

Aidez-vous de la p. 145, pour cerner les rapports de Michaux et de son (anti-) héros. De même, l'expérience de la p. 148 est une sorte de mode d'emploi de ces poèmes un peu déconcertants. Notez l'effacement du moi, le refus du lyrisme•, le démarquage très net par rapport à ce qui est réputé « poétique ». Mais aussi une forte angoisse et une distance ironique face à ce qui est imaginé et décrit.

Puisque tout se dérobe et évolue de manière plus ou moins informe, Michaux prend l'habitude de confondre le réel avec des apparitions hybrides et monstrueuses. Mêlant ses souvenirs de découvertes étranges en des contrées lointaines (Inde, Chine...) avec ses propres constructions d'êtres fantasmatiques, il nous fait divaguer dans des pays fabuleux (la « Grande Garabagne », par exemple, ou le « Pays de la Magie ») où l'on croise des objets imaginaires (la « mitrailleuse à gifles », le « sabre ondulant », l'« homme-bombe ») et des chimères, formes de vie inquiétantes et indéfinissables, les « **meidosems** ». Ces choses caoutchouteuses et animées, vaguement cruelles, sont la métaphore de toute création, inachevée et menaçante. Elles ont l'élasticité et la nocivité, attirante mais risquée, du langage.

EXTRAIT

Portrait des meidosems

Trente-quatre lances enchevêtrées peuvent-elles composer un être ? Oui, un Meidosem. Un Meidosem souffrant, un Meidosem qui ne sait plus où se mettre, qui ne sait plus comment se tenir, comment faire face, qui ne sait plus être qu'un Meidosem.

Ils ont détruit son « un ».

Mais il n'est pas encore battu. Les lances qui doivent lui servir utilement contre tant d'ennemis, il se les est passées d'abord à travers le corps.

Mais il n'est pas encore battu.

Ils prennent la forme de bulles pour rêver, ils prennent la forme de lianes pour s'émouvoir.

Appuyée contre un mur, un mur du reste que personne ne reverra jamais, une forme faite d'une corde longue est là. Elle s'enlace.

C'est tout. C'est une Meidosemme.

Et elle attend, légèrement affaissée, mais bien moins que n'importe quel cordage de sa dimension appuyé sur lui-même.

Elle attend.

Journées, années, venez maintenant. Elle attend.

L'élasticité extrême des Meidosems, c'est là la source de leur jouissance. De leurs malheurs, aussi.

Quelques ballots tombés d'une charrette, un fil de fer qui pendille, une éponge qui boit et déjà presque pleine, l'autre vide et sèche, une buée sur une glace, une trace phosphorescente, regardez bien, regardez. Peut-être est-ce un Meidosem. Peut-être sont-ils tous des Meidosems... saisis, piqués, gonflés, durcis, par des sentiments divers...

Organes épars, courses rompues, intentions prises dans la pierre. Le solide vous a ainsi. En tessons de vous-même. Le solide tant désiré vous a enfin.

Disloqués, en morceaux, genoux de l'élan. Étrange palissade meidosemme.

Plus de bras que la pieuvre, tout couturé de jambes et de mains jusque dans le cou, le Meidosem.

Mais pas pour cela épanoui. Tout le contraire : supplicié, tendu, inquiet et ne trouvant rien d'important à prendre, surveillant, surveillant sans cesse, la tête constellée de ventouses.

Oh dortoirs-hiboux du souffle inétouffable. Ils viennent ici, Meidosems épuisés, conduits par le fil qui va du féminin au larcin, de la naissance à la pourriture, de la joie à la glaise, de l'air à l'azote.

Ils ont abouti ici. Il n'y a rien à ajouter.

Henri Michaux, *La Vie dans les plis*, Gallimard, 1949.

Meidosems

Au moins deux lectures possibles : un récit symbolique d'une vie ; une image concentrant toutes les hantises du poète. Mais ces formes molles et agressives forment un dessin animé où se succèdent des images-surprises, des aphorismes•, des morceaux de narration avortée, des objets de répulsion, un peu d'humour, des fantasmes, etc. L'écriture a trouvé là un moyen de visualiser le « corps intérieur », à la fois larvaire et traversé de pulsions.

document

Assumer la détresse de cette nuit pour qu'elle chemine vers son terme et son retournement. Littéralement précipiter le monde dans l'abîme où déjà il se trouve. En chacun se poursuit le combat d'un faux jour qui se succède avec la vraie nuit qui se fortifie. De fausse aurore en fausse aurore et de leur successif démantèlement par la reconnaissance de leur illusoire clarté, s'approfondit la nuit et s'ouvre la tranchée de notre chemin dans la nuit. Ce nul embrasement du ciel, reconnaissons sa nécessité comme celle de feux de balise pour évaluer le chemin parcouru et mesurer les chances de la traversée. En effet, tous les mots nous abusent. Mais il arrive que la chaîne discontinue de ce qu'ils projettent et de ce qu'ils retiennent, laisse surgir le corps ruisselant et le visage éclairé d'une réalité tout autre que celle qu'on avait poursuivie et piégée dans la nuit.

Jacques Dupin, *Moraines, L'Embrasure*, Gallimard, 1969.

EXTRAIT

Une expérience inquiétante : drogue et création

Comme l'avaient fait les Surréalistes, à la suite de Rimbaud, certains poètes ont expérimenté la drogue comme moyen d'aborder un monde neuf. Cocteau a même rédigé tout un recueil lié à l'opium. Michaux s'est essayé à la mescaline, un hallucinogène, et il tient un journal qui transcrit ses sensations, immédiatement...

Friction par le blanc cliquetis secret du blanc

Dans la tempête du blanc

En sortir comment en sortir ?

blanc blanc

blanc de torrent qui ne me lâche plus

blanc qui reste, dont je ne « reviens » pas

le blanc frappant ma pensée de blanc

Que faire ? Mon hésitation même est blanche les mots deviennent blancs

Stupide, absurde, exorbitant. Je n'aurais pas dû reprendre de la mescaline. Car j'en ai encore repris un peu, il y a quelque temps. Quand? Si encore je voyais des couleurs au lieu de cet étincelant blanc, blanc, blanc!

Comme si chaque seconde disait « à perte de vue », « à perte de vue ». Cliquetis secret du blanc. Je dois faire quelque chose avant que ce blanc n'opère le hachage complet de ma volonté et de mes possibilités de décisions. Il faut faire quelque chose, mais quoi ? Ce blanc est excessif, ce blanc m'affole, je n'y vois aucune forme. Je prends un nouveau comprimé de Nicobion (l'antidote) et du sucre, et encore du sucre dans le même dessein. Je ne veux plus continuer l'expérience. Je connais tout ce blanc par cœur. Pour de la répétition, pour du connu, pourquoi souffrir? Je reprends du Nicobion, mais au bout de combien de temps va-t-il agir... s'il agit ?

Une fois lancé, quelle résistance a ce blanc. Le blanc ne me laisse pas tranquille. Le blanc est à l'avant-plan. Le blanc pousse de tous les côtés. Je ne peux plus rien mettre entre le blanc et moi. Vais-je reprendre encore du Nicobion ? (les remèdes souvent pires que le mal, quoique celui-ci paraisse innocent). Oui ou non ? *Mon hésitation est blanche.* C'est inouï. Ce n'est pas un mot, une demi-vérité, c'est ça, mon hésitation est totalement blanche, comme est blanche ma constatation que mon hésitation est blanche. Le blanc frappe de blanc toute pensée. Je fais plus de blanc que de n'importe quoi.

Le blanc coiffe tout. Il y a dix frappes de blancs, pour une de réflexion. Mes réflexions lattées de blanc, gravement mais non douloureusement scandées de blanc – m'horripilent, horripilation blanche. Je n'en veux plus. Je voudrais un mot qui ne fasse pas blanc, qui ne « prenne » pas le blanc. Mais le blanc invraisemblablement accroché orchestre et mitraille toute pensée.

Je reprends du sucre et encore du Nicobion. (J'ai dû en prendre et cesser de compter depuis un bout de temps.) Il faut que je mette arrêt au blanc. Je ne veux plus arborer de blanc. Je ne veux plus que blanc crie sur moi, je veux cesser d'avoir envie intolérable, pour me délivrer au moins ainsi, de crier « blanc ! blanc ! blanc ! »

Henri Michaux, *L'Infini turbulent*, Mercure de France, 1957.

Un probable échec

On perçoit surtout une dépossession, l'effort pénible du poète pour garder une vague conscience et les moyens du langage. La montée du blanc et des signes informes, la « perte de vue » : comparez avec les « meidosems ». Toutefois, à côté de ce probable échec poétique de l'expérience, Michaux atteint ces zones où l'émotion et la vision n'ont plus d'équivalence dans la parole humaine : la quête de l'ineffable, de l'indicible, trouve ainsi une forme d'aboutissement.

Le parti pris des choses : Francis Ponge

Tandis que des écrivains aussi différents que Queneau (cf. p. 142) et Michaux (cf. p. 144), pour se venger du langage, le soumettent à diverses désarticulations, d'autres poètes se fixent un projet distinct, pour contourner les mots. Bien loin de laisser l'initiative au langage et d'abdiquer, dans le jeu verbal ou dans la manipulation, toute conscience lucide, ils préfèrent décortiquer, exploiter les nuances. Tel est le cas de **Francis Ponge** (1899-1988) qui **traque l'objet** par un **inventaire méticuleux du lexique.** Seul un retour aux choses, muettes et têtues, peut régénérer la poésie qui s'est trop complu dans les tromperies sentimentales et dans la grandiloquence creuse. Il faut donc commencer par dire la présence, par décrire, en contraignant le langage à la précision, autant qu'il est possible.

EXTRAIT

Le pain

La surface du pain est merveilleuse d'abord à cause de cette impression quasi panoramique qu'elle donne : comme si l'on avait à sa disposition sous la main les Alpes, le Taurus ou la Cordillère des Andes.

Ainsi donc une masse amorphe en train d'éructer fut glissée pour nous dans le four stellaire, où durcissant elle s'est façonnée en vallées, crêtes, ondulations, crevasses... Et tous ces plans dès lors si nettement articulés, ces dalles minces où la lumière avec application couche ses feux, – sans un regard pour la mollesse ignoble sous-jacente.

Ce lâche et froid sous-sol que l'on nomme la mie a son tissu pareil à celui des éponges : feuilles ou fleurs y sont comme des sœurs siamoises soudées par tous les coudes à la fois. Lorsque le pain rassit ces fleurs fanent et se rétrécissent : elles se détachent alors les unes des autres, et la masse en devient friable...

Mais brisons-la : car le pain doit être dans notre bouche moins objet de respect que de consommation.

Francis Ponge, *Le Parti pris des choses,* Gallimard, 1942.

Géographie du pain

Le poème développe une vaste métaphore•, subtilement détaillée et ramifiée. Observez comment se répand le champ lexical• «géographique», à peine dévié par quelques allusions sous-jacentes un peu différentes (par ex. sœurs/coudes).

Les mots sont choisis aussi selon leur propre sonorité (masse amorphe; éructer...) et suggèrent le craquant, le feuilleté ou le spongieux.

Notez aussi la pointe d'humour qui affleure partout et s'avoue à la fin.

document

À la fin du poème, l'objet est en effet rendu, comme chez Mallarmé, à un silence; et ce blanc, s'il permet quelquefois le dégagement d'une allégorie, recouvre le plus souvent la paix d'une dégustation. Imaginairement l'esprit y savoure la crevette, l'escargot, la pluie ou le galet; réellement il rompt le pain ou boit le verre d'eau. A la fois mentale et sensuelle, la jouissance ainsi atteinte n'épargne aucune qualité, aucune région de l'objet dégusté, qui se trouve traversé et comme épuisé par elle. Par le poème la succulence devient donc transparence. Nous voici rendus, avec les choses, à travers les choses, à la limpidité d'un monde vrai. Étendre sur l'homme et sur l'objet le clair vernis d'une évidence toute simple, nous obliger à constater cette simplicité, et en même temps à la consommer, à la parcourir, à nous établir familièrement en elle comme en notre vérité la plus ancienne et la plus neuve, telle est, me semble-t-il, la profonde vertu de Francis Ponge :

«C'est de plain-pied que je voudrais qu'on entre dans ce que j'écris. Qu'on s'y trouve à l'aise. Qu'on y trouve tout simple.

Jean-Pierre Richard, *Onze Études sur la poésie moderne,* Le Seuil, 1964.

Mais, comme l'on sait, l'objectivité, dans le langage, est une utopie. L'objet résiste et n'est pas réductible aux mots. Malgré la rigueur toute classique de sa méthode (Ponge est admirateur de Malherbe), le poète n'atteint pas à cette ligne pure et juste qui coïnciderait parfaitement avec les contours de la chose vue et soigneusement restituée. Nouvel échec, donc. Il faut alors que l'observateur «lise» l'objet au gré de sa propre sensibilité, en laissant dériver, par le mécanisme des connotations• et de l'imaginaire personnel, la description vers la rêverie.

EXTRAIT

La bougie

La nuit parfois ravive une plante singulière dont la lueur décompose les chambres meublées en massifs d'ombre.

Sa feuille d'or tient impassible au creux d'une colonnette d'albâtre par un pédoncule très noir.

Les papillons miteux l'assaillent de préférence à la lune trop haute, qui vaporise les bois. Mais brûlés aussitôt ou vannés dans la bagarre, tous frémissent aux bords d'une frénésie voisine de la stupeur.

Cependant la bougie, par le vacillement des clartés sur le livre au brusque dégagement des fumées originales encourage le lecteur, – puis s'incline sur son assiette et se noie dans son aliment.

Francis Ponge, *Le Parti pris des choses,* Gallimard, 1942.

La bougie, fleur de la nuit

Autre méthode : plusieurs métaphores• à peine esquissées (plante, colonne, brûlot, personnification...) qui se suivent distinctement.

La bougie est surtout moyen d'exprimer une présence, le mystère de la nuit, des flottements. Le poème parle ainsi de sa propre élaboration, comme si l'écrivain le rédigeait patiemment à la clarté d'une bougie, jusqu'à son extinction.

Là aussi, soyez attentifs au détail des sonorités, surtout dans le 3e paragraphe.

EXTRAIT

L'huître

L'huître, de la grosseur d'un galet moyen, est d'une apparence plus rugueuse, d'une couleur moins unie, brillamment blanchâtre. C'est un monde opiniâtrement clos. Pourtant on peut l'ouvrir : il faut alors la tenir au creux d'un torchon, se servir d'un couteau ébréché et peu franc, s'y reprendre à plusieurs fois. Les doigts curieux s'y coupent, s'y cassent les ongles : c'est un travail grossier. Les coups qu'on lui porte marquent son enveloppe de ronds blancs, d'une sorte de halos.

À l'intérieur l'on trouve tout un monde, à boire et à manger : sous un *firmament* (à proprement parler) de nacre, les cieux d'en-dessus s'affaissent sur les cieux d'en-dessous, pour ne plus former qu'une mare, un sachet visqueux et verdâtre, qui flue et reflue à l'odeur et à la vue, frangé d'une dentelle noirâtre sur les bords.

Parfois très rare une formule perle à leur gosier de nacre, d'où l'on trouve aussitôt à s'orner.

Francis Ponge, *Le Parti pris des choses,* Gallimard, 1942.

Le firmament de l'huître

La métaphore• est annoncée («c'est un monde...») mais aussi différée par une sorte de mode d'emploi, précis et un peu cruel. Dans le 2e paragraphe, elle peut se déployer, mais la tonalité de ce microcosme reste inquiétante, vaguement repoussante (visqueux, -âtre...).

Le trait final («formule») invite à relire le poème comme image de l'écriture au travail. Voyez, dans ce **document,** ce qu'en dit Ponge lui-même :

J'ai beaucoup expliqué que, s'il y avait dans ce texte beaucoup de mots en âtre, c'est parce que j'étais déterminé par le fait que dans l'huître il y a uître et dans âtre il y a â, t, r, e, c'est pourquoi il y a «opiniâtre», comme il y a d'autres mots en âtre. Eh bien, ça depuis trente ans. Plus récemment, il y a seulement quelques mois, peut-être, ou quelques semaines, ou un ou deux ans, je me suis aperçu qu'il y avait aussi dans ce texte une quantité de consonnes doubles, deux m, deux n, deux l, etc., qu'il y en avait une grande quantité, autant que de a accent circonflexe. Il est évident que, si j'ai laissé passer ces mots, ou si je les ai retenus (c'est la même chose), si je ne les ai pas refusés – parce qu'il m'en vient beaucoup naturellement, mais il s'agit de refuser tous ceux qui ne sont pas dans palette –, c'est que le ll ou les nn rendent compte du côté feuilleté de la coquille de l'huître.

Francis Ponge, *Colloque de Cerisy,* U.G.E. 10/18, 1977.

En échouant – du moins partiellement – dans son vœu d'objectivité, le poète n'a donc pas tout perdu puisque les réseaux patiemment tissés finissent par constituer un microcosme verbal. Liens sémantiques, échos homophoniques•, associations de termes : en oubliant l'objet décrit, le lecteur est pris dans les filets du langage, dans ce précieux labyrinthe du poème. Désormais la lecture fait un constant va-et-vient entre la chose et ce qui la suggère, entre l'objet et «l'objeu», c'est-à-dire, selon le mot de Ponge, «l'épaisseur vertigineuse et l'absurdité du langage» pour «rendre compte de la profondeur substantielle, de la variété et de la rigoureuse harmonie du monde».

EXTRAIT

Pluie

La pluie, dans la cour où je la regarde tomber, descend à des allures très diverses. Au centre c'est un fin rideau (ou réseau) discontinu, une chute implacable mais relativement lente de gouttes probablement assez légères, une précipitation sempiternelle sans vigueur, une fraction intense du météore pur. À peu de distance des murs de droite et de gauche tombent avec plus de bruit des gouttes plus lourdes, individuées. Ici elles semblent de la grosseur d'un grain de blé, là d'un pois, ailleurs presque d'une bille. Sur des tringles, sur les accoudoirs de la fenêtre la pluie court horizontalement tandis que sur la face inférieure des mêmes obstacles elle se suspend en berlingots convexes. Selon la surface entière d'un petit toit de zinc que le regard surplombe elle ruisselle en nappe très mince, moirée à cause de courants très variés par les imperceptibles ondulations et bosses de la couverture. De la gouttière attenante où elle coule avec la contention d'un ruisseau creux sans grande pente, elle choit tout à coup en un filet parfaitement vertical, assez grossièrement tressé, jusqu'au sol où elle se brise et rejaillit en aiguillettes brillantes.

Chacune de ses formes a une allure particulière; il y répond un bruit particulier. Le tout vit avec intensité comme un mécanisme compliqué, aussi précis que hasardeux, comme une horlogerie dont le ressort est la pesanteur d'une masse donnée de vapeur en précipitation.

La sonnerie au sol des filets verticaux, le glou-glou des gouttières, les minuscules coups de gong se multiplient et résonnent à la fois en un concert sans monotonie, non sans délicatesse.

Lorsque le ressort s'est détendu, certains rouages quelque temps continuent à fonctionner, de plus en plus ralentis, puis toute la machinerie s'arrête. Alors si le soleil reparaît tout s'efface bientôt, le brillant appareil s'évapore : il a plu.

Francis Ponge, *Le Parti pris des choses,* Gallimard, 1942.

Petite musique de pluie

À partir des lettres de pluie (pl / lu / li / i...), le poème diversifie des réseaux phonétiques, qu'on peut relever systématiquement ligne après ligne. Certains termes, à peine possibles ici, sont même conservés pour leur couleur sonore (par ex. : individuées, tringles, berlingots, zinc, aiguillettes, etc.). Mais la plupart sont liés par connotation• à la pluie : le réseau est parcouru dans toutes les directions sémantiques possibles. Enfin, on sollicite même l'onomatopée.

Conjointement, le poème traque dans la pluie toutes les métaphores• du mouvement, de la «chute» à la «machinerie».

citation

L'idéal de Ponge

À tort où à raison, et je ne sais pourquoi, j'ai toujours considéré, depuis mon enfance, que les seuls textes valables étaient ceux qui pourraient être inscrits dans la pierre; les seuls textes que je puisse dignement accepter de signer (ou contresigner), ceux qui pourraient *ne pas* être signés du tout; ceux qui *tiendraient* encore comme des objets, placés parmi les objets de la nature : en plein air, au soleil, sous la pluie, dans le vent. C'est exactement le propre des inscriptions. Et certes, je me souvenais, inconsciemment ou non, pensant cela, des inscriptions romaines de Nîmes, des Epitaphes, etc.

En somme, *j'approuve la Nature (le Parti pris des choses* a failli être intitulé *l'Approbation de la Nature),* exactement par stoïcisme : « Vouloir ce que Dieu veut est la seule science qui nous mette en repos »; aussi par crainte de l'échec, par prudence, par sensibilité à l'échec et aux désillusions.

Francis Ponge, *Pour un Malherbe,* Gallimard, 1955.

Blanchir les mots pour étreindre les choses : Eugène Guillevic

Comme Francis Ponge, **Eugène Guillevic** (né en 1907), se méfie de l'envol des mots et il se refuse à tout lyrisme• ostentatoire. À sa manière, il est un «réaliste», un «matérialiste», qui contrôle et blanchit son langage pour mieux restituer le réel. Mais alors que Ponge transfère à l'écriture et à tous ses jeux son effort de saisie des choses, Guillevic est plus concis et circonspect. Il cherche, en refusant les images et les métaphores, à ramener les choses au calme, au silence : «à leur innocence ou à leur repos, à leur impouvoir essentiel, à leur inertie, à ce que Guillevic appelle leur ''suffisance''» (J.-M. Gleize). Il faut cerner et circonscrire (*Du domaine, Sphère,* 1977).

Pour arriver à cette possession, Guillevic privilégie l'objet ferme, comme la pierre ou le menhir *(Carnac),* et tâche de ramener tout ce qui est liquide ou fuyant à une forme solide et stable. C'est bien ce que fait l'écriture qui métamorphose un monde opaque, fragile, visqueux, gluant, en signes délimités et nets. Le poème est une fluidité durcie, comme ces confins bretons où l'eau salée fige les terres en marais, où le sol est «terraqué», mêlé de terre *(terra)* et d'eau *(aqua).* Il prend d'ailleurs la forme d'un soliloque rauque et froid, s'allonge comme une pierre dressée, et finit par nous donner l'impression que ce sont les choses qui nous parlent et non plus nous qui parlons d'elles.

EXTRAITS

Les rocs

I Ils ne le sauront pas les rocs,
Qu'on parle d'eux.

Et toujours ils n'auront pour tenir
Que grandeur.

Et que l'oubli de la marée,
Des soleils rouges.

II Ils n'ont pas le besoin du rire
Ou de l'ivresse.

Ils ne font pas brûler
Du soufre dans le noir.

Car jamais
Ils n'ont craint la mort.

De la peur
Ils ont fait un hôte.

Et leur folie
Est clairvoyante.

III Et puis la joie

De savoir la menace
Et de durer.

Pendant que sur les bords,
De la pierre les quitte

Que la vague et le vent grattaient
Pendant leur sieste.

IV Ils n'ont pas à porter leur face
Comme un supplice.

Ils n'ont pas à porter de face
Où tout se lit.

V La danse est en eux,
La flamme est en eux,
Quand bon leur semble.

Ce n'est pas un spectacle devant eux,
C'est en eux.

C'est la danse de leur intime
Et lucide folie.

C'est la flamme en eux
Du noyau de braise.

VI Ils n'ont pas voulu être le temple
Où se complaire.

Mais la menace est toujours là
Dans le dehors.

Et la joie
Leur vient d'eux seuls,

Que la mer soit grise
Ou pourrie de bleue.

VII Ils sentent le dehors,
Ils savent le dehors.

Peut-être parfois l'auront-ils béni
De les limiter :

La toute puissance
N'est pas leur faible.

VIII Parfois dans leur nuit
C'est un grondement
Qui longtemps résonne.

Et leur grain se noie
Dans un vaste effroi :

Ils ne savaient plus
Qu'ils avaient une voix.

IX Il arrive qu'un bloc
Se détache et tombe,

Tombe à perdre haleine
Dans la mer liquide.

Ils n'étaient donc bien
Que des blocs de pierre,

Un lieu de la danse
Que la danse épuise

X Mais le pire est toujours
D'être en dehors de soi
Quand la folie
N'est plus lucide.

D'être le souvenir d'un roc et l'étendue
Vers le dehors et vers le vague.

Eugène Guillevic, *Terraqué,* Gallimard, 1942.

Le poème pierre

Le poème s'allonge sur la page, aligné, et se présente dans une langue minimale, rude, répétitive, grammaticalement raide, où prédominent les sons [r] et [k]. Le texte privilégie la négation (surtout au début) et semble se refuser à tout pittoresque : pas de description, pas de couleur, pas de connaissance, pas de facilités poétiques (pas de rimes, par ex.), pas de langue trop élaborée, etc.

Ces rocs massifs sont cependant un écho inversé des conduites humaines – comme le dit expressément le début du texte –, de la violence, de la folie, du mouvement dérisoire et éphémère de la vie. Ils préservent, eux, cette force en eux et prennent l'allure de modèle, d'idole. Voyez le document de J.-P. Richard.

La bouteille

Et si tu n'étais plus
Qu'une bouteille imaginée ?

Bien sûr, la même ligne,
Ta couleur de bouteille,
La lumière au travers,
L'horizon pour patrie.

Parti, ton contenu
De vin, de tourbillon
Versable dans le verre

Rien qu'un spectacle
Inoffensif

Eugène Guillevic, *Sphères,* Gallimard, 1963.

Un clou

Le clou
N'est qu'un peu rouillé.

Il n'a pas dû servir encore.
Il reposait
Comme on repose.

Il est de ceux qui font
Ce silence parti
À sa propre recherche.

Eugène Guillevic, *Sphères,* Gallimard, 1963.

Recette

Prenez un toit de vieilles tuiles
Un peu avant midi.

Placez tout à côté
Un tilleul déjà grand
Remué par le vent.

Mettez au-dessus d'eux
Un ciel bleu, lavé
Par des nuages blancs.

Laissez-les faire.
Regardez-les.

Eugène Guillevic, *Avec,* Gallimard, 1966.

document

Nous sommes alors devant l'objet comme s'il avait été frappé d'une sorte d'enchantement, d'un maléfice dont nous nous saurions impuissants à le sauver. Tournoyante ou stupéfiée, la chose n'est pas heureuse, nous le devinons bien, dans les dures limites de son règne. Quelque chose lui manque pour être ce qu'elle est : et ce quelque chose, à qui le demander sinon à l'homme, à ce moi qu'elle écarte pourtant de toute sa clôture ? Voilà le grand paradoxe de l'objet : clos contre moi, mais aussi bien *vers* moi, il me réclame, du fond de son refus, de le « mener à bien » de lui conférer le « poids » et le « lieu », ce même poids, ce même lieu qui me manquent cruellement à moi aussi, et que je recherche en lui...

Jean-Pierre Richard, *Onze Études sur la poésie moderne,* Le Seuil, 1964.

Une poétique de la présence sensible : Yves Bonnefoy

Puisqu'il s'agit toujours de se dégager du langage et de tout ce qui n'est que «littérature», soit en bricolant (Queneau ou Michaux) soit en entrant dans les choses (Ponge), la logique d'une telle méfiance conduit à refuser tout ce qui n'existe que par les mots : idées, abstractions ou concepts. Cet anti-intellectualisme est celui d'**Yves Bonnefoy** (né en 1923) : auteur d'un *Anti-Platon* (1962), toute son œuvre est un chant au possible, au réel, aux présences. Tout en méditant sur la mort, qui rend plus chère et nécessaire la beauté fragile du visible, sa poésie cherche le «vrai lieu» où vivre ici-bas. Face aux «trafiquants d'éternels», et «idéalistes aux yeux crevés», il s'attache à l'existence et au vécu. C'est dire que le poète est inventeur d'espérance terrestre : «je ne crois pas que soit de poésie vraie qui ne cherche aujourd'hui, et ne veuille chercher jusqu'au dernier souffle, à fonder un nouvel espoir».

Délesté des creuses formules de la spéculation, Bonnefoy veut faire entendre une **voix,** une **parole**. Car il faut revenir au «dire» premier, immédiat, fondamental, pour réaliser cette poésie existentialiste qui loue la vie élémentaire.

EXTRAITS

Dire la voix...

Une voix

J'ai porté ma parole en vous comme une flamme,
Ténèbres plus ardues qu'aux flammes sont les vents.
Et rien ne m'a soumise en si profonde lutte,
Nulle étoile mauvaise et nul égarement.
Ainsi ai-je vécu, mais forte d'une flamme,
Qu'ai-je d'autre connu que son recourbement
Et la nuit que je sais qui viendra quand retombent
Les vitres sans destin de son élancement?
Je ne suis que parole intentée à l'absence,
L'absence détruira tout mon ressassement.
Oui, c'est bientôt périr de n'être que parole,
Et c'est tâche fatale et vain couronnement.

Une voix

Souviens-toi de cette île où l'on bâtit le feu
De tout olivier vif au flanc des crêtes,
Et c'est pour que la nuit soit plus haute et qu'à l'aube
Il n'y ait plus de vent que de stérilité.
Tant de chemins noircis feront bien un royaume
Où rétablir l'orgueil que nous avons été,
Car rien ne peut grandir une éternelle force
Qu'une éternelle flamme et que tout soit défait.
Pour moi je rejoindrai cette terre cendreuse,
Je coucherai mon cœur sur son corps dévasté.
Ne suis-je pas ta vie aux profondes alarmes,
Qui n'a de monument que Phénix au bûcher?

Yves Bonnefoy, *Du mouvement et de l'immobilité de Douve,* Mercure de France, 1953.

Voix

La voix, tantôt éphémère et impuissante («l'absence détruira...»), tantôt «Phénix» renaissant de la «terre cendreuse». Dans les deux cas, elle est en lutte contre la mort (ténèbres, nuit, destin, absence, périr, dévasté) et maintient une flamme (feu, vif, force, bûcher). Bien entendu, il s'agit de la parole poétique et ces deux poèmes offrent un acte de foi (où alternent désillusion et orgueil) dans la poésie.

EXTRAIT

La beauté de ce monde, la clarté d'une voix : la poésie accepte et répète les présences.

S'accomplir ici-bas...

Le bel été

Le feu hantait nos jours et les accomplissait,
Son fer blessait le temps à chaque aube plus grise,
Le vent heurtait la mort sur le toit de nos chambres,
Le froid ne cessait pas d'environner nos cœurs.

Ce fut un bel été, fade, brisant et sombre,
Tu aimas la douceur de la pluie en été
Et tu aimas la mort qui dominait l'été
Du pavillon tremblant de ses ailes de cendre.

Cette année-là, tu vins à presque distinguer
Un signe toujours noir devant tes yeux porté
Par les pierres, les vents, les eaux et les feuillages.

Ainsi le soc déjà mordait la terre meuble
Et ton orgueil aima cette lumière neuve,
L'ivresse d'avoir peur sur la terre d'été.

Yves Bonnefoy, *Hier régnant désert,* Gallimard, 1958.

Il me semble, ce soir,
Que le ciel étoilé, s'élargissant,
Se rapproche de nous; et que la nuit,
Derrière tant de feux, est moins obscure.

Et le feuillage aussi brille sous le feuillage,
Le vert, et l'orangé des fruits mûrs, s'est accru,
Lampe d'un ange proche; un battement
De lumière cachée prend l'arbre universel.

Il me semble, ce soir,
Que nous sommes entrés dans le jardin, dont l'ange
A refermé les portes sans retour.

Yves Bonnefoy, *Pierre écrite,* Mercure de France, 1965.

Louange de la lumière

Ces deux poèmes chantent la lumière, mais il s'agit de cette lueur qui troue la nuit ou qui la conjure, comme un rayon de soleil qui passe par un soupirail. Notez ce système de contraste qui rend la présence lumineuse à la fois précaire et précieuse.

Un climat à la fois mystique (mort, signe, ciel, ange) et païen, un malaise et un bonheur : la dualité de l'amour est ainsi suggérée. Le couple semble inséparable et pourtant séparé (le «tu» semble échapper, le «nous» paraît menacé).

Lenteur et majesté du vers : un vague système de rimes, des accents réguliers. Une confidence, une réminiscence, des images fortes et pures, des débuts d'allusion au secret qui unit le couple.

document

Ensuite ce sont les objets ou les êtres de l'univers qui tendent au discours : le brasier *«débat»* avec les lèvres, les herbes *«signifient»* le visage mort, les cierges et le soir ont des *«voix»,* les oiseaux *«parlent»,* le torrent *«crie»,* etc. Plus fondamentalement encore, ce sont les éléments constitutifs de notre monde, parfois, qui sont dotés de parole; les eaux chantent pour Bonnefoy comme pour tous les poètes, et le vent a sa plainte, le feu son murmure :

Et le feu parle auprès de nous dans l'éternité de la sauge.

Enfin la mort elle-même est parole. [...]

Or pour la morale poétique de Bonnefoy, rien n'est important comme cette possibilité de parole dont le réel entier se trouve naturellement doué, depuis l'oiseau jusqu'à la mort. Voici l'essentiel, en effet, qui confère à l'activité poétique son autorité : le réel extérieur ne demande qu'à répondre à notre appel, la matière muette peut devenir matière parlante, le lieu est au bord de sa métamorphose en voix, comme l'aphasie au bord du bonheur de l'échange. Les images de Bonnefoy tentent le double glissement, mais peut-être s'agit-il de la *révolution,* du poème vers la terre et de la terre vers le poème.

Jérôme Thélot, *Poétique d'Yves Bonnefoy,* Droz, 1983.

Si Bonnefoy est tellement fasciné par la voix, c'est qu'elle est à la fois esprit et matière. Le souffle n'est pas seulement énonciation, il est incarnation. Sa présence donne au poème une pesanteur physique avec laquelle nous pouvons faire corps. Car c'est dans la matière et dans **les éléments** que le verbe est ancré : Bonnefoy associe constamment l'œuvre du poète à l'expérience même des choses. La pierre, l'eau, la terre, le vent ou le feu ne sont pas des objets à décrire ni des essences, mais la seule **«terre promise»,** le seul **«vrai lieu» où l'homme doit se fondre,** sans illusion, avec une sorte d'abandon.

EXTRAIT

Le myrte

Parfois je te savais la terre, je buvais
Sur tes lèvres l'angoisse des fontaines
Quand elle sourd des pierres chaudes, et l'été
Dominait haut la pierre heureuse et le buveur.

Parfois je te disais de myrte et nous brûlions
L'arbre de tous tes gestes tout un jour.
C'étaient de grands feux brefs de lumière vestale,
Ainsi je t'inventais parmi tes cheveux clairs.

Tout un grand été nul avait séché nos rêves,
Rouillé nos voix, accru nos corps, défait nos fers.
Parfois le lit tournait comme une barque libre
Qui gagne lentement le plus haut de la mer.

Yves Bonnefoy, *Pierre écrite : un feu va devant nous,* Mercure de France, 1965.

Imagine qu'un soir
La lumière s'attarde sur la terre,
Ouvrant ses mains d'orage et donatrices, dont
La paume est notre lieu et d'angoisse et d'espoir.
Imagine que la lumière soit victime
Pour le salut d'un lieu mortel et sous un dieu
Certes distant et noir. L'après-midi
A été pourpre et d'un trait simple. Imaginer
S'est déchiré dans le miroir, tournant vers nous
Sa face souriante d'argent clair.
Et nous avons vieilli un peu. Et le bonheur
A mûri ses fruits clairs en d'absentes ramures.
Est-ce là un pays plus proche, mon eau pure?
Ces chemins que tu vas dans d'ingrates paroles
Vont-ils sur une rive à jamais ta demeure
«Au loin» prendre musique, «au soir» se dénouer?

Yves Bonnefoy, *Pierre écrite : dialogue d'Angoisse et de désir,* Mercure de France, 1965.

Vrai lieu

Deux manières de dessiner et de louer le «vrai lieu» : soit il devient la forme et la substance de la femme aimée, soit il naît d'une renonciation à des vaines chimères, sorte de point fixe entre «l'angoisse» et «le désir».

Notez les oppositions entre l'imaginé et le réel vécu, entre un ailleurs, vaguement refusé, et un «ici» où le «nous» semble trouver son équilibre et sa stabilité. L'ensemble est un peu solennel (notez les reprises et les pauses), les images brèves et empreintes de religiosité, d'énigme et de tendresse infinie.

En réintégrant la simplicité, le poète ne perd pas de vue **la mort.** Car elle n'est plus un lieu de hantise ou d'imagination, mais, comme dans un tableau de La Tour, cette ombre indispensable qui rend la lumière précieuse, ce silence et ces lacunes qui nous renvoient à la plénitude frémissante du réel. Cette dialectique symbolise l'**imperfection** du monde, sa fragilité, sa précarité. Voilà pourquoi l'écriture de Bonnefoy remet sans cesse en cause les images qu'elle convoque ou la beauté qu'elle produit, par un mouvement continuel de dilatation et de retombée critique – comme le souffle, encore. Ainsi s'explique aussi son goût pour ces moments où l'être s'exprime et échoue tout à la fois : le cri, la déchirure, le grincement, la brisure, «le tremblé», «le heurté», «le hagard», etc. La fugacité se résume dans la concomitance de l'appel et de la révocation : «retomber», «s'obscurcir», «renoncer», «s'effacer»...

EXTRAIT

La lumière, changée

Nous ne nous voyons plus dans la même lumière,
Nous n'avons plus les mêmes yeux, les mêmes mains.
L'arbre est plus proche et la voix des sources plus vive,
Nos pas sont plus profonds, parmi les morts.

Dieu qui n'es pas, pose ta main sur notre épaule,
Ébauche notre corps du poids de ton retour,
Achève de mêler à nos âmes ces astres,
Ces bois, ces cris d'oiseaux, ces ombres et ces jours.

Renonce-toi en nous comme un fruit se déchire,
Efface-nous en toi. Découvre-nous
Le sens mystérieux de ce qui n'est que simple
Et fût tombé sans feu dans des mots sans amour.

Yves Bonnefoy, *Pierre écrite,* Mercure de France, 1965.

« Dieu qui n'es pas... »

Le vieux thème du temps qui passe, renouvelé par un double refus, celui d'une foi qui projette la vie dans un au-delà, celui d'un intellectualisme qui interprète le monde. Au contraire : désir de fusion, de retour au simple. S'effacer pour vivre pleinement.

Notez le ton de prière, en négatif, mais sans violence.

documents

L'espoir n'est pas n'importe quel espoir. Ainsi qu'il y a deux poésies «et l'une chimérique et mensongère et fatale», ainsi «il y a deux espoirs». L'espoir poétique et à réinventer, ou encore : c'est à la poésie qu'il revient de «fonder un nouvel espoir». L'espoir, tout en étant presque identifié à la poésie – de sorte que la réalité de la poésie serait celle d'un espoir–, apparaît, venant après elle, comme le don qu'elle nous ferait. La poésie serait le moyen de ce nouvel espoir. D'où cette affirmation : la poésie est un moyen et non une fin.

Maurice Blanchot, *L'Entretien infini,* Gallimard, 1969.

Le poète et la cantatrice

À la voix de Kathleen Ferrier

Toute douceur toute ironie se rassemblaient
Pour un adieu de cristal et de brume,
Les coups profonds du fer faisaient presque silence,
La lumière du glaive s'était voilée.

Je célèbre la voix mêlée de couleur grise
Qui hésite aux lointains du chant qui s'est perdu
Comme si au-delà de toute forme pure
Tremblât un autre chant et le seul absolu.

Ô lumière et néant de la lumière, ô larmes
Souriantes plus haut que l'angoisse ou l'espoir,
Ô cygne, lieu réel dans l'irréelle eau sombre,
Ô source, quand ce fut profondément le soir!

Il semble que tu connaisses les deux rives,
L'extrême joie et l'extrême douleur.
Là-bas, parmi ces roseaux gris dans la lumière,
Il semble que tu puises de l'éternel.

Yves Bonnefoy, *Hier régnant désert,* Gallimard, 1958.

K. Ferrier (1912-1953), contralto anglaise, bien que décédée prématurément, a eu le temps de profondément marquer l'histoire de la musique par sa voix profonde et d'un grain exceptionnel.

Biographie d'Yves Bonnefoy

VIE

1923	24 juin : naissance à Tours. Père ouvrier à la S.N.C.F., mère institutrice
	Études au lycée de Tours. Vacances à Toirac dans le Lot : le premier « vrai lieu »
1941	Reçu au bac (philo et math. élém.) puis math. sup. et math. spé.
1943	Paris : se lie avec la mouvance surréaliste. Amitié surtout avec des peintres (Victor Brauner, Raoul Ubac, Hans Bellmer etc.)
1946	Fonde une revue *La Révolution La nuit* mais se sépare très vite des surréalistes surtout à cause du côté « magique » de Breton
1953	Premières publications, bien accueillies. S'écarte des mathématiques. Suit les cours de Bachelard : forte influence. Travaille sur Baudelaire et Kierkegaard
1954	Voyages. Passion pour l'Italie. Études sur la peinture, de la Renaissance, surtout
1956-1960	Nombreuses publications et travaux de traduction de Shakespeare
1960-1965	Amitiés avec Jouve, Du Bouchet, Jaccottet et avec les critiques Picon et Starobinski. Suite des études de peintures et des traductions
1968-1975	Trouve un « vrai lieu » dans les Alpes de Haute-Provence. Enseigne à Genève, Vincennes, Nice
1977-1980	Professeur aux États-Unis, notamment à Yale
1981	Élu à la chaire de poétique au Collège de France

ŒUVRES

Année	POÉSIE	ESSAIS ÉTUDES
1953	*Du mouvement et de l'immobilité de Douve*	
1954		*Les Peintures murales de la France gothique*
1958	*Hier régnant désert*	
1959		*L'Improbable* (le temps, la mort dans la peinture et la poésie)
61		*Arthur Rimbaud*
62	*Anti-Platon*	
1965	*Pierre écrite*	*Miro*
1967		*Un rêve fait à Mantoue* (méditations sur la peinture etc.)
1970		*Rome 1630*
1972		*L'Arrière-Pays* (texte et photos sur Italie, Tibet etc.)
1975	*Dans le leurre du seuil*	
1977		*Le Nuage rouge*, *Rue Traversière*, *Remarques sur la couleur*
1981		*Entretiens sur la poésie*
1983		*La Présence et l'image*

Dans le sillage de Bonnefoy – le poète vivant le plus lu actuellement – nombreux sont les recueils, plus ou moins confidentiels, qui témoignent de la vitalité discrète, mais têtue de la poésie. Ce manuel ne peut hélas! pas en donner une idée panoramique. Un exemple, simplement...

EXTRAIT

Toi qui es venue de loin
avec tes mains de neige
poignant la bride des galops
donne-moi tes chevaux
donne-moi tes chevaux
qu'empanache la nuit
et que lustre ton poids
Toi qui es venue de loin
depuis le dard de tes yeux
et le ciel de ton front
gave moi de cette terre
que lèvent les foulées d'amble
et fais moi vainqueur
des promontoires de vent

Je suis l'oiseleur des bruits
qui calcinent le silence
j'entends l'insomnie des calanques
j'entends les murs crépis de blanc
et les champs noirs de mica vif
éternels à fendre l'âme
j'entends les balafres de foudre
croassante aux confins du désert

C'est moi qui te réincarne
en chaque visage ouvert
à coups de paquets de mer
et c'est moi qui t'abandonne
comme le sable libère ses grains
à l'heure où les ombres longues
froissent et fraîchissent
les landes de braise atone
de plus en plus perversement

les sabots martèlent
des champs de midi
au fronton lunaire

Note : G. Bélorgey a emprunté son pseudonyme à un peintre flamand du XVe siècle.

Olivier Memling [pseudonyme de Gérard Bélorgey, né en 1933], *Sablier*, Fanlac éd., 1978.

« C'est moi qui te réincarne... »

La rencontre, comme une houle qui submerge : notez le lexique du mouvement et de l'exaltation. Un rythme savant soutient ce dynamisme.

Le don d'amour, comme une recréation magique et continuelle : tous les sens sont sollicités, les images défilent, où prédominent l'éclat et la sensualité. Voyez le document de Jean Orieux.

La retombée finale, en oxymore•, perpétue l'écho d'une vague et insoluble obsession.

document

Une image-clé : c'est celle du prisme et de la lumière décomposée en arc-en-ciel qu'un disque de cristal peut, ensuite, recomposer en lumière blanche. C'est une vision de poète philosophe. Le prisme, c'est l'artiste. Sous son regard et dans son cœur tout est diapré, changeant, versicolore. [...] C'est dans cette lumière irréelle et révélatrice que sont nés les poèmes d'Olivier Memling. Avec ce beau nom, on pourrait dire qu'ils sont nés sur une riche palette.

Jean Orieux, préface à *Sablier*.

« Parler avec la voix du jour » : Philippe Jaccottet et André Frénaud

Comme son ami Bonnefoy, **Philippe Jaccottet** (né en Suisse en 1925) veut contourner les feintes et les outrances du langage. La poésie n'est pas là pour nous abasourdir, mais pour être fidèle et véridique, en établissant un rapport étroit et juste avec les objets qu'elle évoque. La parole poétique est ainsi le contraire du langage courant qui cherche moins à communiquer ou dialoguer qu'à impressionner ou soumettre. Le poète nous parle ; il dit « je » partout, car il n'y a pas de distance entre sa présence et ses mots. Mais il évite la grandiloquence lyrique• et s'efface pour « parler avec la voix du jour ». Il nous entretient de sa disponibilité à éprouver les choses simples et fortes : l'espace, l'air, la lumière. Discret car attentif, le poète tâtonne cependant. Le poème est dépouillé, fragmenté, rapide, car la vérité est saisie dans la fragilité et la fugacité. En exigeant d'être exacte, l'écriture est forcément inquiète et discontinue.

Jaccottet, qui est un germaniste et un traducteur de tout premier plan, connaît trop les masques des mots et veut « donner à voir des formes, tout en devinant qu'elles ne disent pas tout, qu'elles ne sont pas réduites à elles-mêmes, qu'elles laissent à l'insaisissable sa part » *(La Semaison)*.

EXTRAIT

Le locataire

À Francis Ponge.

Nous habitons une maison légère haut dans les airs,
le vent et la lumière la cloisonnent en se croisant,
parfois tout est si clair que nous en oublions les ans,
nous volons dans un ciel à chaque porte plus ouvert.

Les arbres sont en bas, l'herbe plus bas, le monde vert,
scintillant le matin et, quand vient la nuit, s'éteignant,
et les montagnes qui respirent dans l'éloignement
sont si minces que le regard errant passe au travers.

La lumière est bâtie sur un abîme, elle est tremblante,
hâtons-nous donc de demeurer dans ce vibrant séjour,
car elle s'enténèbre de poussière en peu de jours
ou bien elle se brise et tout à coup nous ensanglante.

Porte le locataire dans la terre, toi, servante !
Il a les yeux fermés, nous l'avons trouvé dans la cour,
si tu lui as donné entre deux portes ton amour,
descends-le maintenant dans l'humide maison des plantes.

Philippe Jaccottet, *L'Ignorant*, Gallimard, 1953.

L'homme passager

Un curieux contraste, avec un fort effet de chute. Le poème se déploie généreusement pendant trois strophes où prédominent lumière, ouverture, frissonnement de la vie, « vibrant séjour ». Surgit alors le « tout à coup » (v. 12) : le titre (locataire) devient clair et les derniers vers sont l'envers du début (ombre, fermeture, paralysie, « humide maison »). Aucune nostalgie pourtant, une sorte de franchise tranquille : l'écriture est claire, accueillante, sans raideur, malgré des syllabes au nombre irrégulier (13/14, surtout).

Sur cette « maison d'air », voyez ce qu'écrit J.-P. Richard, dans le document.

J'ai de la peine à renoncer aux images

Il faut que le soc me traverse
miroir de l'hiver, de l'âge

Il faut que le temps m'ensemence

*

Accepter ne se peut
comprendre ne se peut
on ne peut pas vouloir accepter ni comprendre

On avance peu à peu
comme un colporteur
d'une aube à l'autre

Philippe Jaccottet, *Poésie*, Gallimard, 1977.

Bien qu'il soit travaillé par la tentation mystique, **André Frénaud** (né en 1907) est lui aussi un poète voué à recueillir le mystère des choses simples et précaires. Là encore, il s'agit de traverser la rutilence des mots ou l'étalage rhétorique pour aller ressaisir au cœur du langage les lumières qui y sont enfouies. L'œuvre est composite, secouée par diverses aventures (le Surréalisme un moment, la guerre, le militantisme...) mais Frénaud a été soucieux de la recomposer et de filtrer l'essentiel, pour nous laisser précisément ces fêlures, ces flottements, ces images brisées, qui sont la trace d'une vie qui s'est défiée des certitudes et qui a glané, ici et là, quelques consolations à tant de déchirements et de déceptions.

EXTRAITS

La vie dans le temps

Les secondes, pas à pas inaccessibles –
Les minutes se pressaient, toujours trop longues –
Les heures, l'une après l'autre mal aimées –
L'an neuf, en allé sans remplir les vœux –
Le jour accompli, le cœur tourne encore –
Le sommeil, au matin miroir interdit –
L'instant n'a pas lui où nous aurions pu –
Notre vie, infranchissable, recluse –
La vie qui bâclait en passant
l'orage printanier et poursuivait

*

La vie – le vent aux cent prouesses
tenues jamais – qui poursuivait,
aux cent promesses et au désastre
et poursuivait la vie, le vent,

la vie si douce quand il lui plaît.

André Frénaud, *Il n'y a pas de paradis*, Gallimard, 1962.

Tic tac

Des séquences brèves et discontinues, des enjambements qui déplacent les pauses : l'écriture se fait mouvement irréductible, kaléidoscope d'une vie, trop rapide et trop commune («bâclée»), malgré la lueur finale.

documents

C'est le rêve, souvent caressé par Jaccottet, de la *maison d'air*, espace où je me trouverais à la fois recueilli et suspendu, livré à l'ambiguïté d'une limpidité-paroi. Des toiles – voiles, draps, linges étendus – pourront claquer ainsi autour de moi : tissus dont la légèreté flottante se situera à mi-chemin entre la densité des montagnes (celles-ci deviennent chez Jaccottet étoffes, avant de se muer en vapeurs ou en buées) et l'excessive volatilité de l'air. Mais il existe une cloison d'espace plus transparente encore que la toile, et plus heureuse aussi, parce que plus lumineuse, plus fluide, plus mystérieusement accordée à l'impalpabilité de la hauteur : c'est la *pluie*, qui nourrit ici une rêverie originale. Dans la pluie, c'est la lumière même qui de toutes parts me baigne et me protège : mais une lumière qui s'écoule, s'éparpille, une diaphanéité-substance, une ardeur adoucie en tiédeur.

Jean-Pierre Richard, *Onze Études sur la poésie moderne*, Le Seuil, 1964.

Toute fleur n'est que de la nuit
qui feint de s'être rapprochée

Mais là d'où son parfum s'élève
je ne puis espérer entrer
c'est pourquoi tant il me trouble
et me fait si longtemps veiller
devant cette porte fermée

Toute couleur, toute vie
naît d'où le regard s'arrête

Ce monde n'est que la crête
d'un invisible incendie.

Philippe Jaccottet, *Airs*, Gallimard, 1967.

«Toute poésie est la voix donnée à la mort.»

Ph. Jaccottet, *La Semaison*, Gallimard, 1971.

«La poésie, c'est de se reconnaître absent du lieu insituable».

A. Frénaud, *Haeres*, Gallimard, 1982.

Apories et promesses

Malgré la flambée de mai 68, où se sont à nouveau croisées poésie, chanson, rue et révolte, le travail des poètes est aujourd'hui entouré de l'indifférence générale. Les tirages sont confidentiels et les groupes dispersés. Quelques revues subsistent, qui maintiennent une vague sauvegarde, mais ces sortes de «réserves naturelles» ne touchent qu'un public très délimité. On a l'impression que la poésie est affaire de spécialistes, d'universitaires ou de marginaux. Malgré les efforts de tant de créateurs pour obliger le poème à s'intéresser au quotidien et à renoncer à des exercices illisibles, le langage, soumis à tous les martyres, semble épuisé. Trop tentée – à l'instar de la peinture – par l'abstraction, trop convaincue que tout message vrai doit être discontinu et fragmentaire, trop narcissique, l'écriture «du désastre» ressasse ses impuissances et ses apories.

Toutefois, plusieurs lueurs sont perceptibles. D'abord, le déclin d'une poésie trop «littéraire» est fortement compensé – et peut-être expliqué – par l'essor de la chanson. Des artistes comme Brel, Brassens, Béart sont déjà entrés dans nos mémoires, à côté des vers appris naguère à l'école. Au milieu des tapages médiatiques, des voix attachantes et éclairées se font entendre. D'autre part, la poésie est un genre particulier dont le cheminement est une perpétuelle remise en cause. C'est parce que nous n'avons pas assez de recul que nous avons une impression de chaos. En réalité, la recherche se poursuit et, une fois décantée, la fin de ce siècle connaîtra ses génies. La poésie puise à la vie même, au désir, à l'espoir. Elle est au cœur de l'humain. Elle ne mourra qu'avec nous. Et quand il n'y aura plus rien à dire, elle aura encore à dire ce rien, pour parler comme Blanchot (cf. p. 157).

Cette révolution permanente, histoire et nature de la poésie, s'exerce toujours sur deux plans : le langage (le retrouver naïvement ou le recomposer) et le monde réel (y adhérer ou le faire exploser). Mais cette double vocation éternelle des poètes est aujourd'hui plus insoluble car notre civilisation audio-visuelle perd ses mots – qui se dévaluent très vite et subissent divers métissages –, tandis que l'univers est proliférant, cosmopolite et cosmique. La problématique de la poésie est donc démultipliée, «au cube».

EXTRAITS

Qu'est-ce qu'un haïku (pluriel : haïkaï)?

C'est un minuscule poème de trois vers (5/7/5 syllabes) inventé au Japon vers le xᵉ siècle. Éluard, dès 1920, s'y est intéressé et a essayé d'en transcrire en français. Au moment où les poètes s'interrogent sur les impasses d'un langage qui a trop débordé et a perdu tout contour, le haïku est une manière de revenir à une extrême simplicité et à une concentration.

Quelques exemples

Sur une branche nue
Un corbeau s'est posé
Soir d'automne

Buvons toute la nuit
Pour faire un pot de fleurs
Avec le tonneau

Cabane de pêcheur
Parmi les crevettes
Un grillon

La peau des femmes
La peau qu'elles cachent
Quelle chaleur!

Sutejo (1633-1698)

Ce mur quelle fraîcheur
Contre les plantes de mes pieds
Pendant la sieste

Soupe de riz
J'entends jouer le luth
Sur le toit les grêlons

Première ondée froide
Il veut son manteau de paille
Le singe

Piège à pieuvres
Rêves voltigeant
Lune d'été

Bashô (1644-1694)

Longue nuit
Le singe rêve : moyens d'attraper
La lune!

Shiki (1866-1902)

Le faucon revenu dans ma main
Dans son œil
Le soleil

Tairo (?-1778)
Traduction de R. Munier, *Haïku*, Fayard, 1978.

Outre le retour à l'essence la plus succincte de la poésie, le doute systématique des poètes favorise l'éclosion de recueils qui mettent en doute leur propre fonctionnement et leur propre utilité.

EXTRAITS

La poésie est inadmissible. D'ailleurs elle n'existe pas
Je l'ai quittée une semaine auparavant
Disant : «cette vie vécue des nues d'entre nous
Et répétant qu'il le minéral du temps du vent
Je regarde par la fenêtre de ce flambant neuf
Hélas, pot, crassier, enflure gigantesque appeau
Je remonte, sans m'en donner la peine, l'épais
Tapis de chemins étroits, confondus, oléagineux
Coulis de saine envie enfilant fesse après fesse
À l'écharpe agitée depuis le bastingage d'août
Dernier. Rien n'y fait. De toute façon. Le
Marbre surgit et soutire tout à l'haleine. Et
Elle sourit parce que visiblement elle ne peut
Rien faire d'autre. Sinon, évidemment me jeter
À la tête quelque aliment dont la vulgarité ne
Fera qu'ajouter au mystère

Denis Roche, *Le Mécrit*, Le Seuil, 1971.

Affiche de mai 68,
Balland, 1978, D. R.

document

Comment faire un haïku ?
Prendre le (ou les) premier(s) mot(s) d'une suite de vers et les accorder au(x) dernier(s). Cela donne un double haïku.
Texte-source : Hugo, *Les Contemplations*, III, 5 [« Quia pulvis es »], 2e strophe.

Ceux qui passent
disent, s'effacent
Quoi, le bruit !
Quoi, les arbres !
Vous les marbres
Vous la nuit...

Marcel Benabou, « tête-à-queue ou double haïkaï », in Oulipo, *Littérature potentielle*, Gallimard, 1973, cf. p. 142.

vient le bonheur

informe comme l'eau
et j'écoute la bête à mots
qui remue dans ma bouche

finales en ou
finales en ène
quelle douceur dans la glotte à glou
tandis que vont manitou genou bijou
sapajou coucou kangourou
auprès des miennes sirènes
tirant à la chaîne la gaine phalène
l'homogène suzeraine et la reine
qui gangrène ma semaine

quand est dégluti le dernier phonème
alors ça recrie
où le regard pique

si on pouvait dormir

compte moutons ou compte rimes
toujours le même chapelet
je cherche d'arbre en acre
mais les palabres d'Odoacre
ne suffisent à semer débâcle
en la douleur

l'à vif se déplace
le corps se tasse sur sa pointe
encore encore
et pour combien de temps

Bernard Noël, *La Peau des mots*, Flammarion, 1972.

La poésie inadmissible

Comparez ces deux façons de mettre en cause la poésie :

D. Roche choisit l'extravagance. On personnifie la poésie et on lui fait cracher un mélange de clichés (nues, marbre, mystère) et, surtout, de termes réputés anti-poétiques (enflure, fesse, vulgarité), le tout dans une confusion « surréaliste ». Le concassage s'exerce à tous niveaux : grammaire absurde, syntaxe inachevée, enjambements peu cohérents, images incernables. Le message final est pourtant assez explicite.

B. Noël a une position plus ambiguë : il semble à la fois se moquer des jeux phonétiques ou des répétitions de la poésie, et les pratiquer en virtuose. Une conception de l'inspiration (dans la tradition de Valéry, tout de même) se dessine ici.

Face à ces divers blocages, la réaction anarchiste est inévitable. On retrouve, dans les années 60-70, le «lâchez tout» des Dadaïstes (cf. p. 84). Mais le poète ne polémique pas seulement avec quelques théoriciens : le Surréalisme lui-même semble désormais une chapelle. Pour retrouver une expression directe et communiquer sans apprets ni discours, la chanson semble la meilleure voie. C'est celle de **Léo Ferré** (né en 1916) : «On ne fait pas la poésie avec des tracts / On la fait avec sa gueule bien ouverte...»

document

Des mots sur une musique, une musique sur des mots, pour la société, cela s'appelle la «chanson»; pour lui, ce fut seulement, au départ, une façon de s'exprimer [...]. Les surréalistes n'aimaient pas la musique. Ferré en connaissait les arcanes et les malédictions. Il savait avec qui partager l'amertume de ses déceptions. L'incompréhension renforçait sa certitude en lui rendant plus proches quelques fraternités de nuit.

Françoise Travelet, *Léo Ferré, 2 : Les Années galaxies,* 1986, Robert Laffont.

EXTRAIT

La ligne d'horizon où vient buter toute révolte : la mort.

Je vous attends

(extrait de «l'Opéra du pauvre»)

Je suis née une nuit sous un signal d'alarme
Entre un sax baryton et des «drums» de hasard
J'écris sur un tableau des chiffres et des larmes
Quand vous voulez vous déchiffrer il est trop tard

Je vous attends... Je vous attends... Je vous attends...

Je suis d'un crépuscule aux souris anonymes
Sous le bec du couchant de mes hiboux de choc
Je suis la fleur fanée que la tombe ranime
Comme on ranime des idées au *five o'clock*
Je suis le son perdu au cœur des poitrinaires
Quand la seconde s'analyse au fond d'un lit
Je t'apporte le dépliant de mes mystères
Cours acheter le temps qui te reste, petit!

Je vis ma vie de morte au seuil de vos consciences
Et les pensées que je vous dois sont formulées
À force de terreur envahie par la science
La médecine est une de mes employées

Je vous attends... Je vous attends... Je vous attends...

On me force à courir d'un méridien à l'autre
De mes fuseaux sans laine et de ma faux sans blé
Il te reste la dernière heure qui se vautre
Au bout d'un agenda qui restera fermé
Sur mes champs élysées il n'y a pas d'étoile
Sous mes souliers usés il n'y a plus de jardins
Pour la dernière fois je te mets à la voile
Et le voyage que tu fais ne coûte rien

Mon œil est un trou noir mais je sens les outrages
Mon cœur n'a plus de loi il ne sait plus chanter
Quand les amants chantent pour moi c'est de ma r
Qu'ils savent tout le suc que je ne peux donner

Je vous attends... Je vous attends... Je vous attends..

On me force à compter les jours des pauvres bêtes
Les chevaux orgueilleux les oiseaux paradis
J'ai plus de souvenirs que n'en a la Villette
J'ai plus de rendez-vous que vous n'en avez pris
Et lorsqu'un assassin vient dans mon monopole
Faire un extra rougi par le chagrin des gens
J'enrage à la pensée de n'être qu'une idole
Un peu noire, c'est vrai, devant mes concurrents

Je chante avec la nuit des antiennes posthumes
Et j'interlope le devoir et la raison
Je me mets en veilleuse et quand on me rallume
Je suis le dernier flic de la circulation

Je vous attends... Je vous attends... Je vous attends..

Allez... Viens!

Léo Ferré, cité dans F. Travelet, 1986, Robert Laffont.

La gueule bien ouverte

Une litanie incessante : chaque séquence ne dépasse guère un vers ou deux, dans une succession obsédante que n'allège qu'à peine le refrain, lui-même répétitif et martelé. Une prodigieuse floraison d'images qui font le tour de l'existence, en mêlant d'ailleurs la vie humaine à toute autre forme de vie.

Les vieilles métaphores• de la mort sont réanimées (larmes, fleur fanée, fuseau, marche des heures, voyage, abattoir, paradis, religion) et enfouies dans une coulée rythmique qui fait office de conjuration.

Les voix venues d'ailleurs

Image de cette dispersion qui multiplie les germinations, la poésie française s'est mise au service d'autres cultures et d'autres chants. Ainsi est accomplie la vocation de communion et d'échange qui anime tout poète, fût-il misanthrope – sinon pourquoi publierait-il? Prestigieux exemple de ce «métissage culturel», **Léopold Sedar Senghor** (né en 1906), avant d'entamer une carrière politique qui le plaça à la tête du Sénégal, anima à Paris, pendant ses études, la revue *L'Étudiant Noir*. Avec son compagnon martiniquais **Aimé Césaire** (né en 1913), lui aussi destiné à la vie publique, il incarne la «négritude» qui, sans renier toute tradition occidentale, arrive à fondre le verset français dans des rythmes et des rites africains.

La poésie de Senghor est lyrique•, puisqu'elle évoque le parcours d'un homme qui participe, parfois douloureusement, à deux cultures. Mais ce lyrisme• n'est pas égocentrique : il est habité par la protestation contre le destin des Noirs, jetés dans l'esclavage ou dans la guerre (*Hosties noires*, 1948). Il devient même exubérant pour évoquer la beauté magnifique de l'Afrique, de sa terre, de ses peuples, de ses langues, de sa faune. Le poème cherche d'ailleurs à rendre audible cette vitalité des Noirs, en recourant au besoin à telle ou telle particularité phonétique ou lexicale de ces langues africaines.

EXTRAIT

Nuit de Sine

Femme, pose sur mon front tes mains balsamiques, tes mains douces plus
[que fourrure.
Là-haut les palmes balancées qui bruissent dans la haute brise nocturne
À peine. Pas même la chanson de nourrice.
Qu'il nous berce, le silence rythmé.
Écoutons son chant, écoutons battre notre sang sombre, écoutons
Battre le pouls profond de l'Afrique dans la brume des villages perdus.

Voici que décline la lune lasse vers son lit de mer étale
Voici que s'assoupissent les éclats de rire, que les conteurs eux-mêmes
Dodelinent de la tête comme l'enfant sur le dos de sa mère
Voici que les pieds des danseurs s'alourdissent, que s'alourdit la langue des
[chœurs alternés.

C'est l'heure des étoiles et de la Nuit qui songe
S'accoude à cette colline de nuages, drapée dans son long pagne de lait.
Les toits des cases luisent tendrement. Que disent-ils, si confidentiels, aux
[étoiles?
Dedans, le foyer s'éteint dans l'intimité d'odeurs âcres et douces.

Femme, allume la lampe au beurre clair, que causent autour les ancêtres
[comme les parents, les enfants au lit.
Écoutons la voix des Anciens d'Elissa. Comme nous exilés
Ils n'ont pas voulu mourir, que se perdît par les sables leur torrent séminal.
Que j'écoute, dans la case enfumée que visite un reflet d'âmes propices
Ma tête sur ton sein chaud comme un dang[1] au sortir du feu et fumant
Que je respire l'odeur de nos Morts, que je recueille et redise leur voix
[vivante, que j'apprenne à
Vivre avant de descendre, au-delà du plongeur, dans les hautes profondeurs
[du sommeil.

(1) une galette

Léopold Sedar Senghor, *Chants d'ombre*, Le Seuil, 1945.

Bercements africains

Ce poème est dominé par l'idée de l'accalmie et de la plénitude, même si l'arrière-plan fait entendre des rythmes et des éclats qui parviennent assourdis. Les versets réguliers sont scandés par des coupes équilibrées, le plus souvent, créant un mouvement d'ondulation.

La couleur africaine est cependant sensible : allusions à des lieux, à des noms, à des rites,présence de la faune, souvenir des ancêtres et des morts, beauté du corps et paysages évocateurs, etc. La nature est complice et semble d'ailleurs avoir une vie autonome et agissante : règne une sorte d'animisme rassurant et mystérieux. L'amour qui baigne ce chant se confond avec l'atmosphère d'intimité des lieux.

Moins conciliant peut-être que Senghor, Césaire a connu la misère, à Basse-Pointe, et ses brillantes études à Paris ne l'ont guère converti : anticolonialiste, militant pacifique mais obstiné de l'autonomie antillaise, tourmenté par une double appartenance qu'il n'admet que par force, athée, il livre à ses poèmes son esprit d'insurgé. Influencé par le surréalisme (il a connu Breton), il n'hésite pas devant des rapprochements brusques. Les images, hardies, sont précipitées par un rythme obsédant et violent, qui doit rappeler les musiques et le tam-tam martiniquais. Ainsi s'agit-il toujours de réintégrer son identité, par les idées comme par les mots.

EXTRAIT

ceux qui n'ont inventé ni la poudre ni la boussole
ceux qui n'ont jamais su dompter la vapeur ni l'électricité
ceux qui n'ont exploré ni les mers ni le ciel
mais ceux sans qui la terre ne serait pas la terre
gibbosité(1) d'autant plus bienfaisante que la terre déserte davantage la terre
silo où se préserve et mûrit ce que la terre a de plus terre
ma négritude n'est pas une pierre, sa surdité ruée contre la clameur du jour
ma négritude n'est pas une taie d'eau morte sur l'œil mort de la terre
ma négritude n'est ni une tour ni une cathédrale

elle plonge dans la chair rouge du sol
elle plonge dans la chair ardente du ciel
elle troue l'accablement opaque de sa droite patience.

Eia(2) pour le Kaïlcédrat royal!
Eia pour ceux qui n'ont jamais rien inventé
pour ceux qui n'ont jamais rien exploré
pour ceux qui n'ont jamais rien dompté

mais ils s'abandonnent, saisis, à l'essence de toute chose
ignorants des surfaces mais saisis par le mouvement de toute chose
insoucieux de dompter, mais jouant le jeu du monde

véritablement les fils aînés du monde
poreux à tous les souffles du monde
aire fraternelle de tous les souffles du monde
lit sans drain de toutes les eaux du monde
étincelle du feu sacré du monde
chair de la chair du monde palpitant du mouvement même du monde!
Tiède petit matin de vertus ancestrales
Sang! Sang! tout notre sang ému par le cœur mâle du soleil
ceux qui savent la féminité de la lune au corps d'huile
l'exaltation réconciliée de l'antilope et de l'étoile
ceux dont la survie chemine en la germination de l'herbe!

Eia parfait cercle du monde et close concordance!

Écoutez le monde blanc
horriblement las de son effort immense
ses articulations rebelles craquer sous les étoiles dures
ses raideurs d'acier bleu transperçant la chair mystique
écoute ses victoires proditoires(3) trompeter ses défaites
écoute aux alibis grandioses son piètre trébuchement

Pitié pour nos vainqueurs omniscients et naïfs!

Aimé Césaire, *Cahier d'un retour au pays natal*, 1939, Présence africaine.

(1) bosse
(2) Hourra pour... Le cailcédrat est un immense arbre tropical, symbole du continent noir.
(3) obtenues par traîtrise

Eia pour la négritude!

Il s'agit d'un chant, presque de combattants : d'où un système de reprises, de tours directs (interpellations, exclamations, acclamations, apostrophes, invocations, cris...) et un rythme soutenu, où les séquences se succèdent très vite, imitant la danse ou les mouvements chantés des noirs. Une jubilation pleine de souffle.

Deux thèmes qui s'entrecroisent : d'un côté la proclamation des mérites et des révoltes de la négritude, de l'autre la dénonciation des colonisateurs. Dérision de la connaissance scientifique et technique, éloge du savoir pratique et intuitif. Le poème dessine une inversion : le colonisé (imagé par tout ce qui est «naturel» : terre, corps, eaux, vents, vitalité...) a tout à apprendre à l'Européen (imagé par tout ce qui est «artificiel»).

Pour conclure : dénoncer ou célébrer?

Puisqu'on n'en a jamais fini avec la poésie et que ce siècle n'est pas achevé, on va renoncer ici à conclure. En revanche, quelques voix singulières seront, par hypothèse peut-être subjective, difficiles à oublier. Chacune à leur manière, elles sont des «épiphanies» (selon un des titres d'Henri Pichette) : elles annoncent quelque retour à la foi – en l'homme, tout au moins. En dépit du bilan bien négatif de ce siècle cruel, les poètes s'entêtent à ne pas désespérer, presque à s'obliger à quelque attente. Retenons cette espérance au moins, même si elle ne se fait pas trop d'illusion.

Henri Pichette (né en 1924)

EXTRAIT

Henri Pichette a connu Éluard pendant la Résistance et s'est tourné vers le théâtre après la guerre. Ses pièces (Épiphanies, Nucléa) *ont été jouées par des acteurs de premier plan (Gérard Philipe, Maria Casarès...). Un moment tenté par la mobilisation politique (l'«agit-prop»), il est finalement revenu à la poésie plus fantaisiste. Il se consacre pour l'heure à compiler tout ce qui a pu être écrit sur le rouge-gorge.*

Le «curriculum vitae» universel.

«Néanmoins, la vie sera élucidée.

Car à vingt ans tu optes pour l'enthousiasme, tu vois rouge, tu ardes, tu arques, tu astres, tu happes, tu hampes, tu décliques, tu éclates, tu ébouriffes, tu bats en neige, tu rues dans les brancards, tu manifestes, tu lampionnes, tu arpentes la lune, tu bois le lait bourru le vin nouveau l'alcool irradiant, tu déjeunes à la branche, tu pars à la découverte, tu visites l'air les champs les ruines les métropoles les stades et les musées les jungles et les églises les arènes les volcans les chutes les fjords les oueds les lagunes les bayous les canons les toundras les déserts les grandes salles des châteaux les jardins suspendus les pyramides les mégalithes les catacombes les cavernes ornées les blanches montagnes les théâtres étoilés la mer Océane, tu bolides, tu pagaies, tu varappes, tu dribbles, tu crawles, tu voles à voile, tu hameçonnes les filles, tu t'amouraches, tu gamahuches, tu renverses la vapeur, tu déploies les couleurs, tu dérides les bonzes, épouvantes les bigotes, scandalises les vieux birbes, tu convoles un jour dans l'infanterie un jour vers les oiseaux-lyres les aigles-bugles les cygnes au cri de cuivre un jour avec les clartés furieuses les splendeurs d'ombre la nature, tu idéalises, tu ambitionnes, tu adores, tu détestes, tu brilles.

À quarante ans je te retrouve rongeant ton frein, tu fondes sur la sympathie, il y a un cerne noir à toute chose, tu déshabilles du regard, tu convoites, tu prémédites, tu disposes tes chances, tu te profiles, tu places ton sourire tes phrases tes bouquets tes collets tes canapés, tu estimes, tu escomptes, tu commerces, tu carbures à prix d'argent, tu te pousses dans les milieux, tu médis du tiers et du quart ou fais du plat selon le rang, tu arroses, tu gobichonnes, tu prends du ventre, tu prends des mesures, tu prends médecine, tu te mets au vert, tu récupères, tu remets ça, tu enrobes et te lisses le cheveu, tu ne veux pas avoir l'air, tu opères comme en glissant, tu serpentes, tu attaques par le faible, tu escarmouches à petits coups de champagne, tu endors les chagrins, tu tamises les lampes, tu officies sous le manteau de la nuit... mais se réveiller : la grisaille la routine les manigances les vacheries... comme tu voudrais un jeu neuf que s'il t'était donné, tu laverais les sons, ressourcerais les images, procéderais à la toilette des Muses des Grâces des bonnes fées, or tu dissèques, tu calcules, tu cogites, tu épilogues, tu fais silence.

À soixante ans tu dates, tu radotes, tu perds la main l'ouïe tes dents, le cœur te faut, les jambes te flageolent, tu tombes en faiblesse, encor un peu et tu retombes dans une enfance touchée à mort.»

Henri Pichette, *Les Épiphanies*, 1947, Mercure de France.

Une vie?

Ce poème est une vue cavalière des trois âges de la vie. Le style s'adapte d'ailleurs au mouvement de vieillissement : les phrases se resserrent jusqu'à la brièveté finale, en forme de chute.

Chaque âge est caractérisé par un lexique imagé dont les sonorités sont suggestives, de l'éclat nerveux, pétulant, de la jeunesse, au tremblement vieillot de la fin, en passant par la routine brouillonne de l'âge adulte.

Un humour féroce, une virtuosité lexicale stupéfiante, mais décapante, bien ciblée.

Jean Brianes (né en 1923)

EXTRAIT

Attaché à sa Drôme natale, où il est imprimeur, il a participé aux Cahiers du Sud *(cf. p. 31). Sa poésie est, comme chez Pichette, une allégorie de l'existence humaine – mais sans amertume ni vains détours.*

Il a marché toute la nuit
il a traversé les torrents
il a dansé dans les prairies
il a chanté dans la forêt
et lié conversation avec les hiboux

il a grimpé aux arbres
et caressé les renards endormis
il s'est déguisé en fouine puis en belette
il a joué à cache-cache avec les écureuils
personne n'a dormi dans la montagne

il a frappé au volet chez Doucelin
il est allé parler aux chevaux
dans l'écurie de la ferme du Rossignol
il a détaché les chèvres de la Renardière
et ri à la lune dans l'eau de la Fontaine du Saule
il a même compté les étoiles
dans la mare de la Clémence
ça lui a pris un bout de temps

puis il est allé voir les bergers
du côté du jas de l'Étoile
c'était presque l'aube
il a trait les brebis avec eux
puis il s'est couché dans l'herbe
et il a roulé jusqu'aux gorges

là on ne l'a plus vu
le soleil se levait
et l'a bu pour son déjeuner
J'écrirai des poèmes
pour dire que le feu brûle
et que le chien s'endort

je dirai qu'il fait beau
que la joie est dans le silence autour de nous
le bonheur à portée de la main
il ne faut pas avoir peur des mots
il faut savoir
que la pomme est douce partagée en deux

et dire oui du fond des mains
à la colline aux arbres aux chemins
à ces doigts qui m'enseignent patiemment
à écrire la vérité.

Jean Brianes, *Poèmes,* «Le Signal d'alarme», Dieulefit (Drôme), 1964.

Autre vue de la vie

Contrairement à Pichette, J. Brianes refuse la vue accélérée et agressive. Le poème est comme freiné, par alignements successifs d'images et d'assertions simples. Le cadre est celui de la nature (elle est presque totalement passée en revue) et d'une certaine harmonie naïve. La conclusion fixe une mission au poète. Reste à savoir si c'est là toute «la vérité»...

Concert champetre
Raoul Dufy

Pierre Laprade (1875-1932), *La Cathédrale de Chartres,* Galerie Katia Granoff, S.P.A.D.E.M.

En réaction à la montée des sciences et du positivisme, les poètes sont tentés par tout irrationnel. La foi religieuse peut y retrouver sa sève. Péguy voit dans la cathédrale de Chartres un lieu élu, où se confondent la patrie et l'espérance. Claudel veut nous faire partager son illumination presque naïve, émerveillée. Dali est loin de ces ferveurs têtues. Mais son imaginaire frôle des perspectives mystiques. Dieu, comme la folie, bouscule tout et permet une autre vision.

Salvador Dali (1904-1989), *Le Christ de Saint Jean de la Croix,* Glasgow Art Gallery and Museum.

Jean Bernard (né en 1908), *Portrait de Claudel avec ses anges,* 1937, coll. de l'artiste, ph. J.-L. Charmet S.P.A.D.E.M.

A. Carel Willink (né en 1900), *L'Éxécution,* 1933, coll. J. et M. Fricker, ph. Lauros-Giraudon, D.R.

Georges Rouault (1871-1958), *Homo homini lupus,* 1944, ph. M.N.A.M.G.P., A.D.A.G.P.

Le thème de l'homme jugé et condamné d'avance est une obsession de ce siècle, reprise probable du péché originel.

André Fougeron (né en 1913), *Les Juges,* 1950, coll. Syndicat des Mineurs C.G.T., ph. Lauros-Giraudon, S.P.A.D.E.M.

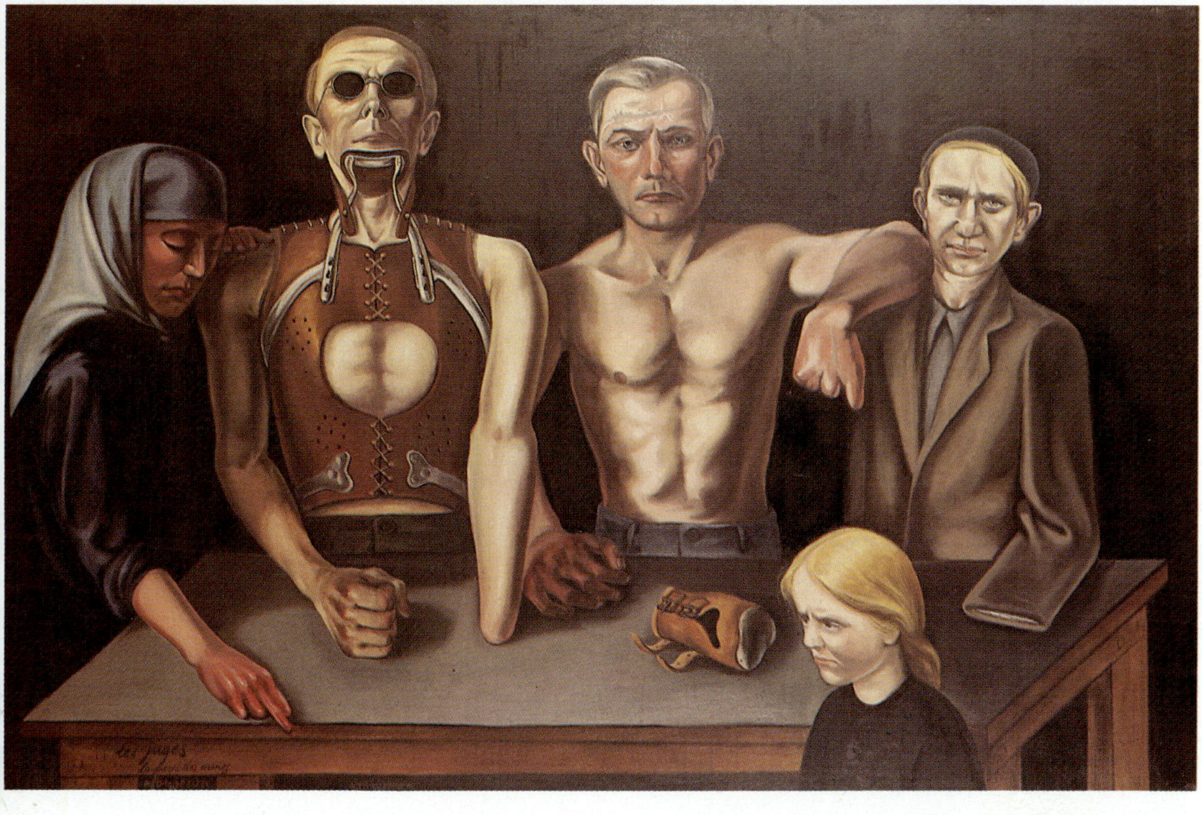

Marie Toyen (1902-1980), *Le Rêve,* 1964, ph. M.N.A.M.G.P., S.P.A.D.E.M.

Giorgio De Chirico (1888-1978), *La Grande Tour,* 1913, ph. M.N.A.M.G.P., S.P.A.D.E.M.

Roland Cat (né en 1943), *En dessous,* 1980, Galerie Isy Brachot, Bruxelles – Paris.

Balthus (né en 1912), *Le Peintre et son modèle,* ph. M.N.A.M.G.P., S.P.A.D.E.M.

René Magritte (1898-1967), *Décalcomanie,* 1966, Galerie Isy Brachot, Bruxelles – Paris, A.D.A.G.P.

... mais aussi désir irrépressible et recherche d'une identité

Max Ernst (1891-1976), *Ubu imperator,* 1924, ph. M.N.A.M.G.P., S.P.A.D.E.M.

Francis Bacon (né en 1909), *Trois Personnes dans une pièce* (détail), 1964, ph. M.N.A.M.G.P.

Le théâtre moderne montre des êtres qui ont perdu beaucoup de leur dignité, de leur identité, voire de leur humanité, qu'ils soient les monstres de Jarry, les rhinocéros d'Ionesco ou les clochards de Beckett. Mais, comme la foule de Mason, ils attendent un message ou une lueur. Les formes décomposées, molles et sanguinolentes de Bacon offrent sans doute la figuration la plus forte de cette déshumanisation putride ou menaçante.

Raymond Mason (né en 1922), *Une foule illuminée,* 1979-1980, Marlborough Gallery, Londres – New York, ph. Luc Joubert, S.P.A.D.E.M.

Paul Delvaux (1897-1988), *La Gare forestière,* 1960, ph. M.N.A.M.G.P., © Fondation P. Delvaux, Saint-Idesbald/Belgium, S.P.A.D.E.M.

Moins directement inquiétant, Delvaux exprime pourtant, dans son fantastique• un peu froid, la même dépossession. Ici, la vanité de l'attente est résumée par le thème des gares, des rues, des fenêtres, etc., lieux où une rencontre improbable est vaguement suggérée. Mais les êtres semblent déjà figés ou presque morts.

Francis Bacon (né en 1909), *Trois Études pour une crucifixion,* 1962, New York, Musée Guggenheim, ph. Lauros-Giraudon.

L'art moderne a vite pris conscience que toute création se relie, bon gré mal gré, à d'autres œuvres qui l'ont précédée. D'où le goût affiché de dénaturer et de moquer les auteurs consacrés, ce que Duchamp résume en dessinant des moustaches à la Joconde. Mais la parodie• invite aussi à repenser l'œuvre : Braque donne une nouvelle lumière à Corot, tandis que l'humour noir de Magritte rappelle la tragique victoire du temps. La dérision dérange et interroge notre habitude : celle de notre regard assoupi ou distrait. Tout art est question – face à la mort.

◀ Georges Braque (1882-1963), *Femme à la mandoline* (étude d'après Corot), 1922-1923, M.N.A.M.G.P., ph. Lauros-Giraudon, A.D.A.G.P.

René Magritte (1898-1967), *Madame Récamier,* 1950, ph. Lauros-Giraudon, A.D.A.G.P. ▼

Le théâtre

Survivances

L'avènement des premiers metteurs en scène

Malgré la profusion des auteurs, le talent des comédiens, l'engouement du public, la production théâtrale du XIXe siècle finissant semble en proie à une crise profonde et durable. **Incapable de se renouveler,** la scène perpétue inlassablement le **schéma de comédies sentimentales** fondées sur des intrigues embrouillées et artificielles, scrupuleusement attachées à la mise en œuvre de recettes désuètes et stériles. Les personnages, sans audace ni vigueur, restent confinés dans un **univers moral de convention,** voué à l'apologie d'une honnêteté appliquée mais fade, frileuse et parfois suspecte de dissimulation. Quinze ans avant la fin du siècle, les auteurs à succès se recrutent encore parmi les dramaturges de la vieille génération, ceux qui ont directement assuré la relève du théâtre romantique. Parmi eux, les plus célèbres sont Émile Augier (1820-1889), Victorien Sardou (1831-1908) et Alexandre Dumas fils (1824-1895) dont *La Dame aux camélias,* roman adapté au théâtre en 1852, mêle d'effusions appuyées l'éloge des vertus indispensables à la sauvegarde de la sérénité conjugale et du bonheur familial.

Le Théâtre Libre d'Antoine

La vie théâtrale connaît une stimulation nouvelle lorsque, dans les dernières années du XIXe siècle, quelques metteurs en scène passionnés et imaginatifs s'emploient à rattacher l'espace et le jeu scéniques à de grands courants esthétiques que la poésie ou le roman contemporains viennent de mettre en vogue. C'est ainsi que, dès 1887, André Antoine, modeste employé de la Compagnie du Gaz, fonde le Théâtre Libre. Comme Zola (cf. *le XIXe siècle,* p. 434) les Goncourt, Daudet et Céard, Antoine est lassé des stéréotypes d'un sentimentalisme larmoyant qui a irrigué toute la littérature romantique. Soucieux de traquer et d'isoler la vérité des êtres et des choses, l'animateur du Théâtre Libre transpose à la scène les **procédés d'observation et d'analyse adoptés par les romanciers naturalistes** (cf. *le XIXe siècle,* p. 423). Au nom d'une minutieuse phénoménologie• des comportements, tous les moyens contribuent à **reconstituer la réalité d'une ambiance,** à traduire avec fidélité une atmosphère, à explorer avec précision des tranches de vie : accessoires, costumes, décor, diction sont investis d'une importance nouvelle. Pour faire plus vrai que nature, Antoine va même jusqu'à suspendre sur scène des quartiers de bœuf quand, en 1888, il donne *Les Bouchers* de F. Icres. Tout en mettant en scène des romanciers déjà consacrés, comme Zola ou les Goncourt, Antoine sait aussi découvrir et révéler des auteurs méconnus comme François de Curel, Henri Lavedan, Courteline (cf. p. 183) et introduire en France de **grands textes de la littérature russe ou scandinave,** ceux de Tolstoï ou d'Ibsen, en particulier.

Le Théâtre de l'Œuvre, de Lugné-Poe

Quand le Théâtre Libre cesse ses activités en 1895, de nouvelles tendances esthétiques se sont progressivement imposées sous l'impulsion d'un autre metteur en scène, Lugné-Poe, ancien collaborateur d'Antoine. En fondant le Théâtre de l'Œuvre, qu'il animera de 1893 à 1929, Lugné-Poe amplifie un mouvement de forte opposition au courant réaliste naguère en honneur. Au moment où la musique de Wagner connaît sa pleine consécration, où Mallarmé (cf. *le XIXe siècle,* p. 516) plaide pour un art de la suggestion, la littérature dramatique va s'engager dans une **réaction idéaliste, attentive à une plus grande spiritualité,** ouverte à des **colorations plus abstraites,** certes, mais aussi **plus poétiques.** L'investigation sociologique cède le pas à un théâtre d'idées. À l'exploration du réel se substituent la plongée dans l'imaginaire, le goût du mystère, la fascination parfois morbide du néant. Tous les efforts de la mise en scène s'attachent dès lors à estomper le relief des personnages et à diluer la matérialité du décor pour mieux valoriser toutes les virtualités du texte. C'est grâce à l'action de Lugné-Poe que furent livrées à un public nouveau les productions majeures du théâtre symboliste ; Villiers de l'Isle-Adam (1838-1889), Maeterlinck (1862-1949), Paul Fort (1872-1960), Gide (1869-1951), Verhaeren (1855-1916) partagent la même dette envers le fondateur du Théâtre de l'Œuvre.

document

Si le théâtre à l'italienne[1] a fait l'unanimité en Europe jusque vers 1880, on assiste, dès le début du XXe siècle, à un retour à un type de scène plus ancien, la scène ouverte utilisée dans le théâtre grec, médiéval, élisabéthain. Antoine, fondateur du Théâtre-Libre (le théâtre des Naturalistes), fut le premier à critiquer le théâtre à l'italienne, pour ses mauvaises conditions de visibilité et d'audition.

Marie-Claude Hubert, *Le Théâtre,* A. Colin, 1988.

(1) théâtre à scène fermée

Les derniers flamboiements du théâtre héroïque

À l'aube du XXe siècle, le théâtre en vers paraît incapable de s'affranchir des modèles esthétiques appartenant à un passé révolu. Le prestige de la tragédie classique séduit encore de nombreux auteurs comme Catulle Mendès (1843-1909) qui exploite les **ressources inépuisables de la mythologie antique** (*Médée*, 1898 ; *Briséis*, 1899) ou honore les **grandes figures édifiantes de la tradition chrétienne** (*Sainte Thérèse*, 1905 ; *La Vierge d'Avila*, 1906). D'autres dramaturges, comme Jean Richepin (1849-1926) qui donne *Le Chemineau* en 1897, se plaisent à cultiver un registre pathétique et véhément.

Il faut attendre 1897 pour voir la création théâtrale soudain vivifiée. Après des débuts incertains (*Les Romanesques*, 1894 ; *La Princesse lointaine*, 1895 ; *La Samaritaine*, 1897) pourtant admirablement servis par le jeu de Sarah Bernhardt, Edmond Rostand (1868-1918) s'impose en donnant *Cyrano de Bergerac* le 28 décembre 1897. Accueillie triomphalement, cette pièce permet au public de renouer avec la tradition de la tragi-comédie, tombée en désuétude après Corneille (cf. *le XVIIe siècle*, p. 132). L'action, située sous le règne de Louis XIII, met en scène de turbulents mousquetaires, enflammés d'amour et toujours prompts à croiser le fer. Imprévisible, paradoxal, ingénu, susceptible, fier, hâbleur, passionné, audacieux, **Cyrano réunit les traits du héros de tragi-comédie et ceux du personnage romantique.** À cet être brillant, truculent et plein de panache, Edmond Rostand a prêté une langue luxuriante, un verbe coloré et incisif, d'insolites images baroques ou précieuses, des répliques étincelantes de fluidité, de virtuosité et d'allégresse inventive. Toute une génération, meurtrie par les revers que subit l'honneur national entre 1870 et 1914, sut spontanément se projeter et se reconnaître dans les péripéties de l'intrépide cadet de Gascogne. Comme le duc de Reichstadt qui anime *L'Aiglon* (1900) ou le coq gaulois, personnage principal de *Chantecler* (1910), comédie mettant en scène des animaux au comportement étrangement humain, **Cyrano,** archétype de la générosité, de la bravoure et de l'enthousiasme, **incarne les qualités les plus éclatantes de l'esprit français.**

EXTRAIT

Panache et fantaisie

CYRANO, LE BRET, les Cadets,
qui se sont attablés à droite et à gauche
et auxquels on sert à boire et à manger.

CYRANO, *saluant d'un air goguenard ceux qui sortent sans oser le saluer.*

Messieurs... Messieurs... Messieurs...

LE BRET, *désolé, redescendant, les bras au ciel.*

Ah ! dans quels jolis draps...

CYRANO

Oh ! toi ! tu vas grogner !

LE BRET

Enfin, tu conviendras
Qu'assassiner toujours la chance passagère,
Devient exagéré.

CYRANO

Eh bien oui, j'exagère !

LE BRET, *triomphant.*

Ah !

CYRANO

Mais pour le principe, et pour l'exemple aussi,
Je trouve qu'il est bon d'exagérer ainsi.

LE BRET

Si tu laissais un peu ton âme mousquetaire,
La fortune et la gloire...

CYRANO

Et que faudrait-il faire ?
Chercher un protecteur puissant, prendre un patron,
Et comme un lierre obscur qui circonvient un tronc
Et s'en fait un tuteur en lui léchant l'écorce,
Grimper par ruse au lieu de s'élever par force ?
Non, merci. Dédier, comme tous ils le font,
Des vers aux financiers ? se changer en bouffon
Dans l'espoir vil de voir, aux lèvres d'un ministre,

Naître un sourire, enfin, qui ne soit pas sinistre?
Non, merci. Déjeuner, chaque jour, d'un crapaud?
Avoir un ventre usé par la marche? une peau
Qui plus vite, à l'endroit des genoux, devient sale?
Exécuter des tours de souplesse dorsale?
Non, merci. D'une main flatter la chèvre au cou
Cependant que, de l'autre, on arrose le chou,
Et, donneur de séné[1] par désir de rhubarbe[1],
Avoir son encensoir, toujours, dans quelque barbe?
Non, merci. Se pousser de giron en giron,
Devenir un petit grand homme dans un rond,
Et naviguer, avec des madrigaux pour rames,
Et dans ses voiles des soupirs de vieilles dames?
Non, merci. Chez le bon éditeur de Sercy
Faire éditer ses vers en payant? Non, merci.
S'aller faire nommer pape par les conciles
Que dans des cabarets tiennent des imbéciles?
Non, merci. Travailler à se construire un nom
Sur un sonnet, au lieu d'en faire d'autres? Non,
Merci. Ne découvrir du talent qu'aux mazettes[2]?
Être terrorisé par de vagues gazettes,
Et se dire sans cesse : « Oh! pourvu que je sois
Dans les petits papiers du *Mercure François?* »
Non merci. Calculer, avoir peur, être blême,
Aimer mieux faire une visite qu'un poème,
Rédiger des placets[3], se faire présenter?
Non, merci! non, merci! non, merci! Mais... chanter,
Rêver, rire, passer, être seul, être libre,
Avoir l'œil qui regarde bien, la voix qui vibre,
Mettre, quand il vous plaît, son feutre de travers,
Pour un oui, pour un non, se battre, – ou faire un vers!
Travailler sans souci de gloire ou de fortune,
À tel voyage, auquel on pense, dans la lune!
N'écrire jamais rien qui de soi ne sortît,
Et, modeste d'ailleurs, se dire : mon petit,
Sois satisfait des fleurs, des fruits, même des feuilles,
Si c'est dans ton jardin à toi que tu les cueilles!
Puis, s'il advient d'un peu triompher, par hasard,
Ne pas être obligé d'en rien rendre à César,
Vis-à-vis de soi-même en garder le mérite,
Bref, dédaignant d'être le lierre parasite,
Lors même qu'on n'est pas le chêne ou le tilleul,
Ne pas monter bien haut, peut-être, mais tout seul!

Edmond Rostand, *Cyrano de Bergerac*, II, 8, 1930.

(1) Arbrisseaux dont les feuilles ou les racines possèdent des vertus purgatives; par extension, désignent des compliments hypocrites.
(2) Personnes médiocres et sans énergie.
(3) Courts billets sollicitant une faveur ou un privilège.

Panache et fantaisie

Le monologue, qui s'ouvre et se referme sur la même métaphore •, se présente comme un pastiche • imitant le ton de la comédie héroïque de cape et d'épée et les effets de rhétorique empruntés à la tragédie classique.

Remarquez la symétrie syntaxique des phrases, les reprises anaphoriques •, les oxymores •, le goût des maximes.

Cyrano, archétype de l'anticonformiste, accumule avec une verve insolente des aphorismes •, tantôt cocasses, tantôt mièvres, qui traduisent une exigence fébrile de liberté. Relevez la diversité des champs lexicaux • explorés.

Pour oublier la disgrâce de son nez et s'imposer face aux autres, Cyrano joue d'une double stratégie : le duel et l'écriture. Observez comment le mousquetaire est indissociable du poète, comment la rapière et la plume relèvent de la même virtuosité et du même effort de séduction.

Le théâtre comique

Le vaudeville

Le vaudeville était initialement une **chanson populaire** dont les origines probables remontent au XVe siècle. Puis, par une subversion du texte primitif, sur des ritournelles connues de tous, transmises de génération en génération, des chansonniers ont, au XVIIe siècle, greffé des paroles nouvelles. Thèmes scabreux hérités des chansons à boire, ou échos de l'actualité colportés avec malice multipliaient les occasions de virtuosité langagière et de persiflage truculent. Finalement, dès la fin du XVIIe siècle, quelques dramaturges attentifs aux goûts du public populaire eurent l'idée d'insérer dans leurs dialogues quelques airs à succès : les couplets, remaniés pour la circonstance, servaient alors de contrepoint aux péripéties de l'intrigue. *Le Mariage de Figaro* (cf. *Le XVIIIe siècle*, p. 311) témoigne de la faveur dont jouit encore le vaudeville dans la comédie du XVIIIe siècle. Pourtant la concurrence de l'opéra-comique va progressivement déposséder le vaudeville de son support musical. Aussi, dès la fin du Second Empire, les chansonnettes ont-elles déserté la scène. Le vaudeville finit alors par désigner une **comédie légère dont l'intrigue, réduite à un fil conducteur artificiel, permet d'enchaîner sketches, quiproquos et coups de théâtre.**

Au début du XXe siècle, le maître du vaudeville est **Georges Feydeau** (1862-1921). Au moment où le genre commence à péricliter, fortement menacé par la séduction récente qu'exercent le café-concert et l'opérette sur le public attaché au théâtre de divertissement, Feydeau sait dégager et imposer une structure dramatique qui fera durablement recette. Héritier des efforts de renouvellement déployés par de prestigieux devanciers comme Scribe (1791-1861) et Labiche (1815-1888), il accorde à l'élaboration de l'intrigue une importance longtemps dédaignée. **Désormais le déroulement de l'action** n'est plus soumis à la désinvolture du hasard, mais **obéit à une mécanique rigoureuse et minutieuse.** Les personnages cessent d'être de vagues silhouettes inconsistantes pour reconquérir une identité et une autonomie plus proches de la réalité vécue ; engagés dans un tourbillon de péripéties, revirements, paradoxes, ils sont la proie d'une instabilité et d'une effervescence permanentes et alimentent ainsi une cascade de **situations cocasses à l'issue imprévisible.** Qu'il compose d'amples vaudevilles en trois actes (*La dame de chez Maxim*, 1899 ; *La Puce à l'oreille*, 1907 ; *Occupe-toi d'Amélie*, 1908) ou de courtes pièces en un acte (*Feu la mère de Madame*, 1908 ; *Léonie est en avance*, 1911), Feydeau retrouve – en les épurant – les ressources traditionnelles de la farce (cf. *Le XVIIe siècle*, p. 224). Alliant un franc burlesque au désenchantement le plus amer, il sait mieux que quiconque analyser et transcrire les **multiples variations de la mascarade conjugale, de la duperie et de l'adultère.** Virtuose de ce registre, il en fut aussi vite prisonnier ; fait pour être joué et non pour être lu, ce théâtre est trop attentif aux méandres de l'intrigue, à l'efficacité des effets scéniques et au tournoiement des personnages pour sauvegarder les exigences d'une écriture hautement littéraire.

EXTRAIT

Quiproquo

À l'insu de sa femme Gabrielle, le docteur Petypon entretient une liaison avec la Môme Crevette, célèbre danseuse du Moulin Rouge. Elle a été surprise dans la chambre du médecin par le général Petypon du Grêlé (oncle de son amant), qui s'imagine d'autant plus facilement être en présence de Gabrielle qu'il a séjourné en Afrique durant de longues années et n'a pas pu assister au mariage de son neveu. Le général invite Petypon et celle qu'il prend pour son épouse légitime à une réception donnée dans son château de Touraine à l'occasion des

GABRIELLE. – Quel est donc le nom de cette dame?

LE GÉNÉRAL. – Quelle... dame?

GABRIELLE, *indiquant du coin de l'œil la Môme qui est au buffet où Clémentine est allée la rejoindre.* – Celle-là!... que vous venez de me présenter.

LE GÉNÉRAL, *croyant à une plaisanterie.* – Hein, la da... Ah! ah! très bien!... *(Avec un sourire et un hochement de tête approbatif.)* Elle est bonne!

GABRIELLE. – Comment?

LE GÉNÉRAL, *avec un* crescendo *à chaque fois dans la voix.* – Elle est bonne! Elle est bonne! Elle est bonne!

Tous les voisins rient et le général, pivotant sur les talons remonte en riant pour rejoindre la Môme au buffet.

GABRIELLE, *reste un instant comme abrutie.* – Qu'est-ce qu'il a? *(Elle hésite une seconde, puis, à part.)* Oh! il n'y a pas!... *(Avisant madame Vidauban.)* Dites-moi donc, chère madame?

MADAME VIDAUBAN, *se levant.* – Madame?

GABRIELLE. – Pouvez-vous me dire quelle est cette dame? *(Elle indique la Môme de l'œil.)* à qui le général vient de me présenter?

MADAME VIDAUBAN. – Quelle est cette dame à qui?... Ah! ah! Vous voulez rire!... Très drôle! C'est très drôle!...

Tout le groupe rit.

GABRIELLE, *décontenancée, s'éloignant un peu pendant que madame Vidauban se rassied.* – Ah?... Ah? *(À part.)* Ah ça! elle aussi! Je ne vois pas

fiançailles de sa nièce Clémentine, dont il est le tuteur. Le médecin accepte l'invitation et invente, devant Gabrielle, un prétexte pour justifier son départ inopiné. Or Gabrielle a elle-même reçu une lettre d'invitation envoyée par le général et se rend, de son côté, au château, où elle est présentée au général comme étant une excellente amie de sa nièce, Madame Petypon. Pour ne pas se trahir, la Môme Crevette (la fausse nièce) s'adresse à Gabrielle avec une familiarité désinvolte.

ce qu'il y a de drôle dans ma question! *(Tandis qu'Émile présente son plateau pour reprendre les verres vides, au groupe de droite, remontant vers l'abbé qui cause avec le sous-préfet au-dessus du piano.)* Dites-moi, monsieur l'abbé, ne pourriez-vous me dire...?

L'ABBÉ. – Oui!... oui! J'ai entendu la question... *(Riant et comme le général, mais avec une certaine onction.)* Ah! Ah! Elle est bonne! Elle est bonne!... Ah! ah! ah!

Il remonte un peu, laissant Gabrielle bouche bée.

TOUS LES INVITÉS DU VOISINAGE, *faisant chorus.* – Ah! ah! elle est bien bonne!

GABRIELLE. – Oui!... *(Un temps, puis à part.)* C'est curieux comme on est rieur ici! *(S'adressant à Émile qui est en train de remonter avec son plateau)* Dites-moi donc, mon ami! quelle est donc cette dame qui cause avec le général?

ÉMILE, *par rapport à Gabrielle.* – Là?... Mais c'est madame Petypon!

Aussitôt Gabrielle descendue, il va au-dessus du piano ramasser les verres vides qui traînent.

GABRIELLE, *descendant d'un pas.* – Hein?... madame Petypon!... *(Descendant d'une envolée jusqu'à l'avant-scène légèrement à droite, – et bien large :)* Le général est remarié!... Lucien ne m'avait pas dit ça!... *(Voyant la Môme qui, venant du buffet, se dirige rapidement du côté des dames de gauche, s'élançant vers elle et la happant au passage, de façon à la faire virevolter pour l'entraîner par les deux mains jusqu'à droite du souffleur.)* Oh! venez ici! que je vous voie! que je vous regarde!

LA MÔME, *ahurie.* – Qu'est-ce qu'il y a?

GABRIELLE. – Figurez-vous que je ne me doutais de rien! C'est le valet de pied qui m'a dit que vous étiez madame Petypon!

LA MÔME, *inquiète.* – Ah?

GABRIELLE. – Je ne savais pas que vous étiez la femme du général!

LA MÔME, *immense.* – Hein!

GABRIELLE, *sans transition, l'attirant contre elle par une traction des mains.* – Ah! ma tante!

Elle l'embrasse sur la joue droite.

LA MÔME. – Quoi?

GABRIELLE, *même jeu.* – Ma chère tante!

Nouveau baiser sur la joue gauche.

LA MÔME, *pendant que Gabrielle l'embrasse.* – Moi? Ah! zut!

TOUS, *étonnés.* – Ah!

GABRIELLE, *s'épanchant.* – Ah! que je suis contente! que je suis ravie! *(L'embrassant à gauche.)* Ma tante! *(L'embrassant à droite.)* Ma chère tante! *(Lâchant la Môme et allant à madame Vidauban.)* C'est ma tante, figurez-vous, madame!!

LE GÉNÉRAL, *descendant, par rapport à la Môme.* – Comment est-ce qu'elle vous appelle? Ma tante?...

LA MÔME, *ne sachant plus où elle en est.* – Oui!... oui!

LE GÉNÉRAL. – Ah! elle est bien bonne! Moi, elle m'a demandé à m'appeler mon oncle!

LES DAMES. – Non, vraiment?

LA MÔME, *vivement, passant entre les dames et le général.* – Oui! oui! c'est une manie chez elle! elle est tellement expansive qu'elle éprouve le besoin de vous donner comme ça des petits noms de famille!

LE GÉNÉRAL, *par rapport à la Môme.* – Oui, enfin, elle est braque [(1)]!

L'ABBÉ, *qui est descendu, à Gabrielle.* – Eh bien! madame! vous êtes tout de même arrivée à être renseignée?...

GABRIELLE. – Mais oui, *(Avec une petite révérence.)* mon père!

LE GÉNÉRAL, *à la Môme, en pouffant de rire.* – Ah!... ah!... C'est à se tordre!... Moi, je suis son oncle! Vous êtes sa tante! Et l'abbé est son père! *(Avisant de sa place Guérissac qui est à l'avant-scène gauche et le désignant à Gabrielle.)* Dites donc, madame!

(1). écervelée.

GABRIELLE. – Général?

LE GÉNÉRAL. – Est-ce que monsieur n'est pas votre neveu?

GABRIELLE, *qui ne saisit pas la moquerie.* – Monsieur?... Non!... non!

LE GÉNÉRAL, *à Guérissac.* – Ah! mon ami! Vous n'êtes pas son neveu!... C'est regrettable! Ce sera pour une autre fois!

GABRIELLE, *petite folle.* – Oh! mais je cause! je cause! et, pendant ce temps-là, je ne m'habille pas!... *(Aux dames de gauche.)* À tout à l'heure, mesdames, je ne serai pas longue... *(Traversant la scène, et, au groupe de droite :)* Je ne serai pas longue, mesdames, à tout à l'heure!

LA MÔME, *remontant légèrement et de loin à Gabrielle sur un ton gavroche.* – C'est ça, va! va!

GABRIELLE, *passant entre madame Vidauban et Vidauban, dérangeant chacun.* – Pardon! Pardon, monsieur! pardon!

Elle sort premier plan droit.

LE GÉNÉRAL, *sur un ton péremptoire à la Môme qui est redescendue par rapport à lui.* – Ma nièce! elle est complètement folle, votre amie.

TOUT LE MONDE, *approuvant.* – Ah! oui! Ah! oui!

Georges Feydeau, *La Dame de chez Maxim,* II, 7, 1899.

Quiproquo

Faisant alterner absurdité loufoque et rigueur logique, la scène doit son relief à la symétrie des artifices qui entretiennent le comique de situation ; abusés par un premier quiproquo, tous les personnages semblent ligués pour enfermer Gabrielle dans la plus complète stupeur ; puis la réponse ambiguë d'Émile crée un deuxième quiproquo, qui, à l'inverse du premier, plonge dans l'ahurissement les principaux protagonistes, et surtout la Môme Crevette. D'où un décalage permanent des comportements. La scène excelle à évoquer le climat d'une fin de siècle, et l'insouciance d'une société qui s'étourdit dans la frivolité de la Belle Époque.

Le théâtre de boulevard et la comédie satirique

Peu avant la Révolution, la foire Saint-Laurent avait investi le boulevard du Temple et le boulevard Saint-Martin ; toute une corporation de saltimbanques, bateleurs et amuseurs s'y employait à conquérir la faveur d'une foule de badauds avide de spectacles faciles. **Le terme de théâtre de boulevard est resté pour désigner,** avec une connotation• souvent péjorative, **les drames, mélodrames ou comédies bourgeoises s'adressant à un public populaire,** peu sensible aux grandes ambitions littéraires. Impatient d'accumuler des succès immédiats, ce théâtre de divertissement a trop souvent la faiblesse de se plier au goût de spectateurs indifférents à toute exigence esthétique ou morale. Écrivant dans la précipitation de courtes comédies de mœurs, ces auteurs de la Belle Époque ressassent inlassablement les mêmes schémas stéréotypés mettant au premier plan de médiocres bourgeois à la psychologie très schématique ; épouses délaissées et maîtresses frivoles, capitaines d'industrie et aristocrates déchus, banquiers parvenus, artistes et parias se retrouvent invariablement au cœur d'**intrigues galantes bâties sur deux thèmes obsédants : la sensualité et l'argent.** De cette production prolifique on retiendra les œuvres de Charles Donnay (1859-1945), Henri Lavedan (1859-1940), Abel Hermant (1862-1950), Vincent Capus (1858-1922), Georges de Porto-Riche (1849-1930), Henry Bernstein (1876-1953), Tristan Bernard (1866-1947).

Georges Courteline (1858-1929) est l'un des auteurs les plus féconds du théâtre de boulevard. De ses débuts au Théâtre Libre d'Antoine (cf. p. 178) **il garde le goût d'une mise en scène élaborée, d'un décor précis et réaliste.** S'adressant à un public de condition modeste, il excelle à restituer l'univers quotidien de la petite-bourgeoisie dont le champ de libertés se heurte sans cesse aux limites irritantes imposées par des fonctionnaires mesquins. Qu'il s'agisse de l'adjudant Flick (*Les Gaîtés de l'escadron,* 1895), du substitut Barbemolle (*Un client sérieux,* 1896), du gendarme Labourbourax (*Le Gendarme est sans pitié,* 1899), en maintes circonstances l'État oppose lois et règlements à des citoyens rêveurs, naïfs et démunis.

Mais Courteline ne prétend en aucun cas réformer la société de son temps : il l'accepte avec ses insuffisances ou ses outrances et se plaît à y puiser une galerie de portraits caricaturaux. Les grincements de l'**humour noir** ou les **facéties** les plus usées de la farce nuancent les multiples facettes de la comédie satirique. Parmi les cibles privilégiées de Courteline, les femmes, présentées comme des êtres futiles, moroses, infidèles, rusés, quémandeurs, incarnent avec insistance **une vision désabusée et indulgente du monde.**

La scène poétique de Paul Claudel

1868
1955

C'est Lugné-Poe (cf. p. 178) qui a contribué à faire connaître les premières œuvres dramatiques de Paul Claudel en créant *L'Annonce faite à Marie* en 1912. À un moment où la production théâtrale semble incapable de puiser son inspiration ailleurs que dans le schéma étroit du drame réaliste et moraliste, Paul Claudel va imposer une dramaturgie plus ambitieuse, à la fois symbolique, imaginative et poétique. Prenant à contre-courant les tendances positivistes qui avaient fortement marqué la vie intellectuelle à la fin du XIXe siècle, le poète récuse les constructions déterministes• d'un Renan ou d'un Taine (cf. *Le XIXe siècle*, pp. 426-427) et leur préfère les perspectives surnaturelles, à la fois vertigineuses et rassurantes, ouvertes par un autre poète : A. Rimbaud (cf. *Le XIXe siècle*, p. 490). L'année 1886 offre au jeune Claudel une double révélation : la lecture des *Illuminations* de Rimbaud et **la lumière de la foi** qui s'impose brutalement pendant l'office des vêpres de Noël.

Au prosaïsme des réflexions sur l'adultère et l'ordre social va désormais se substituer sur la scène **une voix lyrique•, épique et cosmique,** qui trouve son souffle dans l'ampleur du sentiment religieux et son rythme dans les incantations• du verset. Animés par une égale certitude mystique, passionnée et triomphante, les premiers drames de Claudel se présentent comme autant de paraboles qui enveloppent les paradoxes d'une philosophie de l'histoire dans les arcanes du chaos et du mystère. C'est ainsi que *La Ville* (1893) jette un jour lugubre sur une société matérialiste en perdition faute d'avoir su reconnaître Dieu ; que *L'Échange* (dont la première représentation date de 1914) transpose en Amérique le divorce entre le temporel et le spirituel.

On voit le risque qui guette un tel théâtre, nourri exclusivement de **l'autorité du dogme chrétien,** du lyrisme• de la foi, du scintillement des symboles. À tout moment, le poids de l'intention apologétique menace d'écraser et de paralyser le développement et les rebondissements de l'action dramatique. Or c'est précisément en soulignant **la contradiction intime qui mine la nature humaine** que l'Évangile permet à Claudel d'arracher son théâtre à l'érudition théologique et à la dissertation métaphysique. En effet, reconnaître **la dualité de l'homme** – à la fois déchu et glorieux, égaré dans l'histoire mais promis à l'éternité, partagé entre la terre et le ciel – c'est dégager une source intarissable de conflits intérieurs qui se prêtent admirablement à la dramatisation littéraire. C'est aussi, implicitement, éclairer **le caractère tragique• de toute destinée humaine,** déchirée entre deux forces opposées : le mal et le bien ; l'esprit et la chair ; la liberté et la fatalité ; l'appel du bonheur terrestre et le dessein de la Providence.

L'appel du bonheur terrestre : *Partage de midi*

Pour Claudel seule la foi chrétienne peut proposer une valeur immuable : **la transcendance• de Dieu** qui attend de ses créatures ferveur, obéissance et glorification. Dès lors, **toute séduction exercée par les sollicitations terrestres écarte l'homme du royaume de Dieu** et menace les voies du salut. De toutes les formes de diversion, la plus insidieuse et la plus irrésistible est, sans doute, l'aventure de l'amour humain.

EXTRAIT

La tentation de la chair

Sur un paquebot naviguant vers la Chine, une jeune femme, Ysé, accompagnée de son mari, l'homme d'affaires de Ciz, retrouve l'aventurier Amalric (qui l'a courtisée autrefois) et découvre Mesa, jeune commissaire des douanes, solitaire et farouche : après avoir récemment décidé de mettre sa vie au service de Dieu, il se résigne dans la douleur à

YSÉ. – Je suis contente.
Contente d'être tout
Pour toi, contente d'avoir tout pour moi.
Mais quoi, montre-moi tes yeux
Qui ont la couleur des miens et ne les tiens pas ailleurs un moment !
Et cela me donne confusion et désir, de voir tes yeux.
Et moi, regarde-moi aussi, me voici,
Et regarde chaque chose bien comme un vase que tu viens d'acheter,
Et que tu fais reluire au soleil, et l'émail, et ce défaut que l'on éprouve avec l'ongle,
Et la marque du fabricant.
MESA. – Tu es radieuse et splendide ! tu es belle comme le jeune Apollon !
Tu es droite comme une colonne ! tu es claire comme le soleil levant !
Et où as-tu arraché sinon aux filières mêmes du soleil d'un tour de ton cou ce grand lambeau jaune
De tes cheveux qui ont la matière d'un talent[1] d'or ?
Tu es fraîche comme une rose sous la rosée ! et tu es comme l'arbre cassie[2] et comme une fleur sentante ! et tu es comme un faisan, et comme l'aurore, et

reconnaître qu'il n'a pas été entendu ni appelé par le Créateur. L'idylle qui va naître entre Ysé et Mesa suggère une réminiscence de l'amour illicite de Tristan et Iseut voguant sur la mer d'Irlande (cf. Le Moyen Âge/XVIe siècle, *p. 52), et la transposition de données biographiques à peine voilées : une liaison tumultueuse avec une femme mariée – Madame Vetch – que fréquenta Claudel de 1899 à 1904, lorsqu'il était diplomate en Chine ; une brève expérience monastique – en 1900 – sanctionnée par l'échec. À l'escale de Hong Kong, Ysé ne peut retenir son mari que les affaires appellent pendant un mois vers un lointain rendez-vous. Mesa rejoint Ysé dans le cimetière de la ville.*

comme la mer verte au matin pareille à un grand acacia en fleurs et comme un paon dans le paradis.

YSÉ. – Certes il convient que je sois belle
Pour ce présent que je t'apporte.
MESA. – Une chose inestimable en effet.
YSÉ. – Une chose encombrante, Mesa, une chose énorme et difficile à loger,
Et qu'un homme sage n'acceptera point dans sa maison !
MESA. – Je ne suis pas un homme sage.
YSÉ. – C'est l'amour, Mesa, et je ne l'appellerai point une chose bonne et usagère, et l'on plaint ce fou qui ne sait point s'en servir
À tempérament pour son plaisir et le bien de son ménage comme le feu bien fait
Qui cuit la soupe et qui fond l'or sous le chalumeau.
Sais-tu bien ce que tu fais, Mesa ?
MESA. – Je ne sais que toi, Ysé.
YSÉ. – D'un côté Ysé, et de cet autre,
Tout moins que je n'y suis pas.
MESA. – Je te préfère, Ysé !
YSÉ. – Ô parole comme un coup à mon flanc ! ô main de l'amour ! ô déplacement de notre cœur !
Ô ineffable iniquité ! Ah viens donc et mange-moi comme une mangue ! Tout, tout, et moi !
Il est donc vrai, Mesa, que j'existe seule et voilà le monde répudié, et à quoi est-ce que notre amour sert aux autres ?
Et voilà le passé et l'avenir en un même temps
Renoncés, et il n'y a plus de famille, et d'enfants et de mari et d'amis,
Et tout l'univers autour de nous
Vidé de nous comme une chose incapable de comprendre et qui demande la raison !
MESA. – Il n'y a pas de raison que toi-même.
YSÉ. – Moi, je comprends, mon bien-aimé,
Et je suis comprise, et je suis la raison entre tes bras, et je suis Ysé, ton âme !
Et que nous font les autres ? mais tu es unique et je suis unique.
Et j'entends ta voix dans mes entrailles comme un cri qui ne peut être souffert,
Et je me lève vers toi avec difficulté comme une chose énorme et massive et aveugle et désirante et taciturne,
Mais ce que nous désirons, ce n'est point de créer, mais de détruire, et que ah !
Il n'y ait plus rien d'autre que toi et moi, et en toi que moi, et en moi que ta possession, et la rage, et la tendresse, et de te détruire et de n'être plus gênée
Détestablement par ces vêtements de chair, et ces cruelles dents dans mon cœur,
Non point cruelles !
Ah, ce n'est point le bonheur que je t'apporte, mais ta mort, et la mienne avec elle.

Paul Claudel, *Partage de midi*, première version, acte II, 1905, Gallimard, 1949.

(1) unité de poids et monnaie
(2) acacia odoriférant

La tentation de la chair

La parole amoureuse se transforme en incantation• : le sacré vient immédiatement enrober et exalter le profane. Le dialogue cède d'abord à la litanie obsédante, puissamment rythmée par les anaphores• et l'ample souffle du vers libre. Le lyrisme• flamboyant est sans cesse relancé par la vigueur de l'apostrophe, l'accumulation des métaphores•, le brassage des sensations. Le tournoiement des pronoms de la 1re et de la 2e personne mène progressivement à la fusion des deux êtres. Puis le climat initial de jubilation et d'extase se dégrade inexorablement pour laisser libre cours à la fascination qu'exercent les forces destructrices de la mort : Éros ne tarde guère à appeler Thanatos.

Les desseins de la Providence : *Le Soulier de satin*

Le cadre de ce drame se situe dans l'Espagne de la Renaissance. Mais la vraisemblance historique ne cesse d'être bousculée par de nombreux anachronismes et par la mobilité incessante de l'action qui jongle avec les personnages, les peuples et les continents. D'une **structure baroque** où foisonnent des motifs très dispersés se dégagent deux figures majeures, partageant un amour intense : Rodrigue, conquistador à qui tout semble réussir ; et Dona Prouhèze, épouse d'un haut magistrat du royaume.

On retrouve donc, comme dans *Partage de midi* (cf. pp. 184-185) **l'interdit qui pèse sur une passion** que condamne le sacrement du mariage. Or Claudel n'a pas oublié que l'aventure partagée par Ysé et Mesa n'a été qu'une amère illusion et qu'au-delà de la trêve radieuse les deux amants ont eu tôt fait de se trahir et de se meurtrir avant de se rejoindre dans la mort. Le bonheur promis par Ysé, quoique insatisfaisant, n'a finalement pas été vain : il a su aviver l'impatience de Mesa, fortifier son besoin d'absolu, ouvrir la voie à une spiritualité exigeante.

Contrairement à Ysé et à Mesa (cf. p. 184) qui cèdent à la sensualité, **Dona Prouhèze incarne la résistance et le renoncement.** Son héroïsme s'inscrit dans le conflit qui fait de son destin l'enjeu de deux forces antagonistes : l'instinct humain de la passion et la volonté de Dieu ; **la Nature et la Grâce.** Or Dona Prouhèze a choisi l'apaisement et le salut de son âme ; à la transgression de la loi divine elle finit donc par préférer la soumission aux desseins de la Providence qui la réconcilie avec Rodrigue dans l'éternité, outre la mort. *Partage de midi* est donc prolongé par *le Soulier de satin* ; dans le premier de ces drames « la Chair désire contre l'esprit » ; dans le second, « l'esprit désire contre la chair » (Préface de *Partage de midi*).

EXTRAIT

L'illusoire désir

L'ANGE GARDIEN – Sœur, il nous faut apprendre passage vers des climats plus heureux.

DONA PROUHÈZE. – Ce que ma main chaque nuit lui[1] jure, il n'est pas en mon pouvoir de le démentir.

L'ANGE GARDIEN. – C'est ainsi que le poisson se croit plus sage que le pêcheur.
Il se mutine et se débat sur place, ignorant que chacun de ses soubresauts
Réjouit le vieillard dans les roseaux embusqué
Qui le tient et ne le laissera pas s'enfuir.

DONA PROUHÈZE. – Pourquoi te joues-tu de lui cruellement et si tu ne l'amènes au bord ne lui rends-tu pas liberté ?

L'ANGE GARDIEN. – Mais quoi, si tu n'étais pas seulement une prise pour moi, mais une amorce ?

DONA PROUHÈZE. – Rodrigue, c'est avec moi que tu veux le capturer ?

L'ANGE GARDIEN. – Cet orgueilleux, il n'y avait pas d'autre moyen de lui faire comprendre le prochain, de le lui entrer dans la chair ;
Il n'y avait pas d'autre moyen de lui faire comprendre la dépendance, la nécessité et le besoin, un autre sur lui,
La loi sur lui de cet être différent pour aucune autre raison si ce n'est qu'il existe.

DONA PROUHÈZE. – Eh quoi ! Ainsi c'était permis ? cet amour des créatures l'une pour l'autre, il est donc vrai que Dieu n'en est pas jaloux ? l'homme entre les bras de la femme...

L'ANGE GARDIEN. – Comment serait-il jaloux de ce qu'Il a fait ? et comme aurait-Il rien fait qui ne lui serve ?

DONA PROUHÈZE. – L'homme entre les bras de la femme oublie Dieu.

L'ANGE GARDIEN. – Est-ce l'oublier que d'être avec Lui ? est-ce ailleurs qu'avec Lui d'être associé au mystère de Sa création,
Franchissant de nouveau pour un instant l'Éden par la porte de l'humiliation et de la mort ?

DONA PROUHÈZE. – L'amour hors du sacrement n'est-il pas le péché ?

L'ANGE GARDIEN. – Même le péché ! Le péché aussi sert.

DONA PROUHÈZE. – Ainsi il était bon qu'il m'aime ?

L'ANGE GARDIEN. – Il était bon que tu lui apprennes le désir.

DONA PROUHÈZE. – Le désir d'une illusion ? d'une ombre qui pour toujours lui échappe ?

(1) Désigne Rodrigue.

L'ANGE GARDIEN. – Le désir est de ce qui est, l'illusion est ce qui n'est pas. Le désir au travers de l'illusion.

Est de ce qui est au travers de ce qui n'est pas.

DONA PROUHÈZE. – Mais je ne suis pas une illusion, j'existe ! Le bien que je puis seule lui donner existe.

L'ANGE GARDIEN. – C'est pourquoi il faut lui donner le bien et aucunement le mal.

DONA PROUHÈZE. – Mais cruellement entraînée par toi je ne puis lui donner rien du tout.

L'ANGE GARDIEN. – Voudrais-tu lui donner le mal ?

DONA PROUHÈZE. – Oui, plutôt que de rester ainsi stérile et inféconde, ce que tu appelles le mal.

L'ANGE GARDIEN. – Le mal est ce qui n'existe pas.

DONA PROUHÈZE. – Unissons donc notre double néant !

L'ANGE GARDIEN. – Prouhèze, ma sœur, l'enfant de Dieu existe.

DONA PROUHÈZE. – Mais à quoi sert-il d'exister si je n'existe pour Rodrigue ?

L'ANGE GARDIEN. – Comment Prouhèze existerait-elle jamais autrement que pour Rodrigue, quand c'est par lui qu'elle existe ?

DONA PROUHÈZE. – Frère, je ne t'entends pas !

L'ANGE GARDIEN. – C'est en lui que tu étais nécessaire.

DONA PROUHÈZE. – Ô parole bien douce à entendre ! laisse-moi la répéter après toi ! eh quoi ! je lui étais nécessaire ?

L'ANGE GARDIEN. – Non point cette vilaine et disgracieuse créature au bout de ma ligne, non point ce triste poisson.

DONA PROUHÈZE. – Laquelle alors ?

L'ANGE GARDIEN. – Prouhèze, ma sœur, cette enfant de Dieu dans la lumière que je salue.

Cette Prouhèze que voient les Anges, c'est celle-là sans le savoir qu'il regarde, c'est celle-là que tu as à faire afin de la lui donner.

DONA PROUHÈZE. – Et ce sera la même Prouhèze ?

L'ANGE GARDIEN. – Une Prouhèze pour toujours que ne détruit pas la mort.

DONA PROUHÈZE. – Toujours belle ?

L'ANGE GARDIEN. – Une Prouhèze toujours belle.

DONA PROUHÈZE. – Il m'aimera toujours ?

L'ANGE GARDIEN. – Ce qui te rend si belle ne peut mourir. Ce qui fait qu'il t'aime ne peut mourir.

DONA PROUHÈZE. – Je serai à lui pour toujours dans mon âme et dans mon corps ?

L'ANGE GARDIEN. – Il nous faut laisser le corps en arrière quelque peu.

DONA PROUHÈZE. – Eh quoi ! il ne connaîtra point ce goût que j'ai ?

L'ANGE GARDIEN. – C'est l'âme qui fait le corps.

DONA PROUHÈZE. – Comment donc l'a-t-elle fait mortel ?

L'ANGE GARDIEN. – C'est le péché qui l'a fait mortel.

DONA PROUHÈZE. – C'était beau d'être pour lui une femme.

L'ANGE GARDIEN. – Et moi je ferai de toi une étoile.

DONA PROUHÈZE. – Une étoile ! c'est le nom dont il m'appelle toujours dans la nuit.

Et mon cœur tressaillait profondément de l'entendre.

L'ANGE GARDIEN. – N'as-tu donc pas toujours été comme une étoile pour lui !

DONA PROUHÈZE. – Séparée !

L'ANGE GARDIEN. – Conductrice.

DONA PROUHÈZE. – La voici qui s'éteint sur terre.

L'ANGE GARDIEN. – Je la rallumerai dans le ciel.

DONA PROUHÈZE. – Comment brillerai-je qui suis aveugle ?

L'ANGE GARDIEN. – Dieu soufflera sur toi.

DONA PROUHÈZE. – Je ne suis qu'un tison sous la cendre.

L'ANGE GARDIEN. – Mais moi je ferai de toi une étoile flamboyante dans le souffle du Saint-Esprit !

DONA PROUHÈZE. – Adieu donc ici-bas ! adieu, adieu, mon bien-aimé ! Rodrigue, Rodrigue là-bas, adieu pour toujours !

Paul Claudel, *Le Soulier de satin,* version intégrale, Troisième journée, scène 8, Gallimard, 1929.

L'illusoire désir

La brièveté des répliques soutient un rythme tendu, haletant, pathétique•, qui mène Prouhèze du plan de l'illusion au plan de la vérité. La décision finale est acquise au prix d'un héroïque débat intérieur qui oppose des valeurs inconciliables : l'âme et le corps ; la terre et le ciel ; les ténèbres et la lumière, la liberté et la Providence. Mais la métaphore• initiale du poisson manœuvré par le pêcheur laisse déjà percer la conviction que, d'avance, les jeux sont faits : l'appel de la chair n'est qu'un prétexte qui masque les voies de la transcendance• divine et précipite la plongée dans l'intemporel. La perspective de Claudel reste optimiste : la Providence convertit le mal en souverain bien et fait du péché l'inévitable détour qui mène au salut.

documents

Au temps du *Partage,* tout était sombre et lourd dans les mouvements qui jetaient l'un vers l'autre les deux protagonistes ; leur union semblait d'autant plus menacée, plus désespérée que le dramaturge multipliait leurs confrontations sur la scène. Le *Soulier* renverse ce rapport ; les deux amants, en apparence, scéniquement, les plus disjoints de tout ce théâtre, sont en réalité les plus proches, les plus « soudés » dans leurs destinées, « ces deux êtres qui de loin sans jamais se toucher se font équilibre » ; unis bien que séparés, – parce que séparés. Si la relation directe, sur scène, se réduit pour eux à l'unique et brève rencontre du troisième acte, ils sont en revanche constamment liés par un système de relation indirecte. Pour le dramaturge, le problème était là, et la difficulté : maintenir le contact tout en sauvegardant l'absence.

Jean Rousset, *Forme et signification,* José Corti, 1962.

Dans L'Échange *(1894) la comédienne Lechy Elbernon propose une définition du théâtre.*

LECHY ELBERNON. – Il y a la scène et la salle.
Tout étant clos, les gens viennent là le soir, et ils sont assis par rangées les uns derrière les autres, regardant.

MARTHE. – Quoi ? Qu'est-ce qu'ils regardent, puisque tout est fermé ?

LECHY ELBERNON. – Ils regardent le rideau de la scène,
Et ce qu'il y a derrière quand il est levé.
Et il arrive quelque chose sur la scène comme si c'était vrai.

MARTHE. – Mais puisque ce n'est pas vrai ! C'est comme les rêves que l'on fait quand on dort.

LECHY ELBERNON. – C'est ainsi qu'ils viennent au théâtre la nuit.

THOMAS POLLOCK NAGEOIRE. – Elle a raison. Et quand ce serait vrai encore ? Qu'est-ce que cela me fait ?

LECHY ELBERNON. – Je les regarde, et la salle n'est rien que de la chair vivante et habillée.
Et ils garnissent les murs comme des mouches, jusqu'au plafond.
Et je vois ces centaines de visages blancs.
L'homme s'ennuie, et l'ignorance lui est attachée depuis sa naissance.
Et ne sachant de rien comment cela commence ou finit, c'est pour cela qu'il va au théâtre.
Et il se regarde lui-même, les mains posées sur les genoux.
Et il pleure et il rit, et il n'a point envie de s'en aller.
Et je les regarde aussi, et je sais qu'il y a là le caissier qui sait que demain
On vérifiera les livres, et la mère adultère dont l'enfant vient de tomber malade,
Et celui qui vient de voler pour la première fois, et celui qui n'a rien fait de tout le jour.
Et ils regardent et écoutent comme s'ils dormaient.

MARTHE. – L'œil est fait pour voir et l'oreille
Pour entendre la vérité.

LECHY ELBERNON. – Qu'est-ce que la vérité ? Est-ce qu'elle n'a pas dix-sept enveloppes, comme les oignons ?
Qui voit les choses comme elles sont ? L'œil certes voit, l'oreille entend.
Mais l'esprit tout seul connaît. Et c'est pourquoi l'homme veut voir des yeux et connaître des oreilles
Ce qu'il porte dans son esprit, – l'en ayant fait sortir.
Et c'est ainsi que je me montre sur la scène.

Paul Claudel, *L'Échange,* 1894, Mercure de France, 1964.

Faisons le point

Le langage théâtral

Fiche n° 1
suivante : p. 253

1. Le langage théâtral est particulièrement complexe : à la question : **qui parle ?,** il est possible de proposer à la fois plusieurs réponses. Le théâtre suppose d'abord **un dialogue** ; certes l'interlocuteur peut être momentanément ou définitivement absent (ainsi dans certaines œuvres de Beckett) : mais cette situation particulière est alors précisément ressentie comme signifiant l'impossibilité de la communication. À **un premier niveau,** le langage théâtral est donc constitué par les paroles qu'échangent les personnages. Celles-ci n'engagent pas nécessairement l'auteur, sauf si, dans une perspective didactique, il choisit de faire de l'un des personnages son porte-parole. On se demandera alors par exemple si, dans *Les Mains sales,* Hoederer exprime le point de vue de Sartre. Mais on risque ce-faisant de méconnaître la spécificité du langage théâtral, qui se situe à un autre niveau.

En effet, l'ensemble des paroles échangées par les personnages constitue, à **un second niveau,** un langage adressé par l'auteur au public :

auteur — [personnage ↔ personnage] → public

Ce discours de l'auteur s'inscrit dans toute la durée de la pièce et dépasse les propos des personnages : ce qui, à ce niveau, est signifiant, c'est le choix de faire tenir tel propos par tel ou tel personnage, c'est la façon d'agencer l'ensemble. Ainsi, un propos solennel mis dans la bouche d'un personnage ridicule deviendra dérisoire ; inversement des propos insignifiants en eux-mêmes, comme ceux de personnages d'Ionesco, pris dans leur ensemble, constituent un langage signifiant par lequel l'auteur exprime l'effondrement des valeurs.

Le langage théâtral comprend aussi ce qu'on appelle **les didascalies,** c'est-à-dire toutes les indications données par l'auteur en dehors du texte à dire : liste et qualifications des personnages, découpage de la pièce, indications de décor ou de jeu, etc. Une caractéristique du théâtre contemporain est l'importance croissante des didascalies (ainsi chez Beckett ou Duras). En tant qu'élément du langage théâtral, les didascalies s'adressent directement au lecteur sans passer par le relais d'un personnage. Du point de vue de la représentation, elles témoignent de la volonté de l'auteur de contrôler celle-ci et de diriger la mise en scène à venir.

2. Le théâtre est aussi avant tout **une représentation,** même si cela paraît moins vrai d'un théâtre à tendance littéraire (Giraudoux, Sartre ou Camus) que de tentatives qui privilégient le spectacle et, éventuellement, l'improvisation. Une conception peut-être naïve de la mise en scène l'imagine au service du texte, visant une fidélité parfaite et redondante à celui-ci. C'est là oublier que même un texte très écrit ne dit pas tout, et que la mise en scène suppose des choix, des partis pris esthétiques, une direction d'acteurs, qui constituent un niveau de langage supplémentaire, la voix du metteur en scène doublant celle de l'auteur. Cet aspect est très important de nos jours, au moment même où la dérision du langage a souvent affaibli le rôle du texte. Problème plus ancien, la personnalité exceptionnelle de certains acteurs introduit encore un autre niveau de parole : on écoutera, par exemple, Michel Piccoli dans le rôle de X... Enfin rien n'interdit d'associer le public à cette prise de parole, au lieu de le cantonner dans un rôle passif (qu'on songe à des tentatives comme celles d'Augusto Boal, d'Ariane Mnouchkine et du Théâtre du Soleil, ou, dans un autre registre, à celles de Robert Hossein...). Le théâtre est le lieu d'un langage pluriel, source à la fois de complexité et de richesse.

Anne Ubersfeld, *Lire le théâtre,* éditions sociales, 1977.
Oswald Ducrot, *Le Dire et le Dit,* éd. de Minuit, 1984 (chapitre 8).
Richard Monod, *Les Textes de théâtre,* Cedic, 1977.

Le début du grand chambardement

Deux pionniers de l'absurde : Alfred Jarry (1873-1907) et Guillaume Apollinaire (1880-1918)

Le cycle d'*Ubu* (1889-1900) : de la satire au mythe

Lorsque le 10 décembre 1896, au Théâtre de l'Œuvre, Lugné-Poe (cf. p. 178) donne *Ubu roi*, second volet d'une trilogie comprenant, en outre, *Ubu cocu* (1889) et *Ubu enchaîné* (1900), la pièce est accueillie dans le tumulte et soulève un scandale immédiat. Bien au-delà des clivages récents qui, dans les dernières années du XIXe siècle, opposent, au théâtre, courants réaliste et idéaliste, la dramaturgie d'**Alfred Jarry** (1873-1907) paraît inclassable. L'homme lui-même dérange et agace. Mêlé à l'activité tapageuse et souvent provocante d'artistes marginaux, ami de Mallarmé et d'Apollinaire, il fréquente de nombreux peintres et poètes qui, quelques années plus tard, seront les artisans majeurs de l'aventure surréaliste (cf. p. 82). Longtemps après sa mort, fidèles du Collège de Pataphysique, des esprits aussi différents que R. Queneau (cf. p. 102), E. Ionesco (cf. p. 234), J. Prévert (cf. p. 134), René Char (cf. p. 137), B. Vian (cf. p. 198) continueront à honorer sa mémoire avec ferveur et à se réclamer de ses audaces. Si Alfred Jarry ouvre une **brèche dans la continuité d'une tradition théâtrale,** c'est parce que ses conceptions sont fondées sur quelques refus intransigeants.

D'une part, comme les peintres de la nouvelle génération qui vont bientôt se détacher des exigences d'un art figuratif, **Alfred Jarry récuse les limites étroites d'une esthétique obsédée par l'imitation scrupuleuse de la vie,** par le dogme du vrai, par la représentation servile des apparences. Aux personnages de Balzac (cf. *Le XIXe siècle,* p. 206) cernés dans leur dimension psychologique, puisés dans une réalité familière et convaincante, Jarry préfère les puissantes figures surgies de l'imagination de Shakespeare. « Il est admis par tous qu'Hamlet, par exemple, est plus vivant qu'un homme qui passe, car il est plus compliqué avec plus de synthèse, et même seul vivant, car il est une abstraction qui marche » (*Douze Arguments sur le Théâtre,* 1896). Fidèle à ces principes, *Ubu roi* reste, à bien des égards, une parodie de *Macbeth.*

Refus plus audacieux, encore, le dramaturge, qui revendique la fécondité et la liberté du démiurge, **renie tout l'édifice de règles, bienséances et interdits échafaudé à l'âge classique** (cf. *Le XVIIe siècle,* p. 133) et toujours en honneur en ce XIXe siècle finissant, malgré l'usure de certaines conventions contestées par le drame romantique. La loi des trois unités, tout particulièrement, est splendidement ignorée.

Refus ultime, **la primauté du texte tend à s'effacer,** cédant le pas à d'autres éléments scéniques – cris, silences, chansons, mimes, masques, écriteaux – indispensables à l'élaboration d'un théâtre qui se veut total. L'art dramatique d'Alfred Jarry se résume en un slogan : « suggérer au lieu de dire, faire dans la route des phrases un carrefour de tous les mots » *(Les Minutes de sable mémorial).* Désormais l'univers théâtral n'est plus qu'une bigarrure de signes.

Conçu dans cette perspective, Ubu se projette hors du temps et de l'espace, relance à son profit un perpétuel mouvement d'expansion, d'enflure grandiose et grotesque. Aussi confus que soit le déroulement des diverses péripéties de l'action, le roi demeure imperturbablement le centre de gravité **d'un monde chaotique et loufoque,** lourd d'angoisses métaphysiques, dessiné à l'image de son maître : incohérent, dérisoire, absurde.

Farce de potache caricaturant avec férocité un ancien professeur du lycée de Rennes, médiocre et chahuté, satire extravagante et impitoyable du bourgeois borné, égoïste et lâche, la comédie de Jarry doit surtout son relief à la **stature imposante du personnage d'Ubu érigé en mythe,** comme Gargantua ou Falstaff. Dévoré par l'ambition du pouvoir, imposteur et tyran, souverain machiavélique, Ubu a valeur de symbole : il incarne les pulsions les plus viles de la nature humaine, dégradée par une animalité sous-jacente toujours prête à surgir pour broyer les êtres dans la guerre, la servitude et la mort. En 1939, les tumultes de l'Histoire réserveront à la vision prémonitoire d'A. Jarry une rude confirmation.

EXTRAIT

Une farce tragique

Capitaine valeureux, naguère couvert de gloire, Ubu a assassiné Venceslas, souverain de Pologne et, grâce à la complicité du fidèle

La grande salle du palais.

PÈRE UBU, MÈRE UBU, OFFICIERS ET SOLDATS ; GIRON, PILE, COTICE, NOBLES ENCHAÎNÉS, FINANCIERS, MAGISTRATS, GREFFIERS

PÈRE UBU. – Apportez la caisse à Nobles et le crochet à Nobles et le couteau à Nobles et le bouquin à Nobles ! ensuite faites avancer les Nobles.

(On pousse brutalement les Nobles.)

MÈRE UBU. – De grâce, modère-toi, Père Ubu.

Bordure, prend le pouvoir. La famille royale est sauvagement exterminée à l'exception du prince Bougrelas, qui s'engage à venger les siens. A peine installé à la tête de l'État, Ubu, devenu roi, fait régner la terreur et massacre les hauts dignitaires de la nation pour les déposséder de leurs biens.

PÈRE UBU. – J'ai l'honneur de vous annoncer que pour enrichir le royaume je vais faire périr tous les Nobles et prendre leurs biens.

NOBLES. – Horreur ! à nous, peuple et soldats !

PÈRE UBU. – Amenez le premier Noble et passez-moi le crochet à Nobles. Ceux qui seront condamnés à mort, je les passerai dans la trappe, ils tomberont dans les sous-sols du Pince-Porc et de la Chambre-à-Sous, où on les décervèlera. *(Au Noble.)* Qui es-tu, bouffre ?

LE NOBLE. – Comte de Vitepsk.

PÈRE UBU. – De combien sont tes revenus ?

LE NOBLE. – Trois millions de rixdales.

PÈRE UBU. – Condamné !

(Il le prend avec le crochet et le passe dans le trou.)

MÈRE UBU. – Quelle basse férocité !

PÈRE UBU. – Second Noble, qui es-tu ? *(Le Noble ne répond rien.)* Répondras-tu, bouffre ?

LE NOBLE. – Grand-duc de Posen.

PÈRE UBU. – Excellent ! excellent ! Je n'en demande pas plus long. Dans la trappe. Troisème Noble, qui es-tu ? tu as une sale tête.

LE NOBLE. – Duc de Courlande, des villes de Riga, de Revel et de Mitau.

PÈRE UBU. – Très bien! très bien! Tu n'as rien autre chose ?

LE NOBLE. – Rien.

PÈRE UBU. – Dans la trappe, alors. Quatrième Noble, qui es-tu ?

LE NOBLE. – Prince de Podolie.

PÈRE UBU. – Quels sont tes revenus ?

LE NOBLE. – Je suis ruiné.

PÈRE UBU. – Pour cette mauvaise parole, passe dans la trappe. Cinquième Noble, qui es-tu ?

LE NOBLE. – Margrave de Thorn, palatin de Polock.

PÈRE UBU. – Ça n'est pas lourd. Tu n'as rien autre chose ?

LE NOBLE. – Cela me suffisait.

PÈRE UBU. – Eh bien ! mieux vaut peu que rien. Dans la trappe. Qu'as-tu à pigner, Mère Ubu ?

MÈRE UBU. – Tu es trop féroce, Père Ubu.

PÈRE UBU. – Eh ! je m'enrichis. Je vais me faire lire MA liste de MES biens. Greffier, lisez MA liste de MES biens.

LE GREFFIER. – Comté de Sandomir.

PÈRE UBU. – Commence par les principautés, stupide bougre !

LE GREFFIER. – Principauté de Podolie, grand-duché de Posen, duché de Courlande, comté de Sandomir, comté de Vitepsk, palatinat de Polock, margraviat de Thorn.

PÈRE UBU. – Et puis après ?

LE GREFFIER. – C'est tout.

PÈRE UBU. – Comment, c'est tout ! Oh bien alors, en avant les Nobles, et comme je ne finirai pas de m'enrichir, je vais faire exécuter tous les Nobles, et ainsi j'aurai tous les biens vacants. Allez, passez les Nobles dans la trappe.

(On empile les Nobles dans la trappe.)

Dépêchez-vous, plus vite, je veux faire des lois maintenant.

PLUSIEURS. – On va voir ça.

PÈRE UBU. – Je vais d'abord réformer la justice, après quoi nous procéderons aux finances.

PLUSIEURS MAGISTRATS. – Nous nous opposons à tout changement.

PÈRE UBU. – Merdre. D'abord, les magistrats ne seront plus payés.

MAGISTRATS. – Et de quoi vivrons-nous ? Nous sommes pauvres.

PÈRE UBU. – Vous aurez les amendes que vous prononcerez et les biens des condamnés à mort.

UN MAGISTRAT. – Horreur.

DEUXIÈME. – Infamie.

TROISIÈME. – Scandale.

QUATRIÈME. – Indignité.

TOUS. – Nous nous refusons à juger dans des conditions pareilles.

PÈRE UBU. – À la trappe les magistrats!

(Ils se débattent en vain.)

MÈRE UBU. – Eh! que fais-tu, Père Ubu? Qui rendra maintenant la justice?

PÈRE UBU. – Tiens! moi. Tu verras comme ça marchera bien.

MÈRE UBU. – Oui, ce sera du propre.

PÈRE UBU. – Allons, tais-toi, bouffresque. Nous allons maintenant, messieurs, procéder aux finances.

FINANCIERS. – Il n'y a rien à changer.

PÈRE UBU. – Comment, je veux tout changer, moi. D'abord je veux garder pour moi la moitié des impôts.

FINANCIERS. – Pas gêné.

PÈRE UBU. – Messieurs, nous établirons un impôt de dix pour cent sur la propriété, un autre sur le commerce et l'industrie, et un troisième sur les mariages et un quatrième sur les décès, de quinze francs chacun.

PREMIER FINANCIER. – Mais c'est idiot, Père Ubu.

DEUXIÈME FINANCIER. – C'est absurde.

TROISIÈME FINANCIER. – Ça n'a ni queue ni tête.

PÈRE UBU. – Vous vous fichez de moi! Dans la trappe, les financiers!

(On enfourne les financiers.)

MÈRE UBU. – Mais enfin, Père Ubu, quel roi tu fais, tu massacres tout le monde.

PÈRE UBU. – Eh merdre!

MÈRE UBU. – Plus de justice, plus de finances.

PÈRE UBU. – Ne crains rien, ma douce enfant, j'irai moi-même de village en village recueillir les impôts.

Alfred Jarry, *Ubu roi*, III, 2, 1896.

Une farce tragique

Les niveaux• de langue sans cesse mêlés font comiquement alterner la grandiloquence empruntée au formalisme juridique (cf. l. 9) et la trivialité de l'expression orale qui accumule néologismes (cf. l. 75), argot (cf. l. 40) et vulgarités (cf. l. 91). Le rythme précipité du dialogue multiplie les effets d'accélération : les mouvements d'impatience (cf. l. 55), les répétitions obsédantes (cf. l. 22, 26 et 30), le retour de la même question fatidique et le martèlement du décompte, l'ouverture mécanique de la trappe en guise d'argument, la brièveté des répliques, le défilé rapide des victimes donnent l'impression d'une spirale infernale que rien ne peut arrêter. L'enchaînement des situations cocasses finit par dénoncer le non-sens d'un univers arbitraire, cruel et absurde. *Caligula* (cf. p. 220) et *Le Rhinocéros* (cf. p. 246) diront la même dérision angoissée.

document

La pièce, loin de s'inspirer de tel ou tel modèle, est l'archétype des œuvres épiques et dramatiques de tous les pays et de tous les temps.

C'est ce que souligne l'analyse actantielle•, selon le modèle de Propp et de Greimas par laquelle nous entendons montrer que tout drame historique peut, succinctement, se ramener à trois séquences essentielles (prise du pouvoir, exercice du gouvernement, éviction) quels que soient le nombre et la nature des personnages mis en scène, qui assurent toujours une fonction identique, ou encore quels que soient le lieu et l'époque envisagés. Nous postulons, en somme, que le récit d'*Ubu Roi* s'intègre et s'identifie au schéma général d'une narration illustrant le mécanisme reconstitué par Jan Kott. En voici la composition, sous forme de tableau :

Séquence	I	II	III
Destinateur	Mère Ubu	Père Ubu	Aïeux
Destinataire	Mère Ubu-Père Ubu	Père Ubu	Bougrelas
Sujet	Père Ubu	Père Ubu	Bougrelas
Objet	Royauté	Exercice de la royauté	
Adjuvant	Bordure	Palotins	Royauté Czar, Bordure Polonais
Opposant	Venceslas et sa famille	Nobles, paysans	Père Ubu, Mère Ubu, Palotins.

Henri Béhar, *Jarry dramaturge*, Nizet, 1980.

Les Mamelles de Tirésias (1917)

Alfred Jarry était l'ami de Guillaume Apollinaire (cf. p. 52) qu'il introduisit auprès des poètes symbolistes. Dès 1903 l'auteur d'*Alcools* rédige un vaudeville (cf. p. 181) grotesque, intitulé *Les Mamelles de Tirésias* et qui ne sera représenté qu'en 1917.

Le prologue – largement imprégné des théories cubistes (cf. p. 66) – livre les orientations novatrices d'un théâtre surréaliste réfractaire à l'anecdote ou à la transcription d'une portion du réel.

EXTRAIT

Pour un théâtre d'avant-garde.

La pièce a été faite pour une scène ancienne
Car on ne nous aurait pas construit de théâtre nouveau
Un théâtre rond à deux scènes
Une au centre l'autre formant comme un anneau
Autour des spectateurs et qui permettra
Le grand déploiement de notre art moderne
Mariant souvent sans lien apparent comme dans la vie
Les sons les gestes les couleurs les cris les bruits
La musique la danse l'acrobatie la poésie la peinture
Les chœurs les actions et les décors multiples

Vous trouverez ici des actions
Qui s'ajoutent au drame principal et l'ornent
Les changements de ton du pathétique au burlesque
Et l'usage raisonnable des invraisemblances
Ainsi que des acteurs collectifs ou non
Qui ne sont pas forcément extraits de l'humanité
Mais de l'univers entier

Car le théâtre ne doit pas être un art en trompe-l'œil

Il est juste que le dramaturge se serve
De tous les mirages qu'il a à sa disposition
Comme faisait Morgane(1) sur le Mont-Gibel
Il est juste qu'il fasse parler les foules les objets inanimés
S'il lui plaît
Et qu'il ne tienne pas plus compte du temps
Que de l'espace

Son univers est sa pièce
À l'intérieur de laquelle il est le dieu créateur
Qui dispose à son gré
Les sons les gestes les démarches les masses les couleurs
Non pas dans le seul but
De photographier ce que l'on appelle une tranche de vie
Mais pour faire surgir la vie même dans toute sa vérité
Car la pièce doit être un univers complet
Avec son créateur
C'est-à-dire la nature même

Guillaume Apollinaire, *Les Mamelles de Tirésias*, prologue, Gallimard.

(1) fée des romans de chevalerie

Une volonté de renouvellement

Comme les peintres, sculpteurs et poètes engagés dans l'aventure surréaliste, Apollinaire souligne le caractère multiple, effervescent et chaotique du réel. Aussi rien n'est-il plus contraire à la transcription fidèle de la vraie vie que l'arsenal de contraintes, règles et bienséances imposées par les grands dramaturges du XVIIe siècle. Dès lors, pour faire de la pièce « un univers complet » il faut inventer un langage total qui puise dans d'autres ressources que celles de la logique discursive ; qui mobilise toutes les formes d'expression disponibles (cf. l. 8 à 10) pour figurer le foisonnement, la fragmentation et l'authenticité du vécu. C'est, transposée au théâtre, la technique des collages, associée à la redistribution de l'espace scénique (cf. l. 3 à 5).

Antonin Artaud (1896-1948), théoricien et visionnaire

Auteur intarissable, **militant de la cause surréaliste** avant d'être renié par A. Breton (cf. p. 87), agitateur et provocateur, poète maudit à la sensibilité douloureuse, tragiquement déchirée entre la tension ontologique et le délire pathologique, **Antonin Artaud** (1896-1948) est aussi un éminent homme de théâtre. Acteur, il fait ses débuts auprès de Lugné-Poe (cf. p. 178), puis collabore avec Dullin. Animateur de troupe et metteur en scène, il s'associe à Roger Vitrac (cf. p. 196) pour fonder en 1927 le théâtre Alfred Jarry. Attentif aux expériences insolites et aux traditions venues d'ailleurs, il est fasciné par les spectacles que donne une troupe de comédiens de Bali, venus à Paris à l'occasion de l'exposition coloniale de 1931.

Convaincu que le théâtre occidental s'est progressivement sclérosé, fidèle aux intuitions d'Alfred Jarry (cf. p. 190) et d'Apollinaire (cf. p. 193) pour affirmer la vocation magique et incantatoire de l'espace scénique, **Antonin Artaud plaide pour une esthétique rénovée,** créatrice de grands mythes. Dès lors, pour faire écho aux forces les plus primitives et les plus intenses de la vie, **un autre langage est à inventer.** Ces réflexions sur une dramaturgie d'avant-garde sont consignées dans une série d'essais commencés en 1932 et publiés en 1938, sous le titre *Le Théâtre et son double.*

EXTRAIT

Théâtre oriental et théâtre occidental

La révélation du théâtre Balinais a été de nous fournir du théâtre une idée physique et non verbale, où le théâtre est contenu dans les limites de tout ce qui peut se passer sur une scène, indépendamment du texte écrit, au lieu que le théâtre tel que nous le concevons en Occident a partie liée avec le texte et se trouve limité par lui. Pour nous, au théâtre la Parole est tout et il n'y a pas de possibilité en dehors d'elle ; le théâtre est une branche de la littérature, une sorte de variété sonore du langage, et si nous admettons une différence entre le texte parlé sur la scène et le texte lu par les yeux, si nous enfermons le théâtre dans les limites de ce qui apparaît entre les répliques, nous ne parvenons pas à séparer le théâtre de l'idée du texte réalisé.

Cette idée de la suprématie de la parole au théâtre est si enracinée en nous et le théâtre nous apparaît tellement comme le simple reflet matériel du texte que tout ce qui au théâtre dépasse le texte, n'est pas contenu dans ses limites et strictement conditionné par lui, nous paraît faire partie du domaine de la mise en scène considéré comme quelque chose d'inférieur par rapport au texte.

Étant donné cet assujettissement du théâtre à la parole on peut se demander si le théâtre ne posséderait pas par hasard son langage propre, s'il serait absolument chimérique de le considérer comme un art indépendant et autonome, au même titre que la musique, la peinture, la danse, etc., etc.

On trouve en tout cas que ce langage, s'il existe, se confond nécessairement avec la mise en scène considérée :

1° D'une part, comme la matérialisation visuelle et plastique de la parole.

2° Comme le langage de tout ce qui peut se dire et se signifier sur une scène indépendamment de la parole, de tout ce qui trouve son expression dans l'espace, ou qui peut être atteint ou désagrégé par lui.

Ce langage de la mise en scène considéré comme le langage théâtral pur, il s'agit de savoir s'il est capable d'atteindre le même objet intérieur que la parole, si du point de vue de l'esprit et théâtralement il peut prétendre à la même efficacité intellectuelle que le langage articulé. On peut en d'autres termes se demander s'il peut non pas préciser des pensées, mais *faire penser,* s'il peut entraîner l'esprit à prendre des attitudes profondes et efficaces de son point de vue à lui.

En un mot poser la question de l'efficacité intellectuelle de l'expression par les formes objectives, de l'efficacité intellectuelle d'un langage qui n'utiliserait que les formes, ou le bruit, ou le geste, c'est poser la question de l'efficacité intellectuelle de l'art [...].

On comprend donc que le théâtre, dans la mesure même où il demeure enfermé dans son langage, où il reste en corrélation avec lui, doit rompre avec l'actualité, que son objet n'est pas de résoudre des conflits sociaux ou psychologiques, de servir de champ de bataille à des passions morales, mais d'exprimer objectivement des vérités secrètes, de faire venir au jour par des gestes actifs cette part de vérité enfouie sous les formes dans leurs rencontres avec le Devenir.

Faire cela, lier le théâtre aux possibilités de l'expression par les formes, et par tout ce qui est gestes, bruits, couleurs, plastique, etc., c'est le rendre à sa destination primitive, c'est le replacer dans son aspect religieux et métaphysique, c'est le réconcilier avec l'univers.

Antonin Artaud, *Œuvres complètes,* tome IV, *Le Théâtre et son double,* Gallimard, 1964.

Un théâtre aux marges de la littérature

Artaud condamne une caractéristique de la tradition occidentale : «l'assujettissement du théâtre à la parole» (cf. l. 17). À la façon d'Apollinaire (cf. p. 193), mais sur un ton plus didactique (cf. l. 38-39) il dévalue l'importance du texte écrit par le dramaturge pour lui substituer les virtualités d'un nouveau langage spécifique au spectacle dramatique : la primauté va désormais aux diverses techniques de la mise en scène et à toutes les recherches empruntées aux arts plastiques. Loin d'être ainsi dénaturé, le théâtre retrouve la vocation sacrée de ses origines (cf. l. 47-48) et rompt avec les débats mineurs, d'ordre psychologique ou moral.

document

Le théâtre dont rêve Artaud serait un «théâtre de la cruauté». Expression ambiguë, qu'il a précisée ainsi : «J'ai dit "cruauté", comme j'aurais dit "vie" ou comme j'aurais dit "nécessité", parce que je veux indiquer surtout que pour moi le théâtre est acte et émanation perpétuelle, qu'il n'y a en lui rien de figé, que je l'assimile à un acte vrai, donc vivant, donc magique.» (Le Théâtre et son double). *Au lieu de s'adresser à l'individu (comme le fait le théâtre psychologique classique) ou à l'homme social (comme le fait Brecht), Artaud veut s'adresser à* ***l'homme total*** *et lui présenter* ***un théâtre total,*** *qui engage jusqu'aux profondeurs de l'être : «Le théâtre doit s'égaler à la vie.» Loin de se réduire à une pratique littéraire, le théâtre doit solliciter tous les pouvoirs du spectacle. Artaud a multiplié dans ce but des propositions techniques qui fondent un nouvel art de la scène et dont l'influence a été considérable. En voici quelques exemples :*

Le théâtre est le seul endroit au monde et le dernier moyen d'ensemble qui nous reste d'atteindre directement l'organisme, et, dans les périodes de névrose et de sensualité basse comme celle où nous plongeons, d'attaquer cette sensualité basse par des moyens physiques auxquels elle ne résistera pas.

Si la musique agit sur les serpents ce n'est pas par les notions spirituelles qu'elle leur apporte, mais parce que les serpents sont longs, qu'ils s'enroulent longuement sur la terre, que leur corps touche à la terre par sa presque totalité; et les vibrations musicales qui se communiquent à la terre l'atteignent comme un massage très subtil et très long; eh bien, je propose d'en agir avec les spectateurs comme avec les serpents qu'on charme et de les faire revenir par l'organisme jusqu'aux plus subtiles notions.

D'abord par des moyens grossiers et qui à la longue se subtilisent. Ces moyens grossiers immédiats retiennent au début son attention.

C'est pourquoi dans le «théâtre de la cruauté» le spectateur est au milieu tandis que le spectacle l'entoure.

Dans ce spectacle la sonorisation est constante : les sons, les bruits, les cris sont cherchés d'abord pour leur qualité vibratoire, ensuite pour ce qu'ils représentent.

Dans ces moyens qui se subtilisent, la lumière intervient à son tour. La lumière qui n'est pas faite seulement pour colorer, ou pour éclairer, et qui porte avec elle sa force, son influence, ses suggestions. Et la lumière d'une caverne verte ne met pas l'organisme dans les mêmes dispositions sensuelles que la lumière d'un jour de grand vent.

Après le son et la lumière il y a l'action, et le dynamisme de l'action : c'est ici que le théâtre loin de copier la vie se met en communication s'il le peut avec des forces pures. Et qu'on les accepte ou qu'on les nie, il y a tout de même une façon de parler qui appelle forces ce qui fait naître dans l'inconscient des images énergiques, et à l'extérieur le crime gratuit.

Une action violente et ramassée est une similitude de lyrisme : elle appelle des images surnaturelles, un sang d'images, et un jet sanglant d'images aussi bien dans la tête du poète que dans celle du spectateur.

Quels que soient les conflits qui hantent la tête d'une époque, je défie bien un spectateur à qui des scènes violentes auront passé leur sang, qui aura senti en lui le passage d'une action supérieure, qui aura vu en éclair dans des faits extraordinaires les mouvements extraordinaires et essentiels de sa pensée, – la violence et le sang ayant été mis au service de la violence de la pensée –, je le défie de se livrer au-dehors à des idées de guerre, d'émeute et d'assassinat hasardeux.

Antonin Artaud, *Le Théâtre et son double,* Gallimard, 1964.

Transpositions surréalistes : Roger Vitrac (1899-1952)

Comme Antonin Artaud (cf. p. 194), **Roger Vitrac** (1899-1952) a participé à l'effervescence du **microcosme surréaliste.** Avec lui il a fondé le Théâtre Alfred Jarry. Mais il fut aussi, et surtout, un auteur fécond. L'univers qu'il évoque (*Les Mystères de l'amour*, 1926 ; *Victor ou les Enfants au pouvoir*, 1928 ; *Le Coup de Trafalgar*, 1934 ; *Le Camelot*, 1936 ; *Les Demoiselles du large*, 1938 ; *Le Loup-garou*, 1940) n'est pas sans analogie avec celui qui fit les beaux jours du vaudeville (cf. p. 181) ou du théâtre de boulevard. Toutefois le comique s'y fait beaucoup plus grinçant au point de jeter sur les êtres, sur leurs incohérences ou sur leur cruauté, un regard profondément pessimiste et corrosif. Certes la vaine agitation de bourgeois médiocres, hypocrites, enfermés dans de dérisoires conventions, n'est plus un thème très neuf ; le divorce entre des individus épris d'absolu et une société décevante a été, également, maintes fois ressassé. L'originalité de Roger Vitrac est ailleurs.

Il s'impose comme l'un des rares auteurs qui surent combler le vide laissé par le mouvement surréaliste en matière de création théâtrale. Sa dramaturgie, nourrie de l'esthétique de la surprise et du goût de la provocation, s'est employée à **transposer au théâtre les techniques de démantèlement de la langue que les surréalistes avaient surtout appliquées à la poésie.** À un monde perverti et absurde ne peut nécessairement répondre qu'un langage subverti ou incohérent. De façon plus systématique encore, Ionesco (cf. p. 234-238) et Beckett (cf. p. 243-245) sauront explorer des nuances comparables de la dérision.

EXTRAIT

Au chevet de Victor

Âgé de neuf ans, Victor a déjà la taille, le langage et la maturité d'un adulte. Le cynisme et la provocation sont les armes favorites qu'il déploie pour ironiser sur les bassesses d'un milieu futile et cruel. L'univers familial se dérègle brutalement lors de la soirée donnée pour fêter l'anniversaire de Victor : situations burlesques et scènes pathétiques• se succèdent rapidement jusqu'au moment où Émilie, mère de Victor, découvre son fils inanimé.

ÉMILIE. – Victor ! Victor ! Mon Totor bien aimé, mon chéri ! mon fils ! Car toi, du moins, tu l'es mon fils. Totor, fils d'Émilie et de Charles, je t'en supplie, réponds-moi. Oh, mon Dieu ! Marie, Joseph et tous les anges, déliez-lui au moins la langue, et qu'il parle, et qu'il réponde aux appels d'une mère dans la détresse. Victor ! Mon Victor ! Il se tait. Il est mort. Es-tu mort ? Si tu étais mort, je le sentirais. Rien n'est sensible comme les entrailles d'une mère.

Victor se retourne en gémissant.

Ah ! ah ! tu bouges. Tu n'es donc pas mort. Alors, pourquoi ne réponds-tu pas, dis ? Tu le fais exprès, tu nous persécutes, tu veux que je me torde les bras, que je me roule à terre. C'est cela que tu veux, hein ? Puisque tu remues ton grand corps il ne t'en coûterait pas plus de remuer ta petite langue. Il t'en coûterait moins. Tu ne peux pas parler ? Tu ne veux pas parler ? Une fois, deux fois, Victor ! Une fois, deux fois, trois fois ? Tiens, tête de têtu.

Elle le gifle.

VICTOR. Si c'est pas malheureux, battre un enfant malade, un enfant qui souffre. Une mère qui gifle un enfant qui va mourir, qu'est-ce que c'est, maman ?

ÉMILIE. – Pardon, pardon, Victor. Je ne m'appartenais plus. Mais pourquoi aussi ne pas répondre ?

VICTOR. – Qu'est-ce que c'est qu'une mère qui brutalise son fils moribond ?

ÉMILIE. – Il fallait répondre, Totor, répondre, mon petit.

VICTOR. – Eh bien, je réponds... qu'une mère qui fait cela, c'est un monstre.

ÉMILIE. – Pardon, Victor ! Je t'ai si souvent pardonné, tu peux bien après cette soirée, après cette nuit maudite, après toute la vie, tu peux bien... Mon Totor, songe que si tu allais mourir...

VICTOR. – Tu crois que je vais mourir ?

ÉMILIE. – Non, bien sûr ! Je ne sais pas ce que tu as. Que peux-tu avoir ? Non, ne t'inquiète pas. Mourir, mais mon petit ce n'est pas possible. Tu es si jeune !

VICTOR. – On meurt à tout âge.

ÉMILIE. – Tu ne mourras pas, je ne veux pas que tu meures, je veux seulement que tu me pardonnes.

VICTOR. – Allons, allons, bonne mère. Primo, je vais mourir, secondo, parce qu'il faut que je meure, et tertio, il faut donc que je te pardonne. Tu es pardonnée.

Il lui donne sa bénédiction. Émilie sanglote et lui baise convulsivement la main.

VICTOR. – Il est des enfants précoces, dont la précocité confine au génie. Il est des enfants géniaux.

ÉMILIE. – Quoi ?

VICTOR. – ...Mais écoute! Hercule, dès le berceau, étranglait des serpents. Moi, j'ai toujours été trop grand pour qu'un tel prodige puisse vraisemblablement m'être attribué. Pascal, avec des ronds et des bâtons, retrouvait les propositions essentielles de la géométrie d'Euclide. Le petit Mozart, avec son violon et son archet, étonnera longtemps les visiteurs de la galerie de sculpture du Luxembourg. Le petit Frédéric jouait simultanément vingt parties d'échecs et les gagnait. Enfin, plus fort que tous, Jésus, dès sa naissance, était proclamé le Fils de Dieu. De tels précédents sont pour accabler le fils de Charles et d'Émilie Paumelle, lequel doit mourir à neuf ans très précis.

ÉMILIE. – Mon chéri!

VICTOR. – Très précis. Que me restait-il, je te le demande, dans le petit domaine familial tout encombré de mes prix d'excellence, que me restait-il?

ÉMILIE. – Mais, le travail, l'affection des tiens, et tu es fils unique.

VICTOR. – Tu l'as dit, il me restait d'être fils unique. Unique. Aidé par la nature, j'ai neuf ans et j'ai deux mètres, je compris dès l'âge de cinq ans, j'avais alors un mètre soixante, que je devais me destiner à l'UNIQUAT.

ÉMILIE. – A quoi?

VICTOR. – A l'Uniquat. J'ai cherché en silence, j'ai travaillé en secret, et j'ai trouvé.

ÉMILIE. – Tu as trouvé? Il délire.

VICTOR. – Oui, Euréka! j'ai trouvé les ressorts de l'Uniquat.

ÉMILIE. – Pauvre enfant! Et quels sont-ils?

VICTOR. – Les ressorts de l'Uniquat... Oh ce serait si facile si j'avais une feuille de papier et un crayon.

ÉMILIE. – Veux-tu que j'aille t'en chercher?

VICTOR. – Non, non, c'est inutile. Je n'aurais pas la force d'écrire.

Roger Vitrac, *Victor ou Les Enfants au pouvoir*, acte III, scène XVIII, Gallimard, 1928.

Dérision et absurdité

Vitrac s'amuse à juxtaposer des niveaux• de langue variés parodiant la familiarité cocasse de Juliette Drouet pour Victor Hugo (« Mon Totor bien-aimé »), le recueillement du chrétien en prière (cf. l. 3) ou la solennité des rites chevaleresques (cf. l. 2). La versatilité des comportements d'Émilie (usant tour à tour de la supplique, de l'excuse, du grief, de la menace ou de la violence physique) souligne le désarroi d'une mère et, surtout, installe cette scène dans une incohérence grandissante. Malgré le moule d'une logique formelle qui se veut rassurante, la rigueur du raisonnement est progressivement discréditée par une accumulation d'inepties : amalgames arbitraires (cf. l. 24 et 40-49), stupides déductions *a fortiori* (cf. l. 10-12), affirmations péremptoires, syllogisme extravagant (cf. l. 32-34). Puis la pensée s'est progressivement enlisée dans des phrases inachevées (cf. l. 24-25). Finalement, au-delà de quelques jeux de mots faciles (« tête de têtu ») la dérision débouche sur la perspective absurde d'un monde à l'envers : l'enfant, lucide et sentencieux (cf. l. 15-16), fait la morale à sa mère, déconsidérée par les caprices d'une puérilité incongrue.

document

Comme Victor ne peut supporter la bêtise des propos qui lui sont tenus, il va plus loin que les autres dans la voie du non-sens, leur présentant, dans un miroir déformant, leur propre absurdité. Lui qui sème la discorde et qui veut choquer son entourage, comme Vitrac son public, il se plaît à introduire la confusion au sein du langage.

Le théâtre Surréaliste reflète, comme l'Expressionnisme auquel il succède, la problématique de ce début du XXe siècle, préoccupé par la découverte du monde irrationnel.

Marie-Claude Hubert, *Le Théâtre*, A. Colin, 1988.

citations/controverses

Vitrac a donc mêlé les larmes aux rires; shakespearien à sa manière avec cet Hamlet intimiste. [...] Toute la tendre vérité de *Victor* tient précisément dans cette progression qui mène l'enfant, en un seul soir d'anniversaire, du fou rire innocent à l'imitation espiègle, de la révélation au chagrin, de la connaissance à la mort.

Bertrand Poirot-Delpech, *Le Monde*, 5 octobre 1962.

Boris Vian (1920-1959)

Plus connu pour son talent de romancier, de musicien de jazz ou d'auteur de chansons, **Boris Vian** (1920-1959) fut aussi, au lendemain de la Deuxième Guerre mondiale, un artisan actif des bouleversements apportés à l'esthétique théâtrale. **Attaché à la recherche de l'insolite prônée par les dadaïstes** (cf. p. 82), ce fidèle animateur du Collège de Pataphysique (cf. p. 190) créa en 1947 une farce provocante *(L'Équarrissage pour tous)* où se reconnaissent l'allégresse du canular, un goût du nihilisme• et une verve cynique digne de Jarry. La dernière pièce de Boris Vian, *Les Bâtisseurs d'Empire* (1959), manifeste pleinement le sens de la dérision et le pessimisme caractéristiques du Nouveau Théâtre (cf. p. 234).

EXTRAIT

Le schmürz

Une famille harcelée par un bruit violent et mystérieux cherche refuge dans les étages d'une maison. Or, d'une halte à l'autre, l'espace disponible devient de plus en plus exigu, tandis qu'à chaque alerte disparaît l'un des protagonistes. Seul semble résister, malgré les épreuves qui l'accablent, un être hideux et mutilé : le Schmürz.

La scène se passe dans une pièce sans particularités, bourgeoisement meublée, avec un buffet Henri II au fond, une table de salle à manger et des chaises, le tout dans un coin, des fenêtres fermées, des portes qui mènent partout où il faut et dans le coin où il n'y a pas de table, l'arrivée d'un escalier censé partir d'une pièce supposée au-dessous, et qui enchaîne sur un escalier censé mener à une pièce qui serait au-dessus. La scène est vide de gens, même quand le rideau n'est pas levé, et elle le reste quand on le lève. De l'escalier, montant d'en bas, viennent d'abord des voix.

VOIX DU PÈRE, *pressant.* – Allons, Anna, dépêche-toi... plus que cinq marches. *(On entend trébucher, puis un cri.)* Je t'avais dit de ne pas mettre la main là où je mets mes pieds, Zénobie... vous êtes indisciplinées, c'est votre faute...

VOIX DE ZÉNOBIE, *qui râle.* – Pourquoi c'est toujours toi qui passes le premier, aussi?

VOIX DU PÈRE, *terrifiée.* – Tais-toi...

On entend, venu du dehors un bruit à faire peur, dont la nature reste à préciser. Un bruit grave roulant surmonté de battements aigres.

VOIX DE ZÉNOBIE, *calme.* – J'ai peur.

VOIX DU PÈRE. – Vite... un dernier effort!...

Il apparaît dans la pièce, muni d'une boîte à outils et de planches. Il s'affale, se relève et regarde autour de lui. Pendant ce temps-là, le reste de la famille émerge : Zénobie, la fille, qui a seize ou dix-sept ans. Anna, la mère, trente-neuf, quarante ans. Le père lui-même est un quinquagénaire barbu. Il y a encore la bonne qui se nomme Cruche, et tout ce monde porte des tas de paquets, valises. Il y a déjà, dans un coin, le Schmürz. Il est tout enveloppé de bandages et vêtu de loques. Il a un bras en écharpe et tient une canne de l'autre. Il boite, saigne et il est laid à voir. Il se tasse dans un coin.

PÈRE. – On y est presque, les enfants. Un ultime sursaut.

Le bruit se fait entendre à nouveau dans la rue, c'est-à-dire par-delà les fenêtres. Zénobie renifle.

MÈRE. – Ma chérie, voyons...

Elle va la caresser, mais le père l'arrête.

PÈRE. – Anna! Vite un coup de main. C'est le plus urgent. *(Il se précipite à l'escalier dont il commence à barrer la volée descendante avec des planches; elle court l'aider, et, au passage, aperçoit le Schmürz, s'immobilise, lui lance un mauvais regard et hausse les épaules.)* Tiens la planche, je cherche un clou. *(Il fouille dans sa boîte à outils et trouve un clou.)* En réalité, je devrais mettre des vis, mais ça pose des tas de problèmes.

MÈRE. – Comment ça?

PÈRE. – D'abord, je n'ai pas de vis. Ensuite je n'ai pas de tournevis. Troisièmement, je ne sais jamais de quel côté on tourne pour visser.

MÈRE. – Comme ça...

Elle lui montre à l'envers.

PÈRE. – Non, c'est comme ça.

Il lui montre dans le bon sens – Le bruit s'enfle dans la rue, Zénobie hurle, furieuse.

ZÉNOBIE. – Allons, dépêche-toi!

PÈRE. – Où ai-je la tête... et toi qui me fais bavarder.

Il cloue.

MÈRE. – Comment, je te fais bavarder?

PÈRE. – Ne nous disputons pas, ma chérie. *(Il se jette sur elle et l'embrasse violemment.)* Ah, là, là, ce que tu m'inspires...

Il se remet à sa planche.

ZÉNOBIE. – J'ai faim.

MÈRE. – Cruche, donnez à manger à la petite.

Pendant ce temps-là, la bonne s'est affairée à tout ranger, évitant soigneusement d'approcher le Schmürz.

CRUCHE. – Oui, madame. *(À Zénobie) :* Veux-tu des œufs, du lait, du gratin, du porridge, du chocolat, du café, des tartines, de la confiture d'abricots, du raisin, des fruits, des légumes?

ZÉNOBIE. – Non, je veux manger.

CRUCHE. – Bon. *(Elle lui tend un paquet de biscuits.)* Alors, mange, puisque tu ne veux rien.

Elle repasse devant le Schmürz et s'en écarte visiblement. Le père repose son marteau, se relève.

PÈRE. – Ouf!... Ça y est... On va pouvoir se détendre un peu.

Il s'étire.

MÈRE. – Le cuir ne sera pas cher cette année.

PÈRE. – Comment dis-tu?

MÈRE. – Je dis que le cuir ne sera pas cher cette année. Les veaux s'étirent. C'est un vieux proverbe normand. Tu devrais le savoir.

PÈRE. – Pourquoi, je devrais le savoir?

MÈRE. – Tu ne te rappelles pas que tu étais équarrisseur en Normandie? Jadis? Auparavant?

PÈRE. – Non... ça m'a échappé.

MÈRE. – À Arromanches...

PÈRE. – Ah? Tiens. *(Il se gratte la barbe.)* C'est très singulier. *(Il va vers le Schmürz et, à toute volée, le gifle, puis il revient, toujours pensif.)* Ce que tu dis là me stupéfie.

MÈRE. – Pourquoi?

PÈRE. – Cela me stupéfie, voilà tout. J'ai complètement oublié. *(Il frappe dans ses mains.)* Alors, Cruche, ce rangement? Ça se termine? *(Il inspecte autour de lui.)* C'est gentil, ici.

La mère va au Schmürz et le frappe à coups de pied.

ZÉNOBIE, *qui regarde le buffet.* – C'est affreux.

PÈRE. – Comment? Tu n'es pas contente?

ZÉNOBIE. – Combien de temps est-ce que ça va continuer? Combien de fois est-ce qu'on va être obligés de se précipiter comme ça, dans la nuit, en laissant la moitié des choses derrière nous, tous les coins qu'on connaît, le soleil, les arbres...

Boris Vian, *Les Bâtisseurs d'empire ou Le Schmürz,* L'Arche Éditeur, 1959.

De l'incommunicabilité à la violence

Un trait se dégage avec force : l'impossibilité de communiquer; les escaliers ne débouchent sur rien; l'espace est clos; les phrases, hermétiques ou contradictoires, s'enchaînent pour s'annuler les unes les autres. Les personnages, prisonniers d'une agitation stérile, d'une solitude bougonne, de l'amnésie ou de la rêverie, semblent cohabiter de façon fortuite. Épave effondrée, réduite à un corps informe, le Schmürz attire sur lui une hostilité injustifiée.

document

Le choix de l'intrigue incohérente et des symboles qu'elle suggère est aussi la marque d'une époque plus que d'un talent singulier. Boris Vian était de ces jeunes gens qui ont découvert pêle-mêle à la libération Kafka, l'existentialisme allemand, Freud, le surréalisme et les bizarreries de la littérature populaire américaine.

Bertrand Poirot-Delpech, *Le Monde,* 25 décembre 1959.

Jean Giraudoux (1882-1944)

C'est grâce à Jean Giraudoux qu'à l'approche des années 30 la production théâtrale s'est progressivement détachée des thèmes et schémas de la scène de boulevard (cf. p. 183) pour forger ou renouveler de puissants mythes. Ce diplomate, placé au Quai d'Orsay sous l'autorité de Saint-John Perse (cf. p. 124), est aussi un passionné de littérature, de culture et de civilisation allemandes. Lecteur enthousiaste de Jean Paul, Novalis et Hoffmann, fasciné par les nuances paradoxales de l'âme germanique qui mêle sensibilité rêveuse et propension à la démesure, le romancier débutant de *Siegfried et le Limousin* (1922) trouve dans l'univers onirique et romantique d'outre-Rhin la même fécondité que le dramaturge confirmé d'*Ondine* (1939).

Jusqu'en 1927, Giraudoux s'est limité au roman : *Simon le Pathétique* (1918), *Suzanne et le Pacifique* (1921), *Juliette au pays des hommes* (1924), *Bella* (1926), *Églantine* (1927) sont des œuvres où la trame romanesque, floue et ténue, affecte d'ignorer la nécessité de dégager une action ou un conflit ; ces nouvelles ou ces récits se plaisent à esquisser des silhouettes fugaces et éthérées, peu individualisées, surgies d'un monde à peine suggéré, impalpable et réfractaire à l'exigence du vraisemblable. La spontanéité et la facilité de ces premiers essais révèlent une prose luxuriante, prolixe, volontiers clinquante, cédant trop souvent à la surcharge précieuse et baroque pour s'accommoder de la concision et du rythme requis par la structure d'une œuvre dramatique. Stimulé par la connivence de Louis Jouvet, ardent défenseur du jeu dramatique fondé sur un texte imagé, mélodieux, poétique, c'est pourtant au théâtre que Giraudoux trouve la pleine mesure de son art. Mais le **magicien du langage** et le **penseur vigilant** restent indissociables du dramaturge.

Surnommé l'Enchanteur par ses admirateurs les plus fervents, Giraudoux conçoit l'œuvre dramatique comme une délicate féerie où le public, appelé par les mécanismes d'une *catharsis* (cf. *Le XVIIe siècle*, p. 268) à se dépouiller de la médiocrité quotidienne, découvre un monde imaginaire peuplé de figures mythiques. **Esprit sceptique,** convaincu que l'intelligence humaine est incapable de percer les grands mystères qui entourent la création, le poète se résigne à capter la surface des choses et des êtres, ne retient d'un monde apparemment vidé de substance profonde que les couleurs changeantes, les formes précaires, les états provisoires. **Art du scintillement et de l'instantané,** l'écriture giradulcienne paraît vouée au simple relevé de sensations et d'impressions. Toutefois, **ce style impressionniste** n'est jamais gratuit : du réseau de fantasmagories tissé par l'illusionniste finit par se dégager le fil conducteur d'une pensée.

Réfractaire aux grands systèmes intellectuels, la méditation de Giraudoux, à la fois modeste et subtile, se défie des vastes constructions dramatiques élaborées avec toute la rigueur qu'exige la progression d'une intrigue ou l'illustration d'une idéologie. Du brassage fantaisiste des symboles ou des mythes se dégagent quelques thèmes majeurs entrelacés de variations feutrées : **les paradoxes de la condition humaine,** les interrogations sur la mort, le destin, la liberté, le bonheur, dessinent ainsi les grandes lignes d'une réflexion ondoyante et fugace, dont la modulation est plus musicale que logique.

Mieux que tout autre, sans doute, le talent du dramaturge sait décrypter les incohérences du monde, orchestrer intuitions, doutes et chimères, accorder des voix contraires. C'est du dialogue que surgit la vérité ; or la pensée de Giraudoux ne peut se façonner que du **dialogue incessant des contraires** : l'Allemagne et la France ; l'humain et le divin ; l'exigence et le compromis ; la guerre et la paix ; la politique et la morale ; le masculin et le féminin ; la liberté et la fatalité ; le permanent et le transitoire ; la fantaisie et le tragique•. Ces antithèses• désignent un même conflit, apparemment insoluble : il oppose invariablement les vastes aspirations des hommes à la dérisoire réalité qui leur est échue. Déclaré ou détourné, **le poids écrasant du destin ne cesse d'infléchir la dialectique• giralducienne.**

Le bonheur en marge des dieux : *Amphitryon 38* (1929)

Cette pièce serait la trente-huitième version exploitant le thème d'Amphitryon. Giraudoux ne pouvait ignorer d'illustres devanciers qui avaient habillé la légende antique de colorations très variées. S'inspirant de l'auteur latin Plaute (vers 254-184 av. J.-C.), Molière avait nourri le comique de son œuvre (cf. *Le XVIIe siècle*, p. 250) de deux ingrédients étroitement liés : la farce du quiproquo et la dérision jetée sur le cocu. On reconnaît là aussi des éléments traditionnels du vaudeville (cf. p. 181). Mais Giraudoux a su aller au-delà de la **parodie• d'une pièce de boulevard.** La caricature à peine esquissée ouvre la voie à une méditation enjouée et poétique sur la fascination que des forces surnaturelles imposent à l'imagination des mortels. Le prestige écrasant des dieux tout-puissants du panthéon grec pourrait contribuer à dévaluer la condition humaine. Or Giraudoux ne cède pas à une telle démission. Sourde à la tentation d'inaccessibles absolus, Alcmène fait avec humour **l'apologie d'une humanité moyenne,** humble, fragile, mais assumant son destin avec résignation, mesure et dignité. Solitaire face au dieu Jupiter, mais solidaire de l'humanité entière, elle ne laisse affleurer ni la révolte, ni le pathétique• , ni le tragique•

EXTRAIT

L'immortalité repoussée

Pour mieux séduire Alcmène, épouse du général Amphitryon éloigné par les nécessités de la guerre, le dieu Jupiter s'est dissimulé sous les traits du mari absent.

ALCMÈNE. – L'acoustique n'est pas la même pour les dieux que pour nous. Le bruit de mon cœur couvre sûrement pour des êtres suprêmes celui de mon bavardage, puisque c'est celui d'un cœur simple et droit. D'ailleurs, pourquoi m'en voudraient-ils ? Je n'ai pas à nourrir de reconnaissance spéciale à Jupiter sous le prétexte qu'il a créé quatre éléments au lieu des vingt qu'il nous faudrait, puisque de toute éternité c'était son rôle, tandis que mon cœur peut déborder de gratitude envers Amphitryon, mon cher mari, qui a trouvé le moyen, entre ses batailles, de créer un système de poulies pour fenêtres et d'inventer une nouvelle greffe pour les vergers. Tu as modifié pour moi le goût d'une cerise, le calibre d'un rayon : c'est toi mon créateur. Qu'as-tu à me regarder de cet œil ? Les compliments te déçoivent toujours. Tu n'es orgueilleux que pour moi. Tu me trouves trop terrestre, dis ?

JUPITER, *se levant, très solennel.* – Tu n'aimerais pas l'être moins ?

ALCMÈNE. – Cela m'éloignerait de toi.

JUPITER. – Tu n'as jamais désiré être déesse, ou presque déesse ?

ALCMÈNE. – Certes non. Pour quoi faire ?

JUPITER. – Pour être honorée et révérée de tous.

ALCMÈNE. – Je le suis comme simple femme, c'est plus méritoire.

JUPITER. – Pour être d'une chair plus légère, pour marcher sur les airs, sur les eaux.

ALCMÈNE. – C'est ce que fait toute épouse, alourdie d'un bon mari.

JUPITER. – Pour comprendre les raisons des choses, des autres mondes.

ALCMÈNE. – Les voisins ne m'ont jamais intéressée.

JUPITER. – Alors, pour être immortelle !

ALCMÈNE. – Immortelle ? À quoi bon ? À quoi cela sert-il ?

JUPITER. – Comment, à quoi ! Mais à ne pas mourir !

ALCMÈNE. – Et que ferai-je, si je ne meurs pas ?

JUPITER. – Tu vivras éternellement, chère Alcmène, changée en astre ; tu scintilleras dans la nuit jusqu'à la fin du monde.

ALCMÈNE. – Qui aura lieu ?

JUPITER. – Jamais.

ALCMÈNE. – Charmante soirée ! Et toi, que feras-tu ?

JUPITER. – Ombre sans voix, fondue dans les brumes de l'enfer, je me réjouirai de penser que mon épouse flamboie là-haut, dans l'air sec.

ALCMÈNE. – Tu préfères d'habitude les plaisirs mieux partagés... Non, chéri, que les dieux ne comptent pas sur moi pour cet office... L'air de la nuit ne vaut d'ailleurs rien à mon teint de blonde... Ce que je serais crevassée, au fond de l'éternité !

JUPITER. – Mais que tu seras froide et vaine, au fond de la mort !

ALCMÈNE. – Je ne crains pas la mort. C'est l'enjeu de la vie. Puisque ton Jupiter, à tort ou à raison, a créé la mort sur la terre, je me solidarise avec mon astre. Je sens trop mes fibres continuer celles des autres hommes, des animaux, même des plantes, pour ne pas suivre leur sort. Ne me parle pas de ne pas mourir tant qu'il n'y aura pas un légume immortel. Devenir immortel, c'est trahir, pour un humain. D'ailleurs, si je pense au grand repos que donnera la mort à toutes nos petites fatigues, à nos ennuis de second ordre, je lui suis reconnaissante de sa plénitude, de son abondance même... S'être impatienté soixante ans pour des vêtements mal teints, des repas mal réussis, et avoir enfin la mort, la constante, l'étale mort, c'est une récompense hors de toute proportion... Pourquoi me regardes-tu soudain de cet air respectueux ?

JUPITER. – C'est que tu es le premier être vraiment humain que je rencontre...

ALCMÈNE. – C'est ma spécialité, parmi les hommes ; tu ne crois pas si bien dire. De tous ceux que je connais, je suis en effet celle qui approuve et aime le mieux son destin. Il n'est pas une péripétie de la vie humaine que je n'admette, de la naissance à la mort, j'y comprends même les repas de famille. J'ai des sens mesurés, et qui ne s'égarent pas. Je suis sûre que je suis la seule humaine qui voie à leur vraie taille les fruits, les araignées, et goûte les joies à leur vrai goût. Et il en est de même de mon intelligence. Je ne sens pas en elle cette part de jeu ou d'erreur, qui provoque, sous l'effet du vin, de l'amour, ou d'un beau voyage, le désir de l'éternité.

Jean Giraudoux, *Amphitryon 38*, II, 2, 1929, © Jean-Pierre Giraudoux.

Un destin assumé

Le comique de la scène repose sur plusieurs effets : le mécanisme du quiproquo (cf. l. 13 et 51-52) ; le mélange cocasse des niveaux• de langue faisant alterner registres soutenu et familier ; la naïveté d'Alcmène facilement émerveillée par l'image idéalisée d'un mari fort banal. Le rythme de la scène est assuré par le glissement de la tentation vers le détachement, puis la sérénité ; dégagez les diverses étapes de cette évolution. Après la vivacité enjouée du dialogue, le monologue lyrique• d'Alcmène dégage une conception du bonheur fondée sur le sens de la mesure, le goût des choses simples, l'acceptation des lois de la nature, une complicité fervente avec toutes les formes de la création, même les plus dérisoires. L'heure n'est pas encore à la révolte (cf. pp. 220-221) ou à la sécession (cf. pp. 224-225).

La fatalité de l'Histoire : *La Guerre de Troie n'aura pas lieu* (1935)

Comme *Amphitryon 38, La Guerre de Troie n'aura pas lieu* puise dans les grands mythes de l'Antiquité grecque. Mais le titre de l'œuvre, par sa formulation négative, manifeste la volonté de prendre des **distances à l'égard de la tradition** fixée par Homère. De *l'Iliade,* Giraudoux retient des symboles, des situations, des personnages ; mais de la légende remaniée par ses soins il s'autorise la liberté d'extraire une signification spécifique, destinée au public de 1935. À cette date, l'Europe est la proie de vives tensions qui, pour des esprits avisés, préfigurent la Deuxième Guerre mondiale. En 1933, l'Allemagne dirigée par le parti nazi déserte la Société des Nations ; en 1934, Hitler, chancelier du Reich, exerce les premières pressions sur l'Autriche ; en 1935, il annexe la Sarre. En cette même année 1935, Jules Romains (cf. p. 278) publie le neuvième tableau de la fresque des *Hommes de bonne volonté ;* le titre est éloquent : *Montée des périls*. Quelques mois plus tard, en 1936, Roger Martin du Gard (cf. p. 276) donnera *L'Été 14,* évocation rétrospective des débuts de la Grande Guerre. Face aux prétentions hégémoniques d'une Allemagne agressive, la France est divisée en deux camps : Poincaré galvanise les partisans de la fermeté ; A. Briand croit encore aux vertus d'une **politique pacifiste** : Giraudoux partage ces illusions.

Sous la plume de Giraudoux, Hector, chef de l'armée troyenne, est devenu un pacifiste prêt à tout mettre en œuvre pour éviter l'affrontement avec les Grecs. On connaît l'origine du différend qui envenime les relations entre les deux nations : la belle Hélène, princesse grecque, a été enlevée par le séduisant Pâris, frère d'Hector. Le chef des Grecs, Ulysse, vient discuter avec Hector des conditions qui éviteront le déclenchement de la guerre de représailles. Les deux négociateurs semblent, dans un premier temps, pouvoir endiguer la montée des périls et conjurer le destin. À la passion des agitateurs nationalistes, ils opposent la raison des hommes de bonne volonté. Mais la sagesse, l'énergie et l'intelligence ne sont pas sans limites. En un mécanisme incontrôlable, les enjeux économiques, géographiques, politiques, stratégiques, finissent par se liguer pour entraîner la déflagration. La **fatalité insurmontable** qui pèse ici-bas n'est pas seulement celle que trament les dieux, comme Jupiter dans *Amphitryon 38* (cf. p. 200). Il faut compter aussi avec la force des choses, l'enchaînement irrésistible des événements, les déterminismes de l'Histoire, qui se fait et se défait dans un perpétuel défi à l'initiative des hommes.

EXTRAIT

Les otages du destin

HECTOR

C'est une conversation d'ennemis que nous avons là ?

ULYSSE

C'est un duo avant l'orchestre. C'est le duo des récitants avant la guerre. Parce que nous avons été créés sensés, justes et courtois, nous nous parlons, une heure avant la guerre, comme nous nous parlerons longtemps après, en anciens combattants. Nous nous réconcilions avant la lutte même, c'est toujours cela. Peut-être d'ailleurs avons-nous tort. Si l'un de nous doit un jour tuer l'autre et arracher pour reconnaître sa victime la visière de son casque, il vaudrait peut-être mieux qu'il ne lui donnât pas un visage de frère... Mais l'univers le sait, nous allons nous battre.

HECTOR

L'univers peut se tromper. C'est à cela qu'on reconnaît l'erreur, elle est universelle.

ULYSSE

Espérons-le. Mais quand le destin, depuis des années, a surélevé deux peuples, quand il leur a ouvert le même avenir d'invention et d'omnipotence, quand il a fait de chacun, comme nous l'étions tout à l'heure sur la bascule, un poids précieux et différent pour peser le plaisir, la conscience et jusqu'à la nature, quand par leurs architectes, leurs poètes, leurs teinturiers, il leur a donné à chacun un royaume opposé de volumes, de sons et de nuances, quand il leur a fait inventer le toit en charpente troyen et la voûte thébaine, le rouge phrygien et l'indigo grec, l'univers sait bien qu'il n'entend pas préparer ainsi aux hommes deux chemins de couleur et d'épanouissement, mais se ménager son festival, le déchaînement de cette brutalité et de cette folie humaines qui seules rassurent les dieux. C'est de la petite politique, j'en conviens. Mais nous sommes chefs d'État, nous pouvons bien entre nous deux le dire : c'est couramment celle du Destin.

HECTOR

Et c'est Troie et c'est la Grèce qu'il a choisies cette fois?

ULYSSE

Ce matin j'en doutais encore. J'ai posé le pied sur votre estacade, et j'en suis sûr.

HECTOR

Vous vous êtes senti sur un sol ennemi?

ULYSSE

Pourquoi toujours revenir à ce mot ennemi! Faut-il vous le redire? Ce ne sont pas les ennemis naturels qui se battent. Il est des peuples que tout désigne pour une guerre, leur peau, leur langue et leur odeur, ils se jalousent, ils se haïssent, ils ne peuvent pas se sentir... Ceux-là ne se battent jamais. Ceux qui se battent, ce sont ceux que le sort a lustrés et préparés pour une même guerre : ce sont les adversaires.

HECTOR

Et nous sommes prêts pour la guerre grecque?

ULYSSE

À un point incroyable. Comme la nature munit les insectes dont elle prévoit la lutte, de faiblesses et d'armes qui se correspondent, à distance, sans que nous nous connaissions, sans que nous nous en doutions, nous nous sommes élevés tous deux au niveau de notre guerre. Tout correspond de nos armes et de nos habitudes comme des roues à pignon. Et le regard de vos femmes, et le teint de vos filles sont les seuls qui ne suscitent en nous ni la brutalité ni le désir, mais cette angoisse du cœur et de la joie qui est l'horizon de la guerre. Frontons et leurs soutaches d'ombre et de feu, hennissements des chevaux, péplums disparaissant à l'angle d'une colonnade, le sort a tout passé chez vous à cette couleur d'orage qui m'impose pour la première fois le relief de l'avenir. Il n'y a rien à faire. Vous êtes dans la lumière de la guerre grecque.

HECTOR

Et c'est ce que pensent aussi les autres Grecs?

ULYSSE

Ce qu'ils pensent n'est pas plus rassurant. Les autres Grecs pensent que Troie est riche, ses entrepôts magnifiques, sa banlieue fertile. Ils pensent qu'ils sont à l'étroit sur du roc. L'or de vos temples, celui de vos blés et de votre colza, ont fait à chacun de nos navires, de nos promontoires, un signe qu'il n'oublie pas. Il n'est pas très prudent d'avoir des dieux et des légumes trop dorés.

HECTOR

Voilà enfin une parole franche... La Grèce en nous s'est choisi une proie. Pourquoi alors une déclaration de guerre? Il était plus simple de profiter de mon absence pour bondir sur Troie. Vous l'auriez eue sans coup férir.

ULYSSE

Il est une espèce de consentement à la guerre que donne seulement l'atmosphère, l'acoustique et l'humeur du monde. Il serait dément d'entreprendre une guerre sans l'avoir. Nous ne l'avions pas.

HECTOR

Vous l'avez maintenant !

ULYSSE

Je crois que nous l'avons.

HECTOR

Qui vous l'a donnée contre nous ? Troie est réputée pour son humanité, sa justice, ses arts !

ULYSSE

Ce n'est pas par des crimes qu'un peuple se met en situation fausse avec son destin, mais par des fautes. Son armée est forte, sa caisse abondante, ses poètes en plein fonctionnement. Mais un jour, on ne sait pourquoi, du fait que ses citoyens coupent méchamment les arbres, que son prince enlève vilainement une femme, que ses enfants adoptent une mauvaise turbulence, il est perdu. Les nations, comme les hommes, meurent d'imperceptibles impolitesses. C'est à leur façon d'éternuer ou d'éculer leurs talons que se reconnaissent les peuples condamnés... Vous avez sans doute mal enlevé Hélène...

HECTOR

Vous voyez la proportion entre le rapt d'une femme et la guerre où l'un de nos peuples périra ?

ULYSSE

Nous parlons d'Hélène. Vous vous êtes trompés sur Hélène. Pâris et vous. Depuis quinze ans je la connais, je l'observe. Il n'y a aucun doute. Elle est une des rares créatures que le destin met en circulation sur la terre pour son usage personnel. Elles n'ont l'air de rien. Elles sont parfois une bourgade, presque un village, une petite reine, presque une petite fille, mais si vous les touchez, prenez garde ! C'est là la difficulté de la vie, de distinguer, entre les êtres et les objets, celui qui est l'otage du destin.

Jean Giraudoux, *La Guerre de Troie n'aura pas lieu*, II, 13, 1935, © Jean-Pierre Giraudoux.

Fatalité ou liberté ?

Le ton fraternel et apaisé rend la perspective de guerre d'autant plus paradoxale. Deux tempéraments s'affrontent ici : relevez leurs traits respectifs. Mais l'analyse psychologique reste indirecte : les personnages se définissent par la manière poétique dont ils expriment leurs pensées et dressent le tableau d'une certaine Grèce raffinée, cultivée et ambitieuse. Le débat entre les deux hommes s'emploie à démêler les fils qui tissent le destin : le rôle des dieux se révèle mineur (cf. l. 25-28) ; Hélène n'est qu'un prétexte fortuit (cf. l. 96-99) ; seules agissent vraiment de grandes forces matérielles inconciliables (cf. l. 61-66) qui transforment les rapports humains en rapports mécaniques (cf. l. 49-50) ; d'où une vision tragique du monde et le sentiment de duperie (cf. l. 48) ou d'impuissance (cf. l. 54-57), qui paralyse le jeu des forces individuelles. Face à la guerre et à ses origines complexes, Giraudoux ne défend pas une thèse, mais oppose deux attitudes humaines possibles : dégagez les deux convictions respectives.

document

Certains passages de *La Guerre et la Paix* semblent livrer le sujet de *La Guerre de Troie n'aura pas lieu* : « Devant certains événements historiques dénués de sens, ou plutôt dont le sens nous échappe, le recours au fatalisme est indispensable[1] ». C'est contre cette vérité que lutte Hector, mais cette vérité est au fond de la pièce, et Hector la découvre progressivement.

Pour la première fois, Giraudoux s'attache dans cette pièce à un événement historique. D'autre part, et en cela il s'inspire de très près de Tolstoï, il y montre que l'action des protagonistes de l'histoire, en l'occasion Hélène et Hector, est nulle : tout se décide en dehors d'eux, la guerre est nécessaire et fatale, et il ne sert à rien à Hector de vouloir en minimiser et en supprimer le prétexte. *La Guerre de Troie n'aura pas lieu* montre que l'homme ne peut peser sur les événements, parce qu'il agit sur des causes fausses, parce que la complexité des causes réelles est hors de son atteinte et de son pouvoir. On rendra Hélène aux Grecs, mais la guerre aura lieu. De même, il semblerait que la campagne de Russie que décrit Tolstoï dépende de volontés humaines aisément influençables. Mais bien qu'elles paraissent nécessaires à la campagne de Russie, ces volontés humaines ne sont pas une réalité, elles ne sont que les agents d'une force cachée qui leur échappe.

René Marill Albérès, *Esthétique et Morale chez Jean Giraudoux*, Nizet, 1957.

(1) Tolstoï, *La Guerre et la Paix*, livre troisième, deuxième partie, chapitre 28.

Tragique intransigeance : *Électre* (1937)

D'une œuvre à l'autre, l'optimisme de Giraudoux s'assombrit par degrés. *Amphitryon 38* (cf. p. 200) montrait le tragique exorcisé par l'humilité d'Alcmène appliquée à repousser la démesure et la tentation de l'absolu. La foi dans l'aptitude de l'homme à maîtriser son destin et à conquérir le bonheur s'exprimait avec la légèreté de l'humour, du badinage ou du marivaudage. Ce credo d'humaniste confiant a perdu de sa sérénité quand *La Guerre de Troie n'aura pas lieu* (cf. p. 202) nous révèle que les germes du mal et de la violence, enfouis dans les sillons de l'Histoire, peuvent à tout moment déjouer les efforts de la diplomatie et briser des peuples. Le tragique• fait irruption avec une violence accrue dans *Électre* (1937) ; il ne met plus en cause la désinvolture des dieux ou les déterminismes aveugles de la géopolitique ; il s'inscrit désormais dans le cœur des individus. Dans *La Guerre de Troie n'aura pas lieu,* Demokos, nationaliste chauvin et fanatique, ne cessait d'inciter Hector à ouvrir les hostilités ; or son intransigeance avait toujours été désavouée par les siens. Électre, en revanche, incarne **une intransigeance triomphante** ; au nom d'un sentiment exacerbé de la justice, elle se fait la **servante zélée du destin.** À l'entracte, en un lamento pudique, le jardinier sait dévoiler les enjeux de la tragédie et ses sanglants paradoxes. « On réussit chez les rois les expériences qui ne réussissent jamais chez les humbles, la haine pure, la colère pure. C'est toujours de la pureté. C'est cela que c'est, la Tragédie, avec ses incestes, ses parricides : de la pureté, c'est-à-dire en somme de l'innocence. » La révolte d'Électre est celle des **êtres qui découvrent que le réel n'est pas à la mesure de leur exigence.** Au bout des ténèbres tragiques, Giraudoux laisse toutefois place à l'espoir d'une aurore apaisée. Ultime symbole d'un **optimisme sans illusion,** contenu dans la devise du jardinier : « Joie et amour ».

EXTRAIT

Un conflit de valeurs

Jadis, à son retour de la guerre de Troie, le roi d'Argos, Agamemnon, a été assassiné par sa femme Clytemnestre et l'amant de celle-ci, Égisthe. Longtemps après, au moment où la citadelle d'Argos est assiégée par les Corinthiens, Égisthe se propose de veiller à l'autorité de l'État et de prendre la tête de l'armée pour sauver la ville. Guidée par son intuition, Électre, fille d'Agamemnon et de Clytemnestre, soupçonne que, contrairement à la version officielle des faits, son père n'est pas mort accidentellement. Dépositaire de la légitimité royale, la princesse refuse de voir le régicide Égisthe usurper le pouvoir de la dynastie, devenir sauveur de la cité, et exige qu'il expie immédiatement son crime passé.

ÉLECTRE. – [...] À moi aussi, ce matin, à l'heure où l'on vous[1] donnait Argos, il m'a été fait un don. Je l'attendais, il m'était promis, mais je comprenais mal encore ce qu'il devait être. Déjà on m'avait donné mille cadeaux, qui me semblaient dépareillés, dont je ne parvenais pas à démêler le cousinage, mais cette nuit près d'Oreste endormi, j'ai vu que c'était le même don. On m'avait donné le dos d'un haleur, tirant sur sa péniche, on m'avait donné le sourire d'une laveuse, soudain figée dans son travail, les yeux sur la rivière. On m'avait donné un gros petit enfant tout nu, traversant en courant la rue sous les cris de sa mère et des voisines ; et le cri de l'oiseau pris que l'on relâche ; et celui du maçon que je vis tomber un jour de l'échafaudage, les jambes en équerre. On m'avait donné la plante d'eau qui résiste contre le courant, qui lutte, qui succombe, et le jeune homme malade qui tousse, qui sourit et qui tousse, et les joues de ma servante, quand elles se gonflent tous les matins d'hiver pour aviver la cendre de mon feu, au moment où elles s'empourprent. Et j'ai cru moi aussi que l'on me donnait Argos, tout ce qui dans Argos était modeste, tendre, et beau, et misérable ; mais tout à l'heure, j'ai su que non. J'ai su que l'on m'a donné toutes les pommettes des servantes, qu'elles soufflent sur le bois ou le charbon, et tous les yeux des laveuses, qu'ils soient ronds ou en amande, et tous les oiseaux volant, et tous les maçons tombant, et toutes les plantes d'eau qui s'abandonnent et se reprennent dans les ruisseaux ou dans les mers. Argos n'était qu'un point dans cet univers, ma patrie une bourgade dans cette patrie. Tous les rayons et tous les éclats dans les visages mélancoliques, toutes les rides et les ombres dans les visages joyeux, tous les désirs et les désespoirs dans les visages indifférents, c'est cela mon nouveau pays. Et c'est ce matin, à l'aube, quand on vous donnait Argos et ses frontières étroites, que je l'ai vu aussi immense et que j'ai entendu son nom, un nom qui ne se prononce pas, mais qui est à la fois la tendresse et la justice.

CLYTEMNESTRE. – Voilà la devise d'Électre : la tendresse ! Cela suffit ! Partons !

ÉGISTHE. – Et cette justice qui te fait brûler ta ville, condamner ta race, tu oses dire qu'elle est la justice des dieux ?

ÉLECTRE. – Je m'en garde. Dans ce pays qui est le mien on ne s'en remet pas aux dieux du soin de la justice. Les dieux ne sont que des artistes. Une belle lueur sur un incendie, un beau gazon sur un champ de bataille, voilà pour eux la justice. Un splendide repentir sur un crime, voilà le verdict que les dieux avaient rendu dans votre cas. Je ne l'accepte pas.

ÉGISTHE. – La justice d'Électre consiste à ressasser toute faute, à rendre tout acte irréparable ?

ÉLECTRE. – Oh non ! Il est des années où le gel est la justice pour les arbres,

(1) désigne Égisthe

et d'autres l'injustice. Il est des forçats que l'on aime, des assassins que l'on caresse. Mais quand le crime porte atteinte à la dignité humaine, infeste un peuple, pourrit sa loyauté, il n'est pas de pardon.

ÉGISTHE. – Sais-tu même ce qu'est un peuple, Électre !

ÉLECTRE. – Quand vous voyez un immense visage emplir l'horizon et vous regarder bien en face, d'yeux intrépides et purs, c'est cela un peuple.

ÉGISTHE. – Tu parles en jeune fille, non en roi. C'est un immense corps à régir, à nourrir.

ÉLECTRE. – Je parle en femme. C'est un regard étincelant, à filtrer, à dorer. Mais il n'a qu'un phosphore, la vérité. C'est ce qu'il y a de si beau, quand vous pensez aux vrais peuples du monde, ces énormes prunelles de vérité.

ÉGISTHE. – Il est des vérités qui peuvent tuer un peuple, Électre.

ÉLECTRE. – Il est des regards de peuple mort qui pour toujours étincellent. Plût au ciel que ce fût le sort d'Argos ! Mais, depuis la mort de mon père, depuis que le bonheur de notre ville est fondé sur l'injustice et le forfait, depuis que chacun, par lâcheté, s'y est fait le complice du meurtre et du mensonge, elle peut être prospère, elle peut chanter, danser et vaincre, le ciel peut éclater sur elle, c'est une cave où les yeux sont inutiles. Les enfants qui naissent sucent le sein en aveugles.

ÉGISTHE. – Un scandale ne peut que l'achever.

ÉLECTRE. – C'est possible. Mais je ne veux plus voir ce regard terne et veule dans son œil.

ÉGISTHE. – Cela va coûter des milliers d'yeux glacés, de prunelles éteintes.

ÉLECTRE. – C'est le prix courant. Ce n'est pas trop cher.

ÉGISTHE. – Il me faut cette journée. Donne-la-moi. Ta vérité, si elle l'est, trouvera toujours le moyen d'éclater un jour mieux fait pour elle.

ÉLECTRE. – L'émeute est le jour fait pour elle.

ÉGISTHE. – Je t'en supplie. Attends demain.

ÉLECTRE. – Non. C'est aujourd'hui son jour. J'ai déjà trop vu de vérités se flétrir parce qu'elles ont tardé une seconde. Je les connais, les jeunes filles qui ont tardé une seconde à dire non à ce qui était laid, non à ce qui était vil, et qui n'ont plus su leur répondre ensuite que par oui et par oui. C'est là ce qui est si beau et si dur dans la vérité, elle est éternelle mais ce n'est qu'un éclair.

Jean Giraudoux, *Électre*, II, 8, 1937, © Jean-Pierre Giraudoux.

La vie, équilibre des contraires

À travers deux personnages inconciliables, cette scène confronte deux attitudes opposées face à la vie. Aussi, malgré le fil conducteur maintenu par le thème récurrent de la limpidité, de la clarté, la structure du texte est-elle fondée sur une série d'antithèses• : pouvoir temporel limité, clos, menacé, contesté par un idéal de justice, de vérité, élargi à l'universel ; l'oubli et la prescription refusés par l'intransigeance ; le masculin et le féminin ; la maturité et la jeunesse, la lumière et les ténèbres, etc. Tour à tour grave ou désinvolte, Giraudoux reste poète : la tension tragique est régulièrement rompue par les virevoltes de l'anecdote ou de l'ornement.

document

Le tragique giralducien, dans *Électre*, est le tragique des valeurs inconciliables. Quand Clytemnestre et Électre se disputent devant le mendiant, celui-ci commente : « Elles sont de bonne foi toutes les deux, c'est ça la vérité. » Cette réflexion pourrait s'appliquer aussi à la grande scène où Égisthe et Électre s'affrontent [...]. Ce qui a intéressé Giraudoux, c'est l'affrontement idéologique dans une situation grave. À l'enchaînement tragique, il a substitué le conflit des valeurs. L'affrontement n'est pas entre la Raison d'État et la Justice absolue. C'est plutôt un conflit entre deux *ordres*, au sens pascalien de ce terme, l'ordre de l'urgence et l'ordre de l'exigence. L'urgence est de l'ordre de la contingence• : l'ennemi est aux portes, et il faut d'abord sauver la ville. Ensuite, mais ensuite seulement, on pourra laisser la justice s'accomplir. C'est la position d'Égisthe. L'exigence est de l'ordre de la rationalité et de la morale. Le tragique tient au fait qu'Électre reste cramponnée jusqu'au bout à ses exigences, sans consentir à envisager l'ordre des urgences.

Michel Raimond, *Sur trois pièces de Jean Giraudoux*, Nizet, 1982.

L'adaptation des mythes grecs dans le théâtre de Giraudoux

1. Le rôle des dieux

Dans l'épopée homérique *(Iliade* et *Odyssée)* ou dans le théâtre tragique• grec d'Eschyle, Sophocle et Euripide, les dieux représentent les forces cosmiques que les hommes ne peuvent ni comprendre ni maîtriser. Le poids qu'ils font peser sur l'existence des mortels les investit d'un prestige redoutable et sacré. « Quand un dieu veut du mal à un homme, celui-ci a beau être fort, il ne peut lui échapper » (Sophocle, *Électre,* v. 696-697). Chez Giraudoux, au contraire, l'image de terreur et de vénération attachée au divin est discréditée. Ainsi dans *Amphitryon 38,* le dieu Jupiter est-il rabaissé au rang de séducteur éconduit. Dans *La guerre de Troie n'aura pas lieu,* les déesses Aphrodite et Pallas se ridiculisent en confiant à la messagère Iris des réponses contradictoires. Quant à l'oracle de Zeus, il est simplement incohérent. Dans *Électre,* les dieux perdent leur redoutable pouvoir pour être relégués au rôle d'aimables esthètes (II, 8). **À l'autorité inflexible des dieux, Giraudoux a substitué les caprices du destin, maître de l'Univers.** « Je ne sais pas si les dieux veulent quelque chose, mais l'univers veut quelque chose. Depuis ce matin, tout me semble le réclamer, le crier, l'exiger » (*La guerre de Troie n'aura pas lieu,* II, 8).

2. Les sanctions du destin

Dans les mythes grecs le destin se déchaîne contre un petit nombre de victimes désignées, coupables d'arrogance, de démesure (ὕβρις) : c'est le cas, par exemple, de la famille maudite des Atrides qui expient le crime de leur aïeul. Dans l'œuvre de Giraudoux, en revanche, peu importe la nature du destin, qu'il soit convergence de déterminismes historiques incontrôlables (cf. p. 202) ou qu'il soit incarné par un humain (comme Électre, cf. p. 205) obsédé par une exigence supérieure ; ses effets sont d'une ampleur qui prend pour cibles non seulement les individus, mais encore cités ou royaumes : Argos ou Troie. **C'est donc l'humanité entière qui devient l'enjeu du conflit tragique•** réputé insoluble parce qu'il met face à face des forces animées d'intentions opposées.

3. Du sacré au profane

Quelle que soit la représentation qu'ils proposent de la destinée humaine, les mythes de la tragédie grecque offrent aux dramaturges un cadre préétabli que l'acquis culturel des générations successives préserve de bouleversements intempestifs. Généralement ces fictions s'achèvent sur un épilogue sanglant, portent solennellement l'empreinte du sacré et soudent la foule des spectateurs dans une intense ferveur collective qui mêle pitié et terreur, autorisant ainsi la purgation des passions partagées par une même communauté : c'est le mécanisme de la *catharsis* (cf. *Le XVIIe s.,* p. 268). Ce schéma, hérité de l'antiquité grecque, est profondément modifié par Giraudoux qui conserve de la légende les lieux, les personnages familiers, mais insinue dans le réseau rassurant de ces archétypes massifs une signification insolite. En effet, malgré la survivance de personnages ambigus, comme les Euménides qui figurent le destin grandissant, malgré le survol obstiné d'un oiseau de mauvais augure au-dessus de la tête d'Égisthe, **les pièces de Giraudoux sont vidées de toute émotion sacrée.** Au pathétique• des grands poètes tragiques• grecs, Giraudoux répond par la préciosité, la fantaisie et l'ironie d'un langage moderne. On le voit donc, du texte grec primitif Giraudoux a fait le prétexte d'une écriture novatrice opposant à la tradition dont elle se réclame une distance résolue.

4. La distanciation et ses effets

L'atmosphère de communion et de ferveur collectives créée lors de la représentation d'une tragédie grecque fait du théâtre antique le lieu d'une célébration. Tout spectateur y est aussi acteur tacite ; il assume un double rôle : rôle de connivence avec les héros auxquels il s'identifie, dont il partage les épreuves et les émotions ; rôle d'observateur distant et critique vis-à-vis de l'action dramatique. À la fois juge et partie, détaché et impliqué, chacun, dans les gradins, élabore et subit la cérémonie liturgique.

Au contraire, en choisissant de désacraliser l'œuvre dramatique, **Giraudoux multiplie les procédés qui permettent au spectateur de rester extérieur à la tension tragique•**, de la commenter à distance, à la façon du chœur antique. Cassandre dans *La Guerre de Troie n'aura pas lieu,* le jardinier (« moi, je ne suis plus dans le jeu ») ou le mendiant dans *Électre* commentent froidement l'évolution du conflit, retranchés derrière un regard curieux, mais neutre. En effet, Giraudoux refuse le théâtre à thèse : la vérité qu'il nous livre est, en fait, **une série d'approximations de la vérité suggérées par la confrontation des contraires :** Ulysse et Hector ; Électre et Égisthe. Ce détachement permet à l'auteur de réduire l'intensité tragique• par les effets de l'ornement et de la digression, par les multiples fantaisies surgies d'une humanité moyenne (Oreste ou le président Théocathoclès) et non plus exclusivement héroïque. Alcmène dans *Amphitryon 38,* Hécube dans *La Guerre de Troie n'aura pas lieu,* Agathe dans *Électre* sont des personnages de vaudeville (cf. p. 181), savourant les délices de l'adultère. Jardiniers et mendiants disent le foisonnement de la vie en une **large gamme de dégradés qui vont du tragique• le plus abrupt au comique le plus trivial.** Les mots d'esprit désinvoltes – « il aime les femmes distantes, mais de près » lance Cassandre (*La Guerre de Troie n'aura pas lieu,* I, 4) – la dérision jetée sur Clytemnestre agacée par la barbe et le petit doigt toujours levé de son époux (*Électre,* II, 8), l'Histoire subvertie par des pirouettes (l'avenir pacifique illusoirement promis à Troie), l'attendrissement pour les banalités de la vie, les concessions au goût du public moderne (*Électre,* tragédie de la vengeance, prend des allures de roman policier fondé sur une délicate enquête) dessinent un univers fictif, certes, mais attachant, rassurant et poétique.

Biographie de Jean Giraudoux

VIE

1882	Naissance à Bellac (Haute-Vienne)
1903	Admis à l'École Normale Supérieure
1910	Admis au « petit concours » des Affaires étrangères
1914	Blessé à la guerre
1916	En mission au Portugal et aux États-Unis
1921	Mariage ; accède au « grand cadre » des Affaires étrangères
1926	En disgrâce auprès de la Commission d'évaluation des dommages alliés en Turquie
1928	Fait la connaissance de L. Jouvet
1934	Réhabilité au Quai d'Orsay
1936	Parcourt le monde en visites d'inspection des postes diplomatiques et consulaires
1939	Nommé commissaire à l'information
1944	Mort à Paris

ŒUVRES

Année	Œuvre
1909	*Provinciales*
1917	*Lectures pour une ombre*
18	*Simon le Pathétique*
19	*Elpénor*
20	*Adorable Clio*
21	*Suzanne et le Pacifique*
22	*Siegfried et le Limousin*
24	*Juliette au pays des hommes*
26	*Bella*
27	*Églantine*
28	*Siegfried*
29	*Amphitryon 38*
30	*Aventures de Jérôme Bardini*
31	*Judith*
33	*Intermezzo*
34	*Tessa*
35	*La Guerre de Troie n'aura pas lieu*
37	*Électre*
38	*Les Cinq Tentations de La Fontaine*
39	*Ondine*, *Pleins Pouvoirs*
41	*Littérature*
43	*Sodome et Gomorrhe*

Œuvres posthumes :

1945	*La Folle de Chaillot*
1946	*Sans pouvoirs*
1953	*Pour Lucrèce*
1969	*La Menteuse*

Jean Anouilh (1910-1987)

Après s'être d'abord exercé aux métiers de la publicité, Jean Anouilh doit aux encouragements de Louis Jouvet (dont il fut le secrétaire) ses premiers essais d'auteur dramatique. L'œuvre, abondante, s'accommode difficilement des classifications traditionnelles : oscillant entre le comique et le tragique, le drame bourgeois et la comédie de mœurs, le lyrisme• et la bouffonnerie, elle joue de **tonalités très différenciées** qui avouent partiellement les intentions du dramaturge. Pièces « roses » (*Humulus le muet*, 1929 ; *Le Bal des voleurs*, 1932 ; *Le Rendez-vous de Senlis*, 1937 ; *Léocadia*, 1939), pièces « noires » (*L'Hermine*, 1931 ; *La Sauvage*, 1934 ; *Le Voyageur sans bagage*, 1937 ; *Eurydice*, 1941), nouvelles pièces « noires » (*Jézabel*, 1932 ; *Antigone*, 1942 ; *Roméo et Jeannette*, 1945 ; *Médée*, 1946), pièces « brillantes » (*L'Invitation au château*, 1947 ; *Colombe*, 1951 ; *La Répétition ou l'amour puni*, 1950), pièces « grinçantes » (*La Valse des toréadors*, 1952 ; *Ornifle ou le courant d'air*, 1955 ; *Pauvre Bitos ou le dîner de têtes*, 1956), pièces « costumées » (*L'Alouette*, 1952 ; *Beckett ou l'honneur de Dieu*, 1958) marquent les différentes étapes d'un **glissement progressif vers le pessimisme** le plus corrosif.

Les premières œuvres dessinent un univers ambigu où le déguisement, la fiction et la fantaisie tiennent le réel à distance et autorisent un bonheur artificiel. Mais, dès que s'estompe l'éclat de l'humour et du rêve, l'atmosphère s'assombrit, l'air devient irrespirable, la vie impossible. À des degrés variables le monde de Jean Anouilh est irrémédiablement miné par **l'obsession d'une impureté** qui confisque tout espoir de sérénité durable.

Un clivage sommaire entre êtres médiocres et âmes exigeantes semble pourtant amener le dramaturge à ne pas complètement désespérer des virtualités de la nature humaine, de la volonté – chez certains – de connaître la plénitude morale et de soutenir de grands idéaux. Les héros jeunes, enthousiastes, désintéressés, amoureux, devraient rapidement faire oublier pervers, désabusés ou cyniques. Or **l'échec semble être la loi commune** pour tous ceux qui aspirent à quelque épanouissement personnel ; aucun individu, même pétri des meilleures intentions, ne semble être en mesure d'échapper à l'abjection d'une vie écœurante ; à bien des égards, l'univers d'Anouilh dresse le sombre constat d'une incompatibilité manichéenne• : le bien et le mal demeurent irréductibles. Les élans les plus généreux de l'âme se brisent toujours à l'épreuve des pires bassesses du réel.

La condition humaine est donc au cœur d'une situation éminemment tragique• : tôt ou tard, la pureté à laquelle chacun aspire est récusée par les turpitudes de l'existence. À ceux qui refusent de transiger avec les prescriptions de leur éthique• ne restent que **la fuite ou la mort**, désaveux désespérés d'une vie insatisfaisante.

L'inaccessible pureté : *La Sauvage* (1934)

Quelle que soit l'ardeur nostalgique qui pousse des êtres déchus à vouloir reconquérir une innocence perdue, le poids des expériences vécues vient décourager toute tentative de salut. La malchance, l'atavisme, la misère, la solitude, l'égoïsme précipitent la **dégradation morale des êtres**. Les belles résolutions se révèlent généralement stériles quand, de longue date, **le passé a déjà mis en place une fatalité** insurmontable.

EXTRAIT

Les résurgences du passé

Thérèse appartient à un univers terne et déprimant : artistes ratés, pauvres, débauchés, humiliés et décrépits, tous sont voués à une effrayante dégradation. L'orchestre familial réunit le père (Tarde), la mère, les deux sœurs (Thérèse et Jeannette) et un pianiste, Gosta, le plus sordide du groupe. Le hasard amène Thérèse à rencontrer Florent, musicien virtuose et célèbre, comblé par la vie. Une idylle naît. D'abord envahie de honte en raison de ses antécédents peu avouables, Thérèse devient progressivement incapable d'assumer ce bonheur trop brutal.

THÉRÈSE. – J'ai besoin de toi, reste !

TARDE. – C'est que justement, si c'est grave... cela tombe mal... dans ce costume...

THÉRÈSE. – Oh ! si papa, reste... surtout dans ce costume.

Elle se serre contre lui.

Papa, mon cher petit papa. Ah ! je suis contente que tu sois aussi sale, aussi ridicule, aussi vulgaire...

TARDE. – Hé là, hé là... fillette ! Je sais bien que tu plaisantes, mais tout de même, je suis ton père, ne l'oublie pas.

THÉRÈSE *crie, avec une sorte d'horrible joie.* Oh ! je ne l'oublie pas, papa ! Je suis ta fille. Je suis la fille du petit monsieur aux ongles noirs et aux pellicules ; du petit monsieur qui fait de belles phrases, mais qui a essayé de me vendre, un peu partout, depuis que je suis en âge de plaire...

TARDE, *digne.* – Qu'est-ce que tu racontes ? C'est bien simple, je ne te comprends pas.

Il se retourne vers Florent.

Elle ne sait pas ce qu'elle dit.

THÉRÈSE. – Oh ! non, je ne l'oublie pas, papa, que tu es mon père ! Je n'oublie aucun des secrets sordides qui me lient à toi mieux que si je t'aimais. Mais si tu savais comme ils me sont doux, aujourd'hui, ces secrets, comme ils me sont utiles. Ah ! nous sommes bien tous les deux, papa. Nous nous comprenons tous les deux, hein ? Nous ne nous faisons pas honte, nous sommes de la même race, hein, tous les deux ?

TARDE. – Mais bien sûr, bien sûr, petite...

À Florent.

Je ne sais pas ce qu'elle a, vous savez.

THÉRÈSE, *à Florent.* – Tu ne dis plus rien ? Tu sens que je suis loin de toi maintenant que je m'accroche à lui... Ah ! tu m'as tirée à toi, tu sais, avec ta grande force et ma tête se cognait à toutes les pierres du chemin... Mais je t'ai échappé, maintenant. Tu ne pourras plus jamais m'atteindre.

FLORENT. – Non, Thérèse, tu te débats, mais tu ne m'as pas échappé.

THÉRÈSE. – Si, maintenant que je suis au désespoir, je t'ai échappé, Florent. Je viens d'entrer dans un royaume où tu n'es jamais venu, où tu ne saurais pas me suivre pour me reprendre. Parce que tu ne sais pas ce que c'est que d'avoir mal et de s'enfoncer. Tu ne sais pas ce que c'est que de se noyer, se salir, se vautrer... Tu ne sais rien d'humain, Florent...

Elle le regarde.

Ces rides, quelles peines les ont donc tracées ? Tu n'as jamais eu une vraie douleur, une douleur honteuse comme un mal qui suppure... Tu n'as jamais haï personne, cela se voit à tes yeux, même ceux qui t'ont fait du mal.

FLORENT, *calme et lumineux encore.* – Non, Thérèse. Mais je ne désespère pas. Je compte bien t'apprendre un jour à ne plus savoir haïr, toi non plus.

THÉRÈSE. – Comme tu es sûr de toi !

FLORENT. – Oui, je suis sûr de moi et sûr de ton bonheur que je ferai, que tu le veuilles ou non.

THÉRÈSE. – Comme tu es fort !

FLORENT. – Oui, je suis fort.

THÉRÈSE. – Tu n'as jamais été laid, ni honteux, ni pauvre... Moi, j'ai fait de longs détours parce qu'il fallait que je descende des marches et que j'avais des bas troués aux genoux. J'ai fait des commissions pour les autres et j'étais grande et disais merci et je riais, mais j'avais honte quand on me donnait des sous. Tu n'as jamais été en commission, toi, tu n'as jamais cassé le litre et pas osé remonter dans l'escalier ?

TARDE. – Tu as bien besoin de raconter toutes ces histoires, par exemple !...

THÉRÈSE. – Oui, papa, j'en ai besoin.

FLORENT. – Je n'ai jamais été pauvre, non, Thérèse, mais ce n'est pas ma faute.

THÉRÈSE. – Rien n'est ta faute ! Tu n'as jamais été malade non plus, j'en suis sûre. Moi, j'ai eu des croûtes, la gale, la gourme, toutes les maladies des pauvres ; et la maîtresse m'écartait les cheveux avec une règle quand elle s'en est aperçue.

TARDE, *excédé.* – Boh ! Des croûtes !

FLORENT *secoue la tête.* – Je me battrai, Thérèse, je me battrai, et je serai plus fort que tout ce que t'a fait la misère.

THÉRÈSE *ricane.* – Tu te battras ! Tu te battras ! Tu te bats gaiement contre la souffrance des autres parce que tu ne sais pas qu'elle vous tombe dessus comme un manteau ; un manteau qui vous collerait à la peau par endroits. Si tu avais été méchant déjà, ou faible, ou lâche, tu prendrais des précautions infinies pour toucher ce manteau saignant. Il faut faire très attention pour ne pas vexer les pauvres...

Jean Anouilh, *La Sauvage*, acte II, 1934, Éditions de la Table Ronde, 1958.

Fascination et répulsion

Thérèse cède à trois états successifs : le plaisir malsain d'humilier son père et de se dégrader elle-même (cf. l. 1-13) ; la solidarité dans la déchéance exprimée sur le ton de l'effusion lyrique• (cf. l. 18-23) ; le défi lancé à Florent (cf. l. 27-36). Le drame de Thérèse est d'être déchirée entre deux postulations contraires : la chute dans l'avilissement (symbolisée par le père) et l'obsession de la pureté (incarnée par Florent). Happée par un passé qu'elle maudit, mais dont elle ne peut pas s'affranchir, Thérèse est vouée à la fatalité (cf. l. 67-70) d'une existence sombre et désespérée (cf. l. 35-36). En contrepoint, l'énergie (cf. l. 41-47) et la sérénité (cf. l. 56-57) de Florent finissent par devenir déplacées.

La faillite de l'amour : *Eurydice* (1941)

Reprenant le mythe antique qu'elle traite avec ironie par la multiplication des anachronismes, cette pièce est encore vouée au monde misérable d'artistes sans talent, condamnés à une vie vagabonde, précaire, désespérante. L'amour va toutefois unir Eurydice et Orphée. Mais, passé le temps des premiers émois, **la grisaille de la vie** va retomber avec son lot de déceptions et de rancœurs. Ébranlée par des sollicitations encore tenaces émanant de Dulac, son ancien amant, incapable de sauvegarder la limpidité de son amour pour Orphée, Eurydice voit le bonheur, pourtant si proche, lui échapper. À l'évasion de Thérèse (cf. p. 209) Eurydice préfère le refuge de la mort apaisante. Une fatalité aggravée s'installe : non seulement les contaminations du passé empoisonnent la vie présente, mais – pire encore – **l'amour se révèle être une insipide mystification, nourrie de malentendus ou de trahisons.** La perspective de rachat est brutalement devenue promesse de **solitude** et prélude au **néant.** À la fin de la pièce, Monsieur Henri, personnage énigmatique aux allures de prophète décryptant le destin, vient ôter à Orphée ses dernières illusions.

EXTRAIT

Il n'y a pas d'amour heureux.

M. HENRI. – Songe que ce que te réservait la vie, ta chère vie, c'était de te retrouver seul un jour aux côtés d'Eurydice vivante.

ORPHÉE. – Non.

M. HENRI. – Si. Un jour ou l'autre, dans un an, dans cinq ans, dans dix ans, si tu veux, sans cesser de l'aimer, peut-être, tu te serais aperçu que tu n'avais plus envie d'Eurydice, qu'Eurydice n'avait plus envie de toi.

ORPHÉE. – Non.

M. HENRI. – Si. Ç'aurait été aussi bête que cela. Tu aurais été le Monsieur qui trompe Eurydice.

ORPHÉE *crie.* – Jamais !

M. HENRI. – Pourquoi cries-tu si fort, pour moi ou pour toi ? Mettons, si tu préfères, que tu aurais été le Monsieur qui a envie de tromper Eurydice ; ce n'est pas mieux.

ORPHÉE. – Je lui serais resté fidèle toujours.

M. HENRI. – Peut-être, d'ailleurs, longtemps. Avec des regards qui n'osent pas vers les autres femmes. Et une haine lente et sûre qui se serait mise à grandir entre vous pour toutes les filles que tu n'aurais pas suivies à cause d'elle dans la rue...

ORPHÉE. – Ce n'est pas vrai.

M. HENRI. – Si. Jusqu'au jour où l'une d'elles serait passée devant toi, jeune et dure, sans trace d'une douleur, sans trace d'une pensée ; une femme toute neuve, Orphée, devant ta lassitude. Alors, tu aurais pu voir la mort, la trahison, le mensonge, devenir soudain les mesures les plus simples, l'injustice prendre un autre nom, la fidélité un autre visage...

ORPHÉE. – Non. J'aurais fermé les yeux. J'aurais fui.

M. HENRI. – La première fois peut-être et tu aurais encore marché quelque temps à côté d'Eurydice avec les yeux d'un homme qui cherche à perdre son chien dans la rue. Mais la centième fois, Orphée !...

Il a un geste.

D'ailleurs, Eurydice t'aurait peut-être abandonné la première...

ORPHÉE, *plaintivement cette fois.* – Non.

M. HENRI. – Pourquoi non ? Parce qu'elle t'aimait hier ? Un petit oiseau capable de s'envoler sans savoir pourquoi, quitte à en mourir, elle aussi.

ORPHÉE. – Nous ne pouvions pas cesser de nous aimer.

M. HENRI. – Elle n'aurait peut-être pas cessé de t'aimer, la pauvre. Ce n'est pas si facile de cesser d'aimer. La tendresse a la vie dure, tu sais. Elle aurait peut-être eu une façon de se donner à toi avant d'aller retrouver son amant, si humble, si gentille, que tu aurais presque pu être encore un peu heureux. C'est vrai.

ORPHÉE. – Non, pas nous, pas nous !

M. HENRI. – Vous comme les autres. Vous plus que les autres. Avec votre façon d'être tendres, vous vous seriez déchirés jusqu'au bout.

ORPHÉE. – Non.

M. HENRI. – Si. Ou bien alors un jour, lassés, souriants, veules vous auriez tout de même décidé tacitement de tuer le pathétique entre vous et d'être enfin heureux et gentils l'un pour l'autre. Et on aurait pu voir un Orphée et une Eurydice complaisants....

ORPHÉE. – Non ! Cela aurait duré toujours, jusqu'à ce que je l'aie vieille et blanche à côté de moi, jusqu'à ce que je sois vieux près d'elle !

M. HENRI. – La vie, ta chère vie, ne t'aurait pas laissé arriver jusque-là. L'amour d'Orphée et d'Eurydice ne lui aurait pas échappé.

ORPHÉE. – Si.

M. HENRI. – Non, petit homme. Vous êtes tous les mêmes. Vous avez soif d'éternité et dès le premier baiser vous êtes verts d'épouvante parce que vous sentez obscurément que cela ne pourra pas durer. Les serments sont vite épuisés. Alors vous vous bâtissez des maisons, parce que les pierres, elles, durent ; vous faites un enfant, comme d'autres les égorgeaient autrefois, pour rester aimés. Vous misez allégrement le bonheur de cette petite recrue innocente dans ce combat douteux sur ce qu'il y a de plus fragile au monde, sur votre amour d'homme et de femme... Et cela se dissout, cela s'effrite, cela se brise tout de même comme pour ceux qui n'avaient rien juré.

Jean Anouilh, *Eurydice*, acte IV, 1941, Éditions de la Table Ronde, 1958.

Un destin vainement esquivé

Monsieur Henri projette l'image de l'existence qui aurait été réservée à Orphée si Eurydice ne s'était pas prématurément retirée aux Enfers. Le destin ainsi dévoilé apparaît comme une force sournoise qui démantèle impitoyablement les valeurs morales, les sentiments, la personnalité. Notez les phases successives de cette gangrène lente, mais irréversible. Pour masquer l'abîme ouvert par cette fatalité vertigineuse, la seule ressource reste le refuge précaire de la mauvaise foi et de l'illusion : relevez-en les manifestations les plus marquantes. La tension dramatique de la scène tient à la résistance pathétique• d'Orphée qui oppose des refus mécaniques mais vains aux perspectives qu'énonce Monsieur Henri d'un ton impassible. Le bilan est clair : la conquête du bonheur reste un leurre.

Une révoltée : *Antigone* (1942)

Chez Anouilh est tragique• tout personnage qui perçoit **l'écart irréductible opposant la vie réelle à la vie rêvée** ; tout personnage qui, fort de sa lucidité, est fasciné par la quête d'un absolu et refuse la moindre compromission. Face à la médiocrité, aux demi-mesures, aux concessions inséparables de la vie ordinaire se dégagent infailliblement deux attitudes : **la résignation ou la révolte**. Or, après avoir renoncé à des illusions multiples, Créon est aussi déçu qu'Antigone : mais son scepticisme• l'autorise à dire « oui » à la vie, telle qu'elle est, malgré ce qu'elle a d'inacceptable ; tandis que la fille d'Œdipe se cabre dans un « non » sans appel. Ce qui empêchait Thérèse ou Eurydice de vivre, c'était le fardeau d'un passé fort trouble ; ce qui empêche Antigone de vivre, c'est la perspective d'un avenir qui ressemble à une capitulation.

La revendication de liberté totale ne saurait s'accommoder d'un bonheur étriqué, et des arrangements du pragmatisme•. Or le débat ne porte plus, comme dans l'*Électre* de Giraudoux (cf p. 205), sur un conflit de valeurs, mais sur une **angoisse métaphysique** dénonçant ce qu'ont d'absurde les tensions de l'existence. Affranchie de la pesanteur ordinaire, Antigone appartient à une caste élue, celle des êtres qui ont reçu la grâce d'une pureté inhumaine.

EXTRAIT

Résignation et révolte

À la mort d'Œdipe, roi de Thèbes, ses deux fils Étéocle et Polynice doivent alternativement gouverner la cité. Mais, un jour, Polynice refuse de céder le pouvoir. Les deux frères ennemis en viennent à se battre et périssent sous les coups. Créon, nouveau roi de Thèbes, interdit d'accorder une sépulture à

CRÉON. – Tu as toute ta vie devant toi. Notre discussion était bien oiseuse, je t'assure. Tu as ce trésor, toi, encore.

ANTIGONE. – Oui.

CRÉON. – Rien d'autre ne compte. Et tu allais le gaspiller ! Je te comprends, j'aurais fait comme toi à vingt ans. C'est pour cela que je buvais tes paroles. J'écoutais du fond du temps un petit Créon maigre et pâle comme toi et qui ne pensait qu'à tout donner lui aussi... Marie-toi vite, Antigone, sois heureuse. La vie n'est pas ce que tu crois. C'est une eau que les jeunes gens laissent couler sans le savoir, entre leurs doigts ouverts. Ferme tes mains, ferme tes mains, vite. Retiens-la. Tu verras, cela deviendra une petite chose dure et simple qu'on grignote, assis au soleil. Ils te diront tous le contraire parce qu'ils ont besoin de ta force et de ton élan. Ne les écoute pas. Ne m'écoute pas quand je ferai mon prochain discours devant le tombeau

Polynice pour sanctionner de façon exemplaire l'illégalité dont il s'est rendu coupable. Mais, dans la nuit, Antigone – sœur des deux combattants – a clandestinement bravé l'ordre de Créon et recouvert de terre le corps du frère maudit, conformément aux traditions immémoriales.

d'Étéocle. Ce ne sera pas vrai. Rien n'est vrai que ce qu'on ne dit pas... Tu l'apprendras toi aussi, trop tard, la vie c'est un livre qu'on aime, c'est un enfant qui joue à vos pieds, un outil qu'on tient bien dans sa main, un banc pour se reposer le soir devant sa maison. Tu vas me mépriser encore, mais de découvrir cela, tu verras, c'est la consolation dérisoire de vieillir, la vie, ce n'est peut-être tout de même que le bonheur.

ANTIGONE, *murmure, le regard perdu.* – Le bonheur...

CRÉON, *a un peu honte soudain.* – Un pauvre mot, hein ?

ANTIGONE, *doucement.* – Quel sera-t-il, mon bonheur ? Quelle femme heureuse deviendra-t-elle, la petite Antigone ? Quelles pauvretés faudra-t-il qu'elle fasse elle aussi, jour par jour, pour arracher avec ses dents son petit lambeau de bonheur ? Dites, à qui devra-t-elle mentir, à qui sourire, à qui se vendre ? Qui devra-t-elle laisser mourir en détournant le regard ?

CRÉON, *hausse les épaules.* – Tu es folle, tais-toi.

ANTIGONE. – Non, je ne me tairai pas ! Je veux savoir comment je m'y prendrai, moi aussi, pour être heureuse. Tout de suite, puisque c'est tout de suite qu'il faut choisir. Vous dites que c'est si beau la vie. Je veux savoir comment je m'y prendrai pour vivre.

CRÉON. – Tu aimes Hémon ?

ANTIGONE. – Oui, j'aime Hémon. J'aime un Hémon dur et jeune ; un Hémon exigeant et fidèle, comme moi. Mais si votre vie, votre bonheur doivent passer sur lui avec leur usure, si Hémon ne doit plus pâlir quand je pâlis, s'il ne doit plus me croire morte quand je suis en retard de cinq minutes, s'il ne doit plus se sentir seul au monde et me détester quand je ris sans qu'il sache pourquoi, s'il doit devenir près de moi le monsieur Hémon, s'il doit apprendre à dire « oui », lui aussi, alors je n'aime plus Hémon !

CRÉON. – Tu ne sais plus ce que tu dis. Tais-toi.

ANTIGONE. – Si, je sais ce que je dis, mais c'est vous qui ne m'entendez plus. Je vous parle de trop loin maintenant, d'un royaume où vous ne pouvez plus entrer avec vos rides, votre sagesse, votre ventre. *(Elle rit.)* Ah ! je ris, Créon, je ris parce que je te vois à quinze ans, tout d'un coup ! C'est le même air d'impuissance et de croire qu'on peut tout. La vie t'a seulement ajouté tous ces petits plis sur le visage et cette graisse autour de toi.

CRÉON, *la secoue.* – Te tairas-tu, enfin ?

ANTIGONE. – Pourquoi veux-tu me faire taire ? Parce que tu sais que j'ai raison ? Tu crois que je ne lis pas dans tes yeux que tu le sais ? Tu sais que j'ai raison, mais tu ne l'avoueras jamais parce que tu es en train de défendre ton bonheur en ce moment comme un os.

CRÉON. – Le tien et le mien, oui, imbécile !

ANTIGONE. – Vous me dégoûtez tous avec votre bonheur ! Avec votre vie qu'il faut aimer coûte que coûte. On dirait des chiens qui lèchent tout ce qu'ils trouvent. Et cette petite chance pour tous les jours, si on n'est pas trop exigeant. Moi, je veux tout, tout de suite, – et que ce soit entier – ou alors je refuse ! Je ne veux pas être modeste, moi, et me contenter d'un petit morceau si j'ai été bien sage. Je veux être sûre de tout aujourd'hui et que cela soit aussi beau que quand j'étais petite – ou mourir.

Jean Anouilh, *Antigone,* 1942, Éditions de la Table Ronde, 1947.

L'impossible bonheur

Antigone semble d'abord être de connivence (cf. l. 3) avec Créon quand il évoque avec lyrisme• (cf. l. 8-10 et 15-17) le prix de la vie. Puis c'est la définition du bonheur, leitmotiv de la scène (cf. l. 7-8 ; 19 ; 20 ; 22-23 ; 25), qui provoque et consacre la rupture (cf. l. 27 ; 40 ; 47). Si Antigone plonge dans une révolte tragique•, c'est parce qu'elle est incapable de vivre une vie qui n'est pas conforme à ses exigences d'enfant intransigeant ; d'où le refus du vieillissement (cf. l. 43), du compromis (cf. l. 23-26) ; d'où son impatience (cf. l. 29-30), sa politique du tout ou rien (cf. l. 56-59) et la revendication d'une intensité permanente de la vie affective et morale (cf. l. 34-39). Le conflit tragique• chez Anouilh tient à la difficulté d'être, que ne vient alléger aucune providence salvatrice ; la tragédie appartient au domaine de l'essence, tandis que le drame se limite au domaine de la contingence•.

Jean-Paul Sartre (1905-1980)

La vision du monde que propose Jean-Paul Sartre est encore plus pessimiste que celle d'Anouilh (cf. p. 209). Durant les dix années qui ont immédiatement suivi la fin de la Deuxième Guerre mondiale, Jean-Paul Sartre a imposé l'empreinte de sa personnalité dans de multiples domaines de l'activité intellectuelle et politique au point de focaliser contradictoirement sur sa pensée comme sur sa personne un prestige écrasant et des haines irréductibles. Cultivant tout au long de sa carrière d'écrivain et au fil de ses engagements politiques un anticonformisme résolu, il n'a cessé de rejeter les rôles sociaux et les honneurs : le refus du prix Nobel, qui lui fut attribué en 1964, reste sans doute la plus farouche et spectaculaire manifestation d'indépendance d'un **maître à penser, témoin de son temps.**

Prisonnier en Allemagne, Sartre ne peut rester indifférent à la cruauté de l'Histoire, à la tragédie sanglante que vit toute une génération, celle qui est directement menacée par les camps de concentration et l'invention de l'arme nucléaire. Ce retour à la barbarie amène immanquablement des esprits exigeants à s'interroger sur le sens de leur destinée. Aux yeux de Sartre, il suffit de soumettre les données de l'existence à l'analyse d'une conscience vigilante et lucide pour souligner ce qu'elles ont d'absurde et de tragique. *La Nausée* (cf. p. 353) décrit le sentiment de désarroi et de dégoût qui envahit Roquentin quand les expériences successives de la vie le conduisent à dresser un constat angoissé : la condition humaine est aveuglément livrée à la contingence•, à l'arbitraire, et donc à **une absurdité fondamentale.** Ce scandale métaphysique est rendu plus accablant par la mauvaise foi (cf. p. 355) de tous ceux qui se masquent l'inconséquence de leur être, qui refusent d'admettre qu'ils sont « de trop » dans **un monde vidé de toute nécessité, déserté par toute transcendance•, abandonné par Dieu.** Tout système idéaliste•instaurant la primauté d'une religion ou d'une morale devient injustifiable et se voit irrémédiablement écarté. « L'existence précède l'essence. » Aucun absolu ne saurait devancer, dépasser et limiter l'expérience individuelle. Faute d'être assujetti à des valeurs préalables, **chacun de nous est voué à une liberté totale** et, par voie de conséquence, est condamné à être responsable de ce qu'il décide de devenir.

Sous cet éclairage philosophique, le théâtre de Sartre inaugure une **période de rupture dans la tradition théâtrale** qui s'était dessinée en France depuis le début du siècle. À une dramaturgie poétique se substitue désormais une dramaturgie idéologique ; la symbolique de Claudel (cf. p. 184), la préciosité et la fantaisie de Giraudoux (cf. p. 200), l'humour grinçant d'Anouilh (cf. p. 209) demeuraient toujours en contrepoint de la réflexion morale ou métaphysique. Rien de tel chez Sartre qui fait de la scène le lieu d'une dramatisation des idées.

De la tragédie de la fatalité à la tragédie de la liberté : *Les Mouches* (1943)

Comme Giraudoux (cf. p. 200) Sartre puise dans le théâtre grec antique les éléments d'un mythe familier et fécond en adaptations littéraires. Si la structure rigoureuse de la pièce permet de reconnaître les conventions du théâtre classique, l'intention du dramaturge, en revanche, obéit à des préoccupations radicalement nouvelles. Le théâtre n'est plus prétexte à des investigations psychologiques ou morales. En effet, au-delà de la fiction antique, seule compte pour l'auteur l'évocation des grandes interrogations métaphysiques du moment. La fonction majeure du théâtre tient désormais à la mise en place de **situations exceptionnelles qui obligent les personnages à faire des choix façonnant le sens de leur existence.**

Égarés dans un univers contingent•, irrationnel, absurde, les personnages de Sartre ne sauraient décrypter dans le ciel les manifestations d'une transcendance• rassurante. Dans un monde sans Dieu, l'homme ne peut éviter les affres de la solitude et du désespoir que sécréte la conviction de rester étranger à la structure sociale ou aux accomplissements de l'Histoire. Or, à force de récuser toute raison de vivre, la lucidité de la conscience en vient à couper tout appétit de vivre. Comment donc dominer la nausée ? En exploitant toutes **les ressources créatrices de la liberté.** Certes, chacun de nous peut avoir l'impression d'être réduit à une existence fortuite, superflue. Mais chacun jouit aussi du privilège de sa liberté. Chaque acte sera l'occasion de donner un sens à mon existence, de devenir ce que je n'étais pas encore, d'étoffer la consistance et la cohérence de ma personne, de transformer l'insignifiant en signifiant, de passer du néant à l'être. Mon existence n'est donc pas confinée dans le moule définitif d'une essence préalable. Je serai ce que j'ai décidé de devenir au nom de ma liberté de choix. Mon accomplissement personnel est une possibilité qui ne dépend que de moi et que je *projette* devant moi ; chacun de mes actes concrétise donc ce *projet*.

Oreste devient la représentation exemplaire de l'homme libre, qui consacre un engagement total de sa personne à la *situation* que lui a réservée la convergence d'événements fortuits ; au fil de ses actes, il sait convertir le hasard en nécessité, c'est-à-dire forger le sens de son destin.

EXTRAIT

Je suis ma liberté

*Comme dans l'*Électre *de Giraudoux (cf. p. 205), Oreste retourne à Argos bien des années après le*

ORESTE. – Tu es le roi des Dieux, Jupiter, le roi des pierres et des étoiles, le roi des vagues de la mer. Mais tu n'es pas le roi des hommes.

Les murailles se rapprochent, Jupiter réapparaît, las et voûté ; il a repris sa voix naturelle.

JUPITER. – Je ne suis pas ton roi, larve impudente. Qui donc t'a créé ?
ORESTE. – Toi. Mais il ne fallait pas me créer libre.
JUPITER. – Je t'ai donné ta liberté pour me servir.

meurtre de son père Agamemnon, assassiné par sa mère Clytemnestre et l'amant de celle-ci : Égisthe. Le crime est resté impuni. Égisthe, devenu roi d'Argos, et le dieu Jupiter maintiennent la ville dans un état de prostration où se mêlent le culte des idoles, le poids des prestiges creux, la mauvaise conscience, la peur des dieux et la résignation. Or les valeurs imposées de longue date par la religion et la société commencent à s'effriter. Enfermés dans un univers clos et étouffant, les citoyens cherchent instinctivement à s'affranchir, mais sont encore incapables de s'en donner les moyens. Progressivement Oreste rejette le modèle d'une liberté illusoire, fondée sur un humanisme détaché et stérile (enseigné par son précepteur, le Pédagogue) et finit par tuer Égisthe. Cet acte prend une signification qui va bien au-delà de la vengeance souhaitée par Électre : en retrouvant sa place parmi les siens, Oreste devient à la fois l'artisan de sa propre destinée et le responsable de la liberté reconquise par ses concitoyens. Il lui reste alors à rendre des comptes au dieu Jupiter.

ORESTE. – Il se peut, mais elle s'est retournée contre toi et nous n'y pouvons rien, ni l'un ni l'autre.

JUPITER. – Enfin ! voilà l'excuse.

ORESTE. – Je ne m'excuse pas.

JUPITER. – Vraiment ? Sais-tu qu'elle ressemble beaucoup à une excuse, cette liberté dont tu te dis l'esclave ?

ORESTE. – Je ne suis ni le maître ni l'esclave, Jupiter. Je *suis* ma liberté ! À peine m'as-tu créé que j'ai cessé de t'appartenir.

ÉLECTRE. – Par notre père, Oreste, je t'en conjure, ne joins pas le blasphème au crime.

JUPITER. – Écoute-la. Et perds l'espoir de la ramener par tes raisons : ce langage semble assez neuf pour ses oreilles – et assez choquant.

ORESTE. – Pour les miennes aussi, Jupiter. Et pour ma gorge qui souffle les mots et pour ma langue qui les façonne au passage : j'ai de la peine à me comprendre. Hier encore tu étais un voile sur mes yeux, un bouchon de cire dans mes oreilles ; c'était hier que j'avais une excuse : tu étais mon excuse d'exister, car tu m'avais mis au monde pour servir tes desseins, et le monde était une vieille entremetteuse qui me parlait de toi, sans cesse. Et puis tu m'as abandonné.

JUPITER. – T'abandonner, moi ?

ORESTE. – Hier, j'étais près d'Électre ; toute ta nature se pressait autour de moi ; elle chantait ton Bien, la sirène, et me prodiguait les conseils. Pour m'inciter à la douceur, le jour brûlant s'adoucissait comme un regard se voile ; pour me prêcher l'oubli des offenses, le ciel s'était fait suave comme un pardon. Ma jeunesse, obéissant à tes ordres, s'était levée, elle se tenait devant mon regard, suppliante comme une fiancée qu'on va délaisser : je voyais ma jeunesse pour la dernière fois. Mais, tout à coup, la liberté a fondu sur moi et m'a transi, la nature a sauté en arrière, et je n'ai plus eu d'âge, et je me suis senti tout seul, au milieu de ton petit monde bénin, comme quelqu'un qui a perdu son ombre ! et il n'y a plus rien eu au ciel, ni Bien ni Mal, ni personne pour me donner des ordres.

JUPITER. – Eh bien ? Dois-je admirer la brebis que la gale retranche du troupeau, ou le lépreux enfermé dans son lazaret[1] ? Rappelle-toi, Oreste : tu as fait partie de mon troupeau, tu paissais l'herbe de mes champs au milieu de mes brebis. Ta liberté n'est qu'une gale qui te démange, elle n'est qu'un exil.

ORESTE. – Tu dis vrai : un exil.

JUPITER. – Le mal n'est pas si profond : il date d'hier. Reviens parmi nous. Reviens : vois comme tu es seul, ta sœur même t'abandonne. Tu es pâle, et l'angoisse dilate tes yeux. Espères-tu vivre ? Te voilà rongé par un mal inhumain, étranger à ma nature, étranger à toi-même. Reviens : je suis l'oubli, je suis le repos.

ORESTE. – Étranger à moi-même, je sais. Hors nature, contre nature, sans excuse, sans autre recours qu'en moi. Mais je ne reviendrai pas sous ta loi : je suis condamné à n'avoir d'autre loi que la mienne. Je ne reviendrai pas à ta nature : mille chemins y sont tracés qui conduisent vers toi, mais je ne peux suivre que mon chemin. Car je suis un homme, Jupiter, et chaque homme doit inventer son chemin.

(1) Asile où les voyageurs en quarantaine restaient consignés.

Jean-Paul Sartre, *Les Mouches*, III, 2 ; 1943, Gallimard, 1947.

La révélation de la liberté

Le prestige des deux personnages évolue de façon inverse : plus Oreste affirme son émancipation, plus Jupiter se voit déconsidéré. Relevez les étapes de cette double transformation. Au terme d'un long crescendo, jaillit brutalement l'allégorie• de la liberté. Notez son caractère ambigu : elle est à la fois privilège (cf. l. 14-15), conquête vertigineuse (cf. l. 50-51 et 54-55), stupéfaction (cf. l. 22-26) et maladie sournoise (cf. l. 39-43). Paradoxalement, la liberté assiège Oreste comme une fatalité (cf. l. 8-9) qu'il n'écarte pas, malgré la rançon de solitude qui lui est attachée.

document

Pour un théâtre de situations.

Ce que le théâtre peut montrer de plus émouvant est un caractère en train de se faire, le moment du choix, de la libre décision qui engage une morale et toute une vie. La situation est un appel ; elle nous cerne ; elle nous propose des solutions, à nous de décider. Et pour que la décision soit profondément humaine, pour qu'elle mette en jeu la totalité de l'homme, à chaque fois il faut porter sur la scène des situations-limites, c'est-à-dire qui présentent des alternatives dont la mort est l'un des termes. Ainsi, la liberté se découvre à son plus haut degré puisqu'elle accepte de se perdre pour pouvoir s'affirmer. Et comme il n'y a de théâtre que si l'on réalise l'unité de tous les spectateurs, il faut trouver des situations si générales qu'elles soient communes à tous. Plongez des hommes dans ces situations universelles et extrêmes qui ne leur laissent qu'un couple d'issues, faites qu'en choisissant l'issue ils se choisissent eux-mêmes : vous avez gagné, la pièce est bonne. Chaque époque saisit la condition humaine et les énigmes qui sont proposées à sa liberté à travers des situations particulières. Antigone, dans la tragédie de Sophocle, doit choisir entre la morale de la cité et la morale de la famille. Ce dilemme n'a plus guère de sens aujourd'hui. Mais nous avons nos problèmes : celui de la fin et des moyens, de la légitimité de la violence, celui des conséquences de l'action, celui des rapports de la personne avec la collectivité, de l'entreprise individuelle avec les constantes historiques, cent autres encore.

Texte paru dans *La Rue*, n° 12, novembre 1947 ; cité par Michel Contat et Michel Rybalka, *Sartre, un théâtre de situations*, collection « Idées », Gallimard, 1973.

La liberté à l'épreuve des autres : *Huis clos* (1944)

Si la réflexion métaphysique de Sartre oscille sans cesse entre deux voies, la philosophie et la littérature, c'est parce que sa dialectique• a besoin d'être inlassablement soutenue et vivifiée par la fiction. Au début de sa carrière, le penseur trouve dans les formes romanesques un outil bien adapté à l'intention didactique d'une vulgarisation : après avoir découvert lors d'un séjour à Berlin (en 1933-1934) les grandes orientations de Husserl et Heidegger, Sartre diffuse et transpose en France les acquis de la phénoménologie•. Or, malgré sa maîtrise convaincante du roman et de l'essai, il se tourne rapidement vers le théâtre qui permet d'éviter le risque d'enlisement dans les dédales de la subtilité dialecticienne• et qui offre au **débat d'idées** une tribune de choix pour faire entendre des voix insolites.

C'est grâce à son acte qu'Oreste conquiert sa liberté et celle de la cité. Mais que la possibilité d'agir soit suspendue ou supprimée, alors s'effondre immanquablement ma liberté. Dès l'instant où l'homme n'est plus en mesure de s'engager, d'« inventer son chemin » (cf. p. 215), son existence se borne à ce qu'il a été. Inutile d'espérer pardon et rédemption dans un au-delà vide de transcendance• divine. **Tout se joue ici-bas.** La condition humaine réduit chacun de nous – brutalement privé des ressources de l'action – à une conscience paralysée et stérile, livrée aux affres de l'introspection et au **regard impitoyable des autres**, qui nous condamnent à être définitivement ce que leur conviction décide que nous sommes. Chacun de nous est exposé à ce verdict de l'autre : « Tu n'es rien d'autre que ta vie. » Seule, donc, **l'action sauvegarde notre liberté** en nous arrachant à la fatalité intolérable que les autres font peser sur nous.

EXTRAIT

L'enfer, c'est les autres

La scène, qui se passe dans un salon dont la porte est verrouillée de l'extérieur, évoque un enfer stylisé. Trois personnages réprouvés y cohabitent pour l'éternité : Inès, cynique et perverse ; Estelle, pétrie de mauvaise foi et coupable d'infanticide ; Garcin, déserteur et lâche. Chacun des trois personnages découvre dans les deux autres des juges féroces qui le renvoient pour toujours à une irréversible déchéance.

INÈS. – Tu as rêvé trente ans que tu avais du cœur ; et tu te passais mille petites faiblesses parce que tout est permis aux héros. Comme c'était commode ! Et puis, à l'heure du danger, on t'a mis au pied du mur et... tu as pris le train pour Mexico.

GARCIN. – Je n'ai pas rêvé cet héroïsme. Je l'ai choisi. On est ce qu'on veut.

INÈS. – Prouve-le. Prouve que ce n'était pas un rêve. Seuls les actes décident de ce qu'on a voulu.

GARCIN. – Je suis mort trop tôt. On ne m'a pas laissé le temps de faire *mes* actes.

INÈS. – On meurt toujours trop tôt – ou trop tard. Et cependant la vie est là, terminée : le trait est tiré, il faut faire la somme. Tu n'es rien d'autre que ta vie.

GARCIN. – Vipère ! Tu as réponse à tout.

INÈS. – Allons ! allons ! Ne perds pas courage. Il doit t'être facile de me persuader. Cherche des arguments, fais un effort. *(Garcin hausse les épaules.)* Eh bien, eh bien ? Je t'avais dit que tu étais vulnérable. Ah ! comme tu vas payer à présent. Tu es un lâche, Garcin, un lâche parce que je le veux. Je le veux, tu entends, je le veux ! Et pourtant, vois comme je suis faible, un souffle ; je ne suis rien que le regard qui te voit, que cette pensée incolore qui te pense. *(Il marche sur elle, les mains ouvertes.)* Ha ! elles s'ouvrent, ces grosses mains d'homme. Mais qu'espères-tu ? On n'attrape pas les pensées avec les mains. Allons, tu n'as pas le choix : il faut me convaincre. Je te tiens.

ESTELLE. – Garcin !

GARCIN. – Quoi ?

ESTELLE. – Venge-toi.

GARCIN. – Comment ?

ESTELLE. – Embrasse-moi, tu l'entendras chanter.

GARCIN. – C'est pourtant vrai, Inès. Tu me tiens, mais je te tiens aussi.

Il se penche sur Estelle. Inès pousse un cri.

INÈS. – Ha ! lâche ! lâche ! Va ! Va te faire consoler par les femmes.

ESTELLE. – Chante, Inès, chante !

INÈS. – Le beau couple ! Si tu voyais sa grosse patte posée à plat sur ton dos, froissant la chair et l'étoffe. Il a les mains moites ; il transpire. Il laissera une marque bleue sur ta robe.

ESTELLE. – Chante ! Chante ! Serre-moi plus fort contre toi, Garcin ; elle en crèvera.

INÈS. – Mais oui, serre-la bien fort, serre-la ! Mêlez vos chaleurs. C'est bon l'amour, hein Garcin ? C'est tiède et profond comme le sommeil, mais je t'empêcherai de dormir.

Geste de Garcin.

ESTELLE. – Ne l'écoute pas. Prends ma bouche ; je suis à toi tout entière.

INÈS. – Eh bien, qu'attends-tu ? Fais ce qu'on te dit, Garcin le lâche tient dans ses bras Estelle l'infanticide. Les paris sont ouverts. Garcin le lâche l'embrassera-t-il ? Je vous vois, je vous vois ; à moi seule je suis une foule, la foule. Garcin, la foule, l'entends-tu ? *(Murmurant.)* Lâche ! Lâche ! Lâche ! Lâche ! En vain tu me fuis, je ne te lâcherai pas. Que vas-tu chercher sur ses lèvres ? L'oubli ? Mais je ne t'oublierai pas, moi. C'est moi qu'il faut convaincre. Moi. Viens, viens ! Je t'attends. Tu vois, Estelle, il desserre son étreinte, il est docile comme un chien... Tu ne l'auras pas !

GARCIN. – Il ne fera donc jamais nuit ?

INÈS. – Jamais.

GARCIN. – Tu me verras toujours ?

INÈS. – Toujours.

Garcin abandonne Estelle et fait quelques pas dans la pièce. Il s'approche du bronze.

GARCIN. – Le bronze... *(Il le caresse.)* Eh bien, voici le moment. Le bronze est là, je le contemple et je comprends que je suis en enfer. Je vous dis que tout était prévu. Ils avaient prévu que je me tiendrais devant cette cheminée, pressant ma main sur ce bronze, avec tous ces regards sur moi. Tous ces regards qui me mangent... *(Il se retourne brusquement.)* Ha ! vous n'êtes que deux ? Je vous croyais beaucoup plus nombreuses. *(Il rit.)* Alors, c'est ça l'enfer. Je n'aurais jamais cru... Vous vous rappelez : le soufre, le bûcher, le gril... Ah ! quelle plaisanterie. Pas besoin de gril : l'enfer, c'est les Autres.

Jean-Paul Sartre, *Huis clos*, scène 5, 1944, Gallimard, 1947.

L'autre, juge et bourreau

Le climat apparent de cette confrontation relève de la scène de boulevard (cf. p. 183). À la façon des auteurs du théâtre romantique (cf. *Le XIXe siècle*, p. 175), Sartre joue aussi sur deux registres opposés : le grotesque et le sublime ; relevez leurs interférences. Particulièrement ambigus, les personnages subissent un glissement de plans incessant : ils ne peuvent échapper au néant de la mort (ils n'ont plus la capacité de mettre en œuvre leur liberté par des actes) ; mais ils conservent la lucidité et la psychologie des êtres vivants : ils entretiennent des rapports de désir, de jalousie et de haine. D'où la tension de la scène où alternent hostilité et complicité. D'une réplique à l'autre surgit la même angoisse : celle d'un individu privé de toute possibilité d'engagement et menacé d'être dépersonnalisé, réduit à l'état de chose, d'objet (cf. l. 56-59) dans la conscience des autres. C'est précisément parce qu'elle fige les autres dans leur fatalité qu'Inès est infernale, à la fois juge et bourreau.

La liberté engagée dans l'Histoire : *Les Mains sales* (1948)

Plusieurs obstacles se dressent sur les « chemins de la liberté » (cf. p. 357) : **la mauvaise foi intellectuelle** qui masque l'absurdité de l'existence à Roquentin et à l'Autodidacte (cf. p. 353) ; **la foi religieuse** qui empêche les habitants d'Argos de prendre en charge leur destin (cf. p. 215) ; les menaces de paralysie qui pèsent sur l'action (cf. p. 216). Or, quand on sait que l'homme agit pour inventer sans cesse non seulement son histoire personnelle, mais aussi l'Histoire collective, il est facile d'imaginer un autre obstacle mettant en péril l'ampleur de l'engagement politique : **la liberté d'action du militant doit-elle s'encombrer de scrupules** dictés par un idéalisme• moral ? La fin justifie-t-elle les moyens ?

EXTRAIT

Il n'y a qu'un seul but : le pouvoir

À la fin de la Deuxième Guerre mondiale, les dirigeants du parti communiste d'un pays d'Europe centrale, encore gouverné par des fascistes acquis à l'idéologie d'Hitler, s'interrogent sur la stratégie qui permettra de conquérir le pouvoir. Un des responsables du parti, Hoederer, préconise une alliance momentanée avec les fascistes et les libéraux. Hugo, jeune militant communiste qui vient de renier le milieu bourgeois dont il est issu, est désigné par une faction rivale – réfractaire à tout compromis politique – pour gagner la confiance d'Hoederer et l'assassiner quand il sera devenu trop encombrant.

HOEDERER. – Qu'est-ce que tu veux faire du Parti ? Une écurie de courses ? À quoi ça sert-il de fourbir un couteau tous les jours si l'on n'en use jamais pour trancher ? Un parti, ce n'est jamais qu'un moyen. Il n'y a qu'un seul but : le pouvoir.

HUGO. – Il n'y a qu'un seul but : c'est de faire triompher nos idées, toutes nos idées et rien qu'elles.

HOEDERER. – C'est vrai : tu as des idées, toi. Ça te passera.

HUGO. – Vous croyez que je suis le seul à en avoir ? Ça n'était pas pour des idées qu'ils sont morts, les copains qui se sont fait tuer par la police du Régent ? Vous croyez que nous ne les trahirions pas, si nous faisions servir le Parti à dédouaner leurs assassins ?

HOEDERER. – Je me fous des morts. Ils sont morts pour le Parti et le Parti peut décider ce qu'il veut. Je fais une politique de vivant, pour les vivants.

HUGO. – Et vous croyez que les vivants accepteront vos combines ?

HOEDERER. – On les leur fera avaler tout doucement.

HUGO. – En leur mentant ?

HOEDERER. – En leur mentant quelquefois.

HUGO. – Vous... vous avez l'air si vrai, si solide ! Ça n'est pas possible que vous acceptiez de mentir aux camarades.

HOEDERER. – Pourquoi ? Nous sommes en guerre et ça n'est pas l'habitude de mettre le soldat heure par heure au courant des opérations.

HUGO. – Hoederer, je... je sais mieux que vous ce que c'est que le mensonge ; chez mon père tout le monde se mentait, tout le monde me mentait. Je ne respire que depuis mon entrée au Parti. Pour la première fois j'ai vu des hommes qui ne mentaient pas aux autres hommes. Chacun pouvait avoir confiance en tous et tous en chacun, le militant le plus humble avait le sentiment que les ordres des dirigeants lui révélaient sa volonté profonde et, s'il y avait un coup dur, on savait pourquoi on acceptait de mourir. Vous n'allez pas...

HOEDERER. – Mais de quoi parles-tu ?

HUGO. – De notre Parti.

HOEDERER. – De notre Parti ? Mais on y a toujours un peu menti. Comme partout ailleurs. Et toi Hugo, tu es sûr que tu ne t'es jamais menti, que tu n'as jamais menti, que tu ne mens pas à cette minute même.

HUGO. – Je n'ai jamais menti aux camarades. Je... À quoi ça sert de lutter pour la libération des hommes, si on les méprise assez pour leur bourrer le crâne ?

HOEDERER. – Je mentirai quand il faudra et je ne méprise personne. Le mensonge, ce n'est pas moi qui l'ai inventé : il est né dans une société divisée en classes et chacun de nous l'a hérité en naissant. Ce n'est pas en refusant de mentir que nous abolirons le mensonge : c'est en usant de tous les moyens pour supprimer les classes.

HUGO. – Tous les moyens ne sont pas bons.

HOEDERER. – Tous les moyens sont bons quand ils sont efficaces.

HUGO. – Alors, de quel droit condamnez-vous la politique du Régent ? Il a déclaré la guerre à l'U.R.S.S. parce que c'était le moyen le plus efficace de sauvegarder l'indépendance nationale.

HOEDERER. – Est-ce que tu t'imagines que je la condamne ? Il a fait ce que n'importe quel type de sa caste aurait fait à sa place. Nous ne luttons ni contre des hommes ni contre une politique, mais contre la classe qui produit cette politique et ces hommes.

HUGO. – Et le meilleur moyen que vous ayez trouvé pour lutter contre elle, c'est de lui offrir de partager le pouvoir avec vous ?

HOEDERER. – Parfaitement. Aujourd'hui, c'est le meilleur moyen. *(Un temps.)* Comme tu tiens à ta pureté, mon petit gars ! Comme tu as peur de te salir les mains. Eh bien reste pur ! À qui cela servira-t-il et pourquoi viens-tu parmi nous ? La pureté, c'est une idée de fakir et de moine. Vous autres, les intellectuels, les anarchistes bourgeois, vous en tirez prétexte pour ne rien faire. Ne rien faire, rester immobile, serrer les coudes contre le corps, porter des gants. Moi j'ai les mains sales. Jusqu'aux coudes.

Jean-Paul Sartre, *Les Mains sales*, 5e tableau, scène 3, Gallimard, 1948.

Le prix de l'engagement

La liberté de l'homme n'a de sens que si l'engagement dans l'action se met au service de l'histoire qu'il s'agit d'infléchir et de façonner. Hugo et Hoederer incarnent deux visions opposées de la lutte politique ; le premier se présente comme un théoricien au service d'une idéologie (cf. l. 5-6), mais aussi comme un intellectuel passif et timoré (cf. l. 55-60), empêtré dans les scrupules moraux (cf. l. 22-29) ; le second, au contraire, est l'homme d'action, militant ambitieux (cf. l. 3-4), stratège soucieux d'efficacité (cf. l. 44), volontiers cynique (cf. l. 12-13). Cette confrontation dégage une image très pessimiste de l'histoire : les progrès apparents ne peuvent être arrachés que par la violence (cf. l. 8-11), le mensonge (cf. l. 38-42) et les compromis (cf. l. 52-53).

documents

Le tragique, pour lui[1], c'est la séparation de l'homme et de son action, – tragique antérieur à la tragédie qui est la séparation de l'homme, et des hommes, dans l'action. Hugo, Gœtz, Frantz sont des personnages souvent émouvants, mais pré-tragiques ; ils se débattent avec ces hantises d'autrui et ces fausses idées d'eux-mêmes qui les égarent ; ils n'ont pas encore commencé à se « poser », ils en restent eux aussi au stade d'où sont partis les héros de Malraux. Agir leur paraît un problème en soi ; ils n'ont pas encore rencontré l'action, pas plus qu'ils n'ont rencontré les autres et qu'en somme ils ne se sont rencontrés eux-mêmes, perdus qu'ils sont dans un perpétuel cache-cache avec l'authenticité. Dans son théâtre, comme dans sa politique, Sartre en reste à l'énoncé ; il ne s'arrête pas de clarifier des abstractions avec un extraordinaire génie de la mise en scène. Mais il reste au seuil du domaine où les forces jouent, s'emparant de l'homme, submergeant logique, morale et psychologie, – ces forces qu'on entrevoit par éclairs, mais si pâles, derrière les dialogues des *Mains sales*.

Jean-Marie Domenach, *Le Retour du tragique*, Le Seuil, 1967.

(1) Sartre

Une chose me passionne dans le théâtre : qu'il soit le talon d'Achille du grand écrivain. Alors qu'il se croit caché derrière un mythe, c'est par le théâtre qu'il avoue ce qu'il y a de vulgaire, de ferblanterie dans son art. Car si on arrache les mythes, ces pauvres mythes qui ont tellement servi, on voit grouiller tout un ramassis d'intérêts qui serre le cœur. Je sais ce que me rabâcherait un Jacques Laurent : « Vous avez mal choisi votre exemple. Chacun sait que Sartre se sert du théâtre pour propager ses idées. Chez lui, le théâtre n'est pas une fin, mais un moyen, un produit utilitaire. » Quelle bêtise ! Je préfère encore les pièces de qui a des idées, plutôt que celles de ces hommes de théâtre, voués au théâtre, parce que c'est là qu'ils peuvent le mieux cacher leur absence d'idées.

Bernard Frank, *La Panoplie littéraire*, Flammarion, 1980.

citations / controverses

« Il s'agit d'un théâtre purement idéologique sans éclat de style, déjà poussiéreux et qui le deviendra plus encore à mesure que les problèmes politiques perdront de leur actualité brûlante. Des pièces oubliées d'auteurs oubliés comme Brieux, François de Curel devraient mettre en garde par leur exemple contre la rage de disserter au théâtre et de prêcher. »

Jacques Robichez, *Précis de littérature française du XXe siècle*, P.U.F., 1985.

Albert Camus (1913-1960)

Le terme d'existentialisme a été abusivement utilisé pour placer dans une perspective commune l'œuvre de Jean-Paul Sartre (cf. p. 214) et celle d'Albert Camus. Or l'existentialisme n'a jamais été une école littéraire constituée, associant maître et disciples dans une esthétique définie. Tout au plus peut-on réunir sous cette désignation commode, mais réductrice, un climat philosophique, voire une mode intellectuelle, dont la vitalité s'est manifestée avec le plus d'éclat à propos de quelques thèmes récurrents qui semblent hanter une décennie, entre 1945 et 1955.

Il est vrai, pourtant, que **la prise de conscience du non-sens qui affecte l'existence humaine appelle des résonances communes chez Sartre et chez Camus.** L'absurdité du monde, l'angoisse des hommes qui ne trouvent dans le ciel aucune réponse à leur désarroi, la révolte associée à la conquête fiévreuse de la liberté, la suspicion jetée sur tout absolu et toute transcendance•, la foi dans l'homme et l'hymne à la fraternité partagée ici-bas sont autant de points de convergence qui justifient de rapprocher les deux auteurs.

Mais, au-delà de ces analogies, reste la sensibilité particulière de chacun. Pour Camus, en effet, *l'envers* de la condition humaine ne fait jamais oublier *l'endroit* (cf. p. 365). Ce Méditerranéen secret, mais passionné, sait à la fois reconnaître le tragique• qui pèse sur notre destinée et s'abandonner avec émotion à toutes les occasions de joie, de bonheur et de ferveur qu'offre la vie terrestre. La fusion lyrique• et sensuelle avec le monde suggérée par *Noces* (1939 ; cf. p. 365) vient par avance tempérer le désespoir de Sisyphe (cf. p. 366) et encourager l'humanisme laïque développé dans *La Peste* (cf. p. 370). L'antagonisme de ces deux attitudes face aux aberrations de l'existence trouve sur la scène théâtrale un mode d'expression particulièrement vigoureux pour souligner **la tension d'une pensée déchirée entre deux pôles opposés.**

Caligula représente la première tentation de Camus, scandalisé par les incohérences de l'aventure humaine. Or cette **pulsion de démence destructrice** ne sera qu'une réaction provisoire, ultérieurement corrigée et apaisée par l'aspiration au bonheur formulée dans *Les Justes* (cf. p. 221).

De l'absurde au nihilisme• : *Caligula* (1944)

À la mort de Drusilla – sa sœur et amante – l'empereur romain Caligula découvre douloureusement la tragique absurdité de l'existence. Une conviction fulgurante s'impose alors à son esprit : « les choses telles qu'elles sont ne me semblent pas satisfaisantes. » Aussi le prince va-t-il s'appliquer à subvertir la logique désespérante qui sévit dans un monde sans ordre et sans raison. La révolte devient aussitôt défi : « ce que je désire de toutes mes forces, aujourd'hui, est au-dessus des dieux. Je prends en charge un royaume où l'impossible est roi. » Mais la provocation glisse vite vers la démence : « de quoi me sert ce pouvoir si étonnant, si je ne puis changer l'ordre des choses, si je ne puis faire que le soleil se couche à l'Est, que la souffrance décroisse et que les êtres ne meurent plus ? » Détournée de sa vocation, la redoutable autorité politique du monarque se fait désormais l'instrument de sanguinaires caprices. Même les ultimes appels à la raison des conseillers les plus modérés sont balayés d'un sarcasme : « après tout, je n'ai pas tellement de façons de prouver que je suis libre. On est toujours libre aux dépens de quelqu'un. C'est ennuyeux, mais c'est normal ». Avant d'affronter, un peu plus tard, Cherea qui proclame son « envie de vivre et d'être heureux », Caligula essaie de justifier devant Scipion les outrances et les outrages du blasphème auquel il vient de se livrer.

EXTRAIT

« Je me suis fait destin. »

CALIGULA. – Tout ce qu'on peut me reprocher aujourd'hui, c'est d'avoir fait encore un petit progrès sur la voie de la puissance et de la liberté. Pour un homme qui aime le pouvoir, la rivalité des dieux a quelque chose d'agaçant. J'ai supprimé cela. J'ai prouvé à ces dieux illusoires qu'un homme, s'il en a la volonté, peut exercer, sans apprentissage, leur métier ridicule.

SCIPION. – C'est cela le blasphème, Caïus.

HÉLICON. – Non, Scipion, c'est de la clairvoyance. J'ai simplement compris qu'il n'y a qu'une façon de s'égaler aux dieux : il suffit d'être aussi cruel qu'eux.

SCIPION. – Il suffit de se faire tyran.

CALIGULA. – Qu'est-ce qu'un tyran ?

SCIPION. – Une âme aveugle.

CALIGULA. – Cela n'est pas sûr, Scipion. Mais un tyran est un homme qui sacrifie des peuples à ses idées ou à son ambition. Moi, je n'ai pas d'idées et je n'ai plus rien à briguer en fait d'honneurs et de pouvoir. Si j'exerce ce pouvoir, c'est par compensation.

SCIPION. – À quoi ?

CALIGULA. – À la bêtise et à la haine des dieux.

SCIPION. – La haine ne compense pas la haine. Le pouvoir n'est pas une solution. Et je ne connais qu'une façon de balancer l'hostilité du monde.

CALIGULA. – Quelle est-elle ?

SCIPION. – La pauvreté.

CALIGULA, *soignant ses pieds.* – Il faudra que j'essaie de celle-là aussi.

SCIPION. – En attendant, beaucoup d'hommes meurent autour de toi.

CALIGULA. – Si peu, Scipion, vraiment. Sais-tu combien de guerres j'ai refusées ?

SCIPION. – Non.

CALIGULA. – Trois. Et sais-tu pourquoi je les ai refusées ?

SCIPION. – Parce que tu fais fi de la grandeur de Rome.

CALIGULA. – Non, parce que je respecte la vie humaine.

SCIPION. – Tu te moques de moi, Caïus.

CALIGULA. – Ou, du moins, je la respecte plus que je ne respecte un idéal de conquête. Mais il est vrai que je ne la respecte pas plus que je ne respecte ma propre vie. Et s'il m'est facile de tuer, c'est qu'il ne m'est pas difficile de mourir. Non, plus j'y réfléchis et plus je me persuade que je ne suis pas un tyran.

SCIPION. – Qu'importe si cela nous coûte aussi cher que si tu l'étais.

CALIGULA, *avec un peu d'impatience.* – Si tu savais compter, tu saurais que la moindre guerre entreprise par un tyran raisonnable vous coûterait mille fois plus cher que les caprices de ma fantaisie.

SCIPION. – Mais, du moins, ce serait raisonnable et l'essentiel est de comprendre.

CALIGULA. – On ne comprend pas le destin et c'est pourquoi je me suis fait destin. J'ai pris le visage bête et incompréhensible des dieux. C'est cela que tes compagnons de tout à l'heure ont appris à adorer.

SCIPION. – Et c'est cela le blasphème, Caïus.

CALIGULA. – Non, Scipion, c'est de l'art dramatique ! L'erreur de tous ces hommes, c'est de ne pas croire assez au théâtre. Ils sauraient sans cela qu'il est permis à tout homme de jouer les tragédies célestes et de devenir dieu. Il suffit de se durcir le cœur.

Albert Camus, *Caligula,* III, 2, 1944, Gallimard, 1958.

Je me suis fait destin

La scène s'ouvre sur des allures de dialogue platonicien dont la maïeutique• s'exerce sur un ton faussement détaché. Toutefois la rigueur du raisonnement est rapidement dégradée par l'orgueil prométhéen (cf. l. 1-5) de Caligula. Progressivement la logique du discours se dérègle au point de sombrer dans les sophismes• (cf. l. 15-16), les provocations (cf. l. 47-49), le cynisme (cf. l. 38-40). L'angoisse métaphysique (cf. l. 43-45) et le désespoir qu'elle draine (cf. l. 49-50) n'ont d'autre issue que la fascination destructrice du nihilisme• (cf. l. 33-35) et la plongée dans la folie.

Terreur ou fraternité : *les Justes* (1950)

L'évolution de la pensée d'Albert Camus est manifeste pour le lecteur qui, attentif à déceler **des parallélismes étroits entre l'œuvre romanesque** (cf. p. 365) **et la production théâtrale,** parvient à dégager d'amples perspectives communes. *Caligula* (cf. p. 220) comme *l'Étranger* (cf. p. 367) disent le désarroi d'un esprit avide de clarté, d'ordre, de raison et qui, accablé par l'incohérence du monde, essaie de s'affranchir d'une destinée absurde en se retranchant dans la violence, la folie ou l'indifférence. Or l'attitude de Caligula n'est pas sans analogie avec celle des nazis qui bafouent les valeurs essentielles pour ne reconnaître que la légitimité de la force la plus aveugle. Engagé dans les rangs de la Résistance, Camus analyse avec lucidité dans ses *Lettres à un ami allemand* (1943-1945) ce que le nihilisme• a de monstrueux. Progressivement le désespoir et la rébellion cessent d'être les seules voies offertes à une intelligence désarmée par le spectacle du chaos universel. Face à l'insolente injustice qui semble être la loi du monde, **l'honneur des hommes est de tout faire pour transformer le**

désordre en ordre. À Caligula, Meursault et Sisyphe, insurgés solitaires, s'oppose Rieux, médecin solidaire de toutes les victimes de la peste. Au terme de l'évolution, *Les Justes* (1950) et *L'Homme révolté* (1951) esquissent l'espoir d'un monde moins arbitraire, plus généreux et, donc, plus tolérable. Désormais **l'engagement du révolutionnaire est tempéré par le réalisme prudent du réformiste;** l'intransigeance du réfractaire se heurte aux concessions du sage, impatient de conquérir un bonheur relatif, mais immédiat. **Ainsi l'humanisme de Kaliayev vient-il conjurer la déraison de Caligula.**

EXTRAIT

Assassin ou justicier?

En 1905, un groupe de révolutionnaires russes a décidé de jeter une bombe sous la calèche du Grand Duc, principal artisan du despotisme dont se rend coupable le régime du tsar. Mais, en apercevant dans la voiture qui lui a été désignée pour cible les deux jeunes neveux accompagnant le haut dignitaire, le poète Kaliayev vient de renoncer à tuer. Ses scrupules sont l'objet d'un âpre débat parmi ses compagnons de lutte.

STEPAN, *violemment.* – La vérité est que vous ne croyez pas à la révolution. *(Tous se lèvent, sauf Yanek*[1]*.)* Vous n'y croyez pas. Si vous y croyiez totalement, complètement, si vous étiez sûrs que par nos sacrifices et nos victoires, nous arriverons à bâtir une Russie libérée du despotisme, une terre de liberté qui finira par recouvrir le monde entier, si vous ne doutiez pas qu'alors, l'homme, libéré de ses maîtres et de ses préjugés, lèvera vers le ciel la face des vrais dieux, que pèserait la mort de deux enfants? Vous vous reconnaîtriez tous les droits, tous, vous m'entendez. Et si cette mort vous arrête, c'est que vous n'êtes pas sûrs d'être dans votre droit. Vous ne croyez pas à la révolution.

Silence. Kaliayev se lève.

KALIAYEV. – Stepan, j'ai honte de moi et pourtant je ne te laisserai pas continuer. J'ai accepté de tuer pour renverser le despotisme. Mais derrière ce que tu dis, je vois s'annoncer un despotisme qui, s'il s'installe jamais, fera de moi un assassin alors que j'essaie d'être un justicier.

STEPAN. – Qu'importe que tu ne sois pas un justicier, si justice est faite, même par des assassins. Toi et moi, ne sommes rien.

KALIAYEV. – Nous sommes quelque chose et tu le sais bien puisque c'est au nom de ton orgueil que tu parles encore aujourd'hui.

STEPAN. – Mon orgueil ne regarde que moi. Mais l'orgueil des hommes, leur révolte, l'injustice où ils vivent, cela, c'est notre affaire à tous.

KALIAYEV. – Les hommes ne vivent pas que de justice.

STEPAN. – Quand on leur vole le pain, de quoi vivraient-ils donc, sinon de justice?

KALIAYEV. – De justice et d'innocence.

STEPAN. – L'innocence? Je la connais peut-être. Mais j'ai choisi de l'ignorer et de la faire ignorer à des milliers d'hommes pour qu'elle prenne un jour un sens plus grand.

KALIAYEV. – Il faut être bien sûr que ce jour arrive pour nier tout ce qui fait qu'un homme consente à vivre.

STEPAN. – J'en suis sûr.

KALIAYEV. – Tu ne peux pas l'être. Pour savoir qui, de toi ou de moi, a raison, il faudra peut-être le sacrifice de trois générations, plusieurs guerres, de terribles révolutions. Quand cette pluie de sang aura séché sur la terre, toi et moi serons mêlés depuis longtemps à la poussière.

STEPAN. – D'autres viendront alors, et je les salue comme mes frères.

KALIAYEV, *criant.* – D'autres... Oui! Mais moi, j'aime ceux qui vivent aujourd'hui sur la même terre que moi, et c'est eux que je salue. C'est pour eux que je lutte et que je consens à mourir. Et pour une cité lointaine, dont je ne suis pas sûr, je n'irai pas frapper le visage de mes frères.

(1) prénom de Kaliayev

Albert Camus, *Les Justes*, acte II, Gallimard, 1950.

Assassin ou justicier?

La tension dramatique de la scène est soutenue par la formulation d'exigences contradictoires liées à tout engagement révolutionnaire : l'efficacité de la révolte exclut la nostalgie de l'innocence ; le rêve de fraternité condamne l'usage de la violence ; l'injustice des moyens discrédite la pureté de l'intention politique. Ce conflit de la révolution et de la justice ne peut échapper à la tragique• sanction de la mort. Confrontez cette scène à l'extrait des *Mains sales* de Sartre (cf. p. 218) : relevez les analogies et les points de discordance.

Henry de Montherlant (1896-1972)

De tous les dramaturges du XXe siècle, Henry de Montherlant est sans doute celui dont le style s'apparente avec le plus de **fidélité à l'univers de la tragédie classique du XVIIe siècle.** Comme Corneille, il prête à ses personnages une noblesse de langage qui suggère une morale intransigeante et parfois arrogante ; comme Racine, il les soumet à des passions intenses et meurtrières. Situées dans le cadre conventionnel du Portugal (*La Reine morte,* 1942), de l'Espagne du Siècle d'or (*Le Maître de Santiago,* 1947), ou de l'Italie de la Renaissance (*Malatesta,* 1946), les péripéties de l'intrigue sont le prétexte d'une analyse psychologique qui sonde les âmes les plus secrètes.

Or cette investigation met rapidement au jour des caractères fragiles, des sensibilités incertaines, des engagements rendus vulnérables par le doute, l'hésitation ou le caprice. À des degrés variables tous ces êtres en viennent donc à imposer rapidement le sentiment d'**un héroïsme de façade ;** car le verbe orgueilleux ne cesse d'être démenti par les actes qui se dérobent ; tout finit par sonner faux : quand les masques sont tombés, la comédie de la grandeur fictive rend les êtres à leur solitude et à leur vacuité.

Le titre d'un roman, *Le Chaos et la Nuit* (1963), résume à lui seul **le pessimisme d'un auteur hanté par le néant.** Contrairement à Sartre (cf. p. 214) ou à Camus (cf. p. 220) qui opposent au non-sens de l'existence l'énergie de la révolte dans l'action, Montherlant semble conjurer l'absurdité de la vie dans l'**affirmation orgueilleuse et méprisante du moi.** « Je n'ai que l'idée que je me fais de moi pour me soutenir sur les mers du néant » (*Les Olympiques,* 1924).

Face au vide tragique qui guette la condition humaine, deux attitudes sont offertes : le refus ou l'acceptation. Ou bien – si on développe la logique stoïcienne jusqu'à son terme – le suicide vient apporter la délivrance : c'est ainsi que Montherlant mettra fin à ses jours en 1972. Ou bien on s'exile volontairement dans l'indifférence, le dilettantisme ou l'individualisme jalousement gardé. Puisque le monde est réfractaire à toute cohérence, mieux vaut admettre ses multiples facettes : « tout est vrai » alternativement ; **tous les possibles sont recevables dans un détachement généralisé et une distance hautaine.** « Cela où j'ai réussi, cela où j'ai échoué, aujourd'hui tout a pour moi le même goût », avoue Ferrante avec lassitude. Même les contraires finissent par s'accorder dans l'enchaînement des options successives. « Le jour de la paix et la nuit de la guerre sont égaux pour moi ; l'un ou l'autre, *no importa* » (*L'Équinoxe de septembre,* 1938). Tout est dénué d'importance au seuil de l'abîme qui menace d'engloutir les êtres et les choses ; seul importe le *moi,* déchiré entre le vertige de l'anéantissement et les promesses d'un mysticisme● glacé.

Le vertige de l'anéantissement : *La Reine morte* (1942)

Vieillard désabusé, Ferrante – roi de Portugal – masque l'inconsistance de sa vie derrière les faux-semblants de la politique et les alibis de la raison d'État. Parfois il sait, pourtant, se dévoiler avec cynisme. « On meurt pour des causes auxquelles on ne croit pas, comme on meurt pour des passions qu'on n'a pas, et pour des êtres qu'on n'aime pas [...] Il y a les mots que l'on dit et les actes que l'on fait, sans y croire. Il y a les erreurs que l'on commet, sachant qu'elles sont des erreurs. Et il y a jusqu'à l'obsession de ce qu'on ne désire pas. » Jetant sur lui-même un regard sans complaisance, Ferrante finit par y reconnaître un « nœud épouvantable de contradictions ». Face à Inès (l'épouse secrète de son fils Pedro) qui recueille ses confidences et incarne l'irrésistible élan de la jeunesse, de la générosité et de l'amour, Ferrante symbolise **la fascination tragique exercée par la mort.** C'est au moment où Inès annonce qu'elle sera bientôt mère que Ferrante laisse percer les plus morbides pulsions. « Vous aussi vous faites partie de toutes ces choses qui veulent continuer, continuer... Vous aussi, comme moi, vous êtes malade : votre maladie à vous est l'espérance. » Dans ce combat inégal entre Éros et Thanatos, au comble de l'arbitraire et de l'incohérence, Ferrante finit par faire assassiner celle qui devait assurer la continuité de la dynastie.

EXTRAIT

Un acte inutile

FERRANTE. – Pourquoi est-ce que je la tue ? Il y a sans doute une raison, mais je ne la distingue pas. Non seulement Pedro n'épousera pas l'Infante, mais je l'arme contre moi, inexpiablement. J'ajoute encore un risque à cet horrible manteau de risques que je traîne sur moi et derrière moi, toujours plus lourd, toujours plus chargé, que je charge moi-même à plaisir, et sous lequel un jour... Ah ! la mort, qui vous met enfin hors d'atteinte... – Pourquoi est-ce que je la tue ? Acte inutile, acte funeste. Mais ma volonté m'aspire, et je commets la faute, sachant que c'en est une. Eh bien ! qu'au moins je me débarrasse tout de suite de cet acte. Un remords vaut mieux qu'une hésitation qui se prolonge. *(Appelant.)* Page ! – Oh non ! pas un page. Garde ! *(Entre un garde.)* Appelez-moi le capitaine Batalha. *(Seul.)* Plus je mesure ce qu'il y a d'injuste et d'atroce dans ce que je fais, plus je m'y enfonce, parce que plus je m'y plais. *(Entre le capitaine.)* Capitaine, doña Inès de Castro sort d'ici et se met en route vers le Mondego, avec quatre hommes à elle, peu armés.

Prenez du monde, rejoignez-la, et frappez. Cela est cruel, mais il le faut. Et ayez soin de ne pas manquer votre affaire. Les gens ont toutes sortes de tours pour ne pas mourir. Et faites la chose d'un coup. Il y en a qu'il ne faut pas tuer d'un coup : cela est trop vite. Elle, d'un coup. Sur mon âme, je veux qu'elle ne souffre pas.

LE CAPITAINE. – Je viens de voir passer cette dame. À son air, elle était loin de se douter...

FERRANTE. – Je l'avais rassurée pour toujours.

LE CAPITAINE. – Faut-il emmener un confesseur ?

FERRANTE. – Inutile. Son âme est lisse comme son visage. *(Fausse sortie du capitaine.)* Capitaine, prenez des hommes sûrs.

LE CAPITAINE, *montrant son poignard.* – Ceci est sûr.

FERRANTE. – Rien n'est trop sûr quand il s'agit de tuer. Ramenez le corps dans l'oratoire du palais. Il faudra que je le voie moi-même. Quelqu'un n'est vraiment mort que lorsqu'on l'a vu mort de ses yeux, et qu'on l'a tâté. Hélas, je connais tout cela. *(Exit le capitaine.)* Il serait encore temps que je donne un contrordre. Mais le pourrais-je ? Quel bâillon invisible m'empêche de pousser le cri qui la sauverait ? *(Il va regarder à la fenêtre.)* Il fera beau demain : le ciel est plein d'étoiles... – Il serait temps encore. – Encore maintenant. Des multitudes d'actes, pendant des années, naissent d'un seul acte, d'un seul instant. Pourquoi ? – Encore maintenant. Quand elle regardait les étoiles, ses yeux étaient comme des lacs tranquilles... Et dire qu'on me croit faible ! *(Avec saisissement.)* Oh ! – Maintenant il est trop tard. Je lui ai donné la vie éternelle, et moi, je vais pouvoir respirer.

Henry de Montherlant, *La Reine morte,* III, 7, 1942, Gallimard, 1947.

Un acte inutile

La pensée de Ferrante fébrile, tendue, chaotique (observez les phrases brèves, souvent nominales, juxtaposées sans articulation logique, brutalement interrompues par des points d'interrogation ou d'exclamation), laisse – jusqu'à la dernière phrase – planer une incertitude sur l'exécution de la menace initiale. Après une longue série d'hésitations (cf. l. 9-10 ; 30-31 ; 33), il faut attendre l'ultime revirement pour voir le sursis, trop longtemps suspendu dans une odieuse indécision, basculer dans un passé révolu (cf. l. 37-38). L'ordre donné par Ferrante est d'autant plus paradoxal qu'il le sait inutile (cf. l. 2), absurde (cf. l. 5), dangereux et injustifiable (cf. l. 3-4 ; 24). Comble du tragique•, Ferrante apparaît comme un pantin sanguinaire dépossédé de toute volonté et accomplissant un acte arbitraire. Les divers prétextes successivement avancés (cf. l. 6 ; 11-13 ; 36) ne font que souligner sa personnalité morbide.

Les promesses du mysticisme• : *Le Maître de Santiago* (1947)

Puisque tout est vanité, reste une façon d'échapper à l'incohérence des actes et à la dérision des sentiments : il suffit de savoir éclairer le chaos et la nuit d'une lumière divine. **Seule l'idée d'un Dieu supérieur peut dénouer les contradictions, résorber la diversité dans l'unité, fondre le contingent• dans l'éternel.**

Maître de l'Ordre de Santiago, Alvaro Dabo s'est naguère couvert de gloire en repoussant les Mores devant Grenade. Depuis lors, « affamé de silence et de solitude », il a renoncé à toute vie publique. « Les mouvements que Dieu me fait la grâce de mettre en moi, je ne puis les percevoir que dans une abstraction complète, comme ceux qui écoutent la musique les yeux fermés. » Il ne partage l'austérité de sa retraite qu'avec sa fille Mariana qui aime Jacinto, fils de don Bernal. Par un discret stratagème, quelques chevaliers s'efforcent d'arracher Alvaro à son mépris du monde et d'aider Mariana à conquérir un bonheur sacrifié par l'égoïsme paternel. Un prétexte est trouvé : on prétend que le roi vient de confier à Alvaro une mission aux Indes ; ainsi pourra être rapidement amassée la fortune nécessaire à la dot de Mariana. Au moment où, par orgueil, Alvaro semble céder à l'honneur que lui réserve le souverain, Mariana vient dévoiler à son père la machination mise en œuvre pour le fléchir.

EXTRAIT

Je remets mon âme entre vos mains.

MARIANA. – Je n'aurais pu supporter de vous voir cesser d'être ce que vous êtes. Vous m'avez reproché l'autre jour de vous perdre. J'ai voulu vous sauver.

ALVARO. – Hélas, le Roi... ces paroles... il faut avouer qu'un instant j'en ai eu le cœur entrouvert. Loué soit Dieu, qui m'a permis de me surprendre misérable et ridicule, et de me montrer tel devant la personne du monde qui devait le moins me voir ainsi : c'est toi, c'est toi qui m'as vu fausser ! Mais cette profonde chute me relance vers en haut. Désormais je touche à mon but : ce but, c'est de ne plus participer aux choses de la terre. Rentrons dans la réalité. Oh ! comme depuis toujours j'y aspire ! Comme je forçais sur mes ancres pour cingler vers le grand large ! Le temps de mettre en ordre mes affaires, je m'enferme sans retour au couvent de Saint-Barnabé. Toi, mon enfant, tu iras vivre avec ta tante. À moins que... À moins que... Pourquoi pas ? Laisse-moi t'entraîner dans ce Dieu qui m'entraîne. Bondis vers le soleil en t'enfonçant dans mon tombeau. Avant, je supportais que tu ailles un peu à ta guise. Maintenant, comment pourrais-je vouloir pour toi autre chose que la vérité ? Rapproche-toi de moi encore plus : deviens moi ! À Saint-Barnabé il y a un Carmel pour les femmes... Tu verras ce que c'est, que de n'être rien.

MARIANA. – Être si peu que ce soit, pour pouvoir au profit de ceux qu'on aime...

ALVARO. – Nous ne serons pas, et nous pourrons plus que tout ce qui est.

MARIANA. – Ô mon Dieu, quand j'étais dans les bras de la tendresse humaine !

ALVARO. – Endormie dans Jésus-Christ ; endormie, ensevelie dans le profond abîme de la Divinité.

MARIANA. – « Mon père, je remets mon âme entre vos mains. »

ALVARO. – Dois-je te croire ? Peut-on croire à sa joie ?

MARIANA. – Un rien imperceptible et tout est déplacé...

ALVARO. – Ce qui a bougé bougera peut-être encore.

MARIANA. – Brusquement, fixé à jamais.

ALVARO. – Cette nuit, à trois heures, dans tous les couvents d'Espagne, des milliers d'hommes et de femmes se lèveront et prieront. Alors tu te lèveras et tu viendras me voir. Et tu me diras si tu as renoncé une seconde fois.

MARIANA. – Oui, mon père.

ALVARO. – Car tu te sacrifies, n'est-ce pas ? La générosité, c'est toujours le sacrifice de soi ; il en est l'essence. Tu te sacrifies, Mariana ?

MARIANA. – Oui, mon père.

ALVARO. – Cependant, pas de larmes ? Lutte, souffre davantage. Où il n'y a pas de combat il n'y a pas de rédemption.

MARIANA. – S'il le faut, je pleurerai plus tard. Ensuite je baiserai mes chaînes, comme Diego Monzon, et je m'endormirai pacifiée.

ALVARO. – Ce petit personnage, ce fils de don Bernal ?...

MARIANA. – Grâce à lui je connais la pleine mesure du sacrifice. Comment ne l'en aimerais-je pas pour toujours ?

ALVARO. – Que tu aies aimé cela te paraîtra un jour incompréhensible. Va, tu n'auras pas connu l'infection de l'amour du mâle. À notre sang nul sang ne viendra se mêler. Il n'y aura pas d'homme qui te tournera et te retournera dans ses bras. Et pas d'enfants, personne pour me salir, personne pour me trahir : avec toi je m'éteins dans toute ma propreté. Les derniers ! Nous serons les derniers ! Quelle force dans ce mot de *derniers,* qui s'ouvre sur le néant sublime !

Henry de Montherlant, *Le Maître de Santiago,* III, 5, Gallimard, 1947.

Le renoncement et la grâce

Une exaltation croissante amène Alvaro à se retirer loin du monde (cf. l. 8-9) pour mieux conquérir la plénitude intérieure. Notez la série d'antithèses• qui soulignent combien le renoncement (cf. l. 8 ; 14-15 ; 18-19) aux réalités terrestres est indissociable de l'illumination divine. Envoûtée par l'image paternelle (cf. l. 1-2), touchée à son tour par la grâce (cf. l. 29), Mariana finit par exalter le sacrifice de sa personne (cf. l. 36-38), prête à accepter le défi qui trouve un refuge glacé dans l'orgueil, la solitude et la sécession de l'être (cf. l. 46-52).

Croquis

En reprenant certains mythes de l'antiquité grecque et la structure de notre théâtre du XVIIe siècle, Giraudoux (cf. p. 200), Anouilh (cf. p. 209), Sartre (cf. p. 214), Camus (cf. p. 220) et Montherlant (cf. p. 223) s'inscrivent dans une tradition classique clairement établie. Mais, parallèlement, **la veine du théâtre de boulevard** (cf. p. 183) **ne s'est jamais tarie après 1930,** si bien que tout au long du XXe siècle le registre du vaudeville (cf. p. 181) a témoigné d'une vitalité exceptionnelle, servie par des acteurs prestigieux, des metteurs en scène imaginatifs et des auteurs féconds. Parmi eux, Sacha Guitry (1885-1957), André Roussin (1911-1987), Françoise Sagan (née en 1935) et Françoise Dorin (née en 1928) restent les créateurs les plus proches de la manière de Labiche (cf. p. 181) ou de Feydeau (cf. p. 181). L'humour, la fantaisie, la virtuosité technique, l'allégresse des gags, la truculence des mots d'auteur, la vivacité des dialogues réussissent à conquérir la fidélité d'un public réfractaire au théâtre à thèse et à **renouveler les thèmes les plus galvaudés** : la frivolité de l'univers bourgeois, la désinvolture à l'égard de la morale conventionnelle, les jeux de l'amour et du hasard. Motif récurrent• hérité des farces de Molière (cf. *Le XVIIe siècle,* p. 228), les avanies du cocu donnent lieu à d'inépuisables variations et, sous la plume de Marcel Pagnol, de Marcel Achard, de Fernand Crommelynck ou d'Armand Salacrou, tracent d'inimitables croquis.

Marcel Pagnol (1895-1974)

Professeur d'anglais, fondateur de la revue *Les Cahiers du Sud,* romancier (*Jean de Florette* et *Manon des sources,* 1963 ; *La Gloire de mon père* et *Le Château de ma mère,* 1957), Marcel Pagnol obtint la notoriété grâce à son œuvre théâtrale (*Topaze,* 1928 ; *Marius,* 1929 ; *Fanny,* 1932 ; *César,* 1936) et à l'adaptation cinématographique qu'il en fit avec le concours d'acteurs de premier plan, comme Raimu et Pierre Fresnay.

Alliant l'invraisemblance et la convention, Marcel Pagnol maîtrise avec sûreté toutes les recettes du mélodrame ; d'un rebondissement à l'autre, la continuité du *suspense* est généralement assurée par les développements d'une situation initiale de vaudeville (cf. p. 181). D'où le relief abrupt **de personnages stéréotypés,** Provençaux idéalisés et simplifiés jusqu'à la caricature, comme Escartefigue, cocu susceptible.

EXTRAIT

Un cocu susceptible

CÉSAR. – Si elle savait où il va ce soir, elle se ferait de la bile, la petite Fanny.

M. BRUN. – Ah bah ! Pourquoi ?

CÉSAR *(à voix basse).* – Parce que Monsieur va voir sa maîtresse. Oui, sa vieille maîtresse... Et je soupçonne que c'est pour ça qu'il n'est pas pressé de se fiancer.

ESCARTEFIGUE. – Oh ! qué brigand !

CÉSAR. – Monsieur s'habille pour aller passer la nuit chez une femme. Son jour, c'est le Mercredi.

M. BRUN. – Qu'en savez-vous ?

CÉSAR. – Vous allez voir le coup, tout à l'heure il va sortir et me dire : « Bonsoir, papa » et il s'en ira. Mais après, nous n'aurons qu'à écouter à la porte de sa chambre. Il fait le tour par la petite rue, il rentre dans sa chambre par la fenêtre, et *(Il montre la porte.)* il vient fermer cette porte à clef en dedans.

ESCARTEFIGUE. – Et pour quoi faire ?

CÉSAR. – Pour quoi faire ? Gros malin ! C'est moi qui le réveille tous les matins à huit heures... Si la porte est fermée à clef en dedans, je m'imagine qu'il est rentré et qu'il dort, et je ne puis pas aller le vérifier...

M. BRUN. – C'est très bien imaginé.

CÉSAR. – Oh mais dites il est pas bête mon fils ! Quand il arrive le matin, il rentre par la fenêtre et il vient comme un homme qui s'éveille. Seulement je m'en suis aperçu depuis deux semaines...

M. BRUN. – Et comment ?

CÉSAR. – Parbleu ! Un jeudi matin, moi aussi j'ai fait le tour par la petite rue, et je suis allé voir par la fenêtre. Je ne lui ai encore rien dit, mais je m'amuse à le surveiller.

(À ce moment, l'extra rentre à toute vitesse, en portant à bout de bras un plateau chargé de bouteilles, avec des gestes d'équilibriste.)

Eh ! l'Américain, fais attention au matériel.

(L'extra pose son plateau et va s'asseoir à la caisse.)

ESCARTEFIGUE. – Dis César, qui est-ce la maîtresse de Marius ?

CÉSAR. – Je sais pas. *(Escartefigue bat les cartes.)* Nous n'en avons parlé qu'une fois, mais sans détails. D'ailleurs, je suis à peu près fixé et je suis sûr que c'est une femme de navigateur.

ESCARTEFIGUE. – Pourquoi ?

CÉSAR. – D'abord, parce qu'il va passer la nuit entière. C'est donc que le mari n'y couche pas tous les soirs.

M. BRUN. – Oui, évidemment. *(Il regarde ses cartes.)* Trente-deux.

ESCARTEFIGUE. – Trente-cinq.

CÉSAR. – Quarante. Et ensuite tout le monde sait bien que c'est dans la marine qu'il y a le plus de cocus.

ESCARTEFIGUE. – Comment ?

CÉSAR. – Je dis : « C'est dans la marine qu'il y a le plus de cocus ! » Quarante. *(Escartefigue se lève, il lâche les cartes.)* Qu'est-ce qui te prend ? Je t'ai blessé ? Je te demande pardon.

ESCARTEFIGUE *(solennel)*. – À qui demandes-tu pardon ? Au marin, ou au cocu ?

CÉSAR *(conciliant)*. – À tous les deux.

ESCARTEFIGUE *(furieux)*. – Et tu crois qu'il suffit de s'excuser en souriant ?

CÉSAR. – Allons, Félix, ne te fâche pas ! Je ne te reproche pas d'être cocu, je sais bien que ce n'est pas de ta faute. Et puis, tout le monde le sait...

ESCARTEFIGUE *(indigné)*. – M. Brun ne le savait pas.

M. BRUN. – Hum.

CÉSAR. – Mais si, il le savait, nous en avons parlé ! N'est-ce pas, Monsieur Brun ?

M. BRUN. – Hum.

ESCARTEFIGUE. – Que je sois cocu, ce n'est pas impossible, et ça n'a d'ailleurs aucune importance. Et puis, moi, tu peux m'injurier, m'escagasser la réputation, je m'en fous. Mais je te DÉFENDS d'insulter la Marine Française. Et après la phrase que tu viens de prononcer, je ne puis plus faire la partie avec toi.

CÉSAR. – Voyons, Félix, écoute...

ESCARTEFIGUE. – Je n'écoute rien. Je me présenterai ici demain matin pour recevoir tes excuses. Bonsoir, Monsieur Brun.

M. BRUN. – Allons capitaine...

ESCARTEFIGUE. – N'insistez pas, monsieur Brun.

CÉSAR. – Mais si tu veux des excuses, je te les fais tout de suite.

ESCARTEFIGUE. – Non, j'exige des excuses réfléchies... Il faut que tu te rendes compte de la gravité de ce que tu as dit.

CÉSAR. – C'est une phrase en l'air ! Je n'ai jamais eu l'idée d'insulter la marine française. Au contraire, je l'admire, je l'aime...

ESCARTEFIGUE. – *(sur la porte, avec une grande noblesse)* Il se peut que tu aimes la marine française, mais la marine française te dit m...

(Il disparaît.)

Marcel Pagnol, *Marius*, acte III, scène 5, 1929, © Madame M. Pagnol.

Un cocu susceptible

L'unité de la scène repose doublement sur le thème de l'adultère : celui dont Marius est le complice et celui dont Escartefigue est la victime. Deux attitudes s'opposent dans l'évocation de l'infidélité conjugale : d'une part, l'indulgence admirative de César à l'égard de son fils Marius ; d'autre part, la blessure d'amour-propre d'Escartefigue. La verve comique tient à la juxtaposition de tonalités inconciliables : la bonhomie et le détachement de César face à la solennité glacée d'Escartefigue qui, faute de sang-froid (cf. l'exaspération finale), ne parvient pas à rendre crédible le prétexte laborieusement avancé pour justifier sa susceptibilité.

Marcel Achard (1899-1974)

Auteur de dialogues piquants, virtuose du gag et de la facétie, Marcel Achard met sur scène des personnages sentimentaux, timides et gauches, souvent fantasques, un peu ridicules, tournoyant autour de femmes frivoles et infidèles. Plus qu'ailleurs, **le schéma triangulaire du vaudeville** (cf. p. 181) autorise humour et drôlerie.

EXTRAIT

Un époux crédule

Épouse volage de Jef, Marceline est désemparée : elle vient d'être abandonnée par son amant qui s'apprête à s'embarquer pour le Brésil. Elle essaie de le retrouver pour le faire revenir sur son intention, après avoir chargé son frère Clotaire (surnommé Cloclo) d'intervenir en sa faveur, par téléphone, auprès du fuyard.

On entend le piano de Clotaire. La scène reste vide un court instant. Sonnerie du téléphone. Jef arrive aussitôt. La tête de Clotaire paraît peu après. Il écoute Jef avec dépit.

JEF, *au téléphone.* – « Allo ! oui, oui, j'écoute. Mais que voulez-vous que je fasse du 14-19 ? Mais non, mademoiselle, je ne l'ai pas demandé. Mais il y a erreur, mademoiselle ! » *(Il raccroche et sort. Aussitôt après son départ, Clotaire se précipite sur l'appareil.)*

CLOTAIRE. – « Allo ! Allo ! Allo, mademoiselle. C'est pour le Passy 14-19. Donnez-le-moi ! Donnez-le-moi, mademoiselle. Non, ce n'est pas une blague. Je vous assure que ce n'est pas une blague, c'est même très important. Oui, j'attends. » Ah ! zut ! Pas libre ! C'est fou ce qu'on lui téléphone, à ce type-là ! « Allo ! Allo ! Voulez-vous me rappeler quand il sera libre ? Non, cela ne se reproduira pas. Je ferai très attention. Merci. » *(Il sort. Quelques notes au piano, et, presque aussitôt, la sonnerie. Jef est déjà là quand Clotaire, qu'on entend se précipiter, arrive.)*

JEF. – « Allo ! Quoi encore ce 14-19 ? Allez-vous me ficher la paix, avec ce 14-19 ? Je vous dis que non. Personne n'a demandé le 14-19. *(Clotaire le regarde, ahuri. Jef raccroche.)* Crois-tu qu'elles sont assommantes avec leurs erreurs !

CLOTAIRE. – Oui. *(Jef sort.)* Je n'ose plus le lui demander, maintenant. Elle va me traîner dans la boue. Tant pis ! Pour ma sœur ! *(timidement.)* « Allo ! Allo ! *(Un peu plus fort.)* Allo ! Allo ! » *(À lui-même.)* Je vais le demander naturellement, comme si rien ne s'était passé. « Allo ! Passy 14-19, s'il vous plaît ! » Ça y est, elle m'y traîne. « Je vous assure que vous vous méprenez absolument. Vous vous trompez sur mon compte de la façon la plus pénible. Il est absolument nécessaire que vous me donniez ce 14-19. Allo ! Allo ! *(Jef est entré.)* Donnez-moi ce 14-19, je vous prie. »

JEF. – Comment, c'est toi qui demandais le 14-19 ?

CLOTAIRE. – Ben... euh... oui, tu vois.

JEF. – Tu ne pouvais pas me le dire tout à l'heure, au lieu de me regarder avec ton air abruti ?

CLOTAIRE.. – C'est-à-dire que... D'ailleurs, je ne peux pas l'avoir. *(Très détaché.)* J'y renonce !

JEF. – Quelle gourde tu fais !

CLOTAIRE. – J'y renonce, je te dis.

JEF. – Mais pas du tout ! Mais je vais te le demander, moi.

CLOTAIRE. – Laisse donc !

JEF. – Je te dis que je vais te le demander !

CLOTAIRE. – Je n'en veux plus.

JEF, *surpris.* – Ce n'est pas très chic de me faire des cachotteries.

CLOTAIRE, *gêné et balbutiant.* – Je ne te fais pas de cachotteries... C'est... c'est mon amie... là, es-tu content ?

JEF. – 14-19 ?

CLOTAIRE. – Oui, 14-19, c'est mon amie.

JEF. – La pauvre petite !

CLOTAIRE. – Justement.

JEF. – « Allo ! Allo ! »

CLOTAIRE, *à part.* – Comme je voudrais être ailleurs !

JEF. – « Allo ! »

CLOTAIRE, *à part.* – Et lui l'aura tout de suite. On ne l'engueulera même pas.

JEF. – Dis donc ! Si l'on me demande de la part de qui ?

CLOTAIRE, *après une hésitation.* – Tant pis ! Dis la vérité : dis de la part de Cloclo.

JEF. – Bon. « Allo ! Allo ! »

CLOTAIRE, *essayant de lui enlever l'appareil.* – On ne peut pas l'avoir, je te dis. Laisse donc ! Je lui téléphonerai ce soir.

JEF. – Tu crois ?

CLOTAIRE. – Mais, voyons, naturellement.

JEF. – « Allo ! » Ça y est ! « Allo ! Passy 14-19 ? Excusez-nous, mademoiselle. Tout à l'heure, mon beau-frère, qui est idiot et qui ne savait pas que je le demandais, vous l'a refusé, mais maintenant je voudrais bien l'avoir. Merci. »

CLOTAIRE. – Heureusement, il ne sera pas libre. Il n'est jamais libre ; alors, je suis tranquille.

JEF. – « Passy 14-19 ? C'est Passy 14-19 ? De la part de Cloclo. » *(Un silence. Clotaire écoute anxieusement. Puis Jef éclate de rire et raccroche.)*

CLOTAIRE. – Eh bien ?

JEF. – Ça, c'est drôle...

CLOTAIRE. – C'est vraiment drôle ?... *(Il esquisse une moitié de sourire.)*

JEF. – Ah ! oui !

CLOTAIRE. – Qu'est-ce qu'on t'a dit ?

JEF. – On m'a dit : « Vous direz à Cloclo que j'en ai plein le dos de lui et de sa famille... et que, dans un quart d'heure, je serai parti pour le Brésil. »

CLOTAIRE. – Ah !

JEF. – Et avec quelle voix elle m'a dit ça, ton amie ! J'ai cru que c'était un garde municipal.

CLOTAIRE, *rasséréné.* – ...Et c'est tout ce qu'on t'a dit ?

JEF. – Oui.

CLOTAIRE, *qui rit.* – Ah ! Ah ! Ah ! Elle est bien bonne !... *(Ils rient tous deux.)*

JEF. – Ça n'a pas l'air de te faire beaucoup de peine ?

CLOTAIRE. – Bah ! une de perdue, dix de retrouvées !

JEF. – On dit ça !...

CLOTAIRE. – Je peux t'assurer que je n'aurai pas de mal à remplacer celle-ci.

JEF. – Tant mieux ! Une chose me déplaît. N'en faisons pas un drame. Mais, enfin, pourquoi as-tu présenté cette petite à ta sœur ?

CLOTAIRE. – Moi ? Mais jamais ! Ah ! là ! là !...

JEF. – Comment ! Elle a dit : « J'en ai plein le dos de Cloclo et de sa famille ! » Comme Marceline est ta seule famille...

CLOTAIRE. – Ah ! oui, oui. Tu as raison. Une fois, par hasard.

JEF. – Pour qu'elle ait plein le dos de ta famille aussi, il faut que ce n'ait pas été une seule fois...

CLOTAIRE. – Peut-être, alors. Plusieurs hasards.

JEF. – Surtout qu'elle ait l'air d'insister sur ce mot : sa famille ! De Cloclo et de « sa famille ».

CLOTAIRE. – C'est une idée que tu te fais.

JEF. – Elles se détestent à ce point-là ?

CLOTAIRE. – Ce sont des femmes...

Marcel Achard, *Jean de la Lune*, II, 7, 1929, Gallimard, 1943.

Un époux crédule

Cette scène est fondée sur l'accumulation des recettes qui créent et entretiennent un comique de situation : double chassé-croisé ; quiproquo ; inversion des rôles (celui qui voulait établir la communication téléphonique finit par la refuser et vice versa ; Jef en vient involontairement à se faire le complice d'une machination dirigée contre ses intérêts) ; mobilité psychologique de Cloclo, tantôt timoré, tantôt résolu. Le rythme précipité du dialogue et la volonté de faire rire masquent les pires invraisemblances : relevez-les.

Fernand Crommelynck (1886-1970)

Auteur belge qui s'est longtemps partagé entre Bruxelles et Paris, Fernand Crommelynck excelle à saisir des **passions intenses et dévastatrices, portées à un paroxysme vertigineux,** au seuil du tragique• et de la folie.

EXTRAIT

Un cocu pris à son propre piège

Bruno et Stella partagent un amour sincère, mais Bruno est la proie d'un sentiment de jalousie qui empoisonne sa vie. Pour se débarrasser de sa hantise, il préfère la certitude de l'infidélité de sa femme au doute insupportable qui pèse sur sa fidélité. C'est dans ces conditions que Stella et Pétrus, capitaine au long cours, cèdent aux supplications de Bruno et finissent par accepter la complicité d'une aventure galante.

PÉTRUS *éclate de rire follement et s'assied, les mains aux côtes :* Ah! ah! c'est fameux!... Je ne rirai jamais autant qu'il faudrait! Il est plus fou que fou!

BRUNO, *blême :* Lâche! Lâche!

PÉTRUS *se dresse, blême aussi :* Bruno!

BRUNO : Poltron!

STELLA, *épouvantée, s'interpose :* Oh! Pétrus, aie pitié de nous. Il est gravement atteint, tu vois.

BRUNO : Couard! Couard!

PÉTRUS *veut s'en aller :* Adieu.

STELLA, *le retenant :* Pétrus, ne m'abandonne pas à sa noire humeur. Si tu l'as aimé, une fois, comme je l'aime, ne pars pas!

BRUNO, *avec un rire insultant :* Il laissera ses galons dans tes mains!

PÉTRUS *s'arrête, menaçant :* Prends garde, Bruno!

BRUNO : Ma belle, tu n'as pas assez de piment pour ce mangeur d'épices! Bon pour une gueule fade comme la mienne!

STELLA, *accrochant Pétrus :* Pétrus, secourons-le. Ne me repousse pas, après que j'ai fait le sacrifice de ma pudeur. N'insulte pas à mon désespoir, petit cousin.

BRUNO : Des mouches vertes, pour l'irriter!... Le rosier en est couvert! Secoue, Stella, secoue!

PÉTRUS, *concentré :* Prends garde, Bruno, que je ne te prenne au mot!

BRUNO : Tu n'oses!

PÉTRUS, *se montant :* Je ne serai pas ridicule jusqu'au bout!

BRUNO : Tu n'oses, capitaine!

PÉTRUS, *avec une énergie froide :* Viens, Stella!

BRUNO *crie de joie :* Ah!

PÉTRUS : Soit donc cocu qui veut l'être!

Il traverse la chambre rapidement, suivi de Stella résignée.

STELLA : Qu'il me soit pardonné pour tant d'amour...

BRUNO *exulte :* Va, Stella, va, Pétrus, allez, vaillants!

PÉTRUS, *sur l'escalier :* Viens, cousine!

BRUNO : Et poussez bien le verrou!... Et si je crie derrière la porte, si j'appelle, si je me lamente, «restez entrelacés comme des initiales!» c'est mon bon plaisir...

PÉTRUS, *entrant dans la chambre :* Viens, Stella! Il en sera selon ses vœux!

STELLA : Bruno, je suis la plus malheureuse de toutes! [...]

La porte est refermée.

Bruno, exténué, se laisse choir dans un fauteuil.

Long Silence.

Puis Bruno appelle d'une voix brisée : Estrugo! Estrugo!

Silence.

Estrugo entre et s'inquiète.

ESTRUGO : Te voici pâle comme une lampe en plein jour!

BRUNO, *hébété :* Estrugo, je crois qu'il nous arrive une mésaventure singulière... C'est à cause de mon éloquence. Quelle verve m'emportait!

Grimpe à l'étage sur la pointe des pieds. Obéis. C'est une chose fâcheuse qui nous advient... Chut, sans bruit...

Estrugo monte. Bruno ne se retourne pas.

Ne fais pas crisser les planches du palier. Y es-tu ? Regarde par le trou de la serrure !... *(À part.)* Bien fâcheuse ! Bien fâcheuse !

Estrugo met l'œil à la serrure, puis se redresse, abasourdi, et gesticule pour attirer l'attention de Bruno.

BRUNO, *très calme :* Hein ?

Estrugo descend vivement et s'arrête devant Bruno. Gestes inutiles, il est suffoqué.

Qu'y a-t-il ?

ESTRUGO *se débonde, brusquement :* Pétrus avec Stella, Stella avec Pétrus, Pétrus avec Stella, dans la chambre, enfermés !

BRUNO, *simplement :* Non.

ESTRUGO, *avec une volubilité étonnante :* Des galons et des volants, je le jure, les rideaux tirés. Pétrus et Stella, je le jure, enfermés là !

BRUNO, *têtu :* Non, non.

ESTRUGO, *un peu ralenti :* Regarde dans mes yeux, l'image n'est peut-être pas effacée... Je les ai vus !

BRUNO, *soudainement, se dresse devant lui et crie avec fureur :* Tu mens ! Tu mens !

ESTRUGO, *tremblant, mais obstiné :* Stellus et Pétra !

BRUNO, *affolé :* Tu mens trente-deux fois.

Estrugo en est à nouveau réduit aux gestes.

Bruno court décrocher son fusil, sous la galerie.

Estrugo, épouvanté, s'enfuit en criant.

ESTRUGO : Au secours ! Au meurtre !

BRUNO, *fouettant :* Stupide ! Est-ce toi que je vise ?

Trop tard, Estrugo a disparu.

Bruno s'enflamme.

Je les tuerai, je les occirai, tous les deux ! Qu'ils sortent, et les voici morts, et je crache sur leur dépouille.

Il appelle férocement.

Stella ! Pétrus ! Ouvrez la porte que je vous abatte à mes pieds. Des chiens pour la curée !... Tue ! Tue !... Pétrus, il te faut mourir ! Stella, que le diable enfourche, descends !

Il se précipite dans l'escalier.

À la chaudière, les fornicateurs ! Que les harpies leur extirpent la moelle ! Pétrus, il y a un homme ici, qui t'attend.

Il donne de la crosse de son fusil contre la porte.

Avouez, maudits ! N'êtes-vous pas repus ? Osez-vous me narguer sous mon toit ? Ouvre la porte, Stella !

Sa fureur se résout en un désespoir frénétique.

J'ai prévu ma faiblesse, je leur ai défendu d'entendre mes supplications ! Stella, désobéis une toute petite fois ! Ah ! cruauté sans exemple, c'est moi qui tiens la porte fermée.

Il s'agenouille.

Je crie merci !... Je veux être cocu, mais pas autant ! Sortez donc ! Je suis guéri de ma fureur, merveilleusement ! N'allons pas plus loin. Pétrus, tu es un capitaine courageux, la preuve en est faite ! Stella, je me trouve assez cocu !...

Fernand Crommelynck, *Le Cocu magnifique*, acte II, 1920, Gallimard, 1967.

Un cocu pris à son propre piège

Après l'accumulation des provocations initiales, la scène est construite sur deux mouvements symétriques mais inverses : d'abord le passage de l'hébétude au paroxysme de la fureur ; puis, après la crise, l'effondrement dans un pitoyable désespoir. Les bouleversements de la phrase, qui sont à l'image du chaos de la pensée et de la fièvre des sentiments, alimentent le caractère pathétique• du dialogue, puis du monologue. Mais la tonalité comique reste sauvegardée : notez l'inconséquence de Bruno dont les menaces, dignes de Matamore, demeurent dérisoirement stériles avant d'être définitivement déconsidérées par la supplication finale.

Armand Salacrou (né en 1899)

Amateur d'art contemporain, homme d'affaires avisé et prospère, Armand Salacrou s'est précocement intéressé au théâtre en collaborant à l'activité du metteur en scène Dullin dont il fut le secrétaire. Mais, parmi les auteurs de boulevard, A. Salacrou occupe une place à part : plus graves que celles de Marcel Pagnol (cf. p. 226) ou celles de Marcel Achard (cf. p. 228), ses pièces, influencées par l'esthétique surréaliste (cf. p. 82), laissent percer une inquiétude tenace, nourrie par l'**obsession de la solitude et la fragilité du *moi***, déchiré entre un passé semé d'échecs et un présent livré à des sentiments tumultueux et excessifs.

EXTRAIT

Trahi, mais aimé

Désespéré en apprenant les infidélités de sa femme Yolande, Ulysse décide de mettre fin à ses jours. Entre le moment où il presse la gâchette du revolver et l'instant où la mort a fait son œuvre, s'écoule une longue minute qui va remplir les trois actes du drame ; durant ce laps de temps s'impose brutalement la résurgence d'un passé chaotique, soumis à d'étranges phénomènes de distorsion ou de concentration, peuplé de figures à la fois insolites et familières. Transposition de la technique cinématographique du flash back, *ce panorama rétrospectif et accéléré d'une existence plaide finalement, mais trop tard, en faveur de la vie, malgré toutes les aberrations ou insatisfactions qui en masquent le sens profond.*

ULYSSE. – J'ai été si heureux près de toi.

On entend une célèbre marche nuptiale.

YOLANDE. – Mais souviens-toi!

ULYSSE. – Mais je ne fais que cela!

YOLANDE. – Tu m'as aimée parce que j'étais une jeune fille pure.

ULYSSE. – Tes premiers troubles me ravissaient.

YOLANDE. – Tu m'aimais parce que j'allais être ton amie fidèle jusqu'à ta dernière heure.

ULYSSE. – Ma dernière heure est venue un peu tôt, mais jusqu'à la dernière heure de mon bonheur, n'as-tu pas été mon amie fidèle?

YOLANDE. – Tu me regardes en robe blanche, l'église est pleine de soleil découpé, d'amis cérémonieux et de chants magnifiques, – et un jour, un jour qui est venu, je vais te tromper.

ULYSSE. – Aidez-moi, vous toutes : pour quelles raisons une femme peut-elle tromper un homme?

YOLANDE. – Tu es odieux!

ULYSSE. – Tu ne m'aimais plus peut-être?

YOLANDE. – Je t'aime, je t'aime.

ULYSSE. – Et tu aimais aussi l'autre?

YOLANDE. – Non, je n'aimais que toi.

ULYSSE. – Parmi vous toutes, dans nos jeux, nous lui réservons les rôles de femme un peu bête, – n'est-ce pas?

YOLANDE, *rageuse.* – Un moment va venir où tu ne te moqueras plus de moi.

ULYSSE. – Parce que tu vas me dire pourquoi tu m'as trompé.

YOLANDE. – ... Et dans ses bras je le tutoyais avec ma voix toute changée.

ULYSSE. – Combien de fois m'as-tu trompé?

YOLANDE. – Pendant plusieurs semaines.

ULYSSE. – As-tu dormi une nuit, toute une nuit, avec lui?

YOLANDE. – Une fois, oui, il m'a vue dormir, et il m'a réveillée en m'embrassant.

ULYSSE. – Mais pourquoi?

YOLANDE. – Je ne sais pas.

ULYSSE. – Pourquoi attacher tant d'importance à tes gestes, à tes paroles? Si j'ai désespéré c'est que je me suis trouvé subitement seul avec toi.

YOLANDE. – Tu es seul avec moi parce que tu n'aimes que moi. Regarde, j'ai encore de l'encre sur le doigt. Tu te souviens, avant-hier, quand tu es rentré, que j'ai caché vite ma lettre, et que l'encre était encore humide sur mon doigt... regarde cette tache, Ulysse. De toute cette encre vont se déplier des mots d'amour, pour un autre!

ULYSSE. – Qui effacera toute cette lettre d'amour ramassée sur ton doigt?

YOLANDE. – Et pour ton meilleur ami. Et tu ne le supporteras pas, orgueilleux comme tu l'es.

YETTE. – Il ne le supportera peut-être pas, surtout parce qu'il vous a aimée?

MADELEINE. – Méfie-toi, Ulysse, elle veut te faire souffrir, t'isoler dans ta souffrance, pour nous chasser toutes.

ULYSSE. – Elle a tout de même raison. J'ai été terriblement orgueilleux, – d'un orgueil, je dois même l'avouer, grand-père, qui m'a conduit parfois à vous mépriser.

LE GRAND-PÈRE *sursaute.* – Qu'est-ce que tu dis ?

ULYSSE. – Pardonnez-moi ! Vous étiez d'abord une image, si jeune héros de Gravelotte, dont j'étais fier à l'école pendant la leçon d'histoire, – puis vous avez été une question angoissante...

YOLANDE. – Ulysse, tu ne vas pas encore m'oublier...

ULYSSE. – Sois moins turbulente, femme de mes pensées. Mes amis, avec vous, je ne sors pas de moi-même, hélas ! – et si parfois vous êtes un peu ridicules, c'est que j'aime assez à me moquer de moi-même. Mais à l'instant où je vous quitterai, de l'autre côté de la ligne, au-delà des larmes et de la respiration, je retrouverai peut-être la véritable histoire de tous ceux qui, depuis des siècles, se sont aimés pour qu'un jour, un petit enfant naisse et grandisse et devienne Ulysse. Où êtes-vous, mes grands-parents et les parents de mes grands-parents, qui, à chaque génération, quatre par quatre, vous étendez, vous étendez jusqu'à m'entourer d'un horizon d'ancêtres ? Qu'ont-ils été, qu'ont-ils pensé les deux êtres qui, tous les vingt ans, à chaque printemps des générations, depuis Adam et Ève, ont mis au monde une petite fille qu'un petit garçon attendait, pour un jour faire naître ce dernier garçon ? Comme j'aimerais les interroger, pour retrouver au long de cette chaîne pathétique, dans une main la forme d'un doigt, sur un visage le dessin d'une veine apparente, dans la violence d'un vieux chef le souvenir d'une de mes colères d'enfant, et dans la terreur d'une paysanne violée, certaine jalousie... qui me reprend à la gorge...

YOLANDE. – Ulysse !

ULYSSE. – Ah ! tous les pères et toutes les mères de ma vie, vous tous qui avez vingt ans, tous les vingt ans, pendant des siècles, qui avez parlé des langues que je ne comprendrais plus, qui avez à vous tous, sans doute, connu toutes les souffrances et toutes les joies, venez m'accueillir le dernier jour et me soutenir, moi qui entre dans cette terre, ne laissant personne derrière moi.

Le père et le grand-père soutiennent Ulysse.

Armand Salacrou, *L'Inconnue d'Arras,* acte III, 1935, Gallimard, 1942.

Trahi, mais aimé

La perspective de la mort est conjurée par le cercle des proches qui entourent Ulysse pour lui accorder un ultime rempart d'affections. À la rancœur du mari bafoué et à l'obsession d'une tragique solitude se substitue progressivement le lyrisme• d'un hymne à la vie ; le monologue d'Ulysse s'installe finalement dans une atmosphère atemporelle qui encourage une dernière illusion : la chaîne continue des générations successives s'impose comme le meilleur défi à l'inexorable anéantissement des individus.

document

Un grand désenchantement, oui, dans cette rétrospective d'une existence humaine. Et pourtant, le pessimisme ici n'est pas radical. En retrouvant les souvenirs de sa vie, Ulysse s'aperçoit qu'au fond elle n'a pas été toujours mauvaise, qu'elle valait la peine d'être vécue ; il a été trahi, mais aimé, il a oublié ses amours, mais il les a eues. Il regrette sa folie de s'être suicidé pour un moment de souffrance, il voudrait rattraper la balle : mais tout acte est irréversible, et Dieu même n'y peut rien. Si l'homme libre joue mal son jeu, c'est à lui qu'il doit s'en prendre, après tout, et non à Dieu, de ses fautes.

Pierre-Henri Simon, *Théâtre et destin,* Cahiers de la Fondation Nationale des Sciences Politiques, n° 103, 1959.

Le Nouveau-Théâtre

Contre le didactisme

Qui dit « Nouveau-Théâtre » dit volonté expresse de renouvellement et de contestation. Mais le refus que représente cette « avant-garde » n'est pas facile à définir, d'autant que les principaux créateurs (Ionesco, Genet, Adamov, Beckett) ne se ressemblent guère et ont évolué dans des directions différentes. D'autre part, même si les premières pièces qui se réclamaient de ce renouveau ont paru bizarres, débiles ou choquantes au grand public, il n'est pas certain pour autant qu'elles innovaient autant qu'il y paraissait. Par exemple, l'accélération délirante, frôlant l'absurde dans la frénésie gaie, avait déjà été exploitée par des auteurs comme Feydeau, à la fin du XIXe siècle. De même, les grossièretés extravagantes et contestataires de Jarry ou les « happenings » surréalistes avaient ouvert la voie à une action dramatique sans vraie psychologie, fantaisiste et spectaculaire. Enfin, un théoricien comme Antonin Artaud, dès les années 30, avait pris à parti la culture conciliante du théâtre traditionnel : dénonçant le beau langage et les conventions, il voulait « en finir avec les chefs-d'œuvre » et inventer un « théâtre de la cruauté », à l'« action immédiate et violente », qui devait stupéfier et secouer les spectateurs, comme le feraient la peste et autres fléaux (*Le Théâtre et son double,* 1932).

Malgré ses filiations souterraines, le Nouveau-Théâtre trouve son unité dans quelques ruptures. La principale est son **abandon de tout didactisme.** Contrairement à Brecht (cf. p. 253) ou au théâtre engagé de Sartre, par exemple, un auteur comme Ionesco se refuse à écrire des pièces à thèse, au service d'une idée ou d'une propagande quelconque. Sans doctrine ni idéologie, il se réclame d'un « anti-théâtre » où la pièce n'est plus qu'un jeu dramatique, comme dans un morceau de musique ou dans un tableau non figuratif : la scène, dispensée de tout message, est un univers autonome, gratuit, sans motivation psychologique. Il est, par exemple, très significatif que Ionesco ait trouvé son inspiration première dans les phrases automatiques et décousues de la méthode Assimil (voyez p. 241). Il pense ainsi arriver, « par des gestes exemplaires, quelques paroles et des mouvements purs, à exprimer le conflit pur, le drame pur, dans sa vérité essentielle, l'état existentiel même, son auto-déchirement et ses déchirements perpétuels : réalité pure, a-logique, a-psychologique (au-delà de ce qu'on appelle aujourd'hui absurde et non absurde), des pulsions, impulsions, expulsions » (*Notes et Contre-Notes,* 1962).

Ce projet d'une architecture dynamique intègre gestes, mimes, paroles à tous niveaux, pour composer un spectacle autonome, non réaliste, sans contexte social ou historique précis, drôle mais inquiétant, « farce tragique ». Mais la gratuité est une illusion. Une fois dépassée l'impression provocante ou insensée, créée par des dialogues incohérents ou des intrigues inconsistantes, le spectateur voit bien que **ce vide même est encore un message.** Les « anti-pièces » manipulent et dénoncent nos truismes, nos lieux communs, tout le langage préfabriqué de la vie sociale. C'est déjà renouer avec ce théâtre « d'instituteurs » que Ionesco maudissait. Et chacun selon sa voie, les principaux auteurs du Nouveau-Théâtre n'ont cessé, bon gré mal gré, de mettre à nu l'angoisse humaine, l'absurde de notre condition, le risque d'aliénation, la niaiserie de nos appétits, etc. La scène ne nous montre que les fantoches qui attendent vainement quelque messager ou sauveur (*Les Chaises,* p. 236, ou *En attendant Godot,* p. 244) ; qui s'enlisent, en pontifiant, dans la bêtise et l'asphyxie ; qui enseignent des débilités et assassinent pour rien ; qui sont serviles à tout conformisme, compromis, prêts à trahir le monde entier ; qui n'aiment qu'eux-mêmes tout en étant minables et retors, etc. Bref, s'il ne prétend rien changer, ce drame moderne opère un grossissement qui n'est ni futile ni innocent.

La dénonciation du didactisme peut prendre des formes variées, plus ou moins directes. Ionesco préfère montrer des discussions oiseuses et alambiquées d'où ne sortent jamais que des poncifs, aussi autoritaires que débiles. Beckett, dans un long et inattendu monologue, va plus loin en révélant l'incapacité fondamentale du langage à se constituer en message cohérent. Dans les deux cas, l'agonie d'une culture qui se voudrait conquérante et éducative est mise en évidence.

EXTRAIT

Situation typique, permettant de ridiculer le dogmatisme : la leçon. Candidate au « doctorat total » une jeune fille vient prendre des leçons particulières chez un professeur d'une cinquantaine d'années. L'évolution sera croisée : le maître

L'ÉLÈVE. – J'ai mal aux dents, Monsieur.

LE PROFESSEUR. – Ça n'a pas d'importance. Nous n'allons pas nous arrêter pour si peu de chose. Continuons...

L'ÉLÈVE, *qui aura l'air de souffrir de plus en plus.* – Oui, Monsieur.

LE PROFESSEUR. – J'attire au passage votre attention sur les consonnes qui changent de nature en liaisons. Les *f* deviennent en ce cas des *v,* les *d* des *t,* les *g* des *k* et vice versa, comme dans les exemples que je vous signale : « trois heures, les enfants, le coq au vin, l'âge nouveau, voici la nuit ».

L'ÉLÈVE. – J'ai mal aux dents.

LE PROFESSEUR. – Continuons.

perd de plus en plus le contrôle de lui-même et enseigne des savoirs incohérents ; l'élève tombe peu à peu dans l'apathie, pleurniche, a mal aux dents. Comme il le fait avec chaque élève, le professeur finira par assassiner, avec une jouissance obscène, la jeune fille.

L'ÉLÈVE. – Oui.

LE PROFESSEUR. – Résumons : pour apprendre à prononcer, il faut des années et des années. Grâce à la science, nous pouvons y arriver en quelques minutes. Pour faire donc sortir les mots, les sons et tout ce que vous voudrez, sachez qu'il faut chasser impitoyablement l'air des poumons, ensuite le faire délicatement passer, en les effleurant, sur les cordes vocales qui, soudain, comme des harpes ou des feuillages sous le vent, frémissent, s'agitent, vibrent, vibrent, vibrent ou grasseyent, ou chuintent ou se froissent, ou sifflent, sifflent, mettant tout en mouvement : luette, langue, palais, dents...

L'ÉLÈVE. – J'ai mal aux dents.

LE PROFESSEUR. – ... lèvres... Finalement les mots sortent par le nez, la bouche, les oreilles, les pores, entraînant avec eux tous les organes que nous avons nommés, déracinés, dans un envol puissant, majestueux, qui n'est autre que ce qu'on appelle, improprement, la voix, se modulant en chant ou se transformant en un terrible orage symphonique avec tout un cortège... des gerbes de fleurs des plus variées, d'artifices sonores : labiales, dentales, occlusives, palatales et autres, tantôt caressantes, tantôt amères ou violentes.

L'ÉLÈVE. – Oui, Monsieur, j'ai mal aux dents.

LE PROFESSEUR. – Continuons, continuons. Quant aux langues néo-espagnoles, elles sont des parentes si rapprochées les unes des autres, qu'on peut les considérer comme de véritables cousines germaines. Elles ont d'ailleurs la même mère : l'espagnole, avec un *e* muet. C'est pourquoi il est si difficile de les distinguer l'une de l'autre. C'est pourquoi il est si utile de bien prononcer, d'éviter les défauts de prononciation. La prononciation à elle seule vaut tout un langage. Une mauvaise prononciation peut vous jouer des tours. À ce propos, permettez-moi, entre parenthèses, de vous faire part d'un souvenir personnel. *(Légère détente, le Professeur se laisse un instant aller à ses souvenirs ; sa figure s'attendrit ; il se reprendra vite.)* J'étais tout jeune, encore presque un enfant. Je faisais mon service militaire. J'avais, au régiment, un camarade, vicomte, qui avait un défaut de prononciation assez grave : il ne pouvait pas prononcer la lettre *f*. Au lieu de *f*, il disait *f*. Ainsi, au lieu de : fontaine, je ne boirai pas de ton eau, il disait : fontaine, je ne boirai pas de ton eau. Il prononçait fille au lieu de fille, Firmin au lieu de Firmin, fayot au lieu de fayot, fichez-moi la paix au lieu de fichez-moi la paix, fatras au lieu de fatras, fifi, fon, fafa au lieu de fifi, fon, fafa ; Philippe au lieu de Philippe ; fictoire au lieu de fictoire ; février au lieu de février ; mars-avril au lieu de mars-avril ; Gérard de Nerval et non pas, comme cela est correct, Gérard de Nerval ; Mirabeau au lieu de Mirabeau, etc., au lieu de etc., et ainsi de suite etc. au lieu de etc., et ainsi de suite, etc. Seulement il avait la chance de pouvoir si bien cacher son défaut, grâce à des chapeaux, que l'on ne s'en apercevait pas.

L'ÉLÈVE. – Oui. J'ai mal aux dents.

LE PROFESSEUR, *changeant brusquement de ton, d'une voix dure.* – Continuons. Précisons d'abord les ressemblances pour mieux saisir, par la suite, ce qui distingue toutes ces langues entre elles. Les différences ne sont guère saisissables aux personnes non averties. Ainsi, tous les mots de toutes ces langues...

L'ÉLÈVE. – Ah oui ?... J'ai mal aux dents.

LE PROFESSEUR. – Continuons... sont toujours les mêmes, ainsi que toutes les désinences, tous les préfixes, tous les suffixes, toutes les racines...

L'ÉLÈVE. – Les racines des mots sont-elles carrées ?

LE PROFESSEUR. – Carrées ou cubiques. C'est selon.

L'ÉLÈVE. – J'ai mal aux dents.

LE PROFESSEUR. – Continuons. Ainsi, pour vous donner un exemple qui n'est guère qu'une illustration, prenez le mot front...

L'ÉLÈVE. – Avec quoi le prendre ?

LE PROFESSEUR. – Avec ce que vous voudrez, pourvu que vous le preniez, mais surtout n'interrompez pas.

L'ÉLÈVE. – J'ai mal aux dents.

LE PROFESSEUR. – Continuons... J'ai dit : « Continuons. » Prenez donc le mot français front. L'avez-vous pris ?

L'ÉLÈVE. – Oui, oui, ça y est. Mes dents, mes dents...

LE PROFESSEUR. – Le mot front est racine dans frontispice. Il l'est aussi dans effronté. « Ispice » est suffixe, et « ef » préfixe. On les appelle ainsi parce qu'ils ne changent pas. Ils ne veulent pas.

L'ÉLÈVE. – J'ai mal aux dents.

Eugène Ionesco, *La Leçon,* 1953, Gallimard.

Parler, c'est asservir

Le professeur s'est totalement investi du pouvoir de parler (« ça n'a pas d'importance », « résumons », « continuons ») et ne se soucie plus d'aucun partage (« surtout n'interrompez pas »). Les jeux de mots accentuent la fausse logique de la communication. Notez les divers procédés utilisés par Ionesco pour dénoncer le dogmatisme : argumentation et exemples incohérents, description méticuleuse de la prononciation (on pense au maître de philosophie du *Bourgeois gentilhomme*), égocentrisme (voyez la didascalie• avant le souvenir du service militaire), inanité des preuves (« ils ne veulent pas », à la fin), etc.

citation / controverse

« Je n'ai pas beaucoup aimé sa pièce. Il faut dire que je l'ai vue dans de mauvaises conditions : le rideau était levé. »

Marcel Achard.

EXTRAIT

Autre vaine attente du message : Les Chaises. *Un couple de vieillards a lancé une grande invitation pour laisser, avant de mourir, un message à l'humanité. En réalité, seules les chaises vides se multiplient, que les Vieux prennent pour des personnalités. Incapable de formuler quoi que ce soit, le Vieux saute par la fenêtre, laissant la place à un Orateur, un sourd-muet qui fait entendre quelques râles et trace des lettres incompréhensibles au tableau, tandis que le rideau tombe.*

LA VIEILLE. – Oui, j'entends ta voix !... Il y en a beaucoup... mais je distingue la tienne...

LE VIEUX. – Et toi, où es-tu ?

LA VIEILLE. – À la fenêtre, moi aussi !... Mon chéri, j'ai peur, il y a trop de monde... nous sommes bien loin l'un de l'autre... à notre âge, nous devons faire attention... nous pourrions nous égarer... Il faut rester tout près, on ne sait jamais, mon chou, mon chou...

LE VIEUX. – Ah !... je viens de t'apercevoir... oh !... on se reverra, ne crains rien... je suis avec des amis. *(Aux amis.)* Que je suis content de vous serrer la main... Mais oui, je crois au progrès, ininterrompu, avec des secousses pourtant, pourtant...

LA VIEILLE. – Ça va, merci... Quel mauvais temps ! Comme il fait beau ! *(À part.)* J'ai peur quand même... Qu'est-ce que je fais là ?... *(Elle crie.)* Mon chou ! Mon chou !...

Chacun de son côté parlera aux invités.

LE VIEUX. – Pour empêcher l'exploitation de l'homme par l'homme, il nous faut de l'argent, de l'argent, encore de l'argent !

LA VIEILLE. – Mon chou ! *(Puis accaparée par des amis.)* Oui, mon mari est là, c'est lui qui organise... là-bas... oh ! vous n'y arriverez pas... il faudrait pouvoir traverser, il est avec des amis...

LE VIEUX. – Certainement pas... je l'ai toujours dit... la logique pure, ça n'existe pas... c'est de l'imitation.

LA VIEILLE. – Voyez-vous, il y a de ces gens heureux. Le matin, ils prennent leur petit déjeuner en avion, à midi, ils déjeunent en chemin de fer, le soir, ils dînent en paquebot. Ils dorment la nuit dans des camions qui roulent, roulent, roulent...

LE VIEUX. – Vous parlez de la dignité de l'homme ? Tâchons au moins de sauver la face. La dignité n'est que son dos.

LA VIEILLE. – Ne glissez pas dans les ténèbres.

Elle éclate de rire, en conversation.

LE VIEUX. – Vos compatriotes me le demandent.

LA VIEILLE. – Certainement... racontez-moi tout.

LE VIEUX. – Je vous ai convoqués... pour qu'on vous explique... l'individu et la personne, c'est une seule et même personne.

LA VIEILLE. – Il a un air emprunté. Il nous doit beaucoup d'argent.

LE VIEUX. – Je ne suis pas moi-même. Je suis un autre. Je suis l'un dans l'autre.

LA VIEILLE. – Mes enfants, méfiez-vous les uns des autres.

LE VIEUX. – Je me réveille quelquefois au milieu du silence absolu. C'est la sphère. Il n'y manque rien. Il faut faire attention cependant. Sa forme peut disparaître subitement. Il y a des trous par où elle s'échappe.

LA VIEILLE. – Des revenants, voyons, des fantômes, des rien du tout... Mon mari exerce des fonctions très importantes, sublimes.

LE VIEUX. – Excusez-moi... Ce n'est pas du tout mon avis !... Je vous ferai connaître à temps mon opinion à ce sujet... Je ne dirai rien pour le moment !... C'est l'Orateur, celui que nous attendons, c'est lui qui vous dira, qui répondra pour moi, tout ce qui nous tient à cœur... Il vous expliquera tout... quand ?... lorsque le moment sera venu... le moment viendra bientôt...

LA VIEILLE, *de son côté à ses amis.* – Le plus tôt sera le mieux... Bien entendu... *(À part.)* Ils ne vont plus nous laisser tranquilles. Qu'ils s'en aillent !... Mon pauvre chou où est-il, je ne l'aperçois plus...

LE VIEUX, *même jeu.* – Ne vous impatientez pas comme ça. Vous entendrez mon message. Tout à l'heure.

LA VIEILLE, *à part.* – Ah !... j'entends sa voix !... *(Aux amis.)* Savez-vous, mon époux a toujours été incompris. Son heure enfin est venue.

LE VIEUX. – Écoutez-moi. J'ai une riche expérience. Dans tous les domaines de la vie, de la pensée... Je ne suis pas un égoïste : il faut que l'humanité en tire son profit.

LA VIEILLE. – Aïe ! Vous me marchez sur les pieds... J'ai des engelures !

LE VIEUX. – J'ai mis au point tout un système. *(À part.)* L'Orateur devrait être là ! *(Haut.)* J'ai énormément souffert.

LA VIEILLE. – Nous avons beaucoup souffert. *(À part.)* L'Orateur devrait être là ! C'est l'heure pourtant.

LE VIEUX. – Beaucoup souffert, beaucoup appris.

LA VIEILLE *(comme l'écho).* – Beaucoup souffert, beaucoup appris.

LE VIEUX. – Vous verrez vous-même, mon système est parfait.

LA VIEILLE *(comme l'écho).* – Vous verrez vous-même, son système est parfait.

LE VIEUX. – Si on veut bien obéir à mes instructions.

LA VIEILLE *(écho).* – Si on veut suivre ses instructions.

LE VIEUX. – Sauvons le monde !...

LA VIEILLE *(écho).* – Sauver son âme en sauvant le monde !...

LE VIEUX. – Une seule vérité pour tous !

LA VIEILLE *(écho).* – Une seule vérité pour tous !

LE VIEUX. – Obéissez-moi !...

LA VIEILLE *(écho).* – Obéissez-lui !...

LE VIEUX. – Car j'ai la certitude absolue !...

LA VIEILLE *(écho).* – Il a la certitude absolue !

LE VIEUX. – Jamais...

LA VIEILLE *(écho).* – Au grand jamais...

Soudain on entend dans les coulisses du bruit, des fanfares.

LA VIEILLE. – Que se passe-t-il ?

Les bruits grandissent, puis la porte du fond s'ouvre toute grande, à grand fracas ; par la porte ouverte, on n'aperçoit que le vide, mais, très puissante, une grande lumière envahit le plateau par la grande porte et les fenêtres qui, à l'arrivée de l'Empereur, également invisible, se sont fortement éclairées.

LE VIEUX. – Je ne sais pas... je ne crois pas... est-ce possible... mais oui... mais oui... incroyable... et pourtant si... oui... si... oui... c'est l'Empereur ! Sa Majesté l'Empereur !

Lumière maximum d'intensité, par la porte ouverte, par les fenêtres ; mais lumière froide, vide ; des bruits encore qui cesseront brusquement.

LA VIEILLE. – Mon chou... mon chou... qui est-ce ?

LE VIEUX. – Levez-vous !... C'est Sa Majesté l'Empereur ! L'Empereur, chez moi, chez nous... Sémiramis... te rends-tu compte ?

LA VIEILLE, *ne comprenant pas.* – L'Empereur... L'Empereur ? mon chou ! *(Puis soudain, elle comprend.)* Ah ! oui, l'Empereur ! Majesté ! Majesté ! *(Elle fait éperdument des révérences grotesques, innombrables.)* Chez nous ! chez nous !

LE VIEUX, *pleurant d'émotion.* – Majesté !... Oh ! ma Majesté !... ma petite, ma grande Majesté !... Oh ! quelle sublime grâce... c'est un rêve merveilleux...

LA VIEILLE *(comme l'écho).* – Rêve merveilleux... erveilleux...

Eugène Ionesco, *Les Chaises,* 1952, Gallimard.

Dans l'attente du message

Bien qu'il n'y ait que deux personnages (et des chaises), on a l'impression que tout le monde parle à la fois, sans d'ailleurs se soucier de la réponse éventuelle. Le texte est composé de lambeaux : vérités premières, grands thèmes de débats politiques ou philosophiques, propos de salon, fantasmes vaguement reconstitués, mais informes, radotages d'un vieux couple, creuses espérances religieuses ou idéologiques, etc. On attend : Godot n'est pas loin (cf. p. 244).

« Le thème de ma pièce n'est pas le message, ni les échecs dans la vie, ni le désastre moral des vieux, mais bien les chaises, c'est-à-dire l'absence des personnes, l'absence de l'Empereur, l'absence de Dieu, l'absence de matière, l'irréalité du monde, le vide métaphysique ; le thème de la pièce, c'est le rien. »
(Ionesco).

EXTRAIT

Le monologue de Lucky, dans En attendant Godot *: ce sont les seules paroles de Lucky dans la pièce, tirade bousculée et parodique où la vérité n'arrive pas à se formuler dans le discours, qui erre et titube.*

LUCKY – D'autre part, pour ce qui est...

POZZO. – Arrête ! *(Lucky se tait.)* Arrière ! *(Lucky recule.)* Là ! *(Lucky s'arrête.)* Hue ! *(Lucky se tourne vers le public.)* Pense !

LUCKY *(débit monotone).* – Étant donné l'existence telle qu'elle jaillit des récents travaux publics de Poinçon et Wattmann d'un Dieu personnel quaqua-quaqua à barbe blanche quaqua hors du temps de l'étendue qui du haut de sa divine apathie sa divine athamble sa divine aphasie nous aime bien à quelques exceptions près on ne sait pourquoi mais ça viendra et souffre à l'instar de la divine Miranda avec ceux qui sont on ne sait pourquoi mais on a le temps dans le tourment dans les feux dont les feux les flammes pour peu que ça dure encore un peu et qui peut en douter mettront à la fin le feu aux poutres assavoir porteront l'enfer aux nues si bleues par moments encore aujourd'hui et calmes si calmes d'un calme qui pour être intermittent n'en est pas moins le bienvenu mais n'anticipons pas et attendu d'autre part qu'à la suite des recherches inachevées mais néanmoins couronnées par l'Acacacadémie d'Anthropopopométrie de Berne-en-Bresse de Testu et Conard il est établi sans autre possibilité d'erreur que celle afférente aux calculs humains qu'à la suite des recherches inachevées inachevées de Testu et Conard il est établi tabli tabli ce qui suit qui suit qui suit assavoir mais n'anticipons pas on ne sait pourquoi à la suite des travaux de Poinçon et Wattmann il apparaît aussi clairement si clairement qu'en vue des labeurs de Fartov et Belcher inachevés inachevés on ne sait pourquoi de Testu et Conard inachevés inachevés il apparaît que l'homme contrairement à l'opinion contraire que l'homme en Bresse de Testu et Conard que l'homme enfin bref que l'homme en bref enfin malgré les progrès de l'alimentation et de l'élimination des déchets est en train de maigrir et en même temps parallèlement on ne sait pourquoi malgré l'essor de la culture physique de pratique des sports tels tels tels le tennis le football la course et à pied et à bicyclette la natation l'équitation l'aviation la conation le tennis le camogie le patinage et sur glace et sur asphalte le tennis l'aviation les sports les sports d'hiver d'été d'automne d'automne le tennis sur gazon sur sapin et sur terre battue l'aviation le tennis le hockey sur terre sur mer et dans les airs la pénicilline et succédanés bref je reprends en même temps parallèlement de rapetisser on ne sait pourquoi malgré le tennis je reprends l'aviation le golf tant à neuf qu'à dix-huit trous le tennis sur glace bref on ne sait pourquoi en Seine Seine-et-Oise Seine-et-Marne Marne-et-Oise assavoir en même temps parallèlement on ne sait pourquoi de maigrir rétrécir je reprends Oise Marne bref la perte sèche par tête de pipe depuis la mort de Voltaire étant de l'ordre de deux doigts cent grammes par tête de pipe environ en moyenne à peu près chiffres ronds bon poids déshabillé en Normandie on ne sait pourquoi bref enfin peu importe les faits sont là et considérant d'autre part ce qui est encore plus grave qu'il ressort ce qui est encore plus grave qu'à la lumière la lumière des expériences en cours de Steinweg et Petermann il ressort ce qui est encore plus grave qu'il ressort ce qui est encore plus grave à la lumière la lumière des expériences abandonnées de Steinweg et Petermann qu'à la campagne à la montagne et au bord de la mer et des cours et d'eau et de feu l'air est le même et la terre assavoir l'air et la terre par les grands froids l'air et la terre faits pour les pierres par les grands froids hélas au septième de leur ère l'éther la terre la mer pour les pierres par les grands fonds les grands froids sur mer sur terre et dans les airs peuchère je reprends on ne sait pourquoi malgré le tennis les faits sont là on ne sait pourquoi je reprends au suivant bref enfin hélas au suivant pour les pierres qui peut en douter je reprends mais n'anticipons pas je reprends la tête en même temps parallèlement on ne sait pourquoi malgré le tennis au suivant la barbe les flammes les pleurs les pierres si bleues si calmes hélas la tête la tête la tête la tête en Normandie malgré le tennis les labeurs abandonnés inachevés plus grave les pierres bref je reprends hélas hélas abandonnés inachevés la tête la tête en Normandie malgré le tennis la tête hélas les pierres Conard Conard... *(Mêlée. Lucky pousse encore quelques vociférations.)* Tennis !... Les pierres !... Si calmes !... Conard !... Inachevés !...

Samuel Beckett, *En attendant Godot*, Éditions de Minuit, 1952.

« Pense, porc ! »

Tel est l'ordre que son maître Pozzo vient de donner à Lucky, son esclave souffre-douleur qu'il tient en laisse. Cette tirade est une mise-à-mal systématique de tout ce qui s'apparente à l'exercice de la pensée (discours, démonstration, argumentation, logique, continuité, certitudes, etc.). En réalité la pensée est embourbée dans les mots et dans les phrases inachevées ou confuses : elle ne charrie que des « cadavres », selon le mot même de Beckett.

Plusieurs procédés dominent :
– un carcan de logique (*étant donné, attendu, considérant, d'autre part*) exprimant (*il apparaît, il ressort*) une série de creuses certitudes et des raisonnements insensés ;
– une phrase à tiroirs qui s'enfle et s'enivre d'elle-même pour ébaucher un message vide et nul : Beckett s'est inspiré de notes prises au cours d'une conférence académique ;
– une parodie• de progression, alors qu'on piétine (cf. le dernier mot) dans un discours qui se reprend sans cesse (*reprenons*) et promet en vain un aboutissement (*n'anticipons pas*) et trébuche dans ses ignorances (*on ne sait pourquoi*) ;
– une mise en cause des grands sujets dogmatiques : catéchisme ou théologie (*Dieu*), métaphysique (*quaquaquaqua*), philosophie « voltairienne » et « a-caca-démique », géographie (*Berne-en-Bresse*), cosmogonie (fin) etc. ;
– dénaturation et caricature : voyez les noms propres (que signifient « to fart » et « to belch » en anglais ?) qui évoquent quelque régression jusqu'à la pétrification (*Stein*weg / *Peter*mann) ; les mots inventés (*conation, carnogie*) ; les citations implicites (« si bleues si calmes », par ex. : cf. *Le XIXe siècle*, p. 483) ;
– le discours, parodiquement, s'achève dans l'argot (*conard*) et dans une sorte de fossilisation, de retour à la pierre (notez les récurrences• du mot).

document

Beckett n'est pas un « philosophe », mais un passionné de la scène, plongé dans son œuvre :

Avec les écrivains qui n'ont rien à dire, qui n'ont pas un monde à eux, on ne parle que littérature. Avec lui, très rarement, en fait presque jamais. N'importe quel sujet quotidien (difficultés matérielles, ennuis de toutes sortes) l'intéresse davantage – dans la conversation bien entendu. Ce qu'il ne peut en tout cas pas tolérer, ce sont des questions comme : croyez-vous que telle ou telle œuvre soit appelée à durer ? que tel ou tel mérite la place qu'il a ? Entre X et Y, lequel survivra, lequel est le plus grand ? Toute évaluation de ce genre l'excède et le déprime. « À quoi rime tout ça ? », me dit-il après une soirée particulièrement pénible où, à table, la discussion avait ressemblé à une version grotesque du Jugement dernier. Lui-même évite de se prononcer sur ses livres et ses pièces.

Cioran, *Exercices d'admiration*, coll. « Arcades », Gallimard, 1986.

Les conflits du langage

Quand, au début des années 50, le Nouveau-Théâtre commence à faire parler de lui, les gloires de la scène française sont des bavards philosophiques (Sartre, par ex.), d'intarissables poètes (Claudel), des écrivains cultivés et convenables (Giraudoux) ou des moralistes ombrageux (Montherlant). Même Anouilh ne se détache guère de la tradition, par la sobriété policée de sa langue. Au fond, ce théâtre est fait pour être lu, de préférence dans les classes. Une fois placés sur la scène, les acteurs n'ont plus qu'à bien dire de belles phrases. Cette habitude confond l'œuvre théâtrale et la « littérarité », et c'est contre elle que s'insurgeait Artaud (cf. p. 194). Les nouveaux auteurs vont lui faire un sort.

Qu'entendons-nous, en effet ? Les personnages sont toujours saisis dans une conversation familière : tous parlent sans apprêt, soit parce qu'ils sont incapables d'un autre niveau de langue (tels les clochards de Beckett, les gâteux d'Ionesco et d'Adamov, les parias de Genet), soit parce qu'ils sont prisonniers de sots débats domestiques (on cause en couple, en famille, avec des employés ou des enfants qui ne comprennent rien à rien). Les attributs du langage littéraire sont donc éliminés, sauf pour émailler ironiquement, de façon incongrue, une discussion débraillée, pauvre ou argotique. Le tutoiement prédomine forcément, moins pour insister sur l'intimité du dialogue que sur sa frugalité. De même, la syntaxe est appauvrie : phrases sèches, subordonnées très rares, suppression des particules causatives (donc, car...). Plus on veut exprimer une idée essentielle, plus les mots manquent : le bafouillage, puis le silence l'emportent aussitôt. Les « blancs » se multiplient, remplis par des mimiques, des bâillements, des hésitations ou des redites, voire par des borborygmes. Chez Beckett, même, c'est dans ces vides, dans ces plages où les mots échouent et se disloquent, que le sens profond de la pièce s'élabore et se révèle.

Quand les personnages arrivent à s'exprimer un peu longuement (ce qui n'est pas fréquent : le monologue est exceptionnel, malgré des exemples célèbres, cf. p. 238), leur message ne vaut guère mieux que la forme sclérosée qui l'émet. Défilent alors vérités premières et clichés, aussi éculés que bêtement dogmatiques. Ces marionnettes paraissent inaptes à penser par elles-mêmes et trahissent un vide intérieur dans des exposés mécaniques et sans issue :

LA DAME. – En effet. Il paraît que la natalité baisse en France.

LE MONSIEUR. – Il y a des hauts et des bas. En ce moment, elle aurait plutôt tendance à remonter. Mais cela ne peut combler les années maigres !...

LA DAME. – Certainement pas, en effet, c'est le cas de le dire ! Pensez donc !

LE MONSIEUR. – Que voulez-vous ? Les enfants sont durs à élever par les temps qui courent !...

LA DAME. – En effet, à qui le dites-vous ? La vie est de plus en plus chère ! De quoi n'ont-ils pas besoin ? Qu'est-ce qu'il ne leur faut pas ?

LE MONSIEUR. – Où allons-nous ?... Aujourd'hui, seule la vie humaine est bon marché !

LA DAME. – D'accord !... Ah, là, là..., ça c'est bien vrai, alors. Vous avez tout à fait raison...

Eugène Ionesco, *La Jeune Fille à marier,* 1953, Gallimard.

Pire, même, le cliché ou le proverbe finit par s'enrouler sur lui-même et par contredire sa propre signification :

M. SMITH. – Elle a des traits réguliers et pourtant on ne peut pas dire qu'elle est belle. Elle est trop grande et trop forte. Ses traits ne sont pas réguliers et pourtant on peut dire qu'elle est très belle. Elle est un peu trop petite et trop maigre.

Eugène Ionesco, *La Cantatrice chauve,* 1950, Gallimard.

Prisonniers de signifiants préétablis, les protagonistes laissent proliférer un langage où le signifié est inintelligible ou absurde. Nonchalants, ivres de banalités, ils parlent pour « continuer » (à quoi ?) et pour exister. La scène est alors une sorte de champ clos où ces actants• débattent, se dispersent ou se disputent, sans rien d'eux-mêmes qui soit vraiment en jeu, autre que les mots qui tombent de leur bouche – et qui, même, ne leur appartiennent pas.

citations

Proverbes d'Ionesco

C'est dur, mais c'est le jeu de la règle
Elle est dans les douleurs de l'enfantillage
On peut prouver que le progrès social est bien meilleur avec du sucre
On ne fait pas briller ses lunettes avec du cirage noir
Ma femme est même plus intelligente que moi. En tout cas, elle est beaucoup plus féminine.

La crise du langage

Divorce entre l'être et la pensée. La pensée, vidée de l'être, se dessèche, se rabougrit, n'est plus une pensée. En effet, la pensée est expression de l'être, elle coïncide avec l'être. On peut parler sans penser. Il y a pour cela à notre disposition les clichés, c'est-à-dire les automatismes.

Il n'y a de vraie pensée que vivante.

Eugène Ionesco, *Journal en miettes,* Mercure de France, 1967.

EXTRAIT

À défaut d'exister et de savoir, on parle et tous les rapports humains se résument à de faux dialogues, où chacun suit le fil des stéréotypes qu'il a en tête et n'écoute guère son interlocuteur. Les rares moments où ces propos autonomes se croisent sont aussitôt l'occasion d'agacements ou de conflits insipides.

Le texte de La Cantatrice chauve *a été inspiré à Ionesco par les phrases décousues et fermées sur elles-mêmes de la méthode Assimil. Les Smith, à Londres, reçoivent leurs amis Martin. La conversation piétine. On sonne. Trois fois, il n'y a personne. À la quatrième fois arrive le Capitaine des Pompiers, qui souhaiterait un incendie. Absurdes, stupides, les dialogues traduisent le vide et l'entêtement de tout discours, dont la politesse cache difficilement l'agressivité.*

LE POMPIER *(Il a, bien entendu, un énorme casque qui brille et un uniforme).* – Bonjour, Mesdames et Messieurs. *(Les gens sont encore un peu étonnés. Mme Smith, fâchée, tourne la tête et ne répond pas à son salut.)* Bonjour, Madame Smith. Vous avez l'air fâché.

MME SMITH. – Oh !

M. SMITH. – C'est que, voyez-vous... ma femme est un peu humiliée de ne pas avoir eu raison.

M. MARTIN. – Il y a eu, Monsieur le Capitaine des Pompiers, une controverse entre Madame et Monsieur Smith.

MME SMITH, *à M. Martin.* – Ça ne vous regarde pas ! *(À M. Smith.)* Je te prie de ne pas mêler les étrangers à nos querelles familiales.

M. SMITH. – Oh, chérie, ce n'est pas bien grave. Le Capitaine est un vieil ami de la maison. Sa mère me faisait la cour, son père, je le connaissais. Il m'avait demandé de lui donner ma fille en mariage quand j'en aurais une. Il est mort en attendant.

M. MARTIN. – Ce n'est ni sa faute à lui ni la vôtre.

LE POMPIER. – Enfin, de quoi s'agit-il ?

MME SMITH. – Mon mari prétendait...

M. SMITH. – Non, c'est toi qui prétendais.

M. MARTIN. – Oui, c'est elle.

MME MARTIN. – Non, c'est lui.

LE POMPIER. – Ne vous énervez pas. Racontez-moi ça, Madame Smith.

MME SMITH. – Eh bien, voilà. Ça me gêne beaucoup de vous parler franchement, mais un pompier est aussi un confesseur.

LE POMPIER. – Eh bien ?

MME SMITH. – On se disputait parce que mon mari disait que lorsqu'on entend sonner à la porte, il y a toujours quelqu'un.

M. MARTIN. – La chose est plausible.

MME SMITH. – Et moi, je disais que chaque fois que l'on sonne, c'est qu'il n'y a personne.

MME MARTIN. – La chose peut paraître étrange.

MME SMITH. – Mais elle est prouvée, non point par des démonstrations théoriques, mais par des faits.

M. SMITH. – C'est faux, puisque le pompier est là. Il a sonné, j'ai ouvert, il était là.

MME MARTIN. – Quand ?

M. MARTIN. – Mais tout de suite.

MME SMITH. – Oui, mais ce n'est qu'après avoir entendu sonner une quatrième fois que l'on a trouvé quelqu'un. Et la quatrième fois ne compte pas.

MME MARTIN. – Toujours. Il n'y a que les trois premières qui comptent.

M. SMITH. – Monsieur le Capitaine, laissez-moi vous poser, à mon tour, quelques questions.

LE POMPIER. – Allez-y.

M. SMITH. – Quand j'ai ouvert et que je vous ai vu, c'était bien vous qui aviez sonné ?

LE POMPIER. – Oui, c'était moi.

M. MARTIN. – Vous étiez à la porte ? Vous sonniez pour entrer ?

LE POMPIER. – Je ne le nie pas.

M. SMITH, *à sa femme, victorieusement.* – Tu vois ? j'avais raison. Quand on entend sonner, c'est que quelqu'un sonne. Tu ne peux pas dire que le Capitaine n'est pas quelqu'un.

MME SMITH. – Certainement pas. Je te répète que je te parle seulement des trois premières fois puisque la quatrième ne compte pas.

MME MARTIN. – Et quand on a sonné la première fois, c'était vous ?

LE POMPIER. – Non, ce n'était pas moi.

MME MARTIN. – Vous voyez ? On sonnait et il n'y avait personne.

M. MARTIN. – C'était peut-être quelqu'un d'autre ?

M. SMITH. – Il y avait longtemps que vous étiez à la porte ?

LE POMPIER. – Trois quarts d'heure.

M. SMITH. – Et vous n'avez vu personne?

LE POMPIER. – Personne. J'en suis sûr.

MME MARTIN. – Est-ce que vous avez entendu sonner la deuxième fois?

LE POMPIER. – Oui, ce n'était pas moi non plus. Et il n'y avait toujours personne.

MME SMITH. – Victoire! J'ai eu raison.

M. SMITH, *à sa femme.* – Pas si vite. *(Au pompier.)* Et qu'est-ce que vous faisiez à la porte?

LE POMPIER. – Rien. Je restais là. Je pensais à des tas de choses.

M. MARTIN, *au pompier.* – Mais la troisième fois... ce n'est pas vous qui aviez sonné?

LE POMPIER. – Si, c'était moi.

M. SMITH. – Mais quand on a ouvert, on ne vous a pas vu.

LE POMPIER. – C'est parce que je me suis caché... pour rire.

MME SMITH. – Ne riez pas, Monsieur le Capitaine. L'affaire est trop triste.

M. MARTIN. – En somme, nous ne savons toujours pas si, lorsqu'on sonne à la porte, il y a quelqu'un ou non!

MME SMITH. – Jamais personne.

M. SMITH. – Toujours quelqu'un.

LE POMPIER. – Je vais vous mettre d'accord. Vous avez un peu raison tous les deux. Lorsqu'on sonne à la porte, des fois il y a quelqu'un, d'autres fois il n'y a personne.

M. MARTIN. – Ça me paraît logique.

MME MARTIN. – Je le crois aussi.

LE POMPIER. – Les choses sont simples, en réalité. *(Aux époux Smith.)* Embrassez-vous.

MME SMITH. – On s'est déjà embrassé tout à l'heure.

M. MARTIN. – Ils s'embrasseront demain. Ils ont tout le temps.

Eugène Ionesco, *La Cantatrice chauve,* 1950, Gallimard.

Absurdes chicanes

Double sensation : d'un côté, un comique, fondé sur l'absurdité de ce dialogue et de ces propos qui n'ont pas grand sens ; volonté de susciter le plaisir du spectateur et de créer le rire par une satire fondamentalement irréaliste : on ne peut s'incarner dans les personnages ; quelques gags (« un pompier est aussi un confesseur »...). Mais, plus insidieusement, une allégorie• des chicanes familiales, où les voisins sont pris à témoin malgré eux. La médiocrité petite-bourgeoise est ainsi l'occasion de recréer la nervosité imbécile et déréglée de tout langage, conflictuel par essence.

document

Écrire, à quoi bon?

Je me dis depuis pas mal de temps que je devrais tout de même commencer à écrire mon œuvre, la vraie. Au fond, le théâtre n'est pas ma vocation véritable. Ayant écrit une pièce de théâtre, après avoir écrit d'autres sortes de choses, j'ai eu envie d'en écrire une seconde, puis ayant réussi à intéresser plusieurs personnes à cette seconde pièce, je me suis mis à en faire une troisième. Par la suite, réussissant à gagner ma vie après la quatrième ou la cinquième pièce, j'ai continué bien sûr à en faire d'autres, à ne plus faire que cela. Je suis ainsi devenu un «auteur dramatique», un «homme de théâtre professionnel».

J'aurais dû continuer d'écrire pour le théâtre tout en écrivant (oh, que le verbe «écrire» m'indispose, surtout lorsqu'il est employé sans complément direct), tout en écrivant aussi d'autres choses. J'aurais eu plus de livres derrière moi, j'aurais utilisé, amélioré, inventé d'autres systèmes d'expression, d'autres expressions, j'aurais construit d'autres édifices; il y aurait eu, sinon d'autres univers, d'autres créations, des aspects plus variés, une richesse plus grande, de la même création. Il suffit que le désespoir s'écarte pour que je sois sollicité, rempli par le désir de création.

J'en aurais pu faire des choses, il y aurait pu avoir tant de réalisations si la fatigue, une inconcevable, énorme fatigue ne m'avait accablé depuis bien plus longtemps. Une fatigue qui m'a empêché de travailler mais aussi de me reposer, mais aussi de jouir de la vie et de me réjouir et aussi de me détendre et qui m'a empêché aussi de me tourner davantage, comme je l'aurais voulu, vers les autres.

Eugène Ionesco, *Journal en miettes,* Mercure de France, 1967.

Rythmes et personnages

« Je n'ai jamais compris, pour ma part, la différence que l'on fait entre comique et tragique. Le comique étant l'intuition de l'absurde, il me semble plus désespérant que le tragique » (Ionesco, *Notes et Contre-Notes,* 1962). Si les auteurs du Nouveau-Théâtre se sont tellement méfiés des catégories (comique/tragique) et des genres (comédie/tragédie), c'est qu'ils savent qu'une pièce n'a de sens que jouée, sur une scène, devant des spectateurs. La relation entre public et acteurs définit, seule, la nature et la réussite du spectacle. Ainsi, quand les premiers auditoires d'Ionesco ou de Beckett restaient à la fois ébahis et agacés, doutant s'il s'agissait ou pas d'un canular, parfois scandalisés, ils ne se rendaient pas compte que leur réaction démontrait le succès de la pièce. Car les auteurs voulaient précisément nous plonger dans **un absurde spécifiquement théâtral,** dégagé du carcan des traditions logiques. Les parodies• et les non-sens visent à déranger, tantôt provoquant le rire, tantôt réveillant honte ou angoisse. Dès lors qu'il s'agit de nous impliquer, la recette est composite et instable, par définition.

L'équilibre du spectacle est donc assuré non par des règles, mais par une dynamique interne, fondée sur le **rythme** et sur la déshumanisation des **personnages.** Le rythme est une des exigences fondamentales de l'absurde : indéfinissable en soi, le sentiment de l'absurde repose sur l'accumulation, le rebondissement qui n'aboutit jamais, la mécanisation des comportements ou des répliques, etc. Ce style de jeu oblige les personnages à s'agiter (qu'ils gesticulent ou qu'ils radotent) et à parcourir, comme animal en cage, le petit espace clos de la scène. C'est une esthétique nouvelle du personnage qui se constitue ainsi, laquelle n'a plus rien à voir avec celle de l'ancien théâtre : instables, puérils, caricaturaux, ces personnages paraissent hors du temps et d'une réalité localisable. Ils servent ainsi de support à une **situation** : leur identité ou leur condition temporelle importent peu. Stylisés, simplifiés, illogiques, parfois infirmes (surtout chez Beckett), ils schématisent les contradictions et les querelles humaines.

Bien entendu, là encore, ces principes se nuancent différemment selon les auteurs. Adamov montre surtout des hommes ambitieux et sans pitié (politiques, militaires, prédicateurs et chefs en tout genre). Ionesco préfère les couples, protagonistes d'une scène de ménage à répétition (même s'il s'agit du maître et de l'élève). Beckett a un penchant pour les reclus en état de décomposition : anormaux, paralytiques, aveugles, clochards, crétins ou sadiques, tous se chamaillent sans pouvoir se séparer, prisonniers d'une interdépendance insoluble. De même, concernant le rythme, les procédés divergent : Adamov fait systématiquement alterner temps forts et temps faibles, séparés par des trous noirs, sortes de très brefs entractes. Ionesco précipite et accélère, comme une ouverture de Rossini. Beckett, au contraire, retient le tempo, pour enliser l'action peu à peu. Chocs, vitesse ou ralentissement : quelle que soit sa forme, c'est toujours le rythme qui donne à la pièce son unité dramatique.

EXTRAIT

Le rythme entravé, cher à Beckett. La déshumanisation et la typisation sont chez lui le résultat d'une forme de compression du discours, qui semble enrayé et défait, malgré le bavardage apparemment alerte de celui qui parle. Le titre de Oh les beaux jours *résume ce contraste : Winnie, enfoncée dans la scène, fait l'inventaire du quotidien en monologuant pour remplir sa solitude. Son compagnon, Willie, apparaît parfois : elle parle de cet ancien amour comme s'il avait encore un sens. En fait, tout est déjà ressassé et usé. Le rythme, harcelé de didascalies•, traduit physiquement une dégradation et un radotage irrémédiables.*

ACTE II

Scène comme au premier acte.

Willie invisible.

Winnie enterrée jusqu'au cou, sa toque sur la tête, les yeux fermés. La tête, qu'elle ne peut plus tourner, ni lever, ni baisser, reste rigoureusement immobile et de face pendant toute la durée de l'acte. Seuls les yeux sont mobiles. Voir indications.

Sac et ombrelle à la même place qu'au début du premier acte. Revolver bien en évidence à droite de la tête.

Un temps long.

Sonnerie perçante. Elle ouvre les yeux aussitôt. La sonnerie s'arrête. Elle regarde devant elle. Un temps long.

WINNIE. – Salut, sainte lumière. *(Un temps. Elle ferme les yeux. Sonnerie perçante. Elle ouvre les yeux aussitôt. La sonnerie s'arrête. Elle regarde devant elle. Sourire. Un temps. Fin du sourire. Un temps.)* Quelqu'un me regarde encore. *(Un temps.)* Se soucie de moi encore. *(Un temps.)* Ça que je trouve si merveilleux. *(Un temps.)* Des yeux sur mes yeux. *(Un temps.)* Quel est ce vers inoubliable ? *(Un temps. Yeux à droite.)* Willie. *(Un temps. Plus fort.)* Willie. *(Un temps. Yeux de face.)* Peut-on parler encore de temps ? *(Un temps.)* Dire que ça fait un bout de temps, Willie, que je ne te vois plus. *(Un temps.)* Ne t'entends plus. *(Un temps.)* Peut-on ? *(Un temps.)* On le fait. *(Sourire.)* Le vieux style ![1] *(Fin du sourire.)* Il y a si peu dont on puisse parler. *(Un temps.)* On parle de tout. *(Un temps.)* De tout ce qu'on peut. *(Un temps.)* Je pensais autrefois... *(un temps)*... je dis, je pensais autrefois que j'apprendrais à parler toute seule. *(Un temps.)* Je veux dire à moi-même le désert. *(Sourire.)* Mais non. *(Sourire plus large.)* Non non. *(Fin du sourire.)* Donc tu es là. *(Un temps.)* Oh tu dois être mort, oui, sans doute, comme les autres, tu as dû mourir, ou partir, en m'abandonnant, comme les autres, ça ne fait rien, tu es là. *(Un temps. Yeux à gauche.)* Le sac aussi est là, le même que toujours, je le vois. *(Yeux à droite. Plus fort.)* Le sac est là, Willie, pas une ride, celui que tu me donnas ce jour-là... pour faire mon marché. *(Un temps. Yeux de face.)* Ce jour-là. *(Un temps.)* Quel jour-là ? *(Un temps.)* Je priais autrefois. *(Un temps.)* Je dis, je priais autrefois. *(Un temps.)* Oui, j'avoue. *(Sourire.)* Plus maintenant. *(Sourire plus large.)* Non non. *(Fin du sourire. Un temps.)* Autrefois... maintenant... comme c'est dur, pour l'esprit. *(Un temps.)* Avoir été toujours celle que je suis – et être si différente de celle que j'étais. *(Un temps.)* Je suis l'une, je dis l'une, puis l'autre... *(Un temps.)* Tantôt l'une, tantôt l'autre. *(Un temps.)* Il y a si peu qu'on puisse dire. *(Un temps.)* On dit tout. *(Un temps.)* Tout ce qu'on peut. *(Un temps.)* Et pas un mot de vrai nulle part.

(1) Formule-refrain que Winnie répète quand elle essaie, vainement, de retrouver avec précision un passé : marque d'impuissance et d'oubli.

Samuel Beckett, *Oh les beaux jours*, 1963, Éditions de Minuit.

Le rythme et ses symboles

Soyez attentifs aux indications scéniques (didascalies•) qui créent tantôt une mécanisation du personnage, petit robot nerveux, tantôt donnent au contraire, fugacement, une émotion tragique à Winnie. Tout tient ici dans la parole, comme il est clairement dit (« on parle de tout », etc.), mais elle est aussi mise en doute, moquée même, d'où les répétitions, les allers-retours des temps et des assertions (« oui j'avoue »/« non, non »), les ruses du soliloque qui invente un faux dialogue, partagé entre son « vouloir-dire » et sa vacuité.

EXTRAIT

*Autre exemple : la fin d'*En attendant Godot*. La scène s'assombrit, les feuilles de l'arbre, unique décor, ont poussé. Le dialogue s'engourdit, impotent et presque indifférent à ce qu'il exprime (se suicider ou partir, par exemple). Il n'y a plus coïncidence entre actes et paroles. La stylisation de l'absurde et du malheur existentiel atteint ici sa forme extrême et parfaite.*

Silence. Le soleil se couche, la lune se lève. Vladimir reste immobile. Estragon se réveille, se déchausse, se lève, les chaussures à la main, les dépose devant la rampe, va vers Vladimir, le regarde.

ESTRAGON. – Qu'est-ce que tu as ?
VLADIMIR. – Je n'ai rien.
ESTRAGON. – Moi je m'en vais.
VLADIMIR. – Moi aussi.
Silence.
ESTRAGON. – Il y avait longtemps que je dormais ?
VLADIMIR. – Je ne sais pas.
Silence.
ESTRAGON. – Où irons-nous ?
VLADIMIR. – Pas loin.
ESTRAGON. – Si si, allons-nous-en loin d'ici !
VLADIMIR. – On ne peut pas.
ESTRAGON. – Pourquoi ?
VLADIMIR. – Il faut revenir demain.
ESTRAGON. – Pour quoi faire ?
VLADIMIR. – Attendre Godot.
ESTRAGON. – C'est vrai. *(Un temps.)* Il n'est pas venu ?
VLADIMIR. – Non.
ESTRAGON. – Et maintenant il est trop tard.
VLADIMIR. – Oui, c'est la nuit.
ESTRAGON. – Et si on le laissait tomber ? *(Un temps.)* Si on le laissait tomber ?
VLADIMIR. – Il nous punirait. *(Silence. Il regarde l'arbre.)* Seul l'arbre vit.
ESTRAGON, *regardant l'arbre.* – Qu'est-ce que c'est ?
VLADIMIR. – C'est l'arbre.
ESTRAGON. – Non, mais quel genre ?

VLADIMIR. – Je ne sais pas. Un saule.

ESTRAGON. – Viens voir. *(Il entraîne Vladimir vers l'arbre. Ils s'immobilisent devant. Silence.)* Et si on se pendait ?

VLADIMIR. – Avec quoi ?

ESTRAGON. – Tu n'as pas un bout de corde ?

VLADIMIR. – Non.

ESTRAGON. – Alors on ne peut pas.

VLADIMIR. – Allons-nous-en.

ESTRAGON. – Attends, il y a ma ceinture.

VLADIMIR. – C'est trop court.

ESTRAGON. – Tu tireras sur mes jambes.

VLADIMIR. – Et qui tirera sur les miennes.

ESTRAGON. – C'est vrai.

ESTRAGON. – Fais voir quand même. *(Estragon dénoue la corde qui maintient son pantalon. Celui-ci, beaucoup trop large, lui tombe autour des chevilles. Ils regardent la corde.)* À la rigueur ça pourrait aller. Mais est-elle solide ?

ESTRAGON. – On va voir. Tiens.

Ils prennent chacun un bout de la corde et tirent. La corde se casse. Ils manquent de tomber.

VLADIMIR. – Elle ne vaut rien.

Silence.

ESTRAGON. – Tu dis qu'il faut revenir demain ?

VLADIMIR. – Oui.

ESTRAGON. – Alors on apportera une bonne corde.

VLADIMIR. – C'est ça.

Silence.

ESTRAGON. – Didi.

VLADIMIR. – Oui.

ESTRAGON. – Je ne peux plus continuer comme ça.

VLADIMIR. – On dit ça.

ESTRAGON. – Si on se quittait ? Ça irait peut-être mieux.

VLADIMIR. – On se pendra demain. *(Un temps.)* À moins que Godot ne vienne.

ESTRAGON. – Et s'il vient ?

VLADIMIR. – Nous serons sauvés.

Vladimir enlève son chapeau – celui de Lucky – regarde dedans, y passe la main, le secoue, le remet.

ESTRAGON. – Alors, on y va ?

VLADIMIR. – Relève ton pantalon.

ESTRAGON. – Comment ?

VLADIMIR. – Relève ton pantalon.

ESTRAGON. – Que j'enlève mon pantalon ?

VLADIMIR. – RE-lève ton pantalon.

ESTRAGON. – C'est vrai.

Il relève son pantalon. Silence.

VLADIMIR. – Alors, on y va ?

ESTRAGON. – Allons-y.

Ils ne bougent pas.

RIDEAU

Samuel Beckett, *En attendant Godot* 1952, Éditions de Minuit.

« Je ne peux plus continuer comme ça »

En bout de course, les mots ne s'accordent plus aux actes. Les actes eux-mêmes ne semblent plus avoir de conséquences ou de poids, même le suicide. Retournement tragique total, y compris de la clownerie finale, habituel gag de cirque, qui ne fait plus rire du tout.

Le succès de la pièce étonna Beckett qui y vit un possible échec de ce qu'il voulait atteindre : « La prochaine fois, il n'y aura plus de concession. Les gens n'attendront pas cinq minutes pour quitter leur fauteuil. »

Thématique et structure

Au sujet de Beckett, J. Anouilh disait qu'il s'agit « des *Pensées* de Pascal, mises en sketches et jouées par les Fratellini » (= des clowns). Cette boutade met l'accent sur la signification du Nouveau-Théâtre : sa « nouveauté » repose moins sur sa thématique que sur ses techniques et sur sa structure de communication.

Certes, on peut faire un recensement des sujets de prédilection de ce genre de pièces, en les rattachant à la faillite des valeurs humanistes de l'après-guerre. L'incertitude, le pessimisme, la mise en cause des totalitarismes et des effets de la science, etc., expliquent en partie la vision et les motifs de ce théâtre : solitude, souffrance, incommunicabilité, dérision, absurdité. Mais ce ne sont pas là de vraies innovations. Ce n'est pas parce qu'ils ont lu Pascal, Kafka, Kierkegaard, Joyce ou Sartre que les dramaturges inventent un genre totalement original. Dans un monde privé de Dieu (« Le salaud ! Il n'existe pas ! » : Beckett, *Fin de partie*), d'autres auteurs ont fait du théâtre sans le changer, Sartre, par exemple (*Les Mouches*, cf. p. 214) ou Anouilh (*Antigone*, cf. p. 212) ou Camus (*Caligula*, cf. p. 220). Bref, l'intéressant est moins le message, quelle que soit sa pertinence, que le mode de contact retenu.

La communication, dans le Nouveau-Théâtre, refuse la rhétorique, nous l'avons vu, ou, plus exactement, elle en présente une, fondée sur le **verbalisme** : style parlé, ellipses, phrases inachevées et familières, dialogues discontinus. De même, le choix du vocabulaire relève de la plus haute fantaisie : on juxtapose argot, néologismes, jeux de mots (avec les pires calembours), répétitions et manipulations sémantiques, etc. Ces modes d'expression, associés à des dispositifs techniques (bruitages, éclairages) et à des situations extrêmes (infirmité, claustration, face-à-face...), visent à une **esthétique de la concentration et de l'intensité.** Ainsi est excitée l'affectivité du spectateur, soumis à une sorte de **choc** sensoriel. La prophétie d'Artaud (cf. p. 194) se réalise, d'autant que le spectacle, loin d'être un discours, n'hésite pas à exploiter des procédés exhibitionnistes ou énervants, qui peuvent rappeler le cirque, le music-hall, la danse, le café-théâtre, et qui mêlent inextricablement rire et tragédie, parole et action, excitation et retombée brusque, etc.

Ainsi l'auteur ne cherche-t-il pas à plaire, à instruire ou à convaincre. Sans concessions, le nouveau langage théâtral est **difficile à décoder.** Les niveaux habituellement déchiffrables (qui parle ? à qui ? dans quel but ? quelle intrigue ? où va l'action ?...) se dissolvent. De plus, l'absence de contexte clair (quand ? où ?) brouille le message, qui semble divaguer, abstrait, à peine conceptuel, mal formulé, errant dans un « no man's land ». Autrement dit, le contact est moins linguistique qu'émotionnel, assuré par des éléments disparates : gestes, bruits, silences, rythmes, chaos... Le Nouveau-Théâtre a donc trouvé **une structure propre,** vraie, non « littéraire » si l'on veut, qui forme **une unité signifiante** cohérente et forte.

document

Aussi certains ont tôt fait de parler de mystification ou d'hérésie, de se cabrer avec hauteur ou d'assimiler ce théâtre à de la camelote indigne d'un intellectuel, de regretter les classiques ou la langue noble d'un Giraudoux. C'est qu'ils ne comprennent pas, ou qu'ils refusent de comprendre que l'auteur n'est plus omniscient comme dans le théâtre traditionnel, mais qu'au contraire, il tâtonne, refuse de simplifier en clarifiant, de tricher, de se conformer à l'univers « aristotélicien » cohérent, stable et déchiffrable, auquel il ne croit plus. Il est jeté dans un monde nouveau, inconnu, inexploré. Témoin cette affirmation de Beckett : « J'exploite l'impuissance, l'ignorance. Je ne pense pas que dans le passé ceci ait été exploré. »

Emmanuel Jacquart, *Le Théâtre de dérision*, Gallimard, 1974.

EXTRAIT

Un exemple d'un thème (le totalitarisme) exprimé par une structure dramatique (la visualisation d'un mythe totalement nouveau) : Le Rhinocéros. *Le personnage principal, Bérenger, refuse de devenir victime de la rhinocérite. Travaillés par l'idéologie et la propagande, les hommes se changent en rhinocéros. Ionesco renouvelle ici le thème kafkaïen de la métamorphose en imaginant*

BÉRENGER *(se regardant toujours dans la glace).* – Ce n'est tout de même pas si vilain que ça, un homme. Et pourtant, je ne suis pas parmi les plus beaux ! Crois-moi, Daisy !

(Il se retourne.)

Daisy ! Daisy ! Où es-tu, Daisy ? Tu ne vas pas faire ça !

(Il se précipite vers la porte.)

Daisy !

(Arrivé sur le palier, il se penche sur la balustrade.)

Daisy ! remonte ! reviens, ma petite Daisy ! Tu n'as même pas déjeuné ! Daisy, ne me laisse pas tout seul ! Qu'est-ce que tu m'avais promis ? Daisy ! Daisy !

(Il renonce à l'appeler, fait un geste désespéré et rentre dans sa chambre.)

Évidemment. On ne s'entendait plus. Un ménage désuni. Ce n'était plus viable. Mais elle n'aurait pas dû me quitter sans s'expliquer.

(Il regarde partout.)

un spectacle à la fois burlesque et inquiétant : la prolifération des hommes/rhinocéros substitue à une vague idée (l'aliénation) une présence physique, visible, envahissante, saisissante. La fin de la pièce pousse au paroxysme cette dramatisation obsédante.

Elle ne m'a pas laissé un mot. Ça ne se fait pas. Je suis tout à fait seul maintenant.

(Il va fermer la porte à clé, soigneusement, mais avec colère.)

On ne m'aura pas, moi.

(Il ferme soigneusement les fenêtres.)

Vous ne m'aurez pas, moi.

(Il s'adresse à toutes les têtes de rhinocéros.)

Je ne vous suivrai pas, je ne vous comprends pas ! Je reste ce que je suis. Je suis un être humain. Un être humain.

(Il va s'asseoir dans le fauteuil.)

La situation est absolument intenable. C'est ma faute, si elle est partie. J'étais tout pour elle. Qu'est-ce qu'elle va devenir ? Encore quelqu'un sur la conscience. J'imagine le pire, le pire est possible. Pauvre enfant abandonnée dans cet univers de monstres ! Personne ne peut m'aider à la retrouver, personne, car il n'y a plus personne.

(Nouveaux barrissements, courses éperdues, nuages de poussière.)

Je ne veux pas les entendre. Je vais mettre du coton dans les oreilles.

(Il se met du coton dans les oreilles et se parle à lui-même, dans la glace.)

Il n'y a pas d'autre solution que de les convaincre, les convaincre, de quoi ? Et les mutations sont-elles réversibles ? Hein, sont-elles réversibles ? Ce serait un travail d'Hercule, au-dessus de mes forces. D'abord, pour les convaincre, il faut leur parler. Pour leur parler, il faut que j'apprenne leur langue. Ou qu'ils apprennent la mienne ? Mais quelle langue est-ce que je parle ? Quelle est ma langue ? Est-ce du français, ça ? Ce doit bien être du français ? Mais qu'est-ce que du français ? On peut appeler ça du français, si on veut, personne ne peut le contester, je suis seul à le parler. Qu'est-ce que je dis ? Est-ce que je me comprends, est-ce que je me comprends ?

(Il va vers le milieu de la chambre.)

Et si, comme me l'avait dit Daisy, si c'est eux qui ont raison ?

(Il retourne vers la glace.)

Un homme n'est pas laid, un homme n'est pas laid !

(Il se regarde en passant la main sur sa figure.)

Quelle drôle de chose ! À quoi je ressemble alors ? À quoi !

(Il se précipite vers un placard, en sort des photos, qu'il regarde.)

Des photos ! Qui sont-ils tous ces gens-là ? M. Papillon, ou Daisy plutôt ? Et celui-là, est-ce Botard ou Dudard, ou Jean ? ou moi, peut-être !

(Il se précipite de nouveau vers le placard d'où il sort deux ou trois tableaux.)

Oui, je me reconnais ; c'est moi, c'est moi !

(Il va raccrocher les tableaux sur le mur du fond, à côté des têtes de rhinocéros.)

C'est moi, c'est moi.

(Lorsqu'il accroche les tableaux, on s'aperçoit que ceux-ci représentent un vieillard, une grosse femme, un autre homme. La laideur de ces portraits contraste avec les têtes des rhinocéros qui sont devenues très belles. Bérenger s'écarte pour contempler les tableaux.)

Je ne suis pas beau, je ne suis pas beau.

(Il décroche les tableaux, les jette par terre avec fureur, il va vers la glace.)

Ce sont eux qui sont beaux. J'ai eu tort ! Oh, comme je voudrais être comme eux. Je n'ai pas de corne, hélas ! Que c'est laid, un front plat. Il m'en faudrait une ou deux, pour rehausser mes traits tombants. Ça viendra peut-être, et je n'aurai plus honte, je pourrai aller tous les retrouver. Mais ça ne pousse pas !

(Il regarde les paumes de ses mains.)

Mes mains sont moites. Deviendront-elles rugueuses ?

(Il enlève son veston, défait sa chemise, contemple sa poitrine dans la glace.)

J'ai la peau flasque. Ah ! ce corps trop blanc, et poilu ! Comme je voudrais avoir une peau dure et cette magnifique couleur d'un vert sombre, une nudité décente, sans poils, comme la leur !

(Il écoute les barrissements.)

Leurs chants ont du charme, un peu âpre, mais un charme certain ! Si je pouvais faire comme eux.

(Il essaye de les imiter.)

Ahh, Ahh, Brr ! Non, ça n'est pas ça ! Essayons encore, plus fort ! Ahh, Ahh, Brr ! Non, non, ce n'est pas ça, que c'est faible, comme cela manque de vigueur ! Je n'arrive pas à barrir. Je hurle seulement. Ahh, Ahh, Brr ! Les hurlements ne sont pas des barrissements ! Comme j'ai mauvaise conscience, j'aurais dû les suivre à temps. Trop tard maintenant ! Hélas, je suis un monstre, je suis un monstre. Hélas, jamais je ne deviendrai rhinocéros, jamais, jamais ! Je ne peux plus changer. Je voudrais bien, je voudrais tellement, mais je ne peux pas. Je ne peux plus me voir. J'ai trop honte !

(Il tourne le dos à la glace.)

Comme je suis laid ! Malheur à celui qui veut conserver son originalité !

(Il a un brusque sursaut.)

Eh bien tant pis ! Je me défendrai contre tout le monde ! Ma carabine, ma carabine !

(Il se retourne face au mur du fond où sont fixées les têtes des rhinocéros, tout en criant :)

Contre tout le monde, je me défendrai, contre tout le monde, je me défendrai ! Je suis le dernier homme, je le resterai jusqu'au bout ! Je ne capitule pas !

RIDEAU

Eugène Ionesco, *Rhinocéros*, 1960, Gallimard.

« Vous ne m'aurez pas, moi »

La satire du nazisme et autres totalitarismes tourne ici à un spectacle grinçant et dramatique. Notez l'animation, presque la violence de la scène : tous les moyens sensoriels sont sollicités (panique du désespéré, colère, hurlements, vision et destruction des tableaux, barrissements animaux). Le texte ne propose pas vraiment un argumentaire, il ne prêche pas et ne se formule guère clairement. Le refus de la rhinocérite est exprimé et visualisé par des gestes, des attitudes, une répulsion, un entêtement. C'est exactement ce que ressent Ionesco et ce qu'il veut nous faire ressentir :

Je me suis souvenu d'avoir été frappé au cours de ma vie par ce qu'on pourrait appeler le courant d'opinion, par son évolution rapide, sa force de contagion qui est celle d'une véritable épidémie. Les gens tout à coup se laissent envahir par une religion nouvelle, une doctrine, un fanatisme, enfin par ce que les professeurs de philosophie et les journalistes à oripeaux philosophiques appellent le « moment nécessairement historique ». On assiste alors à une véritable mutation mentale. Je ne sais pas si vous l'avez remarqué, mais lorsque les gens ne partagent plus votre opinion, lorsqu'on ne peut plus s'entendre avec eux, on a l'impression de s'adresser à des monstres...

– À des rhinocéros ?

– Par exemple. Ils en ont la candeur et la férocité mêlées. Ils vous tueraient en toute bonne conscience si vous ne pensiez pas comme eux. Et l'histoire nous a bien prouvé au cours de ce dernier quart de siècle que les personnes ainsi transformées ne ressemblent pas seulement à des rhinocéros, ils le deviennent véritablement. Or il est très possible, bien qu'apparemment extraordinaire, que quelques consciences individuelles représentent la vérité contre l'histoire, contre ce qu'on appelle l'histoire. Il y a un mythe de l'histoire qu'il serait grand temps de « démythifier » puisque le mot est à la mode. Ce sont toujours quelques consciences isolées qui ont représenté contre tout le monde la conscience universelle. Les révolutionnaires eux-mêmes étaient au départ isolés.

Eugène Ionesco, *Notes et Contre-Notes*, Gallimard, 1962.

document

Un cauchemar d'Ionesco

Je suis un assassin, j'ai tué des enfants. Je ne suis pas le seul accusé : Beckett aussi est accusé ainsi qu'un troisième auteur dramatique, Pinter peut-être, ou Genet qui fond, que je vois vraiment fondre et s'évanouir dans un ciel gris mais sans nuages. Beckett assume ses crimes, ne regrette rien. Son visage est dur, il tuera d'autres enfants encore si on n'arrive pas à l'en empêcher. Moi je suis pris de remords, ravagé par un sentiment de culpabilité invincible. Et pourtant je n'ai pas tué d'enfants. Ou je les ai tués sans faire exprès. Ou bien j'ai peut-être eu envie de les tuer, car qui n'a pas envie de tuer des enfants ? Mais je n'ai pas réalisé mes projets. La preuve c'est que chaque fois que j'étais tenté de tuer des enfants ou que j'en avais tué par mégarde, j'appelais moi-même la police.

Eugène Ionesco, *Journal en miettes*, Mercure de France, 1967.

Étude d'une œuvre complète

Le Roi se meurt d'Eugène Ionesco (1962)

Les chiffres entre parenthèses sont ceux des pages de l'édition « Folio », n° 361.

1. L'auteur dans sa pièce

En 1962, Ionesco a cinquante ans et il a le sentiment d'être entré dans la vieillesse qui le confrontera bientôt à son obsession de toujours : la mort. Le désir de retomber en enfance (« je veux être un bébé », 65 ; 70) résulte moins de la volonté de revivre que de retrouver un âge antérieur à la conscience de la mort. Ionesco le répète constamment dans ses textes intimes et Bérenger ne rêve que de bras maternels (73). La genèse morale de la pièce s'explique ainsi : « J'avais écrit cette œuvre pour que j'apprenne à mourir. Cela devait être une bonne leçon, comme une sorte d'exercice spirituel, une marche progressive, étapes par étapes, que j'essayais de rendre accessible vers la fin inéluctable » *(Journal en miettes)*. Mais personne ne meurt à notre place. La vocation anti-didactique du théâtre d'Ionesco est donc respectée : Marguerite rappelle sans cesse que la mort du Roi est une expérience que lui seul peut saisir et assumer (21 ; 37 ; 54 ; 80 ; 131-137), de laquelle il n'y a rien à dire vraiment, sauf en inventant (60 ; 102-103). Le message, c'est qu'il n'y en a pas, sauf si on a envie de « faire de la littérature » (77) ou d'ineptes discours (71-72).

2. Mouvement général

La pièce n'obéit à aucune logique véritable, si ce n'est celle du temps (lui-même réduit à sa théâtralité : 37). On ne perçoit pas de découpages nets, mais une continuité dramatique déconcertante, où se succèdent brusquement accélérations (42-44 ; 50 ; 63 ; 79-80 ; 107 ; 118-120) et ralentissements (40 ; 98-100 ; 110-112), qui correspondent à peu près aux moments de « guignol tragique » où tout s'agite et à ceux de retour à soi où l'on s'enlise (18 ; 30 ; 39 ; 44 ; 54 ; 77) mélancoliquement.

Toutefois, le sujet particulier de la pièce favorise un mouvement général. Après la présentation des personnages par le Garde, on perçoit immédiatement des signes inquiétants de disfonctionnement : froid, fissures (15), pleurs et disputes (17-23). Le royaume tout entier semble détraqué (24) et le monde avec (28). Arrive Bérenger, pieds nus (29), qui se plaint des symptômes inquiétants qu'il perçoit partout, mais qui refuse d'en comprendre le sens (30-38) et de penser à sa mort. Les protagonistes commencent à essayer de lui ouvrir les yeux, vainement (40-50).

C'est ici que « la cérémonie commence » (51) : le condamné va devoir traverser une série d'épreuves jusqu'à son abdication (121-122). Sa résistance s'insurge tour à tour contre la fuite du temps (51-52), les prémonitions et préparations à la mort (52-57), l'indifférence d'autrui (58-61), la maladie et la caducité (62-66), sa perte de pouvoir et de dignité (67-71), la survie des autres (71-73) et leur inutile sollicitude (74-78). Un rituel essaie d'attirer sur lui un peu de résignation (79-84) car l'agonie a commencé (84-87). Bérenger s'essouffle et s'adoucit, parle aux humbles (88-94) et se souvient des petites joies de la vie (95), mais désormais il est entre les mains du Médecin et des Reines, qui se le disputent (96-106). Le Garde commence un bulletin nécrologique (107-109) absurde, officiel, alors que le Roi ne se souvient que de son pauvre petit chat, dont la mort le touche enfin (110-112). C'est le dernier soubresaut. On parle de lui au passé, désormais (113) ou comme d'un corps malade que l'on observe cliniquement (118). Infirme et moribond, il perd tout contrôle (122) et tout le monde le quitte peu à peu. Voici le dernier quart d'heure (129). Marguerite dénude son roi, le place dans un linceul imaginaire et le berce en conjurant ses hantises. Il peut « prendre place » (136).

3. Le thème du temps et ses images

idées	*symboles*
marche à la mort, continuité tragique, compte à rebours	décompte horaire (37, 51...) ; tout se détraque en lui et autour de lui
déperdition, corruption, usure	enlisement, vase, trou, naufrage, aphasie
isolement, abandon total, incommunicabilité de l'expérience	rétrécissement de l'espace scénique, amaigrissement, vide tout autour, regard objectif d'autrui, commentaires cliniques
vie biologique, sans au-delà, sans issue métaphysique, sans aide religieuse	il se chosifie peu à peu, corps aveugle et sourd ; dérision de la liturgie ; « que je sois l'hostie », « Ô grand Rien, aidez le Roi ! »
tout devient passé : il dit ce qu'il a fait, ce qu'il a été, et perd tout pouvoir sur le présent réel	la « littérature » et les « creuses formules » ; les pseudo-souvenirs de hauts faits ; rien n'obéit plus ; on le moque
tout semble vide et creux, rien ne garde force ou intérêt à côté de la mort, les perceptions sont faussées	fissures, abîme, asphyxie, gigantisme et grossissements grotesques, distorsion du temps (55, 66) ; « milliards »/« 45 jeunes gens », toutes les échelles paraissent absurdes
vains retours : nostalgie, souvenirs, privilège du vécu intime sur tout autre emploi du temps, mépris de la « gloire » et des devoirs	narcissisme et égocentrisme (« moi, moi, moi ») ; la Reine Marie ; les bals ; les fêtes ; dialogue avec Juliette (87) ; le pot-au-feu ; monologue du chat ; désir de régression enfantine

4. Bérenger...

fonction	*expression*
l'anti-héros, l'homo vulgaris	« ce n'est qu'un homme ! » (58-60) ; sans idéal, en pantoufles dans le « living room », langage réduit et commun ; goûts simplistes (manger, jouer) et aspirations nulles (vivre encore)
inculte et infécond	pas d'enfants, n'a pas su régner ni prévoir, son royaume est déserté et peuplé de tarés (36), têtu
sans dignité face à la mort	colères stériles, prières et litanies insensées (« que tous meurent... ») ; « le porc qu'on égorge » ; puéril, infantile, parfois pitoyable, jamais altruiste, sauf pour parler de lui
un « petit chef »	ordres décousus ; menaces de mort ; appel au peuple ; « Majesté mon commandant »

« je déshabille l'homme de l'inhumanité de sa classe, de sa race, de sa condition bourgeoise ou autre. Je suis tous les hommes dans ce qu'ils ont d'humain. » *(Journal en miettes)*

5. ... et les autres

- **Les Reines**

Marie	Marguerite
mère	père
amour, amante	devoir, raison
force du cœur	force de choses, réel
aveuglement des sentiments	connaissance, regard sur la mort
le passé illusoire, heureux	le futur immédiat, cru, douloureux

Bérenger
va de l'une à l'autre
ambigu, trouble, tiraillé

⟶ schéma triangulaire tragique ; chant trinitaire ; famille humaine.

- **Le Médecin**

sans nom ni visage
pouvoir, prestige, pédantisme
réalisme froid et cynique de la science
savoirs trompeurs et apparents
protocole désincarné
mélange de superstition (astrologue), d'indifférence (bourreau) et d'information (médecin), il n'offre ni vrai échange, ni sympathie, ni efficacité

⟶ les autres, Autrui.

- **Juliette**

pauvre, passive, résignée, parfois familière, fruste
« vit mal », subit sa vie, ne pense guère, sans passion ni intelligence
se plaint, mais continue son train-train comme si rien ne se passait
ne remet pas en question le système qui l'exploite

⟶ la masse, la « base », l'homme saisi dans la collectivité.

- **Le Garde**

autre figure anonyme
mécanique, dépersonnalisé, aboie bêtement les bulletins de santé ou autres rumeurs
répercute également l'important et l'anecdotique : écho banalisant pour qui tout est égal
servile : fidèle au roi lorsqu'il va mieux, sinon l'abandonne

⟶ l'opinion publique, versatile et lâche, manipulée par la presse, l'information qui dénaturent tout
dérision minable du Chœur antique.

6. Le langage

La pièce joue constamment sur l'inadaptation du langage à la réalité, et spécialement à une réalité terrible comme la mort. D'où un système d'échos, de décalage, d'incongruités, ou même de jeux de mots : notez le rôle de Garde et de Juliette (par ex. « les carottes bien cuites » 95) qui interviennent de façon insolite et inattendue.

Les discordances et les ruptures sont accentuées par un continuel mélange des registres de langue, qui crée la surprise ou la confusion : anachronismes énormes, modernismes, mots étrangers (anglais ou latin), argot, termes techniques (« saburale » 33 ; « bathyscaphe » 83), mots domestiques appliqués à la vie de palais (bouillotte, machine à laver, buanderie), irruption de concepts philosophiques, religieux ou pédants, çà et là. Humour involontaire (57, 67, 69, 95) et rapprochements baroques (107-108) ou quasi surréalistes (l'ombre 123).

Mais le vrai langage du spectacle, ce sont les mimiques et le mouvement scénique : « la cérémonie », avec ses fausses liturgies, ses scènes de ménage, la musique qui se décompose (« dérisoirement royale » 11), les murs qui se rapprochent, le trône qui s'écroule, la maison entière qui se disloque, les gestiques rythmées, le fauteuil qui roule, le bonnet de nuit qu'on ôte et qu'on remet. Il y a un lien étroit entre la durée réelle et le temps théâtral, saisis dans une sorte d'unité toute classique (33, 37).

Biographie d'Eugène Ionesco

VIE

- **1912** — 26 nov. : naissance en Roumanie
- **1913** — Les Ionesco s'installent en France
- **1927** — Retour en Roumanie
- Études à Bucarest et diplômes : professeur de français
- **1938** — Marié, vient vivre à Paris pour une thèse sur « péché et mort dans la poésie française moderne »
- **1945** — A Paris (après la guerre passée à Marseille) vie pauvre et difficile
- **1950** — Rencontres : Breton, Bunuel, Adamov
  Amitié avec Cioran et Eliade, roumains exilés
  Scandale de ses premières pièces
- **1954** — Article favorable de Jean Anouilh dans le *Figaro*
  Début de la reconnaissance peu-à-peu unanime
- **1960** — J.-L. Barrault monte *Rhinocéros* à l'Odéon
  Ionesco est joué dans le monde entier
- **1966** — La Comédie Française crée *La Soif et la Faim* et donnera *Le Roi se meurt*
  Consécration
- **1970** — Élu à l'Académie Française
- **1978** — Colloque sur son œuvre à Cerisy

ŒUVRES

- **1950** — *La Cantatrice chauve*
- **52 / 53** — *Les Chaises*, *La Leçon*, *Victimes du devoir*, *La Jeune Fille à marier*
- **54** — *Amédée*
- **55** — *Jacques ou la soumission*
- **56** — *L'Impromptu de l'Alma*
- **1960** — *Rhinocéros*
- **1962** — *Le Roi se meurt*
- **1966** — *La Soif et la Faim*
- **1970** — *Jeu de massacre*
- **1972** — *Macbett*

CONTEXTE

- **1924** — Pirandello : *Chacun sa vérité*
- **1925** — Kafka : *Le Procès*
- **1932** — Céline : *Voyage au bout de la nuit*
- **1938** — Artaud : *Le Théâtre et son double*
  Giraudoux : *Ondine*
- **1942** — Anouilh : *Antigone*
- **1952** — Adamov : *Parodie*
- **1953** — Beckett : *En attendant Godot*
  Adamov : *Tous contre tous*
- **1957** — Genet : *Le Balcon*
- **1969** — Beckett, prix Nobel

Biographie de Samuel Beckett

VIE

1906	13 mars : naissance dans la banlieue de Dublin
	Études de français et italien
1928	Lecteur à l'E.N.S. — Rencontre et amitié avec Joyce — Travail sur Proust
1931	Retour à Dublin comme professeur mais démissionne bientôt
1933	Instabilité et voyages — Mort de son père — Londres
1937	S'installe à Paris après un séjour en Allemagne et vit de ses traductions — Amitié avec Duchamp, Giacometti etc.
1940-45	« Résiste » vaguement et se réfugie dans le Vaucluse comme ouvrier agricole écrit *Watt* (en anglais)
1949	Après diverses hésitations décide de n'écrire qu'en français — Mariage
1950	Mort de sa mère — Début de reconnaissance (Bataille, Robbe-Grillet publient des articles admiratifs)
1953	Travaux d'écriture et de traduction — Célébrité et travaux incessants
1961	Prix international des éditeurs (avec Borges)
1969	Prix Nobel de Littérature

ŒUVRES

Année	Œuvres
1938	*Murphy*
1951	*Molloy* — *Malone meurt*
1952	*En attendant Godot* (première en janv. 53) — *L'Innommable*
1957	*Fin de partie*
1960	*La Dernière Bande*
1961	*Comment c'est*
1963	*Oh ! les beaux jours* (création par Madeleine Renaud)
1969	*Watt* (en français)

Fiche n° 2
précédente : p. 189
suivante : p. 256

Théories du théâtre : Bertolt Brecht

1. Auteur, metteur en scène, directeur de troupe, B. Brecht (1898-1956) a exercé une influence considérable, qui se développa en France quand le Berliner Ensemble qu'il animait donna successivement, au Théâtre des Nations, *Mère Courage* en 1954 et *Le Cercle de craie caucasien* en 1955. L'environnement historique de son œuvre (la montée du nazisme, l'exil en 1933, la Seconde Guerre mondiale puis la création de l'Allemagne de l'Est) en situe les enjeux : pour le marxiste qu'est Brecht, le théâtre est l'instrument d'une action.

2. Le théâtre de Brecht se définit comme un **théâtre épique,** opposé à la conception **dramatique** héritée d'Aristote. Le théâtre dramatique présente des conflits de sentiments ou d'intérêts entre les personnages, et la fin de la pièce vient rétablir l'ordre menacé ou établir un ordre nouveau : de toute façon, la pièce est «bouclée». Au contraire, le théâtre de Brecht se veut ouvert; il ne cherche pas à résoudre artificiellement les contradictions à l'œuvre dans le réel, mais à les rendre plus compréhensibles. Dans le théâtre épique, le déroulement est plus important que le dénouement. Le théâtre traditionnel cherche à créer l'illusion et repose sur des identifications (de l'acteur avec son rôle, du spectateur avec le personnage). Pour Brecht, qui refuse le mécanisme de la catharsis (cf. *Le XVIIe siècle,* pp. 268 et 286), le théâtre épique doit au contraire s'affirmer comme jeu : l'acteur doit montrer qu'il joue, le spectacle doit inciter le public à garder une distance critique; Brecht parle à ce sujet d'**effet de distanciation.** Le spectateur est alors placé devant l'action, en position d'observateur, au lieu d'y être impliqué.

3. Le but du théâtre n'est en effet pas de susciter un plaisir esthétique ou affectif, mais d'amener le spectateur à une prise de conscience qui doit déboucher sur une action de nature à modifier la société. Le théâtre épique s'adresse à la raison, non aux sentiments. Loin de se clore sur lui-même, le spectacle doit s'ouvrir sur un monde à transformer : sa finalité est **didactique** et **révolutionnaire.** Ce parti pris entraîne une série de conséquences esthétiques : au lieu de peindre des «caractères» ou de camper des héros, le théâtre doit montrer les défaillances et les contradictions des personnages en suggérant les voies d'une transformation possible. Il ne doit pas présenter l'homme éternel confronté à la fatalité, mais l'homme comme procès et objet même de l'enquête. Au lieu d'imposer une succession linéaire et contraignante de scènes, il doit s'organiser en tableaux, morceler l'action, permettre au spectateur d'envisager un autre déroulement. Décor et mise en scène, au lieu de simuler le réel ou de rechercher la séduction esthétique, vont alors s'afficher comme artifice. Brecht a imaginé à cet effet de nombreux procédés : utilisation de pancartes commentant l'action, schématisme de décors qui doivent signifier et non suggérer, découpage du texte en plans différents : dialogues, déclamation, chants...

B. Brecht, *Petit organon pour le théâtre,* Suhrkamp Verlag, 1967, L'Arche, 1963.

B. Dort, *Lecture de Brecht,* Le Seuil, 1960.

R. Barthes, *Essais critiques,* Le Seuil, 1964.

Jean Genet (1910-1986)

Auteur scabreux et provocant, Jean Genet appartient à cette lignée de poètes maudits qui réunit des esprits aussi différents que Villon, Sade, Verlaine, Rimbaud ou Lautréamont. Pour l'enfant né de parents inconnus, confié à l'Assistance publique et injustement accusé de vols, la **rébellion contre la société qui le rejette** est la riposte instinctive d'une sensibilité meurtrie. Soupçonné de transgresser la loi, **le réprouvé choisit de devenir vraiment hors-la-loi** et multiplie les défis à la morale et à l'ordre social par l'homosexualité, la désertion, les vols ou le chantage. Un écrit autobiographique éclaire le choix délibéré de la marginalité et de la délinquance. « Je décidai de vivre tête baissée et de poursuivre mon destin dans le sens de la nuit, à l'inverse de vous-même, et d'exploiter l'envers de votre beauté » (*Journal du voleur,* 1949).

Les Bonnes (1947), *Le Balcon* (1956), *Les Nègres* (1958), *Les Paravents* (1961) obéissent à un dessein commun. Le paria inverti s'applique à bafouer les conventions et fonde sa conduite sur **l'inversion de l'éthique traditionnelle.** Comble de l'imposture, les pires abjections deviennent l'objet d'un culte, d'une célébration, d'une glorification. En accord avec les convictions d'A. Artaud (cf. p. 194), le théâtre retrouve ainsi sa vocation de cérémonie et d'acte liturgique qu'ont su conserver les cultures orientales. Même **la mort est magnifiée et sacralisée** : puisqu'elle anéantit le réel, elle exerce nécessairement un puissant effet de fascination auprès de celui qui renie les principes établis par les hommes pour sauvegarder la vie en société.

Au terme de ce **cheminement subversif,** le mal finit par être paré d'un prestige souverain. En effet, une alchimie morbide vient dégrader la réalité et lui substitue les fantasmes les plus insolites ; l'être cède au paraître ; la plongée volontaire dans les bas-fonds de la turpitude se prétend conquête héroïque de la sainteté. Grâce à la **magie du verbe poétique,** la déchéance, la fange, la scatologie se métamorphosent, comme chez Baudelaire, en fleurs maladives dont la beauté s'épanouit sous le soleil noir de la détresse intérieure. Lieu privilégié de l'illusion, le théâtre est particulièrement désigné pour esquisser un univers fictif, à l'écart de la tyrannie du réel.

EXTRAIT

La liturgie des réprouvés

Deux sœurs, Claire et Solange, en rébellion contre leur condition de domestiques, imaginent un jeu où les identités d'emprunt leur permettent de faire éclater la haine qu'elles vouent à la maîtresse de maison. Claire joue le rôle de Madame et Solange celui de Claire au service de Madame. Le jeu est interrompu au moment où les deux sœurs essaient d'assassiner la vraie Madame en lui offrant une tisane empoisonnée. Or la machination a échoué, car Madame est allée précipitamment rejoindre Monsieur, libéré par la police après avoir été arrêté pour crime sur dénonciation des deux sœurs. Après le départ de Madame, la parodie des deux bonnes reprend avec une intensité nouvelle. Or Solange s'est piquée au jeu et a tenté d'étrangler Claire. La fiction est presque devenue réalité.

CLAIRE. – Solange ! Solange ! Au secours !

SOLANGE. – Hurlez si vous voulez ! Poussez même votre dernier cri, madame ! *(Elle pousse Claire qui reste accroupie dans un coin.)* Enfin ! Madame est morte ! étendue sur le linoléum... étranglée par les gants de la vaisselle. Madame peut rester assise ! Madame peut m'appeler mademoiselle Solange. Justement. C'est à cause de ce que j'ai fait. Madame et Monsieur m'appelleront mademoiselle Solange Lemercier... Madame aurait dû enlever cette robe noire, c'est grotesque. *(Elle imite la voix de Madame.)* M'en voici réduite à porter le deuil de ma bonne. À la sortie du cimetière, tous les domestiques du quartier défilaient devant moi comme si j'eusse été de la famille. J'ai si souvent prétendu qu'elle faisait partie de la famille. La morte aura poussé jusqu'au bout la plaisanterie. Oh ! Madame... Je suis l'égale de Madame et je marche la tête haute... *(Elle rit.)* Non, monsieur l'Inspecteur, non... Vous ne saurez rien de mon travail. Rien de notre travail en commun. Rien de notre collaboration à ce meurtre... Les robes ? Oh ! Madame peut les garder. Ma sœur et moi nous avions les nôtres. Celles que nous mettions la nuit en cachette. Maintenant, j'ai ma robe et je suis votre égale. Je porte la toilette rouge des criminelles. Je fais rire Monsieur ? Je fais sourire Monsieur ? Il me croit folle. Il pense que les bonnes doivent avoir assez bon goût pour ne pas accomplir de gestes réservés à Madame ! Vraiment il me pardonne ? Il est la bonté même. Il veut lutter de grandeur avec moi. Mais j'ai conquis la plus sauvage... Madame s'aperçoit de ma solitude ! Enfin ! Maintenant je suis seule. Effrayante. Je pourrais vous parler avec cruauté, mais je peux être bonne... Madame se remettra de sa peur. Elle s'en remettra très bien. Parmi ses fleurs, ses parfums, ses robes. Cette robe blanche que vous portiez le soir au bal de l'Opéra. Cette robe blanche que je lui interdis toujours. Et parmi ses bijoux, ses amants. Moi, j'ai ma sœur. Oui, j'ose en parler. J'ose, madame. Je peux tout oser. Et qui, qui pourrait me faire taire ? Qui aurait le courage de me dire : « Ma fille ? » J'ai servi. J'ai eu les gestes qu'il faut pour servir. J'ai souri à Madame. Je me suis penchée pour faire le lit, penchée pour laver le carreau, penchée pour éplucher les légumes, pour écouter aux portes, coller mon œil aux serrures. Mais maintenant, je reste droite. Et solide. Je suis l'étrangleuse. Mademoiselle Solange, celle qui étrangla sa sœur ! Me taire ? Madame est délicate vraiment. Mais j'ai pitié de

Madame. J'ai pitié de la blancheur de Madame, de sa peau satinée, de ses petites oreilles, de ses petits poignets... Je suis la poule noire, j'ai mes juges. J'appartiens à la police. Claire ? Elle aimait vraiment beaucoup, beaucoup, Madame !... Non, monsieur l'Inspecteur, je n'expliquerai rien devant eux. Ces choses-là ne regardent que nous... Cela, ma petite, c'est notre nuit à nous ! *(Elle allume une cigarette et fume d'une façon maladroite. La fumée la fait tousser.)* Ni vous ni personne ne saurez rien, sauf que cette fois Solange est allée jusqu'au bout. Vous la voyez vêtue de rouge. Elle va sortir.

Solange se dirige vers la fenêtre, l'ouvre et monte sur le balcon. Elle dira, le dos au public, face à la nuit, la tirade qui suit. Un vent léger fait bouger les rideaux.

Sortir. Descendre le grand escalier : la police l'accompagne. Mettez-vous au balcon pour la voir marcher entre les pénitents noirs. Il est midi. Elle porte alors une torche de neuf livres. Le bourreau la suit de près. À l'oreille il lui chuchote des mots d'amour. Le bourreau m'accompagne, Claire ! Le bourreau m'accompagne ! *(Elle rit.)* Elle sera conduite en cortège par toutes les bonnes du quartier, par tous les domestiques qui ont accompagné Claire à sa dernière demeure. *(Elle regarde dehors.)* On porte des couronnes, des fleurs, des oriflammes, des banderoles, on sonne le glas. L'enterrement déroule sa pompe. Il est beau, n'est-ce pas ? Viennent d'abord les maîtres d'hôtel, en frac, sans revers de soie. Ils portent leurs couronnes. Viennent ensuite les valets de pied, les laquais en culottes courtes et bas blancs. Ils portent leurs couronnes. Viennent ensuite les valets de chambre, puis les femmes de chambre portant nos couleurs. Viennent les concierges, viennent encore les délégations du ciel. Et je les conduis. Le bourreau me berce. On m'acclame. Je suis pâle et je vais mourir.

Elle rentre.

Que de fleurs ! On lui a fait un bel enterrement, n'est-ce pas ? Claire ! *(Elle éclate en sanglots et s'effondre dans un fauteuil... Elle se relève.)* Inutile, madame, j'obéis à la police. Elle seule me comprend. Elle aussi appartient au monde des réprouvés.

Jean Genet, *Les Bonnes*, 1947, © Marc Barbezat / L'Arbalète.

La liturgie des réprouvés

Théâtre dans le théâtre, la scène est fondée sur une structure en abyme• qui souligne le décalage entre la réalité et l'illusion et qui transforme le monologue en délire obsessionnel peuplé d'interlocuteurs fictifs. Le lyrisme• fébrile du réprouvé multiplie les élans contradictoires : vénération et sarcasme ; servilité et affranchissement ; haine et amour. D'où le désir de tuer l'être à la fois maudit et aimé. La révolte du proscrit trouve son expression non pas dans la récrimination mais dans le rituel répétitif qui exorcise névroses, frustrations et fantasmes• dans la splendeur baroque d'un cérémonial funèbre.

document

Mais où est la vérité du couple ancillaire ? Lorsque nous les voyons en présence de Madame, Solange et Claire ne nous paraissent pas vraies ; fausse soumission, fausse tendresse, faux respect, fausse gratitude : toutes leurs conduites mentent. Nous sommes amenés à croire que cette falsification vient des rapports faux qu'elles entretiennent avec leur maîtresse : quand elles retrouveront leur solitude à deux, elles reprendront leurs vrais visages. Mais lorsqu'elles sont seules, elles jouent : Claire joue à être Madame et Solange à être Claire. Et nous attendons malgré nous le retour de Madame qui fera tomber les masques et les ramènera à leur vraie condition de domestiques. Ainsi leur vérité est toujours ailleurs : en présence des Maîtres, la vérité d'un domestique est d'être un faux domestique et de masquer *l'homme* qu'il est sous un déguisement de servilité ; mais en leur absence *l'homme* ne se manifeste pas davantage, car la vérité du domestique, dans la solitude, c'est de jouer à être le patron. Et il est vrai que les valets, quand le Maître est en voyage, fument ses cigares, revêtent ses habits, singent ses manières : comment pourrait-il en être autrement, puisque le Maître persuade au serviteur qu'il n'est d'autre moyen d'être homme que de devenir patron ? Tourniquet d'apparences : un valet c'est tantôt un homme qui joue à être domestique, tantôt un domestique qui joue à être un homme, en d'autres termes, un homme qui rêve dans l'horreur qu'il devient sous-homme ou un sous-homme qui rêve dans la haine qu'il devient homme.

Jean-Paul Sartre, *Saint Genet, comédien et martyr*, Gallimard, 1952.

Faisons le point

Fiche n°3
précédente : p. 253

Mises en scène

1. Le siècle du metteur en scène

La réflexion sur la représentation théâtrale a longtemps mis en avant une problématique de l'acteur (cf. le célèbre *Paradoxe sur le comédien* de Diderot). Le XXe siècle voit plutôt passer au premier plan un personnage nouveau : **le metteur en scène** (cf. p. 257). Là où la mise en scène traditionnelle se voulait matérialisation des indications du texte, figurant celui-ci et l'illustrant d'un «décor», la mise en scène moderne est un dispositif complexe qui joue de toutes les ressources de la technique dramaturgique pour produire une interprétation du texte : celui-ci devient la «partition» du spectacle.

De façon significative, les grandes théories contemporaines du théâtre sont des théories de la représentation plus que de l'écriture (cf. Artaud, p. 194, et Brecht, p. 253).

2. Texte et spectacle

De là peuvent naître des situations diverses : collaboration féconde entre un auteur et un metteur en scène (Giraudoux et Jouvet, Beckett et R. Blin, B. M. Koltès et P. Chéreau...), tentation pour le metteur en scène de devenir auteur (G. Bourdet et *Le Saperleau,* 1982) ou de construire un spectacle à partir d'un texte non théâtral (J.-L. Barrault montant un *Rabelais* en 1968), conflit de pouvoir entre l'auteur et le metteur en scène (ainsi entre S. Beckett et G. Bourdet lors de l'entrée de *Fin de partie* à la Comédie française, 1988). La valorisation du spectacle peut aller jusqu'à la remise en cause du texte en tant que point de départ; on se tournera alors vers des formes d'improvisations présentées comme libération du langage et moyen d'expression collective (A. Gatti ou de façon moins radicale le Théâtre de l'Aquarium, le Théâtre du Soleil...) Le théâtre se démarque ainsi du champ de la littérature : le «happening», mêlant acteurs et spectateurs dans un jeu improvisé, le Théâtre de l'Opprimé d'A. Boal, font du théâtre le lieu d'une action (contestataire), non plus d'une représentation. Mais par-delà ces recherches, il semble que le texte retrouve aujourd'hui souvent un rôle essentiel : en témoigne le succès au théâtre de romancières comme M. Duras et N. Sarraute.

3. Lieux et publics

La remise en cause des codes théâtraux traditionnels se manifeste aussi dans la volonté d'élargir le public et de conquérir des espaces nouveaux. La politique de décentralisation culturelle menée depuis la guerre a permis la multiplication de centres dramatiques en province et dans la périphérie parisienne. Les grands festivals renouent avec une tradition qui associe le théâtre à l'idée de fête et de rassemblement populaire : le plus célèbre d'entre eux, celui d'Avignon, est lié au nom de Jean Vilar, de même que l'entreprise du T.N.P. qu'il dirigea de 1951 à 1963. En même temps des espaces scéniques nouveaux apparaissent : la cour du palais des Papes à Avignon, les hangars de la Cartoucherie de Vincennes... Rien n'illustre mieux cette recherche de lieux inédits que l'itinéraire de la compagnie Renaud-Barrault, de l'Odéon à l'Élysée-Montmartre, de la gare d'Orsay au Théâtre du Rond-Point.

P.-L. Mignon, *Le Théâtre au XXe siècle,* Gallimard, 1986.

G. Serreau, *Histoire du Nouveau-Théâtre,* Gallimard, 1966.

B. Dort, *Théâtre réel,* Le Seuil, 1971.

Prose et récits

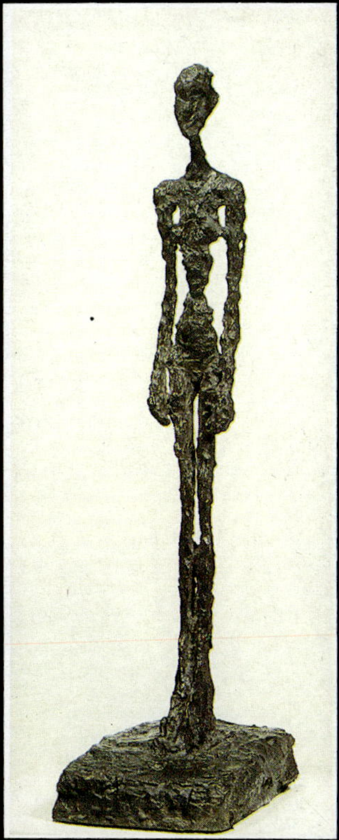

Otto Dix (1891-1969), *La Guerre,* Musée de Dresde, ph. Archives Snark-Édimédia, D.R.

Max Beckmann (1884-1950), *La Nuit,* 1918-1919, Musée de Düsseldorf, ph. Held-Artephot, S.P.A.D.E.M.

Douanier Rousseau (1844-1910), *La Guerre ou la chevauchée de la discorde,* 1894, Paris, Musée d'Orsay, ph. Giraudon.

Marcel Gromaire (1892-1971), *La Guerre,* 1925, Musée d'Art Moderne de la Ville de Paris, ph. Lauros-Giraudon, S.P.A.D.E.M.

Les deux conflits mondiaux sont quasiment la toile de fond de toute la littérature du XXe siècle : ils révèlent l'échec et l'horreur d'une époque qui a par ailleurs tout vaincu.

Salvador Dali (1904-1989), *Prémonition de guerre civile,* 1936, Philadelphie, Museum of Art, ph. Édimédia, Demart pro Arte BV – A.D.A.G.P.

Époque prétendument insouçiante, les années 1900 sont pourtant celles de l'affaire Dreyfus et de tensions sociales ou religieuses. Mais il est vrai que la vie littéraire s'y confond encore avec le parisianisme, celui des salons. Des élégantes y fascinent Proust, comme celle altière « femme à la balustrade ». Les soirées fournissent au romancier des leçons de chose dont il fera son miel. Et il n'est pas d'endroit où le moi soit à la fois plus versatile et plus solitaire...

Jean Béraud (1849-1936), *Une soirée*, Paris, Musée Carnavalet, ph. Lauros-Giraudon, S.P.A.D.E.M.

Jean Béraud (1849-1936), *Le Chalet de cycle au bois de Boulogne*, 1900, Sceaux, Musée de l'Île-de-France, ph. Lauros-Giraudon, S.P.A.D.E.M.

Kees Van Dongen (1877-1968), *La Femme à la balustrade*, 1907, Saint-Tropez, Musée de l'Annonciade, ph. Giraudon, A.D.A.G.P.

Maurice Denis (1870-1943), *Portrait d'André Gide,* 1892, coll. part., ph. Lauros-Giraudon, S.P.A.D.E.M. ▶

Jacques-Émile Blanche (1861-1942), *Portrait de Marcel Proust,* coll. part., ph. Giraudon, S.P.A.D.E.M. ▼

CALLOT

Pablo Picasso (1881-1973), *Guernica,* ph. Oronoz-Artephot, S.P.A.D.E.M. – Maya.

Boris Taslitzky (né en 1911), *Le Petit Camp à Buchenwald en février 1945,* ph. M.N.A.M.G.P., A.D.A.G.P.

Francis Gruber (1912-1948), *Hommage à Jacques Callot,* 1942, Paris, coll. Bazaine, ph. Lauros-Giraudon, A.D.A.G.P.

Marc Chagall (1887-1985), *La Guerre,* ph. M.N.A.M.G.P., A.D.A.G.P.

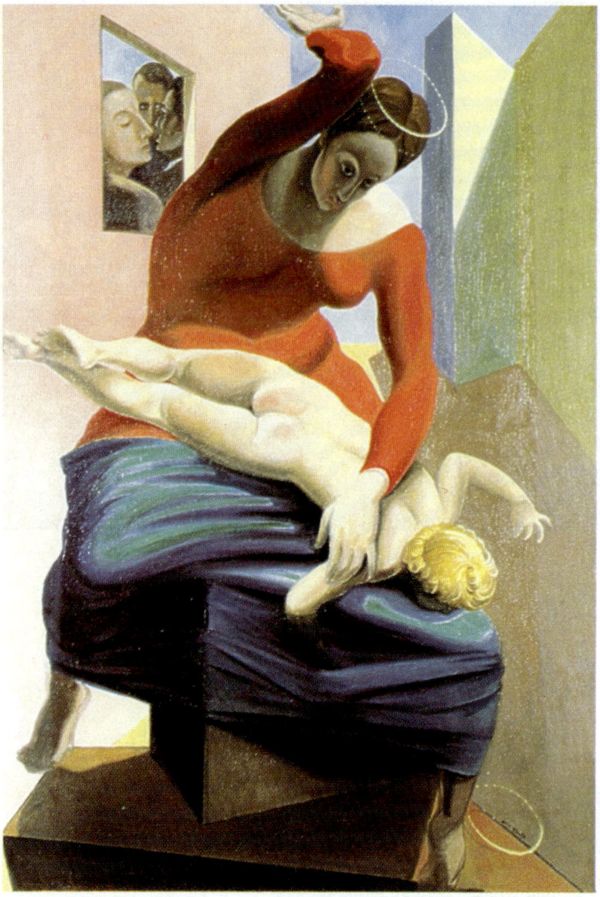

Face à l'horreur et à l'absurdité (cf. Magritte p. 176), il reste la revanche de l'humour, volontiers macabre. Ernst choisit la dérision iconoclaste, proche du gag plus que du blasphème. Seul, Dix est atrocement grinçant. Les bouffis de Botero sont presque inquiétants, dans leur indifférence confite. Mais Chirico et Delvaux font percevoir l'amertume discrètement sarcastique de leur tableaux faussement tranquilles. La raillerie est moins forte que l'angoisse ou le malaise vague.

◀ Max Ernst (1891-1976), *La Vierge Marie corrigeant l'enfant Jésus devant trois témoins,* 1926, ph. Béatrice Hatala – M.N.A.M.G.P., S.P.A.D.E.M.

Paul Delvaux (1897-1988), *Les Grands Squelettes,* 1942, ph. M.N.A.M.G.P., © Fondation P. Delvaux, Saint-Idesbald/Belgium, S.P.A.D.E.M. ▶

Giorgio De Chirico (1888-1978), *La Mélancolie du politicien,* 1913, Bâle, Kunstmuseum, ph. Giraudon, S.P.A.D.E.M. ◀

Fernando Botero (né en 1932), 1979, ph. Béatrice Hatala – M.N.A.M.G.P., A.D.A.G.P. ▼

Otto Dix (1891-1969), *Invalides de guerre jouant aux cartes,* coll. part., ph. Édimédia, D.R. ▼

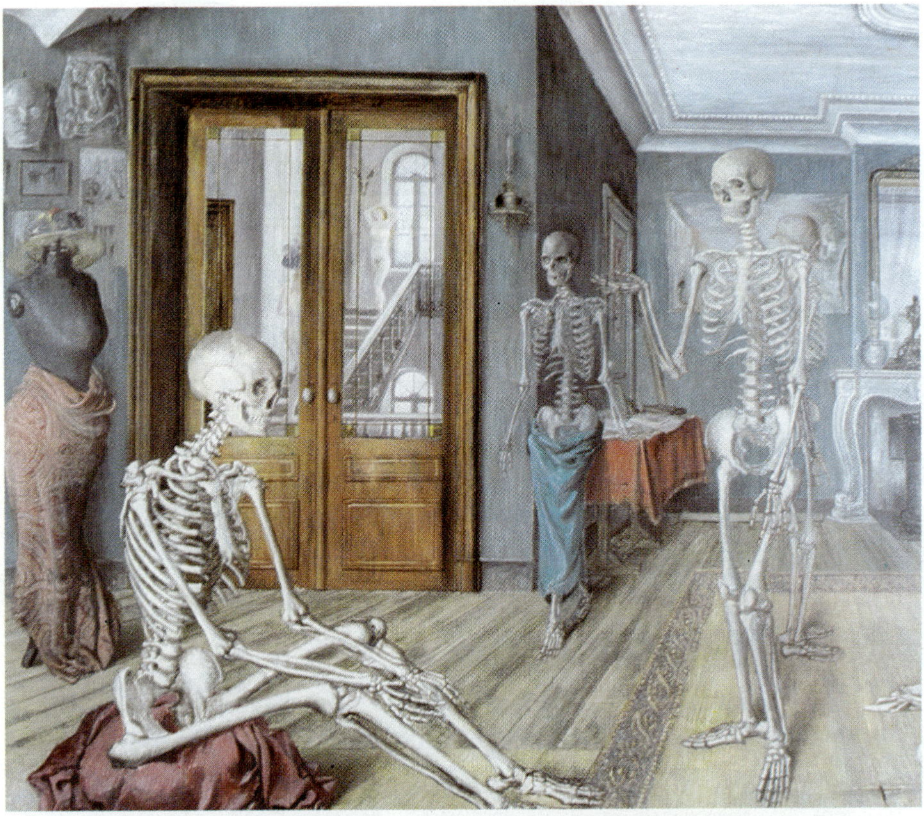

Fernand Léger (1881-1955), *La Lecture,* 1924, ph. M.N.A.M.G.P., S.P.A.D.E.M.

Les personnages de Léger, malgré leurs formes géométrisées, essaient de se dégager des choses anonymes qui envahissent la toile. Mais l'ensemble évoque un monde manufacturé et machinal où l'homme est intégré – par une sorte de prémonition (encore optimiste et militante) de l'environnement moderne. Le portrait de Genet par Giacometti exprime à sa manière la même fusion, mais tout enthousiasme naïf semble retombé.

Alberto Giacometti (1901-1966), *Jean Genet,* 1955, ph. M.N.A.M.G.P., A.D.A.G.P.

Ici, plus de trace de l'homme en acte. Les choses semblent avoir gagné et abattu la conscience révoltée. Un irrémédiable ennui existentiel, sans éclats, émane des toiles de Hopper, lancinantes et un peu désespérées.

Edward Hopper (1882-1967), *Chambre d'hôtel,* 1931, ph. Béatrice Hatala – M.N.A.M.G.P. ▶

◀ Francis Gruber (1912-1948), *Job,* 1945, Londres, Tate Gallery, ph. Bridgeman-Giraudon, A.D.A.G.P.

Gruber aussi, mais plus dramatiquement, après 40, a semblé miné par l'absurdité d'une existence déchue et glauque. L'homme devient une grande figure statique, écrasée, sur des fonds sombres et désolés. Cet expressionnisme transpose en peinture les rapports orageux, puis déçus, de l'artiste et d'un monde incohérent et destructeur.

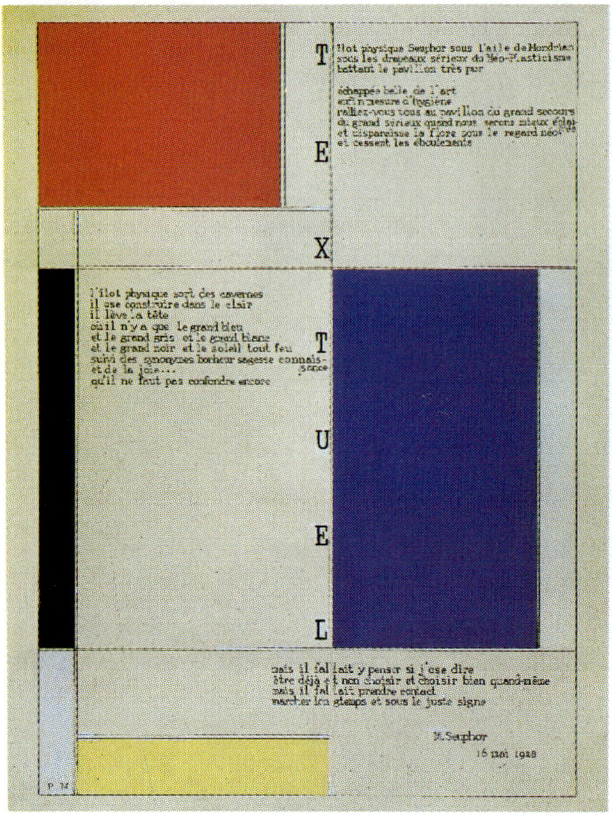

Piet Mondrian (1872-1944), *Tableau-poème,* 1928, Paris, coll. Seuphor, ph. Giraudon, S.P.A.D.E.M.

Charles Lapicque (1898-1988), *Sainte Catherine de Fierbois,* 1940, ph. M.N.A.M.G.P., A.D.A.G.P.

 Le jeu des structures et des formes... mais un jeu qui symbolise une cause (Hajdu),

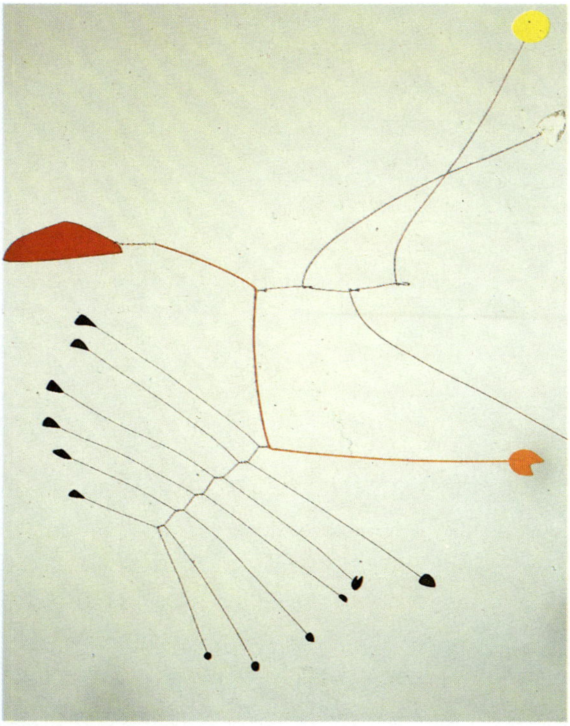

Alexander Calder (1898-1976), *Fishbones,* 1939, ph. M.N.A.M.G.P., A.D.A.G.P.

Jean Atlan (1913-1960), *La Kahana,* M.N.A.M.G.P., ph. Lauros-Giraudon, A.D.A.G.P.

Wassily Kandinsky (1866-1944), *Sans titre,* 1910, ph. M.N.A.M.G.P., A.D.A.G.P.

Jean Tinguely (né en 1925), *Machine méta-mécanique automobile,* 1954, ph. M.N.A.M.G.P.

Étienne Hajdu (né en 1907), *Hommage à l'Espagne républicaine,* 1936, coll. de l'artiste, ph. Milan.

des lieux (l'Afrique du Nord d'Atlan), le monde « chosifié »...

Paul Gauguin (1848-1903), *Contes barbares,* 1902, ph. Giraudon.

Balthus (né en 1912), *Nu assoupi,* 1980, ph. Béatrice Hatala - M.N.A.M.G.P., S.P.A.D.E.M.

Henri Matisse (1869-1954), *Odalisque à la culotte rouge,* 1922, M.N.A.M.G.P., ph. Bulloz, © Claude Duthuit.

Egon Schiele (1890-1918), *Femme assise de dos,* 1917, D.R. ▲

▲ Tamara de Lempicka (1900-1980), *Jeune Fille en vert,* 1927, ph. M.N.A.M.G.P.

Richard Lindner (1901-1978), *La Chasse,* 1976, ph. Fondation Maeght, A.D.A.G.P. ▶

Frank Kupka (1871-1957), *Le Rouge à lèvre,* 1908, ph. M.N.A.M.G.P., A.D.A.G.P. ▼

On dit que la « postmodernité » se signale par un retour au référent• et par une sorte de réalisme. De fait, une toile comme celle de Colville nous rappelle un univers de cinéma, qui reste la culture artistique principale de nos sociétés : un peu de réel, un peu de mystère, un beau cadrage. Mais la perfection quasi « trompe l'œil » de Van Hove nous ramène à un classicisme, pour qui « il n'y a de beau que le vrai »...

◀ Alex Colville (né en 1920), *Pacifique,* 1967, coll. part., ph. M.N.A.M.G.P.

Francine Van Hove (née en 1942), *La Bouteille Thermos,* 1985, coll. part., ph. Laurent Sully Jaulmes. ▼

Prose et récits

La morale et les héros

Les nostalgiques

L'humanisme désabusé d'Anatole France (1844-1924)

Anatole France commença sa carrière par des chroniques de critique littéraire qui témoignent d'un vif attachement à l'esthétique du mouvement parnassien. Puis, engagé aux côtés des défenseurs de Dreyfus, il ne cessa de bâtir une œuvre romanesque attentive à toutes les formes d'oppression et acquise aux grandes convictions de la gauche militante (*Vers les temps meilleurs*, 1906). Le prix Nobel vint couronner, en 1921, une production qui avait vigoureusement soutenu **la cause du pacifisme.** Malgré son empressement à saluer, dès 1917, les espérances suscitées par la Révolution russe, Anatole France reste paradoxalement un écrivain attaché aux valeurs du passé.

Sa nostalgie va d'abord vers **l'humanisme fervent,** mais désuet, dont se réclamaient les auteurs du XVIe siècle, épris d'une civilisation gréco-latine qu'ils avaient l'ambition de faire renaître. **Réfractaire aux tensions du tragique•**, sceptique sur les effets de l'engagement idéologique, hostile à toute éthique• fondée sur l'héroïsme et le dépassement de soi (*Les Dieux ont soif*, 1912), Anatole France se plaît à cultiver *Le Jardin d'Épicure* (1894), à découvrir dans la sagesse antique le modèle d'**un art de vivre qui autorise l'harmonieux épanouissement des plaisirs de l'esprit et du corps.** Seule, à ses yeux, vaut **une morale naturelle,** tournée vers la recherche des jouissances terrestres, ignorante de la discipline et des rigueurs imposées par l'ascèse du christianisme. Comme Voltaire (cf. *Le XVIIIe siècle*, p. 98), le romancier, qui s'interroge à l'aube du XXe siècle, oppose aux dogmes de la religion révélée la distance d'un esprit critique : la **foi dans la raison et dans la science,** la croyance au progrès, la paix et la justice promises aux démocraties lui paraissent plus satisfaisantes pour conduire les hommes vers le bonheur. Comme Voltaire encore, c'est à travers la fiction du conte philosophique (par exemple, *L'Île des pingouins*, 1908) qu'Anatole France jette souvent **un regard désabusé** sur les méfaits de l'intolérance et sur le destin chaotique des peuples.

La mélancolie d'un voyageur romantique : Pierre Loti (1850-1923)

Officier de marine, Pierre Loti (pseudonyme de Julien Viaud) a sillonné toutes les mers du monde. La découverte de paysages exotiques (*Vers Ispahan*, 1904) et la rencontre de civilisations insoupçonnées (*Un pèlerin d'Angkor*, 1912) nourrissent le lyrisme• d'une œuvre où se mêlent la splendeur d'une nature sauvegardée, le charme singulier d'un mode de vie sans artifices, la fascination renouvelée par les vastes espaces. Mais l'émerveillement reste toujours voilé par une **mélancolie** (par exemple, celle des *Derniers Jours de Pékin*, 1902) qui, au-delà des fugitifs instants de plénitude, trahit la **fragilité d'un bonheur menacé.** La densité et les couleurs de la vie semblent toujours confinées dans un passé lumineux mais révolu, traqué par l'obsession des souvenirs et des rêves. Dès lors, le temps qui passe est inexorablement miné par une tristesse corrosive, et livre une **âme alanguie et dolente** à l'ennui, à la solitude et à l'angoisse de la mort.

Le paradis perdu d'Alain-Fournier (1886-1914)

Publié dans *La Nouvelle Revue Française* en 1913, *Le Grand Meaulnes* demeure l'unique roman d'Alain-Fournier (pseudonyme d'Henri Alban Fournier) tragiquement tombé au front dès les premières semaines de la Grande Guerre. Largement autobiographique, l'œuvre retrace l'existence banale d'un adolescent dont l'univers se limite à l'école d'un petit village de Sologne. Or l'exploration d'un passé encore proche ne saurait être assimilée à une recherche du temps perdu, car la précision du souvenir est progressivement dégradée par le halo de la rêverie et les sortilèges de la magie. À l'image du décor qui se dilue dans **l'onirisme d'une géographie mouvante et insaisissable,** les protagonistes – à la personnalité souvent opaque – cèdent volontiers au goût du déguisement et entretiennent une atmosphère ambiguë, voilée par de nombreuses énigmes. Ainsi conçu, *Le Grand Meaulnes* se rattache à la tradition mystique des grands cycles romanesques du Moyen Âge. Comme les héros du monde chevaleresque dessiné par Chrétien de Troyes (cf. *Le Moyen Âge/XVIe siècle*, pp. 58-71), Augustin Meaulnes et ses compagnons agissent avec la conviction que la réalité vécue par chacun oppose au regard de nombreuses zones d'ombre, que le sens des destinées individuelles reste à jamais dissimulé, sauf pour celui qui a reçu le privilège d'une révélation et qui essaie de décrypter les signes ouvrant un cheminement vers la vérité. **Le récit romanesque devient ainsi quête patiente et fervente, itinéraire initiatique,** discret ou secret, conduisant aux clés d'un mystère métaphysique. Dans cette perspective, Alain-Fournier rompt totalement avec le réalisme de Balzac ou de Zola ; la voie dans laquelle il s'engage est celle du roman poétique, fondé sur les valeurs esthétiques d'un symbolisme renaissant (cf. *Le XIXe siècle*, p. 473).

Les doctrinaires

Le conservatisme de Paul Bourget (1852-1935)

Les premières tentatives de poésie parnassienne ou néo-romantique auxquelles se hasarda Paul Bourget, en 1875, restèrent sans lendemain. Son esprit analytique, attentif à la sensibilité mouvante d'une génération, se donna vite l'ambition de recenser, dans les *Essais de psychologie contemporaine* (1883-1885), les causes d'un malaise généralisé qui envahissait la société française en une **fin de siècle** remplie d'interrogations.

Le bilan fut sans ambiguïté : les âmes livrées au désarroi étaient celles qui s'étaient affranchies des certitudes de la foi. Dès les premières années du xxe siècle, Paul Bourget, **anti-dreyfusard** notoire, milita ardemment en faveur de l'Église, de la monarchie et du nationalisme. Ses romans majeurs, *L'Étape* (1902), *Un divorce* (1904), *L'Émigré* (1907), *Le Démon de Midi* (1914) font tous **l'apologie des valeurs les plus conservatrices.** Dès lors, l'intention didactique pèse nécessairement sur l'ingéniosité de l'intrigue : drames individuels et débats sociaux restent asservis à une thèse arbitraire qu'il convient impérativement de confirmer par de multiples situations romanesques ; ainsi le **parti-pris idéologique,** trop insistant, a-t-il fini par discréditer la prétendue méthode expérimentale dont se réclamait l'analyste scrupuleux des maux d'une génération, visiblement réduite aux milieux de la haute bourgeoisie.

Le nationalisme de Maurice Barrès (1862-1923)

En 1900, Maurice Barrès était déjà célèbre par ses prises de position en faveur d'un **individualisme** forcené, exalté dans *Le Culte du Moi,* (1888-1891), ou d'une fronde anarchisante dont se flatte *L'Ennemi des lois* (1893). Or l'affaire Dreyfus l'amena vite à rallier les rangs de droite et à devenir **le théoricien enflammé du nationalisme** (*Les Déracinés,* 1897). Ce n'est pas sans paradoxe que Barrès en vint alors à soutenir que le ciment du nationalisme et l'enracinement dans les traditions d'un terroir étaient les conditions indispensables à l'épanouissement des individualités les plus jalouses de leur autonomie. De façon moins spécieuse, il reprit à son compte les **conclusions déterministes• de Taine** pour démontrer que la formation, la croissance et l'expansion d'une nation obéissaient à des mécanismes naturels, indifférents à toute considération morale ; dans cette perspective, il faut admettre, selon Maurice Barrès, que les nations se font et de défont selon les principes de la concurrence et en vertu de la loi du plus fort. Inutile, donc, de s'encombrer des normes de la justice et des injonctions du droit. « La société est un système de forces où le vaincu, au demeurant, a toujours tort. Le fait accompli constitue le droit » (*L'Appel au soldat,* 1900). On mesure ainsi à quel point la pensée de Barrès a pu venir cautionner les pires hérésies du xxe siècle : racisme, xénophobie, hégémonies et dictatures en tous genres.

Malgré les engagements passionnés qu'elle essaie de légitimer, l'œuvre polémique de Barrès ne saurait masquer **la sensibilité douloureuse d'un homme obsédé par la mort.** Tout au long de son existence n'ont cessé d'alterner deux voies opposées, pour l'aider à **conjurer l'angoisse du néant.** Tantôt la morale de l'action, de l'énergie, de l'élan et de l'héroïsme – dont Napoléon fut l'un des modèles les plus prestigieux – vient le convaincre que la permanence du patrimoine territorial, religieux et culturel d'une nation est un défi à la disparition des individus et à l'extinction des générations successives. Tantôt le goût de l'ordre et de la tradition cède aux **harmonies lyriques•** du voyage (*Le Voyage de Sparte,* 1906) et de la rêverie (*La Colline inspirée,* 1913). Cette double application à exorciser le tragique• de la condition humaine révèle ainsi la complexité d'**une esthétique partagée entre classicisme et romantisme.**

La foi révolutionnaire de Romain Rolland (1866-1944)

Les multiples biographies consacrées à des génies prestigieux (*Vie de Beethoven,* 1903 ; *Vie de Michel-Ange,* 1906 ; *Vie de Tolstoï,* 1911) témoignent chez Romain Rolland d'une grande fascination pour les univers héroïques. Or les tensions politiques et sociales accumulées à la fin du xixe siècle ont rapidement nourri, chez ce témoin inquiet, le sentiment qu'une civilisation était menacée des pires dangers. La Grande Guerre viendra rapidement vérifier ces sombres intuitions et dénoncer la sclérose d'une Europe vouée désormais à la folie meurtrière. Conscient de la nécessité de réformer la structure des sociétés modernes, Romain Rolland, en intellectuel exigeant, oscille entre deux tentations opposées. Tantôt **il place ses espoirs dans la révolution russe** porteuse, à ses yeux, d'une énergie et d'une vitalité capables de donner un nouvel essor à la vieille Europe : c'est le sens de l'hommage *À la Russie libre et libératrice,* publié le 1er mai 1917. Tantôt, réfractaire aux excès attachés à toute révolution, **il prône l'idéologie de la non-violence** développée en Inde par les patriotes en lutte pour conquérir l'indépendance (*Mahātmā Gandhi,* 1924). Toutefois, l'émergence des fascismes européens viendra vite mettre un terme à ces hésitations ; face aux nouveaux périls, la stratégie de la non-violence n'est qu'un leurre ou une démission. Pour Romain Rolland, seul l'idéal communiste paraît capable de restaurer l'héroïsme des grands desseins, de créer un large mouvement d'enthousiasme et d'autoriser l'avènement d'un monde de justice et de paix.

Jean-Christophe, vaste épopée en prose (publiée en dix volumes, de 1904 à 1912) témoigne de la profonde érosion qui a affecté l'âme européenne au moment où les germes du conflit mondial ne sauraient échapper aux esprits les plus clairvoyants. Au-delà des aventures prêtées à son héros Jean-Christophe, le romancier anticipe sur la tragédie imminente d'une génération sacrifiée et **lance un vibrant appel à la fraternité des peuples.**

Fresques et fleuves

La période de l'entre-deux-guerres consacre des **entreprises romanesques gigantesques** qui semblent relever le défi jeté, à la fin du XIXe siècle, par des œuvres aussi monumentales que *La Comédie humaine* de Balzac (cf. *Le XIXe siècle,* p. 206) ou *Les Rougon-Macquart* de Zola (cf. *Le XIXe siècle,* p. 434). Plus proche encore, la production tentaculaire de Marcel Proust (cf. p. 280) a donné un prestige incomparable à l'architecture si particulière de tels romans : à l'image des cathédrales, ils doivent leur harmonie tant à la répartition des grandes masses qu'à la minutie du détail et à la multiplicité des perspectives.

C'est Romain Rolland (cf. p. 275) qui a proposé l'expression de « roman-fleuve » pour désigner ces ouvrages ; en effet, leur ambition est de charrier les matériaux ou de rassembler les courants qui, à une époque précise, donnent aux **flux de la vie sociale** puissance et profondeur. Or ces confluents ne sont pas gonflés par des crues imprévisibles ou des torrents capricieux. Comme pour les mouvements de la marée plutôt, le romancier, véritable démiurge, assigne au flot romanesque des principes régulateurs , dégage des constantes et des analogies, construit le **mécanisme d'un cycle répétitif.** Ainsi, chez Balzac déjà, ce sont **des personnages récurrents** qui, d'un volume à l'autre, viennent conférer à l'œuvre unité et cohérence. De même, la résurgence périodique d'individus unis par les liens du sang et de l'hérédité assure à la lignée des Rougon-Macquart continuité et vigueur. Pourtant, dans l'un et l'autre cas, chaque roman pris isolément se suffit à lui-même, sans exiger du lecteur qu'il connaisse les autres ouvrages du cycle.

En revanche, la solidarité des divers tomes se fait beaucoup plus impérieuse lorsque le dessein d'ensemble fonde les développements de l'intrigue soit sur une structure linéaire, soit sur une structure polyphonique.

Le roman à structure linéaire

Perspectives également convaincantes, la fresque biographique et l'épopée familiale permettent d'organiser le tissu romanesque selon une ligne de force majeure.

La fresque biographique : Georges Duhamel (1884-1966)

Des personnages aussi différents que Jean-Christophe (qui donna son nom à la somme narrative de Romain Rolland ; cf. p. 275), Rastignac du *Père Goriot* de Balzac (cf. *Le XIXe siècle,* p. 226), le prince André dans *La Guerre et la Paix* de Tolstoï partagent un point commun : **l'apprentissage de la vie,** que subit un jeune homme inexpérimenté, sert de prétexte à **l'exploration d'un univers social** qui se déploie de chapitre en chapitre.

L'œuvre de Georges Duhamel relève aussi des conventions du roman d'apprentissage. Ainsi le cycle de Salavin (*Vie et Aventures de Salavin,* 1920-1932) est-il organisé, en cinq volumes, autour d'un héros à la personnalité médiocre et pitoyable, en quête d'un bonheur inaccessible. La *Chronique des Pasquier* (dont les dix tomes ont été publiés de 1933 à 1941) propose un vaste tableau de la société parisienne que le lecteur découvre à mesure que se forment le tempérament et la vocation du personnage principal : Laurent Pasquier. Or, s'il est vrai que l'ouvrage nous montre les diverses voies empruntées par les nombreux enfants du docteur Pasquier pour parvenir à la réussite sociale, que les destinées individuelles se croisent comme les arabesques d'une vaste mosaïque, il n'en demeure pas moins évident que la figure puissante et tourmentée de Laurent Pasquier domine toute la chronique par son esprit tolérant et son idéalisme naïf. Grâce à lui, G. Duhamel n'a jamais cessé de « respecter **l'ordonnance naturelle qui groupe toujours les comparses autour du protagoniste,** et les menus faits autour des épisodes cardinaux »

L'épopée d'une famille : Roger Martin du Gard (1881-1958)

Passionné de théâtre, familier des metteurs en scène J. Copeau et Louis Jouvet, Roger Martin du Gard acquit une première notoriété par la publication d'une farce paysanne (*Le Testament du Père Leleu,* 1913), suivie, la même année, d'un long roman *(Jean Barois),* qui lui permit de transposer au roman l'écriture dialoguée réservée aux œuvres dramatiques. Mais la consécration vint avec *Les Thibault.* **Immense roman cyclique** entrepris en 1920 et achevé en 1940, l'œuvre retrace l'histoire d'une famille dont les divers membres sont scrutés par le regard du romancier durant une période qui s'étire de 1904 à 1940. Aux deux frères, Jacques et Antoine Thibault, sont confiés les rôles prédominants : conscients de l'effondrement des valeurs honorées par la génération précédente, celle du père, ils cherchent – chacun selon ses propres convictions – des voies insolites (engagement professionnel ou action militante en faveur du pacifisme) pour conjurer le poids de la solitude et les rigueurs du destin. Ainsi, quelle que soit la variété des thèmes qui s'entrelacent, les données romanesques, historiques et idéologiques se fondent dans une **atmosphère tragique**• balayée par le **souffle d'une ample épopée.**

Dans les derniers épisodes, quand le temps réel tend à être rejoint, puis dépassé, par le temps fictif de la construction romanesque, l'auteur est nécessairement amené à changer de perspective, faute de pouvoir deviner de quoi seront faits les lendemains de l'actualité immédiate. Dès lors, l'aventure individuelle des personnages est condamnée à passer à l'arrière-plan. Au terme d'une analyse rétrospective vient l'heure des bilans. Les deux derniers volumes, *L'Été 1914* (1936) et *L'Épilogue* (1940) élargissent le tableau parisien aux dimensions d'une **fresque d'histoire contemporaine.**

EXTRAIT

Ça ne rime à rien

Confronté à la souffrance, à la maladie, à la guerre et à la mort, le médecin, jadis sûr de son rôle, prend conscience que l'existence est vide de sens.

Impossible de se débarrasser intégralement de la question oiseuse : « Quelle peut être la signification de la vie ? » Moi-même, en ruminant mon passé, je me surprends souvent à me demander : « A quoi ça rime ? »

À rien. À rien du tout. On éprouve quelque peine à accepter ça, parce qu'on a dix-huit siècles de christianisme dans les moelles. Mais, plus on réfléchit, plus on a regardé autour de soi, en soi, et plus on est pénétré par cette vérité évidente : « Ça ne rime à rien. » Des millions d'êtres se forment sur la croûte terrestre, y grouillent un instant, puis se décomposent et disparaissent, laissant la place à d'autres millions, qui, demain, se désagrégeront à leur tour. Leur courte apparition ne « rime » à rien. La vie n'a pas de sens. Et rien n'a d'importance si ce n'est de s'efforcer à être le moins malheureux possible au cours de cette éphémère villégiature...

Constatation qui n'est pas aussi décevante, ni aussi paralysante, qu'on pourrait croire. Se sentir bien nettoyé, bien affranchi, de toutes les illusions dont se bercent ceux qui veulent à tout prix que la vie ait un sens, cela peut donner un merveilleux sentiment de sérénité, de puissance, de liberté. Cela devrait même être une pensée assez tonique, si on savait la prendre...

Je songe tout à coup à cette salle de récréation, au rez-de-chaussée du Pavillon B, que je traversais tous les matins en quittant mon service d'hôpital. Je la revois pleine de gosses à quatre pattes, en train de jouer aux cubes. Il y avait là de petits incurables, des infirmes, des malades, des convalescents. Il y avait là des enfants arriérés, des demi-imbéciles, et d'autres très intelligents. Un microcosme, en somme... L'humanité vue par le gros bout de la lorgnette... Beaucoup se contentaient de remuer au hasard les cubes qui se trouvaient devant eux, de les déplacer, de les tourner et retourner sur leurs diverses faces. D'autres, plus éveillés, assortissaient les couleurs, alignaient les cubes, composaient des dessins géométriques. Quelques-uns, plus hardis, s'amusaient à monter de petits édifices branlants. Parfois, un esprit appliqué, tenace, inventif, ambitieux, se donnait un but difficile, réussissait, après dix tentatives vaines, à fabriquer un pont, un obélisque, une haute pyramide... À la fin de la récréation, tout s'effondrait. Il ne restait sur le lino qu'un amas de cubes éparpillés, tout prêts pour la récréation du lendemain.

C'est, somme toute, une image assez ressemblante de la vie. Chacun de nous, *sans autre but que de jouer* (quels que soient les beaux prétextes qu'il se donne), assemble, selon son caprice, selon ses capacités, les éléments que lui fournit l'existence, les cubes multicolores qu'il trouve autour de lui en naissant. Les plus doués cherchent à faire de leur vie une construction compliquée, une véritable œuvre d'art. Il faut tâcher d'être parmi ceux-là, pour que la récréation soit aussi amusante que possible...

Roger Martin du Gard, *Les Thibault, L'Épilogue,* chapitre 16, 1940 ; Gallimard, 1955.

Ça ne rime à rien

Une composition rigoureuse fondée sur quatre étapes successives : une interrogation, un essai de réponse spontanée, une anecdote qui confirme l'intuition initiale et un bilan. Face au destin déconcertant, Roger Martin du Gard substitue la pitié et la recherche d'un bonheur dérisoire, mais accessible, à toute perspective de salut divin. Le problème métaphysique soulevé sur un ton désabusé préfigure déjà la thématique de l'absurde, développée plus tard par Albert Camus (cf. pp. 352 et 365-370).

Le roman à structure polyphonique

Tout autre est l'ambition de Jules Romains (1885-1972). **Le cycle d'aventures** dans lequel sont engagés *Les Hommes de bonne volonté* (1932-1946 ; 27 volumes) **n'accorde pas de premier plan à un personnage unique,** même si les normaliens Jallez et Jerphanion, témoins assidus de nombreux épisodes du récit, font entendre régulièrement la voix d'une conscience collective. À la fresque biographique et à l'épopée familiale Jules Romains préfère une œuvre plus vaste encore, tissée de **multiples destinées parallèles,** souvent ignorantes les unes des autres, brassées par les tumultes de l'histoire. Une telle architecture a pour effet de **livrer du monde une image intermittente, chaotique, éclatée, incohérente.** Or la juxtaposition de perspectives panoramiques et de gros plans, qui alternent selon un rythme cinématographique, ne doit pas être attribuée à la désinvolture d'un auteur indifférent aux règles de composition. Il s'agit, au contraire, d'une esthétique concertée, sous-tendue par une philosophie que J. Romains appelle **l'unanimisme** (cf. p. 39). Une lettre du 17 mars 1907 en donne les caractéristiques principales.

« Notre programme est simple et clair. Comme matière : la vie unanime ; c'est-à-dire 1° La vie des groupes, de tous les groupes (villes, villages, et à l'intérieur de ces groupes eux-mêmes, d'autres plus petits : la rue, le théâtre, l'église, l'usine, le banquet, le repas d'une famille, l'assemblée électorale, la foule du métro, etc.) ; 2° Les rapports sentimentaux et sensuels de l'individu avec les groupes. – La joie lyrique• de fondre dans les multitudes, de s'abandonner au rythme des groupes. – La révolte contre l'unanime, l'effort de l'individu pour s'arracher à un engloutissement dont il a conscience ; 3° Les groupes inférieurs, non humains : troupeaux, etc. ; 4° La religion de l'unanime ; l'effort pour donner aux groupes encore naïfs, spontanés, enfantins, la conscience claire, la notion de leur unité vivante, la révélation de leur moi.

« Comme moyen d'expression, la poésie, le roman – peut-être le théâtre. »

On comprend que la quête de l'unanimité ne puisse pas s'accommoder d'une représentation du réel réduite au fil linéaire d'une intrigue isolée. Le foisonnement de la vie, l'enchevêtrement des expériences, la sensibilité particulière aux élans collectifs imposent au récit la **multiplication des points de vue** et exigent du narrateur l'élaboration d'une **structure polyphonique,** capable de capter le bruissement du quotidien, de moduler les harmonies d'une génération et de transcrire « tout un pathétique• de la dispersion. [...] Tout se passe comme si l'Ensemble avait voulu marcher, par lourdes secousses. Dans la cohue des volontés, il doit sûrement y en avoir qui sont les bonnes volontés » (Préface des *Hommes de bonne volonté*).

EXTRAIT

Pulsations

La technique du simultanéisme• *(qui, dans le même paragraphe et au même instant, conduit le lecteur d'un personnage à l'autre ou d'un épisode à l'autre et dispose tous les éléments du récit sur le même plan) se prête particulièrement bien à l'évocation de la ville, perçue comme un gigantesque être collectif dont la vitalité se mesure à la stimulation d'innombrables organes. Ce procédé narratif a été largement utilisé par le romancier américain John Dos Passos dans sa trilogie* U.S.A. *(1930-1936) et par Jean-Paul Sartre* *(cf. p. 359)* *dans* Le Sursis *(1945).*

Quand enfin Louis Bastide se trouva rue Lamarck, arrêté, tremblant de fatigue, le cœur battant trop fort, son cerceau bien rangé contre lui (il s'appuyait dessus, du creux de l'aisselle, et il sentait plier le bois élastique), l'ombre commençait à sortir de toute l'épaisseur et par toutes les fissures de la ville du monde la plus dense. À mi-hauteur entre la terre et la nue, les parties du crépuscule se rassemblaient peu à peu comme font les murmures d'une foule ; et si là-haut la lumière azur et or du 6 octobre continuait à chanter, c'était toute seule. Paris déjà ne l'entendait plus.

Devant le porche du Sacré-Cœur, des provinciaux, des étrangers, arrivés de la veille, regardaient Paris gagné par les mouvements onduleux de l'ombre, et se faisaient désigner les monuments. D'autres, au loin, quittaient la lanterne du Panthéon, les tours de Notre-Dame, s'attardaient dans l'escalier de la Tour Eiffel, tout transis de vent et de vide. Du balcon de son atelier, rue Caulaincourt, un peintre voyait houler les faubourgs du Nord, avec leurs usines, leurs fumées, les flocons blancs des locomotives jusqu'aux coteaux de Pierrefitte. Un autre, par un vitrage poussiéreux et fêlé, au dernier étage d'une vieille maison de la rive gauche, découvrait une échappée très singulière sur des cheminées et des pignons. Des autobus à impériale se croisaient sur le Pont-Neuf. Accoudée à sa fenêtre, Germaine Baader regardait s'éloigner Gurau, qui s'était attardé auprès d'elle. Les toits du Louvre brillaient encore d'un côté. La Seine envoyait une haleine noire et froide. Germaine rêvait aux rois et aux favorites ; aux palais, aux prisons, aux noyés ; aux chemins de la puissance qui sont durement tracés par les hommes et où se promènent de belles femmes. Dans le centre, les amples mouvements du soir, les longues montées vers le Nord et vers l'Est, pareilles à un souffle interminable, s'annonçaient à peine. L'animation avait abandonné l'intérieur de la Bourse et des banques, diminuait aux étages des immeubles commerciaux, mais pour augmenter et s'alourdir dans les rues. Les boutiques s'allumaient par le fond. La rumeur faisait des nodosités. Rue Lamarck, Louis Bastide, faufilant son cerceau entre les visiteurs inquiets et les marchands de médailles, avait repris sa course, et un enfant redescendait se confondre avec la masse de la ville où naissait le pétillement de la nuit.

Des sirènes sifflaient. Les horloges des gares marquaient cinq heures. Quatre, sept, onze trains express marchaient sur Paris. Les quatre qui rampaient au loin sortaient à peine de province. Ils venaient de quitter les dernières grandes villes que Paris laisse croître à distance. Elles jalonnent autour de lui un cercle qui est comme le dessin de son ombre. Dès qu'on y pénètre, Paris impalpable a commencé.

Trois autres, beaucoup plus près, traversaient des campagnes imprégnées et soumises, mais encore belles, dans le flux oblique d'un couchant mordoré. Ils arrivaient au deuxième cercle, celui que tracent à une douzaine de lieues de Notre-Dame les chefs-lieux des vieux pays d'Ile-de-France.

Les quatre express qui accouraient les premiers touchaient déjà la proche banlieue, s'y enfonçaient en ralentissant. L'un venait de Lyon, un autre de Lille, un autre de Bordeaux, un autre d'Amsterdam.

Une partie du centre commençait à se détendre. Un vif courant de voitures se portait dans la direction de l'Ouest, et un grouillement continu de piétons gorgeait toutes les voies qui vont de la Concorde à la Bastille. C'était l'heure où dans les rues la proportion des riches est la plus forte ; où les grands magasins, âcrement illuminés, sont remplis de femmes ; où les femmes semblent partout plus nombreuses et plus heureuses que les hommes ; où il se fait dans les églises un léger bruit de prières à la seule lueur des cierges ; et où les enfants des quartiers populaires se poursuivent en criant sur les trottoirs.

Dans les stations du métro, des voyageurs, sans cesser de guetter le prochain grondement d'un train, examinaient le plan, cherchaient une rue. D'autres, qui les voyaient faire, avisaient le plan, regardaient aussi ; pour la première fois peut-être, se rendaient compte de la forme de la ville, y réfléchissaient, s'étonnaient de l'orientation d'un boulevard, de la dimension d'un arrondissement. Des cochers, des chauffeurs chargeaient un client, écoutaient un nom de rue insolite. Alors Paris se déployait dans leur tête, dans leur corps, un Paris tangible, fait de lignes vivantes, de distances ressenties, imbibé de mouvements comme une éponge et déformé par le flux perpétuel des choses qui s'approchent et s'éloignent. Soudain, dans ce Paris qu'ils s'étaient identifié, la rue les piquait à un point précis, et ils allaient le trouver comme une démangeaison. Dans les bureaux de la Préfecture, à l'extrémité de couloirs crasseux, des hommes à manches de lustrine additionnaient des naissances, des cas de diphtérie, des accidents par véhicules hippomobiles et véhicules à moteur, des mètres carrés de chaussée asphaltée, des quintaux de viande sur pied, des billets de métro par station et par ligne, des prix de revient de kilomètre-voyageur. Penchés comme des anatomistes sur un Paris exsangue, ils en détachaient de longues lanières de chiffres.

Jules Romains, *Les Hommes de bonne volonté, le 6 octobre,* chapitre XVIII, Flammarion, 1932.

Pulsations

La fréquence des verbes de mouvement, la technique du simultanéisme•, la diversité des champs visuels, la multiplicité de scènes brèves, la juxtaposition de phrases isolées soulignent les effets d'une écriture pointilliste. Toutefois la ville demeure le centre de gravité d'un univers apparemment éclaté et le point de convergence d'espaces mouvants.

Marcel Proust

1871
1922

Du côté de la biographie, quand même

Proust s'est insurgé contre la méthode de Sainte-Beuve qui s'applique à scruter les détails biographiques d'un écrivain pour expliquer sa création, confondant ainsi la personne privée et l'inventeur. Il est vrai que Proust s'est préparé à sa vocation d'auteur non pas en cultivant des états d'âme ou une marginalité qu'il n'affichait guère (son homosexualité, par exemple), mais en s'entraînant grâce à des pastiches. C'est sur l'élaboration d'un **style,** donc d'une vision (cf. p. 294), que cet artiste édifie son œuvre, laquelle est d'ailleurs l'histoire d'une recherche et non un quelconque reportage mondain. La structure même de son immense roman, faite de cycles, de réminiscences et d'allusions, est une rosace aux réseaux infinis, un jeu de miroirs complexe, tandis que la phrase, sinueuse et se déroulant en volutes prolongées, multiplie les signes et les reflets jusqu'au vertige. Par son architecture comme par sa langue, *La Recherche* n'est pas un récit réaliste ou autobiographique.

Toutefois, une œuvre d'art n'est pas une abstraite arithmétique : elle s'inspire évidemment des émotions et de la culture de qui la produit. À cet égard, Proust doit beaucoup à son **enfance,** âge dont il n'a jamais vraiment pu se débarrasser – au point de finir sa vie dans une sorte de cellule fœtale et douillette, d'où est sorti l'essentiel de son vaste roman. Enfant maladif et protégé par une mère, d'origine juive, qu'il porte aux nues, Proust connaît l'existence bourgeoise, repliée dans ses salons, d'une famille rigoureuse et aisée. Les vacances à Illiers (Eure-et-Loir) élargissent peu le cercle des parents – où prédominent les femmes – mais fixent des **sensations** et préparent l'**imaginaire** proustien : floraison, cours d'eau, fruits sucrés, clochers de village, grilles et jardins, etc. La fragilité et l'hypersensibilité du jeune Proust limitent forcément l'espace qui lui est ouvert : le cadre est souvent celui de la chambre, de l'escalier, de la fenêtre, du salon ou de la cuisine. Même la campagne semble bordée (haies, petites rivières, chemins entre deux rangées d'arbres : sorte de grand jardin, elle est surtout propice aux jeux de l'imagination, avec ses deux « côtés ») (cf. p. 288).

Ce **monde clos a** au moins **deux effets** sur l'œuvre. D'une part, elle s'apparente parfois à un (pseudo-) journal intime, animé de petits drames familiaux et sentimentaux, peuplé de portraits, tendres ou rosses, détaillés à la loupe. D'autre part, l'écriture ne cesse de nier cette clôture étroite : du moindre objet, d'un mot ou d'une impression, elle tire prétexte à une croissance proliférante, en quête d'un déchiffrement et, si possible, d'un bonheur. La fameuse mémoire involontaire, ressuscitant « tout Combray dans une tasse de thé », est l'image fondamentale de cette expérience littéraire. Le lit, conjuguant régression enfantine et promesse de rêve, est logiquement le lieu fondateur de toute l'œuvre.

documents

L'étude du roman de Proust à la lumière de sa biographie fait apparaître un fait encore plus important. Il se trouve non seulement que *La Recherche du Temps perdu* est entièrement fondée sur l'expérience de son auteur, mais qu'elle s'offre comme une histoire symbolique de sa vie, et qu'elle occupe une place unique parmi les grandes œuvres romanesques, du fait que ce n'est pas, à proprement parler, une fiction, mais une « autobiographie créatrice ». Proust pense, avec raison, que sa vie offre l'aspect et la signification d'une grande œuvre d'art.

George D. Painter, *Marcel Proust*, I, Mercure de France, 1966.

La fameuse méthode de Sainte-Beuve qui consiste à ne pas séparer l'homme et l'œuvre, à considérer qu'il n'est pas indifférent pour juger l'auteur d'un livre, si ce livre n'est pas « un traité de géométrie pure », d'avoir d'abord réponse aux questions qui paraissent le plus étrangères à son œuvre (comment se comportait-il...), à s'entourer de tous les renseignements possibles sur un écrivain, à collationner ses correspondances, à interroger les hommes qui l'ont connu, en causant avec eux s'ils vivent encore, en lisant ce qu'ils ont pu écrire sur lui s'ils sont morts, cette méthode méconnaît ce qu'une fréquentation un peu profonde avec nous-même nous apprend : qu'un livre est le produit d'un autre moi que celui que nous manifestons dans nos habitudes, dans la société, dans nos vices. Ce moi-là, si nous voulons essayer de le comprendre, c'est au fond de nous-même, en essayant de le recréer en nous, que nous pouvons y parvenir. Rien ne peut nous dispenser de cet effort de notre cœur. Cette vérité, il nous faut la faire de toute pièce [...]. Il est trop facile de croire qu'elle nous arrivera un beau matin, dans notre courrier, sous forme d'une lettre inédite qu'un bibliothécaire de nos amis nous communiquera, ou que nous la recueillerons de la bouche de quelqu'un qui a beaucoup connu l'auteur.

Marcel Proust, *Contre Sainte-Beuve*, 1908.

EXTRAIT

La première page du roman : « un homme qui dort tient en cercle autour de lui le fil des heures, l'ordre des années et des mondes... »

Longtemps, je me suis couché de bonne heure. Parfois, à peine ma bougie éteinte, mes yeux se fermaient si vite que je n'avais pas le temps de me dire : « Je m'endors. » Et, une demi-heure après, la pensée qu'il était temps de chercher le sommeil m'éveillait ; je voulais poser le volume que je croyais avoir encore dans les mains et souffler ma lumière ; je n'avais pas cessé en dormant de faire des réflexions sur ce que je venais de lire, mais ces réflexions avaient pris un tour un peu particulier ; il me semblait que j'étais moi-même ce dont parlait l'ouvrage : une église, un quatuor, la rivalité de François Ier et de Charles-Quint. Cette croyance survivait pendant quelques secondes à mon réveil ; elle ne choquait pas ma raison, mais pesait comme des écailles sur mes yeux et les empêchait de se rendre compte que le bougeoir n'était plus allumé. Puis elle commençait à me devenir inintelligible, comme après la métempsycose les pensées d'une existence antérieure ; le sujet du livre se détachait de moi, j'étais libre de m'y appliquer ou non ; aussitôt je recouvrais la vue et j'étais bien étonné de trouver autour de moi une obscurité, douce et reposante pour mes yeux, mais peut-être plus encore pour mon esprit, à qui elle apparaissait comme une chose sans cause, incompréhensible, comme une chose vraiment obscure. Je me demandais quelle heure il pouvait être ; j'entendais le sifflement des trains qui, plus ou moins éloigné, comme le chant d'un oiseau dans une forêt, relevant les distances, me décrivait l'étendue de la campagne déserte où le voyageur se hâte vers la station prochaine ; et le petit chemin qu'il suit va être gravé dans son souvenir par l'excitation qu'il doit à des lieux nouveaux, à des actes inaccoutumés, à la causerie récente et aux adieux sous la lampe étrangère qui le suivent encore dans le silence de la nuit, à la douceur prochaine du retour.

J'appuyais tendrement mes joues contre les belles joues de l'oreiller qui, pleines et fraîches, sont comme les joues de notre enfance. Je frottais une allumette pour regarder ma montre. Bientôt minuit. C'est l'instant où le malade qui a été obligé de partir en voyage et a dû coucher dans un hôtel inconnu, réveillé par une crise, se réjouit en apercevant sous la porte une raie de jour. Quel bonheur, c'est déjà le matin ! Dans un moment les domestiques seront levés, il pourra sonner, on viendra lui porter secours. L'espérance d'être soulagé lui donne du courage pour souffrir. Justement il a cru entendre des pas ; les pas se rapprochent, puis s'éloignent. Et la raie de jour qui était sous sa porte a disparu. C'est minuit ; on vient d'éteindre le gaz ; le dernier domestique est parti et il faudra rester toute la nuit à souffrir sans remède.

Je me rendormais, et parfois je n'avais plus que de courts réveils d'un instant, le temps d'entendre les craquements organiques des boiseries, d'ouvrir les yeux pour fixer le kaléidoscope de l'obscurité, de goûter grâce à une lueur momentanée de conscience le sommeil où étaient plongés les meubles, la chambre, le tout dont je n'étais qu'une petite partie et à l'insensibilité duquel je retournais vite m'unir. Ou bien en dormant j'avais rejoint sans effort un âge à jamais révolu de ma vie primitive, retrouvé telle de mes terreurs enfantines comme celle que mon grand-oncle me tirât par mes boucles et qu'avait dissipée le jour – date pour moi d'une ère nouvelle – où on les avait coupées. J'avais oublié cet événement pendant mon sommeil, j'en retrouvais le souvenir aussitôt que j'avais réussi à m'éveiller pour échapper aux mains de mon grand-oncle, mais par mesure de précaution j'entourais complètement ma tête de mon oreiller avant de retourner dans le monde des rêves.

Marcel Proust, *Du côté de chez Swann*, I, 1913.

La plongée vers l'autre côté des choses

Un mouvement assez suivi et cohérent, malgré la lenteur des phrases qui s'étirent : immersion presque immédiate, perte d'un contrôle raisonné (« que je croyais avoir... »), oubli, introspection, floraison de l'imagination.

Quelques thèmes dominants : la solitude, d'où part toute méditation sur le temps ; la conscience à la lisière de deux mondes ; glissement et imprégnation ; fusion du passé dans l'instant présent ; dédoublement et doute ; images du rêve, lieu de volupté et de merveilles, contrastant avec un réel décevant, qui risque d'affleurer sans cesse.

EXTRAIT

De même que le sommeil est un moment-lisière, où se mêlent une jouisssance du corps et l'immersion de la conscience dans un autre monde, le travail du romancier va consister à réveiller ces états médians, où le moi est sollicité par divers rayonnements venus de son passé, sans vraie chronologie. Surnagent alors les souvenirs les plus obsédants, sortes de petits drames, à partir desquels – comme en tirant le fil d'une pelote de laine – vont ressurgir d'autres événements. Ainsi s'élabore une biographie « en rosace ».

***Un exemple** de ce système de rappel, fondé sur le souvenir premier d'une émotion : **le baiser maternel,** au coucher, prépare l'apparition, dans le récit, du monde des adultes et du personnage de Swann. Les émois sont la trame du roman.*

Ma seule consolation, quand je montais me coucher, était que maman viendrait m'embrasser quand je serais dans mon lit. Mais ce bonsoir durait si peu de temps, elle redescendait si vite, que le moment où je l'entendais monter, puis où passait dans le couloir à double porte le bruit léger de sa robe de jardin en mousseline bleue, à laquelle pendaient de petits cordons de paille tressée, était pour moi un moment douloureux. Il annonçait celui qui allait le suivre, où elle m'aurait quitté, où elle serait redescendue. De sorte que ce bonsoir que j'aimais tant, j'en arrivais à souhaiter qu'il vînt le plus tard possible, à ce que se prolongeât le temps de répit où maman n'était pas encore venue. Quelquefois quand, après m'avoir embrassé, elle ouvrait ma porte pour partir, je voulais la rappeler, lui dire « embrasse-moi une fois encore », mais je savais qu'aussitôt elle aurait son visage fâché, car la concession qu'elle faisait à ma tristesse et à mon agitation en montant m'embrasser, en m'apportant ce baiser de paix, agaçait mon père qui trouvait ces rites absurdes, et elle eût voulu tâcher de m'en faire perdre le besoin, l'habitude, bien loin de me laisser prendre celle de lui demander, quand elle était déjà sur le pas de la porte, un baiser de plus. Or la voir fâchée détruisait tout le calme qu'elle m'avait apporté un instant avant, quand elle avait penché sur mon lit sa figure aimante, et me l'avait tendue comme une hostie pour une communion de paix où mes lèvres puiseraient sa présence réelle et le pouvoir de m'endormir. Mais ces soirs-là, où maman en somme restait si peu de temps dans ma chambre, étaient doux encore en comparaison de ceux où il y avait du monde à dîner et où, à cause de cela, elle ne montait pas me dire bonsoir. Le monde se bornait habituellement à M. Swann, qui, en dehors de quelques étrangers de passage, était à peu près la seule personne qui vînt chez nous à Combray, quelquefois pour dîner en voisin (plus rarement depuis qu'il avait fait ce mauvais mariage, parce que mes parents ne voulaient pas recevoir sa femme), quelquefois après le dîner, à l'improviste. Les soirs où, assis devant la maison sous le grand marronnier, autour de la table de fer, nous entendions au bout du jardin, non pas le grelot profus et criard qui arrosait, qui étourdissait au passage de son bruit ferrugineux, intarissable et glacé, toute personne de la maison qui le déclenchait en entrant « sans sonner », mais le double tintement timide, ovale et doré de la clochette pour les étrangers, tout le monde aussitôt se demandait : « Une visite, qui cela peut-il être ? » mais on savait bien que cela ne pouvait être que M. Swann ; ma grand'tante parlant à haute voix, pour prêcher d'exemple, sur un ton qu'elle s'efforçait de rendre naturel, disait de ne pas chuchoter ainsi ; que rien n'est plus désobligeant pour une personne qui arrive et à qui cela fait croire qu'on est en train de dire des choses qu'elle ne doit pas entendre ; et on envoyait en éclaireur ma grand'mère, toujours heureuse d'avoir un prétexte pour faire un tour de jardin de plus et qui en profitait pour arracher subrepticement au passage quelques tuteurs de rosiers afin de rendre aux roses un peu de naturel, comme une mère qui, pour les faire bouffer, passe la main dans les cheveux de son fils que le coiffeur a trop aplatis.

Marcel Proust, *Du côté de chez Swann*, I, 1913.

Le baiser maternel et Autrui, l'importun

Le trio familial œdipien : l'enfant angoissé et exclusif (relevez les adjectifs et les expressions qui définissent son comportement) ; le père, lointain, absent mais menaçant ; la mère, sorte de fée (costume, attitude miraculeuse) mystique (« hostie ») et sensuelle, dont on ne peut s'arracher.

Notez comment cette émotion permet l'enchaînement narratif (« mais ces soirs-là... ») et l'apparition de Swann. Mais, là encore, la famille est un cercle clos (mentalité et espace fermés) qui doit être lié à la première scène du texte (comme le rappelle la dernière ligne). Autrui est, plus ou moins, un importun (comme le père, plus haut) qui trouble un milieu exclusivement féminin et aimable.

La formulation des sonorités du grelot et de la clochette : notez le déplacement des épithètes (hypallage•) et le rôle de chacun des deux bruits décrits.

Si Proust associe, de manière si insistante, le sommeil et la mémoire, c'est qu'il leur attribue une nature commune : un état où notre moi profond peut se manifester. Or son roman est « à la recherche du temps perdu », celui qui s'est sédimenté en nous, enfoui dans la distraction ou l'oubli. Déçu par la mémoire « volontaire », celle « de l'intelligence », Proust (lecteur de Bergson) veut ressaisir les couleurs et la sensibilité du passé. En ce sens, comme tout grand artiste, il combat contre la **mort**, stérilité et oubli.

EXTRAIT

Le Narrateur, grâce à une tasse de thé où on « avait laissé s'amollir un morceau de madeleine », se sent envahi par une joie qu'il va peu à peu analyser. C'est par la mémoire affective que la saisie du passé est vraiment possible.

Arrivera-t-il jusqu'à la surface de ma claire conscience, ce souvenir, l'instant ancien que l'attraction d'un instant identique est venue de si loin solliciter, émouvoir, soulever tout au fond de moi ? Je ne sais. Maintenant je ne sens plus rien, il est arrêté, redescendu peut-être ; qui sait s'il remontera jamais de sa nuit ? Dix fois il me faut recommencer, me pencher vers lui [...].

Et tout d'un coup le souvenir m'est apparu. Ce goût, c'était celui du petit morceau de madeleine que le dimanche matin à Combray (parce que ce jour-là je ne sortais pas avant l'heure de la messe), quand j'allais lui dire bonjour dans sa chambre, ma tante Léonie m'offrait après l'avoir trempé dans son infusion de thé ou de tilleul. La vue de la petite madeleine ne m'avait rien rappelé avant que je n'y eusse goûté ; peut-être parce que, en ayant souvent aperçu depuis, sans en manger, sur les tablettes des pâtissiers, leur image avait quitté ces jours de Combray pour se lier à d'autres plus récents ; peut-être parce que, de ces souvenirs abandonnés si longtemps hors de la mémoire, rien ne survivait, tout s'était désagrégé ; les formes – et celle aussi du petit coquillage de pâtisserie, si grassement sensuel sous son plissage sévère et dévot – s'étaient abolies, ou, ensommeillées, avaient perdu la force d'expansion qui leur eût permis de rejoindre la conscience. Mais, quand d'un passé ancien rien ne subsiste, après la mort des êtres, après la destruction des choses, seules, plus frêles mais plus vivaces, plus immatérielles, plus persistantes, plus fidèles, l'odeur et la saveur restent encore longtemps, comme des âmes, à se rappeler, à attendre, à espérer, sur la ruine de tout le reste, à porter sans fléchir, sur leur gouttelette presque impalpable, l'édifice immense du souvenir.

Et dès que j'eus reconnu le goût du morceau de madeleine trempé dans le tilleul que me donnait ma tante (quoique je ne susse pas encore et dusse remettre à bien plus tard de découvrir pourquoi ce souvenir me rendait si heureux), aussitôt la vieille maison grise sur la rue, où était sa chambre, vint comme un décor de théâtre s'appliquer au petit pavillon donnant sur le jardin, qu'on avait construit pour mes parents sur ses derrières (ce pan tronqué que seul j'avais revu jusque-là) ; et avec la maison, la ville, depuis le matin jusqu'au soir et par tous les temps, la Place où on m'envoyait avant déjeuner, les rues où j'allais faire des courses, les chemins qu'on prenait si le temps était beau. Et comme dans ce jeu où les Japonais s'amusent à tremper dans un bol de porcelaine rempli d'eau de petits morceaux de papier jusque-là indistincts qui, à peine y sont-ils plongés, s'étirent, se contournent, se colorent, se différencient, deviennent des fleurs, des maisons, des personnages consistants et reconnaissables, de même maintenant toutes les fleurs de notre jardin et celles du parc de M. Swann, et les nymphéas de la Vivonne, et les bonnes gens du village et leurs petits logis et l'église et tout Combray et ses environs, tout cela qui prend forme et solidité, est sorti, ville et jardins, de ma tasse de thé.

Marcel Proust, *Du côté de chez Swann*, I, 1913.

Un univers dans une tasse de thé

La puissance mystérieuse du souvenir : observez le vocabulaire qui oppose nettement l'effort vain des mécanismes intellectuels à la jouissance irrationnelle mais puissante de la mémoire affective. Le Narrateur est à la frontière de ces deux instances, à la fois omniprésent (voire omnipotent) et impuissant à maîtriser le phénomène qui le submerge.

Il paraît que Proust a connu cette expérience avec une biscotte. Pourquoi a-t-il préféré finalement une madeleine ? : notez la définition qu'il en donne. Les images de ce qui renaît (odeurs, saveurs, âmes, gouttelette, etc.) s'associent au bien-fondé de ce choix.

Le mouvement d'expansion de la dernière partie : soyez attentif à la progression, où se mêlent expérience et réflexion.

Car dans le sommeil, nous n'appartenons plus à ce moi conscient que nous croyons être notre unique et vraie nature. Proust s'attache souvent à décrire des rêveurs, des dormeurs, fasciné par la métamorphose qui s'opère alors devant lui.

EXTRAIT

Le Narrateur est épris d'Albertine, qui lui échappe souvent, malgré un amour vigilant et jaloux. La contemplant dans son sommeil, il la trouve pour une fois comme soumise et sa passion se débarrasse un moment de toute amertume pour s'emplir d'images doucement voluptueuses.

Étendue de la tête aux pieds sur mon lit, dans une attitude d'un naturel qu'on n'aurait pu inventer, je lui trouvais l'air d'une longue tige en fleur qu'on aurait disposée là ; et c'était ainsi en effet : le pouvoir de rêver que je n'avais qu'en son absence, je le retrouvais à ces instants auprès d'elle, comme si, en dormant, elle était devenue une plante. Par là, son sommeil réalisait, dans une certaine mesure, la possibilité de l'amour : seul, je pouvais penser à elle, mais elle me manquait, je ne la possédais pas ; présente, je lui parlais, mais étais trop absent de moi-même pour pouvoir penser. Quand elle dormait, je n'avais plus à parler, je savais que je n'étais plus regardé par elle, je n'avais plus besoin de vivre à la surface de moi-même.

En fermant les yeux, en perdant la conscience, Albertine avait dépouillé, l'un après l'autre, ces différents caractères d'humanité qui m'avaient déçu depuis le jour où j'avais fait sa connaissance. Elle n'était plus animée que de la vie inconsciente des végétaux, des arbres, vie plus différente de la mienne, plus étrange, et qui cependant m'appartenait davantage. Son moi ne s'échappait pas à tous moments, comme quand nous causions, par les issues de la pensée inavouée et du regard. Elle avait rappelé à soi tout ce qui d'elle était au-dehors ; elle s'était réfugiée, enclose, résumée, dans son corps. En le tenant sous mon regard, dans mes mains, j'avais cette impression de la posséder tout entière que je n'avais pas quand elle était réveillée. Sa vie m'était soumise, exhalait vers moi son léger souffle.

J'écoutais cette murmurante émanation mystérieuse, douce comme un zéphir marin, féerique comme un clair de lune, qu'était son sommeil. Tant qu'il persistait, je pouvais rêver sur elle, et pourtant la regarder et, quand ce sommeil devenait plus profond, la toucher, l'embrasser. Ce que j'éprouvais alors, c'était un amour aussi pur, aussi immatériel, aussi mystérieux que si j'avais été devant ces créatures inanimées que sont les beautés de la nature. Et en effet, dès qu'elle dormait un peu profondément, elle cessait d'être seulement la plante qu'elle avait été ; son sommeil, au bord duquel je rêvais avec une fraîche volupté dont je ne me fusse jamais lassé et que j'eusse pu goûter indéfiniment, c'était pour moi tout un paysage. Son sommeil mettait à mes côtés quelque chose d'aussi calme, d'aussi sensuellement délicieux que ces nuits de pleine lune dans la baie de Balbec devenue douce comme un lac, où les branches bougent à peine, où, étendu sur le sable, on écouterait sans fin se briser le reflux.

Marcel Proust, *La Prisonnière*, 1923.

L'autre moi du sommeil : Albertine endormie

Les images disent une participation à une autre forme de vie (plante, arbre, souffle, clair de lune, paysage...) : notez ce mélange de réalisme (un dormeur est bien ainsi) et de fantasme (c'est peu ou prou l'Albertine que le Narrateur désire).

La conception de l'amour idéal selon Proust et ses liens avec la rêverie extatique. Cette page est à lier à l'idée que l'auteur se fait de la beauté et du processus créateur. Proust rapproche souvent l'état poétique du « domaine inconscient de la pensée » :

La vie du poète a ses petits événements comme celle des autres hommes. Il va à la campagne, il voyage. Mais [...] nous comprenons que la réalité fut pour le poète quelque chose de tout autre que pour les autres, quelque chose qui contient la chose précieuse qu'il cherchait et qu'il n'est pas facile d'en faire sortir. L'état d'esprit où il trouve ainsi facilement, dans une sorte d'enchantement, en toute chose la chose précieuse qui y est cachée, est rare [...]. De là l'effort perpétuel qui finit par faire pénétrer notre préoccupation esthétique jusque dans le domaine inconscient de la pensée, de sorte que nous cherchons encore la beauté des paysages que nous voyons en dormant, que nous tâchons d'embellir les phrases que nous prononçons en rêve, et qu'au moment de mourir Goethe dans le délire parle du coloris de son hallucination.

Marcel Proust, *La Création poétique*, in *Nouveaux Mélanges*, N.R.F.-Gallimard, 1919.

Sur le « moi », rapprochez ce passage des pp. 286-289. Et voyez Pascal : *Le XVIIe siècle*, p. 186.

Le Je proustien : narration et métaphore•

Si la tentation d'assimiler Proust au Narrateur de *La Recherche* est parfois forte, ce n'est pas seulement parce qu'on trouve des relations entre ce qu'il a vécu et ce qu'il écrit. Certains se sont même employés à tout décoder et à proposer des « clés » pour chaque personnage ou pour les scènes les plus marquantes. Le lecteur neuf, qui ignore ces histoires de trou de serrure, a tendance à accepter l'identification pour une simple raison : le **récit** est **écrit à la première personne.** On pourrait presque dire, même, « réécrit », tant l'œuvre ressemble à des plages successives, où sont exagérés, comme par des ajouts, les commentaires personnels sur les accidents du récit. L'étude des manuscrits de Proust confirme totalement cette impression : peu d'événements, beaucoup de réflexions, la plupart collées dans les marges des premières épreuves. Au fond, Proust publiait pour être obligé de cesser de corriger ou compléter.

Mais ce « je » qu'on ne peut faire taire – pas même Proust –, qui est-il ? En tout cas, de l'aveu même de l'auteur, il est sans nom et sans visage. Il s'agit plutôt d'un **narrateur** par le **regard** duquel tout est donné à voir. Mais il n'est pas omniscient, et nous partageons avec lui sa « recherche », sa capacité (de plus en plus grande au fur et à mesure du récit) de décrypter les signes qu'il perçoit : telle attitude, tel usage, telle formule, d'abord énigmatiques, s'éclaireront par la suite, parfois crûment. Nous retraversons avec lui l'histoire d'une **expérience,** presque d'une initiation. Toutefois, le Narrateur ne se confond pas avec le héros – ou pas totalement. Car le **« moi de l'action »** saisit mal ce qui lui arrive et il ne connaît que sa propre vie intérieure, alors que le **« moi de la narration »** utilise son recul et nous fait souvent entrer dans les pensées ou les mobiles de tous les personnages. « Mes inquiétudes au sujet de ma mort [avaient] cessé au moment où j'avais reconnu inconsciemment le goût de la petite madeleine, puisqu'à ce moment-là l'être que j'avais été était un être extra-temporel, par conséquent insoucieux des vicissitudes de l'avenir. Cet être-là ne s'était jamais manifesté qu'en dehors de l'action, de la jouissance immédiate, chaque fois que le miracle d'une analogie m'avait fait échapper au présent » *(Le Temps retrouvé.)*

Ces précisions n'ont rien de superflu. Car elles cernent l'originalité et la méthode de Proust. En particulier, elles justifient le recours à la **métaphore•**. C'est par elle que le Narrateur conduit son lecteur et son héros à dépasser les apparences dérisoires et fragmentaires du vécu quotidien. La métaphore• déchiffre les signes les plus humbles (un nuage, une fleur, un caillou, un nom) et sert de guide patient à la recherche de la vérité. La voix du Narrateur ne cesse de traduire, d'amplifier, de remémorer, de ressasser ou comparer. Malgré ces jeux d'échos poétiques, elle ne nous égare pas. Mais, de récit en récit, d'image en image, elle donne son dynamisme et son unité à l'œuvre, jusqu'aux dernières pages du *Temps retrouvé,* où elle offre la récapitulation et la clé de tout le mécanisme.

Marques distinctives des deux « je »

– réflexions explicites : *« mes rêves de voyage et d'amour n'étaient que des moments – que je sépare artificiellement aujourd'hui comme si je pratiquais des sections à des hauteurs différentes d'un jet d'eau irisé et en apparence mobile – dans un même et infléchissable jaillissement de toutes les forces de ma vie »,*

– rappel de la distance temporelle : *« il y a bien des années de cela » ; « comme je l'ai appris plus tard » ; « je comprends maintenant que... »,*

– mise en valeur de la conscience du narrateur, de son point de vue : *« en réalité » ; « comme si » ; « pour faire croire que... » ; « peut-être que... » ; « je me rends compte » ;* retour au présent et marques d'ironie, etc.,

– glissements du récit au commentaire : *« car, puisque, parce que, comme... »* suivis du présent ; démonstratif : *« il avait cette attitude qu'ont beaucoup de médecins » ;* voix « off » : *« sensation qui est toujours délicieuse » ;* emploi de *« on »,* de *« la plupart »,* voire de *« nous ».*

document

Nous sommes tous devant le romancier comme les esclaves devant l'empereur : d'un mot, il peut nous affranchir. Par lui, nous perdons notre ancienne condition pour connaître celle du général, du tisseur, de la chanteuse, du gentilhomme campagnard, la vie des champs, le jeu, la chasse, la haine, l'amour, la vie des camps. Par lui, nous sommes Napoléon, Savonarole, un paysan, bien plus – existence que nous aurions pu ne jamais connaître – nous sommes nous-même. Il prête une voix à la foule, à la solitude, au vieil ecclésiastique, au sculpteur, à l'enfant, au cheval, à notre âme. Par lui, nous sommes le véritable Protée qui revêt successivement toutes les formes de la vie. À les échanger ainsi les unes contre les autres, nous sentons que pour notre être, devenu si agile et si fort, elles ne sont qu'un jeu, un masque lamentable ou plaisant, mais qui n'a rien de bien réel. Notre infortune ou notre fortune cesse pour un instant de nous tyranniser, nous jouons avec elle et avec celle des autres. C'est pourquoi en fermant un beau roman, même triste, nous nous sentons si heureux.

Marcel Proust, *Le Pouvoir du romancier,* in *Nouveaux Mélanges,* N.R.F.-Gallimard, 1919.

EXTRAIT

Si le « Je » est difficile à cerner, ce n'est pas seulement parce qu'il est la voix, dans le roman, d'un Narrateur-Héros. Ce passage continuel entre le regard réflexif et le récit de l'action illustre la conception que Proust se fait de la conscience : elle est en soi un va-et-vient. Soumis au temps, le moi change sans cesse, se perd et se retrouve. Nos sentiments aussi subissent les « intermittences du cœur ». Par exemple, le Narrateur raconte ici comment, un an après la mort de sa grand-mère, lors d'un séjour à Balbec, il la retrouve enfin vraiment.

J'avais souvent parlé d'elle depuis ce moment-là et aussi pensé à elle, mais sous mes paroles et mes pensées de jeune homme ingrat, égoïste et cruel, il n'y avait jamais rien eu qui ressemblât à ma grand-mère, parce que, dans ma légèreté, mon amour du plaisir, mon accoutumance à la voir malade, je ne contenais en moi qu'à l'état virtuel le souvenir de ce qu'elle avait été. À n'importe quel moment que nous la considérions, notre âme totale n'a qu'une valeur presque fictive, malgré le nombreux bilan de ses richesses, car tantôt les unes, tantôt les autres sont indisponibles, qu'il s'agisse d'ailleurs de richesses effectives aussi bien que de celles de l'imagination, et pour moi par exemple, tout autant que de l'ancien nom de Guermantes, de celles, combien plus graves, du souvenir vrai de ma grand-mère. Car aux troubles de la mémoire sont liées les intermittences du cœur. C'est sans doute l'existence de notre corps, semblable pour nous à un vase où notre spiritualité serait enclose, qui nous induit à supposer que tous nos biens intérieurs, nos joies passées, toutes nos douleurs sont perpétuellement en notre possession. Peut-être est-il aussi inexact de croire qu'elles s'échappent ou reviennent. En tous cas si elles restent en nous c'est, la plupart du temps, dans un domaine inconnu où elles ne sont de nul service pour nous, et où même les plus usuelles sont refoulées par des souvenirs d'ordre différent et qui excluent toute simultanéité avec elles dans la conscience. Mais si le cadre de sensations où elles sont conservées est ressaisi, elles ont à leur tour ce même pouvoir d'expulser tout ce qui leur est incompatible, d'installer, seul en nous, le moi qui les vécut. Or, comme celui que je venais subitement de redevenir n'avait pas existé depuis ce soir lointain où ma grand-mère m'avait déshabillé à mon arrivée à Balbec, ce fut tout naturellement, non pas après la journée actuelle que ce moi ignorait, mais – comme s'il y avait dans le temps des séries différentes et parallèles – sans solution de continuité, tout de suite après le premier soir d'autrefois, que j'adhérai à la minute où ma grand-mère s'était penchée vers moi. Le moi que j'étais alors, et qui avait disparu si longtemps, était de nouveau si près de moi qu'il me semblait encore entendre les paroles qui avaient immédiatement précédé et qui n'étaient pourtant plus qu'un songe, comme un homme mal éveillé croit percevoir tout près de lui les bruits de son rêve qui s'enfuit. Je n'étais plus que cet être qui cherchait à se réfugier dans les bras de sa grand-mère, à effacer les traces de ses peines en lui donnant des baisers, cet être que j'aurais eu à me figurer, quand j'étais tel ou tel de ceux qui s'étaient succédé en moi depuis quelque temps, autant de difficulté que maintenant il m'eût fallu d'efforts, stériles d'ailleurs, pour ressentir les désirs et les joies de l'un de ceux que, pour un temps du moins, je n'étais plus. Je me rappelais comme, une heure avant le moment où ma grand-mère s'était penchée ainsi dans sa robe de chambre vers mes bottines, errant dans la rue étouffante de chaleur, devant le pâtissier, j'avais cru que je ne pourrais jamais, dans le besoin que j'avais de l'embrasser, attendre l'heure qu'il me fallait encore passer sans elle. Et maintenant que ce même besoin renaissait, je savais que je pouvais attendre des heures après des heures, qu'elle ne serait plus jamais auprès de moi, je ne faisais que de le découvrir parce que je venais, en la sentant, pour la première fois, vivante, véritable, gonflant mon cœur à le briser, en la retrouvant enfin, d'apprendre que je l'avais perdue pour toujours.

Marcel Proust, *Sodome et Gomorrhe*, II, 1921-1922.

Les « intermittences du cœur »

Les raisons de l'indifférence et de l'oubli : suivez la panoplie présentée par Proust (insouciance, habitude, enfouissement, rôle du corps, refoulement ou défense, etc.) et observez la pertinence psychologique de l'analyse.

Ici encore, c'est une sensation (un geste qui réveille une émotion) qui sert de stimulus à la conscience. Dans la deuxième partie du texte, on retrouve le mouvement d'élargissement et d'architecture de l'épisode de la madeleine.

La poésie affleure partout (images, force émotive du souvenir) pour préparer le pathétique● de la fin, qui donne aussi la clé de toute *La Recherche*.

De même que notre personnalité est à facettes ou, du moins, qu'elle se dédouble, la vérité ne peut s'atteindre d'un seul biais. L'écriture touffue et moirée de Proust s'explique ainsi : le Narrateur fait miroiter tout ce qu'il évoque ou décrit pour nous faire percevoir la complexité et la poésie des hommes et des choses.

EXTRAIT

Un exemple de cette poésie du déchiffrement, grâce au jeu métaphorique● : les aubépines de Tansonville. Tout en évoquant cette haie fleurie, le Narrateur se souvient de l'église de Saint-Hilaire, qu'il aime, et, plus discrètement, de son désir de voir Gilberte, la fille de Swann, qui l'attire. Ces divers niveaux de la conscience se fondent ensemble et s'expriment confusément.

Il me fallut rejoindre en courant mon père et mon grand-père qui m'appelaient, étonnés que je ne les eusse pas suivis dans le petit chemin qui monte vers les champs et où ils s'étaient engagés. Je le trouvai tout bourdonnant de l'odeur des aubépines. La haie formait comme une suite de chapelles qui disparaissaient sous la jonchée de leurs fleurs amoncelées en reposoir ; au-dessous d'elles, le soleil posait à terre un quadrillage de clarté, comme s'il venait de traverser une verrière ; leur parfum s'étendait aussi onctueux, aussi délimité en sa forme que si j'eusse été devant l'autel de la Vierge, et les fleurs, aussi parées, tenaient chacune d'un air distrait son étincelant bouquet d'étamines, fines et rayonnantes nervures de style flamboyant comme celles qui à l'église ajouraient la rampe du jubé ou les meneaux du vitrail et qui s'épanouissaient en blanche chair de fleur de fraisier. Combien naïves et paysannes en comparaison sembleraient les églantines qui, dans quelques semaines, montreraient elles aussi en plein soleil le même chemin rustique, en la soie unie de leur corsage rougissant qu'un souffle défait !

Mais j'avais beau rester devant les aubépines à respirer, à porter devant ma pensée qui ne savait ce qu'elle devait en faire, à perdre, à retrouver leur invisible et fixe odeur, à m'unir au rythme qui jetait leurs fleurs, ici et là, avec une allégresse juvénile et à des intervalles inattendus comme certains intervalles musicaux, elles m'offraient indéfiniment le même charme avec une profusion inépuisable, mais sans me laisser approfondir davantage, comme ces mélodies qu'on rejoue cent fois de suite sans descendre plus avant dans leur secret. Je me détournais d'elles un moment, pour les aborder ensuite avec des forces plus fraîches. Je poursuivais jusque sur le talus qui, derrière la haie, montait en pente raide vers les champs, quelque coquelicot perdu, quelques bluets restés paresseusement en arrière, qui le décoraient çà et là de leurs fleurs comme la bordure d'une tapisserie où apparaît clairsemé le motif agreste qui triomphera sur le panneau ; rares encore, espacés comme les maisons isolées qui annoncent déjà l'approche d'un village, ils m'annonçaient l'immense étendue où déferlent les blés, où moutonnent les nuages, et la vue d'un seul coquelicot hissant au bout de son cordage et faisant cingler au vent sa flamme rouge, au-dessus de sa bouée graisseuse et noire, me faisait battre le cœur, comme au voyageur qui aperçoit sur une terre basse une première barque échouée que répare un calfat[1], et s'écrie, avant de l'avoir encore vue : « La Mer » !

(1) celui qui « calfate », qui bouche les trous d'une coque.

Marcel Proust, *Du côté de chez Swann*, I, 1913.

Méditation florale : les aubépines

Exemple de l'importance du thème floral chez Proust : nymphéas, lilas, boutons d'or, rosiers, etc. Les aubépines sont volontiers associées à la féminité désirée, et la comparaison apparaît plusieurs fois de façon explicite dans *Du côté de chez Swann*.

Ici, nous avons affaire à une volute de métaphores● entrelacées, où prédominent : religiosité, église ornée, architecture élégante, sensualité des jeunes filles, couleurs de la chair, procession chantée, musique, paysage imaginaire, tapisserie, présence du maritime (implicitement), de la mer (explicitement). Repérez ces motifs et leurs diverses occurrences : ils sont toujours annoncés avant d'être vraiment formulés. On peut même détailler les rapprochements plus précisément : haie/autel ; couleurs et odeur des fleurs/de la peau ; vitrail/tapisserie, etc.

document

Pour G. Genette, la métaphore● proustienne n'est pas vraiment une substitution, mais tend toujours à la métonymie●, qui établit un rapport de contiguïté. L'environnement joue donc un rôle : une église près de la mer devient coquillage, mais en Beauce un épi. Un clocher est assimilé à une brioche à l'heure du déjeuner, mais à un coussin au moment du coucher. Le contexte provoque l'analogie. On peut dire que « la métaphore● a un fondement métonymique » (Gérard Genette, *Figures III*, Le Seuil, 1972).

L'enquête et le déchiffrement

Comme son titre l'indique *La Recherche* est l'attente d'une révélation. Grand admirateur des romans de Balzac ou de Dumas, plus qu'on ne le dit souvent, Proust conçoit son livre comme une vaste **intrigue**, une quête quasi policière où l'on ne cesse d'**interpréter les apparences.** Volontiers jaloux, l'amoureux s'emploie, par exemple, à prendre en défaut son amante, qu'il soupçonne volontiers de le tromper ou de jouer quelque double jeu. De même, le Narrateur nous laisse toujours percevoir confusément la nature ambiguë de ses personnages, ménageant un suspens prolongé. Par exemple les mœurs inavouables de Charlus, homosexuel masochiste, ne seront que très tardivement reconnues, après une multitude de petits signes (un geste, un regard) dont nous ne saisissions pas la vraie portée. La vision du Narrateur s'attarde donc minutieusement à des détails : attitudes, tenues, conversations, réactions un peu inexplicables, etc. Mais il ne s'égare pas vraiment. Il collecte, comme dans une enquête, les données utiles à un déchiffrement : tout finira par servir et par expliquer une réalité qui nous échappait. Comme dans un roman d'aventure, finalement, le lecteur est plongé dans un réseau de mystères, de complots, de drames « à tiroirs ». Le fil le plus ténu ne peut être négligé : tôt ou tard, il deviendra ressort.

Le monde est donc donné à analyser. Au bout de tous ces jeux de miroirs, de ces mouvements d'aller-retour, de ces découpages savants, le lecteur finira par voir le **puzzle** reconstitué, « retrouvé ». Une telle conception du roman conditionne une lecture particulière, patiente et sans oubli. Proust nous y aide, en faisant – comme Balzac encore – passer les mêmes personnages d'un roman à l'autre et en multipliant les rappels ou les reprises. Mais surtout, c'est un **procédé esthétique** qui se définit ainsi. Puisque la société des hommes et la vie en général sont trompeuses et codifiées, le romancier se conduit en **espion,** en voyeur, sorte de guetteur soupçonneux. Comme ses personnages – notamment Swann –, il semble tapi pour finir par prendre « en flagrant délit » le secret d'autrui. On peut voir là une critique implicite de la société bourgeoise, faite de faux-semblants et malsaine. Ce n'est pas là, en tout cas, l'essentiel. En revanche, on comprend mieux l'art proustien qui est, en soi, un moyen de **traverser les obstacles pour attraper** au vol **la vérité cachée.** La mémoire involontaire fait craquer les habitudes et l'apathie pour ouvrir la voie à une vision et un bonheur fugitif. Les métaphores•, de même, réveillent notre sensation, excitent notre conscience, pour permettre de saisir la beauté et le sens des choses. Derrière le conformisme et l'incohérence du monde, l'art va fouiller et ressusciter la « vraie vie ».

Regards et souvenir

– Le désir est surtout visuel, chez Proust, et tout ce qui est caché attire : volets, tiroir, lettre cachetée. Le point de vue s'exerce à partir d'un poste d'observation : fenêtre, clocher, butte, coin discret d'un salon. De même, le regard est un langage, une complicité, irritante pour ceux qui en sont exclus, mais analysable : cf. p. 290.

– La vraie vision sur le monde est cependant le souvenir : il nous « tire du néant obscur où nous nous débattons ». Associé à la lumière, il dessille notre regard, suscite l'imagination et donne son contour à la réalité.

– La mémoire involontaire est même éblouissement, révélation totale : le goût de la madeleine ; la petite phrase de la sonate de Vinteuil ; un geste qui restitue la présence d'une grand-mère ; des pavés sur lesquels on trébuche ou une serviette empesée.

Le travail du déchiffrement peut s'opérer sur des sujets très différents. À sa manière, le jeu métaphorique (cf. p. 287) est déjà en soi un moyen de traduire et révéler. De même, la dynamique du roman est une investigation des « strates » profondes sur lesquelles s'est édifiée une personnalité.

EXTRAIT

Conscient que nous ne trouvons beau que ce qui, d'une manière inconsciente, évoque un instant heureux de notre passé, le Narrateur cherche à définir les « gisements profonds de [son] sol mental ». Il perçoit alors qu'ils ont « deux côtés », correspondant aux deux types de promenades de son enfance, l'été à la campagne : le côté de Méséglise-la-Vineuse (ou « côté de chez

Mais c'est surtout comme à des gisements profonds de mon sol mental, comme aux terrains résistants sur lesquels je m'appuie encore, que je dois penser au côté de Méséglise et au côté de Guermantes. C'est parce que je croyais aux choses, aux êtres, tandis que je les parcourais, que les choses, les êtres qu'ils m'ont fait connaître sont les seuls que je prenne encore au sérieux et qui me donnent encore de la joie. Soit que la foi qui crée soit tarie en moi, soit que la réalité ne se forme que dans la mémoire, les fleurs qu'on me montre aujourd'hui pour la première fois ne me semblent pas de vraies fleurs. Le côté de Méséglise avec ses lilas, ses aubépines, ses bluets, ses coquelicots, ses pommiers, le côté de Guermantes avec sa rivière à têtards, ses nymphéas et ses boutons d'or, ont constitué à tout jamais pour moi la figure des pays où j'aimerais vivre, où j'exige avant tout qu'on puisse aller à la pêche, se promener en canot, voir des ruines de fortifications gothiques et trouver au milieu des blés, ainsi qu'était Saint-André-des-Champs, une église monumentale, rustique et dorée comme une meule ; et les bluets, les

Swann », qui y habite) et celui de Guermantes (vers le château de ces nobles voisins).

aubépines, les pommiers qu'il m'arrive, quand je voyage, de rencontrer encore dans les champs, parce qu'ils sont situés à la même profondeur, au niveau de mon passé, sont immédiatement en communication avec mon cœur. Et pourtant, parce qu'il y a quelque chose d'individuel dans les lieux, quand me saisit le désir de revoir le côté de Guermantes, on ne le satisferait pas en me menant au bord d'une rivière où il y aurait d'aussi beaux, de plus beaux nymphéas que dans la Vivonne, pas plus que le soir en rentrant – à l'heure où s'éveillait en moi cette angoisse qui plus tard émigre dans l'amour, et peut devenir à jamais inséparable de lui – je n'aurais souhaité que vînt me dire bonsoir une mère plus belle et plus intelligente que la mienne. Non ; de même que ce qu'il me fallait pour que je pusse m'endormir heureux, avec cette paix sans trouble qu'aucune maîtresse n'a pu me donner depuis, puisqu'on doute d'elles encore au moment où on croit en elles et qu'on ne possède jamais leur cœur comme je recevais dans un baiser celui de ma mère, tout entier, sans la réserve d'une arrière-pensée, sans le reliquat d'une intention qui ne fût pas pour moi – c'est que ce fût elle, c'est qu'elle inclinât vers moi ce visage où il y avait au-dessous de l'œil quelque chose qui était, paraît-il, un défaut, et que j'aimais à l'égal du reste ; de même ce que je veux revoir, c'est le côté de Guermantes que j'ai connu, avec la ferme qui est un peu éloignée des deux suivantes serrées l'une contre l'autre, à l'entrée de l'allée des chênes ; ce sont ces prairies où, quand le soleil les rend réfléchissantes comme une mare, se dessinent les feuilles des pommiers, c'est ce paysage dont parfois, la nuit dans mes rêves, l'individualité m'étreint avec une puissance presque fantastique et que je ne peux plus retrouver au réveil. Sans doute pour avoir à jamais indissolublement uni en moi des impressions différentes, rien que parce qu'ils me les avaient fait éprouver en même temps, le côté de Méséglise ou le côté de Guermantes m'ont exposé, pour l'avenir, à bien des déceptions et même à bien des fautes. Car souvent j'ai voulu revoir une personne sans discerner que c'était simplement parce qu'elle me rappelait une haie d'aubépines, et j'ai été induit à croire, à faire croire à un regain d'affection, par un simple désir de voyage. Mais par là même aussi, et en restant présents en celles de mes impressions d'aujourd'hui auxquelles ils peuvent se relier, ils leur donnent des assises, de la profondeur, une dimension de plus qu'aux autres. Ils leur ajoutent aussi un charme, une signification qui n'est que pour moi. Quand par les soirs d'été le ciel harmonieux gronde comme une bête fauve et que chacun boude l'orage, c'est au côté de Méséglise que je dois de rester seul en extase à respirer, à travers le bruit de la pluie qui tombe, l'odeur d'invisibles et persistants lilas.

Marcel Proust, *Du côté de chez Swann*, I, 1913.

Les deux côtés d'un « sol mental »

Faites l'inventaire de ces deux contenus, organisés selon une opposition assez marquée et subtilement détaillée. Distinguez notamment, pour chacun, les couleurs dominantes ; les thèmes sentimentaux qui s'y rattachent ; leur sensualité (insistante ici, là très diluée) ; leur géographie (terre/eau ; rusticité/culture), etc.

Ces lieux magiques se perdent ensuite en symboles, par la fusion de la topologie et de la psychologie analytique. Notez les équivoques du vocabulaire. Plusieurs formules expliquent même le fonctionnement de toute *La Recherche* (« car souvent j'ai voulu revoir... »).

Swann et *Guermantes* ne sont pas seulement deux routes, deux côtés, ce sont aussi deux phonétismes. Si le nom propre a chez Proust cette fonction œcuménique, résumant en somme tout le langage, c'est que sa structure coïncide avec celle de l'œuvre même : s'avancer peu à peu dans les significations du nom (comme ne cesse de le faire le narrateur), c'est s'initier au monde, c'est apprendre à déchiffrer les essences : les signes du monde (de l'amour, de la mondanité) sont faits des mêmes étapes que ses noms ; entre la chose et son apparence se développe le rêve.

Roland Barthes, *Nouveaux Essais critiques*, Le Seuil, 1967.

Mais l'enquête du Narrateur ne peut se réduire à une continuelle introspection. Son regard s'exerce à deviner la nature cachée des êtres qui l'entourent, à se conduire en espion, en déducteur. La suite du roman viendra souvent justifier ses intuitions. Voici deux exemples de cette enquête sociale et psychologique.

EXTRAITS

Le Narrateur observe le baron Charlus et a la révélation, devant une de ses manœuvres de séduction, de ses véritables mœurs.

Clignant des yeux contre le soleil, il semblait presque sourire, je trouvai à sa figure vue ainsi au repos et comme au naturel quelque chose de si affectueux, de si désarmé, que je ne pus m'empêcher de penser combien M. de Charlus eût été fâché s'il avait pu se savoir regardé ; car ce à quoi me faisait penser cet homme, qui était si épris, qui se piquait si fort de virilité, à qui tout le monde semblait odieusement efféminé, ce à quoi il me faisait penser tout d'un coup, tant il en avait passagèrement les traits, l'expression, le sourire, c'était à une femme.

J'allais me déranger de nouveau pour qu'il ne pût m'apercevoir ; je n'en eus ni le temps, ni le besoin. Que vis-je ! Face à face, dans cette cour où ils ne s'étaient certainement jamais rencontrés (M. de Charlus ne venant à l'hôtel Guermantes que dans l'après-midi, aux heures où Jupien était à son bureau), le baron, ayant soudain largement ouvert ses yeux mi-clos, regardait avec une attention extraordinaire l'ancien giletier sur le seuil de sa boutique, cependant que celui-ci, cloué subitement sur place devant M. de Charlus, enraciné comme une plante, contemplait d'un air émerveillé l'embonpoint du baron vieillissant. Mais, chose plus étonnante encore, l'attitude de M. de Charlus ayant changé, celle de Jupien se mit aussitôt, comme selon les lois d'un art secret, en harmonie avec elle. Le baron, qui cherchait maintenant à dissimuler l'impression qu'il avait ressentie, mais qui, malgré son indifférence affectée, semblait ne s'éloigner qu'à regret, allait, venait, regardait dans le vague de la façon qu'il pensait mettre le plus en valeur la beauté de ses prunelles, prenait un air fat, négligent, ridicule. Or Jupien, perdant aussitôt l'air humble et bon que je lui avais toujours connu, avait – en symétrie parfaite avec le baron – redressé la tête, donnait à sa taille un port avantageux, posait avec une impertinence grotesque son poing sur la hanche, faisait saillir son derrière, prenait des poses avec la coquetterie qu'aurait pu avoir l'orchidée pour le bourdon providentiellement survenu. Je ne savais pas qu'il pût avoir l'air si antipathique. Mais j'ignorais aussi qu'il fût capable de tenir à l'improviste sa partie dans cette sorte de scène des deux muets, qui (bien qu'il se trouvât pour la première fois en présence de M. de Charlus) semblait avoir été longuement répétée [...] Quel que fût le point qui pût retenir M. de Charlus et le giletier, leur accord semblait conclu et ces inutiles regards n'être que des préludes rituels, pareils aux fêtes qu'on donne avant un mariage décidé. Plus près de la nature encore – et la multiplicité de ces comparaisons est elle-même d'autant plus naturelle qu'un même homme, si on l'examine pendant quelques minutes, semble successivement un homme, un homme-oiseau, un homme-poisson, un homme insecte, – on eût dit deux oiseaux, le mâle et la femelle, le mâle cherchant à s'avancer, la femelle – Jupien – ne répondant plus par aucun signe à ce manège, mais regardant son nouvel ami sans étonnement, avec une fixité inattentive, jugée sans doute plus troublante et seule utile, du moment que le mâle avait fait les premiers pas, et se contentant de lisser ses plumes. Enfin l'indifférence de Jupien ne parut plus lui suffire ; de cette certitude d'avoir conquis à se faire poursuivre et désirer, il n'y avait qu'un pas et Jupien, se décidant à partir pour son travail, sortit par la porte cochère.

Autre suspicion, plus insupportable pour le Narrateur, mais encore improbable : le goût d'Albertine pour les femmes.

J'avais vu sur la plage une belle jeune femme élancée et pâle de laquelle les yeux, autour de leur centre, disposaient des rayons si géométriquement lumineux qu'on pensait, devant son regard, à quelque constellation. Je songeais combien elle était plus belle qu'Albertine et comme il était plus sage de renoncer à l'autre. Tout au plus le visage de cette belle jeune femme était-il passé au rabot invisible d'une grande bassesse de vie, de l'acceptation constante d'expédients vulgaires, si bien que ses yeux, plus nobles pourtant que le reste du visage, ne devaient rayonner que d'appétits et de désirs. Or, le lendemain, cette jeune femme étant placée très loin de nous au Casino, je vis qu'elle ne cessait de poser sur Albertine les feux alternés et tournants de ses regards. On eût dit qu'elle lui faisait des signes comme à l'aide d'un phare. Je souffrais que mon amie vît qu'on faisait si attention à elle, je craignais que ces regards incessamment allumés n'eussent la signification conventionnelle d'un rendez-vous d'amour pour le lendemain. Qui sait? ce rendez-vous n'était peut-être pas le premier. La jeune femme aux yeux rayonnants avait pu venir une autre année à Balbec. C'était peut-être parce qu'Albertine avait déjà cédé à ses désirs ou à ceux d'une amie que celle-ci se permettait de lui adresser ces brillants signaux. Ils faisaient alors plus que réclamer quelque chose pour le présent, ils s'autorisaient pour cela des bonnes heures du passé.

Ce rendez-vous, en ce cas, ne devait pas être le premier, mais la suite de parties faites ensemble d'autres années. Et, en effet, les regards ne disaient pas : « Veux-tu ? » Dès que la jeune femme avait aperçu Albertine, elle avait tourné tout à fait la tête et fait luire vers elle des regards chargés de mémoire, comme si elle avait eu peur et stupéfaction que mon amie ne se souvînt pas. Albertine, qui la voyait très bien, resta flegmatiquement immobile, de sorte que l'autre, avec le même genre de discrétion qu'un homme qui voit son ancienne maîtresse avec un autre amant, cessa de la regarder et de s'occuper plus d'elle que si elle n'avait pas existé.

Mais quelques jours après, j'eus la preuve des goûts de cette jeune femme et aussi de la probabilité qu'elle avait connu Albertine autrefois. Souvent, quand, dans la salle du Casino, deux jeunes filles se désiraient, il se produisait comme un phénomène lumineux, une sorte de traînée phosphorescente allant de l'une à l'autre.

Marcel Proust, *Sodome et Gomorrhe*, II, 1921-1922.

Deux scènes où le Narrateur est aux aguets

Charlus

La clé est donnée d'emblée, avant le croquis (« que vis-je ! »). Le récit hésite entre la caricature assez rosse, insistant sur le ridicule du baron, et la volonté d'analyse (d'où les métaphores• expressives : plante, insecte). Tout est sous le regard du Narrateur : retour continuel du « je » et des verbes de sensation, présence du commentaire (savoir, ignorer) qui espionne et décrit sans complaisance. La dernière partie donne un tout autre éclairage : le Narrateur récuse ses propres comparaisons, s'oblige à généraliser (tout être est double ou multiple), redonne à la scène sa « beauté » et sa valeur de rite amoureux où l'humain désir s'exprime. Ne pas oublier que Proust est lui-même homosexuel, bien que l'apologie soit très discrète, presque honteuse.

Albertine

Ici, pas de clé du tout, mais un doute, une impression, un malaise. Notez que tout le vocabulaire tend à exprimer une fascination (regard, jeu de miroir, tournoiement) et un langage de signes. Le Narrateur hésite (« qui sait ? » ; « peut-être », « ne devait pas... », etc.) et semble exclu (jalousie, gêne). Prédominance tout de même du thème de la lumière et du brillant : faux-semblant ou éclat du désir ?

À chaque instant, le personnage de Proust se retrouve *devant* une réalité et un avenir dont la signification ne lui est que partiellement révélée. Cela peut être, par exemple, un salon. Cela peut être une personne, comme celle de Bergotte, longtemps rêvée et devant qui, soudain, l'on se trouve [...]. Mais les passages essentiels sont ceux égrenés tout au long du livre, où tout d'un coup l'être se trouve en face d'un objet qui le sollicite et lui propose une énigme : le contemplateur se trouve en présence d'une entité qui refuse de se laisser immédiatement posséder ou connaître, et qui appartient par conséquent à la fois au monde du dehors et à celui de l'avenir.

Georges Poulet, *Études sur le temps humain*, IV, Éditions du Rocher, 1968.

Puisque le monde est un grand système codé, dont il faut apprendre à traduire les signes, Proust a tendance à ramener presque tous les sentiments à une **curiosité** : celle de l'amateur d'art, celle du créateur, celle de l'indiscret. De même, l'amour est sans cesse confondu à la **jalousie,** à une insatiable volonté d'interdire à autrui toute échappée, toute autonomie : on le guette, on le soupçonne de mentir, on déteste ceux qui l'approchent. Au fond, cette jalousie amoureuse est la forme extrême de tous les rapports humains, notamment dans le beau monde des salons, qui épie, cancane, et s'enivre de clans et de coteries.

EXTRAIT

Swann s'est épris d'Odette qui est belle sans être « son genre ». Fille facile et mondaine, elle ne tarde pas à se lasser d'une liaison unique et exclusive. Elle se rapproche du salon des Verdurin, où Swann n'est guère reçu, et se montre facilement lasse, notamment lorsqu'il s'agit de « faire catleya » : c'est sous le nom de cette fleur, qu'Odette avait à son corsage lors de leur premier flirt, qu'ils désignent l'amour physique.

Il arriva chez elle après onze heures, et, comme il s'excusait de n'avoir pu venir plus tôt, elle se plaignit que ce fût en effet bien tard, l'orage l'avait rendue souffrante, elle se sentait mal à la tête et le prévint qu'elle ne le garderait pas plus d'une demi-heure, qu'à minuit elle le renverrait ; et, peu après, elle se sentit fatiguée et désira s'endormir.

– Alors, pas de catleyas ce soir ? lui dit-il, moi qui espérais un bon petit catleya.

Et d'un air un peu boudeur et nerveux, elle lui répondit :

– Mais non, mon petit, pas de catleyas ce soir, tu vois bien que je suis souffrante !

– Cela t'aurait peut-être fait du bien, mais enfin je n'insiste pas.

Elle le pria d'éteindre la lumière avant de s'en aller, il referma lui-même les rideaux du lit et partit. Mais quand il fut rentré chez lui, l'idée lui vint brusquement que peut-être Odette attendait quelqu'un ce soir, qu'elle avait seulement simulé la fatigue et qu'elle ne lui avait demandé d'éteindre que pour qu'il crût qu'elle allait s'endormir, qu'aussitôt qu'il avait été parti, elle avait rallumé, et fait entrer celui qui devait passer la nuit auprès d'elle. Il regarda l'heure. Il y avait à peu près une heure et demie qu'il l'avait quittée, il ressortit, prit un fiacre et se fit arrêter tout près de chez elle, dans une petite rue perpendiculaire à celle sur laquelle donnait, derrière, son hôtel et où il allait quelquefois frapper à la fenêtre de sa chambre à coucher pour qu'elle vînt lui ouvrir ; il descendit de voiture, tout était désert et noir dans ce quartier, il n'eut que quelques pas à faire à pied et déboucha presque devant chez elle. Parmi l'obscurité de toutes les fenêtres éteintes depuis longtemps dans la rue, il en vit une seule d'où débordait – entre les volets qui en pressaient la pulpe mystérieuse et dorée – la lumière qui remplissait la chambre et qui, tant d'autres soirs, du plus loin qu'il l'apercevait en arrivant dans la rue, le réjouissait et lui annonçait : « elle est là qui t'attend » et qui maintenant, le torturait en lui disant : « elle est là avec celui qu'elle attendait ». Il voulait savoir qui ; il se glissa le long du mur jusqu'à la fenêtre, mais entre les lames obliques des volets il ne pouvait rien voir ; il entendait seulement dans le silence de la nuit le murmure d'une conversation.

Certes, il souffrait de voir cette lumière dans l'atmosphère d'or de laquelle se mouvait derrière le châssis le couple invisible et détesté, d'entendre ce murmure qui révélait la présence de celui qui était venu après son départ, la fausseté d'Odette, le bonheur qu'elle était en train de goûter avec lui. Et pourtant il était content d'être venu : le tourment qui l'avait forcé de sortir de chez lui avait perdu de son acuité en perdant de son vague, maintenant que l'autre vie d'Odette, dont il avait eu, à ce moment-là, le brusque et impuissant soupçon, il la tenait là, éclairée en plein par la lampe, prisonnière sans le savoir dans cette chambre où, quand il le voudrait, il entrerait la surprendre et la capturer ; ou plutôt il fallait frapper aux volets comme il faisait souvent quand il venait très tard ; ainsi du moins Odette apprendrait qu'il avait su [...]. Et peut-être, ce qu'il ressentait en ce moment de presque agréable, c'était autre chose aussi que l'apaisement d'un doute et d'une douleur : un plaisir de l'intelligence.

Marcel Proust, *Du côté de chez Swann*, II, 1913.

Jalousie

L'analyse évite les poncifs de la psychologie amoureuse : peu de termes théoriques ou abstraits ; une souffrance suggérée plus que montrée ; un procédé descriptif qui privilégie le mouvement, le va-et-vient de l'action et de la conscience.

Le désarroi du jaloux est exprimé par une superposition, formant contraste : évocation de l'intimité passée (chaleur, gourmandise, sensualité, attente et promesse...) et exclusion présente (avec le travail douloureux de l'imagination, car rien n'est prouvé). Ce conflit intérieur se résout finalement dans un curieux plaisir, un peu masochiste, celui de « l'intelligence » : pouvoir connaître, dévoiler et dompter autrui. C'est toujours la même passion née du désir, mais renversée, sublimée, comme si la curiosité toute-puissante valait encore mieux que l'amour. C'est bien ce que pense Proust, par ailleurs.

Le roman de l'œuvre d'art

Si *La Recherche* peut s'interpréter comme une enquête sociale ou psychologique, il n'en reste pas moins que son objet est sensiblement différent, et qu'on ne saurait la réduire à un documentaire ou une intrigue. Car le Narrateur n'espère aucune solution pratique, aucune conclusion définitive, de son récit : il cherche surtout à nous faire **voir autrement.** Qu'importe, au fond, le thème retenu ou la description esquissée, puisque seule l'optique compte. Comme le dit Proust, **le style est une « vision »** particulière et spéciale. Par le jeu des comparaisons, par la richesse harmonieuse de l'écriture, par la musique des mots, l'auteur propose une image sensuelle du monde, non un catalogue réaliste et raisonné. La vérité passe par l'évocation d'**émotions** ou de **sensations,** par la dérive de l'**imaginaire,** par des odeurs, des couleurs, des noms suggestifs : Proust n'a rien d'un intellectuel-géomètre. C'est un poète qui capte, dans les méandres magiques de ses phrases surchargées, une vérité **sentie,** non cérébrale, inaltérée par le calcul ou la raison.

Voilà pourquoi *La Recherche* fait une place si importante aux artistes : le peintre Elstir, le musicien Vinteuil, par exemple. Et c'est autour de leur art que gravitent les personnages du roman. Swann aime Odette car ses traits lui rappellent un détail de la Chapelle Sixtine, et leur amour a son hymne, une sonate de Vinteuil. Outre la peinture et la musique, l'univers proustien cultive toutes les formes du **goût.** De la petite madeleine trempée dans du thé aux recettes compliquées de Françoise, la cuisinière, le narrateur évolue dans un monde de **saveurs,** où prédomine le sucré odorant et succulent : le chausson aux pommes encore chaud ou les confitures de grand-mère. Ainsi s'établit un réseau de correspondances entre les sensations et les choses ou les êtres : on peut alors se dépouiller des grossiers instruments du raisonnement. Il suffit de citer un nom (une ville, une femme, une fleur...) pour qu'un halo de connotations•, tendres et mobiles, s'en exhale et crée ainsi un moment de rêve et de bonheur. « Une heure n'est pas qu'une heure ; c'est un vase rempli de parfums, de sons, de projets et de climats » *(Le Temps retrouvé).*

L'écriture est attentive à maintenir ces synesthésies•. Quand Proust parle du « tintement ovale et doré de la clochette » ou d'un chemin « tout bourdonnant de l'odeur des aubépines », il pratique une métonymie• (ou un hypallage•) non par préciosité gratuite mais pour atteindre à l'essence des choses, en brisant l'habitude ou le cliché. Il nous contraint à re-sentir ce qui est. Ainsi, le roman proustien tout entier est **théorie de l'œuvre d'art :** elle seule nous fait saisir le vrai, et non un illusoire réalisme. Et c'est cette théorie que le Narrateur met en pratique, grâce à son intuition et son regard sensible posé sur le monde.

Proust et Ruskin

Proust s'est beaucoup intéressé à Ruskin (1819-1900), penseur passionné par la peinture, théoricien de la vérité dans l'art. Pour lui, la vérité ne peut se réduire à la ressemblance matérielle, à une photographie. Il préfère s'intéresser aux formes qui suggèrent et aux visions fluides, non figuratives, raffinées – qu'il nommait « nuageosité », *cloudiness.* Admirateur de l'art italien, de Turner, des « préraphaélites », Ruskin a sans doute entrevu, le premier, une peinture libérée du dessin et de la perspective, moderne.

Dans *Le Temps retrouvé,* Proust reprend à sa manière les idées de Ruskin : mépris de tout art engagé (« populaire » ou « patriotique ») ; puissance évocatrice de l'art, sensuel et mystérieux, qui fait surgir notre vie intérieure et passée ; son aptitude à consoler et à donner une joie incomparable, où s'évanouit tout chagrin, etc.

Les peintres cités par le Narrateur, outre Elstir, sont notamment Ver Meer et Botticelli.

« Avant d'avoir vu un Chardin, je ne m'étais jamais rendu compte de ce que pouvait avoir de beau, chez mes parents, la table desservie, un coin de nappe relevé, un couteau contre une huître vide. »

document

L'amateur de peinture, qui fera un voyage pour voir un Monet représentant un champ de coquelicots, ne fera peut-être pas une promenade pour aller voir un champ de coquelicots, mais cependant, comme ces astrologues qui avaient une lunette dans laquelle ils voyaient toutes les choses de la vie, mais qu'il fallait aller trouver dans une solitude car ils ne se mêlaient pas à la vie, ils ont dans des chambres des espèces de miroirs non moins magiques appelés tableaux et dans lesquels, si l'on sait, en s'éloignant un peu, bien les regarder, d'importantes parties de la réalité sont dévoilées. Nous sommes là, penchés sur le miroir magique, nous en éloignant, essayant de chasser toute autre pensée, tâchant de comprendre le sens de chaque couleur, chacune appelant dans notre mémoire des impressions passées qui s'associent en aussi aérienne et multicolore architecture que les couleurs sur la toile et édifient dans notre imagination un paysage ; miroirs que viennent consulter des vieillards à longues barbes qui ne connaissent point le hâle du vent ni du soleil, mais qui s'enchantent à découvrir toutes ces vérités qui, d'ailleurs, ont comme matière le soleil, le vent, comme les amants d'une chanteuse connaissent l'auteur qu'elle admire et dont ils lui voient jouer les rôles.

Marcel Proust, *Le Peintre,* date inconnue, in *Essais et Articles,* Gallimard, 1971.

EXTRAIT

La théorie de l'œuvre d'art selon Proust : contre une littérature qui vise à restituer les faits vécus ; pour un art qui soit vision supérieure et globale.

Comment la littérature de notations aurait-elle une valeur quelconque, puisque c'est sous de petites choses comme celles qu'elle note que la réalité est contenue (la grandeur dans le bruit lointain d'un aéroplane, dans la ligne du clocher de Saint-Hilaire, le passé dans la saveur d'une madeleine, etc.) et qu'elles sont sans signification par elles-mêmes si on ne l'en dégage pas ? Peu à peu, conservée par la mémoire, c'est la chaîne de toutes ces expressions inexactes où ne reste rien de ce que nous avons réellement éprouvé, qui constitue pour nous notre pensée, notre vie, la réalité, et c'est ce mensonge-là que ne ferait que reproduire un art soi-disant « vécu », simple comme la vie, sans beauté, double emploi si ennuyeux et si vain de ce que nos yeux voient et de ce que notre intelligence constate qu'on se demande où celui qui s'y livre trouve l'étincelle joyeuse et motrice, capable de le mettre en train et de le faire avancer dans sa besogne. La grandeur de l'art véritable, au contraire, de celui que M. de Norpois eût appelé un jeu de dilettante, c'était de retrouver, de ressaisir, de nous faire connaître cette réalité loin de laquelle nous vivons, de laquelle nous nous écartons de plus en plus au fur et à mesure que prend plus d'épaisseur et d'imperméabilité la connaissance conventionnelle que nous lui substituons, cette réalité que nous risquerions fort de mourir sans avoir connue, et qui est tout simplement notre vie. La vraie vie, la vie enfin découverte et éclaircie, la seule vie par conséquent réellement vécue, c'est la littérature ; cette vie qui, en un sens, habite à chaque instant chez tous les hommes aussi bien que chez l'artiste. Mais ils ne la voient pas, parce qu'ils ne cherchent pas à l'éclaircir. Et ainsi leur passé est encombré d'innombrables clichés qui restent inutiles parce que l'intelligence ne les a pas « développés ». Notre vie, et aussi la vie des autres ; car le style pour l'écrivain, aussi bien que la couleur pour le peintre, est une question non de technique mais de vision. Il est la révélation, qui serait impossible par des moyens directs et conscients, de la différence qualitative qu'il y a dans la façon dont nous apparaît le monde, différence qui, s'il n'y avait pas l'art, resterait le secret éternel de chacun. Par l'art seulement nous pouvons sortir de nous, savoir ce que voit un autre de cet univers qui n'est pas le même que le nôtre, et dont les paysages nous seraient restés aussi inconnus que ceux qu'il peut y avoir dans la lune. Grâce à l'art, au lieu de voir un seul monde, le nôtre, nous le voyons se multiplier, et, autant qu'il y a d'artistes originaux, autant nous avons de mondes à notre disposition, plus différents les uns des autres que ceux qui roulent dans l'infini et, bien des siècles après qu'est éteint le foyer dont il émanait, qu'il s'appelât Rembrandt ou Ver Meer, nous envoient encore leur rayon spécial.

Marcel Proust, *Le Temps retrouvé*, 1927.

« La vraie vie : la littérature »

Cette page est un exposé théorique. Il faut être attentif, sinon l'idée principale semble une aimable généralité. On est d'ailleurs assez proche du symbolisme mallarméen.

D'abord des refus : « notations », collecte de faits objectifs et bruts, désir de « reproduire » la réalité et le vécu, clichés techniques de conventions, description neutre... Ensuite, « l'art véritable » : retrouver, à distance, l'unité profonde de la vie et de la vérité ; interpréter et éclaircir l'essentiel derrière l'accessoire et le dérisoire ; donner un sens à notre vie, lui offrir sa couleur, sa lumière. D'où : le style est « vision », moyen de rendre physiquement sensible et présente cette « révélation ». L'ensemble de ces visions géniales constitue l'art, revanche sur le temps.

citations / controverses

« Proust il m'agace par son pic poul – cette façon tarabiscotée – latine, allemande, judaïque, celle de Claudel aussi –, ces phrases qui se mordent la queue après d'infinis tortillages. Tout cela pue l'impuissance. »
Louis-Ferdinand Céline.

« Au bout de sept cent douze pages de ce manuscrit, après d'infinies désolations d'être noyé dans d'insondables développements et de crispantes impatiences de ne pouvoir remonter jamais à la surface, on n'a aucune, aucune notion de ce dont il s'agit. Qu'est-ce que tout cela vient faire ? Qu'est-ce que tout cela signifie ? Où tout cela veut-il mener ? – Impossible d'en rien savoir ! Impossible d'en pouvoir rien dire ! »

M. Madeleine, lecteur aux éditions Fasquelle, 1912.

Puisqu'il refuse le réalisme grossier et l'académisme, Proust semble défendre une peinture proche de l'**impressionnisme.** Grand admirateur de Monet, il partage avec lui le goût des plantes d'eau (nénuphars, nymphéas) ; des métamorphoses que provoque, sur les couleurs, l'éclairage ; du sens aigu des nuances lumineuses, plus suggestives que le trait. Monet est cité plusieurs fois dans *La Recherche* (« quel génie ! »). Il est possible de le retrouver dans le personnage d'Elstir, inventé par Proust, dont le Narrateur aime les tableaux.

EXTRAIT

La méthode d'Elstir : une vue d'un bord de mer – ou Proust en peinture...

Or, l'effort d'Elstir de ne pas exposer les choses telles qu'il savait qu'elles étaient, mais selon ces illusions optiques dont notre vision première est faite, l'avait précisément amené à mettre en lumière certaines de ces lois de perspective, plus frappantes alors, car l'art était le premier à les dévoiler. Un fleuve, à cause du tournant de son cours, un golfe, à cause du rapprochement apparent des falaises, avaient l'air de creuser au milieu de la plaine ou des montagnes un lac absolument fermé de toutes parts. Dans un tableau pris de Balbec par une torride journée d'été, un rentrant de la mer semblait, enfermé dans des murailles de granit rose, n'être pas la mer, laquelle commençait plus loin. La continuité de l'océan n'était suggérée que par des mouettes qui, tournoyant sur ce qui semblait au spectateur de la pierre, humaient au contraire l'humidité du flot. D'autres lois se dégageaient de cette même toile comme, au pied des immenses falaises, la grâce lilliputienne des voiles blanches sur le miroir bleu où elles semblaient des papillons endormis, et certains contrastes entre la profondeur des ombres et la pâleur de la lumière. Ces jeux des ombres, que la photographie a banalisés aussi, avaient intéressé Elstir au point qu'il s'était complu autrefois à peindre de véritables mirages, où un château coiffé d'une tour apparaissait comme un château complètement circulaire prolongé d'une tour à son faîte, et en bas d'une tour inverse, soit que la pureté extraordinaire d'un beau temps donnât à l'ombre qui se reflétait dans l'eau la dureté et l'éclat de la pierre, soit que les brumes du matin rendissent la pierre aussi vaporeuse que l'ombre. De même, au-delà de la mer, derrière une rangée de bois, une autre mer commençait, rosée par le coucher du soleil, et qui était le ciel. La lumière, inventant comme de nouveaux solides, poussait la coque du bateau qu'elle frappait, en retrait de celle qui était dans l'ombre, et disposait comme les degrés d'un escalier de cristal sur la surface matériellement plane, mais brisée par l'éclairage, de la mer au matin. Un fleuve qui passe sous les ponts d'une ville était pris d'un point de vue tel qu'il apparaissait entièrement disloqué, étalé ici en lac, aminci là en filet, rompu ailleurs par l'interposition d'une colline couronnée de bois où le citadin va le soir respirer la fraîcheur du soir ; et le rythme même de cette ville bouleversée n'était assuré que par la verticale inflexible des clochers qui ne montaient pas, mais plutôt, selon le fil à plomb de la pesanteur marquant la cadence comme dans une marche triomphale, semblaient tenir en suspens au-dessous d'eux toute la masse plus confuse des maisons étagées dans la brume, le long du fleuve écrasé et décousu.

Marcel Proust, *À l'ombre des jeunes filles en fleur,* 1918.

Le tableau idéal de Proust

Les « illusions optiques » et un jeu savant sur les « lois de perspective » : notez le mélange des éléments (débordement, fusion, continuité) et tout ce qui permet une dissolution (tournoiements, mirages, brisures des plans et des éclairages, rythme bouleversé, miroir). Les teintes participent à ces interférences (rose, blanc, bleu) dominées par des nuances qui atténuent et fondent tout ensemble : pâleur, profondeur, pureté, reflets, éclats, brume, « vaporeux », rosée, « degrés »...

Ce refus du réalisme, l'image qui miroite à profusion, l'art de la modulation, cette recherche d'une unité de vision dans la multiplicité des impressions : autant d'idées picturales que Proust met, lui, en littérature. Rapprochez du texte précédent et pensez à la « nuageosité » de Ruskin (cf. p. 293).

Quelques lignes après le passage ci-dessus, Proust insiste sur « l'effort que faisait Elstir pour se dépouiller en présence de la réalité de toutes les notions de son **intelligence** » ; « cet homme qui, avant de peindre, se faisait ignorant, oubliait tout par probité ». Pourquoi cette méthode ? Là encore, voyez la page précédente.

La Recherche présente aussi un écrivain fictif, Bergotte. Mais, de manière bien symbolique, c'est devant un vrai tableau, la *Vue de Delft* de Ver Meer, qu'il vient mourir, en ayant une dernière lueur sur ce qu'aurait dû être son œuvre.

EXTRAIT

Une crise d'urémie assez légère était cause qu'on lui avait prescrit le repos. Mais un critique ayant écrit que dans la *Vue de Delft* de Ver Meer (prêté par le musée de La Haye pour une exposition hollandaise), tableau qu'il adorait et croyait connaître très bien, un petit pan de mur jaune (qu'il ne se rappelait pas) était si bien peint qu'il était, si on le regardait seul, comme une précieuse œuvre d'art chinoise, d'une beauté qui se suffirait à elle-même, Bergotte mangea quelques pommes de terre, sortit et entra à l'exposition. Dès les premières marches qu'il eut à gravir, il fut pris d'étourdissements. Il passa devant plusieurs tableaux et eut l'impression de la sécheresse et de l'inutilité d'un art si factice, et qui ne valait pas les courants d'air et de soleil d'un palazzo de Venise ou d'une simple maison au bord de la mer. Enfin il fut devant le Ver Meer, qu'il se rappelait plus éclatant, plus différent de tout ce qu'il connaissait, mais où, grâce à l'article du critique, il remarqua pour la première fois des petits personnages en bleu, que le sable était rose, et enfin la précieuse matière du tout petit pan de mur jaune. Ses étourdissements augmentaient ; il attachait son regard, comme un enfant à un papillon jaune qu'il veut saisir, au précieux petit pan de mur. « C'est ainsi que j'aurais dû écrire, disait-il. Mes derniers livres sont trop secs, il aurait fallu passer plusieurs couches de couleur, rendre ma phrase en elle-même précieuse, comme ce petit pan de mur jaune. » Cependant la gravité de ses étourdissements ne lui échappait pas. Dans une céleste balance lui apparaissait, chargeant l'un des plateaux, sa propre vie, tandis que l'autre contenait le petit pan de mur si bien peint en jaune. Il sentait qu'il avait imprudemment donné la première pour le second. « Je ne voudrais pourtant pas, se dit-il, être pour les journaux du soir le fait divers de cette exposition. »

Il se répétait : « Petit pan de mur jaune avec un auvent, petit pan de mur jaune. » Cependant il s'abattit sur un canapé circulaire ; aussi brusquement il cessa de penser que sa vie était en jeu et, revenant à l'optimisme, se dit : « C'est une simple indigestion que m'ont donnée ces pommes de terre pas assez cuites, ce n'est rien. » Un nouveau coup l'abattit, il roula du canapé par terre, où accoururent tous les visiteurs et gardiens. Il était mort. Mort à jamais ? Qui peut le dire ? Certes les expériences spirites pas plus que les dogmes religieux, n'apportent de preuve que l'âme subsiste. Ce qu'on peut dire, c'est que tout se passe dans notre vie comme si nous y entrions avec le faix d'obligations contractées dans une vie antérieure ; il n'y a aucune raison dans nos conditions de vie sur cette terre pour que nous nous croyions obligés à faire le bien, à être délicats, même à être polis, ni pour l'artiste athée à ce qu'il se croie obligé de recommencer vingt fois un morceau dont l'admiration qu'il excitera importera peu à son corps mangé par les vers, comme le pan de mur jaune que peignit avec tant de science et de raffinement un artiste à jamais inconnu, à peine identifié sous le nom de Ver Meer.

Marcel Proust, *La Prisonnière*, 1923.

La révélation selon Ver Meer

Malgré le ton narratif, proche du « fait divers », ce passage a un enjeu allégorique● très profond. L'écrivain, trop complaisant au lecteur, qui s'était résolu à écrire « sec », reconnaît, tout en mourant, « l'inutilité de l'art factice ». Le tableau de Ver Meer sert de parabole à l'écriture idéale : préciosité de la matière et des nuances ; feuilleté et épaisseur de la couleur ; « vision » qui éblouit et donne un bonheur supérieur ; mystique de l'art (la « céleste balance ») ; beauté consécutive à une optique spéciale et suggestive (sable rose, par exemple).

Plus que la peinture, pourtant supérieure à la littérature, c'est la musique qui semble l'art de prédilection chez Proust. Incapable d'être un reflet concret, elle échappe au figuratif et nous touche immédiatement, sans passer par un référent● (un personnage, un lieu...) ou une forme quelconque de logique explicative. Suggestion et évocation s'y manifestent sans contraintes. Ainsi est-elle associée à l'émotion, et à l'amour surtout. Chaque fois que le Narrateur veut libérer les entrelacs magiques de l'imagination, il se laisse bercer : la musique recouvre ainsi la fonction du sommeil (et de l'image primitive du lit d'enfant, avec le baiser maternel).

Voyons **deux exemples** : la musique confondue avec la passion ; et le bruit harmonieux des noms qui sont, déjà, tout un voyage.

EXTRAITS

Swann et Odette sont assez dissemblables : la jeune femme ne correspond guère à l'idéal esthétique de son amant. Mais ils donnent un peu de substance à leur amour en s'inventant quelques appuis artistiques. Swann associe Odette à un Botticelli. Mais c'est surtout une mélodie d'une sonate de Vinteuil (sans doute inspiré par César Franck) qui va devenir « l'air national » de leur liaison.

La petite phrase continuait à s'associer pour Swann à l'amour qu'il avait pour Odette. Il sentait bien que cet amour, c'était quelque chose qui ne correspondait à rien d'extérieur, de constatable par d'autres que lui [...].

Cette soif d'un charme inconnu, la petite phrase l'éveillait en lui, mais ne lui apportait rien de précis pour l'assouvir. De sorte que ces parties de l'âme de Swann où la petite phrase avait effacé le souci des intérêts matériels, les considérations humaines et valables pour tous, elle les avait laissées vacantes et en blanc, et il était libre d'y inscrire le nom d'Odette. Puis à ce que l'affection d'Odette pouvait avoir d'un peu court et décevant, la petite phrase venait ajouter, amalgamer son essence mystérieuse. À voir le visage de Swann pendant qu'il écoutait la phrase, on aurait dit qu'il était en train d'absorber un anesthésique qui donnait plus d'amplitude à sa respiration. Et le plaisir que lui donnait la musique et qui allait bientôt créer chez lui un véritable besoin, ressemblait en effet, à ces moments-là, au plaisir qu'il aurait eu à expérimenter des parfums, à entrer en contact avec un monde pour lequel nous ne sommes pas faits, qui nous semble sans forme parce que nos yeux ne le perçoivent pas, sans signification parce qu'il échappe à notre intelligence, que nous n'atteignons que par un seul sens. Grand repos, mystérieuse rénovation pour Swann – pour lui dont les yeux, quoique délicats amateurs de peinture, dont l'esprit, quoique fin observateur de mœurs, portaient à jamais la trace indélébile de la sécheresse de sa vie – de se sentir transformé en une créature étrangère à l'humanité, aveugle, dépourvue de facultés logiques, presque une fantastique licorne, une créature chimérique ne percevant le monde que par l'ouïe. Et comme dans la petite phrase il cherchait cependant un sens où son intelligence ne pouvait descendre, quelle étrange ivresse il avait à dépouiller son âme la plus intérieure de tous les secours du raisonnement et à la faire passer seule dans le couloir, dans le filtre obscur du son ! Il commençait à se rendre compte de tout ce qu'il y avait de douloureux, peut-être même de secrètement inapaisé au fond de la douceur de cette phrase, mais il ne pouvait pas en souffrir. Qu'importait qu'elle lui dît que l'amour est fragile, le sien était si fort ! Il jouait avec la tristesse qu'elle répandait, il la sentait passer sur lui, mais comme une caresse qui rendait plus profond et plus doux le sentiment qu'il avait de son bonheur. Il la faisait rejouer dix fois, vingt fois à Odette, exigeant qu'en même temps elle ne cessât pas de l'embrasser. Chaque baiser appelle un autre baiser. Ah ! dans ces premiers temps où l'on aime, les baisers naissent si naturellement ! Ils foisonnent si pressés les uns contre les autres ; et l'on aurait autant de peine à compter les baisers qu'on s'est donnés pendant une heure que les fleurs d'un champ au mois de mai. Alors elle faisait mine de s'arrêter, disant : « Comment veux-tu que je joue comme cela si tu me tiens ? je ne peux tout faire à la fois, sache au moins ce que tu veux, est-ce que je dois jouer la phrase ou faire des petites caresses ? », lui se fâchait et elle éclatait d'un rire qui se changeait et retombait sur lui, en une pluie de baisers.

Marcel Proust, *Du côté de chez Swann*, II, 1913.

Une sonate « appassionata »

Encore une page très révélatrice de l'idée proustienne de l'amour : comme la réalité, il n'est rien sans la vision esthétique que l'on en a. D'où l'importance de la « petite phrase » qui métamorphose une banalité et des petits malheurs en destin sensuel et mystérieux. Ce conflit est exprimé constamment dans tout le texte, où alternent conscience et imaginaire, ou jouissance et tristesse. Notez cette ambivalence et ces alternances.

Relevez aussi les détails qui féminisent la sonate, qui l'identifient à Odette. De même, la mélodie s'associe aux petits faits d'une histoire d'amour (plaisir, parfums, repos, oubli de tout). Enfin, elle en fait magiquement renaître (mémoire proustienne) un moment heureux et délicieux (fin du texte). Ce souvenir, plus fort que la vague jouissance présente, semble donner à Swann un bonheur plus évident que la « mystérieuse rénovation » (qu'est-elle, au fond ?) dont il est question plus haut.

La musique des noms : métaphores harmoniques

Les mots nous présentent des choses une petite image claire et usuelle comme celles que l'on suspend aux murs des écoles pour donner aux enfants l'exemple de ce qu'est un établi, un oiseau, une fourmilière, choses conçues comme pareilles à toutes celles de même sorte. Mais les noms présentent des personnes – et des villes qu'ils nous habituent à croire individuelles, uniques comme des personnes – une image confuse qui tire d'eux, de leur sonorité éclatante ou sombre, la couleur dont elle est peinte uniformément, comme une de ces affiches, entièrement bleues ou entièrement rouges, dans lesquelles, à cause des limites du procédé employé ou par un caprice du décorateur, sont bleus ou rouges, non seulement le ciel et la mer, mais les barques, l'église, les passants. Le nom de Parme, une des villes où je désirais le plus aller depuis que j'avais lu *la Chartreuse,* m'apparaissant compact, lisse, mauve et doux, si on me parlait d'une maison quelconque de Parme dans laquelle je serais reçu, on me causait le plaisir de penser que j'habiterais une demeure lisse, compacte, mauve et douce, qui n'avait de rapport avec les demeures d'aucune ville d'Italie, puisque je l'imaginais seulement à l'aide de cette syllabe lourde du nom de Parme, où ne circule aucun air, et de tout ce que je lui avais fait absorber de douceur stendhalienne et du reflet des violettes. Et quand je pensais à Florence, c'était comme à une ville miraculeusement embaumée et semblable à une corolle, parce qu'elle s'appelait la cité des lys et sa cathédrale, Sainte-Marie-des-Fleurs. Quant à Balbec, c'était un de ces noms où, comme sur une vieille poterie normande qui garde la couleur de la terre d'où elle fut tirée, on voit se peindre encore la représentation de quelque usage aboli, de quelque droit féodal, d'un état ancien de lieux, d'une manière désuète de prononcer qui en avait formé les syllabes hétéroclites et que je ne doutais pas de retrouver jusque chez l'aubergiste qui me servirait du café au lait à mon arrivée, me menant voir la mer déchaînée devant l'église, et auquel je prêtais l'aspect disputeur, solennel et médiéval d'un personnage de fabliau.

Si ma santé s'affermissait et que mes parents me permissent, sinon d'aller séjourner à Balbec, du moins de prendre une fois, pour faire connaissance avec l'architecture et les paysages de la Normandie ou de la Bretagne, ce train d'une heure vingt-deux dans lequel j'étais monté tant de fois en imagination, j'aurais voulu m'arrêter de préférence dans les villes les plus belles ; mais j'avais beau les comparer, comment choisir, plus qu'entre des êtres individuels qui ne sont pas interchangeables, entre Bayeux si haute dans sa noble dentelle rougeâtre et dont le faîte était illuminé par le vieil or de sa dernière syllabe ; Vitré dont l'accent aigu losangeait de bois noir le vitrage ancien ; le doux Lamballe qui, dans son blanc, va du jaune coquille d'œuf au gris perle ; Coutances, cathédrale normande, que sa diphtongue finale, grasse et jaunissante, couronne par une tour de beurre ; Lannion avec le bruit, dans son silence villageois, du coche suivi de la mouche ; Questambert, Pontorson, risibles et naïfs, plumes blanches et becs jaunes éparpillés sur la route de ces lieux fluviatiles et poétiques ; Bénodet, nom à peine amarré que semble vouloir entraîner la rivière au milieu de ses algues ; Pont-Aven, envolée blanche et rose de l'aile d'une coiffe légère qui se reflète en tremblant dans une eau verdie de canal ; Quimperlé, lui, mieux attaché, et depuis le Moyen Âge, entre les ruisseaux dont il gazouille et s'emperle en une grisaille pareille à celle que dessinent, à travers les toiles d'araignées d'une verrière, les rayons de soleil changés en pointes émoussées d'argent bruni ?

Marcel Proust, *Du côté de chez Swann,* III, 1913.

Magie des noms

L'imaginaire ici se développe à partir de divers prétextes. Les aspects formels du nom, d'abord : phonétiques (longueur des syllabes, par exemple), graphiques (l'accent aigu) ou lexicaux (perle, dans Quimperlé, ou fleur, dans Florence). Mais des souvenirs ou des savoirs sont aussi sollicités : conversations ; Stendhal, pour Parme ; peintres, pour Florence ; histoire, etc. Enfin, se sont cristallisés des rêves et des illusions, par l'association directe du signifiant• à un référent• hypothétique : voyez surtout la série finale.

Biographie de Marcel Proust

VIE

1871	10 juil. : naissance à Paris. Santé fragile, asthmatique. Père professeur de médecine ; sa mère appartient à la haute bourgeoisie juive (Jeanne Weil)
1889	Obtient le bac après ses études au lycée Condorcet
1890	Devance l'appel militaire, pour n'avoir qu'un an de service
1895	Quelques études de droit. Licence ès-lettres. Attaché à la bibliothèque Mazarine mais n'y va guère
1899	Vie mondaine. Rencontre les futurs modèles de son œuvre ; dreyfusard. Liaison avec Renaldo Hahn
1900	Travaux sur Ruskin. Voyage à Venise
	Salons de Mme Strauss et de Mme Caillavet. Quelques figures : Charles Haas (Swann ?), Anatole France (Bergotte ?), Robert de Montesquiou (Charlus ?), princesse Mathilde, Comtesse Greffulhe, les Polignac, Brancovan, Caraman-Chimay…
1903	Voyage en Hollande. Mort de son père
1905	Mort de sa mère. Semble désespéré. Santé chancelante
1906	Vrais débuts de son travail créateur. Liaison avec Agostinelli, chauffeur de taxi, qui devient son « secrétaire »
1909	Travail intense. Passe tous les étés à Cabourg
1914	Agostinelli tué en avion
1916	Contrat avec la N.R.F.
1919	Prix Goncourt. S'enferme rue Hamelin, dans une chambre calfeutrée, soigné par sa gouvernante Céleste Albaret
1922	Meurt épuisé, à peine son œuvre achevée (18 nov.)

ŒUVRES

1896	*Les Plaisirs et les Jours*
	Rédaction de *Jean Santeuil* (publié en 1952)
1903	Chroniques mondaines dans le *Figaro* : les *« Salons »*
1904	Traduction et étude de la *Bible d'Amiens* de John Ruskin
1913	*Du côté de chez Swann*
1918	*À l'ombre des jeunes filles en fleur* (prix Goncourt)
19	*Pastiches et Mélanges*
20	*Le Côté de Guermantes*
21	*Sodome et Gomorrhe*
23	*La Prisonnière*
1925	*Albertine disparue*
1927	*Le Temps retrouvé*

Individualisme et indocilité : de Gide à Mauriac

Un difficile détachement : André Gide

Pour la plupart des artistes et des intellectuels du début du siècle, l'avènement du monde moderne fut un stimulant à l'expérimentation. C'est surtout évident en poésie (cf. pp. 34-69), mais les romanciers ont cherché, à leur manière, à capter les aventures nouvelles qui pouvaient s'offrir. Prédominent alors un **individualisme** qui s'enivre de sa propre liberté et un certain **goût du défi.** Malgré des nuances, le roman psychologique comporte toujours des **accents autobiographiques,** où l'auteur met à nu, souvent avec beaucoup d'insolence ou d'indécence, ses affranchissements et son mépris de toute hypocrisie puritaine. Le scepticisme d'Anatole France (cf. p. 274) ne suffit plus. Car l'esprit critique, malgré ses irrévérences, semble trop abstrait et théorique. C'est dans le vécu que la « libération » doit d'abord s'exprimer, et l'écrit commentera ces choix et tentatives : vie et œuvre se confondent dans une démarche têtue et périlleuse, celle d'un homme à la recherche de sa vérité, malgré les envieux et les censeurs.

Cet esprit de disponibilité à soi-même, délivré de tout système préconçu, prêt à tous les déracinements et à toutes les tentatives, c'est **André Gide** (1869-1951) qui en est l'incarnation la plus décisive. Après une enfance confinée dans la rigueur protestante et le conformisme bourgeois, il découvre, lors d'un voyage en Afrique du Nord, la jouissance du corps, l'évasion et l'absurdité des tabous. Convaincu que la littérature sent « furieusement le factice et le renfermé », il ne cessera plus, dès lors, malgré des zigzags, de chanter le désir, la sincérité, la liberté. Cette quête du bonheur passe par l'abandon des chaînes – familiales, morales ou esthétiques – et par le « déracinement ».

EXTRAIT

Parti en Afrique du Nord pour soigner un début de tuberculose (1893), Gide, guéri, y retourna pour son voyage de noces en 1895. Ce recueil, où alternent lyrisme• et récits, chante une intense ferveur sensuelle, sans l'entrave des craintes et remords. « Agir sans juger si l'action est bonne ou mauvaise. Aimer sans s'inquiéter si c'est le bien ou si c'est le mal. »

Nathanaël, je te parlerai des attentes. J'ai vu la plaine, pendant l'été, attendre ; attendre un peu de pluie. La poussière des routes était devenue trop légère et chaque souffle la soulevait. Ce n'était même plus un désir ; c'était une appréhension. La terre se gerçait de sécheresse comme pour plus d'accueil de l'eau. Les parfums des fleurs de la lande devenaient presque intolérables. Sous le soleil tout se pâmait. Nous allions chaque après-midi nous reposer sous la terrasse, abrités un peu de l'extraordinaire éclat du jour. C'était le temps où les arbres à cônes, chargés de pollen, agitent aisément leurs branches pour répandre au loin leur fécondation. Le ciel s'était chargé d'orage et toute la nature attendait. L'instant était d'une solennité trop oppressante, car tous les oiseaux s'étaient tus. Il monta de la terre un souffle si brûlant que l'on sentit tout défaillir ; le pollen des conifères sortit comme une fumée d'or des branches. – Puis il plut.

J'ai vu le ciel frémir de l'attente de l'aube. Une à une les étoiles se fanaient. Les prés étaient inondés de rosée ; l'air n'avait que des caresses glaciales. Il sembla quelque temps que l'indistincte vie voulût s'attarder au sommeil, et ma tête encore lassée s'emplissait de torpeur. Je montai jusqu'à la lisière du bois ; je m'assis ; chaque bête reprit son travail et sa joie dans la certitude que le jour va venir, et le mystère de la vie recommença de s'ébruiter par chaque échancrure des feuilles. – Puis le jour vint.

J'ai vu d'autres aurores encore. – J'ai vu l'attente de la nuit...

Nathanaël. Quand aurons-nous brûlé tous les livres !

Il ne me suffit pas de *lire* que les sables des plages sont doux ; je veux que mes pieds nus le sentent... Toute connaissance que n'a pas précédée une sensation m'est inutile.

Je n'ai jamais rien vu de doucement beau dans ce monde, sans désirer aussitôt que toute ma tendresse le touche. Amoureuse beauté de la terre, l'effloraison de ta surface est merveilleuse. Ô paysage où mon désir s'est enfoncé ! Pays ouvert où ma recherche se promène ; allée de papyrus qui se referme sur de l'eau ; roseaux courbés sur la rivière ; ouvertures des clairières ; apparition de la plaine dans l'embrasure des branchages, de la promesse illimitée. Je me suis promené dans les couloirs de roches ou de plantes. J'ai vu se dérouler des printemps.

André Gide, *Les Nourritures terrestres,* I, 1897, Gallimard.

Mais le nouvel évangile des *Nourritures*, tout tendu vers une sensualité sans entrave, est forcément égoïste. Or l'homme ne vit pas seul. Personne plus que Gide n'a éprouvé douloureusement cette incompatibilité. Marié tout jeune à sa cousine, l'aimant tendrement, il a passé sa vie à la rendre malheureuse : homosexuel, incapable de se refuser aux émancipations possibles, Gide fut pour son épouse plus un adversaire qu'un partenaire. Il s'en est crûment expliqué dans ses mémoires et dans son *Journal*. Voilà pourquoi, dans ses romans, il privilégie toujours le **thème du couple** : le culte de l'indépendance y perçoit ses limites et, peut-être, son échec.

EXTRAIT

L'Immoraliste *reprend le thème de la maladie, de l'exil salvateur en Afrique du Nord, et du voyage de noces. Le héros, Michel, revenu sauvé de son premier séjour, y entraîne son épouse Marceline. C'est elle qui tombe malade. Michel, incapable de renoncer à son indépendance, à sa santé, à son « immoralisme », la laissera mourir, obsédé par sa propre vie libérée. Un ami de Michel, Ménalque, sert ici de porte-parole à cette doctrine, où le vouloir-vivre ne s'embarrasse plus d'aucune morale.*

– C'est à ma taille aussi que j'avais taillé mon bonheur, m'écriai-je ; mais j'ai grandi ; à présent mon bonheur me serre ; parfois, j'en suis presque étranglé...

– Bah ! vous vous y ferez ! dit Ménalque ; puis il se campa devant moi, plongea son regard dans le mien et, comme je ne trouvais rien à dire, il sourit un peu tristement : – On croit que l'on possède, et l'on est possédé, reprit-il. – Versez-vous du chiraz, cher Michel ; vous n'en goûterez pas souvent ; et mangez de ces pâtes roses que les Persans prennent avec. Pour ce soir je veux boire avec vous, oublier que je pars demain, et causer comme si cette nuit était longue... Savez-vous ce qui fait de la poésie aujourd'hui et de la philosophie surtout, lettres mortes ? C'est qu'elles se sont séparées de la vie. La Grèce, elle, idéalisait à même la vie ; de sorte que la vie de l'artiste était elle-même déjà une réalisation poétique ; la vie du philosophe, une mise en action de sa philosophie ; de sorte aussi que, mêlées à la vie, au lieu de s'ignorer, la philosophie alimentant la poésie, la poésie exprimant la philosophie, cela était d'une persuasion admirable. Aujourd'hui la beauté n'agit plus ; l'action ne s'inquiète plus d'être belle ; et la sagesse opère à part.

– Pourquoi, dis-je, vous qui vivez votre sagesse, n'écrivez-vous pas vos mémoires ? – ou simplement, repris-je en le voyant sourire, les souvenirs de vos voyages ?

– Parce que je ne veux pas me souvenir, répondit-il. Je croirais, ce faisant, empêcher d'arriver l'avenir et faire empiéter le passé. C'est du parfait oubli d'hier que je crée la nouvelleté de chaque heure. Jamais, d'avoir été heureux, ne me suffit. Je ne crois pas aux choses mortes, et confonds n'être plus, avec n'avoir jamais été.

Je m'irritais enfin de ces paroles, qui précédaient trop ma pensée ; j'eusse voulu tirer arrière, l'arrêter ; mais je cherchais en vain à contredire ; et d'ailleurs m'irritais contre moi-même plus encore que contre Ménalque. Je restai donc silencieux. Lui, tantôt allant et venant à la façon d'un fauve en cage, tantôt se penchant vers le feu, tantôt se taisait longuement, puis tantôt, brusquement, disait :

– Si encore nos médiocres cerveaux savaient bien embaumer les souvenirs ! Mais ceux-ci se conservent mal ; les plus délicats se dépouillent, les plus voluptueux pourrissent ; les plus délicieux sont les plus dangereux dans la suite. Ce dont on se repent était délicieux d'abord.

De nouveau, long silence ; et puis il reprenait :

– Regrets, remords, repentirs, ce sont joies de naguère, vues de dos. Je n'aime pas regarder en arrière, et j'abandonne au loin mon passé comme l'oiseau, pour s'envoler, quitte son ombre. Ah ! Michel, toute joie nous attend toujours, mais veut toujours trouver la couche vide, être la seule, et qu'on arrive à elle comme un veuf. – Ah ! Michel ! toute joie est pareille à cette manne du désert qui se corrompt d'un jour à l'autre, elle est pareille à l'eau de la source Amélès qui, raconte Platon, ne se pouvait garder dans aucun vase... Que chaque instant emporte tout ce qu'il avait apporté.

André Gide, *L'Immoraliste*, II, Mercure de France, 1902.

Se désinstruire pour réapprendre à vivre ?

« Ma désinstruction fut lente et difficile », disait Gide. La « ronde pour brûler les livres » oppose la culture, savoir artificiel et trompeur, à la jouissance véritable. C'est aussi le thème de l'exposé de Ménalque, qui fait même l'historique de ce conflit entre la civilisation et la vie. À vous de vous situer dans ce débat, assez tranché, ici.

Dans les deux extraits (l'un lyrique●, l'autre explicatif) relevez les champs lexicaux● dominants (désir sensuel, chaleur inassouvie, eau qui apaise, notamment) et observez comment le thème de l'attente conduit à voir toute forme de passé comme « lettre morte ». Que pensez-vous de ce rejet de tout souvenir ?

Illustration des contradictions de la liberté, le thème de l'« acte gratuit » reprend d'une manière théorique ce que l'étude du couple a déjà démontré : si la liberté consiste bien à suivre ses impulsions, il n'empêche que les conséquences nous poursuivent et nous aliènent encore. En décidant de commettre un meurtre sans mobile, absurde et gratuit, le héros des *Caves du Vatican* – qui fascinera tant les Surréalistes – déclenche, outre le remords, une cascade d'événements où son destin prendra une tournure qu'il ne voulait pas. Un acte de pure liberté a déclenché d'autres dépendances. Inutile de dire que ce livre fit scandale, notamment dans les milieux catholiques.

EXTRAIT

Les Caves du Vatican *racontent plusieurs histoires à la fois : un anticlérical voit la Vierge lui apparaître ; son beau-frère, romancier bien-pensant, se met à écrire un livre contestataire et inconvenant ; un autre beau-frère part pour Rome délivrer le pape que l'on croit séquestré dans les caves du Vatican par des francs-maçons qui ont installé un usurpateur sur le trône pontifical... Ce brave homme, Amédée Fleurissoire va, hélas pour lui, rencontrer dans le train Lafcaldio Wluiki, qui veut se prouver sa liberté par un acte gratuit.*

Lafcadio redonna de la lumière. Le train longeait alors un talus, qu'on voyait à travers la vitre, éclairé par cette lumière de chaque compartiment projetée ; cela formant une suite de carrés clairs qui dansaient le long de la voie et se déformaient tour à tour selon chaque accident du terrain. On apercevait, au milieu de l'un d'eux, danser l'ombre falote de Fleurissoire ; les autres carrés étaient vides.

– Qui le verrait ? pensait Lafcadio. Là, tout près de ma main sous ma main, cette double fermeture, que je peux faire jouer aisément ; cette porte qui, cédant tout à coup, le laisserait crouler en avant ; une petite poussée suffirait ; il tomberait dans la nuit comme une masse ; même on n'entendrait pas un cri... Et demain, en route pour les îles !... Qui le saurait ?

La cravate était mise, un petit nœud marin tout fait ; à présent Fleurissoire avait repris une manchette et l'assujettissait au poignet droit ; et, ce faisant, il examinait, au-dessus de la place où il était assis tout à l'heure, la photographie (une des quatre qui décoraient le compartiment) de quelque palais près de la mer.

– Un crime immotivé, continuait Lafcadio : quel embarras pour la police ! Au demeurant, sur ce sacré talus, n'importe qui peut, d'un compartiment voisin, remarquer qu'une portière s'ouvre, et voir l'ombre du chinois cabrioler. Du moins les rideaux du couloir sont tirés... Ce n'est pas tant des événements que j'ai curiosité, que de soi-même. Tel se croit capable de tout, qui, devant que d'agir, recule... Qu'il y a loin, entre l'imagination et le fait !... Et pas plus le droit de reprendre son coup qu'aux échecs. Bah ! qui prévoirait tous les risques, le jeu perdrait tout intérêt !... Entre l'imagination d'un fait et... Tiens ! le talus cesse. Nous sommes sur un pont, je crois ; une rivière...

Sur le fond de la vitre, à présent noire, les reflets apparaissaient plus clairement. Fleurissoire se pencha pour rectifier la position de sa cravate.

– Là, sous ma main cette double fermeture – tandis qu'il est distrait et regarde au loin devant lui – joue, ma foi ! plus aisément encore qu'on eût cru. Si je puis compter jusqu'à douze, sans me presser, avant de voir dans la campagne quelque feu, le tapir est sauvé. Je commence : Une ; deux, trois ; quatre ; (lentement ! lentement !) cinq ; six ; sept ; huit ; neuf... Dix, un feu !...

Fleurissoire ne poussa pas un cri. Sous la poussée de Lafcadio et en face du gouffre brusquement ouvert devant lui, il fit pour se retenir un grand geste, sa main gauche agrippa le cadre lisse de la portière, tandis qu'à demi retourné il rejetait la droite loin en arrière par-dessus Lafcadio, envoyant rouler sous la banquette, à l'autre extrémité du wagon, la seconde manchette qu'il était au moment de passer.

Lafcadio sentit s'abattre sur sa nuque une griffe affreuse, baissa la tête et donna une seconde poussée plus impatiente que la première ; les ongles lui raclèrent le col ; et Fleurissoire ne trouva plus où se raccrocher que le chapeau de castor qu'il saisit désespérément et qu'il emporta dans sa chute.

André Gide, *Les Caves du Vatican*, 1914, Gallimard.

L'acte gratuit

Ce geste, que Gide a emprunté à Nietzsche et à Dostoïevski, tend à défier l'ordre de la création et à créer un autre destin (surtout pour la victime !). C'est donc une manière de se substituer à Dieu. Toutefois, plus simplement, Lafcadio se conduit en joueur : notez ce qui renvoie au calcul et au plaisir liés à la nature même du jeu, lequel repose à la fois sur le risque et le hasard. La page est aussi un exercice d'humour noir, qui plut surtout aux Surréalistes.

Les genres de l'égotisme : Gide et les autres

En exposant sa vie, ses mœurs, et en s'engageant contre les conformistes, un homme comme Gide a contribué au regain de ce qu'on peut appeler l'**égotisme** (mot cher à Stendhal, cf. *Le XIXe siècle,* p. 245) : l'auteur donne l'impression de ne parler que de soi. Ainsi les personnages gidiens ont-ils toujours été plus ou moins considérés comme des porte-parole de Gide lui-même, bien qu'il s'en soit souvent défendu. De même, Gide n'écrit pas, à proprement parler, des romans. Il préfère parler de **soties,** petits récits écrits à la première personne, à tendance morale, centrés autour d'une expérience privée. Ou bien, il a recours au journal, celui de Michel, dans *L'Immoraliste,* ou celui du Pasteur, dans *La Symphonie pastorale,* par exemple. Enfin, l'image de Gide chez ses contemporains s'est surtout imposée par le biais de ses confessions, notamment *Si le grain ne meurt,* où les aveux scabreux défilent sur un ton laconique. De **nouveaux genres** renaissent donc, qui annoncent les récits indiscrets, savamment structurés sous des dehors géométriques, de l'« ère du soupçon » (cf. p. 394). Pour le lecteur d'aujourd'hui, ce sont moins les provocations de Gide qui importent (car il n'y a plus guère de scandale à aimer la nudité sur les plages ou à prôner quelque liberté sexuelle) que son comportement d'écrivain, soucieux d'une technique moins artificielle, et pour qui « un roman, c'est un théorème ».

Le seul vrai roman de Gide est *Les Faux-Monnayeurs* (1925). Mais, justement, cette somme complexe raconte comment l'auteur, Édouard, qui tient son journal, n'arrive pas à écrire un roman (dont le titre est *Les Faux-Monnayeurs,* bien entendu). Dépourvu de sujet, placé sous le signe de la « fausse monnaie », avec des récits à tiroirs décousus, cette œuvre est finalement un laboratoire expérimental des techniques et des thèmes du roman.

Bref, le « gidisme » est à la fois **un retour narcissique** à soi-même – refus du dogmatisme, apologie de l'émotion, goût du « naturel » et de la liberté – et une **optique littéraire** nouvelle où la fiction veut non pas flatter et endormir, mais déranger et faire participer à une inquiétude et une recherche. C'est par là, d'ailleurs, que Gide, qui y était si mal disposé à l'origine, sera conduit à divers engagements militants, notamment contre le fascisme.

EXTRAIT

Bernard a quitté, au moment de passer son baccalauréat, sa famille, les Profitendieu, et s'est réfugié chez son ami Olivier Molinier. L'oncle d'Olivier, Édouard, est écrivain et ne cesse de s'interroger sur le métier de romancier ou sur la fonction du roman : qu'est-ce que la sincérité ? comment entrer dans la psychologie profonde des personnages ? etc. Au cours d'une conversation avec la doctoresse Sophroniska (une psychanalyste), Édouard s'explique, en s'insurgeant contre le réalisme, hérité de Balzac, et en défendant la composition « en abyme » • *(ligne 35).*

– Parfois il me paraît que je n'admire en littérature rien tant que, par exemple, dans Racine, la discussion entre Mithridate et ses fils[1] ; où l'on sait parfaitement bien que jamais un père et des fils n'ont pu parler de la sorte, et où néanmoins (et je devrais dire : d'autant plus) tous les pères et tous les fils peuvent se reconnaître. En localisant et en spécifiant, l'on restreint. Il n'y a de vérité psychologique que particulière, il est vrai ; mais il n'y a d'art que général. Tout le problème est là, précisément ; exprimer le général par le particulier ; faire exprimer par le particulier le général. Vous permettez que j'allume ma pipe ?

– Faites donc, faites donc, dit Sophroniska.

– Eh bien ! je voudrais un roman qui serait à la fois aussi vrai, et aussi éloigné de la réalité, aussi particulier et aussi général à la fois, aussi humain et aussi fictif qu'*Athalie,* que *Tartuffe* ou que *Cinna*[1].

– Et... le sujet de ce roman ?

– Il n'en a pas, repartit Édouard brusquement ; et c'est là ce qu'il a de plus étonnant peut-être. Mon roman n'a pas de sujet. Oui, je sais bien ; ça a l'air stupide ce que je dis là. Mettons si vous préférez qu'il n'y aura pas *un* sujet... « Une tranche de vie », disait l'école naturaliste. Le grand défaut de cette école, c'est de couper sa tranche toujours dans le même sens ; dans le sens du temps, en longueur. Pourquoi pas en largeur ? ou en profondeur ? Pour moi, je voudrais ne pas couper du tout. Comprenez-moi : je voudrais tout y faire entrer, dans ce roman. Pas de coup de ciseaux pour arrêter, ici plutôt que là, sa susbtance. Depuis plus d'un an que j'y travaille, il ne m'arrive rien que je n'y verse, et que je n'y veuille faire entrer : ce que je vois, ce que je sais, tout ce que m'apprend la vie des autres et la mienne...

– Et tout cela stylisé ? dit Sophroniska, feignant l'attention la plus vive, mais sans doute avec un peu d'ironie. Laura ne put réprimer un sourire. Édouard haussa légèrement les épaules et reprit :

– Et ce n'est même pas cela que je veux faire. Ce que je veux, c'est présenter d'une part la réalité, présenter d'autre part cet effort pour la styliser, dont je vous parlais tout à l'heure.

– Mon pauvre ami, vous ferez mourir d'ennui vos lecteurs, dit Laura ; ne pouvant plus cacher son sourire, elle avait pris le parti de rire vraiment.

(1) Cf. *le XVIIe siècle,* pp. 279, 283, 235 et 150.

– Pas du tout. Pour obtenir cet effet, suivez-moi, j'invente un personnage de romancier, que je pose en figure centrale ; et le sujet du livre, si vous voulez, c'est précisément la lutte entre ce que lui offre la réalité et ce que, lui, prétend en faire.

– Si, si ; j'entrevois, dit poliment Sophroniska, que le rire de Laura était bien près de gagner. – Ce pourrait être assez curieux. Mais, vous savez, dans les romans, c'est toujours dangereux de présenter des intellectuels. Ils assomment le public ; on ne parvient à leur faire dire que des âneries, et, à tout ce qui les touche, ils communiquent un air abstrait.

André Gide, *Les Faux-Monnayeurs*, 1926, Gallimard.

Un anti-roman ?

Reprenez les étapes de la théorie : refus du pittoresque ou de l'anecdotique (pourquoi prendre des références dans le classicisme et dans son théâtre ?) ; absence de sujet (pour ne pas enfermer le récit dans une aventure préconçue et convenue) ; choix de la structure « en abyme »• (le roman raconte l'histoire d'un roman).

On parle de « roman-théorème » et d'« abstraction » mais Gide a surtout la hantise de trahir la multiplicité et l'inconstance de la vie. C'est déjà ce que voulait Diderot : voyez *Le XVIIIe siècle*, p. 154. Le thème gidien de la vie fanée ou sclérosée par la culture trouve ici une de ses résolutions.

document

Les adolescents des *Faux-Monnayeurs* sont vrais, parce qu'ils sont peints par quelqu'un qui leur est foncièrement semblable, amoureux du possible, épris de sa propre incertitude et plein d'horreur, comme on l'est à dix-huit ans, à l'idée que peut-être un jour viendra où il ne se trouvera plus indéfiniment disponible. Et ceci est encore une autre leçon des *Faux-Monnayeurs* : l'adolescence passe, mais elle est éternelle. Tel est le sens de cette fresque de jeunes gens que le roman déroule sous nos yeux : après Olivier, il y a Georges ; après Georges, il y aura Caloub ; la dernière phrase du livre, c'est celle que prononce Édouard : *« Je suis bien curieux de connaître Caloub »*, à la fois transposition romanesque du « Pourrait être continué » que Gide voulait substituer au mot « Fin », et affirmation du fait que c'est de l'adolescence « métaphysique » essentielle, et pas seulement psychologique, que *les Faux-Monnayeurs* sont le roman. Roman de l'adolescence plus que de l'adolescent.

Claude-Edmonde Magny, *Histoire du roman français depuis 1918*, Le Seuil, 1950.

Le gidisme n'appartient pas qu'à Gide. Au lendemain de la Première Guerre mondiale, le ton désabusé, immoral et insolent est dans l'air du temps, où flotte un parfum général de Surréalisme. Le dilettantisme et le libertinage, plus ou moins discrets, se retrouvent dans divers textes vaguement autobiographiques, où prédomine, comme chez Gide, la facture classique et plutôt cynique. **En voici deux exemples.**

EXTRAIT

Le Diable au corps *(1923)*

Ce roman de ***Raymond Radiguet,*** *étoile filante des années 20 (1903-1923), raconte la liaison d'un adolescent et d'une femme plus âgée dont le mari est sur le front, en 1917. Ce récit sensuel ne cache rien d'une passion qui finira mal : l'héroïne, Marthe, meurt en 1919 après avoir donné le jour à un garçon, fruit de cet adultère. Mais l'amour des deux amants paraît finalement plus pur –*

Depuis quelques jours, un remue-ménage se faisait au-dessous, d'autant plus distinct que nous entendions, de notre chambre, les moindres bruits du rez-de-chaussée. Des frotteurs(1) vinrent. La bonne, aidée par celle du propriétaire, astiquait l'argenterie dans le jardin, ôtait le vert-de-gris des suspensions de cuivre. Nous sûmes par la crémière qu'un raout(2)-surprise se préparait chez les Marin, sous un mystérieux prétexte. Mme Marin était allée inviter le maire et le supplier de lui accorder huit litres de lait. Autoriserait-il aussi la marchande à faire de la crème ?

Les permis accordés, le jour venu (un vendredi), une quinzaine de notables parurent à l'heure dite avec leurs femmes, chacune fondatrice d'une société d'allaitement maternel ou de secours aux blessés, dont elle était la présidente, et, les autres, sociétaires. La maîtresse de cette maison, pour faire « genre », recevait devant la porte. Elle avait profité de l'attraction mystérieuse pour transformer son raout en pique-nique. Toutes ces dames prêchaient l'économie et inventaient des recettes. Aussi, leurs douceurs étaient-elles des gâteaux sans farine, des crèmes au lichen, etc. Chaque nouvelle arrivante disait à Mme Marin : « Oh ! ça ne paie pas de mine, mais je crois que ce sera bon tout de même. »

plus beau, en tout cas – que la bonne société qu'il scandalise.

M. Marin, lui, profitait de ce raout pour préparer sa « rentrée politique ». Or, la surprise, c'était Marthe et moi. La charitable indiscrétion d'un de mes camarades de chemin de fer, le fils d'un des notables, me l'apprit. Jugez de ma stupeur quand je sus que la distraction des Marin était de se tenir sous notre chambre vers la fin de l'après-midi et de surprendre nos caresses.

Sans doute y avaient-ils pris goût et voulaient-ils publier leurs plaisirs. Bien entendu, les Marin, gens respectables, mettaient ce dévergondage sur le compte de la morale. Ils voulaient faire partager leur révolte par tout ce que la commune comptait de gens comme il faut.

Les invités étaient en place. Mme Marin me savait chez Marthe et avait dressé la table sous sa chambre. Elle piaffait. Elle eût voulu la canne du régisseur pour annoncer le spectacle. Grâce à l'indiscrétion du jeune homme, qui trahissait pour mystifier sa famille et par solidarité d'âge, nous gardâmes le silence. Je n'avais pas osé dire à Marthe le motif du pique-nique. Je pensais au visage décomposé de Mme Marin, les yeux sur les aiguilles de l'horloge, et à l'impatience de ses hôtes. Enfin, vers sept heures, les couples se retirèrent bredouilles, traitant tout bas les Marin d'imposteurs et le pauvre M. Marin, âgé de soixante-dix ans, d'arriviste. Ce futur conseiller vous promettait monts et merveilles, et n'attendait même pas d'être élu pour manquer à ses promesses. En ce qui concernait Mme Marin, ces dames virent dans le raout un moyen avantageux pour elle de se fournir du dessert. Le maire, en personnage, avait paru juste quelques minutes ; ces quelques minutes et les huit litres de lait firent chuchoter qu'il était du dernier bien avec la fille des Marin, institutrice à l'école. Le mariage de Mlle Marin avait jadis fait scandale, paraissant peu digne d'une institutrice, car elle avait épousé un sergent de ville.

Je poussai la malice jusqu'à leur faire entendre ce qu'ils eussent souhaité faire entendre aux autres. Marthe s'étonna de cette tardive ardeur. Ne pouvant plus y tenir, et au risque de la chagriner, je lui dis quel était le but du raout. Nous en rîmes ensemble aux larmes.

Mme Marin, peut-être indulgente si j'eusse servi ses plans, ne nous pardonna pas son désastre. Il lui donna de la haine. Mais elle ne pouvait l'assouvir, ne disposant plus de moyens, et n'osant user de lettres anonymes.

(1) des frotteurs de parquet, des nettoyeurs
(2) une réception, une petite fête

Raymond Radiguet, *Le Diable au corps*, 1923.

L'amour épié

Cette scène joue sur deux registres : l'humour féroce (notez les traits sarcastiques sur l'organisation du buffet pour le « raout », par exemple, et la conclusion, à la fois scabreuse et drôle) ; l'inversion (les notables, excités, fripons, salaces, arrivistes, inquiets, qui mettent le « dévergondage sur le compte de la morale »). On oublie l'adultère et la réalité de la situation historique : le « sketch » réussit à nous mettre du côté des amants. Voyez cependant le document de Paul Morand.

documents

Si grande était l'audace du *Diable au corps*, en 1923, de cet adultère derrière le front, de ce couple d'amants qui se réjouissaient d'offensives privant le mari de permissions et le retenant loin de son foyer, de cette peinture effrontée de grandes vacances au milieu des croix de bois, au cœur de la patrie en danger mortel, que le roman, la paix à peine signée, paraissait une atteinte au moral de l'État ; Radiguet canotant sur la Marne, derrière le front, et faisant l'amour à la fiancée du soldat inconnu, c'était comme une seconde victoire de la Marne, insultant à la première.

Paul Morand, *Mon plaisir... en littérature*, Gallimard, 1967.

Un exemple de l'amoralisme serein du Diable au corps :

Rien n'absorbe plus que l'amour. On n'est pas paresseux, parce que, étant amoureux, on paresse. L'amour sent confusément que son seul dérivatif réel est le travail. Aussi le considère-t-il comme un rival. Et il n'en supporte aucun. Mais l'amour est paresse bienfaisante, comme la molle pluie qui féconde. Si la jeunesse est niaise, c'est faute d'avoir été paresseuse. Ce qui infirme nos systèmes d'éducation, c'est qu'ils s'adressent aux médiocres, à cause du nombre. Pour un esprit en marche, la paresse n'existe pas.

EXTRAIT

Ouvert la nuit *(1922)*

Diplomate et voyageur, ***Paul Morand*** *(1888-1976) s'amuse du spectacle du monde, celui des mondanités comme celui des grandes villes d'Europe ou des États-Unis. Mais son regard ne se contente pas du pittoresque. Ses notations sont souvent acides et précises. Trop esthète et cynique pour s'engager vraiment, Morand est en tout cas le plus savoureux exemple d'une époque où l'on se hâte de jouir de tout ce qui bouge et s'épanouit, où le « globe-trotter » résume un idéal de vie libre et impatiente de tout connaître. Mais la toile de fond reste sombre et inquiétante. Morand aime ainsi les personnages fantasques à la fois frénétiques et désespérés, comme cette Isabelle, avec qui il a une liaison à Rome.*

– La vie est un tissu de contrastes ! soupira-t-elle.

Ce fut la période où Isabelle prit du vulnéraire(1), s'entoura de cristaux prismatiques, déjeuna de gingembre, acquit un lit-armoire florentin, reçut chaque jour d'une main inconnue un magnolia, donna aux domestiques d'étranges consignes ; il lui fut impossible de toucher de la peau de daim sans s'évanouir. Elle s'éloigna de la vie par des raisonnements spécieux ; elle me reçut sur des panthères et ses paroles devinrent elliptiques(2). Je lui reprochai de n'être plus d'aucune fête.

– Je sors toutes les nuits cependant.

– Dans quel monde ?

– Dans le monde du sommeil.

Un jour elle m'emmena dans sa chambre. Au-dessus de son lit étaient épinglées des factures, des lettres, des photographies de coureurs à pied, et une pancarte sur laquelle je lus : « Ne pas oublier de faire l'amour samedi avec Igor. » Je crus devoir ne pas la questionner. [...]

Igor avait une amie, Wanda. Isabelle me la fit connaître : elle était Polonaise et croyait aux fantômes. Nous faisions des excursions nocturnes sur la grève d'Ostie(3). J'étais assis sur le strapontin. Isabelle avait Wanda à sa droite, Igor à sa gauche, et tenait sous ses mains leurs doigts semblables. Sa sincérité me déconcertait. Pour ne pas invectiver contre elle, je folâtrais :

– J'aime mieux être le premier dans mon village que le deuxième dans Rome, ou le troisième...

À l'abri de ma désinvolture et de mon insolence, je mettais à nu mes peines perdues ou retrouvées. J'aurais voulu vivre près d'Isabelle et l'aimer parfaitement, comme quand on est loin. Mais le soir je me surprenais à goûter en elle ce que je m'obligeais le matin à détester, ses imprudences, son âme opaque et ses robes transparentes, la promptitude et la basse qualité de ses régals.

Par Wanda, Isabelle connut l'odeur des cheveux roux, la raison de ses tristesses d'après-midi, les meilleures adresses de jerseys en soie, d'inédites réussites levantines à base d'horoscopes, à tuer les abeilles pour sucer leur miel. Ce fut le règne des limons, des pamplemousses, du jujube(4) et des bonbons multicolores. Isabelle dessina sur ses malles des losanges, des spirales, se chercha des devises, envoya des lettres anonymes aux hommes d'État, acheta des broches en mosaïque, porta des chasubles, inquiéta le quartier par ses clameurs nocturnes, prêcha la pauvreté, se découvrit une lésion de l'aorte.

Je fus, pendant cette période, moins malheureux. Isabelle me convoquait dans les jardins publics. Sur les bancs elle me disait qu'elle se suiciderait au gaz, qu'elle ne voudrait pas être portée dans une pharmacie.

Sa pensée hésitait, comme une chauve-souris en plein jour.

Risible et pâle, elle répétait :

– Je suis à un carrefour...

Paul Morand, *Ouvert la nuit*, Gallimard, 1922.

(1) Plante à fleur jaune utilisée pour soigner les blessures autrefois.
(2) inachevées, peu saisissables
(3) Le port le plus proche de Rome.
(4) Arbre du Midi dont on extrait une pâte qui calme la toux.

Une femme fantasque

La première ligne indique le projet du texte : relevez les contradictions et les inconséquences du comportement d'Isabelle. L'écriture, rapide, a recours à la juxtaposition ou à la surprise pour accentuer l'impression d'incohérence et d'originalité. Mais derrière ces mœurs dissolues et cette frénésie, l'amour vrai échoue et la mort rôde.

document

Une génération revenait de la guerre, écœurée d'hier, curieuse de demain, de ceux qui sauraient l'expliquer à elle-même, lui révéler le monde nouveau, lui faire l'inventaire de son logis mal connu, la planète. Si les *Nuits* reçurent alors bon accueil, le mérite en revient moins à l'auteur qu'aux circonstances : un succès n'est souvent que la rencontre d'un homme et de son époque. Malgré nous, chacun de nos livres semblait dire à l'avant-guerre : « Bon pour vous faire enterrer ».

Paul Morand, *Venises*, Gallimard, 1971.

Le retour de l'inquiétude et des polémiques

Comme le laissent pressentir le ton désabusé de Radiguet ou le pessimisme pressé de Morand, il n'est pas facile, dès l'entre-deux-guerres, de vivre indifférent. Implicitement, le roman de cette époque dit une insatisfaction, des désarrois, des déceptions. Les interminables sommes des romans-fleuves (cf. p. 276) exaltent encore des lendemains qui chantent. Au fond, il est difficile d'y croire : les bons sentiments font, comme dit Gide, de la « mauvaise littérature ». Là encore, il sert un peu de témoin à l'évolution de toute une génération, plus jeune que lui d'une vingtaine d'années au moins. Il commence par s'insurger contre le colonialisme – devançant de peu Céline (cf. p. 342). En 1936, il fait un périple en U.R.S.S., aboutissement de son flirt avec le communisme dont il se sépare vite, tout en continuant à s'engager dans le Comité de vigilance des écrivains antifascistes. Considéré par certains comme un corrupteur et un pervers, Gide réclame pour lui-même la **« fonction d'inquiéteur »** et « d'éveilleur », qui veut voir le réel en face, sans hypocrisie, et fonder ses valeurs sur une existence qui se construit à tâtons, quitte à se renier, dans une liberté continue. Les existentialistes – qui applaudiront à son prix Nobel en 1950 – s'en souviendront.

Dans ce contexte, on est loin de la naïve ferveur des *Nourritures terrestres* (cf. p. 300). Le roman se fait plus sombre, son humanisme est gagné par le pessimisme et par l'accusation : s'annoncent Montherlant (cf. p. 325), Malraux (cf. p. 329), Bernanos (cf. p. 314), Céline (cf. p. 342).

EXTRAIT

Il y a sur terre de telles immensités de misère, de détresse, de gêne et d'horreur, que l'homme heureux n'y peut songer sans prendre honte de son bonheur. Et pourtant ne peut rien pour le bonheur d'autrui celui qui ne sait être heureux lui-même. Je sens en moi l'impérieuse obligation d'être heureux. Mais tout bonheur me paraît haïssable qui ne s'obtient qu'aux dépens d'autrui et par des possessions dont on le prive. Un pas de plus et nous abordons la tragique question sociale. Tous les arguments de ma raison ne me retiendront pas sur la pente du communisme. Et ce qui me paraît une erreur, c'est d'exiger de celui qui possède la distribution de ses biens ; mais quelle chimère que d'attendre, de celui qui possède, un renoncement volontaire à des biens auxquels son âme reste attachée. Pour moi j'ai pris en aversion toute possession exclusive ; c'est de don qu'est fait mon bonheur, et la mort ne me retirera des mains pas grand-chose. Ce dont elle me privera le plus c'est des biens épars, naturels, échappant à la prise et communs à tous ; d'eux surtout je me suis soûlé. Quant au reste, je préfère le repas d'auberge à la table la mieux servie, le jardin public au plus beau parc enclos de murs, le livre que je ne crains pas d'emmener en promenade à l'édition la plus rare, et, si je devais être seul à pouvoir contempler une œuvre d'art, plus elle serait belle et plus l'emporterait sur la joie ma tristesse.

Mon bonheur est d'augmenter celui des autres. J'ai besoin du bonheur de tous pour être heureux.

André Gide, *Les Nouvelles Nourritures*, N.R.F.-Gallimard, 1935.

Une profession de foi

Le vieux problème du bonheur privé dans un monde privé de bonheur. Notez comment Gide passe (il le souligne) d'une réflexion morale à un choix politique. Que pensez-vous de son « communisme » et des exemples qu'il retient ?

citations / controverses

« Gide a porté à sa perfection le système qui consiste à tirer gloire de tout ce qui diffame une vie. »

François Mauriac, *Mémoires intérieurs*, Flammarion, 1959.

« Gide s'en va après s'être moqué de tout le monde, de ses amis, de ses ennemis, de sa femme (voir, dans *Si le grain ne meurt*, les lignes horribles sur la « gluance »...), de la société, de l'Académie française, de l'Académie suédoise, en somme de tout le monde. Il n'a servi dans aucune guerre. Il disparaît à l'heure où le monde est dans un péril sans nom. Ce n'est pas une mort, c'est une pirouette. »

Georges Duhamel, *Le Livre de l'amertume* (*Journal*, 1951), Mercure de France, 1984.

Biographie d'André Gide

VIE

1869	Naissance à Paris. Père prof. de droit ; famille bourgeoise protestante
1880	Mort de son père
1891	Rencontres avec Mallarmé, Oscar Wilde etc.
1893	Voyage en Afrique du Nord. Liaison avec le peintre Paul Laurens
1895	Mariage « blanc » avec sa cousine Madeleine Rondeaux
1898-1904	Nombreux voyages en Afrique du Nord et en Europe
1908	Création de la N.R.F.
1918	Liaison avec Marc Allégret. Sa femme vit à l'écart
1923	Une fille, Catherine, naît de sa liaison avec Elisabeth Van Rysselberghe
1925-1926	Voyage au Congo et campagne anti-coloniale
1932-1936	Sympathies communistes jusqu'au voyage en U.R.S.S. d'où il revient déçu
1938	Mort de sa femme Madeleine
1941-43	Gaulliste. Replié à Tunis puis Alger
1947	Prix Nobel. Grands prestige et influence. Débuts de maladie
1949	Entretiens à la radio
1951	Mort à Paris (19 fév.)

ŒUVRES

Année	Œuvre
1891	*Cahiers d'André Walter*
1895	*Paludes*
1897	*Les Nourritures terrestres*
1902	*L'Immoraliste*
1911	Rédige son *Corydon* en faveur de l'homosexualité
1914	*Les Caves du Vatican*
1919	*La Symphonie pastorale*
1920	*Si le grain ne meurt*
1926	*Les Faux-Monnayeurs*
1927	*Voyage au Congo* *Retour du Tchad*
1935	*Les Nouvelles Nourritures*
1936	*Retour d'U.R.S.S.*
1939	Débuts de publication de son *Journal*
1946	*Thésée* (pièce)

Vers la spiritualité : François Mauriac

Couronné par le Prix Nobel deux ans après Gide, en 1952, **François Mauriac** (1885-1970) fait figure d'autre « contemporain capital ». À lui aussi, il fallut émerger d'une serre familiale, bourgeoise et traditionaliste, pour inventer sa propre voie, en particulier en conciliant sa **foi catholique** avec une action sociale qui ne fût pas simple charité. Car l'injustice et l'hypocrisie lui font horreur. Et malgré sa détestation du libertinage de Gide, Mauriac a suivi son itinéraire, qui va d'une aimable psychologie à une **œuvre de témoin** engagé. Ce qui les sépare, c'est la foi. Mauriac est un « pascalien » dont les héros sont déchirés et titubent dans un univers sans Dieu ni grâce, jusqu'à la révélation qui les sauvera éventuellement. Il cherche en chaque être sa douleur et son secret. Il ignore les éblouissements de la jouissance physique : le bonheur est spirituel, intérieur, plus ou moins relié à l'idée du salut. Ses premiers grands romans, tout en s'insurgeant déjà contre des convenances rabougries et mutilantes, racontent la tragédie des êtres incompatibles, écartelés. Là encore, dans une perspective religieuse, on retrouve **le conflit du couple** gidien (cf. p. 301), pris dans les jeux contraires du désir et du devoir.

EXTRAIT

Le Baiser au lépreux *(1922)*

Jean Péloueyre, riche héritier, mais laid et complexé, épouse la jolie Noémi d'Artiailh, mais est incapable de la satisfaire. Honteux de cette impuissance, Jean part pour Paris. Noémi, de son côté, est attirée par un jeune médecin. Alerté par le curé, Jean revient dans son foyer pour s'y laisser mourir en contractant volontairement la tuberculose. Noémi se consacrera dès lors à son beau-père, un être antipathique, en s'enterrant dans son deuil.

Noémi d'Artiailh, en sa longue chemise, récitait sa prière devant les étoiles. Ses pieds nus aimaient le froid carrelage ; elle offrait sa douce gorge à l'apitoiement de la nuit. Elle n'essuyait pas cette larme qui roulait à portée de sa langue mais la buvait. Le frémissement du tilleul et son odeur rejoignaient la Voie lactée. Sur cette route du ciel, ses rêves un peu fous ne vagabondaient plus. Les grillons, qui crépitaient au bord de leur trou, lui rappelaient son maître. Un soir, étendue sur ses draps et toute livrée à la nuit chaude, elle sanglota d'abord à petit bruit, puis gémit longuement et regarda avec pitié son chaste corps intact, brûlant de vie mais d'une végétale fraîcheur. Qu'en ferait le grillon ? Elle savait qu'il aurait droit à toute caresse, et à celle-là, mystérieuse et terrible, après quoi un enfant naîtrait, un petit Péloueyre tout noir et chétif... Le grillon, elle l'aurait toute sa vie et jusque dans ses draps. Comme elle sanglotait, sa mère survint (ô camisole festonnée ! maigre tresse !). La petite inventa qu'elle avait horreur du mariage et souhaitait d'entrer au Carmel. Mme d'Artiailh, sans protester, la prit dans ses bras jusqu'à ce que se fussent espacés les sanglots. Puis elle l'assura qu'en ces matières, il fallait s'en rapporter à son directeur[1] ; or, M. le curé n'avait-il pas choisi lui-même pour elle la voie du mariage ? Petite âme ménagère, toute tendresse et piété, Noémi était bien incapable de rien répondre. Elle ne lisait pas de romans ; elle servait chez ses parents, elle obéissait ; on lui assurait qu'un homme n'a pas besoin d'être beau ; que le mariage produit l'amour comme un pêcher une pêche... Mais il eût suffi, pour la convaincre, de répéter l'axiome : « On ne refuse pas le fils Péloueyre ! » On ne refuse pas le fils Péloueyre ; on ne refuse pas des métairies, des fermes, des troupeaux de moutons, des pièces d'argenterie, le linge de dix générations bien rangé dans des armoires larges, hautes et parfumées, – des alliances avec ce qu'il y a de mieux dans la lande. On ne refuse pas le fils Péloueyre.

(1) de conscience

François Mauriac, *Le Baiser au lépreux,* Grasset, 1922.

La Voie lactée et le grillon

À la douceur (liée à une extase quasi religieuse, comme toujours chez Mauriac) de l'innocence (observez le nocturne et sa tendresse) s'oppose l'image du futur époux, comparé ici à un grillon (pourquoi cette métaphore • ?). L'incompatibilité du couple ainsi figuré va pourtant n'être plus un obstacle : que pensez-vous des arguments de la dernière partie du texte ?

citation/controverse

« On a beaucoup ri d'un télégramme que Mauriac a reçu peu de jours après la mort de Gide et ainsi rédigé : "Il n'y a pas d'enfer. Tu peux te dissiper. Préviens Claudel. André Gide". »

Julien Green, *Léviathan,* 1929, © Julien Green.

EXTRAIT

Genitrix *(1923)*

Félicité Cazenave, femme âgée et autoritaire, domine complètement son fils Fernand, malgré ses 50 ans. Ainsi laisse-t-il pratiquement mourir sa femme qui souffre du cœur, après une fausse couche. Mais cette mort provoque peu à peu la révolte du fils contre la mère abusive. Après des mois de conflits, Félicité a une attaque qui la paralyse et dont elle meurt peu après. Fernand, désemparé, restera dès lors seul dans le silence de sa maison, avec sa vieille servante Marie.

Elle allait et venait dans la pièce, parlant pour se convaincre soi-même autant que son fils; et elle élevait la voix comme si elle eût souhaité d'être entendue par quelque être invisible mais aux écoutes. Lui s'était éloigné un peu de la porte et, tandis qu'elle parlait, il couvrait sa figure de ses mains. Enfin il cria :

« Tu l'as tuée. C'est toi qui l'as tuée un peu tous les jours. »

Elle protesta, furieuse :

« Ce n'est pas vrai. Je me défendais. J'étais dans mon droit. Et, en tout cas, nous étions deux !

– Qu'est-ce que tu veux dire ?

– Qui de nous deux lui a porté le plus de coups ? Réponds donc ! »

La colère passait en elle comme le feu, y consumait tous les désirs de renoncement à peine nés. Il n'était plus question de se sacrifier, mais de vaincre un fils rebelle, d'être la plus forte comme elle avait toujours été. Elle hurlait :

« Mais regarde-toi donc, mon petit : il faut être ta mère pour te supporter. Voilà cinquante ans que je te tiens tête, moi, ta mère, et je me demande comment je suis encore en vie. Quand j'ai vu arriver l'autre, ah ! la pauvre ! je savais bien qu'elle ne ferait pas long feu ! Il ne t'a pas fallu un an...

– Tais-toi ! N'ajoute rien... »

Elle recula devant cette face terreuse, devant les mains de son fils frémissantes et levées. Comme il approchait, elle s'appuya au mur, et elle opposait au dément un sourire, et tout son être semblait lui jeter le défi de cette autre mère : « Frappe au ventre(1). »

Mais, terrifié par ce qu'il avait failli faire, il n'avançait plus. Dégrisé, il regardait cette vieille femme haletante qu'il avait été au moment de frapper et dont il était né. Il regardait ce pauvre corps essoufflé, rendu, – et enfin, brisant une dure écorce, l'obscure tendresse de l'enfance jaillissait dans un cri misérable :

« Maman ! »

Comme elle s'était affaissée sur le canapé, il appuya sa tête contre l'épaule offerte. Pour se terrer, il revenait à ce gîte vivant, et parce qu'il n'y avait pour lui aucun autre refuge au monde. Comme un désespéré, qui veut quitter la terre, se couche tout de même contre la terre marâtre, y meurtrit sa face, aspire aux ténèbres de ses entrailles, ainsi cet homme à bout de souffle embrassait sa vieille mère, étroitement. Et elle, sans force, écrasée, goûtait, les paupières closes, ce bonheur d'un instant. Car il aurait vite fait de se reprendre et bientôt cette faiblesse passagère lui serait un nouveau grief. Ah ! qu'elle aurait voulu que la minute en fût éternelle ! Pourtant son bras s'engourdissait sous le poids de cette tête lourde ; – mais elle était la mère qui, dans les nuits d'hiver, veillait parce que l'enfant ne pouvait dormir qu'en lui tenant la main, et elle demeurait des heures le bras tendu hors du lit, torturée, abandonnant au petit bourreau sa main glacée. Longtemps, du même geste qu'en ces jours où, jeune mère animale, elle flairait avidement le nouveau-né, ses lèvres ne quittèrent pas le front de son vieux fils. Non, non, elle ne le provoquerait plus; et voici qu'elle s'enchantait du nouveau ciel entrevu : elle n'exigeait rien du fils qui était là ; elle lui rendrait le goût de la vie, l'enfanterait une seconde fois. Ainsi la mère cédait-elle à l'illusion que le bien-aimé pouvait, à son exemple, tenter de renaître. Elle ne comprenait pas que l'objet de sa propre passion était là, vivant contre ses genoux, et qu'elle n'en demandait pas plus pour tenir tête au destin.

François Mauriac, *Genitrix*, Grasset, 1923.

(1) Mot d'Agrippine à l'homme de main envoyé par son fils Néron pour l'assassiner (59 ap. J.-C.).

Haine filiale et amour maternel

La discussion, comme le dit le texte, ne vise pas à une explication, mais à une victoire de la mère sur le fils. Observez la montée de la violence, jusqu'au geste avorté. On peut supposer que Félicité a cherché à le provoquer pour retourner la situation. Finalement, le retour au sein maternel est obtenu, même physiquement. Notez les images dominantes : ombre et repli fœtal, instinct animal, dépendance, etc.

document

De François Mauriac on dit qu'il peint des monstres. Ses personnages, il est vrai, ne sont pas engageants. La plupart du temps, ils appartiennent à l'espèce la plus repoussante de la bourgeoisie de province. Ils sont laids, bêtes, méchants, livrés à des passions absurdes et féroces dont ils font les ignobles grimaces derrière des volets clos. Mauriac est entouré de personnages vêtus de noir qui sortent hypocritement de la messe, maris impuissants, épouses coupables, mères tyranniques, enfants gâteux et bavants, femmes barbues qui troublent de jeunes curés, presque tous imprégnés d'un relent d'avarice et de crime.

Kléber Haedens, *Une histoire de la littérature française*, Grasset, 1970.

En insistant sur la tragédie des êtres à qui la Grâce a manqué, Mauriac ne fait pas seulement une œuvre de romancier catholique ou « janséniste » (cf. *Le XVIIe siècle*, p. 172). Ses personnages n'arrivent pas à trouver le bonheur : leur désir échoue dans la solitude et le dessèchement ; leur rencontre avec autrui est conflictuelle ou figée dans la méfiance ; leur énergie se consume à fuir ou à agresser, etc. Au-delà d'une vision de croyant inquiet, cette **méthode romanesque** prétend laisser vivre les personnages : le romancier les lance dans une destinée où ils se débattent comme des êtres libres et indéterminés. On sait que Sartre récusera cette théorie et montrera que Mauriac forge ou emprisonne ses personnages (cf. p. 359) et que ses récits sont « l'histoire d'une servitude ».

Quoi qu'il en soit, le personnage mauriacien est saisi **en crise**, hanté par quelque secret. Il en résulte une **incommunicabilité** qui est un des signes de reconnaissance du roman moderne, sous toutes ses formes.

EXTRAIT

Le Désert de l'amour *(1926)*

Sous le signe de la fatalité et du vide entre les êtres, ce récit est un chassé-croisé d'incompréhensions. Le docteur Courrèges (50 ans) se détourne des siens parce qu'il est amoureux d'une jeune veuve, Maria Cross (27 ans). Celle-ci se laisse entretenir par un industriel qu'elle n'aime guère, Larousselle, tout en étant attirée physiquement par le fils Courrèges, Raymond (18 ans). Toutes ces liaisons échoueront lamentablement, laissant chacun désemparé et insatisfait. Le roman est en réalité un récit rétrospectif, dix-sept ans plus tard, de Courrèges.

Raymond vient d'essayer d'abuser de Maria Cross et d'être éconduit : il est parti avec pour seul regret de n'avoir pas su trouver « les mots qu'il aurait fallu jeter à la figure de cette catin ».

Tandis que sur la route ce cœur se déchargeait de toutes les injures dont il n'avait pas su accabler Maria Cross, la jeune femme, ayant fermé la porte, puis la fenêtre, s'était étendue. Au-delà des arbres, quelque oiseau parfois jetait un appel interrompu comme la parole confuse d'un homme endormi. La banlieue retentissait de tramways et de sirènes; les chants avinés du samedi s'entendaient sur les routes. Pourtant Maria Cross étouffait de silence – d'un silence qui ne lui était pas extérieur, qui montait du plus profond de son être, s'accumulait dans la pièce déserte, envahissait la maison, le jardin, la ville, le monde. Et au centre de ce silence étouffant, elle vivait, regardant en elle cette flamme à qui tout aliment soudain faisait défaut, mais tout de même inextinguible. De quoi se nourrissait ce feu ? Elle se souvint que parfois, au déclin de ses veillées solitaires, une dernière lueur jaillissait des débris noirs dans l'âtre et qu'elle eût pu croire éteints. Elle chercha la face adorable de l'enfant dans le tramway de six heures et ne la trouva pas. Rien n'existait plus qu'un petit voyou hérissé, fou de timidité et qui s'éperonne ; – image aussi différente du vrai Raymond Courrèges que le pouvait être celle qu'avait embellie son amour. Contre celui qu'elle avait transfiguré, divinisé, elle s'acharnait : « C'est pour ce gamin sale que j'ai été tour à tour souffrante et bienheureuse... » Elle ignorait que, sur cet informe enfant, son regard avait suffi pour qu'il devint un homme dont beaucoup d'autres allaient connaître les ruses, subir les caresses, les coups. Si elle l'avait créé par son amour, elle achevait son œuvre en le méprisant : elle venait de lâcher dans le monde un garçon dont ce serait la manie de se prouver à soi-même qu'il était irrésistible, bien qu'une Maria Cross lui eût résisté. Désormais, dans toutes ses intrigues futures, se glisserait une inimitié sourde, le goût de blesser, de faire crier la biche à sa merci ; ce seraient les larmes de Maria Cross que toute sa vie il ferait couler sur des figures étrangères. Et sans doute était-il né avec cet instinct de chasseur, mais, sans Maria, il l'eût adouci de quelque faiblesse.

« Pour ce voyou... » Quel dégoût !

François Mauriac, *Le Désert de l'amour*, Grasset, 1925.

« Ce silence étouffant... »

Le récit joue sur un fort contraste entre l'image du désert (symbolisé par le silence et l'extinction) et celle de la révolte sourde (symbolisée par le dégoût, la salissure, le désir corrupteur). L'enfant Raymond, par son geste, est entré dans le monde des adultes et va devenir comme les autres : quelle vision du monde nous propose finalement Mauriac ?

Vous pouvez relire le texte comme une allégorie• du péché originel, de l'homme qui est privé de la grâce, d'une société sans Dieu.

EXTRAIT

Thérèse Desqueyroux
(1927)

L'héroïne, qui a tenté d'empoisonner son mari, vient de bénéficier d'un non-lieu, devant le tribunal de Bazas. Dans le train, puis dans la voiture qui la conduisent, elle pense à la confession qu'elle fera à son mari pour s'expliquer, en analysant son enfance et ses déceptions. Mais Bernard refuse ce dialogue et la tient recluse longtemps. Il finira par la laisser partir à Paris, pour un éloignement définitif, sans qu'ils aient jamais pu se parler vraiment ni, en tout cas, se comprendre.

Bernard et Thérèse rentrèrent le soir à Argelouse dans la maison Desqueyroux à peu près inhabitée depuis des années. Les cheminées fumaient, les fenêtres fermaient mal, et le vent passait sous les portes que les rats avaient rongées. Mais l'automne fut si beau, cette année-là, que d'abord Thérèse ne souffrit pas de ces incommodités. La chasse retenait Bernard jusqu'au soir. À peine rentré, il s'installait à la cuisine, dînait avec les Balion[1] : Thérèse entendait le bruit des fourchettes, les voix monotones. La nuit tombe vite en octobre. Les quelques livres qu'elle avait fait venir de la maison voisine lui étaient trop connus. Bernard laissa sans réponse la demande qu'elle fit de transmettre une commande à son libraire de Bordeaux ; il permit seulement à Thérèse de renouveler sa provision de cigarettes. Tisonner... mais la fumée résineuse et refoulée brûlait ses yeux, irritait sa gorge déjà malade à cause du tabac. À peine Balionte avait-elle emporté les restes d'un repas rapide, que Thérèse éteignait la lampe, se couchait. Combien d'heures demeurait-elle étendue, sans que la délivrât le sommeil ? Le silence d'Argelouse l'empêchait de dormir : elle préférait les nuits de vent, – cette plainte indéfinie des cimes recèle une douceur humaine. Thérèse s'abandonnait à ce bercement. Les nuits troublées de l'équinoxe l'endormaient mieux que les nuits calmes. [...]

La dernière nuit d'octobre, un vent furieux, venu de l'Atlantique, tourmenta longuement les cimes, et Thérèse, dans un demi-sommeil, demeurait attentive à ce bruit d'Océan. Mais au petit jour, ce ne fut pas la même plainte qui l'éveilla. Elle poussa les volets, et la chambre demeura sombre ; une pluie menue, serrée, ruisselait sur les tuiles des communs, sur les feuilles encore épaisses des chênes. Bernard ne sortit pas, ce jour-là. Thérèse fumait, jetait sa cigarette, allait sur le palier, et entendait son mari errer d'une pièce à l'autre au rez-de-chaussée ; une odeur de pipe s'insinua jusque dans la chambre, domina celle du tabac blond de Thérèse, et elle reconnut l'odeur de son ancienne vie. Le premier jour de mauvais temps... Combien devrait-elle en vivre au coin de cette cheminée où le feu mourait ? Dans les angles, la moisissure détachait le papier. Aux murs, la trace demeurait encore des portraits anciens qu'avait pris Bernard pour en orner le salon de Saint-Clair – et les clous rouillés qui ne soutenaient plus rien. Sur la cheminée, dans un triple cadre de fausse écaille, des photographies étaient pâles comme si les morts qu'elles représentaient y fussent morts une seconde fois : le père de Bernard, sa grand-mère, Bernard coiffé « en enfant d'Édouard ». Tout ce jour à vivre encore dans cette chambre et puis ces semaines, ces mois...

Comme la nuit venait, Thérèse n'y tint plus, ouvrit doucement la porte, descendit, pénétra dans la cuisine. Elle vit Bernard assis sur une chaise basse, devant le feu, et qui soudain se mit debout. Balion interrompit le nettoyage d'un fusil ; Balionte laissa choir son tricot.

Tous trois la regardaient avec une telle expression qu'elle demanda :

« Je vous fais peur ?

– L'accès de la cuisine vous est interdit. Ne le savez-vous pas ? »

Elle ne répondit rien, recula vers la porte. Bernard la rappela :

« Puisque je vous vois... je tiens à vous dire que ma présence ici n'est plus nécessaire. Nous avons su créer à Saint-Clair un courant de sympathie ; on vous croit, ou l'on fait semblant de vous croire un peu neurasthénique. Il est entendu que vous aimez mieux vivre seule et que je viens souvent vous voir. Désormais, je vous dispense de la messe... »

François Mauriac, *Thérèse Desqueyroux*, Grasset, 1927.

(1) Un couple de serviteurs ; on appelle le mari par son nom, Balion, et sa femme, « Balionte ».

Huis clos et silence

La saison et le décor semblent ici porteurs du sens du texte. Car le dialogue est interdit ou impossible. Notez ce que suggère cet environnement, surtout dans le 2ᵉ paragraphe. Dehors la vie est à peine perceptible, au point que le silence « empêche de dormir » : là aussi, c'est des êtres qu'il s'agit. L'échange de la fin, où est récusée même la possibilité d'une vie spirituelle chez Thérèse, est en fait un verdict. L'incommunicabilité est totale et on ne sait pas si Thérèse elle-même est capable de se comprendre.

Biographie de François Mauriac

VIE

1885	Naissance à Bordeaux — Famille assez aisée (propriétaires terriens et gros négociants)
1887	Mort de son père
1908	Entre à l'École des Chartes — Milite au « Sillon » (chrétiens sociaux)
1913	Épouse Jeanne Lafon ; deux fils (Claude, Jean) et deux filles (Claire, Luce)
1915	Engagé dans la Croix Rouge
1918	Rencontre Proust — Vie parisienne
1926	Déjà très reconnu — Activités de critique dramatique ; journalisme littéraire
1929	Mort de sa mère
1932	Cancer du larynx — On le croit perdu
1933	Élu à l'Académie Française
1934	Au *Figaro* — Activités anti-franquistes et anti-fascistes
1939	Polémique avec Sartre (cf. p. 359)
1940-1945	Suspect aux yeux de Vichy « gaulliste de cœur »
1952	Prix Nobel
1954	Favorable à la décolonisation — Soutient Mendès-France
1958	Soutien inconditionnel à De Gaulle
1970	Mort (1er sept.)

ŒUVRES

Année	Œuvres
1922	*Le Baiser au lépreux*
23	*Genitrix*
25	*Le Désert de l'amour*
27	*Thérèse Desqueyroux*
28	*Destins*
1932	*Le Nœud de Vipères*
1933	*Le Mystère Frontenac*
1935	*La Fin de la nuit*
1941	*La Pharisienne*
1952	Débuts du « *Bloc-Notes* » dans l'Express
1959	*Mémoires intérieurs*
1962	*Ce que je crois*
1964	*De Gaulle*
1969	*Un adolescent d'autrefois*

La condition humaine

Les années 1930 marquent une rupture qui, de prime abord, peut sembler paradoxale : les grands noms de la littérature – Gide, Mauriac ou Valéry – ne poursuivent-ils pas une œuvre déjà consacrée ? Les cadres de la vie littéraire, l'attente du public n'ont pas fondamentalement changé, et cette continuité apparaîtrait nettement si l'on prenait en compte l'ensemble de la production littéraire. Pourtant, comme l'a montré M. Raimond (*Le Roman depuis la révolution,* Colin, 1967), un profond changement de climat se produit alors. La crise économique, les tensions sociales et politiques, la montée des fascismes **confrontent les écrivains à l'Histoire.** De l'après-guerre, on passe à l'avant-guerre. Les œuvres qui nous paraissent aujourd'hui essentielles sont celles qui ont pris la mesure de cette mutation, celles des écrivains qui, selon une formule de M. Raimond, se sont sentis « requis par l'Histoire ». Les réponses qu'ils apportent sont diverses, mais ils ont en commun d'affronter une crise de la civilisation. À l'exploration psychologique du moi succède l'interrogation sur un monde tragique dont les valeurs vacillent. Ce qui est désormais en jeu, c'est **la condition humaine.** La littérature entre dans une période – qui se prolonge au moins jusqu'aux années 50 avec les œuvres de Sartre et de Camus – où l'interrogation éthique• passe au premier plan : pourquoi et comment vivre ? Les mises en question se multiplient, en même temps que des réponses se cherchent dans les œuvres. Mais il ne s'agit pas là seulement d'un jeu littéraire : la mort au combat de Saint-Exupéry, le suicide de Drieu La Rochelle, l'engagement en Espagne de Malraux montrent clairement combien, chez les plus sincères, la quête d'un sens à donner à l'existence engage la vie autant que l'œuvre.

Dès lors le roman ne saurait se contenter de raconter des histoires ou d'observer le réel : il devient le lieu où s'élabore **une vision des choses et du monde.** Par là, il tend souvent à perdre de sa spécificité narrative pour emprunter à d'autres genres, se rapprochant de la poésie (qu'on songe au lyrisme• de certaines pages de Giono ou de Malraux) ou de l'écriture didactique (les discussions d'idées tiennent une grande place chez Bernanos, Drieu La Rochelle ou Malraux, écrivains qui ont d'ailleurs tous pratiqué l'essai parallèlement à leur œuvre romanesque). Certes, la plupart des écrivains de cette période conservent le cadre du roman traditionnel. Mais des infléchissements sont sensibles : la souplesse désinvolte dans la conduite de la narration (chez Aragon ou Montherlant par exemple), l'utilisation de la focalisation interne• pour plonger le lecteur dans les profondeurs d'une conscience (le célèbre début de *La Condition humaine*), l'expérimentation de rythmes narratifs nouveaux *(L'Espoir)* ou d'une écriture différente (Céline), l'influence du cinéma et du roman américain donnent à beaucoup de romans des années trente **un son nouveau,** même s'il ne s'agit pas encore d'un « nouveau roman ». Il faudra attendre les années cinquante (cf. pp. 394-396) pour que l'interrogation sur les valeurs entraîne une remise en cause radicale des formes littéraires elles-mêmes.

Désarrois : Georges Bernanos et Julien Green

Au départ, l'univers de **Georges Bernanos** (1888-1948) est englué dans l'obscurité originelle. Comme l'a montré G. Poulet *(Études sur le temps humain, 3, Le Point de départ),* ses personnages apparaissent sur fond d'ombre et risquent toujours de glisser dans un gouffre boueux. La chute, au sens chrétien du terme, est aussi expérience sensible, celle de l'absorption de l'être par « ce lac de boue toujours gluant sur quoi passe et repasse vainement l'immense marée de l'amour divin » *(Journal d'un curé de campagne)* : la boue du péché, mais aussi, peut-être, celle des tranchées de 14-18 découvertes par Bernanos au sortir de l'adolescence. Bien des pages saisissantes décrivent cette noirceur d'un monde livré au mal, les ténèbres, la misère, le désespoir dans lequel se débattent la Mouchette de *Sous le soleil de Satan* (1926) ou celle de La *Nouvelle Histoire de Mouchette.*

Mais l'univers de Bernanos ne se limite pas à ce naturalisme pessimiste ; il ouvre sans cesse sur l'arrière-plan du surnaturel. Le Bien et le mal, Dieu et Satan, s'affrontent dans le monde et dans les êtres. Parfois jaillit un éclair ; le surnaturel surgit et ouvre une brèche. Ce peut être l'irruption brutale de la grâce, mais aussi le piège de Satan, l'accession à la sainteté, mais aussi le désespoir du suicide. Les héros de Bernanos sont des êtres qui luttent et qui agissent : prêtres (Donissan ou le curé de campagne) qui se battent pour arracher les âmes au démon, héroïnes meurtries pour qui l'action prend la forme du crime et du suicide.

Le rythme du récit suit celui de cet affrontement. Bernanos accompagne ses personnages dans leur lutte, les exhorte à l'occasion, partage avec eux cet esprit d'enfance qui est pour lui la qualité essentielle. L'œuvre romanesque est tout entière l'instrument d'un engagement catholique qui prime sur toute ambition littéraire profane. À la fin de sa vie, face aux urgences de l'Histoire, Bernanos choisit d'intervenir plus directement en publiant des essais polémiques dont le retentissement est considérable. Le plus célèbre est *Les Grands Cimetières sous la lune* (paru en 1938) : Bernanos vit aux Baléares quand éclate la guerre civile espagnole. Militant d'Action française, il éprouve d'abord de la sympathie pour une droite espagnole qui se réclame du catholicisme, mais la barbarie de la répression militaire et l'attitude du clergé espagnol l'amènent à rompre avec le franquisme et lui inspirent une protestation passionnée. Par la suite, vivant au Brésil, il continue à dénoncer l'avilissement de l'Europe et, quand éclate la Seconde Guerre mondiale, refuse le vichysme et soutient la France libre du général de Gaulle. La lutte contre le mal, l'engagement du chrétien qu'est Bernanos s'inscrivent donc aussi dans l'Histoire, et par là son œuvre porte pleinement témoignage des remises en cause fondamentales qui caractérisent son époque.

Sous le soleil de Satan, dont le succès en 1926 fit connaître Bernanos, présente un prêtre, l'abbé Donissan, qui engage un combat passionné pour arracher les âmes à Satan. Mais ce combat ne va pas sans ambiguïtés : celui qui devient, dans la dernière partie du livre, le saint de Lumbres, ne commet-il pas un péché d'orgueil en allant jusqu'à offrir sa propre damnation pour sauver les pécheurs ? Le livre s'ouvre par un long prologue qui raconte l'histoire de Mouchette, toute jeune fille confrontée à la misère et à la médiocrité ; meurtrière de son amant, elle met au monde un enfant mort et, guettée par la folie et le désespoir, elle finit par se suicider après une rencontre où Donissan a tenté de la ramener à Dieu.

Le héros du *Journal d'un curé de campagne* (1936), le jeune curé d'Ambricourt, lutte aussi, avec sans doute plus de succès, pour arracher au désespoir la châtelaine de son village, que la mort d'un fils a poussée à la révolte. Après un long et dramatique entretien avec le prêtre, elle meurt apaisée. Mais ce sont à nouveau des images de désespoir qui envahissent *La Nouvelle Histoire de Mouchette* (1937). Un avant-propos de Bernanos précise : « La Mouchette de *La Nouvelle Histoire* n'a de commun avec celle du *Soleil de Satan* que la même tragique solitude où je les ai vues toutes deux vivre et mourir. À l'une et à l'autre que Dieu fasse miséricorde ! ».

EXTRAIT

La fin de La Nouvelle Histoire de Mouchette *: confrontée à la mort, au viol, à la misère, la nouvelle Mouchette n'a pas rencontré la grâce du salut et glisse dans le désespoir.*

Le regard de Mouchette ne quittait plus maintenant le minuscule étang solitaire. Frappée de biais par la lumière, ou touchée par l'ombre, la surface en paraissait tour à tour terne ou moirée.

Une minute, l'instinct de la malheureuse l'avertit du danger et elle commença de descendre la pente, tête basse, cherchant vainement à rassembler les images éparses, incohérentes, pareilles à un tourbillon de feuilles mortes. Ce trouble, cette confusion, cette stupeur de la conscience, comme engourdie par l'afflux du sang trop lourd qu'elle sentait battre à chaque coude de ses artères, elle ne l'ignorait pas sans doute. Mais c'était aujourd'hui l'engourdissement qui précède le sommeil après l'accès de la fièvre, lorsque s'ouvrent les écluses de la sueur. Elle ne savait pas quel sommeil.

Tournant le dos à la mare, elle leva les yeux vers le paysage familier avec le vague souhait d'y trouver une défense, un appui. Et déjà elle laissait reposer son regard sur la route qui, contournant le bois, plonge brusquement dans la vallée, suspendue entre ciel et terre. C'était là le chemin qu'elle avait pris tant de fois, les dimanches d'automne, le long des haies pleines de mûres... Les larmes lui vinrent aux yeux. Du moins elle en sentit la brûlure sous ses paupières. Mais, à l'instant même, les fers d'un cheval sonnèrent sur la route de Mézargues, et presque aussitôt la lourde jument du père Ménétrier apparut au haut de la pente. L'homme et la bête étaient tout proches, si proches qu'elle entendait le vieux grommeler à part lui, selon son habitude, car il souffrait d'un catarrhe.

Le premier mouvement de la fille fut de fuir, mais ses jambes étaient de plomb. À mesure que s'avançait le promeneur (la courbe du chemin le rapprochant d'elle), le cœur de Mouchette battait à se rompre ainsi que celui du joueur qui épie entre les doigts du donneur la carte qui va décider de sa vie. Un moment, elle surprit le regard du vieux tourné vers elle, aussi indifférent que celui de la bête. Elle eût voulu crier, appeler, courir au-devant de ce grotesque sauveur. Mais il s'éloigna de son pas pesant, et aussitôt Mouchette crut voir son image falote glisser avec une rapidité prodigieuse comme aspirée par le vide. Elle la suivit une seconde dans sa course vertigineuse. L'être dont les muscles obéissaient encore à sa volonté, son propre corps, n'était lui-même guère plus qu'un fantôme.

Le geste du suicide n'épouvante réellement que ceux qui ne sont point tentés de l'accomplir, ne le seront sans doute jamais, car le noir abîme n'accueille que les prédestinés. Celui qui déjà dispose de la volonté meurtrière l'ignore encore, ne s'en avisera qu'au dernier moment. La dernière lueur de conscience du suicidé, s'il n'est pas un dément, doit être celle de la stupeur, d'un étonnement désespéré. À l'exception des fous justiciables d'une autre loi plus obscure, personne ne tente deux fois de se tuer.

Observée de près, l'eau semblait claire. La vase du fond était d'un gris presque vert, douce aux yeux comme un velours.

Mais mille fois plus douce la voix qui parlait au cœur de Mouchette. Est-ce voix qu'il faut dire ? Mouchette écoutait cette voix à peu près comme un animal celle de son maître, qui l'encourage et l'apaise. Elle ressemblait à la voix de la vieille sacristine, mais aussi à celle d'Arsène, et parfois même elle prenait l'accent de Madame[1]. Cette voix ne parlait naturellement aucun langage. Elle n'était qu'un chuchotement confus, un murmure, et qui allait s'affaiblissant. Puis elle se tut tout à fait.

Mouchette se laissa glisser sur la côte jusqu'à ce qu'elle sentît le long de sa jambe et jusqu'à son flanc la douce morsure de l'eau froide. Le silence qui s'était fait soudain en elle était immense. C'était celui de la foule qui retient son haleine lorsque l'équilibriste atteint le dernier barreau de l'échelle vertigineuse. La volonté défaillante de Mouchette acheva de s'y perdre. Pour obéir, elle avança un peu plus, en rampant, une de ses mains posée contre la rive. La simple pression de sa paume suffisait à maintenir son corps à la surface de l'eau, pourtant peu profonde. Un moment, par une sorte de jeu sinistre, elle renversa la tête en arrière, fixant le point le plus haut du ciel. L'eau insidieuse glissa le long de sa nuque, remplit ses oreilles d'un joyeux murmure de fête. Et, pivotant doucement sur les reins, elle crut sentir la vie se dérober sous elle tandis que montait à ses narines l'odeur même de la tombe.

(1) Personnages du récit : Madame est l'institutrice du village, Arsène le braconnier agresseur de Mouchette.

Georges Bernanos, *La Nouvelle Histoire de Mouchette,* Plon, 1937.

« La stupeur de la conscience »

La tentation de la mort est vécue comme un « engourdissement », une « stupeur de la conscience » : on étudiera la façon dont les images rendent les étapes de cette « chute », dans tous les sens du terme. Le point de vue du narrateur alterne avec celui de Mouchette ; on pourra réfléchir à partir de là aux relations entre Bernanos et ses personnages.

L'univers de **Julien Green** (né en 1900), romancier américain d'expression française, a la noirceur des pages les plus sombres de Bernanos. Lui aussi est hanté par le problème du mal. D'origine protestante, il se convertit en 1916 au catholicisme auquel il reviendra vers la quarantaine après une période de doute. Mais l'espoir du salut reste bien lointain dans son œuvre. Les héros de ses nombreux romans, écrasés par l'angoisse, broyés par une vie quotidienne sinistre, errent sans trouver d'autre issue que le meurtre ou la démence : **des épaves,** selon le titre d'un roman de 1932 dont le héros découvre sa propre lâcheté lorsqu'il s'enfuit en entendant, lors d'une promenade le long de la Seine, une femme appeler au secours (on songe au Clamence de *La Chute* de Camus). Ainsi dans *Adrienne Mesurat* (1927), l'héroïne, une jeune fille enfermée dans la médiocrité de la vie de province, incapable d'échapper à cette existence, finit dans la folie.

EXTRAIT

Dans Léviathan *(1929), le héros du livre, Guéret, égaré par sa passion pour Angèle, la défigure dans un accès de violence sauvage puis erre dans la nuit et, après avoir tué un*

Il se leva et gagna en titubant le mur qu'il suivit jusqu'à la grille ; elle était fermée et la lanterne était éteinte, mais la lune prodiguait une lumière crue et puissante dont l'éclat le força à se frotter les yeux. La cour était rectangulaire. Un espace de près de quinze mètres séparait le coin où était la grille de celui où s'élevait le bureau des commandes, petite maison d'un étage, à droite de laquelle une porte s'ouvrait sur la rue. Le long d'un des murs régnait un auvent en pente douce qui s'avançait suffisamment pour garantir de la pluie une carriole dételée et une grande pile de fagots amoncelés contre la maison.

vieillard rencontré par hasard, se réfugie dans la cour d'un chantier à charbon.

Au milieu du chantier se dressaient trois tas de charbon, de taille égale, séparés les uns des autres, malgré les éboulements qui brisaient la pointe de leurs sommets et tentaient de rapprocher leurs bases en les élargissant. Tous trois renvoyaient avec force la lumière qui les inondait ; une muraille de plâtre n'eût pas paru plus blanche que le versant qu'ils exposaient à la lune, mais alors que le plâtre est terne, les facettes diamantées du minerai brillaient comme une eau qui s'agite et chatoie. Cette espèce de ruissellement immobile donnait aux masses de houille et d'anthracite un caractère étrange ; elles semblaient palpiter ainsi que des êtres à qui l'astre magique accordait pour quelques heures une vie mystérieuse et terrifiante. L'une d'elles portait au flanc une longue déchirure horizontale qui formait un sillon où la lumière ne parvenait pas, et cette ligne noire faisait songer à un rire silencieux dans une face de métal. Derrière elles, leurs ombres se rejoignaient presque, creusant des abîmes triangulaires d'où elles paraissaient être montées jusqu'à la surface du sol comme d'un enfer. La manière fortuite dont elles étaient posées, telles trois personnes qui s'assemblent pour délibérer, les revêtait d'une grandeur sinistre. À les regarder longtemps, dans le silence de minuit, sous un ciel noir au fond duquel la lune semblait fixée pour toujours, elles devenaient aussi effroyables que des dieux spectateurs d'une tragédie où le sort même de la création se jouerait.

Pas un souffle ne passait dans l'air. Ainsi que dans un lieu enchanté, toute vie était suspendue entre ces murs. Les choses, transfigurées par un violent éclairage, n'appartenaient plus à ce monde et participaient d'un univers inconnu à l'homme, et c'était parmi les ruines d'une cité, mais non d'une cité terrestre, que l'on se serait cru, tant le cœur était remué par tout ce que cet endroit comportait de magnificence et de désolation.

Il regarda devant lui quelque temps, comprenant mal où son rêve avait pris fin et l'état de veille recommencé. Lorsqu'il s'était jeté de côté, cinq heures plus tôt, pour éviter le promeneur qui venait vers lui, la fatigue l'avait empêché de noter le caractère du lieu où il prenait refuge ; son cerveau à bout de force ne recevait plus aucune impression. La tête pleine de songe, il fit trois ou quatre pas et parvint au premier des tas de charbon. Nul souvenir ne le troublait encore ; il était pareil à un enfant, étonné par la vue de cette pyramide étincelante au pied de laquelle il se tenait, et se baissant, il plongea la main comme dans un torrent d'où il retira une pierre noire aux cassures parcourues d'étincelles.

Un morceau de charbon. Il le tint dans sa paume un instant et le laissa tomber. Lentement il fit le tour de la première pyramide, passa devant la seconde et marcha jusqu'au milieu de la cour avec l'allure d'un somnambule. Ses pieds butaient contre le pavé ; son regard ne se posait sur rien, et pourtant il reconnaissait peu à peu le chantier, mais le désordre où était son esprit ne diminuait pas. Des images incohérentes se présentaient à lui sans qu'il parvînt à les ajuster, à leur donner un air de réalité.

Julien Green, *Léviathan*, 1929, © Julien Green.

La nuit infernale

La description nous fait passer du réel quotidien à un monde fantastique et sinistre dont la valeur symbolique est évidente : l'homme est un jouet entre les mains de Satan. On pourra suivre la façon dont s'organise cette mise en scène des enfers. On comparera également l'univers de J. Green à ceux de G. Bernanos (cf. p. 315) ou F. Mauriac (cf. p. 309-312). Selon J. Petit, qui oppose J. Green et F. Mauriac (*Histoire Littéraire de la France*, Éditions sociales), « une écriture moins transparente, le fantastique parfois et, toujours, une vision étrange, "surréaliste" des objets et du monde donnent aux récits de J. Green une autre profondeur : le mal y est partout, jusque dans l'innocence... ».

citation

« Il me semble que tout, autour de nous, porte la marque d'un grand cataclysme surnaturel en même temps que la marque d'une création divine. C'est pour cela que tant de laideur se mêle à tant de beauté. »

Julien Green *Journal*, 18 mars 1948, © Julien Green.

Un accusateur acerbe : Pierre Drieu La Rochelle

L'œuvre de **Pierre Drieu La Rochelle** (1893-1945), romans ou essais, exprime avec une grande force cette crise des valeurs qui caractérise l'avant-guerre. Sa lucidité, son talent de polémiste donnent beaucoup de présence aux portraits qu'il dresse d'une société qui se défait, cette *Rêveuse Bourgeoisie* qu'évoque avec férocité un roman de 1937. De même en 1939 *Gilles* fait la satire de la vie politique dérisoire d'une Troisième République incapable de prendre la mesure de l'Histoire. Mais Drieu La Rochelle ne parvient pas à penser cette crise autrement que comme une décadence qui, comme l'a montré G. Picon (*Panorama de la nouvelle littérature française,* Gallimard, 1976), rejoint le sentiment de son propre échec : son analyse « s'englue dans le sentiment paralysé d'une décadence qui ne le hante si profondément que parce qu'il ne parvient pas à s'en séparer ». L'œuvre se développe autour de cette obsession, souvent nourrie de fantasmes racistes, sans parvenir à un dépassement comme celui que proposent les personnages de Malraux. L'engagement même de Drieu dans le fascisme et la collaboration est une impasse dont son suicide, en 1945, sanctionne le caractère irrémédiable.

EXTRAIT

Gilles *(1939) dresse une fresque complexe de l'entre-deux-guerres et présente un héros qui, jusque dans la tentation du suicide, ressemble beaucoup à Drieu lui-même. Ses liaisons amoureuses, ses entreprises politiques perdent peu à peu à ses propres yeux toute signification, et les dernières pages le laissent au moment où il choisit de se battre, par désespoir plus que par conviction, aux côtés des fascistes espagnols. Un roman de l'échec... La préface du roman, datée de 1942, précise les intentions de Drieu et situe son œuvre dans la production littéraire de l'époque.*

Gilles est allé en Normandie rendre visite à son tuteur, le vieux Carentan. Celui-ci évoque la mort de la France.

– Tu crois vraiment que la France va mourir ? s'écria Gilles.

– Mais oui, la France meurt. Viens au village, à côté, je vais te montrer maison par maison, famille par famille, la mort de la France, viens.

Ils avaient pris à travers champs et étaient arrivés à Hoqueville que Gilles connaissait bien, où il venait, autrefois, souvent, pendant les vacances, acheter des cigarettes ou des journaux. C'était un village de l'intérieur, peu visité par les touristes et qui avait cet aspect déjà armoricain des villages de ces confins de la Normandie.

– Ici, tu vois, il y a eu trois fils tués à la guerre... Ici, il y a un mutilé qui a deux enfants, un fils et une fille qui sont ouvriers à Paris. Le fils est marié, mais n'a pas d'enfants. La fille vit avec un type à Courbevoie, et meurt avec lui... Ceux-là ont eu des enfants, tous morts en bas âge : alcoolisme et syphilis... Ceux-là ont deux enfants qui ont échappé, ils travaillent à la terre avec leurs parents... Là...

Le vieux pointait les foyers avec sa pipe ou sa canne, énumérant, computant avec une minutie rageuse.

Il montrait les persiennes fermées et celles qui n'étaient qu'entr'ouvertes sur la fin de deux vieux, sans enfants ou abandonnés par leurs enfants. Pourtant, de temps en temps, une silhouette forte passait encore. Gilles y raccrochait son regard et sa pensée, désespérément.

Ils arrivèrent devant l'école.

– Comment est l'instituteur ?

– Oh ! il n'est pas méchant, ou il croit ne pas l'être. Il n'est même pas socialiste ou communiste, même pas franc-maçon. C'est un modéré. La très pauvre philosophie qu'on lui a mise dans la tête à l'École normale, il l'a réduite encore par prudence ou débilité. Il leur enseigne une espèce de « chacun pour soi et Dieu pour personne » qui ne leur apprend rien, car il y a longtemps que c'est passé dans leur sang.

– Et le curé ?

– Le curé !

Le vieux s'arrêta et leva les yeux au ciel, puis il donna un grand coup de son bâton par terre.

– Le curé, il pense et il vit comme l'instituteur. Et il n'en dit guère plus que lui. Tiens, entrons plutôt dans son église.

C'était une charmante chapelle de XVe siècle, d'un jet sûr. À l'intérieur, il y avait quelques bons vieux bancs de chêne et toute l'ignoble pacotille du catholicisme décadent, Vierge fabriquée à la grosse, Saint-Joseph, Sacré-Cœur de Jésus, Jeanne d'Arc de patronage, drapeau français.

Sur un mur, la longue liste des morts de la guerre, plus grande que le village.

– Voilà tous ceux que les gens de Paris ont tués avec leur sale politique. Le député d'ici, c'est le comte de Falcourt, il pense exactement comme un radical-socialiste. La cervelle aussi vidée.

Ils étaient seuls dans l'église. Le vieux s'était incliné devant l'autel, faisait un grand signe de croix. Gilles se dit : « De ma part, ce serait une simagrée. »

Le vieux l'amena sur le côté de l'autel. Il lui montra une dalle funéraire. Deux géants, homme et femme, les seigneurs de Hoqueville. Deux longues silhouettes incisées dans la pierre.

– La vieille race noroise, noyée aujourd'hui dans une France anonyme.

– Mais après que ceux-ci étaient tombés en décadence, dès le XIIIe siècle, il y a eu des renaissances magnifiques.

– Oui, mais tant va la cruche à l'eau... C'est la source même de la vie qui est atteinte. Plus de foutre, ou il va au bidet. Les Français n'ont plus qu'une passion, de crever... Une jeune fermière me disait, l'autre jour : « Pensez-vous que je ferai des enfants ? Pour quoi faire ? » Si tu avais vu son regard. Une opacité, la taie du néant. Ils ont tout oublié, ils ne savent plus rien. Ils sont entièrement sortis du monde animal et du monde humain.

– Ils sont comme les Parisiens.

– La terre ne leur dit plus rien. Ils ne sentent plus la terre, ils ne l'aiment plus. Ils ont honte d'être restés ici. La seule excuse à leurs yeux, c'est qu'ils gagnent pas mal d'argent.

– Jusqu'où ça ira-t-il ?

– Ils seront envahis. Ils sont déjà envahis. Des Polonais, des Tchécoslovaques, des bicots. Mais leur vice dévore tout de suite l'envahisseur.

– Il y a une puissance de syphilis dans la France.

Gilles hochait la tête, exaspéré d'entendre sa pensée dans la bouche d'un autre et d'un vieillard. Du reste, ce vieillard avait l'excuse de son âge ; pas lui.

Repensant à cette conversation, une pensée le torturait : celle de l'avarice. Ce pays se mourait d'avarice et lui-même était un avare. Il avait eu un désir avaricieux de l'argent de Myriam[1], et encore un peu de l'argent de Dora. Mais, surtout, il avait un sens avaricieux de lui-même. Qu'appelait-il sa solitude, si ce n'était le goût avaricieux de son ego ? Il ne s'était pas jeté tout hors de lui-même vers Dora et, quand elle l'avait repoussé, il était revenu à lui-même avec une secrète complaisance, une délectation morose.

Il n'avait pas d'enfant.

(1) Myriam a été l'épouse de Gilles, Dora sa maîtresse.

Pierre Drieu La Rochelle, *Gilles,* Gallimard, 1939.

« La France meurt »

L'obsession de la décadence et la violence du ton : *Gilles* est le roman d'un échec auquel le héros lui-même ne parvient pas à s'arracher (voir la fin du texte). On étudiera les procédés de la polémique ; à l'idéalisation du passé s'opposent les signes d'une prétendue dégradation universelle, évoquée avec peut-être « une secrète complaisance »...

document

Moi, je me situe entre Céline et Montherlant et Malraux.

J'ai strictement dit ce que je voyais, comme Montherlant dans *Les Célibataires,* mais avec un mouvement vers la diatribe de Céline, contenu dans de strictes limites, parce que bien que grand amateur et grand défenseur d'une espèce de démesuré dans l'histoire de la littérature française, pratiquement je suis un Normand, comme tous les Normands scrupuleusement soumis aux disciplines de la Seine et de la Loire. Il y avait en moi aussi une tendance à sortir des gonds français comme Malraux, mais j'étais trop étreint par le drame de Paris pour aller à l'étranger ; et je ne suis allé en Espagne ou en Allemagne ou en Russie que pour vérifier les prévisions toutes concentrées sur la France.

J'ai souvent amèrement ricané en songeant à l'étroit, au minuscule des drames que j'ai soumis au microscope dans *Gilles,* en comparaison avec l'ampleur des thèmes chez Malraux, chez Giono, ampleur pour laquelle il me semblait que j'étais né.

La France est un pays de peintres où Daumier représente une exigence tout comme Delacroix.

Pierre Drieu La Rochelle, préface de *Gilles,* Gallimard, 1942.

Ressourcements : Jean Giono, Charles Ferdinand Ramuz, Colette

L'œuvre de **Jean Giono** (1895-1970), à la crise des valeurs, oppose **un art de vivre.** Retiré à l'écart de la société – il restera toute sa vie fidèle à sa retraite de Manosque –, pacifiste militant – ses convictions lui valurent d'être emprisonné en 1939, puis à nouveau à la Libération, où on le soupçonna de sympathies vichyssoises –, c'est dans la fusion avec la nature qu'il cherche le sens de l'existence et les voies d'un ressourcement. Les héros de la trilogie placée sous le signe du Dieu Pan (*Colline,* 1929, *Un de Baumugnes,* 1929, *Regain,* 1930) vivent dans une nature qui, comme les hommes, respire ou meurt : la source de *Colline* se tarit en même temps qu'agonise le vieux Janet, la terre de *Regain* retrouve sa fécondité en même temps que Panturle trouve l'amour.

Le jeu des **métaphores•** redit sans cesse cette communion de l'homme et de la nature. D'un bois, Giono écrit par exemple que « les bras en l'air, (il) danse sur place une grande danse énervée », et de son héros Panturle : « On dirait un morceau de bois qui marche. [...] Sa chemise pend en lambeaux comme une écorce » (*Regain*) : un exemple parmi mille autres du va-et-vient systématique qui célèbre l'unité de la création. À partir de là, le souffle intarissable de Giono anime un lyrisme• ambitieux, celui par exemple qui s'affirme dans *Le Chant du monde* (1934). La Provence devient le lieu où se déploie un **panthéisme• grandiose** dans lequel le romancier voit une réponse aux interrogations éthiques• : il s'agit là pour lui des *Vraies Richesses* (1936) dont il se fait désormais le prédicateur en une prose qui brise souvent le cadre de la narration pour tendre vers une poésie d'un rythme puissant.

On peut être sensible à cette fusion cosmique sans adhérer totalement au message idéologique de Giono. Lui même d'ailleurs prit après la guerre quelques distances avec sa première manière et, pratiquant une écriture plus classique et détachée, renoua avec une narration qu'on a pu qualifier de stendhalienne (*Le Hussard sur le toit,* 1951). Cessant d'être un écrivain à message, Giono semble alors surtout sensible au plaisir d'écrire et de raconter.

EXTRAITS

Le jeu des métaphores• et l'évocation des éléments.

La terre

Cette terre !

Cette terre qui s'étend, large de chaque côté, grasse, lourde, avec sa charge d'arbres et d'eaux, ses fleuves, ses ruisseaux, ses forêts, ses monts et ses collines, et ses villes rondes qui tournent au milieu des éclairs, ses hordes d'hommes cramponnés à ses poils, si c'était une créature vivante, un corps ?

Avec de la force et des méchancetés ?

Une grande masse qui pourrait rouler sur moi comme je suis tombé sur le lézard ?

Ce val, ce pli entre les collines, où je suis en train de gratter, s'il allait bouger, sous le coupant de ma bêche ?

Un corps !

Avec de la vie !

La vie c'est du mouvement, c'est des soupirs...

La voix de l'aqueduc et le chant des arbres.

De la vie ? Mais, sûr ! Car elle bouge, cette terre : il y a dix ans, elle s'est secouée ; en bas, vers Aix, des villages se sont écroulés, Lambesc, d'autres, et les cloches de Manosque ont sonné toutes seules en haut de leurs clochers.

Jean Giono, *Colline,* Grasset, 1929.

Le ruisseau Gaudissart

À l'autre bout du défilé, le ciel entre comme un coin de fer dans la colline. On commence à mieux y voir. Le Gaudissart file à toute allure comme dans une rigole de schiste bien polie. Il est là-dedans tout allongé, tout étiré, mâchuré par de grandes raies luisantes qui partent de l'ombre comme des flèches et, là-bas, dans le jour se courbent. Il semble qu'on a étiré le ruisseau, il semble qu'il y en a un, là-haut sur le plateau qui tire sur la queue du ruisseau et un autre, en bas dans les plaines qui tire sur la tête comme quand on veut écorcher une couleuvre. Et puis, en approchant toujours dans la direction du jour, ça devient comme de la soie, et c'est tout mol et tout en luisance, et ça se gonfle d'air et de vent, et enfin, ça reste plié sur la pente de la colline comme un foulard qu'on a mis à sécher au versant d'un talus.

C'est que le Gaudissart, tout mangeur de terre qu'il est, n'a pas assez mangé de plateau, qu'il débouche sur l'autre bord, à quarante mètres de haut, et que, de là, il saute.

Il saute en trois sauts, par trois escaliers arrondis, entre des coussins de mousse. Un petit saut d'enfant d'abord, puis, d'un élan, il dépasse la roche et s'envoie dans une épaisseur de six mètres d'air. Il se reçoit sur le ressort de ses reins, il roule sur une pente de vingt mètres et alors, d'un beau vol, bandé comme un arc, il descend dans le plan Soubeyran au milieu d'une cuve qui roule du tambour.

En bas, le sentier contourne la cuve, passe au-dessus du ruisseau sur trois pierres plates et s'éloigne en écrasant les prés sauvages.

Jean Giono, *Regain*, Grasset, 1930.

Le feu

Ça a pris au tonnerre de dieu, là-bas, entre deux villages qui brûlaient des fanes de pommes de terre.

La bête souple du feu a bondi d'entre les bruyères comme sonnaient les coups de trois heures du matin. Elle était à ce moment-là dans les pinèdes à faire le diable à quatre. Sur l'instant, on a cru pouvoir la maîtriser sans trop de dégâts ; mais elle a rué si dru, tout le jour et une partie de la nuit suivante, qu'elle a rompu les bras et fatigué les cervelles de tous les gars. Comme l'aube pointait, ils l'ont vue, plus robuste et plus joyeuse que jamais, qui tordait parmi les collines son large corps pareil à un torrent. C'était trop tard.

Depuis elle a poussé sa tête rouge à travers les bois et les landes, son ventre de flammes suit ; sa queue, derrière elle, bat les braises et les cendres. Elle rampe, elle saute, elle avance. Un coup de griffe à droite, un à gauche ; ici elle éventre une chênaie ; là elle dévore d'un seul claquement de gueule vingt chênes blancs et trois pompons de pins ; le dard de sa langue tâte le vent pour prendre la direction. On dirait qu'elle sait où elle va.

Et c'est son mufle dégoûtant de sang que Maurras a aperçu dans la combe.

Jean Giono, *Colline*, Grasset, 1929.

Dans Le Chant du monde, *Antonio et Matelot partent à la recherche du fils de celui-ci, qui n'est pas revenu du pays Rebeillard, où il était parti couper des arbres. Le vrai héros du livre, c'est ce pays Rebeillard, lieu d'une quête qui prend progressivement un caractère initiatique. Au sortir des montagnes, le fleuve entre dans le pays Rebeillard.*

C'était un large pays tout charrué et houleux comme la mer ; ses horizons dormaient sous des brumes. Il était fait de collines forestières en terres rouges sous des bosquets de pins tordus, des vals à labours, des plainettes avec une ferme ou deux, des villages collés au sommet des rochers comme des gâteaux de miel. Des chiens de chasse sortaient de tous ces villages et de toutes ces fermes et s'en allaient chasser seuls à travers les bois et dans les champs. Les chats se glissaient à ras du sol dans les labours pour guetter les taupes. Une petite chienne jaune toute en oreilles et en reins courait après une chouette. L'oiseau aveuglé de matin volait d'un arbre à l'autre vers le bois. La chienne courait en faisant claquer ses oreilles. De beaux nuages dorés avaient commencé la traversée du ciel au-dessus du pays. Ils descendaient vers le sud entraînant leur ombre. Entre de grands chênes immobiles dormait un lac d'air silencieux ; un petit verdier lancé dans son vol le traversa en gloussant. Sur un chemin qui montait à un village, un homme accompagnait un mulet chargé de paquets de tabac. Les vieux hommes du Rebeillard étaient sortis devant leurs portes. Ils avaient entendu les clochettes du mulet. Ils écoutaient. Ils languissaient sans tabac. Les femmes les regardaient en riant.

« Ça vient, ça monte », disaient-elles.

Du creux des bois, les faisanes guettaient les champs de petit blé vert. La chienne était arrêtée sous l'arbre à la chouette ; en même temps elle regardait du coin de l'œil un gros scarabée doré qui travaillait une fiente de sanglier. Un aigle se balançait sous les nuages. Les coqs chantaient, puis ils écoutaient chanter les coqs. L'aigle regardait un petit gerbier entouré de poules et il se balançait doucement en descendant chaque fois un peu. Sur les aires d'un village très haut, au-dessus du fleuve, on avait allumé des feux malgré le matin et l'air doux. Sur de longues broches on faisait rôtir des lièvres rouges, des chapelets de grives pourries, les deux grosses cuisses d'un cerf et la graisse du lard pétillait dans les lèchefrites. Dans sa maison, la mariée était assise sur sa chaise. Elle n'osait pas bouger. Elle avait la grande jupe de soie, le lourd corsage, les bijoux de sa mère et la couronne en feuilles de laurier. Elle était toute seule, elle regardait cette fumée de viande qui passait dans la rue. Elle avait les beaux yeux immobiles des bœufs.

Jean Giono, *Le Chant du monde*, Gallimard, 1934.

L'homme et la nature

Comparaisons et métaphores• tissent un réseau serré de liens entre l'homme et la nature. Les trois premiers extraits montrent comment Giono prend appui pour cela sur les éléments fondamentaux (cf. p. 393). Le récit tend à s'installer dans cette vision : on remarquera de ce point de vue l'utilisation très particulière des temps, notamment l'imparfait dans l'extrait du *Chant du monde*.

C'est aussi la nature qui est au cœur de l'œuvre de l'écrivain suisse **Charles Ferdinand Ramuz** (1878-1947) : le lac, la vigne, la montagne sont des personnages au même titre que les paysans du pays vaudois, et par-delà le cadre régionaliste ce sont bien les forces du cosmos que célèbre une prose qui se dégage souvent de l'affabulation romanesque pour tendre vers le chant et la poésie. Mais cet univers n'est pas exempt d'inquiétudes, et des forces maléfiques y menacent la vie : l'un des romans de Ramuz s'intitule *La Grande Peur dans la montagne* (1926), un autre *Si le soleil ne revenait pas* (1937). Comme l'a souligné Michel Raimond (*Histoire de la littérature française*, Colin, 1970), Ramuz est beaucoup plus qu'un romancier régionaliste : « Le roman rustique avec lui devenait un poème métaphysique, les tableaux de la vie campagnarde laissaient paraître une inquiétude panique : le sentiment d'une menace pesant sur le monde s'alliait à une joie qui tenait au dévoilement de l'Être et au mystère de la Présence. »

Derborence (1934) raconte l'histoire d'un jeune marié, Antoine, qui monte comme berger dans la montagne avec un vieux compagnon. Mais des cimes des Diablerets tombe une avalanche de rochers qui enfouit les alpages de Derborence. Antoine ressortira des rochers deux mois après l'éboulement ; mais tous l'avaient cru mort et le prennent d'abord pour un fantôme. Revenu parmi les siens, mais hanté par la montagne, il repart à la recherche de son vieux compagnon, poursuivi par sa femme dans la montagne. Celle-ci finit par le ramener vers la vie tandis que derrière eux le silence retombe sur Derborence...

EXTRAIT

Autrefois, ceux des villages montaient nombreux à Derborence...

Autrefois, pourtant, ils y montaient en grand nombre, à Derborence ; on assure même qu'ils étaient près d'une centaine à y monter.

Ils y montaient par la gorge qui débouche à son autre bout sur le Rhône ; ils venaient d'Aïre et de Premier, qui sont des villages valaisans haut perchés sur le versant nord de la vallée du Rhône.

Ils déménageaient vers le milieu de juin avec leurs petites vaches brunes et leurs chèvres, ayant construit là-haut à leur usage beaucoup de chalets en pierre sèche, couverts de feuilles d'ardoise, où ils restaient deux ou trois mois.

Ces fonds, en ce temps-là, étaient dès le mois de mai tout peints d'une belle couleur verte, car là-haut c'est le mois de mai qui tient le pinceau.

Là-haut (on dit « là-haut » quand on vient du Valais, mais, quand on vient d'Anzeindaz, on dit « là en bas » ou « là au fond »), la neige en se retirant faisait de gros bourrelets ; elle découvrait sur leurs bords, dans l'humidité noire que la vieille herbe recouvrait mal d'une espèce de feutre terne, toute espèce de petites fleurs s'ouvrant à l'extrême limite d'une frange de glace plus mince que du verre à vitre. Toute espèce de petites fleurs de la montagne avec leur extraordinaire éclat, leur extraordinaire pureté, leurs extraordinaires couleurs : plus blanches que la neige, plus bleues que le ciel, orange vif, ou violettes : les crocus, les anémones, les primevères des pharmaciens. Elles faisaient de loin entre les taches grises de la neige, qui allaient se rétrécissant, des taches qui brillaient au soleil. Comme sur un foulard de soie, un de ces foulards que les filles achètent à la ville, quand elles y descendent pour la foire, à la Saint-Pierre ou à la Saint-Joseph, et qui sont tout semés de petits bouquets. Puis, c'était le fond même de l'étoffe qui changeait, la neige ayant fini par complètement disparaître. Tout devenait vert : c'est l'herbe qui se montre à nouveau ; c'est comme si le peintre avait d'abord laissé tomber de son pinceau des gouttes de couleur verte, et puis elles se rejoignaient.

Ah ! Derborence, tu étais belle, tu étais belle, en ce temps-là, te parant dès la fin de mai pour les hommes qui allaient venir. Et ils ne tardaient pas à apparaître, ils n'attendaient que ce signe de toi. Une après-midi, le bruit diffus et monotone du torrent dans sa gorge laissait entendre en s'entr'ouvrant le tintement d'une sonnaille ; il était percé et fendu. Une première bête se montrait, puis dix, puis quinze, puis jusqu'à trois cents.

Le petit berger des chèvres soufflait dans sa corne.

Partout, ils avaient allumé déjà le feu dans les chalets ; partout en haut des cheminées ou par les trous des portes un joli petit plumet bleu balançait doucement dans l'absence de tout courant d'air.

Les fumées grandissaient, elles s'aplatissaient du bout, elles se trouvaient confondues dans leur partie supérieure ; elles faisaient, au-dessus des toits, un plafond transparent, pareil à une toile d'araignée soigneusement tendue à plat.

Et dessous la vie reprenait, avec ces toits posés non loin les uns des autres comme des petits livres sur un tapis vert, tous ces toits reliés en gris ; avec deux ou trois petits ruisseaux qui brillaient par place comme quand on lève un sabre ; avec des points ronds et des points ovales qui bougeaient un peu partout, les points ronds étant les hommes, les points ovales étant les vaches.

Quand Derborence était encore habitée, c'est-à-dire avant que la montagne fût tombée.

Mais à présent elle vient de tomber.

Charles-Ferdinand Ramuz, *Derborence*, Grasset, 1936.

La nature au printemps

Pour évoquer la richesse féconde de la nature, le texte se fait chant et célèbre sur le mode lyrique• le paradis perdu. Les références à la peinture sont elles aussi significatives : on étudiera la façon dont la description s'organise en tableau.

Si l'évocation de la nature s'élargit chez Ramuz ou Giono en un lyrisme• cosmique, l'œuvre de **Colette** (1873-1954) paraît se tenir dans des limites plus étroites. Ce qu'on retient de ses romans et surtout de ses œuvres à caractère autobiographique (mais la frontière est souvent ténue), c'est, plus que les tableaux de mœurs ou l'analyse psychologique, l'évocation poétique d'une relation intime avec le monde animal et végétal, nourrie de la vie innombrable des sensations. L'expérience de cette relation heureuse inspire une forme de sagesse, fondée aussi sur des renoncements (l'héroïne de *La Naissance du jour* (1928), l'âge mûr venu, sait renoncer aux tentations de l'aventure amoureuse) et sur la fidélité aux souvenirs de l'enfance, liée à l'image de la mère, souvent évoquée sous le nom de Sido (*Sido*, 1930).

EXTRAIT

Le monde heureux des jardins...

Dans mon quartier natal, on n'eût pas compté vingt maisons privées de jardin. Les plus mal partagées jouissaient d'une cour, plantée ou non, couverte ou non de treilles. Chaque façade cachait un « jardin-de-derrière » profond, tenant aux autres jardins-de-derrière par des murs mitoyens. Ces jardins-de-derrière donnaient le ton au village. On y vivait l'été, on y lessivait ; on y fendait le bois l'hiver, on y besognait en toute saison, et les enfants, jouant sous les hangars, perchaient sur les ridelles des chars à foin dételés.

Les enclos qui jouxtaient le nôtre ne réclamaient pas de mystère : la déclivité du sol, des murs hauts et vieux, des rideaux d'arbres protégeaient notre « jardin d'en haut » et notre « jardin d'en bas ». Le flanc sonore de la colline répercutait les bruits, portait, d'un atoll maraîcher cerné de maisons à un « parc d'agrément », les nouvelles.

De notre jardin, nous entendions, au Sud, Miton éternuer en bêchant et parler à son chien blanc dont il teignait, au 14 juillet, la tête en bleu et l'arrière-train en rouge. Au Nord, la mère Adolphe chantait un petit cantique en bottelant des violettes pour l'autel de notre église foudroyée, qui n'a plus de clocher. À l'Est, une sonnette triste annonçait chez le notaire la visite d'un client... Que me parle-t-on de la méfiance provinciale ? Belle méfiance ! Nos jardins se disaient tout.

Oh ! aimable vie policée de nos jardins ! Courtoisie, aménité de potager à « fleuriste » et de bosquet à basse-cour ! Quel mal jamais fût venu par-dessus un espalier mitoyen, le long des faîtières en dalles plates cimentées de lichen et d'orpin brûlant, boulevard des chats et des chattes ? De l'autre côté, sur la rue, les enfants insolents musaient, jouaient aux billes, troussaient leurs jupons, au-dessus du ruisseau ; les voisins se dévisageaient et jetaient une petite malédiction, un rire, une épluchure dans le sillage de chaque passant, les hommes fumaient sur les seuils et crachaient... Gris de fer, à grands volets décolorés, notre façade à nous ne s'entrouvrait que sur mes gammes malhabiles, un aboiement de chien répondant aux coups de sonnette, et le chant des serins verts en cage.

Peut-être nos voisins imitaient-ils, dans leurs jardins, la paix de notre jardin où les enfants ne se battaient point, où bêtes et gens s'exprimaient avec douceur, un jardin où, trente années durant, un mari et une femme vécurent sans élever la voix l'un contre l'autre...

Il y avait dans ce temps-là de grands hivers, de brûlants étés. J'ai connu, depuis, des étés dont la couleur, si je ferme les yeux, est celle de la terre ocreuse, fendillée entre les tiges du blé et sous la géante ombelle du panais sauvage, celle de la mer grise ou bleue. Mais aucun été, sauf ceux de mon enfance, ne commémore le géranium écarlate et la hampe enflammée des digitales. Aucun hiver n'est plus d'un blanc pur à la base d'un ciel bourré de nues ardoisées, qui présageaient une tempête de flocons plus épais, puis un dégel illuminé de mille gouttes d'eau et de bourgeons lancéolés... Ce ciel pesait sur le toit chargé de neige des greniers à fourrages, le noyer nu, la girouette, et pliait les oreilles des chattes... La calme et verticale chute de neige devenait oblique, un faible ronflement de mer lointaine se levait sur ma tête encapuchonnée, tandis que j'arpentais le jardin, happant la neige volante... Avertie par ses antennes, ma mère s'avançait sur la terrasse, goûtait le temps, me jetait un cri :

– La bourrasque d'Ouest ! Cours ! Ferme les lucarnes du grenier !... La porte de la remise aux voitures !... Et la fenêtre de la chambre du fond !

Mousse exalté du navire natal, je m'élançais, claquant des sabots, enthousiasmée si du fond de la mêlée blanche et bleu noir, sifflante, un vif éclair, un bref roulement de foudre, enfants d'Ouest et de Février, comblaient tous deux un des abîmes du ciel... Je tâchais de trembler, de croire à la fin du monde.

Mais dans le pire du fracas ma mère, l'œil sur une grosse loupe cerclée de cuivre, s'émerveillait, comptant les cristaux ramifiés d'une poignée de neige qu'elle venait de cueillir aux mains même de l'Ouest rué sur notre jardin...

Colette, *Sido,* Hachette, 1930.

Le paradis de l'enfance

Le bonheur de l'enfance, dans l'univers protégé du jardin, où la présence de la mère exorcise tous les dangers. Un monde fourmillant de sensations riches et encore neuves. Mais le temps a passé : on notera le mélange de nostalgie et d'humour qui caractérise le ton de la narratrice évoquant un passé désormais lointain.

Vers d'autres valeurs : Henri de Montherlant et Antoine de Saint-Exupéry

C'est l'expérience de la Première Guerre mondiale, plus que le pressentiment de la Seconde, qui marque l'œuvre romanesque de **Henri de Montherlant** (1896-1972) : au moment de la Seconde Guerre mondiale il se tourne plutôt vers le théâtre, où s'exprime sans doute le plus clairement la veine héroïque de son œuvre (cf. p. 223), avant de revenir au roman vers la fin de sa vie.

Face à la médiocrité et au doute, les héros de Montherlant recherchent dans la guerre (*Le Songe*, 1922), le sport (*Les Olympiques*, 1924) ou la tauromachie (*Les Bestiaires*, 1926) les voies d'une affirmation et d'un dépassement de soi. Mieux que l'orgueilleux mépris misogyne de Costals, le héros du cycle des Jeunes Filles (*Les Jeunes Filles*, 1936, *Pitié pour les femmes*, 1936, *Le Démon du bien*, 1937, *Les Lépreuses*, 1939), les aventures d'Alban de Bricoule, héros du *Songe* et des *Bestiaires*, illustrent clairement cette quête. Dans *Le Songe*, c'est la guerre de 14-18 qui donne au jeune homme, face au risque de la mort, l'occasion d'un accomplissement auquel il sacrifie tous les autres sentiments. Dans ***Les Bestiaires***, épisode de la jeunesse du même personnage, un voyage en Espagne lui permet d'affronter le danger dans l'arène.

EXTRAIT

De nouveau l'étoffe capte cette fureur maniée, la dirige, et sous la muleta sauvage, pleine de sable, de bave, de sang, de déchirures, la bête s'écoule comme une vague, et puis – ha ! – se dresse comme la vague, dans le claquement de ses banderilles. Alban accompagne le bond de son ha ! comme s'il l'aidait, ainsi qu'il aide son cheval avec un cri quand il est sur l'obstacle, et il rejette le buste en arrière dans le même moment où le taureau dresse le poitrail. C'est une succession de plongées et de soulèvements simultanés de l'homme et de la bête ; et le couple, aussi, tantôt ralentit son rythme et tantôt le précipite, tantôt se serre et tantôt se détend. Comme les dieux de *L'Iliade,* le temps et l'espace combattent pour eux et contre eux : une différence de cinq centimètres... une différence d'une demi-seconde... Mais, par la divination de son amour, Alban sent ce que sent la bête en même temps qu'elle, et cela d'autant mieux que bien souvent, dans des heures d'exaltation, il s'est identifié avec les taureaux. Et parce qu'il sait ce qu'elle va faire, il peut la dominer, ce qu'il n'a pu avec l'autre taureau, qu'il n'aimait pas : on ne vainc vraiment que ce qu'on aime, et les victorieux sont d'immenses amants. Tel le poète que secoue l'inspiration, tel le compositeur qui improvise, tel, dans le lit, l'homme tenant la bien-aimée nue lui fait prendre la forme qu'il veut avec ses longues caresses tâtonnantes, tel Alban façonne le taureau, son élan et son âme, façonne la vie qui se dévore elle-même à mesure, dans l'ivresse et la douleur de la création.

Et voici que peu à peu la lutte changeait d'aspect, cessait d'être heurtée et dramatique. Comme dans tout art, la maîtrise engendrait enfin la simplicité. Les passes rituelles se firent posées et majestueuses, semblèrent faciles comme les actes qu'on fait dans les rêves, douées de la noblesse et de la liberté surhumaines qu'ont les mouvements filmés au ralenti. Il apparut à tous qu'au centre de l'arène une puissance souveraine agissait, qui seule était capable de ce détachement presque nuancé de dédain : la souveraineté de l'homme apparut à tous. Ce n'était plus un combat, c'était une incantation religieuse qu'élevaient ces gestes purs, plus beaux que ceux de l'amour, voisins de ceux qui domptent avec le taureau de grossiers spectateurs, et leur font venir les larmes aux yeux(1). Et celui qui les dessinait, soulevé de terre comme les mystiques par un extraordinaire bonheur corporel et spirituel, se sentait vivre une de ces hautes minutes délivrées où nous apparaît quelque chose d'accompli, que nous tirons de nous-même et que nous baptisons Dieu.

Ensemble, tellement ils étaient appareillés dans cette lutte, cette danse, cet embrassement, le taureau et l'homme s'arrêtèrent. Et chacun d'eux faisait son souffle contre l'autre. La possession n'avait pas son sceau, et pourtant elle était accomplie. Rouler la muleta, se profiler, pointer, fut fait avec une rapidité qui rendit la chose à peine perceptible, parce qu'Alban voulait que

(1) Des personnes sérieuses m'ont dit avoir vu des larmes dans les yeux de spectateurs, devant certaines passes de Belmonte à Madrid et à Séville. Je tiens de Belmonte lui-même qu'en 1913, à une course de feria de Séville, en regardant le travail de muleta du Gallo, il pleura. (Note de Montherlant.)

tout fût lié, que la domination ne tombât pas. Un instant, il vit le chemin de soleil entre sa main et le garrot étincelant d'un sang doré, l'épée comme ce rayon plus long qui, sortant du soleil, vint frapper le corps même de Mithra(2). Le choc lui retourna le corps sur le flanc gauche, retentit dans le poignet à croire qu'il l'avait cassé. Il roula sur le sol, se releva en se tenant le poignet. L'épée avait heurté un os et vacillait, mais elle était bien située.

– Ne touchez pas à ce taureau ! Personne !

La bête rejeta l'épée. Il la ramassa sans désarroi, sachant qu'il n'y avait là qu'un contre-temps, que la prochaine estocade serait décisive. Tout ce qui est du domaine de la volonté, il le pouvait. Il n'avait qu'à le vouloir pour qu'Esparraguera(3) revînt sous ses ordres, pour que le président suspendît la course...

Il s'abattit sur la brute comme un faucon, se redressa en titubant, la main portée à son cœur qui l'étranglait.

Il se tint devant elle, et il haletait. Elle était finie, maintenant, la lutte contre l'ange. Quoi qu'il voulût et quoi qu'il fît, rien ne pouvait plus empêcher qu'il l'eût tué. De la double blessure coulait avec l'avidité d'une source le sang générateur et purificateur. La bête chancela de l'arrière-train, tenta de se raidir, enfin croula sur le flanc, accomplissant sa destinée. Quelques secondes encore elle cligna des yeux, et on vit sa respiration. Puis ses pattes se tendirent peu à peu, comme un corps qu'on gonflerait à la pompe, tandis que dans cet agrandissement leurs articulations grinçaient, avec le bruit d'un câble de navire qu'on serre sur un treuil. Elle arriva avec emphase à la cime de son spasme, comme l'homme à la cime de son plaisir, et, comme lui, elle y resta immobile. Et son âme divine s'échappa, pleurant ses jeux, et les génisses, et la chère plaine. Et l'œil brun et bleuâtre se fixa, grand ouvert sur la nuit.

(2) Divinité asiatique souvent représentée en train de sacrifier un taureau.
(3) Le picador.

Henry de Montherlant, *Les Bestiaires*, Gallimard, 1954.

De la corrida à l'épopée

La tauromachie apparaît dans bien des œuvres du XXe siècle : Montherlant, mais aussi Hemingway ou M. Leiris... On n'a pas ici seulement l'évocation d'un combat dans l'arène. On pourra étudier la façon dont le texte se développe simultanément à plusieurs niveaux, évoquant à la fois la création artistique et l'expérience érotique ou mystique : par-delà l'héroïsme, l'ambition d'un dépassement de soi.

Si l'héroïsme de Montherlant reste un thème littéraire, celui **d'Antoine de Saint-Exupéry** (1900-1944), comme celui de Malraux, s'éprouve dans une expérience directe : il y a ici cohérence totale entre la vie et l'œuvre qui vient en approfondir et justifier les choix. Pionnier de l'aéropostale, Saint-Exupéry voit dans l'aventure périlleuse de l'aviation le moyen de nouer des liens entre les continents et les hommes ; sa mort, lors d'une mission aérienne volontaire en 1944, souligne l'authenticité de ses engagements.

Écrivain, il dégage dans ses romans (*Courrier Sud*, 1930, *Vol de nuit*, 1931, *Pilote de guerre*, 1942) les valeurs d'un **humanisme modeste mais résolu**, conscient à la fois des faiblesses et de la grandeur de l'homme. Dans l'action se noue une fraternité entre les hommes et s'affirment des raisons de vivre, qu'évoque, à mi-chemin entre le récit et l'essai, *Terre des hommes* (1939). Un ouvrage inachevé, *Citadelle*, publié en 1948 après la mort de l'auteur, devait développer sur le mode de la parabole ce message humaniste.

Mais l'œuvre de Saint-Exupéry attire aussi par sa capacité d'émerveillement devant le spectacle du monde, par cet esprit d'enfance et cette fraîcheur du regard qui inspirent le célèbre *Petit Prince* (1943) et plus d'une page lyrique des récits.

EXTRAIT

Vol de nuit *retrace un épisode de la mise en place des liaisons aériennes au-dessus de*

Il monta, en corrigeant mieux les remous, grâce aux repères qu'offraient les étoiles. Leur aimant pâle l'attirait. Il avait peiné si longtemps, à la poursuite d'une lumière, qu'il n'aurait plus lâché la plus confuse. Riche d'une lueur d'auberge, il aurait tourné jusqu'à la mort, autour de ce signe dont il avait faim. Et voici qu'il montait vers des champs de lumière.

l'Amérique du Sud. L'avion de Fabien, qu'attendent au sol sa femme et les responsables de la compagnie aérienne, est pris dans un orage ; à court de carburant, le pilote n'a plus d'espoir de regagner la terre. Toute manœuvre devenue inutile, Fabien se laisse fasciner par la lumière des étoiles et monte au-dessus de la tempête.

Il s'élevait peu à peu, en spirale, dans le puits qui s'était ouvert, et se refermait au-dessus de lui. Et les nuages perdaient, à mesure qu'il montait, leur boue d'ombre, ils passaient contre lui, comme des vagues de plus en plus pures et blanches. Fabien émergea.

Sa surprise fut extrême : la clarté était telle qu'elle l'éblouissait. Il dut, quelques secondes, fermer les yeux. Il n'aurait jamais cru que les nuages, la nuit, pussent éblouir. Mais la pleine lune et toutes les constellations les changeaient en vagues rayonnantes.

L'avion avait gagné d'un seul coup, à la seconde même où il émergeait, un calme qui semblait extraordinaire. Pas une houle ne l'inclinait. Comme une barque qui passe la digue, il entrait dans les eaux réservées. Il était pris dans une part de ciel inconnue et cachée comme la baie des îles bienheureuses. La tempête, au-dessous de lui, formait un autre monde de trois mille mètres d'épaisseur, parcouru de rafales, de trombes d'eau, d'éclairs, mais elle tournait vers les astres une face de cristal et de neige.

Fabien pensait avoir gagné des limbes étranges, car tout devenait lumineux, ses mains, ses vêtements, ses ailes. Car la lumière ne descendait pas des astres, mais elle se dégageait, au-dessous de lui, autour de lui, de ces provisions blanches.

Ces nuages, au-dessous de lui, renvoyaient toute la neige qu'ils recevaient de la lune. Ceux de droite et de gauche aussi, hauts comme des tours. Il circulait un lait de lumière dans lequel baignait l'équipage. Fabien, se retournant, vit que le radio souriait.

– Ça va mieux ! criait-il.

Mais la voix se perdait dans le bruit du vol, seuls communiquaient les sourires. « Je suis tout à fait fou, pensait Fabien, de sourire : nous sommes perdus. »

Pourtant, mille bras obscurs l'avaient lâché. On avait dénoué ses liens, comme ceux d'un prisonnier qu'on laisse marcher seul, un temps, parmi les fleurs.

« Trop beau », pensait Fabien. Il errait parmi des étoiles accumulées avec la densité d'un trésor, dans un monde où rien d'autre, absolument rien d'autre que lui, Fabien, et son camarade, n'était vivant. Pareils à ces voleurs des villes fabuleuses, murés dans la chambre aux trésors dont ils ne sauront plus sortir. Parmi des pierreries glacées, ils errent, infiniments riches, mais condamnés.

Antoine de Saint-Exupéry, *Vol de nuit,* Gallimard, 1931.

L'entrée au paradis

Paradoxalement, le pilote de l'avion en perdition vit ici une véritable ascension, dont la signification religieuse et initiatique est nettement indiquée par de nombreuses métaphores•. Ce monde céleste, qu'on opposera au monde infernal de Bernanos (p. 314) ou de Green (p. 316), univers merveilleux et alors encore peu connu, est évoqué par des images empruntées au domaine de la mer.

document

Saint-Exupéry nous a ouvert le chemin, il a montré que l'avion, pour le pilote, est un organe de perception ; une chaîne de montagnes à 600 kilomètres-heure et dans la perspective nouvelle du survol, c'est un nœud de serpents : elles se tassent, noircissent, poussent leurs têtes dures et calcinées contre le ciel, cherchent à nuire, à cogner ; la vitesse, avec son pouvoir astringent, ramasse et presse autour d'elle les plis de la robe terrestre [...]. Après lui, après Hemingway, comment pourrions-nous songer à décrire ? Il faut que nous plongions les choses dans l'action : leur densité d'être se mesurera pour le lecteur à la multiplicité des relations pratiques qu'elles entretiendront avec les personnages. Faites gravir la montagne par le contrebandier, par le douanier, par le partisan, faites-la survoler par l'aviateur, et la montagne surgira tout à coup de ces actions connexes, sautera hors de votre livre, comme un diable de sa boîte. Ainsi le monde et l'homme se révèlent par les *entreprises.* Et toutes les entreprises dont nous pouvons parler se réduisent à une seule : celle de *faire l'histoire.*

Jean-Paul Sartre, *Qu'est-ce que la littérature ?* Gallimard, 1948.

La « fortune du roman » est une caractéristique essentielle de la production littéraire contemporaine. M. Robert en analyse ici les raisons :

La fortune extraordinaire qu'il a connue en si peu de temps, c'est vraiment en parvenu que le roman l'a gagnée, car, à y regarder de près, il la doit surtout à ses conquêtes sur les territoires de ses voisins, qu'il a patiemment absorbés jusqu'à réduire presque tout le domaine littéraire à l'état de colonie. Passé du rang de genre mineur et décrié à une puissance probablement sans précédent, il est maintenant à peu près seul à régner dans la vie littéraire, une vie qui s'est laissé façonner par son esthétique et qui, de plus en plus, dépend économiquement de son succès. Avec cette liberté du conquérant dont la seule loi est l'expansion indéfinie, le roman, qui a aboli une fois pour toutes les anciennes castes littéraires – celles des genres classiques –, s'approprie toutes les formes d'expression, exploite à son profit tous les procédés sans même être tenu d'en justifier l'emploi. Et parallèlement à cette dilapidation du capital littéraire accumulé par les siècles, il s'empare de secteurs de plus en plus vastes de l'expérience humaine [...]. Semblable par bien des traits à la société impérialiste où il est né (son esprit d'aventure est toujours un peu celui de Robinson, lequel ne transforme pas par hasard son île déserte en colonie), il tend irrésistiblement à l'universel, à l'absolu, au tout des choses et de la pensée ; par là sans aucun doute il uniformise et nivelle la littérature, mais d'un autre côté, il lui fournit des débouchés inépuisables puisqu'il n'y a rien dont il ne puisse traiter. Genre révolutionnaire et bourgeois, démocratique par choix et animé d'un esprit totalitaire qui le porte à briser entraves et frontières, le roman est libre, libre jusqu'à l'arbitraire et au dernier degré de l'anarchie. Paradoxalement, toutefois, cette liberté sans contrepartie n'est pas sans rappeler beaucoup celle du parasite, car par une nécessité de sa nature, il vit tout à la fois aux frais des formes écrites et aux dépens des choses réelles dont il prétend « rendre » la vérité. Et ce double parasitisme, loin qu'il restreigne ses possibilités d'action, semble accroître ses forces et reculer encore ses limites.

La fortune historique du roman tient évidemment aux privilèges exorbitants que la littérature et la réalité lui ont concédés toutes deux avec la même générosité. De la littérature, le roman fait rigoureusement ce qu'il veut : rien ne l'empêche d'utiliser à ses propres fins la description, la narration, le drame, l'essai, le commentaire, le monologue, le discours ; ni d'être à son gré, tour à tour ou simultanément, fable, histoire, apologue, idylle, chronique, conte, épopée ; aucune prescription, aucune prohibition ne vient le limiter dans le choix d'un sujet, d'un décor, d'un temps, d'un espace ; le seul interdit auquel il se soumette en général, celui qui détermine sa vocation prosaïque, rien ne l'oblige à l'observer absolument, il peut s'il le juge à propos contenir des poèmes ou simplement être « poétique ». Quant au monde réel avec lequel il entretient des relations plus étroites qu'aucune autre forme d'art, il lui est loisible de le peindre fidèlement, de le déformer, d'en conserver ou d'en fausser les proportions et les couleurs, de le juger ; il peut même prendre la parole en son nom et prétendre changer la vie par la seule évocation qu'il en fait à l'intérieur de son monde fictif. S'il y tient, il est libre de se sentir responsable de son jugement ou de sa description, mais rien ne l'y force, ni la littérature ni la vie ne lui demandent compte de la façon dont il exploite leurs biens.

Ainsi, à la différence du genre traditionnel, dont la régularité est telle qu'il est non seulement assujetti à des prescriptions et à des proscriptions, mais fait par elles, le roman est sans règles ni frein, ouvert à tous les possibles, en quelque sorte indéfini de tous côtés. C'est évidemment la raison principale de son expansion continue, celle aussi de sa vogue dans les sociétés modernes, auxquelles il ressemble au moins par son esprit inventif, son humeur remuante, sa vitalité.

Marthe Robert, *Roman des origines et Origines du roman*, Grasset, 1972.

Plus pessimiste, M. Kundera voit au contraire dans la complexité même du roman une menace pour le genre :

Si la raison d'être du roman est de tenir le « monde de la vie » sous un éclairage perpétuel et de nous protéger contre « l'oubli de l'être », l'existence du roman n'est-elle pas aujourd'hui plus nécessaire que jamais ?

Si, il me semble. Mais, hélas, le roman est, lui aussi, travaillé par les termites de la réduction qui ne réduisent pas seulement le sens du monde mais aussi le sens des œuvres. Le roman (comme toute la culture) se trouve de plus en plus dans les mains des médias ; ceux-ci, étant agents de l'unification de l'histoire planétaire, amplifient et canalisent le processus de réduction ; ils distribuent dans le monde entier les mêmes simplifications et clichés susceptibles d'être acceptés par le plus grand nombre, par tous, par l'humanité entière. Et il importe peu que dans leurs différents organes les différents intérêts politiques se manifestent. Derrière cette différence de surface règne un esprit commun. [...] Cet esprit commun des mass media dissimulé derrière leur diversité politique, c'est l'esprit de notre temps. Cet esprit me semble contraire à l'esprit du roman.

L'esprit du roman est l'esprit de complexité. Chaque roman dit au lecteur : « Les choses sont plus compliquées que tu ne le penses. » C'est la vérité éternelle du roman mais qui se fait de moins en moins entendre dans le vacarme des réponses simples et rapides qui précèdent la question et l'excluent. Pour l'esprit de notre temps, c'est ou bien Anna ou bien Karénine qui a raison, et la vieille sagesse de Cervantes qui nous parle de la difficulté de savoir et de l'insaisissable vérité paraît encombrante et inutile.

Milan Kundera, *L'Art du roman*, Gallimard, 1986.

L'honneur d'être homme : André Malraux

L'œuvre **d'André Malraux** (1901-1976) ne répond nullement à un projet romanesque de type balzacien : « Je ne crois pas vrai que le romancier doive créer *des personnages ;* il doit créer un monde cohérent et particulier, comme tout autre artiste. Non faire concurrence à l'état civil, mais faire concurrence à la réalité qui lui est imposée, celle de "la vie", tantôt en semblant s'y soumettre et tantôt en la transformant, pour rivaliser avec elle. » (*Malraux par lui-même,* G. Picon, 1953.)

Cette ambition d'être **un créateur** au sens le plus large du terme explique bien des aspects de l'œuvre de Malraux. Une œuvre à la première personne, a pu écrire G. Picon : elle est en effet indissociable de la quête dans laquelle s'engage le « je » de l'artiste affronté au monde. Cette quête implique l'homme autant que le créateur, ou plutôt la distinction, chez Malraux, n'a guère de sens : œuvre et vie se construisent dans un va-et-vient incessant. Aux voyages en Extrême-Orient, à l'engagement aux côtés des républicains espagnols ou dans la résistance répondent les romans, des *Conquérants* aux *Noyers de l'Altenburg,* comme plus tard à l'engagement politique aux côtés du général de Gaulle répondra *Le Miroir des Limbes* (cf. p. 449). On a pu contester sur tel ou tel point l'authenticité des engagements vécus. Certains sont pourtant au-dessus de tout soupçon, comme les efforts faits pour organiser l'aviation militaire des républicains espagnols. Mais surtout l'essentiel n'est pas là, et il serait réducteur de lire Malraux en voulant établir un strict partage entre réalité et fiction. Si Malraux a entretenu son propre mythe, c'est que pour lui l'important est la création de soi. La vie comme l'œuvre sont effort pour **construire et se construire,** indissociablement. Rien ne lui est plus étranger que l'idée d'une authenticité première et intime de l'individu, que l'élucidation psychologique (voire psychanalytique) ou l'investigation biographique pourraient établir : à ce niveau-là, on ne rencontre que ce « misérable petit tas de secrets » qui n'intéresse pas Malraux. L'important, c'est le dépassement de ce donné initial : « la biographie d'un artiste, c'est sa biographie d'artiste, l'histoire de sa faculté transformatrice ».

C'est pour les mêmes raisons qu'il ne cherche pas à camper des personnages fortement individualisés : ce qui l'intéresse, ce n'est pas l'individu, mais l'Homme. Tous ses personnages lui sont fraternels et font entendre une voix qui pour une part au moins est la sienne. Il s'abstient de représenter ceux dont il ne veut pas ou ne peut pas partager le point de vue : peu de personnages féminins, pas d'adversaires politiques. Il ne s'intéresse pas non plus à ceux qui seraient en deçà de sa problématique ; comme l'a fait remarquer Gide, il n'y a pas d'imbéciles dans les livres de Malraux (réponse de celui-ci : « je n'écris pas pour m'embêter... »). Les personnages de Malraux, ce sont autant d'essais de figures qui participent à (et de) sa quête créatrice. On comprend dès lors que la forme romanesque ne soit pas pour lui un moyen d'expression indispensable et que l'œuvre puisse s'orienter vers d'autres voies, celles notamment de l'essai ou des « antimémoires » (cf. p. 449).

Si l'essentiel, dans la vie et dans l'œuvre, est le pouvoir de transformation, c'est que le monde tel qu'il est donné est inacceptable. Avant d'appartenir au vocabulaire de Camus, l'**absurde** est un mot de Malraux. L'univers est tragique. Il l'est sur le plan métaphysique, par l'absurdité de la mort pour une civilisation que l'effondrement du christianisme a laissée dans le doute et dépourvue de valeurs ; l'homme est, selon une formule chère à Malraux, « le seul animal qui sache qu'il n'est pas éternel ». Il l'est aussi sur le plan historique, offrant partout le spectacle de l'humiliation et de l'abaissement des hommes, écrasés par la colonisation et l'injustice sociale. Les œuvres de jeunesse de Malraux *(Lunes en papier, Royaume farfelu...)* disent sur le mode de la fantaisie baroque cet effondrement des valeurs qu'analyse, en 1926, *La Tentation de l'Occident.*

Le refus

Face à l'absurde, le premier geste est le refus. Dans l'action, les héros des premiers romans *(Les Conquérants, La Voie royale)* cherchent à affirmer la dignité de l'homme. La structure des deux livres est très proche : le Garine des *Conquérants* comme le Perken de *La Voie royale,* vus tous deux par un personnage témoin (le narrateur à la première personne des *Conquérants,* Claude dans *La Voie royale*), recherchent dans l'action un dépassement. Pour Garine, il s'agit de faire triompher la grève générale de Canton, pour Perken d'organiser en Indochine, face au pouvoir colonisateur, la résistance des tribus insoumises. Mais les deux personnages meurent à la fin du livre : leur mort les renvoie à la solitude et frappe d'inanité leur combat. L'action des « conquérants », si elle manifeste la volonté d'affirmer contre l'absurde la dignité de l'homme, ne permet donc qu'un dépassement provisoire. D'autre part elle reste purement individuelle. Garine ou Perken agissent pour agir, comme le montre bien dans *Les Conquérants* l'opposition entre le personnage de Garine et celui de Borodine : Garine n'est pas un vrai révolutionnaire, il trouve dans la révolution un terrain d'action plus qu'il ne la sert. Cette action ne suffit pas à fonder des valeurs.

citations / controverses

« Pour le moment, l'univers de Malraux est l'univers d'un solitaire chez qui une trop prompte aventure sépare seule l'immobilité de la mort. »

Pierre Drieu La Rochelle, « Malraux, l'homme nouveau », *La Nouvelle Revue Française,* décembre 1930.

EXTRAIT

Dans La Voie royale *se croisent les quêtes de Claude (comme le fit Malraux lui-même, il cherche à retrouver dans la jungle indochinoise des statues et des bas-reliefs des temples abandonnés de l'ancienne voie royale, pour les revendre en Europe) et celle de Perken (qui recherche des armes pour équiper les tribus insoumises parmi lesquelles il s'est taillé une sorte d'empire). Mais le courage de Perken est vain. Blessé en affrontant une tribu qui retient prisonnier Grabot, un autre « conquérant » déchu et humilié, il meurt à la fin du livre sans pouvoir défendre son « empire » de plus en plus menacé.*

Perken et Claude arrivent dans la forêt :

Depuis quatre jours, la forêt.

Depuis quatre jours, campements près des villages nés d'elle comme leurs bouddhas de bois, comme le chaume de palmes de leurs huttes sorties du sol mou en monstrueux insectes ; décomposition de l'esprit dans cette lumière d'aquarium, d'une épaisseur d'eau. Ils avaient rencontré déjà des petits monuments écrasés, aux pierres si serrées par les racines qui les fixaient au sol comme des pattes qu'ils ne semblaient plus avoir été élevés par des hommes mais par des êtres disparus habitués à cette vie sans horizon, à ces ténèbres marines. Décomposée par les siècles, la Voie ne montrait sa présence que par ces masses minérales pourries, avec les deux yeux de quelque crapaud immobile dans un angle des pierres. Promesses ou refus, ces monuments abandonnés par la forêt comme des squelettes ? La caravane allait-elle enfin atteindre le temple sculpté vers quoi la guidait l'adolescent qui fumait sans discontinuer les cigarettes de Perken ? Ils auraient dû être arrivés depuis trois heures... La forêt et la chaleur étaient pourtant plus fortes que l'inquiétude : Claude sombrait comme dans une maladie dans cette fermentation où les formes se gonflaient, s'allongeaient, pourrissaient hors du monde dans lequel l'homme compte, qui le séparait de lui-même avec la force de l'obscurité. Et partout, les insectes.

Les autres animaux, furtifs et le plus souvent invisibles, venaient d'un autre univers, où les feuilles des arbres ne semblent pas collées par l'air même aux feuilles gluantes sur lesquelles marchent les chevaux ; de l'univers qui apparaissait parfois dans les furieuses trouées du soleil, dans le remous d'atomes scintillants où passaient, rapides, des ombres d'oiseaux. Les insectes, eux, vivaient de la forêt, depuis les boules noires qu'écrasaient les sabots des bœufs attelés aux charrettes et les fourmis qui gravissaient en tremblotant les troncs poreux, jusqu'aux araignées retenues par leurs pattes de sauterelles au centre de toiles de quatre mètres dont les fils recueillaient le jour qui traînait encore auprès du sol, et apparaissaient de loin sur la confusion des formes, phosphorescentes et géométriques, dans une immobilité d'éternité. Seules, sur les mouvements de mollusque de la brousse, elles fixaient des figures qu'une trouble analogie reliait aux autres insectes, aux cancrelats, aux mouches, aux bêtes sans nom dont la tête sortait de la carapace au ras des mousses, à l'écœurante virulence d'une vie de microscope. Les termitières hautes et blanchâtres, sur lesquelles les termites ne se voyaient jamais, élevaient dans la pénombre leurs pics de planètes abandonnées comme si elles eussent trouvé naissance dans la corruption de l'air, dans l'odeur de champignon, dans la présence des minuscules sangsues agglutinées sous les feuilles comme des œufs de mouches. L'unité de la forêt, maintenant, s'imposait ; depuis six jours Claude avait renoncé à séparer les êtres des formes, la vie qui bouge de la vie qui suinte ; une puissance inconnue liait aux arbres les fongosités, faisait grouiller toutes ces choses provisoires sur un sol semblable à l'écume des marais, dans ces bois fumants de commencement du monde. Quel acte humain, ici, avait un sens ? Quelle volonté conservait sa force ? Tout se ramifiait, s'amollissait, s'efforçait de s'accorder à ce monde ignoble et attirant à la fois comme le regard des idiots, et qui attaquait les nerfs avec la même puissance abjecte que ces araignées suspendues entre les branches, dont il avait eu d'abord tant de peine à détourner les yeux.

André Malraux, *La Voie royale*, Grasset, 1930.

Un monde en décomposition

Un champ lexical • dominant parcourt le texte : la décomposition, la pourriture caractérisent ce monde végétal qui nie l'homme et dissout les formes signifiantes, comme celles des temples autrefois construits le long de la Voie royale. Les valeurs humaines ne peuvent s'affirmer que par le refus de ce « monde ignoble » : on est aux antipodes de l'univers qu'évoquent, par exemple, les pages de Giono (cf. p. 320). Le rythme du texte, la syntaxe (phrases nominales) correspondent à ces images d'un chaos inhumain.

De la solidarité révolutionnaire à l'art

La suite de l'œuvre de Malraux dépasse ce stade du refus en même temps qu'elle rompt l'individualisme initial. Deux voies s'ouvrent en effet qui permettent, par-delà l'absurdité de la mort, l'affirmation de valeurs plus hautes. La première est celle du **combat révolutionnaire,** la seconde est celle de **l'art.** *La Condition humaine* et *L'Espoir* illustrent le premier aspect (on pourrait ajouter à ces titres *Le Temps du mépris* (1935) et *Les Noyers de l'Altenburg* (1943), mais Malraux a par la suite pris ses distances avec le premier de ces romans et le second, extrait d'un ensemble en partie détruit pendant la guerre, ne fut plus réédité avant sa reprise partielle dans *Le Miroir des limbes*).

Cette fois la révolte n'est plus seulement métaphysique et individuelle, mais s'ancre dans une Histoire qui n'a rien d'un prétexte. Au cœur de *La Condition humaine,* il y a la communauté révolutionnaire de Shanghai, au sein de laquelle existent des moments de fraternité authentique et s'éprouvent des valeurs qui donnent sens à la vie et à la mort. De même dans *L'Espoir* – ouvrage écrit alors même que la guerre civile espagnole n'est pas terminée et que Malraux, comme l'indique le titre du livre, cherche encore à forcer le destin – les scènes les plus fortes sont celles où, par-delà les doutes et les faiblesses des individus, s'affirme le combat collectif des hommes pour leur dignité. Même si, pour des raisons d'efficacité, Malraux est très proche dans *L'Espoir* des positions communistes, il ne s'agit pas pour lui d'un ralliement théorique au marxisme, qui ne fut jamais pour lui « une clef de l'histoire » et dont l'évolution stalinienne prouve assez, à ses yeux, qu'il peut servir aussi à l'oppression. Mais le combat révolutionnaire des opprimés réalise historiquement l'ambition prométhéenne de l'homme : refuser de s'incliner devant le destin et éprouver par là sa solidarité avec les autres.

L'abandon de la forme romanesque, à partir de la Seconde Guerre mondiale, n'est pas chez Malraux un reniement. Il s'agit plutôt d'explorer une autre perspective, déjà présente dans l'œuvre antérieure, celle de la réflexion sur l'art. Comme le héros combattant, l'artiste est en effet l'une des plus hautes figures de l'homme. Lui aussi se dresse contre la fatalité : **l'art est un « anti-destin »,** par lequel l'homme affirme son pouvoir de créer. Les œuvres d'art présentées et analysées dans les nombreux essais qui se succèdent à partir de la guerre *(Le Musée imaginaire, Les Voix du silence, La Métamorphose des dieux...)* entretiennent le dialogue des civilisations et des époques de l'histoire. L'art vivant est métamorphose, il redonne sens et vie, dans le présent, aux œuvres du passé. Il est l'une des affirmations les plus hautes « de la force et de l'honneur d'être un homme » (cf. p. 451). Les artistes, comme les personnages fictifs des romans, comme plus tard les personnages historiques des *Antimémoires,* sont donc autant de figures de la quête fondamentale à laquelle Malraux est resté fidèle.

Cette continuité apparaît d'autant mieux si l'on accepte de lire les romans de Malraux en voyant en lui non seulement un théoricien, comme on le fait trop souvent, mais aussi **un artiste.** Ses choix formels sont parfaitement cohérents avec les principes qui animent sa recherche. La narration traditionnelle l'intéresse peu, l'analyse psychologique encore moins. Des ellipses•, des accélérations brusques, lui permettent de multiplier les temps forts, qu'ils prennent la forme du dialogue (dans lequel les interlocuteurs vont toujours droit à l'essentiel, sans temps mort) ou de la scène clé, du tableau (par exemple, la descente des aviateurs blessés, dans *L'Espoir*) : on a pu parler à son sujet d'**une esthétique de la mise en scène,** profondément marquée par le cinéma. Lui-même a d'ailleurs réalisé un film *(Sierra de Teruel),* inspiré d'un épisode de *L'Espoir* et très révélateur de procédés qui sont aussi ceux des romans : effets de travelling, gros plans sur des détails symboliques, montage qui fait se succéder sans transitions des moments intenses. Les effets de rythme ainsi obtenus font qu'une œuvre comme *L'Espoir* tend à sortir du cadre romanesque pour déboucher sur une forme lyrico-épique. Malraux lui-même ne disait-il pas : « Je crois que ma relation avec la littérature est essentiellement celle d'un poète » (entretiens télévisés, octobre 1967). Par là son œuvre marque aussi une étape dans le dépassement du roman traditionnel.

document

Les Européens sont las d'eux-mêmes, las de leur individualisme qui s'écroule, las de leur exaltation. Ce qui les soutient est moins une pensée qu'une fine structure de négations. Capables d'agir jusqu'au sacrifice, mais pleins de dégoût devant la volonté d'action qui tord aujourd'hui leur race, ils voudraient chercher sous les actes des hommes une raison d'être plus profonde. Leurs défenses, une à une, disparaissent. Ils ne veulent pas s'opposer à ce qui est proposé à leur sensibilité, ils ne peuvent plus ne pas comprendre. La tendance qui les pousse à se déserter eux-mêmes, c'est lorsqu'ils considèrent les œuvres d'art qu'elle les domine le mieux. L'art est alors un prétexte, et le plus délicat : la plus subtile tentation, c'est celle dont nous savons qu'elle est réservée aux meilleurs. Il n'est pas de monde imaginaire à la conquête duquel ne s'efforcent aujourd'hui, en Europe, les artistes inquiets. Palais abandonné qu'attaque le vent d'hiver, notre esprit se désagrège peu à peu, et ses lézardes d'un bel effet décoratif ne cessent de s'étendre. Oui, celui qui regarde les formes qui se sont succédé en Europe depuis dix ans et ne veut pas *s'efforcer* de comprendre a l'impression de la folie, d'une folie consciente d'elle-même et satisfaite. Ces œuvres, et le plaisir qu'elles apportent peuvent être « apprises » comme une langue étrangère; mais, cachée par leur succession, on devine une force angoissante qui domine l'esprit. Toujours renouveler certains aspects du monde en les regardant avec des yeux nouveaux, il y a, dans cette recherche, une ingéniosité ardente qui agit sur l'homme à la façon d'un stupéfiant. Les rêves qui nous ont possédés appellent d'autres rêves, de quelque façon que s'exerce leur sortilège : plante, tableau ou livre.

André Malraux, *La Tentation de l'Occident,* Grasset, 1926.

EXTRAIT

La Condition humaine *(1933) se déroule à Shanghai en 1927. Les communistes, provisoirement alliés au Kuomintang de Chang Kaï-Shek, organisent le soulèvement de la ville contre les gouvernementaux. On suit l'action d'un groupe de révolutionnaires (le terroriste Tchen, Kyo Gisors et sa femme May, Katow, Hemmelrich...) autour desquels se dessinent diverses figures (le vieux Gisors, père de Kyo, intellectuel tenté par la sagesse orientale, Ferral qui représente les intérêts capitalistes occidentaux, l'étrange baron de Clappique qui fuit dans le jeu, sous toutes ses formes, la conscience du néant...). Le soulèvement l'emporte dans les premières parties du roman, mais ensuite le Kuomintang se retourne contre les communistes qui sont victimes d'une répression sauvage. Malgré cet échec (provisoire), malgré les morts de Kyo et de Katow, le roman n'est pas désespéré. Dans la lutte se sont révélées en effet des valeurs véritables : l'amour qui unit Kyo et May, bien différent de l'érotisme de* La Voie royale, *la fraternité des révolutionnaires, jamais plus sensible qu'au moment de la mort. Kyo attend ici, parmi les autres prisonniers, son exécution.*

Allongé sur le dos, les bras ramenés sur la poitrine, Kyo ferma les yeux : c'était précisément la position des morts. Il s'imagina, allongé, immobile, les yeux fermés, le visage apaisé par la sérénité que dispense la mort pendant un jour à presque tous les cadavres, comme si devait être exprimée la dignité même des plus misérables. Il avait beaucoup vu mourir, et, aidé par son éducation japonaise, il avait toujours pensé qu'il est beau de mourir de sa mort, d'une mort qui ressemble à sa vie. Et mourir est passivité, mais se tuer est acte. Dès qu'on viendrait chercher le premier des leurs, il se tuerait en pleine conscience. Il se souvint – le cœur arrêté – des disques de phonographe. Temps où l'espoir conservait un sens ! Il ne reverrait pas May, et la seule douleur à laquelle il fût vulnérable était sa douleur à elle, comme si sa propre mort eût été une faute. « Le remords de mourir », pensa-t-il avec une ironie crispée. Rien de semblable à l'égard de son père qui lui avait toujours donné l'impression, non de faiblesse, mais de force. Depuis plus d'un an, May l'avait délivré de toute solitude, sinon de toute amertume. La lancinante fuite dans la tendresse des corps noués pour la première fois jaillissait, hélas ! dès qu'il pensait à elle, déjà séparé des vivants... « Il faut maintenant qu'elle m'oublie... » Le lui écrire, il ne l'eût que meurtrie et attachée à lui davantage. « Et c'est lui dire d'en aimer un autre ». Ô prison, lieu où s'arrête le temps, – qui continue ailleurs... Non ! C'était dans ce préau séparé de tous par les mitrailleuses, que la révolution, quel que fût son sort, quel que fût le lieu de sa résurrection, aurait reçu le coup de grâce ; partout où les hommes travaillent dans la peine, dans l'absurdité, dans l'humiliation, on pensait à des condamnés semblables à ceux-là comme les croyants prient ; et, dans la ville, on commençait à aimer ces mourants comme s'ils eussent été déjà des morts... Entre tout ce que cette dernière nuit couvrait de la terre, ce lieu de râles était sans doute le plus lourd d'amour viril. Gémir avec cette foule couchée, rejoindre jusque dans son murmure de plaintes cette souffrance sacrifiée... Et une rumeur inentendue prolongeait jusqu'au fond de la nuit ce chuchotement de la douleur : ainsi qu'Hemmelrich, presque tous ces hommes avaient des enfants. Pourtant, la fatalité acceptée par eux montait avec leur bourdonnement de blessés comme la paix du soir, recouvrait Kyo, ses yeux fermés, ses mains croisées sur son corps abandonné, avec une majesté de chant funèbre. Il aurait combattu pour ce qui, de son temps, aurait été chargé du sens le plus fort et du plus grand espoir ; il mourrait parmi ceux avec qui il aurait voulu vivre ; il mourrait, comme chacun de ces hommes couchés, pour avoir donné un sens à sa vie. Qu'eût valu une vie pour laquelle il n'eût pas accepté de mourir ? Il est facile de mourir quand on ne meurt pas seul. Mort saturée de ce chevrotement fraternel, assemblée de vaincus où des multitudes reconnaîtraient leurs martyrs, légende sanglante dont se font les légendes dorées ! Comment, déjà regardé par la mort, ne pas entendre ce murmure de sacrifice humain qui lui criait que le cœur viril des hommes est un refuge à morts qui vaut bien l'esprit ?

André Malraux, *La Condition humaine*, Gallimard, 1933.

« Il mourait pour avoir donné un sens à sa vie »

Comme l'a montré Lucien Goldmann (*Pour une sociologie du roman*, cf. p. 415), « dans les romans précédents, la mort rompait tous les liens entre l'individu et la communauté. Dans *La Condition humaine* elle assure le dépassement définitif de la solitude ». De façon significative, Kyo pense aux autres plus qu'à lui-même, et le narrateur l'accompagne dans cette ultime méditation. On pourra opposer cette page à celle qui termine *La Voie royale* : Perken y est rejeté par la mort dans la solitude (« Il n'y a pas de mort... Il n'y a que moi qui vais mourir. »)

citations/controverses

« Un Bossuet verbomane et trotskysant. »

Pol Vandromme, *Malraux, du farfelu au mirobolant*, Alfred Eibel Éditeur, Lausanne, 1976.

document

On pourrait dire des essais de Malraux qu'ils sont faits d'une suite de temps forts, d'affirmations juxtaposées, discontinues, que ne vient relier nulle logique, nulle syntaxe, maintenues ensemble par la seule rhétorique des points et des alinéas, tout comme ses romans dressent les uns à côté et en face des autres (bien souvent aussi, au moins pour finir, les uns contre les autres) des personnages dont chacun est une existence unique, enfermée parfois malgré elle dans sa différence foncièrement impuissante à faire société avec les autres. [...]

La dislocation, qui existe au plan de la phrase et dans le style, se retrouve au niveau supérieur, dans la composition des ensembles. Pour les romans, elle est évidente, et le lecteur le plus pressé ne peut manquer de s'apercevoir que la classique continuité du récit s'y trouve remplacée par une juxtaposition de scènes parfois simultanées, le plus souvent successives, mais se déroulant en des lieux divers et concernant des personnages différents. On passe sans transition de l'une à l'autre, par une suite de déclics, et ce caractère haché de la narration (qui ne contribue pas à clarifier l'enchaînement des événements) est encore accru par le découpage à l'intérieur de chaque épisode, de la scène racontée en une série de *plans* analogues à ceux du cinéma et sans doute inspirés par eux ; découpage qui augmente le relief du récit au détriment de sa continuité, l'esprit n'étant pas apte comme l'œil à recomposer ce qui lui est donné par saccades. Certes, il ne s'agit pas là d'un simple artifice, et la portée du roman se trouve accrue au-delà du simple récit par ce heurt des épisodes que l'auteur fait pour ainsi dire s'entrechoquer pour composer de leurs divers tintements le sens de son livre, à dégager par le lecteur. Mais ce discontinuisme semble fondamental chez Malraux, incapable sans doute de dire ce qu'il veut autrement que selon les modes de la pensée aphoristique seule présente dans ses essais, ou dans ces beaux romans disloqués et véritablement *décomposés* que sont *Les Conquérants, La Condition humaine, L'Espoir* et *La Lutte avec l'Ange,* totalement dépourvus de cet abondant tissu conjonctif, de cette pulpe dense et compacte où la tradition tant française qu'anglaise du XIXe siècle nous avait appris à voir le signe d'un « vrai » roman. On comprend que *Les Conquérants,* par exemple, aient déconcerté les premiers lecteurs et fait longtemps figure d'œuvre d'avant-garde : avec ce livre s'amorce vraiment une conception révolutionnaire de la littérature, qui ne serait plus de consommation pure, mais réaliserait comme une coopération, dans la production de l'écrivain et du public, celui-ci étant invité à contribuer par un effort de prolongement et de reconstruction à la création de l'œuvre, du fait que celle-ci existe au-delà de cet aspect d'elle-même qui se trouve matérialisé sur le papier par les signes d'imprimerie, et, devenue non seulement roman, mais *sur-roman,* est tout autre chose qu'un objet aux contours précis, et définis une fois pour toutes : une invite à notre complicité.

Les romans de Malraux, faits tout entiers de *temps forts,* limités à la présentation de personnalités véhémentes ou à la description d'états de crises, obligent le lecteur à suppléer par l'imagination les *temps faibles,* les repos, les parties mortes et molles du récit où le temps se traîne normalement, languissamment, sans que rien d'insigne se produise, bref le tissu conjonctif de l'existence réelle. Quand, par aventure, la place des temps faibles est marquée dans le récit parce qu'ils sont nécessaires à son économie (comme il advient dans *La Voie royale*) elle est occupée, « meublée » pour ainsi dire par la rétrospection de scènes aussi violentes, aussi forcenées que celles de l'action en train de se dérouler, ou bien par des cliquetis de dialogues où des points de vue antagonistes, inconciliables, se croisent comme des épées.

Claude-Edmonde Magny, *Esprit,* octobre 1948.

EXTRAIT

L'Espoir (1937) évoque la première partie de la guerre civile espagnole et se termine sur un succès provisoire de l'armée républicaine. On suit tout au long du livre des personnages qui incarnent les tendances diverses du camp républicain. Après une première partie qui évoque « l'illusion lyrique » des premiers temps de la guerre et l'héroïsme souvent gratuit des anarchistes, on voit s'imposer, face à « l'apocalypse », la nécessité d'une organisation militaire plus rigoureuse que vont

À mesure que la gorge approchait de Linares, le chemin devenait plus large ; les paysans marchaient autour des civières. Les femmes noires, fichu sur la tête et panier au bras, s'affairaient toujours dans le même sens autour des blessés, de droite à gauche. Les hommes, eux, suivaient les civières sans jamais les dépasser ; ils avançaient de front, très droits comme tous ceux qui viennent de porter un fardeau sur l'épaule. À chaque relais, les nouveaux porteurs abandonnaient leur marche rigide pour le geste prudent et affectueux par lequel ils prenaient les brancards, et repartaient avec le han ! du travail quotidien, comme s'ils eussent voulu cacher aussitôt ce que leur geste venait de montrer de leur cœur. Obsédés par les pierres du sentier, ne pensant qu'à ne pas secouer les civières, ils avançaient au pas, d'un pas ordonné et ralenti à chaque rampe ; et ce rythme accordé à la douleur sur un si long chemin semblait emplir cette gorge immense où criaient là-haut les derniers oiseaux, comme l'eût emplie le battement solennel des tambours d'une marche funèbre. Mais ce n'était pas la mort qui, en ce moment, s'accordait aux montagnes : c'était la volonté des hommes.

On commençait à entrevoir Linares au fond de la gorge, et les civières se rapprochaient les unes des autres ; le cercueil avait rejoint le brancard de Scali. La mitrailleuse avait été attachée là où sont d'ordinaire les couronnes ; tout le cortège était, à des funérailles, ce qu'était à des couronnes cette

réaliser les communistes : difficile apprentissage du réalisme et de l'efficacité. Au cœur de cette guerre, les avions de l'escadrille de Magnin qui tentent d'enrayer l'avance des colonnes fascistes. A la fin du livre, un avion touché dans une bataille aérienne s'écrase dans les montagnes de Valdelinares. L'un des aviateurs est tué, les autres plus ou moins gravement blessés. Magnin organise la longue descente des blessés, qu'entourent les habitants de cette zone encore contrôlée par les républicains.

mitrailleuse tordue. Là-bas, près de la route de Saragosse, autour des avions fascistes, les arbres du bois noir brûlaient encore dans le jour faiblissant. Ils n'iraient pas à Guadalajara. Et toute cette marche de paysans noirs, de femmes aux cheveux cachés sous des fichus sans époque, semblait moins suivre des blessés que descendre dans un triomphe austère.

La pente, maintenant, était faible : les civières, abandonnant le chemin, se déployèrent à travers l'herbe, les montagnards en éventail. Les gosses accouraient de Linares; à cent mètres des brancards, ils s'écartaient, laissaient passer, puis suivaient. La route aux pavés posés de chant, plus glissante que les chemins de montagne, montait le long des remparts jusqu'à la porte.

Derrière les créneaux, tout Linares était massé. Le jour était faible, mais ce n'était pas encore le soir. Bien qu'il n'eût pas plu, les pavés luisaient, et les porteurs avançaient avec soin. Dans les maisons dont les étages dépassaient les remparts, quelques faibles lumières étaient allumées.

Le premier était toujours le bombardier. Les paysannes, sur le rempart, étaient graves, mais sans surprise : seul le visage du blessé était hors de la couverture, et il était intact. De même pour Scali et Mireaux. Langlois, en Don Quichotte, bandeau saignant et orteils vers le ciel (un pied foulé, il avait retiré une chaussure), les étonna; la guerre la plus romanesque, celle de l'aviation, pouvait-elle finir ainsi ? L'atmosphère devint plus lourde lorsque Pujol passa : il restait assez de jour pour que ces yeux attentifs vissent sur le cuir les larges plaques du sang. Quand Gardet arriva, sur cette foule déjà silencieuse tomba un silence tel qu'on entendit soudain le bruit lointain des torrents.

Tous les autres blessés voyaient; et, quand ils avaient vu la foule, ils s'étaient efforcés de sourire, même le bombardier. Gardet ne regardait pas. Il était vivant : des remparts, la foule distinguait, derrière lui, le cercueil épais. Recouvert jusqu'au menton par la couverture, et, sous le serre-tête en casque, ce pansement si plat qu'il ne pouvait y avoir de nez dessous, ce blessé-là était l'image même que, depuis des siècles, les paysans se faisaient de la guerre. Et nul ne l'avait contraint à combattre. Un moment, ils hésitèrent, ne sachant que faire, résolus pourtant à faire quelque chose; enfin, comme ceux de Valdelinares, ils levèrent le poing en silence.

Le bruine s'était mise à tomber. Les derniers brancards, les paysans des montagnes et les derniers mulets avançaient entre le grand paysage de roches où se formait la pluie du soir, et les centaines de paysans immobiles, le poing levé. Les femmes pleuraient sans un geste, et le cortège semblait fuir l'étrange silence des montagnes, avec son bruit de sabots, entre l'éternel cri des rapaces et ce bruit clandestin de sanglots.

André Malraux, *L'Espoir*, Gallimard, 1937.

Une marche funèbre

La longue descente des blessés se fait sur un rythme de marche funèbre. Le texte fait alterner des plans très larges du cadre montagnard et des plans rapprochés du cortège ou des paysans massés sur son passage, insistant sur des détails symboliques. Toute une « mise en scène » fait des paysans un chœur à la manière antique, qui manifeste sa solidarité avec les héros qui ont affronté le destin. Un passage à rapprocher de la séquence correspondante dans le film *Espoir*.

citations/controverses

« Malraux paraît aujourd'hui le chef-d'œuvre à quoi tendent et n'atteindront peut-être pas Sartre et Camus. Les illustrations les plus parfaites du *Mythe de Sisyphe*, écrites il y a dix et quinze ans, s'appellent *La Voie royale* et *Les Conquérants ;* toutes les questions d'engagement que Simone de Beauvoir et Sartre essaient de résoudre ont déjà leur solution dans *La Condition humaine* et dans *Espoir ;* et le moindre dialogue, dans *Espoir*, répond à tous les éditoriaux parus des *Temps modernes*. Sur le chemin de Sartre, le Malraux de 1939 était déjà plus loin que Sartre aujourd'hui. »

Georges Mounin, *Les Lettres françaises*, 7 juin 1946.

Biographie d'André Malraux

VIE

- **1901** — Naissance
- Études au lycée Condorcet puis à l'École des Langues orientales
- **1923** — Départ pour le Cambodge à la recherche des temples khmers. Condamnation à 3 ans de prison, ramenée à un an avec sursis (Cf. *La Voie Royale*)
- **1925-1926** — Séjours en Indochine. Lutte contre le régime colonial
- **1927** — Retour en France. Engagement militant contre le fascisme
- **1936** — Guerre civile espagnole. Malraux part en Espagne organiser l'aviation républicaine
- **1939-1940** — Malraux fait la guerre dans les chars puis rejoint la Résistance
- **1944-1945** — Commande la brigade Alsace-Lorraine
- **1945-1946** — Malraux ministre de l'Information du général de Gaulle
- **1958** — Retour au pouvoir du général de Gaulle. Malraux devient ministre des Affaires culturelles et le restera jusqu'en 1969 (démission du général de Gaulle)
- **1976** — Mort

ŒUVRES

- **1921** — *Lunes en papier*
- **1926** — *La Tentation de l'Occident*
- **28** — *Royaume farfelu*, *Les Conquérants*
- **30** — *La Voie royale*
- **33** — *La Condition humaine*
- **35** — *Le Temps du mépris*
- **37** — *L'Espoir*
- **1943** — *Les Noyers de l'Altenburg*

À partir de 1947

Nombreux ouvrages sur l'art

Le Musée imaginaire (1947)
Les Voix du silence (1951)
Le Musée imaginaire de la Sculpture mondiale (1952-1956)
La Métamorphose des Dieux (1957)
L'Irréel (1974)

- **1967** — *Antimémoires*
- **1976** — *La Corde et les Souris* (reprenant : *Hôtes de passage*, *Les Chênes qu'on abat*, *La Tête d'obsidienne*, *Lazare*)

Antimémoires et *La Corde et les Souris* : *Le Miroir des limbes*

- **1977** — *L'Homme précaire et la littérature*

L'engagement communiste : Paul Nizan et Aragon

La mort de **Paul Nizan** (1905-1940), tué au début de la Seconde Guerre mondiale, a interrompu prématurément une œuvre hautement significative. Que ce soit dans ses romans ou ses essais, il décrit avec une extrême lucidité les impostures et les impasses d'une société en crise, incapable d'offrir à la jeunesse le moindre idéal : ses caricatures de la Troisième République (par exemple dans *La Conspiration,* 1938) font penser à celles de Drieu La Rochelle (cf. p. 318). Mais Nizan dépasse ce constat en choisissant très tôt la voie de l'engagement communiste et anti-colonialiste (*Aden-Arabie,* 1931), seul moyen de combler ce « vide radical » qu'il évoquait ainsi en présentant son roman *Antoine Bloyé* (Grasset, 1933).

« Ce livre raconte la vie d'un homme. Un homme qui a un métier, une femme, des enfants et qui finit par mourir... Antoine Bloyé est un homme qui est constamment rongé par la mort, parce qu'il n'accomplit pas les gestes qui l'annulent. Il n'accomplit rien : il existe comme tout le monde ; comme tous les hommes de la bourgeoisie, il vit d'une manière imaginaire dans un monde de fantômes : les fantômes du devoir, de l'amour, du travail, de l'ambition, du succès. Sa vie n'a pas de sens, pas d'espoir. Il connaît l'angoisse de la mort à cause de ce vide radical.

« Antoine Bloyé n'est pas une exception : toute la société bourgeoise est en proie à la mort. C'est une des raisons qui rendent sa domination intolérable. »

En 1939, Nizan quitte le parti communiste au moment de la signature du pacte germano-soviétique.

EXTRAIT

La Conspiration *raconte l'histoire d'un groupe d'étudiants bourgeois qui, entre 1920 et 1930, veulent rompre avec la bourgeoisie et rêvent d'engagement révolutionnaire. Le livre évoque avec force le malaise et la mauvaise conscience de la jeunesse* (Aden-Arabie *s'ouvrait déjà sur la formule devenue célèbre : « J'avais vingt ans. Je ne laisserai personne dire que c'est le plus bel âge de la vie ».), mais aussi, en creux, la fascination d'un engagement communiste plus authentique.*

Pour que les jeunes gens se tiennent tranquilles, les hommes de quarante ans leur racontent que la jeunesse est le temps des surprises, des découvertes et des grandes rencontres, et toutes leurs histoires sur ce qu'ils feraient s'ils avaient de nouveau vingt ans, leurs jeunes espoirs, leurs jeunes dents, leurs jeunes cheveux, avec leur fameuse expérience de pères, de citoyens et de vaincus. La jeunesse sait mieux qu'elle n'est que le temps de l'ennui, du désordre ; pas un soir à vingt ans où l'on ne s'endorme avec cette colère ambiguë qui naît du vertige des occasions manquées. Comme la conscience qu'on a de son existence est encore douteuse et qu'on fait fond sur des aventures capables de vous prouver qu'on vit, les fins de soirées ne sont pas gaies ; on n'est même pas assez fatigué pour connaître le bonheur de s'abîmer dans le sommeil : ce genre de bonheur vient plus tard.

Personne ne pense avec plus de constance à la mort que les jeunes gens, bien qu'ils aient la pudeur de n'en parler que rarement : chaque jour vide leur paraît perdu, la vie ratée. Il vaut mieux ne pas s'aventurer à leur dire que cette impatience est sans raison, qu'ils ont l'âge heureux et qu'ils se préparent à la vie. Ils vous répondent que c'est gai, cette existence de larves en nourrice en attendant d'être de brillants insectes de cinquante ans. Tout pour les ailes futures : nous prenez-vous pour des hyménoptères ? Quelle est cette morale d'insectes ? À trente ans, c'est déjà fini, on s'arrange ; comme on a commencé à s'habituer à la mort et qu'on fait plus rarement qu'à vingt ans le compte des années de reste, avec tout ce travail qu'on a, les rendez-vous, les politesses, les femmes, les familles, l'argent qu'on gagne, il arrive qu'on croit tout à fait à soi-même. La jeunesse a fait son temps, on va rendre de petites visites à cette morte, on la trouve touchante, heureuse, auréolée du pathétique halo des illusions perdues : tout cela est moins dur que de la voir mourir en vain, comme on fait à vingt ans.

C'est ainsi que Laforgue et ses amis restaient si tard éveillés, comme pour multiplier leurs chances. Mais à deux heures du matin dans Paris, on ne peut plus guère compter que sur le racolage d'une fille qui aura les jambes tellement rompues par sa garde et tellement envie de dormir que ce n'est pas dans sa chambre qu'on devra attendre grand-chose de la vie, pendant qu'elle se déshabillera en bâillant, et sans penser à ces gestes angoissants de coquetterie, d'humilité qu'ont les femmes éveillées pour cacher un défaut de leurs seins, un repli de leur ventre, une cicatrice, ou l'âge, ou les signes mous du malheur.

Ils rentraient tous les soirs volés. Eût-il donc fallu patienter jusqu'au bout, ne pas du tout dormir, voir le jour naître dans le blanchissement du petit matin hérissé où l'on peut au moins croire une minute que tout commence, que l'on verra tout, que l'on pourra chanter comme les colosses de l'aurore ? Mais à leur âge, les yeux se ferment...

Paul Nizan, *La Conspiration,* Gallimard, 1938.

Le mal du siècle

Un style de pamphlétaire• plus que de romancier : on pourra s'aider pour commenter ce texte des remarques de J.-P. Sartre, condisciple et ami de Nizan, qui en 1938 terminait ainsi un article sur *La Conspiration* (repris dans *Situations 1,* Gallimard, 1947) :

On aime à retrouver, derrière ces héros dérisoires, la personnalité amère et sombre de Nizan, l'homme qui ne pardonne pas à sa jeunesse, et son beau style, sec et négligent, ses longues phrases cartésiennes, qui tombent en leur milieu, comme si elles ne pouvaient plus se soutenir, et rebondissent tout à coup pour finir dans les airs ; et ces emportements oratoires qui tournent soudain court et font place à une sentence brève et glaciale ; non pas un style de romancier, sournois et caché : un style de combat, une arme.

Aragon (1897-1982), a lui-même insisté sur la nécessité d'aborder son œuvre dans une perspective historique : « Je ne crois pas qu'on puisse comprendre quoi que ce soit de moi si l'on omet de dater mes pensées ou mes écrits » (1967). Cela est vrai pour sa production romanesque autant que pour les recueils poétiques : l'œuvre se construit en interaction constante avec la biographie individuelle – au point qu'on a pu proposer de la lire comme une autobiographie déguisée – autant qu'avec les étapes d'une Histoire dans laquelle Aragon est pleinement engagé depuis son adhésion au parti communiste en 1927 (cf. aussi pp. 97 et 109-110).

On peut donc à grands traits distinguer des **périodes** dans l'œuvre en prose d'Aragon. Les œuvres de jeunesse laissent volontiers libre cours à une virtuosité littéraire qui débouche notamment sur le jeu littéraire du pastiche (*Les Aventures de Télémaque,* 1922) en même temps que l'inspiration surréaliste s'exprime, non sans ambiguïtés, dans *Le Paysan de Paris* (1926). À l'engagement communiste est lié le cyle du *Monde réel (Les Cloches de Bâle, Les Beaux Quartiers, Les Voyageurs de l'impériale, Aurélien, Les Communistes)* dont la rédaction s'échelonne de 1934 à 1951, sans compter pour certains volumes des réécritures ultérieures. L'ambition réaliste y est évidente. Au fil des pages on suit les existences individuelles de personnages reparaissants, à la manière balzacienne, en même temps que se construit une vaste fresque sociale et politique de l'histoire récente : de 1922 *(Les Cloches de Bâle)* jusqu'à la Seconde Guerre mondiale avec le cycle inachevé des *Communistes.* Conformément aux principes du réalisme socialiste (*Pour un réalisme socialiste,* 1935), l'ensemble dénonce les mécanismes du monde capitaliste en même temps qu'il invite à construire un monde meilleur. La postface des *Beaux Quartiers* propose de « rêver à l'avenir, où des livres s'écriront pour des hommes pacifiques et maîtres de leur destin »...

Aux crises de conscience qui accompagnent la déstalinisation (et auxquelles font écho les poèmes du *Roman inachevé*) répondent l'abandon du cycle du *Monde réel* et une réorientation de l'œuvre romanesque d'Aragon, qui revendique désormais les droits d'un « réalisme expérimental » et rejoint d'autres recherches littéraires contemporaines (cf. p. 414). Par-delà le réalisme, il s'interroge sur les pouvoirs du langage et de l'écriture et, libérant les jeux de l'imaginaire, suggère une vision baroque et éclatée du moi et de l'Histoire.

Mais cette répartition en périodes masque des éléments de continuité. Les interrogations les plus récentes sur le langage rejoignent, d'une certaine façon, les jeux formels de la jeunesse. Les thèmes surréalistes (l'amour, la ville...) sont loin d'être absents du cycle du *Monde réel,* et telle description de Paris dans *Aurélien* fait écho au *Paysan de Paris.* Si l'écriture romanesque du *Monde réel* paraît assez traditionnelle, une certaine virtuosité désinvolte dans la conduite de la narration rappelle souvent l'existence du jeu littéraire ; à la volonté de délivrer un « message » s'oppose le simple plaisir de raconter ; dans un texte qui sert de préface aux *Beaux Quartiers* (*La Suite dans les idées,* 1965), Aragon écrit : « Je n'ai jamais écrit d'histoire dont je connaissais la suite, cela m'aurait toujours empêché de l'écrire. Je suis de cette espèce de romanciers qui écrivent pour savoir ce que leurs personnages vont devenir, c'est-à-dire que j'écris un roman comme le lecteur le lit. Entendez-moi : *Je ne sais pas qui est l'assassin,* et je développe mon histoire pour l'apprendre. »

Loin de se ramener à un réalisme simpliste, l'écriture romanesque est donc **un jeu complexe entre feinte et réalité** (Aragon a parlé à ce sujet de « mentir-vrai ») : en témoignent les nombreux textes, préfaces ou postfaces, dans lesquels Aragon commente lui-même son travail de production littéraire (cf., notamment, *Je n'ai jamais appris à écrire ou les Incipit,* 1969).

EXTRAIT

Télémaque et Mentor abordent dans l'île de Calypso :

La grotte de la déesse s'ouvrait au penchant d'un coteau. Du seuil, on dominait la mer, plus déconcertante que les sautes du temps multicolore entre les rochers taillés à pic, ruisselants d'écume, sonores comme des tôles et, sur le dos des vagues, les grandes claques de l'aile des engoulevents. Du côté de l'île s'étendaient des régions surprenantes : une rivière descendait du ciel et s'accrochait en passant à des arbres fleuris d'oiseaux ; des chalets et des temples, des constructions inconnues, échafaudages de métal, tours de briques, palais de carton, bordaient, soutache lourde et tordue, des lacs de miel, des mers intérieures, des voies triomphales ; des forêts pénétraient en coin dans des villes impossibles, tandis que leurs chevelures se perdaient parmi les nuages ; le sol se fendait par-ci par-là au niveau de mines précieuses d'où jaillissait la lumière du paysage ; le grand air disloquait les montagnes et des nappes de feu dansaient sur les hauteurs ; les lampes-pigeons chantaient dans les volières et, parmi les tombeaux, les bâtiments, les vignobles, des animaux plus étranges que le rêve se promenaient avec lenteur. Le décor se continuait à l'horizon avec des cartes de géographie et les portants peu d'aplomb d'une chambre Louis-Philippe où dormaient des anges blonds et chastes comme le jour.

Lorsqu'elle lui eut montré toutes ces beautés naturelles, Calypso dit à Télémaque : « Vous trouverez ici des lits de repos et les vêtements qui vous conviennent. Quand vous aurez usé des uns et des autres, vous viendrez me voir : je vous promets des récits qui toucheront votre cœur. »

Aragon, *Les Aventures de Télémaque,* Gallimard, 1922.

L'art de la parodie•

Les jeux surréalistes (goût de l'inattendu et de la surprise, anachronismes provocants, confusion de l'intérieur et de l'extérieur...) sont ici également jeux sur les codes littéraires et sur la technique de la description. Un passage à comparer avec l'évocation de l'île de Calypso dans l'*Odyssée* (chant V), mais surtout avec la description de Fénelon *(Les Aventures de Télémaque,* 1699 ; cf. *Le XVIIe siècle,* p. 387).

EXTRAIT

1924

Le Paysan de Paris *s'ouvre sur l'évocation des mystères qu'offrent à l'imagination les cités modernes.*

On n'adore plus aujourd'hui les dieux sur les hauteurs. Le temple de Salomon est passé dans les métaphores où il abrite des nids d'hirondelles et de blêmes lézards. L'esprit des cultes en se dispersant dans la poussière a déserté les lieux sacrés. Mais il est d'autres lieux qui fleurissent parmi les hommes, d'autres lieux où les hommes vaquent sans souci à leur vie mystérieuse, et qui peu à peu naissent à une religion profonde. La divinité ne les habite pas encore. Elle s'y forme, c'est une divinité nouvelle qui se précipite dans ces modernes Éphèses(1) comme, au fond d'un verre, le métal déplacé par un acide ; c'est la vie qui fait apparaître ici cette divinité poétique à côté de laquelle mille gens passeront sans rien voir, et qui, tout d'un coup, devient sensible, et terriblement hantante, pour ceux qui l'ont une fois maladroitement perçue. Métaphysique des lieux, c'est vous qui bercez les enfants, c'est vous qui peuplez leurs rêves. Ces plages de l'inconnu et du frisson, toute notre matière mentale les borde. Pas un pas que je fasse vers le passé, que je ne retrouve ce sentiment de l'étrange, qui me prenait, quand j'étais encore l'émerveillement même, dans un décor où pour la première fois me venait la conscience d'une cohérence inexpliquée et de ses prolongements dans mon cœur.

Toute la faune des imaginations, et leur végétation marine, comme par une chevelure d'ombre se perd et se perpétue dans les zones mal éclairées de l'activité humaine. C'est là qu'apparaissent les grands phares spirituels, voisins par la forme de signes moins purs. La porte du mystère, une défaillance humaine l'ouvre, et nous voilà dans les royaumes de l'ombre. Un faux pas, une syllabe achoppée révèlent la pensée d'un homme. Il y a dans le trouble des lieux de semblables serrures qui ferment mal sur l'infini. Là où se poursuit l'activité la plus équivoque des vivants, l'inanimé prend parfois un reflet de leurs plus secrets mobiles : nos cités sont ainsi peuplées de sphinx méconnus qui n'arrêtent pas le passant rêveur, s'il ne tourne vers eux sa distraction méditative, qui ne lui posent pas de questions mortelles. Mais s'il sait les deviner, ce sage, alors, que lui les interroge, ce sont encore ses propres abîmes que grâce à ces monstres sans figure il va de nouveau sonder. La lumière moderne de l'insolite, voilà désormais ce qui va le retenir.

(1) Éphèse : ville de l'Asie mineure antique, célèbre notamment pour son temple d'Artémis.

Aragon, *Le Paysan de Paris,* Gallimard, 1926.

L'inspiration surréaliste

Le monde est rempli de mystère et la ville peut être, pour le marcheur, le domaine du merveilleux•. On songe aux évocations de Paris dans *Nadja* d'A. Breton (cf. p. 92). L'insolite, l'énigmatique ouvrent sur un autre monde. La suite du récit évoque notamment les « passages », hérités du Paris d'autrefois, qui permettaient d'aller d'un boulevard à l'autre et que menace l'urbanisme moderne.

« *Aurélien* a toujours été pour moi dans ce que j'ai écrit un livre de prédilection », a déclaré Aragon dans une préface de 1966. Dans ce roman se nouent en effet, traités dans une tonalité pessimiste, beaucoup des thèmes essentiels de l'œuvre d'Aragon.

Aurélien peut se lire comme un roman de l'amour impossible : Aragon lui-même le rapproche du poème *Il n'y a pas d'amour heureux* (cf. p. 109). Entre Aurélien Leurtillois et Bérénice naît l'espoir d'un amour « couleur de l'absolu » ; mais, peut-être parce qu'ils en sont indignes, cet amour ne peut s'inscrire dans la réalité et Bérénice abandonne Aurélien pour rejoindre son mari, pharmacien en province. Quand ils se retrouvent, longtemps après, au moment de la débâcle de quarante pendant laquelle sera tuée Bérénice, ils n'ont plus rien à se dire...

Mais le roman a aussi une signification historique soulignée par Aragon dans sa préface : « Aurélien, plus que tel ou tel homme, est avant tout *une situation,* un homme dans une certaine situation. C'était avant tout pour moi l'ancien combattant d'une génération déterminée au lendemain de l'armistice, en 1918, l'homme qui est revenu et qui ne retrouve pas sa place dans la société dans laquelle il rentre. » Le récit va en effet d'une guerre à l'autre, et l'échec d'Aurélien est aussi un échec social. Petit rentier oisif, il vit de façon flottante et incertaine, errant dans le Paris des boîtes de nuit et côtoyant les intrigues financières et amoureuses qui s'organisent autour de son ami, le riche capitaliste Edmond Barbentane. Certaines scènes suggèrent bien l'existence d'un monde plus authentique, comme celle où Aurélien, à la piscine, sympathise avec un jeune ouvrier. Mais il ne parvient pas à accéder à de vraies valeurs et finit par se laisser tenter par le fascisme : on songe à Drieu La Rochelle qui fut, de l'aveu même d'Aragon, l'un des modèles de son personnage (cf. p. 318). Ainsi se dessine le « message » du livre : il s'agit de « rendre plus impossible que par la caricature la formation future des Aurélien Leurtillois » en cherchant à comprendre le cheminement qui mène le personnage à un double échec. Roman du doute et de la défaite, *Aurélien* lance, en creux, un appel vers les vraies valeurs, l'amour et la lutte libératrice, que chanteront, par exemple, les poèmes de la résistance (cf. p. 111).

EXTRAIT

Aurélien, abandonné par Bérénice, se laisse aller à la dérive...

Il y avait plus de quatre mois qu'Aurélien filait à la dérive. Le bateau de l'île Saint-Louis[1] semblait emporté dans un courant de la durée, sans but, sans raison apparente, échouant à tous les bancs de sable pour repartir dans des tourbillons de mémoire. De l'absence physique ou de cette présence imaginaire, qui se confondaient, laquelle était à Aurélien plus que l'autre pénible ? Il n'aurait pu le dire mieux qu'un noyé n'a le choix de l'eau et des algues. Celui qui n'a jamais été la proie d'une obsession ne comprendra pas Aurélien, la maladie d'Aurélien. Aussi bien Aurélien ne pouvait-il la comprendre, il la subissait. Elle lui semblait un châtiment infligé pour une faute inintelligible, qui n'a pas laissé de traces. Il se torturait à tirer la morale de ce qui n'en avait pas. Il voulait à tout prix que la partie se fût jouée sur le plan moral, pour pouvoir se dire : c'est bien fait. Il en tirerait alors, croyait-il, un apaisement. Bérénice disparue ouvrait tout le procès de sa vie. D'où lui était venue cette passivité, ce manque d'audace, sinon d'un sentiment obscur que ce qu'il offrait à Bérénice n'était pas digne d'elle ? À tout prix, quitte à devoir s'accabler, dissiper cette morsure d'injustice qu'Aurélien sentait en son cœur. Il cherchait à ne pas souffrir. Il était persuadé que ce devait être

(1) Aurélien habite un appartement à Paris, à la pointe de l'île Saint-Louis.

facile. Facile de penser à autre chose, facile de refuser la douleur. Comme il était facile de ne pas aimer. Ainsi raisonnait-il pour retrouver l'intolérable au bout de son raisonnement.

Il avait accepté d'emblée sa défaite et c'était bien là ce dont il ne revenait pas lui-même. Il savait de certitude Bérénice à jamais perdue. Il en est d'une femme comme d'une patrie, la perdre est stupeur. L'homme qui a mesuré ces bas-fonds du sort peut mourir, mais, qu'il survive, il n'est plus le même. On verra les uns en proie à d'étranges errements, les autres abattus par l'orage comme un grain qui ne se relève pas. Les uns et les autres attendent un improbable soleil. D'où fût venue à Aurélien cette chaleur nécessaire, ce rayonnement ? Il ne croyait pas en Dieu, il était retranché des hommes. Il ne se soutenait que sur ce fragile radeau, un appartement, de petites rentes, l'oisiveté. S'il avait fallu se battre contre la vie, peut-être aurait-il retrouvé le chemin de Bérénice ou, à défaut, l'oubli de Bérénice. Mais, dans cette existence sans obstacle, il demeurait aux prises avec une ombre et rien qu'une ombre. Un tableau, un masque de plâtre(2) étaient les miroirs permanents de cette fumée. Ce n'est pas pour rien que le Dieu des Juifs interdisait les images taillées. Il y a dans la reproduction des traits d'un être de chair une opération de la magie. Du moins à qui n'en tient pas le fil conducteur. Aurélien était la victime d'un double envoûtement.

Une patrie perdue... Le vaincu au soir de sa défaite se demande à quoi bon désormais tout effort. Pour quoi, pour qui travaillerait-il, quel sens aurait ce sacrifice de sa force, il craint de n'être qu'un jouet aux mains du vainqueur, de se voir dérober son énergie comme sa terre, il se sent ravalé au rang des bêtes de somme. Mais Aurélien... il n'avait jamais travaillé, rien de plus ne lui était demandé pour solde de l'échec, après comme avant il n'avait que son désert. Chercherait-il la fatigue inutile, la sueur des jeux, le bon sommeil que donnent les sports ? Il s'enfonçait dans la conscience d'une lâcheté. Le vide de sa vie lui apparaissait à chaque minute monstrueux. Quoi, fallait-il qu'il se distinguât des autres hommes par une chance aussi misérable, aussi médiocre, et l'accepter ? Il retrouvait, Bérénice évanouie, la plaie secrète qu'elle avait masquée. L'amour avait couvert pour quelques semaines, quelques semaines seulement, cette honte qui montait en lui. Il avait voulu voir en elle un état de grâce, de disponibilité pour l'amour qui devait venir, qui était venu. Mais aujourd'hui, dans son désolement, il s'accusait comme d'une profanation de l'avoir fait servir à une si piètre excuse de l'inexcusable. N'était-ce pas son indignité devant la vie qui l'avait fait indigne de l'amour ?

(2) Le tableau est un portrait de Bérénice acheté par Aurélien. Le masque de plâtre est le moulage du visage d'une noyée, « l'inconnue de la Seine », qui trouble Aurélien par sa ressemblance avec le visage de Bérénice.

Aragon, *Aurélien,* Gallimard, 1944.

De l'échec amoureux à l'échec d'une vie

Un passage clé du roman, qui suggère le sens des échecs d'Aurélien : c'est faute de connaître la vraie vie qu'il ne peut accéder au véritable amour. L'échec, d'abord évoqué par des images comme celle de la noyade, est ensuite analysé de façon plus lucide et explicite : mais cette lucidité est-elle le fait du personnage ou du narrateur ? On pourra étudier dans cette perspective le rôle des intrusions d'auteur.

citations/controverses

« Aragon vit chaque passion, mais ne semble jamais, quand il en parle, faire autre chose que la jouer. Entre le Breton de *Nadja* et l'Aragon du *Paysan de Paris,* évoquant tous deux le visage poétique du monde moderne, c'est Breton qui nous convainc. Entre Bernanos et Aragon, parlant tous deux de la France, c'est Bernanos. Entre le Malraux de *La Condition humaine* et l'Aragon des *Beaux Quartiers,* composant tous deux une épopée révolutionnaire, c'est Malraux. Entre Éluard et Aragon chantant l'amour, c'est Éluard. Aragon est toujours celui que l'on ne croit pas : qui nous émerveille plus qu'il ne nous émeut. Il a voulu être le poète de l'amour, il veut être le romancier de l'espoir communiste : il n'est ni l'un ni l'autre. Tant de facilité, d'habileté, de ruses : comment ne pas croire que le prestidigitateur cherche à nous persuader de sa sincérité ? Tant de hâte à rejoindre la passion, tant d'insistance à l'affirmer : comment éviter de penser qu'il la recherche plus qu'il ne l'éprouve ? »

Gaëtan Picon, *Panorama de la nouvelle littérature française,* Gallimard, 1976.

Biographie de Louis Aragon

VIE

- **1897** — Naissance
- **1914** — Baccalauréat. Études de médecine
- **1917** — Rencontre A. Breton. Lit Lautréamont, Apollinaire
- **18** — Envoyé au Front. Rencontre P. Eluard, P. Soupault
- **1920** — Rencontre T. Tzara. Participe au dadaïsme
- **22** — Rupture avec Dada
- **24** — Lance avec A. Breton le mouvement surréaliste
- **28** — Rencontre avec Elsa Triolet. Se rapproche du Parti Communiste
- **1932** — Entre au P.C. Rupture avec A. Breton. Voyages en U.R.S.S.
- **36** — Victoire du Front populaire
- **37** — Aragon dirige le journal communiste *Ce Soir*
- **38** — Accords de Munich
- **1939** — Pacte germano-soviétique. Aragon mobilisé
- **1940-1944** — Participe à la Résistance dans le Sud de la France. Membre actif du Comité National des Écrivains. Retour à Paris à la Libération
- **1947** — Reprend le journal communiste *Ce soir*. Anime *Les Lettres Françaises*. Défend le réalisme socialiste
- **1950** — Entre au comité central du P.C.
- **1953** — *Ce soir* disparaît. Aragon dirige *Les Lettres Françaises*
- **1956** — XXe Congrès en U.R.S.S. Début de la déstalinisation
- **1968** — Aragon proteste contre l'intervention soviétique en Tchécoslovaquie
- **1970** — Mort d'Elsa Triolet
- **1972** — *Les lettres Françaises* cessent de paraître
- **1979** — Série d'entretiens télévisés
- **1982** — Mort

ŒUVRES

- **1920** — *Feu de joie* (P)
- **21** — *Anicet ou le panorama* (R)
- **22** — *Les Aventures de Télémaque* (R)
- **26** — *Le Paysan de Paris* (R)
- **34** — *Hourra l'Oural* (P). *Les Cloches de Bâle* (R)
- **35** — *Pour un réalisme socialiste* (E)
- **36** — *Les Beaux Quartiers* (R)
- **41** — *Le Crève-Cœur* (P)
- **42** — *Les Yeux d'Elsa* (P)
- *Les Voyageurs de l'impériale* (R)
- **44** — *Aurélien* (R)
- **46** — *La Diane Française* (P)
- **49-51** — *Les Communistes* (R)
- **54** — *Les Yeux et la Mémoire* (P)
- **56** — *Le Roman inachevé* (P)
- **58** — *La Semaine sainte* (R)
- *Elsa* (P)
- **60** — *Les Poètes* (P)
- **63** — *Le Fou d'Elsa* (P)
- **65** — *La Mise à mort* (R)
- **67** — *Blanche ou l'oubli* (R)
- « *Œuvres croisées* » d'Aragon et Elsa Triolet
- **69** — *Je n'ai jamais appris à écrire ou les incipit* (E)
- **71** — *Henri Matisse, roman* (R)
- **74** — *Théâtre / Roman* (R)
- **1982** — *Les Adieux et autres poèmes* (P)

(P) : poésie
(R) : récit ou roman
(E) : essai

Diatribe et dénonciation : Céline

1894
1961

Vues négatives

Venu assez tardivement à l'écriture, après une vie déjà remplie de bien des « vadrouilles », Louis-Ferdinand Destouches, dit Céline (1894-1961), fit une entrée fracassante dans la littérature avec la publication, en 1932, du *Voyage au bout de la nuit*. Le retentissement immédiat de ce roman n'en éclaircit pas les intentions : aussitôt applaudi ou décrié à droite comme à gauche, il divisa l'opinion au-delà des habituels clivages politiques ou intellectuels. Il est vrai que le moment était bien choisi : le début des années 30 semble fébrile, perclus de crises et de ruptures. Les moralistes publient bilans et prophéties alarmistes (Valéry : *Regards sur le monde actuel* ; R. Aron : *Décadence de la nation française*) tandis que les intellectuels choisissent leur camp et qu'Artaud réclame un « théâtre de la cruauté » (cf. p. 194). La société paraît insatisfaite et inquiète.

Céline vient jeter de l'huile sur le feu. Car son roman, à première vue, est une sorte de compilation confuse de toutes les négations possibles. Le *Voyage* s'apparente au roman picaresque, mais son héros-narrateur est un **anti-héros,** animé par la haine et capable de toutes les lâchetés, dont l'errance perpétuelle reflète l'angoisse et l'inconséquence. Cet être veule et fuyant traverse diverses expériences, en divers pays, si bien que Céline présente une panoplie d'une « contre-société » : « fumiers », « sales pauvres », « pourriture », « égoïstes », « salauds », « trouillards foireux », etc. On a l'impression que tout le monde passe son temps à exploiter autrui, en le maltraitant, en le prostituant, en cherchant à le tuer, en l'humiliant. Le monde devient un vaste concert sadomasochiste, parfois insoutenable, un **« merdier »** au sens propre, un cloaque (cf. p. 344), une putréfaction : Céline se complait d'ailleurs dans les métaphores• de l'humidité visqueuse, de la scatologie, de la moisissure, du sous-sol, du délabrement, de la vomissure, du glaireux, etc., qui lisent le réel comme une immense maladie, un « dispensaire nauséabond ».

Un tel nihilisme• vise donc à une **déshumanisation.** De fait, le *Voyage* fait la revue des formes les plus systématiques de l'aliénation : l'armée dans la Grande Guerre, la colonisation, le machinisme des usines américaines, l'univers des banques et de l'argent, le prolétariat des banlieues, la prostitution, la maladie, la dégénérescence. Là encore, l'instabilité et l'anarchie dominent, et le récit file si vite, dans une langue si martelée et bondissante (cf. p. 348), que le lecteur n'a même pas le temps de s'apitoyer, voire de réfléchir. Il est embarqué et a peu de chances de sortir indemne de cette épopée sarcastique.

citations / controverses

À propos du *Voyage*

Valéry : « un chef-d'œuvre criminel »
Élie Faure : « un livre qui a perdu le respect de tout ce qui a cessé d'être respectable »
S. de Beauvoir : « quelle détente, après les phrases marmoréennes de Gide, Alain, Valéry... Sartre en prit de la graine »
H. de Régnier *(Le Figaro)* : « mettons des bottes d'égoutier et bouchons-nous le nez »
Trotsky : « une vue passive du monde avec une sensibilité à fleur de peau, sans aspiration vers l'avenir (qui n'est donc pas révolutionnaire) »
Gorki : « nihilisme décadent, désespoir bourgeois [...] encyclopédie du capitalisme agonisant »
Léon Daudet : « un Proust de la plèbe ».

EXTRAITS

Deux visions de l'horreur et du « merdier », à travers la banlieue.

***a/** Monstres ordinaires, dans un immeuble collectif.*

Je passais bien des jours à attendre qu'il arrive ce qui arrivait de temps à autre au bout des séances ménagères.

C'est au troisième, devant ma fenêtre que ça se passait, dans la maison de l'autre côté.

Je ne pouvais rien voir, mais j'entendais bien.

Il y a un bout à tout. Ce n'est pas toujours la mort, c'est souvent quelque chose d'autre et d'assez pire, surtout avec les enfants.

Ils demeuraient là ces locataires, juste à la hauteur de la cour où l'ombre commence à pâlir. Quand ils étaient seuls le père et la mère, les jours où ça arrivait, ils se disputaient d'abord longtemps et puis survenait un long silence. Ça se préparait. On en avait après la petite fille d'abord, on la faisait venir. Elle le savait. Elle pleurnichait tout de suite. Elle savait ce qui l'attendait. D'après sa voix, elle devait bien avoir dans les dix ans. J'ai fini par comprendre après bien des fois ce qu'ils lui faisaient tous les deux.

Ils l'attachaient d'abord, c'était long à l'attacher comme pour une opération. Ça les excitait. « Petite charogne » qu'il jurait lui. « Ah ! la petite salope ! » qu'elle faisait la mère. « On va te dresser salope ! » qu'ils criaient ensemble et des choses et des choses qu'ils lui reprochaient en même temps, des choses qu'ils devaient imaginer. Ils devaient l'attacher après les montants du lit. Pendant ce temps-là, l'enfant se plaignotait comme une souris prise au piège. « T'auras beau faire petite vache, t'y couperas pas. Va ! T'y couperas pas ! » qu'elle reprenait, la mère, puis avec toute une bordée d'insultes comme pour un cheval. Tout excitée. « Tais-toi maman, que répondait la petite doucement. Tais-toi maman ! Bats-moi maman ! Mais tais-toi maman ! » Elle n'y coupait pas et elle prenait quelque chose comme raclée. J'écoutais jusqu'au bout pour être bien certain que je ne me trompais pas, que c'était bien ça qui se passait. J'aurais pas pu manger mes haricots tant que ça se passait. Je ne pouvais pas fermer la fenêtre non plus. Je n'étais bon à rien. Je ne pouvais rien faire. Je restais à écouter seulement comme toujours, partout. Cependant, je crois qu'il me venait des forces à écouter ces choses-là, des forces d'aller plus loin, des drôles de forces et la prochaine fois, alors je pourrais descendre encore plus bas la prochaine fois, écouter d'autres plaintes que je n'avais pas encore entendues, ou que j'avais du mal à comprendre avant, parce qu'on dirait qu'il y en a encore toujours au bout des autres des plaintes encore qu'on n'a pas encore entendues ni comprises.

Quand ils l'avaient tellement battue qu'elle ne pouvait plus hurler, leur fille, elle criait encore un peu quand même à chaque fois qu'elle respirait, d'un petit coup.

J'entendais l'homme alors qui disait à ce moment-là : « Viens toi grande ! Vite ! Viens par là ! » tout heureux.

C'était à la mère qu'il parlait comme ça, et puis la porte d'à côté claquait derrière eux. Un jour, c'est elle qui lui a dit, je l'ai entendu : « Ah ! je t'aime Julien, tellement, que je te boufferais ta merde, même si tu faisais des étrons grands comme ça... »

C'était ainsi qu'ils faisaient l'amour tous les deux que m'a expliqué leur concierge, dans la cuisine ça se passait contre l'évier. Autrement, ils y arrivaient pas.

C'est peu à peu, que j'ai appris toutes ces choses-là sur eux dans la rue. Quand je les rencontrais, tous les trois ensemble, il n'y avait rien à remarquer. Ils se promenaient comme une vraie famille. Lui, le père, je l'apercevais encore quand je passais devant l'étalage de son magasin, au coin du boulevard Poincaré, dans la maison de « Chaussures pour pieds sensibles » où il était premier vendeur.

La plupart du temps, notre cour n'offrait que des hideurs sans relief, surtout l'été, grondante de menaces, d'échos, de coups, de chutes et d'injures indistinctes. Jamais le soleil ne parvenait jusqu'au fond. Elle en était comme peinte d'ombres bleues, la cour, bien épaisses et surtout dans les angles. Les concierges y possédaient leurs petits cabinets comme autant de ruches. Dans la nuit quand ils allaient faire pipi, ils cognaient contre les boîtes à ordure les concierges, ça déclenchait des bruits de tonnerre dans la cour.

Du linge essayait de sécher d'une fenêtre à l'autre.

Céline, *Voyage au bout de la nuit*, Gallimard, 1932.

« La chiennerie sadico-masochiste »

Céline, dans son *Hommage à Zola* (1933), rappelle qu'à ses yeux c'est « l'instinct de mort » qui anime les créatures, à travers un « immense narcissisme sadico-masochiste ». Cette scène atroce, presque forcée, avec une insistance morbide, le démontre. La violence des parents bourreaux est explicitement reliée à l'appétit sexuel, lequel est confondu avec un désir de dégradation scatologique.

Seule l'enfant-martyr paraît normale, face aux adultes excités et désaxés. Le narrateur a une position de lâcheté, malgré des traces de révolte. La reprise du commentaire (« c'était ainsi qu'ils faisaient l'amour ») introduit un peu d'humour noir, comme pour relâcher l'étau d'angoisse et d'horreur.

b/ Le tramway de banlieue

En banlieue, c'est surtout par les tramways que la vie vous arrive le matin. Il en passait des pleins paquets avec des pleines bordées d'ahuris brinquebalant, dès le petit jour, par le boulevard Minotaure, qui descendaient vers le boulot.

Les jeunes semblaient même comme contents de s'y rendre au boulot. Ils accéléraient le trafic, se cramponnaient aux marchepieds, ces mignons, en rigolant. Faut voir ça. Mais quand on connaît depuis vingt ans la cabine téléphonique du bistrot, par exemple, si sale qu'on la prend toujours pour les chiottes, l'envie vous passe de plaisanter avec les choses sérieuses et avec Rancy en particulier. On se rend alors compte où qu'on vous a mis. Les maisons vous possèdent, toutes pisseuses qu'elles sont, plates façades, leur cœur est au propriétaire. Lui on le voit jamais. Il n'oserait pas se montrer. Il envoie son gérant, la vache. On dit pourtant dans le quartier qu'il est bien aimable le proprio quand on le rencontre. Ça n'engage à rien.

La lumière du ciel à Rancy, c'est la même qu'à Detroit, du jus de fumée qui trempe la plaine depuis Levallois. Un rebut de bâtisses tenues par des gadoues noires au sol. Les cheminées, des petites et des hautes, ça fait pareil de loin qu'au bord de la mer les gros piquets dans la vase. Là-dedans, c'est nous.

Faut avoir le courage des crabes aussi, à Rancy, surtout quand on prend de l'âge et qu'on est bien certain d'en sortir jamais plus. Au bout du tramway voici le pont poisseux qui se lance au-dessus de la Seine, ce gros égout qui montre tout. Au long des berges, le dimanche et la nuit les gens grimpent sur les tas pour faire pipi. Les hommes ça les rend méditatifs de se sentir devant l'eau qui passe. Ils urinent avec un sentiment d'éternité, comme des marins. Les femmes, ça ne médite jamais. Seine ou pas. Au matin donc le tramway emporte sa foule se faire comprimer dans le métro. On dirait à les voir tous s'enfuir de ce côté-là, qu'il leur est arrivé une catastrophe du côté d'Argenteuil, que c'est leur pays qui brûle. Après chaque aurore, ça les prend, ils s'accrochent par grappes aux portières, aux rambardes. Grande déroute. C'est pourtant qu'un patron qu'ils vont chercher dans Paris, celui qui vous sauve de crever de faim, ils ont énormément peur de le perdre, les lâches. Il vous la fait transpirer pourtant sa pitance. On en pue pendant dix ans, vingt ans et davantage. C'est pas donné [...]

Comprimés comme des ordures qu'on est dans la caisse en fer, on traverse tout Rancy et on odore ferme en même temps, surtout quand c'est l'été. Aux fortifications on se menace, on gueule un dernier coup et puis on se perd de vue, le métro avale tous et tout, les complets détrempés, les robes découragées, bas de soie, les métrites[1] et les pieds sales comme des chaussettes, cols inusables et raides comme des termes, avortements en cours, glorieux de la guerre, tout ça dégouline par l'escalier au coaltar[2] et phéniqué[3] et jusqu'au bout noir, avec le billet de retour qui coûte autant à lui tout seul que deux petits pains.

(1) inflammation de l'utérus
(2) goudron
(3) phénol ; benzène

Céline, *Voyage au bout de la nuit,* Gallimard, 1932.

Le Minotaure moderne

Le tramway, comme la bouche de métro à la fin, est une machine qui engloutit, sorte de Minotaure moderne. Si bien que le récit est une évocation, presque allégorique•, de la banlieue. Observez le décor (crasse, dégradation, pollution) et la couleur noirâtre qui domine ; les personnages « ahuris », dérisoires et agressifs ; les odeurs. Le texte hésite entre un reportage, vaguement descriptif ou extérieur, et un témoignage où l'ironie cesse au profit de réactions affectives (« la vache ») : on passe du « ils » au « on/nous ».

Les dominantes de l'imaginaire : entassement, allant jusqu'à la pâtée visqueuse et suintante ; liquidité nauséabonde et maladive (voyez la fin) ; usure et vieillissement ; débâcle grouillante, fébrile, mécanique ; le fleuve de la vie, coulant à l'égout final.

Signification possible : le travail moderne, collectivisé, exploiteur et dévorant ; la cité moderne, vaste caserne pourrie, concentrationnaire et inhumaine ; l'homme, victime de ces deux fléaux, aliéné, mauvais, vaniteux, devenu chose (complets, robes, bas, pieds, etc.) mais qui se croit encore quelqu'un, dans une pitoyable prétention.

Phénoménologie• de la mort

Le pessimisme de Céline est protestataire, satirique, démystificateur. Bien loin de chercher des explications métaphysiques à la misère humaine, il s'en tient à ce qui se voit et se peut décrire. Certes, Céline peut recourir à des motivations psychologiques (c'est un lecteur de Freud et de Sacher Masoch), mais il s'attache plutôt à en montrer les symptômes que les mobiles : il s'en tient aux **phénomènes,** au corps, au geste, au comportement, à la parole, quitte à y ajouter le commentaire grinçant et hargneux du narrateur. Dès lors, la guerre est une simple boucherie où la chair vive et saignante éclabousse ou se découpe en morceaux ; la maladie se manifeste plutôt comme une consomption visible et écœurante (la peau qui devient croûte purulente, le corps qui crache et saigne...) ; la souffrance semble toujours physique, comme une infection... Cette manière, proche de l'obscénité, n'est pas une simple provocation. Céline voit réellement le monde comme un **théâtre,** où tous les discours sont faux et apprêtés, où chacun trompe et feint. Il n'y a qu'une réalité qui fasse tomber les masques : **la mort.** Il faut la montrer comme une réalité et ne pas la farder elle aussi.

L'obsession du pourrissement n'est que l'image de la mort qui est partout à l'œuvre. « La vérité, c'est l'agonie qui n'en finit pas. La vérité de ce monde, c'est la mort. » Qu'on la propage ou qu'on la subisse, cette agonie est sans fin, dans un univers ténébreux. Céline décrit la nuit noire, comme le promet le titre du *Voyage*. **L'amour,** qui occupe une place importante dans les récits céliniens, est toujours réduit à l'énervement salace des corps. Les discours amoureux sont une duperie, pour justifier un désir violent, le plus souvent sans tendresse : « tous ces sentiments que tu vas chercher pour que je reste à toi collé, ça me fait l'effet d'insultes si tu veux savoir... Et tu t'en doutes même pas non plus parce que c'est toi qui es une dégueulasse [...] Tu fais la sentimentale pendant que tu es une brute comme pas une... »

Ce climat naturaliste, où la turpitude sans remords domine, frappera beaucoup les futurs « existentialistes », notamment le Sartre de *La Nausée* (cf. p. 353), ou Beckett – malgré un tout autre moyen d'expression (cf. p. 238). La phénoménologie• va s'unir, après Céline, à toute l'évolution du roman moderne. Personne ne poussera sans doute plus loin l'abjection accumulée. Mais l'originalité de Céline est moins dans sa complaisance aux échecs et aux abominations que dans sa manière de nous les transmettre. Un **pamphlet•** intéresse moins par son sujet que par son style : voyez p. 348.

documents

Un exemple de la méthode phénoménologique• : le narrateur en présence d'un prêtre.

Et puis je me l'imaginais, pour m'amuser, tout nu devant son autel... C'est ainsi qu'il faut s'habituer à transposer dès le premier abord les hommes qui viennent vous rendre visite, on les comprend bien plus vite après ça, on discerne tout de suite dans n'importe quel personnage sa réalité d'énorme et d'avide asticot. C'est un bon truc d'imagination. Son sale prestige se dissipe, s'évapore. Tout nu, il ne reste plus devant vous en somme qu'une pauvre besace prétentieuse et vantarde qui s'évertue à bafouiller futilement dans un genre ou dans un autre. Rien ne résiste à cette épreuve. On s'y retrouve instantanément. Il ne reste plus que les idées, et les idées ne font jamais peur. Avec elles, rien n'est perdu, tout s'arrange. Tandis que c'est parfois difficile à supporter le prestige d'un homme habillé. Il garde des sales odeurs et des mystères plein ses habits.

Il avait des dents bien mauvaises, l'Abbé, rancies, brunies et haut cerclées de tartre verdâtre, une belle pyorrhée alvéolaire en somme. J'allais lui en parler de sa pyorrhée mais il était trop occupé à me raconter des choses. Elles n'arrêtaient pas de venir juter les choses qu'il me racontait contre ses chicots sous les poussées d'une langue dont j'épiais tous les mouvements. À maints minuscules endroits écorchée sa langue sur ses rebords saignants.

J'avais l'habitude et même le goût de ces méticuleuses observations intimes. Quand on s'arrête à la façon par exemple dont sont formés et proférés les mots, elles ne résistent guère nos phrases au désastre de leur décor baveux. C'est plus compliqué et plus pénible que la défécation notre effort mécanique de la conversation. Cette corolle de chair bouffie, la bouche, qui se convulse à siffler, aspire et se démène, pousse toutes espèces de sons visqueux à travers le barrage puant de la carie dentaire quelle punition ! Voilà pourtant ce qu'on nous adjure de transposer en idéal. C'est difficile. Puisque nous sommes que des enclos de tripes tièdes et mal pourries nous aurons toujours du mal avec le sentiment.

Céline, *Voyage au bout de la nuit,* Gallimard, 1932.

Cette méthode favorise évidemment le sarcasme.

Dans la vie courante, réfléchissons que cent individus au moins dans le cours d'une seule journée bien ordinaire désirent votre pauvre mort, par exemple tous ceux que vous gênez, pressés par la queue derrière vous au métro, tous ceux encore qui passent devant votre appartement et qui n'en ont pas, tous ceux qui voudraient que vous ayez achevé de faire pipi pour en faire autant, enfin vos enfants et bien d'autres. C'est incessant. On s'y fait.

Invoquer la postérité, c'est faire un discours aux asticots.

L'amour, c'est l'infini mis à la portée de caniches.

Céline, *Voyage au bout de la nuit,* Gallimard, 1932.

EXTRAITS

Deux métaphores ● *céliniennes de la mort : le corps qui se défait et la descente dans des profondeurs fétides.*

En Afrique, les colons européens, crétins et alcooliques, employés de la « Compagnie Pordurière », se retrouvent autour d'un tenancier de comptoir atteint d'une maladie de la peau.

Une des autres distractions du groupe des petits salariés de la Compagnie Pordurière consistait à organiser des concours de fièvre. Ça n'était pas difficile mais on s'y défiait pendant des journées, alors ça passait bien du temps. Le soir venu et la fièvre aussi, presque toujours quotidienne, on se mesurait. « Tiens, j'ai trente-neuf !... Dis donc, t'en fais pas, j'ai quarante comme je veux ! »

Ces résultats étaient d'ailleurs tout à fait exacts et réguliers. À la lueur des photophores, on se comparait les thermomètres. Le vainqueur triomphait en tremblotant. « J' peux plus pisser tellement que je transpire ! » notait fidèlement le plus émacié de tous, un mince collègue, un Ariégeois, un champion de la fébricité venu ici, me confia-t-il, pour fuir le séminaire, où « il n'avait pas assez de liberté ». Mais le temps passait et ni les uns, ni les autres de ces compagnons ne pouvaient me dire à quel genre d'original exactement appartenait l'individu que j'allais remplacer à Bikomimbo.

« C'est un drôle de type ! » m'avertissaient-ils, et c'était tout.

– Au début à la colonie, me conseillait le petit Ariégeois à la grande fièvre, faut faire valoir tes qualités ! C'est tout l'un ou tout l'autre ! Tu seras tout en or pour le Directeur ou tout fumier ! Et c'est tout de suite, remarque-le, que t'es jugé !

J'avais bien peur d'être jugé, en ce qui me concernait, parmi les « tout fumier » ou pire encore.

Ces jeunes négriers mes amis, m'emmenèrent rendre visite à un autre collègue de la Compagnie Pordurière qui vaut d'être évoqué spécialement dans ce récit. Tenancier d'un comptoir au centre du quartier des Européens, moisi de fatigue, croulant, huileux, il redoutait toute lumière à cause de ses yeux, que deux ans de cuisson ininterrompue sous les tôles ondulées avaient rendus atrocement secs. Il mettait, disait-il, une bonne demi-heure le matin à les ouvrir et encore une autre demi-heure avant d'y voir un peu clair avec. Tout rayon lumineux le blessait. Une énorme taupe bien galeuse.

Étouffer et souffrir était devenu pour lui comme un état second, voler aussi. On l'aurait bien désemparé si on l'avait rendu bien portant et scrupuleux d'un seul coup. Sa haine pour l'Agent général Directeur me semble encore aujourd'hui, à tant de distance, une des passions les plus vivaces qu'il m'ait été donné d'observer jamais chez un homme. Une rage étonnante le secouait à son égard, à travers sa douleur et à la moindre occasion il enrageait énormément tout en se grattant d'ailleurs de haut en bas.

Il n'arrêtait pas de se gratter tout autour de lui-même, giratoirement pour ainsi dire, de l'extrémité de la colonne vertébrale à la naissance du cou. Il se sillonnait l'épiderme et le derme même de rayures d'ongles sanglantes, sans cesser pour cela de servir les clients, nombreux, des nègres presque toujours, nus plus ou moins.

Avec sa main libre, il plongeait alors, affairé, en diverses cachettes, et à droite et à gauche dans la ténébreuse boutique. Il en soutirait sans jamais se tromper, habile et prompt à ravir, très justement ce qu'il fallait au chaland de tabac en branches puantes, d'allumettes humides, de boîtes de sardines et de mélasse à la grosse cuiller, de bière suralcoolique en canettes truquées qu'il laissait retomber brusquement si la frénésie le reprenait d'aller se gratter, par exemple, dans les grandes profondeurs de son pantalon. Il y enfonçait alors le bras entier qui ressortait bientôt par la braguette, toujours entrebâillée par précaution.

Cette maladie qui lui rongeait la peau, il lui donnait un nom local, « Corocoro ». « Cette vache de " Corocoro " !... Quand je pense que ce saligaud de Directeur ne l'a pas encore attrapé le " Corocoro ", s'emportait-il. Ça me fait bien mal au ventre encore davantage !... Il prendra pas sur lui le Corocoro !... Il est bien trop pourri. C'est pas un homme ce maquereau-là, c'est une infection !... C'est une vraie merde !... » [...]

Nous trinquâmes à sa santé sur le comptoir au milieu des clients noirs qui en bavaient d'envie. Les clients c'étaient des indigènes assez délurés pour oser s'approcher de nous les blancs, une sélection en somme. Les autres de nègres, moins dessalés, préféraient demeurer à distance. L'instinct. Mais les plus dégourdis, les plus contaminés, devenaient des commis de magasin. En boutique, on les reconnaissait les commis nègres à ce qu'ils engueulaient passionnément les autres noirs.

Céline, *Voyage au bout de la nuit*, Gallimard, 1932.

Contamination

Comme le disent les dernières lignes, cette page montre les « civilisés » comme des êtres contaminés et pourrissant sur pied. La mort physique qui les dévore (fièvre, tremblote, nyctalopie, gale) est l'image de celle qui les habite moralement (« tout fumier », « état second » de haine et de rage...) et qu'ils transmettent aux colonisés.

Dominantes de l'imaginaire : chaleur malsaine (des corps, des maisons, les lieux) ; enfouissement et extraction (« taupe » ; la boutique sombre où on vide des « cachettes » ; le bras qui gratte) ; frénésie immotivée.

Les W.C. souterrains de New York

À droite de mon banc s'ouvrait précisément un trou, large, à même le trottoir dans le genre du métro de chez nous. Ce trou me parut propice, vaste qu'il était, avec un escalier dedans tout en marbre rose. J'avais déjà vu bien des gens de la rue y disparaître et puis en ressortir. C'était dans ce souterrain qu'ils allaient faire leurs besoins. Je fus immédiatement fixé. En marbre aussi la salle où se passait la chose. Une espèce de piscine, mais alors vidée de toute son eau, une piscine infecte, remplie seulement d'un jour filtré, mourant, qui venait finir là sur les hommes déboutonnés au milieu de leurs odeurs et bien cramoisis à pousser leurs sales affaires devant tout le monde, avec des bruits barbares.

Entre hommes, comme ça, sans façons, aux rires de tous ceux qui étaient autour, accompagnés des encouragements qu'ils se donnaient comme au football. On enlevait son veston d'abord, en arrivant, comme pour effectuer un exercice de force. On se mettait en tenue en somme, c'était le rite.

Et puis bien débraillés, rotant et pire, gesticulant comme au préau des fous, ils s'installaient dans la caverne fécale. Les nouveaux arrivants devaient répondre à mille plaisanteries dégueulasses pendant qu'ils descendaient les gradins de la rue; mais ils paraissaient tous enchantés quand même.

Autant là-haut sur le trottoir ils se tenaient bien les hommes et strictement, tristement même, autant la perspective d'avoir à se vider les tripes en compagnie tumultueuse paraissait les libérer et les réjouir intimement.

Les portes des cabinets largement maculées pendaient, arrachées à leurs gonds. On passait de l'une à l'autre cellule pour bavarder un brin, ceux qui attendaient un siège vide fumaient des cigares lourds en tapant sur l'épaule de l'occupant en travail, lui, obstiné, la tête crispée, enfermée dans ses mains. Beaucoup en geignaient fort comme les blessés et les parturientes. On menaçait les constipés de tortures ingénieuses.

Quand un giclement d'eau annonçait une vacance, des clameurs redoublaient autour de l'alvéole libre, dont on jouait alors souvent la possession à pile ou face. Les journaux sitôt lus, bien qu'épais comme de petits coussins, se trouvaient dissous instantanément par la meute de ces travailleurs rectaux. On discernait mal les figures à cause de la fumée. Je n'osais pas trop avancer vers eux à cause de leurs odeurs.

Céline, *Voyage au bout de la nuit*, Gallimard, 1932.

Un petit enfer moderne : « la caverne fécale »

Ces W.C. sont présentés comme une sorte de cité cachée : on y retrouve diverses sortes d'individus, comme dans la vie, avec les principales attitudes humaines, mais dans un monde inversé. Notez cette inversion (piscine vide, match sans ballon, régression dans le « communisme joyeux du caca », etc.) et les termes qui rappellent un enfer véritable (« cramoisis », « barbares » : soyez attentif aux adjectifs), avec ses souffrances, ici parodiques, mais très détaillées.

L'humour est affleurant, jusqu'à la dernière ligne, pour rendre visible cette parodie●

Le style émotif

Céline prétendait que son style lui avait été inspiré par le mouvement saccadé du métro : « la révélation de mon génie, je la dois à la station Pigalle », « j'embarque tout mon monde dans mon métro, pardon !... et je fonce avec ; [...] tous les voyageurs enfournés, bouclés, double tour !... tous dans ma rame émotive !... pas de chichis !... je ne tolère pas de chichis ! pas question qu'ils échappent... non ! non ! » *(Entretiens avec le Pr. Y).* De fait, Céline a réellement **inventé une langue** littéraire, fondée sur le **« parlé »,** sur le langage oral populaire. La première impression du lecteur est d'assister à un « attentat » (le mot est de Céline) contre les codes culturels et le bon usage littéraire. Cette **subversion** veut sans doute provoquer un choc, mais, plus encore, elle **crée un univers artistique** spécial, adapté à son sujet : à réalité brutale, langage brutal. L'écriture est mimétique de son objet. Céline est, pour la France et au même moment, ce que peuvent être Joyce en Angleterre ou Faulkner aux États-Unis.

En imitant l'incorrection, la gouaille et les rythmes cahoteux de la langue des rues, Céline perpétue son principe de mise en accusation. L'agression ne vise pas seulement les atrocités du monde, mais les discours qui les voilent ou qui les justifient. Pour éviter de devenir à son tour un jeu trompeur et gratuit, la langue de Céline veut restituer ce qui est antérieur aux mots : l'**émotion.** C'est quand le spectacle de la réalité nous bouleverse, quand nous sommes bouche bée ou trop abasourdis pour parler, que nous sommes « vrais ». Seule une langue ahurie, détraquée, fiévreuse, peut restituer cet état de commotion originel. Les personnages de Céline qui parlent « bien », qui ont recours à l'éloquence classique, sont toujours des traîtres et des oppresseurs. Tout lyrisme• est mensonge ou gloriole. En revanche, quand on touche à la plus crue des réalités (la mort, par exemple), les mots manquent et bafouillent. C'est cet indicible-là que Céline veut nous crier à la figure, avant de revenir au silence, qu'on aurait peut-être mieux fait de ne pas quitter. Les derniers mots du *Voyage* : « qu'on n'en parle plus ».

Quelques aspects de la technique célinienne

syntaxe : confusion de *on* et *nous* ; négations incomplètes *(j' vois pas)* ; procédé du rappel *(la môme, son père, c'est pas un pauvre)* ; parataxe• : la phrase n'est plus qu'une juxtaposition d'exclamations séparées par des ponctuations fortes ; omissions de pronoms ou de prépositions *(faut dire : sont pas drôles ; virer [au] rouge)* ; emploi abusif de « que » *(elle va bien rire, qu'elle a un mari si fainéant)* ; changement de statut des verbes *(il se phrase ; tout écroulera)* ; recours incongrus à des archaïsmes (imparfait du subjonctif, notamment)

lexique : argot ; mots inventés ; les néologismes sont créés de diverses manières : préfixation (se *para*foutre de) ; suffixation (proust*er*) ; suppression de syllabes initiales ([a]*bominable*) ou finales (*autor*[ité]) ; adjonction de syllabes *(moustagache)* ; fusion de termes (*miraginer*, de « mirage » et « imaginer ») ; redoublement *(troutroubadour)* ou contraction *(tintabuler)* ; mots étrangers, parfois inexacts, déformés ou francisés *(un angliche)*, etc.

d'après M.-C. Bellosta, article *Céline, Dictionnaire des littératures de langue française,* 2e éd., Bordas, 1987.

« La langue, rien que la langue. Voilà l'important
Tout ce qu'on peut dire d'autre, ça traîne partout ».

EXTRAITS

Justification et exemple : « l'émoi, c'est tout dans la vie ! »

Dans la préface de Guignol's band, *Céline imagine un dialogue avec ses lecteurs où il justifie sa méthode, mieux reçue du public que du critique professionnel.*

– Ah ! mais y a les « merde » ! Grossièretés ! C'est ça qu'attire votre clientèle !

– Oh ! je vous vois venir ! C'est bien vite dit ! Faut les placer ! Essayez donc ! Chie pas juste qui veut ! Ça serait trop commode !

Je vous mets un petit peu au courant, je vous fais passer par la coulisse pour que vous vous fassiez pas d'idées... au début je m'en faisais aussi... maintenant je m'en fais plus... l'expérience...

C'est même drôle ça bavache s'échauffe là tout autour... Ça discute des trois points ou pas... si c'est se foutre du monde... et puis encore et ci et ça... le genre qu'il se donne !... l'affectation... etc... et patati !... et les virgules !... mais personne me demande moi ce que je pense !... et l'on fait des comparaisons... Je suis pas jaloux je vous prie de le croire !... Ah ! ce que je m'en fous ! Tant mieux pour les autres de livres !... Mais moi n'est-ce pas je peux pas les lire... Je les trouve en projets, pas écrits, mort-nés, ni faits ni à faire, la vie qui manque... c'est pas grand-chose... ou bien alors ils ont vécu tout à la phrase, tout hideux noirs, tout lourds à l'encre, morts phrasibules, morts rhétoreux. Ah ! que c'est triste ! Chacun son goût.

Faut que je vous avoue mon grand-père, Auguste Destouches par son nom, qu'en faisait lui de la rhétorique, qu'était même professeur pour ça au lycée du Havre et brillant vers 1855.

C'est dire que je me méfie atroce ! Si j'ai l'inclination innée ! [...]

J'ai débourré tous mes « effets », mes « litotes » et mes « pertinences » dedans mes couches...

Le Jazz a renversé la valse, l'impressionnisme tue le « faux jour », vous écrirez « télégraphique » ou vous écrirez plus du tout !

L'Émoi c'est tout dans la vie !
Faut savoir en profiter !
L'Émoi c'est tout dans la Vie !
Quand on est mort c'est fini !

À vous de comprendre ! Émouvez-vous ! « C'est que des bagarres tous vos chapitres » ! Quelle objection ! Quelle tourterie ! Ah ! attention ! La niaise ! En botte ! Volent babillons ! Émouvez bon Dieu ! Ratata ! Sautez ! Vibrochez ! Éclatez dans vos carapaces ! fouillez-vous crabes ! Éventrez ! Trouvez la palpite nom de foutre ! La tête est là ! Enfin ! Quelque chose ! Réveil ! Allez salut ! Robots la crotte ! Merde ! Transposez ou c'est la mort !

Je peux plus rien pour vous !

Céline, *Guignol's band*, Gallimard, 1944.

Un exemple du « métro émotif » : l'art de rendre présent et audible un petit wagonnet dans une usine où l'on travaille à la chaîne – selon le système de Taylor, à Detroit.

Une fois rhabillés, nous fûmes répartis en files traînardes, par groupes hésitants en renfort vers ces endroits d'où nous arrivaient les fracas énormes de la mécanique. Tout tremblait dans l'immense édifice et soi-même des pieds aux oreilles possédé par le tremblement, il en venait des vitres et du plancher et de la ferraille, des secousses, vibré de haut en bas. On en devenait machine aussi soi-même à force et de toute sa viande encore tremblotante dans ce bruit de rage énorme qui vous prenait le dedans et le tour de la tête et plus bas vous agitant les tripes et remontait aux yeux par petits coups précipités, infinis, inlassables. À mesure qu'on avançait on les perdait les compagnons. On leur faisait un petit sourire à ceux-là en les quittant comme si tout ce qui se passait était bien gentil. On ne pouvait plus ni se parler ni s'entendre. Il en restait à chaque fois trois ou quatre autour d'une machine.

On résiste tout de même, on a du mal à se dégoûter de sa substance, on voudrait bien arrêter tout ça pour qu'on y réfléchisse, et entendre en soi son cœur battre facilement, mais ça ne se peut plus. Ça ne peut plus finir. Elle est en catastrophe cette infinie boîte aux aciers et nous on tourne dedans et avec les machines et avec la terre. Tous ensemble ! Et les mille roulettes et les pilons qui ne tombent jamais en même temps avec des bruits qui s'écrasent les uns contre les autres et certains si violents qu'ils déclenchent autour d'eux comme des espèces de silences qui vous font un peu de bien.

Le petit wagon tortillard garni de quincaille se tracasse pour passer entre les outils. Qu'on se range ! Qu'on bondisse pour qu'il puisse démarrer encore un coup le petit hystérique. Et hop ! il va frétiller plus loin ce fou clinquant parmi les courroies et volants, porter aux hommes leurs rations de contraintes.

Céline, *Voyage au bout de la nuit*, Gallimard, 1932.

Un art poétique

Malgré une allure décousue et plaisante, Céline propose ici un véritable art poétique : refus de l'académisme et des traditions (notez les ironies), volonté de recréer le mouvement de la vie la plus concrète et la plus crue, grâce à diverses techniques (familiarités, émoi, « style-métro », juxtapositions) ; besoin de se démarquer de la « littérature », amorphe, endormie, phraseuse, impersonnelle (« robots la crotte »).

L'exemple qui suit (le travail à l'usine) permet de retrouver ces procédés créateurs. Notez aussi l'importance des jeux phonétiques, qui imitent le bruit et le rythme. Mais la préface de *Guignol's band* elle-même est une illustration de ce qu'elle réclame : nervosité émotive, exclamations, inventions de mots, disparition de la syntaxe, juxtapositions abondantes, humour rabelaisien, mélange des genres...

Biographie de Louis-Ferdinand Destouches, dit Céline

VIE

- **1894** — 27 mai : naissance à Courbevoie. Père assureur ; mère commerçante
- **1907** — Divers séjours linguistiques en Allemagne et en Angleterre. Se prépare au commerce
- **1912** — S'engage subitement au 12e régiment de cuirassiers
- **1914** — Maréchal des logis. Blessé dans les Flandres. Croix de guerre et de la valeur militaire
- **1916** — Réformé. Part travailler au Cameroun (agent d'une compagnie forestière)
- **1918** — Engagé dans la mission Rockefeller contre la tuberculose
- **1919** — Passe son bac. Mariage avec Edith Follet. Études de médecine
- **1920** — Une fille, Colette
- **1924** — Docteur en médecine. S'installe à Genève pour travailler à la S.D.N.
- **1927** — Après des missions à Cuba, aux États-Unis, en Afrique, etc., quitte la S.D.N. et ouvre un cabinet à Clichy
- **1929** — Attaché au dispensaire de Clichy
- **1932** — Mort de son père. Nombreuses liaisons féminines
- **1936** — Voyages en Europe. Séjour en U.R.S.S. Rencontre Lucette Almanzor, danseuse
- **1937** — Pamphlets antisoviétiques et antisémites. Doit démissionner du dispensaire de Clichy
- **1939** — Polémiques avec les journaux de gauche
- **1940** — Exode après un bref emploi comme médecin militaire sur un bateau. Retour à Paris ; médecin-chef à Bezons (Val-d'Oise)
- **1941** — Totalement compromis avec les milieux de la collaboration
- **1943** — Mariage avec Lucette Almanzor
- **1944** — Doit fuir avec les Allemands. À Sigmaringen
- **1945** — À Copenhague, incarcéré à la suite d'un mandat d'arrêt français et d'une demande d'extradition
- **1947** — Libéré, installe un cabinet à Copenhague
- **1950** — Condamné par contumace à Paris
- **1951** — Amnistié. Retour en France. Ouvre un cabinet à Meudon
- **1961** — Mort subite (1er juillet)

ŒUVRES

- **1932** — *Voyage au bout de la nuit* (manque le Prix Goncourt au dernier moment ; Prix Renaudot)
- **1936** — *Mort à crédit*, *Mea culpa*
- **37** — *Bagatelles pour un massacre*
- **38** — *L'École des cadavres*
- **1941** — *Les Beaux Draps*
- **1944** — *Guignol's band*
- **1947** — *À l'agité du bocal* (contre Sartre)
- **1948** — *Casse-pipe*
- **1957** — *D'un château l'autre*
- **1959** — Réédition complète de ses ballets
- **1960** — *Nord*
- **1969** — *Rigodon*

Faisons le point

Technique romanesque : qui voit ? qui parle ?

Fiche n° 1
suivante : p. 393.

1. La polémique entre J.-P. Sartre et F. Mauriac (cf. p. 359) attire l'attention sur un problème qui se pose dans tout roman : quelle situation occupe le romancier par rapport à ses personnages ? Le romancier classique (Balzac) est souvent un narrateur omniscient de droit divin : il sait tout sur ses personnages, connaît leurs pensées les plus secrètes, passe à volonté de l'un à l'autre. On parle à propos de cette technique de **focalisation zéro,** c'est-à-dire qu'il n'y a pas de point de vue privilégié. C'est là un procédé peu vraisemblable, que seule l'habitude des conventions romanesques fait accepter au lecteur. Aussi voit-on apparaître, dès Stendhal ou Flaubert, des **restrictions de champ.** Si le narrateur ne raconte que ce que sait, voit, sent, un personnage, le point de vue de celui-ci se trouve privilégié : on parle alors de **focalisation interne** à ce personnage. Si le point de vue sur les personnages est celui d'un observateur extérieur et objectif, qui ne fait que constater ce qui est visible du dehors sans pénétrer dans les consciences, on parlera de **focalisation externe.** Le récit tend alors à simplement constater des comportements : les romanciers américains de l'entre-deux-guerres ont souvent pratiqué cette forme de narration. Attention : le problème de la focalisation ne se confond pas avec celui de la narration, et la focalisation interne ne suppose pas nécessairement le recours à la première personne.

2. Le choix de telle ou telle technique renvoie en fait à des conceptions différentes du réalisme. Un **réalisme objectif,** dans le cadre d'un projet de type naturaliste par exemple, cherchera à prendre du recul par rapport aux personnages, à situer ceux-ci dans un milieu, à suggérer des explications de leur comportement. La focalisation interne, en limitant le champ de vision, tend au contraire vers un **réalisme subjectif,** puisqu'elle présente les faits à travers une conscience centrale. Un même roman peut bien sûr mélanger plusieurs techniques. Mais l'influence du cinéma, celle d'écrivains anglo-saxons comme James ou V. Woolf, inclinent beaucoup d'écrivains du XXe siècle vers un réalisme subjectif : même F. Mauriac, dans *Thérèse Desqueyroux,* adopte pour l'essentiel le point de vue de Thérèse.

Ce privilège accordé à la conscience individuelle ne va pas sans conséquences et doit sans doute être rapproché de la crise des valeurs. La juxtaposition dans un même livre de plusieurs points de vue différents suggère en effet l'incompréhension, voire l'incommunicabilité (voir par exemple Gide, *L'École des femmes,* 1936). L'effacement du narrateur renonçant à l'omniscience entraîne la disparition de toute « vérité » de référence.

Le monologue intérieur est un cas particulier du réalisme subjectif ; cette technique avait été utilisée par E. Dujardin dès 1887 *(Les Lauriers sont coupés)* ; il a défini par la suite le monologue intérieur comme « un discours sans auditeur et non prononcé, par lequel un personnage exprime sa pensée la plus intime, la plus proche de l'inconscient, antérieurement à toute organisation logique, c'est-à-dire en son état naissant, par le moyen de phrases directes réduites au minimum syntaxial, de façon à donner l'impression du tout-venant » (*Le Monologue intérieur,* 1931). Mais c'est surtout l'*Ulysse* de Joyce (1922) qui attira l'attention sur le procédé. Il ne s'agit cette fois pas seulement d'adopter le point de vue d'un personnage, mais de plonger le lecteur dans la conscience même de celui-ci ; toute objectivité disparaît donc (cf. p. 34 et p. 386).

M. Raimond, *Le Roman depuis la Révolution,* A. Colin, 1967.

M. Zéraffa, *Roman et Société,* PUF, 1971.

Communications 8, 1966, repris en coll. « Points », Le Seuil.

G. Genette, *Figures III,* Le Seuil, 1972.

L'absurde et l'existence : de Sartre à Camus

« ... je comprenais que j'avais trouvé la clef de l'Existence, la clef de mes Nausées, de ma propre vie. De fait, tout ce que j'ai pu saisir ensuite se ramène à cette absurdité fondamentale... »

J.-P. Sartre, *La Nausée*, Gallimard, 1938.

« On peut poser en principe que pour un homme qui ne triche pas, ce qu'il croit vrai doit régler son action. La croyance dans l'absurdité de l'existence doit donc commander sa conduite. »

A. Camus, *Le Mythe de Sisyphe*, Gallimard, 1942.

La Seconde Guerre mondiale ne marque pas une cassure dans la production littéraire. Les premières œuvres de Sartre et de Camus sont publiées à la fin des années trente, et dans une large mesure prolongent les tendances des années précédentes : il s'agit toujours, dans un monde dont s'affirme le caractère tragique, de prendre la mesure de la condition humaine et de s'interroger sur **le sens de l'existence.** Au cœur de *La Nausée,* comme des premières œuvres de Camus, on trouve ce mot d'absurde qui désignait déjà, chez Malraux, la vanité d'une vie tant qu'elle n'a pas su se construire en « anti-destin ».

Plus que jamais, l'Histoire sollicite les écrivains. La problématique de **l'engagement** devient essentielle ; elle suppose de nouvelles valeurs sur lesquelles fonder une action qui se manifeste notamment, pour Sartre et Camus, dans la participation à la Résistance. L'œuvre est le lieu où s'exprime cette recherche, par étapes successives : il y a en effet, aussi bien chez Sartre que chez Camus, une dynamique de la réflexion. Il faut la suivre dans ses progrès, mais aussi dans ses doutes ou ses renoncements. L'inachèvement des *Chemins de la liberté,* les remises en cause annoncées par *La Chute* et interrompues par la mort prématurée de Camus, interdisent toute lecture statique et réductrice.

La volonté d'engagement explique aussi **le caractère souvent didactique** de ces œuvres et le souci constant du public auquel elles s'adressent. Au cœur de la réflexion que proposent les textes de Sartre recueillis sous le titre d'ensemble *Qu'est-ce que la littérature ?* se trouve la question essentielle : pour qui écrit-on ? Multipliant les moyens d'expression, Sartre et Camus pratiquent des genres très divers (roman, ouvrages philosophiques, essais, théâtre) parmi lesquels les nombreux textes d'actualité (articles, conférences...) témoignent d'un engagement quotidien (aux *Actuelles* de Camus répondent les *Situations* de Sartre). Le souci d'élaboration conceptuelle, commun aux deux écrivains, explique que le terme philosophique d'**existentialisme** ait été utilisé – de façon souvent peu rigoureuse, et abusive s'agissant de Camus – pour désigner ce qui, autour de Sartre, apparaissait comme une école de pensée plus que comme un mouvement littéraire comparable au symbolisme ou au surréalisme.

Mais ce souci didactique, qui contribue à faire des écrivains des « maîtres à penser », ne ramène pas l'écriture au rang de simple moyen d'expression d'un message. Au contraire les questions de technique romanesque jouent un rôle important dans la réflexion de Sartre et de Camus. Plus que leur théâtre, qui demeure de facture assez traditionnelle, leurs romans témoignent du souci d'**expérimenter des formes** correspondant à une nouvelle vision de la condition humaine. L'exemple des romanciers américains (Dos Passos, Faulkner, Hemingway) incite à pratiquer des techniques narratives qui marquent une nette rupture avec le roman du XIXe siècle : renonçant à l'omniscience d'un narrateur tout-puissant, le roman cherche à serrer de plus près la conscience des personnages. Le pessimisme du roman existentialiste se marque aussi dans le choix de thèmes qui ont pu amener G. Picon à parler à son sujet de « naturalisme métaphysique » : le sentiment de l'absurde se manifesterait dans la noirceur de la vision et l'attention portée aux détails sordides de l'existence. Par là, le roman existentialiste romprait avec le romantisme héroïque des œuvres de Malraux ou Saint-Exupéry. Cela est sans doute plus vrai de l'univers de *La Nausée* ou du *Mur* que des œuvres de Camus où abondent les passages lyriques• liés à l'évocation du monde méditerranéen. On touche ici aux limites inévitables de tout parallèle : s'il y a des affinités entre les œuvres de Sartre et de Camus – et de grandes similitudes dans la façon dont elles furent reçues –, ce qui explique paradoxalement la concurrence conflictuelle qui suivit la rupture liée à la publication de *L'Homme révolté,* les différences de sensibilité et d'inspiration, sans parler des divergences philosophiques et politiques, sont suffisamment profondes pour qu'il soit nécessaire de situer chaque écrivain dans sa perspective propre.

Jean-Paul Sartre (1905-1980)

La nausée...

La nausée, c'est pour Roquentin, « héros » du livre paru en 1938, l'expérience existentielle de l'absurdité du monde. Dans son journal, il précise peu à peu le sens et la portée de cette impression ressentie à plusieurs reprises, et qui finit par s'installer en lui : les choses autour de lui existent, dans leur présence envahissante et indécente, sans transcendance• aucune. Elles sont de trop, dans un monde arbitraire, et provoquent des sensations de dégoût qu'expriment des **images obsédantes** (c'est « l'affalement gélatineux » d'un monde mou et poisseux). Les êtres aussi sont de trop ; moi-même, écrit Roquentin « je suis de trop ». La mort ne serait pas un remède : « ma mort même eût été de trop. De trop, mon cadavre, mon sang sur ces cailloux, entre ces plantes, au fond de ce jardin souriant [...] j'étais de trop pour l'éternité. »

Rien n'échappe à cette expérience dissolvante, et Roquentin renonce au projet d'écrire un livre historique qui l'avait amené à vivre à Bouville, au bord de la mer, se consacrant à ses recherches à la bibliothèque. Les autres ne sont d'aucun secours, ni Anny aimée autrefois, ni l'autodidacte, impitoyable caricature des humanistes, ni les bourgeois de Bouville : un passage féroce décrit les promenades familiales du dimanche, dans la rue principale, et le cérémonial dérisoire des rencontres et des saluts. Seul espoir que suggère la fin du livre : un air de jazz qu'aime écouter Roquentin lui inspire l'idée que peut-être l'art serait un moyen d'échapper à l'arbitraire des choses et de vaincre la répugnance ; à la dernière page du livre, il envisage d'écrire à son tour un roman. Mais Sartre ne retiendra pas par la suite cette idée proustienne d'un salut par l'écriture.

EXTRAIT

L'un des moments où s'impose la nausée. Roquentin est dans le tramway :

J'appuie ma main sur la banquette, mais je la retire précipitamment : ça existe. Cette chose sur quoi je suis assis, sur quoi j'appuyais ma main s'appelle une banquette. Ils l'ont faite tout exprès pour qu'on puisse s'asseoir, ils ont pris du cuir, des ressorts, de l'étoffe, ils se sont mis au travail, avec l'idée de faire un siège et quand ils ont eu fini, c'était *ça* qu'ils avaient fait. Ils ont porté ça ici, dans cette boîte, et la boîte roule et cahote à présent, avec ses vitres tremblantes, et elle porte dans ses flancs cette chose rouge. Je murmure : c'est une banquette, un peu comme un exorcisme. Mais le mot reste sur mes lèvres : il refuse d'aller se poser sur la chose. Elle reste ce qu'elle est, avec sa peluche rouge, milliers de petites pattes rouges, en l'air, toutes raides, de petites pattes mortes. Cet énorme ventre tourné en l'air, sanglant, ballonné – boursouflé avec toutes ses pattes mortes, ventre qui flotte dans cette boîte, dans ce ciel gris, ce n'est pas une banquette. Ça pourrait tout aussi bien être un âne mort, par exemple, ballonné par l'eau et qui flotte à la dérive, le ventre en l'air dans un grand fleuve gris, un fleuve d'inondation ; et moi je serais assis sur le ventre de l'âne et mes pieds tremperaient dans l'eau claire. Les choses se sont délivrées de leurs noms. Elles sont là, grotesques, têtues, géantes et ça paraît imbécile de les appeler des banquettes ou de dire quoi que ce soit sur elles : je suis au milieu des Choses, les innommables. Seul, sans mots, sans défenses, elles m'environnent, sous moi, derrière moi, au-dessus de moi. Elles n'exigent rien, elles ne s'imposent pas : elles sont là. Sous le coussin de la banquette, contre la paroi de bois il y a une petite ligne d'ombre, une petite ligne noire qui court le long de la banquette d'un air mystérieux et espiègle, presque un sourire. Je sais très bien que ça n'est pas un sourire et cependant ça existe, ça court sous les vitres blanchâtres, sous le tintamarre des vitres, ça s'obstine, sous les images bleues qui défilent derrière les vitres et s'arrêtent et repartent, ça s'obstine, comme le souvenir imprécis d'un sourire, comme un mot à demi oublié dont on ne se rappelle que la première syllabe et le mieux qu'on puisse faire, c'est de détourner les yeux et de penser à autre chose, à cet homme à demi couché sur la banquette, en face de moi, là. Sa tête de terre cuite aux yeux bleus. Toute la droite de son corps s'est affaissée, le bras droit est collé au corps, le côté droit vit à peine, avec peine, avec avarice, comme s'il était paralysé. Mais sur tout le côté gauche, il y a une petite existence parasite qui prolifère, un chancre : le bras s'est mis à trembler et puis il s'est levé et la main était raide, au bout. Et puis la main s'est mise aussi à trembler et, quand elle est arrivée à la hauteur du crâne, un doigt s'est tendu et s'est mis à gratter le cuir chevelu, de l'ongle. Une espèce de grimace voluptueuse est venue habiter le côté droit de la bouche et le côté gauche restait mort. Les vitres tremblent, le bras tremble, l'ongle gratte, gratte, la bouche sourit sous les yeux fixes et l'homme supporte sans s'en apercevoir cette petite existence qui gonfle son côté droit, qui a emprunté son bras droit et sa joue droite pour se réaliser. Le receveur me barre le chemin.

– Attendez l'arrêt.

Mais je le repousse et je saute hors du tramway. Je n'en pouvais plus.

Jean-Paul Sartre, *La Nausée*, Gallimard, 1938.

« Sans mots, sans défenses... »

Ce texte est l'un des passages où Roquentin est envahi par la nausée. Celle-ci est d'abord une expérience sensible, dont on pourra suivre la progression tout au long du texte. La nausée est aussi échec du langage ; on pourra relever les procédés (périphrases•, images...) qui tentent malgré tout d'exprimer ce face-à-face avec l'innommable. Contrairement au monde proustien qui détient une signification spirituelle à déchiffrer (cf. p. 288), le monde de la nausée n'offre que l'évidence d'une absurdité.

« L'expérience proustienne est celle du déchiffrement du réel par l'esprit ; la réalité est par instants comme un signe resplendissant. L'expérience de *La Nausée* est celle d'une sorte de débordement de l'esprit par l'existence, elle souligne un divorce entre l'existence et la pensée : la pensée ne peut servir qu'à escamoter l'existence. »

Michel Raimond, *Le Roman depuis la Révolution*, A. Colin, 1967.

documents

Dans les vies les mieux préparées, il arrive toujours un moment où les décors s'écroulent. Pourquoi ceci et cela, cette femme, ce métier et cet appétit d'avenir ? Et pour tout dire, pourquoi cette agitation à vivre dans ces jambes qui vont pourrir ?

Ce sentiment nous est commun. Et d'ailleurs, pour la plupart des hommes, l'approche du dîner, une lettre reçue, ou un sourire de passante, suffisent à leur faire passer le cap. Mais pour qui a le goût de creuser ses idées, regarder cette idée en face rend la vie impossible. Et vivre en jugeant que cela est vain, voilà qui crée l'angoisse. À force de vivre à contre-courant, un dégoût, une révolte transporte tout l'être, et la révolte du corps, cela s'appelle la nausée.

Étrange sujet sans doute, le plus banal de tous cependant. M. Sartre le mène de bout en bout avec une vigueur et une sûreté qui marquent ce que peut avoir de quotidien un dégoût d'apparence si subtile. C'est dans cet effort que se retrouve la parenté de M. Sartre avec un auteur qu'on n'a pas (sauf erreur) cité à propos de *la Nausée*, je veux dire Franz Kafka.

Mais la différence est que devant le roman de M. Sartre, je ne sais quelle gêne empêche l'adhésion du lecteur et l'arrête au seuil du consentement. Je l'attribue sans doute à ce déséquilibre si sensible entre la pensée de l'œuvre et les images où elle se joue. Mais peut-être peut-on penser autre chose. Car l'erreur d'une certaine littérature, c'est de croire que la vie est tragique parce qu'elle est misérable.

Elle peut être bouleversante et magnifique, voilà toute sa tragédie. Sans la beauté, l'amour ou le danger, il serait presque facile de vivre. Et le héros de M. Sartre n'a peut-être pas fourni le vrai sens de son angoisse lorsqu'il insiste sur ce qui lui répugne dans l'homme, au lieu de fonder sur certaines de ses grandeurs des raisons de désespérer.

Albert Camus, extrait d'un article paru dans *Alger républicain*, 20 octobre 1938, Gallimard.

Ce qui fait la grandeur de Sartre, c'est donc qu'il a un univers à nous révéler. Non pas l'univers, mais son univers : un univers qu'il traduit comme d'autres par la fiction à l'aide d'un certain nombre d'obsessions inoubliables. *Il y a un monde de Sartre, comme il y a un monde de Kafka, un monde de Faulkner* : et c'est ce monde qui nous tient en son pouvoir. Nous le reconnaissons vite : il est le face-à-face d'un univers absurde et répugnant et d'une conscience errante, informe, fascinée. Il est celui où l'homme « se boit sans soif », où tout est de trop – le monde des issues fermées. La nature n'est qu'une masse obscène avec laquelle aucun dialogue n'est possible : le soleil y est « sinistre », le printemps une fermentation malsaine, la mer une étendue « froide et noire ». Coupé de l'univers extérieur, le monde sartrien s'étend dans ses étroites frontières humaines ; il est toujours une chambre fermée sur le dehors, où ne pénètre aucun souffle et où la tiédeur, les louches fragrances du corps humain, la fumée et l'éclairage artificiel composent bientôt une étouffante densité.

Gaëtan Picon, *Panorama de la nouvelle littérature française*, Gallimard, 1976.

La mauvaise foi...

Il est difficile de rester lucide face à cette expérience de la nausée, et la tentation est grande de la refuser, de chercher refuge dans l'aveuglement de soi-même et **la mauvaise foi.** Sartre excelle à caricaturer ceux qu'il appelle **les salauds,** ceux qui cherchent, dans l'image d'eux-mêmes que leur renvoie le regard des autres, un refuge contre l'absurdité des choses et l'illusion d'une nécessité. Ce sont par exemple « les chefs », les grandes familles de Bouville, dans *La Nausée :* un passage saisissant du journal de Roquentin raconte sa visite au musée municipal. Partout sur les murs s'étalent les portraits, débordants d'autosatisfaction, des notables locaux. Les cinq nouvelles recueillies dans *Le Mur* (1939) présentent des marginaux (des condamnés à mort, un fou, un impuissant, un pédéraste...) qui se réfugient dans la fausse solution de l'inauthenticité. Dans la dernière de ces nouvelles, *L'Enfance d'un chef,* Sartre retrace les différentes étapes par lesquelles passe un jeune bourgeois, Lucien Fleurier, incapable de répondre à la question : qui suis-je ? En choisissant de devenir camelot du roi et de s'afficher comme antisémite, il se sent enfin « dur et lourd comme une pierre, et il était presque heureux ». Il pourra devenir un homme et succéder à son père à la tête de l'entreprise familiale... L'antisémitisme, auquel Sartre a consacré de pénétrantes analyses dans *Réflexions sur la question juive* (1946), est en effet un parfait exemple des conduites de mauvaise foi.

EXTRAIT

Lucien parla à ses parents de ses nouveaux amis, et M. Fleurier lui demanda s'il allait devenir camelot. Lucien hésita et dit gravement : « Je suis tenté, je suis vraiment tenté. – Lucien, je t'en prie, ne fais pas ça, dit sa mère, ils sont très agités, et un malheur est vite arrivé. Vois-tu qu'on te passe à tabac ou qu'on te mette en prison ? Et puis tu es beaucoup trop jeune pour faire de la politique. » Lucien ne lui répondit que par un sourire ferme, et M. Fleurier intervint : « Laisse-le faire, ma chérie, dit-il avec douceur, laisse-le suivre son idée ; il faut en avoir passé par là. » À dater de ce jour, il sembla à Lucien que ses parents le traitaient avec une certaine considération. Pourtant, il ne se décidait pas ; ces quelques semaines lui avaient beaucoup appris : il se représentait tour à tour la curiosité bienveillante de son père, les inquiétudes de Mme Fleurier, le respect naissant de Guigard, l'insistance de Lemordant, l'impatience de Rémy et il se disait en hochant la tête : « Ce n'est pas une petite affaire. » Il eut une longue conversation avec Lemordant, et Lemordant comprit très bien ses raisons, et lui dit de ne pas se presser. Lucien avait encore des crises de cafard : il avait l'impression de n'être qu'une petite transparence gélatineuse qui tremblotait sur la banquette d'un café, et l'agitation bruyante des camelots lui paraissait absurde. Mais, à d'autres moments, il se sentait dur et lourd comme une pierre et il était presque heureux.

Il était de mieux en mieux avec toute la bande. Il leur chanta *la Noce à Rebecca* que Hébrard lui avait apprise aux vacances précédentes, et tout le monde déclara qu'il avait été fort amusant. Lucien mis en verve fit plusieurs réflexions mordantes sur les juifs et parla de Berliac qui était si avare : « Je me disais toujours : mais pourquoi est-il si radin, ça n'est pas possible d'être aussi radin. Et puis un beau jour j'ai compris : il était de la tribu. » Tout le monde se mit à rire et une sorte d'exaltation s'empara de Lucien : il se sentait vraiment furieux contre les juifs et le souvenir de Berliac lui était profondément désagréable. Lemordant le regarda dans les yeux et lui dit : « Toi, tu es un pur. » Par la suite, on demandait souvent à Lucien : « Fleurier, dis-nous-en une bien bonne sur les youtres », et Lucien racontait des histoires juives qu'il tenait de son père ; il n'avait qu'à commencer sur un certain ton « un chour Léfy rengontre Plum... » pour mettre ses amis en joie. Un jour, Rémy et Patenôtre dirent qu'ils avaient croisé un juif algérien sur les bords de la Seine et qu'ils lui avaient fait une peur affreuse en s'avançant sur lui comme s'ils voulaient le jeter à l'eau : « Je me disais, conclut Rémy : quel dommage que Fleurier ne soit pas avec nous. – Ça vaut peut-être mieux, qu'il n'ait pas été là, interrompit Desperreau, parce que, lui, il aurait foutu le juif à l'eau pour de bon ! » Lucien n'avait pas son pareil pour reconnaître un juif à vue de nez. Quand il sortait avec Guigard, il lui poussait le coude : « Ne te retourne pas tout de suite : le petit gros, derrière nous, c'en est un ! – Pour ça, disait Guigard, tu as du flair ! » Fanny, elle non plus, ne pouvait pas sentir les juifs ; ils montèrent tous les quatre dans la chambre de Maud un jeudi, et

Lucien chanta *la Noce à Rebecca.* Fanny n'en pouvait plus, elle disait : « Arrêtez, arrêtez, je vais faire pipi dans mon pantalon » et, quand il eut fini, elle lui lança un regard heureux, presque tendre. À la brasserie *Polder,* on finit par monter un bateau à Lucien. Il se trouvait toujours quelqu'un pour dire négligemment : « Fleurier qui aime tant les juifs... » ou bien « Léon Blum, le grand ami de Fleurier... » et les autres attendaient dans le ravissement, en retenant leur souffle, la bouche ouverte. Lucien devenait rouge, il frappait sur la table en criant : « Sacré nom... ! » et ils éclataient de rire, ils disaient : « Il a marché ! il a marché ! Il n'a pas marché : il a couru ! »

Jean-Paul Sartre, *L'Enfance d'un chef,* in *Le Mur,* Gallimard, 1939.

Le choix de la mauvaise foi

Le texte décrit le mécanisme de la mauvaise foi : l'antisémitisme va permettre au personnage d'échapper à la « transparence gélatineuse » (cf. les sensations de la nausée) et de se sentir exister aux yeux des autres (cf. les *Réflexions sur la question juive,* ci-dessous). On étudiera la façon dont le narrateur démasque la mauvaise foi en même temps qu'il en décrit le fonctionnement. Un passage à rapprocher des portraits des « chefs » dans *La Nausée,* celui par exemple du négociant Pacôme.

document

Qu'est-ce qu'un antisémite ?

C'est un homme qui a peur. Non des Juifs, certes : de lui-même, de sa conscience, de sa liberté, de ses instincts, de ses responsabilités, de la solitude, du changement, de la société et du monde ; de tout sauf des Juifs. C'est un lâche qui ne veut pas s'avouer sa lâcheté ; un assassin qui refoule et censure sa tendance au meurtre sans pouvoir la refréner et qui, pourtant, n'ose tuer qu'en effigie ou dans l'anonymat d'une foule ; un mécontent qui n'ose se révolter de peur des conséquences de sa révolte. En adhérant à l'antisémitisme, il n'adopte pas simplement une opinion, il se choisit comme personne. Il choisit la permanence et l'impénétrabilité de la pierre, l'irresponsabilité totale du guerrier qui obéit à ses chefs, et il n'a pas de chef. Il choisit de ne rien acquérir, de ne rien mériter, mais que tout lui soit donné de naissance – et il n'est pas noble. Il choisit enfin que le Bien soit tout fait, hors de question, hors d'atteinte, il n'ose le regarder de peur d'être amené à le contester et à en chercher un autre. Le Juif n'est ici qu'un prétexte : ailleurs on se servira du nègre, ailleurs du jaune. Son existence permet simplement à l'antisémite d'étouffer dans l'œuf ses angoisses en se persuadant que sa place a toujours été marquée dans le monde, qu'elle l'attendait et qu'il a, de tradition, le droit de l'occuper. L'antisémitisme, en un mot, c'est la peur devant la condition humaine. L'antisémite est l'homme qui veut être roc impitoyable, torrent furieux, foudre dévastatrice : tout sauf un homme.

Jean-Paul Sartre, *Réflexions sur la question juive,* Gallimard, 1946.

document

Réactions

L'opposition entre une littérature de recherche et une littérature de tradition s'est nettement manifestée lorsque vers 1950 certains écrivains choisirent de réagir contre l'existentialisme et les interrogations de l'après-guerre par un retour au romanesque traditionnel. Contre le roman à thèse aussi bien que contre le roman de recherche, il s'agit pour eux avant tout de plaire. Retour au classicisme, peut-être, qui se couvre à l'occasion de l'autorité de Stendhal. Conservatisme aussi, politique souvent autant que littéraire. Autour de la revue *La Parisienne,* fondée en 1953, se retrouvent par exemple R. Nimier (*Le Hussard bleu,* 1950), J. Laurent (dont *Les Bêtises* obtiennent en 1971 le prix Goncourt), A. Blondin (*Les Enfants du Bon Dieu,* 1952) ou M. Déon (*Le Dieu pâle,* 1954). Le succès du *Hussard bleu* de R. Nimier fit parler de l'« école des hussards ». L'allégresse du style et la désinvolture affichée ne les empêchent pas d'exprimer un mal du siècle qui trouve un écho en 1954 dans le *Bonjour tristesse* de F. Sagan.

citations/controverses

« Pitoyable bilan donc, que celui de la pensée et de la raison chez Sartre, comme chez Bourget. Voici deux universitaires, deux produits de la Sorbonne qui n'arrivent pas à voir clair dans leurs idées et dont l'ambition demeure cependant de les imposer au grand public. Ou : comment naît le roman à thèse. »

Jacques Laurent, *Paul et Jean-Paul,* Grasset, 1951.

Les chemins de la liberté

La fresque romanesque des *Chemins de la liberté* (*L'Âge de raison*, 1945, *Le Sursis*, 1945, *La Mort dans l'âme*, 1949) tente de dépasser le stade de la nausée et des réponses de mauvaise foi. L'absence de transcendance●, le sentiment de la gratuité du monde peuvent en effet se vivre sur le mode de la névrose ou du refus. Mais on peut également y voir **le fondement d'une liberté.** Il n'y a pas de nature humaine, ni d'ordre divin organisant le monde : il n'y a que des situations, par rapport auxquelles chacun se définit en se choisissant. Par-delà le désespoir et la nausée, il y a la liberté des choix (cf. *Les Mouches*, p. 214), pourvu que l'on sache s'engager dans « les chemins de la liberté ».

Les quelques personnages dont on suit simultanément l'histoire sont donc confrontés à des choix : ils tranchent en s'engageant, comme le fait le communiste Brunet, ou cherchent comme Mathieu à différer la décision, que ce soit sur le plan privé ou sur le plan politique. Mais c'est là encore une attitude de fuite qui vole en éclats lorsque, mobilisé au moment de la Seconde Guerre mondiale, Mathieu assiste à la débâcle de l'armée française. Il choisit de se battre, alors que presque tous ses camarades attendent d'être faits prisonniers ; avec quelques compagnons, installé au sommet d'un clocher, il tire sur les Allemands qui envahissent le village. Pour la première fois, il s'engage et agit : « Pendant des années, il avait tenté d'agir en vain : on lui volait ses actes à mesure ; il comptait pour du beurre. Mais ce coup-ci, on ne lui avait rien volé du tout. Il avait appuyé sur la gâchette et, pour une fois, quelque chose était arrivé. » *(La Mort dans l'âme)*

Toutefois la valeur réelle de ce choix tardif et désespéré reste ambiguë. Peut-être le communiste Brunet, que l'on voit dans la suite de *La Mort dans l'âme* tenter d'organiser les prisonniers, aurait-il été un meilleur exemple de héros positif. Mais Sartre n'a jamais terminé *Les Chemins de la liberté*. La suite de son œuvre choisit la voie d'un engagement idéologique plus direct qui s'exprime dans le théâtre, la critique littéraire, la réflexion philosophique et l'engagement politique (cf. p. 214).

EXTRAIT

Mathieu est réfugié avec ses compagnons survivants, dans le clocher de l'église ; les Allemands installent un canon ; cela fait déjà douze minutes que le combat est engagé...

Le canon tira deux fois, coup sur coup; ils entendirent un choc sourd au-dessus de leur tête, une avalanche de plâtras se détacha du plafond; Chasseriau tira sa montre.

– Douze minutes.

Mathieu et Chasseriau rampèrent jusqu'au parapet. Mathieu s'était accroupi, à côté de Pinette; Chasseriau, à sa droite, se tenait debout et courbé en avant.

– C'est déjà pas si mal, douze minutes, dit Chasseriau. C'est déjà pas si mal.

L'air siffla, hurla, frappa Mathieu en pleine face : un air chaud et lourd comme de la bouillie. Mathieu tomba assis par terre. Le sang l'aveuglait; il avait les mains rouges jusqu'aux poignets; il se frottait les yeux et mêlait le sang de ses mains à celui de son visage. Mais ce n'était pas son sang : Chasseriau était assis sur le parapet sud, sans tête ; un gargouillis de sang et de bulles sortait de son cou.

– Je ne veux pas, dit Pinette, je ne veux pas!

Il se leva brusquement, courut à Chasseriau et le frappa en pleine poitrine avec la crosse de son fusil. Chasseriau oscilla et bascula par-dessus le parapet. Mathieu le vit tomber sans émotion : c'était juste le commencement de sa propre mort.

– Feu à volonté, cria Clapot.

La place, brusquement, grouillait de soldats. Mathieu reprit son poste et se mit à tirer, Dandieu tirait près de lui.

– C'est un massacre, dit Dandieu en riant.

Il lâcha son fusil qui tomba dans la rue, il se coucha sur Mathieu en disant :

– Mon vieux! Mon vieux!

Mathieu le rejeta d'un coup d'épaule, Dandieu tomba en arrière et Mathieu continua à tirer. Il tirait encore quand le toit s'effondra sur lui. Il reçut une poutre sur la tête, lâcha son fusil et tomba. Quinze minutes! pensait-il avec rage, je donnerais n'importe quoi pour tenir quinze minutes! la crosse d'un fusil sortait du chaos de bois brisé et d'ardoises en éclats; il le tira à lui : le fusil était gluant de sang mais chargé.

– Pinette! cria Mathieu.

Personne ne répondit. L'effondrement du toit obstruait toute la partie nord de la plate-forme; les gravats et les poutres bouchaient la trappe; une barre de fer pendait du plafond béant; Mathieu était seul.

– Nom de Dieu, dit-il à voix haute, il ne sera pas dit que nous n'aurons pas tenu quinze minutes.

Il s'approcha du parapet et se mit à tirer debout. C'était une énorme revanche ; chaque coup de feu le vengeait d'un ancien scrupule. Un coup sur Lola que je n'ai pas osé voler, un coup sur Marcelle que j'aurais dû plaquer, un coup sur Odette que je n'ai pas voulu baiser. Celui-ci pour les livres que je n'ai pas osé écrire, celui-là pour les voyages que je me suis refusés, cet autre sur tous les types, en bloc, que j'avais envie de détester et que j'ai essayé de comprendre. Il tirait, les lois volaient en l'air, tu aimeras ton prochain comme toi-même, pan dans cette gueule de con, tu ne tueras point, pan sur le faux jeton d'en face. Il tirait sur l'homme, sur la Vertu, sur le Monde : la Liberté, c'est la Terreur ; le feu brûlait dans la mairie, brûlait dans sa tête : les balles sifflaient, libre comme l'air, le monde sautera, moi avec, il tira, il regarda sa montre : quatorze minutes trente secondes ; il n'avait plus rien à demander sauf un délai d'une demi-minute, juste le temps de tirer sur le bel officier si fier qui courait vers l'église ; il tira sur le bel officier, sur toute la Beauté de la Terre, sur la rue, sur les fleurs, sur les jardins, sur tout ce qu'il avait aimé. La Beauté fit un plongeon obscène et Mathieu tira encore. Il tira : il était pur, il était tout-puissant, il était libre.

Quinze minutes.

Jean-Paul Sartre, *La Mort dans l'âme*, Gallimard, 1949.

Les chemins de la liberté ?

La liberté s'affirme comme un défi à tous les échecs précédents et à toutes les impostures : expérience purificatrice mais peut-être gratuite, puisqu'elle ne peut ici se charger d'un contenu positif. On pourra notamment comparer ce texte avec la fin du *Gilles* de Drieu La Rochelle.

documents

La Seconde Guerre mondiale et la littérature

À côté d'une production littéraire qui se définit comme recherche, il existe des œuvres pour lesquelles la littérature est un moyen de rendre compte du réel, de témoigner – ce qui n'exclut pas nécessairement l'ambition littéraire. Les œuvres inspirées par la Seconde Guerre mondiale – dont certaines ont eu un succès considérable, comme *Le Silence de la mer* de Vercors – en seraient un bon exemple. Selon une formule de Maurice Nadeau *(Le Roman français depuis la guerre)*, il semble alors que « l'événement suscite des œuvres ». Quelques titres :

la résistance : Vercors, *Le Silence de la mer*, 1942.
R. Vailland, *Drôle de jeu*, 1945.
R. Gary, *Éducation européenne*, 1945.

la guerre : J. Roy, *La Vallée heureuse*, 1946.
R. Merle, *Week-end à Zuydcoote*, 1949.

l'univers concentrationnaire :
D. Rousset, *L'Univers concentrationnaire*, 1946.
R. Antelme, *L'Espèce humaine*, 1947.
J. Cayrol, *Je vivrai l'amour des autres*, 1947.

Un philosophe « best seller » : Jean-Paul Sartre

Titres	Parution	Ventes
Les Mains sales	1948	1792600
La Nausée	1938	1670800
Huis clos	1947	1639700
Le Mur	1939	1603300
Les Mouches (théâtre I)	1947	865900
Le Diable et le bon Dieu	1951	846000
L'Âge de raison	1945	843000
Le Sursis	1945	693200

Titres	Parution	Ventes
Les Mots	1964	618000
La Mort dans l'âme	1949	573900
Les Séquestrés d'Altona	1960	387500
Morts sans sépulture (théâtre I)	1947	299600
Réflexions sur la question juive	1954	282500
Baudelaire	1947	173900
Qu'est-ce que la Littérature ?	1964	173000
L'Imaginaire	1940	135400

Chiffres de vente depuis la publication jusqu'au 31 décembre 1982, communiqués par les Éditions Gallimard.

Une nouvelle esthétique romanesque ?

Les Chemins de la liberté participent aussi d'**une nouvelle esthétique romanesque.** La théorie de la liberté a en effet des implications littéraires que mettent bien en évidence les attaques de Sartre contre François Mauriac. Un article de 1939 *(M. François Mauriac et la liberté)* récuse la technique traditionnelle du roman, qui fait du narrateur un Dieu tout-puissant sur ses personnages et qui propose, après coup, le récit explicatif des événements. À cette vision rétrospective imposée par le romancier, Sartre oppose ce qu'on peut appeler un **réalisme subjectif** : au lieu d'affirmer la présence omnisciente du romancier, la narration doit entrer dans le point de vue subjectif des personnages et nous faire coïncider avec leurs consciences.

Du point de vue de la temporalité, cela amène à opposer au **récit** rétrospectif le **roman**, qui se construit progressivement en laissant aux personnages la liberté d'un avenir : les jeux ne doivent pas être faits d'avance (cf. p. 485). C'est ainsi que dans *Le Sursis*, qui retrace les semaines qui, en 1938, précédèrent l'accord de Munich, Sartre s'inspire du simultanéisme• de Dos Passos et fait passer le lecteur, sans transition, de la conscience d'un personnage à un autre, revivant avec chacun l'attente de la guerre.

Du point de vue de la technique littéraire, les thèses sartriennes sont discutables : quel que soit le système de narration utilisé, il reste un procédé entre les mains du romancier ; même si l'intervention de celui-ci est moins visible, la « liberté » des personnages est, de toute façon, parfaitement illusoire. Toutefois, même si *Les Chemins de la liberté* ne sont pas la réponse adéquate, ce débat montre combien une nouvelle vision du monde appelle de nouvelles formes littéraires.

DOSSIER

Sartre et Mauriac

La Fin de la Nuit n'est pas un roman. Appellerez-vous « roman » cet ouvrage anguleux et glacé, avec des parties de théâtre, des morceaux d'analyse, des méditations poétiques ? Ces démarrages heurtés, ces coups de frein violents, ces reprises pénibles, ces pannes, pouvez-vous les confondre avec le cours majestueux de la durée romanesque ? Vous laisserez-vous prendre à ce récit immobile, qui livre au premier coup d'œil son armature intellectuelle, où les figures muettes des héros sont inscrites comme des angles dans un cercle ? S'il est vrai qu'un roman est une *chose*, comme un tableau, comme un édifice d'architecture, s'il est vrai qu'on fait un roman avec des consciences libres et de la durée, comme on peint un tableau avec des couleurs et de l'huile, *La Fin de la Nuit* n'est pas un roman – tout au plus une somme de signes et d'intentions. M. Mauriac n'est pas un romancier.

Pourquoi ? Pourquoi cet auteur sérieux et appliqué n'a-t-il pas atteint son but ? C'est péché d'orgueil, je crois. Il a voulu ignorer, comme font du reste la plupart de nos auteurs, que la théorie de la relativité s'applique intégralement à l'univers romanesque, que, dans un vrai roman, pas plus que dans le monde d'Einstein, il n'y a de place pour un observateur privilégié, et que dans un système romanesque[1], pas plus que dans un système physique, il n'existe d'expérience permettant de déceler si ce système est en mouvement ou en repos. M. Mauriac s'est préféré. Il a choisi la toute-connaissance et la toute-puissance divines. Mais un roman est écrit par un homme pour des hommes. Au regard de Dieu, qui perce les apparences sans s'y arrêter, il n'est point de roman, il n'est point d'art, puisque l'art vit d'apparences. Dieu n'est pas un artiste ; M. Mauriac non plus.

Février 1939.

(1) Note de l'auteur : par système romanesque j'entends aussi bien le roman tout entier que les systèmes partiels qui le composent (conscience, ensemble de jugements psychologiques et moraux des personnages).

Jean-Paul Sartre, *Situations 1*, Gallimard, 1947.

La technique romanesque

Les romans de nos aînés racontaient l'événement au passé, la succession chronologique laissait entrevoir les relations logiques et universelles, les vérités éternelles ; le plus petit changement était déjà compris, on nous livrait du vécu déjà repensé. Peut-être cette technique, dans deux siècles, conviendra-t-elle à un auteur qui aura décidé d'écrire un roman historique sur la guerre de 1940. Mais nous, si nous venions à méditer sur nos écrits futurs, nous nous persuadions qu'aucun art ne saurait être vraiment nôtre s'il ne rendait à l'événement sa brutale fraîcheur, son ambiguïté, son imprévisibilité, au temps son cours, au monde son opacité menaçante et somptueuse, à l'homme sa longue patience ; nous ne voulions pas délecter notre public de sa supériorité sur un monde mort et nous souhaitions le prendre à la gorge : que chaque personnage soit un piège, que le lecteur y soit attrapé et qu'il soit jeté d'une conscience dans une autre, comme d'un univers absolu et irrémédiable dans un autre univers pareillement absolu, qu'il soit incertain de l'incertitude même des héros, inquiet de leur inquiétude, débordé par leur présent, pliant sous le poids de leur avenir, investi par leurs perceptions et par leurs sentiments comme par de hautes falaises insurmontables, qu'il sente enfin que chacune de leurs humeurs, que chaque mouvement de leur esprit enferment l'humanité entière et sont, en leur temps et en leur lieu, au sein de l'histoire et malgré l'escamotage perpétuel du présent par l'avenir, une descente sans recours vers le Mal ou une montée vers le Bien qu'aucun futur ne pourra contester. C'est ce qui explique le succès que nous avons fait aux œuvres de Kafka et à celles des romanciers américains. De Kafka on a tout dit : qu'il voulait peindre la bureaucratie, les progrès de la maladie, la condition des Juifs en Europe orientale, la quête de l'inaccessible transcendance, le monde de la grâce quand la grâce fait défaut. Tout cela est vrai, je dirai qu'il a voulu décrire la condition humaine. Mais ce qui nous était particulièrement sensible, c'est que, dans ce procès perpétuellement en cours, qui finit brusquement et mal, dont les juges sont inconnus et hors d'atteinte, dans les efforts vains des accusés pour connaître les chefs d'accusation, dans cette défense patiemment échafaudée qui se retourne contre le défenseur et figure parmi les pièces à charge, dans ce présent absurde que les personnages vivent avec application et dont les clés sont ailleurs, nous reconnaissions l'histoire et nous-mêmes dans l'histoire. Nous étions loin de Flaubert et de Mauriac : il y avait là, tout au moins, un procédé inédit pour présenter des destins pipés, minés à la base et minutieusement, ingénieusement, modestement vécus, pour rendre la vérité irréductible des apparences et pour faire pressentir au-delà d'elles, une autre vérité, qui nous sera toujours refusée. On n'imite pas Kafka, on ne le refait pas : il fallait puiser dans ses livres un encouragement précieux et chercher ailleurs. Quant aux Américains ce n'est pas par leur cruauté ni par leur pessimisme qu'ils nous ont touchés : nous avons reconnu en eux des hommes débordés, perdus dans un continent trop grand comme nous l'étions dans l'histoire et qui tentaient, sans traditions, avec les moyens du bord, de rendre leur stupeur et leur délaissement au milieu d'événements incompréhensibles. Le succès de Faulkner, d'Hemingway, de Dos Passos n'a pas été l'effet du snobisme, ou du moins, pas d'abord : ce fut le réflexe de défense d'une littérature qui, se sentant menacée parce que ses techniques et ses mythes n'allaient plus lui permettre de faire face à la situation historique, se greffa des méthodes étrangères pour pouvoir remplir sa fonction dans des conjectures nouvelles.

Jean-Paul Sartre, « Situation de l'écrivain en 1947 », *Qu'est-ce que la littérature ?*, Gallimard, 1948.

La responsabilité de l'écrivain (cf. aussi p. 12).

Nous ne voulons pas avoir honte d'écrire et nous n'avons pas envie de parler pour ne rien dire. Le souhaiterions-nous, d'ailleurs, que nous n'y parviendrions pas : personne ne peut y parvenir. Tout écrit possède un sens, même si ce sens est fort loin de celui que l'auteur avait rêvé d'y mettre. Pour nous, en effet, l'écrivain n'est ni Vestale, ni Ariel : il est « dans le coup », quoi qu'il fasse, marqué, compromis, jusque dans sa plus lointaine retraite. Si, à de certaines époques, il emploie son art à forger des bibelots d'inanité sonore, cela même est un signe : c'est qu'il y a une crise des lettres et, sans doute, de la Société, ou bien c'est que les classes dirigeantes l'ont aiguillé sans qu'il s'en doute vers une activité de luxe, de crainte qu'il ne s'en aille grossir les troupes révolutionnaires. Flaubert, qui a tant pesté contre les bourgeois et qui croyait s'être retiré à l'écart de la machine sociale, qu'est-il pour nous sinon un rentier de talent ? Et son art minutieux ne suppose-t-il pas le confort de Croisset, la sollicitude d'une mère ou d'une nièce, un régime d'ordre, un commerce prospère, des coupons à toucher régulièrement ? Il faut peu d'années pour qu'un livre devienne un fait social qu'on interroge comme une institution ou qu'on fait entrer comme une chose dans les statistiques ; il faut peu de recul pour qu'il se confonde avec l'ameublement d'une époque, avec ses habits, ses chapeaux, ses moyens de transport et son alimentation. L'historien dira de nous : « Ils mangeaient ceci, ils lisaient cela, ils se vêtaient ainsi. » Les premiers chemins de fer, le choléra, la révolte des Canuts, les romans de Balzac, l'essor de l'industrie concourent également à caractériser la Monarchie de Juillet. Tout cela, on l'a dit et répété, depuis Hegel : nous voulons en tirer les conclusions pratiques. Puisque l'écrivain n'a aucun moyen de s'évader, nous voulons qu'il embrasse étroitement son époque ; elle est sa chance unique : elle s'est faite pour lui et il est fait pour elle.

Jean-Paul Sartre, extrait de *Présentation des Temps Modernes, Situations 2,* Gallimard, 1948.

L'écrivain et ses lecteurs.

Il n'est (donc) pas vrai qu'on écrive pour soi-même : ce serait le pire échec ; en projetant ses émotions sur le papier, à peine arriverait-on à leur donner un prolongement languissant. L'acte créateur n'est qu'un moment incomplet et abstrait de la production d'une œuvre ; si l'auteur existait seul, il pourrait écrire tant qu'il voudrait, jamais l'œuvre comme *objet* ne verrait le jour et il faudrait qu'il posât la plume ou désespérât. Mais l'opération d'écrire implique celle de lire comme son corrélatif dialectique et ces deux actes connexes nécessitent deux agents distincts. C'est l'effort conjugué de l'auteur et du lecteur qui fera surgir cet objet concret et imaginaire qu'est l'ouvrage de l'esprit. Il n'y a d'art que pour et par autrui.

Jean-Paul Sartre, *Qu'est-ce que la littérature ?,* Gallimard, 1948.

documents

Il est aisé de mettre J.-P. Sartre en contradiction avec ses propres principes ; voici par exemple les remarques d'Alain Robbe-Grillet :

Le fameux passé défini, « historique », qui ne sert à rien dans la vie courante mais qui est la règle dans ce roman-là, qu'est-ce d'autre, en effet, que la glaciation subite et définitive du plus inachevé des gestes, de la plus fugitive pensée, du plus ambigu des rêves, sens suspendu, désir fragile, souvenir égaré ou inavouable ? Ce passé « simple » est seulement simple – et sûr, et plein – comme la tombe. Un dernier reste de vie, en cette mascarade, ne se traduirait plus que par un tel pouvoir, déraisonné, de représenter soi-même et le monde comme coulés de toute éternité dans le même compact et impérissable béton.

Certainement, ceci a compté pour moi dans mes années d'apprentissage d'une écriture qui se cherchait (qui se cherche encore) : l'étonnant passage, chez Sartre, de *La nausée* à *L'âge de raison.* Cette liberté naissante, insaisissable, qui faisait trembler le corps et vaciller l'esprit de Roquentin, au passé composé comme au présent, voilà que tout à coup, dès les premières pages des prétendus *Chemins de la liberté,* elle s'immobilise sous la forme d'un passé historique qui s'abat sur les personnages (et sur l'écrivain ?) comme une chape de plomb : « Mathieu pensa... » Mathieu peut bien penser ce qu'il veut – qu'il est vieux, qu'il est libre, qu'il est un salaud –, du moment qu'il le fait à ce temps grammatical, ça ne me laissera la possibilité que d'une accablante lecture : Mathieu pensa qu'il était mort. Sa liberté elle-même, son bien le plus cher, n'est ainsi qu'une fatalité de plus, une essence maudite, qui se fige aussitôt dans ses veines, parce qu'elle a été comme décidée par un dieu extérieur au texte : la narration traditionnelle. On imagine le soupir de soulagement poussé par François Mauriac : « M. Jean-Paul Sartre et la liberté ! »

Alain Robbe-Grillet, *Le Miroir qui revient,* Éditions de Minuit, 1984.

Ce que le roman a le devoir d'être ou de ne pas être, les éléments où le romancier a le droit de puiser et les points de vue qu'il doit s'interdire, les sens dont l'usage sera licite pour l'écrivain, le contingentement des adjectifs, l'emploi permis ou non du présent, du passé défini ou de l'imparfait, du « je », du « il » ou du « on », de la langue selon la rue, ou de la langue selon le Littré, ce sont des questions qui ne m'obsèdent pas. Toutes les techniques sans exception se justifient, sauf en ceci qu'elles se prétendent exclusives des autres. Je m'en tiens modestement, pour ma part, à la revendication de la liberté illimitée (mais parfois, ce n'est pas interdit, fécondée : en art, il n'y a pas de règles, il n'y a que des exemples). Or, c'est sur de tels interdits qu'on se bat depuis vingt-cinq ans – disons depuis les premiers essais critiques de Sartre. Le Manuel de l'Inquisiteur et l'Index figurent dans le matériel de bureau de maint critique encore à la mamelle. Ce qui m'ennuie, pendant que la théologie s'installe, c'est l'impression que j'ai que c'est plutôt la foi qui s'en va.

Julien Gracq, *Lettrines,* Corti, 1967.

Biographie de Jean-Paul Sartre

VIE

1905	Naissance à Paris
1924	Élève à l'École Normale Supérieure
1933-1934	Séjourne à Berlin
1940	Prisonnier de guerre
1943	Journaliste à *Combat* auprès de Camus
1945	Fonde la revue *les Temps modernes*
1952	Se brouille avec Camus
1954-1955	Voyage en U.R.S.S. et en Chine
1964	Refuse le prix Nobel
1968	Soutient le mouvement des étudiants
1973	Fonde le quotidien *Libération*
1980	Mort à Paris

ŒUVRES

Année	Œuvres
1937	*La Transcendance de l'ego*
38	*La Nausée*
39	*Le Mur*
40	*L'Imaginaire*
43	*Les Mouches*, *L'Être et le Néant*
44	*Première de Huis clos*
45	*L'Age de raison*, *Le Sursis*
46	*L'Existentialisme est un humanisme*, *Morts sans sépulture*, *La Putain respectueuse*, *Réflexions sur la question juive*
47	*Situations I*, *Baudelaire*
48	*Les Mains sales*, *Situations II*, *L'Engrenage*
49	*La Mort dans l'âme*, *Situations III*
51	*Le Diable et le Bon Dieu*
52	*Saint Genet, comédien et martyr*
53	Première de *Kean*
55	Première de *Nekrassov*
59	Première des *Séquestrés d'Altona*
64	*Situations IV, V, VI*, *Les Mots*
65	*Les Troyennes*, *Situations VII*
71	*L'Idiot de la famille*
72	*Situations VIII et IX*
76	*Situations X*

Simone de Beauvoir (1908-1986)

L'œuvre de Simone de Beauvoir s'inscrit elle aussi dans des genres différents. Compagne de J.-P. Sartre, dont elle partage les options philosophiques, elle a laissé une œuvre autobiographique abondante qui, des *Mémoires d'une jeune fille rangée* (1958) jusqu'à *La Cérémonie des adieux* (1981), constitue un témoignage essentiel pour l'histoire des idées et des milieux intellectuels (*La Force de l'âge,* 1960, *La Force des choses,* 1963...). On retrouve cette lucidité critique dans ses romans (*L'Invitée,* 1943, *Les Mandarins,* 1954, *Les Belles Images,* 1962...) qui présentent sur le mode de la fiction une réflexion que développent aussi des essais. Parmi ceux-ci, le célèbre *Deuxième Sexe* est sans doute l'ouvrage qui a le plus fait pour imposer le nom de Simone de Beauvoir. Paru en 1949 – peu après cette période où la politique vichyssoise avait tenté de conforter les plus rétrogrades conceptions de la famille –, il utilise toutes les ressources des sciences (biologie, psychanalyse, histoire, sociologie...) et de la philosophie pour retracer l'histoire de la condition féminine et proposer les moyens d'une émancipation de la femme. Un livre prophétique et initiateur, par rapport auquel tous les combats féministes ultérieurs n'ont pu manquer de se situer.

EXTRAIT

Un monde où les hommes et les femmes seraient égaux est facile à imaginer car c'est exactement celui qu'avait *promis* la révolution soviétique : les femmes élevées et formées exactement comme les hommes travailleraient dans les mêmes conditions[(1)] et pour les mêmes salaires ; la liberté érotique serait admise par les mœurs, mais l'acte sexuel ne serait plus considéré comme un « service » qui se rémunère ; la femme serait *obligée* de s'assurer un autre gagne-pain ; le mariage reposerait sur un libre engagement que les époux pourraient dénoncer dès qu'ils voudraient ; la maternité serait libre, c'est-à-dire qu'on autoriserait le birth-control et l'avortement et qu'en revanche on donnerait à toutes les mères et à leurs enfants exactement les mêmes droits, qu'elles soient mariées ou non ; les congés de grossesse seraient payés par la collectivité qui assumerait la charge des enfants, ce qui ne veut pas dire qu'on *retirerait* ceux-ci à leurs parents mais qu'on ne les leur *abandonnerait* pas.

Mais suffit-il de changer les lois, les institutions, les mœurs, l'opinion et tout le contexte social pour que femmes et hommes deviennent vraiment des semblables ? « Les femmes seront toujours des femmes », disent les sceptiques ; et d'autres voyants prophétisent qu'en dépouillant leur féminité elles ne réussiront pas à se changer en hommes et qu'elles deviendront des monstres. C'est admettre que la femme d'aujourd'hui est une création de la nature ; il faut encore une fois répéter que dans la collectivité humaine rien n'est naturel et qu'entre autres la femme est un produit élaboré par la civilisation ; l'intervention d'autrui dans sa destinée est originelle : si cette action était autrement dirigée, elle aboutirait à un tout autre résultat. La femme n'est définie ni par ses hormones ni par de mystérieux instincts mais par la manière dont elle ressaisit, à travers les consciences étrangères, son corps et son rapport au monde ; l'abîme qui sépare l'adolescente de l'adolescent a été creusé de manière concertée dès les premiers temps de leur enfance ; plus tard, on ne saurait empêcher que la femme ne soit ce qu'elle *a été faite* et elle traînera toujours ce passé derrière elle ; si on en mesure le poids, on comprend avec évidence que son destin n'est pas fixé dans l'éternité. Certainement, il ne faut pas croire qu'il suffise de modifier sa condition économique pour que la femme soit transformée : ce facteur a été et demeure le facteur primordial de son évolution ; mais tant qu'il n'a pas entraîné les conséquences morales, sociales, culturelles, etc., qu'il annonce et qu'il exige, la femme nouvelle ne saurait apparaître ; à l'heure qu'il est elles ne se sont réalisées nulle part, pas plus en U.R.S.S. qu'en France ou aux U.S.A. ; et c'est pourquoi la femme d'aujourd'hui est écartelée entre le passé et l'avenir ; elle apparaît le plus souvent comme une « vraie femme » déguisée en homme, et elle se sent mal à l'aise aussi bien dans sa chair de femme que dans son habit masculin. Il faut qu'elle fasse peau neuve et qu'elle se taille ses propres vêtements. Elle ne saurait y parvenir que grâce à une évolution collective.

(1) Note de l'auteur : que certains métiers trop durs leur soient interdits ne contredit pas ce projet : parmi les hommes mêmes on cherche de plus en plus à réaliser une adaptation professionnelle ; leurs capacités physiques et intellectuelles limitent leurs possibilités de choix ; ce qu'on demande en tout cas c'est qu'aucune frontière de sexe ou de caste ne soit tracée.

Aucun éducateur isolé ne peut aujourd'hui façonner un « être humain femelle », qui soit l'exact homologue de « l'être humain mâle » : élevée en garçon, la jeune fille se sent exceptionnelle et par là elle subit une nouvelle sorte de spécification. Stendhal l'a bien compris qui disait : « Il faut planter d'un coup toute la forêt. » Mais si nous supposons au contraire une société où l'égalité des sexes serait concrètement réalisée, cette égalité s'affirmerait à neuf en chaque individu.

Simone de Beauvoir, *Le Deuxième Sexe*, Gallimard, 1949.

Le style de l'essai

L'essai est un genre essentiel pendant cette période. On pourra étudier les procédés de l'argumentation (importance des liens logiques, procédés d'insistance, volonté de démontrer et de convaincre...) et les valeurs de référence (l'opposition entre nature et culture, entre l'URSS et les USA...).

documents

*L'influence de J.-P. Sartre et de S. de Beauvoir : voici le début du compte-rendu fait par B. Poirot-Delpech, sous le titre « Un chemin de la liberté », d'un livre autobiographique de G. Halimi (*Le Lait de l'oranger*, 1988) :*

Il est de bon ton, désormais, d'accabler Sartre. Le philosophe n'aurait rien apporté de neuf, et l'homme engagé n'aurait cessé de se tromper, de couvrir l'imposture – « contrairement à Aron », ânonnent les suiveurs, – pour finir ballotté, entre les mains de récupérateurs sans vergogne.

Le premier mérite des souvenirs égrenés par Gisèle Halimi dans *le Lait de l'oranger* est de faire somptueusement justice de ces sornettes. Sans Sartre et Beauvoir, l'avocate célèbre n'aurait pas conquis pas à pas sa vérité et sa liberté. Ce n'est pas elle qui le dit, encore que sa gratitude baigne tout le livre ; c'est ce qui saute aux yeux des lecteurs. Il fallait des livres, oui : des livres, et des titres comme *la Nausée*, *l'Être et le Néant*, *le Mur*, *les Chemins de la liberté* ou *le Deuxième Sexe*, pour qu'une jeune fille des années 50, juive de surcroît, et de Tunis, ait l'idée de s'arracher aux pesanteurs que représentaient les drames coloniaux du moment et une famille traditionnelle, plus encline à faire le gros dos et à « bien » marier sa fille qu'à forcer l'Histoire...

Le Monde, 2 décembre 1988.

Paru pour la première fois en 1947, ce texte de P. Gadenne, lui-même romancier, éclaire bien le contexte dans lequel travaillent les écrivains de l'après-guerre.

Crise du roman ? Bien sûr ; mais crise de la littérature, crise du langage, crise de la pensée, crise de la civilisation, dont cette crise du roman n'est qu'un aspect.

Cette crise me paraît double. Il y a d'abord une crise interne, la plus grave : le romancier ne croit plus en ses pouvoirs ; il a perdu cette part d'"ingénuité" nécessaire à l'invention et à l'édification patiente d'une œuvre romanesque. Il a mauvaise conscience, parce qu'il travaille au milieu d'un monde bouleversé, d'un monde qui va plus vite que sa pensée et semble lui interdire de rien achever, et aussi parce que, sous l'influence d'une certaine critique dont lui-même se fait spontanément le complice, il passe sa vie à se demander ce que c'est qu'un roman (au lieu d'en faire), et pour quoi, et pour qui il écrit. Non que cette critique, ou cette autocritique, ne soit légitime, et que nous voulions interdire au romancier la lucidité, mais nous savons trop bien qu'un excès de lucidité contrarie la générosité de l'effort créateur. Je suis de ceux qui croient que le mouvement se prouve en marchant, et j'imagine que les grands romans ont été écrits en dehors de telles préoccupations.

Mais crise externe aussi. Le romancier souffre du manque de stabilité de la civilisation actuelle ; il a un peu trop l'impression d'écrire sur une terre qui tremble (encore que je ne sois pas sûr que cela soit franchement mauvais), et pour un public que la presse menace tous les huit jours de la disparition totale. Et il est vrai que nous ne sommes plus aux temps des catastrophes limitées, et que, cette fois, nous n'aurons même pas eu d'après-guerre.

Autre aspect de cette crise externe. Entre le public qui veut des "histoires" – et qui s'adresse pour cela à l'étranger (car je ne crois pas que la demande ait pour objet les grands Américains, par exemple) –, et l'écrivain à la recherche d'un mode d'expression (ce que nul ne saurait lui interdire), il est apparu un fossé. Fossé qui peut être comblé si le romancier ne prend la plume que profondément *possédé* par son sujet (c'est trop souvent lui qui possède son sujet et son lecteur du même coup), ce qui l'amènera tout naturellement à adapter son désir d'innovation technique à son besoin d'expression humaine ; et si d'autre part le public veut bien admettre qu'un livre, se présentât-il sous la forme d'une fiction romanesque, vise à satisfaire autre chose qu'un besoin de "divertissement" que le cinéma ou la lecture des journaux spécialisés peuvent satisfaire aussi bien. Ou bien avons-nous oublié que le langage est un instrument d'investigation et de communication spirituelles ?... Il y a là un problème en effet, et qui n'est autre que celui de la culture et de l'éducation. Problème qui peut et qui doit être résolu. (1947)

Paul Gadenne, *À propos du roman*, Actes Sud, 1983.

Albert Camus (1913-1960)

L'envers et l'endroit

Aux essais de jeunesse réunis en 1937 sous le titre *L'Envers et l'Endroit* répondent en 1957, peu avant la mort accidentelle de Camus, les nouvelles rassemblées dans *L'Exil et le Royaume*. La structure syntaxique et sémantique• des deux titres renvoie clairement à une caractéristique fondamentale de l'univers de Camus. Celui-ci est partagé entre deux expériences contradictoires : d'un côté, celle d'une union intime et heureuse avec **le monde méditerranéen,** telle que l'évoquent les pages lyriques• de *Noces* (1938) et bien des passages des œuvres ultérieures. De l'autre côté, **l'absurdité de la condition humaine** et l'impossibilité du bonheur. Contrairement à ce qui se passe chez Sartre, et l'article que Camus écrivit sur *La Nausée* est très significatif de ce point de vue (cf. p. 354), le sentiment de l'absurde ne naît pas chez Camus d'un malaise devant le monde, d'une sensation de nausée, d'une contagion répugnante. Tout au contraire, l'absurde surgit quand le monde, à force de beauté, nie l'homme et paraît un paradis inaccessible : « l'erreur d'une certaine littérature, c'est de croire que la vie est tragique parce qu'elle est misérable. Elle peut être bouleversante et magnifique, voilà toute sa tragédie ». C'est alors en effet que naît **le sentiment de l'exil** et que l'amour de la vie semble se heurter à un refus. Les plus beaux paysages du monde paraissent indifférents et laissent celui qui les contemple « la mort dans l'âme », selon le titre d'un des essais de *L'Envers et l'Endroit*.

« Tout mon royaume est de ce monde », écrit Camus dans *L'Envers et l'Endroit*. Résolument athée, il refuse toute tentation d'en appeler à une transcendance•. Le royaume est ici-bas, dans ces paysages méditerranéens (l'Italie, l'Algérie natale...) inondés de soleil et débordants de richesse sensible. Même l'expérience de la pauvreté – Camus est né dans une famille très modeste et son père a été tué pendant la Première Guerre mondiale – ne peut empêcher le sentiment solaire de la beauté du monde : « La misère m'empêcha de croire que tout est bien sous le soleil et dans l'histoire ; le soleil m'apprit que l'histoire n'est pas tout. Changer la vie, oui, mais non le monde dont je faisais ma divinité » (préface de *L'Envers et l'Endroit*). Les héros de Camus – Meursault, Rieux – se ressourceront toujours dans cette expérience heureuse du monde. Même le Clamence de *La Chute,* dans les brumes d'Amsterdam, conserve le souvenir nostalgique du soleil grec.

EXTRAIT

Le royaume

Les pages lyriques de Noces *sont sans doute la meilleure évocation du royaume :*

Bien pauvres sont ceux qui ont besoin de mythes. Ici les dieux servent de lits ou de repères dans la course des journées. Je décris et je dis : « Voici qui est rouge, qui est bleu, qui est vert. Ceci est la mer, la montagne, les fleurs. » Et qu'ai-je besoin de parler de Dionysos pour dire que j'aime écraser les boules de lentisques sous mon nez ? Est-il même à Déméter ce vieil hymne à quoi plus tard je songerai sans contrainte : « Heureux celui des vivants sur la terre qui a vu ces choses. » Voir, et voir sur cette terre, comment oublier la leçon ? Aux mystères d'Éleusis, il suffisait de contempler. Ici même, je sais que jamais je ne m'approcherai assez du monde. Il me faut être nu et puis plonger dans la mer, encore tout parfumé des essences de la terre, laver celles-ci dans celle-là, et nouer sur ma peau l'étreinte pour laquelle soupirent lèvres à lèvres depuis si longtemps la terre et la mer. Entré dans l'eau, c'est le saisissement, la montée d'une glu froide et opaque, puis le plongeon dans le bourdonnement des oreilles, le nez coulant et la bouche amère – la nage, les bras vernis d'eau sortis de la mer pour se dorer dans le soleil et rabattus dans une torsion de tous les muscles ; la course de l'eau sur mon corps, cette possession tumultueuse de l'onde par mes jambes – et l'absence d'horizon. Sur le rivage, c'est la chute dans le sable, abandonné au monde, rentré dans ma pesanteur de chair et d'os, abruti de soleil, avec, de loin en loin, un regard pour mes bras où les flaques de peau sèche découvrent, avec le glissement de l'eau, le duvet blond et la poussière de sel.

Je comprends ici ce qu'on appelle gloire : le droit d'aimer sans mesure. Il n'y a qu'un seul amour dans ce monde. Étreindre un corps de femme, c'est aussi retenir contre soi cette joie étrange qui descend du ciel vers la mer. Tout à l'heure, quand je me jetterai dans les absinthes pour me faire entrer leur parfum dans le corps, j'aurai conscience, contre tous les préjugés, d'accomplir une vérité qui est celle du soleil et sera aussi celle de ma mort. Dans un sens, c'est bien ma vie que je joue ici, une vie à goût de pierre chaude, pleine des soupirs de la mer et des cigales qui commencent à chanter maintenant. La brise est fraîche et le ciel bleu. J'aime cette vie avec abandon et veux en parler avec liberté : elle me donne l'orgueil de ma condition d'homme.

Pourtant, on me l'a souvent dit : il n'y a pas de quoi être fier. Si, il y a de quoi : ce soleil, cette mer, mon cœur bondissant de jeunesse, mon corps au goût de sel et l'immense décor où la tendresse et la gloire se rencontrent dans le jaune et le bleu. C'est à conquérir cela qu'il me faut appliquer ma force et mes ressources. Tout ici me laisse intact, je n'abandonne rien de moi-même, je ne revêts aucun masque : il me suffit d'apprendre patiemment la difficile science de vivre qui vaut bien tous leurs savoir-vivre.

Albert Camus, *Noces*, Gallimard, 1938.

La communion avec le monde

L'un des pôles de la sensibilité de Camus : le mythe est ici déprécié (par le futur auteur du *Mythe de Sisyphe !*) au profit d'une communion sensible, voire sensuelle, avec la nature. Le rythme des phrases, le jeu des temps, les images, suggèrent cette plénitude qui est l'exact inverse de la nausée.

L'absurde apparaît quand ce royaume devient un paradis perdu. Une faille s'ouvre dans « la chaîne des gestes quotidiens » ; la maladie (Camus fut frappé par la tuberculose au sortir de l'adolescence), l'évidence de la mort à venir, « les sanglantes mathématiques qui ordonnent notre condition », rendent le bonheur impossible. Jusque dans sa beauté, le monde échappe à la raison humaine : « À ce point de son effort, l'homme se trouve devant l'irrationnel. Il sent en lui son désir de bonheur et de raison. L'absurde naît de cette confrontation entre l'appel humain et le silence déraisonnable du monde » *(Le Mythe de Sisyphe)*.

EXTRAIT

L'exil

Il arrive que les décors s'écroulent. Lever, tramway, quatre heures de bureau ou d'usine, repas, tramway, quatre heures de travail, repas, sommeil et lundi mardi mercredi jeudi vendredi et samedi sur le même rythme, cette route se suit aisément la plupart du temps. Un jour seulement, le « pourquoi » s'élève et tout commence dans cette lassitude teintée d'étonnement. « Commence », ceci est important. La lassitude est à la fin des actes d'une vie machinale, mais elle inaugure en même temps le mouvement de la conscience. Elle l'éveille et elle provoque la suite. La suite, c'est le retour inconscient dans la chaîne, ou c'est l'éveil définitif. Au bout de l'éveil vient, avec le temps, la conséquence : suicide ou rétablissement. En soi, la lassitude a quelque chose d'écœurant. Ici, je dois conclure qu'elle est bonne. Car tout commence par la conscience et rien ne vaut que par elle. Ces remarques n'ont rien d'original. Mais elles sont évidentes : cela suffit pour un temps, à l'occasion d'une reconnaissance sommaire dans les origines de l'absurde. Le simple « souci » est à l'origine de tout.

De même et pour tous les jours d'une vie sans éclat, le temps nous porte. Mais un moment vient toujours où il faut le porter. Nous vivons sur l'avenir : « demain », « plus tard », « quand tu auras une situation », « avec l'âge tu comprendras ». Ces inconséquences sont admirables, car enfin il s'agit de mourir. Un jour vient pourtant et l'homme constate ou dit qu'il a trente ans. Il affirme ainsi sa jeunesse. Mais du même coup, il se situe par rapport au temps. Il y prend sa place. Il reconnaît qu'il est à un certain moment d'une courbe qu'il confesse devoir parcourir. Il appartient au temps et, à cette horreur qui le saisit, il y reconnaît son pire ennemi. Demain, il souhaitait demain, quand tout lui-même aurait dû s'y refuser. Cette révolte de la chair, c'est l'absurde[1].

Un degré plus bas et voici l'étrangeté : s'apercevoir que le monde est « épais », entrevoir à quel point une pierre est étrangère, nous est irréductible, avec quelle intensité la nature, un paysage peut nous nier. Au fond de toute beauté gît quelque chose d'inhumain et ces collines, la douceur du ciel, ces dessins d'arbres, voici qu'à la minute même, ils perdent le sens illusoire dont nous les revêtions, désormais plus lointains qu'un paradis perdu. L'hostilité primitive du monde, à travers les millénaires, remonte vers nous. Pour

(1) Note de l'auteur : mais non pas au sens propre. Il ne s'agit pas d'une définition, il s'agit d'une *énumération* des sentiments qui peuvent comporter de l'absurde. L'énumération achevée, on n'a cependant pas épuisé l'absurde.

une seconde, nous ne le comprenons plus puisque pendant des siècles nous n'avons compris en lui que les figures et les dessins que préalablement nous y mettions, puisque désormais les forces nous manquent pour user de cet artifice. Le monde nous échappe puisqu'il redevient lui-même. Ces décors masqués par l'habitude redeviennent ce qu'ils sont. Ils s'éloignent de nous. De même qu'il est des jours où, sous le visage familier d'une femme, on retrouve comme une étrangère celle qu'on avait aimée il y a des mois ou des années, peut-être allons-nous désirer même ce qui nous rend soudain si seuls. Mais le temps n'est pas encore venu. Une seule chose : cette épaisseur et cette étrangeté du monde, c'est l'absurde.

Les hommes aussi sécrètent de l'inhumain. Dans certaines heures de lucidité, l'aspect mécanique de leurs gestes, leur pantomime privée de sens rend stupide tout ce qui les entoure. Un homme parle au téléphone derrière une cloison vitrée ; on ne l'entend pas, mais on voit sa mimique sans portée : on se demande pourquoi il vit. Ce malaise devant l'inhumanité de l'homme même, cette incalculable chute devant l'image de ce que nous sommes, cette « nausée » comme l'appelle un auteur de nos jours, c'est aussi l'absurde. De même l'étranger qui, à certaines secondes, vient à notre rencontre dans une glace, le frère familier et pourtant inquiétant que nous retrouvons dans nos propres photographies, c'est encore l'absurde.

J'en viens enfin à la mort et au sentiment que nous en avons. Sur ce point tout a été dit et il est décent de se garder du pathétique. On ne s'étonnera cependant jamais assez de ce que tout le monde vive comme si personne « ne savait ». C'est qu'en réalité, il n'y a pas d'expérience de la mort. Au sens propre, n'est expérimenté que ce qui a été vécu et rendu conscient. Ici, c'est tout juste s'il est possible de parler de l'expérience de la mort des autres. C'est un succédané, une vue de l'esprit et nous n'en sommes jamais très convaincus. Cette convention mélancolique ne peut être persuasive. L'horreur vient en réalité du côté mathématique de l'événement. Si le temps nous effraie, c'est qu'il fait la démonstration, la solution vient derrière. Tous les beaux discours sur l'âme vont recevoir ici, au moins pour un temps, une preuve par neuf de leur contraire. De ce corps inerte où une gifle ne marque plus, l'âme a disparu. Ce côté élémentaire et définitif de l'aventure fait le contenu du sentiment absurde. Sous l'éclairage mortel de cette destinée l'inutilité apparaît. Aucune morale ni aucun effort ne sont *a priori* justifiables devant les sanglantes mathématiques qui ordonnent notre condition.

Albert Camus, *Le Mythe de Sisyphe*, Gallimard, 1942.

La naissance de l'absurde

On pourra analyser la façon dont se mêlent, dans ce texte, le registre de l'argumentation, de l'analyse philosophique, et celui de l'expérience sensible obsédante, reprenant pour les inverser certains des thèmes de l'extrait précédent (la nature, la femme...) ou renvoyant, par exemple, au thème de l'étranger. De là naît une utilisation très personnelle de l'essai. Noter aussi la référence explicite à *La Nausée :* on pourra rapprocher ce passage de la critique faite par Camus du livre de Sartre (cf. p. 354).

L'Étranger, paru en 1942, est selon G. Picon *(Panorama de la nouvelle littérature française)* « l'expression mythique » de l'homme contemporain. Comme le René de Chateaubriand incarne l'homme romantique (cf. *Le XIXe siècle*, p. 59), Meursault incarnerait l'homme actuel. Il donne la force d'une représentation à cette sensibilité absurde qu'analyse sous la forme de l'essai *Le Mythe de Sisyphe*.

La trame narrative est simple. La première partie du livre, qui se présente comme **un journal,** raconte des événements de la vie de Meursault, jeune employé de bureau algérois : la mort puis l'enterrement de sa mère, la rencontre avec Marie, des faits et gestes de la vie quotidienne, les bains de mer et le grand soleil de la plage, un fait divers dans lequel Meursault se laisse entraîner par son copain Raymond ; sur la plage, accablé de soleil, il tue un Arabe à coups de revolver. « J'ai compris, écrit-il alors, que j'avais détruit l'équilibre du jour, le silence exceptionnel d'une plage où j'avais été heureux. »

La seconde partie abandonne la forme du journal pour celle du **récit rétrospectif.** Meursault, en prison, est confronté aux interrogatoires, au procès, aux visites de l'aumônier. Tous cherchent à reconstruire sa propre histoire et lui proposent une image de lui-même dans laquelle il refuse de se reconnaître. Il est finalement condamné à mort, plus parce qu'il a paru indifférent à la mort de sa mère qu'à cause du meurtre proprement dit.

Le lecteur est frappé par l'indifférence de Meursault aux valeurs de la société ; « ça m'était égal », répète-t-il souvent. Dans la seconde partie il assiste à son procès en étranger. La narration, s'inspirant des techniques du roman américain (Hemingway notamment), présente les comportements en phrases brèves et extérieures, sans commenter leur signification, procédé d'autant plus frappant dans un récit à la première personne. Mais cette sécheresse, comme l'a remarqué J.-P. Sartre (*Explication de l'Étranger*, 1943, cf. p. 370), n'exclut pas des envols lyriques● lorsqu'il s'agit d'évoquer le soleil ou la mer.

La première partie reste en deçà de toute interprétation. La seconde présente l'interprétation fausse imposée par la société. La seule authenticité, c'est celle que découvre Meursault devant le spectacle du monde, juste avant son exécution : « devant cette nuit chargée de signes et d'étoiles, je m'ouvrais pour la première fois à la tendre indifférence du monde. De l'éprouver si pareil à moi, si fraternel enfin, j'ai senti que j'avais été heureux, et que je l'étais encore ».

EXTRAITS

La rencontre avec Marie, juste après l'enterrement de la mère de Meursault, telle qu'elle est évoquée dans la première partie.

J'ai pris le tram pour aller à l'établissement de bains du port. Là, j'ai plongé dans la passe. Il y avait beaucoup de jeunes gens. J'ai retrouvé dans l'eau Marie Cardona, une ancienne dactylo de mon bureau dont j'avais eu envie à l'époque. Elle aussi, je crois. Mais elle est partie peu après et nous n'avons pas eu le temps. Je l'ai aidée à monter sur une bouée et, dans ce mouvement, j'ai effleuré ses seins. J'étais encore dans l'eau quand elle était déjà à plat ventre sur la bouée. Elle s'est retournée vers moi. Elle avait les cheveux dans les yeux et elle riait. Je me suis hissé à côté d'elle sur la bouée. Il faisait bon et, comme en plaisantant, j'ai laissé aller ma tête en arrière et je l'ai posée sur son ventre. Elle n'a rien dit et je suis resté ainsi. J'avais tout le ciel dans les yeux et il était bleu et doré. Sous ma nuque, je sentais le ventre de Marie battre doucement. Nous sommes restés longtemps sur la bouée, à moitié endormis. Quand le soleil est devenu trop fort, elle a plongé et je l'ai suivie. Je l'ai rattrapée, j'ai passé ma main autour de sa taille et nous avons nagé ensemble. Elle riait toujours. Sur le quai, pendant que nous nous séchions, elle m'a dit : « Je suis plus brune que vous. » Je lui ai demandé si elle voulait venir au cinéma, le soir. Elle a encore ri et m'a dit qu'elle avait envie de voir un film avec Fernandel. Quand nous nous sommes rhabillés, elle a eu l'air très surprise de me voir avec une cravate noire et elle m'a demandé si j'étais en deuil. Je lui ai dit que maman était morte. Comme elle voulait savoir depuis quand, j'ai répondu : « Depuis hier. » Elle a eu un petit recul, mais n'a fait aucune remarque. J'ai eu envie de lui dire que ce n'était pas de ma faute, mais je me suis arrêté parce que j'ai pensé que je l'avais déjà dit à mon patron. Cela ne signifiait rien. De toute façon, on est toujours un peu fautif.

Le soir, Marie avait tout oublié. Le film était drôle par moments et puis vraiment trop bête. Elle avait sa jambe contre la mienne. Je lui caressais les seins. Vers la fin de la séance, je l'ai embrassée, mais mal. En sortant, elle est venue chez moi.

Quand je me suis réveillé, Marie était partie. Elle m'avait expliqué qu'elle devait aller chez sa tante. J'ai pensé que c'était dimanche et cela m'a ennuyé : je n'aime pas le dimanche. Alors, je me suis retourné dans mon lit, j'ai cherché dans le traversin l'odeur de sel que les cheveux de Marie y avaient laissée et j'ai dormi jusqu'à dix heures.

La même scène, reconstituée dans la seconde partie, lors du procès.

Marie est entrée. Elle avait mis un chapeau et elle était encore belle. Mais je l'aimais mieux avec ses cheveux libres. De l'endroit où j'étais, je devinais le poids léger de ses seins et je reconnaissais sa lèvre inférieure toujours un peu gonflée. Elle semblait très nerveuse. Tout de suite, on lui a demandé depuis quand elle me connaissait. Elle a indiqué l'époque où elle travaillait chez nous. Le président a voulu savoir quels étaient ses rapports avec moi.

Elle a dit qu'elle était mon amie. À une autre question, elle a répondu qu'il était vrai qu'elle devait m'épouser. Le procureur qui feuilletait un dossier lui a demandé brusquement de quand datait notre liaison. Elle a indiqué la date. Le procureur a remarqué d'un air indifférent qu'il lui semblait que c'était le lendemain de la mort de maman. Puis il a dit avec quelque ironie qu'il ne voudrait pas insister sur une situation délicate, qu'il comprenait bien les scrupules de Marie, mais (et ici son accent s'est fait plus dur) que son devoir lui commandait de s'élever au-dessus des convenances. Il a donc demandé à Marie de résumer cette journée où je l'avais connue. Marie ne voulait pas parler, mais devant l'insistance du procureur, elle a dit notre bain, notre sortie au cinéma et notre rentrée chez moi. L'avocat général a dit qu'à la suite des déclarations de Marie à l'instruction, il avait consulté les programmes de cette date. Il a ajouté que Marie elle-même dirait quel film on passait alors. D'une voix presque blanche, en effet, elle a indiqué que c'était un film de Fernandel. Le silence était complet dans la salle quand elle a eu fini. Le procureur s'est alors levé, très grave et d'une voix que j'ai trouvée vraiment émue, le doigt tendu vers moi, il a articulé lentement : « Messieurs les jurés, le lendemain de la mort de sa mère, cet homme prenait des bains, commençait une liaison irrégulière, et allait rire devant un film comique. Je n'ai rien de plus à vous dire. » Il s'est assis, toujours dans le silence. Mais, tout d'un coup, Marie a éclaté en sanglots, a dit que ce n'était pas cela, qu'il y avait autre chose, qu'on la forçait à dire le contraire de ce qu'elle pensait, qu'elle me connaissait bien et que je n'avais rien fait de mal. Mais l'huissier, sur un signe du président, l'a emmenée et l'audience s'est poursuivie.

Albert Camus, *L'Étranger*, Gallimard, 1942.

Innocence et culpabilité

On pourra s'aider des documents sur le style de *L'Étranger* pour analyser et comparer ces deux extraits. Le premier associe les images de la femme et du bain, selon une thématique caractéristique de Camus (cf. les autres extraits proposés) ; mais la fin du passage introduit déjà la problématique de la culpabilité. Le second extrait permet d'étudier la façon dont la société, dans la seconde partie du récit, impose une interprétation des faits. Camus commençait ainsi sa préface à l'édition américaine de *L'Étranger* (1955) : « J'ai résumé *L'Étranger*, il y a longtemps, par une phrase dont je reconnais qu'elle est très paradoxale : " Dans notre société tout homme qui ne pleure pas à l'enterrement de sa mère risque d'être condamné à mort. " »

documents

Dans Le Degré zéro de l'écriture, *R. Barthes cite* L'Étranger *comme exemple d'une écriture neutre et transparente, qui refuse le caractère sacré et rituel du langage littéraire traditionnel. Il s'agit selon lui de « créer une écriture blanche, libérée de toute servitude à un ordre marqué du langage ». Malheureusement, ajoute R. Barthes, cette liberté ne dure pas ; bientôt des automatismes et des formes figées réapparaissent : « une écriture renaît à la place d'un langage indéfini ».*

Une comparaison empruntée à la linguistique rendra peut-être assez bien compte de ce fait nouveau : on sait que certains linguistes établissent entre les deux termes d'une polarité (singulier-pluriel, prétérit-présent), l'existence d'un troisième terme, terme neutre ou terme-zéro ; ainsi entre les modes subjonctif et impératif, l'indicatif leur apparaît comme une forme amodale. Toutes proportions gardées, l'écriture au degré zéro est au fond une écriture indicative, ou si l'on veut amodale ; il serait juste de dire que c'est une écriture de journaliste, si précisément le journalisme ne développait en général des formes optatives ou impératives (c'est-à-dire pathétiques). La nouvelle écriture neutre se place au milieu de ces cris et de ces jugements, sans participer à aucun d'eux ; elle est faite précisément de leur absence ; mais cette absence est totale, elle n'implique aucun refuge, aucun secret ; on ne peut donc dire que c'est une écriture impassible ; c'est plutôt une écriture innocente. Il s'agit de dépasser ici la Littérature en se confiant à une sorte de langue basique, également éloignée des langages vivants et du langage littéraire proprement dit. Cette parole transparente, inaugurée par *L'Étranger* de Camus, accomplit un style de l'absence qui est presque une absence idéale du style ; l'écriture se réduit alors à une sorte de mode négatif dans lequel les caractères sociaux ou mythiques d'un langage s'abolissent au profit d'un état neutre et inerte de la forme ; la pensée garde ainsi toute sa responsabilité, sans se recouvrir d'un engagement accessoire de la forme dans une Histoire qui ne lui appartient pas.

Roland Barthes, *Le Degré zéro de l'écriture*, Le Seuil, 1953.

Dans un article de 1943 intitulé Explication de l'Étranger, *J.-P. Sartre analyse en détail le style du récit. Il souligne notamment le rôle du passé composé qui, au contraire du passé simple, « fige la phrase », fait de chaque proposition « un atome de temps ». La simple juxtaposition des phrases, l'absence de liaisons causales renforcent cette discontinuité du récit : « Dans ces conditions peut-on parler d'un tout qui serait* le *roman de M. Camus ? Toutes les phrases de son livre sont équivalentes, comme sont équivalentes toutes les expériences de l'homme absurde ».*

Ce que notre auteur emprunte à Hemingway, c'est donc la discontinuité de ses phrases hachées qui se calque sur la discontinuité du temps. Nous comprenons mieux, à présent, la coupe de son récit : chaque phrase est un présent. Mais non pas un présent indécis qui fait tache et se prolonge un peu sur le présent qui le suit. La phrase est nette, sans bavures, fermée sur soi ; elle est séparée de la phrase suivante par un néant, comme l'instant de Descartes est séparé de l'instant qui le suit. Entre chaque phrase et la suivante le monde s'anéantit et renaît : la parole, dès qu'elle s'élève, est une création ex nihilo ; une phrase de *L'Étranger* c'est une île. Et nous cascadons de phrase en phrase, de néant en néant. [...]

Et comment classer cet ouvrage sec et net, si composé sous son apparent désordre, si « humain », si peu secret dès qu'on en possède la clé ? Nous ne saurions l'appeler un récit : le récit explique et coordonne en même temps qu'il retrace, il substitue l'ordre causal à l'enchaînement chronologique. M. Camus le nomme « roman ». Pourtant le roman exige une durée continue, un devenir, la présence manifeste de l'irréversibilité du temps. Ce n'est pas sans hésitation que je donnerais ce nom à cette succession de présents inertes qui laisse entrevoir par en dessous l'économie mécanique d'une pièce montée. Ou alors ce serait, à la manière de *Zadig* et de *Candide*, un court roman de moraliste, avec une discrète pointe de satire et des portraits ironiques[1], qui, malgré l'apport des existentialistes allemands et des romanciers américains, reste très proche, au fond, d'un conte de Voltaire.

Février 1943.

(1) Ceux du souteneur, du juge d'instruction, de l'avocat général, etc.

Jean-Paul Sartre, *Situations 1*, Gallimard, 1947.

La révolte et l'engagement

L'expérience de l'absurde n'est qu'un point de départ. Déjà *Le Mythe de Sisyphe* récuse la tentation du suicide qui mettrait fin, sans le résoudre, à l'affrontement de l'homme et du monde. Sisyphe, condamné par les dieux à rouler au sommet de la montagne un rocher qui retombe sans cesse, peut, même sans espoir, trouver le bonheur dans « la lutte elle-même vers les sommets ». Camus conclut son essai en affirmant : « il faut imaginer Sisyphe heureux ».

Mais surtout, le mouvement de révolte par lequel l'homme refuse la condition qui lui est faite – révolte sociale de l'esclave et de l'opprimé, révolte métaphysique de l'homme qui se sait mortel – permet de **fonder des valeurs** : c'est l'ambition de *L'Homme révolté*, essai paru en 1951, que de dégager ce stade positif de la pensée de Camus. Je ne peux me révolter qu'au nom de quelque chose ; la révolte suppose une image positive de moi-même : « je me révolte, donc je suis », écrit alors Camus. Plus encore, cette révolte n'est pas purement individuelle mais naît aussi du spectacle de l'oppression des autres. Dans la révolte s'affirme une dimension collective ; on peut alors écrire : « je me révolte, donc nous sommes ». À partir de là, *L'Homme révolté* analyse les formes de cette révolte, que Camus refuse d'identifier avec la conception marxiste de la révolution : remettre « à la seule Histoire le soin de produire des valeurs et la vérité » ne peut aboutir qu'à la terreur. Cette prise de position, qui se nourrit de l'expérience militante de Camus, lui valut l'hostilité déclarée de bien des milieux intellectuels moins lucides sur la réalité stalinienne. Ce fut notamment l'occasion de la rupture avec Sartre et la revue *Les Temps modernes*. Loin de renoncer à l'action, Camus cherche pourtant à dessiner la voie étroite d'une sagesse qui, dans « le siècle de la peur », préserve les chances du dialogue et de la civilisation.

La dimension allégorique• de ***La Peste*** (1947) est évidente : dans l'épidémie de peste qui frappe Oran, dans les réactions diverses des quelques personnages que suit le récit, on a pu lire l'évocation de la Seconde Guerre mondiale et de la résistance contre le fascisme. Cela est sans doute vrai, à condition de ne pas enfermer le livre dans la problématique du roman à thèse. Il est, aussi, le récit d'une épidémie, présentée en scènes saisissantes. Et il ne se ramène pas à un sens symbolique unique et réducteur mais, comme le souhaitait Camus, peut servir « à *toutes* les résistances contre *toutes* les tyrannies ». Il peut se lire au niveau métaphysique (l'homme confronté au mal que les réponses religieuses évoquées par le Père Paneloux ne peuvent justifier) comme au niveau historique et politique. Dans le personnage du docteur Rieux, qui se dévoile à la fin comme le narrateur de l'histoire, Camus incarne cette sagesse (celle d'un « saint sans Dieu » dit à Rieux son ami Tarrou) dont *L'Homme révolté* dégage les bases conceptuelles. En luttant contre la peste, les hommes découvrent la fraternité de la révolte collective, qui donne sens à la vie. Ce combat ne peut déboucher sur une victoire définitive : il n'y a pas de fin de l'Histoire. Rieux n'oublie pas qu'un jour viendra où « pour le malheur et l'enseignement des hommes, la peste réveillerait ses rats et les enverrait mourir dans une cité heureuse ». Mais cela n'empêche pas de lutter quotidiennement contre le fléau, avec la patience modeste du médecin. Camus a lui-même caricaturé, dans *La Chute* (1956), les déviations possibles de cette sagesse vers une bonne conscience facile : il n'en est pas moins resté fidèle à cette position.

L'engagement de Camus s'exprime aussi, tout au long de sa vie, dans les innombrables articles, discours, entretiens, qui contribuèrent, autant que l'œuvre littéraire au sens strict, à lui donner l'audience que couronna en 1957 le prix Nobel. Depuis les articles de jeunesse dans *Alger républicain,* où il dénonce l'injustice du système colonial, jusqu'aux discours prononcés en Suède lors de la réception du prix Nobel, en passant par les éditoriaux de *Combat* pendant la Résistance et à la Libération, Camus défend inlassablement les valeurs morales positives de la révolte. Qu'il le veuille ou non, l'artiste est **solidaire,** « embarqué dans la galère de son temps » même s'il n'est pas volontairement engagé : il lui revient de défendre, face à tous les totalitarismes et à toutes les dictatures, les possibilités de vivre et de créer.

EXTRAIT

Une pause dans le combat contre la peste : Rieux et Tarrou vont se baigner dans les eaux tièdes de la mer.

La lune s'était levée. Un ciel laiteux projetait partout des ombres pâles. Derrière eux s'étageait la ville et il en venait un souffle chaud et malade qui les poussait vers la mer. Ils montrèrent leurs papiers à un garde qui les examina assez longuement. Ils passèrent et à travers les terre-pleins couverts de tonneaux, parmi les senteurs de vin et de poisson, ils prirent la direction de la jetée. Peu avant d'y arriver, l'odeur de l'iode et des algues leur annonça la mer. Puis ils l'entendirent.

Elle sifflait doucement au pied des grands blocs de la jetée et, comme ils les gravissaient, elle leur apparut, épaisse comme du velours, souple et lisse comme une bête. Ils s'installèrent sur les rochers tournés vers le large. Les eaux se gonflaient et redescendaient lentement. Cette respiration calme de la mer faisait naître et disparaître des reflets huileux à la surface des eaux. Devant eux, la nuit était sans limites. Rieux, qui sentait sous ses doigts le visage grêlé des rochers, était plein d'un étrange bonheur. Tourné vers Tarrou, il devina, sur le visage calme et grave de son ami, ce même bonheur qui n'oubliait rien, pas même l'assassinat.

Ils se déshabillèrent. Rieux plongea le premier. Froides d'abord, les eaux lui parurent tièdes quand il remonta. Au bout de quelques brasses, il savait que la mer, ce soir-là, était tiède, de la tiédeur des mers d'automne qui reprennent à la terre la chaleur emmagasinée pendant de longs mois. Il nageait régulièrement. Le battement de ses pieds laissait derrière lui un bouillonnement d'écume, l'eau fuyait le long de ses bras pour se coller à ses jambes. Un lourd clapotement lui apprit que Tarrou avait plongé. Rieux se mit sur le dos et se tint immobile, face au ciel renversé, plein de lune et d'étoiles. Il respira longuement. Puis il perçut de plus en plus distinctement un bruit d'eau battue, étrangement clair dans le silence et la solitude de la nuit. Tarrou se rapprochait, on entendit bientôt sa respiration. Rieux se retourna, se mit au niveau de son ami, et nagea dans le même rythme. Tarrou avançait avec plus de puissance que lui et il dut précipiter son allure. Pendant quelques minutes, ils avancèrent avec la même cadence et la même vigueur, solitaires, loin du monde, libérés enfin de la ville et de la peste. Rieux s'arrêta le premier et ils revinrent lentement, sauf à un moment où ils entrèrent dans un courant glacé. Sans rien dire, ils précipitèrent tous deux leur mouvement, fouettés par cette surprise de la mer.

Habillés de nouveau, ils repartirent sans avoir prononcé un mot. Mais ils avaient le même cœur et le souvenir de cette nuit leur était doux. Quand ils aperçurent de loin la sentinelle de la peste, Rieux savait que Tarrou se disait, comme lui, que la maladie venait de les oublier, que cela était bien, et qu'il fallait maintenant recommencer.

Albert Camus, *La Peste,* Gallimard, 1947.

Ressourcements

À nouveau le thème du bain (cf. les autres extraits de Camus), occasion d'un double ressourcement : c'est à la fois la tiédeur de la mer et la chaleur de l'amitié qui permettent à Rieux et Tarrou d'éprouver les valeurs fondamentales avant de reprendre la lutte contre la peste. On étudiera les procédés (personnifications•, détails symboliques...) qui rendent sensible cette communion des hommes entre eux et des hommes avec la nature.

EXTRAIT

Les nouvelles rassemblées dans L'Exil et le Royaume *(1957) reprennent l'expérience fondatrice de* L'Envers et l'Endroit (La Femme adultère, La Pierre qui pousse) *en même temps qu'elles éprouvent les valeurs de solidarité et d'action que développe la suite de l'œuvre* (Jonas ou l'artiste au travail).

Dans La Femme adultère, *Janine, lors d'un voyage avec son mari dans le désert saharien, a la révélation de ce royaume par rapport auquel sa vie quotidienne lui paraît tout à coup un exil. Abandonnant son mari endormi, elle « se jette dans la nuit » du désert. Voici la fin de la nouvelle :*

Des guirlandes d'étoiles descendaient du ciel noir au-dessus des palmiers et des maisons. Elle courait le long de la courte avenue, maintenant déserte, qui menait au fort. Le froid, qui n'avait plus à lutter contre le soleil, avait envahi la nuit ; l'air glacé lui brûlait les poumons. Mais elle courait, à demi aveugle, dans l'obscurité. Au sommet de l'avenue, pourtant, des lumières apparurent, puis descendirent vers elle en zigzaguant. Elle s'arrêta, perçut un bruit d'élytres et, derrière les lumières qui grossissaient, vit enfin d'énormes burnous sous lesquels étincelaient des roues fragiles de bicyclettes. Les burnous la frôlèrent ; trois feux rouges surgirent dans le noir derrière elle, pour disparaître aussitôt. Elle reprit sa course vers le fort. Au milieu de l'escalier, la brûlure de l'air dans ses poumons devint si coupante qu'elle voulut s'arrêter. Un dernier élan la jeta malgré elle sur la terrasse, contre le parapet qui lui pressait maintenant le ventre. Elle haletait et tout se brouillait devant ses yeux. La course ne l'avait pas réchauffée, elle tremblait encore de tous ses membres. Mais l'air froid qu'elle avalait par saccades coula bientôt régulièrement en elle, une chaleur timide commença de naître au milieu des frissons. Ses yeux s'ouvrirent enfin sur les espaces de la nuit.

Aucun souffle, aucun bruit, sinon, parfois, le crépitement étouffé des pierres que le froid réduisait en sable, ne venait troubler la solitude et le silence qui entouraient Janine. Au bout d'un instant, pourtant, il lui sembla qu'une sorte de giration pesante entraînait le ciel au-dessus d'elle. Dans les épaisseurs de la nuit sèche et froide, des milliers d'étoiles se formaient sans trêve et leurs glaçons étincelants, aussitôt détachés, commençaient de glisser insensiblement vers l'horizon. Janine ne pouvait s'arracher à la contemplation de ces feux à la dérive. Elle tournait avec eux et le même cheminement immobile la réunissait peu à peu à son être le plus profond, où le froid et le désir maintenant se combattaient. Devant elle, les étoiles tombaient, une à une, puis s'éteignaient parmi les pierres du désert, et à chaque fois Janine s'ouvrait un peu plus à la nuit. Elle respirait, elle oubliait le froid, le poids des êtres, la vie démente ou figée, la longue angoisse de vivre et de mourir. Après tant d'années où, fuyant devant la peur, elle avait couru follement, sans but, elle s'arrêtait enfin. En même temps, il lui semblait retrouver ses racines, la sève montait à nouveau dans son corps qui ne tremblait plus. Pressée de tout son ventre contre le parapet, tendue vers le ciel en mouvement, elle attendait seulement que son cœur encore bouleversé s'apaisât à son tour et que le silence se fît en elle. Les dernières étoiles des constellations laissèrent tomber leurs grappes un peu plus bas sur l'horizon du désert, et s'immobilisèrent. Alors, avec une douceur insupportable, l'eau de la nuit commença d'emplir Janine, submergea le froid, monta peu à peu du centre obscur de son être et déborda en flots ininterrompus jusqu'à sa bouche pleine de gémissements. L'instant d'après, le ciel entier s'étendait au-dessus d'elle, renversée sur la terre froide.

Quand Janine rentra, avec les mêmes précautions, Marcel n'était pas réveillé. Mais il grogna lorsqu'elle se coucha et, quelques secondes après, se dressa brusquement. Il parla et elle ne comprit pas ce qu'il disait. Il se leva, donna de la lumière qui la gifla en plein visage. Il marcha en tanguant vers le lavabo et but longuement à la bouteille d'eau minérale qui s'y trouvait. Il allait se glisser sous les draps quand, un genou sur le lit, il la regarda, sans comprendre. Elle pleurait, de toutes ses larmes, sans pouvoir se retenir. « Ce n'est rien, mon chéri, disait-elle, ce n'est rien. »

Albert Camus, *L'Exil et le Royaume,* Gallimard, 1957.

La révélation du royaume

La révélation saisissante de la beauté du monde, en une expérience sensuelle dont seul le jeu des métaphores • peut rendre compte. En quoi le texte justifie-t-il le titre de la nouvelle : *La Femme adultère ?* Quel est le rôle du dernier paragraphe ?

EXTRAIT

Les Discours de Suède *et le rôle de l'artiste.*

Pendant cent cinquante ans, les écrivains de la société marchande, à de rares exceptions près, ont cru pouvoir vivre dans une heureuse irresponsabilité. Ils ont vécu, en effet, et puis sont morts seuls, comme ils avaient vécu. Nous autres, écrivains du XXe siècle, ne serons plus jamais seuls. Nous devons savoir au contraire que nous ne pouvons nous évader de la misère commune, et que notre seule justification, s'il en est une, est de parler, dans la mesure de nos moyens, pour ceux qui ne peuvent le faire. Mais nous devons le faire pour tous ceux, en effet, qui souffrent en ce moment, quelles que soient les grandeurs, passées ou futures, des États et des partis qui les oppriment : il n'y a pas pour l'artiste de bourreaux privilégiés. C'est pourquoi la beauté, même aujourd'hui, surtout aujourd'hui, ne peut servir aucun parti ; elle ne sert, à longue ou brève échéance, que la douleur ou la liberté des hommes. Le seul artiste engagé est celui qui, sans rien refuser du combat, refuse du moins de rejoindre les armées régulières, je veux dire le franc-tireur. La leçon qu'il trouve alors dans la beauté, si elle est honnêtement tirée, n'est pas une leçon d'égoïsme, mais de dure fraternité. Ainsi conçue, la beauté n'a jamais asservi aucun homme. Et depuis des millénaires, tous les jours, à toutes les secondes, elle a soulagé au contraire la servitude de millions d'hommes et, parfois, libéré pour toujours quelques-uns. Pour finir, peut-être touchons-nous ici la grandeur de l'art, dans cette perpétuelle tension entre la beauté et la douleur, l'amour des hommes et la folie de la création, la solitude insupportable et la foule harassante, le refus et le consentement. Il chemine entre deux abîmes, qui sont la frivolité et la propagande. Sur cette ligne de crête où avance le grand artiste, chaque pas est une aventure, un risque extrême. Dans ce risque pourtant, et dans lui seul, se trouve la liberté de l'art. Liberté difficile et qui ressemble plutôt à une discipline ascétique ? Quel artiste le nierait ? Quel artiste oserait se dire à la hauteur de cette tâche incessante ? Cette liberté suppose une santé du cœur et du corps, un style qui soit comme la force de l'âme et un affrontement patient. Elle est, comme toute liberté, un risque perpétuel, une aventure exténuante et voilà pourquoi on fuit aujourd'hui ce risque comme on fuit l'exigeante liberté pour se ruer à toutes sortes de servitudes, et obtenir au moins le confort de l'âme. Mais si l'art n'est pas une aventure qu'est-il donc et où est sa justification ? Non, l'artiste libre, pas plus que l'homme libre, n'est l'homme du confort. L'artiste libre est celui qui, à grand-peine, crée son ordre lui-même. Plus est déchaîné ce qu'il doit ordonner, plus sa règle sera stricte et plus il aura affirmé sa liberté. Il y a un mot de Gide que j'ai toujours approuvé bien qu'il puisse prêter à malentendu. « L'art vit de contrainte et meurt de liberté. » Cela est vrai. Mais il ne faut pas en tirer que l'art puisse être dirigé. L'art ne vit que des contraintes qu'il s'impose à lui-même : il meurt des autres. En revanche, s'il ne se contraint pas lui-même, le voilà qui délire et s'asservit à des ombres. L'art le plus libre, et le plus révolté, sera ainsi le plus classique ; il couronnera le plus grand effort. Tant qu'une société et ses artistes ne consentent pas à ce long et libre effort, tant qu'ils se laissent aller au confort des divertissements ou à celui du conformisme, aux jeux de l'art pour l'art ou aux prêches de l'art réaliste, ses artistes restent dans le nihilisme et la stérilité. Dire cela, c'est dire que la renaissance aujourd'hui dépend de notre courage et de notre volonté de clairvoyance.

Albert Camus, extrait de *Conférence du 14 décembre 1957*, in *Discours de Suède*, Gallimard, 1958.

L'écrivain solidaire

Les discours prononcés par Camus en Suède lors de la remise du prix Nobel sont justement célèbres. Ils tentent de concilier la volonté de l'artiste d'assumer ses responsabilités historiques et la revendication de la liberté créatrice. Refus significatif d'asservir l'art à des idéologies ; il s'agit là d'une position que Camus exprimait déjà avec force à la Libération, par exemple dans les articles rassemblés sous le titre *Ni victimes ni bourreaux*, dont la lucidité et le caractère prémonitoire sont souvent frappants. On pourra comparer les positions de Camus avec celles de Sartre (cf. p. 360 et p. 12).

Lire… *La Chute* d'Albert Camus (1956)

Camus lui-même, dans son « prière d'insérer », définit ainsi *La Chute* :

« L'homme qui parle dans *La Chute* se livre à une confession calculée. Réfugié à Amsterdam dans une ville de canaux et de lumière froide, où il joue à l'ermite et au prophète, cet ancien avocat attend dans un bar douteux des auditeurs complaisants. Il a le cœur moderne, c'est-à-dire qu'il ne peut supporter d'être jugé. Il se dépêche donc de faire son propre procès mais c'est pour mieux juger les autres. Le miroir dans lequel il se regarde, il finit par le tendre aux autres. Où commence la confession, où l'accusation ? Celui qui parle dans ce lieu fait-il son procès, ou celui de son temps ? Est-il un cas particulier, ou l'homme du jour ? Une seule vérité en tout cas, dans ce jeu de glaces étudié : la douleur, et ce qu'elle promet. »

Ce résumé indique clairement les thèmes essentiels du récit et en souligne la tonalité pessimiste. Les questions finales sont caractéristiques : *La Chute* est une œuvre constamment ambiguë qui propose **des doutes et des interrogations,** non des certitudes. Elle présente avec force le versant négatif de la pensée de Camus ; mais rien n'interdit de penser que la suite de son œuvre, prématurément interrompue par sa mort accidentelle, aurait retrouvé les chemins du « royaume ».

« Fait-il son procès, ou celui de son temps ?… »

La Chute est liée à une période difficile de la vie de Camus. La polémique qui a suivi la publication de *L'Homme révolté,* les événements d'Algérie – Camus, appelant vainement au dialogue, est violemment critiqué par les deux camps – mettent à rude épreuve les valeurs proposées par *La Peste* ou *L'Homme révolté*. Bien des passages de *La Chute* peuvent se lire comme **une satire des intellectuels de gauche** et des milieux existentialistes, mais aussi comme une **auto-critique,** Camus dénonçant lui-même la morale des bons sentiments sur laquelle risquait de déboucher *La Peste*. Cela explique l'importance du thème de la culpabilité, de la mauvaise foi, et le ton grinçant du récit, qu'on retrouvera l'année suivante dans plusieurs des nouvelles de *L'Exil et le Royaume* (dont à l'origine *La Chute* devait faire partie) : voir par exemple *L'Hôte* ou *Jonas*.

« Une ville de canaux et de lumière froide… »

Les lieux sont essentiels dans *La Chute* : au grand soleil, à la mer tiède des romans précédents succède **un univers nocturne, humide et froid.** Les canaux concentriques d'Amsterdam dessinent les cercles de l'enfer et le texte multiplie les images d'enfermement. Le soleil et les îles grecques n'apparaissent plus que comme le souvenir nostalgique d'un paradis perdu : *La Chute* est bien le livre de l'exil.

« Une confession calculée… »

Seul parle Jean-Baptiste Clamence, tout au long d'un texte qui simule le **désordre apparent** de la confession orale. Il multiplie les associations d'idées, les retours en arrière, les répétitions, les digressions, les anecdotes qui donnent l'impression que le récit éclate en fragments, rebondit sur des interruptions supposées de l'interlocuteur… Mais en fait cette confession est un piège ; elle dissimule **un jeu savant d'échos** qui tissent le filet d'un réquisitoire où vient se prendre l'auditeur. Les anecdotes de Clamence convergent toutes vers le thème de la culpabilité : en tant que discours de Clamence, le texte de *La Chute* est donc beaucoup plus structuré qu'il n'en a l'air.

La même conclusion s'impose si l'on considère le texte en tant qu'œuvre littéraire. On a pu la rapprocher du nouveau roman (l'inconsistance de l'action, l'errance de Clamence, le semblant d'intrigue policière qu'introduit le vol du tableau, l'incertitude sur la réalité du personnage et de son interlocuteur fictif feraient songer par exemple aux *Gommes* (cf. p. 397). Mais ce rapprochement est contestable. Camus lui-même a souligné que son œuvre se rattachait plutôt au **« monologue dramatique »** pour mieux décrire un « comédien tragique ». Comme au théâtre, c'est donc une voix qui donne l'illusion de l'existence d'un personnage. Le texte est très construit : les six chapitres s'organisent en deux grandes parties sensiblement égales, autour de la scène clé de la noyade à laquelle Clamence assiste sans intervenir. Les trois premiers chapitres évoquent la vie de Clamence avant la prise de conscience de sa mauvaise foi, les trois derniers retracent les réactions qui ont suivi la noyade et conduit Clamence à Amsterdam. L'intérêt est maintenu par un jeu savant sur le ton de ce monologue, qui fait alterner un humour grinçant et, parfois, la tentation d'envolées lyriques●.

« Il joue à l'ermite et au prophète… »

Les deux termes, riches de significations religieuses, sont significatifs. On n'en finirait pas de relever dans *La Chute* les thèmes chrétiens. Outre le titre, d'incessantes allusions rappellent la tradition biblique. Le nom même du personnage, Jean-Baptiste Clamence, renvoie à saint Jean-Baptiste, « vox clamans in deserto » (la voix qui crie dans le désert), dont le héros de Camus présente la figure inversée puisqu'il incarne la chute et la damnation et non, comme le prophète, la purification du baptême.

Rien en effet mieux que la symbolique religieuse ne peut exprimer **la problématique du mal.** La lucidité de Clamence démasque impitoyablement la mauvaise foi ; avouant ses fautes et s'accablant lui-même, il tend à ses semblables le miroir où ils viennent lire leur culpabilité : il est le « juge-pénitent ». Mais par là se dessine, en creux, **la nostalgie de valeurs réelles.** Ainsi, alors que le texte dénonce à maintes reprises l'hypocrisie et l'égoïsme des relations humaines, certains passages – vite interrompus par un retour au sarcasme – laissent poindre sur le mode lyrique● l'espoir d'amours ou d'amitiés véritables.

Biographie d'Albert Camus

VIE

- **1913** Naissance à Mondovi, en Algérie
- **1933** Études de philosophie à Alger
- **1936** Fondateur du Théâtre du travail
- **1938** Journaliste à *Alger Républicain*
- **1943** Journaliste à *Combat,* diffusé clandestinement
- **1944** À la Libération, rédacteur en chef de *Combat*
- **1952** Brouille avec J.-P. Sartre
- **1954** Début de la guerre d'Algérie
- **1957** Attribution du prix Nobel de littérature
- **1960** Décès dans un accident de la route

ŒUVRES

- **1937** *L'Envers et l'Endroit*
- **1939** *Noces*
- **1942** *L'Étranger* ; *Le Mythe de Sisyphe*
- **1945** *Caligula, Lettres à un ami allemand*
- **47** *La Peste*
- **48** *L'État de siège*
- **49** *Les Justes*
- **50** *Actuelles I Chroniques, 1944-1948*
- **51** *L'Homme révolté*
- **53** *Actuelles II Chroniques, 1948-1953*
- **54** *L'Été*
- **56** *La Chute*
- **57** *L'Exil et le Royaume* ; *Réflexions sur la guillotine*
- **1958** *Discours de Suède* ; *Actuelles III Chroniques algériennes, 1939-1958*

Imaginaire et transfigurations

Des années trente aux alentours de 1950, la littérature est marquée par des œuvres qui s'interrogent sur les valeurs et qui souvent se font avant tout expression d'idées ou de conceptions morales et philosophiques. Après 1950, le développement du nouveau roman tend à imposer, dans les débats théoriques peut-être plus que dans les réalisations (cf. pp.394-414), une problématique du réalisme, en même temps qu'il attire l'attention sur les techniques littéraires, relayé en cela par la « nouvelle critique ». Cela ne doit pas faire oublier l'existence d'écrivains différents, dont certains n'ont été reconnus à leur juste valeur que tardivement, et qui, quelle que soit leur diversité, ont en commun de demander à la littérature, par-delà les apparences, les voies d'**une transfiguration du réel.** Influencés par le surréalisme, marqués par une expérience exceptionnelle à laquelle ils réagissent avec passion ou soucieux d'explorer les mystères du monde, ils composent des œuvres qui souvent, même si les problèmes techniques ne sont pas pour eux prioritaires, remettent en cause les techniques narratives classiques pour mieux exprimer des visions du monde profondément originales.

Henri Bosco (1888-1976)

L'œuvre de Henri Bosco a été rapprochée de celle de Giono : un même cadre géographique, la Provence, une même attention portée à la nature suggèrent en effet des affinités. Mais ce parallèle risque d'aboutir à une lecture superficielle de l'œuvre de Bosco, qui ne verrait en lui qu'un romancier régionaliste ou un auteur pour la jeunesse (*L'Enfant et la Rivière,* 1945, son ouvrage sans doute le plus connu, apparaît souvent comme un livre pour enfants).

En fait, la nature est chez Bosco, beaucoup plus profondément, le lieu d'une quête et d'une initiation. Habitée par des forces invisibles, elle propose aux héros des épreuves qui les obligent à s'accomplir eux-mêmes dans un monde qui prend souvent une dimension fantastique●. C'est le cas dans *Le Mas Théotime* (1945) ou dans *Malicroix* (1948).

Au départ, *Malicroix* raconte l'histoire d'un héritage. Cornélius de Malicroix lègue à son neveu Martial de Mégremut une île au milieu du Rhône, en Camargue. Mais cet héritage s'accompagne d'un certain nombre de conditions qui vont obliger Martial à affronter une véritable initiation jusqu'à ce que, transformé par un long séjour dans l'île, il soit devenu, de Mégremut qu'il était, un véritable Malicroix.

EXTRAIT

Le narrateur est seul dans l'île, dans la maison assaillie par la tempête.

Jusqu'à l'aube le vent souffla. Cédant à la poussée grandissante du souffle, l'espace lentement se dilatait. Aspirant, expirant, comme une colossale poitrine, les trombes d'air, cette respiration formidable montait et descendait au cœur de la tempête. Car la tempête avait un cœur, point fougueux d'où se ruait, en pulsations tumultueuses, la vie de la bête massive qui s'engouffrait dans le creux des ténèbres, en haletant de ses mille naseaux vivaces et noirs. Par moments, la figure brutale de maître Dromiols[1] paraissait et disparaissait dans le vent. Carré d'épaules et de reins, le visage impassible, il montait dans une rafale mugissante, puis il s'enfonçait au flanc d'un nuage qui grondait de colère en l'enveloppant. Des taureaux blancs nageaient sur des fleuves impétueux de vents glauques et lourds et ils meuglaient dans le courant, le mufle haut, en glissant vers la mer. Les plus étranges hallucinations traversaient mon être de vent, électrisé. À mesure que l'étendue soufflante prenait, dans la largeur, la hauteur et la profondeur, des dimensions plus irréelles, tout un univers aérien se créait autour de mon âme. Le vent y devenait la matière céleste des coulées intersidérales, où des constellations de vents descendaient vers moi du Septentrion. Avec leurs étoiles filantes, comme une pluie de souffles bleus poussés par un vaste Aquilon à travers l'infini du monde, ces grandes figures stellaires étincelaient sous la tempête universelle et s'y abîmaient lentement, en déchirant le ciel de longs flamboiements électriques, qui m'éblouissaient...

Corps léger, dépouillé de matière et tout nerfs, le sommeil me prit près de l'aube et me laissa dormir à portée des bruits innombrables de la tempête. Elle continua à souffler à travers mon âme et y balaya toutes les visions. Aux spectacles hallucinatoires issus du vent quand je veillais, et qui se disper-

(1) Le notaire, qui a accueilli Martial dans l'île mais veut le dissuader d'y rester.

sèrent, succéda un monde de sons superposés en fragiles songes sonores, purs de toute figure, qui se confondirent bien vite pour former une sourde et monotone trépidation. Je la perçus d'une façon continuelle tout le long d'un sommeil nerveux qui me tint suspendu dans les ondes du vent et je ne sais quel vide, où mon âme entière vibra jusqu'au matin.

La maison luttait bravement. Elle se plaignit tout d'abord; les pires souffles l'attaquèrent de tous les côtés à la fois, avec une haine distincte et de tels hurlements de rage que, par moments, je frissonnais de peur. Mais elle tint. Dès le début de la tempête des vents hargneux avaient pris le toit à partie. On essaya de l'arracher, de lui casser les reins, de le mettre en lambeaux, de l'aspirer. Mais il bomba le dos et s'accrocha à sa vieille charpente. Alors d'autres vents arrivèrent et se ruant au ras du sol ils foncèrent contre les murailles. Tout fléchit sous le choc impétueux, mais la maison flexible, ayant plié, résista à la bête. Elle tenait sans doute au sol de l'île par des racines incassables, d'où ses minces parois de roseaux crépis et de planches tiraient une force surnaturelle. On eut beau insulter les volets et les portes, prononcer des menaces colossales, claironner dans la cheminée, l'être déjà humain, où j'abritais mon corps, ne céda rien à la tempête. La maison se serra sur moi, comme une louve, et par moments je sentais son odeur descendre maternellement jusque dans mon cœur. Ce fut, cette nuit-là, vraiment ma mère.

Je n'eus qu'elle pour me garder et me soutenir. Nous étions seuls.

Henri Bosco, *Malicroix*, Gallimard, 1948.

« Un drame cosmique »

Des réseaux de métaphores• personnifient• les forces de l'univers qui s'affrontent. Qui sont les acteurs de la scène ? Quels sont ici la place et le rôle du narrateur ? L'organisation syntaxique des phrases, parfois surprenante, est significative (voyez le début du deuxième paragraphe). L'élargissement de la scène aux dimensions de l'univers, la rêverie sur les éléments (cf. la fiche sur Bachelard p. 393), l'hallucination et le rêve : le texte multiplie les procédés de transfiguration du réel.

document

Bachelard, dans La Poétique de l'espace, *commente ce passage de* Malicroix qu'il qualifie de poème en prose.

Une sorte d'angoisse cosmique prélude à la tempête. Puis, toutes les gorges du vent se détendent. Bientôt, tous les animaux de l'ouragan donnent de la voix. [...] L'écrivain sait d'instinct que toutes les agressions, qu'elles viennent de l'homme ou du monde, sont animales. Si subtile que soit une agression venant de l'homme, si indirecte, si camouflée, si construite qu'elle soit, elle révèle des origines inexpiées. Un petit filament animal vit dans la plus petite des haines. Le poète psychologue – ou le psychologue poète, s'il en existe – ne peut se tromper en marquant d'un cri animal les différents types d'agression. Et c'est aussi une des marques terribles de l'homme que de ne comprendre intuitivement les forces de l'univers que par une psychologie du courroux.

Et la maison contre cette meute qui, peu à peu, se déchaîne devient le véritable être d'une humanité pure, l'être qui se défend sans jamais avoir la responsabilité d'attaquer. La Redousse est la Résistance de l'homme. Elle est *valeur humaine,* grandeur de l'Homme. [...]

Dans la maison devenue par l'imagination le centre même d'un cyclone, il faut dépasser les simples impressions du réconfort qu'on éprouve dans tout abri. Il faut participer au drame cosmique soutenu par la maison qui lutte. Tout le drame de Malicroix est une épreuve de solitude. L'habitant de La Redousse doit dominer la solitude dans la maison d'une île sans village. Il doit y acquérir la dignité de solitude atteinte par un ancêtre qu'un grand drame de la vie a rendu solitaire. Il doit être seul, seul dans un cosmos qui n'est pas celui de son enfance. Il doit, homme d'une race douce et heureuse, hausser son courage, apprendre le courage devant un cosmos rude, pauvre, froid. La maison isolée vient lui donner des images fortes, c'est-à-dire des conseils de résistance.

Ainsi, en face de l'hostilité, aux formes animales de la tempête et de l'ouragan, les valeurs de protection et de résistance de la maison sont transposées en valeurs humaines. La maison prend les énergies physiques et morales d'un corps humain. Elle bombe le dos sous l'averse, elle raidit les reins. Sous les rafales, elle plie quand il faut plier, sûre de se redresser à temps en niant toujours les défaites passagères. Une telle maison appelle l'homme à un héroïsme de cosmos. Elle est un instrument à affronter le cosmos.

Gaston Bachelard, *La Poétique de l'espace*, P.U.F., 1957.

Transgressions : André Pieyre de Mandiargues et Georges Bataille

L'univers de **André Pieyre de Mandiargues** (né en 1909), qu'il s'exprime dans des poèmes ou des récits, est marqué par l'influence du mouvement surréaliste dont il retrouve les thèmes essentiels : l'image de la Femme, le rêve et le désir, la violence et la mort, autant de moyens de transfigurer les apparences et de libérer l'imaginaire. On conçoit dès lors la prédilection de Mandiargues pour les genres comme le conte fantastique• (*Le Musée noir*, 1946) ou la littérature érotique (*Le Lis de mer*, 1956, *La Motocyclette*, 1963). Dans les textes érotiques, c'est la puissance du désir et du fantasme, le jeu de l'amour et de la mort, qui font naître une vision nouvelle du monde, menaçant les structures habituelles du récit.

EXTRAIT

La Motocyclette *raconte le trajet que fait à moto une jeune femme, Rébecca, pour rejoindre son amant. La vitesse exaltante de sa course métamorphose le monde autour d'elle et transfigure l'espace. En même temps, elle se souvient des trajets précédents et le « présent » du récit se mêle avec celui des fantasmes intensément revécus, jusqu'à ne plus laisser subsister que le lyrisme• du désir arraché au temps : vie intense du rêve qui bascule finalement dans la mort.*

Rébecca caresse de la main la courbe bien fuselée (selon son goût) du réservoir, geste qu'elle a vu faire aux cavaliers sur l'encolure, puis elle revient à la poignée d'admission et elle ouvre en grand l'entrée des gaz. En seconde vitesse, comme elle est, la moto répond à la sollicitation avec la promptitude d'une pièce d'artifice que l'on a mise à feu. Sa conductrice ralentit à peine le régime, débraye de l'autre main, passe en troisième d'un mouvement du pied beaucoup plus rapide que le coup d'éperons des cavaliers auxquels il vient d'être fait allusion, et presque aussitôt, quand l'aiguille du compteur atteint cent vingt, le moteur allant à près de cinq mille tours à la minute, elle répète la manœuvre pour passer en quatrième. À chaque fois qu'elle embraye ainsi sur la lancée du moteur (comme font les pilotes de course, lui a dit Daniel), il semble qu'une main puissante la jette en avant plus vite encore. Tant pis pour les disques de l'embrayage, qui s'useront tôt (lui a dit Daniel également) d'être mis à pareille épreuve. Ménager est tout ce que hait l'épouse du professeur d'histoire, la maîtresse de Daniel Lionart qui se fait passer pour professeur aussi quoiqu'il n'enseigne pas, et dans les raisons qu'elle a d'aimer ces deux hommes la meilleure est assurément que ni l'un ni l'autre n'ont jamais essayé de lui donner plus de modération ou de mesure, si le premier la laisse libre de s'enfuir à moto quand elle veut et l'accueille au retour sans lui poser de questions, si le second la traite en esclave quand il la saisit et l'affranchit tout de suite après qu'il a satisfait son désir. La prudence ne lui semble pas aussi détestable que l'avarice, la réserve ou l'économie, cependant que sa vitesse approche le cent cinquante à l'heure avant qu'elle soit sortie du faubourg. Elle a serré le frein de direction, car elle croit se rappeler qu'il se trouve un petit caniveau hypocrite et des irrégularités de surface à la hauteur des dernières maisons. C'est en se penchant un peu d'un côté ou de l'autre, quand il en est besoin, qu'elle se maintient sur la ligne voulue, qui est absolument droite sur plusieurs kilomètres. Entre ses jambes écartées par le réservoir, le moteur va de toute la force des deux énormes cylindres, chose vivante, frémissante et furieuse à tel point que ce déchaînement ne cesse de l'émerveiller comme au premier instant qu'elle en eut la révélation. Quelle brute ! Le bruit qu'il fait doit s'entendre jusqu'à l'autre banlieue de Haguenau, jusqu'au pavillon et jusqu'au lit où Raymond étend peut-être un bras vers la place vide ; il résonne certainement dans la caserne des gendarmes ; Rébecca s'amuse à l'idée de son écho dans les longs couloirs crasseux, à celle de l'aboiement des chiens policiers derrière les grilles.

Quand elle jaillit hors de l'espace bâti et qu'elle entre en forêt, l'aiguille du compteur est à cent cinquante, et sa main réduit les gaz tandis que par une double et rapide inclinaison du corps elle guide sa monture sur un léger coude de la route qu'elle connaît bien d'ailleurs et qui ne demande presque aucun ralentissement. Ensuite, la ligne droite reprend sur une dizaine de kilomètres, jusqu'à Soufflenheim, et cette rectitude avec laquelle comme au couteau l'espace est tranché donne un certain vertige qui se peut rapporter à celui du fil à plomb, car elle attire à la façon d'un abîme profondément vertical sur lequel on se penche. Charme étrange de la ligne d'abeille, saurat-on jamais ce qui pousse l'insecte à se ruer tout droit de la sorte, si c'est avec ivresse, bonheur, rage, soif d'arriver au bout de son existence, ou par quelque sens de l'espace dont l'homme n'a pas été pourvu mais qu'il soupçonne à l'occasion ? Ainsi la vitesse rassemble les hauts sapins noirs en parois comme d'un défilé creusé dans une roche plutonienne (le choc n'en serait pas moins dur), et la route a l'apparence d'un sentier étroitement encaissé, noir aussi, qui aboutit peut-être au soleil. Plutôt que de conduire une motocyclette, Rébecca penserait qu'elle pointe un canon vers une cible lumineuse, ou encore qu'elle est obus elle-même dans l'âme de ce canon. Ce qui devrait l'encourager à tenir ferme le guidon et à fournir tout ce qui se peut de gaz au moteur. Pourtant elle tourne la poignée, coupe l'admission complètement, laisse la moto ralentir sur sa lancée pendant un peu plus de deux kilomètres, et quand elle arrive devant un banc, qui est sur le bas-côté gauche, elle freine, passe une vitesse inférieure, traverse la route et s'arrête en face des planches moussues. Elle met pied à terre, place la machine en position de repos sur sa béquille ; elle se couche de tout son long sur le banc vieux, la face tournée vers le ciel.

André Pieyre de Mandiargues, *La Motocyclette,* Gallimard, 1963.

Une initiation ?

La réalité ne se réduit jamais aux apparences. Le jeu des métaphores• fait de la moto une monture, la vitesse transforme le monde : on peut suivre dans le texte la progression qui permet de quitter le quotidien pour passer au cœur de l'univers.

C'est aussi l'érotisme qui est au cœur de l'œuvre de **Georges Bataille** (1897-1962). Il s'en est expliqué dans un essai dédié à Michel Leiris, *L'Érotisme* (1957). Alors qu'il y a habituellement discontinuité entre les êtres, l'érotisme, comme la violence et la mort, est dissolution de cette discontinuité, nostalgie d'une fusion et d'une continuité première que nous avons perdues (ne parle-t-on pas de « vie dissolue » pour qualifier l'expérience érotique ?). L'érotisme est une transgression qui a partie liée avec la mort : « Il y a dans le passage de l'attitude normale au désir une fascination fondamentale de la mort. Ce qui est en jeu dans l'érotisme est toujours une dissolution des formes constituées. » L'inspiration érotique aboutit donc bien à un dépassement poétique du réel.

EXTRAIT

Le Bleu du ciel, *écrit en 1935, n'a été publié qu'en 1956. Le narrateur, tout au long d'un récit très décousu, évoque divers moments de son errance à travers l'Europe menacée par la guerre. Ici, accompagné de Dorothea, il voyage dans une Allemagne où se multiplient les signes de la montée nazie.*

Nous arrivâmes à un restaurant surmonté d'une tour : à l'intérieur, il faisait chaud, mais il y avait une sale lumière de novembre, il y avait là de nombreuses familles bourgeoises attablées. Dorothea, les lèvres pâles, le visage rougi par le froid, ne disait rien : elle mangeait un gâteau qu'elle aimait. Elle demeurait très belle, pourtant son visage se perdait dans cette lumière, il se perdait dans le gris du ciel. Pour redescendre, sans difficulté nous avons pris le bon chemin, très court, tracé en lacets à travers les bois. Il ne neigeait plus, ou presque plus. La neige n'avait pas laissé de trace. Nous allions vite, nous glissions ou nous trébuchions de temps à autre et la nuit tombait. Plus bas, dans la pénombre, apparut la ville de Trèves. Elle s'étendait sur l'autre rive de la Moselle, dominée par de grands clochers carrés. Peu à peu, dans la nuit, nous cessâmes de voir les clochers. En passant dans une clairière, nous avons vu une maison basse, mais vaste, qu'abritaient des jardins en tonnelles. Dorothea me parla d'acheter cette maison et de l'habiter avec moi. Il n'y avait plus entre nous qu'un désenchantement hostile. Nous le sentions, nous étions peu de chose l'un pour l'autre, tout au moins dès l'instant où nous n'étions plus dans l'angoisse. Nous nous hâtions vers une chambre d'hôtel, dans une ville que la veille nous ne connaissions pas. Dans l'ombre, il arrivait que nous nous cherchions. Nous nous regardions les yeux dans les yeux : non sans crainte. Nous étions liés l'un à l'autre, mais nous n'avions plus le moindre espoir. À un tournant du chemin un vide s'ouvrit au-dessous de nous. Étrangement, ce vide n'était pas moins illimité, à nos pieds, qu'un ciel étoilé sur nos têtes. Une multitude de petites lumières, agitées par le vent, menaient dans la nuit une fête silencieuse, inintelligible. Ces étoiles, ces bougies, étaient par centaines en flammes sur le sol : le sol où s'alignait la foule des tombes illuminées. Je pris Dorothea par le bras. Nous étions fascinés par cet abîme d'étoiles funèbres. Dorothea se rapprocha de moi. Longuement, elle m'embrassa dans la bouche. Elle m'enlaça, me serrant violemment : c'était, depuis longtemps, la première fois qu'elle se déchaînait. Hâtivement, nous fîmes, hors du chemin, dans la terre labourée, les dix pas que font les amants. Nous étions toujours au-dessus des tombes. Dorothea s'ouvrit, je la dénudai jusqu'au sexe. Elle-même, elle me dénuda. Nous sommes tombés sur le sol meuble et je m'enfonçai dans son corps humide comme une charrue bien manœuvrée s'enfonce dans la terre. La terre, sous ce corps, était ouverte comme une tombe, son ventre nu s'ouvrit à moi comme une tombe fraîche. Nous étions frappés de stupeur, faisant l'amour au-dessus d'un cimetière étoilé. Chacune des lumières annonçait un squelette dans une tombe, elles formaient ainsi un ciel vacillant, aussi trouble que les mouvements de nos corps mêlés. Il faisait froid, mes mains s'enfonçaient dans la terre : je dégrafai Dorothea, je souillai son linge et sa poitrine de la terre fraîche qui s'était collée à mes doigts. Ses seins, sortis de ses vêtements, étaient d'une blancheur lunaire. Nous nous abandonnions de temps à autre, nous laissant aller à trembler de froid : nos corps tremblaient comme deux rangées de dents claquent l'une dans l'autre.

Le vent fit dans les arbres un bruit sauvage. Je dis en bégayant à Dorothea, je bégayais, je parlais sauvagement :

– ... mon squelette... tu trembles de froid... tu claques des dents...

Je m'étais arrêté, je pesais sur elle sans bouger, je soufflais comme un chien. Soudain j'enlaçai ses reins nus. Je me laissai tomber de tout mon poids. Elle poussa un terrible cri. Je serrai les dents de toutes mes forces. À ce moment, nous avons glissé sur un sol en pente.

Il y avait plus bas une partie de rocher en surplomb. Si je n'avais, d'un coup de pied, arrêté ce glissement, nous serions tombés dans la nuit, et j'aurais pu croire, émerveillé, que nous tombions dans le vide du ciel.

Georges Bataille, *Le Bleu du ciel,* 1935, Société Nouvelle des Éditions Pauvert, 1979.

L'amour et la mort

Le texte passe du monde réel à un univers transfiguré par le désir. Les analyses de G. Bataille sur l'érotisme donnent des pistes de lecture ; l'amour, la mort, la poésie offrent l'expérience d'une fusion essentielle.

L'approbation de la vie jusque dans la mort est défi, aussi bien dans l'érotisme des cœurs que dans celui des corps, elle est défi, par indifférence, à la mort. La vie est accès à l'être : si la vie est mortelle, la continuité de l'être ne l'est pas. L'approche de la continuité, l'ivresse de la continuité dominent la considération de la mort. En premier lieu, le trouble érotique immédiat nous donne un sentiment qui dépasse tout, tel que les sombres perspectives liées à la situation de l'être discontinu tombent dans l'oubli. Puis au-delà de l'ivresse ouverte à la vie juvénile, le pouvoir nous est donné d'aborder la mort en face, et d'y voir enfin l'ouverture à la continuité inintelligible, inconnaissable, qui est le secret de l'érotisme, et dont seul l'érotisme apporte le secret. [...]

L'érotisme ouvre à la mort. La mort ouvre à la négation de la durée individuelle. Pourrions-nous, sans violence intérieure, assumer une négation qui nous amène à la limite de tout le possible ? [...]

La poésie mène au même point que chaque forme de l'érotisme, à l'indistinction, à la confusion des objets distincts. Elle nous mène à l'éternité, elle nous mène à la mort, et par la mort, à la continuité : la poésie est l'*éternité. C'est la mer allée avec le soleil*[1].

Georges Bataille, *L'Érotisme,* Éditions de Minuit, 1957.

(1) Citation de Rimbaud.

Jean Genet (1910-1986)

À côté de son théâtre (cf. p. 254), **Jean Genet** (1910-1986) a publié des récits d'inspiration autobiographique qui correspondent à un projet sur lequel il s'est clairement exprimé dans le *Journal du voleur* (1949), réaliser « une œuvre d'art dont la matière-prétexte est ma vie d'autrefois ». Il ne s'agit donc pas d'autobiographies au sens restreint du terme, même si l'auteur utilise la première personne et apparaît dans le récit sous son propre nom. C'est que le fossé qui sépare le « je » d'autrefois et le « je » qui écrit est de toute façon impossible à combler : l'expérience vécue ne peut qu'être transformée en devenant littérature : « ma vie doit être légende c'est-à-dire lisible et sa lecture donner naissance à quelque émotion nouvelle que je nomme poésie. Je ne suis plus rien, qu'un prétexte ».

Dans *Notre Dame des Fleurs* (écrit en 1942, publié en 1948), dans *Miracle de la rose* (1943, publié en 1946) comme dans le *Journal du voleur*, l'expérience passée – l'errance à travers l'Europe, le vol, l'homosexualité, la prostitution, la prison – est donc sans cesse transfigurée en scènes « miraculeuses » qui s'épanouissent en chants d'une prose poétique. Il s'agit à la fois d'écrire des « Fleurs du mal », de vivre comme une ascension l'aventure de la déchéance, d'aller jusqu'au bout d'une inversion de toutes les valeurs morales (magnification, sacralisation du mal qui renvoient au théâtre de Genet), et d'explorer les moyens qui permettent au langage de reconstruire le monde : « Le but de ce récit, c'est d'embellir mes aventures révolues, c'est-à-dire obtenir d'elles la beauté, découvrir en elles ce qui aujourd'hui suscitera le chant, seule preuve de cette beauté. » *(Journal du voleur.)*

document

Sa vie lui est apparue de bonne heure, au jour le jour, comme une suite d'historiettes négligeables dont il devait simplement, avant de les laisser tomber dans l'oubli, dégager l'essence poétique. Non pas en les faisant passer à l'épique, à la manière de certains mythomanes qui reconstruisent leur vie à mesure qu'elle s'écoule : mais en cueillant le mot qui les polarise, les interprète, les transfigure et condense leur substance poétique pour l'offrir à une divine absence. Cette poésie brute, c'est la plus prodigieuse tentative pour sauver le sacré au sein du naufrage de l'homme profane.

Jean-Paul Sartre, *Saint-Genet, comédien et martyr*, Gallimard, 1952.

EXTRAIT

Ma solitude en prison était totale. Elle l'est moins maintenant que j'en parle. Alors j'étais seul. La nuit je me laissais descendre sur un courant d'abandon. Le monde était un torrent, un rapide de forces unies pour me porter à la mer, à la mort. J'avais la joie amère de me connaître seul. J'ai la nostalgie de ce bruit : en cellule quand je rêvais l'esprit vague, au-dessus de moi un détenu tout à coup se lève et marche de long en large, d'un pas toujours égal. Ma rêverie reste vague aussi mais ce bruit (comme au premier plan à cause de sa précision) me rappelle que le corps qui la rêve, celui d'où elle s'échappe est en prison, prisonnier d'un pas net, soudain, régulier. Je voudrais être mes vieux camarades de misère, les enfants du malheur. J'envie la gloire qu'ils sécrètent et que j'utilise à des fins moins pures. Le talent c'est la politesse à l'égard de la matière, il consiste à donner un chant à ce qui était muet. Mon talent sera l'amour que je porte à ce qui compose le monde des prisons et des bagnes. Non que je les veuille transformer, amener jusqu'à votre vie, ou que je leur accorde l'indulgence et la pitié : je reconnais aux voleurs, aux traîtres, aux assassins, aux méchants, aux fourbes une beauté profonde – une beauté en creux – que je vous refuse. Soclay, Pilorge, Weidmann, Serge de Lenz, Messieurs de la Police, indicateurs sournois, vous m'apparaissez quelquefois parés comme de toilettes funèbres et de jais, de si beaux crimes que j'envie, aux uns la peur mythologique qu'ils inspirent, aux autres leurs supplices, à tous l'infamie où finalement ils se confondent. Si je regarde en arrière je n'aperçois qu'une suite d'actions piteuses. Mes livres les racontent. Ils les ont parées de qualificatifs grâce à quoi je me les rappelle avec bonheur. J'ai donc été ce petit misérable qui ne connut que la faim, l'humiliation du corps, la pauvreté, la peur, la bassesse. De tant d'attitudes renfrognées j'ai tiré des raisons de gloire.

– Sans doute suis-je cela, me disais-je, mais au moins j'ai conscience de l'être et tant de conscience détruit la honte et m'accorde un sentiment que l'on connaît peu : l'orgueil. Vous qui me méprisez n'êtes pas fait d'autre chose que d'une succession de pareilles misères, mais vous n'en aurez jamais la conscience, et par elle l'orgueil, c'est-à-dire la connaissance d'une force qui vous permet de tenir tête à la misère – non votre propre misère, mais à celle dont l'humanité est composée.

Jean Genet, *Journal du voleur*, Gallimard, 1949.

Autrefois et aujourd'hui

Le jeu des temps, parfois surprenant, manifeste la difficulté de concilier le « je » d'autrefois et le « je » qui écrit aujourd'hui. Les métaphores•, les champs lexicaux•, contradictoires (pureté/crime, misère/gloire...) constituent peu à peu une « beauté en creux » : on peut étudier à partir de là les pouvoirs et les limites de l'écriture.

EXTRAIT

La tapisserie intitulée « La Dame à la Licorne » m'a bouleversé pour des raisons que je n'entreprendrai pas ici d'énumérer. Mais, quand je passai, de Tchécoslovaquie en Pologne, la frontière, c'était un midi, l'été. La ligne idéale traversait un champ de seigle mûr, dont la blondeur était celle de la chevelure des jeunes Polonais ; il avait la douceur un peu beurrée de la Pologne dont je savais qu'au cours de l'histoire elle fut toujours blessée et plainte. J'étais avec un autre garçon expulsé comme moi par la police tchèque, mais je le perdis de vue très vite, peut-être s'égara-t-il derrière un bosquet ou voulut-il m'abandonner : il disparut. Ce champ de seigle était bordé du côté polonais par un bois dont l'orée n'était que de bouleaux immobiles. Du côté tchèque d'un autre bois, mais de sapins. Longtemps je restai accroupi au bord, attentif à me demander ce que recelait ce champ, si je le traversais quels douaniers les seigles dissimulaient. Des lièvres invisibles devaient le parcourir. J'étais inquiet. À midi, sous un ciel pur, la nature entière me proposait une énigme, et me la proposait avec suavité.

– S'il se produit quelque chose, me disais-je, c'est l'apparition d'une licorne. Un tel instant et un tel endroit ne peuvent accoucher que d'une licorne.

La peur, et la sorte d'émotion que j'éprouve toujours quand je passe une frontière, suscitaient à midi, sous un soleil de plomb, la première féerie. Je me hasardai dans cette mer dorée comme on entre dans l'eau. Debout je traversai les seigles. Je m'avançai lentement, sûrement, avec la certitude d'être le personnage héraldique pour qui s'est formé un blason naturel : azur, champ d'or, soleil, forêts. Cette imagerie où je tenais ma place se compliquait de l'imagerie polonaise.

– « Dans ce ciel de midi doit planer, invisible, l'aigle blanc ! »

En arrivant aux bouleaux, j'étais en Pologne. Un enchantement d'un autre ordre m'allait être proposé. La « Dame à la Licorne » m'est l'expression hautaine de ce passage de la ligne à midi. Je venais de connaître, grâce à la peur, un trouble en face du mystère de la nature diurne, quand la campagne française où j'errai surtout la nuit était toute peuplée du fantôme de Vacher, le tueur de bergers. En la parcourant j'écoutais en moi-même les airs d'accordéon qu'il devait y jouer et mentalement j'invitais les enfants à venir s'offrir aux mains de l'égorgeur. Cependant, je viens d'en parler pour essayer de vous dire vers quelle époque la nature m'inquiéta, provoquant en moi la création spontanée d'une faune fabuleuse, ou de situations, d'accidents dont j'étais le prisonnier craint et charmé.

Jean Genet, *Journal du voleur*, Gallimard, 1949.

« La nature me proposait une énigme »

Un lieu symbolique, la frontière, une heure symbolique, midi, suggèrent l'expérience poétique de la transfiguration du monde. On pourra étudier les procédés qui font de ce moment une « féerie » dont les accents évoquent souvent le Rimbaud des *Illuminations* (cf. *Le XIX*[e] *siècle*, pp. 503-505).

Albert Cohen (1895-1981)

L'œuvre d'Albert Cohen n'a reçu que tardivement sa consécration. Commencée avant guerre, c'est dans *Belle du Seigneur* (1968) qu'elle trouve son expression la plus haute. Ce roman constitue le troisième volet d'un ensemble qui comprend également : *Solal* (1930), *Mangeclous* (1938), *Les Valeureux* (1969). *Belle du Seigneur,* après avoir reçu en 1970 le prix du roman de l'Académie française, a été récemment publié dans la prestigieuse collection de la Pléiade : A. Cohen est désormais reconnu comme l'une des figures littéraires majeures du siècle.

L'univers d'A. Cohen est sans cesse transfiguré par la passion, que ce soit dans les romans où, s'inspirant de sa propre vie, il met en scène la figure idéalisée de Solal, ou dans ses écrits autobiographiques (*Le Livre de ma mère,* 1954, *Ô vous frères humains,* 1972, *Carnets,* 1979). Cette passion se nourrit de refus et d'indignations : refus de la médiocrité, qu'incarnent par exemple dans *Belle du Seigneur* Adrien Deume, petit fonctionnaire obsédé par son avancement, et cet univers absurde de la Société des Nations, sur lequel règne avec dédain Solal, le héros du livre, qui en est sous-secrétaire général (" sous-bouffon général ", dit-il lui-même...). Indignation aussi, devant la violence barbare, la loi du plus fort, la montée du fascisme et de l'antisémitisme (l'action de *Belle du Seigneur* se déroule juste avant la Seconde Guerre mondiale). Albert Cohen a raconté, dans les pages poignantes de *Ô vous frères humains,* comment, jeune enfant juif immigré à Marseille, il se heurta à la haine raciste, le jour même de ses dix ans, traité de « youpin » par un camelot. Cette exclusion, Solal la vit à son tour à la fin de *Belle du Seigneur.*

Mais la passion, c'est aussi l'amour : l'amour de Solal pour Ariane, tout au long des huit cents pages de *Belle du Seigneur,* amour exigeant, mais vicié par ses compromissions avec les vils manèges de la séduction. L'amour filial, celui qui inspire les confidences émouvantes du *Livre de ma mère.* L'amour enfin de Cohen et Solal pour leur peuple, ces juifs dont l'auteur évoque avec une verve burlesque et amusée les travers (notamment quand il met en scène les « Valeureux », Saltiel, Mangeclous, Mattathias, Michaël, Salomon, oncles de Solal), mais qui, dans un monde où se généralisent la violence et le culte de la force, représentent l'amour, la vie, la culture.

Cette passion incessante s'exprime dans une écriture ardente et féconde. Que ce soit dans la satire et la dérision ou dans le lyrisme•, elle est soutenue par une verve intarissable et s'épanouit en formes diverses : passages poétiques qui tendent vers le chant, scènes parodiques• (la lucidité et le talent de Cohen font alors penser au Proust du *Côté de Guermantes*), longs monologues intérieurs. La voix de Cohen ne faiblit jamais et entraîne le lecteur dans l'élan d'une séduction irrésistible.

Dans ses grandes lignes, l'intrigue de *Belle du Seigneur* est simple : Solal, prestigieux sous-secrétaire général de la Société des Nations, séduit Ariane Deume, épouse d'un employé subalterne. La première partie du livre oppose la médiocrité de l'univers d'Adrien Deume et les élans lyriques• de la passion naissante. Mais cette passion s'usera peu à peu, menacée à la fois par l'ennui qui détruit les sentiments humains et par la montée de l'antisémitisme qui provoquera l'exclusion de Solal : s'engage alors une lente dégradation qui mènera les héros à la mort.

EXTRAIT

La comédie mondaine : une réception chez l'un des cadres de la Société des Nations.

Verres givrés en main et y contemplant les glaçons flottants, les invités importants étaient, selon leur tempérament, furieux ou mélancoliques lorsqu'ils étaient abordés ou happés au passage par un invité moins important et en conséquence inutile à leur ascension mondaine ou professionnelle. Le regard vague et l'esprit absorbé par des méditations stratégiques, feignant d'écouter le raseur qui, tout ravi de sa capture, faisait le charmant et le sympathique, ils n'en supportaient l'improductive compagnie que provisoirement et en attendant mieux, c'est-à-dire la fructueuse prise de quelque supérieur. Ils la supportaient soit parce qu'elle leur procurait un plaisir passager de puissance et d'affable mépris, soit parce qu'elle leur donnait une contenance et les préservait de la solitude, plus redoutable encore que d'être vu en conversation avec un inférieur, ne connaître personne étant le plus grand des péchés sociaux. D'ailleurs, causer avec un moindre ne discréditait pas si l'on savait prendre un air protecteur et suffisamment distrait, le bout d'entretien étant alors attribué à la bienveillance. Mais encore fallait-il n'en pas abuser, le terminer rapidement et se réhabiliter sans retard par une conversation avec un supérieur. C'est pourquoi les importants, tout en marmonnant de vagues « oui, oui, certainement », avaient des yeux inquiets et mobiles, surveillaient la bourdonnante cohue et, sans en avoir trop l'air, la balayaient d'un regard circulaire et périodique, phare tournant, dans l'espoir du poisson de choix, un surimportant à harponner dès que possible.

Sous les rires, les sourires et les plaisanteries cordiales, un sérieux profond régnait, tout d'inquiétude et d'attention, chaque invité veillant au grain de ses intérêts mondains. Remuant le glaçon de son verre ou se forçant à sourire, mais triste en réalité et dégoûté par l'inévitable inférieur qui lui cassait les pieds, chaque important se tenait prêt à s'approcher tendrement d'un surimportant enfin repéré, mais hélas déjà pris en main par un raseur, rival haï, surveillait sa proie future tout en feignant d'écouter le négligeable, se tenait sur le qui-vive, les yeux calculateurs et distraits, prêt à lâcher le bas de caste après un hâtif « à bientôt j'espère » (ne pas se faire d'ennemis, même chétifs) et à s'élancer, chasseur expert et prompt à saisir l'occasion, vers le surimportant, bientôt libre, il le sentait soudain. Aussi, ne le lâchait-il plus des yeux et tenait-il prêt un sourire. Mais le surimportant, pas bête, avait flairé le danger. S'étant brusquement débarrassé de son actuel raseur et faisant mine de n'avoir pas vu le regard et le sourire de l'humble important, regard d'aimante convoitise et sourire de vassalité à peine esquissé mais tout prêt à s'élargir, le surimportant, feignant donc la distraction, s'esbignait en douce et disparaissait dans la foule buvante et mastiquante, tandis que le pauvre important, déçu mais non découragé, triste mais tenace et ferme en son propos, s'apprêtait, débarrassé de son casse-pieds personnel, à forcer et traquer une nouvelle proie.

Cependant, ayant échappé au danger de dévalorisation sociale, le surimportant s'approchait adroitement d'un encore plus important, un sursurimportant, hélas entouré d'une cour approbatrice. Les yeux déjà humides d'obéissance, le visage déjà passionnément modeste et tendre, il se disposait à son tour à harponner dès que possible mais dignement, non par fierté d'âme mais parce qu'il est préjudiciable de se déprécier. Il attendait l'occasion de capture, le moment où le sursurimportant se serait enfin débarrassé du cercle des adorateurs épanouis, et il détestait ces concurrents qui s'éternisaient, réchauffés par le soleil de puissance. Doux et patient comme le phoque devant le trou creusé dans la glace et où va peut-être apparaître le poisson, il attendait et préparait en sa sociale caboche un sujet de conversation vif et amusant, susceptible d'intéresser le sursurimportant et de lui en valoir la sympathie. De temps à autre, il fixait ses yeux sur les yeux du convoité dans l'espoir que celui-ci le reconnaîtrait enfin, lui sourirait de loin, ce qui lui permettrait de s'approcher tout naturellement et de se joindre, à son tour fémininement jouissant, au cercle des autres vassaux. Mais les supérieurs reconnaissent rarement les inférieurs.

Albert Cohen, *Belle du Seigneur,* Gallimard, 1968.

« Du mécanique plaqué sur du vivant »

Le rire naît ici de l'impression que, selon la formule de Bergson, du « mécanique est plaqué sur du vivant ». On pourra suivre la progression qui fait de cette scène un ballet dérisoire. Dans la satire, A. Cohen fait souvent penser à Proust, dont il reprend des procédés (ainsi le « soit parce que... soit parce que... » du premier paragraphe). Comme chez Proust, la scène est vue à travers le regard lucide d'un narrateur qui décrypte les signes mondains (cf. pp. 290-291) : comment se manifeste la présence du narrateur ?

EXTRAITS

Un extrait d'un long passage où Solal caricature cyniquement les manèges de la séduction...

« Lorsqu'elle est entrée en pleine passion, donc cruautés ouvertes. Mais dose-les. Sois cruel avec maîtrise. Le sel est excellent, mais pas trop n'en faut. Par conséquent, alternances de duretés et de douceurs, sans oublier les obligatoires ébats. Le cocktail passion. Être l'ennemi bien-aimé, saupoudrer de méchancetés de temps à autre pour qu'elle puisse vivre sur le pied d'amour, être toujours inquiète, se demander quelle catastrophe l'attend, souffrir, et notamment de jalousie, espérer, attendre les réconciliations, déguster les tendresses inattendues. En résumé, qu'elle ne s'embête jamais. Sans compter que les réconciliations donnent de la saveur aux jonctions. Après une froideur ou une vacherie, si tu lui souris, la malheureuse escroquée fond de gratitude et elle court vite raconter à son amie intime toutes sortes de merveilles sur toi et comme quoi tu es si bon, au fond. D'un méchant, elles s'arrangent toujours pour dire qu'au fond il est bon. Elles le remercient de sa méchanceté en le couronnant de bonté.

« Et voilà, pour qu'elle continue à t'aimer de passion tu seras condamné à te surveiller sans cesse et notamment à toujours arriver en retard aux rendez-vous, afin qu'elle frétille sur le gril. Ou même, de temps à autre, alors qu'elle t'attend, toute prête et minutieusement lessivée, et qu'elle ne bouge pas de peur de s'abîmer, tu devras lui téléphoner au dernier moment que tu es empêché de venir, alors que tu meurs d'envie de la voir. Ou mieux encore, ne lui téléphone même pas et n'y va pas. Alors elle cuit et se désespère. À quoi bon ce shampooing et cette mise en plis si réussie puisque le cher méchant n'est pas venu, à quoi bon cette nouvelle robe qui lui va si bien ? Elle pleure, la pauvrette, et elle se mouche à grandes explosions, étant seule, se mouche et se remouche dans un tas de petits mouchoirs, se tamponne les paupières enflées par les larmes et travaille de la cervelle et fabrique une nouvelle hypothèse à chaque mouchoir. Mais pourquoi n'est-il pas venu ? Est-il malade ? M'aime-t-il moins ? Est-il chez cette femme ? Oh, elle est habile, elle le flatte ! Et puis naturellement, avec toutes les robes haute couture qu'elle peut s'offrir ! Oh, il est sûrement chez elle ! Et lui qui hier encore me disait... Oh, ce n'est pas juste, moi qui lui ai tout sacrifié ! Et caetera, tout leur petit poème cardiaque(1). Et le lendemain, elle sanglote sur ton épaule et elle te dit Mon méchant chéri, j'ai pleuré toute la nuit. Oh, ne me quitte pas, je ne peux plus sans toi. Voilà, voilà le sale travail auquel elle t'obligera si tu veux une passion absolue ! »

(1) De façon dépréciative : poème où s'expriment les peines de cœur...

Albert Cohen, *Belle du Seigneur,* Gallimard, 1968.

... et les élans de la passion naissante.

Sainte stupide litanie, chant merveilleux, joie des pauvres humains promis à la mort, sempiternel duo, immortel duo par la grâce duquel la terre est fécondée. Elle lui disait et redisait qu'elle l'aimait, et elle lui demandait, connaissant la miraculeuse réponse, lui demandait s'il l'aimait. Il lui disait et redisait qu'il l'aimait, et il lui demandait, connaissant la miraculeuse réponse, lui demandait si elle l'aimait. Ainsi l'amour en ses débuts. Monotone pour les autres, pour eux si intéressant.

Infatigables en leur duo, ils s'annonçaient qu'ils s'aimaient, et leurs pauvres paroles les enthousiasmaient. Accolés, ils souriaient ou à demi riaient de bonheur, s'entrebaisaient puis se détachaient pour s'annoncer la prodigieuse nouvelle, aussitôt scellée par le travail repris des lèvres et des langues en rageuse recherche. Lèvres et langues unies, langage de jeunesse.

Ô débuts, baisers des débuts, précipices de leurs destinées, ô les premiers baisers sur ce sofa d'austères générations disparues, péchés tatoués sur leurs lèvres, ô les yeux d'Ariane, ses yeux levés de sainte, ses yeux clos de croyante, sa langue ignorante soudain habile. Elle le repoussait pour le regarder, bouche restée ouverte après le baiser, pour le voir et le connaître, voir encore cet étranger, l'homme de sa vie. Ta femme, je suis ta femme, tvaïa gêna(1), balbutiait-elle, et s'il faisait mine de s'écarter, elle s'agrippait. Ne me quitte pas, balbutiait-elle, et ils buvaient à la vie, à leurs vies mêlées.

Ô débuts, ô baisers, ô plaisir de la femme à la bouche de l'homme, sucs de jeunesse, trêves soudaines, et ils se considéraient avec enthousiasme, se reconnaissaient, se donnaient furieusement des baisers fraternels sur les joues, sur le front, sur les mains. Dites, c'est Dieu, n'est-ce pas ? demandait-elle, égarée, souriante. Dites, vous m'aimez ? Dites, rien que moi, n'est-ce pas ? Aucune autre, n'est-ce pas ? demandait-elle, et elle donnait à sa voix des inflexions dorées pour lui plaire et être plus aimée, et elle baisait les mains de l'inconnu, puis touchait ses épaules et le repoussait pour le chérir d'une divine moue.

Ô débuts, nuit des premiers baisers. Elle voulait se détacher, aller là-haut, dans sa chambre, prendre des cadeaux et les lui apporter, mais comment le quitter, quitter ces yeux, ces lèvres sombres ? Il la prenait contre lui et parce

(1) Ta femme, en russe.

qu'il la serrait et qu'elle avait mal, si bon d'avoir mal, elle lui disait une fois de plus qu'elle était sa femme. Ta femme, ta femme à toi, lui disait-elle, folle et glorieuse, tandis que dehors le rossignol continuait son imbécile délire.

Albert Cohen, *Belle du Seigneur*, Gallimard, 1968.

Jeux et illusions de l'amour

Deux textes à lire en parallèle. D'un côté le jeu de ce que Solal nomme « la babouinerie » : les procédés par lesquels le mâle assure son pouvoir de séduction ; ce passage est extrait du long chapitre où Solal, par défi, expose à Ariane tous les manèges de la conquête amoureuse. Le rythme du texte, le registre de langue expriment un cynisme qui s'oppose au lyrisme• du chant d'amour. Mais ce chant est relayé par un narrateur qui, même s'il est plein de tendresse pour ses personnages, ne partage pas (plus ?) les illusions de l'amour : même ce texte n'est pas exempt de dérision...

document

Cette œuvre immense défie le résumé, la paraphrase au même titre que *Du côté de chez Swann* [...] Comme si Albert Cohen était dix écrivains à la fois et chacun d'eux un maître : Cantique des Cantiques, méditations et fulgurances shakespeariennes, ironie véritablement luciférienne, qui porte la lumière, comme un fer rouge, dans les raisons des hommes soudain démasqués. Mais la méchanceté du regard s'allie à la bonté du cœur, à une puissance de pitié et de compassion qui restitue aux personnages leur dimension de frères humains promis à la mort. La mort, en effet, hante et ronge ce livre de jeunesse et d'amour. Car nul, dans la littérature universelle, n'a jamais écrit sur la chair, sur les relations charnelles qui se nouent entre un amant et une amante, sur la naissance de l'amour, sa gloire et son enfer, sur la jeunesse enfin, des pages aussi sublimement lyriques et précises en même temps. Nous allons mourir, nous sommes condamnés et nous ne le savons pas : ce vieil homme aux yeux las et tendres, pailletés de vert, fol et doux ouvrier qui se hâte car il y a urgence, exalte la chair comme personne avant lui, parce qu'il la voit morte.

Claude Lanzmann, *Elle*, 18 novembre 1968.

Plusieurs chapitres de *Belle du Seigneur* utilisent la technique du **monologue intérieur** (cf. p. 351). Selon une expression utilisée par Milan Kundera dans *L'Art du roman* (1986) pour commenter l'*Ulysse* de Joyce, tout se passe alors comme si l'auteur « mettait un micro » dans la tête du personnage. Pendant plusieurs pages, le texte se présente comme un flot ininterrompu et apparemment confus de paroles. Pas de ponctuation ni de paragraphes pour faciliter la lecture : nous sommes plongés dans la conscience de Solal ou d'Ariane, la confrontation des différents monologues suggérant souvent une dramatique incommunicabilité. Le monologue intérieur exprime le désordre de la conscience, voire de l'inconscient : A. Cohen en fait à l'occasion le lieu de lapsus révélateurs... L'influence de la psychanalyse n'est d'ailleurs pas étrangère à l'intérêt porté par les romanciers à cette technique. Notons toutefois qu'elle ne va pas sans artifice. Sauf à renoncer à toute lisibilité, le narrateur ne peut que mimer le désordre d'une ou de plusieurs consciences intérieures ; il doit préserver des repères qui permettent au lecteur de se retrouver dans la situation d'énonciation•. Si ce repérage n'est plus possible, on se trouve face à un texte dont on ne sait pas si l'on doit l'attribuer au narrateur ou à tel ou tel personnage : hésitation dont on trouverait facilement des exemples dans la production contemporaine, notamment chez M. Duras.

Chez A. Cohen, la récurrence• des thèmes et le rythme lyrique• préservent la cohérence littéraire du texte.

citations/controverses

P.-H. Simon, très élogieux pour Belle du Seigneur *comme presque tous les critiques, était plus réservé sur les monologues intérieurs. Il y voit*

« des trucs contestables, des traînées de prose de dix, vingt pages et plus, où le romancier se met à supprimer ponctuation et majuscules [...] et ça passe difficilement, il faut l'avouer, malgré un crépitement de trouvailles de plume... »

P.-H. Simon, *Le Monde*, 9 novembre 1968.

EXTRAIT

Un extrait d'un long monologue intérieur de Solal qui, face à la montée de l'antisémitisme nazi, affirme son adhésion à la tradition juive.

... en vérité quoi d'étonnant que les Allemands peuple de nature aient toujours détesté Israël peuple d'antinature car voici l'homme allemand a entendu et plus écouté que d'autres la jeune voix ferme qui sort des forêts de nocturne épouvante silencieuses et craquantes forêts et avec une ivresse d'aurore cette voix tentatrice chante sous les rayons de lune chante que les lois de nature sont l'insolente force le vif égoïsme la dure santé la prise jeune l'affirmation la domination la preste ruse la malice acérée l'exubérance du sexe la gaie cruauté adolescente qui détruit en riant mélodieuse et égarée cette forte voix chante la guerre et sa seigneurie les beaux corps nus et bronzés au soleil les muscles souples serpents entrelacés dans le dos de l'athlète la beauté et la jeunesse qui sont force la force qui est pouvoir de tuer et elle chante solitaire et folle chante et glorifie la noble conquête le mépris de la femme et du malheureux la dureté et la violence les vertus du guerrier les aristocraties qui sont filles de la force et de la ruse la vitale et superbe injustice la sainteté du sang répandu et la noblesse des armes le servage du faible la destruction des mal venus le droit sacré du plus fort et c'est-à-dire du plus apte au meurtre chante et glorifie l'homme de nature qui est un pur animal et de proie la beauté du fauve qui est noble et parfaite créature et un seigneur sans l'hypocrisie née de la faiblesse et elle chante et chante cette voix attirante et souveraine des forêts allemandes chante le los des dominateurs des intrépides et des brutaux soyez durs dit cette voix de gai savoir soyez animaux répète un écho de bacchantes et cette voix germanique de tant de voix de poètes et de philosophes accompagnée se rit de la justice se rit de la pitié se rit de la liberté et elle chante mélodieuse et convaincante chante l'oppression de nature l'inégalité de nature la haine de nature voici je vous apporte de nouvelles tables et une nouvelle loi dit-elle et c'est qu'il n'y a plus de loi évohé les commandements du Juif Moïse sont abolis et tout est permis et je suis belle et mes seins sont jeunes crie la voix dionysiaque avec un rire enivré dans la forêt où commencent maintenant à grouiller les menus affairements de la création et où avec le soleil apparu tous les petits morceaux de nature s'agitent irresponsablement pour assassiner et vivre oui telle est la voix de la nature et Hitler s'attendrit sur les animaux qu'il déclare ses frères et il dit à Rauschning que la nature est cruelle et que nous devons être cruels comme elle et en vérité lorsque les hommes de Hitler adorent l'armée et la guerre qu'adorent-ils sinon les canines menaçantes du gorille debout tout trapu et pattes tordues devant l'autre gorille et lorsqu'ils chantent leurs anciennes légendes et leurs ancêtres aux longues tresses blondes et aux casques cornus oui cornus car il s'agit avant tout de ressembler à une bête et il est sans doute exquis de se déguiser en taureau que chantent-ils sinon un passé inhumain dont ils ont la nostalgie et par quoi ils sont attirés et lorsqu'ils se gargarisent de leur race et de leur communauté du sang que font-ils sinon retourner à des notions animales que les loups même comprennent qui ne se mangent pas entre eux et lorsqu'ils exaltent la force ou les exercices du corps et les viandes au soleil lorsqu'ils se vantent comme Hitler ou leur Nietzsche d'être inexorables et durs qu'exaltent-ils et que vantent-ils sinon le retour à la grande singerie de la forêt préhistorique et en vérité lorsqu'ils massacrent ou torturent des Juifs ils punissent le peuple de la Loi et des prophètes le peuple qui a voulu l'avènement de l'humain sur terre oui ils savent ou pressentent qu'ils sont le peuple de nature et qu'Israël est le peuple d'antinature porteur d'un fol espoir que le naturel abhorre et d'instinct ils abominent le peuple contraire qui sur le Sinaï a déclaré la guerre à la nature et à l'animal en l'homme et de cette guerre la religion juive et la religion chrétienne portent témoignage hosanna alléluia hosanna dans la vieille religion Dieu qui est le tempérament du prophète juif colérique et bon et si naïvement sérieux Dieu édicte sans cesse Il dit tout ce que pour se débarrasser de la tare naturelle et animale l'homme doit faire et surtout ne pas faire et l'interdiction de tuer est le premier de Ses commandements le premier cri de guerre contre la nature...

Albert Cohen, *Belle du Seigneur*, Gallimard, 1968.

Nature et anti-nature

Un exemple de monologue intérieur, mis au service d'un thème cher à A. Cohen : la culture juive (et chrétienne) contre le culte nazi de la force et de la nature. Cette opposition inspire souvent à A. Cohen des développements sionistes dont un ouvrage comme *Ô vous frères humains* éclaire le sens. On pourra suivre la façon dont le jeu des répétitions manifeste l'émotion tout en structurant un texte que l'absence de ponctuation et le désordre syntaxique rendraient sinon difficile d'accès : structuration à la fois linguistique et idéologique.

Julien Gracq (né en 1910)

«Quand il n'est pas songe [...], le roman est mensonge.»

Julien Gracq, *Lettrines*, Corti, 1967.

L'œuvre de Gracq est tout entière placée sous le signe de ce qu'il appelle lui-même « le rêve éveillé » (entretiens radiophoniques de 1971, publiés dans *Les Cahiers de l'Herne*, 1972). Il est en cela fidèle au surréalisme, dont il fut proche avant guerre, et à André Breton auquel il consacra un essai en 1948. Et si, malgré le dédain de Breton pour ce genre, il écrit des romans, c'est que, de façon très originale, il esquive le romanesque et l'événementiel pour installer ses œuvres dans **un temps suspendu,** une attente qui précèdent les événements et permettent le déploiement de l'imaginaire. Cette attente est ambivalente. Elle est à la fois désir et peur d'un à venir : le futur attendu, c'est souvent la guerre et la mort *(Le Rivage des Syrtes, Un balcon en forêt, Le Roi Cophétua)*. Elle s'inscrit dans le temps complexe de l'espoir et de l'angoisse, dans la fascination de l'instant où l'irréparable aura enfin lieu. Par là même, l'œuvre est mise sous le signe de **la quête.** Nourrie par les mythes celtiques (le cortège du Graal, les chemins mystérieux de la forêt qui peuvent à chaque instant déboucher sur l'autre monde, les femmes-fées qui apportent la vie ou la mort...), elle se déploie dans un espace initiatique et troublant : la mer du *Rivage des Syrtes,* la forêt des Ardennes dans *Un balcon en forêt,* la Bretagne de *La Presqu'île*... Les lieux et les paysages ont donc toujours chez Gracq une importance extrême.

Il existe ainsi une formule du roman gracquien, qui s'est affirmée tout en s'épurant après une première tentative très marquée par le surréalisme (*Au château d'Argol,* 1938) : *Le Rivage des Syrtes* (1951), *Un balcon en forêt* (1958), *La Presqu'île* (1970, recueil de trois nouvelles : *La Route, Le Roi Cophétua, La Presqu'île*). Mais l'œuvre de Gracq ne se limite pas au roman. *Le Roi Pêcheur* (1949) transpose au théâtre son univers, et surtout il a développé une pratique très originale de l'**essai,** se révélant brillant polémiste dans *La littérature à l'estomac* (1950, cf. p. 16), ou mêlant dans ses *Lettrines* (1967 et 1974) et dans *En lisant en écrivant* (1981) des fragments autobiographiques, des remarques de critique littéraire, et des réflexions sur l'art. *Les Eaux étroites* (1976) se situent au confluent de cette forme d'essai autobiographique et du romanesque.

La réflexion critique de Gracq révèle un grand intérêt pour les problèmes de technique littéraire. Mais il refuse de laisser ces questions passer au premier plan et dans une conférence prononcée en 1960 *(Pourquoi la littérature respire mal,* cf. p. 491) il condamne l'obsession technique dont il dénonce les ravages dans le roman moderne, qu'il s'agisse de l'existentialisme ou du nouveau roman (cf. p. 361). Ses propres œuvres n'en reposent pas moins sur **une technique discrètement originale,** parfaitement accordée à la thématique de l'attente. Ses personnages semblent souvent flotter dans une sorte d'apesanteur ; ils n'ont guère d'enracinement familial, social ou professionnel : ils sont fondamentalement disponibles, les uns à la recherche de la connaissance et de l'avenir (ce sont en général les héros), d'autres riches déjà de pressentiments (Marino et Danielo dans *Le Rivage des Syrtes,* le capitaine Varin du *Balcon en forêt*). Par là, J. Gracq participe à cette « déconstruction » du personnage qui caractérise le roman moderne. De même, l'inachèvement essentiel de ses récits, qui restent en général ouverts, contribue à remettre en cause les schémas narratifs traditionnels.

EXTRAIT

Le Rivage des Syrtes *est sans doute le plus connu des romans de J. Gracq. Il obtint le prix Goncourt en 1951, mais Gracq, fidèle aux principes qu'il avait défendus dans* La littérature à l'estomac, *le refusa.*

Entre la seigneurie d'Orsenna (qui fait penser à Venise) et le Farghestan, de l'autre côté de la mer, s'est installée depuis trois siècles une relation étrange, ni paix ni guerre, une longue attente qui se nourrit de l'obsession de l'autre. Le héros du livre, Aldo,

Lorsque je revis en souvenir les premiers temps de mon séjour dans les Syrtes, c'est toujours avec une vivacité intense que revient à moi l'impression anormalement forte de dépaysement que je ressentis dès mon arrivée, et toujours à ce rapide voyage qu'elle s'attache pour moi avec le plus de prédilection. Nous glissions comme dans le fil d'un fleuve d'air froid que la route poussiéreuse jalonnait de vagues pâleurs ; de part et d'autre de la route, l'obscurité se refermait opaque ; au long de ces chemins écartés, où toute rencontre paraissait déjà si improbable, rien n'égalait le vague indécis des formes qui s'ébauchaient de l'ombre pour y rentrer aussitôt. Dans l'absence de tout repère visible, je sentais monter en moi cette atonie légère et progressive du sens de l'orientation et de la distance qui nous immobilise avant tout indice, comme l'étourdissement commençant d'un malaise, au milieu d'une route où l'on s'est égaré. Sur cette terre engourdie dans un sommeil sans rêves, le brasillement énorme et stupéfiant des étoiles déferlait de partout en l'amenuisant comme une marée, exaspérant l'ouïe jusqu'à un affinement maladif de son crépitement d'étincelles bleues et sèches, comme on tend l'oreille malgré soi à la mer devinée dans l'extrême lointain. Emporté dans cette course exaltante au plus creux de l'ombre pure, je me baignais pour la première fois dans ces nuits du Sud inconnues d'Orsenna, comme dans une

qui raconte après coup sa propre histoire, est envoyé comme observateur auprès de la garnison militaire qui surveille le rivage des Syrtes. Inconsciemment manipulé par Vanessa, jeune femme énigmatique, et par le mystérieux Danielo, qui contrôle la politique de la seigneurie d'Orsenna, il finit par céder à la fascination qu'exerce sur lui le Farghestan et entreprend une expédition jusqu'aux côtes adverses, déclenchant ainsi le conflit dont seule une allusion au cours de la narration nous laisse entendre qu'il a entraîné la destruction d'Orsenna. C'est cette tension croissante que décrit le récit, qui s'arrête avant que ne se déroule le conflit proprement dit.

Le premier extrait évoque l'arrivée d'Aldo sur le rivage des Syrtes.

eau initiatique. Quelque chose m'était promis, quelque chose m'était dévoilé; j'entrais sans éclaircissement aucun dans une intimité presque angoissante, j'attendais le matin, offert déjà de tous mes yeux aveugles, comme on s'avance les yeux bandés vers le lieu de la révélation.

Il se leva derrière la broussaille pluvieuse et les nuages bas d'une plaine déserte. De durs cahots secouèrent la voiture sur une piste écorchée et galeuse, rongée de larges plaques malsaines d'une herbe maigre. Cette piste ressemblait à une tranchée basse. De chaque côté, à hauteur d'homme, elle paraissait taillée à angles vifs dans une mer de joncs serrés et grisâtres, dont l'œil balayait la surface jusqu'à l'écœurement, et dont les détours continuels de la route paraissaient murer à chaque instant les issues. Aussi loin que l'œil portât, à travers la brume liquide, on n'apercevait ni un arbre ni une maison. L'aube spongieuse et molle était trouée par moments de louches passées de lumière, qui boitaient sur les nuages bas comme le pinceau tâtonnant d'un phare. L'intimité suspecte et pénétrante de la pluie, le *tête-à-tête* désorientant des premières gouttes hésitantes de l'averse calfeutraient ces solitudes vagues, exaspérant un parfum submergeant de feuilles mouillées et d'eau croupie; sur le feutrage mou du sable, chaque goutte s'imprimait avec une netteté délicate, comme on distingue de la pluie les grains plus vivants qui s'égouttent du feuillage. Sur la gauche, à peu de distance de la route, la mer de joncs venait border des vasières et des lagunes vides, fermées sur le large par des flèches de sable gris où des langues d'écume se glissaient vaguement sous la brume. Le silence suspect du paysage était rendu plus sensible par les arrêts brusques et les reprises hésitantes de la pluie, et l'impression de *suspens* insolite que communiquaient ses intervalles inégaux. Sous ce jour fuligineux, dans cette moiteur ensommeillée et cette pluie tiède, la voiture roulait plus précautionneusement, jetant sur ce douteux voyage comme une nuance fugitive d'intrusion. Ce feutrage languissant de fin de cauchemar reculait dans les âges, sous cette haleine chaude et mouillée retrouvait les lignes sommaires, le flou indéterminé et le secret d'une prairie des premiers âges, aux hautes herbes d'embuscade.

Julien Gracq, *Le Rivage des Syrtes,* Corti, 1951.

Le temps et l'espace

Le voyage, déplacement dans l'espace, est aussi suspension du temps. La disparition des repères habituels crée les conditions propices à une initiation et à un dépassement du réel. On étudiera les formes que prend ici l'expérience du « suspens » et les images qui lui répondent.

EXTRAIT

Aldo et Fabrizio, un autre officier de la garnison, à la barre du Redoutable, *ont franchi la ligne frontière et parviennent aux côtes du Farghestan.*

Devant nous, à la toucher, semblait-il au mouvement de recul de la tête qui se renversait vers sa cime effrayante, une apparition montait de la mer comme un mur. La lune brillait maintenant dans tout son éclat. Sur la droite, la forêt de lumières de Rhages(1) frangeait d'un scintillement immobile l'eau dormante. Devant nous, pareil au paquebot illuminé qui mâte son arrière à la verticale avant de sombrer, se suspendait au-dessus de la mer vers des hauteurs de rêve un morceau de planète soulevé comme un couvercle, une banlieue verticale, criblée, étagée, piquetée jusqu'à une dispersion et une fixité d'étoile de buissons de feux et de girandoles de lumière. Comme les feux d'une façade qui se fût reflétée paisiblement, mais jusqu'à hauteur de nuage, sur la chaussée luisante, et si près, semblait-il, si distinctes dans l'air lavé qu'on croyait sentir l'odeur des jardins nocturnes et la fraîcheur vernissée de leurs routes humides, les lumières des avenues, des villas, des palais, des carrefours, enfin, plus clairsemés, les feux des bourgades vertigineuses accrochées à leur pentes de lave, montaient dans la nuit criblée par paliers, par falaises, par balcons sur la mer doucement phosphorescente, jusqu'à une ligne horizontale de brumes flottantes qui jaunissait et brouillait les dernières lueurs, et parfois en laissait reparaître une, plus haute encore et presque improbable, comme reparaît dans le champ de la lunette un alpi-

(1) Ville du Farghestan.

niste un moment caché par un épaulement du glacier. Comme le piédestal, la pyramide brasillante et tronquée d'un autel qui laisse culminer dans la pénombre la figure du dieu, l'espalier de lumières finissait à cette lisière inégale. Et, très haut, très loin au-dessus de ce vide noir, dressé à une verticale qui plombait la nuque, collé au ciel d'une ventouse obscène et vorace, émergeait d'une écume de néant une espèce de signe de fin des temps, une corne bleuâtre, d'une matière laiteuse et faiblement effulgente, qui semblait flotter, immobile et à jamais étrangère, finale, comme une concrétion étrange de l'air. Le silence autour de cette apparition qui appelait le cri angoissait l'oreille, comme si l'air tout à coup se fût révélé opaque à la transmission du son, ou encore, en face de cette paroi constellée, il évoquait la chute nauséeuse et molle des mauvais rêves où le monde bascule, et où le cri au-dessus de nous d'une bouche intarissablement ouverte ne nous rejoint plus.

– Le Tängri[2] ! dit doucement Fabrizio pâle comme la cire, en enfonçant ses ongles dans mon poignet, comme devant une de ces puissances très rares dont le nom est prière, et qu'il est permis seulement de reconnaître et de nommer.

– Droit dessus ! Plus près ! lui murmurai-je à l'oreille d'une voix qui résonna étrangement gutturale et dure.

Mais Fabrizio ne songeait pas à virer de bord. Il était trop tard maintenant – plus tard que tout. Un charme nous plaquait déjà à cette montagne aimantée. Une attente extraordinaire, illuminée, la certitude qu'allait tomber le *dernier voile* suspendait ces minutes hagardes. De tous nos nerfs tendus, la flèche noire du navire volait vers le géant illuminé.

– À toute vitesse ! hurla Fabrizio hors de lui.

Le navire vibra de toutes ses tôles – la proue qui montait sur l'horizon à chaque minute silhouettée en noir déjà sur les lumières proches, la côte accourait à nous, grandissait immobile comme un navire qu'on éperonne. Non, plus rien ne pouvait nous atteindre – la chance était pour nous, la mer vide ; pas une lumière ne bougeait devant Rhages qui paraissait endormie. Le rideau de lumière qui éblouissait le rivage nous protégeait, dissolvait dans la nuit notre ombre noire. Une minute, une minute encore où tiennent des siècles, voir et toucher sa faim, soudés à ce bondissement final de train rapide, se fondre dans cette approche éblouissante, se brûler à cette lumière sortie de la mer.

Soudain, à notre droite, du côté de Rhages, le rivage vibra du cillement précipité de plusieurs éclairs de chaleur. Un froissement lourd et musical déchira l'air au-dessus du navire, et, réveillant le tonnerre caverneux des vallées de montagne, on entendit se répercuter trois coups de canon.

(2) Volcan qui domine la côte.

Julien Gracq, *Le Rivage des Syrtes*, Corti, 1951.

« Une apparition »

Comparez ce texte au précédent : à l'horizontalité infinie des Syrtes s'oppose ici la verticalité de la côte dominée par le volcan, au moment même où s'accomplit la violation décisive de la trêve. Expérience angoissante et fascinante du sacré, dans une description qui tend vers l'hallucination : le déplacement du bateau donne l'impression que c'est la côte qui bouge. A la fin, les trois coups d'une ère nouvelle...

Un balcon en forêt : c'est le début de la deuxième guerre mondiale, la « drôle de guerre », dans la forêt des Ardennes. Pendant quelques mois, l'histoire ressemble aux romans de Julien Gracq et les soldats attendent. Dans ce roman à la troisième personne, le héros du livre, l'aspirant Grange, chargé de garder avec quelques hommes une maison forte perdue dans la forêt et coupée du monde par les neiges de l'hiver, séduit par une jeune femme, Mona, qui habite un hameau voisin, vit l'expérience fascinante de jours qui semblent soustraits au temps et à l'espace habituels. Même quand l'offensive allemande se déclenche enfin, le bastion de Grange reste longtemps à l'écart de l'attaque dont seul le bruit parvient jusqu'à lui. Le contraire d'un récit de guerre...

EXTRAIT

La neige sur la forêt des Ardennes

La neige prêtait à cette forêt basse et rustaude de l'Ardenne un charme que n'ont pas même les futaies de montagne, ni les sapinières des Vosges sous leurs chandelles de glace. Sur les ramilles courtes et roides de ses taillis, où le vent n'avait pas de prise, les chenilles blanches s'accrochaient pendant des semaines sans s'écrouler, soudées à l'écorce par de minces berlingots de glace qui étaient les gouttes du dégel reprises toutes vives par le froid des nuits longues : des jours entiers, dans l'air décanté par le gel, le Toit s'encapuchonnait des housses, des paquets légers et lourds, des fils de la Vierge et des longs filigranes blancs d'un matin de givre. Un ciel d'un bleu violent éclatait sur le paysage de fête. L'air était acide et presque tiède ; à midi, quand on marchait sur la laie, on entendait de chaque layon, dans les tombées de soleil qui faisaient étinceler la neige, monter le gras bruit d'entrailles du dégel, mais dès que l'horizon de la Meuse rosissait avec la soirée courte, le froid posait de nouveau sur le Toit un suspens magique : la forêt scellée devenait un piège de silence, un jardin d'hiver que ses grilles fermées rendent aux allées et venues de fantômes. Car la neige accrochait des lueurs plus lointaines, et les hauteurs de la Meuse, la nuit, s'animaient ; derrière le halo des chantiers de bétonnage, souvent, maintenant, par les nuits claires, les projecteurs de la défense aérienne balayaient jusqu'au-delà de la frontière le ciel de la forêt de leur quadruple barre de lumière, et une phosphorescence courait et s'éteignait au loin sur les plis de la neige entre les troncs charbonnés, pareille à la flambée brusque et molle qui roussit une touffe d'ouate. Ces lueurs boréales, cette gloire de lumière glaciale qui tournait dans la nuit vide et semblait aiguiser le froid dépaysaient le lieu et la saison. Parfois les rayons coulissant devant sa fenêtre sans rideaux éveillaient Grange au milieu de la nuit, comme autrefois le pinceau des phares balayant à cru ses vitres dans cette île bretonne, où il avait dormi si mal ; il se levait et s'accoudait à la croisée, et regardait un moment les étranges colonnes de lumière tourner lentement, cauteleusement dans le ciel d'hiver ; un souvenir remontait alors à lui du fond de ses lectures d'enfance : celui des géants martiens malades de Wells poussant leur bramement incompréhensible au-dessus des campagnes stupéfiées.

Julien Gracq, *Un balcon en forêt,* Corti, 1958.

Le toit du monde

La personnification• de la nature, les effets de lumière créent un spectacle énigmatique : il y a un sens à découvrir dans le monde. Mais est-il compréhensible ? La forêt est, depuis les traditions celtes, le lieu par excellence du mystère.

EXTRAIT

Au moment de l'attaque allemande...

Il alluma une cigarette, et, les mains dans les poches, il se mit à marcher dans le milieu du chemin. « Ne bougez pas, cria-t-il vers le blockhaus. Je vais voir. » Le canon commençait à tonner moins fort ; il y avait maintenant de longues accalmies, pendant lesquelles on entendait reprendre le tapage des corbeaux dans la chênaie. « Peut-être qu'il n'y a plus un seul Français à l'est de la Meuse, songeait-il chemin faisant ; qui sait ce qui se passe ? Peut-être qu'il n'y a plus rien ? » mais à cette idée, qui lui paraissait presque plausible, son cœur battait d'excitation contenue : il sentait son esprit flotter avec légèreté sur les eaux de la catastrophe. « Peut-être qu'il n'y a plus rien ? » La terre lui paraissait belle et pure comme après le déluge ; deux pies se posèrent ensemble devant lui sur l'accotement, à la manière des bêtes des fables, lissant avec précaution sur l'herbe leur longue queue. « Jusqu'où pourrait-on marcher comme ça ? » songea-t-il encore, médusé, et il lui semblait que ses yeux se pressaient contre leurs orbites jusqu'à lui faire mal : il devait y avoir dans le monde des *défauts,* des veines inconnues, où il suffisait une fois de se glisser. De moment en moment, il s'arrêtait et prêtait l'oreille : pendant des minutes entières, on n'entendait plus rien ; le monde semblait se rendormir après s'être secoué de l'homme d'un tour d'épaules paresseux. « Je suis peut-être de *l'autre côté* » songea-t-il avec un frisson de pur bien-être ; jamais il ne s'était senti avec lui-même dans une telle intimité. Il se mit à siffloter et retira son casque ; il le balançait à côté de lui par la jugulaire à la façon d'un panier ; de temps à autre, il touchait la crosse de son pistolet dans l'étui qu'il avait débouclé ; tout sentiment de danger s'était volatilisé, mais le contact de l'arme lui rafraîchissait les doigts ; il aiguisait le sentiment étrange qu'il avait soudain de se suffire, de porter tout avec lui. « La canne à la main !... » Il pensa à Varin[1] avec un pétillement de gaîté, puis le souvenir de Mona lui traversa la tête avec le parfum des branches de mai : il commençait à comprendre ce que Varin avait deviné à sa manière, ce que sans le savoir elle était venue démuseler dans sa vie : ce besoin de faire sauter une à une les amarres, ce sentiment de délestage et de légèreté profonde qui lui faisait bondir le cœur et qui était celui du *lâchez tout.* « J'ai toujours été rattaché par un fil pourri » se dit-il avec un petit rire de gorge. De temps en temps, il donnait un coup de pied dans les cailloux du chemin. « La forêt... pensa-t-il encore. Je suis dans la forêt. » Il n'aurait su en dire plus long ; il lui semblait que la pensée aussi se couchait en lui au profit d'une lumière meilleure. Marcher lui suffisait : le monde s'entr'ouvrait doucement au fil de son chemin comme un gué.

(1) Le capitaine Varin, son supérieur hiérarchique.

Julien Gracq, *Un balcon en forêt,* Corti, 1958.

« Le monde s'entr'ouvrait doucement »

Au terme de l'initiation, pour le Petit Poucet isolé au cœur de la forêt, un retour à la pureté primitive ? Peut-être est-ce le moment décisif de passer de « l'autre côté », mais s'agit-il de la vie ou de la mort ?

documents

Ce que j'ai cherché à faire, entre autres choses, dans *Le Rivage des Syrtes,* plutôt qu'à raconter une histoire intemporelle, c'est à libérer par distillation un élément volatil, l'« esprit-de-l'Histoire », au sens où on parle d'esprit-de-vin, et à le raffiner suffisamment pour qu'il pût s'enflammer au contact de l'imagination. Il y a dans l'Histoire un sortilège embusqué, un élément qui, quoique mêlé à une masse considérable d'excipient inerte, a la vertu de griser. Il n'est pas question, bien sûr, de l'isoler de son support. Mais les tableaux et les récits du passé en recèlent une teneur extrêmement inégale, et, tout comme on concentre certains minerais, il n'est pas interdit à la fiction de parvenir à l'augmenter.

Quand l'Histoire bande ses ressorts, comme elle fit, pratiquement sans un moment de répit, de 1929 à 1939, elle dispose sur l'ouïe intérieure de la même agressivité monitrice qu'a sur l'oreille, au bord de la mer, la marée montante, dont je distingue si bien la nuit à Sion, du fond de mon lit, et en l'absence de toute notion d'heure, la rumeur spécifique d'alarme, pareille au léger bourdonnement de la fièvre qui s'installe. L'anglais dit qu'elle est alors *on the move.* C'est cette remise en route de l'Histoire, aussi imperceptible, aussi saisissante dans ses commencements que le premier tressaillement d'une coque qui glisse à la mer, qui m'occupait l'esprit quand j'ai projeté le livre. J'aurais voulu qu'il eût la majesté paresseuse du premier grondement lointain de l'orage, qui n'a aucun besoin de hausser le ton pour s'imposer, préparé qu'il est par une longue torpeur imperçue.

Julien Gracq, *En lisant et en écrivant,* Corti, 1981.

L'humour de J. Gracq

Fiche signalétique des personnages de mes romans
Époque : quaternaire récent
Lieu de naissance : non précisé
Date de naissance : inconnue
Nationalité : frontalière
Parents : éloignés
État civil : célibataires
Enfants à charge : néant
Profession : sans
Activités : en vacances
Situation militaire : marginale
Moyens d'existence : hypothétiques
Domicile : n'habitent jamais chez eux
Résidences secondaires : mer et forêt
Voiture : modèle à propulsion secrète
Yacht : gondole, ou canonnière
Sports pratiqués : rêve éveillé – noctambulisme

Julien Gracq, *Lettrines,* Corti, 1967.

Fiche n° 2
précédente : p. 351
suivante : p. 415

Méthodes critiques : Gaston Bachelard

1. Pour Bachelard, qui s'inspire de la psychanalyse de Jung plus que de celle de Freud, il est possible de décrire de grands principes de fonctionnement de l'imaginaire. Celui-ci s'exprime dans la rêverie, qui relève d'une « couche psychique moins profonde, plus intellectualisée que le rêve ». Son domaine privilégié, c'est l'imagination des matières, et, selon Bachelard, elle s'organise autour des quatre éléments fondamentaux, auxquels correspondent des tempéraments poétiques différents.

Il nous semble bien qu'il y a quelque rapport entre la doctrine des quatre éléments physiques et la doctrine des quatre tempéraments. En tout cas les âmes qui rêvent sous le signe du feu, sous le signe de l'eau, sous le signe de l'air, sous le signe de la terre se révèlent comme bien différentes. En particulier, l'eau et le feu restent ennemis jusque dans la rêverie et celui qui écoute le ruisseau ne peut guère comprendre celui qui entend chanter les flammes : ils ne parlent pas la même langue.

En développant, dans toute sa généralité, cette Physique, ou cette Chimie de la rêverie, on arriverait facilement à une doctrine tétravalente des tempéraments poétiques. En effet, la tétravalence de la rêverie est aussi nette, aussi productive, que la tétravalence chimique du carbone. La rêverie a quatre domaines, quatre pointes par lesquelles elle s'élance dans l'espace infini.

Gaston Bachelard, *La Psychanalyse du feu*, Gallimard, 1938.

2. Quelques principes viennent préciser le fonctionnement de l'imaginaire ; d'abord celui qui voit dans la référence dominante à un élément un principe d'unité et d'authenticité de la rêverie : c'est le cas par exemple avec l'eau.

Plus qu'aucun autre élément peut-être, l'eau est une réalité poétique complète. Une poétique de l'eau, malgré la variété de ses spectacles, est assurée d'une unité. L'eau doit suggérer au poète une obligation nouvelle : *l'unité d'élément.* Faute de cette unité d'élément, l'imagination matérielle n'est pas satisfaite et l'imagination formelle n'est pas suffisante pour lier les traits disparates. L'œuvre manque de vie parce qu'elle manque de substance.

Gaston Bachelard, *L'Eau et les Rêves*, Corti, 1942.

Cette **loi d'unité d'élément** se complète par une **loi d'ambivalence.** Pour qu'un élément attache l'âme entière, il faut qu'il inspire une double et contradictoire participation : ainsi le feu attire et rassure, mais aussi brûle et fait peur.

La loi d'unité d'élément n'empêche pas que des **combinaisons** soient possibles, mais, précise Bachelard, elles sont toujours binaires parce que, pour l'imaginaire, elles constituent un « mariage » lié à une perception sexualisée des éléments. Ainsi l'eau et la terre se prêteront à divers mélanges, pâte ou boue.

À partir de ces principes, il est possible de renouveler la critique littéraire en cherchant à « sympathiser avec la rêverie créatrice de l'écrivain », telle qu'elle s'exprime notamment dans les métaphores•, afin d'en retrouver le dynamisme créateur. La critique thématique (voir par exemple les travaux de G. Poulet ou J.P. Richard) doit beaucoup aux analyses de Bachelard. Sa méthode s'applique bien à plusieurs des écrivains étudiés dans ce volume : ainsi Guillevic, Giono, Bosco, Gracq, Tournier ou Le Clézio.

Gaston Bachelard :
***La Psychanalyse du feu*, Gallimard, 1938.**
***L'Eau et les Rêves*, Corti, 1942.**
***La Poétique de la rêverie*, PUF, 1960.**

L'ère du soupçon : le nouveau roman

Les années cinquante apparaissent, selon le titre d'un essai célèbre de Nathalie Sarraute, comme « l'ère du soupçon ». Toutes les formes d'expression classiques (théâtre, cinéma, roman...) sont touchées par des contestations qui dessinent les contours de ce qu'on peut considérer comme **une crise,** mais qui est avant tout **un profond renouvellement** puisqu'on voit apparaître ou s'affirmer des écrivains réellement originaux. D'ailleurs, au moins dans un premier temps, les remises en cause théoriques ne font que suivre les œuvres de création et procèdent du besoin de les défendre et de les justifier auprès d'un public et de critiques déroutés par leur nouveauté.

Pour désigner les romanciers qui bouleversaient les codes narratifs traditionnels, il parut alors commode de parler de **« nouveau roman »,** et certains d'entre eux revendiquèrent d'ailleurs l'appellation. Quelques décennies de recul rendent sensible à ce qu'elle a de réducteur si on l'emploie sans nuance pour désigner indistinctement des écrivains dont les différences se sont affirmées au fil des années. D'autre part ce groupe n'a jamais constitué une école au sens strict du terme ; contrairement au surréalisme, par exemple, il n'a pas eu de chef aussi incontestable que Breton ni de manifeste collectivement assumé.

Certains repères permettent toutefois de marquer approximativement les contours du mouvement. Il s'organise autour d'un même éditeur (les éditions de Minuit, ce qui, au moins au départ, est le signe d'une position littéraire marginale par rapport à la tradition que représente Gallimard). Ses principaux représentants élaborent rapidement des textes théoriques qui convergent en tout cas autour de **refus communs.** Cette tentative de théorisation est tantôt précédée tantôt relayée par des critiques célèbres (Barthes, Goldmann) dont l'intervention tend à accréditer l'idée d'une école nouvelle. Presque vingt après la parution des *Gommes*, on verra ainsi réunis dans un colloque de Cerisy (1971) ceux qui peuvent apparaître comme les piliers du groupe : Butor, Robbe-Grillet, Ollier, Pinget, Ricardou, Sarraute, Simon (mais l'absence de Beckett et de Duras est remarquée...)

Une telle **interaction entre la théorie et la pratique** est un aspect essentiel de l'histoire littéraire contemporaine. Nouvelle critique et nouveau roman, se rejoignant dans une même attention aux problèmes de l'écriture et de la narration, se sont mutuellement enrichis tout au long de leur développement. Le nouveau roman y a gagné un évident pouvoir d'attraction, apparaissant comme le lieu privilégié de l'innovation littéraire et influençant à l'occasion des écrivains consacrés (L. Aragon). Il ne faut toutefois pas oublier que parallèlement se construisent des œuvres essentielles (celles de M. Tournier ou M. Yourcenar par exemple, cf. pp. 464-476) qui ne doivent rien au nouveau roman et défendent au contraire les formes traditionnelles du récit.

S'il n'est pas simple de dessiner l'espace du nouveau roman, il est tout aussi délicat de le limiter dans le temps. Par-delà l'apparente rupture des années cinquante, les nouveaux romanciers renouent avec des recherches amorcées bien avant. Eux-mêmes se reconnaissent volontiers des prédécesseurs : Flaubert, Kafka, Roussel, le Gide des *Faux-Monnayeurs*... Leur originalité est plutôt de ramener l'attention sur les questions de forme littéraire, après deux décennies qui, autour de la Seconde Guerre mondiale, avaient mis l'accent sur les idées et les valeurs. Désormais **le projet littéraire revendique son autonomie** par rapport à la philosophie et à l'engagement idéologique.

D'autre part, l'histoire du nouveau roman n'est pas terminée. En même temps que les initiateurs poursuivent leur œuvre, des auteurs plus jeunes cherchent les voies d'un « nouveau nouveau roman ». Depuis quelques années toutefois le nouveau roman est de plus en plus vivement contesté dans ses principes de base (le refus du personnage et de l'intrigue, notamment) par des romanciers qui prônent un retour au « référent »• et veulent à nouveau « raconter des histoires ».

S'il est préférable d'étudier séparément les œuvres des « nouveaux romanciers » plutôt que de vouloir les ramener coûte que coûte à une esthétique commune, on peut dégager de leurs prises de position théoriques des **principes convergents** qui permettent de mieux comprendre leur entreprise. Interviews, colloques, conférences, articles ont été pour les uns et les autres l'occasion de réfléchir sur leur pratique. Cette réflexion s'exprime notamment dans *L'Ère du soupçon* de N. Sarraute, *Pour un nouveau roman* d'A. Robbe-Grillet, et *Essais sur le roman* de M. Butor : trois recueils d'articles publiés à partir de 1947 pour N. Sarraute, 1955 pour Butor et Robbe-Grillet. Les trois auteurs y définissent leur spécificité par rapport au « roman traditionnel » – notion commode mais bien sûr réductrice. Le tableau de la page suivante résume les principaux points d'opposition et donne les références des articles (extraits des recueils cités ci-dessus) qui les abordent plus particulièrement.

citations/controverses

« ... ces curieux romans en zinc, qui semblent voués à je ne sais quelle assomption du réverbère, de la lampe Pigeon et du bouton de guêtre, et qui par ailleurs font redescendre par un certain côté à la littérature tout le chemin que la peinture a dû remonter de Meissonier et de Detaille à Picasso. Une littérature d'où l'homme est enfin expulsé au profit de l'objet... »

Julien Gracq, « Pourquoi la littérature respire mal ? », 1960, *Préférences*, Corti, 1961.

Le roman traditionnel...	Le nouveau roman...
▪ est **formaliste,** c'est-à-dire qu'il se contente de reproduire les formes littéraires traditionnelles. Or celles-ci, qui ont pu être novatrices en leur temps, ne correspondent plus aujourd'hui à la réalité et lui font écran. Les formalistes sont donc ceux qui continuent à écrire comme Balzac ou Zola ; leurs récits ne nous paraissent conformes au réel que parce que nous y sommes habitués. M. Butor, *Le Roman comme recherche.* N. Sarraute, *Ce que voient les oiseaux.* A. Robbe-Grillet, *Du réalisme à la réalité.*	▪ est **réaliste** : il cherche à mettre au point les formes nouvelles qui rendront compte de la réalité d'aujourd'hui. On a donc tort d'accuser le nouveau roman de formalisme parce qu'il se livre à des recherches formelles : c'est là en effet le seul moyen d'être authentiquement réaliste. **« L'invention formelle dans le roman, bien loin de s'opposer au réalisme comme l'imagine trop souvent une critique à courte vue, est la condition sine qua non d'un réalisme plus poussé ».** M. Butor.
▪ entretient le lecteur dans la facilité des habitudes ; il est **conservateur.** M. Butor, *Le Roman comme recherche.* A. Robbe-Grillet, *Temps et Description dans le récit d'aujourd'hui.* N. Sarraute, *Ce que voient les oiseaux.*	▪ fait confiance à l'avenir. « Il y a toujours du nouveau » dit Robbe-Grillet. Le roman doit donc évoluer (et le nouveau roman sera à son tour dépassé). Le nouveau roman fait appel à l'intelligence du lecteur et s'engage avec lui dans une recherche : par là il est **libérateur.**
▪ utilise le roman comme **moyen** pour exprimer des idées, des croyances, des valeurs, pour rendre compte d'une vision préalable du monde. Il tend pour cela à utiliser les formes narratives les plus traditionnelles, supposées plus efficaces. A. Robbe-Grillet, *Sur quelques notions périmées.*	▪ refuse de faire de l'écriture le moyen de défendre des idées, fussent-elles progressistes. L'œuvre est **sa propre fin** et n'a pas à être engagée (ce qui n'exclut pas que l'écrivain, en tant qu'homme, le soit). **« L'œuvre doit s'imposer comme nécessaire, mais nécessaire *pour rien*; son architecture est sans emploi ; sa force est une force inutile »** A. Robbe-Grillet.
▪ met en scène des **personnages,** en cherchant à leur donner l'apparence d'une existence réelle. Il se soucie de leur donner un nom, une insertion sociale et familiale, un caractère, entreprise liée à un individualisme désormais anachronique. Le romancier se prend pour un Dieu créateur de personnages. N. Sarraute, *L'ère du soupçon.* A. Robbe-Grillet, *Sur quelques notions périmées.*	▪ s'inspirant de Kafka, Faulkner, Beckett, il ne se croit plus obligé de constituer des personnages typés. Toute sorte de **procédés nouveaux** sont légitimes et nécessaires : se contenter d'initiales pour désigner un personnage, voire désigner plusieurs personnages du même nom, renoncer à l'omniscience d'un narrateur tout puissant pour plonger dans l'incohérence d'une conscience qui s'exprime à la première personne, laisser libre cours aux associations d'idées, et rendre compte par là de la complexité de la vie psychologique réelle...
▪ a pour but de mettre en place **une intrigue,** de raconter une histoire, et de suggérer par là un ordre raisonnable du monde. **« Tous les éléments techniques du récit – emploi systématique du passé simple et de la troisième personne, adoption sans condition du déroulement chronologique, intrigues linéaires, courbe régulière des passions, tension de chaque épisode vers une fin, etc. –, tout visait à imposer l'image d'un univers stable, cohérent, continu, univoque, entièrement déchiffrable. Comme l'intelligibilité du monde n'était même pas mise en question, raconter ne posait pas de problème. L'écriture romanesque pouvait être innocente. »** A. Robbe-Grillet	▪ remet en cause la construction traditionnelle du récit, par exemple en refusant de penser le temps comme déroulement linéaire et en mettant sur le même plan le présent de la « réalité » et le présent revécu dans l'imaginaire, ou en développant la description aux dépens de la narration. Cette **déconstruction** oblige à trouver d'autres principes d'organisation de l'œuvre, qui souvent rapprochent le roman de la poésie (reprises de termes, variations sur un épisode obsédant, architectures textuelles souvent complexes), ou à assumer l'inachèvement et les failles du récit, en proposant des structures ouvertes : les nouveaux romans racontent souvent des errances, des enquêtes quasi policières, qui renvoient en définitive à l'interrogation du texte sur lui-même. A. Robbe-Grillet, *Sur quelques notions périmées.* M. Butor, *Recherches sur la technique du roman ; Le roman et la poésie.*

documents

« Loin de négliger (le lecteur), l'auteur aujourd'hui proclame l'absolu besoin qu'il a de son concours, un concours actif, conscient, *créateur*. Ce qu'il lui demande, ce n'est plus de recevoir tout fait un monde achevé, plein, clos sur lui-même, c'est au contraire de participer à une création, d'inventer à son tour l'œuvre – et le monde – et d'apprendre ainsi à inventer sa propre vie. » A. Robbe-Grillet.

« Selon toute apparence, non seulement le romancier ne croit plus guère à ses personnages, mais le lecteur, de son côté, n'arrive plus à y croire. Aussi voit-on le personnage de roman, privé de ce double soutien, la foi en lui du romancier et du lecteur, qui le faisait tenir debout, solidement d'aplomb, portant sur ses larges épaules tout le poids de l'histoire, vaciller et se défaire. » N. Sarraute.

citations/controverses

« Il y a tant d'autres manières de faire fortune que d'écrire des romans qui vous assomment et qui nous ennuient ! Brûlez vos livres, Robbe-Grillet ! Délivrez-nous de cette moisissure qui, d'année en année, s'étend sur nos Lettres. Ne semez plus à tous les vents ces champignons hallucinatoires qui ne combattent pas l'insomnie, mais qui la répandent. Épargnez votre temps et le nôtre. Étudiez le système métrique, puisque c'est là votre passion ! »

Pierre de Boisdeffre, *La Cafetière est sur la table*, La Table ronde, 1967.

Quelques dates du « nouveau roman »

A. Robbe-Grillet

Les Gommes, 1953
Le Voyeur, 1955
La Jalousie, 1957
Dans le labyrinthe, 1959
L'année dernière à Marienbad, 1961
Instantanés, 1962
La Maison de rendez-vous, 1965
Projet pour une révolution à New-York, 1970
Topologie d'une cité fantôme, 1976
Souvenirs du Triangle d'or, 1978
Djinn, 1981
Le Miroir qui revient, 1984
Angélique, 1987

M. Butor

Passage de Milan, 1954
L'Emploi du temps, 1956
La Modification, 1957
Degrés, 1960

C. Ollier

La Mise en scène, 1958
Le Maintien de l'ordre, 1961
L'Été indien, 1963
L'Echec de Nolan, 1967

C. Simon

Le Sacre du printemps, 1954
Le Vent, 1957
L'Herbe, 1958
La Route des Flandres, 1960
Le Palace, 1962
Histoire, 1967
La Bataille de Pharsale, 1969
Les Corps conducteurs, 1971
Triptyque, 1973
Leçon de choses, 1976
Les Géorgiques, 1981
La Chevelure de Bérénice, 1984

R. Pinget

L'Inquisitoire, 1962
Quelqu'un, 1965
Passacaille, 1969

J. Ricardou

L'observatoire de Cannes, 1961
La Prise de Constantinople, 1965

N. Sarraute

Tropismes, 1938
Portrait d'un inconnu, 1949
Martereau, 1953
Le Planétarium, 1959
Les Fruits d'or, 1962
Entre la vie et la mort, 1968
Vous les entendez ?, 1972
... Disent les imbéciles, 1976
L'Usage de la parole, 1980

Alain Robbe-Grillet (né en 1922)

Un réalisme objectif ?

Alors que le roman traditionnel fait vivre des personnages, le nouveau roman est d'abord apparu comme un univers d'objets. Un titre comme *Les Gommes* (comparé à *La Princesse de Clèves*, à *Adolphe*, à *Eugénie Grandet* ou *Madame Bovary*) est déjà à cet égard une provocation. Cet envahissement par les choses (titre d'un célèbre roman de G. Perec, cf. p. 435) est particulièrement frappant chez Robbe-Grillet. Il s'accompagne d'un bouleversement des équilibres du récit. Traditionnellement la description était soumise à la narration. À l'époque classique elle avait surtout un rôle ornemental. Sa fonction devient au XIXe siècle plus expressive – elle sert à suggérer un état d'âme par un jeu de contrepoints entre les tonalités d'un paysage et les sentiments de celui qui le regarde – ou symbolique : chez Balzac par exemple elle exprime un ordre signifiant avec lequel les personnages sont accordés. Mais dans tous les cas la description reste subordonnée à la narration proprement dite.

Chez Robbe-Grillet au contraire **les passages descriptifs** se développent considérablement, au point que comme l'a remarqué l'auteur lui-même, un lecteur pressé qui entreprendrait de sauter les descriptions, comme on le fait parfois chez Balzac ou Zola, risquerait fort d'arriver à la fin du livre sans avoir rien lu. Mais en même temps ces descriptions semblent seulement constater la présence des choses. Elles n'ont pas de fonction symbolique, elles n'explorent pas une éventuelle profondeur du monde, elles en parcourent la surface. C'est ce que remarque dès 1954 R. Barthes dans un article intitulé *Littérature objective (Essais critiques,* Le Seuil, 1964) :

Le silence de Robbe-Grillet sur le cœur romantique des choses n'est pas un silence allusif ou sacral, c'est un silence qui fonde irrémédiablement la limite de l'objet, non son au delà : tel quartier de tomate déposé sur un sandwich d'Automatic et décrit selon la méthode de Robbe-Grillet constitue un objet sans hérédité, sans liaisons et sans références, un objet têtu, rigoureusement enfermé dans l'ordre de ses particules, suggestif de rien d'autre que de lui-même, et n'entraînant pas son lecteur dans un *ailleurs* fonctionnel ou substantiel. « La condition de l'homme, c'est d'être là. » Robbe-Grillet rappelait ce mot de Heidegger à propos de *En attendant Godot.* Eh bien les objets de Robbe-Grillet, eux aussi, sont faits pour être là. Tout l'art de l'auteur, c'est de donner à l'objet un « être là » et de lui ôter un « être quelque chose ».

Dans *Nature, humanisme, tragédie (Pour un nouveau roman,* 1958), Robbe-Grillet prolonge l'analyse de Barthes. Il s'agit bien de rompre avec un certain humanisme qui voit le monde à l'image de l'homme et qui s'exprime par un système d'adjectifs et de métaphores• (parlant d'un « temps capricieux » ou disant que « les nuages courent dans le ciel »), suggérant ainsi sans cesse des analogies anthropomorphistes. Ces analogies débouchent sur un sentiment tragique de l'univers : après avoir abusivement personnifié• celui-ci, l'homme s'indigne de son silence et de la solitude où il le laisse. La nausée sartrienne ou l'absurde de Camus naissent de cette connivence ambiguë et frustrée avec le monde. Mieux vaut rétablir les distances avec les choses et refuser, en même temps que toute recherche d'une complicité, le sentiment inévitable d'une déréliction. La description se contentera donc **d'enregistrer une vision** au lieu de rêver sur « le cœur romantique des choses », dit R. Barthes : « L'objet n'est plus ici un foyer de correspondances, un foisonnement de sensations et de symboles : il est seulement une résistance optique. »

Il serait vain et contraire à l'esprit du nouveau roman de prétendre résumer *Les Gommes.* Disons simplement que le livre se présente comme une parodie de roman policier : un détective, Wallas, enquête sur un assassinat politique qui en fait n'a pas encore eu lieu, puisque c'est lui Wallas qui le commettra à la fin du livre. A ce moment d'ailleurs sa montre, arrêtée au début du récit, se remet en marche : pendant 24 heures, le temps s'est arrêté. Aucune lecture linéaire du livre n'est donc possible et celui-ci revient circulairement à son point de départ. Pendant ces 24 heures, Wallas erre dans les rues d'une ville labyrinthique, s'arrêtant de temps en temps pour acheter des gommes. Contrairement au roman policier classique où le détective rétablit à la fin les faits dans leur vérité, tout restera ici énigmatique : aveuglement irréductible auquel renvoient de nombreuses allusions à l'histoire d'Œdipe.

EXTRAIT

La première page du roman...

Dans la pénombre de la salle de café le patron dispose les tables et les chaises, les cendriers, les siphons d'eau gazeuse; il est six heures du matin.

Il n'a pas besoin de voir clair, il ne sait même pas ce qu'il fait. Il dort encore. De très anciennes lois règlent le détail de ses gestes, sauvés pour une fois du flottement des intentions humaines; chaque seconde marque un pur mouvement : un pas de côté, la chaise à trente centimètres, trois coups de torchon, demi-tour à droite, deux pas en avant, chaque seconde marque, parfaite, égale, sans bavure. Trente et un. Trente-deux. Trente-trois. Trente-quatre. Trente-cinq. Trente-six. Trente-sept. Chaque seconde à sa place exacte.

Bientôt malheureusement le temps ne sera plus le maître. Enveloppés de leur cerne d'erreur et de doute, les événements de cette journée, si minimes qu'ils puissent être, vont dans quelques instants commencer leur besogne, entamer progressivement l'ordonnance idéale, introduire çà et là, sournoisement, une inversion, un décalage, une confusion, une courbure, pour accomplir peu à peu leur œuvre : un jour, au début de l'hiver, sans plan, sans direction, incompréhensible et monstrueux.

Mais il est encore trop tôt, la porte de la rue vient à peine d'être déverrouillée, l'unique personnage présent en scène n'a pas encore recouvré son existence propre. Il est l'heure où les douze chaises descendent doucement des tables de faux marbre où elles viennent de passer la nuit. Rien de plus. Un bras machinal remet en place le décor.

Quand tout est prêt, la lumière s'allume...

Un gros homme est là debout, le patron, cherchant à se reconnaître au milieu des tables et des chaises. Au-dessus du bar, la longue glace où flotte une image malade, le patron, verdâtre et les traits brouillés, hépatique et gras dans son aquarium.

De l'autre côté, derrière la vitre, le patron encore qui se dissout lentement dans le petit jour de la rue. C'est cette silhouette sans doute qui vient de mettre la salle en ordre ; elle n'a plus qu'à disparaître. Dans le miroir tremblote, déjà presque entièrement décomposé, le reflet de ce fantôme ; et au-delà, de plus en plus hésitante, la kyrielle indéfinie des ombres : le patron, le patron, le patron... Le Patron, nébuleuse triste, noyé dans son halo.

Alain Robbe-Grillet, *Les Gommes,* Éditions de Minuit, 1953.

La dissolution du personnage

Le texte repose sur différents procédés qui tous convergent pour détruire l'illusion du « personnage ». La mécanisation des gestes, l'importance des objets suggèrent cette réification dont parle L. Goldmann (cf. p. 400). Mais on étudiera aussi les images (celle de l'aquarium, celle du décor de théâtre...) qui empêchent de croire à une existence réelle du « patron ».

EXTRAIT

... et un moment de l'errance de Wallas.

Revenu sur ses pas, Wallas avise, de l'autre côté de la rue Janeck, un restaurant automatique de dimensions modestes mais équipé des appareils les plus récents. Contre les murs s'alignent les distributeurs nickelés ; au fond, la caisse, où les consommateurs se munissent de jetons spéciaux. La salle, tout en longueur, est occupée par deux rangées de petites tables rondes, en matière plastique, fixées au sol. Debout devant ces tables, une quinzaine de personnes – continuellement renouvelées – mangent avec des gestes rapides et précis. Des jeunes filles en blouses blanches de laborantines desservent et essuient, au fur et à mesure, les tables abandonnées. Sur les murs laqués de blanc, une pancarte maintes fois reproduite :

« Dépêchez-vous. Merci. »

Wallas fait le tour des appareils. Chacun d'eux renferme – placées sur une série de plateaux de verre, équidistants et superposés – une série d'assiettes en faïence où se reproduit exactement, à une feuille de salade près, la même préparation culinaire. Quand une colonne se dégarnit, des mains sans visage complètent les vides, par derrière.

Arrivé devant le dernier distributeur, Wallas ne s'est pas encore décidé. Son choix est d'ailleurs de faible importance, car les divers mets proposés ne diffèrent que par l'arrangement des articles sur l'assiette ; l'élément de base est le hareng mariné.

Dans la vitre de celui-ci Wallas aperçoit, l'un au-dessus de l'autre, six exemplaires de la composition suivante : sur un lit de pain de mie, beurré de margarine, s'étale un large filet de hareng à la peau bleu argenté ; à droite cinq quartiers de tomate, à gauche trois rondelles d'œuf dur ; posées par-dessus, en des points calculés, trois olives noires. Chaque plateau supporte en outre une fourchette et un couteau. Les disques de pain sont certainement fabriqués sur mesure.

Wallas introduit son jeton dans la fente et appuie sur un bouton. Avec un ronronnement agréable de moteur électrique, toute la colonne d'assiettes se met à descendre ; dans la case vide située à la partie inférieure apparaît, puis s'immobilise, celle dont il s'est rendu acquéreur. Il la saisit, ainsi que le couvert qui l'accompagne, et pose le tout sur une table libre. Après avoir opéré de la même façon pour une tranche du même pain, garni cette fois de fromage, et enfin pour un verre de bière, il commence à couper son repas en petits cubes.

Un quartier de tomate en vérité sans défaut, découpé à la machine dans un fruit d'une symétrie parfaite.

La chair périphérique, compacte et homogène, d'un beau rouge de chimie, est régulièrement épaisse entre une bande de peau luisante et la loge où sont rangés les pépins, jaunes, bien calibrés, maintenus en place par une mince couche de gelée verdâtre le long d'un renflement du cœur. Celui-ci, d'un rose atténué légèrement granuleux, débute, du côté de la dépression inférieure, par un faisceau de veines blanches, dont l'une se prolonge jusque vers les pépins – d'une façon peut-être un peu incertaine.

Tout en haut, un accident à peine visible s'est produit : un coin de pelure, décollé de la chair sur un millimètre ou deux, se soulève imperceptiblement.

À la table voisine trois hommes sont installés, trois employés des chemins de fer. Devant eux, toute la place disponible est occupée par six assiettes et trois verres de bière.

Tous les trois découpent des petits cubes dans trois disques de pain au fromage. Les trois autres assiettes contiennent chacune un exemplaire de l'arrangement hareng – tomate – œuf dur – olives dont Wallas possède également une copie. Les trois hommes, outre leur uniforme identique en tout point, ont la même taille et la même corpulence ; ils ont aussi, à peu de chose près, la même tête.

Alain Robbe-Grillet, *Les Gommes*, Éditions de Minuit, 1953.

La rupture avec « le cœur romantique des choses » ?

Un exemple de ces descriptions qui, selon R. Barthes, se contentent « d'enregistrer une vision ». On étudiera les procédés qui ont pu faire penser à un « réalisme objectif », mais on pourra aussi, à l'aide du document de B. Morrissette, en étudier les limites. Ne faut-il pas également faire la part de l'humour de Robbe-Grillet ?

Il est aussi tentant de voir dans ce passage la dénonciation d'un monde d'hommes-objets et de le lire dans la perspective sociologique de L. Goldmann (cf. p. 400).

Un texte à comparer avec l'extrait de J.M.G. Le Clézio cité p. 480.

document

Bruce Morrissette, dans une étude consacrée aux Romans de Robbe-Grillet, *commente ainsi le passage sur le quartier de tomate :*

Un tel morceau de bravoure n'est pas, pourtant, une simple nature morte, et constitue bien autre chose qu'un exercice «objectal» de matérialisation littéraire. C'est qu'ici encore l'auteur se sert de son objet comme support des impulsions affectives de son personnage. Un élément d'*incertitude* s'insère dans toute cette précision qui signale et renforce non seulement la perplexité de Wallas, mais annonce aussi son «défaut tragique», l'erreur fatale qu'il va commettre. Ce thème est d'ailleurs repris dans une série de phrases disséminées ici et là au cours des chapitres, telles que : «Une petite place pour l'erreur», «la plus petite faille», «une tragique erreur», etc. Le défaut tragique de Wallas ressort même dans la circonstance absurde et dérisoire qu'il s'en faut d'un «seul centimètre» que son front ne satisfasse aux normes exigées par l'administration pour devenir détective en titre.

Bruce Morrissette, *Les Romans de Robbe-Grillet*, Éditions de Minuit, 1963.

Nouveau roman et histoire

Paradoxe : A. Robbe-Grillet refuse énergiquement la notion d'œuvre engagée. Depuis le nouveau roman, les écrivains n'ont plus l'ambition d'apparaître comme ces maîtres à penser qu'ils avaient été de Gide à Camus ou Sartre, laissant dans une certaine mesure ce rôle à des spécialistes des sciences humaines (Barthes, Foucault...). Pourtant la façon dont le nouveau roman remet en cause le personnage et insiste sur les objets a passionné les sociologues qui ont tenté d'en dégager la **portée idéologique.** Mais ce paradoxe n'est qu'apparent : les nouveaux romanciers se réclament du réalisme. Il est donc légitime de se demander si leurs œuvres présentent une vision exacte du réel : le monde dans lequel nous vivons ressemble-t-il à celui des *Gommes* ?

Pour L. Goldmann (cf. p. 415), la réponse est positive (*Nouveau roman et réalité*, in *Pour une sociologie du roman*, 1964). L'explication de cette transformation des codes littéraires (« disparition plus ou moins radicale du personnage et renforcement corrélatif non moins considérable de l'autonomie des objets ») est à chercher dans la théorie marxiste de la réification : le développement de l'économie capitaliste libérale, reposant sur une circulation sans cesse croissante de produits non régulée par une conscience extérieure (c'est ce qu'on appelle « la loi du marché ») tendrait à soumettre les individus à un univers autonome de marchandises qu'ils ne contrôlent pas : au contraire eux-mêmes tendent à leur tour à devenir des objets. Le nouveau roman serait donc une expression très forte de la **crise de l'individu** dans la société d'après-guerre. L'analyse est d'autant plus convaincante que d'autres arts, le théâtre de Beckett par exemple (cf. p. 243), présentent les signes d'une évolution analogue. On y voit les personnages se défaire, gagnés peu à peu par l'aphasie, les objets les plus insignifiants prendre au contraire une place apparemment disproportionnée. On songera aussi aux « possessions » dérisoires de Malone (cf. p. 425) : l'homme a cessé d'être le maître de l'univers. Goldmann résume très clairement sa thèse dans l'apologue suivant :

document

Un des ouvrages les plus connus sur Robbe-Grillet a été publié par un professeur américain[1] qui, dans son étude extrêmement intelligente et pénétrante, a montré que chaque récit de cet auteur contient une histoire, une histoire racontée qu'on peut extraire avec un peu d'habileté en suivant le texte de très près, et que finalement cette histoire ressemble, par certains côtés, à celles que racontaient déjà les romans de l'époque du capitalisme libéral. A partir de là il conclut que l'originalité de Robbe-Grillet réside en tout premier lieu en ce qu'il raconte cette histoire de manière différente de celle qu'employaient les écrivains antérieurs.

J'ai eu avec ce critique une longue discussion au cours de laquelle j'ai essayé de soutenir que si un écrivain raconte les choses d'une manière différente, c'est que ces choses sont devenues elles-mêmes essentiellement différentes et qu'il ne peut plus employer pour les dire la manière consacrée. Cette discussion s'est terminée par l'analyse d'un passage de *La Jalousie* : « Les chaussures légères à semelles de caoutchouc ne font aucun bruit sur le carrelage du couloir ». « Il est évident, disait le critique, qu'il s'agit d'un homme jaloux qui marche à pas feutrés pour ne pas faire de bruit et surprendre la femme. » – « Peut-être, ai-je répondu, seulement l'essentiel c'est que Robbe-Grillet n'a pas écrit " un homme marche à pas feutrés ", mais " les chaussures légères [...] ne font aucun bruit ", et que s'il l'a fait c'est probablement parce que ce qui était essentiel, c'est le fait que, dans le monde d'aujourd'hui, les chaussures entraînent l'homme ; que ce n'est plus l'homme mais l'objet inerte qui est le moteur des événements. »

La réponse a été, bien entendu : « C'est une boutade amusante et spirituelle sans doute, mais néanmoins une boutade. » J'ai alors demandé à mon interlocuteur de choisir entre deux affirmations que j'allais lui présenter, et de me dire laquelle des deux lui semblait la plus exacte, étant entendu que de ce choix dépendrait aussi la réponse au problème que nous venions de discuter :

On peut dire en effet que tous les ans, entre juillet et août, un certain nombre de millions de gens, dans les pays industriels avancés, partent en vacances avec un appareil photographique et font des photos qu'ils montrent ensuite à leurs amis et aux membres de leur famille.

On peut aussi dire que chaque année le conseil d'administration de Kodak et des principales entreprises productrices d'appareils photographiques, en accord rarement explicite mais plutôt implicite avec un certain nombre d'agences de voyage, décident qu'ils vont produire un certain nombre d'appareils photographiques qui voyageront à travers le monde, alors qu'un certain nombre d'autres appareils, vendus les années précédentes, resteront en circulation, et que, ces décisions une fois prises, les appareils partent en voyage avec le nombre correspondant de gens pour les servir.

Laquelle de ces deux formulations rend le mieux compte de la réalité essentielle du phénomène ?

Je pense que tout sociologue sérieux choisira la seconde et, dans la mesure où c'est celle-ci qui permet de comprendre le plus exactement la réalité, cela vaut aussi pour sa transposition littéraire qui amène Robbe-Grillet à dire : « les semelles avancent » et non pas « l'homme avance ».

Lucien Goldmann, *La Création culturelle dans la société moderne,* Denoël, 1971.

(1) Bruce Morrissette, *Les Romans de Robbe-Grillet*, Éd. de Minuit, 1963.

Du réalisme objectif au réalisme subjectif

La lecture « objective » des romans de Robbe-Grillet pose toutefois des problèmes. S'il faut entendre par description objective une pure constatation du réel, totalement neutre, bien des passages de Robbe-Grillet feraient exception à la règle. B. Morrissette l'a bien montré à propos du fameux quartier de tomate des *Gommes* (cf. documents). C'est que, comme l'a admis Robbe-Grillet lui-même, il ne faut pas opposer objectif à subjectif, mais plutôt l'entendre au sens de « tourné vers les objets ». Or cette attention tournée vers les objets suppose un regard, une subjectivité : « Non seulement c'est un homme qui, dans mes romans par exemple, décrit toute chose, mais c'est le moins neutre, le moins impartial des hommes : engagé au contraire *toujours* dans une aventure passionnelle des plus obsédantes, au point de déformer souvent sa vision et de produire chez lui des imaginations proches du délire » *(Nouveau roman, homme nouveau* in *Pour un nouveau roman).* Contrairement au roman balzacien, qui est œuvre d'un narrateur omniscient, tout est ici vu à travers la subjectivité de l'observateur. On parlera donc de **réalisme subjectif.** Plus l'œuvre de Robbe-Grillet se développe, plus cet aspect subjectif s'affirme, et les œuvres plus récentes comme *Souvenirs du triangle d'or* (1978) ou *Angélique* (1987) font la part belle à des fantasmes érotiques et sadiques obsédants.

La vision fantasmatique est d'autant plus insistante que Robbe-Grillet la présente comme ayant, dans la conscience du rêveur, la même précision et le même poids d'existence que la « réalité ». Une des caractéristiques essentielles des romans de Robbe-Grillet – et on la retrouve dans beaucoup d'autres nouveaux romans – est que rien ne différencie une scène imaginée par un personnage d'une hypothétique réalité objective, puisque le romancier se refuse le droit d'intervenir pour présenter une prétendue vérité des faits. Ainsi dans *Les Gommes,* les divers personnages élaborent des hypothèses sur la façon dont le meurtre a pu se dérouler : chaque fois, le récit raconte le meurtre conformément à cette hypothèse.

Robbe-Grillet, notamment dans l'introduction de son ciné-roman *L'Année dernière à Marienbad,* justifie ce procédé en faisant référence au **cinéma.** L'image cinématographique est toujours présente. Le spectateur admet très bien qu'on lui montre sur l'écran comme étant en train de se passer ce qui correspond aux souvenirs d'un personnage ou aux hypothèses d'un autre : l'imagination est toujours au présent. De la même façon, le récit de Robbe-Grillet, renonçant à proposer l'ordre artificiel d'une chronologie, s'installe à chaque fois dans le présent d'une conscience (c'est le temps arrêté de la montre de Wallas). On peut encore parler à ce sujet de réalisme, mais à condition de définir le réel de façon extensive :

Si une ressemblance avec le monde doit être recherchée, que cela soit du moins avec le réel, c'est-à-dire l'univers qu'affronte et sécrète tout à la fois notre inconscient (déplacements de sens, confusions, imaginaire paradoxal, rêves, fantasmes sexuels, angoisses nocturnes ou éveillées...), et non pas avec le monde factice de la quotidienneté, celui de la vie dite consciente, qui n'est que le produit fade et lénifiant de toutes nos censures : la morale, la raison, la logique, le respect de l'ordre établi.

Alain Robbe-Grillet, *Angélique ou l'enchantement,*
Éditions de Minuit, 1987.

L'influence du cinéma est donc essentielle dans l'histoire du nouveau roman. Comme M. Duras (cf. p. 421), Robbe-Grillet a réalisé lui-même des films (par exemple *Trans-Europ-Express,* 1966, *L'Eden et après,* 1969, *Glissements progressifs du plaisir,* 1973). Dans *Angélique* (1987), de longs passages commentent sa conception du cinéma. Mais c'est le film réalisé avec Alain Resnais, *L'Année dernière à Marienbad* (A. Robbe-Grillet l'a d'ailleurs publié sous forme de « ciné-roman » en 1961), qui a touché le plus large public.

A. Resnais occupe d'ailleurs une place unique à la fois dans l'histoire du cinéma et dans celle de la littérature, pratiquant une forme originale de collaboration avec des romanciers (M. Duras pour *Hiroshima mon amour,* J. Cayrol pour *Muriel*) et réalisant une œuvre qui rejoint beaucoup des recherches du nouveau roman : remise en cause du déroulement linéaire classique du récit cinématographique, jeux sur les décalages entre l'image et des bandes-son très travaillées, montages complexes...

Dans *L'Année dernière à Marienbad,* un inconnu (désigné par X), dans le cadre baroque d'un luxueux palace, cherche à convaincre une femme (A) qu'ils se sont déjà aimés – l'année dernière à Marienbad – et qu'il revient maintenant à un rendez-vous alors fixé par celle-ci pour l'emmener avec lui. Le spectateur, nous dit A. Robbe-Grillet, n'a pas à se demander si c'est vrai, mais seulement à se laisser porter par les images, les voix, la musique. Il n'y a pas d'autre réalité que ce que montre l'écran : « Tout le film est l'histoire d'une persuasion : il s'agit d'une réalité que le héros crée par sa propre vision, par sa propre parole. »

EXTRAIT

Dans le ciné-roman : la parole fait naître la vision.

La musique s'éteint peu à peu et l'on entend de nouveau la voix *off* de X, assez basse au début mais toujours tranquille, assurée, sans chaleur excessive.

VOIX DE X : *C'était l'année dernière.*

Un silence. Puis, A continuant sa lecture sans bouger, la voix de X reprend, un peu plus fort mais sur le même ton.

VOIX DE X : *Ai-je donc tellement changé ? – Ou bien faites-vous semblant de ne pas me reconnaître ?*

A détourne les yeux de son livre et tient celui-ci à demi fermé sur ses genoux. Elle regarde le sol devant elle, sans bouger, l'air absent. La caméra s'est encore approchée puis s'est arrêtée.

VOIX DE X : *Un an déjà – ou peut-être plus. – Vous, du moins, n'avez pas changé. – Vous avez toujours les mêmes yeux absents, le même sourire, le même rire tout à coup, la même façon d'étendre le bras comme pour écarter quelque chose, un enfant, une branche, et de ramener lentement la main vers le creux de votre épaule... et vous portez, aussi, le même parfum.*

Sur les derniers mots, A lève les yeux vers la caméra, qui se trouve à la hauteur d'un homme debout.

Aussitôt, contre-champ représentant le jardin. Lumière très vive, contrastant avec l'éclairage assez sombre de toutes les vues de l'hôtel qui ont occupé l'écran jusque-là. Grand soleil, ombres nettes, pas trop courtes. L'image représente un coin de jardin à la française avec les mêmes caractéristiques que celles figurées sur les gravures : un jardin régulier et comme sans végétaux (seulement des pelouses plates rectangulaires, des arbustes taillés aux formes parfaitement géométriques, de très larges allées de gravier, des escaliers de pierre, des terrasses à balustrade de pierre) avec çà et là des statues de grande taille montées sur des socles carrés assez hauts ; rois et reines en costumes anciens, personnages mythologiques, allures pompeuses, gestes interrompus, poses qui semblent avoir une signification précise mais dont la signification échappe ; il y a aussi des socles sans statues, avec un nom de sujet gravé sur le socle.

Tout le paysage est vide : sans un personnage vivant. Long déplacement latéral de la caméra, rectiligne et lent, perspectives d'allées, de cônes alignés, de haies taillées au cordeau, etc.

VOIX DE X : *Souvenez-vous. C'était dans les jardins de Frederiksbad...*

La caméra s'arrête sur un personnage solitaire, une femme debout qui s'appuie à une balustrade de pierre. C'est A, vêtue du même costume que sur le plan où elle était en train de lire. Le décor présente une grande analogie avec celui de la scène de théâtre aperçue au début du film.

VOIX DE X : *Vous étiez seule, à l'écart. Vous vous teniez, un peu de biais, contre une balustrade de pierre, sur laquelle votre main était posée, le bras à demi étendu...*

La voix s'arrête. A ne se trouve pas dans la pose indiquée par le texte que l'on entend : elle se tient, en effet, tout contre la balustrade, bien de face par rapport à celle-ci (c'est-à-dire regardant droit devant elle par-dessus l'appui, perpendiculairement à ce dernier), et de trois quarts arrière par rapport à la caméra. Elle rectifie ensuite la posture : elle s'écarte légèrement de la balustrade, se tourne un peu de côté, étend un bras pour poser la main sur la pierre (alors qu'elle avait les deux bras le long du corps) et regarde vers l'allée centrale ; elle est alors exactement de dos par rapport à l'objectif. Près d'elle se dresse la statue décrite précédemment par X. Le sol est couvert de gravier entre A et la caméra. A ayant corrigé sa position, la voix de X aussitôt continue, comme si elle n'attendait que cela.

VOIX DE X : *Vous regardiez vers l'allée centrale.*

Après un instant de silence (à peine marqué : une ou deux secondes) on entend un bruit qui se rapproche : c'est le bruit caractéristique, et bientôt parfaitement net, d'un pas d'homme sur du gravier. Arrivé en premier plan sonore, il s'arrête d'un coup.

À ce bruit, A s'est retournée avec lenteur, d'une façon très gracieuse, pour faire face à la caméra, mais conservant un air lointain, absent, comme si elle ne voyait personne. D'ailleurs on ne voit pas X sur l'image, on entend seulement sa voix.

VOIX DE X : *Je me suis avancé vers vous.* (Un léger silence.) *Mais je me suis arrêté à une certaine distance, et je vous ai regardée. – Vous étiez tournée vers moi, comme maintenant. Pourtant, vous ne paraissiez pas me voir. – Je vous regardais. Vous ne faisiez pas un geste. Je vous ai dit que vous aviez l'air vivante.*

Après le mot *vivante,* mais avec un décalage de quelques secondes, un sourire se dessine peu à peu sur les traits de A mais un sourire absent, qui ne semble s'adresser à personne.

Alain Robbe-Grillet, *L'Année dernière à Marienbad,* Éditions de Minuit, 1961.

« L'histoire d'une persuasion »

Où est le réel ? La voix de X. suscite une vision qui peu à peu se « réalise » sur l'image, non sans de légers décalages qui entretiennent l'ambiguïté et manifestent la résistance de A. On étudiera aussi le rôle du décor : la netteté paradoxale du jardin, alors que traditionnellement des images floues correspondent aux scènes « rêvées », les procédés de mise en abyme • (par exemple les poses des statues), la référence à la scène de théâtre, qui fait de X. un « metteur en scène »... En filigrane, le thème de Pygmalion.

documents

Dans l'introduction du ciné-roman : les « échanges de vues »...

Que sont, en somme, toutes ces images ? Ce sont des *imaginations* ; une imagination, si elle est assez vive, est toujours au présent. Les souvenirs que l'on « revoit », les régions lointaines, les rencontres à venir, ou même les épisodes passés que chacun arrange dans sa tête en en modifiant le cours tout à loisir, il y a là comme un film intérieur qui se déroule continuellement en nous-mêmes, dès que nous cessons de prêter attention à ce qui se passe autour de nous. Mais, à d'autres moments, nous enregistrons au contraire, par tous nos sens, ce monde extérieur qui se trouve bel et bien sous nos yeux. Ainsi, le film total de notre esprit admet à la fois tour à tour et au même titre les fragments réels proposés à l'instant par la vue et l'ouïe, et les fragments passés, ou lointains, ou futurs, ou totalement fantasmagoriques.

Et que se passe-t-il lorsque deux personnes en présence échangent des propos ? Soit ce simple dialogue :

– Si nous partions sur une plage tous les deux ? Une grande plage déserte où l'on se chaufferait au soleil...

– Avec le temps qu'il fait cette saison ! On passerait la journée enfermé, à attendre que la pluie cesse !

– Alors on ferait du feu de bois dans la grande cheminée, etc.

La rue, ou le salon, où ils se tiennent ont disparu de l'esprit des interlocuteurs, remplacés par les images que mutuellement ils se proposent. C'est véritablement entre eux un *échange de vues* : la longue bande de sable où ils sont allongés, la pluie qui ruisselle sur les vitres, les flammes qui dansent. Et le spectateur de cinéma admettrait fort bien sans doute de ne pas voir la rue ou le salon, mais à la place et tout en écoutant le dialogue : les deux héros allongés au soleil sur une grève, puis la pluie qui se met à tomber et les personnages qui vont s'abriter dans la maison, puis le premier qui, sitôt entré, commence à disposer les bûches dans un âtre campagnard...

On devine un peu, dans cette perspective, ce que peuvent être les images de *L'Année dernière à Marienbad,* qui est justement l'histoire d'une communication entre deux êtres, un homme et une femme, dont l'un propose et l'autre résiste, et qui finissent par se trouver réunis, comme si c'était depuis toujours.

Alain Robbe-Grillet, *L'Année dernière à Marienbad,* Éditions de Minuit, 1961.

G. Genette a contesté cette thèse selon laquelle « une imagination, si elle est assez vive, est toujours au présent ». Pour lui, la théorie est fausse, même s'il reconnaît l'intérêt des applications littéraires qu'en tire A. Robbe-Grillet.

On a sans doute reconnu cette théorie fort ancienne, qui fait d'une image ou d'un souvenir une perception faible, et d'une image « assez vive » une vraie perception, toute perception étant une « hallucination vraie » ; théorie toute théorique, qui évacue de l'image toute conscience d'image, du souvenir toute conscience de passé, du rêve tout sentiment onirique, et qui réduit la vie psychique à un défilé d'images mentales toutes équivalentes, à l'intensité près. Telle fut, de Hume à Taine, la théorie dite empiriste de l'imagination, que chacun depuis, de Bergson à Merleau-Ponty, d'Alain au jeune Sartre, s'est amusé à réfuter, et de fait il suffisait de se rapporter à l'expérience commune pour constater qu'un souvenir est généralement vécu *au passé,* une image *comme absence,* et que la crédibilité du rêve n'est pas celle de l'état de veille. C'est précisément de ces différentes attitudes de conscience que la « gamme des temps » en littérature, et divers procédés tels que le fondu-enchaîné au cinéma, s'efforcent de donner une sorte d'équivalent technique, et le propos de cette technique, même conventionnelle, est un propos réaliste. En cherchant à lui substituer un fantôme de réalisme intégral, Robbe-Grillet fait sans le vouloir un saut dans l'irréel.

Gérard Genette, *Vertige fixé, Figures I,* Le Seuil, 1966.

Le jeu littéraire

Ce réalisme subjectif fait qu'il n'y a plus de critère de vérité : il y a l'œuvre et rien qu'elle. Le lecteur est entraîné dans un jeu littéraire qui apparaît comme avant tout **poétique** puisque, l'auteur se refusant à présenter quoi que ce soit comme réalité de référence, le message se clôt sur lui même : il est essentiellement **création** et non **représentation.**

Le roman tend alors à s'organiser comme une série de variations sur des thèmes obsédants, jeu complexe de reprises et de contrepoints (voir par exemple *La Jalousie*). D'une certaine façon, on tourne en rond : errances qui reviennent au point de départ, jeux de reflets et de miroirs, duplications ou triplications des personnages et des épisodes, mises en abyme•, le lecteur est pris dans un dédale textuel que suggère bien le titre d'un des romans de Robbe-Grillet, *Dans le labyrinthe* (1959), dont G. Genette a commenté la structure quasi musicale (*Vertige fixé,* in *Figures I,* Le Seuil, 1966) :

L'œuvre de Robbe-Grillet la plus accomplie est sans doute, à ce jour, *Dans le labyrinthe.* Jamais Robbe-Grillet n'a été plus près de cet état purement musical auquel tend son génie. Les éléments thématiques (un soldat, une jeune femme, un enfant ; un café, une caserne, un couloir, une chambre, une rue ; une boîte, une lampe, un réverbère, un ornement en fleuron) sont dépouillés ici de tout attrait pittoresque ou pathétique. L'intérêt du roman tient tout entier dans la manière à la fois subtile et rigoureuse dont ces éléments se combinent et se transforment sous nos yeux. Entre l'exposé du thème et la reprise finale en *diminuendo,* un travail insensible et continu de variations, de multiplications, de fusions, de renversements, de substitutions, de métamorphoses et d'anamorphoses s'est opéré dans les personnages, les lieux, les objets, les situations, les actes et les paroles. [...]

Les dernières pages nous ramènent à la situation initiale, dans le calme et le silence où naissent et s'achèvent ce que Borges appelle « les secrètes aventures de l'ordre » : rien n'a bougé, tout est en place, et pourtant, quel vertige !

Plus sont nombreux les éléments mis en jeu dans ces constructions qui relèvent d'une esthétique baroque de l'indécision et de l'ambiguïté, plus l'œuvre est complexe. Les textes les plus récents de Robbe-Grillet (*Le Miroir qui revient,* 1984, *Angélique,* 1987) embrouillent encore le labyrinthe en mêlant subtilement des genres différents. Ce sont les premiers volets d'une trilogie intitulée *Romanesques* : on y retrouve en effet les personnages, les fantasmes et l'univers des romans de Robbe-Grillet. Mais de longs passages se lisent comme une autobiographie, qui souvent tourne à l'essai et à l'analyse critique de l'œuvre passée. Des glissements incessants d'un registre à l'autre, un jeu d'esquive subtil qui brouille les temps et les dates en font des livres à géométrie variable, qui semblent avoir pour l'auteur une vertu cathartique (mieux vaut, dit-il, vivre ses fantasmes dans l'imaginaire de l'écriture...) en même temps que ludique, et qui se proposent au lecteur comme de fascinants « mobiles ».

EXTRAIT

*Première page d'*Angélique : *la naissance des images...*

Dans le dessin des choses immobiles, autour de moi, je vois sans cesse apparaître des visages : des visages humains qui se forment, se figent et me regardent en grimaçant. Mais c'est là, m'a-t-on dit, une prédisposition qui n'a rien d'exceptionnel : tout le monde se surprend ainsi à reconnaître, sans même y penser, dans les nœuds et veines du bois (plancher de chêne, secrétaire en loupe d'orme, table de noyer tachée d'encre), ou bien dans les fissures au plafond dont se décollent de larges écailles d'enduit grisâtre, au-dessus des hautes fenêtres, ou plus souvent encore dans le papier peint à fleurs autrefois vives, aujourd'hui fanées, sur les murs de ma chambre assombris par la nuit qui vient, les formes évidentes d'un nez busqué, d'une fine moustache, de deux yeux enfoncés dans leurs orbites à la symétrie douteuse, d'une bouche qui se convulse dans un cri, un rire excessif, ou bien ici dans une sorte de bâillement distordu, grotesque, et ici au contraire un rictus crispé, amer, douloureux. Car ce ne sont pas des visages neutres, abstraits ; il s'agit même presque toujours de figures fortement expressives, vues de face ou de trois quarts, plus rarement de profil, si particulières qu'elles pourraient faire penser à des monstres de foire, à des blessés de guerre aux traits ravagés par le fer et le feu, ou encore à de simples caricatures satiriques dans un journal. Pourtant leur expression, bien que marquée de façon si peu discrète, reste en général ambiguë et susceptible d'interprétations diverses, contradictoires, selon l'heure ou selon l'éclairage, selon le jour, selon l'humeur.

Il m'arrive aussi d'en identifier tout à coup le modèle : un acteur célèbre au masque très accusé, un homme politique qui fut longemps la cible favorite sur qui s'acharnait la presse à scandale, ou quelqu'un seulement de ma famille, de mes amis, de mon plus ou moins proche entourage. Parfois, bien qu'à vrai dire en de trop peu fréquentes occasions, surgit de façon plus fugitive, dans le flou des feuillages et des corolles incertaines, le sourire troublant d'une jolie fille, mais fuyante, vaporeuse, prête à s'évanouir derrière les contours mouvants des bouquets et guirlandes, eux-mêmes effacés par le temps, pâlis, brouillés, interrompus, surtout dans ces régions du mur où la lumière venue de l'extérieur frappe directement la tapisserie au motif immémorial, à gauche par exemple du bureau en noyer noueux où, accoudé de biais parmi les feuilles éparses de mes brouillons successifs, j'écris maintenant le nom tremblant d'Angélica... Pourquoi me poursuit-il encore ? ... Pourquoi m'as-tu quitté, petite flamme, me laissant transi, solitaire, au milieu de la pluie et du vent ?

Alain Robbe-Grillet, *Angélique ou l'enchantement*, Éditions de Minuit, 1987.

« Le nom tremblant d'Angelica... »

Alors que le début de roman traditionnel installe des repères chronologiques et spatiaux, ce texte met au contraire en évidence un imaginaire qui brouille l'espace, se plaisant dans les « contours mouvants », et le temps (« la tapisserie au motif immémorial »). En même temps, le texte attire l'attention sur le jeu littéraire lui-même, « la table de noyer tachée d'encre » qui voit s'affirmer le pouvoir de l'écriture : Angelica est essentiellement un « nom tremblant »...

L'Année dernière à Marienbad, ph. collection Christophe L.

Lire... *La Jalousie* d'Alain Robbe-Grillet (1957)

La Jalousie apparaît comme **une œuvre charnière** : elle fut d'ailleurs mal accueillie, à sa parution, par le public et les critiques qui n'y retrouvaient pas l'auteur des *Gommes* et du *Voyeur*. Avec *La Jalousie* s'impose en effet la problématique du réalisme subjectif (cf. p. 401), comme en témoigne la polysémie• du titre qui désigne à la fois un volet mobile à lames orientables et le sentiment du mari qui observe sa femme à travers celui-ci.

Un nouveau roman

La Jalousie est bien **un nouveau roman**, qui manifeste tout comme *Les Gommes* le refus de la narration traditionnelle. De même que *Les Gommes* jouait sur une pseudo-intrigue policière, de même ici Robbe-Grillet semble reprendre les ingrédients d'un roman psychologique situé dans un cadre colonial : un marie épie sa femme (A...) qu'il soupçonne d'avoir une liaison avec le propriétaire d'une concession voisine (Franck). Cette jalousie culmine lors d'un voyage que font à la ville A... et Franck, puis semble s'estomper à la fin du roman, Franck s'étant vraisemblablement révélé un séducteur (un amant ?) peu convaincant. Mais ce résumé n'est qu'une reconstitution artificielle et de nombreux procédés empêchent de s'en tenir là. Les « personnages » n'ont rien à voir avec des héros de roman sentimental ; on ne sait pratiquement rien d'eux. La femme n'est désignée que par une initiale ; elle n'est pas présentée comme un être réel, mais de façon morcelée : la description isole des gestes, des attitudes, des parties du corps (la main, la chevelure...). De même Franck est surtout caractérisé par des parties de son habillement ou par des objets qui lui appartiennent (le camion, la voiture bleue...). On ne peut établir une chronologie précise de l'histoire ; de façon apparemment confuse, le récit nous situe tantôt avant, tantôt après le voyage de A... et Franck à la ville. **Les repères sont brouillés** et le texte semble nous égarer dans des détails insignifiants. Enfin, de longues descriptions, d'une précision géométrique insistante (les jeux de l'ombre sur la terrasse, les rangées de bananiers qui entourent la maison...), semblent proposer un simple inventaire du réel et relever du « réalisme objectif ». On ne peut donc lire *La Jalousie* comme Franck et A... lisent le « roman africain », en se passionnant pour l'intrigue : Robbe-Grillet a pris soin de nous indiquer ce qu'il ne faut pas faire.

Le réalisme subjectif

Une lecture attentive fait vite apparaître que, dans *La Jalousie,* tout est vu à travers le regard du mari. Mais celui-ci n'est pas présenté comme un personnage, n'est jamais nommé. Il n'apparaît qu'en creux, comme **le point d'où s'organise la vision,** comme cette présence que suppose l'existence sur la table de son couvert ou, sur la terrasse, de son fauteuil. Jamais il ne dit « je ». Ses éventuelles interventions dans la conversation sont mentionnées indirectement, sous une forme impersonnelle. Tout s'organise pourtant à partir de ses déplacements ; c'est son point de vue qui d'un bout à l'autre nous est imposé. Or, sa vision est **orientée** et sans doute **déformée** par la jalousie. Dans tous les gestes et propos de Franck et de A... il voit ambiguïtés et sous-entendus : que veut dire exactement A... à Franck, lorsque après leur retour de la ville, retardé par une (prétendue ?) panne de voiture, elle lui reproche d'être un bien mauvais mécanicien ? Sans cesse le mari repasse en imagination certaines scènes clés, les revit comme si elles étaient présentes, selon la théorie de Robbe-Grillet (cf. p. 403), y cherchant la confirmation de ses soupçons. Mais si les mêmes épisodes reviennent plusieurs fois, dans l'éternel présent que souligne la répétition des « maintenant », c'est avec des variantes, sans que jamais le romancier intervienne pour authentifier une « vérité ». Un exemple frappant est fourni par la série sur l'écrasement de la scutigère, scène qui prend des dimensions érotiques et fantasmatiques évidentes au moment où la jalousie atteint son sommet. Il n'y a donc pas de distinction possible entre le « réel » et l'imaginaire : le texte s'inscrit tout entier dans la **réalité subjective** des obsessions du narrateur.

Élaboration littéraire et jeu esthétique

Ces répétitions, ce présent obsédant, en interdisant toute progression d'une « histoire », pourraient paraître monotones. S'il n'en est rien, c'est qu'ils sont en même temps le matériau d'une **organisation esthétique** très élaborée. Le déroulement narratif du récit traditionnel est remplacé par une composition sérielle et les variantes de l'imaginaire sont aussi, littérairement, des variations. Quelques éléments de base (l'écrasement de la scutigère, l'apéritif sur la terrasse, le repas dans la salle à manger, la voiture bleue...) sont repris avec des modulations thématiques et rythmiques : on notera par exemple le crescendo très sensible des parties 6 et 7 qui correspondent à l'absence de A... On glisse d'un élément à l'autre par des métonymies• (par exemple, de l'image de Franck à celle de sa voiture) ou par des fondus enchaînés (du narrateur effaçant les traces laissées sur le mur par la scutigère à A... effaçant un mot sur une lettre, de A... sur une photo à A... sur la terrasse...). Le lecteur est ainsi pris dans un **labyrinthe textuel** qui ne renvoie jamais à une signification ultime ; le texte est un mobile qu'on peut lire et relire en y découvrant sans cesse de nouveaux arrangements.

Plusieurs mises en abyme• mettent sur la piste de ce mode de fonctionnement : ainsi les évocations du « roman africain », le poème chanté par un indigène, dont les récurrences• et les variantes font penser à *La Jalousie* elle-même, ou le chignon longuement coiffé par A... (« Il est très difficile d'y suivre dans leurs emmêlements les différentes mèches : plusieurs solutions conviennent, par endroit, et ailleurs aucune. »)

On ne peut donc proposer de *La Jalousie* une interprétation unique. Un critique y a vu, par exemple, une présentation symbolique du colonialisme et une remise en cause des rapports entre noirs et blancs ; et il est vrai que le roman joue de façon parfois très surprenante sur une thématique du « noir et blanc ». Pourquoi pas, à condition de prendre cette hypothèse comme un effet de lecture suscité par une machinerie textuelle complexe et non comme une vérité ultime de l'œuvre.

Michel Butor (né en 1926)

Michel Butor, romancier mais aussi théoricien de la littérature et auteur de nombreux essais, a lui-même constaté que deux stades se succédaient dans son œuvre. Dans un premier temps, ses recherches diverses (poésies, essais) pouvaient « se subordonner à la suite des quatre livres » que sont : *Passage de Milan* (1954), *L'Emploi du temps* (1956), *La Modification* (1957), *Degrés* (1960). Son œuvre peut alors être étudiée comme expérimentation des possibilités du langage romanesque et participe du nouveau roman. Le deuxième temps élargit cette perspective. Butor, jouant sur les collages, la typographie, le calligramme•, les effets de montage, les variations sur des textes classiques ou sur ses propres textes, rejoint la peinture et la musique (*Mobile*, 1962, *Description de San Marco*, 1964, *Dialogue avec trente-trois variations de Ludwig van Beethoven sur une valse de Diabelli*, 1971, etc.).

Par-delà le nouveau roman, ces recherches témoignent d'une fascination par les techniques nouvelles autant que par ce « nouveau monde » qu'évoquait déjà, dans *Degrés*, le cours d'histoire sur la découverte de l'Amérique.

D'une certaine façon, l'écriture romanesque s'est en effet révélée décevante. L'œuvre charnière qu'est *Degrés* exprime clairement cette relative impuissance : un premier narrateur, Pierre Vernier, professeur d'histoire dans un lycée parisien, se propose de relater de façon exhaustive une heure de cours, un mardi 12 octobre 1954. Objectif apparemment raisonnable, mais qui se révèle vite inaccessible ; chaque individu, chaque instant est en fait un maillon d'un réseau complexe qu'il faudrait pouvoir saisir. Tous les efforts pour structurer cet ensemble (en partant par exemple des liens de parenté) sont déçus. En vain, devant l'échec du premier narrateur, son neveu Pierre, à qui le récit était destiné, reprend le relais, suivi à son tour d'un troisième narrateur : le récit échoue à saisir le réel.

Ce que *Degrés* tente de réaliser autour d'une unité de temps (une heure de cours), *Passage de Milan* l'avait entrepris autour d'une unité de lieu : la vie d'un immeuble parisien de sept étages, de 7 heures du soir à 7 heures du matin. *L'Emploi du temps* est aussi une tentative de ressaisir le réel par l'écriture. Le héros-narrateur cherche à reconstituer les événements qu'il vient de vivre dans la ville anglaise de Bleston. Mais le présent du temps de la narration modifie le regard porté sur le passé récent et le récit échoue à établir une vérité objective.

Par rapport à *L'Emploi du temps* ou à *Degrés*, *La Modification* paraît optimiste puisqu'elle se termine sur l'espoir encore intact d'un livre à venir.

Un roman classique ?...

Contrairement à d'autres nouveaux romans, il semble parfaitement possible de résumer l'intrigue de ***La Modification***. Le personnage principal, Léon Delmont, directeur du siège parisien d'une firme italienne de machines à écrire, prend le train de Rome, en troisième classe et non en première comme il en a l'habitude. C'est que cette fois il ne s'agit pas d'un voyage d'affaires. Il se rend à Rome pour retrouver sa maîtresse, Cécile, et lui annoncer qu'il lui a trouvé une situation à Paris : il va quitter sa femme et vivre avec elle désormais. Mais pendant le parcours, son projet se modifie (d'où le titre) : renonçant à changer de vie, il rentrera à Paris sans même avoir vu Cécile. Mais il décide d'écrire un livre pour expliquer ce mouvement qui s'est produit dans son esprit pendant la durée du voyage.

Il semble donc qu'on retrouve dans *La Modification* une intrigue, un (des) personnage (s), une analyse psychologique, voire un « engagement » : certains passages expriment des doutes sur l'intérêt réel de l'activité professionnelle de Léon Delmont, qui lui confère une aisance financière peut-être peu justifiée.

EXTRAIT

Le souvenir de la première rencontre avec Cécile :

Il y a deux ans, un peu plus même, puisque c'était encore en été, à la fin d'août, vous étiez assis dans un compartiment de troisième classe semblable à celui-ci, dans cette place auprès du corridor face à la marche, et en face de vous il y avait Cécile que vous connaissiez à peine, que vous veniez juste de rencontrer dans le wagon-restaurant, revenant de ses vacances.

C'était nettement plus tard que cette heure-ci, c'était en plein après-midi, dans un train qui partait le matin comme celui-ci et qui arrivait à Rome à l'aurore, le même train que celui-ci sans doute, avec quelques différences dans l'horaire, et que vous aviez dû prendre cette fois-là à cause de difficultés qui s'étaient élevées au dernier moment, vous ne savez plus exactement lesquelles, mais naturellement avant le déjeuner vous étiez en première, dans un wagon italien avec des photographies en couleurs de tableaux célèbres, romains peut-être, l'allégorie des deux amours à la villa Borghese par exemple, un des plus souvent reproduits.

Quand vous l'avez vue pour la première fois, vous étiez déjà assis à la table près de la fenêtre pour le second service. Dijon était passé depuis longtemps, Beaune, Mâcon, Chalon et même Bourg ; ce n'étaient plus les vignobles mais les montagnes.

Elle avait une robe rouge orange décolletée sur sa poitrine brunie, ses cheveux noirs tressés, roulés autour de sa tête, fixés par des épingles à boule d'or, ses lèvres peintes presque en violet.

Le wagon se remplissait peu à peu, mais par chance vous êtes restés seuls tous les deux à votre table et, comme il faisait chaud, votre première parole a été pour lui demander si vous pouviez ouvrir la série de petites lamelles de verre en haut de la fenêtre, puis, la voyant sortir de son sac noir un indicateur non point bleu ciel comme le vôtre aujourd'hui, mais plutôt vert tendre comme la peinture sous les filets, alors que vous n'en aviez point, vous l'avez interrogée sur l'heure d'arrivée à Aix-les-Bains.

« Le repas sera fini bien avant que vous y soyez.

– Ce n'est pas là que je m'arrête. Je vais jusqu'à Rome, pas en touriste hélas, pour mes affaires. »

D'abord il n'y avait que quelques mots de politesse, séparés par de longs silences, puis, peu à peu, c'est devenu une conversation continue où il était surtout question du repas, du vin que vous lui faisiez goûter, de ce que l'on mettait dans votre assiette, jusqu'au moment où, lisant sa note, elle s'est aperçue qu'elle n'avait pas gardé suffisamment d'argent français :

« Il acceptera bien des lires.

– Oui, mais à un taux tout à fait désavantageux ; je vais vous en acheter mille au cours de Paris. »

Alors, elle s'est mise à vous parler d'elle, vous apprenant qu'elle aussi allait jusqu'à Rome, qu'elle y travaillait elle aussi, au palais Farnèse, depuis des années, qu'elle aimait beaucoup cette ville, cette vie, cette situation, mais qu'elle s'y trouvait assez seule, et qu'elle quittait Paris où elle venait de passer un mois de vacances, avec évidemment un peu de nostalgie, que sa mère était italienne, qu'elle-même était née à Milan, mais qu'elle était de nationalité française et qu'elle avait terminé ses études pendant la guerre au collège Sévigné.

Une fois les frontières rouvertes, elle était revenue chez ses parents maternels, elle avait épousé un jeune ingénieur de chez Fiat qui était mort, à peine étaient-ils installés à Turin, dans un atroce accident sur l'autostrade, juste deux mois après leur mariage. Elle frissonnait encore d'émotion à ces souvenirs et c'est pour cela qu'elle avait voulu quitter tout ce qui les lui rappelait, qu'elle était descendue vers le Sud.

Presque tous les clients avaient déjà rejoint leur wagon ; les garçons repliaient les nappes ; vous êtes sortis ; vous êtes passés devant votre compartiment de première, mais vous aviez une si grande envie de lui parler de vous à votre tour que vous l'avez accompagnée jusqu'au sien et vous vous y êtes assis en face d'elle. Le train longeait à ce moment le lac lamartinien.

Michel Butor, *La Modification*, Éditions de Minuit, 1957.

Un lieu commun romanesque : la première rencontre

La scène de première rencontre est un élément traditionnel du roman. Jean Rousset a proposé d'y étudier ce qu'il appelle « la mise en place » (construction d'un cadre spatio-temporel et présentation des personnages) et la mise en scène, c'est-à-dire la dynamique de la rencontre (*Leurs yeux se rencontrèrent*, Corti, 1984). Ici, la scène est prise dans un jeu complexe de surimpressions. Le voyage précédent est revécu en liaison avec le voyage présent et la rencontre amoureuse est devenue un tableau, comme l'allégorie• des amours qui orne le compartiment ou comme les amours mythiques de Lamartine sur les bords du lac du Bourget. Mais qui suggère ces rapprochements et évoque le lac lamartinien ? Cette première rencontre contient-elle la clé de l'avenir ? (Voir les documents sur la deuxième personne de *La Modification*? P. 410.)

Un nouveau roman ?

L'apparente intrigue, en fait, n'en est guère une. L. Delmont a parcouru beaucoup de kilomètres pour revenir à son point de départ : il ne s'est rien passé, objectivement, pendant ce voyage, puisque, précisément, la situation familiale du héros ne changera pas. *La Modification*, c'est le renoncement à toute modification.

D'autre part, tout est vu à travers la conscience de L. Delmont. Peu à peu, à l'évocation du voyage Paris-Rome se mêlent des souvenirs de voyages antérieurs avec Cécile ou avec sa femme Henriette, des images de Rome ou de

Paris, des rêveries sur les paysages qui apparaissent à travers la fenêtre ou sur les photos accrochées aux parois du compartiment, des scénarios fantasmatiques construits par Delmont autour des voyageurs qui se renouvellent à chaque arrêt du train, ou autour de ce qu'il fera à son arrivée à Rome... Le cadre strict de départ (un compartiment de chemin de fer, la durée d'un voyage) est donc irrémédiablement débordé, d'autant que Delmont vit avec l'intensité du réel ses souvenirs et ses fantasmes et que peu à peu les périodes de sommeil et de rêve alternent avec la pensée éveillée.

Les premiers lecteurs de *La Modification* furent également frappés par l'insistance avec laquelle le regard de Delmont se pose sur les objets : bagages des autres passagers, sol du compartiment, etc. Les descriptions sont pourtant ici bien moins surprenantes que chez Robbe-Grillet : outre qu'il est vraisemblable que le regard d'un voyageur inoccupé se pose longuement sur tout ce qui l'entoure, les transformations progressives du décor rythment le temps du voyage.

Plus marquant est l'usage systématique, tout au long du récit, de **la deuxième personne du pluriel.** Le personnage est interpellé par un « vous » qui s'impose à lui. En quelque sorte on (mais qui est ce « on » ?) lui raconte sa propre histoire, ce qui signifie que lui-même ne la maîtrise pas complètement : indécision qui fait du récit une enquête plus que l'exposé d'une vérité. D'autre part, ce « vous » finit par interpeller aussi le lecteur. Le thème de la lecture est l'un des fils conducteurs du livre : tout au long du voyage, Delmont a près de lui un livre, acheté au départ, qu'il n'ouvrira pas ; mais à la fin, il décide d'écrire un livre (celui qu'on vient de lire ?). Le salut est peut-être d'écrire, mais l'écriture a pour fonction de questionner le lecteur, non de l'enfermer dans une histoire rassurante. Par là, *La Modification* est bien un nouveau roman.

EXTRAIT

Au milieu du roman...

Mardi prochain, lorsque vous serez arrivé à Paris, quinze place du Panthéon, dès qu'elle vous aura vu elle saura que ses craintes, que vos désirs vont se réaliser ; il ne sera pas besoin de le lui dire, il n'y aura pas moyen de le lui cacher, et à ce moment-là elle fera tout pour vous arracher des détails, elle vous demandera quand Cécile doit arriver, mais cela, vous ne le savez pas vous-même, vous ne le saurez pas encore à ce moment-là, vous lui direz que vous n'en savez rien, ce qui sera la vérité pure, mais justement elle ne vous croira pas, elle vous harcèlera de questions parlées ou muettes, et il n'y aura qu'un moyen pour vous d'en sortir, ce sera de lui expliquer point par point comment se sont passées les choses.

Il aurait mieux valu certes qu'elle n'en sût rien, qu'elle ne se doutât de rien avant l'arrivée de Cécile, mais comme elle saura déjà...

Mardi prochain, lorsque vous trouverez Henriette en train de coudre à vous attendre, vous lui direz avant même qu'elle vous ait demandé quoi que ce soit : « Je t'ai menti, comme tu t'en es bien douté ; ce n'est pas pour la maison Scabelli que je suis allé à Rome cette fois-ci, et c'est en effet pour cette raison que j'ai pris le train de huit heures dix et non l'autre, le plus rapide, le plus commode, qui n'a pas de troisième classe ; c'est uniquement pour Cécile que je suis allé à Rome cette fois-ci, pour lui prouver que je l'ai choisie définitivement contre toi, pour lui annoncer que j'ai enfin réussi à lui trouver une place à Paris, pour lui demander de venir afin qu'elle soit toujours avec moi, afin qu'elle me donne cette vie extraordinaire que tu n'as pas été capable de m'apporter et que moi non plus je n'ai pas su t'offrir ; je le reconnais, je suis coupable à ton égard, c'est entendu, je suis prêt à accepter, à approuver tous tes reproches, à me charger de toutes les fautes que tu voudras si cela peut t'aider le moins du monde à te consoler, à atténuer le choc, mais il est trop tard maintenant, les jeux sont faits, je n'y puis rien changer, ce voyage a eu lieu, Cécile va venir ; tu sais bien que je ne suis pas une si grande perte, ce n'est pas la peine de fondre en larmes ainsi... »

Mais vous savez bien qu'elle ne pleurera nullement, qu'elle se contentera de vous regarder sans proférer une parole, qu'elle vous laissera discourir sans vous interrompre, que c'est vous tout seul, par lassitude, qui vous arrêterez, et qu'à ce moment-là vous vous apercevrez que vous êtes dans votre chambre, qu'elle est déjà couchée, qu'elle est en train de coudre, qu'il est tard, que vous êtes fatigué de ce voyage, qu'il pleut sur la place...

Mardi prochain, lorsque vous entrerez dans sa chambre, en effet vous lui raconterez tout ce voyage et vous lui direz : « J'étais allé à Rome pour prouver à Cécile que je la choisissais contre toi, j'y étais allé dans l'intention de lui demander de venir vivre avec moi définitivement à Paris... »

Alors terrorisée s'élève en vous votre propre voix qui se plaint : ah, non, cette décision que j'avais eu tant de mal à prendre, il ne faut pas la laisser se défaire ainsi ; ne suis-je donc pas dans ce train, en route vers Cécile merveilleuse ? ma volonté et mon désir étaient si forts... Il faut arrêter mes pensées pour me ressaisir et me reprendre, rejetant toutes ces images qui montent à l'assaut de moi-même.

Mais il n'est plus temps maintenant, leurs chaînes solidement affermies par ce voyage se déroulent avec le sûr mouvement même du train, et malgré tous vos efforts pour vous en dégager, pour tourner votre attention ailleurs, vers cette décision que vous sentez vous échapper, les voici qui vous entraînent dans leurs engrenages.

Michel Butor, *La Modification*, Éditions de Minuit, 1957.

Le moment de la modification ?

Les scénarios de la rupture ou du renoncement... On étudiera le jeu des variantes (longueur et vraisemblance des différents scénarios) et la façon dont s'opère la « modification ». Elle passe par un jeu complexe sur les temps (passé/présent/futur) et les pronoms (alternance du je et du vous). Un passage à rapprocher des thèses de Robbe-Grillet sur le pouvoir des images ; mais si, chez Robbe-Grillet, le fantasme peut créer la réalité, ici la réalité quotidienne sera la plus forte.

documents

La deuxième personne de La Modification : *interprétations.*

C'est parce qu'il y a quelqu'un à qui l'on raconte sa propre histoire, quelque chose de lui qu'il ne connaît pas, ou du moins pas encore au niveau du langage, qu'il peut y avoir un récit à la seconde personne, qui sera par conséquent toujours un récit « didactique ».

Ainsi, chez Faulkner, on trouve des conversations, des dialogues, où certains personnages racontent aux autres ce que ceux-ci ont fait dans leur enfance et qu'eux-mêmes ont oublié ou dont ils n'ont jamais eu qu'une conscience très partielle.

Nous sommes dans une situation d'enseignement : ce n'est plus seulement quelqu'un qui possède la parole comme un bien inaliénable, inamovible, comme une faculté innée qu'il se contente d'exercer, mais quelqu'un à qui l'on donne la parole.

Il faut par conséquent que le personnage en question, pour une raison ou pour une autre, ne puisse pas raconter sa propre histoire, que le langage lui soit interdit, et que l'on force cette interdiction, que l'on provoque cette accession. C'est ainsi qu'un juge d'instruction ou un commissaire de police dans un interrogatoire rassemblera les différents éléments de l'histoire que l'acteur principal ou le témoin ne peut ou ne veut lui raconter, et qu'il les organisera dans un récit à la seconde personne pour faire jaillir cette parole empêchée : « Vous êtes rentré de votre travail à telle heure, nous savons par tel et tel recoupement qu'à telle heure vous avez quitté votre domicile, qu'avez-vous fait entre les deux ? », ou bien : « Vous nous dites que vous avez fait ceci, mais c'est impossible pour telle et telle raison, vous avez donc dû faire cela... »

Si le personnage connaissait entièrement sa propre histoire, s'il n'avait pas d'objection à la raconter ou se la raconter, la première personne s'imposerait : il donnerait son témoignage. Mais s'il s'agit de le lui arracher, soit parce qu'il ment, nous cache ou se cache quelque chose, soit parce qu'il n'a pas tous les éléments, ou même, s'il les a, qu'il est incapable de les relier convenablement, les paroles prononcées par le témoin se présenteront comme des îlots à la première personne à l'intérieur d'un récit fait à la seconde, qui provoque leur émersion.

Ainsi, chaque fois que l'on voudra décrire un véritable progrès de la conscience, la naissance même du langage ou d'un langage, c'est la seconde personne qui sera la plus efficace.

Michel Butor, *Essais sur le roman*, in *Répertoire I*, Éditions de Minuit, 1964.

Je ne crois nullement, pour ma part, que le vouvoiement employé par Butor dans *La Modification* soit un artifice de forme, une variation astucieuse sur la troisième personne du roman, dont on doive créditer « l'avant-garde » ; ce vouvoiement me paraît littéral : il est celui du créateur à la créature, nommée, constituée, créée dans tous ses actes par un juge et générateur. Cette interpellation est capitale, car elle institue la conscience du héros : c'est à force de s'entendre décrite par un regard que la personne du héros se modifie, et qu'il renonce à consacrer l'adultère dont il avait initialement le ferme projet.

Roland Barthes, *Essais critiques*, Le Seuil, 1964.

La deuxième personne n'est pas seulement la personne par excellence de l'impératif, elle peut être regardée comme la plus illustrative de l'interrogation puisqu'une interrogation, quelque forme grammaticale qu'elle revête, s'adresse toujours directement à quelqu'un (autrui, être imaginaire ou bien celui-là même qui se pose la question). La deuxième personne du pluriel n'est-elle pas, aussi, la personne employée pour les énoncés scolaires des sujets de dissertations ou de problèmes, ces autres formes d'interrogation ? Se demandant si le prêtre qui se trouve dans son compartiment ne serait pas un enseignant, le personnage ne laisse pas d'inventer des énoncés fantaisistes que cet éducateur pourrait dicter à ses élèves : « Imaginez que vous voulez vous séparer de votre femme ; vous lui écrivez pour lui expliquer la situation »... « Imaginez que vous êtes un père jésuite ; vous écrivez à votre supérieur pour lui annoncer que vous allez quitter la Compagnie. » Mis en demeure par ces énoncés, l'élève n'aurait plus qu'à se faire mentalement époux ou père jésuite regardant en lui-même pour saisir et formuler exactement ses raisons.

L'usage de la deuxième personne du pluriel dans l'ensemble d'un récit qui, envisagé sous cet angle, apparaît comme un immense énoncé de dissertation ou un canevas détaillé pour méditation ou examen de conscience semble donc se présenter – quels que soient les motifs d'ordre compositionnel qui ont déterminé ce choix – comme une façon de renvoyer sur vous (sur ce *vous* anonyme qui pourrait se dire *tous*) l'interrogation dont il est l'annonce ou le rappel tout au long de ces pages où, de l'impressionniste au didactique, tant de genres s'enchevêtrent à partir d'une anecdote si commune qu'on est tenté d'y voir un attrape-nigauds à mesure que, scrutant le livre avec plus d'attention, on le découvre plus riche en arrière-plans.

Michel Leiris, *Le Réalisme mythologique de Michel Butor*, in *Brisées*, Mercure de France, 1966.

Le roman et la réflexion sur les genres :

Dès qu'il y a littérature, celle-ci se détaille en genres, lesquels correspondent à des fonctions précises à l'intérieur d'une société donnée. Les formes poétiques, spécialement ce qu'on appelle les formes fixes, jouent un rôle quasi cérémoniel. C'est pourquoi il est si important de travailler sur les genres : tout bouleversement de leur équilibre va transformer le pouvoir, l'attaque de la littérature.

Je conteste la tradition classique relative aux genres de deux façons :

d'abord en affirmant qu'il est possible d'inventer et de pratiquer d'autres genres que ceux proposés par les cours de littérature (et j'entends par « cours de littérature » aussi bien ceux que dispensent les lycées ou universités que celui perpétuel qui se donne dans certains milieux intellectuels, dans certains cafés parisiens, par exemple),

et en montrant que depuis longtemps (au moins le milieu du XIXe siècle) la littérature française pratique en réalité d'autres genres que ceux dont on parle et qui nous empêchent de voir les vrais.

Certains, conscients du caractère périmé de cette classification, du fait que ces distinctions s'appliquent de plus en plus mal à la production contemporaine, ont la tentation de récuser purement et simplement la notion de genre, d'affirmer : « Aujourd'hui il n'y a plus de genres; nous faisons à présent de la littérature, ou de l'écriture, et il n'est plus utile, ni légitime, de distinguer tel mode ou tel autre à l'intérieur de cette activité qui englobe tous les anciens genres. »

À quoi les tenants d'un certain ordre littéraire ont beau jeu de répondre : « Ces distinctions ne sont peut-être pas très importantes en effet; elles sont conventionnelles, c'est vrai; il y a la littérature, d'accord; mais, pour étudier cette dernière, ce que l'on a encore trouvé de mieux jusqu'ici, c'est cette bonne vieille classification léguée par nos pères, par conséquent restons-en là. »

Ce qui est véritablement troublant et révolutionnaire, c'est la mise en évidence détaillée de l'obligation de changer.

Les genres du début du XIXe siècle sont un fantôme étroitement lié à un fantôme de société qui usurpe les mécanismes de notre société actuelle. Et les genres méconnus d'aujourd'hui sont liés à leur tour à cette société actuelle dont nous ne voulons pas non plus. Non seulement il faut cesser de travailler avec des genres littéraires en retard, mais il faut essayer de prendre des genres littéraires d'avance. Pour cela il est urgent de forger une meilleure conscience de ce qui est effectivement pratiqué, car tant que ces genres actuels restent dans une semi-clandestinité, ils ne peuvent remplir complètement leur fonction, et il est très difficile de les dépasser. Ils encombrent le chemin comme des choses larvées. Il faut d'abord les soigner, les aider à s'accomplir, leur faire donner toute leur mesure, pour réussir ensuite à les bien tuer. [...]

En ce qui me concerne, je suis tout à fait conscient de la diversité de genres qui se manifeste dans ma production. Je n'écris pas toujours de la même manière, mais selon l'utilisation, le mode de publication. Mon attitude devant la page blanche diffère selon que j'écris un roman, un article pour un journal, ou un essai qui devra paraître dans cette revue plutôt que dans cette autre. Je n'écris pas non plus de la même façon un texte destiné à accompagner, dans une édition de luxe, les gravures de tel ou tel artiste. Ce n'est pas seulement le résultat qui est différent, c'est l'attitude, l'angle, la discipline. Ainsi chaque collaboration implique la constitution d'un certain genre. [...]

Certains de mes genres s'enracinent clairement dans la classification traditionnelle : ainsi les « romans », les « essais ». Voyez comme la polarité entre ces deux termes est fortement à l'œuvre aujourd'hui : bien peu de romanciers qui n'aient publié, outre leurs textes sous-titrés « roman », d'autres sans cette marque : interviews, articles, préfaces pour une exposition...

Michel Butor, préface à *Travaux d'approche*, Gallimard, 1972.

Claude Simon (né en 1913)

Avec Claude Simon (prix Nobel 1985), la désarticulation du récit classique atteint un point extrême. Si ses premières tentatives littéraires (*Le Tricheur,* 1946, *Gulliver,* 1952, *Le Sacre du printemps,* 1954) conservent encore une part de narration, les romans qui leur succèdent depuis *Le Vent* (1957) entraînent le lecteur dans le flot intarissable d'un texte compact : des pages et des pages se succèdent le plus souvent sans qu'un découpage en chapitres ou en paragraphes y ménage la moindre pause. *La Route des Flandres* (1960) est de ce point de vue exemplaire. Une longue phrase se déroule, bifurquant et rebondissant sans cesse, sans qu'on sache clairement qui en est l'énonciateur•, des voix se croisent : s'agit-il d'un récit ? d'un monologue intérieur ? qui raconte ? à quel moment ? Le texte brouille systématiquement les catégories traditionnelles d'analyse du récit. De façon significative, les modes personnels du verbe sont souvent remplacés par le participe présent, qui permet d'esquiver à la fois la question du temps et celle de la personne, et, refusant tout déroulement d'une histoire, installe le texte dans **un présent obsessionnel.**

Cette obsession, c'est celle de scènes que la mémoire revit sans cesse de façon hallucinatoire et se « rejoue » avec des variantes, cherchant désespérément à en comprendre le sens, à rétablir une inaccessible vérité des faits. La phrase n'en finit pas de suivre les méandres de la conscience, rebondissant dans une direction nouvelle autour de ces carrefours du sens qu'instaure la polysémie• d'un mot ou l'approximation d'une paronomase•.

Si l'histoire se disloque, L'Histoire – au contraire de ce qui se passe souvent dans le nouveau roman – n'est pas absente chez Cl. Simon. Certaines périodes clés reviennent de façon récurrente• : la guerre d'Espagne (*Le Palace,* 1962), la débâcle de 1940 *(La Route des Flandres),* des souvenirs des guerres de la Révolution et de l'Empire, le tout se mêlant à l'occasion (*Les Géorgiques,* 1981) : images d'un monde qui répond aux angoisses de la conscience par les signes de la mort.

Le lecteur, face à cette débâcle du texte, doit chercher les éléments de structure ailleurs que dans l'enchaînement d'une histoire. Ce sont les effets de répétition et de symétrie des scènes et des thèmes, les effets complexes d'une composition de type poétique, qui permettent à **une organisation esthétique du texte** de se substituer à la logique défaillante d'un récit (cf. documents).

EXTRAITS

La Route des Flandres : *le lieu où, pendant la débâcle de 1940, meurt (se suicide, trompé par sa femme Corinne ?) le capitaine de Reixach, mort qui fait écho au suicide d'un de ses ancêtres, représenté par un tableau dont le souvenir fascine Georges, un de ses cousins, pris dans la déroute du même régiment. Dans la mémoire de celui-ci se bousculent, également présentes, se mêlent des images de ces morts énigmatiques, de cette déroute, du train qui l'emmène au camp de prisonniers... Glissements d'un personnage à l'autre, d'un temps et d'un lieu à un autre, vaine tentative d'enquête auprès de Corinne, il est impossible de savoir ce que signifie cette mort : « l'ai-je vraiment vu ou cru le voir ou tout simplement imaginé après coup ou encore rêvé... »*

... et ce dut être par là que je le vis pour la première fois, un peu avant ou après l'endroit où nous nous sommes arrêtés pour boire, le découvrant, le fixant à travers cette sorte de demi-sommeil, cette sorte de vase marron dans laquelle j'étais pour ainsi dire englué, et peut-être parce que nous dûmes faire un détour pour l'éviter, et plutôt le devinant que le voyant : c'est-à-dire (comme tout ce qui jalonnait le bord de la route : les camions, les voitures, les valises, les cadavres) quelque chose d'insolite, d'irréel, d'hybride, en ce sens que ce qui avait été un cheval (c'est-à-dire ce qu'on savait, ce qu'on pouvait reconnaître, identifier comme ayant été un cheval) n'était plus à présent qu'un vague tas de membres, de corne, de cuir et de poils collés, aux trois quarts recouvert de boue – Georges se demandant sans exactement se le demander, c'est-à-dire constatant avec cette sorte d'étonnement paisible ou plutôt émoussé, usé et même presque complètement atrophié par ces dix jours au cours desquels il avait peu à peu cessé de s'étonner, abandonné une fois pour toutes cette position de l'esprit qui consiste à chercher une cause ou une explication logique à ce que l'on voit ou ce qui vous arrive : donc ne se demandant pas comment, constatant seulement que quoiqu'il n'eût pas plu depuis longtemps – du moins à sa connaissance – le cheval ou plutôt ce qui avait été un cheval était presque entièrement recouvert – comme si on l'avait trempé dans un bol de café au lait, puis retiré – d'une boue liquide et gris-beige, déjà à moitié absorbé semblait-il par la terre, comme si celle-ci avait déjà sournoisement commencé à reprendre possession de ce qui était issu d'elle, n'avait vécu que par sa permission et son intermédiaire (c'est-à-dire l'herbe et l'avoine dont le cheval s'était nourri) et était destiné à y retourner, s'y dissoudre de nouveau, le recouvrant donc, l'enveloppant (à la façon de ces reptiles qui commencent par enduire leurs proies de bave ou de suc gastrique avant de les absorber) de cette boue liquide sécrétée par elle et qui semblait être déjà comme un sceau, une marque distinctive certifiant l'appartenance, avant de l'engloutir lentement et définitivement dans son

Sans cesse le narrateur, errant dans la forêt des images, repasse par des points fixes obsédants, par exemple la vision d'un cheval mort au bord de la route : boucles textuelles qui, selon Cl. Simon, dessinent l'image d'un trèfle.

(N. B. : Découper un passage du texte est bien sûr encore plus arbitraire ici que dans tout autre roman...)

sein en faisant sans doute entendre comme un bruit de succion : pourtant (quoiqu'il semblât avoir été là depuis toujours, comme un de ces animaux ou végétaux fossilisés retournés au règne minéral, avec ses deux pattes de devant repliées dans une posture fœtale d'agenouillement et de prière à la façon des membres antérieurs d'une mante religieuse, son cou raide, sa tête raide et renversée dont la mâchoire ouverte laissait voir la tache violette du palais) il n'y avait pas longtemps qu'il avait été tué – peut-être seulement lors du dernier passage des avions ? – car le sang était encore frais : une large tache rouge clair et grumeleuse, brillante comme un vernis, s'étalant sur ou plutôt hors de la croûte de boue et de poils collés comme s'il sourdait non d'un animal, d'une simple bête abattue, mais d'une inexpiable et sacrilège blessure faite par les hommes (à la façon dont, dans les légendes, l'eau ou le vin jaillissent de la roche ou d'une montagne frappée d'un bâton) au flanc argileux de la terre ; Georges le regardant tandis qu'il faisait machinalement décrire à sa monture un large demi-cercle pour le contourner (le cheval obéissant docilement sans faire d'écart ni presser le pas ni obliger son cavalier à le tenir serré pour le maîtriser, Georges pensant à l'agitation, l'espèce de mystérieuse frayeur qui s'emparait des chevaux lorsque, partant pour l'exercice, il leur arrivait de longer, au bout du champ de manœuvres, le mur de l'entreprise d'équarrissage, et alors les hennissements, les tintements des gourmettes, les jurons des hommes cramponnés aux rênes, pensant : « Et là-bas c'était seulement l'odeur. Mais maintenant même la vue d'un de leurs pareils mort ne leur fait plus rien, et sans doute marcheraient-ils même dessus, rien que parce que ça leur ferait trois pas de moins », pensant encore : « Et moi aussi d'ailleurs... » Il le vit lentement pivoter au-dessous de lui, comme s'il avait été posé sur un plateau tournant (d'abord au premier plan, la tête renversée, présentant sa face inférieure, fixe, le cou raide, puis insensiblement, les pattes repliées s'interposant, masquant la tête, puis le flanc maintenant au premier plan, la blessure, puis les membres postérieurs en extension, collés l'un à l'autre comme si on les avait ligotés, la tête réapparaissant alors, tout là-bas derrière, dessinée en perspective fuyante, les contours se modifiant d'une façon continue, c'est-à-dire cette espèce de destruction et de reconstruction simultanées des lignes et des volumes (les saillies s'affaissant par degrés tandis que d'autres reliefs semblent se soulever, se profilent, puis s'affaissent et disparaissent à leur tour) au fur et à mesure que l'angle de vue se déplace, en même temps que semblait bouger tout autour l'espèce de constellation – et d'abord il ne vit que de vagues taches – constituée d'objets de toutes sortes (selon l'angle aussi les distances entre eux diminuant ou s'élargissant) éparpillés en désordre autour du cheval (sans doute le chargement de la charrette qu'il avait traînée mais on ne voyait pas de charrette : peut-être les gens s'y étaient-ils attelés eux-mêmes et avaient-ils continué ainsi ?), Georges se demandant comment la guerre répandait (puis il vit la valise éventrée, laissant échapper comme des tripes, des intestins d'étoffe) cette invraisemblable quantité de linges, le plus souvent noirs et blancs (il y en avait pourtant un d'un rose passé, projeté sur ou accroché par la haie d'aubépines, comme si on l'avait mis là à sécher), comme si ce que les gens estimaient le plus précieux c'étaient des chiffons, des loques, des draps déchirés ou tordus, dispersés, étirés, comme des bandes, de la charpie, sur la face verdoyante de la terre...

Claude Simon, *La Route des Flandres*, Éditions de Minuit, 1960.

« Cette espèce de destruction et de reconstruction simultanées des lignes et des volumes »...

Le rythme de la phrase, les tirets, les parenthèses, le participe présent, les interrogations suspendent le sens et l'empêchent de se figer. La vision essaie de nouvelles perspectives, pivote autour de l'objet (ici le cheval mort, image obsédante qu'on retrouve dans bien d'autres passages). Mais en même temps le texte trouve sa cohérence autour des images de mort et de guerre évoquées dans toute leur force expressive.

document

Cl. Simon et la construction romanesque :

Ce que je voulais seulement dire, c'est que pas plus un ordre prétendument chronologique qu'une prétendue justesse d'observation et de peinture des caractères ou des mœurs ne peuvent, à aucun titre, constituer un modèle, ne garantissent une quelconque logique faute de quoi il y aurait, dans un texte, discontinuité, et par conséquent ne sauraient servir de référence pour juger de la bonne qualité ou de la bonne construction (c'est d'ailleurs la même chose) d'un roman.

Est-ce qu'il n'est donc pas permis de se demander non seulement si, de même qu'indépendamment des choses représentées (nature morte, paysage, nu) il existe une logique de la peinture en soi, il n'existerait pas aussi une certaine logique interne du texte, propre au texte, découlant à la fois de sa musique (rythme, assonances, cadence de la phrase) et de son matériau (vocabulaire, « figures », tropes – car notre langage ne s'est pas formé au hasard), mais encore si cette logique selon laquelle doivent s'articuler ou se combiner les éléments d'une fiction n'est pas, en même temps, fécondante et, par elle-même, engendrante de fiction [...].

Dans *La Route des Flandres,* redoublant la composition en forme de trèfle dont j'ai parlé, s'organise un jeu des éléments autour d'un point central : le roman s'ouvre et se ferme sur la chevauchée mortelle de Reixach sur la route, le centre exact du livre étant occupé par l'épisode de l'anéantissement de l'escadron surpris par une embuscade, épisode lui-même « cadré » par le début et la fin de la course d'obstacles que dispute et perd Reixach (s'anéantissant ainsi, ou se perdant, aux yeux de Corinne). Divers épisodes, différents thèmes (comme celui des paysans du cantonnement) apparaissent et réapparaissent de part et d'autre de l'élément central, l'ensemble se présentant en somme un peu comme ces coupes de terrains au centre desquels se trouve un puits artésien et dont les différentes couches superposées (sableuses, argileuses, etc.) décrivant une courbe sous-jacente, toujours présentes, donc, en profondeur, affleurent à la surface de part et d'autre du puits.

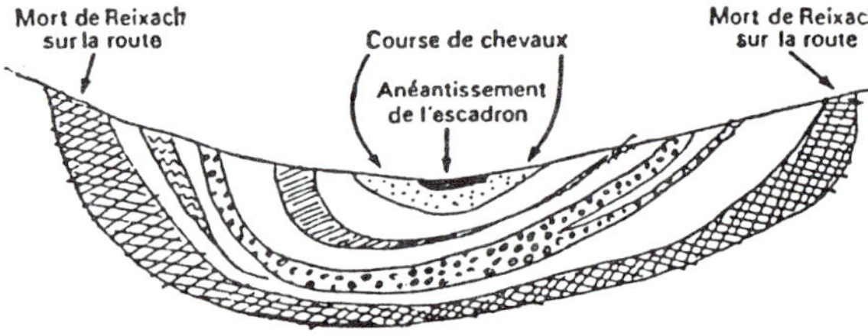

Claude Simon, *La Fiction mot à mot,* Colloque de Cerisy, 1971, U.G.E., 1972.

prolongements

A. Robbe-Grillet, M. Butor, C. Simon : trois aspects du nouveau roman, mais ils n'en couvrent pas tout le domaine. Il faudrait notamment se reporter aussi aux œuvres de R. Pinget (*L'Inquisitoire,* 1962) ou C. Ollier (*La Mise en scène,* 1958, *Le Maintien de l'ordre,* 1961). Il faudrait aussi se souvenir que le public de l'époque a tendu à rattacher au nouveau roman des œuvres plus ou moins proches mais qui, avec le recul du temps, s'inscrivent dans des perspectives légèrement différentes (celles de Beckett, par exemple – cf. p. 425, ou celles de M. Duras – cf. p. 420).

L'influence du nouveau roman, c'est aussi les tentatives de renouvellement qu'il a inspirées à des écrivains déjà consacrés. S. de Beauvoir, dans *Les belles images* (1962) suggère les déchirements d'une conscience en faisant alterner la première personne et la troisième pour désigner l'héroïne du livre. A la même époque, on voit l'œuvre romanesque d'Aragon – déstalinisation aidant – s'émanciper du réalisme socialiste et revendiquer les droits d'un « réalisme expérimental ». Il s'engage alors dans des recherches qui font écho au nouveau roman : éclatement du moi et de l'histoire (lié à une perception plus complexe de l'Histoire ?), jeux de masques et de doubles, dépassement des frontières entre genres (théâtre, roman, poésie), interrogation sur les pouvoirs du langage : *La Mise à mort* (1965), *Blanche ou l'oubli* (1967), *Théâtre/Roman* (1974).

Il y a aussi un « nouveau-nouveau roman », autour notamment de Jean Ricardou, théoricien du mouvement et auteur lui-même de romans (*L'Observatoire de Cannes,* 1961, *La Prise de Constantinople,* 1965). Il insiste sur le renversement qu'a opéré le nouveau roman – remplacer, selon une formule célèbre, « l'écriture d'une aventure par l'aventure d'une écriture ». L'œuvre devient avant tout pour lui exploration des pouvoirs de la textualité et lieu d'une recherche formelle. Les premières œuvres de Philippe Sollers (*Nombres,* 1968) s'inscrivent aussi dans cette perspective. Dès lors la frontière entre réflexion théorique sur la littérature – telle que la mènent par exemple des spécialistes des sciences humaines – et écriture de fiction tend à disparaître : l'une et l'autre s'interrogent également sur l'alchimie du verbe (cf. p. 432). Par-delà le roman, c'est donc sur le pouvoir du texte en général – et sur les rapports du texte avec le pouvoir – que s'interrogera le groupe que ces écrivains animent autour de la revue *Tel Quel* (1960-1982).

Faisons le point

Fiche n° 3
précédente : p. 393
suivante : p. 431

Méthodes critiques : Lucien Goldmann

Lucien Goldmann utilise le terme de structuralisme génétique pour désigner sa méthode d'analyse des textes littéraires ; il l'a notamment appliquée à Pascal et Racine (cf. *Le XVIIe siècle*, p. 278), à Malraux (cf. p. 332) et au nouveau roman.

1. Philosophe marxiste inspiré par Lukacs, il a une conception évolutive de l'histoire (c'est aussi le cas des nouveaux romanciers). Les véritables acteurs de cette évolution de l'histoire ne sont pas les individus mais les groupes sociaux, essentiellement, dans les sociétés européennes modernes, les classes sociales au sens marxiste du terme. Ces groupes sociaux tendent à élaborer des **visions du monde,** c'est-à-dire un ensemble de structures mentales qui sont une réponse aux problèmes que leur posent le monde et la société. Les classes sociales sont les groupes dont la conscience tend vers une vision globale de l'homme : cette vision leur permet de penser le monde et d'agir pour le transformer.

2. Les œuvres culturelles présentent un univers imaginaire qui a des **structures significatives.** Plus ces structures sont homologues aux structures mentales d'un groupe social, plus elles en expriment avec cohérence la vision du monde, plus l'œuvre est importante : « Le grand écrivain est l'individu exceptionnel qui réussit à créer dans un certain domaine, celui de l'œuvre littéraire (ou picturale, conceptuelle, musicale, etc.), un univers imaginaire, cohérent ou presque rigoureusement cohérent, dont la structure correspond à celle vers laquelle tend l'ensemble du groupe. » *(Pour une sociologie du roman).* En ce sens c'est le groupe en question qui est « en dernière instance, le sujet de la création » ; c'est par rapport à lui que l'œuvre prend sens. Le rôle du critique est donc de rechercher les homologies entre les structures de l'œuvre et les structures mentales du groupe. C'est ce que fait Goldmann en rapprochant les modifications que le nouveau roman introduit dans la technique romanesque et un stade du développement capitaliste (cf. p. 400).

3. L'importance de cette méthode tient à ce qu'elle recherche des liens entre l'œuvre et le groupe non au niveau des contenus de l'œuvre, comme le fait souvent la sociologie classique, mais au niveau de ses structures. Ainsi une œuvre n'est pas révolutionnaire parce qu'elle parle positivement de la révolution, mais parce que ses structures formelles tendent à correspondre à une vision du monde nouvelle. Le philosophe marxiste qu'est Goldmann se démarque donc nettement des théories du réalisme socialiste qui imposait aux écrivains des thèmes considérés comme révolutionnaires, mais proscrivait les recherches formelles, accusées d'être un jeu gratuit et décadent. Loin d'être un simple reflet, l'œuvre, selon Goldmann, permet au groupe de parvenir au **maximum de conscience possible.** Cette démarche est bien structuraliste, puisqu'elle étudie non pas tel ou tel passage de l'œuvre traitant tel ou tel thème, mais la cohérence qui structure globalement l'œuvre. D'autre part, contrairement à la psychanalyse qui cherche des principes d'explication dans le passé individuel, la méthode de Goldmann s'intéresse aux groupes et veut s'inscrire dans la perspective d'un **avenir** : chaque vision du monde est en effet à la fois contestation d'un équilibre ancien et orientation vers un nouvel équilibre.

Lucien Goldmann, *Le Dieu caché*, Gallimard, 1959.

Lucien Goldmann, *Pour une sociologie du roman*, Gallimard, 1964.

Lucien Goldmann, *La création culturelle dans la société moderne*, Denoël, 1971.

Lucien Goldmann, *Structures mentales et création culturelle*, Anthropos, 1970.

Autour du nouveau roman

Psychologies : Nathalie Sarraute, Marguerite Duras

Nathalie Sarraute, Marguerite Duras, deux romancières apparentées au nouveau roman. Les analyses présentées par N. Sarraute dans *L'Ère du soupçon* rejoignent très souvent celles d'A. Robbe-Grillet ou M. Butor (cf. p. 395) et son œuvre, comme celle de M. Duras, opère un décentrement par rapport aux techniques narratives traditionnelles. Toutefois, d'une certaine façon, la création, chez ces deux romancières, continue à reposer sur une visée traditionnelle, d'ordre psychologique : **explorer les rapports entre les êtres.** De là vient également un intérêt commun pour le **dialogue,** transposé à l'occasion sur la scène du théâtre.

Autre point commun, la tentation de l'autobiographie qui s'exprime chez N. Sarraute dans *Enfance* (1983) et chez M. Duras dans des textes au statut ambigu comme *L'Amant* (cf. p. 424). Ces convergences n'excluent pas, bien sûr, d'importantes différences. Notamment, à la continuité de l'œuvre de N. Sarraute, qui s'inscrit tout entière dans la perspective ouverte par *Tropismes* dès 1938, s'oppose le renouvellement de l'œuvre de M. Duras, qui tend à s'organiser en « périodes ». Il reste que leur ambition, plus que de fonder un nouveau roman, paraît être d'explorer **une nouvelle psychologie.**

Pour A. Robbe-Grillet, les transformations du monde et de la société appellent un nouveau réalisme, des formes littéraires nouvelles capables d'en rendre compte. Pour **Nathalie Sarraute** (née en 1900), comme l'a montré L. Goldmann *(Pour une sociologie du roman),* c'est plutôt la façon dont les écrivains analysent la psychologie humaine qui change et s'affine. N. Sarraute s'inscrit d'ailleurs explicitement dans la lignée de prédécesseurs illustres, comme Dostoïevski, Proust, Joyce, V. Woolf, Kafka. Poursuivant leurs recherches, elle a l'ambition de parvenir à un nouveau stade. Pour rendre compte de toute la complexité de la vie psychologique, il faut renoncer à étudier des caractères, à construire des personnages, et concentrer l'attention sur **l'élément psychologique lui-même** : « Par une évolution analogue à celle de la peinture – bien qu'infiniment plus timide et plus lente, coupée de longs arrêts et de reculs – l'élément psychologique, comme l'élément pictural, se libère insensiblement de l'objet avec lequel il faisait corps. Il tend à se suffire à lui-même et à se passer le plus possible de support ». (*L'Ère du soupçon,* cf. p. 394).

Renonçant à l'extériorité du romancier traditionnel, il faut donc pénétrer dans les consciences, serrer au plus près ce fourmillement intime où un « je » sans cesse est affronté au regard des autres. Derrière les apparences des mots se joue en permanence ce que N. Sarraute, s'inspirant de la romancière anglaise Ivy Compton-Burnett, nomme **sous-conversation** : une empoignade incessante, faite d'intonations, d'ambiguïtés, de sens esquissés plutôt que dits, que le dialogue classique – avec ses tirets, ses guillemets – est impuissant à rendre. Sollicitant toute l'attention du lecteur, le texte va donc le plonger au cœur même de ces drames intimes et apparemment infimes. N. Sarraute nomme **tropismes** ces « mouvements indéfinissables, qui glissent très rapidement aux limites de notre conscience ; ils sont à l'origine de nos gestes, de nos paroles, des sentiments que nous manifestons, que nous croyons éprouver et qu'il est possible de définir » et elle ajoute : « Ils me paraissaient et me paraissent encore constituer la source secrète de notre existence. » (*L'Ère du soupçon.*) Comment en rendre compte ? En les décomposant comme un film au ralenti, en trouvant des images qui permettent de les suggérer. C'est ce qu'elle a tenté de faire dans *Tropismes* (1938), recueil de textes brefs où apparaissent des « ils » ou des « elles », en deçà de toute trame narrative. Plus récemment, *L'Usage de la parole* (1980) explore tout ce qui peut se jouer sous des expressions apparemment banales : « mon petit », « ne me parlez pas de ça »...

EXTRAIT

Elles baragouinaient des choses à demi exprimées, le regard perdu et comme suivant intérieurement un sentiment subtil et délicat qu'elles semblaient ne pouvoir traduire.

Il les pressait : « Et pourquoi ? et pourquoi ? Pourquoi suis-je donc un égoïste ? Pourquoi un misanthrope ? Pourquoi cela ? Dites, dites ? »

Au fond d'elles-mêmes, elles le savaient, elles jouaient un jeu, elles se pliaient à quelque chose. Il leur semblait parfois qu'elles ne cessaient de regarder en lui une baguette qu'il maniait tout le temps comme pour les diriger, qu'il agitait doucement pour les faire obéir, comme un maître de ballet. Là, là, là, elles dansaient, tournaient et pivotaient, donnaient un peu d'esprit, un peu d'intelligence, mais comme sans y toucher, mais sans jamais passer sur le plan interdit qui pourrait lui déplaire.

« Et pourquoi ? Et pourquoi ? Et pourquoi ? » Allez donc ! En avant ! Ah non, ce n'est pas cela ! En arrière ! En arrière ! Mais oui, le ton enjoué, oui, encore, doucement, sur la pointe des pieds, la plaisanterie et l'ironie. Oui, oui, on peut essayer, cela prend. Et l'air naïf maintenant pour oser dire des vérités qui pourraient sembler dures, pour s'occuper de lui, car il adorait cela, le taquiner, il adorait ce jeu. Là, attention, doucement, doucement, cela devient dangereux, mais on peut l'essayer, il peut le trouver piquant, amusant, aguichant. Maintenant c'est une histoire, c'est l'histoire d'un scandale, de la vie intime entre gens qu'il connaît, chez qui il est reçu et qui l'estiment. Cela va l'intéresser, d'habitude il aime cela... Mais non ! ah ! c'était fou, cela ne l'intéresse pas ou cela lui a déplu : il se renfrogne tout à coup, comme il fait peur, il va les rabrouer d'un air furieux, grognon, il va leur dire quelque chose d'avilissant, les rendre (elles ne savent comment) conscientes de leur bassesse, sinon maintenant, du moins à la moindre occasion, sans qu'on puisse lui répondre, de sa manière détournée, si mauvaise.

Quel épuisement, mon Dieu ! Quel épuisement que cette dépense, ce sautillement perpétuel devant lui : en arrière, en avant, en avant, en avant, et en arrière encore, maintenant mouvement tournant autour de lui, et puis encore sur la pointe des pieds, sans le quitter des yeux, et de côté et en avant et en arrière, pour lui procurer cette jouissance.

Nathalie Sarraute, *Tropismes*, Éditions de Minuit, 1938 et 1957.

« ce sautillement perpétuel... »

En deçà de l'intrigue et des personnages, le face-à-face d'un « il », de « elles », de « gens » anonymes. Du coup ce sont les relations qui passent au-devant de la scène : jeu ? affrontement feutré ? Rapports de force en tout cas, à tous les niveaux. On étudiera les procédés (images, effets de rythme...) qui en font un ballet ambigu.

Les romans s'inscrivent dans la même perspective. Certes on y voit peu à peu se dessiner les grandes lignes d'une intrigue et se constituer des « personnages » : Martereau est-il honnête et rendra-t-il la maison achetée avec l'argent qu'on lui a prêté (*Martereau*, 1953) ? Gisèle et Alain Guimier échangeront-ils leur appartement contre celui de leur tante (*Le Planétarium*, 1959) ? Mais ni l'intrigue ni les personnages n'accèdent jamais à une existence objective, puisque ce qui est en jeu, c'est précisément la façon de se représenter les faits. Des points de vue et des voix s'affrontent, le texte reprend un même épisode vu à travers des consciences différentes, **la vérité se dérobe sans cesse.** Chacun fait de vains efforts pour construire une image de soi-même, conscient en même temps que les autres ont une image différente : tout se brouille et même les personnages apparemment les plus sûrs d'eux, les plus massifs (Martereau, Germaine Lemaire ou Adrien Lebat dans *Le Planétarium*) finissent par se dissoudre. Aucune authenticité n'est accessible : jeu sans fin qui suscite **l'angoisse,** tourbillon où chacun cherche à se définir par rapport à d'autres qui sont eux-mêmes en mouvement (d'où l'image du planétarium). Pour rendre cette fluidité sans cesse agitée de la conscience, le langage ne doit jamais se figer : phrases sinueuses et souples qui souvent restent ouvertes sur des points de suspension, répétitions, interférences des voix, au lecteur de suivre ce **mouvement permanent.** Par rapport au roman traditionnel, le texte s'installe ailleurs, « dans le flot de ces drames souterrains que Proust n'a eu le temps que de survoler » (*L'Ère du soupçon*).

EXTRAIT

Le deuxième chapitre du Planétarium *: des voix se croisent, encore difficilement identifiables par le lecteur :*

« Oh, il faut qu'il vous raconte ça, c'est trop drôle... Elles sont impayables, les histoires de sa tante... La dernière vaut son poids d'or... Si, racontez-leur, c'est la meilleure, celle des poignées de porte, quand elle a fait pleurer son décorateur... vous racontez si bien... Vous m'avez tant fait rire, l'autre jour... Si... racontez... »

Cette façon brutale qu'elle a de vous saisir par la peau du cou et de vous jeter là, au milieu de la piste, en spectacle aux gens... Ce manque de délicatesse chez elle, cette insensibilité... Mais c'est sa faute, à lui aussi, il le sait. C'est toujours ce besoin qu'il a de se faire approuver, cajoler... Que ne leur donnerait-il pas pour qu'ils s'amusent un peu, pour qu'ils soient contents, pour qu'ils lui soient reconnaissants... Ses propres père et mère, il les leur livrerait... Mais lui-même, combien de fois il s'est exhibé, s'est décrit dans des poses ridicules, dans des situations grotesques... accumulant les détails honteux pour les faire rire un peu, pour rire un peu avec eux, tout heureux de se sentir parmi eux, proche d'eux, à l'écart de lui-même et tout collé à eux, adhérant à eux si étroitement, si fondu avec eux qu'il se regardait lui-même avec leurs yeux... C'est lui, cette fois encore, qui est venu, de lui-même, offrir... il ne peut y résister... « Oh, écoutez, il faut que je vous raconte, c'est à mourir de rire... ma tante, quel numéro, ah ! quelle famille, vous pouvez le dire... On est vraiment tous un peu cinglés... » C'est un peu tard maintenant pour se rebiffer, pour faire les dégoûtés, comme on fait son lit on se couche... ils sont là tous en cercle, ils attendent, on compte sur son numéro. Il voit déjà dans leurs yeux cette petite lueur excitée, il sent qu'ils font d'à peine perceptibles mouvements en eux-mêmes pour faire place nette, pour se disposer plus confortablement.

Mais quel air renfrogné tout à coup, quelle moue dégoûtée... Quelle mouche le pique ?... Ce petit ton sec qu'il prend pour refuser, ce regard moqueur... Il est plus accommodant d'ordinaire, moins timoré... Mais on ne sait jamais avec lui... Il suffit qu'il sente qu'elle en a très envie... Ou bien c'est un manque subit de confiance en soi, un accès de sauvagerie, de paresse... Que les gens sont donc compliqués, difficiles, elle ne comprend pas ça... il a besoin d'être secoué... « Allons, ne soyez pas ridicule, ne vous faites pas prier... Vous nous faites languir... allons, soyez gentil... racontez... »

Qu'elle laisse donc ce garçon tranquille. Il a raison, ce petit... C'est inouï, cette insensibilité, cette grossièreté... depuis trente-cinq ans qu'ils sont mariés, elle le fait rougir comme au premier jour quand elle fonce à l'aveugle, tête baissée, tarabuste les gens, piétine lourdement, met les pieds dans tous les plats, fait toutes les gaffes... Maintenant il n'y a rien à faire, elle ne lâchera pas ce pauvre garçon. Elle voit bien qu'il rechigne, qu'elle le blesse, ou qu'il est mal luné, mais elle s'en moque... C'est sa façon de se payer la tête des gens, de prendre sur eux Dieu sait quelle revanche... Elle est plus lucide qu'elle ne paraît, elle sait très bien ce qu'elle fait... Ou bien elle n'en sait rien, mais cela l'amuse, voilà tout : je fais ce qu'il me plaît, c'est mon bon plaisir, qu'est-ce que c'est que ces délicatesses, ces complications ? Peu lui importe... Maintenant elle a décidé que c'est le moment de leur servir ces racontars idiots... des ragots... aucun intérêt, pas un mot de vrai dans tout ça, comme toujours... Le petit ne se laisse que trop faire d'habitude... C'est écœurant de le voir se pavaner devant des imbéciles, chercher à se faire admirer, s'exciter sur des histoires de bonnes femmes... pour une fois qu'il réagit comme il faut, qu'il tient bon... « Mais laisse-le donc tranquille, voyons, tu vois bien que ça l'ennuie. Et puis, quel intérêt ça présente, ces histoires ? C'est une vieille maniaque, voilà tout. »

C'est cela, il le sent maintenant, qui le paralyse, l'empêche de se lancer, cette masse lourde près de lui, une énorme poche enflée, tendue à craquer, qui pèse sur lui, qui appuie... S'il bouge, elle va crever, s'ouvrir... des racontars idiots, des cancans, des mensonges... des papotages grossiers... des bonnes femmes... et lui, la pire, paradant, voulant briller, une vraie petite putain... on s'avilit à leur contact, ils vous donnent l'impression de manger du foin... ça va déferler sur lui, l'étouffer, lui emplir la bouche, le nez, d'un liquide âcre, brûlant, nauséabond...

Mais elle n'a pas peur. Oh non, elle n'a pas peur de ses explosions de fureur, de mépris, il ne réussira jamais à la brimer... voilà trente-cinq ans qu'il essaie. Dès qu'elle ouvre la bouche, elle sent comme il tremble... que vont-ils penser ? est-ce bête ? n'est-ce pas un peu vulgaire ? immoral ? grossier ? quelqu'un n'a-t-il pas été froissé ?... il la rabroue aussitôt, l'écrase. Au début, quand elle était jeune, elle en devenait toute timide, ça lui donnait des complexes... Heureusement qu'elle est d'attaque, elle a tenu le coup, il a eu affaire à forte partie... Il peut trembler tant qu'il voudra il ne l'empêchera pas de faire ce qu'il lui plaît, de mener la conversation comme elle l'entend. Elle se moque de ce que pensent les gens, elle n'a pas besoin d'être aimée, elle, elle n'a pas peur de froisser leur susceptibilité. S'ils sont écorchés vifs, tant pis pour eux. D'ailleurs, c'est des idées qu'il se fait, tout ça, des manies, elle ne vexe jamais personne... C'est de danser ainsi sur la pointe des pieds devant les gens qui les rend sensibles, méfiants... il faut les prendre simplement, ils vous en savent gré... Ils l'aiment bien, elle le sait, ils lui pardonnent tout... quelques incartades... Ils savent qu'elle est sans malice, franche comme l'or, bonne comme le pain... Avec lui... mais si elle se laissait faire, on mourrait d'ennui. Jamais rien d'excitant, toujours des sujets sérieux, les finances, la politique... Et surtout, il faut que ce soit lui la vedette, qu'il parle, qu'il fasse la roue, sinon il n'écoute pas, tout le dégoûte, les gens sont stupides, assommants... Elle ne le laissera pas maintenant brimer ce petit... Personne n'a jamais le droit de dire un mot. Il n'y en a que pour lui... « Oh, je t'en prie, laisse-nous rire un peu, on ne peut pas toujours être sérieux... Quand tu es là, personne n'ose parler, tout t'ennuie, il n'y en a que pour toi... »

Nathalie Sarraute, *Le Planétarium*, Gallimard, 1959.

Les jeux du cirque

Le texte passe successivement d'une conscience à l'autre. On retrouve sans cesse l'obsession du regard des autres, qui suscite un sempiternel jeu de masques : l'auteur n'intervient jamais pour cautionner une « vérité ». On étudiera le rôle de la ponctuation, notamment des points de suspension. Le texte propose à nouveau l'image du ballet, mais aussi, plus violente et inquiétante, celle du cirque : au mileu de la piste, on peut devenir vedette ou victime sacrifiée...

documents

Le meilleur de Nathalie Sarraute, c'est son style trébuchant, tâtonnant, si honnête, si plein de repentir, qui approche de l'objet avec des précautions pieuses, s'en écarte soudain par une sorte de pudeur ou par timidité devant la complexité des choses et qui, en fin de compte, nous livre brusquement le monstre tout baveux, mais presque sans y toucher, par la vertu magique d'une image. Est-ce de la psychologie ? Peut-être Nathalie Sarraute, grande admiratrice de Dostoïevsky, voudrait-elle nous le faire croire. Pour moi, je pense qu'en laissant deviner une authenticité insaisissable, en montrant ce va-et-vient incessant du particulier au général, en s'attachant à peindre le monde rassurant et désolé de l'inauthentique, elle a mis au point une technique qui permet d'atteindre, par-delà le psychologique, la réalité humaine, dans son *existence* même.

Jean-Paul Sartre, Préface à *Portrait d'un inconnu*, de Nathalie Sarraute, Gallimard, 1957, dans *Situations* IV.

J'ai commencé à écrire *Tropismes* en 1932. Les textes qui composaient ce premier ouvrage étaient l'expression spontanée d'impressions très vives, et leur forme était aussi spontanée et naturelle que les impressions auxquelles elle donnait vie.

Je me suis aperçue en travaillant que ces impressions étaient produites par certains mouvements, certaines actions intérieures sur lesquelles mon attention s'était fixée depuis longtemps. En fait, me semble-t-il, depuis mon enfance.

Ce sont des mouvements indéfinissables, qui glissent très rapidement aux limites de notre conscience; ils sont à l'origine de nos gestes, de nos paroles, des sentiments que nous manifestons, que nous croyons éprouver et qu'il est possible de définir. Ils me paraissaient et me paraissent encore constituer la source secrète de notre existence.

Comme, tandis que nous accomplissons ces mouvements, aucun mot – pas même les mots du monologue intérieur – ne les exprime, car ils se développent en nous et s'évanouissent avec une rapidité extrême, sans que nous percevions clairement ce qu'ils sont, produisant en nous des sensations souvent très intenses, mais brèves, il n'était possible de les communiquer au lecteur que par des images qui en donnent des équivalents et lui fassent éprouver des sensations analogues. Il fallait aussi décomposer ces mouvements et les faire se déployer dans la conscience du lecteur à la manière d'un film au ralenti. Le temps n'était plus celui de la vie réelle, mais celui d'un présent démesurément agrandi.

Leur déploiement constitue de véritables drames qui se dissimulent derrière les conversations les plus banales, les gestes les plus quotidiens. Ils débouchent à tout moment sur ces apparences qui à la fois les masquent et les révèlent.

Nathalie Sarraute, préface à *L'Ère du soupçon*, Gallimard, 1956.

On peut aborder l'œuvre de **Marguerite Duras** (née en 1914) dans une perspective diachronique• et mettre en évidence des « périodes ». Les premiers romans, jusqu'à des ouvrages comme *Un barrage contre le Pacifique* (1950) ou *Le Marin de Gibraltar* (1952) conservent pour l'essentiel le cadre romanesque traditionnel : c'est à travers un récit que se font jour des thèmes très durassiens déjà : l'Indochine, l'amour. De 1953 à 1962 la technique de M. Duras rompt complètement avec ce moule classique : c'est alors qu'elle est le plus proche du nouveau roman. Ces tendances s'affirment de façon encore plus radicale dans les œuvres qui s'organisent autour du personnage de Lol. V. Stein, en même temps que M. Duras, comme A. Robbe-Grillet, élargit son activité au cinéma (*Le Ravissement de Lol V. Stein*, 1964). Les événements de 1968 lui inspirent d'autre part des œuvres à tonalité plus sociale et politique, tandis que plusieurs des œuvres récentes sont marquées par la tentation de l'autobiographie. Mais d'une période à l'autre, d'une œuvre à l'autre, se tisse un jeu de renvois et d'échos, d'autocitations, qui assurent **l'unité d'une voix** immédiatement reconnaissable.

Les premiers livres de M. Duras racontent une histoire, situent des personnages, abordent des thèmes sociaux ou psychologiques, et reprennent – même si c'est parfois avec certaines libertés – bien des ingrédients du romanesque traditionnel : par exemple la quête à laquelle se livre l'héroïne du *Marin de Gilbraltar*, parcourant les mers à la recherche d'un homme aimé autrefois. Mais avec *Les Petits Chevaux de Tarquinia* (1953), le ton change et désormais s'affirme une originalité qui remet en cause la conception classique du roman.

Les éléments d'intrigue vont dès lors se voir rejetés en dehors du récit ; celui-ci est systématiquement décentré par rapport à une éventuelle action. Les « événements » (la mort accidentelle d'un jeune homme dans *Les Petits Chevaux de Tarquinia*, des crimes passionnels dans *Moderato Cantabile*, 1958, ou dans *Dix heures et demie du soir en été*, 1960) sont exclus du champ de la narration : ils ont eu lieu **avant** ou se déroulent **ailleurs**, dans les marges du récit auquel ils servent de contrepoint.

Cette élimination de l'anecdotique laisse le champ libre au psychologique. Le récit se nourrit désormais des sentiments des personnages, attentifs à ce qui se passe en eux et entre eux.

Libéré de la trame événementielle, le livre tend alors à s'organiser autour d'images qui reviennent en **leitmotiv** comme la sonatine de Diabelli dans *Moderato cantabile*. L'écriture parallèlement devient plus allusive, fait une large part à la suggestion et à l'implicite. Les dialogues prennent de plus en plus d'importance : exemplaire est le cas de *Moderato cantabile* où l'essentiel du livre est fait des dialogues, jour après jour, d'Anne Desbaresdes et de Chauvin. Dialogues où les personnages se cherchent, où les silences et les regards comptent autant que les mots : on est proche de la sous-conversation de N. Sarraute.

Dès lors le passage au théâtre est facile : *Le Square*, récit construit en 1955 autour de la rencontre de deux personnages, devient ensuite, à peine modifié, une pièce de théâtre. Ainsi s'affirme une caractéristique essentielle des textes de M. Duras : par-delà les distinctions classiques de genres, ils peuvent indifféremment devenir **récits, pièces de théâtre, scénarios de films.** *India Song* (1973) est sous-titré : « texte-théâtre-film » et bien des titres de M. Duras correspondent à la fois à un film et à un texte publié.

document

Ce que M. Blanchot écrit sur le dialogue du Square *peut s'appliquer à bien d'autres dialogues de M. Duras :*

Deux voix presque abstraites dans un lieu presque abstrait. C'est cela qui nous atteint d'abord, cette sorte d'abstraction : comme si ces deux êtres qui lient conversation dans un square – elle a vingt ans, elle est domestique; lui, plus âgé, va de marché en marché vendre des choses de peu de valeur –, n'avaient plus d'autre réalité que leur seule voix et épuisaient dans cette conversation fortuite ce qui reste de chance et de vérité, ou plus simplement de parole, à un homme vivant. Il faut qu'ils parlent, et ces paroles précautionneuses, presque cérémonieuses, sont terribles à cause de la retenue qui n'est pas seulement la politesse des existences simples, mais est faite de leur extrême vulnérabilité. La crainte de blesser et la peur d'être blessé sont dans les paroles mêmes. Elles se touchent, elles se retirent au moindre contact un peu vif; elles sont encore vivantes assurément. [...] Là, dans le monde simple du besoin et de la nécessité, les paroles sont vouées à l'essentiel, attirées uniquement par l'essentiel, et monotones, par conséquent, mais aussi trop attentives à ce qu'il faut en dire pour ne pas éviter les formulations brutales qui mettraient fin à tout. [...]

Cependant, ils parlent : ils se parlent, mais sans être d'accord. Ils ne se comprennent pas tout à fait, ils n'ont pas entre eux l'espace commun où se réalise la compréhension, et tous leurs rapports ne reposent que sur le sentiment si intense et si simple d'être *également* l'un et l'autre en dehors du cercle commun des rapports. Cela est beaucoup. Cela crée une proximité instantanée et une sorte de complète entente sans entente où chacun prête à l'autre d'autant plus d'attention et s'exprime avec d'autant plus de scrupules et de patiente vérité que les choses à dire ne peuvent être dites qu'une fois et ne peuvent non plus aller sans dire, car elles ne sauraient bénéficier de la compréhension facile dont nous jouissons dans le monde commun, ce monde où ne s'offrent à nous que bien rarement la chance et la douleur d'un dialogue véritable.

Maurice Blanchot, *Le Livre à venir*, Gallimard, 1959.

EXTRAIT

Le dialogue chez M. Duras : une recherche, hantée par le passé.

Dans Hiroshima mon amour *(1960), c'est le souvenir tragique d'un soldat allemand aimé à Nevers, pendant la guerre, que revit la jeune femme (« elle ») auprès de son amant japonais, rencontré longtemps après à Hiroshima où elle est venue tourner un film.*

On retrouve une fois de plus l'influence essentielle d'Alain Resnais (cf. p. 401) : une collaboration exemplaire avec M. Duras, comme avec A. Robbe-Grillet ; pour les deux romanciers, le début d'une démarche qui fera d'eux, à leur tour, des réalisateurs de films.

À Hiroshima. [Ils sont ensemble, nus, dans un lit.] La lumière est déjà modifiée. C'est après l'amour. Du temps a passé.

LUI. – Il était français, l'homme que tu as aimé pendant la guerre ?

À Nevers. Un Allemand traverse une place, au crépuscule.

ELLE. – Non... il n'était pas français.

À Hiroshima. Elle est étalée sur le lit comblée de fatigue et d'amour. Le jour a encore baissé sur leurs corps.

ELLE. – Oui, c'était à Nevers.

À Nevers. Images d'un amour à Nevers. Courses à bicyclette. La forêt. Les ruines, etc.

ELLE. – On s'est d'abord rencontré dans des granges. Puis dans des ruines. Et puis dans des chambres. Comme partout.

À Hiroshima. Dans la chambre, la lumière a encore baissé. On les retrouve dans une pose d'enlacement presque calme.

ELLE. – Et puis, il est mort.

À Nevers. Images de Nevers. Des rivières. Des quais. *Des peupliers dans du vent, etc.*

Le quai désert.

Le jardin.

À Hiroshima, maintenant. Et on les retrouve [presque dans la pénombre].

ELLE. – Moi dix-huit ans et lui vingt-trois ans.

À Nevers. Dans une cabane, la nuit, le « mariage » de Nevers.

(Sur les images de Nevers, on la fait seulement répondre. Les questions que lui, lui pose, sont « entendues », « vont de soi ».)

Toujours dans le même enchaînement. Sur Nevers qui consacre la réponse. Puis à la fin, elle dit, calme :

ELLE. – Pourquoi parler de lui plutôt que d'autres ?

LUI. – Pourquoi pas ?

ELLE. – Non. Pourquoi ?

LUI. – À cause de Nevers, je peux seulement commencer à te connaître. Et, entre les milliers et les milliers de choses de ta vie, je choisis Nevers.

ELLE. – Comme autre chose ?

LUI. – Oui.

Est-ce qu'on voit qu'il ment ? On s'en doute. Elle, elle devient presque violente, et, cherchant elle-même ce qu'elle pourrait dire (moment un peu fou).

ELLE. – Non. Ce n'est pas un hasard. *(Un temps.)* C'est toi qui dois me dire pourquoi.

Il peut répondre (très important pour le film). Soit :

LUI. – C'est là, il me semble l'avoir compris que tu es si jeune... si jeune, que tu n'es encore à personne précisément. Cela me plaît.

Ou bien :

ELLE. – Non, ce n'est pas ça.

LUI. – C'est là, il me semble l'avoir compris, que j'ai failli... te perdre... et que j'ai risqué ne jamais te connaître.

Ou bien :

LUI. – C'est là, il me semble l'avoir compris, que tu as dû commencer à être comme aujourd'hui tu es encore.

(Choisir entre ces trois dernières répliques ou les donner toutes les trois(1)*, soit à la file, soit séparément, au hasard des mouvements d'amour dans le lit... Cette dernière solution serait celle que je préférerai si ça n'allonge pas trop la scène.)*

[Une dernière fois, Nevers défile. Des images s'en succèdent d'une banalité voulue. En même temps *qu'elles effraient.]*

Une dernière fois on revient sur eux. [Il fait noir.] Elle dit. Elle crie :

ELLE. – Je veux partir d'ici.

En même temps qu'elle s'est agrippée à lui presque sauvagement.

(1) Note de l'auteur : au lieu de choisir entre ces trois versions, A. Resnais a choisi la solution de les donner toutes les trois.

Ils sont dans la pièce où ils étaient tout à l'heure, rhabillés. Cette pièce est maintenant éclairée. Ils sont debout tous les deux. Il dit, calme, calme...

LUI. – Il ne nous reste plus maintenant qu'à tuer le temps qui nous sépare de ton départ. Encore seize heures pour ton avion.

Elle dit dans l'affolement, dans la détresse :

ELLE. – C'est énorme...

Il répond, doucement :

LUI. – Non. Il ne faut pas que tu aies peur.

Marguerite Duras, *Hiroshima mon amour,* Gallimard, 1960.

« c'était à Nevers... »

Le passé se creuse sans cesse derrière le présent. Le musée d'Hiroshima, évoqué au début du film, comme cet autre film dans lequel est censée jouer l'héroïne, renvoient à la catastrophe historique. L'amour présent renvoie de même à cet autre amour vécu à Nevers pendant la guerre et qui s'est terminé par la mort du soldat allemand. Sans doute s'agit-il moins de revivre le passé que de tenter de le comprendre, de se mettre enfin en règle avec lui ; mais est-ce possible ? Le dialogue reste ouvert, hésitant, et le passé énigmatique : on pourra étudier dans cette perspective le jeu des variantes.

Un dialogue – enquête sur le passé, à rapprocher de ceux de *Moderato Cantabile.*

Si le dialogue tend à prendre une telle importance, c'est qu'il est la forme qui correspond à un thème essentiel de l'œuvre de M. Duras : **la rencontre.** Dans l'éblouissement éphémère de l'amour, un couple se cherche, puis se défait. De nombreux romans de M. Duras reposent ainsi sur une structure très simple : une durée brève, un espace restreint, un couple pourrait se former mais renonce *(Les Petits Chevaux de Tarquinia, Moderato cantabile),* ou un nouveau couple se forme tandis que le couple ancien se dénoue *(Dix heures et demie du soir en été).* Le récit est traversé par l'illumination du désir, force que des personnages toujours à la recherche d'eux-mêmes ne maîtrisent pas.

Mais l'importance accordée aux relations entre les êtres n'exclut pas la présence dans l'œuvre de M. Duras de **thèmes plus politiques,** souvent liés aux souvenirs de son enfance indochinoise. La dénonciation des injustices du système colonial, qui est au cœur *d'Un barrage contre le Pacifique,* se retrouve dans bien des passages des œuvres ultérieures, en même temps que s'affirment autour de 1968 des thèmes féministes ou gauchistes, par exemple dans *Nathalie Granger* (film dont le texte a été publié en 1973).

EXTRAIT

Le désir. Maria, d'un balcon, observe son mari, Pierre, et Claire, qui les accompagne dans un voyage en Espagne ; ceux-ci sont plus haut, sur une terrasse de l'hôtel. Caché près d'eux, Rodrigo Paestra, qui vient de commettre un crime passionnel et qui cherche à échapper aux recherches de la police.

Ça doit être la première fois qu'ils s'embrassent. Maria éteint sa cigarette. Elle les voit se détacher de toute leur hauteur sur le ciel en marche. Tandis qu'il l'embrasse, les mains de Pierre sont sur les seins de Claire. Sans doute se parlent-ils. Mais très bas. Ils doivent se dire les premiers mots de l'amour. Ils leur montent aux lèvres, entre deux baisers, irrépressibles, jaillissants.

Les éclairs rendent la ville livide. Ils sont imprévisibles, arrivent suivant un rythme désordonné. Lorsqu'ils se produisent ils rendent leurs baisers livides aussi, ainsi que leur forme maintenant unique jusqu'à l'aveuglement. Est-ce sur ses yeux, derrière l'écran du ciel noir qu'il l'aura d'abord embrassée ? On ne peut pas le savoir. Tes yeux avaient la couleur de ta peur de l'après-midi, la couleur de la pluie, en ce moment même, Claire, tes yeux, je ne les vois qu'à peine, comment l'aurais-je déjà remarqué, tes yeux doivent être gris.

Devant ces baisers, à quelques mètres d'eux, Rodrigo Paestra enveloppé dans sa couverture brune attend que passe la durée infernale de la nuit. À l'aurore, c'en sera fait.

Une nouvelle phase de l'orage se prépare qui va les séparer et qui va priver Maria de les voir.

Tandis qu'il le fait, elle le fait aussi, elle porte ses mains à ses seins solitaires, puis ses mains retombent et s'accrochent au balcon, sans emploi.

Alors qu'elle s'était avancée trop avant sur ce balcon lorsqu'ils étaient confondus dans cette forme unique jusqu'à l'aveuglement, elle se recule maintenant un peu en deçà du balcon, vers le couloir où déjà, le vent nouveau s'engouffre dans les verres de lampes. Non, elle ne peut pas se passer de les voir. Elle les voit encore. Et leurs ombres sont sur ce toit. Voici que leurs corps se descellent. Le vent soulève sa jupe et, dans un éclair, ils ont ri. Le même vent que celui sous sa jupe, traverse de nouveau toute la ville, cognant aux arêtes des toits. Dans deux minutes l'orage va venir, va déferler sur la ville entière, vidant les rues, les balcons. Il doit s'être reculé pour mieux l'enlacer encore, la retrouver pour la première fois dans un bonheur renouvelé par cette douleur inventée de la tenir loin de lui. Ils ne savent pas, ils sont encore dans l'ignorance que l'orage va les séparer pour la nuit.

Il faut attendre encore. Et tant l'impatience de l'attente grandit qu'elle atteint son comble, et voici, un répit se produit. Une main de Pierre est partout sur ce corps d'autre femme. L'autre main la tient serrée contre lui. C'est chose faite pour toujours.

Il est dix heures et demie du soir. L'été.

Et puis il est un peu davantage. La nuit est enfin là, tout à fait. Il n'y a pas de place durant cette nuit, dans cette ville, pour l'amour. Maria baisse les yeux devant cette évidence : ils resteront sur leur soif entière, la ville est pleine, dans cette nuit d'été faite pour leur amour. Les éclairs continuent à mettre en pleine lumière la forme de leur désir. Ils sont toujours là, enlacés et immobiles, sa main à lui arrêtée maintenant sur ses hanches à elle pour toujours, tandis qu'elle, elle, elle, les mains retenant ses épaules, arrêtées dans son agrippement, sa bouche contre sa bouche, elle le dévore.

Le temps des éclairs, dans le même temps, met en pleine lumière le toit qui se trouve en face d'eux et sur son faîte, autour d'une cheminée, la forme enveloppée de son linceul du criminel Rodrigo Paestra.

Marguerite Duras, *Dix heures et demie du soir en été*, Gallimard, 1960.

L'amour et la mort

On pourra étudier le jeu de contrepoint qui, de façon très cinématographique, fait alterner les plans : le couple uni par le désir, le criminel (dont la couverture devient linceul...), l'orage qui déferle sur la ville... Des échos subtils rapprochent les trois thèmes, le texte devient lyrique• pour évoquer les mystères de l'amour et de la mort.

document

L'amour est l'objet fondamental de l'attente, de l'espoir ; à lui est suspendue la possibilité d'une autre vie. Et la rencontre a lieu, toujours. Mais est-ce la vraie rencontre ? On ne sait jamais ce qu'il adviendra du couple à peine formé ; et, dans *Les petits chevaux de Tarquinia,* on le voit renoncer à lui-même. Ce sont là les romans de l'attente et du désir, jamais de l'accomplissement. C'est sans doute qu'aucun amour ne peut tenir lieu de l'amour, comme le dit un personnage ; c'est aussi que l'autre n'est que notre semblable et se débat dans le même vide étouffant. L'amour n'est pas une possibilité capable de changer réellement un destin. Il apparaît comme l'impossible, une fulguration qui ne peut qu'anéantir la vie qu'elle éclaire ; et, dans *Moderato cantabile,* l'amour est explicitement uni à la mort.

Si nous songeons aux possibilités d'expression de cette expérience, nous voyons que les récits suspendus et vides que l'auteur vient d'écrire sont fidèles à sa logique. Sans doute, en renonçant à la technique qui est celle d'*Un barrage dans le Pacifique,* du *Marin de Gibraltar* et des *Petits chevaux de Tarquinia,* technique qui, selon le mixte traditionnel, unit le récit rétrospectif et la prise de vues, l'organisation et la présence, le regard divin du romancier sondant la conscience de ses créatures, rappelant leur passé, présentant leur destin et l'œil innocent de la caméra, Marguerite Duras obéit à l'impulsion majeure du roman contemporain inquiet de l'impureté de ce mixte et soucieux d'une perspective cohérente. Mais, dans son cas, il y a plus. Si se trouve écarté le point de vue de l'auteur historien, psychologue et prophète, ce n'est pas qu'il soit seulement facilité ou tricherie : c'est que l'existence qui nous est ici présentée se réduit à sa pure manifestation. Ce monde de l'attente et de la rencontre sans lendemain est un monde immobile et sans profondeur, sans dessous dramatique ni psychologique : c'est l'histoire d'un monde sans histoire.

Gaëtan Picon, *Moderato cantabile dans l'œuvre de M. Duras* in *L'Usage de la lecture 2,* Mercure de France, 1963.

Le succès de *L'Amant* (1984) a permis à M. Duras de toucher un large public. L'œuvre est riche de ses ambiguïtés et des nombreuses lectures qu'elle autorise. On peut y voir en effet le récit d'un premier amour, selon la thématique traditionnelle que semble annoncer la première phrase du texte : « Un jour, j'étais âgée déjà, dans le hall d'un lieu public, un homme est venu vers moi... » et que vient confirmer l'amour/toujours de la fin. On est alors sensible au déroulement linéaire d'une histoire, de la rencontre à la séparation ; histoire peut-être autobiographique, comme le laissent entendre certains passages : *L'Amant* dirait cette « vérité » qu'*Un barrage contre le Pacifique* avait évoqué de façon romancée... C'est sans doute cette interprétation qui a fait le succès du livre.

Mais au temps historique du récit s'oppose **le temps suspendu de l'imaginaire,** des souvenirs obsédants. Les moments les plus forts du texte sont peut-être ceux qui font revivre, au présent, la première rencontre ou la découverte de l'amour. Le « je » ambigu de la narratrice s'efface souvent pour évoquer, de façon lyrique•, « la petite » d'autrefois, ou simplement « elle » : arrêts sur l'image qui reviennent régulièrement dans le texte et lui donnent son rythme. Plus que roman ou récit, *L'Amant* paraît alors une sorte de poème en prose, construit sur un jeu d'échos complexe qui parfois déborde le cadre du livre pour renvoyer à des œuvres antérieures.

EXTRAIT

« La petite », à quinze ans et demi, a quitté sa mère directrice d'école pour retourner à son pensionnat de Saigon. Elle traverse le Mékong sur un bac. Scène décisive, maintes fois reprise dans les premières pages du livre, car sur le bac, dans une grande limousine, « il y a un homme très élégant qui me regarde... » : c'est lui qui deviendra l'amant.

La petite au chapeau de feutre est dans la lumière limoneuse du fleuve, seule sur le pont du bac, accoudée au bastingage. Le chapeau d'homme colore de rose toute la scène. C'est la seule couleur. Dans le soleil brumeux du fleuve, le soleil de la chaleur, les rives se sont effacées, le fleuve paraît rejoindre l'horizon. Le fleuve coule sourdement, il ne fait aucun bruit, le sang dans le corps. Pas de vent au-dehors de l'eau. Le moteur du bac, le seul bruit de la scène, celui d'un vieux moteur déglingué aux bielles coulées. De temps en temps, par rafales légères, des bruits de voix. Et puis les aboiements des chiens, ils viennent de partout, de derrière la brume, de tous les villages. La petite connaît le passeur depuis qu'elle est enfant. Le passeur lui sourit et lui demande des nouvelles de Madame la Directrice. Il dit qu'il la voit passer souvent de nuit, qu'elle va souvent à la concession(1) du Cambodge. La mère va bien, dit la petite. Autour du bac, le fleuve, il est à ras bord, ses eaux en marche traversent les eaux stagnantes des rizières, elles ne se mélangent pas. Il a ramassé tout ce qu'il a rencontré depuis le Tonlésap(2), la forêt cambodgienne. Il emmène tout ce qui vient, des paillottes, des forêts, des incendies éteints, des oiseaux morts, des chiens morts, des tigres, des buffles, noyés, des hommes noyés, des leurres, des îles de jacinthes d'eau agglutinées, tout va vers le Pacifique, rien n'a le temps de couler, tout est emporté par la tempête profonde et vertigineuse du courant intérieur, tout reste en suspens à la surface de la force du fleuve.

Marguerite Duras, *L'Amant*, Éditions de Minuit, 1984.

(1) Terre attribuée à un colon (ici, la mère), en vue d'exploitation.
(2) Lac naturel sur le cours supérieur du Mékong.

Une scène de cinéma

La description de la « petite » : arrêt sur une image intensément revécue, dans toute la richesse des sensations, sous la chaleur caractéristique de l'univers de M. Duras. Les phrases nominales, le jeu des temps, les allitérations• ou assonances•, figent le texte qui tend vers le poème en prose. La traversée du fleuve est aussi moment décisif de l'existence, souligné par de nombreux contrastes (bruits/silence, eaux en marche/eaux stagnantes, immobilité/mouvement, vie/mort...) En même temps et paradoxalement, une scène de première rencontre (cf. p. 408) : sur tout cela, il y a le regard de l'amant...

citations/controverses

« Une énorme campagne publicitaire accompagna la publication de *L'Amant* (1984). Contrairement aux statuts, le prix Goncourt fut décerné à un écrivain de soixante-dix ans pour un récit autobiographique. Le Français adore la position aplatie. Le style de Mme Duras s'améliore : ses phrases qui comportent de moins en moins de mots, contiennent de moins en moins de fautes de français. »

Jacques Robichez, *Précis de littérature française du XXe siècle*, P.U.F., 1985.

« S'il y a un amant que jamais Marguerite Duras n'oublia ni ne trahit, c'est l'autre passion de sa vie, son métier d'écrivain, son art, l'usage émerveillé de sa parole. »

Claude Roy, *Le Nouvel Observateur*, 31 août 1984.

Lettres et néant : Samuel Beckett et E. M. Cioran

La contestation du roman traditionnel, l'ambition de fonder un « nouveau roman » manifestent d'une certaine manière une foi dans la vitalité du genre. Si le romanesque est rejeté, le roman lui-même ne l'est pas. Mais quand elle rejoint **le pessimisme métaphysique** d'écrivains comme **Samuel Beckett** (né en 1906), la remise en cause des formes littéraires peut aller plus loin encore. À quoi bon écrire des romans, s'ils n'ont plus l'ambition de faire vivre un monde et de concurrencer l'état civil ? Si le texte n'est plus que le monologue d'une conscience, il suffit que celle-ci soit gagnée par le désarroi pour que l'écriture se disloque. À quoi bon même parler, écrire ? Chez Beckett, le texte se serre, page après page, tant que la voix parle : mais les textes récemment publiés deviennent de plus en plus courts. Pour d'autres, qui renoncent au roman, le fragment devient la forme qui correspond le mieux à ce doute sur le sens même de la littérature et qui, à côté d'un texte éclaté, laisse s'exprimer la tentation du silence et le blanc s'installer sur la page : « La lassitude devant les mots, c'est aussi le désir des mots espacés, rompus dans leur pouvoir qui est sens, et dans leur composition qui est syntaxe ou continuité du système... » (M. Blanchot, *L'Écriture du désastre)*.

Murphy, le premier roman de Beckett, fut publié en 1938 en anglais puis en français dix ans plus tard. Par la suite *Molloy* (1951), *Malone meurt* (1951) ou *L'Innommable* (1953) furent publiés en français avant d'être traduits en anglais par Beckett lui-même : ses romans, comme son théâtre, constituent une œuvre bilingue. On peut voir là l'exemple le plus éclatant de l'apport à notre littérature d'écrivains dont le français n'est pas la langue maternelle et qui manifestent une attention passionnée pour les problèmes de langue et de traduction (Ionesco, ou plus récemment M. Kundera). Mais peut-être l'expérience du bilinguisme a-t-elle aussi contribué à développer une sensibilité extrême aux moindres nuances de la parole.

Dans les romans de Beckett, il ne reste plus en effet que des voix. Reprenant, dans la lignée de Joyce (cf. p. 386), la technique du monologue intérieur, Beckett tend à un dépouillement de plus en plus intransigeant. Si les premiers romans proposent encore des lambeaux d'intrigue, ceux-ci disparaissent complètement par la suite. De moins en moins d'objets, des personnages que leurs infirmités condamnent peu à peu à l'immobilité et à la déchéance, un dégoût de l'existence physique qui fait penser à la nausée sartrienne et à Céline : tout se défait au lieu de se construire au fur et à mesure que le texte avance. L'évolution des romans précède en cela celle du théâtre. Entre *L'Innommable* (écrit dès 1949) et *En attendant Godot* se tisse un jeu d'échos et d'auto-citations, tandis que Malone, entouré de ses « possessions » – objets dérisoires qu'il cherche à attraper de son lit avec un bâton – fait penser au Hamm de *Fin de Partie* (cf. pp. 234-245).

Au bout de ce **naufrage du monde et des êtres,** une voix, sans jamais en avoir fini, parle... Mais il n'y a pas de réalité extérieure à dire. Parler ne sert ici qu'à passer le temps, à redire ce qui a déjà été dit, à tenter de dérisoires inventions. Effondrement universel qui, bien plus profondément qu'une simple remise en cause des codes narratifs traditionnels, renvoie à une interrogation fondamentale : à quoi sert le langage ? à quoi sert la littérature ? On atteint alors un point extrême où la **fascination du néant** appelle comme une délivrance un silence pourtant inaccessible. Le monologue ne peut déboucher sur un mot final et la voix reprend sans cesse : « il faut continuer, je ne peux pas continuer, je vais continuer » dit la fin de *L'Innommable*. Ni vie, ni mort : le texte s'installe dans une interminable agonie.

Paradoxe : la littérature trouve ici son être dans l'expression obsédante du néant et de sa propre vanité. Une sorte de plaisir naît de la force de dérision de Beckett. Cette dérision, qui dans les premiers romans s'exerce parfois sur des situations (les promenades à bicyclette de l'infirme Molloy !), tend ensuite à porter avant tout sur le langage, qui trouve alors sa justification à se contester lui-même. Beckett retourne impitoyablement les formules toutes faites et traque la grandiloquence. Ainsi dans *Molloy* : « Malgré cet élan vers lui de mon âme, au bout de son élastique, je le voyais mal... » ou : « ma mère, aux crochets de qui j'agonisais... » Auteur et lecteur éprouvent alors ensemble le soulagement de la maîtrise verbale et de la lucidité.

EXTRAIT

Molloy : *le récit rétrospectif d'une expédition à bicyclette de l'infirme Molloy. Désormais cloué au lit, il se raconte de façon de plus en plus confuse cette tentative pour aller voir sa mère. Dans la deuxième partie du livre, un « détective », Moran, est chargé d'une enquête sur le cas Molloy. Ici, le départ de Molloy.*

Un instant de silence, comme lorsque le chef d'orchestre frappe sur son pupitre, lève les bras, avant le fracas des colles. De la fumée, des bâtons, de la chair, des cheveux, le soir, au loin, autour du désir d'un frère. Ces haillons je sais les susciter, pour en couvrir ma honte. Je me demande ce que ça veut dire. Mais je ne serai pas toujours dans le besoin. Mais à propos du désir d'un frère je dirai que m'étant réveillé entre onze heures et midi (j'entendis l'angélus, rappelant l'incarnation, peu de temps après) je résolus d'aller voir ma mère. Il fallait, pour me résoudre à aller voir cette femme, des raisons présentant un caractère d'urgence, et ces raisons, puisque je ne savais quoi faire, ni où aller, ce fut pour moi un jeu d'enfant, d'enfant unique, de m'en remplir l'esprit, jusqu'à ce que toute autre préoccupation en fût bannie et que je me prisse à frémir à la seule idée que je pourrais en être empêché de m'y rendre, je veux dire chez ma mère, séance tenante. Je me levai par conséquent, ajustai mes béquilles et descendis sur la route, où je trouvai ma bicyclette (tiens je ne m'attendais pas à ça) à l'endroit même où j'avais dû la laisser. Cela me permet de remarquer que, tout estropié que j'étais, je montais à bicyclette avec un certain bonheur, à cette époque. Voici comment je m'y prenais. J'attachais mes béquilles à la barre supérieure du cadre, une de chaque côté, j'accrochais le pied de ma jambe raide (j'oublie laquelle, elles sont raides toutes les deux à présent) à la saillie de l'axe de la roue avant et je pédalais avec l'autre. C'était une bicyclette acatène, à roue libre, si cela existe. Chère bicyclette, je ne t'appellerai pas vélo, tu étais peinte en vert, comme tant de bicyclettes de ta promotion, je ne sais pourquoi. Je la revois volontiers. J'aurais plaisir à la détailler. Elle avait une petite corne ou trompe au lieu du timbre à la mode de vos jours. Actionner cette corne était pour moi un vrai plaisir, une volupté presque. J'irai plus loin, je dirai que si je devais dresser le palmarès des choses qui ne m'ont pas trop fait chier au cours de mon interminable existence, l'acte de corner y occuperait une place honorable. Et quand je dus me séparer de ma bicyclette j'en enlevai la corne et la gardai par-devers moi. Je l'ai toujours je crois, quelque part, et si je ne m'en sers plus, c'est qu'elle est devenue muette. Même les automobilistes d'aujourd'hui n'ont pas de cornes, dans le sens où je l'entends, ou rarement. Quand j'en repère une, dans la rue, par la vitre baissée d'une automobile en stationnement, souvent je m'arrête et l'actionne. Il faudrait récrire tout cela au plus-que-parfait. Parler de bicyclettes et de cornes, quel repos. Malheureusement ce n'est pas de cela qu'il s'agit mais de celle qui me donna le jour, par le trou de son cul si j'ai bonne mémoire. Premier emmerdement. J'ajouterai donc seulement que tous les cent mètres à peu près je m'arrêtais pour me reposer les jambes, non seulement les jambes. Je ne descendais pas à proprement dire de selle, je restais à califourchon, les deux pieds par terre, les bras sur le guidon, la tête sur les bras, et j'attendais de me sentir mieux. Mais avant de quitter ces sites enchanteurs, suspendus entre la montagne et la mer, abrités de certains vents et ouverts à tout ce que le midi apporte, dans ce pays damné, de parfums et de tiédeurs, je m'en voudrais de taire le terrible cri des râles qui courent la nuit dans les blés, dans les prairies, pendant la belle saison, en agitant leur crécelle. Cela me permet, par surcroît, de savoir quand débuta cet irréel voyage, pénultième d'une forme pâlissante entre formes pâlissantes, et que je déclare sans autre forme de procès avoir débuté dans la deuxième ou troisième semaine de juin, au moment c'est-à-dire pénible entre tous où sur ce qu'on appelle notre hémisphère l'acharnement du soleil atteint son maximum et que la clarté arctique vient pisser sur nos minuits.

Samuel Beckett, *Molloy*, Éditions de Minuit, 1951.

L'humour de Beckett

Le texte multiplie les procédés de dérision, qu'il s'agisse des situations (Molloy et sa bicyclette, Molloy et sa mère...) ou du langage lui-même (quelques élans lyriques•, liés à la tentation d'idéaliser le passé, sont immédiatement désamorcés). On pourra étudier les procédés qui font de cette évocation du néant un paradoxal jeu littéraire (cf. le document de Todorov, p. 428).

document

Au délabrement progressif des êtres (on va du clochard au paralytique et du paralytique à l'agonisant), correspond donc un délabrement voulu des structures romanesques, dramaturgiques, et du langage. L'œuvre, comme ses personnages, s'atrophie, se paralyse et se réduit de plus en plus à cette vie élémentaire présentée comme la vie essentielle, dépouillée des scories socio-historiques, en même temps que des habitudes esthétiques en usage, qui masqueraient le noyau de l'être.

J. Émelina, *Histoire littéraire de la France*, Éditions sociales, 1982.

EXTRAIT

Dans L'Innommable, *une voix parle sans fin, aux prises avec d'énigmatiques « ils ». Elle n'est même plus l'expression d'un personnage (« il n'y a pas de nom pour moi », dit-elle), même si dérisoisement elle évoque ceux des romans antérieurs ou utilise des noms qui semblent correspondre à des incarnations provisoires : Worm, Mahood...*

Mais qui peut savoir ce que l'avenir me réserve, cette fois-ci ? Que je décline à tombeau ouvert en tant qu'être sensible et pensant, c'est de toute façon une excellente chose. Peut-être qu'un monsieur un jour, venant à passer au bras de sa belle juste au moment où l'agonie sera en train de m'offrir un dernier aperçu du dispositif temporel, fera observer, assez fort pour que je puisse l'entendre, Mais voyons, cet homme n'est pas bien, il faut appeler une ambulance ! Ainsi d'une seule pierre, quand tout semblerait à recommencer, les deux coups prescrits. Je serais mort, mais j'aurais vécu. À moins de le supposer victime d'une hallucination. Oui, afin qu'aucun doute ne subsiste, il faudrait que sa future ait le temps de lui répondre, C'est vrai mon amour, on dirait qu'il va rendre. Là je serais fixé. Et naîtrai enfin dans un dernier soupir, ou dans, un de ces hoquets qui déparent hélas trop souvent la solennité du trépas. Mahood, j'ai connu un médecin qui soutenait que le souffle suprême, au point de vue strictement scientifique, ne pouvait sortir que par le fondement, et que c'est à ce dernier orifice que la famille devrait présenter le miroir, avant d'ouvrir le testament. Quoi qu'il en soit, et sans entrer dans ces détails macabres, je me suis lourdement trompé en supposant que la mort en elle-même constituait un indice, ou même une forte présomption, en faveur d'une vie préalable. Et moi pour ma part je ne tiens plus à quitter ce monde où ils essaient de me fourrer sans l'assurance d'y avoir été comme me la fournirait par exemple un coup de pied au cul, ou un baiser, peu importe la nature de l'attention, du moment que je ne peux me soupçonner d'en être l'auteur. Non, je n'y tiens plus, car je sais que cela ne sert à rien, ne change rien, ne met fin à rien. Mais que deux tiers me constatent, en toute objectivité, là, devant moi, et je me charge du reste. Que tout devient simple et clair, quand on ouvre l'œil sur le dedans, à condition bien sûr de l'avoir au préalable exposé au-dehors, afin de mieux jouir du contraste. Je m'en voudrais, quoique n'en pouvant plus, de m'arrêter en si bonne voie. Car je ne recommencerai pas de sitôt, ah non alors. Puis assez de cette putain de première personne, c'en est trop à la fin, il ne s'agit pas d'elle, je vais m'attirer des ennuis. Mais il ne s'agit pas de Mahood non plus, pas encore. De Worm encore moins. Bah, peu importe le pronom, pourvu qu'on n'en soit pas dupe. Puis le pris est pli. Plus tard nous verrons. Où en suis-je ?

Samuel Beckett, *L'Innommable*, Éditions de Minuit, 1953.

« Cela ne sert à rien, ne change rien, ne met fin à rien... »

Un texte plus exigeant encore que celui de *Molloy* : renonçant aux facilités d'un comique de situation, *L'Innommable* ne fait plus entendre qu'une voix à peine supportée par un personnage (« assez de cette putain de première personne »). L'obsession de la mort, à la fois souhaitée et refusée, ramenée aux aspects physiologiques les plus répugnants, revient tout au long de ce labyrinthe de mots où la voix s'égare elle-même (« Où en suis-je ? »). Qui parle ici ? (cf. les analyses de M. Blanchot, p. 429 et de Cioran, p. 430).

L'utilisation du monologue pose également le problème de l'articulation entre les romans de Beckett et son théâtre (cf. p. 243) : d'une pièce à l'autre, le monologue tend aussi à s'imposer au détriment du dialogue théâtral. Mais, selon Ludovic Janvier (cf. documents) la situation du spectateur est différente de celle du lecteur.

documents

Les mots, qui les aura aimés autant que lui ? Ils sont ses compagnons, et son seul soutien. Lui qui ne se prévaut d'aucune certitude, on le sent bien solide au milieu d'eux. Ses accès de découragement coïncident sans doute avec les moments où il cesse de croire en eux, où il se figure qu'ils le trahissent, qu'ils le fuient. Eux partis, il reste démuni, il n'est plus nulle part. Je regrette de n'avoir pas marqué et dénombré tous les endroits où il se rapporte aux mots, où il se penche sur les mots, – « gouttes de silence à travers le silence », comme il dit à leur sujet dans *L'Innommable*. Symboles de la fragilité convertis en assises indestructibles.

Cioran, *Exercices d'admiration*, Gallimard, 1986.

L'humour n'est jamais absent des pages de Beckett. Il naît là où on ne l'attendait pas : des termes savants, parce qu'appliqués à des situations banales ; des anaphores (les premiers, les derniers, ceux-ci, ceux-là) qui en font trop ; des clichés administratifs ; du rapprochement de clichés au sens littéral antithétique (« l'acte d'allongement y a coupé court ») ; mais surtout du goût prononcé pour l'art combinatoire. [...] Il aime énumérer tous les cas possibles, résultant d'une combinaison, et ce qui devrait être fastidieux provoque le sourire : « Espoir et désespoir pour ne nommer que ce vieux tandem à peine ressentis. » « Mais une fois bien prostré rien ne l'empêche de basculer sur l'un ou l'autre de ses deux flancs ou sur son unique dos. »

Pourquoi de telles phrases font-elles naître l'espoir ? Ce qu'elles décrivent est la prostration et le néant. Mais par leur forme – entachée de raison – elles introduisent une distance entre l'expérience évoquée et celui qui la rapporte ; elles créent un espace où nous, lecteurs, pouvons nous recueillir ; un havre de paix où nous pouvons sourire, *ensemble,* devant le désespoir de la situation.

T. Todorov, *Revue d'esthétique,* n° hors série, Beckett, Privat, 1986.

Au fond, dans le roman, quelle que soit la pluralité des personnages, on reste en soi, même si ce soi est habité : on peut appeler soi la voix romanesque dans laquelle sont inscrits, comme dans une maison, les personnages, à commencer par le Je et ses multiples, et ça, ça n'est pas représentable. Tout ce qu'on peut voir dans *Malone meurt* ou dans *L'Innommable* ce sont des envoyés du moi qui vont et viennent dans le monde sous l'œil de la narration qui est leur espace. Dans *L'Innommable,* on est le plus près possible de cet en-soi, et tous les habitants ne sont vraiment que des hypostases, des presque rien. C'est la même chose dans les *Textes pour rien.* Mais au théâtre, il est possible de poser comme représentables des vecteurs, des promeneurs, des marcheurs, qui, surtout, ne sont pas soi. C'est d'ailleurs peut-être en cela que Beckett s'est reposé du roman dans le théâtre, et non l'inverse. Ce représentable n'est finalement que de la mise en morceaux, de la mise en miettes, du même problème d'être, mais il ne le touche pas, il en part seulement. Représenter, en fait, c'est se soulager. Je me rappelle très bien ce vers de Lucrèce, que Beckett me citait souvent quand on parlait de l'espace au théâtre : *Suave mari magno turbantibus aequora ventis...* etc., ce sont les premiers mots du Livre II du *De natura Rerum,* et pour la situation dont je parle ça peut se traduire par : « On est à l'aise dans le fauteuil, pendant que l'orage se déchaîne là-bas au fond. » Et il est plaisant pour celui qui est assis, comme pour celui qui a déchaîné la chose, de voir l'orage de loin. Alors que dans les romans, on est dans l'œil du cyclone. Ce qui est là inéluctable et impitoyable, c'est justement l'impossibilité de prendre de la distance : le rythme et le souffle de la voix romanesque sont tels, que prendre en charge le texte par la lecture est forcément, à mon avis, plus fort et plus près de l'essentiel. Je crois que la pitié est plutôt du côté du théâtre, alors que le roman est absolument impitoyable. Pour moi, le vieux Moran de la fin de *Molloy* qui se traîne dans les feuilles est plus fort que le couple dans les poubelles de *Fin de partie,* parce que, dans le théâtre, on prend toujours des gants, même si cela mène aux hurlements, aux larmes ou au rire : on est toujours en marge ; alors qu'avec le roman, ce n'est même pas que vous êtes dedans, c'est lui qui est en vous.

Ludovic Janvier, *Revue d'esthétique,* Privat, 1986.

Fascination du néant et du silence, que la littérature ne fait que provisoirement suspendre, atteignant en même temps par là sa forme la plus pure : ***Maurice Blanchot*** *(né en 1907) a commenté longuement l'œuvre de Beckett.*

Auteur lui-même de romans (Thomas l'obscur, *1941 et 1950,* Aminadab, *1942,* L'Arrêt de mort, *1948,* L'Attente, l'Oubli, *1962), il a mené parallèlement une recherche théorique qui s'interroge sans cesse sur l'essence même de la littérature. En fait, par-delà la distinction entre roman et essai, il explore ce paradoxe qui fait que la littérature est fondamentalement interrogation sur sa propre possibilité : moins que par ses réponses, la littérature se définit par « le sens plus profond, plus essentiel, de la question propre qu'elle détient ». Fidèle à l'ambition du Livre mallarméen (cf.* Le XIXe siècle, p. 516), *Blanchot en vient à écrire que « l'œuvre n'est là que pour conduire à la recherche de l'œuvre » et que l'écrivain n'est alors que « le lieu vide et animé où retentit l'appel de l'œuvre »* (Le Livre à venir, *1959. Voir aussi* L'Espace littéraire, *1955 et* L'Entretien infini, *1969).* L'Écriture du désastre *(1980) redit en fragments brefs qui sont le signe du « désarroi » en même temps que du « désarrangement » cette ambiguïté des mots :*

« Que les mots cessent d'être des armes, des moyens d'action, des possibilités de salut. S'en remettre au désarroi.

Quand écrire, ne pas écrire, c'est sans importance, alors l'écriture change – qu'elle ait lieu ou non ; c'est l'écriture du désastre. »

L'œuvre de Beckett naît en ce lieu même où surgissent les questions essentielles :

Dans *L'Innommable,* les histoires, il est vrai, essaient de se maintenir. Le moribond[1] avait un lit, une chambre ; Mahood est un déchet enfermé dans la jarre qui sert à décorer l'entrée d'un restaurant. Il y a aussi Worm, celui qui n'est pas né et n'a pour existence que l'oppression de son impuissance à être ; en même temps passent les anciennes figures, fantômes sans substance, images vides tournant mécaniquement autour d'un centre vide qu'occupe le « Je » sans nom. Mais à présent tout a changé et l'expérience entre dans sa vraie profondeur. Il ne s'agit plus de personnages sous la rassurante protection de leur nom personnel, il ne s'agit plus d'un récit, même conduit dans le présent sans forme du monologue intérieur. Ce qui était récit est devenu lutte, ce qui prenait figure, fût-ce celle d'êtres en loques et en morceaux, est maintenant sans figure. Qui parle ici ? Quel est le Je condamné à parler sans repos, celui qui dit :

« Je suis obligé de parler. Je ne me tairai jamais. Jamais » ? Par une convention rassurante, nous nous répondons : c'est Samuel Beckett. Par là, nous paraissons accueillir ce qu'il y a de lourd dans une situation qui, n'étant pas fictive, évoque le tourment véritable d'une existence réelle. Le mot expérience voudrait faire allusion à ce qui est éprouvé vraiment. Mais, par là aussi, nous cherchons à retrouver la sécurité d'un nom, et à situer le « contenu » du livre à ce niveau personnel où tout ce qui se passe se passe sous la garantie d'une conscience, dans un monde qui nous épargne le pire malheur, celui d'avoir perdu le pouvoir de dire Je. Mais *L'Innommable* est précisément expérience vécue sous la menace de l'impersonnel, approche d'une parole neutre qui se parle seule, qui traverse celui qui l'écoute, est sans intimité, exclut toute intimité, et qu'on ne peut faire taire, car c'est l'incessant, l'interminable.

Qui parle donc ici ? Est-ce « l'auteur » ? Mais que peut désigner ce nom, si de toutes manières celui qui écrit n'est déjà plus Beckett, mais l'exigence qui l'a entraîné hors de soi, l'a dépossédé et dessaisi, l'a livré au-dehors, faisant de lui un être sans nom, l'Innommable, un être sans être qui ne peut ni vivre ni mourir, ni cesser ni commencer, le lieu vide où parle le désœuvrement d'une parole vide et que recouvre tant bien que mal un Je poreux et agonisant.

C'est cette métamorphose qui s'annonce ici. C'est dans l'intimité de cette métamorphose qu'erre, dans un vagabondage immobile que lutte, par une persévérance qui ne signifie pas quelque pouvoir mais la malédiction de ce qui ne peut s'interrompre, une survivance parlante, le reste obscur qui ne veut pas céder.

Il faudrait peut-être admirer un livre privé délibérément de toutes ressources, qui accepte de commencer à ce point où il n'y a plus de suite possible, s'y tient obstinément, sans tricherie, sans subterfuge et fait entendre pendant trois cents pages le même mouvement heurté, le piétinement de ce qui n'avance jamais. Mais cela, c'est encore le point de vue du lecteur étranger, lequel considère tranquillement ce qui lui semble être un tour de force. Il n'y a rien d'admirable dans une épreuve à laquelle on ne peut se soustraire, rien qui appelle l'admiration dans le fait d'être enfermé et de tourner en rond dans un espace d'où l'on ne peut sortir même par la mort, car, pour y tomber, il a fallu précisément déjà tomber hors de la vie. Les sentiments esthétiques ne sont plus de mise ici. Peut-être ne sommes-nous pas en présence d'un livre, mais peut-être s'agit-il bien plus que d'un livre : de l'approche pure du mouvement d'où viennent tous les livres, de ce point originel où sans doute l'œuvre se perd, qui toujours ruine l'œuvre, qui en elle restaure le désœuvrement sans fin, mais avec lequel il lui faut aussi entretenir un rapport toujours plus initial, sous peine de n'être rien. C'est à épuiser l'infini qu'est condamné l'Innommable.

Maurice Blanchot, *Le Livre à venir*, Gallimard, 1959.

---

(1) Malone, dans *Malone meurt*.

Autre pessimisme radical tenté par le silence, celui de **E. M. Cioran** (né en 1911), qui trouve une expression particulièrement forte dans les *Syllogismes de l'amertume* (1952). Rien n'échappe à son nihilisme•, ni l'amour ni l'histoire, ni *La Tentation d'exister* (titre d'un recueil de 1956), ni le langage lui-même : « Avant d'être une erreur de fond, la vie est une faute de goût que la mort ni même la poésie ne parviennent à corriger. » On comprend dès lors son intérêt pour des œuvres qui s'installent « au-delà du roman » et sa complicité avec Beckett.

EXTRAITS

À la peur de « crouler avec les mots », la forme elliptique de l'aphorisme• répond en se proposant comme « modèles de style : le juron, le télégramme et l'épitaphe ».

Les livres de Cioran privilégient donc la forme du fragment.

Vertige de l'histoire

Au temps où l'humanité, à peine développée, s'essayait au malheur, nul ne l'aurait crue capable d'en produire un jour en série.

Si Noé avait eu le don de lire dans l'avenir, il n'est point douteux qu'il se fût sabordé.

La trépidation de l'histoire ressortit à la psychiatrie, comme d'ailleurs tous les mobiles de l'action : *bouger*, c'est faillir à la raison, c'est risquer la camisole de force.

Les événements, – tumeurs du Temps...

ÉVOLUTION : Prométhée, de nos jours, serait un député de l'opposition.

L'heure du crime ne sonne pas en même temps pour tous les peuples. Ainsi s'explique la permanence de l'histoire.

E.-M. Cioran, *Syllogismes de l'amertume*, Gallimard, 1952.

Quousque eadem ?[1]

Qu'à jamais soit maudite l'étoile sous laquelle je suis né, qu'aucun ciel ne veuille la protéger, qu'elle s'effrite dans l'espace comme une poussière sans honneur ! Et l'instant traître qui me précipita parmi les créatures, qu'il soit pour toujours rayé des listes du Temps ! Mes désirs ne sauraient plus composer avec ce mélange de vie et de mort où s'avilit quotidiennement l'éternité. Las du futur, j'en ai traversé les jours, et cependant je suis tourmenté par l'intempérance de je ne sais quelles soifs. Comme un sage enragé, mort au monde et déchaîné contre lui, je n'invalide mes illusions que pour mieux les irriter. Cette exaspération dans un univers imprévisible – où pourtant tout se répète – n'aura donc jamais une fin ? Jusques à quand se redire à soi-même : « J'exècre cette vie que j'idolâtre ? » La nullité de nos délires fait de nous tous autant de dieux soumis à une insipide fatalité. Pourquoi nous insurger encore contre la symétrie de ce monde quand le Chaos lui-même ne saurait être qu'un *système* de désordres ? Notre destin étant de pourrir avec les continents et les étoiles, nous promènerons, ainsi que des malades résignés, et jusqu'à la conclusion des âges, la curiosité d'un dénouement prévu, effroyable et vain.

(1) Jusqu'à quand la même chose ? ou : Jusqu'à quand la même vie ?

E.-M. Cioran, *Précis de décomposition*, Gallimard, 1949.

« une ascèse de l'intellect »

L'aphorisme• inscrit le silence dans le blanc de la page ; des formules brèves disent le caractère inexorable du mal et de la fatalité : à quoi bon en écrire plus ? On pourra étudier les procédés qui permettent d'obtenir cette concision.

Quousque eadem ?, proposant une sorte de lyrisme• inversé et retournant l'action de grâces en invective, dit la fascination et le refus de « ce mélange de vie et de mort où s'avilit quotidiennement l'éternité ». Mais pourquoi le redire sans cesse ? Seule semble-t-il la recherche d'une formulation toujours plus décisive du refus nourrit l'écriture, qui explore « la réalité intarissable du néant ».

On trouverait dans les *Papiers collés* de Georges Perros un pessimisme souvent proche de ceux de Beckett et Cioran, et également tenté par la forme brève du fragment : « Quand je n'écris pas, j'attends. Pendant que j'écris, j'oublie que j'attends. Évidemment, je me demande ce que j'attends. Pas Godot, non. S'il existe, il nous aura fait très suffisamment mariner [...], s'il n'existe pas nous sommes tous des imbéciles... » (G. Perros, *Papiers collés 2*, Gallimard, 1973.)

document

À quoi servent les romans ?

Il n'est qu'une chose pire que l'ennui : c'est la peur de l'ennui. Et c'est cette peur que j'éprouve toutes les fois que j'ouvre un roman. Je n'ai que faire de la vie du héros, n'y adhère pas, n'y crois en aucune manière. Le genre, ayant dilapidé sa substance, n'a plus d'objet. Le personnage se meurt, l'intrigue de même. Aussi n'est-ce point sans signification que les seuls romans dignes d'intérêt ce soient précisément ceux où, une fois l'univers licencié, rien ne se passe. L'auteur même y semble absent. Délicieusement illisibles, sans queue ni tête, ils pourraient aussi bien s'arrêter à la première phrase que contenir des dizaines de milliers de pages. À leur propos, une question vient à l'esprit : peut-on répéter indéfiniment la même expérience ? Écrire un roman sans matière, voilà qui est bien, mais à quoi bon en écrire dix ou vingt ? La nécessité de l'absence posée, pourquoi multiplier cette absence et s'y complaire ? La conception implicite de cette sorte d'œuvres oppose à l'usure de l'être la réalité intarissable du néant. Logiquement sans valeur, une telle conception n'en est pas moins vraie affectivement. (Parler du néant autrement qu'en termes d'affectivité c'est perdre son temps.) Elle postule une recherche sans références, une expérience vécue à l'intérieur d'une vacuité inépuisable, vacuité éprouvée et pensée à travers la sensation, de même qu'une dialectique paradoxalement figée, sans mouvement, un dynamisme de la monotonie et de la vacance. N'est-ce pas là tourner en rond ? *Volupté de la non-signification :* suprême impasse. Se servir de l'anxiété non point pour convertir l'absence en mystère, mais le mystère en absence. Mystère nul, suspendu à lui-même, sans arrière-plan, et hors d'état de porter celui qui le conçoit par-delà les révélations du non-sens.

À la narration qui supprime le narré, l'objet, correspond une ascèse de l'intellect, une méditation *sans contenu*... L'esprit se voit réduit à l'acte par quoi il est esprit, et rien de plus. Toutes ses activités le ramènent à soi, à ce déroulement stationnaire qui l'empêche de s'accrocher aux choses. Nulle connaissance, nulle action : la méditation sans contenu représente l'apothéose de la stérilité et du refus.

E.-M. Cioran, extrait de *Au-delà du roman*, in *La Tentation d'exister*, Gallimard, 1956.

Faisons le point

Fiche n° 4
précédente : p. 415
suivante : p. 445

Méthodes critiques : l'analyse du récit

1. Depuis le n° 8 de la revue *Communications,* présenté en 1966 par R. Barthes (cf. p. 438), les recherches se sont multipliées pour tenter de dégager, par-delà la diversité des récits, un modèle théorique de description. Ces recherches – on ne fera ici que les évoquer – rejoignent les interrogations des écrivains contemporains : plus que jamais la littérature se nourrit d'interactions entre théorie et pratique, qu'il s'agisse d'appliquer les modèles narratifs identifiés par les spécialistes ou au contraire de les transgresser (cf. p. 492).

2. Un récit raconte une histoire, présente une **fiction.** On peut donc s'interroger sur ce qui est raconté et tenter d'identifier les éléments de cette fiction, d'étudier leur agencement. Dans sa *Morphologie du conte* (1928), V. Propp avait dégagé les éléments de base du conte populaire russe, proposant une liste de 31 fonctions. Ces fonctions se regroupent en quelques sphères d'action qui correspondent moins à des personnages qu'à des forces agissantes plus abstraites (du type héros, agresseur, auxiliaire...) : on pourra parler d'**actants**• pour désigner ces forces qui ne s'identifient pas avec la liste des personnages (plusieurs personnages peuvent constituer un seul actant, un objet est souvent dans un conte merveilleux une force agissante, etc.). Ces analyses ont été développées par C. Brémond, étudiant dans sa *Logique du récit* (1973) la façon dont s'agencent en triades les « possibles narratifs ». Autour de A.-J. Greimas, des recherches tentent, à partir de la notion d'actant et de schéma actanciel, de dégager les structures fondamentales de la signification.

3. Mais on peut aussi s'intéresser à la façon dont le récit met en texte cette fiction, c'est-à-dire à la **narration** proprement dite. Cette mise en texte suppose nécessairement des choix qui déterminent des techniques littéraires différentes. Les réflexions sur **la chronologie du récit** illustrent bien cet aspect. Tout récit suppose un déroulement du temps qui fait passer d'un état initial à un état final ; mais le temps de la narration ne peut jamais coïncider exactement avec le temps de la fiction : on ne peut raconter tout, ni suivre simultanément deux personnages différents ; et rien n'interdit de commencer le récit par ce qui est l'état final de la fiction... D'inévitables discordances entre le temps de la narration et celui de la fiction affectent donc **l'ordre du récit** (rétrospections, anticipations plus ou moins insistantes...), **le rythme du récit** (ralentissements ou accélérations, ellipses, digressions, pauses...), **la fréquence** (on distinguera le récit singulatif, qui raconte une fois ce qui s'est passé une fois, le récit répétitif – on raconte n. fois ce qui s'est passé une fois –, le récit itératif – on raconte une fois ce qui a eu lieu n. fois). Tous ces procédés produisent à la lecture des effets différents (voir par exemple la distinction sartrienne entre récit et roman, p. 485). D'autres recherches concernent **le mode narratif** (quel point de vue nous est suggéré ? cf. p. 351) et **les voix narratives** : à quel moment se situe la narration par rapport aux événements racontés ? La narration peut être quasi simultanée (journal), postérieure aux événements, voire antérieure (prédictions). Qui est le narrateur ? Est-il extérieur au récit ? est-ce un des personnages ? Y a-t-il des changements de narrateur ? On peut également s'interroger sur la façon dont la narration rend compte de **l'espace** : autour de quels lieux s'organise le récit ? Un cas particulier est celui de la description : le texte descriptif implique en effet une pause dans le déroulement du récit.

V. Propp, *Morphologie du conte,* coll. « Points », Le Seuil, 1965.

Revue *Communications* n° 8, 1966, repris dans la coll. « Points », Le Seuil.

J.-M. Adam, *Le Récit,* coll. « Que sais-je ? » n° 2149, PUF, 1984.

G. Genette, *Figures III,* Le Seuil, 1972.

Ph. Hamon, *Analyse du descriptif,* coll. « Hachette Université », Hachette, 1981.

T. Todorov, *Poétique,* Le Seuil, 1968.

Pouvoirs du langage

L'alchimie du verbe : Raymond Queneau, Boris Vian, Georges Perec

« L'ère du soupçon » a ramené l'attention sur les formes littéraires et, chez certains, abouti à un doute sur le sens même de la littérature. Mais elle peut aussi déboucher sur une reconnaissance des **pouvoirs créateurs du langage.** Soucieux d'en élargir le champ et d'en explorer toutes les possibilités, des écrivains s'engagent alors par exemple dans la voie de cette écriture expérimentale qui trouve dans la recherche de formes et de structures nouvelles le point de départ d'une « littérature potentielle » (cf. p. 102). C'est le cas de R. Queneau ou de G. Perec, qui renouent ainsi avec la démarche d'un précurseur, Raymond Roussel (1877-1933). Celui-ci, dans un texte publié en 1935 *(Comment j'ai écrit certains de mes livres)*, décrivait déjà un certain nombre de procédés formels permettant de créer des textes : son influence est considérable sur beaucoup d'écrivains contemporains, du nouveau roman à M. Leiris. Le langage, loin d'être guetté par le silence, devient alors le lieu d'une activité à la fois **ludique** et **poétique,** au sens étymologique du terme : création, re-création et récréation tout à la fois, comme le disent les manifestes de l'Oulipo (Ouvroir de Littérature Potentielle, fondé en 1960).

Raymond Queneau (1903-1976) est au premier rang de ces expérimentateurs du langage : ses contributions à l'Oulipo, un ouvrage comme *Bâtons, Chiffres et Lettres* (1950), le montrent soucieux d'explorer, en ayant recours au besoin aux mathématiques, la diversité des combinaisons possibles. Des *Exercices de style* (1947) (99 variantes du récit d'un même fait divers) aux *Cent Mille Milliards de Poèmes* (1961), on retrouve la même ambition de fonder sur le jeu formel la possibilité d'une écriture infinie. Son but est en même temps d'élargir le champ du langage : pourquoi s'en tenir au français littéraire quand la langue parlée donne l'exemple d'innovations phonétiques et syntaxiques incessantes ? Persuadé que de l'oral va naître un « néo-français », Queneau trouve dans cette conviction – sur laquelle, devant la persistance du français écrit, il reviendra par la suite – la justification de la verve féconde qui s'exprime notamment dans le célèbre *Zazie dans le métro* (1959). Cette passion pour le langage, dans tous ses aspects, est aussi confiance dans les ressources de l'esprit humain, qu'elles s'expriment dans le jeu de la fiction ou dans l'effort de la connaissance scientifique : auteur de romans (*Loin de Rueil,* 1944, *Les Fleurs bleues,* 1965, *Le Vol d'Icare,* 1968...), Queneau fut également le directeur de la très sérieuse encyclopédie de la Pléiade.

EXTRAIT

Le début de Zazie dans le métro

Doukipudonktan, se demanda Gabriel excédé. Pas possible, ils se nettoient jamais. Dans le journal, on dit qu'il y a pas onze pour cent des appartements à Paris qui ont des salles de bains, ça m'étonne pas, mais on peut se laver sans. Tous ceux-là qui m'entourent, ils doivent pas faire de grands efforts. D'un autre côté, c'est tout de même pas un choix parmi les plus crasseux de Paris. Y a pas de raison. C'est le hasard qui les a réunis. On peut pas supposer que les gens qu'attendent à la gare d'Austerlitz sentent plus mauvais que ceux qu'attendent à la gare de Lyon. Non vraiment, y a pas de raison. Tout de même quelle odeur.

Gabriel extirpa de sa manche une pochette de soie couleur mauve et s'en tamponna le tarin.

– Qu'est-ce qui pue comme ça ? dit une bonne femme à haute voix.

Elle pensait pas à elle en disant ça, elle était pas égoïste, elle voulait parler du parfum qui émanait de ce meussieu.

– Ça, ptite mère, répondit Gabriel qui avait de la vitesse dans la repartie, c'est Barbouze, un parfum de chez Fior.

– Ça devrait pas être permis d'empester le monde comme ça, continua la rombière sûre de son bon droit.

– Si je comprends bien, ptite mère, tu crois que ton parfum naturel fait la pige à celui des rosiers. Eh bien, tu te trompes, ptite mère, tu te trompes.

– T'entends ça ? dit la bonne femme à un ptit type à côté d'elle, probablement celui qu'avait le droit de la grimper légalement. T'entends comme il me manque de respect, ce gros cochon ?

Le ptit type examina le gabarit de Gabriel et se dit c'est un malabar, mais les malabars c'est toujours bon, ça profite jamais de leur force, ça serait lâche de leur part. Tout faraud, il cria :

– Tu pues, eh gorille.

Gabriel soupira. Encore faire appel à la violence. Ça le dégoûtait cette contrainte. Depuis l'hominisation première, ça n'avait jamais arrêté. Mais enfin fallait ce qu'il fallait. C'était pas de sa faute à lui, Gabriel, si c'était toujours les faibles qui emmerdaient le monde. Il allait tout de même laisser une chance au moucheron.

– Répète un peu voir, qu'il dit Gabriel.

Un peu étonné que le costaud répliquât, le ptit type prit le temps de fignoler la réponse que voici :

– Répéter un peu quoi ?

Pas mécontent de sa formule, le ptit type. Seulement, l'armoire à glace insistait : elle se pencha pour proférer cette pentasyllabe monophasée :

– Skeutadittaleur...

Le ptit type se mit à craindre. C'était le temps pour lui, c'était le moment de se forger quelque bouclier verbal. Le premier qu'il trouva fut un alexandrin :

– D'abord, je vous permets pas de me tutoyer.

– Foireux, répliqua Gabriel avec simplicité.

Et il leva le bras comme s'il voulait donner la beigne à son interlocuteur.

Raymond Queneau, *Zazie dans le métro,* Gallimard, 1959.

Un nouveau « matériau »

Pour Queneau, c'est un nouveau « matériau » qui doit faire surgir « une nouvelle littérature, vivante, jeune et vraie » : « Un langage nouveau suscite des idées nouvelles et des penseurs nouveaux veulent une langue fraîche ». On pourra étudier les procédés inspirés de l'oral : registre de langue, syntaxe, transformations phonétiques, technique du dialogue... Mais le texte est aussi assumé par un narrateur qui se manifeste notamment dans les termes techniques de la fin (« pentasyllabe monophasée, alexandrin... »). L'humour naît alors de la rupture de ton.

document

Je me suis toujours proposé d'expliquer de quelle façon j'avais écrit certains de mes livres *(Impressions d'Afrique, Locus Solus, l'Étoile au Front et la Poussière de Soleils).*

Il s'agit d'un procédé très spécial. Et, ce procédé, il me semble qu'il est de mon devoir de le révéler, car j'ai l'impression que des écrivains de l'avenir pourraient peut-être l'exploiter avec fruit.

Très jeune j'écrivais déjà des contes de quelques pages en employant ce procédé.

Je choisissais deux mots presque semblables (faisant penser aux métagrammes). Par exemple *billard* et *pillard.* Puis j'y ajoutais des mots pareils mais pris dans deux sens différents, et j'obtenais ainsi deux phrases presque identiques.

En ce qui concerne *billard* et *pillard* les deux phrases que j'obtins furent celles-ci :

1° *Les lettres du blanc sur les bandes du vieux billard...*

2° *Les lettres du blanc sur les bandes du vieux pillard.*

Dans la première, « lettres » était pris dans le sens de « signes typographiques », « blanc » dans le sens de « cube de craie » et « bandes » dans le sens de « bordures ».

Dans la seconde, « lettres » était pris dans le sens de « missives », « blanc » dans le sens d'« homme blanc » et « bandes » dans le sens de « hordes guerrières ».

Les deux phrases trouvées, il s'agissait d'écrire un conte pouvant commencer par la première et finir par la seconde.

Or c'était dans la résolution de ce problème que je puisais tous mes matériaux.

Dans le conte en question il y avait un *blanc* (un explorateur) qui, sous ce titre « Parmi les noirs », avait publié sous forme de *lettres* (missives) un livre où il était parlé des *bandes* (hordes) d'un pillard (roi nègre).

Au début on voyait quelqu'un écrire avec un *blanc* (cube de craie) des *lettres* (signes typographiques) sur les *bandes* (bordures) d'un billard. Ces lettres, sous une forme cryptographique, composaient la phrase finale : « Les lettres du blanc sur les bandes du vieux pillard », et le conte tout entier reposait sur une histoire de rébus basée sur les récits épistolaires de l'explorateur.

Raymond Roussel, *Comment j'ai écrit certains de mes livres,* J.-J. Pauvert, 1963, Société Nouvelle des Éditions Pauvert, 1979.

L'œuvre de **Boris Vian** (1920-1959) fait, elle aussi, confiance au langage pour susciter un univers dont la **fantaisie poétique** apparaît comme un refus de la médiocrité et de la cruauté du monde quotidien. Il y a le personnage B. Vian, musicien de jazz dans le Saint-Germain-des-Prés de l'après-guerre, pasticheur provocant du roman noir américain avec *J'irai cracher sur vos tombes* (1946), auteur de chansons célèbres comme *Le Déserteur*, de pièces de théâtre (*Les Bâtisseurs d'empire*, 1959) ; sa mort prématurée a contribué à faire de lui un mythe dans lequel se reconnaît souvent la jeunesse.

Mais ses meilleurs romans (*L'Automne à Pékin*, 1947, *L'Herbe rouge*, 1950, *L'Arrache-cœur*, 1953, et surtout *L'Écume des jours*, 1947) révèlent un écrivain attentif à toutes les ressources de la langue, qu'il s'agisse d'en dénoncer avec humour les scléroses – un de ses procédés les plus sûrs est la façon dont il prend au pied de la lettre les expressions figées – ou au contraire d'en libérer les pouvoirs créateurs : de la fantaisie verbale naît alors une vision nouvelle des choses, séduisante mais fragile et menacée. Dans *L'Écume des jours*, l'univers tendre et insouciant de Colin et Chloé se dégrade peu à peu. Chloé, malade du « nénuphar », meurt, tandis que le monde se resserre autour des personnages et que les images de violence et de souffrance succèdent à l'allégresse des premières pages.

EXTRAIT

Le début de L'Écume des jours

Colin terminait sa toilette. Il s'était enveloppé, au sortir du bain, d'une ample serviette de tissu bouclé dont seuls ses jambes et son torse dépassaient. Il prit à l'étagère de verre, le vaporisateur et pulvérisa l'huile fluide et odorante sur ses cheveux clairs. Son peigne d'ambre divisa la masse soyeuse en longs filets orange pareils aux sillons que le gai laboureur trace à l'aide d'une fourchette dans de la confiture d'abricots. Colin reposa le peigne et, s'armant du coupe-ongles, tailla en biseau les coins de ses paupières mates, pour donner du mystère à son regard. Il devait recommencer souvent, car elles repoussaient vite. Il alluma la petite lampe du miroir grossissant et s'en rapprocha pour vérifier l'état de son épiderme. Quelques comédons saillaient aux alentours des ailes du nez. En se voyant si laids dans le miroir grossissant, ils rentrèrent prestement sous la peau et, satisfait, Colin éteignit la lampe. Il détacha la serviette qui lui ceignait les reins et passa l'un des coins entre ses doigts de pied pour absorber les dernières traces d'humidité. Dans la glace, on pouvait voir à qui il ressemblait, le blond qui joue le rôle de Slim dans *Hollywood Canteen*. Sa tête était ronde, ses oreilles petites, son nez droit, son teint doré. Il souriait souvent d'un sourire de bébé, et, à force, cela lui avait fait venir une fossette au menton. Il était assez grand, mince avec de longues jambes, et très gentil. Le nom de Colin lui convenait à peu près. Il parlait doucement aux filles et joyeusement aux garçons. Il était presque toujours de bonne humeur, le reste du temps il dormait.

Il vida son bain en perçant un trou dans le fond de la baignoire. Le sol de la salle de bains, dallé de grès cérame jaune clair, était en pente et orientait l'eau vers un orifice situé juste au-dessus du bureau du locataire de l'étage inférieur. Depuis peu, sans prévenir Colin, celui-ci avait changé son bureau de place. Maintenant, l'eau tombait sur son garde-manger.

Il glissa ses pieds dans des sandales de cuir de roussette et revêtit un élégant costume d'intérieur, pantalon de velours à côtes vert d'eau très profonde et veston de calmande noisette. Il accrocha la serviette au séchoir, posa le tapis de bain sur le bord de la baignoire et le saupoudra de gros sel afin qu'il dégorgeât toute l'eau contenue. Le tapis se mit à baver en faisant des grappes de petites bulles savonneuses.

Boris Vian, *L'Écume des jours*, Société Nouvelle des Éditions Pauvert, 1963.

Du jeu des mots à la libération de l'imaginaire

Le texte joue sur les codes habituels pour les pervertir : parodie• du portrait classique de personnage romanesque, parodie• des métaphores• traditionnelles (on analysera par exemple la triple métaphore• qui, au début du texte, s'organise autour de l'image du peigne), parodie• des personnifications• (les comédons...), etc. En même temps se met en place un univers surprenant mais paradoxalement logique (voir le paragraphe sur la baignoire), un monde qui a ses propres lois (comme celui de la science-fiction).

La virtuosité de **Georges Perec** (1936-1982) lui permet de concilier l'allégresse du jeu verbal avec l'ambition de rendre compte de la richesse du monde. Son goût des jeux sur le langage, qui fait de lui, à l'égal de Queneau, un membre actif de l'Oulipo, s'exprime dans plusieurs directions (cf. aussi p. 454).

Son œuvre est sans cesse nourrie par la transtextualité•. *Les Choses* (1965) multiplie les références à Flaubert. *Quel petit vélo à guidon chromé au fond de la cour ?* (1966), tout en évoquant de façon moins innocente qu'il ne pourrait sembler la guerre d'Algérie, pastiche l'épopée et se présente comme un « récit épique en prose agrémenté d'ornements versifiés tirés des meilleurs auteurs ». Son dernier livre, *La Vie mode d'emploi* (1978), propose en post-scriptum la liste, longue d'une trentaine de noms, d'auteurs à qui l'ouvrage a emprunté des « citations, parfois légèrement modifiées »... L'écriture est alors **jeu de reconnaissance littéraire.**

Une autre direction est celle qui consiste à faire de la contrainte formelle le principe de la création littéraire. Perec pousse ici volontiers à un point extrême la difficulté, pratiquant notamment le lipogramme• : *La Disparition,* en 1969, est un récit d'où a complètement disparu... la lettre E.

Mais cette maîtrise formelle n'est pas pur jeu. Fasciné par la richesse et la complexité du monde – l'épigraphe de *La Vie mode d'emploi* reprend une formule de J. Verne : « Regarde de tous tes yeux, regarde... » –, Perec est tenté par le projet, qu'on pourrait qualifier de réaliste, de dire cette richesse. De façon révélatrice, l'une des structures fondamentales de son œuvre est l'**énumération.** Loin de déboucher sur le vide, le langage est ici au contraire confronté à un trop-plein : comment tout dire ? L'énumération est l'inventaire de la richesse infinie des choses, mais en même temps elle est condamnée à l'inachèvement et à l'arbitraire de tout classement. Des *Choses* à *La Vie mode d'emploi,* il y a là une tension fondamentale que Perec assume avec humour. Il s'en est expliqué dans *Penser/Classer* (Hachette, 1985) : « Il y a dans toute énumération deux tentations contradictoires ; la première est de TOUT recenser, la seconde d'oublier tout de même quelque chose ; la première voudrait clôturer définitivement la question, la seconde la laisse ouverte ; entre l'exhaustif et l'inachevé, l'énumération me semble ainsi être, avant toute pensée (et avant tout classement), la marque même de ce besoin de nommer et de réunir sans lequel le monde (« la vie ») resterait pour nous sans repères... ».

EXTRAIT

Les Choses : « une histoire des années 60 », d'inspiration sociologique, est le portrait d'un jeune couple, Jérôme et Sylvie, pour qui le bonheur est lié à la possession matérielle des choses. La distance critique prise par le narrateur, qui s'affirme à la fin du livre, n'exclut par ce goût de l'inventaire qui caractérise notamment les premières pages.

L'œil, d'abord, glisserait sur la moquette grise d'un long corridor, haut et étroit. Les murs seraient des placards de bois clair, dont les ferrures de cuivre luiraient. Trois gravures, représentant l'une Thunderbird, vainqueur à Epsom, l'autre un navire à aubes, le *Ville-de-Montereau*[1], la troisième une locomotive de Stephenson, mèneraient à une tenture de cuir, retenue par de gros anneaux de bois noir veiné, et qu'un simple geste suffirait à faire glisser. La moquette, alors, laisserait place à un parquet presque jaune, que trois tapis aux couleurs éteintes recouvriraient partiellement.

Ce serait une salle de séjour, longue de sept mètres environ, large de trois. À gauche, dans une sorte d'alcôve, un gros divan de cuir noir fatigué serait flanqué de deux bibliothèques en merisier pâle où des livres s'entasseraient pêle-mêle. Au-dessus du divan, un portulan occuperait toute la longueur du panneau. Au-delà d'une petite table basse, sous un tapis de prière en soie, accroché au mur par trois clous de cuivre à grosses têtes, et qui ferait pendant à la tenture de cuir, un autre divan, perpendiculaire au premier, recouvert de velours brun clair, conduirait à un petit meuble haut sur pieds, laqué de rouge sombre, garni de trois étagères qui supporteraient des bibelots : des agates et des œufs de pierre, des boîtes à priser, des bonbonnières, des cendriers de jade, une coquille de nacre, une montre de gousset en argent, un verre taillé, une pyramide de cristal, une miniature dans un cadre ovale. Plus loin, après une porte capitonnée, des rayonnages superposés, faisant le coin, contiendraient des coffrets et des disques, à côté d'un électrophone fermé dont on n'apercevrait que quatre boutons d'acier guilloché, et que surmonterait une gravure représentant le *Grand Défilé de la fête du Carrousel.* De la fenêtre, garnie de rideaux blancs et bruns imitant la toile de Jouy, on découvrirait quelques arbres, un parc minuscule, un bout de rue. Un secrétaire à rideau encombré de papiers, de plumiers, s'accompagnerait d'un petit fauteuil canné. Une athénienne[2] supporterait un téléphone, un agenda de cuir, un bloc-notes. Puis, au-delà d'une autre porte, après une bibliothèque pivotante, basse et carrée, surmontée d'un grand vase cylindrique à décor bleu, rempli de roses jaunes, et que surplomberait une glace oblongue sertie dans un cadre d'acajou, une table étroite, garnie de deux banquettes tendues d'écossais, ramènerait à la tenture de cuir.

(1) Allusion au début de *L'Éducation sentimentale* de Flaubert.
(2) Console soutenue par trois pieds.

Tout serait brun, ocre, fauve, jaune : un univers de couleurs un peu passées, aux tons soigneusement, presque précieusement dosés, au milieu desquelles surprendraient quelques taches plus claires, l'orange presque criard d'un coussin, quelques volumes bariolés perdus dans les reliures. En plein jour, la lumière, entrant à flots, rendrait cette pièce un peu triste, malgré les roses. Ce serait une pièce du soir. Alors, l'hiver, rideaux tirés, avec quelques points de lumière – le coin des bibliothèques, la discothèque, le secrétaire, la table basse entre les deux canapés, les vagues reflets dans le miroir – et les grandes zones d'ombres où brilleraient toutes les choses, le bois poli, la soie lourde et riche, le cristal taillé, le cuir assoupli, elle serait havre de paix, terre de bonheur.

Georges Perec, *Les Choses*, Julliard, 1965.

« Ce serait une salle de séjour... »

Les premières pages du roman : comme une caméra, le regard se déplace lentement et parcourt en tous sens la salle de séjour. Le conditionnel, inspiré de Flaubert, fait de tout le texte un fantasme longuement évoqué, ce qui explique la précision complaisante du détail. Si cet univers est habité uniquement par des choses – qui sont le véritable thème du roman – il dessine aussi un imaginaire, celui des personnages à venir, Jérôme et Sylvie ; on pourra étudier la façon dont il nous renseigne déjà sur eux.

document

Les Choses, *écho à la voix de Flaubert : ici, les rêves de Madame Bovary.*

Au galop de quatre chevaux, elle était emportée depuis huit jours vers un pays nouveau, d'où ils ne reviendraient plus. [...] C'est là qu'ils s'arrêtaient pour vivre : ils habiteraient une maison basse à toit plat, ombragée d'un palmier, au fond d'un golfe, au bord de la mer. Ils se promèneraient en gondole, ils se balanceraient en hamac ; et leur existence serait facile et large comme leurs vêtements de soie, toute chaude et étoilée comme les nuits douces qu'ils contempleraient.

Gustave Flaubert, *Madame Bovary*, IIe partie, chap; 12, 1857.

La Vie mode d'emploi – Romans, précise la page de titre, et non seulement roman – propose une structure littéraire capable de répondre, par l'entrecroisement de plusieurs trames textuelles, à la richesse du monde. Perec part d'un projet qui fait penser au *Passage de Milan* de M. Butor : recomposer, dans le temps et l'espace, la vie d'un immeuble parisien ; un puzzle pluridimensionnel, en quelque sorte, pour reprendre l'image qui est l'un des fils conducteurs du livre. Quatre-vingt-dix pages d'index divers, à la fin du livre, la précision des références, tout au long de celui-ci, suggèrent le sérieux d'une démarche scientifique. Mais aucune pesanteur pour autant : au contraire, l'ivresse d'un récit qui rebondit sans cesse, s'engage dans des histoires où l'imagination débridée de Perec se donne libre cours, multiplie à l'infini les descriptions qui font l'inventaire du réel et, au besoin, procèdent par collage de documents. L'écriture est alors **une forme supérieure du jeu.**

EXTRAIT

L'inventaire du monde...

Bartlebooth, l'une des figures centrales du livre, a entrepris de passer vingt ans de sa vie à peindre des aquarelles du monde entier. Il les envoie ensuite à un artisan, Gaspard Winckler, qui en fait des puzzles, que Bartlebooth reconstituera pendant les vingt années suivantes avant de les détruire... Le nom du personnage est lui-même un puzzle qui

L'idée de Bartlebooth était d'aller peindre cinq cents marines dans cinq cents ports différents. Les ports furent choisis plus ou moins au hasard par Bartlebooth qui, feuilletant des atlas, des livres de géographie, des récits de voyages et des dépliants touristiques, cochait au fur et à mesure les endroits qui lui plaisaient. Smautf[1] étudiait ensuite les moyens de s'y rendre et les possibilités de logement.

Le premier port, dans la première quinzaine de janvier mille neuf cent trente-cinq, fut Gijon, dans le golfe de Gascogne, non loin du lieu où le malheureux Beaumont s'obstina à chercher les vestiges d'une improbable capitale arabe d'Espagne. Le dernier fut Brouwershaven, en Zélande, à l'embouchure de l'Escaut, dans la deuxième quinzaine de décembre mille neuf cent cinquante-quatre. Entre-temps, il y eut le petit port de Muckanaghederdauhaulia, non loin de Costello, dans la baie de Camus en Irlande et l'encore plus petit port de U dans les îles Carolines ; il y eut des ports baltes et des ports lettons, des ports chinois, des ports malgaches, des ports chiliens, des ports texans ; des ports minuscules avec deux bateaux de pêche et trois

renvoie à la fois au Bartleby de Melville et au Barnabooth de Larbaud (cf. pp. 34-35).

filets, et des ports immenses avec des jetées de plusieurs kilomètres, des docks et des quais, des centaines de grues et de ponts roulants ; des ports noyés dans le brouillard, des ports torrides, des ports pris dans les glaces ; des ports abandonnés, des ports ensablés, des ports de plaisance avec des plages artificielles, des palmiers transplantés, des façades de palaces et de casinos ; des chantiers infernaux fabriquant par milliers des liberty ships ; des ports dévastés par les bombes ; des ports tranquilles où des petites filles nues s'aspergeaient à côté des sampangs ; des ports à pirogues, des ports à gondoles ; des ports de guerre, des criques, des bassins de radoub, des rades, des darses, des chenaux, des môles ; des entassements de barils, de cordages et d'éponges ; des amoncellements d'arbres rouges, des montagnes d'engrais, de phosphate, de minerai ; des casiers grouillants de homards et de crabes ; des étals de grondins, de barbues, de chabots, de dorades, de merlans, de maquereaux, de raies, de thons, de seiches et de lamproies ; des ports puant le savon ou le chlore ; des ports ravagés par la tempête ; des ports déserts écrasés de chaleur ; des cuirassés éventrés réparés dans la nuit par des milliers de chalumeaux ; des paquebots en liesse entourés de bateaux citernes lançant leurs grandes eaux dans un tintamarre de sirènes et de cloches.

Bartlebooth consacrait deux semaines à chaque port, voyage compris, ce qui lui laissait généralement cinq à six jours sur place. Les deux premiers jours, il se promenait au bord de la mer, regardait les bateaux, bavardait avec les pêcheurs pour autant qu'ils parlassent une des cinq langues qu'il pratiquait – anglais, français, espagnol, arabe et portugais – et parfois partait en mer avec eux. Le troisième jour, il choisissait son emplacement et dessinait quelques brouillons qu'il déchirait aussitôt. L'avant-dernier jour, il peignait sa marine, généralement vers la fin de la matinée, à moins qu'il ne cherchât ou n'attendît quelque effet spécial, lever ou coucher de soleil, menace d'orage, grand vent, petite pluie, marée haute ou basse, passage d'oiseaux, sortie des barques, arrivée d'un navire, femmes lavant du linge, etc. Il peignait extrêmement vite, et ne recommençait jamais. À peine l'aquarelle était-elle sèche qu'il détachait la feuille de papier Whatman de son bloc et la donnait à Smautf. (Smautf pouvait aller à sa guise tout le reste du temps, visiter les souks, les temples, les bordels et les bouges, mais il devait être présent au moment où Bartlebooth peignait et se tenir derrière lui en maintenant fermement le grand parapluie qui protégeait le peintre et son fragile chevalet de la pluie, du soleil ou du vent.) Smautf emballait la marine dans du papier de soie, l'insérait dans une enveloppe semi-rigide et entourait le tout d'un kraft ficelé et cacheté. Le soir même, ou au plus tard le lendemain quand il n'y avait pas de poste sur place, le paquet était expédié à

(1) Maître d'hôtel de Bartlebooth.

Georges Perec, *La Vie mode d'emploi,* Hachette, 1978.

« On peut tout recenser »...

Le vertige de l'énumération : on étudiera la façon dont le texte prolifère en permanence, animé par la tentation de l'exhaustivité... et les problèmes de classement que cela pose. Contrastes, images parfois surprenantes ou d'une précision insolite : une poésie baroque de la richesse du monde, qui rêve d'inscrire dans le texte tout le foisonnement du réel (cf. le « collage » final de l'étiquette).

Écrivains et écrivants : Roland Barthes, Claude Lévi-Strauss, François Mitterrand, Georges Duby

Un article célèbre de Roland Barthes (*Arguments,* 1960 ; article recueilli dans les *Essais critiques*) a proposé de distinguer les **écrivains** et les **écrivants.** Si pendant longtemps les écrivains furent « les propriétaires incontestés du langage », depuis la Révolution au moins on a vu apparaître des hommes qui utilisent la langue des écrivains à d'autres fins que la littérature : par exemple, pour en faire l'instrument d'une action politique.

L'écrivain est celui qui conçoit la littérature comme une fin, « celui qui **travaille** sa parole (fût-il inspiré) et s'absorbe fonctionnellement dans ce travail ». Pour les écrivants au contraire, la parole n'est qu'un moyen : « pour eux, la parole supporte un faire, elle ne le constitue pas ».

Mais le même article remarque que de nos jours la ligne de partage entre écrivains et écrivants se brouille : « des écrivains ont brusquement des comportements, des impatiences d'écrivants ; des écrivants se haussent parfois jusqu'au théâtre du langage ». Preuve des prestiges et du pouvoir de l'écriture littéraire.

Faute de place, on ne trouvera ici que quelques exemples de cette ambiguïté : celui du discours critique, dont Barthes lui-même illustre bien l'ambivalence, et ceux de quelques écrivants à qui, même si elle n'est pas pour eux la fin première, l'ambition littéraire n'est pas étrangère.

De **Roland Barthes** (1915-1980), on peut retenir le rôle essentiel qu'il a joué dans la constitution d'une « nouvelle critique ». La polémique qui suivit la parution du *Sur Racine* (1963) – Raymond Picard attaquant au nom de l'orthodoxie universitaire dans *Nouvelle Critique ou Nouvelle Imposture* (1965), Barthes répliquant par *Critique et Vérité* (1966), pour s'en tenir aux pièces essentielles du dossier ! –, en partie réductrice comme tout affrontement manichéen de ce genre, a eu pourtant le mérite d'attirer l'attention sur un certain nombre de questions fondamentales. La critique traditionnelle, qui se réclame, en l'appauvrissant notablement, de l'exemple de Gustave Lanson (1857-1934), prône la rigueur et l'objectivité dans l'analyse des œuvres : du coup, elle tend à privilégier les domaines de recherche qui se prêtent le mieux à l'exercice de ces qualités comme l'établissement des textes ou la biographie des écrivains. Mais elle oublie souvent que ces recherches scrupuleuses n'en supposent pas moins une idéologie, par exemple la croyance inspirée de Sainte-Beuve, et contestée déjà par Proust, selon laquelle il y aurait un rapport nécessaire entre la vie de l'écrivain et ses œuvres. D'autre part, se fondant sur une érudition précieuse, elle tente de retrouver le point de vue de l'auteur sur ses écrits.

Face à cette tradition, la réponse de Barthes se situe sur un double plan. D'un côté, **la science** a la charge de parvenir à dégager des lois objectives. S'appuyant sur la linguistique, elle analysera, non les œuvres elles-mêmes, mais les modèles théoriques qui les sous-tendent ; elle étudiera, non les textes littéraires, mais les principes de la **littérarité** – ambition qui renoue avec l'ancienne poétique et qui inscrit l'analyse des textes dans le champ des sciences humaines. De l'autre, **le discours critique** engendre du sens (des sens) à partir d'une œuvre, et il est légitime que ce travail critique se fasse en utilisant les outils de lecture moderne, inspirés par exemple du structuralisme ou de la psychanalyse. Lire Racine, ce n'est pas chercher à établir sa vérité définitive, mais, assumant notre pouvoir de lecteur, essayer sur lui « tous les langages que notre siècle nous suggère »... Par là, la lecture critique est productrice de sens, et non seulement constatation prudente d'un sens préétabli. Plus la réflexion de Barthes se développe, plus elle tend à opposer à **la clôture de l'œuvre,** que l'on ne fait que consommer, **l'ouverture et la pluralité du texte** que l'on « joue », au sens musical du terme : c'est de là que naît le « plaisir du texte ».

Alors la démarche du lecteur devient très proche de celle de l'écrivain. La frontière s'estompe entre le langage du texte et celui du discours critique. Au Barthes qui contribue à jeter les fondements de la sémiologie ou de l'analyse structurale du récit succède un Barthes tenté de devenir à son tour écrivain, ambiguïté qui trouve une expression particulièrement séduisante dans les jeux de dédoublement du *Roland Barthes par Roland Barthes* (éditions du Seuil, 1975) ou qui suscite les *Fragments d'un discours amoureux* (1977) : les références critiques au discours d'autrui rejetées dans la marge, c'est la voix de Barthes qui s'y fait entendre pour affirmer, au moment où l'amour est déprécié ou ridiculisé, la nécessité de faire de lui le lieu d'un discours.

citations/controverses

« ... dans l'art d'ébahir les jobards par un mélange habile de sabir et de fariboles, incontestablement le maître est Roland Barthes. »

René Pommier, *Assez décodé !,* Roblot, 1978.

Les grands courants de la critique contemporaine, tels que R. Barthes les voyait en 1963.

Depuis une quinzaine d'années, la critique française s'est développée, avec des fortunes diverses, à l'intérieur de quatre grandes « philosophies ». Tout d'abord, ce que l'on est convenu d'appeler, d'un terme très discutable, l'existentialisme, qui a donné les œuvres critiques de Sartre, le *Baudelaire,* le *Flaubert,* quelques articles plus courts sur Proust, Mauriac, Giraudoux et Ponge, et surtout l'admirable *Genet.* Ensuite le marxisme : on sait (car le débat est déjà ancien) combien l'orthodoxie marxiste a été stérile en critique, proposant une explication purement mécanique des œuvres ou promulguant des mots d'ordre plus que des critères de valeurs ; c'est donc, si l'on peut dire, aux frontières du marxisme (et non en son centre déclaré) que l'on trouve la critique la plus féconde : celle de L. Goldmann (sur Racine, Pascal, sur le nouveau Roman, sur le théâtre d'avant-garde, sur Malraux) doit explicitement beaucoup à Lukacs ; c'est l'une des plus souples et des plus ingénieuses que l'on puisse imaginer à partir de l'histoire sociale et politique. Ensuite encore, la psychanalyse ; il existe une critique psychanalytique d'obédience freudienne, dont le meilleur représentant en France, actuellement, serait Charles Mauron (sur Racine et sur Mallarmé) ; mais c'est ici encore la psychanalyse « marginale » qui a été la plus féconde ; partant d'une analyse des substances (et non des œuvres), suivant les déformations dynamiques de l'image chez de très nombreux poètes, G. Bachelard a fondé une véritable école critique, si riche que l'on peut dire que la critique française est actuellement, sous sa forme la mieux épanouie, d'inspiration bachelardienne (G. Poulet, J. Starobinski, J.-P. Richard). Enfin, le structuralisme (ou pour simplifier à l'extrême et d'une façon sans doute abusive : le formalisme) : on sait l'importance, on pourrait dire la vogue, de ce mouvement, en France, depuis que Cl. Lévi-Strauss lui a ouvert les sciences sociales et la réflexion philosophique ; peu d'œuvres critiques en sont encore issues ; mais il s'en prépare, où l'on retrouvera surtout, sans doute, l'influence du modèle linguistique édifié par Saussure et élargi par R. Jakobson.

Roland Barthes, *Qu'est-ce que la critique ?,* in *Essais critiques,* Le Seuil, 1964.

L'objet de la critique

Tout romancier, tout poète, quels que soient les détours que puisse prendre la théorie littéraire, est censé parler d'objets et de phénomènes, fussent-ils imaginaires, extérieurs et antérieurs au langage : le monde existe et l'écrivain parle, voilà la littérature. L'objet de la critique est très différent ; ce n'est pas « le monde », c'est un discours, le discours d'un autre : la critique est discours sur un discours ; c'est un langage *second,* ou *méta-langage* (comme diraient les logiciens), qui s'exerce sur un langage premier (ou *langage-objet*). Il s'ensuit que l'activité critique doit compter avec deux sortes de rapports : le rapport du langage critique au langage de l'auteur observé et le rapport de ce langage-objet au monde. C'est le « frottement » de ces deux langages qui définit la critique et lui donne peut-être une grande ressemblance avec une autre activité mentale, la logique, qui elle aussi est fondée tout entière sur la distinction du langage-objet et du méta-langage.

Car si la critique n'est qu'un méta-langage, cela veut dire que sa tâche n'est nullement de découvrir des « vérités », mais seulement des « validités ». En soi, un langage n'est pas vrai ou faux, il est valide ou il ne l'est pas : valide, c'est-à-dire constituant un système cohérent de signes. Les règles qui assujettissent le langage littéraire ne concernent pas la conformité de ce langage au réel (quelles que soient les prétentions des écoles réalistes), mais seulement sa soumission au système de signes que s'est fixé l'auteur (et il faut, bien entendu, donner ici un sens très fort au mot *système*). La critique n'a pas à dire si Proust a dit « vrai », si le baron de Charlus était bien le comte de Montesquiou, si Françoise était Céleste, ou même, d'une façon plus générale, si la société qu'il a décrite reproduisait avec exactitude les conditions historiques d'élimination de la noblesse à la fin du XIXe siècle ; son rôle est uniquement d'élaborer elle-même un langage dont la cohérence, la logique, et pour tout dire la systématique, puisse recueillir, ou mieux encore « intégrer » (au sens mathématique du terme) la plus grande quantité possible de langage proustien, exactement comme une équation logique éprouve la validité d'un raisonnement sans prendre parti sur la « vérité » des arguments qu'il mobilise. On peut dire que la tâche critique (c'est la seule garantie de son universalité) est purement formelle : ce n'est pas de « découvrir », dans l'œuvre ou l'auteur observés, quelque chose de « caché », de « profond », de « secret », qui aurait passé inaperçu jusque-là (par quel miracle ? Sommes-nous plus perspicaces que nos prédécesseurs ?), mais seulement d'*ajuster,* comme un bon menuisier qui rapproche en tâtonnant « intelligemment » deux pièces d'un meuble compliqué, le langage que lui fournit son époque (existentialisme, marxisme, psychanalyse) au langage, c'est-à-dire au système formel de contraintes logiques élaboré par l'auteur selon sa propre époque. La « preuve » d'une critique n'est pas d'ordre « aléthique » (elle ne relève pas de la vérité), car le discours critique – comme d'ailleurs le discours logique – n'est jamais que tautologique : il consiste finalement à dire avec retard, mais en se plaçant tout entier dans ce retard, qui par là même n'est pas insignifiant : Racine, c'est Racine, Proust, c'est Proust ; la « preuve » critique, si elle existe, dépend d'une aptitude, non à *découvrir* l'œuvre interrogée, mais au contraire à la *couvrir* le plus complètement possible par son propre langage.

Roland Barthes, *Qu'est-ce que la critique ?,* in *Essais critiques,* Le Seuil, 1964.

EXTRAIT

Fragments d'un discours amoureux (1977) se présente comme un recueil de fragments, classés par ordre alphabétique. En marge, le nom ou les initiales d'écrivains, de personnages, de philosophes, d'amis, qui ont inspiré tel ou tel développement.

ATTENTE. Tumulte d'angoisse suscité par l'attente de l'être aimé, au gré de menus retards (rendez-vous, téléphones, lettres, retours).

Schönberg

1. J'attends une arrivée, un retour, un signe promis. Ce peut être futile ou énormément pathétique : dans *Erwartung (Attente),* une femme attend son amant, la nuit, dans la forêt; moi, je n'attends qu'un coup de téléphone, mais c'est la même angoisse. Tout est solennel : je n'ai pas le sens des *proportions.*

Winnicott — Pelléas

2. Il y a une scénographie de l'attente : je l'organise, je la manipule, je découpe un morceau de temps où je vais mimer la perte de l'objet aimé et provoquer tous les effets d'un petit deuil. Cela se joue donc comme une pièce de théâtre.
Le décor représente l'intérieur d'un café ; nous avons rendez-vous, j'attends. Dans le Prologue, seul acteur de la pièce (et pour cause), je constate, j'enregistre le retard de l'autre; ce retard n'est encore qu'une entité mathématique, computable (je regarde ma montre plusieurs fois); le Prologue finit sur un coup de tête : je décide de « me faire de la bile », je déclenche l'angoisse d'attente. L'acte I commence alors ; il est occupé par des supputations : s'il y avait un malentendu sur l'heure, sur le lieu ? J'essaye de me remémorer le moment où le rendez-vous a été pris, les précisions qui ont été données. Que faire (angoisse de conduite) ? Changer de café ? Téléphoner ? Mais si l'autre arrive pendant ces absences ? Ne me voyant pas, il risque de repartir, etc. L'acte II est celui de la colère ; j'adresse des reproches violents à l'absent : « Tout de même, il (elle) aurait bien pu... », « Il (elle) sait bien... » Ah ! si elle (il) pouvait être là, pour que je puisse lui reprocher de n'être pas là ! Dans l'acte III, j'atteins (j'obtiens ?) l'angoisse toute pure : celle de l'abandon ; je viens de passer en une seconde de l'absence à la mort ; l'autre est comme mort : explosion de deuil : je suis intérieurement *livide.* Telle est la pièce ; elle peut être écourtée par l'arrivée de l'autre ; s'il arrive en I, l'accueil est calme ; s'il arrive en II, il y a « scène » ; s'il arrive en III, c'est la reconnaissance, l'action de grâce : je respire largement, tel Pelléas sortant du souterrain et retrouvant la vie, l'odeur des roses.

(L'angoisse d'attente n'est pas continûment violente ; elle a ses moments mornes ; j'attends, et tout l'entour de mon attente est frappé d'irréalité : dans ce café, je regarde les autres qui entrent, papotent, plaisantent, lisent tranquillement : eux, ils n'attendent pas.)

3. L'attente est un enchantement : j'ai reçu *l'ordre de ne pas bouger.* L'attente d'un téléphone se tisse ainsi d'interdictions menues, *à l'infini,* jusqu'à l'inavouable : je m'empêche de sortir de la pièce, d'aller aux toilettes, de téléphoner même (pour ne pas occuper l'appareil) ; je souffre de ce qu'on me téléphone (pour la même raison) ; je m'affole de penser qu'à telle heure proche il faudra que je sorte, risquant ainsi de manquer l'appel bienfaisant, le retour de la Mère. Toutes ces diversions qui me sollicitent seraient des moments perdus pour l'attente, des impuretés d'angoisse. Car l'angoisse d'attente, dans sa pureté, veut que je sois assis dans un fauteuil à portée de téléphone, sans rien faire.

Winnicott

4. L'être que j'attends n'est pas réel. Tel le sein de la mère pour le nourrisson, « je le crée et je le recrée sans cesse à partir de ma capacité d'aimer, à partir du besoin que j'ai de lui » : l'autre vient là où je l'attends, là où je l'ai créé. Et, s'il ne vient pas, je l'hallucine : l'attente est un délire.

Encore le téléphone : à chaque sonnerie, je décroche en hâte, je crois que c'est l'être aimé qui m'appelle (puisqu'il doit m'appeler) ; un effort de

plus, et je « reconnais » sa voix, j'engage le dialogue, quitte à me retourner avec colère contre l'importun qui me réveille de mon délire. Au café, toute personne qui entre, sur la moindre vraisemblance de silhouette, est de la sorte, dans un premier mouvement, *reconnue.*
Et, longtemps après que la relation amoureuse s'est apaisée, je garde l'habitude d'halluciner l'être que j'ai aimé : parfois, je m'angoisse encore d'un téléphone qui tarde et, à chaque importun, je crois reconnaître la voix que j'aimais : je suis un mutilé qui continue d'avoir mal à sa jambe amputée.

5. « Suis-je amoureux ? – Oui, puisque j'attends. » L'autre, lui, n'attend jamais. Parfois, je veux jouer à celui qui n'attend pas ; j'essaye de m'occuper ailleurs, d'arriver en retard ; mais, à ce jeu, je perds toujours : quoi que je fasse, je me retrouve désœuvré, exact, voire en avance. L'identité fatale de l'amoureux n'est rien d'autre que : *je suis celui qui attend.*

E. B.

(Dans le transfert, on attend toujours – chez le médecin, le professeur, l'analyste. Bien plus : si j'attends à un guichet de banque, au départ d'un avion, j'établis aussitôt un lien agressif avec l'employé, l'hôtesse, dont l'indifférence dévoile et irrite ma sujétion ; en sorte qu'on peut dire que, partout où il y a attente, il y a transfert : je dépends d'une présence qui se partage et met du temps à se donner – comme s'il s'agissait de faire tomber mon désir, de lasser mon besoin. *Faire attendre :* prérogative constante de tout pouvoir, « passe-temps millénaire de l'humanité ».)

6. Un mandarin était amoureux d'une courtisane. « Je serai à vous, dit-elle, lorsque vous aurez passé cent nuits à m'attendre assis sur un tabouret, dans mon jardin, sous ma fenêtre. » Mais, à la quatre-vingt-dix-neuvième nuit, le mandarin se leva, prit son tabouret sous son bras et s'en alla.

Roland Barthes, *Fragments d'un discours amoureux,* Le Seuil, 1977.

Par-delà le discours critique

Un jeu subtil : le texte reprend bien des aspects du discours scientifique, il présente des rubriques classées comme dans un dictionnaire, propose en marge des références, emprunte largement à des langages techniques (celui de la psychanalyse, celui de l'analyse littéraire...). Mais en même temps il recourt à un « je » qui est souvent celui de la vie quotidienne et privée : d'où un décalage qui ne va pas sans humour. Le texte devient alors variations sur le thème de l'attente, la frontière s'abolissant entre l'analyse et le vécu, le discours critique et le récit, qu'il soit pseudo-autobiographique (fragment 3) ou fictionnel (fragment 6).

EXTRAIT

Claude Lévi-Strauss *(né en 1908) est ethnologue, professeur au Collège de France, théoricien de l'analyse structurale (*Les Structures élémentaires de la parenté, *1949,* Anthropologie structurale, *1958).* Tristes Tropiques *est un ouvrage d'inspiration autobiographique où il tire les leçons de son activité d'ethnologue et de ses recherches au Brésil et au Pakistan oriental. Ici, les dernières pages du livre :*

Le monde a commencé sans l'homme et il s'achèvera sans lui. Les institutions, les mœurs et les coutumes, que j'aurai passé ma vie à inventorier et à comprendre, sont une efflorescence passagère d'une création par rapport à laquelle elles ne possèdent aucun sens, sinon peut-être celui de permettre à l'humanité d'y jouer son rôle. Loin que ce rôle lui marque une place indépendante et que l'effort de l'homme – même condamné – soit de s'opposer vainement à une déchéance universelle, il apparaît lui-même comme une machine, peut-être plus perfectionnée que les autres, travaillant à la désagrégation d'un ordre originel et précipitant une matière puissamment organisée vers une inertie toujours plus grande et qui sera un jour définitive. Depuis qu'il a commencé à respirer et à se nourrir jusqu'à l'invention des engins atomiques et thermonucléaires, en passant par la découverte du feu – et sauf quand il se reproduit lui-même –, l'homme n'a rien fait d'autre qu'allégrement dissocier des milliards de structures pour les réduire à un état où elles ne sont plus susceptibles d'intégration. Sans doute a-t-il construit des villes et cultivé des champs ; mais quand on y songe, ces objets sont eux-mêmes des machines destinées à produire de l'inertie à un rythme et dans une proportion infiniment plus élevés que la quantité d'organisation qu'ils impliquent. Quant aux créations de l'esprit humain, leur sens n'existe que par rapport à lui, et elles se confondront au désordre dès qu'il aura disparu. Si bien que la civilisation, prise dans son ensemble, peut être décrite comme un mécanisme prodigieusement complexe où nous serions tentés de voir la chance qu'a notre univers de survivre, si sa fonction n'était de fabriquer ce que les physiciens appellent entropie, c'est-à-dire de l'inertie. Chaque parole échangée, chaque ligne imprimée établissent une communication entre les deux interlocuteurs, rendant étale un niveau qui se caractérisait auparavant par un écart d'information, donc une organisation plus grande. Plutôt qu'anthropologie, il faudrait écrire « entropologie » le nom d'une discipline vouée à étudier dans ses manifestations les plus hautes ce processus de désintégration.

Pourtant, j'existe. Non point, certes, comme individu ; car que suis-je sous ce rapport, sinon l'enjeu à chaque instant remis en cause de la lutte entre une autre société, formée de quelques milliards de cellules nerveuses abritées sous la termitière du crâne, et mon corps, qui lui sert de robot ? Ni la psychologie, ni la métaphysique, ni l'art ne peuvent me servir de refuge, mythes désormais passibles, aussi par l'intérieur, d'une sociologie d'un nouveau genre qui naîtra un jour et ne leur sera pas plus bienveillante que l'autre. Le moi n'est pas seulement haïssable : il n'a pas de place entre un *nous* et un *rien*. Et si c'est pour ce nous que finalement j'opte, bien qu'il se réduise à une apparence, c'est qu'à moins de me détruire – acte qui supprimerait les conditions de l'option – je n'ai qu'un choix possible entre cette apparence et rien. Or, il suffit que je choisisse pour que, par ce choix même, j'assume sans réserve ma condition d'homme : me libérant par là d'un orgueil intellectuel dont je mesure la vanité à celle de son objet, j'accepte aussi de subordonner ses prétentions aux exigences objectives de l'affranchissement d'une multitude à qui les moyens d'un tel choix sont toujours déniés.

Pas plus que l'individu n'est seul dans le groupe et que chaque société n'est seule parmi les autres, l'homme n'est seul dans l'univers. Lorsque l'arc-en-ciel des cultures humaines aura fini de s'abîmer dans le vide creusé par notre fureur ; tant que nous serons là et qu'il existera un monde – cette arche ténue qui nous relie à l'inaccessible demeurera, montrant la voie inverse de celle de notre esclavage et dont, à défaut de la parcourir, la contemplation procure à l'homme l'unique faveur qu'il sache mériter : suspendre la marche, retenir l'impulsion qui l'astreint à obturer l'une après l'autre les fissures ouvertes au mur de la nécessité et à parachever son œuvre en même temps qu'il clôt sa prison ; cette faveur que toute société convoite, quels que soient ses croyances, son régime politique et son niveau de civilisation ; où elle place son loisir, son plaisir, son repos et sa liberté ; chance, vitale pour la vie, de se *déprendre* et qui consiste – adieu sauvages ! adieu voyages ! – pendant les brefs intervalles où notre espèce supporte d'interrompre son labeur de ruche, à saisir l'essence de ce qu'elle fut et continue d'être, en deçà de la pensée et au-delà de la société : dans la contemplation d'un minéral plus beau que toutes nos œuvres ; dans le parfum, plus savant que nos livres, respiré au creux d'un lis ; ou dans le clin d'œil alourdi de patience, de sérénité et de pardon réciproque, qu'une entente involontaire permet parfois d'échanger avec un chat.

12 octobre 1954 - 5 mars 1955.

Claude Lévi-Strauss, *Tristes Tropiques,* Plon, 1955.

Le « nous » et le « rien »

Le texte emprunte largement au langage scientifique, notamment pour décrire les mécanismes de l'entropie. Mais on pourra étudier la façon dont les métaphores•, l'emploi d'un « je » qui est à la fois celui de l'individu auquel renvoient certains détails et celui de l'être humain en général, les effets rythmiques très sensibles à la fin du texte, manifestent une écriture littéraire qui vise à dire l'essentiel et qui dépasse l'opposition artificielle entre l'homme de lettres et le savant.

Président de la République depuis 1981, **François Mitterrand** (né en 1916), parallèlement à son action politique, a toujours affirmé son attachement à la tradition littéraire et à l'écrit. Il est l'auteur d'essais politiques (par exemple *Le Coup d'état permanent,* 1964) et de livres qui sont souvent des recueils de chroniques (*La Paille et le Grain,* 1975, *L'Abeille et l'Architecte,* 1978). À côté de textes brillamment polémiques qui sont les échos d'un long cheminement politique, d'autres prennent le recul qui ouvre la voie d'une sérénité.

EXTRAIT

Mercredi 15 janvier 1975.

Je ne calcule pas, je sens. Mais l'instrument de mesure reste approximatif surtout lorsqu'il s'agit d'apprécier la vitesse du temps. Si je me trompe de vingt ans, tant pis pour moi. J'ai changé dans la continuité. La formule faisait sourire l'an dernier. Celui que j'étais, je le suis ou plutôt, pour rendre raison à Walt Whitman[1], je le deviens. Du petit garçon qui était moi et dont l'image visite ma mémoire à la façon de l'aiguille sur le disque rayé, glissant toujours vers les mêmes sillons qui poussent les mêmes notes, je ne sais plus grand-chose hors trois ou quatre situations fixées une fois pour toutes et dont l'éclat brouille l'alentour. Un chemin creux que notre géographie familiale nommait le raidillon, conférant à ce diminutif une majesté singulière, une allée plantée de pommiers qui traversait des champs de blé, un mur du haut duquel, le dos sur la pierre plate, je plongeais dans le ciel, une fenêtre de grenier qui sentait le maïs et d'où je contemplais par-delà les tilleuls le paysage français qui a commandé à jamais l'idée que j'ai du paysage français. Inutile de le raconter sinon pour indiquer qu'il y avait des chênes, des saules, une rivière et la vallée qui se relevait pour se fondre dans le bleu horizon, couleur de circonstance des années d'après-guerre, à hauteur assez honorable pour qu'on pût se flatter d'avoir devant soi des collines. J'entends encore le murmure des conversations du soir, dans le noir, ma grand-mère immobile, les doigts noués sur son ouvrage un moment délaissé, regardant la nuit s'étendre sur le jardin et peu pressée de se lever pour allumer le manchon à gaz du plafonnier. Les paroles s'élevaient, sur un ton grégorien, avec, entre elles, des épaisseurs d'ombre. Cela finissait par des oui et des non qui ne répondaient à rien ni à personne. Chacun partait en voyage sur les étriers de l'imagination et hop ! franchissait les frontières du temps.

Je ne cherche pas à égrener des souvenirs. Ceux que j'évoque ici me servent à cerner une vérité qui s'échappe par les fenêtres grandes ouvertes de la mémoire. De cette salle à manger de campagne, barque ou nacelle, où nous rêvions nos vies jusqu'à ce jour où j'écris ces lignes à Nevers, par un samedi soir où se télescopent les pétarades des moteurs, les annonces publicitaires de la Foire-Exposition et les notes aigrelettes d'un angélus électronique, s'il y eut des ruptures elles n'ont touché que la surface. Se perpétue en moi le mouvement qui a commencé avec moi. C'est la même poussée qui me meut.

Veut-on savoir si je me voyais roi ou pape ? Pour peu que cette idée m'eût jamais visité, elle a duré moins d'un été. Mais ce monde dont je ne connaissais que dix villages d'une province, j'avais l'intolérable sensation de le supporter tout entier. Je communiquais avec lui au point de m'en attribuer la vocation sublime. Bref, j'étais plus proche de moi-même et des autres à quinze ans que je ne le suis à deux pas de la soixantaine.

(1) Poète américain du XIXe siècle (cf. pp. 40 et 113).

François Mitterrand, *L'Abeille et l'Architecte,* Flammarion, 1978.

« C'est la même poussée qui me meut »...

L'ouvrage dont ce texte est extrait est sous-titré « chronique » (recueil de faits historiques rapportés dans l'ordre de leur succession, dit le dictionnaire Robert). La force avec laquelle ce passage affirme une continuité qui nie le temps est d'autant plus significative. On étudiera notamment les images d'enracinement et le recours constant à des termes à connotation• rurale (depuis le « sillon » du disque jusqu'à l'expression « égrener des souvenirs »...), qui permettent de « cerner une vérité » et une fidélité fondamentales. Il s'agit bien de rendre au langage toute sa sève : « L'artifice du langage représente, à mes yeux, un symptôme majeur du mal dont souffre l'Occident. En un demi-siècle, pas une idée, pas un symbole ne sont venus de lui pour donner un sens à la vie des hommes. Il est trop occupé par la bouffe et l'argent pour sentir que flotte autour de lui l'odeur de la mort. La France, pourtant, la France... » *(L'Abeille et l'Architecte).*

EXTRAIT

Dans la plaine de Bouvines, le 27 juillet 1214, le roi de France Philippe-Auguste l'emporte sur une coalition qui rassemble l'empereur Otton, le comte de Flandre Ferrand, et le comte de Boulogne Renaud : les assises de la monarchie française en sont raffermies. Après avoir raconté cette journée décisive, ***Georges Duby*** *(né en 1919) – spécialiste d'histoire médiévale, professeur au Collège de France – s'interroge sur les raisons pour lesquelles l'histoire tend aujourd'hui à oublier cette bataille. C'est la dernière page du livre.*

On voit bien pourquoi se dissipent sous nos yeux les dernières traces de l'événement. Que viendrait faire le récit de Bouvines dans un enseignement donné aux enfants d'une Europe rassemblée, au nom d'une histoire qui s'est longuement et justement battue pour se dégager des entraves de l'événementiel ? Notre temps chasse les batailles de sa mémoire. Il a raison. Et comment pourrait-il se souvenir qu'il fut une époque où des chefs d'État songeaient à se mesurer corps à corps, remettant leur puissance aux mains de Dieu ? De nos jours, en effet, on ne voit guère le pouvoir s'abandonner au sort des armes, ni chercher sa légitimité dans une victoire. C'est l'inverse, plutôt, qui se produit : la renommée, vraie ou fausse, de succès douteux sert de prétexte à des capitaines, grands et petits, pour prendre le pouvoir de force. Quand ils le tiennent, ils se gardent bien de l'aventurer. La guerre qu'ils font est ténébreuse ; elle ignore les combats ouverts ; elle use d'autres moyens, plus insidieux, plus efficaces ; et qui, ceux-ci, entendent bien détruire. Ce qui ne retient pas, cependant, les généraux, les colonels, de souhaiter quelque accointance avec le sacré. D'invincibles tropismes continuent, en notre temps, d'incliner vers les goupillons les sabres. L'odeur de l'encens plaît aux chefs. On les voit souvent dans les cathédrales, guettant dans le ciel des signes d'élection. Ils ne répugneraient pas à guérir, eux aussi, les écrouelles. Après coup, ils aiment évoquer les victoires de jadis pour soulager peut-être, par les justifications de l'intemporel et du magique, la conscience un peu lourde qu'ils ont quand même quelquefois de leur tyrannie fourrée. « Il existe bien, le Dieu des batailles. Aux intentions et à la volonté des hommes préside toujours la volonté de Dieu, qui octroie les victoires et déclenche les déroutes. Dieu n'a pas coutume d'abandonner les causes justes, ni ceux qui de bonne foi le servent. Si, dans cet esprit théologique, nous essayons d'observer les victoires militaires qui constituent les nœuds de l'histoire du monde, nous retrouvons facilement le signe des desseins de la volonté divine. Il se trouve si peu d'espace entre la victoire et la déroute, les circonstances du hasard sont si changeantes, la bataille la mieux engagée peut si facilement être perdue par l'effet d'actions insurmontables : nul ne peut être sûr que la volonté de Dieu incline de son côté. » Ceci, c'est un général qui l'écrit : Francisco Franco. En 1964. Et le 25 juillet 1971, jour de la fête de saint Jacques de Compostelle, patron de l'Espagne, entouré des membres de son cabinet et d'une vingtaine d'évêques, agenouillé devant la statue du saint, il parle de nouveau. Pour dire quoi ? « Pendant notre croisade de libération, nous avons constaté à diverses reprises que les victoires les plus décisives étaient remportées les jours correspondant aux grandes fêtes de l'Espagne. Ce fut le cas de la bataille de Brunete où, après plusieurs jours de piétinement, la victoire nous revint le jour de la fête de notre saint patron. Il ne peut en être autrement quand on combat pour la foi, pour l'Espagne et pour la justice. La guerre se fait plus facilement quand on a Dieu pour allié. »

Dieu. Celui des holocaustes et des défilés militaires. Le dieu de l'ordre rétabli. Ce grand cheval blême qui planait sur le champ des morts, un soir, à Brunete, avait autrefois plané sur Bouvines. Il plane aussi sur Guernica, sur Auschwitz, sur Hiroshima, sur Hanoï et sur tous les hôpitaux après toutes les émeutes. Ce dieu-là non plus n'est pas près de mourir. Il reconnaît toujours les siens.

Georges Duby, *Le Dimanche de Bouvines*, Gallimard, 1973.

Le Dieu des batailles

À quoi sert l'histoire ? Par-delà le « récit » historique, le texte propose un « discours » ouvertement assumé par l'auteur, dans toute sa dimension polémique, et fermement inscrit dans le présent. On pourra étudier notamment les procédés polémiques, les formules frappantes, l'indignation maîtrisée qui donnent une grande force à ce texte. Un écrivant, un écrivain ?

Faisons le point

Fiche n° 5
précédente : p. 431
suivante : p. 463

Influences / Convergences

1. Comme toute création artistique, la littérature romanesque du XXe siècle est **dialogue** avec des œuvres antérieures ou contemporaines et s'inscrit dans un univers culturel français ou étranger. Par exemple, le « nouveau roman » se définit en permanence par rapport au roman classique, Gide ou Camus se réfèrent à Dostoïevski... Certaines œuvres, par leur nouveauté et leurs apports techniques, ont exercé une **influence** souvent considérable : ainsi l'*Ulysse* de Joyce et le monologue intérieur (cf. p. 386) ou les procédés narratifs du roman américain. Il arrive aussi que des œuvres étrangères paraissent les meilleures illustrations d'une vision du monde à laquelle elles servent de révélateur : on sera alors tenté de parler de **convergences** autour d'une vision du monde kafkaïenne ou borgésienne (cf. p. 15)...

2. Le roman américain

C.-E. Magny a parlé de « l'âge du roman américain » pour désigner la littérature d'après-guerre. L'influence des écrivains américains se fait sentir en fait dès les années trente : Malraux préface en 1931 la traduction française de *Sanctuaire* (Faulkner) ; les articles de Sartre attirant l'attention sur Dos Passos et Faulkner datent de 1938-1939 et sont repris après la guerre dans *Situations 1* ; en 1956 Camus adapte au théâtre *Requiem pour une nonne.* Ce sont là quelques jalons signalant une influence qui est **à la fois thématique et technique.** Il est normal que les romanciers d'une période envahie par « le bruit et la fureur » se soient sentis concernés par l'univers de ces auteurs américains qu'on qualifia de « génération perdue ». L'univers de Fitzgerald (*Gatsby le magnifique,* 1925) révèle au sein même de milieux privilégiés la fêlure du désespoir. Celui de Dos Passos, Hemingway, Faulkner, est un monde tragique. La guerre, la désagrégation sociale, les souffrances des États du sud chez Faulkner manifestent une crise des valeurs.

L'influence du roman américain est aussi technique. Le simultanéisme• de Dos Passos (*Manhattan Transfer,* 1925, la trilogie *USA,* de 1930 à 1936, cf. p. 359), la recherche d'une écriture objective refusant le commentaire (Dos Passos, Hemingway), l'utilisation faulknerienne du monologue intérieur et les ambiguïtés énonciatives• qui suggèrent un univers énigmatique : toutes ces recherches ont largement contribué à la remise en cause des codes romanesques traditionnels.

3. Un univers kafkaïen ?

Avec M. Kundera (*L'Art du roman,* 1986), on pourra noter que le nom de Kafka, plus encore qu'à une œuvre, est désormais associé à **une vision du monde,** à laquelle, peut-être, l'histoire contemporaine s'est mise à ressembler : d'où la fascination qu'exercent *La Métamorphose* (1915), *Le Procès* (1925) ou *Le Château* (1926). Le héros kafkaïen, remarque M. Kundera, est confronté à « une immense institution labyrinthique » à laquelle il ne peut échapper, et qui ne saurait s'analyser selon les critères intelligibles traditionnels. La bureaucratie mystérieuse du *Procès* ou du *Château* représente pourtant la vraie réalité, par rapport à laquelle les hommes ne sont que des illusions, « les ombres de leurs fiches » : jamais ils n'accéderont à cette réalité ; au contraire, ils sont en faute par rapport à elle, sans savoir pourquoi, et s'engagent dès lors dans un processus sans issue d'autoculpabilisation. Vue du dehors, cette logique absurde pourrait être drôle, mais Kafka nous la fait vivre de l'intérieur, nous entraînant dans ce que Kundera appelle « l'horrible du comique ». On comprend tout ce que la sensibilité « absurde » a pu devoir à Kafka.

J.-P. Sartre, *Situations 1,* Gallimard, 1947.

M. Kundera, *L'Art du roman,* Gallimard, 1986.

G. Genette, « L'Utopie littéraire », in *Figures 1,* Le Seuil, 1966.

M. Blanchot, *Le Livre à venir,* Gallimard, 1959.

La vie est un roman

« Ma vie, comme toute vie, est un roman. J'y ai puisé les forces vives de douze romans, à ce jour. Je veux en extraire la force brute d'un roman, unique, celui-ci, *Biographie*, sans lequel les douze premiers (publiés) n'auront pas leur sens exact. »

Yves Navarre, *Biographie* (*roman*), Flammarion, 1981.

Parler de soi : le nombre des publications à caractère autobiographique et le succès qu'elles rencontrent suffisent à établir que, malgré la multiplication envahissante des « choses », des « objets », l'interrogation sur le sujet demeure vivace. Mais ce développement même de l'autobiographie révèle bien des problèmes et des ambiguïtés. Au moment où Philippe Lejeune établit la théorie du genre (*Le Pacte autobiographique,* 1975), celui-ci tend à éclater par remise en cause des principes traditionnels de l'écriture autobiographique (par exemple l'utilisation de la première personne) ou par prolifération de textes qui finiront peut-être par constituer un genre nouveau : ainsi les récits de vie.

Selon Ph. Lejeune, l'autobiographie est le « récit rétrospectif en prose qu'une personne réelle fait de sa propre existence, lorsqu'elle met l'accent sur sa vie individuelle, en particulier sur l'histoire de sa personnalité » (cf. p. 463). Or aucun des éléments de cette définition n'échappe aux remises en cause qui caractérisent notre époque. Le fonctionnement du récit, les frontières entre prose et poésie, la notion même de personnalité : autant d'interrogations pour les sciences humaines, la narratologie•, la psychanalyse...

Il est donc difficile d'envisager une autobiographie naïve, et l'on comprend aisément que les œuvres les plus marquantes en ce domaine soient celles qui, selon le titre de Michel Leiris, sont précisément à la recherche d'une « Règle du jeu ».

Du journal intime au *Temps immobile* de Claude Mauriac

Le journal intime, souvent pratiqué comme une hygiène d'écriture, apparaît d'abord comme une pratique autobiographique élémentaire. Tenu au jour le jour, il n'a pas l'ambition de présenter une vie dans sa globalité, comme le fait le récit rétrospectif. Souvent pratiqué par un écrivain en marge de l'œuvre proprement dite, il constitue un carnet de notes, un aide-mémoire, un relevé d'idées ou d'impressions ; il n'est alors pas destiné à la publication, même s'il peut servir, au même titre que la correspondance d'un écrivain, à éclairer tel ou tel aspect de son œuvre (ainsi les *Carnets* de Camus).

Mais le journal peut devenir œuvre à son tour, voire, lorsqu'il supplante les autres formes d'expression, devenir l'œuvre elle-même : l'exemple d'André Gide constitue un précédent illustre. Les *Journaux* de Julien Green (cf. p. 316) et les *Journaliers* de Marcel Jouhandeau (1888-1979) manifestent nettement cette tendance. Le journal, très abondant (déjà douze tomes pour J. Green, vingt-huit pour M. Jouhandeau...), finit par remplacer l'œuvre de fiction chez Jouhandeau ou par l'occulter chez J. Green. Chez les deux écrivains le journal est le lieu d'une interrogation morale (l'homosexualité, le désir, les troubles de l'existence face à une foi chrétienne souvent tourmentée), mais si Jouhandeau traite ce conflit de façon souvent provocante et indiscrète, J. Green suggère avec retenue la complexité de la vie intérieure.

Publiée régulièrement depuis 1974, l'œuvre de **Claude Mauriac** (né en 1914), *Le Temps immobile,* est particulièrement intéressante en ce qu'elle constitue à la fois un **prolongement** et un **dépassement** du journal intime. Fils de François Mauriac, Cl. Mauriac a toujours voulu être un écrivain. Dès sa plus tendre enfance, il tient un journal, puis il publie des essais (sur Cocteau, Malraux, Breton...) avant de chercher sa voie dans le roman. *Le Dîner en ville* (1959) ou *La Marquise sortit à cinq heures* (1961) l'apparentent au nouveau roman, sur lequel il mène parallèlement une réflexion théorique : *L'Alittérature contemporaine* (1958). Mais c'est *Le Temps immobile* qui, selon lui-même, constitue sa grande œuvre. Dans les neuf tomes déjà parus, il utilise comme matériau le journal écrit tout au long de sa vie, et procède à un travail de montage qui consiste à rapprocher des textes écrits à des dates différentes, voire à rapprocher de son propre journal des textes écrits par son père, son grand-père, ou d'autres écrivains (le *Journal* des Goncourt, la correspondance de Flaubert...).

L'intérêt de l'œuvre est double. D'une part les notations très riches d'un journal qui porte témoignage sur de nombreux écrivains de ce siècle, sur des milieux politiques divers (Cl. Mauriac, secrétaire du général de Gaulle après la guerre, s'est rapproché des gauchistes après 1968), mais aussi qui reprend sans cesse les grands thèmes de l'auteur : le vieillissement, l'image du père, l'obsession de la création littéraire longtemps ressentie comme tout à la fois indispensable et impossible. D'autre part, une élaboration qui réside non dans l'écriture, volontairement neutre le plus souvent, mais dans un **montage** inspiré des techniques cinématographiques qui rapproche brutalement les époques les plus diverses. Il ne s'agit pas là d'un artifice littéraire, mais, selon Cl. Mauriac, d'un moyen d'exprimer le sentiment fascinant d'une permanence du moi, d'un temps immobile qui répond au temps retrouvé proustien en même temps qu'il en diffère ; pour Cl. Mauriac, le temps n'a pas à être retrouvé, le moi est immuable et c'est la succession linéaire des dates qui serait artificielle : d'où le refus et le dépassement du journal traditionnel.

Écrire *Le Temps immobile,* c'est donc immobiliser le temps ; la vie et l'écriture se confondent et le premier tome du *Temps immobile,* de façon très proustienne, se termine sur la décision enfin prise d'écrire : « Temps vraiment immobile, où je retrouvais, à près de cinquante ans, l'enfant qu'à jamais je demeurais ici [...]. Cela, bien sûr, est indicible et c'est pour tenter malgré tout de le dire que je vais composer *Le Temps immobile.* »

EXTRAIT

Cl. Mauriac, avec d'autres intellectuels et artistes français, se rend en Espagne pour porter un message signé d'A. Malraux, P. Mendès France, L. Aragon et F. Jacob, protestant – vainement – contre onze condamnations à mort prononcées par les tribunaux d'exception franquistes.

Paris, dimanche 27 juillet 1975.

Atterrissant pour la première fois à l'aéroport Charles-de-Gaulle (dont le nom, répété à Milan dans les haut-parleurs, m'avait ému et troublé, comme celui d'un être fraternel et proche soudain clamé sur la place publique – et si peu homme privé que fût de Gaulle, cela m'avait étonné, parce que ce n'était pas au personnage officiel que son nom me faisait d'abord penser, mais au héros approché dans l'intimité et presque dans le secret), me sachant aux approches de Roissy en pays connu, gagnant la terre d'où enfant je me trouvais au bord du ciel, de ce ciel, comme sur les rivages de l'océan, c'est en vain que je cherche à m'orienter, ne réussissant pas à voir Vémars au large duquel nous passons (et où je sais mon père enseveli), ne découvrant Montmélian, au ras de l'horizon, qu'au moment où nous roulons déjà sur la piste, – cette piste de béton qui recoupe, recouvre, celle invisible, effacée, qu'en pleins champs je suivais ici même, un matin d'août 1944, aux derniers jours de l'occupation, lorsque j'allais à bicyclette chercher à Vémars, un article de François Mauriac, sur Charles de Gaulle, *Le Premier des nôtres...*

Roissy-en-France, lundi 22 septembre 1975.

Au moment où nous arrivons à l'aéroport Charles-de-Gaulle, Michel Foucault nous dit, à Marie-Claude(1) et à moi :

– André Malraux, je l'admirais tellement, lorsque j'étais étudiant, que je connaissais par cœur des pages et des pages de ses livres...

Je venais de penser à haute voix :

– C'est curieux, tout de même, ce livre, notre livre *Malraux, de Gaulle et Foucault*(2), qui s'achève seul – et s'achève autrement, puisque je voulais, moi, l'arrêter à la fin 73... Mais voici Malraux et Foucault réunis dans une même action, voici que j'ai eu affaire à Malraux non pour commenter le passé mais pour composer le présent...

J'ai parlé moins bien, mais c'était le sens. Nous étions, quelques instants plus tard, aux lisières du large cercle vide central de cet édifice superbe, nous regardions se croiser devant nous, au fond de ce puits, les escaliers montant sous leurs rondes cuirasses transparentes. Je disais à Michel Foucault :

– Un jour d'août 1944, ici même...

Et il répondait :

– Et aujourd'hui ce n'est plus de Gaulle, mais Malraux, qui à Charles-de-Gaulle est directement concerné : non plus un article sur de Gaulle que vous allez chercher, mais un message de Malraux que vous allez porter...

Un silence. Puis :

– *Le Temps immobile,* en somme, c'est un aérodrome...

Si peu de temps a passé et nous sommes déjà au-dessus de Bordeaux, d'où vient François Mauriac, d'où en partie je viens ; puis de la ligne sableuse des

(1) épouse de Cl. Mauriac
(2) qui deviendra le tome 3 du *Temps immobile*

landes et de l'océan ; puis de Pampelune – où j'étais, en 1933, la dernière (et seule fois) où je fus en territoire espagnol – ce pays basque dont le peuple, à cette même minute est dans l'angoisse et la colère. Et je regarde, Michel Foucault assis à côté de moi, – non loin, devant nous, Yves Montand, Régis Debray, Jean Lacouture, Costa-Gavras et le R.P. Laudouze, de *Témoignage chrétien* que nous n'avions pas reconnu, lorsqu'il était arrivé à l'aérogare, avec une si belle casquette qu'en même temps, Michel et moi, nous l'avions nommé Passe-Partout. Je regarde cette terre d'Espagne, que je n'avais jamais vue, et dont me surprend la couleur brûlée, le sombre rouge calciné ; je me dis : je suis dans le ciel d'Espagne où Malraux combattit en 1936 et j'ai sur moi, comme les camarades, un message en langue espagnole signé André Malraux, le premier qu'il adresse à l'Espagne, non certes à son régime mais à son peuple, depuis 1939... [...]

Aéroport de Barajas, lundi 22 septembre 1975.

Cette émotion en mettant le pied sur la terre espagnole, pour la première fois depuis... je vais aller à l'armoire au journal... vérifier... je ne sais pas encore... ne suis même pas sûr de l'année... 1933... jeudi 21 septembre 1933... à un jour près, quarante-deux ans...

Saint-Jean-Pied-de-Port, jeudi 21 septembre 1933.

Roncevaux, avec Claude Guy. À Val-Carlos, le car s'arrête. Pittoresque marche dans la nuit, avec des inconnus, de Val-Carlos jusqu'à la frontière. Une auto nous ramasse tous, dont nous partageons le prix. La frontière, enfin ! Joie de voir des douaniers français. Et du « bleu » dans les bureaux de tabac...

Paris, jeudi 25 septembre 1975.

Michel Foucault a raison : *Le Temps immobile* est fait de tubulures mouvantes qui s'entrecroisent, se coupent, se recoupent dans la capsule de notre espace-temps. Je reprends d'après mes quelques rares notes...

Claude Mauriac, *Le Temps immobile*, t. 3 : *Et comme l'espérance est violente...*, Grasset, 1976.

Le temps et l'espace

Un exemple du travail de montage qui rapproche des dates éloignées parfois de quelques semaines seulement, parfois de nombreuses années ; ressemblances et coïncidences convergent pour suggérer l'idée d'une continuité. On pourra étudier la façon dont l'organisation de l'espace et les caractéristiques des lieux rejoignent cette structure temporelle : l'architecture de l'aéroport de Roissy joue à cet égard un rôle privilégié.

document

Pourquoi lit-on des journaux intimes?

Il est remarquable que, dans cette fin du vingtième siècle, nous nous nourrissions souvent par préférence, chez les grands écrivains du passé, de ce qu'ils auraient regardé comme les miettes de leur table. Chez Gide, plutôt de son *Journal* que de tout le reste, et souvent même, chez Hugo, de ses *Choses Vues*. [...] Ce que nous voulons, c'est la littérature qui bouge, et saisie dans le moment même où elle semble bouger encore, tout comme nous préférons une esquisse de Corot ou de Delacroix à leurs tableaux finis. [...] Délaissement du *chef-d'œuvre* au profit de tout ce qui, de l'écrivain, babille et jase encore autour de lui en liberté (il suffirait, pour en apporter la preuve, d'établir la balance de tout ce qui se publie ou se réédite de *Carnets*, de *Cahiers*, de *Journaux*, de *Mémoires*, de *Correspondances* des grands écrivains, de *Souvenirs* grappillés sur eux, et, en regard, des rééditions parcimonieuses de leurs livres-clefs). Ce que j'écris ici ne doit être pris à aucun titre pour un désaveu de mon époque : je penche moi aussi – je m'en aperçois sans cesse au choix de mes lectures – du côté où elle penche.

Julien Gracq, *En lisant en écrivant*, Corti, 1981.

Mémoires et antimémoires : André Malraux, Charles de Gaulle

La publication des *Antimémoires* en 1967 fut saluée comme un événement. Elle marquait le retour à la littérature d'André Malraux, après de nombreuses années consacrées à l'action politique auprès du général de Gaulle et à la réflexion sur l'art (cf. p. 329). Les *Antimémoires* sont le premier volet d'un ensemble qui ne trouvera sa forme définitive qu'en 1976, dans l'édition de la Pléiade, sous le titre *Le Miroir des Limbes*. Malraux y complète les *Antimémoires* par plusieurs textes d'abord publiés séparément *(Lazare, Les Chênes qu'on abat, La Tête d'obsidienne...)* puis partiellement réécrits, tant le souci d'élaboration littéraire et de composition est pour lui essentiel. Mais le principe de l'œuvre reste le même : Malraux mêle des récits de rencontres avec des hommes politiques d'exception (Mao Tsé-toung, Nehru, de Gaulle, Senghor...), des souvenirs de la guerre, de la résistance, des événements de mai 1968, des fragments d'un roman publié en 1943 mais jamais réédité *(Les Noyers de l'Altenburg)*, une méditation sur la maladie et la mort...

Il n'est pas question d'y chercher des confidences intimes ; Malraux n'a jamais manifesté que dédain pour ce genre d'entreprise et rien ne lui est plus étranger que l'autobiographie-confession. Ce n'est pas le récit d'une vie, et l'ordre suivi n'est pas chronologique. Il ne s'agit pas davantage de mémoires au sens traditionnel du terme : comme l'indique le titre d'*Antimémoires*, l'œuvre ne se mesure pas à l'aune de l'exactitude historique. Il est (trop) facile de la contester de ce point de vue, et les critiques eurent tôt fait de constater que tous les hommes célèbres y parlent comme des personnages de Malraux.

En fait Malraux crée **une forme nouvelle**. Au fil des rencontres – avec des personnages historiques, avec des artistes, avec soi-même à l'approche de la mort –, s'engage un long dialogue qui constitue une méditation sur le sens de la vie, sur le destin, l'Histoire, l'art. Les voix se répondent comme les œuvres d'art du Musée imaginaire. Si la réalité est souvent déformée, mise en scène, dans une œuvre qui dépasse l'opposition entre vérité et fiction, c'est que jamais Malraux n'a plus fortement tenté d'être à la hauteur d'une exigence fondamentale : affronter lucidement la condition humaine.

EXTRAITS

Pékin, août 1965 ; Malraux, en visite officielle en Chine, a été reçu par Mao Tsé-toung.

Nous approchons pas à pas du perron. Je le regarde (il regarde devant lui). Extraordinaire puissance de l'allusion ! Je sais qu'il va de nouveau intervenir. Sur la jeunesse ? Sur l'armée ? Aucun homme n'aura si puissamment secoué l'histoire depuis Lénine. La Longue Marche le peint mieux que tel trait personnel, et sa décision sera brutale et acharnée. Il hésite encore, et il y a quelque chose d'épique dans cette hésitation dont je ne connais pas l'objet. Il a voulu refaire la Chine, et il l'a refaite ; mais il veut aussi la révolution ininterrompue, avec la même fermeté, et il lui est indispensable que la jeunesse la veuille aussi... Je pense à Trotski, mais la révolution permanente se référait à un autre contexte, et je n'ai connu Trotski qu'après la défaite (le premier soir, à Royan, l'éclat de ses cheveux blancs dressés, son sourire et ses petites dents séparées dans l'éclat des phares de l'auto)... L'homme qui marche lentement à mon côté est hanté par plus que la révolution ininterrompue ; par une pensée géante dont nous n'avons parlé ni l'un ni l'autre : les sous-développés sont beaucoup plus nombreux que les pays occidentaux, et la lutte a commencé dès que les colonies sont devenues des nations. Il sait qu'il ne verra pas la révolution planétaire. Les nations sous-développées sont dans l'état où se trouvait le prolétariat en 1848. Mais il y aura un Marx (et d'abord lui-même), un Lénine. On fait beaucoup de choses en un siècle !... Il ne s'agit pas de l'union de tel prolétariat extérieur avec un prolétariat intérieur, de l'union de l'Inde avec les travaillistes, de l'Algérie avec les communistes français ; il s'agit des immenses espaces du malheur contre le petit cap européen, contre la haïssable Amérique. Les prolétariats rejoindront les capitalismes, comme en Russie, comme aux États-Unis. Mais il y a un pays voué à la vengeance et à la justice, un pays qui ne déposera pas les armes, qui ne déposera pas l'esprit avant l'affrontement planétaire. Déjà trois cents ans d'énergie européenne s'effacent ; l'ère chinoise commence. Il m'a fait penser aux empereurs, et il me fait penser maintenant, debout, aux carapaces couvertes de rouille des chefs d'armée qui appartinrent aux allées funéraires, et que l'on voit abandonnées dans les champs de sorgho. Derrière toute notre conversation se tenait aux aguets l'espoir du crépuscule d'un monde. Dans l'immense couloir, les dignitaires se sont arrêtés, sans oser se retourner.

« Je suis seul », répète-t-il.

Soudain, il rit :

« Enfin, avec quelques amis lointains : veuillez saluer le général de Gaulle.

« Quant à eux (il veut parler des Russes) la révolution, vous savez, au fond, ça ne les intéresse pas... »

L'auto démarre. J'écarte les petits rideaux de la vitre du fond. Comme lorsque je suis arrivé, mais cette fois en pleine lumière, il est seul en costume sombre au centre d'un cercle un peu éloigné de costumes clairs.

Je pense à ce que signifie, à ce que signifiera cette vie épique, entourée d'un culte absurde, et, quoi que nous en disions, si peu intelligible pour nous : car la vénération de sa pensée ressemble plus à celle de la Révélation du Prophète qu'au sentiment que nous inspirent les grandes figures de notre Histoire.

André Malraux, *Le Miroir des Limbes*, t. 1 : *Antimémoires*, Gallimard, 1976.

Colombey, jeudi 11 décembre 1969 : le général de Gaulle vient de quitter le pouvoir ; Malraux lui rend visite à Colombey. Ce texte est paru pour la première fois dans Les Chênes qu'on abat *(1971).*

La fatigue des derniers temps du pouvoir s'est effacée. Le général de Gaulle retourne d'un geste un des fauteuils de cuir. Sa haute taille, un peu courbée maintenant, domine la petite pièce où flambe un feu de bois. Il s'assied à contre-jour, pour protéger ses yeux, derrière une table à patiences dont le tapis vert supporte les boîtes de cartes. Jamais, aux jours éclatants, je n'ai assisté à un dîner à l'Élysée, dans le salon d'Honneur surdoré comme les palaces du siècle dernier, sans voir ce dîner partir vers le néant avec ses deux cent cinquante couverts, ses musiciens sous la tapisserie d'après l'*Héliodore* de Raphaël, sa musique de Mozart et son cortège de fin des Habsbourg... Khrouchtchev, Nehru et Kennedy dans la galerie des Glaces de Versailles, et Trianon restauré, déjà hanté par le départ...

J'ai redécouvert, en lui serrant la main, combien les mains de cet homme encore si grand sont petites et fines. Les mains ébouillantées de Mao Tsé-toung, elles aussi, semblent les mains d'un autre.

Après les paroles de bienvenue, nous passons dans son cabinet de travail. La noblesse de la pièce tient-elle à l'accord de ses proportions avec celles du bureau, ou aux trois fenêtres derrière lui, à l'impression de vide qu'imposent les livres dans le mur – œuvres complètes de Bergson, ami de sa famille, et les miennes, qu'il me montre d'un clignement – ou au Général devant l'immense paysage noir et blanc de la neige sur toute la France, un seul fauteuil en face de lui ?

Il m'a dit autrefois, pendant que nous parcourions le parc : « Voyez, tout ceci a été peuplé jusqu'au ve siècle ; et il n'y a plus un village jusqu'à l'horizon. »

La cellule de saint Bernard, ouverte sur la neige des siècles et la solitude.

Qu'amis et adversaires s'interrogent sur les causes réelles de son départ, il le sait. Il l'avait annoncé ; peu importe. Pour le pays, il y a dissonance entre le référendum, les régions, le Sénat, tout le matériel de la dernière consultation, et le départ du général de Gaulle après des élections ultra-gaullistes. Le Général ne pouvait affronter que des événements historiques – ou la mort – ou le secret. Son premier départ avait déconcerté. On sait qu'il ne reviendra plus. Ce qu'on appelle la politique française continue à l'écoute de ce silencieux Veilleur.

« Cette fois, dit-il, c'est peut-être fini. »

André Malraux, *Le Miroir des Limbes*, t. 2 : *La Corde et les Souris*, Gallimard, 1976.

Les amis lointains

La comparaison des deux extraits permettra de dégager des techniques communes ; un jeu d'échos renvoie d'ailleurs de l'un à l'autre autour du thème des « amis lointains ». On étudiera l'art de la mise en scène, mais aussi les procédés d'élargissement – dans l'espace et dans le temps – qui servent à suggérer, en même temps que la solitude du grand homme, des « dialogues » avec d'autres personnages historiques. Mao Tsé-toung ou de Gaulle, comme les grands artistes évoqués dans les essais sur l'art (cf. document), comptent parmi les plus éminents représentants de l'Homme.

documents

La première page des Mémoires de guerre *du général de Gaulle montre bien la différence entre l'autobiographie et les mémoires (cf. p. 463). Le « je » n'apparaît que dans ses rapports avec des valeurs qui le dépassent, ici la France.*

Toute ma vie, je me suis fait une certaine idée de la France. Le sentiment me l'inspire aussi bien que la raison. Ce qu'il y a, en moi, d'affectif imagine naturellement la France, telle la princesse des contes ou la madone aux fresques des murs, comme vouée à une destinée éminente et exceptionnelle. J'ai, d'instinct, l'impression que la Providence l'a créée pour des succès achevés ou des malheurs exemplaires. S'il advient que la médiocrité marque, pourtant, ses faits et gestes, j'en éprouve la sensation d'une absurde anomalie, imputable aux fautes des Français, non au génie de la patrie. Mais aussi, le côté positif de mon esprit me convainc que la France n'est réellement elle-même qu'au premier rang ; que, seules, de vastes entreprises sont susceptibles de compenser les ferments de dispersion que son peuple porte en lui-même ; que notre pays, tel qu'il est, parmi les autres, tels qu'ils sont, doit, sous peine de danger mortel, viser haut et se tenir droit. Bref, à mon sens, la France ne peut être la France sans la grandeur.

Cette foi a grandi en même temps que moi dans le milieu où je suis né. Mon père, homme de pensée, de culture, de tradition, était imprégné du sentiment de la dignité de la France. Il m'en a découvert l'Histoire. Ma mère portait à la patrie une passion intransigeante à l'égal de sa piété religieuse. Mes trois frères, ma sœur, moi-même, avions pour seconde nature une certaine fierté anxieuse au sujet de notre pays. Petit Lillois de Paris, rien ne me frappait davantage que les symboles de nos gloires : nuit descendant sur Notre-Dame, majesté du soir à Versailles, Arc de Triomphe dans le soleil, drapeaux conquis frissonnant à la voûte des Invalides. Rien ne me faisait plus d'effet que la manifestation de nos réussites nationales : enthousiasme du peuple au passage du Tsar de Russie, revue de Longchamp, merveilles de l'Exposition, premiers vols de nos aviateurs. Rien ne m'attristait plus profondément que nos faiblesses et nos erreurs révélées à mon enfance par les visages et les propos : abandon de Fachoda, affaire Dreyfus, conflits sociaux, discordes religieuses. Rien ne m'émouvait autant que le récit de nos malheurs passés : rappel par mon père de la vaine sortie du Bourget et de Stains, où il avait été blessé ; évocation par ma mère de son désespoir de petite fille à la vue de ses parents en larmes : « Bazaine a capitulé ! »

Adolescent, ce qu'il advenait de la France, que ce fût le sujet de l'Histoire ou l'enjeu de la vie publique, m'intéressait par-dessus tout. J'éprouvais donc de l'attrait, mais aussi de la sévérité, à l'égard de la pièce qui se jouait, sans relâche, sur le forum ; entraîné que j'étais par l'intelligence, l'ardeur, l'éloquence qu'y prodiguaient maints acteurs et navré de voir tant de dons gaspillés dans la confusion politique et les divisions nationales. D'autant plus qu'au début du siècle apparaissaient les prodromes de la guerre. Je dois dire que ma prime jeunesse imaginait sans horreur et magnifiait à l'avance cette aventure inconnue. En somme, je ne doutais pas que la France dût traverser des épreuves gigantesques, que l'intérêt de la vie consistait à lui rendre, un jour, quelque service signalé et que j'en aurais l'occasion.

Général de Gaulle, *Mémoires de guerre,* Plon, 1954.

Tout au long de sa vie Malraux a réfléchi et écrit sur l'art. En 1951, Les Voix du silence *rassemblaient l'essentiel de ses textes sur l'art, dont le célèbre* Musée imaginaire. *En 1957 il publie* La Métamorphose des Dieux. *Reprise en 1974 sous le titre* Le Surnaturel, *cette étude est le premier volet d'un ensemble complété par* L'Irréel *(1974) et* L'Intemporel *(1976).*

Tous ces livres organisent la confrontation, facilitée par les techniques modernes de reproduction photographique, des grandes œuvres d'art – peintures, sculptures – de toutes les civilisations. De ce dialogue incessant se dégage, face à la mort et dans un monde qui ne croit plus aux Dieux, l'ambition de l'homme défiant le destin. Voici la dernière page des Voix du silence *:*

Sans doute un jour, devant les étendues arides ou reconquises par la forêt, nul ne devinera plus ce que l'homme avait imposé d'intelligence aux formes de la terre en dressant les pierres de Florence dans le grand balancement des oliviers toscans. Il ne restera rien de ces palais qui virent passer Michel-Ange exaspéré par Raphaël, ni des petits cafés de Paris où Renoir s'asseyait avec Cézanne, Van Gogh avec Gauguin. L'Éternel de la Solitude n'est pas moins vainqueur des rêves que des armées ; et les hommes n'ignorent guère tout cela, depuis qu'ils existent et savent qu'ils doivent mourir.

Nietzsche a écrit qu'en face de la floraison d'une prairie au printemps, le sentiment que l'humanité tout entière n'était qu'une semblable luxuriance créée pour le néant par quelque puissance aveugle, s'il était un sentiment réellement éprouvé, ne pouvait être supporté. Peut-être. J'ai vu l'océan malais constellé de méduses phosphorescentes aussi loin que la nuit permît au regard de plonger dans la baie, puis la frémissante nébuleuse des lucioles qui couvraient les pentes jusqu'aux forêts disparaître peu à peu dans le grand effacement de l'aube ; si le destin de l'humanité est aussi vain que l'était cette lumière condamnée, l'implacable indifférence du jour n'est pas plus puissante que la méduse phosphorescente qui sculpta le tombeau des Médicis dans Florence asservie, que celle qui grava les Trois Croix dans la solitude et dans l'abandon. Qu'importe Rembrandt à la dérive des nébuleuses ? Mais c'est l'homme que les astres nient, et c'est à l'homme que parle Rembrandt. Corps de pitié passés sans traces, que l'humanité soit ce néant où de pauvres mains tirent à jamais, de la terre qui porte les marques de la demi-bête aurignacienne et celles de la mort des empires, des images dont l'indifférence ou la communion rend le même témoignage de votre dignité : nulle grandeur n'est séparable de ce qui la maintient. Le reste est espèces soumises, et mouches sans lumières.

Mais l'homme est-il obsédé d'éternité, ou d'échapper à l'inexorable dépendance que lui ressasse la mort? Survie misérable qui n'a pas le temps de voir s'éteindre les étoiles déjà mortes! mais non moins misérable néant, si les millénaires accumulés par la glaise ne suffisent pas à étouffer dès le cercueil la voix d'un grand artiste... Il n'y a pas de mort invulnérable devant un dialogue à peine commencé, et la survie ne se mesure pas à la durée; elle est celle de la forme que prit la victoire d'un homme sur le destin, et cette forme, l'homme mort, commence sa vie imprévisible. La victoire qui lui donna l'existence, lui donnera une voix que son auteur ignorait en elle. Ces statues plus égyptiennes que les Égyptiens, plus chrétiennes que les chrétiens, plus Michel-Ange que Michel-Ange – plus humaines que le monde – et qui se voulurent une irréductible vérité, bruissent des mille voix de forêt que leur arracheront les âges. Les corps glorieux ne sont pas ceux du tombeau.

L'humanisme, ce n'est pas dire : « Ce que j'ai fait, aucun animal ne l'aurait fait »[1], c'est dire : « Nous avons refusé ce que voulait en nous la bête, et nous voulons retrouver l'homme partout où nous avons trouvé ce qui l'écrase. » Sans doute, pour un croyant, ce long dialogue des métamorphoses et des résurrections s'unit-il en une voix divine, car l'homme ne devient homme que dans la poursuite de sa part la plus haute; mais il est beau que l'animal qui sait qu'il doit mourir, arrache à l'ironie des nébuleuses le chant des constellations, et qu'il le lance au hasard des siècles, auxquels il imposera des paroles inconnues. Dans le soir où dessine encore Rembrandt, toutes les Ombres illustres, et celles des dessinateurs des cavernes, suivent du regard la main hésitante qui prépare leur nouvelle survie ou leur nouveau sommeil...

Et cette main, dont les millénaires accompagnent le tremblement dans le crépuscule, tremble d'une des formes secrètes, et les plus hautes, de la force et de l'honneur d'être homme.

André Malraux, *Les Voix du silence*, Gallimard, 1951.

(1) Allusion à une formule de Saint-Exupéry.

débat/controverses

La mythomanie de Malraux me glace, moins parce qu'elle est mythomanie que parce qu'elle est gravité calculée, et quelquefois spéculation payante, parce qu'il a tiré sur elle bien d'autres traites que des traites littéraires : songeons à l'incroyable bluff chinois, auquel même Trotsky se laisse prendre, et qui lui permet de traiter avec le Russe de pair à compagnon (chez Chateaubriand, même quand il raconte sa fausse visite à Washington, la mythomanie reste toujours bon enfant et cligne de l'œil au lecteur, mais, hélas! Malraux lorsqu'il fabule ne s'amuse que bien rarement).

Quand je réagis contre mon irritation, je m'accuse de mesquinerie biographique, et je me dis qu'en somme Malraux n'a fait qu'étoffer sa vie des *addenda* qui lui semblaient dus, qui la prolongeaient organiquement, et dont seul le cadre trop étriqué d'une existence individuelle au vingtième siècle l'élaguait. [...]

Pourquoi l'histoire personnelle (l'éloignement dans l'espace remplaçant le recul dans le temps) ne deviendrait-elle pas légende elle-même avant de finir? [...] Pourquoi lui reprocher, après tout, d'avoir introduit, et en somme avec succès, un peu de jeu, et plus libre, entre l'existence telle qu'elle est vécue intimement, c'est-à-dire à demi conduite, à demi rêvée, et le *curriculum vitae* trivial qui lui correspond dans les fiches d'état civil et les sommiers de police?

Julien Gracq, *En lisant en écrivant*, Corti, 1986.

Voici que Malraux devient notre Chateaubriand. Chez l'un comme chez l'autre, même jeunesse romantique, frondeuse, aventurière, même goût des hautes charges politiques dans l'âge mûr, même besoin après un long silence, après l'apparent détachement à l'égard des thèmes qui constituaient l'apport essentiel, la nouveauté de l'œuvre, d'écrire l'histoire de ses idées et de ses sentiments – lesquels, justement, sont la matière et la clé de l'œuvre – autant pour en retrouver la vivacité que pour y mettre enfin de l'ordre. Le parallèle était tentant. Les *Antimémoires* n'avaient pas paru qu'on les nommait déjà des *Mémoires d'outre-tombe*.

Claude Bonnefoy, *Le Monde*, 27 septembre 1967.

Voici donc que Malraux, après avoir peint le conquérant, le révolutionnaire, le fondateur d'empire, dresse l'effigie mythique de l'artiste. On voit la fraternité de ces figures, et qu'elle représente la fidélité profonde de Malraux à lui-même : autant de contradicteurs, autant de vainqueurs du destin, autant de témoins de la force et de l'honneur d'être homme. Mais on voit aussi qu'il y a, de l'une à l'autre, évolution et dépassement. Aboutissant à un ordre durable et valable pour une collectivité, la révolution dépassait l'aventure. La création de l'artiste – ou l'action à un certain niveau de profondeur spirituelle, celle d'un Lawrence par exemple – dépasse à son tour l'action sociale, parce qu'elle porte témoignage, pour tous et pour toujours, d'un homme supérieur à l'histoire aussi bien qu'au destin.

Car ce qui attache Malraux à l'art, ce qui fait qu'il vit dans l'art comme d'autres vivent dans la religion, c'est que l'art lui apporte la preuve de la supériorité de l'homme par rapport à un destin qui s'appelle aussi bien mort, solitude et histoire. [...] Ce qui monte des profondeurs entrouvertes du passé, ce n'est point un souffle de mort : c'est celui de la fécondité future. Comme toujours chez Malraux, le chant tragique du destin et de la mort se dépasse en exaltation.

Gaëtan Picon, *L'Usage de la lecture*, Mercure de France, 1960.

En marge de l'autobiographie : Yves Navarre, Georges Perec

Interrogations sur les techniques du récit, interrogations sur l'individu : la quête autobiographique aboutit souvent à des doutes. Où est la vérité ? Dans le scrupule réaliste, ou dans l'abandon aux fantasmes ? Dans le « je » actuel qui raconte, ou dans le « je » ancien raconté ? Est-il encore possible de constuire un récit cohérent parlant d'un moi unique ? On voit, face à ces questions, se multiplier des ouvrages qui assument **l'éclatement du moi** en proposant **une écriture elle-même éclatée.** On se contentera ici, faute de place, de présenter rapidement deux tentatives révélatrices, celles d'Y. Navarre et de G. Perec.

Yves Navarre est né en 1940. Dans *Biographie (Roman)* – le titre est significatif – ce sont deux temps et deux voix qui alternent : le « je » du temps de l'écriture, l'écrivain qui parle de ses éditeurs et de ses lecteurs, du livre en chantier, *Le Jardin d'acclimatation* (prix Goncourt 1980), et le « il » du récit (auto)biographique.

EXTRAIT

Après l'évocation de la terre d'origine, de la famille, on voit naître dans les premières pages un Yves dont il sera désormais question à la troisième personne. Le livre se développe à partir de la tension entre ces deux personnes grammaticales. Ici un extrait du journal à la première personne :

Lundi 1er septembre. Premier jour du compte à rebours. Milieu de l'après-midi. Les chats font la sieste. La fête de Joucas est finie. Le calme est revenu. *Le Jardin d'acclimatation* sort aujourd'hui en librairie. Marc et Marguerite m'ont apporté hier un petit texte paru dans un hebdomadaire résumant ainsi le roman, *Henri Prouillan, homme politique ambitieux, a sacrifié sur l'autel de sa carrière son fils Bertrand coupable d'homosexualité. Vingt ans après, ses enfants, sa sœur et lui-même se souviennent.* Et voilà ! Tout se trame de nouveau dans un sens résumé, désigné, étiqueté, abusif. Il faudrait d'une part me réjouir de ne déjà plus être l'auteur d'un texte passé sous silence, et d'autre part taire en moi le danger évident d'une telle analyse. Or, l'ambition, le sacrifice, l'autel et la culpabilité de l'homosexualité, tout est d'emblée, avant même le lu du livre, ramené au carcan de cette morale faussement ouverte qui gouverne, surtout envers et contre tous, définit et minimise. Non que le propos du *Jardin* soit grand mais, dans la réalité du roman, je lance défi au lecteur attentif d'y lire quoi que ce soit d'aussi dogmatiquement affirmé. Je cherche, depuis toujours, depuis que je me suis coincé la tête entre les barreaux de mon berceau, diable d'incident, ma petite madeleine, une écoute à la mesure juste d'une écriture, un regard au niveau égal de l'humain : rien, dans nos comportements, n'est ainsi distingué au sens de la ségrégation. Tout nous résume continuellement dans l'accusation. Mais rien au niveau des personnes de mes textes de romans ou de pièces de théâtre ne coupe, ne classe, n'écarte. L'humain est inadmissible. Il l'est devenu. Les images d'horreur, de famines, de génocides, de meurtres, d'accidents et de guerres ne font que conforter le civilisé occidental dans cette idée-là. L'impressionnisme comme l'émotion n'ont plus cours. L'humanité est inhumaine en ceci qu'elle n'est plus que spectatrice, excellant dans l'art nul de connaître et définir parfaitement les lois du spectacle. Le romancier, acculé, s'il veut vivre de sa plume, n'a plus qu'à distraire pour épater. Mais gare à lui s'il montre son monde tel qu'il est et ses personnes telles qu'elles sont. Il cherche des lecteurs qui seraient acteurs, et avant même de les trouver, par l'inévitable canal des médias, le critique déjà pose tout en spectateur, raconte, résume, racornit, plus rien. Pas de ça. Plus de ça. Achetez un livre de recettes !

Yves Navarre, *Biographie (Roman)*, Flammarion, 1981.

L'écrivain et ses lecteurs

L'écriture autobiographique naît souvent du besoin d'être enfin vraiment lu et compris : contre les interprétations réductrices des œuvres antérieures s'affirme la nécessité d'une nouvelle tentative d'écriture. On étudiera la façon dont le texte plaide, avec passion, contre une certaine forme de société et une certaine image de l'écrivain et pour une autre conception de la lecture.

On trouverait facilement d'autres exemples de ces « éclatements » de l'écriture autobiographique : ainsi *Enfance* de N. Sarraute (cf. p. 416) se construit autour du dialogue de deux voix narratrices (cf. aussi M. Yourcenar, p. 475).

Georges Perec (1936-1982) (cf. p. 435) a écrit plusieurs textes à caractère autobiographique qui témoignent d'une conscience aiguë des difficultés du genre.

EXTRAITS

Dans Je me souviens *(1978), G. Perec se situe en quelque sorte en deçà du récit autobiographique. Le livre est constitué par une suite de 480 fragments numérotés, tous introduits par la formule « Je me souviens... » ; il se termine, bien sûr, par une invitation : « à suivre... ».*

Je me souviens que deux des Frères Jacques sont vraiment frères et qu'ils s'appellent Bellec, comme un de mes anciens camarades de classe.

Je me souviens qu'Henri Salvador a enregistré quelque chose comme les premiers disques français de Rock and Roll sous le nom de Henry Cording.

Je me souviens quand on revenait de vacances, le 1er septembre, et qu'il y avait encore un mois entier sans école.

Georges Perec, *Je me souviens,* Hachette, 1978.

Avec W ou le souvenir d'enfance, *c'est le problème des rapports entre fiction et récit autobiographique qui est posé. Tout au long du livre alternent deux textes, imprimés en caractères différents. L'un raconte les années d'enfance de Perec : la guerre, les persécutions contre les juifs. L'autre, construit sur le mode de la fiction, est double : à l'histoire d'un enfant, qui a fait naufrage au large de la Terre de Feu et qui peut-être a survécu sur une île, succède la terrifiante évocation d'un régime qui, précisément dans une île nommée W, fait régner une utopie totalitaire inspirée de l'idéal olympique. D'un texte à l'autre, se nouent peu à peu de subtiles résonances... Ici un extrait du texte autobiographique.*

J'ai trois souvenirs d'école[1].

Le premier est le plus flou : c'est dans la cave de l'école. Nous nous bousculons. On nous fait essayer des masques à gaz : les gros yeux de mica, le truc qui pendouille par-devant, l'odeur écœurante du caoutchouc.

Le second est le plus tenace : je dévale en courant – ce n'est pas exactement en courant : à chaque enjambée, je saute une fois sur le pied qui vient de se poser ; c'est une façon de courir, à mi-chemin de la course proprement dite et du saut à cloche-pied, très fréquente chez les enfants, mais je ne lui connais pas de dénomination particulière –, je dévale donc la rue des Couronnes, tenant à bout de bras un dessin que j'ai fait à l'école (une peinture, même) et qui représente un ours brun sur fond ocre. Je suis ivre de joie. Je crie de toutes mes forces : « Les oursons ! Les oursons ! »

Le troisième est, apparemment, le plus organisé. À l'école on nous donnait des bons points. C'étaient des petits carrés de carton jaunes ou rouges sur lesquels il y avait écrit : 1 point, encadré d'une guirlande. Quand on avait eu un certain nombre de bons points dans la semaine, on avait droit à une médaille. J'avais envie d'avoir une médaille et un jour je l'obtins. La maîtresse l'agrafa sur mon tablier. À la sortie, dans l'escalier, il y eut une bousculade qui se répercuta de marche en marche et d'enfant en enfant. J'étais au milieu de l'escalier et je fis tomber une petite fille. La maîtresse crut que je l'avais fait exprès ; elle se précipita sur moi et, sans écouter mes protestations, m'arracha ma médaille.

Je me *vois* dévalant la rue des Couronnes en courant de cette façon particulière qu'ont les enfants de courir, mais je *sens* encore physiquement cette poussée dans le dos, cette preuve flagrante de l'injustice, et la sensation cénesthésique de ce déséquilibre imposé par les autres, venu d'au-dessus de moi et retombant sur moi, reste si fortement inscrite dans mon corps que je me demande si ce souvenir ne masque pas en fait son exact contraire : non pas le souvenir d'une médaille arrachée, mais celui d'une étoile épinglée.

1. C'est pratiquement en rédigeant ces trois souvenirs qu'un quatrième m'est revenu : celui des napperons de papier que l'on faisait à l'école : on disposait parallèlement des bandes étroites de carton léger coloriées de diverses couleurs et on les croisait avec des bandes identiques en passant une fois au-dessus, une fois au-dessous. Je me souviens que ce jeu m'enchanta, que j'en compris très vite le principe et que j'y excellais.

Georges Perec, *W ou le souvenir d'enfance,* Denoël, 1975.

L'étoile jaune

Le travail du texte : celui-ci n'est pas seulement un moyen d'évoquer des souvenirs, mais le lieu même où se cherche une vérité enfouie (cf. la psychanalyse). Les souvenirs paraissent d'abord anodins ; mais on pourra suivre dans le texte la façon dont se construit une trame complexe qui peu à peu finit par dessiner l'image obsédante et originelle : celle de l'étoile jaune qui, pendant l'Occupation, désignait les Juifs.

Les Mots de Sartre : une autobiographie ?

Les Mots (1964) peuvent se lire comme une autobiographie classique. Sartre y raconte, dans un ordre apparemment traditionnel, l'histoire de sa famille, du côté paternel et du côté maternel. Divisé en deux parties, *Lire* puis *Écrire,* le livre retrace ensuite une enfance entourée de livres et la naissance d'une vocation d'écrivain. En fait, comme l'a montré Ph. Lejeune dans *Le Pacte autobiographique* (cf. p. 463), les choses ne sont pas si simples. Le récit s'arrête brutalement en 1916, lorsque Sartre a onze ans ; et même si à une certaine époque il a envisagé de donner une suite aux *Mots,* cette suite n'a jamais été écrite. C'est que Sartre ne cherche pas à raconter l'histoire de sa vie ; au sein du récit, l'ordre chronologique ne joue qu'un rôle assez superficiel.

En réalité, *Les Mots* présentent **le tableau clinique d'une enfance** et l'analyse de ce que Sartre considère désormais comme **une névrose** : la foi en la littérature. Le Sartre narrateur, qui ne croit plus au salut par la littérature et qui privilégie notamment l'engagement politique, a complètement rompu avec l'enfant qu'il a été et qu'il se reproche d'être resté trop longtemps : forme particulière du discours autobiographique, où la coupure entre le « je » d'autrefois et le « je » narrateur est définitive. Le « je » raconté est ici un autre, un objet d'étude, comme le Flaubert de *L'Idiot de la famille,* le Genet du *Saint-Genet* (p. 381) ou le héros fictif de *L'Enfance d'un chef* (cf. p. 355). Ainsi, « là où l'on a cru lire une histoire, on a suivi une analyse dans laquelle les liens logiques sont maquillés par un vocabulaire chronologique. L'ordre du livre est celui d'une dialectique déguisée en suite narrative. » (Ph. Lejeune). Il ne s'agit pas de faire revivre le passé, mais de comprendre comment un enfant a pu former un projet d'avenir que Sartre récuse désormais. Le style des *Mots,* grinçant et sarcastique, rappelle sans cesse cette distance prise par Sartre vis-à-vis de l'enfant qu'il a été.

EXTRAITS

Lire

Je m'emparai d'un ouvrage intitulé *Tribulations d'un Chinois en Chine* et je l'emportai dans un cabinet de débarras ; là, perché sur un lit-cage, je fis semblant de lire : je suivais des yeux les lignes noires sans en sauter une seule et je me racontais une histoire à voix haute, en prenant soin de prononcer toutes les syllabes. On me surprit – ou je me fis surprendre – on se récria, on décida qu'il était temps de m'enseigner l'alphabet. Je fus zélé comme un catéchumène ; j'allais jusqu'à me donner des leçons particulières : je grimpais sur mon lit-cage avec *Sans famille* d'Hector Malot, que je connaissais par cœur et, moitié récitant, moitié déchiffrant, j'en parcourus toutes les pages l'une après l'autre : quand la dernière fut tournée, je savais lire.

J'étais fou de joie : à moi ces voix séchées dans leurs petits herbiers, ces voix que mon grand-père ranimait de son regard, qu'il entendait, que je n'entendais pas ! Je les écouterais, je m'emplirais de discours cérémonieux, je saurais tout. On me laissa vagabonder dans la bibliothèque et je donnai l'assaut à la sagesse humaine. C'est ce qui m'a fait. Plus tard, j'ai cent fois entendu les antisémites reprocher aux Juifs d'ignorer les leçons et les silences de la nature ; je répondais : « En ce cas, je suis plus juif qu'eux. » Les souvenirs touffus et la douce déraison des enfances paysannes, en vain les chercherais-je en moi. Je n'ai jamais gratté la terre ni quêté des nids, je n'ai pas herborisé ni lancé des pierres aux oiseaux. Mais les livres ont été mes oiseaux et mes nids, mes bêtes domestiques, mon étable et ma campagne ; la bibliothèque, c'était le monde pris dans un miroir ; elle en avait l'épaisseur infinie, la variété, l'imprévisibilité. Je me lançai dans d'incroyables aventures : il fallait grimper sur les chaises, sur les tables, au risque de provoquer des avalanches qui m'eussent enseveli. Les ouvrages du rayon supérieur restèrent longtemps hors de ma portée ; d'autres, à peine je les avais découverts, me furent ôtés des mains ; d'autres, encore, se cachaient : je les avais pris, j'en avais commencé la lecture, je croyais les avoir remis en place, il fallait une semaine pour les retrouver. Je fis d'horribles rencontres : j'ouvrais un album, je tombais sur une planche en couleurs, des insectes hideux grouillaient sous ma vue. Couché sur le tapis, j'entrepris d'arides voyages à travers Fontenelle, Aristophane, Rabelais : les phrases me résistaient à la manière des choses ; il fallait les observer, en faire le tour, feindre de m'éloigner et revenir brusquement sur elles pour les surprendre hors de leur garde : la plupart du temps, elles gardaient leur secret. J'étais La Pérouse, Magellan, Vasco de Gama ; je découvrais des indigènes étranges : « Héautontimorouménos » dans une traduction de Térence en alexandrins, « idiosyncrasie » dans un ouvrage de littérature comparée. Apocope, Chiasme, Parangon, cent autres Cafres impénétrables et distants surgissaient au détour d'une page et leur seule apparition disloquait tout le paragraphe. Ces mots durs et noirs, je n'en ai connu le sens que dix ou quinze ans plus tard et, même aujourd'hui, ils gardent leur opacité : c'est l'humus de ma mémoire.

Jean-Paul Sartre, *Les Mots*, Gallimard, 1964.

Écrire

La mort était mon vertige parce que je n'aimais pas vivre : c'est ce qui explique la terreur qu'elle m'inspirait. En l'identifiant à la gloire, j'en fis ma destination. Je voulus mourir; parfois l'horreur glaçait mon impatience : jamais longtemps; ma joie sainte renaissait, j'attendais l'instant de foudre où je flamblerais jusqu'à l'os. Nos intentions profondes sont des projets et des fuites inséparablement liés : l'entreprise folle d'écrire pour me faire pardonner mon existence, je vois bien qu'elle avait, en dépit des vantardises et des mensonges, quelque réalité : la preuve en est que j'écris encore, cinquante ans après. Mais, si je remonte aux origines, j'y vois une fuite en avant, un suicide à la Gribouille ; oui, plus que l'épopée, plus que le martyre, c'était la mort que je cherchais. Longtemps j'avais redouté de finir comme j'avais commencé, n'importe où, n'importe comment, et que ce vague trépas ne fût que le reflet de ma vague naissance. Ma vocation changea tout : les coups d'épée s'envolent, les écrits restent, je découvris que le Donateur, dans les Belles-Lettres, peut se transformer en son propre Don, c'est-à-dire en objet pur. Le hasard m'avait fait homme, la générosité me ferait livre; je pourrais couler ma babillarde, ma conscience, dans des caractères de bronze, remplacer les bruits de ma vie par des inscriptions ineffaçables, ma chair par un style, les molles spirales du temps par l'éternité, apparaître au Saint-Esprit comme un précipité du langage, devenir une obsession pour l'espèce, être *autre* enfin, autre que moi, autre que les autres, autre que tout. Je commencerais par me donner un corps inusable et puis je me livrerais aux consommateurs. Je n'écrirais pas pour le plaisir d'écrire mais pour tailler ce corps de gloire dans les mots. À la considérer du haut de ma tombe, ma naissance m'apparut comme un mal nécessaire, comme une incarnation tout à fait provisoire qui préparait ma transfiguration : pour renaître il fallait écrire, pour écrire il fallait un cerveau, des yeux, des bras ; le travail terminé, ces organes se résorberaient d'eux-mêmes : aux environs de 1955, une larve éclaterait, vingt-cinq papillons in folio s'en échapperaient, battant de toutes leurs pages pour s'aller poser sur un rayon de la Bibliothèque nationale. Ces papillons ne seraient autres que moi. Moi : vingt-cinq tomes, dix-huit mille pages de texte, trois cents gravures dont le portrait de l'auteur. Mes os sont de cuir et de carton, ma chair parcheminée sent la colle et le champignon, à travers soixante kilos de papier je me carre, tout à l'aise. Je renais, je deviens enfin tout un homme, pensant, parlant, chantant, tonitruant, qui s'affirme avec l'inertie péremptoire de la matière. On me prend, on m'ouvre, on m'étale sur la table, on me lisse du plat de la main et parfois on me fait craquer. Je me laisse faire et puis tout à coup je fulgure, j'éblouis, je m'impose à distance, mes pouvoirs traversent l'espace et le temps, foudroient les méchants, protègent les bons. Nul ne peut m'oublier, ni me passer sous silence : je suis un grand fétiche maniable et terrible. Ma conscience est en miettes : tant mieux. D'autres consciences m'ont pris en charge. On *me* lit, je saute aux yeux ; on *me* parle, je suis dans toutes les bouches, langue universelle et singulière ; dans des millions de regards je me fais curiosité prospective; pour celui qui sait m'aimer, je suis son inquiétude la plus intime mais, s'il veut me toucher, je m'efface et disparais : je n'existe plus nulle part, je *suis,* enfin ! je suis partout : parasite de l'humanité, mes bienfaits la rongent et l'obligent sans cesse à ressusciter mon absence.

Jean-Paul Sartre, *Les Mots*, Gallimard, 1964.

Sartre et l'écriture autobiographique

Les deux versants des *Mots* : Lire et Écrire. On étudiera les procédés qui caractérisent la démarche explicative de Sartre et la distance prise par rapport aux illusions passées : précision lucide et décapante, drôlerie d'une ironie sans complaisance, analyse en profondeur des mécanismes de la « névrose littéraire ». L'écriture est-elle une conduite de mauvaise foi ? (cf. p. 355).

Mais en même temps, la constatation que « j'écris encore, cinquante ans après... » : une certaine perfection de la forme n'est-elle pas ici un hommage paradoxal à la littérature reniée ?

Sur *Les Mots* et sur Sartre après *Les Mots*, on trouvera de nombreux renseignements dans *La Cérémonie des adieux* de S. de Beauvoir (Gallimard, 1981).

documents

Le style de Sartre.

Sartre ne s'arrête jamais à la formule toute jubilatoire ou aiguë qu'elle soit. Le mouvement sartrien est de ne jamais s'en tenir à la phrase si ramassée soit-elle. Pratiquant le verbe comme d'autres les arts martiaux, il faut pour lui que les coups pleuvent. Inconcevable serait pour lui une écriture qui s'immobiliserait dans une quelconque complaisance. Face au danger de pétrification du langage, à l'arrêt dans les formules, il échappe par cette avancée constante dans les mots, que le corydrane et ses propres contradictions ont fini parfois par transformer en fuite en avant. Mais surtout, ne pas devenir Flaubert, l'écrivain des « beaux romans paralysés ». [...]

Chez lui, pas de silence après les mots et autour d'eux, pas d'ondoiements du verbe, pas de pauses, pas d'effets de miroitement. Les mots, les phrases, les concepts y sont toujours en travail (en accouchement) ou en bagarre, en mêlée (mais jamais emmêlés : les proliférations les plus abstruses ou les plus compactes gardent toujours la même fermeté et sûreté). Surtout, rien ne vient comme du dessous des mots – en mi-dire, réticences, jeux ambigus ou autres tractations verbales en sous-main. Rien dans les mains, en effet, rien dans les poches : poésie pure du prosaïsme nu, absolu.

Claude Burgelin, *Lire Sartre aujourd'hui*, in *Lectures de Sartre*, PUL, 1986.

***La suite des* Mots...**

Sartre n'a jamais écrit la suite des Mots. *Mais voici comment S. de Beauvoir, dans* La Cérémonie des adieux *(1981) présente un film sur Sartre réalisé en 1972 par Michel Contat et Alexandre Astruc : on peut y voir un prolongement des* Mots.

Il a raconté le remariage de sa mère, sa rupture intérieure avec elle, ses rapports avec son beau-père, sa vie à La Rochelle où, classé comme parisien et plus ou moins tenu à l'écart par ses condisciples, il avait fait l'apprentissage de la solitude et de la violence. A onze ans, il s'était aperçu brusquement qu'il ne croyait plus en Dieu, et, vers quinze ans, l'immortalité terrestre avait remplacé pour lui l'idée de survie éternelle. Il avait été saisi alors par ce qu'il appelait « la névrose de l'écriture », et, sous l'influence de ses lectures, il avait commencé à rêver à la gloire qu'il associait alors à des fantasmes de mort.

Il décrivait ensuite son amitié avec Nizan, leur émulation, sa découverte de Proust et de Valéry. C'est à cette époque, vers dix-huit ans, qu'il avait commencé à transcrire ses idées, par ordre alphabétique, dans un carnet, édité par les suppositoires Midy, qu'il avait trouvé dans le métro. La principale était déjà celle de liberté. Il racontait ensuite brièvement ses années à l'École normale, qu'il avait vécues dans le bonheur et où, avec des camarades, il exerçait de bénignes violences contre les talas. Il était venu à la philosophie à travers une lecture de Bergson et, depuis, elle était demeurée essentielle pour lui : « L'unité de ce que je fais, c'est la philosophie. »

Il évoqua ensuite son séjour à Berlin, l'influence qu'avait eue sur lui Husserl; son métier de professeur, sa répugnance à entrer dans l'âge adulte, la névrose engendrée à la fois par ce dégoût et par son expérience de la mescaline, liée à ses recherches sur l'imaginaire. Il s'expliqua aussi sur ce qu'avaient représenté pour lui *La Nausée* et la nouvelle *Le Mur*.

La suite des entretiens porta sur son passage au Stalag XII D, la création de *Bariona*, son retour à Paris, *Les Mouches*. Puis sur la vogue de l'existentialisme, les attaques auxquelles il avait été en butte à la fin des années 40, le sens de l'engagement littéraire, ses positions politiques : son adhésion au R.D.R., sa rupture avec lui, sa décision de se rapprocher des communistes en 1952, à cause de la vague d'anticommunisme qui sévissait en France et, en particulier, de l'affaire de Duclos et des pigeons voyageurs. Il fit allusion à de Gaulle, « personnage néfaste dans l'Histoire », et dénonça l'abjection de la société actuelle.

Il exposa les préoccupations morales qui ont toujours été les siennes et dit le plaisir qu'il avait à retrouver, sous une autre forme, le même souci chez ses amis maos qui liaient la morale à la politique. Il définit longuement son moralisme : « Le problème était pour moi, au fond, de savoir si on choisissait politique ou morale ou bien si la politique et la morale ne faisaient qu'un. Et alors maintenant je suis revenu à ma position de départ mais plus enrichi, si vous voulez, en me mettant au niveau de l'action des masses. » [...]

Pour finir, il est revenu sur le thème auquel il attachait la plus grande importance : l'opposition entre l'intellectuel classique et le nouvel intellectuel qu'il avait à présent choisi d'être.

Simone de Beauvoir, *La Cérémonie des adieux*, Gallimard, 1981.

Michel Leiris (né en 1901)

L'œuvre de Michel Leiris traverse tout le siècle et relève de plusieurs genres différents (cf. p. 100) : essais, récits, poèmes. Mais c'est dans la **perspective autobiographique** qu'elle trouve son aboutissement : tous les textes publiés marquent en effet les jalons d'une recherche qui tend à identifier la vie et l'écriture.

Les débuts de M. Leiris sont placés sous le signe du surréalisme (il adhère au groupe surréaliste de 1924 à 1929) et de la psychanalyse (l'avant-propos de *L'Âge d'homme* fait allusion à une cure psychanalytique en partie décevante). Poèmes (*Simulacre*, 1925 ou *Glossaire j'y serre mes gloses*, 1939) aussi bien que récits (*Aurora*, publié en 1946 mais écrit avant-guerre) explorent à la fois le monde des rêves et celui du langage. Même si dans l'avant-propos qu'il rédige en 1946 pour *Aurora* M. Leiris prend quelques distances avec ce récit, il y relève des qualités très surréalistes : « l'appétit qui s'y exprime d'une inaccessible pureté, la confiance qui y est faite à l'imagination dans son état sauvage, l'horreur qui y est affichée à l'égard de toute espèce de fixation... »

EXTRAIT

Aurora, image surréaliste de la femme, apparaît sans cesse dans le récit, avec un nom à transformations (Aurora, Or Aura, Or aux rats, Horrora, O'Rora...).

Le pessimisme est un gratte-ciel à quatre-vingts étages qui se dresse dans la banlieue de l'âme, au bout d'une longue avenue bordée de terrains vagues et de quelques boutiques très mal achalandées. On y accède par plusieurs escaliers ultra-rapides qui le traversent, dans le sens de la hauteur, depuis les caves jusqu'aux terrasses. Le confort y est parfait et le plus grand luxe y est de rigueur, mais les habitants, tous les vendredis, se réunissent au rez-de-chaussée pour lire une bible reliée en peau d'aveugle. Leurs paroles psalmodiques montent à travers les tuyaux, soupirent dans les calorifères et ramonent les cheminées revêtues intérieurement d'un enduit gras et noir qui salit l'épiderme. Dans les salles de bains, l'eau court perpétuellement et les douches s'abattent sur les corps transis pour les cribler de sable. Le dimanche, les literies se dévident toutes seules et plus personne ne fait l'amour. Car dans cet immeuble qui, comme un phallus obscène, gratte la vulve du ciel, on fait furieusement l'amour. La plus belle des femmes y habite, mais nul ne l'a jamais connue. On dit qu'elle se tient enfermée, vêtue de fourrures et de plumes, dans un appartement du premier étage, blanc comme un coffre-fort. Ses fenêtres sont des ciseaux qui coupent l'ombre et la respiration. Elle s'appelle AURORA.

Michel Leiris, *Aurora*, Gallimard, 1946.

L'esthétique surréaliste

En quelques lignes, tous les procédés de l'écriture surréaliste : une esthétique de la surprise qui multiplie les images inattendues et brouille les catégories usuelles de la pensée (intérieur/extérieur, animé/inanimé...) pour libérer un imaginaire qui s'épanouit dans l'image de la Femme (cf. p. 109).

Après sa rupture avec le mouvement surréaliste en 1929, M. Leiris s'oriente vers l'ethnologie. D'une mission en Afrique noire, il ramène un journal, *L'Afrique fantôme* (1934). Parallèlement, il aborde une écriture autobiographique plus systématique avec *L'Âge d'homme*, qui ne paraîtra qu'en 1939. Le texte se construit par collage de souvenirs qui sont autant de matériaux préalablement rassemblés. Le narrateur opère un montage de scènes et d'images obsédantes. L'objectif revendiqué par l'avant-propos est **l'authenticité** : il s'agit de s'engager pleinement dans l'écriture, d'accepter de se mettre en danger en affrontant la vérité comme le torero affronte le taureau : « Mettre à nu certaines obsessions d'ordre sentimental ou sexuel, confesser publiquement certaines des déficiences ou des lâchetés qui lui font le plus honte, tel fut pour l'auteur le moyen – grossier sans doute, mais qu'il livre à d'autres en espérant le voir amender – d'introduire ne fût-ce que l'ombre d'une corne de taureau dans une œuvre littéraire. » Longuement complété en 1946, l'avant-propos de *L'Âge d'homme* en vient ainsi à considérer la littérature comme une « tauromachie ».

La règle d'authenticité absolue qu'il s'est fixée expose l'écrivain à des dangers comparables à ceux de la corrida, notamment en remettant en question ses rapports avec les autres. Mais comme la corrida, l'autobiographie comporte aussi une **dimension esthétique** : le combat de l'arène, comme l'écriture, implique des règles et un rituel : le souci de sincérité n'exclut pas le travail de composition littéraire.

EXTRAIT

Gorge coupée

Âgé de cinq ou six ans, je fus victime d'une agression. Je veux dire que je subis dans la gorge une opération qui consista à m'enlever des végétations ; l'intervention eut lieu d'une manière très brutale, sans que je fusse anesthésié. Mes parents avaient d'abord commis la faute de m'emmener chez le chirurgien sans me dire où ils me conduisaient. Si mes souvenirs sont justes, je m'imaginais que nous allions au cirque ; j'étais donc très loin de prévoir le tour sinistre que me réservaient le vieux médecin de la famille, qui assistait le chirurgien, et ce dernier lui-même. Cela se déroula, point pour point, ainsi qu'un coup monté et j'eus le sentiment qu'on m'avait attiré dans un abominable guet-apens. Voici comment les choses se passèrent : laissant mes parents dans le salon d'attente, le vieux médecin m'amena jusqu'au chirurgien, qui se tenait dans une autre pièce en grande barbe noire et blouse blanche (telle est, du moins, l'image d'ogre que j'en ai gardée) ; j'aperçus des instruments tranchants et, sans doute, eus-je l'air effrayé car, me prenant sur ses genoux, le vieux médecin dit pour me rassurer : « Viens, mon petit coco ! On va jouer à faire la cuisine. » À partir de ce moment je ne me souviens de rien, sinon de l'attaque soudaine du chirurgien qui plongea un outil dans ma gorge, de la douleur que je ressentis et du cri de bête qu'on éventre que je poussai. Ma mère, qui m'entendit d'à côté, fut effarée.

Dans le fiacre qui nous ramena je ne dis pas un mot ; le choc avait été si violent que pendant vingt-quatre heures il fut impossible de m'arracher une parole ; ma mère, complètement désorientée, se demandait si je n'étais pas devenu muet. Tout ce que je me rappelle de la période qui suivit immédiatement l'opération, c'est le retour en fiacre, les vaines tentatives de mes parents pour me faire parler puis, à la maison : ma mère me tenant dans ses bras devant la cheminée du salon, les sorbets qu'on me faisait avaler, le sang qu'à diverses reprises je dégurgitai et qui se confondait pour moi avec la couleur fraise des sorbets.

Ce souvenir est, je crois, le plus pénible de mes souvenirs d'enfance. Non seulement je ne comprenais pas que l'on m'eût fait si mal, mais j'avais la notion d'une duperie, d'un piège, d'une perfidie atroce de la part des adultes, qui ne m'avaient amadoué que pour se livrer sur ma personne à la plus sauvage agression. Toute ma représentation de la vie en est restée marquée : le monde, plein de chausses-trapes, n'est qu'une vaste prison ou salle de chirurgie ; je ne suis sur terre que pour devenir chair à médecins, chair à canons, chair à cercueil ; comme la promesse fallacieuse de m'emmener au cirque ou de jouer à faire la cuisine, tout ce qui peut m'arriver d'agréable en attendant n'est qu'un leurre, une façon de me dorer la pilule pour me conduire plus sûrement à l'abattoir où, tôt ou tard, je dois être mené.

Michel Leiris, *L'Âge d'homme*, Gallimard, 1939.

Une expérience décisive

Le texte propose un développement caractéristique de l'écriture autobiographique : une scène clé de l'enfance, présentée comme déterminante pour l'existence à venir. On pourra étudier la façon dont s'articulent la narration du passé et une interprétation qui renvoie au présent de l'écriture.

Un passage à comparer avec le récit que fait M. Tournier d'une expérience semblable (*Le Vent Paraclet*, chap. 1).

Les quatre volumes qui composent *La règle du jeu* (*Biffures*, 1948, *Fourbis*, 1955, *Fibrilles*, 1966, *Frêle bruit*, 1976) reprennent l'entreprise autobiographique sur de nouvelles bases. Ph. Lejeune a montré (*Lire Leiris*, 1975, *Le Pacte autobiographique*, 1975) comment la **réflexion sur le langage** passe cette fois au premier plan. L'influence de l'ethnologie et de la psychanalyse, le travail sur les mots qu'avaient opéré les poèmes (rassemblés en 1969 dans *Mots sans mémoire*), donnent naissance à une nouvelle forme d'écriture. Le texte n'est plus le moyen d'exprimer des souvenirs ou des fantasmes, mais le lieu même où se construit, au fil d'un travail patient, la connaissance complexe de soi-même. La phrase, souvent très longue, s'organise en **labyrinthe**, entraîne le lecteur dans un

tressage subtil qui sollicite tous les pouvoirs des mots. On pourrait songer à Proust, à ceci près qu'il n'y a pas de temps retrouvé au terme de la quête de M. Leiris. Écrire est plutôt pour lui un moyen de suspendre, provisoirement, l'échéance de la mort : « L'idée du futur passage à zéro ne me tourmentant plus (je le constate) quand je suis en train d'écrire et que l'angoisse mineure de l'artisan inquiet de bien faire se substitue à mon angoisse majeure, je suis tout près de croire que la plupart de mes ouvrages littéraires tendaient à une délivrance de ce genre... » (*Langage Tangage,* 1985.)

EXTRAIT

« ...Reusement ! »

Sur le sol impitoyable de la pièce (salon ? salle à manger ? tapis cloué aux ramages fanés ou bien tapis mobile au quelconque décor dans lequel j'inscrivais des palais, des sites, des continents, vrai kaléidoscope dont mon enfance jouait, y agençant des constructions féeriques, tel un canevas pour des mille et une nuits que ne m'ouvraient alors les feuillets d'aucun livre ? plancher nu, bois ciré aux linéaments plus foncés, coupés net par la noirceur rigide des rainures d'où je m'amusais, parfois, à tirer des flocons de poussière, quand j'avais eu l'aubaine de quelque épingle chue des mains de la couturière à la journée ?) sur le sol irrécusable – et sans âme – de la pièce (velouté ou ligneux, endimanché ou dépouillé, propice aux courses de l'imagination ou à des jeux plus mécaniques), dans le salon ou la salle à manger, dans la pénombre ou la lumière (suivant qu'il s'agissait ou non de cette portion de la maison dont les meubles sont normalement protégés par des housses et toutes les modestes richesses soustraites souvent, par le barrage des volets, aux attaques du soleil), dans cet enclos privilégié guère accessible qu'aux adultes – et grotte tranquille pour la somnolence du piano – ou dans ce local plus commun qui renfermait la grosse table à rallonges autour de laquelle toute ou partie de la famille s'assemblait pour le rite des repas quotidiens, le soldat était tombé.

Un soldat. De plomb ou de carton-pâte. Figurine assez délicatement moulée et coloriée, ou l'un de ces bonshommes mal dégrossis, peinturlurés de bleu, de rouge, de blanc, de noir et dont le corps apparaît, quand ils cassent, fait d'une matière louche et indigente, blanchâtre ou de couleur terreuse.

Un soldat neuf ou ancien. Précédemment placé avec ses compagnons – ou d'autres de modèles différents, armée hétéroclite ! – sur une table bien stable ou sur un léger guéridon peut-être orné de chinoiseries, ou de figurations animales telles que cigognes au long bec si ce guéridon n'est autre qu'un des éléments d'une de ces « tables gigognes » qui (comme leur nom l'indique) ne peuvent être décorées que de cigognes.

Un soldat vraisemblablement français. Et qui était tombé. Échappé de mes mains malhabiles, encore inaptes à tracer, sur un cahier, même de vulgaires bâtons.

L'important n'était pas qu'un *soldat* fût tombé, que ce fût un militaire – et non telle autre créature – qui eût été la victime de cette chute. À cette époque, je ne crois pas que le mot « soldat » ait recouvert quelque chose de bien précis pour moi. C'est à peine si je savais que le soldat français se reconnaît à son pantalon rouge. Peut-être m'étais-je déjà extasié, rue d'Auteuil, à la devanture de l'épicier Meurdefroy, devant un panneau de publicité où l'on voyait – jouée par des personnages articulés de carton découpé – une scène de réfectoire ou de cantine dont les protagonistes étaient des hommes vêtus de bourgerons ou portant la tunique bleue et le pantalon rouge. Peut-être avais-je déjà fixé mes yeux sur ce burlesque tableau animé, chromo criard, en suivant la rue d'Auteuil un jour qu'on m'emmenait promener au Bois. Mais, à coup sûr, je ne portais encore aux « soldats » nul intérêt particulier ; je ne me souciais aucunement d'être documenté sur la diversité des uniformes et je ne possédais, de soldats, qu'une maigre série, au lieu de cette abondante collection dont je devais être le maître plus tard, comportant surtout des soldats d'étain (achetés petit à petit, par boîtes ovales de bois mince qui selon leur format coûtaient respectivement 13, 19, 28 et 32 sous) et dont le plus beau joyau fut une troupe de guerriers médiévaux – chevaliers à armures les unes dorées, les autres argentées – s'affrontant en un tournoi, lances pointées et montures au galop.

L'essentiel n'était pas qu'un soldat fût tombé : un soldat, cela n'éveillait aucune résonance définie en moi. L'essentiel, c'était qu'il y eût quelque chose m'appartenant qui fût tombé et que cette chose m'appartenant fût un jouet; que cette chose tombée fût un objet ressortissant à ce monde clos des jouets – qu'on enferme dans des boîtes quand on a fini de s'amuser –, à ce monde prestigieux et séparé dont les composants, par leur forme, leur couleur, tranchent sur le monde réel en même temps qu'ils le représentent dans ce qu'il a, peut-être, de plus aigu. Monde à part, surajouté au quotidien comme les initiales gravées se surajoutent aux timbales et les breloques aux chaînes de montre; monde intense, analogue à tout ce qui, dans la nature, fait figure de *chose d'apparat* : papillons, coquelicots dans les blés, coquilles, étoiles du ciel, et jusqu'aux mousses et aux lichens, donc rocs et troncs ont l'air d'avoir été parés.

L'un de mes jouets – et peu importait ce qu'il fût : il suffisait qu'il fût un *jouet* –, l'un de mes jouets était tombé. En grand danger d'être cassé, car la chute avait été directe et l'altitude – prise au-dessus du niveau du sol – d'une table, voire même d'un simple guéridon, est fort loin d'être négligeable, quand il s'agit de la chute d'un jouet.

L'un de mes jouets, du fait de ma maladresse – cause initiale de la chute –, se trouvait sous le coup d'avoir été cassé. L'un de mes jouets, c'est-à-dire un des éléments du monde auxquels, en ce temps-là, j'étais le plus étroitement attaché.

Rapidement je me baissai, ramassai le soldat gisant, le palpai et le regardai. Il n'était pas cassé, et vive fut ma joie. Ce que j'exprimai en m'écriant : « ...Reusement ! »

Dans cette pièce mal définie – salon ou salle à manger, pièce d'apparat ou pièce commune –, dans ce lieu qui n'était alors rien autre que celui de mon amusement, quelqu'un de plus âgé – mère, sœur ou frère aîné – se trouvait avec moi. Quelqu'un de plus averti, de moins ignorant que je n'étais, et qui me fit observer, entendant mon exclamation, que c'est « heureusement » qu'il faut dire et non, ainsi que j'avais fait : « ...Reusement ! »

L'observation coupa court à ma joie ou plutôt – me laissant un bref instant interloqué – eut tôt fait de remplacer la joie, dont ma pensée avait été d'abord tout entière occupée, par un sentiment curieux dont c'est à peine si je parviens, aujourd'hui, à percer l'étrangeté.

L'on ne dit pas « ...reusement », mais « heureusement ». Ce mot, employé par moi jusqu'alors sans nulle conscience de son sens réel, comme une interjection pure, se rattache à « heureux » et, par la vertu magique d'un pareil rapprochement, il se trouve inséré soudain dans toute une séquence de significations précises. Appréhender d'un coup dans son intégrité ce mot qu'auparavant j'avais toujours écorché prend une allure de découverte, comme le déchirement brusque d'un voile ou l'éclatement de quelque vérité. Voici que ce vague vocable – qui jusqu'à présent m'avait été tout à fait personnel et restait comme fermé – est, par un hasard, promu au rôle de chaînon de tout un cycle sémantique. Il n'est plus maintenant une chose à moi : il participe de cette réalité qu'est le langage de mes frères, de ma sœur et celui de mes parents. De chose propre à moi, il devient chose commune et ouverte. Le voilà, en un éclair, devenu chose partagée ou – si l'on veut – *socialisée.* Il n'est plus maintenant l'exclamation confuse qui s'échappe de mes lèvres – encore toute proche de mes viscères, comme le rire ou le cri – il est, entre des milliers d'autres, l'un des éléments constituants du langage, de ce vaste instrument de communication dont une observation fortuite, émanée d'un enfant plus âgé ou d'une personne adulte, à propos de mon exclamation consécutive à la chute du soldat sur le plancher de la salle à manger ou le tapis du salon, m'a permis d'entrevoir l'existence extérieure à moi-même et remplie d'étrangeté.

Sur le sol de la salle à manger ou du salon, le soldat, de plomb ou de carton-pâte, vient de tomber. Je me suis écrié : «...Reusement!» L'on m'a repris. Et, un instant, je demeure interdit, en proie à une sorte de vertige. Car ce mot mal prononcé, et dont je viens de découvrir qu'il n'est pas en réalité ce que j'avais cru jusque-là, m'a mis en état d'obscurément sentir – grâce à l'espèce de déviation, de décalage qui s'est trouvé de ce fait imprimé à ma pensée – en quoi le langage articulé, tissu arachnéen de mes rapports avec les autres, me dépasse, poussant de tous côtés ses antennes mystérieures.

Michel Leiris, *Biffures*, Gallimard, 1948.

Le « tissu arachnéen » du langage

On pourra s'aider du document de Ph. Lejeune pour étudier les mouvements du texte, les changements de rythme, les modifications de perspective : par-delà l'insignifiance apparente de l'anecdote, le travail du texte comme lieu d'une recherche. En ce sens, ce passage propose une conception de l'écriture autobiographique très différente de celle de *L'Âge d'homme* (cf. extrait précédent).

document

Voici l'analyse que Ph. Lejeune, dans Le Pacte autobiographique, *fait de ces pages qui constituent l'ouverture de* Biffures.

Les quatre pages de «... Reusement!» sont une sorte d'étude, au sens musical, de la technique du délai. Dans «Le sacré dans la vie quotidienne», l'anecdote correspondante tenait en cinq lignes : c'était l'équivalent d'une fiche de départ. Leiris fait ici subir à cette anecdote un traitement d'amplification et de grossissement sous la loupe, pour lui faire rendre gorge de tout l'implicite qu'elle recèle, et de tout ce à quoi elle est liée. Il va en fait expliciter deux choses : d'abord en quoi il s'agit réellement d'une «stupéfiante découverte», et ici le développement paraît pertinent; mais il explicite aussi tout le contexte du souvenir, de manière apparemment gratuite, en repoussant indéfiniment le récit du souvenir proprement dit, qui est annoncé par le titre du chapitre, puis retardé par un récit qui ouvre pour chaque mot une alternative, des réseaux d'associations et des hypothèses quelquefois erronées, qui provoquent de longues rectifications. La phrase initiale, par ces exercices de transformation, se trouve enflée aux dimensions d'un petit chapitre; à la faveur du retard, tout un pan de l'univers mental de l'enfant est reconstruit : ensemble d'oppositions et d'associations dont la pertinence immédiate avec «... Reusement!» n'est pas évidente, mais qui ouvre l'espace dans lequel s'écriront les chapitres suivants (structure de l'espace, jeux, rapport aux objets, opposition du quotidien et du sacré, etc.). Les différents éléments dégagés sont d'ailleurs retressés à tout hasard, en attendant mieux.

Philippe Lejeune, *Le Pacte autobiographique*, Le Seuil, 1975.

Écrire pour conjurer le néant : non pas seulement la mort individuelle, dont la perspective est toujours présente, mais aussi tous les désastres qui menacent l'humanité. « Apprivoiser la mort, agir authentiquement, rompre le cercle du moi, tels sont les thèmes majeurs de *Fourbis* », précise le prière d'insérer. Déjà l'avant-propos de *L'Âge d'homme* évoquait les ruines du Havre et les destructions de la guerre. De même *La Règle du jeu*, confrontant des régions et des cultures diverses, témoigne d'une volonté d'engagement contre les injustices sociales et les menaces de conflits, la précarité du monde faisant écho à la fragilité individuelle.

Entreprise désespérée ? Peut-être, si l'on en croit les ouvrages les plus récents de M. Leiris. Déjà le quatrième tome de *La Règle du jeu* revient à une écriture plus éclatée que celle des tomes précédents. Des fragments s'y organisent, en « archipel ou constellation, image de la giclée de sang, déflagration de matière grise ou ultime vomissure... ». Pessimisme qu'indique bien le titre modeste de *Frêle bruit*, au lieu de *Fibules* précédemment annoncé mais jugé trop ambitieux et conclusif par l'auteur.

Le Ruban au cou d'Olympia (1981), mêlant poèmes, brefs essais, fragments divers, accentue encore ce pessimisme : « Passé en ruines, présent en déroute, futur en miettes, il me reste peu en dehors de la claire conscience de ce désastre, catastrophique mais dérisoire à côté de celui qui commence à faire craquer le monde, dont beaucoup d'entre nous étaient les habitants follement portés à croire que les hommes de notre ère parviendraient du moins à faire en sorte que chaque homme y soit un homme. »

En 1988, *À cor et à cri* tente encore de conjurer la mort par l'écriture. Trois parties (Parler, Crier, Chanter) font du chant l'ultime recours – un chant glacé par la vieillesse.

L'écriture autobiographique s'achève alors en poésie (cf. p. 100), disant et redisant le désespoir d'un écrivain « qui n'arrive plus à trouver dans l'écriture un moyen de ne pas être pétrifié à la vue de la Méduse qui loge en lui. »

Faisons le point

Fiche n° 6
précédente : p. 445
suivante : p. 485

Les domaines de l'autobiographie

1. Philippe Lejeune définit ainsi l'**autobiographie** :

DÉFINITION : *Récit rétrospectif en prose qu'une personne réelle fait de sa propre existence, lorsqu'elle met l'accent sur sa vie individuelle, en particulier sur l'histoire de sa personnalité.*

Philippe Lejeune, *Le Pacte autobiographique,* Le Seuil, 1975.

L'autobiographie se distingue ainsi de genres voisins, comme le journal intime, qui n'est pas rétrospectif. Sa caractéristique essentielle est que l'auteur, qui signe le livre, le narrateur, qui assume le récit, et le personnage principal ne font qu'un.

2. L'autobiographie met donc l'accent sur l'individu, au contraire des **mémoires** qu'on peut définir ainsi :

Dans les mémoires, l'auteur se comporte comme un témoin : ce qu'il a de personnel, c'est le point de vue individuel. Mais l'objet du discours est quelque chose qui dépasse de beaucoup l'individu, c'est l'histoire des groupes sociaux et historiques auxquels il appartient. Sauf dans le cas d'hommes de génie qui identifient audacieusement leur histoire personnelle et l'histoire de l'univers, il n'y a pas identité de l'auteur et du sujet traité.

Philippe Lejeune, *L'Autobiographie en France,* A. Colin, 1971.

L'intérêt pour l'un ou l'autre de ces genres est révélateur d'un système de valeurs : si le genre des mémoires était lié au monde féodal ou aristocratique, l'autobiographie renvoie plutôt à l'individualisme bourgeois. C'est sans doute aussi dans cette perspective historique qu'il faut s'interroger sur l'éclatement actuel de l'écriture autobiographique. Le recul ou l'effondrement des systèmes traditionnels de valeurs, les modèles publicitaires de réussite individuelle amènent à s'interroger sur soi, d'une façon le plus souvent hésitante et angoissée.

3. Le **récit de vie,** que Ph. Lejeune définit comme « l'autobiographie de ceux qui n'écrivent pas », est peut-être un nouveau genre : il est né d'enregistrements collectés par des sociologues qui font entendre la voix de paysans, d'artisans ou d'ouvriers (*Grenadou, paysan français,* d'Ephraïm Grenadou et Alain Prévost, 1966, *Louis Lengrand, mineur du Nord,* de Louis Lengrand et Maria Craipeau, 1974, ou *Gaston Lucas, serrurier* d'Adélaïde Blasquez, 1976).

Le succès des récits de vie est ambigu : dans le meilleur des cas, il témoigne d'une curiosité sociologique, voire ethnologique, et répond au besoin de retrouver des racines, de renouer le dialogue avec des cultures menacées par le monde moderne (par là s'explique le succès du *Cheval d'orgueil* de P.-J. Hélias (1975) où l'auteur fait revivre la Bretagne de son enfance). Mais le récit de vie peut aussi répondre seulement à un besoin de dépaysement facile et proposer aux lecteurs cette narration naïve dont précisément l'autobiographie littéraire a montré les limites. On retrouverait alors dans le dualisme autobiographie/récit de vie l'opposition entre l'écriture de recherche et la littérature de grande diffusion. Tout un secteur de l'édition prospère ainsi en publiant des « témoignages », des « documents vécus », toujours écrits selon les modèles narratifs les plus traditionnels.

Philippe Lejeune, ***L'Autobiographie en France,*** **A. Colin, 1971.**

Philippe Lejeune, ***Le Pacte autobiographique,*** **Le Seuil, 1975.**

Philippe Lejeune, ***Je est un autre,*** **Le Seuil, 1980.**

Roman historique et mythologique

Michel Tournier (né en 1924)

L'œuvre de Michel Tournier unit une ambition très haute (ne s'agit-il pas de la quête d'une certaine forme de sagesse ?) avec la modestie et l'humour d'un écrivain qui se définit volontiers comme un artisan de la littérature. Artisan, il est vrai, parfaitement maître de ses techniques : il s'en est expliqué dans *Le Vent Paraclet* (1977), à la fois autobiographie, essai, (auto)critique littéraire.

Le roman mythologique

Pour Michel Tournier, qui revendique sa formation philosophique et se souvient notamment du célèbre mythe de la caverne de Platon (cf. p. 465), le point de départ de la création littéraire est le mythe : « Un mythe, c'est une histoire que tout le monde connaît déjà », écrit-il dans *Le Vent Paraclet* (cf. document). Il existe de ces mythes des formes dégradées, celles par exemple que véhicule la publicité, ou des formes figées, qui ne nous parlent plus. Mais les mythes vivants structurent en profondeur notre imaginaire. C'est grâce à Don Juan, Robinson, Tristan et bien d'autres que l'on « acquiert un sexe, un cœur et une imagination d'homme ». Le rôle de l'écrivain est de **prendre appui sur ces mythes** pour les irriguer à nouveau : « La fonction sociale – on pourrait même dire biologique – des écrivains et de tous les artistes créateurs est facile à définir. Leur ambition vise à enrichir ou au moins à modifier ce ''bruissement'' mythologique, ce bain d'images dans lequel vivent leurs contemporains et qui est l'oxygène de l'âme. »

C'est bien ainsi que Tournier procède, reprenant dans ses romans le mythe de Robinson, celui de l'ogre, des gémeaux ou des rois mages. Mais le travail du romancier consiste aussi à transformer le mythe (ainsi Tournier choisit le nom de Vendredi, et non celui de Robinson, comme titre de son roman, ou invente dans *Gaspard, Melchior et Balthazar* un quatrième roi-mage...). Introduire ainsi du jeu dans les mythes, en renouveler les données, c'est faire du roman **un espace de liberté** et refuser de se laisser enfermer dans les formes traditionnelles de l'imagination et du désir. Ne pas se contenter des chemins battus, tel est le sens de cette perversité finalement très saine que Michel Tournier retrouve dans l'imaginaire enfantin, évoquant comme un moteur de la création romanesque « cette souplesse polymorphe et exploratoire propre à la sexualité enfantine ».

L'artisanat littéraire

Bien loin de chercher à dérouter le lecteur par des formes nouvelles, Tournier se livre dans *Le Vent Paraclet* à une défense amusée du roman traditionnel contre les novateurs qui veulent « casser la baraque » : « Mon propos n'est pas d'innover dans la forme, mais de faire passer au contraire dans une forme aussi traditionnelle, préservée et rassurante que possible une matière ne possédant aucune de ces qualités. »

Il ne s'agit pas là d'indifférence aux questions techniques, et Tournier est parfaitement capable de virtuosité en ce domaine, faisant alterner la troisième personne du récit et la première personne du journal dans *Vendredi* ou multipliant les voix narratives dans *Les Météores*. Mais ces questions ne doivent pas passer au premier plan. La réécriture de *Vendredi ou les limbes du Pacifique* (1967) en une version pour enfants (*Vendredi ou la vie sauvage*, 1977), la multiplication des contes dans les ouvrages plus récents, le goût pour des formes simples comme la nouvelle (*Le Coq de bruyère*, 1978) sont révélateurs d'un plaisir pris à **raconter simplement des histoires.**

C'est, à en croire M. Tournier, au prix d'un long travail d'artisan que se construit le roman : l'écrivain accumule des matériaux, explore les possibilités contenues dans l'hypothèse initiale, agence les éléments de son récit jusqu'au moment où celui-ci lui échappe : « Au bout de peu de temps, mon livre est doué d'un nombre plus grand de pièces, organes, éléments de transmission, réservoirs, soupapes et bielles que je n'en puis concevoir en même temps. Il échappe à ma maîtrise, et se prend à vivre d'une vie propre. » Au lecteur ensuite de s'en saisir...

Le rire de Dieu

Si l'œuvre est réussie, elle atteint une autre dimension, celle que M. Tournier nomme humour blanc ou comique cosmique : « celui qui accompagne l'émergence de l'absolu au milieu du tissu de relativités où nous vivons. C'est le rire de Dieu. » Ce rire blanc est prise de conscience du caractère transitoire et relatif des choses humaines ; par là, il est subversion. Mais il est aussi célébration, euphorie de la (re)découverte : « L'écrivain magnifie tout ce qu'il touche. [...] Il illumine de l'intérieur, faisant ainsi apparaître, transparaître des structures fines et élégantes habituellement noyées dans l'opacité de la substance. [...] Le lecteur du bon écrivain ne doit pas découvrir des choses nouvelles à sa lecture, mais reconnaître, retrouver des vérités, des réalités qu'il croit en même temps avoir pour le moins soupçonnées depuis toujours. » Par là l'œuvre de M. Tournier apparaît comme **une leçon de sagesse** tolérante, de liberté et de bonheur d'écrire.

document

Le passage de la métaphysique au roman devait m'être fourni par le mythe. Qu'est-ce qu'un mythe ? À cette question immense, je serais tenté de donner une série de réponses dont la première, la plus simple est celle-ci : *le mythe est une histoire fondamentale.*

Le mythe, c'est tout d'abord un édifice à plusieurs étages qui reproduisent tous le même schéma, mais à des niveaux d'abstraction croissante. Soit par exemple le fameux *Mythe de la Caverne* de Platon. Imaginons, nous dit Platon, une caverne où sont retenus des prisonniers, attachés de telle sorte qu'ils ne puissent voir que le fond rocheux de la caverne. Derrière eux, un grand feu. Entre ce feu et eux défilent des personnages portant des objets. De ces personnages et de ces objets, les prisonniers ne voient que les ombres projetées sur le mur. Ils prennent ces ombres pour la seule réalité, et font sur elles des conjectures forcément partielles et erronées. Raconté de cette façon le mythe n'est qu'une histoire pour enfant, la description d'un guignol qui serait aussi théâtre d'ombres chinoises. Mais à un niveau supérieur, c'est toute une théorie de la connaissance, à un étage plus élevé encore cela devient morale, puis métaphysique, puis ontologie, etc., sans cesser d'être la même histoire.

Ce rez-de-chaussée enfantin du mythe est l'une de ses caractéristiques essentielles, tout autant que son sommet métaphysique. Ayant écrit *Vendredi ou les limbes du Pacifique,* j'ai été heureux et fier d'y ajouter dans son édition de poche une postface assez technique de Gilles Deleuze au moment où ce même roman faisait l'objet d'une version pour les jeunes et d'une mise en scène également pour les jeunes au palais de Chaillot par les soins d'Antoine Vitez. La réussite de ce roman est attestée à mes yeux par le témoignage de ces deux lecteurs extrêmes : d'un côté un enfant, de l'autre un métaphysicien.

Un mythe est une histoire que tout le monde connaît déjà. Quand j'écrivais *Les Météores* je répondais à ceux qui m'interrogeaient sur le sujet de mon prochain roman : c'est l'aventure de deux frères jumeaux parfaitement ressemblants. Aussitôt le visage de mon interlocuteur s'éclairait. Des frères jumeaux ? Justement, il en connaissait ! Deux frères-pareils. Quand l'un des deux s'enrhumait à Londres, l'autre éternuait à Rome. Combien de fois n'ai-je pas entendu ce genre d'anecdote ! Il était bien inutile que j'entre dans les détails de mon projet. On les connaissait déjà, on me les récitait à l'avance. Je me félicitais : c'était la preuve que mon sujet était de nature mythologique. André Gide a dit qu'il n'écrivait pas pour être lu mais pour être relu. Il voulait dire par là qu'il entendait être lu au moins deux fois. J'écris moi aussi pour être relu, mais, moins exigeant que Gide, je ne demande qu'une seule lecture. Mes livres doivent être reconnus – relus – dès la première lecture.

Michel Tournier, *Le Vent Paraclet,* Gallimard, 1977.

Vendredi ou les Limbes du Pacifique (1967) « Une histoire que tout le monde connaît déjà... »

L'histoire de Robinson Crusoé est bien **un mythe,** une « histoire fondamentale ». Dès sa parution en 1719, le livre de D. Defoe connut un succès considérable (cf. *Le XVIIIe siècle,* p. 37). Mais ce qui est le plus frappant, c'est la capacité de ce roman à susciter des versions nouvelles : « On dirait que chaque génération a éprouvé le besoin de se raconter, de se reconnaître et ainsi de se mieux connaître à travers cette histoire. Robinson a très vite cessé d'être un héros de roman pour devenir un personnage mythologique » (M. Tournier, *Le Vent Paraclet*). Le chapitre du *Vent Paraclet* intitulé *Vendredi* évoque plusieurs de ces avatars du mythe, notamment *L'Île mystérieuse* de Jules Verne (1874) qui reprend le thème du naufrage sur une île (apparemment déserte), avec un héros positif, l'ingénieur Cyrus Smith, maître des savoirs et des techniques d'un XIXe siècle triomphant. Échappant à son auteur, l'histoire de Robinson s'inscrit donc dans une chaîne de récits. Depuis l'histoire authentique d'Alexandre Selcraig (rappelée par M. Tournier dans *Le Vent Paraclet*), déjà « réécrite » par D. Defoe (qui déplace l'île du Pacifique aux Caraïbes, prolonge de 4 à 28 ans la durée de la solitude du héros et introduit le personnage de Vendredi), jusqu'à la reprise du thème par M. Tournier lui-même (cette fois l'île se retrouve dans le Pacifique et, modification majeure, Robinson décide finalement d'y rester...), on voit se constituer **une transtextualité●** ; chaque texte se réfère implicitement aux précédents, s'en rapproche ou s'en écarte, entretient avec eux un dialogue significatif. Rien n'interdit d'ailleurs de prolonger la série : M. Tournier imagine dans *Le Vent Paraclet* « un roman ethnographique » qui reprendrait l'histoire dans la perspective de la confrontation de deux civilisations, celle de l'anglais du XVIIIe et celle de l'indien du Chili.

Le projet de M. Tournier est ainsi très différent de celui d'une littérature d'avant-garde qui, par volonté de modernité, entreprend de récuser le passé. Il s'agit au contraire pour lui de « revisiter » ce passé, selon une formule de Umberto Eco qui voit dans cette démarche le critère de la « post-modernité » (*Apostille au Nom de la rose,* 1983).

Autre forme de dialogue intertextuel, celui qui se noue dans *Vendredi* lui-même entre les différentes parties du texte (préface en italique, récit à la troisième personne, log-book de Robinson), ou celui qui renvoie de *Vendredi* à d'autres œuvres de M. Tournier : on songe à la nouvelle *La Fin de Robinson (Le Coq de bruyère),* à l'annonce dans la fin de *Vendredi* du thème de la gémellité qui sera au cœur des *Météores,* ou bien sûr à la réécriture du premier *Vendredi* que propose en 1977 *Vendredi ou la vie sauvage.* Adaptation pour enfants, certes, mais aussi œuvre nouvelle : on pourra comparer les deux ouvrages et noter des variantes, des omissions, des ajouts ou des déplacements significatifs. La même histoire s'inscrit donc dans une intertextualité qui est à la fois **interne** à l'œuvre de Tournier et **externe.** Elle s'enrichit de la pluralité des niveaux de lecture possibles. Échappant alors à son auteur, le roman tend à devenir « mythe actif au cœur de chaque homme ».

EXTRAITS

La pluralité des niveaux de lecture

Vendredi, après avoir tué le grand bouc Andoar, a fait sécher sa peau pour en faire un cerf-volant : épisode clé où s'affirme la dimension aérienne du personnage.

Ayant ligaturé trois baguettes de jonc en forme de croix à deux croisillons inégaux et parallèles, il avait creusé une gorge dans chacune de leurs sections et y avait fait passer un boyau. Ensuite il avait assujetti ce cadre léger et solide à la peau d'Andoar en rabattant et en cousant ses bords sur le boyau. L'une des extrémités de la baguette la plus longue sous-tendait la partie antérieure de la peau, l'autre bout était recouvert par sa partie caudale qui pendait en forme de trèfle. Ces deux extrémités étaient réunies par une bride assez lâche à laquelle était nouée la corde de retenue en un point soigneusement calculé afin que le cerf-volant adoptât l'inclinaison propre à lui donner la plus grande force ascensionnelle. Vendredi avait travaillé dès les premières blancheurs de l'aube à ces assemblages délicats, et une forte brise sud-ouest annonciatrice de temps sec et lumineux soufflant par rafales, le grand oiseau de parchemin à peine terminé s'agitait entre ses mains, comme impatient de prendre son vol. Sur la grève, l'Araucan avait crié de joie au moment où le monstre fragile, ployé comme un arc, était monté en fusée, claquant de toutes ses parties molles et entraînant une guirlande de plumes alternativement blanches et noires.

Lorsque Robinson vint le rejoindre, il était couché sur le sable, les mains croisées sous la nuque, et la corde du cerf-volant était nouée à sa cheville gauche. Robinson s'étendit près de lui, et tous deux regardèrent longtemps Andoar qui vivait au milieu des nuages, cédant à de brusques et invisibles attaques, tourmenté par des courants contradictoires, débilité par un calme soudain, mais regagnant bientôt d'un bond vertigineux toute l'altitude perdue. Vendredi qui participait intensément à toutes ces péripéties éoliennes se leva enfin et, les bras en croix, il mima en riant la danse d'Andoar. Il s'accroupissait en boule sur le sable, puis s'essorait, projetant vers le ciel sa jambe gauche, tournoyait, chancelait comme soudain privé de ressort, hésitait, s'élançait à nouveau, et la corde attachée à sa cheville était comme l'axe de cette chorégraphie aérienne, car Andoar, fidèle et lointain cavalier, répondait à chacun de ses mouvements par des hochements, des voltes et des piqués.

Michel Tournier, *Vendredi ou les Limbes du Pacifique*, Gallimard, 1967.

Il avait d'abord ligaturé trois baguettes de jonc en forme de croix. Puis il avait creusé une gorge dans chacune de leurs sections, et il y avait fait passer un boyau. Sur le cadre léger et robuste ainsi obtenu, il avait posé la peau d'Andoar en rabattant et en cousant ses bords sur le boyau. Les deux extrémités de la baguette la plus longue étaient réunies par une ficelle assez lâche à laquelle était nouée la corde du cerf-volant en un point soigneusement calculé, car de là dépendait son inclinaison dans le vent.

Vendredi avait travaillé dès les premières lueurs de l'aube à son cerf-volant, et le grand oiseau de peau à peine terminé s'agitait dans le vent entre ses mains, comme s'il était impatient de prendre son vol. Sur la plage, l'Indien avait crié de joie au moment où Andoar, courbé comme un arc, était monté en fusée, entraînant une guirlande de plumes blanches et noires.

Robinson était bien vite descendu de son arbre pour le rejoindre. Il le trouva couché sur le sable, les mains croisées derrière la nuque, la chevrette Anda roulée en boule à ses pieds. La corde du cerf-volant était attachée à sa cheville. Robinson s'étendit près de lui, et longtemps, ils regardèrent tous deux le vol capricieux d'Andoar au milieu des nuages, qui montait et plongeait, vibrait sous une rafale, et s'affaissait tout à coup parce que le vent faiblissait. Tout à coup Vendredi sauta sur ses pieds, et, sans détacher la corde du cerf-volant toujours nouée à sa cheville, il mima la danse aérienne d'Andoar. Riant et chantant, il s'accroupit en boule sur le sol, puis bondit en levant les bras, retomba, projeta sa jambe gauche vers le ciel, tournoya, accompagné par les gambades d'Anda. Et là-haut, très loin dans les nuages, le bel oiseau d'or attaché par trois cents mètres de fil à la cheville de l'Indien l'accompagnait dans sa danse, virevoltait, plongeait, bondissait avec lui.

Michel Tournier, *Vendredi ou la Vie sauvage*, Gallimard, 1977.

De l'anecdote à l'interprétation philosophique

Deux versions très proches d'un même épisode. Les modifications concernent la langue (syntaxe, vocabulaire, choix des temps – l'imparfait itératif• est souvent remplacé par le passé simple dans le passage de *Vendredi ou la vie sauvage*), le jeu des métaphores•, mais aussi certains détails (par exemple la présence dans le second *Vendredi* de la chevrette Anda). Le texte de *Vendredi ou la vie sauvage* paraît peut-être plus anecdotique, là où *Vendredi ou les Limbes du Pacifique* souligne davantage la dimension initiatique de la scène. Mais le sens de l'épisode reste le même : Vendredi propose à Robinson une forme d'union avec l'élément aérien. Le texte appelle alors une lecture philosophique dont G. Deleuze donne l'exemple :

Le personnage principal, comme dit le titre, c'est Vendredi, le jeune garçon. Seul il peut guider et achever la métamorphose commencée par Robinson, et lui en révéler le sens, le but. Tout cela, innocemment, superficiellement. C'est Vendredi qui détruit l'ordre économique et moral instauré par Robinson sur l'île. C'est lui qui dégoûte Robinson de la combe, ayant fait pousser sous son propre plaisir une autre espèce de mandragore. C'est lui qui fait sauter l'île, en fumant le tabac défendu près d'un baril de poudre, et restitue au ciel aussi bien la terre que les eaux et le feu. C'est lui qui fait voler et chanter le bouc mort (= Robinson). Mais c'est lui surtout qui présente à Robinson l'image du double personnel, comme complément nécessaire de l'image de l'île : « Robinson tourne et retourne cette question en lui-même. Pour la première fois il entrevoit nettement, sous le métis grossier et stupide qui l'irrite, l'existence possible d'un *autre* Vendredi – comme il a soupçonné jadis, bien avant de découvrir la grotte et la combe, une *autre* île, cachée sous l'île administrée. » Enfin c'est lui qui conduit Robinson à la découverte des Éléments libres, plus radicaux que les Images ou les Doubles puisqu'ils les forment. Que dire de Vendredi, sinon qu'il est espiègle et gamin, tout en surface ? Robinson ne cessera d'avoir des sentiments ambivalents à son égard, ne l'ayant sauvé que par hasard, dans une erreur de tir, alors qu'il voulait le tuer.

Gilles Deleuze, *M. Tournier et le Monde sans autrui*, in *Logique du sens*, Éditions de Minuit, 1969.

Un roman « inventif et prospectif »

La différence essentielle entre le Robinson de Tournier et celui de Defoe, c'est que le héros de Defoe reconstitue dans la solitude de l'île la civilisation perdue alors que celui de Tournier vit une initiation qui l'éloigne de ses origines pour en faire un « homme nouveau ». Par là le personnage de Vendredi se trouve revalorisé : il n'est plus le sauvage écrasé par le civilisé Robinson, mais l' « accoucheur » de cet homme nouveau.

documents

Ce n'était pas le mariage de deux civilisations à un stade donné de leur évolution qui m'intéressait, mais la destruction de toute trace de civilisation chez un homme soumis à l'œuvre décapante d'une solitude inhumaine, la mise à nu des fondements de l'être et de la vie, puis sur cette table rase la création d'un monde nouveau sous forme d'essais, de coups de sonde, de découvertes, d'évidences et d'extases. Vendredi – encore plus vierge de civilisation que Robinson après sa cure de solitude – sert à la fois de guide et d'accoucheur à l'homme nouveau. Ainsi donc mon roman se veut inventif et prospectif, alors que celui de Defoe, purement rétrospectif, se borne à décrire la restauration de la civilisation perdue avec les moyens du bord.

Michel Tournier, *Le Vent Paraclet*, Gallimard, 1977.

On a souvent remarqué que le thème de Robinson chez Defoe n'était pas seulement une histoire, mais « l'instrument d'une recherche » : recherche qui part de l'île déserte, et qui prétend reconstituer les origines et l'ordre rigoureux des travaux et des conquêtes qui en découlent avec le temps. Mais il est clair que la recherche est deux fois faussée. D'une part l'image de l'origine présuppose ce qu'elle prétend engendrer (cf. tout ce que Robinson a tiré de l'épave). D'autre part le monde reproduit à partir de cette origine est l'équivalent du monde *réel*, c'est-à-dire économique, ou du monde tel qu'il serait, tel qu'il devrait être s'il n'y avait pas la sexualité (cf. l'élimination de toute sexualité dans le Robinson de Defoe). Faut-il en conclure que la sexualité est le seul principe fantastique capable de faire dévier le monde de l'ordre économique rigoureux assigné par l'origine ? Bref, chez Defoe, l'intention était bonne : qu'advient-il à un homme seul, sans Autrui, sur l'île déserte ? Mais le problème était mal posé. Car, au lieu de ramener un Robinson asexué à une origine qui reproduit un monde économique analogue au nôtre, archétype du nôtre, il fallait porter un Robinson sexué à des *fins tout à fait différentes et divergentes* des nôtres, dans un monde fantastique ayant lui-même dévié. En posant le problème en termes de fin et non d'origine, Tournier s'interdit de laisser Robinson quitter l'île. La fin, le but final de Robinson, c'est la « déshumanisation », la rencontre de la libido avec les éléments libres, la découverte d'une énergie cosmique ou d'une grande Santé élémentaire, qui ne peut surgir que dans l'île, et encore dans la mesure où l'île est devenue aérienne ou solaire.

Gilles Deleuze, *M. Tournier et le Monde sans autrui*, in *Logique du sens*, Éditions de Minuit, 1969.

Le *Vendredi* de M. Tournier est **tourné vers l'avenir.** Il s'ouvre sur les prédictions faites par le capitaine de la Virginie ; il retrace ensuite les étapes par lesquelles passe Robinson. Après l'effondrement des premiers temps, la retombée dans l'animalité que symbolisent les plongées dans la souille, Robinson entreprend de civiliser l'île sur le modèle des sociétés humaines, constituant un système juridique, une économie, un rituel religieux : c'est l'étape de « l'île administrée ». Puis Robinson s'engage dans la recherche d'une union avec l'île féminisée (femme qu'il s'agit de posséder sexuellement – c'est l'épisode de la combe aux mandragores – ou mère – c'est le retour dans cette matrice primitive qu'est la grotte) : on voit alors se dessiner une sorte de communion élémentaire avec la terre. L'arrivée de Vendredi introduit ensuite des thèmes aériens et permet à Robinson d'accéder à un dernier stade, celui de cet univers solaire que vient consacrer l'apothéose lumineuse des dernières pages. Il reviendra désormais à Robinson d'initier à son tour le jeune mousse Jeudi, qui remplace sur l'île Vendredi reparti avec le Whitebird.

Le livre a donc **un caractère expérimental** : qu'advient-il à un homme durablement privé de tout contact avec autrui ? Condamné à la solitude, c'est dans ses rapports avec **les éléments** du monde que se cherche Robinson. De terrien qu'il était, il va découvrir avec Vendredi l'univers aérien pour devenir finalement solaire. Ce que M. Tournier, dans *Le Vent Paraclet,* résume sous la forme de la double équation suivante :

Terre + Air = Soleil

Robinson terrien + Vendredi = Robinson solaire

Transformations alchimiques qui peuvent se lire dans leur signification philosophique (M. Tournier dans *Le Vent Paraclet* les rapproche des genres de la connaissance dans *l'Éthique* de Spinoza) mais qui inspirent en même temps des pages d'une grande puissance évocatrice (par exemple les méditations du chapitre 10) et qui s'inscrivent dans des images comme celle du cerf-volant (cf. p. 466).

EXTRAIT

Un passage du journal de Robinson (le « log-book ») montre bien les conséquences de la solitude.

Log-book. – La solitude n'est pas une situation immuable où je me trouverais plongé depuis le naufrage de la *Virginie.* C'est un milieu corrosif qui agit sur moi lentement, mais sans relâche et dans un sens purement destructif. Le premier jour, je transitais entre deux sociétés humaines également imaginaires : l'équipage disparu et les habitants de l'île, car je la croyais peuplée. J'étais encore tout chaud de mes contacts avec mes compagnons de bord. Je poursuivais imaginairement le dialogue interrompu par la catastrophe. Et puis l'île s'est révélée déserte. J'avançai dans un paysage sans âme qui vive. Derrière moi, le groupe de mes malheureux compagnons s'enfonçait dans la nuit. Leurs voix s'étaient tues depuis longtemps, quand la mienne commençait seulement à se fatiguer de son soliloque. Dès lors je suis avec une horrible fascination le processus de *déshumanisation* dont je sens en moi l'inexorable travail.

Je sais maintenant que chaque homme porte en lui – et comme au-dessus de lui – un fragile et complexe échafaudage d'habitudes, réponses, réflexes, mécanismes, préoccupations, rêves et implications qui s'est formé et continue à se transformer par les attouchements perpétuels de ses semblables. Privée de sève, cette délicate efflorescence s'étiole et se désagrège. Autrui, pièce maîtresse de mon univers... Je mesure chaque jour ce que je lui devais en enregistrant de nouvelles fissures dans mon édifice personnel. Je sais ce que je risquerais en perdant l'usage de la parole, et je combats de toute l'ardeur de mon angoisse cette suprême déchéance. Mais mes relations avec les choses se trouvent elles-mêmes dénaturées par ma solitude. Lorsqu'un peintre ou un graveur introduit des personnages dans un paysage ou à proximité d'un monument, ce n'est pas par goût de l'accessoire. Les personnages *donnent l'échelle* et, ce qui importe davantage encore, ils constituent des *points de vue possibles* qui ajoutent au point de vue réel de l'observateur d'indispensables virtualités.

À Speranza, il n'y a qu'un point de vue, le mien, dépouillé de toute virtualité. Et ce dépouillement ne s'est pas fait en un jour. Au début, par un automatisme inconscient, je projetais des observateurs possibles – des paramètres – au sommet des collines, derrière tel rocher ou dans les branches de tel arbre. L'île se trouvait ainsi quadrillée par un réseau d'interpolations et d'extrapolations qui la différenciait et la douait d'intelligibilité. Ainsi fait tout homme normal dans une situation normale. Je n'ai pris conscience de cette fonction – comme de bien d'autres – qu'à mesure qu'elle se dégradait en moi. Aujourd'hui, c'est chose faite. Ma vision de l'île est réduite à elle-même. Ce que je n'en vois pas est un *inconnu absolu.* Partout où je ne suis pas actuellement règne une nuit insondable. Je constate d'ailleurs en écrivant ces lignes que l'expérience qu'elles tentent de restituer non seulement est sans précédent, mais contrarie dans leur essence même les mots que j'emploie. Le langage relève en effet d'une façon fondamentale de cet univers *peuplé* où les autres sont comme autant de phares créant autour d'eux un îlot lumineux à l'intérieur duquel tout est – sinon connu – du moins connaissable. Les phares ont disparu de mon champ. Nourrie par ma fantaisie, leur lumière est encore longtemps parvenue jusqu'à moi. Maintenant, c'en est fait, les ténèbres m'environnent.

Et ma solitude n'attaque pas que l'intelligibilité des choses. Elle mine jusqu'au fondement même de leur existence. De plus en plus, je suis assailli de doutes sur la véracité du témoignage de mes sens. Je sais maintenant que la terre sur laquelle mes deux pieds appuient aurait besoin pour ne pas vaciller que d'autres que moi la foulent. Contre l'illusion d'optique, le mirage, l'hallucination, le rêve éveillé, le fantasme, le délire, le trouble de l'audition... le rempart le plus sûr, c'est notre frère, notre voisin, notre ami ou notre ennemi, mais quelqu'un, grands dieux, quelqu'un !

Michel Tournier, *Vendredi ou les Limbes du Pacifique,* Gallimard, 1967.

Le monde sans autrui

Le Robinson de Defoe tient un journal qui comporte essentiellement la relation au jour le jour de ses activités. Bien différent, le log-book (terme de marine ; que suggère le choix de ce mot ?) du Robinson de Tournier se présente comme une analyse par le héros lui-même de son évolution : analyse littérairement et philosophiquement très élaborée... il est vrai que Tournier a pris soin de préciser que son Robinson avait fait des études !

L'expérience que vit ici Robinson est difficilement communicable : on étudiera la façon dont les comparaisons et métaphores• tentent pourtant d'en rendre compte. À cette étape de la « déshumanisation » qui est décrite ici répondent d'autres passages du journal qui marquent le passage à des stades ultérieurs (voir notamment dans le chap. 5). G. Deleuze *(M. Tournier et le monde sans autrui)* a dégagé les implications philosophiques de cette expérience de la solitude (cf. p. 467).

EXTRAIT

La solitude renouvelle aussi complètement le rapport de Robinson avec le langage : l'absence d'autrui contraint à une réévaluation complète du sens des mots, *comme en témoigne un extrait du log-book :*

J'ai beau parler sans cesse à haute voix, ne jamais laisser passer une réflexion, une idée sans aussitôt la proférer à l'adresse des arbres ou des nuages, je vois de jour en jour s'effondrer des pans entiers de la citadelle verbale dans laquelle notre pensée s'abrite et se meut familièrement, comme la taupe dans son réseau de galeries. Des points fixes sur lesquels la pensée prend appui pour progresser – comme on marche sur les pierres émergeant du lit d'un torrent – s'effritent, s'enfoncent. Il me vient des doutes sur le sens des mots qui ne désignent pas des choses concrètes. Je ne puis plus parler qu'*à la lettre.* La métaphore, la litote et l'hyperbole me demandent un effort d'attention démesuré dont l'effet inattendu est de faire ressortir tout ce qu'il y a d'absurde et de convenu dans ces figures de rhétorique. Je conçois que ce processus dont je suis le théâtre serait pain béni pour un grammairien ou un philologue vivant en société : pour moi, c'est un luxe à la fois inutile et meurtrier. Telle, par exemple, cette notion de *profondeur* dont je n'avais jamais songé à scruter l'usage qu'on en fait dans des expressions comme « un esprit profond », « un amour profond »... Étrange parti pris cependant qui valorise aveuglément la profondeur aux dépens de la superficie et qui veut que « superficiel » signifie non pas « de vaste dimension », mais de « peu de profondeur », tandis que « profond » signifie au contraire « de grande profondeur » et non pas « de faible superficie ». Et pourtant un sentiment comme l'amour se mesure bien mieux il me semble – si tant est qu'il se mesure – à l'importance de sa superficie qu'à son degré de profondeur. Car je mesure mon amour pour une femme au fait que j'aime également ses mains, ses yeux, sa démarche, ses vêtements habituels, ses objets familiers, ceux qu'elle n'a fait que toucher, les paysages où je l'ai vue évoluer, la mer où elle s'est baignée... Tout cela, c'est bien de la superficie, il me semble ! Au lieu qu'un sentiment médiocre vise directement – *en profondeur* – le sexe même et laisse tout le reste dans une pénombre indifférente.

Michel Tournier, *Vendredi ou les Limbes du Pacifique*, Gallimard, 1967.

Une libération du langage

Qui parle ici ? Est-ce encore la voix de Robinson qu'on entend à la fin du passage ? Il est normal que l'expérience de la solitude affecte le langage. Mais c'est aussi à une réflexion sur notre langage et notre imaginaire que nous invite Tournier, donnant l'exemple d'une contestation des expressions figées. Une remise en cause à étendre à d'autres expressions toutes faites ?

Après *Vendredi ou les Limbes du Pacifique*, M. Tournier publie en 1970 *Le Roi des Aulnes* (prix Goncourt) qui, autour du thème de l'ogre, croise l'histoire d'Abel Tiffauges et l'évocation de l'hitlérisme – autre dévorateur d'enfants. En 1975, *Les Météores* racontent l'histoire d'un couple de jumeaux, Jean et Paul, qui constitue un monde clos et équilibré ; la rupture de cette unité initiale va entraîner Paul dans une quête initiatique qui s'élargit peu à peu aux dimensions de l'univers entier. Par la suite s'affirme de plus en plus nettement chez Tournier le goût de conter : au roman, il préfère les contes et récits (*Le Coq de bruyère*, 1978). Même *Gaspard, Melchior et Balthazar* (1980) se présente comme une suite de récits – fantaisies sur le thème des rois mages – plus que comme un roman. Plusieurs de ces textes sont d'ailleurs publiés sous la forme de livres pour enfants.

D'autre part la production de Michel Tournier se diversifie : essais ou notes de lectures (*Le Vent Paraclet*, 1977, *Le Vol du vampire*, 1981), mais aussi des textes écrits en contrepoint de photos (par exemple *Des clés et des serrures*, 1983). La photographie fascine en effet M. Tournier, et c'est elle que l'on retrouve au cœur de *La Goutte d'or* (1985).

Comme tous les livres de M. Tournier, *La Goutte d'or* peut se lire à plusieurs niveaux. Un jeune musulman, Idriss, est berger dans une oasis du Sahara. Un jour, une touriste européenne le prend en photo. Dès lors, dessaisi en quelque sorte de son image, Idriss s'engage dans une quête qui l'amènera en France où il partage la vie des immigrés maghrébins, et tout au long de laquelle il est confronté à des images : photos, portraits, mannequins des vitrines de magasins, jusqu'au moment où il découvre un autre système de signes, celui de la calligraphie arabe. Le roman est donc à la fois exploration mythologique – prendre quelqu'un en photo, selon les croyances primitives, c'est lui voler son âme –, description de l'immigration et du rôle des images dans notre société, et fantaisie de récits où l'imagination de M. Tournier paraît plus féconde que jamais.

document

L'humour de Tournier : une « auto-nécrologie ».

Nécrologie d'un écrivain

Michel Tournier (1924-2000)[(1)]

Né au centre de Paris, il a immédiatement compris qu'il s'agissait de la ville la plus inhospitalière du monde, en particulier à l'égard des jeunes. Aussi habita-t-il toute sa vie le presbytère d'un petit village de la vallée de Chevreuse, quand il ne voyageait pas à travers le monde, avec une prédilection pour l'Allemagne et le Maghreb. Ses cendres sont déposées dans son jardin à l'intérieur d'un tombeau sculpté représentant un gisant au visage masqué par un livre ouvert, porté par six écoliers, qui évoquent par leurs chagrins divers une version enfantine des *Bourgeois de Calais* de Rodin.

Après de longues études de philosophie, il est venu assez tard au roman qu'il a toujours conçu comme une affabulation d'apparence aussi conventionnelle que possible, recouvrant une infrastructure métaphysique invisible, mais douée d'un rayonnement actif. C'est en ce sens qu'on a souvent prononcé le mot de *mythologie* à propos de son œuvre.

S'il lui fallait un ancêtre et une étiquette, on pourrait songer à J. K. Huysmans et à celle de *naturaliste mystique*. C'est qu'à ses yeux tout est beau, même la laideur ; tout est sacré, même la boue.

A propos de l'amour, il disait : « Il y a un signe infaillible auquel on reconnaît qu'on aime quelqu'un d'amour, c'est quand son visage vous inspire plus de désir physique qu'aucune autre partie de son corps. »

S'il avait eu une tombe, voici l'épitaphe qu'il aurait voulu qu'on y inscrivît :

« Je t'ai adorée, tu me l'as rendu au centuple. Merci, la vie ! »

Michel Tournier, *Petites Proses*, Gallimard, 1986.

1. Un journal faisait récemment une enquête sur le thème suivant : quel sera selon vous le grand événement qui marquera l'an 2000 ? J'ai répondu sans hésiter : ma mort. Et d'évoquer le vaste et somptueux cortège qui accompagnera ma dépouille au Panthéon, au son de l'Allegretto de la 7e symphonie de Beethoven. On me dira : pourquoi mourir en l'an 2000 ? Parce que j'aurai 76 ans. Mon père est mort à cet âge-là, comme son père, etc. C'est un bel âge pour mourir. Avec de la chance et de la raison, on évite ainsi les souffrances et les humiliations de la vieillesse, et puis basta, n'est-ce pas assez de vie comme cela ?

Marguerite Yourcenar (1903-1987)

La sagesse que Michel Tournier recherche en jouant, de façon sérieuse ou amusée, avec les mythes, c'est par le **roman historique** que Marguerite Yourcenar a entrepris de la construire. Certes les voies du mythe ne lui sont pas étrangères : une nouvelle comme *Comment Wang-Fô fut sauvé,* qui ouvre les *Nouvelles orientales* (première édition en 1938), est une variation sur le thème du pouvoir de l'artiste, qui trouve son salut en s'embarquant sur la mer qu'il vient de peindre sur la toile... Mais c'est l'histoire, conçue comme une « école de liberté », qui est au cœur de l'œuvre de M. Yourcenar. Si les romans de jeunesse (*Alexis ou le Traité du vain combat,* 1929, *Le Coup de grâce,* 1939) sont marqués par l'influence de Gide et par une thématique morale (l'homosexualité, les relations entre les êtres...), M. Yourcenar a expliqué qu'écrivant en 1939 *Le Coup de grâce,* censé se dérouler pendant les guerres baltes de 1920, elle avait déjà éprouvé le besoin, pour faire vivre les trois personnes qui sont les protagonistes du roman, « de tout savoir de la situation politique, sociale, du temps et du milieu où elles se trouvaient » (P. de Rosbo, *Entretiens avec Marguerite Yourcenar,* Mercure de France, 1972). C'est cette même ambition qui anime les grandes œuvres de la maturité (les *Mémoires d'Hadrien,* 1951, ou *L'Œuvre au noir,* 1965) aussi bien que les volumes du *Labyrinthe du monde* (*Souvenirs pieux,* 1974, et *Archives du nord,* 1977) : plus qu'une autobiographie, ces deux livres sont en effet des récits historiques où les ancêtres ont remplacé les héros fictifs.

Marguerite Yourcenar s'est souvent expliquée sur sa conception du roman historique. Il ne s'agit pas de demander au passé un asile ou un dépaysement mais de chercher comment, à d'autres époques, a pu être vécue la condition humaine, et quelles solutions, semblables aux nôtres ou différentes, ont été apportées aux problèmes que rencontrent les hommes : « C'est là que l'histoire est une école de liberté. Elle nous libère de certains de nos préjugés et nous apprend à voir nos propres problèmes et nos propres routines sous un autre angle. En somme, comme l'alchimie pour Zénon, elle peut devenir une entreprise de dissociation, une " œuvre au noir " » *(Entretiens avec P. de Rosbo).*

Ce jeu historique, confrontant notre vision du monde avec celles, patiemment reconstituées, de Zénon ou d'Hadrien, ouvre la possibilité d'une recherche inédite, comme le jeu instauré par M. Tournier entre les différents avatars d'un mythe. Le roman historique devient **l'instrument d'une libération,** le lieu où se cherche une sagesse : « Je crois que se perfectionner est le principal but de vivre » *(Les Yeux ouverts,* 1980).

La confrontation est d'autant plus riche quand elle met en jeu des personnages aussi complexes qu'Hadrien ou Zénon, placés l'un et l'autre à des périodes charnières de l'histoire. Elle s'appuie sur un travail érudit de recherche, qui permet de nourrir avec le héros une relation faite à la fois de sympathie et de discernement. Au cœur du livre, il y a le dialogue qui se noue entre l'auteur et son personnage. La voix de celui-ci est donc essentielle : c'est ce qui explique la prédilection de M. Yourcenar pour la narration à la première personne (comme dans *Hadrien*) et le fait que, même quand elle choisit la narration à la troisième personne, le point de vue constamment privilégié est celui du héros *(L'Œuvre au noir).*

Un écrivain classique

M. Yourcenar n'aimait pas trop l'expression et la conteste vigoureusement dans *Les Yeux ouverts* : « Si, par classicisme, on veut exprimer qu'un auteur n'écrit pas dans un style salopé ou plein d'acrobaties inutiles, disons-le. » Le fait est pourtant qu'elle apparaît comme un écrivain classique au meilleur sens du terme. Sa conception du dialogue historique fait qu'elle reste attachée au personnage et répugne aux recherches du nouveau roman. Chacune de ses œuvres est longuement réécrite avant d'être publiée sous sa forme définitive, et ce travail va dans le sens d'un **dépouillement** croissant : « J'essaie d'éliminer ce qui n'est pas essentiel, de ne pas céder à l'ornement, comme je le faisais dans ma jeunesse. En ce temps-là, je croyais qu'il fallait arrondir la phrase. A présent, je cherche plutôt les phrases les plus nettes, les images les plus simples, sans essayer d'être originale à tout prix. » *(Les Yeux ouverts).* Ce classicisme et le rayonnement grandissant de son œuvre firent d'elle en 1980 la première femme élue à l'Académie française.

Les *Mémoires d'Hadrien* sont l'œuvre la plus connue de M. Yourcenar. Conçu dès 1924, le livre ne parut qu'en 1951, au terme d'une genèse sur laquelle le *Carnet de notes* qui l'accompagne fournit de précieux éclaircissements. Une phrase de la correspondance de Flaubert, citée par M. Yourcenar, explique bien ce qu'a de fascinant la figure de l'empereur romain du IIe siècle de notre ère : « Les dieux n'étant plus, et le Christ n'étant pas encore, il y a eu, de Cicéron à Marc-Aurèle, un moment unique où l'homme seul a été. » Il a fallu trente ans de recherches, de réécritures, pour que M. Yourcenar se sente en mesure de faire entendre la voix d'Hadrien, et parfois de lui prêter la sienne – ainsi quand Hadrien médite sur les formes d'esclavage à venir, pires sans doute que celles qu'il connaît.

Le livre se présente comme un récit autobiographique, adressé par Hadrien mourant à son successeur Marc-Aurèle. Il y parle de sa carrière, de son activité d'homme d'État, de son attachement à la paix et des guerres qu'il a dû faire, de sa passion pour le jeune Antinoüs...

EXTRAIT

Les rêves d'Hadrien

À chacun sa pente : à chacun aussi son but, son ambition si l'on veut, son goût le plus secret et son plus clair idéal. Le mien était enfermé dans ce mot de beauté, si difficile à définir en dépit de toutes les évidences des sens et des yeux. Je me sentais responsable de la beauté du monde. Je voulais que les villes fussent splendides, aérées, arrosées d'eaux claires, peuplées d'êtres humains dont le corps ne fût détérioré ni par les marques de la misère ou de la servitude, ni par l'enflure d'une richesse grossière; que les écoliers récitassent d'une voix juste des leçons point ineptes; que les femmes au foyer eussent dans leurs mouvements une espèce de dignité maternelle, de repos puissant; que les gymnases fussent fréquentés par des jeunes hommes point ignorants des jeux ni des arts; que les vergers portassent les plus beaux fruits et les champs les plus riches moissons. Je voulais que l'immense majesté de la paix romaine s'étendît à tous, insensible et présente comme la musique du ciel en marche; que le plus humble voyageur pût errer d'un pays, d'un continent à l'autre, sans formalités vexatoires, sans dangers, sûr partout d'un minimum de légalité et de culture; que nos soldats continuassent leur éternelle danse pyrrhique(1) aux frontières; que tout fonctionnât sans accroc, les ateliers et les temples; que la mer fût sillonnée de beaux navires et les routes parcourues par de fréquents attelages; que, dans un monde bien en ordre, les philosophes eussent leur place et les danseurs aussi. Cet idéal, modeste en somme, serait assez souvent approché si les hommes mettaient à son service une partie de l'énergie qu'ils dépensent en travaux stupides ou féroces; une chance heureuse m'a permis de le réaliser partiellement durant ce dernier quart de siècle. Arrien de Nicomédie, un des meilleurs esprits de ce temps, aime à me rappeler les beaux vers où le vieux Terpandre a défini en trois mots l'idéal spartiate, le mode de vie parfait dont Lacédémone a rêvé sans jamais l'atteindre : la Force, la Justice, les Muses. La Force était à la base, rigueur sans laquelle il n'est pas de beauté, fermeté sans laquelle il n'est pas de justice. La Justice était l'équilibre des parties, l'ensemble des proportions harmonieuses que ne doit compromettre aucun excès. Force et Justice n'étaient qu'un instrument bien accordé entre les mains des Muses. Toute misère, toute brutalité étaient à interdire comme autant d'insultes au beau corps de l'humanité. Toute iniquité était une fausse note à éviter dans l'harmonie des sphères.

(1) La pyrrhique était une danse guerrière de la Grèce antique.

Marguerite Yourcenar, *Mémoires d'Hadrien*, Gallimard, 1974, première éd. 1951.

L'harmonie universelle

L'idéal d'Hadrien n'est pas anachronique : les références à la musique, à l'astronomie, à l'équilibre des proportions, font songer aux Pythagoriciens ou à Platon. De même les références à l'esthétique sont parfaitement vraisemblables de la part d'Hadrien, nourri de culture grecque. On étudiera la façon dont M. Yourcenar réussit à nous faire entrer dans cette vision du monde qui, cessant d'être une abstraction philosophique, interroge d'autant plus vivement notre présent.

EXTRAIT

La sagesse finale

Ma patience porte ses fruits; je souffre moins; la vie redevient presque douce. Je ne me querelle plus avec les médecins; leurs sots remèdes m'ont tué; mais leur présomption, leur pédantisme hypocrite est notre œuvre : ils mentiraient moins si nous n'avions pas si peur de souffrir. La force me manque pour les accès de colère d'autrefois : je sais de source certaine que Platorius Népos, que j'ai beaucoup aimé, a abusé de ma confiance; je n'ai pas essayé de le confondre; je n'ai pas puni. L'avenir du monde ne m'inquiète plus; je ne m'efforce plus de calculer, avec angoisse, la durée plus ou moins longue de la paix romaine; je laisse faire aux dieux. Ce n'est pas que j'aie acquis plus de confiance en leur justice, qui n'est pas la nôtre, ou plus de foi en la sagesse de l'homme; le contraire est vrai. La vie est atroce; nous savons cela. Mais précisément parce que j'attends peu de chose de la condition humaine, les périodes de bonheur, les progrès partiels, les efforts de recommencement et de continuité me semblent autant de prodiges qui compensent presque l'immense masse des maux, des échecs, de l'incurie et de l'erreur. Les catastrophes et les ruines viendront; le désordre triomphera, mais de temps en temps l'ordre aussi. La paix s'installera de nouveau entre deux périodes de guerre; les mots de liberté, d'humanité, de justice retrouveront çà et là le sens que nous avons tenté de leur donner. Nos livres ne périront pas tous; on réparera nos statues brisées; d'autres coupoles et d'autres frontons naîtront de nos frontons et de nos coupoles; quelques hommes penseront, travailleront et sentiront comme nous : j'ose compter sur ces continuateurs placés à intervalles irréguliers le long des siècles, sur cette intermittente immortalité. Si les barbares s'emparent jamais de l'empire du monde, ils seront forcés d'adopter certaines de nos méthodes; ils finiront par nous ressembler. Chabrias s'inquiète de voir un jour le pastophore de Mithra[1] ou l'évêque du Christ s'implanter à Rome et y remplacer le Grand Pontife. Si par malheur ce jour arrive, mon successeur le long de la berge vaticane aura cessé d'être le chef d'un cercle d'affiliés ou d'une bande de sectaires pour devenir à son tour une des figures universelles de l'autorité. Il héritera de nos palais et de nos archives; il différera de nous moins qu'on ne pourrait le croire. J'accepte avec calme ces vicissitudes de Rome éternelle.

(1) Le culte oriental de Mithra, qui promettait une forme d'immortalité, se répandait alors largement dans l'Empire romain.

Marguerite Yourcenar, *Mémoires d'Hadrien,* Gallimard, 1951.

Les prédictions d'Hadrien

Un procédé assez fréquent dans le livre : l'avenir (que nous connaissons) est annoncé par Hadrien, qui est censé ne pas le connaître. Que penser du rôle et de la valeur de ces prédictions? Contre l'histoire, elles suggèrent une permanence : on pourra étudier à partir de là le rôle du roman historique selon M. Yourcenar (cf. p. 474).

document

Romancier italien et théoricien de la littérature, Umberto Eco a connu un grand succès en 1980 avec un roman historique, Le Nom de la rose, *dont l'histoire se déroule dans un couvent au XIVe siècle. Par la suite, dans une* Apostille au Nom de la rose, *il a précisé sa conception de la littérature et notamment du roman historique.*

Que veut dire écrire un roman historique? Je crois qu'il y a trois façons de raconter sur le passé. L'une est le *romance,* du cycle breton aux histoires de Tolkien, où l'on trouve aussi le « Gothic novel » qui n'a rien du *novel* et tout du *romance.* Le passé est alors scénographie, prétexte, construction de la fable et donne libre cours à l'imagination. Pour sa part, la science-fiction est souvent un pur *romance.* Le *romance,* c'est l'histoire d'un *ailleurs.*

Puis vient le roman de cape et d'épée, comme celui de Dumas. Le roman de cape et d'épée se choisit un passé « réel » et reconnaissable : pour y parvenir, il le peuple de personnages déjà enregistrés par l'encyclopédie (Richelieu, Mazarin) auxquels il fait accomplir des actions que l'encyclopédie n'enregistre pas (avoir rencontré Milady, avoir eu des contacts avec un certain Bonacieux) mais qui ne la contredisent pas. Naturellement, pour corroborer l'impression de réalité, les personnages historiques feront aussi (avec l'assentissement de l'historiographie) ce qu'ils ont fait (assiéger La Rochelle, avoir eu des relations intimes avec Anne d'Autriche, avoir eu affaire avec la Fronde). Dans ce cadre (« vrai »), viennent s'insérer les personnages de fiction; cependant, ceux-ci manifestent des sentiments qui pourraient être attribués à des personnages d'autres époques. Ce que d'Artagnan fait en récupérant à Londres les bijoux de la Reine, il aurait pu le faire aussi bien au XVIe qu'au XVIIIe siècle. Il n'est pas nécessaire de vivre au XVIIe pour avoir la psychologie de d'Artagnan.

Par contre, dans le roman historique il n'est pas obligatoire qu'entrent en scène des personnages reconnaissables en termes d'encyclopédie commune. Dans *Les Fiancés,* le personnage le plus connu est le cardinal Federigo, qu'avant Manzoni très peu de gens connaissaient (l'autre Borromée, saint Charles, était bien plus connu). Mais tout ce que font Renzo, Lucia ou Fra Cristoforo ne pouvait qu'être accompli dans la Lombardie du XVIIe siècle. Les agissements des personnages servent à faire mieux comprendre l'histoire, ce qui s'est passé, et bien qu'ils soient inventés, ils en disent plus, et avec une clarté sans pareille, sur l'Italie de l'époque, que les livres d'histoire consacrés.

En ce sens, je voulais certainement écrire un roman historique, non parce qu'Ubertin ou Michel[1] avaient vraiment existé et disaient plus ou moins ce qu'ils avaient vraiment dit, mais parce que tout ce que disaient des personnages fictifs comme Guillaume[1] aurait *dû* être dit à cette époque-là.

Umberto Eco, *Apostille au Nom de la rose,* trad. de Myriem Bouzaher, Grasset, 1985.

(1) Personnages du *Nom de la rose.*

document

La méthode de travail

Les règles du jeu : tout apprendre, tout lire, s'informer de tout, et, simultanément, adapter à son but les *Exercices* d'Ignace de Loyola ou la méthode de l'ascète hindou qui s'épuise, des années durant, à visualiser un peu plus exactement l'image qu'il crée sous ses paupières fermées. Poursuivre à travers des milliers de fiches l'actualité des faits ; tâcher de rendre leur mobilité, leur souplesse vivante, à ces visages de pierre. Lorsque deux textes, deux affirmations, deux idées s'opposent, se plaire à les concilier plutôt qu'à les annuler l'un par l'autre ; voir en eux deux facettes différentes, deux états successifs du même fait, une réalité convaincante parce qu'elle est complexe, humaine parce qu'elle est multiple. Travailler à lire un texte du IIe siècle avec des yeux, une âme, des sens du IIe siècle ; le laisser baigner dans cette eau-mère que sont les faits contemporains ; écarter s'il se peut toutes les idées, tous les sentiments accumulés par couches successives entre ces gens et nous. Se servir pourtant, mais prudemment, mais seulement à titre d'études préparatoires, des possibilités de rapprochements ou de recoupements, des perspectives nouvelles peu à peu élaborées par tant de siècles ou d'événements qui nous séparent de ce texte, de ce fait, de cet homme ; les utiliser en quelque sorte comme autant de jalons sur la route du retour vers un point particulier du temps. S'interdire les ombres portées ; ne pas permettre que la buée d'une haleine s'étale sur le tain du miroir ; prendre seulement ce qu'il y a de plus durable, de plus essentiel en nous, dans les émotions des sens ou dans les opérations de l'esprit, comme point de contact avec ces hommes qui comme nous croquèrent des olives, burent du vin, s'engluèrent les doigts de miel, luttèrent contre le vent aigre et la pluie aveuglante et cherchèrent en été l'ombre d'un platane, et jouirent, et pensèrent, et vieillirent, et moururent.

Marguerite Yourcenar, *Carnets de notes de « Mémoires d'Hadrien »*, Gallimard, 1974.

L'Œuvre au noir met en scène le personnage imaginaire de Zénon, médecin et alchimiste du XVIe siècle, qui parcourt une Europe déchirée par les hérésies, les fanatismes et les guerres, tandis que les balbutiements de la science et les tentatives de l'alchimie esquissent une vision du monde nouvelle dont Zénon a le pressentiment. Sur les ruines de l'ancien monde, dans les ténèbres, s'esquisse un monde neuf.

Comme *Mémoires d'Hadrien, L'Œuvre au noir* s'est longuement construit à partir d'un projet de jeunesse. La *Note de l'auteur* qui sert de postface au livre rappelle que « les quelque soixante années à l'intérieur desquelles s'enferme l'histoire de Zénon ont vu s'accomplir un certain nombre d'événements qui nous concernent encore... ».

Le titre fait référence à la première étape de la transformation alchimique, qui est le temps de la destruction et de la dissolution. C'est peut-être dans la mort que Zénon, condamné pour hérésie, parviendra au stade suprême de l'initiation : l'œuvre au rouge.

EXTRAIT

Dans un chapitre intitulé L'abîme, *Zénon, réfugié sous un faux nom à Bruges, éprouve les limites de la pensée et le vertige du temps.*

Depuis près d'un demi-siècle, il se servait de son esprit comme d'un coin pour élargir de son mieux les interstices du mur qui de toute part nous confine. Les failles grandissaient, ou plutôt le mur, semblait-il, perdait de lui-même sa solidité sans pour autant cesser d'être opaque, comme s'il s'agissait d'une muraille de fumée au lieu d'une muraille de pierre. Les objets cessaient de jouer leur rôle d'accessoires utiles. Comme un matelas son crin, ils laissaient passer leur substance. Une forêt remplissait la chambre. Cet escabeau, mesuré sur la distance qui sépare du sol le cul d'un homme assis, cette table qui sert à écrire ou à manger, cette porte qui ouvre un cube d'air entouré de cloisons sur un cube d'air voisin, perdaient ces raisons d'être qu'un artisan leur avait données pour n'être plus que des troncs ou des branches écorchées comme des saints Barthélemy de tableaux d'église, chargés de feuilles spectrales et d'oiseaux invisibles, grinçant encore de tempêtes depuis longtemps calmées, et où le rabot avait laissé çà et là le grumeau de la sève. Cette couverture et cette défroque pendue à un clou sentaient le suint, le lait et le sang. Ces chaussures qui bâillaient au bord du lit avaient bougé au souffle d'un bœuf étendu sur l'herbe et un porc saigné à blanc piaillait dans la graisse dont le savetier les avait enduites. La mort violente était partout, comme dans une boucherie ou dans un enclos patibulaire. Une oie égorgée criaillait dans la plume qui allait servir à tracer sur de vieux chiffons des idées qu'on croyait dignes de durer toujours. Tout était autre : cette chemise que blanchissaient pour lui les sœurs Bernardines était un champ de lin plus bleu que le ciel, et aussi un tas de fibres rouissant au fond d'un canal. Ces florins dans sa poche à l'effigie du défunt empereur Charles avaient été échangés, donnés et volés, pesés et rognés mille fois avant que pour un moment il les crût siens, mais ces virevoltes entre des mains avares ou prodigues étaient brèves comparées à l'inerte durée du métal lui-même, instillé dans les veines de la terre avant qu'Adam eût vécu. Les murs de brique se résolvaient en boue qu'ils redeviendraient un jour. L'annexe du couvent des Cordeliers où il se trouvait raisonnablement au chaud et au couvert cessait d'être une maison, ce lieu géométrique de l'homme, abri solide pour l'esprit encore plus que pour le corps. Elle n'était tout au plus qu'une hutte dans la forêt, une tente au bord d'une route, un lambeau d'étoffe jeté entre l'infinité et nous. Les tuiles laissaient passer la brume et les incompréhensibles astres. Des morts par centaines l'occupaient et des vivants aussi perdus que des morts : des douzaines de mains avaient posé ces carreaux, moulé ces briques et scié ces planches, cloué, cousu ou collé : il eût été aussi difficile de retrouver l'ouvrier encore bien vivant qui avait tissé ce pan de bure que d'évoquer un trépassé. Des gens avaient logé là comme un ver dans son cocon, et y logeraient après lui. Bien cachés, sinon tout à fait invisibles, un rat derrière une cloison, un insecte taraudant du dedans une solive malade voyaient autrement que lui les pleins et les vides qu'il appelait sa chambre... Il levait les yeux. Au plafond, une poutre remployée portait un millésime : 1491. À l'époque où ceci avait été gravé pour fixer une date qui n'importait plus à personne, il n'existait pas encore, ni la femme dont il était sorti. Il retournait ces chiffres, comme par jeu : l'an 1941 après l'Incarnation du Christ. Il tentait d'imaginer cette année sans rapport avec sa propre existence, et dont on ne savait qu'une chose, c'est qu'elle serait. Il marchait sur sa propre poussière. Mais il en était du temps comme du grain du chêne : il ne sentait pas ces dates taillées de main d'homme. La terre tournait ignorante du calendrier julien ou de l'ère chrétienne, formant son cercle sans commencement ni fin comme un anneau lisse. Zénon se rappela qu'on était chez le Turc en l'an 973 de l'Hégire, mais Darazi avait compté en secret d'après l'ère de Khosroès. Passant de l'an au jour, il songea qu'en ce moment le soleil naissait sur les toits de Péra. La chambre donnait de la bande ; les sangles criaient comme des amarres ; le lit glissait d'occident en orient à l'inverse du mouvement apparent du ciel. La sécurité de reposer stablement sur un coin du sol belge était une erreur dernière ; le point de l'espace où il se trouvait contiendrait une heure plus tard la mer et ses vagues, un peu plus tard encore les Amériques et le continent d'Asie. Ces régions où il n'irait pas se superposaient dans l'abîme à l'hospice de Saint-Cosme. Zénon lui-même se dissipait comme une cendre au vent.

Marguerite Yourcenar, *L'Œuvre au noir*, Gallimard, 1965.

« Tout était autre »

On étudiera les procédés qui rendent sensible, avec une grande force évocatrice, la relativité du temps et de l'espace. Il n'y a plus de repère stable ; l'univers et la pensée vacillent. À une époque où se transforment tous les savoirs, l'esprit est confronté aux limites de la connaissance. Mais que suggère le retournement de 1491 en 1941 ?

On pourra aussi comparer l'utilisation de la troisième personne à celle de la première personne dans les *Mémoires d'Hadrien*.

Souvenirs pieux (1974) est le premier volet du *Labyrinthe du monde*, complété par *Archives du Nord* (1977). Le troisième volet du triptyque a été publié en 1988, après la mort de M. Yourcenar, sous le titre *Quoi, l'éternité ?*

Il ne faut pas chercher une autobiographie classique dans *Le Labyrinthe du monde*, et un livre comme *Les Yeux ouverts* (entretiens avec Matthieu Galey, 1980) est de ce point de vue plus riche en confidences. Au contraire, esquivant le « je », M. Yourcenar entreprend de remonter l'histoire de sa famille, selon les mêmes méthodes qui lui ont permis de faire revivre Zénon ou Hadrien. Cette tentative l'entraîne toujours plus loin dans le temps : *Archives du Nord* s'ouvre même sur une évocation des temps préhistoriques.

EXTRAIT

La première page de Souvenirs pieux

L'être que j'appelle moi vint au monde un certain lundi 8 juin 1903, vers les 8 heures du matin, à Bruxelles, et naissait d'un Français appartenant à une vieille famille du Nord, et d'une Belge dont les ascendants avaient été durant quelques siècles établis à Liège, puis s'étaient fixés dans le Hainaut. La maison où se passait cet événement, puisque toute naissance en est un pour le père et la mère et quelques personnes qui leur tiennent de près, se trouvait située au numéro 193 de l'avenue Louise, et a disparu il y a une quinzaine d'années, dévorée par un building.

Ayant ainsi consigné ces quelques faits qui ne signifient rien par eux-mêmes, et qui, cependant, et pour chacun de nous, mènent plus loin que notre propre histoire et même que l'histoire tout court, je m'arrête, prise de vertige devant l'inextricable enchevêtrement d'incidents et de circonstances qui plus ou moins nous déterminent tous. Cet enfant du sexe féminin, déjà pris dans les coordonnées de l'ère chrétienne et de l'Europe du XXe siècle, ce bout de chair rose pleurant dans un berceau bleu, m'oblige à me poser une série de questions d'autant plus redoutables qu'elles paraissent banales, et qu'un littérateur qui sait son métier se garde bien de formuler. Que cet enfant soit moi, je n'en puis douter sans douter de tout. Néanmoins, pour triompher en partie du sentiment d'irréalité que me donne cette identification, je suis forcée, tout comme je le serais pour un personnage historique que j'aurais tenté de recréer, de m'accrocher à des bribes de souvenirs reçus de seconde ou de dixième main, à des informations tirées de bouts de lettres ou de feuillets de calepins qu'on a négligé de jeter au panier, et que notre avidité de savoir pressure au-delà de ce qu'ils peuvent donner, ou d'aller compulser dans des mairies ou chez des notaires des pièces authentiques dont le jargon administratif et légal élimine tout contenu humain. Je n'ignore pas que tout cela est faux ou vague comme tout ce qui a été réinterprété par la mémoire de trop d'individus différents, plat comme ce qu'on écrit sur la ligne pointillée d'une demande de passeport, niais comme les anecdotes qu'on se transmet en famille, rongé par ce qui entre temps s'est amassé en nous comme une pierre par le lichen ou du métal par la rouille. Ces bribes de faits crus connus sont cependant entre cet enfant et moi la seule passerelle viable ; ils sont aussi la seule bouée qui nous soutient tous deux sur la mer du temps. C'est avec curiosité que je me mets ici à les rejointoyer pour voir ce que va donner leur assemblage : l'image d'une personne et de quelques autres, d'un milieu, d'un site, ou, çà et là, une échappée momentanée sur ce qui est sans nom et sans forme.

Marguerite Yourcenar, *Souvenirs pieux*, Gallimard, 1974.

« Cet enfant et moi... »

L'impossible identité du discours autobiographique : on étudiera tous les procédés qui soulignent le caractère problématique de l'identification (caractéristique de l'autobiographie, cf. p. 463) entre le « je » du personnage et le « je » écrivant. Dès lors l'autobiographe est renvoyé aux difficultés qui sont également celles du roman historique : pour « rejointoyer » autrefois et aujourd'hui, il faut recréer l'improbable « je » né en 1903...

Un des moyens que M. Yourcenar a souvent utilisés pour engager le dialogue avec les autres cultures est la traduction : traduction de negro-spirituals américains, par exemple (Fleuve profond, sombre rivière), *ou de poèmes de l'antiquité grecque, comme ces vers de Sappho, poétesse qui vécut au VIe siècle avant notre ère.*

... Apporte ta cithare, et viens ce soir, ma rose,
Ô toi dont la présence attendrit tous mes sens !
Mon cœur s'attache à toi, et les plis caressants
De ta tunique sont assez pour m'enflammer.
Aphrodite est cruelle en nous forçant d'aimer,
Mais fasse que bientôt ses faveurs me ramènent
La plus chère à mes yeux des figures humaines...

Marguerite Yourcenar, *La Couronne et la Lyre*, Gallimard, 1979.

J.-M. G. Le Clézio (né en 1940)

« Ne suis-je pas celui que je suis parce que j'essaie (et que je réussis parfois) à m'approprier le monde ? » *(Le Livre des fuites)*

L'œuvre de Le Clézio, construite de livre en livre depuis *Le Procès-verbal* (prix Fémina 1963), constitue tout entière **une quête** comparable à celle du héros du *Chercheur d'or* (1985). Une telle quête engage les valeurs essentielles de l'existence. Connaître le monde, se connaître soi-même : cette exigence ne tolère aucune facilité. Ainsi le voyage, aspect essentiel de la recherche, ne saurait se réduire à un dépaysement ou à un inventaire matériel du monde : « Je voudrais tant que plus rien ne soit différent de moi, qu'il n'y ait plus jamais d'éloignement. L'exotisme est un vice, parce que c'est une manière d'oublier le but véritable de toute recherche, la conscience. » *(Le Livre des fuites.)*

L'entreprise de Le Clézio est donc vitale. Dans leur pessimisme, ses premiers livres (*Le Procès-verbal,* 1963, *Le Déluge,* 1966...), envahis par l'angoisse, sont guettés par l'éclatement du langage, les images d'enfermement et de mort, la vision hallucinée d'un monde panique où la communication n'est plus possible. Puis, livre après livre, s'ouvrent des possibilités de fuite, d'accès à une autre vision du monde, jusqu'à ce que les derniers récits affirment à la fois une certaine sérénité et la maîtrise d'une écriture apaisée (*Le Chercheur d'or,* 1985, *Voyage à Rodrigues,* 1986).

En même temps, cette œuvre est éminemment **littéraire,** au sens le plus riche du terme. Chercher le sens de l'être, c'est en effet chercher le sens des histoires qui le racontent. Aussi, comme M. Tournier, Le Clézio a-t-il recours aux mythes, visions du monde exprimées dans un récit. Mythes bibliques ou grecs : le héros du *Procès-verbal* se prénomme Adam, un autre livre est intitulé *Le Déluge,* Naja Naja, héroïne des *Voyages de l'autre côté,* est présentée comme « une éblouissante Lilith moderne », le bateau du chercheur d'or est comparé à celui des Argonautes... On songe aussi souvent aux mythes de création du monde : avant toute incarnation, c'est dans les éléments premiers (l'eau, la terre, l'air, le feu) que se cherche le sens de l'univers ; l'essentiel, c'est ici l'**élémentaire**.

Autres récits, ceux qui, proposés aux héros des ouvrages, guident leur existence : récits initiatiques, indiquant les chemins de la mort (l'enregistrement qu'écoute le héros du *Déluge*) ou ceux du départ et de la vie (*Voyages de l'autre côté,* 1975, *Mondo et Autres Histoires,* 1978), paraboles qui le plus souvent disent l'ailleurs et le voyage.

Nourrie et initiée par des récits, la quête de Le Clézio se joue aussi dans le récit, dans l'écriture elle-même, dont toutes les possibilités sont sollicitées. La mort guette sans cesse le langage, réduit à l'état de vain bruit ; le blanc s'installe alors dans la page, creuse la ligne. Il faut, à travers l'expérience du silence, reconquérir **un autre langage.** Entreprise sans cesse menacée par le doute, comme en témoignent les *Autocritiques* du *Livre des fuites,* mais qui peut déboucher sur l'allégresse d'un lyrisme• qui dit l'union retrouvée avec le monde, sur l'éclosion d'**un langage poétique** qui va jusqu'au calligramme• et au dessin. Par-delà les distinctions de genres, l'écriture déploie alors toute la gamme de ses possibilités, mêlant essai, récit, poésie. C'est d'ailleurs souvent à des poètes qu'on songe en lisant Le Clézio : Rimbaud, Michaux (cf. pp. 144-148)...

On a pu voir dans Le Clézio un romancier de la conscience solitaire. Certes il se place dans une perspective où les rapports sociaux n'ont guère de sens : « Engagé, dégagé, cela ne veut rien dire », écrit-il dans *Le Livre des fuites.* L'individu n'est pas pour autant toujours solitaire face au monde, mais les relations inter-individuelles ne sont pas déterminées par la société. L'Anna dont François Besson *(Le Déluge)* écoute l'enregistrement, la bande de copains qui entoure Naja Naja *(Voyages de l'autre côté),* la sœur du narrateur dans *Le Chercheur d'or,* les personnages que rencontrent les héros enfants de *Mondo et Autres Histoires* : l'autre, c'est plutôt le semblable, le frère, engagé dans la même quête du sens de l'existence. C'est sans doute pour cela que les personnages de Le Clézio sont souvent faiblement individualisés : le héros du *Livre des fuites* s'appelle indifféremment Hogan, Jeune Homme Hogan, Jeune, J.H.H., John Traveller, Daniel Earl Langlois, Juanito Holgazan, J. Hombre Hogan... L'action, échappant à toute localisation précise, se passe souvent dans des lieux et des temps indéterminés. Comme le dit un passage du *Déluge,* « Tout cela résidait dans ce seul cerveau, et cependant était présent universel ».

Enfin, l'autre, c'est aussi le lecteur, ce « tu » à qui s'adresse souvent Le Clézio pour lui suggérer, par-delà les angoisses de la quête, un message d'espoir :

« À moins que tu n'aies été trempé de sueur
tu ne peux pas espérer voir la révélation
d'un palais de perles sur une feuille d'herbe. » *(Voyages de l'autre côté)*

Le néant

« Nous n'avons pas envie de raconter des histoires, pas avec les mots du langage en tout cas. »
(Voyages de l'autre côté)

L'expérience du néant se traduit par la dislocation du langage, quand les mots ne sont plus que bruit, bons pour le cimetière que dessine une page du *Déluge*, dérisoire écriture automatique qui mène à la folie. Et pourtant la ville est pleine d'appels, de mots et de noms qui crient sur les publicités, les enseignes, les boîtes aux lettres : en vain. Il faut savoir perdre ses mots, se défaire des savoirs figés, aller jusqu'au bout du néant pour qu'un autre langage soit possible, qui serait mouvement et voudrait enfin dire autre chose.

EXTRAITS

Du langage figé à la liberté

Il aboutit à un carrefour, où l'agitation des lumières était à son comble. Là, les centaines de mots appelaient dans toutes les directions; mais c'étaient de faux appels. Derrière les lettres flamboyantes il n'y avait rien, qu'un amas de tubes et de fils. Les fenêtres des immeubles s'éclairaient brutalement, les façades devenaient rouges. On aurait pu rester longtemps, là aussi, à lire tout ce qui était écrit. À la rigueur, on aurait pu écrire un poème avec ces mots, un poème en lettres fuyantes, en phrases inachevées, en pensées saccadées. On aurait pu installer ses mots, les river sur les murs des maisons, et lancer ses appels. On aurait pu écrire quelque chose du genre de :

S S SI SI SIL SIL SILEN SILEN SILENCE SILENCE

MORT

AIDEZ-MOI AIDEZ-MOI AIDEZ-MOI

PLEASE

AIMEZ-MOI

ap ap ap ap ap ap ap

APPARAISSEZ!

Ou bien on aurait pu dessiner des choses, avec toutes ces ampoules électriques et ces tubes de néon. Un cœur immense en train de battre, accroché au sixième étage d'une maison, et puis, sur toute la rue, une femme géante, aux yeux verts s'allumant et s'éteignant, au corps rose bonbon, aux seins se soulevant à chaque respiration, une grande femme flottant sur un tapis bleu et mauve, et dans sa main droite, il y aurait eu une cigarette en train de fumer.

Tout cela était la folie, peut-être. Quelque part dans le monde, au milieu de la nuit, il y avait ce nœud de lueurs qui tressaillait. Les appels étaient désespérés, car ils n'arrivaient nulle part. Il n'y avait pas de chemin qui s'ouvrait derrière les mots, seulement des murs, et des vitres. Partout, on se heurtait à ces barrières dressées, on ne passait pas. Les flammes froides dansaient dans la nuit, avec des soubresauts mécaniques, et cela ne voulait rien dire. Sur la courbe de la terre, il y avait ce rougeoiement, cette explosion extraordinaire et belle, mais c'était pour rien. Les objets étaient loin, ils avaient refermé leurs portières d'acier. Les mots déments vous disaient, sans se lasser, « Mangez! », « Buvez! », « Fumez! », « Venez! », « Aimez! », et il n'y avait jamais rien d'offert. C'était ici, le vertige du vide, le gouffre aux grands tourbillons de lumière. Il n'y avait pas de langage. Il n'y avait pas de signes, pas de couleurs, pas de jour. Il n'y avait que la nuit, rien que la nuit, l'absence.

J.-M. G. Le Clézio, *Le Livre des fuites*, Gallimard, 1969.

Il regardait par la fenêtre et perdait ses mots.

Il y en avait qui s'en allaient d'un seul coup, LIVRE, CHAT, CIGARETTE, avec la chute de deux ou trois poteaux de ciment. D'autres s'écoulaient interminablement, MURAILLE, IDÉOLOGIE, AMOUR, INNOCENCE, tandis que la montagne noire glissait en avant, se penchait, tanguait, et petit à petit s'enfonçait dans le sol. Il y avait des idées-nuages, effilochées, qui disparaissaient sans qu'on sache comment. Elles planaient dans le ciel, tels de grands oiseaux, et, cercle après cercle, se fondaient dans l'espace. Ou bien des idées-fourmis, qui grouillaient dans les touffes d'herbe, et que la fuite anéantissait par millions. Chaque kilomètre, il devenait plus pauvre. Le mutisme entrait dans son corps. C'était peut-être le bruit du moteur, le ronronnement régulier qui le remplissait d'ondes.

Des arbres tombaient, portant des grappes de chiffres, des 10 000, 200 000, 1 000 000. Des garages béants, où dormaient des livres entiers, des traités de philosophie, des recueils de science. Des champs en friche, où avaient vécu les dictionnaires. Des ruisseaux, pleins de poèmes. Des hangars de politique, des cuves de sport, des lacs de chansons et de films, des voies ferrées d'amour. Tout cela s'en allait, et c'était bien.

J.-M. G. Le Clézio, *Le Livre des fuites,* Gallimard, 1969.

Ailleurs les mots sont lents, ils sont épais et ils pèsent. Il faut le temps de les dire, le temps de les écrire, et puis le temps de les comprendre, alors les mots se traînent, ils écrasent et ils font souffrir. Ils sont pleins d'intentions, de méchantes intentions. Dans le pays où va Naja Naja, les mots n'ont pas le temps d'exister. Ce sont les idées qui brillent dans les yeux, qui explosent sans cesse sur les maisons, dans les arbres. Des animaux très prompts, invisibles, qui basculent leur vol tantôt à gauche, tantôt à droite.

“ , .”
“ !”
“ ! !”
“ ... .”
« ? »

J.-M. G. Le Clézio, *Voyages de l'autre côté,* Gallimard, 1975.

Les mots et les choses

Au langage fou et désespéré de la ville moderne, aux mots qui ne donnent plus accès à aucune réalité, s'oppose le rêve de l'explosion permanente d'un langage libéré. Mais il faut passer par l'expérience du mutisme pour accéder à cet « autre côté » où les « idées brillent dans les yeux », pour que le langage cesse de faire écran au monde. On étudiera les images, les effets de rythme, la tentation permanente du poème, voire du calligramme• : l'expérience sensible d'une interrogation sur les mots et les choses.

La fuite

« La littérature, en fin de compte, ça doit être quelque chose comme l'ultime possibilité de jeu offerte, la dernière chance de fuite » *(Le Livre des fuites)*

Les premiers livres de Le Clézio mettent en scène des personnages guettés par la folie et la mort. Adam Pollo, dans *Le Procès-Verbal,* pris de terreur devant le spectacle du monde, est incapable de communiquer. François Besson, dans *Le Déluge,* écoute les confidences enregistrées par une amie, Anna, sur bande magnétique, jusqu'aux dernières paroles et à la mort de celle-ci ; alors, envahi lui-même par des images de mort, il est englouti par le déluge. Face à cette violence du monde, de la ville, des hommes, il n'y a de ressources que dans la fuite. Fuite difficile : la ville et les hommes sont autant de prisons. Mais pour qui leur échappe un autre monde existe, celui par exemple des Indiens du Mexique évoqués dans *Haï* (1971) et dans *Le Rêve mexicain* (1988) : « Je ne sais pas trop comment cela est possible, mais c'est ainsi : je suis un Indien. » *(Haï.)*

EXTRAIT

La prison

Besson marcha humblement dans les rues qui ne lui appartenaient pas. Il s'écarta pour laisser passer les corps des vainqueurs, les femmes aux épaules rondes, les enfants aux cheveux courts, les hommes revenant de l'action. Il attendit avant de traverser les rues que les automobiles aient fini de rouler sur leurs pneus de caoutchouc. Il courba la tête et se voûta sous les attaques du mouvement furieux, du bruit, des lumières. Les feux clignotaient au sommet des pylônes d'acier, dans les rues, au centre de la mer ; des pointes rouges et jaunes clouées, puis effacées, chassées par les suivantes. On était comme enfermé par un couvercle gigantesque, un couvercle de plomb rabattu sur la terre, et qui pesait de tout son poids sur la peau, sur les tympans, le diaphragme et la nuque. L'air froid était devenu une sorte d'eau, et les hommes bougeaient entre leurs murs. Bientôt la fatigue obligea Besson à s'arrêter. La nuit était complètement tombée, et c'était l'heure du dîner. Avec l'argent qui lui restait, Besson décida d'aller manger au self-service.

Assis devant une table noire où traînaient des taches de sauce, en face d'une vieille femme grosse et laide qui l'observa de ses petits yeux durs, Besson essaya de manger. Sur son plateau il avait pris : une assiette de tomates coupées en tranches, parsemées de persil. Un œuf mayonnaise. Une assiette contenant un morceau de poulet rôti (cuisse) et des pommes de terre frites. Un verre d'eau. Un yaourt. Trois sachets de sucre en poudre. Un quignon de pain rassis. Un couteau, une fourchette, une cuiller à soupe, une cuiller à café. Une serviette en papier fin sur laquelle il y avait écrit : « Bon appétit ! » ou quelque chose de ce genre. Un bout de papier où on pouvait lire :

LE ROYAL SELF-SERVICE
* 80
* 120
* 550
* 80
* 15
* 20
→ 865

Besson essaya d'avaler les tomates et de couper le poulet. Mais la nourriture était hostile, elle glissait sur l'assiette, refusait d'être mâchée ou avalée. L'eau coulait du verre sur le menton, comme si un farceur avait percé un trou dans le récipient. L'œuf dérapait dans la mayonnaise, et le poulet bougeait. Tout était répugnant, cadavre mal cuit, racines mortes, goût de terre, et peut-être même déjà d'excrément. Besson essaya de mastiquer. Il déglutit des bribes de viande sèche et des carrés de blanc d'œuf sentant le soufre. Il bava, lutta, salit ses vêtements et ses mains, fit tomber son couteau à terre, puis la cuiller. Manger était donc impossible. Et par-dessus tout, l'œil ironique de la vieille femme contemplait le spectacle de cet échec. Besson abandonna les aliments solides et se pencha sur le yaourt. Mais cela ne valait guère mieux : il parvenait bien à porter la petite cuiller à sa bouche, mais le liquide gluant devenait vivant ; il cherchait à fuir, se coulant sous la langue, enfonçant la paroi de la luette, remontant par les fosses nasales. Courbé sur le pot de yaourt, dans le simulacre de la nutrition, Besson se sentit devenir tout petit. Devant lui, le regard dur de la vieille femme, et partout, disséminées dans la salle du restaurant, les faces fermées des gens lui renvoyaient son image comme autant de miroirs. Ténu, cotonneux, roulé sur lui-même, fantôme, ou fœtus encore couvert des substances glaireuses, il n'appartenait plus guère à l'espèce humaine.

J.-M. G. Le Clézio, *Le Déluge*, Gallimard, 1966.

« Une expérience viscérale de la matière »

Comparez ce texte à celui de Robbe-Grillet cité p. 398. R. Barthes, dans ses *Essais critiques*, oppose la description visuelle et objective qui caractérise selon lui Robbe-Grillet au « débordement de l'optique par le viscéral » qui est lié à la sensibilité romantique : « Chez l'écrivain romantique, il est possible d'établir une thématique de la substance, dans la mesure précisément où, pour lui, l'objet n'est pas optique, mais tactile, entraînant ainsi son lecteur dans une expérience viscérale de la matière (appétit ou nausée). » On étudiera les symptômes de cette nausée, et on pourra s'interroger sur ses rapports avec la nausée sartrienne (cf. p. 353) ; Le Clézio, un écrivain romantique ?

EXTRAIT

La fuite

Je ne suis plus qu'une roue. Je n'ai plus de pensée, plus d'imagination. Je n'ai plus de désir arrêté. Autoroute de science, sillage, piste, prairie, cordillère de science. Je franchis continuellement les limites. C'est cela qu'il faut faire. Traverser les murs, crever les vitres, défoncer les tapisseries à fleurs, briser l'horizon en morceaux. Il est temps de sortir de l'éternelle chambre. Il est temps de trouver autre chose à dire, autre chose à penser, autre chose à voir. Je suis libre, je suis probablement libre. Être libre, est-ce que ce n'est pas marcher seul dans les rues boueuses de Huejuquilla, devant les maisons de plâtre ? Être libre, est-ce que ce n'est pas aller à cheval dans les montagnes désertes, sous le ciel bleu où est le soleil ? Le mouvement est la seule conscience. Être libre, est-ce que ce n'est pas être grand, vif, vite comme soi ?

Le temps est immense. Je le vois partout étalé sur la terre. Il a des blocs de rocher qui pèsent des tonnes, il a des rivières qui coulent vers la mer, il a des quantités d'arbres, de nuages, d'hommes. Le temps est là, présenté dans les paysages ouverts, dans les montagnes, sur les plaines où vivent les villes. Il n'est pas un rêve. Si le temps n'existait que dans le seul cerveau des hommes, cela ne vaudrait pas la peine d'en parler. Mais il est devant moi, absolument réel. Il n'y manque rien. Rien n'a été oublié. Tous les siècles inépuisables sont là, peints sur la terre rouge, dessinés sur les falaises de calcaire, allongés sur la mer. Je marche au milieu du paysage fabuleux, et c'est dans le temps que je marche. J'escalade les ravins, je traverse les forêts de filaos, je bois l'eau des mares pleines de sangsues. Tout cela est un voyage dans le paysage du temps. C'est l'avenir des hommes que je fuis. Mais le futur ; mais l'avènement universel. Il est là aussi, vivant autour de moi. Il n'a pas besoin de signes, ni de symboles. Il est entier. Il respire. Il est connu. Il a l'air du ciel, il a l'eau des ruisseaux, il a les rocs des pics aigus, il a la chaleur du soleil et le froid du gel. Il a le vide de l'espace, et les étoiles, et les nébuleuses. C'est cela, ma fuite, sachez-le : d'un bout à l'autre du temps, plus rapide que la lumière. Ou bien un jour, allongé sur le dos dans l'herbe sèche, et regardant le ciel immobile où est le dessin détaillé de tout ce qui est passé, et de tout ce qui va venir.

J.-M. G. Le Clézio, *Le Livre des fuites*, Gallimard, 1969.

Le bateau ivre

Un hymne au mouvement (« Le mouvement est la seule conscience ») qui reprend la thématique rimbaldienne du départ puis l'élargit à la catégorie du temps. Par-delà les artifices des hommes, un rêve prend corps peu à peu : celui d'accéder à l'authentique réalité du monde. Le texte transgresse en même temps les catégories littéraires traditionnelles : essai, poème en prose ?

La vie

« La vie est si belle. Il y a tant de vie, de mouvement, d'étincelles ! » *(Voyages de l'autre côté)*

Pour celui qui sait prendre le chemin de la fuite – comme les enfants des nouvelles de *Mondo et Autres Histoires* – il y a l'allégresse du contact retrouvé avec le monde, la légèreté de Naja Naja, héroïne des *Voyages de l'autre côté*. Nouvelle Alice au pays des merveilles, elle se transforme – telle le serpent, elle peut se glisser partout – et montre la voie d'une communion lyrique avec les éléments. *Voyages de l'autre côté* s'ouvre sur une longue méditation sur l'eau et la mer, prélude musical du livre, rêverie au sens bachelardien du terme. Ailleurs c'est dans les pierres sèches du désert ou dans les flammes du feu que s'éprouve ce contact retrouvé avec le monde. Comme l'a montré Bachelard, les éléments ont d'ailleurs souvent une valeur ambivalente (cf. fiche p. 393)

EXTRAIT

Quand tu entres au pays du feu...

Tu es maintenant seul au centre d'un désert immense, tu respires l'air surchauffé. Tu avances un peu, en titubant, ivre de chaleur et de fumée. Au début tu ne vois rien, parce que les flammes t'ont rendu presque aveugle. Puis, lentement, tu recouvres la vue, et rien n'a jamais été aussi beau sur la terre, mais peut-être que ce n'est plus la terre. C'est une planète ivre, au sol illuminé, que recouvre un ciel rouge ondoyant. De tous les côtés, à l'horizon, dansent les hautes flammes. Le zénith est occupé par une trombe noire qui fait pleuvoir doucement de grands papillons aux ailes de soie. Le sol ondule aussi, il plie sous les pieds, il grésille, parsemé de débris de roche, de blocs de lave, de pierres ponces. Partout règne l'odeur puissante du brûlé, du fondu. Tu avances lentement, en dansant, parce que tu es devenu toi aussi comme une flamme. Ton corps est blanc, transparent, et tes longs cheveux sont des langues de feu rouge-orange. Tu es entouré par des tourbillons de gaz invisibles qui glissent sur ta peau, et au lieu de traces, tes pieds laissent des traînées de cendres.

Tout est beau quand tu es au pays du feu. Il y a des animaux qui rampent dans le sable lumineux, des lézards rouges, des salamandres ; les oiseaux volent en déplaçant des auréoles de lumière. Il y a surtout des papillons et des fourmis ailées. Ils sont très nombreux, ils volent par nuages entiers dans l'air embrasé, tournent en rond, se heurtent, aveugles et fous. Il fait si chaud que tu n'as même pas besoin d'allumette pour allumer une cigarette. Simplement tu la mets entre tes lèvres, et tu aspires.

Dans ce pays il n'y a pas de soleil, et pas de nuit. Le ciel brûle toujours, agitant ses flammes comme des draps, et le sol luit de toutes ses parcelles de mica, de tous ses cristaux de soufre. De loin en loin tu aperçois des troncs d'arbre calcinés ; leurs branches sont noires, tordues. Il y a des plantes grasses aussi, couvertes de cloques, et des cactus dont les épines sont rouges, aiguës, dangereuses. Tu marches au hasard, en dansant, en ondulant. Tu arrives devant un fleuve de feu qui coule lentement entre les falaises calcinées, puis qui disparaît vers le centre de la terre. C'est un pays où tout brûle, brûle sans cesse, l'air, la terre, l'eau. Mais tu n'as pas soif, ni faim, car les flammes nourrissent. Tu es une flamme libre qui marche sur les flammes.

J.-M. G. Le Clézio, *Voyages de l'autre côté,* Gallimard, 1975.

La révélation

Étudiez le rôle de la deuxième personne : le narrateur guide ce « tu » tout au long d'un itinéraire initiatique qui va permettre de passer « de l'autre côté ». Cette fois, au terme de la fuite, de la traversée du désert, on accède à une révélation. On analysera les images qui tentent d'en rendre compte et notamment, à l'aide du document de G. Bachelard, le rôle du feu qui s'impose aux autres éléments et affirme une liberté fondamentale (cf. p. 393).

document

Le feu et la chaleur fournissent des moyens d'explication dans les domaines les plus variés parce qu'ils sont pour nous l'occasion de souvenirs impérissables, d'expériences personnelles simples et décisives. Le feu est ainsi un phénomène privilégié qui peut tout expliquer. Si tout ce qui change lentement s'explique par la vie, tout ce qui change vite s'explique par le feu. Le feu est l'ultra-vivant. Le feu est intime et il est universel. Il vit dans notre cœur. Il vit dans le ciel. Il monte des profondeurs de la substance et s'offre comme un amour. Il redescend dans la matière et se cache, latent, contenu comme la haine et la vengeance. Parmi tous les phénomènes, il est vraiment le seul qui puisse recevoir aussi nettement les deux valorisations contraires : le bien et le mal. Il brille au Paradis. Il brûle à l'Enfer. Il est douceur et torture. Il est cuisine et apocalypse. Il est plaisir pour l'enfant assis sagement près du foyer ; il punit cependant de toute désobéissance quand on veut jouer de trop près avec ses flammes. Il est bien-être et il est respect. C'est un dieu tutélaire et terrible, bon et mauvais. Il peut se contredire : il est donc un des principes d'explication universelle.

Gaston Bachelard, *La Psychanalyse du feu,* Gallimard, 1949.

citations/controverses

« Cette écriture suicidaire a eu raison de la tentation du suicide. Le texte-roi efface la vie, mais c'est le texte d'un grand écrivain, chez qui le signe renouvelle le sens. »

Pierre de Boisdeffre, *Littérature d'aujourd'hui,* Perrin, 1985.

EXTRAIT

La musique et la danse...

Quand Gin-Seng[1] danse comme cela, elle peut danser des heures sans s'arrêter. Elle n'est plus ici, dans la salle enfumée du Reels, elle est seule au fond d'une grotte où règne la drôle de lumière bleue des profondeurs. Elle est un oiseau qui cherche à s'arracher du rocher noir, parmi tous les autres oiseaux. Gin-Seng, en dansant, a transformé toute la salle en caverne, et tout le monde en oiseaux. Ils battent des ailes ensemble, et ça fait un vent chaud et bruyant qui emplit la grotte. Il y a des oiseaux assis sur les bords du rocher, sans bouger, comme Alligator Barks et Gin Fizz[2]. Il y a des oiseaux qui sont en train de décoller lentement. Ils battent leurs grandes ailes blanches et noires, et leurs pieds palmés se soulèvent un peu au-dessus du sol. La musique c'est le cri de tous les oiseaux de mer, un ronflement de moteur continu, que percent des notes aiguës. Les oiseaux ne se parlent pas. Ils n'ont pas besoin de parler. Ils sont ensemble, à l'entrée de la caverne obscure, au sommet du rocher que la mer entoure, et ils dansent sur place, en faisant leur musique de vent et de cris. Maintenant c'est Big railroad blues par les Grateful Dead. Leurs corps plongent en avant, en arrière, les pieds sont détachés du sol. La masse des oiseaux de mer oscille. Parfois, sans raison, comme s'il y avait une explosion les oiseaux se séparent, puis ils reviennent et se serrent en glapissant. Il y a des mouettes de toutes les couleurs, des grises, des blanches, des noires, des brunes tachetées. Au-dessus des oiseaux la lampe orange s'allume et s'éteint comme un phare. Il y a tellement d'oiseaux à l'entrée de la caverne qu'ils ne peuvent pas s'écarter longtemps les uns des autres. Ils se cognent, et la chaleur monte, avec le bruit de la musique, l'air devient épais. Gin-Seng est la reine des mouettes. Toutes tournent autour d'elle, l'enveloppent de leurs ailes. Les corps luisants sont couverts de plumes qui étincellent dans la lumière du phare. Le bruit est étourdissant, creuse le vertige.

Puis tout à coup le vol s'envole, les oiseaux décollent du rocher et montent vers le plafond. Il monte haut, entre les quatre lampes bleues. La musique, mais ce n'est peut-être plus de la musique, joue The dark side of the moon, par les Pink Floyd. Lentement le vol des mouettes se balance dans l'air au-dessus de la roche et des algues. Les oiseaux volent dans le vent puis, déséquilibrés, retombent, remontent. On entend le roulement des ailes qui battent l'air, et le glapissement continu de toutes les gorges. La musique s'accélère, ralentit, le vol d'oiseaux voudrait bien trouver la sortie, ils attendent que Gin-Seng leur montre le passage vers la liberté, vers le vent, vers la mer. Maintenant, tout de suite c'est Got live, Queen of the Silver Silk, Lady Lady, Interstellar Overdrive. Gin-Seng se détache de la masse d'oiseaux, elle monte très haut dans le ciel, elle est passée à travers le plafond et elle plane au-dessus de la ville, dans la nuit. Les autres oiseaux font de grands efforts pour la suivre, ils battent furieusement l'air avec leurs ailes. Ils s'élèvent eux aussi au-dessus de la ville. Ils volent en groupe compact au-dessus des enseignes de néon, plus haut que les tours. Have you seen your mother, baby, standing in the shadow ?

C'est bien d'être un oiseau, comme Gin-Seng, et de voler haut par-dessus les toits de la ville, en entraînant les autres oiseaux. On n'a plus rien qui vous retienne. On plane en suivant les couloirs du vent, on avance, presque sans bouger les ailes, et on va loin au-dessus de la mer.

(1) surnom de Naja Naja.
(2) compagnons de Naja Naja.

J.-M. G. Le Clézio, *Voyages de l'autre côté*, Gallimard, 1975.

« La musique souvent me prend comme une mer... »

C'est ici la musique et la danse qui transfigurent le monde et suggèrent la liberté illimitée des airs et de la mer : on pourra étudier le rythme de cette transformation. Le Clézio est aussi un écrivain de la modernité, c'est-à-dire que ses œuvres se nourrissent des images et des mythes du monde contemporain : les néons et les tours de la ville, la musique anglo-saxonne.

La quête

« Les véritables joyaux, les étoiles. »
(Voyage à Rodrigues)

Les derniers ouvrages de Le Clézio (*Le Chercheur d'or,* 1985, *Voyage à Rodrigues,* 1986) reprennent tous ces thèmes en les réorganisant selon le schéma narratif de la quête. Dans ce retour à une écriture narrative plus classique, même si elle n'exclut pas les méditations lyriques•, comme dans le « je » assumé du *Voyage à Rodrigues* qui se présente comme un journal autobiographique, on peut voir le signe de la sérénité conquise grâce à la vertu cathartique de l'écriture.

La quête que vit Alexis dans *Le Chercheur d'or,* Le Clézio la reprend à son compte dans *Voyage à Rodrigues.* Mais la dernière page suggère qu'elle n'est pas terminée. « Les vraies vies n'ont pas de fin. Les vrais livres n'ont pas de fin. » *(Le Livre des fuites.)*

EXTRAIT

Alexis, le héros du Chercheur d'or, *chassé de l'île Maurice où il a vécu son enfance auprès de sa sœur Laure (on songe à* Paul et Virginie, *cf. Le XVIIIe siècle, p. 365) à la fois par la faillite familiale et par la violence d'un cyclone, s'engage dans une chasse au trésor inspirée par des documents rassemblés par son père. Sa quête le mène dans l'île de Rodrigues. Le vrai trésor qu'il y découvre et qu'il ramène à l'île Maurice, après l'interruption de la guerre de 1914, c'est, grâce à l'intercession de la jeune femme Ouma, la découverte apaisée du monde et de soi-même. Ici, la fin du* Chercheur d'or.

Sur la colline de l'Étoile, avant la Tourelle, je me suis installé pour la nuit. À droite, il y a l'Enfoncement du Boucan, déjà dans l'ombre, et un peu plus loin la cheminée de Yemen qui fume. Est-ce que les hommes de peine ont fini de nettoyer la terre, là où était notre domaine ? Peut-être qu'ils ont abattu le grand arbre chalta à coups de hache, notre arbre du bien et du mal. Alors il ne doit plus rien rester de nous sur cette terre, il n'y a plus un seul point de repère.

Je pense à Mam. Il me semble qu'elle doit encore dormir quelque part, seule dans son grand lit de cuivre, sous le nuage de la moustiquaire. Avec elle je voudrais parler à voix basse de ces choses qui ne finissent pas, notre maison au toit d'azur, fragile, transparente comme un mirage, et le jardin plein d'oiseaux où vient la nuit, le ravin, et même l'arbre du bien et du mal qui est aux portes de Mananava.

Me voici de nouveau à l'endroit même où j'ai vu venir le grand ouragan, l'année de mes huit ans, lorsque nous avons été chassés de notre maison et jetés dans le monde, comme pour une seconde naissance. Sur la colline de l'Étoile, je sens grandir en moi le bruit de la mer. Je voudrais parler à Laure de Nada the Lily, que j'ai trouvée au lieu du trésor, et qui est retournée dans son île. Je voudrais lui parler de voyages, et voir briller ses yeux, comme lorsque nous apercevions du haut d'une pyramide l'étendue de la mer où on est libre.

J'irai sur le port pour choisir mon navire. Voici le mien : il est fin et léger, il est pareil à une frégate aux ailes immenses. Son nom est *Argo.* Il glisse lentement vers le large, sur la mer noire du crépuscule, entouré d'oiseaux. Et bientôt dans la nuit il vogue sous les étoiles, selon sa destinée dans le ciel. Je suis sur le pont, à la poupe, enveloppé de vent, j'écoute les coups des vagues contre l'étrave et les détonations du vent dans les voiles. Le timonier chante pour lui seul, son chant monotone et sans fin, j'entends les voix des marins qui jouent aux dés dans la cale. Nous sommes seuls sur la mer, les seuls êtres vivants. Alors Ouma est avec moi de nouveau, je sens la chaleur de son corps, son souffle, j'entends battre son cœur. Jusqu'où irons-nous ensemble ? Agalega, Aldabra, Juan de Nova ? Les îles sont innombrables. Peut-être que nous braverons l'interdit, et nous irons jusqu'à Saint Brandon, là où le capitaine Bradmer et son timonier ont trouvé leur refuge ? De l'autre côté du monde, dans un lieu où l'on ne craint plus les signes du ciel, ni la guerre des hommes.

Il fait nuit à présent, j'entends jusqu'au fond de moi le bruit vivant de la mer qui arrive.

J.-M. G. Le Clézio, *Le Chercheur d'or,* Gallimard, 1985.

La toison d'or ?

Une dernière page paradoxale, qui refuse de « clore » le récit. On étudiera la façon dont, après une première partie tournée vers un passé détruit, des images de départ et d'avenir s'imposent à nouveau, avec la précision et la présence du fantasme obsédant. On retrouve alors des images chères à Le Clézio : la mer, les oiseaux, l'autre côté du monde...

Argo, c'est le nom du bateau qui emporta Jason et les Argonautes à la recherche de la toison d'or : enracinement mythique de l'imaginaire.

Fiche n° 7
précédente : p. 463

Récit, Roman, Nouvelle

1. Récit/Roman

Il règne une certaine incertitude dans l'emploi de termes comme récit, roman, nouvelle. Récit est souvent employé comme terme générique pour désigner un texte à dominante narrative : on parle par exemple de « l'art du récit » chez un romancier, ou on applique à un roman les techniques de l'analyse du récit (cf. p. 431). Pourtant certains auteurs ont proposé de distinguer les deux genres, donnant alors à récit un sens plus restreint. André Gide définit le récit comme une œuvre brève, retraçant de façon rapide une intrigue simple concentrée sur un ou deux personnages essentiels. Le roman, lui, se caractérise par la multiplicité des personnages et la complexité de l'intrigue, ce qui suppose une pluralité de points de vue. En ce sens, *Les Faux-Monnayeurs* sont un roman, *La porte étroite* ou *L'Immoraliste* des récits. Pour Jean-Paul Sartre, la différence entre récit et roman est aussi liée au temps. Alors que le récit raconte après coup ce qui est arrivé, le roman se situe dans la complexité du présent. Si le récit fait connaître les événements, le roman les voit naître, comme dans la vie. Par là, il respecte la liberté de l'homme romanesque : dans le roman, dit Sartre, « les jeux ne sont pas faits » (cf. p. 359).

2. La nouvelle

Elle est en principe plus brève qu'un roman, concentrée sur un sujet plus restreint, ce qui suppose une narration plus serrée : entrée en matière rapide, récit elliptique privilégiant les moments clés, absence de digressions. Si ces critères permettent bien de distinguer la nouvelle du roman complexe à la manière de Balzac ou de Tolstoï, ils fonctionnent moins bien quand le roman est plus court et dépouillé : comment classer *le Dépeupleur* de Beckett ? La nouvelle peut aussi se rapprocher de l'oral et du conte, notamment lorsqu'elle met en scène un « je » qui raconte. Mais on considère en général que la nouvelle a un caractère plus réaliste et se fonde sur des événements vraisemblables, alors que le domaine du conte est plutôt hors de la réalité quotidienne (conte de fées, conte fantastique...)

3. Nouvelle-histoire et Nouvelle-instant

René Godenne a proposé de distinguer la nouvelle-histoire (plus proche du roman, elle raconte une histoire brève et comporte en général un dénouement) et la nouvelle-instant : au lieu de suivre un déroulement narratif, celle-ci met en scène un instant décisif et reste souvent ouverte (*Le Mur,* de J.-P. Sartre, *La Femme adultère,* dans *L'Exil et le Royaume* d'A. Camus, ou les *Instantanés* de Robbe-Grillet – au titre significatif). Peut-être est-ce cette forme, fréquente au XXe siècle, qui correspond le mieux aux possibilités propres de la nouvelle.

4. La nouvelle et ses lecteurs

Public et éditeurs sont souvent réticents devant les recueils de nouvelles, peut-être parce qu'ils obligent le lecteur à faire l'effort de « rentrer », à chaque fois, dans un texte nouveau. De nombreux auteurs étrangers sont pourtant connus avant tout pour leurs nouvelles (Borges (cf. p. 15), Cortazar, Buzzati...) et bien des auteurs français contemporains ont pratiqué le genre (Tournier, Yourcenar, le Clézio...) voire s'en sont fait une spécialité (Daniel Boulanger, auteur de nombreux recueils comme *L'enfant de Bohême,* 1976).

J.-P. Sartre, *Situations 1,* Gallimard, 1947.

René Godenne, *La Nouvelle française,* PUF, 1974.

Michel Raimond, *Le Roman depuis la Révolution,* A. Colin, 1967.

Ouvertures

Francophonies

La notion de francophonie recouvre des réalités très diverses. Il y a d'abord un fait : l'existence d'**un espace linguistique francophone** qui déborde largement l'Hexagone : une centaine de millions de francophones pour lesquels le français est la langue maternelle, parmi lesquels les Français sont légèrement majoritaires, mais plus du double de francophones potentiels en pays bilingues ou multilingues. Cet espace francophone représente pour les écrivains un public virtuel qui déborde largement leur propre pays, mais aussi une multiplicité de foyers de culture. À partir de là plusieurs tendances coexistent : l'impérialisme hégémonique de la culture hexagonale, l'affirmation plus ou moins conflictuelle de spécificités culturelles non françaises, ou l'ambition d'**un métissage culturel** qui donnerait naissance à une « polyfrancophonie », une et diverse à la fois.

La situation est d'autre part très différente suivant les pays. Au Québec le français est la langue de l'identité culturelle pour six millions de francophones au milieu d'un continent anglophone. Dans les pays du Maghreb le français peut apparaître au contraire pour une part comme la langue colonisatrice contre laquelle il est tentant d'affirmer une identité arabe. En Afrique noire, où la décolonisation s'est faite de façon moins brutale, le français est une langue fort différente des langues locales et de la tradition orale, mais en même temps la langue de communication permettant de toucher un large public. La Guadeloupe et la Martinique, départements français, sont pourtant partie prenante des combats de la négritude et participent de la problématique de la francophonie (cf. A. Césaire p. 166).

De tout cela naît une interrogation diverse, mais pressante, sur la langue et l'appartenance culturelle, une situation souvent difficile, mais enrichissante qui nourrit **une dialectique de l'identité et de l'altérité.** L'époque est en tout cas terminée où l'espace francophone offrait un spectacle exotique (qu'on songe à Gide en Afrique du Nord, cf. p. 300) : il est aujourd'hui le lieu d'une parole qui, par-delà le stade de l'émancipation et de l'affirmation de soi, est affrontée « aux grandes questions, celles qui touchent à l'universel de toute création artistique » (Abdellatif Laâbi, *La Brûlure des interrogations*, 1985).

document

En fait, le texte francophone court le double risque d'être célébré dans une étrangeté mythique ou d'être fondu dans le moule des modèles hexagonaux. Ce qu'il réclame, c'est une lecture qui sache mettre en lumière l'articulation du culturel et du littéraire ; qui soit attentive à la spécificité de son fonctionnement littéraire (le fait que le texte francophone se déploie dans un espace littéraire au moins double : celui de son pays d'origine et celui plus général de la francophonie, et le texte ne prend pas sens de la même façon pour ses différents publics).

La lecture d'un texte francophone met en jeu un contact de cultures (à l'intérieur du texte lui-même et/ou entre le lecteur et le texte). Cette lecture ne conduit pas nécessairement à la connaissance de l'autre, mais sans doute à sa rencontre, à sa reconnaissance dans son altérité, dans son opacité. Cette expérience de l'altérité ne peut être conduite qu'à travers une analyse littéraire (de la langue, des codes, mais aussi des malentendus de lecture et des évidences trompeuses).

J.-L. Joubert, in « Littératures francophones », *Le Français Aujourd'hui*, n° 81, 1988.

Le roman d'**Ahmadou Kourouma** (né en Côte-d'Ivoire en 1927), *Les Soleils des Indépendances* (1968) a marqué un tournant dans l'histoire du roman africain. L'Afrique dont il parle, sur un ton vigoureusement satirique, est l'Afrique d'aujourd'hui. Son héros, Fama, est un « véritable prince malinké né dans l'or, le manger, l'honneur et les femmes », dit le prière d'insérer du roman. Mais « les Indépendances, tombées sur l'Afrique comme une nuée de sauterelles, ne lui ont laissé en poche que la carte d'identité nationale et celle du parti unique ; à d'autres les plus viandés et gras morceaux ! »

En même temps le livre est **une tentative d'appropriation de la langue ;** le français est adapté pour rendre le rythme, la structure et les expressions de la langue malinké : « Quand on a des habits, on s'essaie toujours à les coudre pour qu'ils moulent bien, c'est ce que vont faire et font déjà les Africains du français. Si on parle de moi, c'est parce que je suis l'un des initiateurs de ce mouvement [...] Ainsi, nous avons une langue, le français, que nous n'avons pas choisie, mais héritée de l'histoire, nous avons la chance qu'elle ait été d'emblée une langue internationale et nous l'avons conservée à ce titre. À nous maintenant de la transformer selon nos besoins et nos exigences. La francophonie, si elle n'est pas entendue comme la nécessité pour chacun de parler le français comme les Français de France et si elle reste une notion très ouverte, est une chance pour nous tous » (A. Kourouma, in *Diagonales*, n° 7, 1988).

Ce que j'ai compris intuitivement, c'est que, si je faisais parler mon héros en français classique, il ne m'apparaissait pas correspondre à ce que je voulais : la façon dont il pensait, élaborait et classait ses concepts, tout cela ne venait pas. La succession des mots français, les connotations qu'ils portent me gênaient, m'empêchaient de faire sortir Fama. Il me fallait m'approcher d'une façon d'aborder les idées qui corresponde au rythme de la phrase malinké. Si Fama s'exprimait en français classique, cela donnait une fade traduction de ce qu'il pensait ; en revanche, si les mots se suivaient dans la succession malinké, si je pliais le français à la structure de notre langue avec le respect de ses proverbes et de ses images, alors le personnage apparaissait dans sa plénitude.

A. Kourouma, *Diagonales*, n° 7, 1988.

La référence à la littérature orale est une des caractéristiques de la littérature africaine écrite dans les langues européennes. Acte de revendication culturelle, elle témoigne, de la part des écrivains, d'un souci de conserver dans l'espace du texte écrit un aspect essentiel, sur le plan esthétique, des civilisations africaines : l'art de la parole. Et, à ce titre, elle relève de ce que Sartre appelait « la négritude objective qui s'exprime par les mœurs, les arts, les chants et les danses des populations africaines »(1).

Bernard Mouralis, in *Le Français aujourd'hui*, n° 81, 1988.

(1) Sartre, *Orphée noir*, 1948.

EXTRAIT

Le début du roman :

1. Le molosse et sa déhontée façon de s'asseoir

Il y avait une semaine qu'avait fini dans la capitale Koné Ibrahima, de race malinké, ou disons-le en malinké : il n'avait pas soutenu un petit rhume...

Comme tout Malinké, quand la vie s'échappa de ses restes, son ombre se releva, graillonna, s'habilla et partit par le long chemin pour le lointain pays malinké natal pour y faire éclater la funeste nouvelle des obsèques. Sur des pistes perdues au plein de la brousse inhabitée, deux colporteurs malinké ont rencontré l'ombre et l'ont reconnue. L'ombre marchait vite et n'a pas salué. Les colporteurs ne s'étaient pas mépris : « Ibrahima a fini », s'étaient-ils dit. Au village natal l'ombre a déplacé et arrangé ses biens. De derrière la case on a entendu les cantines du défunt claquer, ses calebasses se frotter ; même ses bêtes s'agitaient et bêlaient bizarrement. Personne ne s'était mépris. « Ibrahima Koné a fini, c'est son ombre », s'était-on dit. L'ombre était retournée dans la capitale près des restes pour suivre les obsèques : aller et retour, plus de deux mille kilomètres. Dans le temps de ciller l'œil !

Vous paraissez sceptique ! Eh bien, moi, je vous le jure, et j'ajoute : si le défunt était de caste forgeron, si l'on n'était pas dans l'ère des Indépendances (les soleils des Indépendances, disent les Malinkés), je vous le jure, on n'aurait jamais osé l'inhumer dans une terre lointaine et étrangère. Un ancien de la caste forgeron serait descendu du pays avec une petite canne, il aurait tapé le corps avec la canne, l'ombre aurait réintégré les restes, le défunt se serait levé. On aurait remis la canne au défunt qui aurait emboîté le pas à l'ancien, et ensemble ils auraient marché des jours et des nuits. Mais attention ! sans que le défunt revive ! La vie est au pouvoir d'Allah seul ! Et sans manger, ni boire, ni parler, ni même dormir, le défunt aurait suivi, aurait marché jusqu'au village où le vieux forgeron aurait repris la canne et aurait tapé une deuxième fois. Restes et ombre se seraient à nouveau séparés et c'eût été au village natal même qu'auraient été entreprises les multiples obsèques trop compliquées d'un Malinké de caste forgeron.

Ahmadou Kourouma, *Les Soleils des Indépendances*, Le Seuil, 1970.

« Disons-le en malinké... »

Dès le début est posée la problématique de la langue : le texte joue sur les deux codes (français et malinké), reprenant, avec les mots français, une expression traditionnelle : « il n'avait pas soutenu un petit rhume... ». De même le texte se réfère à la tradition autochtone, mais celle-ci est perçue avec la distance d'un humour sceptique : jeu sur les décalages...

On étudiera aussi le rôle de l'oralité, essentielle dans la tradition africaine ; le texte reprend le ton du griot, le « barde » qui interpelle son auditoire. Mais au lieu de transcrire la parole du griot, comme le fait par exemple Birago Diop *(Les Contes d'Amadou Koumba)*, A. Kourouma transpose ici le procédé au niveau des relations entre écrivain/narrateur et lecteur.

René Depestre, né en 1926, est un écrivain haïtien d'expression française, exilé de son pays depuis 1946, poète et romancier inspiré notamment par le surréalisme. En 1988, son roman intitulé *Hadriana dans tous mes rêves* a reçu le prix Renaudot. Les nouvelles recueillies dans *Alléluia pour une femme-jardin* (1981) sont nourries d'**un érotisme lyrique●** et chantent avec enthousiasme l'union avec la Femme et le monde.

EXTRAIT

Dans la première nouvelle, divisée en plusieurs « chants », le jeune héros découvre auprès de sa tante Zaza la « pulsation majeure de la vie... »

Nous étions assis flanc contre flanc. L'après-midi était sans une ride : aussi lisse que le ciel ou la mer ou ce que la vie de Zaza était à mes yeux. Au loin, les barques des pêcheurs paraissaient immobiles. Des bandes d'oiseaux volaient dans un ordre parfait, seul mouvement entre le ciel et l'eau. Nos souvenirs gagnaient en nous de l'espace comme ces mouettes futures de leur nid du soir, et ouvraient à notre joie un crédit aussi vaste que le golfe. Notre silence avait la qualité de ce que nous avions fait la nuit précédente et de ce qui nous attendait.

La mer s'éteignit peu à peu, entraînant dans son ombre immense les barques, le sable, les arêtes de la falaise, le ciel, les cocotiers et nous. Une étoile parut, suivie de milliers d'autres. On se dirigea vers le bungalow. On dîna à la hâte de lait de chèvre et de salade de fruits. On se jeta ensuite sur le lit sans éteindre la lampe. À Isa aussi nue que la lumière, je dis à quoi je songeais alors qu'elle avançait devant moi dans le sentier. Sans aucune honte, avec une souveraine simplicité, elle écarta les cuisses pour que je célèbre avec les mots frais de mes seize ans la gloire de son sexe !

Alléluia pour toi, pulsation majeure de la vie !

Alléluia pour ta patience d'hormones joyeuses dans la nuit de la femme ! Je te salue et te présente à la vénération du monde. Par amour de toi, je suis prêt à traverser des déserts et des forêts vierges, à défier les bûchers et les chaises électriques, les chambres à gaz et les salles de tortures. Je plante ta révolte aux coins des rues de la terre pour convertir à ton rayonnement ceux qui voient en toi une géométrie de ténèbres. Tu n'es ni un astre ni un fruit mystique qui brillent sur notre destinée.

Tu n'es ni ostensoir ni cloaque ni source de tristesse et de perdition. Je ne suis ni ton prophète ni ton esclave ni ton grand *macho,* mais simplement un homme fasciné qui proclame après t'avoir vécue que ton rythme appartient aux lois qui font que le vent se lève, que le soleil succède à la nuit, que la lune et les étoiles, la pluie et la neige, tiennent leurs promesses envers les douces moissons de la terre !

Par toi, l'unité et la solidarité de la vie se maintiennent malgré l'immense micmac mental où pataugent les vivants !

René Depestre, *Alléluia pour une femme-jardin,* Gallimard, 1981.

Le lyrisme● du désir

Ce passage reprend le thème poétique de la femme qui donne accès à la richesse du monde (cf. p. 109) : on pourra suivre le réseau des images qui tissent cette solidarité fondamentale des choses. Le texte utilise d'abord le registre religieux du chant d'action de grâces (« je te salue et te présente à la vénération du monde »), mais le rejette ensuite pour dire le bonheur, dans l'unité de la vie, d'être « simplement un homme ». On étudiera aussi dans cette perspective le titre de la nouvelle, qui est devenu celui du recueil. Une citation de G. Bataille (cf. p. 379) placée par Depestre en épigraphe, en éclaire le sens : « Et le cri que, la bouche tordue, cet être, en vain ?, veut faire entendre est un immense alléluia perdu dans le silence sans fin. »

La littérature maghrébine d'expression française est profondément marquée par les conflits de la décolonisation. De nombreuses œuvres des années cinquante sont consacrées à des interrogations politiques et sociales à travers lesquelles tente de se construire une identité culturelle : on songera par exemple aux Algériens Mouloud Feraoun, tué par l'OAS en 1962 (*Le Fils du pauvre,* 1950) ou Kateb Yacine (*Nedjma,* 1956), au Marocain Driss Chraïbi (*Le Passé simple,* 1954, *Les Boucs,* 1955). Même si elle est en concurrence avec une littérature arabophone, une importante production francophone n'en continue pas moins à affirmer des caractéristiques spécifiques, mêlant souvent réel et imaginaire, alliant des genres divers (récit, essai, lyrisme● poétique...), interrogeant les thèmes de la mémoire individuelle et collective : l'œuvre du Marocain Tahar Ben Jelloun en fournit un bon exemple.

Le Passé simple de **Driss Chraïbi** (1954) exprime avec violence le décalage culturel qui sépare le héros, Driss Ferdi, qui a reçu une éducation européenne, et son père, le « Seigneur », potentat marocain qui incarne la tradition. À la première personne, le héros du livre dit, en une « mixture d'essai et de roman », son « rejet de l'Orient » mais aussi le « scepticisme que fait naître en (lui) l'Occident » : écartèlement qui aboutit au doute et à la révolte.

EXTRAIT

Un des thèmes du livre est l'écrasement de la femme dans la société traditionnelle ; ici le héros-narrateur observe sa mère et sa tante :

Elles étaient là, mère, tante, parlant beaucoup, à tour de rôle, gesticulant ensemble. Et leurs lèvres mentaient.

Chaque fois que je l'ai pu, j'ai étudié les lèvres d'une femme. J'en possède une mnémonique – somnifère et source de divertissements. Mais jusqu'à ce soir – la jalousie maritale voile le visage des femmes et je ne m'intéresse pas aux petites filles, que je sache... ma mère, mea culpa ! – la collection n'était que de lèvres européennes. Ainsi...

J'ai vu des commissures basses d'abrutissement, avachies de sensualité. J'ai vu des plis de chagrin, d'ironie et de férocité. J'ai vu des lèvres sans rides, unies, pleines, impersonnelles, mais révélant leurs secrets parce que fardées du rose à l'écarlate, du sec au gras, du trait à la fleur, épaissies, amincies, dessinées avec art, barbouillées en hâte, lèvres de vieille fille malgré l'alliance au doigt, lèvres étonnantes de jeunesse en plein milieu d'un parchemin, lèvres sarcastiques, bonnes à tout faire, même à dire la vérité, lèvres vénales, ignobles de bestialité et de calomnie, serrées sur une énigme ou sur une souffrance, crispées par un dépit, par une envie, par un cancer, tordues par un hépatisme ou dans un sourire fermé, commercial, circonstantiel, bas, entrouvertes sur des dents blanches, pourries, égales, inégales, sur un dentier, sur un jeu de touches de piano, sur une mixture d'or, de plomb, de platine et d'ivoire, ou tout simplement sur des gencives sans dents ; j'ai vu des lèvres toujours ouvertes, respirant à la place des narines un mélange d'oxygène et d'azote, de coquetterie et de cupidité, d'étonnement et de passivité, de sourire et d'ennui, d'apathie et d'espoir.

Lèvres antipathiques, lèvres sympathiques, lèvres qui nous laissent indifférents, lèvres gonflées de vie et qui nous donnent envie de les mordre pour les punir, provocantes, insensibles à nos murmures et à nos morsures ; lèvres inexpérimentées, sans fard ou avec fard, si belles même irrégulières, si douces même inharmoniques, si charmeresses qu'un baiser les souillerait et sur lesquelles flotte un songe et passe notre caresse aussi lisse que leur velouté ; lèvres de vieilles, d'adolescentes, de concierges, de vendeuses, de putains et d'épouses moyennes, toutes retiennent mon attention et j'en connais plusieurs impossibles à oublier. Ce sont des lèvres d'Européennes, de Françaises, voire de Parisiennes. Elles ont droit à la crème de la civilisation. Des lèvres d'hommes qui s'y posent baisent l'apogée de l'industrie scientifique fine.

Sic.

Je m'endormis.

Pourchassé par vos lèvres, tante et mère, vos lèvres qui ont chuchoté, frémi, baisé, sucé, calomnié et prié, ferventes et scellées, par les chaleurs et les pénombres et les silences, sourires, rires, sanglots, crédules et fidèles, ataviques et pavides, et dans la médiocrité se sont accomplies – puis se sont ridées.

Un jour quelqu'un les fermera comme fermera vos yeux. Typhus ou vieillesse avancée. Mais se comportera en défonceur de portes ouvertes.

Un jour vous fûtes nubiles. Et depuis, vous n'avez cessé d'être mortes.

Driss Chraïbi, *Le Passé simple*, Denoël, 1954.

Les lèvres des femmes

Le texte mêle le système du récit (le passé simple « je m'endormis ») et le registre dominant du discours, animé par un souffle qui est celui d'un lyrisme• indigné. Par métonymie•, c'est la misère affective et l'artifice du monde européen que dénonce l'évocation des « lèvres de françaises ». Mais la fin du texte, évoquant les lèvres vivantes de la femme marocaine, rappelle en même temps le sort de celle-ci, condamnée à la soumission depuis le mariage jusqu'à la mort. Y a-t-il d'autre possibilité, face à l'une ou l'autre culture, que la révolte ?

Au Québec le français est, face à la domination de l'anglais, le lieu où se cherche une identité culturelle : le mouvement d'émancipation des années soixante a suscité une abondante littérature québécoise. Mais à quel français avoir recours ? La langue savante du modèle français ? Le joual, langue populaire et parlée, que transposent sur le plan littéraire plusieurs écrivains des années soixante ? Il semble que, langue désarticulée, le joual ait alors surtout permis de dire la désarticulation et l'aliénation culturelle. Bien des œuvres semblent en effet avant tout expression de cette aliénation et affirmation d'un refus, **exorcisme destructeur** qui « atteint son sommet le plus vertigineux avec l'œuvre de **Réjean Ducharme,** inaugurée en 1966 par *L'Avalée des avalés*. Un humour noir, un jeu rebondissant d'inventions et de déformations verbales précipitent toutes les valeurs, neuves ou anciennes, dans un même gouffre. Seuls subsistent le royaume d'une enfance férocement jalouse de son intégrité, et la jubilation libérante de l'écriture. Le monde est fini, il pourrait donc recommencer. » (J. Rancourt, *Histoire littéraire de la France,* Éd. sociales, 1982).

Dans un long monologue très marqué par l'oral, la jeune héroïne de *L'Avalée des avalés,* Bérénice Einberg, dit sa haine et son refus de tout ce qui l'entoure : famille, société. Un discours intarissable, scandé par des jurons : « vacherie de vacherie ! ».

EXTRAIT

On ne naît pas en naissant. On naît quelques années plus tard, quand on prend conscience d'être. Je suis née vers l'âge de cinq ans, si je m'en souviens bien. Et naître à cet âge c'est naître trop tard, car à cet âge on a déjà un passé, l'âme a forme. À peine un papillon est-il né qu'il essaie ses ailes. Son premier mouvement est celui qui le plonge ivre mort vers l'azur. Les papillons sont beaux. Naissant, j'ai cru avoir le choix et j'ai choisi d'être un papillon aux ailes constituées de vitraux jaune-orange. Puis, sûre de mon coup, sans plus réfléchir, je me suis élancée du haut du donjon où j'étais. Hélas ! je n'étais pas un papillon. J'étais un buffle. Pour tout dire, j'étais un rhinocéros. Depuis la moitié d'une décennie, j'étais autre chose qu'un papillon. Ce qui devait arriver est arrivé : je me suis écrasée sur un parvis, le parvis s'est fendu en deux, et je me suis retrouvée à l'hôpital. Quand on est rhinocéros, inutile d'essayer de voler. Qu'avais-je donc fait pour être affublée d'une carapace de rhinocéros ? Qu'avais-je donc fait de si mal ? Que je m'en suis posé des questions ! Qu'il en est passé des hypothèses dans ma tête ! Que j'en ai eu des idées ! Maintenant, c'est fini. Maintenant, je comprends.

Quand je suis née, j'avais cinq ans d'âge, j'étais quelqu'un : j'étais engagée au plus fort du fleuve qu'est un destin, au plus fort du courant que sont mes envies, mes rancunes, mes prochains et mes laideurs. J'ai crié d'horreur, en pure perte. J'ai nagé à contre-courant comme une forcenée, en pure perte. J'étais folle. Je me suis fatiguée ; c'est tout.

Voici ce que je suis : un nuage de flèches qui pensent, qui voient qu'elles volent et vers quelles cibles elles volent. Donc je pense. Je pense ! Je pense ! Qu'est-ce que je pense ? Quelle belle question ! Je pense qu'il est temps que je pense à m'amuser, à jouer. Je n'ai qu'un visage et je n'ai pas fait ce visage, mais j'ai le choix entre trente grimaces. Quelle grimace choisirai-je ? Quelle belle question ! Je choisis le rire. Le rire ! Le rire est le signe de la lumière. Quand, soudain, la lumière se répand dans les ténèbres où il a peur, l'enfant éclate de rire. J'ai le goût d'arracher des ongles avec des tenailles, de scier des oreilles avec un rasoir, de tuer des êtres humains et de pendre leurs cadavres aux cimaises de mes murs pour en faire une guirlande. J'ai le goût de brûler des campagnes, de bombarder des villes. J'ai le goût de secouer la nappe des océans, de pousser les continents les uns contre les autres, de traverser l'univers sur les étoiles comme on traverse un torrent sur les roches. Je ferai tout ça, pour rire. Rire ! Rire à mort !

Réjean Ducharme, *L'Avalée des avalés,* Gallimard, 1966.

« Rire à mort ! »

Le discours éclaté de Bérénice multiplie les interpellations, les exclamations, les formules provocantes, inverse toutes les valeurs. La naissance est en fait une mort, qu'exprime le début du texte en multipliant les images fantasmatiques. L'indignation suscite un refus radical et violent, à la fois dérisoire et sans limites, que suggèrent les outrances vertigineuses du dernier paragraphe.

La complexité du champ littéraire : créateurs et monnayeurs

DOSSIER

Un extrait d'une conférence de J. Gracq qui décrit les domaines de la littérature contemporaine.

En un certain sens, il existe sans doute à chaque époque deux littératures simultanées – mais ce sont des littératures qu'on peut appeler sans hésiter la haute et la basse littérature : une littérature de créateurs et une littérature de monnayeurs, qui vulgarisent pour les lecteurs attardés la production au ton d'avant hier. Il n'y a pas là la moindre cause de trouble critique. Ce qui est nouveau depuis plus d'un siècle, c'est l'existence simultanée de deux littératures de qualité – disons d'un côté une littérature de *rupture,* au sens où on parle d'un obus de rupture, dans laquelle prennent place Rimbaud, Lautréamont, Mallarmé, Jarry, Claudel, le surréalisme – et de l'autre une littérature de tradition ou de continuité où s'aligneraient non moins certainement Flaubert, Anatole France, Barrès, Gide, Mauriac, Montherlant. Or, dans cette coexistence qui se prolonge, une règle est violée : la règle historique qui veut que l'apparition de la première annonce à bref délai la mort de la seconde. Prenons un exemple : Hernani vaut ce qu'il vaut, mais il a tué la tragédie classique. Seulement, prenons-y garde, c'est pour la dernière fois. À partir de là, les explosifs les plus violents ont beau être introduits dans la littérature, ils explosent un à un magnifiquement, ils creusent au soleil de vastes entonnoirs, seulement ils ne pulvérisent plus personne : une littérature parallèle, qui n'a rien cédé d'essentiel sur la tradition classique, et, je le répète, une littérature de qualité, que le public cultivé ne perd pas de vue, continue son cours en somme assez paisible comme si de rien n'était. Lorsque ces deux chemins parallèles semblent un moment se couper, comme ce fut le cas curieux d'Albert Camus, on dirait qu'on voit un instant s'ouvrir la perspective de la fin d'un schisme, – schisme qui partage en deux non le public, mais plutôt le goût de chaque lecteur individuel. C'est lui qui nous oblige, si nous réfléchissons bien, à passer constamment pour nos lectures, comme font les musiciens, d'une clé à une clé différente : nous en prenons conscience d'une façon brutale si par exemple nous nous posons, à propos de la littérature contemporaine, des questions comme celle-ci, tout à fait insolubles : qu'est-ce qui *vaut* le plus (je prends les noms un peu au hasard) : Sartre ou Jouhandeau ? Céline ou Chardonne ? Montherlant ou Beckett ? Butor ou Mauriac ? À une telle question, bien sûr, chacun répondra par un choix, saura s'il aime ou s'il n'aime pas, mais personne ne confondra cette préférence avec un jugement de qualité qui n'est pas vraiment formulable. En poésie, il semble qu'on y voie plus clair, et pourtant voici le cas singulier de Marie Noël, dont de bons esprits sont loin de faire fi, et pour qui l'évolution de la poésie française s'est arrêtée à Lamartine. Il y a là d'ailleurs une singularité qui me paraît propre à la littérature. Des deux peintures qui ont coexisté aussi pendant un siècle : la peinture académique et la longue lignée révolutionnaire qui va de Manet à l'art abstrait, nous savons aujourd'hui que l'une a eu raison de l'autre, je veux dire l'a non seulement disqualifiée une fois pour toutes aux yeux de la critique, mais encore l'a expulsée complètement du marché. Dans les lettres, rien de pareil : c'est comme si, en face des novateurs qui continuellement les renouvellent, il refleurissait obstinément des Detaille, des Bonnat, des Bouguereau, des Carolus Duran de génie, capables comme on dit de « faire le poids », de maintenir oscillant le fléau de la balance. Voilà pourquoi – nous y revenons – tout tableau critique sérieux de la littérature moderne est impossible, ou plutôt la comptabilité ne peut en être tenue qu'en partie double : d'un côté le manuel scolaire dont je parlais tout à l'heure, cantonné dans les valeurs traditionnelles, de l'autre les panoramas des valeurs de choc, dont on pourrait citer dans ces dernières années plusieurs exemplaires.

Julien Gracq, « Pourquoi la littérature respire mal », conférence de 1960, in *Préférences,* Corti.

Les recherches des sociologues de la communication (notamment les équipes qui travaillent autour de R. Escarpit et de P. Bourdieu) ont permis de préciser les constatations faites de façon empirique par J. Gracq. P. Bourdieu a notamment décrit les caractéristiques qui distinguent le circuit de la production restreinte et celui de la grande production, opposition que schématise le tableau suivant (présenté dans la revue *Pratiques*, n° 32, 1981, « La littérature et ses institutions ») :

PRODUCTION RESTREINTE	GRANDE PRODUCTION
1) Dénégation de l'économie, recherche d'un capital symbolique.	Soumission à l'économie, recherche d'un capital économique.
2) Refus de toute promotion tapageuse (relations publiques, confidences, colloques).	Techniques de promotion, publicité, marketing, pressions, jaquettes tapageuses...
3) Cycle de production long, pas de marché présent, acceptation du risque.	Cycle de production court, minimiser les risques, rentrée rapide des profits et obsolescence rapide des produits.
4) Cible visée : les producteurs, les pairs, les fractions intellectuelles de la classe dominante.	Cible visée : le « public », les fractions non intellectuelles de la classe dominante (« public cultivé ») et les autres couches sociales.
5) Espoirs : reconnaissance des pairs, succès différé et durable ⟶ classique.	Espoirs : succès immédiat et temporaire ⟶ best-seller.
6) Produit sa demande, conteste et détruit les normes en vigueur, recherches formelles.	Ajustement à une demande préexistante, soumission aux normes dominantes : thèmes, stéréotypes, modes d'écriture ; produit socialement quelconque, gommage des clivages.
7) Recherche d'une prise de pouvoir de la légitimité culturelle.	Soumission aux instances en place ; ou refus de s'y soumettre. Assurance de sa propre légitimité.
8) Auteur se voulant libre, inspiré et novateur.	Auteur subordonné aux détenteurs des moyens de productions et de diffusion et aux attentes du public.
9) Éditeur se présentant comme un découvreur audacieux.	Éditeur se présentant comme un homme d'affaires.
10) Critique suspectant le succès.	Critique faisant du succès sa valeur.

Romans sentimentaux et **romans d'espionnage** sont de bons exemples d'une production standardisée qui, maîtrisant parfaitement les techniques du récit, repose sur une formule soigneusement mise au point pour répondre à l'attente d'un public ; entreprise réussie, à en juger par les tirages : l'éditeur de Jean Bruce (*OSS 117*) annonce 62 millions d'exemplaires vendus, et la collection Harlequin déjà 19 millions.

Les frontières entre « paralittérature » et littérature sont parfois nettes, correspondant à des publics et, pour les auteurs, à des statuts différents. L'exemple de Jacques Laurent, gérant sous le pseudonyme de Cécil Saint-Laurent le succès commercial de romans de divertissement, parallèlement à sa carrière d'écrivain, est significatif.

Mais la situation est parfois plus complexe. Le roman policier apparaît certes souvent comme un produit de grande consommation. Mais il peut aussi être, comme le montre l'exemple de Georges Simenon, le prétexte qui permet de pratiquer une littérature réaliste, soucieuse de peindre des milieux divers. D'autre part les affinités du nouveau roman avec le roman policier (cf. p. 395), l'influence sur de nombreux écrivains du roman noir américain, aussi bien que certaines recherches contemporaines, montrent que le roman policier peut aussi avoir des liens avec la recherche littéraire.

citations/controverses

La littérature de masse est-elle un pur divertissement ?

« Fleming n'est pas réactionnaire par le fait qu'il remplit la case "mal" de son schéma par un Russe ou un Juif ; il est réactionnaire parce qu'il procède par schémas. La construction par schémas, la bipartition manichéenne est toujours dogmatique, intolérante. »

Umberto Eco, « James Bond : une combinatoire narrative », *Communications*, n° 8, 1966.

La formule d'un « Harlequin ». On pourra aussi trouver, dans Le Livre des Fuites *de J.-M. G. Le Clézio, la parodie• de ce genre d'ouvrages.*

Voici la liste des directives donnée par la maison d'édition « Harlequin » à ses auteurs:

« Collection de romans féminins en format poche (caractéristiques des textes).

Décor exotique, ce qui signifie : aventures. Conviennent aussi bien : villas somptueuses, châteaux.

Personnages. Lui : riche aventurier idéaliste et généreux. Dur pour lui-même et pour les autres. Inabordable en dépit de sa séduction. Il est beau mais viril (ce qui le dispense de se raser dans le feu de l'action).

Elle : belle, volontaire, elle travaille souvent : peintre, grand reporter, romancière. Elle est fière et entière.

Un ou deux personnages secondaires servent de faire-valoir et de confidents (oncle, père). Des figurants en petit nombre, ce sont généralement des serviteurs.

Intrigue. Elle se déroule sur deux plans, dont le premier est primordial. L'intrigue amoureuse suit le schéma suivant :

1) La rencontre Elle et Lui ;
2) Le conflit entre eux ;
3) La révolte pour Elle, qui sent qu'elle tombe amoureuse de lui (elle le hait encore) ;
4) Abattement pour Elle (elle ne le hait plus, mais elle ignore ses sentiments à lui) ;
5) Dénouement : il se déclare. Promesse de mariage à la dernière ligne du roman.

Un roman d'aventure se déroule en contrepoint. Généralement, vers le milieu de l'ouvrage, Elle est en danger, et elle est sauvée par Lui. Ce roman peut être une aventure sentimentale : la lutte victorieuse contre une rivale.

Composition : On entre de plein fouet dans le récit. Suit un retour au passé qui expose la situation et les personnages. La suite est plus scrupuleusement chronologique. Une règle d'or : un coup de théâtre prépare le dénouement du roman d'amour et du roman d'aventures. Finir chaque chapitre sur une interrogation (découpage feuilleton). Autre règle d'or : la narration est faite du point de vue de la jeune fille.

Style : phrases assez courtes, de préférence au passé, 75 % de dialogues rapides (important : les deux héros se vouvoient). Les 25 % restants se partagent entre les descriptions, l'action et la psychologie.

Scènes érotiques : À éviter à tout prix. Cependant, les deux héros doivent coucher dans la même pièce ou dans le même lit ; ils doivent échanger des baisers à leur insu – en dormant, par exemple – mais ces scènes doivent se produire contre leur volonté. Ces situations sont toujours imposées par l'aventure qu'ils vivent et qui les oblige à endosser un rôle, celui d'époux, de préférence. À la fin du roman, lorsqu'ils se sont déclaré leur amour, un long baiser s'impose, mais il ne doit pas suggérer trop de choses. Le lecteur doit rester persuadé que tout se passera lors de la nuit de noces. »

Marie-Claire, n° 334, juin 1980.

Et voici la formule d'un « James Bond », établie par un spécialiste de l'analyse du récit :

Les livres de Fleming sont dominés par quelques situations clés que nous appellerons « situations de jeu ». On y voit apparaître avant tout quelques situations archétypiques, comme le Voyage ou le Repas. Le Voyage peut se faire en Auto (et ici intervient une riche symbolique de l'automobile, caractéristique de notre siècle) ; il peut se faire par le Train (autre archétype, de genre XIXe siècle celui-là), ou en Avion, ou encore en Bateau. Mais, d'ordinaire, un repas, une poursuite en voiture ou une course folle dans le train sont toujours joués sous forme de défi, de partie. [...]

Le roman, étant données les règles de combinaisons des couples d'oppositions, se déroule comme une suite de « coups » répondant à un code, et obéissant à un schéma parfaitement réglé.

Ce schéma invariable est le suivant :

A. – « M » joue et confie une mission à Bond.
B. – Le Méchant joue et apparaît à Bond (éventuellement sous une forme substitutive).
C. – Bond joue et inflige un premier échec au Méchant – ou bien le Méchant inflige un échec à Bond.
D. – La femme joue et se présente à Bond.
E. – Bond souffle la Femme ; il la possède ou entreprend la possession.
F. – Le Méchant prend Bond (avec ou sans la Femme, ou en des moments divers).
G. – Le Méchant torture Bond (avec ou sans la Femme).
H. – Bond bat le Méchant (il le tue ou en tue le substitut ou assiste à sa mort).
I. – Bond convalescent s'entretient avec la Femme, qu'il perdra par la suite.

Le schéma est invariable en ce sens que tous les éléments sont toujours présents dans chaque roman ; on pourrait affirmer que la règle du jeu fondamentale est « Bond joue et gagne en huit coups », ou, en raison de l'ambivalence Amour-Mort, dans un certain sens que « le Méchant répond et gagne en huit coups ». Il n'est pas dit que les coups doivent toujours être joués dans le même ordre. Une schématisation minutieuse des dix romans étudiés en montrerait certains construits sur le schéma ABCDEFGHI (*Dr. No* par exemple), mais, plus souvent, il y a des inversions et des répétitions de diverses natures.

Umberto Eco, « James Bond : une combinatoire narrative », *Communications,* n° 8, 1966.

Le miroir qui revient ?

Il serait hasardeux de chercher à prédire les voies dans lesquelles s'engagera, en ces dernières années du siècle, la littérature française. Comme l'a remarqué J. Gracq (cf. p. 491), une des caractéristiques de notre époque est la coexistence d'une littérature de recherche et d'ouvrages qui prolongent des pratiques littéraires beaucoup plus traditionnelles : romans de mœurs, ouvrages historiques, documents... ; ils représentent une part importante de la production, peu soucieuse en général de recherches formelles. Mais au sein même de cette littérature qui vise à créer des œuvres et non seulement à produire des ouvrages, il semble que se dessine un « retour au référent• », une volonté, par-delà une période très marquée par des interrogations sur l'écriture, de ramener l'attention sur **ce que disent les œuvres.** Après un temps de remise en cause et de déconstruction du langage littéraire, la littérature ne doit-elle pas redevenir « un lieu où se déploie le grand débat sur le sens des actions des hommes ; un lieu où soit maintenue l'idée que le propre de l'action humaine, c'est ce qui échappe aux catégories et aux lois ; un lieu où le lecteur, comme celui qui écrit, expérimente sa dimension de fragilité et de mortalité, où le sujet cesse un moment d'être cet homme moderne qui dit « je veux ». Un lieu enfin où se renoue la grande communauté de ceux qui sont morts et de ceux qui ne sont pas encore nés ? » (Danièle Sallenave, *Le Monde,* 25.9.1987).

Faut-il voir là un reniement, le retour d'une littérature **« miroir du réel »,** comme semble le suggérer le titre ambigu d'un des derniers ouvrages de Robbe-Grillet (*Le Miroir qui revient,* cf. p. 404) ? Plutôt, par-delà les acquis d'une période de réévaluation des codes littéraires, l'affirmation d'un nécessaire « engagement éthique » de l'auteur, comme le dit **Danièle Sallenave** : « La littérature contemporaine a beaucoup trop joué d'une stratégie de la déception, de l'évanouissement, voire de la dérision face aux attentes du lecteur. Cela a pu avoir un intérêt polémique, un temps, mais pour ma part, le monde que je présente est sous ma caution, et je demande au lecteur de me faire confiance, le temps de la lecture. Après, bien sûr, qu'il aille voir ailleurs... » (*Le Monde,* 11.10.1986). Retour du « sujet » qui rejoint peut-être l'intérêt porté de nos jours à la littérature autobiographique (cf. p. 446).

EXTRAIT

Les nouvelles rassemblées dans Un printemps froid *(1983) s'ancrent dans des situations très simples de la vie quotidienne. Onze récits, qui saisissent les personnages « à l'heure où les destins les plus ordinaires comme les vies en apparence les plus comblées s'ouvrent aux évidences communes de la défaite, de l'abandon, de l'oubli, de la mort ». Voici le texte intégral d'un de ces récits.*

Une lettre

« Mon cher petit,

« Cela ne fait rien, je comprend bien. Vois-tu, je ne m'y attendais pas trop : c'est comme à Noël dernier, vous avez si peu de vacances ! Et je suis bien ici, très bien même. Sais-tu que, pour mon anniversaire, les sœurs (je dis les sœurs mais ce ne sont pas des religieuses, même pas des infirmières non plus, ce sont "les jeunes filles" comme on les appelle ici, deux d'entre elles sont mariées et la petite est fiancée, je l'ai rencontrée l'autre jour avec le jeune homme, il est venu me dire bonjour très poliment), donc les petites ont fait un grand gâteau. Sans les bougies, heureusement, car à mon âge, il y en aurait, hélas ! trop. Et au dessert, le champagne, enfin, du mousseux, mais deux ou trois étaient légèrement pompettes. Enfin, c'est encore un bon moment de passé.

« Il y a plusieurs choses qu'il faudrait que je te demande, ça n'a d'ailleurs pas beaucoup d'importance, ce sont des questions relatives à la maison de Saint-Julien. Je ne sais plus bien s'il y avait des poiriers, au fond du jardin. Oui, n'est-ce pas ? Ou bien est-ce que ton père les avait fait arracher après la guerre ? Mais je ne vais pas t'ennuyer maintenant avec ça, j'ai tout noté sur un papier. Depuis fin juin (ce n'est pas un reproche) la liste commence à être longue. Dis aussi à Madeleine de m'envoyer les mesures *exactes* de Jean-François : sans quoi je ne peux pas terminer son pull. Remarque, je ne m'y tiens guère, j'ai pris l'habitude de regarder la télévision l'après-midi, il n'y a personne (elles dorment !) au petit parloir. Le parloir ! Tu te souviens, quand tu nous attendais au parloir, et si nous avions un peu de retard, comme tu étais nerveux. Dans la voiture, je disais à ton père : doucement, ne va pas si vite, et lui : mais tu sais bien qu'il va s'énerver. Ah oui, pour être nerveux, tu étais nerveux.

« Ta dernière lettre a mis *neuf jours* à me parvenir : il faut dire qu'elle était d'abord allée à Nyons, on se demande pourquoi ! J'ai beaucoup lu ces temps derniers, malgré mes pauvres yeux, et pourtant la bibliothèque laisse bien à désirer, aussi ton envoi a-t-il été le bienvenu. J'ai surtout aimé les nouvelles, et le roman de Thomas Hardy, du fait qu'il se passe à la campagne, c'est tout à fait les sentiments d'autrefois. Je le passerai à Mme Christian ; les autres, n'en parlons pas.

« Sais-tu qui m'a écrit ? Mme Larue ! Je n'en croyais pas mes yeux. Elle ne va pas fort, la pauvre, enfin elle est toujours chez elle. Pour combien de temps encore ? m'écrit-elle. Ses deux fils sont aux États-Unis ; tu vois que je ne suis pas seule à être seule, si j'ose dire. Je suis beaucoup mieux depuis que j'ai une chambre pour moi, à l'étage. J'ai mis la table devant la fenêtre, j'ai repoussé le lit de l'autre côté (il est vrai que tu n'as jamais vu la chambre, mais cela ne fait rien, je t'explique) ce qui fait que, quand je suis dans mon fauteuil, j'ai vue sur la Mayenne – quoiqu'en ce moment, la nature ne soit pas bien gaie. Il paraît qu'au printemps on va raccorder la route à celle de Laval : bien des tracas en perspective, et pourvu qu'on ne coupe pas ma belle rangée de peupliers ! Quand tu étais petit et que nous t'emmenions à la pêche, je te faisais toujours dormir à l'ombre des peupliers, c'est une ombre qui n'est pas dangereuse.

« Si la fille de Mme Christian vient la semaine prochaine, je lui dirai de m'acheter du carton, et une vitre pour encadrer la jolie gravure de Madeleine, je n'ai pas le courage de prendre le car pour aller à Laval. Remercie Madeleine pour moi, et dis-lui que j'ai coupé le titre : *La maison aveugle*, c'est trop triste pour une vieille femme comme moi. Allez, je vous quitte. Soyez bien prudents sur la route, et je ne veux pas que vous me rapportiez un cadeau, comme à chaque fois. Sur mon étagère, c'est une véritable exposition, j'en ai presque honte. "Vos enfants voyagent beaucoup" m'a dit la doctoresse. Des bonbons, à la rigueur, des "Quality street", la boîte est bien pratique pour ma couture.

Je vous embrasse tous les trois. »

Danièle Sallenave, *Un printemps froid*, P.O.L., 1983.

L'art de la suggestion

Le texte suggère une situation banale dans la société contemporaine : on étudiera la façon dont, sans jamais être dite de façon « réaliste », cette situation présentée de façon implicite frappe d'autant plus le lecteur. Ainsi les nombreuses questions (auront-elles une réponse ?), les expressions empruntées au registre de la conversation, font ressortir d'autant plus vivement une solitude acceptée sans révolte. Un texte moins naïf qu'il n'en a l'air...

En tête de *La Place* (prix Renaudot 1984), **Annie Ernaux** a inscrit en épigraphe une citation de Genet : « Je hasarde une explication : écrire c'est le dernier recours quand on a trahi. » Il y a là en effet le thème central de son œuvre : l'accession à la culture qui a permis à A. Ernaux, d'origine populaire, de devenir professeur de lettres et écrivain, est en même temps ressentie comme une trahison qui l'a coupée à jamais de son milieu familial. Mais comment dire cette rupture qui traverse le langage même ? À l'écriture violente des *Armoires vides* (1974) ont succédé des récits où A. Ernaux évoque, à l'occasion de leur mort, la vie de son père (*La Place*, 1983) et celle de sa mère (*Une femme*, 1987). Mais cette fois, « aucune poésie du souvenir, pas de dérision jubilante. L'écriture plate me vient naturellement, celle-là même que j'utilisais en écrivant autrefois à mes parents pour leur dire les nouvelles essentielles » *(La Place)*. En somme, « le ton du constat », pour des récits qui sont « entre la littérature, la sociologie et l'histoire » *(Une femme)*.

EXTRAIT

La peur d'être *déplacé*, d'avoir honte. Un jour, il est monté par erreur en première avec un billet de seconde. Le contrôleur lui a fait payer le supplément. Autre souvenir de honte : chez le notaire, il a dû écrire le premier « lu et approuvé », il ne savait pas comment orthographier, il a choisi « à prouver ». Gêne, obsession de cette faute, sur la route du retour. L'ombre de l'indignité.

Dans les films comiques de cette époque, on voyait beaucoup de héros naïfs et paysans se comporter de travers à la ville ou dans les milieux mondains (rôles de Bourvil). On riait aux larmes des bêtises qu'ils disaient, des impairs qu'ils osaient commettre, et qui figuraient ceux qu'on craignait de commettre soi-même. Une fois, j'ai lu que Bécassine en apprentissage, ayant à broder un oiseau sur un bavoir, et sur les autres *idem*, broda *idem* au point de bourdon. Je n'étais pas sûre que je n'aurais pas brodé *idem*.

Devant les personnes qu'il jugait importantes, il avait une raideur timide, ne posant jamais aucune question. Bref, se comportant avec intelligence. Celle-ci consistait à percevoir notre infériorité et à la refuser en la cachant du mieux possible. Toute une soirée à nous demander ce que la directrice avait bien pu vouloir dire par : « Pour ce rôle, votre petite fille sera en *costume de ville.* » Honte d'ignorer ce qu'on aurait forcément su si nous n'avions pas été ce que nous étions, c'est-à-dire inférieurs.

Obsession : *« Qu'est-ce qu'on va penser de nous ? »* (les voisins, les clients, tout le monde).

Règle : déjouer constamment le regard critique des autres, par la politesse, l'absence d'opinion, une attention minutieuse aux humeurs qui risquent de vous atteindre. Il ne regardait pas les légumes d'un jardin que le propriétaire était en train de bêcher, à moins d'y être convié par un signe, sourire ou petit mot. Jamais de visite, même à un malade en clinique, sans être invité. Aucune question où se dévoileraient une curiosité, une envie qui donnent barre à l'interlocuteur sur nous. Phrase interdite : « Combien vous avez payé ça ? »

Je dis souvent « nous » maintenant, parce que j'ai longtemps pensé de cette façon et je ne sais pas quand j'ai cessé de le faire.

Annie Ernaux, *La Place,* Gallimard, 1983.

Il, je, nous...

A. Ernaux écrit dans *La Place* au sujet des lettres qu'elle adressait à ses parents : « Ils auraient ressenti toute recherche de style comme une manière de les tenir à distance. » La sobriété de l'expression a donc un double rôle : décrire, avec la précision du discours scientifique, l'aliénation sociale et l'obsession de « l'indignité ». Mais en même temps, il s'agit, par-delà la mort et la coupure sociale, de retrouver une communication avec un univers familial à la fois irremplaçable et refusé. On analysera dans cette perspective le jeu des pronoms et le sens de l'apparition ambiguë du « nous » à la fin du passage.

document

***La « fortune du roman » :** répartition par genres des publications littéraires, en France en 1985.*

		Nombre de titres publiés	Nombre d'exemplaires	Tirage moyen
Ensemble des romans	total	6948	133,6 millions	19237
	nouveautés	3438	72,5 millions	
Romans classiques	total	452	3,6 millions	
	nouveautés	90	0,8 million	
Romans contemporains	total	6496	130 millions	
	nouveautés	3348	71,7 millions	
Poésie et théâtre	total	213	0,8 million	4026
	nouveautés	137	0,4 million	
Critiques et essais	total	497	2,2 millions	4527
	nouveautés	325	1,6 million	
En comparaison : Gérard de Villiers (S.A.S.) : environ 7 millions d'exemplaires vendus par an.				

D'après le *Quid* (chiffres donnés par le Syndicat National de l'Édition).

Imprimé en France par BRODARD GRAPHIQUE — Coulommiers HA/4568
Dépôt légal n° 2931-05-1989 - Collection n° 05 - Édition n° 01

13/4741/8